专利复审和无效审查决定汇编丛书

专利复审和无效审查决定汇编
(2008)

医 药（第一卷）

国家知识产权局专利复审委员会 编

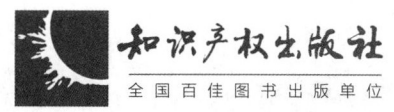

内容提要

本书汇集了专利复审委员会 2008 年作出的 321 个医药专利复审审查决定和 45 个医药专利无效审查决定及相关审查决定和司法判决（根据法律规定需要保密的除外），比较全面地反映了专利复审委员会的审查工作和人民法院专利行政案件审理工作取得的进展，对专利工作者具有一定的借鉴和指导作用，也有利于当事人及广大公众对专利复审委员会的审查工作进行监督。

责任编辑：牛洁颖　　　　　　　　　责任校对：董志英
责任出版：卢运霞　　　　　　　　　封面设计：开元图文

图书在版编目（CIP）数据

专利复审和无效审查决定汇编．2008．医药／国家知识产权局专利复审委员会编．—北京：知识产权出版社，2012.11
ISBN 978-7-5130-1618-6

Ⅰ．①专⋯　Ⅱ．①国⋯　Ⅲ．①专利权法—案例—中国　Ⅳ．①D923.425

中国版本图书馆 CIP 数据核字（2012）第 246954 号

专利复审和无效审查决定汇编丛书
专利复审和无效审查决定汇编（2008）
医　药（第一卷）
国家知识产权局专利复审委员会　编

出版发行：知识产权出版社
社　　址：北京市海淀区马甸南村 1 号　　　邮　编：100088
网　　址：http://www.ipph.cn　　　　　　邮　箱：bjb@cnipr.com
发行电话：010-82000860 转 8101/8102　　　传　真：010-82005070/82000893
责编电话：010-82000887　82000860 转 8116　责编邮箱：cuikaili@cnipr.com
印　　刷：北京科信印刷有限公司　　　　　经　销：各大网络书店、新华书店及相关销售网点
开　　本：880mm×1230mm　1/16　　　　　总印张：168.25
版　　次：2013 年 12 月第 1 版　　　　　　印　次：2013 年 12 月第 1 次印刷
字　　数：4732 千字　　　　　　　　　　　定　价：839.00 元（全三卷）
ISBN 978-7-5130-1618-6

出版权专有　侵权必究
如有印装质量问题，本社负责调换。

本书编委会

主　　任：廖　涛

副主任：杨　光　　胡文辉　　祁德山

编　　委：金泽俭　　徐晓敏　　廖志峰　　张予革
　　　　　白剑峰　　马　昊　　蒋　彤　　李人久
　　　　　李　越　　陈迎春　　于　萍　　吴赤兵
　　　　　李　隽

前 言

适逢《国家知识产权战略纲要》施行五周年之际,《专利复审和无效审查决定汇编(2008)》出版了。

随着经济全球化和我国国民经济的飞速发展,专利制度在经济活动中的作用和地位越来越突出,国民的专利意识也在不断增强。目前,我国专利申请总量超过1170万件,每年专利复审与无效宣告请求案件已超过2万件,2012年达到20261件。作为专利复审和无效宣告请求案件审查的专属机构,专利复审委员会每年都要作出数以千计的审查决定。与之相应,人民法院每年要作出数百篇司法判决。每一篇审查决定和判决书都凝聚着审查员和审判人员的心血和智慧。通过审查员和审判人员结合具体案情的创作型劳动,生硬的法律条文变得鲜活和丰满,形成一笔宝贵的精神财富和公共资源,并不断有专利代理机构、专利代理人以及审查员希望专利复审委员会能够出版专利复审和无效审查决定,作为学习和工作时的重要参考资料。

除根据法律规定需要保密的外,本汇编汇集了专利复审委员会2008年作出的审查决定,包括针对相应审查决定的司法判决,以便读者了解审查决定的法律状态并对照阅读和分析。本汇编按照技术专业领域将分为8大册,共30分卷:机械(4卷)、电学(5卷)、通信(4卷)、医药(3卷)、化学(3卷)、材料(3卷)、光电(3卷)、外观设计(5卷)。因此,本汇编比较全面地反映了专利复审委员会的审查工作和人民法院专利行政案件审理工作取得的进展。

我们相信,本汇编对专利工作者具有一定的借鉴和指导作用,也有利于当事人及广大公众对专利复审委员会的审查工作进行监督。本汇编也将为推动专利复审委员会的发展,促进专利代理业务水平的提高,为《国家知识产权战略纲要》进一步实施尽微薄之力。

本书编委会
2013年8月

目　录

复审请求审查决定

001 一种中草药药物及其用途
　　复审请求审查决定（第 10460 号）…………………………………… 3

002 棉花的一种 Myb 转录因子及其编码基因与应用
　　复审请求审查决定（第 11421 号）…………………………………… 5

003 新的人促分裂原活化蛋白激酶相关蛋白激酶及其编码序列
　　复审请求审查决定（第 11621 号）…………………………………… 10

004 奈瑟球菌基因组序列及其用法
　　复审请求审查决定（第 11637 号）…………………………………… 15

005 超细 L-肉碱、其制备方法、含有它的组合物及其使用方法
　　复审请求审查决定（第 11642 号）…………………………………… 20

006 治疗胃病的药物及其制备方法
　　复审请求审查决定（第 11647 号）…………………………………… 27

007 一种制备预防流感抗血清的方法
　　复审请求审查决定（第 11648 号）…………………………………… 32

008 无铅膏药及其制备方法
　　复审请求审查决定（第 11649 号）…………………………………… 37

009 用检查母体血液的非侵入性方法发现唐氏综合症的方法和设备
　　复审请求审查决定（第 11700 号）…………………………………… 41

010 治疗腺病毒眼感染的方法和组合物
　　复审请求审查决定（第 11705 号）…………………………………… 47

011 重组体 BMP-2 的生产
　　复审请求审查决定（第 11706 号）…………………………………… 52

012 卫生灭菌消毒剂
复审请求审查决定（第 11718 号） ……………………………………………… 56

013 用胆碱酯酶抑制剂治疗口腔干燥症
复审请求审查决定（第 11732 号） ……………………………………………… 59
北京市第一中级人民法院行政判决书（2008）一中行初字第 632 号 ……… 63

014 康治（内服外用）
复审请求审查决定（第 11738 号） ……………………………………………… 67
北京市第一中级人民法院行政判决书（2008）一中行初字第 442 号 ……… 71

015 可提高和/或稳定易被微生物腐败制品的保藏性能的添加剂
复审请求审查决定（第 11796 号） ……………………………………………… 76

016 通过 P-选择素配体（PSGL）拮抗剂抑制细胞毒 T 细胞的分化
复审请求审查决定（第 11797 号） ……………………………………………… 83

017 辅助治疗癌症的中药及其配制方法
复审请求审查决定（第 11801 号） ……………………………………………… 87

018 以酰胺键连接的聚乙二醇-干扰素及其制法和用途
复审请求审查决定（第 11803 号） ……………………………………………… 91

019 制造插入突变的方法
复审请求审查决定（第 11825 号） ……………………………………………… 95

020 酪蛋白衍生肽及其治疗用途
复审请求审查决定（第 11865 号） ……………………………………………… 100

021 从苦瓜中获得的蛋白质/多肽-k 及其萃取方法
复审请求审查决定（第 11875 号） ……………………………………………… 106

022 可脱离的表面
复审请求审查决定（第 11876 号） ……………………………………………… 111

023 阿拉伯木聚糖降解酶
复审请求审查决定（第 11934 号） ……………………………………………… 115

024 用作免疫抑制剂的缩肽及其同类物
复审请求审查决定（第 11952 号） ……………………………………………… 120

025 抗肿瘤的基因转录调控药物
复审请求审查决定（第 11956 号） ……………………………………………… 133

026 与质量标记连接的杂交探针
复审请求审查决定（第 11967 号） ……………………………………………… 137

027	转化生长因子α-HⅡ
	复审请求审查决定（第11986号） ······ 143

028	改进的阿莫西林和克拉维酸复方制剂
	复审请求审查决定（第11993号） ······ 150

029	生产L-赖氨酸的方法
	复审请求审查决定（第12000号） ······ 154

030	抗性传播疾病的疫苗
	复审请求审查决定（第12003号） ······ 159

031	向生命目标物传送天然信息营养的装置"BIOTRONTSZYAN-2"
	复审请求审查决定（第12024号） ······ 165
	北京市第一中级人民法院行政判决书（2008）一中行初字第585号 ······ 171
	北京市高级人民法院行政判决书（2008）高行终字第676号 ······ 176

032	抗癌免疫疗法的应激蛋白-肽复合物
	复审请求审查决定（第12027号） ······ 182

033	负调节Osteoprotegerin配体活性的方法
	复审请求审查决定（第12031号） ······ 190

034	新型蛋白质及其制备方法
	复审请求审查决定（第12035号） ······ 196

035	百脉根花型和花序结构调控基因、编码蛋白及其应用
	复审请求审查决定（第12040号） ······ 203

036	具有抑癌功能的新的人蛋白及其编码序列
	复审请求审查决定（第12053号） ······ 208

037	一种治疗鼓膜穿孔的缓释药膜
	复审请求审查决定（第12055号） ······ 214

038	编码dapF基因的新核苷酸序列
	复审请求审查决定（第12056号） ······ 219

039	作为用于活性成分的载体的亚微粒子的胶体悬浮液及其制备方法
	复审请求审查决定（第12066号） ······ 225

040	心血管疾病的治疗
	复审请求审查决定（第12068号） ······ 234

041	雌激素药物药用组合物
	复审请求审查决定（第12072号） ······ 240
	北京市第一中级人民法院行政判决书（2008）一中行初字第614号 ······ 257

042 用于预防、诊断及治疗戊型肝炎病毒的多肽，及它们作为诊断试剂和疫苗
复审请求审查决定（第 12073 号） 275

043 人疾病相关表皮生长因子编码序列、其制备方法及用途
复审请求审查决定（第 12075 号） 284

044 降低抗肿瘤剂毒性的制剂和方法
复审请求审查决定（第 12082 号） 288

045 施用于上呼吸道和/或耳部的消炎剂，特别是抗菌剂和/或促进伤口愈合活性剂的制剂
复审请求审查决定（第 12089 号） 293

046 一种蛇脑组织抗癌药物及其制备方法
复审请求审查决定（第 12090 号） 301

047 β-咔啉药物产品
复审请求审查决定（第 12091 号） 305

048 含有二氨基吡唑的角蛋白纤维染色组合物、染色的方法、新型的二氨基吡唑及其制备方法
复审请求审查决定（第 12130 号） 312

049 药物组合物
复审请求审查决定（第 12131 号） 330

050 IREN 蛋白，其制备和应用
复审请求审查决定（第 12132 号） 337

051 佐剂系统及疫苗
复审请求审查决定（第 12142 号） 349

052 表达以及分泌制管张素和 endostatin 的免疫融合物
复审请求审查决定（第 12143 号） 354

053 一种体外构建 DNA 文库的方法
复审请求审查决定（第 12195 号） 360

054 雄激素受体复合物相关蛋白
复审请求审查决定（第 12196 号） 365

055 制备单克隆抗体的方法、单克隆抗体、药物组合物和诊断试剂
复审请求审查决定（第 12197 号） 370

056 牛泌乳相关的亲免疫性蛋白（CD14），编码基因以及在 B 细胞激活中的应用
复审请求审查决定（第 12214 号） 375

057 与细胞凋亡有关的疾病的预防和/或治疗药剂
复审请求审查决定（第 12236 号） 381

058 异氰酸酯乳液胶粘剂制备方法
　　复审请求审查决定（第 12237 号） ... 384

059 用于预防糖尿病并发症中的治疗干涉的化合物和方法
　　复审请求审查决定（第 12238 号） ... 388

060 在植物中生产含有保护性蛋白质的免疫球蛋白的方法和应用
　　复审请求审查决定（第 12239 号） ... 392

061 抗肝癌基因工程单链抗体 scFv25
　　复审请求审查决定（第 12240 号） ... 413

062 编码代谢途径蛋白的谷氨酸棒杆菌基因
　　复审请求审查决定（第 12241 号） ... 423

063 检测和纯化对 HLA 体系中存在的肽特异的 CD8+T 淋巴细胞群的方法
　　复审请求审查决定（第 12242 号） ... 432

064 在浮萍中表达生物活性多肽
　　复审请求审查决定（第 12243 号） ... 438

065 多肽—脂质体与人血管内皮生长因子基因重组质粒复合物及用途
　　复审请求审查决定（第 12244 号） ... 441

066 肌酸的新用途
　　复审请求审查决定（第 12245 号） ... 445

067 用于诱导神经发生的氧化氮供体
　　复审请求审查决定（第 12246 号） ... 448

068 酯酶及其编码 DNA 和掺入此 DNA 的载体和宿主细胞
　　复审请求审查决定（第 12252 号） ... 452

069 编码甘油-3-磷酸酰基转移酶的 DNA 链
　　复审请求审查决定（第 12253 号） ... 455

070 包含 HPV 抗原和应激蛋白或者其表达载体的组合物激发的抗 HPV 抗原免疫应答
　　复审请求审查决定（第 12255 号） ... 459

071 一种非手术构建人/山羊嵌合体的方法
　　复审请求审查决定（第 12256 号） ... 472

072 含有高质量生理活性的家兔发痘组织的制造方法
　　复审请求审查决定（第 12257 号） ... 476

073 在活性位点环区具有额外氨基酸残基的 I-S1 和 I-S2 亚族枯草杆菌酶
　　复审请求审查决定（第 12264 号） ... 480

074 制备可抑制后传染病毒蛋白酶的药物组合物的方法
复审请求审查决定（第12270号） ······ 489

075 专治大面积烧伤的中成药
复审请求审查决定（第12271号） ······ 495

076 菠萝蛋白酶成分
复审请求审查决定（第12272号） ······ 498

077 Reg-结合蛋白
复审请求审查决定（第12277号） ······ 503

078 尿酸氧化酶
复审请求审查决定（第12280号） ······ 510

079 犬埃里希体的同源28kD免疫优势蛋白质基因及其用途
复审请求审查决定（第12281号） ······ 517

080 一种调节免疫的组合物药物及其制备方法
复审请求审查决定（第12282号） ······ 522

081 磺酰胺衍生物
复审请求审查决定（第12283号） ······ 527

082 一种甙类化合物制剂及制备方法
复审请求审查决定（第12288号） ······ 532

083 口服降纤酶肠溶胶囊
复审请求审查决定（第12289号） ······ 536

084 施用于下呼吸道的消炎剂，特别是抗菌剂和/或促进伤口愈合活性剂的制剂
复审请求审查决定（第12296号） ······ 540

085 用于治疗变态反应的重组的或纯化的多克隆抗体
复审请求审查决定（第12300号） ······ 547

086 编码ptsH基因的新核苷酸序列
复审请求审查决定（第12310号） ······ 553

087 编码大约15kDa和大约45kDa的杀虫蛋白质的植物最优化的多核苷酸
复审请求审查决定（第12315号） ······ 557

088 编码与白介素-1β转换酶相关的人Tx和Ty蛋白的DNA序列
复审请求审查决定（第12316号） ······ 562

089 CASB618多核苷酸和多肽及其用途
复审请求审查决定（第12323号） ······ 566

090	口蹄疫的抗原化抗体疫苗
	复审请求审查决定（第12325号） ········· 574

091	结合框运输蛋白ABC1的调节作用
	复审请求审查决定（第12327号） ········· 582

092	制备附聚颗粒的方法
	复审请求审查决定（第12328号） ········· 586

093	米氮平用于治疗睡眠障碍的用途
	复审请求审查决定（第12331号） ········· 591

094	每月一次给药治疗链球菌肺炎感染
	复审请求审查决定（第12332号） ········· 596

095	新药物
	复审请求审查决定（第12333号） ········· 602

096	被保护的苯酚硅烷
	复审请求审查决定（第12337号） ········· 606

097	20S蛋白酶体α-酮酰胺抑制剂
	复审请求审查决定（第12341号） ········· 611

098	液体分散聚合物组合物，其制备方法及其应用
	复审请求审查决定（第12353号） ········· 617

099	高特异活性重组S-腺苷高半胱氨酸酶（SAHH）的制备与高度表达及对S-腺苷甲硫氨酸（SAM）的改进分析
	复审请求审查决定（第12362号） ········· 630

100	开花的遗传学控制
	复审请求审查决定（第12366号） ········· 639

101	新型医药
	复审请求审查决定（第12374号） ········· 646

102	通过在体内运送血管生成转基因来治疗心力衰竭和心室重建的技术和组合物
	复审请求审查决定（第12375号） ········· 650

103	年龄同步化细胞的批量生产
	复审请求审查决定（第12376号） ········· 660
	北京市第一中级人民法院行政判决书（2008）一中行初字第604号 ········· 665
	北京市高级人民法院行政判决书（2009）高行终字第1115号 ········· 671

104	11q13.3的高骨量基因
	复审请求审查决定（第12377号） ········· 678

105	从 cDNA 拯救腮腺炎病毒	
	复审请求审查决定（第12381号）	690

106	重组亚单位疫苗	
	复审请求审查决定（第12382号）	698

107	序列号 2 的生物活性肽	
	复审请求审查决定（第12383号）	704

108	半海盘灵类似物	
	复审请求审查决定（第12384号）	708

109	病毒基因表达的调节	
	复审请求审查决定（第12385号）	717

110	具有特异结合性质的 –折叠蛋白质的设计	
	复审请求审查决定（第12386号）	723

111	淀粉酶变体	
	复审请求审查决定（第12390号）	733

112	含有伊波膦酸盐的口服药物制剂	
	复审请求审查决定（第12391号）	740

113	高度纯化的细胞因子激活因子和使用方法	
	复审请求审查决定（第12392号）	747

114	植物中基因表达的 dsRNA 介导的调节	
	复审请求审查决定（第12395号）	753

115	消瘅降糖胶囊	
	复审请求审查决定（第12396号）	763

116	促进生长的含二肽基肽酶Ⅳ抑制剂的药物组合物	
	复审请求审查决定（第12397号）	767

117	一种治疗糖尿病的药物	
	复审请求审查决定（第12398号）	772

118	在活性位点环区中具有额外氨基酸残基的 I–S1 和 I–S2 亚组枯草杆菌酶	
	复审请求审查决定（第12399号）	775

119	阴离子型或阳离子型树枝状聚合物抗微生物或抗寄生物的组合物	
	复审请求审查决定（第12401号）	784

120	缓释的口服给药组合物	
	复审请求审查决定（第12403号）	798

121	新城疫病毒感染性克隆、疫苗及诊断分析
	复审请求审查决定（第12404号） …… 806

122	无水极性非质子性肽制剂
	复审请求审查决定（第12405号） …… 814

123	抗截短的 VEGF-D 的抗体及其应用
	复审请求审查决定（第12406号） …… 821

124	一种治疗前列腺疾病的纯中药口服制剂及其制备方法
	复审请求审查决定（第12407号） …… 825

125	含有一种对酸不稳定的活性化合物的新型制剂和药物剂型
	复审请求审查决定（第12419号） …… 831

126	病毒感染的长效融合肽抑制剂
	复审请求审查决定（第12424号） …… 839

127	多克隆免疫球蛋白的用途
	复审请求审查决定（第12438号） …… 848

128	用于在放射免疫疗法之前测定血液学毒性的新临床参数
	复审请求审查决定（第12499号） …… 852

129	一种酒心青梅的生产方法
	复审请求审查决定（第12501号） …… 860

130	病原微生物感染诊断型细胞芯片及其制备方法
	复审请求审查决定（第12502号） …… 866

131	用于制备免疫治疗性组合物的慢病毒载体
	复审请求审查决定（第12568号） …… 871

132	水溶性内服液剂
	复审请求审查决定（第12573号） …… 880

133	破坏正在分裂的细胞的方法和装置
	复审请求审查决定（第12577号） …… 885

134	含有 α-2 肾上腺素能激动剂的组合物
	复审请求审查决定（第12581号） …… 891

135	与人 G 蛋白偶联的孤儿受体
	复审请求审查决定（第12619号） …… 895
	北京市第一中级人民法院行政判决书（2008）一中行初字第1462号 …… 903

136	蛋白酶变体及组合物

复审请求审查决定（第12620号） ……………………………………………… 911

137	细胞生长调控因子W及制取方法

复审请求审查决定（第12621号） ……………………………………………… 920

138	由一种雌激素化合物和一种保孕化合物组成的激素组合物

复审请求审查决定（第12626号） ……………………………………………… 925

139	蜱传黄病毒的全长感染性cDNA克隆

复审请求审查决定（第12628号） ……………………………………………… 929

140	硫酸卷曲霉素提炼新方法

复审请求审查决定（第12688号） ……………………………………………… 934

141	短串联重复基因座的多重扩增

复审请求审查决定（第12712号） ……………………………………………… 938

142	催泪因子生成酶的同功酶及编码该酶的基因

复审请求审查决定（第12715号） ……………………………………………… 951

143	使用特殊的氨基硅氧烷对头发进行永久再成型的方法

复审请求审查决定（第12716号） ……………………………………………… 956

144	一种诱发水稻抗氯磺隆体细胞突变体的方法

复审请求审查决定（第12717号） ……………………………………………… 965

145	通过发酵生产L-精氨酸的微生物和方法

复审请求审查决定（第12748号） ……………………………………………… 969

146	编码dapC基因的核苷酸序列及生产L-赖氨酸的方法

复审请求审查决定（第12772号） ……………………………………………… 972

147	免疫刺激性核酸

复审请求审查决定（第12778号） ……………………………………………… 977

148	组合物及其治疗用途

复审请求审查决定（第12807号） ……………………………………………… 1002

149	仓鼠EF-1α转录调节DNA

复审请求审查决定（第12811号） ……………………………………………… 1005

150	人体工程学书写工具

复审请求审查决定（第12857号） ……………………………………………… 1009

151	作为抗高血压药的类胡萝卜素

复审请求审查决定（第12858号） ……………………………………………… 1014

152 灵芝鸡的饲养方法及其饲料
复审请求审查决定（第 12900 号） ············· 1019

153 多颗粒改进释放组合物
复审请求审查决定（第 12911 号） ············· 1021

154 一种治疗类风湿关节炎的中药组合物
复审请求审查决定（第 12940 号） ············· 1026

155 降低了 SSII 活性的大麦和降低了支链淀粉含量的淀粉和淀粉制品
复审请求审查决定（第 12941 号） ············· 1030

156 剂型和施药方法
复审请求审查决定（第 12988 号） ············· 1033

157 预防和辅助治疗癌症的药物及其制备方法
复审请求审查决定（第 13001 号） ············· 1038

158 附着纤维素薄膜的具有气泡的薄膜状肥皂
复审请求审查决定（第 13009 号） ············· 1042

159 制造兽药马杜霉素铵、伊维菌素或地克珠利预混剂的新工艺
复审请求审查决定（第 13048 号） ············· 1045

160 一种在胃液中漂浮并多脉冲释放活性物质的药用片剂系统，该系统和该系统包封物的制备方法
复审请求审查决定（第 13054 号） ············· 1049

161 标记核酸的方法
复审请求审查决定（第 13075 号） ············· 1054

162 鱼腥草果汁饮料及其制备方法
复审请求审查决定（第 13082 号） ············· 1056

163 紫杉烷与细胞周期蛋白依赖激酶抑制剂的组合
复审请求审查决定（第 13088 号） ············· 1060

164 抑制 β-内酰胺酶的抗菌素组合物
复审请求审查决定（第 13102 号） ············· 1064
北京市第一中级人民法院行政判决书（2008）一中行初字第 1162 号 ············· 1068
北京市高级人民法院行政判决书（2009）高行终字第 1297 号 ············· 1073

165 含吗啉蒽环类化生物和抗癌剂的联合制剂
复审请求审查决定（第 13108 号） ············· 1079

166 洗涤剂组合物
复审请求审查决定（第 13114 号） ············· 1084

167 用于鉴定多种微生物的通用检测系统和方法
复审请求审查决定（第 13116 号） ······ 1091

168 通过同源重组在人细胞中生产人突变蛋白
复审请求审查决定（第 13167 号） ······ 1099

169 酸—稳定性蛋白酶在动物饲料中的用途
复审请求审查决定（第 13169 号） ······ 1104

170 含有死的益生菌共生发酵培养物的营养组合物
复审请求审查决定（第 13184 号） ······ 1111

171 苏云金芽孢杆菌（BACILLUSTHURINGIENSIS）的杀虫蛋白
复审请求审查决定（第 13185 号） ······ 1115

172 GCSF 缀合物
复审请求审查决定（第 13186 号） ······ 1122

173 改善上胃肠道功能的方法
复审请求审查决定（第 13235 号） ······ 1129

174 一种新的人溶菌酶基因、其编码的多肽及制备方法
复审请求审查决定（第 13236 号） ······ 1147

175 结合人白介素-18 的抗体及制备和使用方法
复审请求审查决定（第 13239 号） ······ 1151

176 一种治疗烧烫伤中药的制备方法
复审请求审查决定（第 13273 号） ······ 1156

177 咀嚼产品
复审请求审查决定（第 13275 号） ······ 1160

178 葫芦科油用于抑制 5α-还原酶活性的应用
复审请求审查决定（第 13277 号） ······ 1164

179 使用 1,4-二氢吡啶钙通道阻断剂治疗疱疹神经病毒病症
复审请求审查决定（第 13278 号） ······ 1168

180 具有点图案加密功能的安放器和与该加密对应的检测装置
复审请求审查决定（第 13286 号） ······ 1171

181 富含具有羧基末端脯氨酸残基的肽的蛋白质水解产物
复审请求审查决定（第 13311 号） ······ 1174

182 神经毒性寡聚体
复审请求审查决定（第 13312 号） ······ 1179

§183 合成的和嵌合的启动子、表达盒、质粒、载体、含有它们的转基因植物和种子以及其产生方法
复审请求审查决定（第 13313 号） ………………………………………………… 1184

§184 动物食用调质方法
复审请求审查决定（第 13327 号） ………………………………………………… 1191

§185 一种防治对虾病毒病的卵黄免疫球蛋白及其制备方法和应用
复审请求审查决定（第 13384 号） ………………………………………………… 1194

§186 通过同时测量至少 2 种不同分子标记物而特异性检测子宫颈涂片中肿瘤细胞及其前体的方法
复审请求审查决定（第 13413 号） ………………………………………………… 1201

§187 癌症治疗药
复审请求审查决定（第 13419 号） ………………………………………………… 1205

§188 一种构建人载脂蛋白 AIm 表达基因的制备方法
复审请求审查决定（第 13524 号） ………………………………………………… 1210

§189 含有鞘糖脂的功能性食品或化妆品及其制造方法
复审请求审查决定（第 13528 号） ………………………………………………… 1216

§190 在母体样品中鉴定胎儿 DNA 的诊断方法
复审请求审查决定（第 13530 号） ………………………………………………… 1219

§191 骨质疏松症的联合疗法
复审请求审查决定（第 13557 号） ………………………………………………… 1222

§192 用每周给药一次或两次的利福拉齐治疗细菌感染的方法
复审请求审查决定（第 13566 号） ………………………………………………… 1227

§193 含有漆酶的角质纤维氧化染色组合物及用其的染色方法
复审请求审查决定（第 13572 号） ………………………………………………… 1232

§194 篮霉菌木聚糖酶
复审请求审查决定（第 13574 号） ………………………………………………… 1238

§195 人或动物卵细胞提取物及用于干细胞扩增与诱导分化
复审请求审查决定（第 13583 号） ………………………………………………… 1243

§196 特效菌剂的制备与处理化工废水或常规有机废水的方法
复审请求审查决定（第 13593 号） ………………………………………………… 1247

§197 含有针对约四种引起痤疮的抗原的混合 IgY 的鸡蛋及其蛋黄粉和混合 IgY 的生产方法
复审请求审查决定（第 13603 号） ………………………………………………… 1253

§198 一种戊型肝炎病毒嵌合基因疫苗
复审请求审查决定（第 13622 号） ………………………………………………… 1257

| 199 | 类胰蛋白酶抑制剂
复审请求审查决定（第 13630 号） …… 1263

| 200 | 一种保健酒
复审请求审查决定（第 13637 号） …… 1268

| 201 | 控制植物叶片平均寿命的基因和一种采用该基因控制植物平均寿命的方法
复审请求审查决定（第 13734 号） …… 1272

| 202 | 细胞分离方法及其应用
复审请求审查决定（第 13740 号） …… 1276

| 203 | 芽孢杆菌种（DSM14392）的新型碱性蛋白酶以及包含该新型碱性蛋白酶的洗涤产品和清洁产品
复审请求审查决定（第 13750 号） …… 1281

| 204 | 治疗皮肤色素沉着的方法
复审请求审查决定（第 13762 号） …… 1287

| 205 | 非粘性的皮肤和毛发用增湿化妆组合物
复审请求审查决定（第 13763 号） …… 1300

| 206 | 一种蜂蜜酒的酿造方法
复审请求审查决定（第 13794 号） …… 1306

| 207 | 具有纤维二糖酶活性的多肽和编码其的多核苷酸
复审请求审查决定（第 13805 号） …… 1311

| 208 | 抗骨桥蛋白抗体及其用途
复审请求审查决定（第 13807 号） …… 1318

| 209 | 突变的无激活作用的 IgG2 结构域和插入该结构域的抗 CD3 抗体
复审请求审查决定（第 13810 号） …… 1327

| 210 | 包含信号转导抑制剂和埃坡霉素衍生物的联合形式
复审请求审查决定（第 13830 号） …… 1333

| 211 | 具有神经保护作用的 7-羟基表雄酮
复审请求审查决定（第 13837 号） …… 1339

| 212 | 抗鱼鳞病复发的外用药物及其制备方法
复审请求审查决定（第 13851 号） …… 1344

| 213 | 抗-血管内皮生长因子的抗体
复审请求审查决定（第 13866 号） …… 1348

| 214 | 包含环孢菌素 A 的无油药物组合物
复审请求审查决定（第 13868 号） …… 1353

215 细胞和组织移植用金属微囊
　　复审请求审查决定（第13869号） …………………………………………………… 1356

216 一种治疗妇科病的药物及其制备方法
　　复审请求审查决定（第13917号） …………………………………………………… 1360

217 乙内酰脲消旋酶
　　复审请求审查决定（第13922号） …………………………………………………… 1363

218 用于基因转移的病毒包膜载体
　　复审请求审查决定（第13944号） …………………………………………………… 1368

219 tau 蛋白
　　复审请求审查决定（第13945号） …………………………………………………… 1374

220 基因克隆的新方法
　　复审请求审查决定（第13946号） …………………………………………………… 1379

221 阿立哌唑口服溶液
　　复审请求审查决定（第13950号） …………………………………………………… 1382

222 牡蛎壳中糖蛋白提取纯化方法
　　复审请求审查决定（第14009号） …………………………………………………… 1387

223 标记的谷氨酰胺和赖氨酸类似物
　　复审请求审查决定（第14010号） …………………………………………………… 1390

224 干扰素眼膏
　　复审请求审查决定（第14016号） …………………………………………………… 1397

225 一种用于防治奶牛乳腺炎的杀菌制剂及其制备方法
　　复审请求审查决定（第14025号） …………………………………………………… 1404

226 结核分枝杆菌之超氧化物歧化酶
　　复审请求审查决定（第14026号） …………………………………………………… 1408

227 人绒毛膜促性腺激素在控制性超排卵中的应用
　　复审请求审查决定（第14030号） …………………………………………………… 1413

228 利用芳香族硫醚配体分离的方法
　　复审请求审查决定（第14078号） …………………………………………………… 1418

229 人溶菌酶在制备治疗眼病的药物中的新用途
　　复审请求审查决定（第14079号） …………………………………………………… 1423

230 抗 IL-12 抗体、组合物、方法和用途
　　复审请求审查决定（第14081号） …………………………………………………… 1426

231 恶性疟原虫抗原多肽 SE36、其纯化方法，以及使用通过纯化得到的抗原的疫苗和诊断试剂
　　复审请求审查决定（第 14082 号） ………………………………………………… 1436

232 用含有 DP4+ 成分的液体麦芽糖醇制备的无糖硬包衣
　　复审请求审查决定（第 14104 号） ………………………………………………… 1439

233 可育抗病植物体细胞杂种的制备方法
　　复审请求审查决定（第 14112 号） ………………………………………………… 1444

234 氟马西尼在用于酒依赖治疗药物制备中的应用
　　复审请求审查决定（第 14113 号） ………………………………………………… 1448

235 大规模昆虫培养的成本有效性培养基
　　复审请求审查决定（第 14115 号） ………………………………………………… 1453

236 特征在于检测 G-CSF 外显子 3 缺失的癌症诊断方法
　　复审请求审查决定（第 14118 号） ………………………………………………… 1457

237 复方黄酮喷雾剂配制方法
　　复审请求审查决定（第 14122 号） ………………………………………………… 1463

238 基因重组伊卡因及其制备方法
　　复审请求审查决定（第 14163 号） ………………………………………………… 1467

239 富硒及其他微量元素虫草
　　复审请求审查决定（第 14170 号） ………………………………………………… 1470

240 含有因子 VIII 的稳定药物组合物
　　复审请求审查决定（第 14171 号） ………………………………………………… 1474

241 铂衍生物药物制剂
　　复审请求审查决定（第 14172 号） ………………………………………………… 1478

242 病毒药物敏感性测试
　　复审请求审查决定（第 14173 号） ………………………………………………… 1484

243 具有血栓溶解、抗炎和细胞保护性能的药物组合物
　　复审请求审查决定（第 14223 号） ………………………………………………… 1488

244 一种非蛋白氮饲料添加剂
　　复审请求审查决定（第 14230 号） ………………………………………………… 1491
　　北京市第一中级人民法院行政判决书（2009）一中行初字第 215 号 …………… 1498

245 利用 B 细胞排除抗体和免疫调制抗体联合治疗 B 细胞恶性肿瘤的相关应用
　　复审请求审查决定（第 14289 号） ………………………………………………… 1508

246 内皮素受体三肽拮抗剂
　　复审请求审查决定（第14309号） ………………………………………………… 1515

247 新型人髓系分化标志物，其编码序列及用途
　　复审请求审查决定（第14313号） ………………………………………………… 1526

248 一种腺癌标志物及其应用
　　复审请求审查决定（第14315号） ………………………………………………… 1531

249 生长激素释放抑制因子–多巴胺嵌合类似物
　　复审请求审查决定（第14321号） ………………………………………………… 1535
　　北京市第一中级人民法院行政判决书（2009）一中行初字第404号 …………… 1543

250 乙型肝炎病毒单克隆抗体可变区序列以及含有所述可变区的基因工程抗体及其用途
　　复审请求审查决定（第14329号） ………………………………………………… 1552

251 从无源太空搭载系统中回收微载体上细胞的方法
　　复审请求审查决定（第14342号） ………………………………………………… 1558

252 用于感染的酶疗法
　　复审请求审查决定（第14343号） ………………………………………………… 1563

253 一种楝树杂交组织培养技术
　　复审请求审查决定（第14344号） ………………………………………………… 1566

254 治疗慢性疼痛的三单胺再摄取抑制剂
　　复审请求审查决定（第14346号） ………………………………………………… 1569

255 肌酐含量测定方法及肌酐诊断试剂盒
　　复审请求审查决定（第14353号） ………………………………………………… 1574

256 盐酸纳洛酮鼻粉剂
　　复审请求审查决定（第14376号） ………………………………………………… 1578

257 一种治疗烧伤、烫伤的中草药制剂及制备工艺
　　复审请求审查决定（第14380号） ………………………………………………… 1581

258 寡糖刺激 β–内啡肽产生的应用
　　复审请求审查决定（第14384号） ………………………………………………… 1584

259 改良安卡拉痘苗病毒变体
　　复审请求审查决定（第14398号） ………………………………………………… 1590

260 编码类黄酮途径酶的遗传序列及其应用
　　复审请求审查决定（第14412号） ………………………………………………… 1594

261 植物脂肪酸环氧化酶及其用途
　　复审请求审查决定（第14417号） ………………………………………………………… 1600

262 抗血管生成蛋白及其应用
　　复审请求审查决定（第14418号） ………………………………………………………… 1611

263 液体内服剂
　　复审请求审查决定（第14429号） ………………………………………………………… 1618

264 吡咯并［2,3d］嘧啶组合物及其应用
　　复审请求审查决定（第14430号） ………………………………………………………… 1622

265 超微细民族药及其制备方法
　　复审请求审查决定（第14432号） ………………………………………………………… 1627

266 用于生产丁烯基-多杀菌素杀虫剂的生物合成基因
　　复审请求审查决定（第14434号） ………………………………………………………… 1632

267 治疗原发性高血压的药物及制备方法
　　复审请求审查决定（第14436号） ………………………………………………………… 1637

268 脂肪来源的干细胞和网格
　　复审请求审查决定（第14444号） ………………………………………………………… 1641

269 控制鞘翅目害虫的苏云金芽孢杆菌毒素和基因
　　复审请求审查决定（第14445号） ………………………………………………………… 1644

270 神经营养因子在骨盆神经丛外周神经功能障碍的治疗中的应用
　　复审请求审查决定（第14446号） ………………………………………………………… 1649

271 一种快速检测丙型肝炎病毒及其基因型的方法
　　复审请求审查决定（第14447号） ………………………………………………………… 1653

272 分子构建和用于检测生化反应的方法
　　复审请求审查决定（第14449号） ………………………………………………………… 1658

273 二肽基肽酶IV的新效应物
　　复审请求审查决定（第14545号） ………………………………………………………… 1664

274 新的脂解酶
　　复审请求审查决定（第14547号） ………………………………………………………… 1668

275 一种具有脂解活性的修饰酶
　　复审请求审查决定（第14548号） ………………………………………………………… 1674

276 全长人甲状旁腺激素的新用途
　　复审请求审查决定（第14552号） ………………………………………………………… 1677

277 合成（2S，3aS，7aS）-1-［（S）-丙氨酰基］-八氢-1H-吲哚-2-甲酸衍生物的新方法及其在合成哌林多普利中的用途
　　复审请求审查决定（第14562号） …………………………………………………… 1682

278 用于治疗血栓形成的抗凝血剂
　　复审请求审查决定（第14574号） …………………………………………………… 1689

279 胸腺素 α1 肽的给药方法
　　复审请求审查决定（第14577号） …………………………………………………… 1697

280 糖基化血红蛋白的选择性测定方法
　　复审请求审查决定（第14664号） …………………………………………………… 1702

281 单胺氧化酶活性测定方法及单胺氧化酶诊断试剂盒
　　复审请求审查决定（第14668号） …………………………………………………… 1708

282 用于心脏病的抗人线粒体腺苷酸激酶同工酶抗体，诊断制剂和诊断试剂盒
　　复审请求审查决定（第14673号） …………………………………………………… 1712

283 只存在于病原性分枝杆菌并选择表达于吞噬体 pH 值下的分泌型酸性磷酸酶（SAPM）
　　复审请求审查决定（第14728号） …………………………………………………… 1717

284 单核细胞特异性微粒运送载体
　　复审请求审查决定（第14732号） …………………………………………………… 1725

285 用于治疗炎性失调及炎性相关失调的化合物、组合物和方法
　　复审请求审查决定（第14769号） …………………………………………………… 1731

286 新型前体脂质体制剂及其生产方法和使用方法
　　复审请求审查决定（第14785号） …………………………………………………… 1735

287 有效治疗肿瘤和其他需要除去或破坏细胞的疾病的肽
　　复审请求审查决定（第14788号） …………………………………………………… 1741

288 用于基因治疗的疱疹病毒毒株
　　复审请求审查决定（第14792号） …………………………………………………… 1745
　　北京市第一中级人民法院行政判决书（2009）一中行初字第826号 …………… 1752

289 鉴定与涉及异常细胞增殖的疾病相关的多肽抗原的方法和用于治疗此种疾病的组合物
　　复审请求审查决定（第14803号） …………………………………………………… 1762

290 含有洛索丙芬的外用制剂
　　复审请求审查决定（第14807号） …………………………………………………… 1768

291 抑制血管发生的组合物和方法
　　复审请求审查决定（第14808号） …………………………………………………… 1773

292 胞内劳森氏菌培养、抗该菌的疫苗和诊断试剂
复审请求审查决定（第 14856 号） ... 1782

293 编码类黄酮途径酶的基因序列及其用途
复审请求审查决定（第 14887 号） ... 1786

294 血管紧张素 I 衍生物作为治疗和预防梗塞相关心脏损伤和紊乱制剂的应用
复审请求审查决定（第 14893 号） ... 1792

295 PH-依赖性的多肽聚集及其用途
复审请求审查决定（第 14899 号） ... 1796

296 类（香）烟型保健吸品
复审请求审查决定（第 14997 号） ... 1800

297 多价细菌荚膜多糖-蛋白质结合物联合疫苗
复审请求审查决定（第 15118 号） ... 1803

298 基因重组毕赤酵母生产蛋白酶的方法
复审请求审查决定（第 15119 号） ... 1806

299 用储存的红血球改善氧传送的方法
复审请求审查决定（第 15122 号） ... 1810

300 在乙醇制备中的次级液化
复审请求审查决定（第 15134 号） ... 1815

301 一种制备重组 Exendin-4 多肽的新工艺
复审请求审查决定（第 15142 号） ... 1821

302 一种用预培养方式提高乳酸菌冻干活性的方法
复审请求审查决定（第 15147 号） ... 1826

303 体外培养诱导淋巴细胞制备抗菌肽及转移因子的方法
复审请求审查决定（第 15154 号） ... 1830

304 结核抗体金标测试条及其制备方法
复审请求审查决定（第 15155 号） ... 1833

305 具有抗菌抗病毒作用的药物组合物
复审请求审查决定（第 15231 号） ... 1838

306 重组 α-L-艾杜糖苷酶，其生产和纯化的方法以及治疗其缺陷导致的疾病的方法
复审请求审查决定（第 15233 号） ... 1845

307 清洗剂，清洗方法和清洗装置
复审请求审查决定（第 15239 号） ... 1849

308 结核杆菌基因的检测方法
   复审请求审查决定（第 15241 号） ………………………………………… 1859

309 多肽在制备用于促进医治或预防组织损伤的药物中的用途
   复审请求审查决定（第 15246 号） ………………………………………… 1863

310 蛇宏微量元素强化中药配方的外用功能性药剂
   复审请求审查决定（第 15247 号） ………………………………………… 1868

311 将纤维素等转化成有效成分的微生物中药的生产方法
   复审请求审查决定（第 15248 号） ………………………………………… 1873

312 一种检测肺癌相关的 CYP2A13 抗性基因的方法及其抗性基因
   复审请求审查决定（第 15249 号） ………………………………………… 1878

313 人 IL-1β 的抗体
   复审请求审查决定（第 15253 号） ………………………………………… 1882

314 使用 4-1BB 结合剂的治疗和预防
   复审请求审查决定（第 15254 号） ………………………………………… 1888

315 胰高血糖素样肽-1 的类似物
   复审请求审查决定（第 15258 号） ………………………………………… 1893
   北京市第一中级人民法院行政判决书（2009）一中行初字第 1257 号 ……… 1899

316 手术闭合伤口疼痛的局部预防或缓解
   复审请求审查决定（第 15268 号） ………………………………………… 1907

317 苦参碱肠溶片及其制备方法
   复审请求审查决定（第 15269 号） ………………………………………… 1913

318 糖尿病患者患糖尿病肾病或血脂失调风险性的评估
   复审请求审查决定（第 15333 号） ………………………………………… 1917

319 肌醇六磷酸酶、编码肌醇六磷酸酶的核酸及包含有此核酸的载体和宿主细胞
   复审请求审查决定（第 15477 号） ………………………………………… 1922

320 检测碱性鞘磷脂酶的分析方法以及用于该方法的试剂盒
   复审请求审查决定（第 15588 号） ………………………………………… 1932

321 胰高血糖素样肽-1 的类似物
   复审请求审查决定（第 15609 号） ………………………………………… 1936

无效宣告请求审查决定

001 黄牛肠激酶催化亚基基因及其基因工程生产方法
　　无效宣告请求审查决定（第10956号） ………………………………………… 1945

002 含生物活性物质的兔皮和其用途
　　无效宣告请求审查决定（第10960号） ………………………………………… 1950
　　北京市第一中级人民法院行政判决书（2008）一中行初字第592号 ………… 1960
　　北京市高级人民法院行政判决书（2009）高行终字第526号 ………………… 1968

003 含生物活性物质的兔皮和其用途
　　无效宣告请求审查决定（第10961号） ………………………………………… 1978
　　北京市第一中级人民法院行政判决书（2008）一中行初字第593号 ………… 1988
　　北京市高级人民法院行政判决书（2009）高行终字第527号 ………………… 1996

004 藏药独一味软胶囊制剂及其制备方法
　　无效宣告请求审查决定（第11005号） ………………………………………… 2005
　　北京市第一中级人民法院行政判决书（2008）一中行初字第391号 ………… 2014
　　北京市高级人民法院行政判决书（2008）高行终字第698号 ………………… 2022

005 藏药独一味软胶囊制剂及其制备方法
　　无效宣告请求审查决定（第11006号） ………………………………………… 2031
　　北京市第一中级人民法院行政判决书（2008）一中行初字第392号 ………… 2036
　　北京市高级人民法院行政判决书（2008）高行终字第697号 ………………… 2041

006 内压式膨胀活塞
　　无效宣告请求审查决定（第11014号） ………………………………………… 2048

007 一种中草药药物组合物及其制备方法
　　无效宣告请求审查决定（第11015号） ………………………………………… 2055

008 口服药物组合物及制备方法
　　无效宣告请求审查决定（第11016号） ………………………………………… 2062
　　北京市第一中级人民法院行政判决书（2008）一中行初字第440号 ………… 2074
　　北京市高级人民法院行政判决书（2009）高行终字第647号 ………………… 2084

009 疫　苗
　　无效宣告请求审查决定（第11120号） ………………………………………… 2094

010 一种油炸食品及其制作方法
　　无效宣告请求审查决定（第11133号） ………………………………………… 2115

011 三氧化二砷冻干粉针及其生产方法
无效宣告请求审查决定（第 11136 号） …… 2120

012 治疗心血管疾病的中药制剂及其制备方法
无效宣告请求审查决定（第 11174 号） …… 2125

013 用表皮生长因子拮抗物治疗顽固性的人肿瘤
无效宣告请求审查决定（第 11230 号） …… 2132
北京市第一中级人民法院行政判决书（2008）一中行初字第 1355 号 …… 2144

014 以塔三烷衍生物为主组分的新组合物
无效宣告请求审查决定（第 11271 号） …… 2152
北京市第一中级人民法院行政判决书（2009）一中行初字第 568 号 …… 2162
北京市高级人民法院行政判决书（2009）高行终字第 1148 号 …… 2169

015 滑板结构
无效宣告请求审查决定（第 11331 号） …… 2176
北京市第一中级人民法院行政判决书（2008）一中行初字第 1484 号 …… 2184

016 胰岛素类似物制剂
无效宣告请求审查决定（第 11397 号） …… 2190
北京市第一中级人民法院行政判决书（2009）一中行初字第 430 号 …… 2199

017 用于治疗过敏性疾病的药物及其制备方法
无效宣告请求审查决定（第 11409 号） …… 2208
北京市第一中级人民法院行政判决书（2008）一中行初字第 1241 号 …… 2229

018 含有胰岛素类似物的药物制剂的制备方法
无效宣告请求审查决定（第 11413 号） …… 2253
北京市第一中级人民法院行政判决书（2008）一中行初字第 762 号 …… 2265

019 单体胰岛素类似物制剂
无效宣告请求审查决定（第 11435 号） …… 2282
北京市第一中级人民法院行政判决书（2008）一中行初字第 1290 号 …… 2298
北京市高级人民法院行政判决书（2009）高行终字第 724 号 …… 2309

020 青稞油炸、焙烤系列食品
无效宣告请求审查决定（第 11457 号） …… 2317
北京市第一中级人民法院行政判决书（2008）一中行初字第 1493 号 …… 2328

021 签语饼
无效宣告请求审查决定（第 11563 号） …… 2335
北京市第一中级人民法院行政判决书（2008）一中行初字第 1199 号 …… 2339

022	油脂化工产品 12-羟基硬脂酸的制取方法	
	无效宣告请求审查决定（第 11595 号）	2345

023	六味地黄胶囊的生产工艺	
	无效宣告请求审查决定（第 11647 号）	2353

024	集菌仪	
	无效宣告请求审查决定（第 11797 号）	2363

025	一种与联合收割机配套的吸风式谷物清选装置	
	无效宣告请求审查决定（第 11951 号）	2370
	北京市第一中级人民法院行政判决书（2008）一中行初字第 1348 号	2376

026	诊断探针检测系统	
	无效宣告请求审查决定（第 11963 号）	2380
	北京市第一中级人民法院行政判决书（2009）一中行初字第 11 号	2388

027	一种改进的软冰淇淋机	
	无效宣告请求审查决定（第 12011 号）	2397

028	一种利用两系法培育亚种间杂交稻组合的方法	
	无效宣告请求审查决定（第 12015 号）	2405
	北京市第一中级人民法院行政判决书（2008）一中行初字第 1417 号	2413
	北京市高级人民法院行政判决书（2009）高行终字第 1100 号	2419

029	甘露聚糖肽组合物及其制备工艺和用途	
	无效宣告请求审查决定（第 12018 号）	2426

030	香菇多糖冻干粉针剂及其制备方法	
	无效宣告请求审查决定（第 12021 号）	2440
	北京市第一中级人民法院行政判决书（2008）一中行初字第 1831 号	2449
	北京市高级人民法院行政判决书（2009）高行终字第 362 号	2458

031	人工组合的抗菌工程多肽及其制备方法	
	无效宣告请求审查决定（第 12022 号）	2469

032	冷冻干燥的稳定的单克隆或多克隆抗体药物制剂	
	无效宣告请求审查决定（第 12049 号）	2475
	北京市第一中级人民法院行政判决书（2009）一中行初字第 778 号	2485

033	茶味南瓜子的加工方法	
	无效宣告请求审查决定（第 12103 号）	2498

034	多视面转动式波形折射变换图案箱	
	无效宣告请求审查决定（第 12116 号）	2505

035 减毒 HSV-1 基因治疗载体
无效宣告请求审查决定（第 12131 号） ········· 2508
北京市第一中级人民法院行政裁定书（2009）一中行初字第 397 号 ········· 2514

036 抗疟药新药复方双氢青蒿素
无效宣告请求审查决定（第 12148 号） ········· 2515
北京市第一中级人民法院行政判决书（2008）一中行初字第 1755 号 ········· 2526

037 一种新型熔蜡器
无效宣告请求审查决定（第 12200 号） ········· 2538

038 一种熔蜡器
无效宣告请求审查决定（第 12201 号） ········· 2543

039 灯箱的反光装置
无效宣告请求审查决定（第 12336 号） ········· 2549

040 灯箱的边缘补光装置
无效宣告请求审查决定（第 12337 号） ········· 2556

041 用离子交换层析纯化蛋白质
无效宣告请求审查决定（第 12385 号） ········· 2562
北京市第一中级人民法院行政判决书（2009）一中行初字第 661 号 ········· 2568

042 邮票镇纸
无效宣告请求审查决定（第 12392 号） ········· 2576

043 α-细辛脑原料生产工艺
无效宣告请求审查决定（第 12417 号） ········· 2581

044 能杀灭艾滋病和性病病毒、人体精子的杀菌膏及其制备方法
无效宣告请求审查决定（第 12591 号） ········· 2590
北京市第一中级人民法院行政判决书（2009）一中行初字 1071 号 ········· 2597

045 聚氨酯微孔弹性体生产方法
无效宣告请求审查决定（第 12653 号） ········· 2605
北京市第一中级人民法院行政判决书（2009）一中行初字第 807 号 ········· 2613

复审请求审查决定

001

一种中草药药物及其用途

复审请求审查决定（第 10460 号）

决 定 号　第 10460 号
决 定 日　2007 年 4 月 5 日
发明创造名称　一种中草药药物及其用途
国际分类号　A61K 35/78，A61P 3/10
复审请求人　吴兴军
申 请 号　200410041233.2
申 请 日　2004 年 6 月 8 日
公 开 日　2005 年 2 月 23 日
合议组组长　李金光
主 审 员　李瑛琦
参 审 员　任　怡

法 律 依 据　专利法第 26 条第 3 款
决 定 要 点
　　如果说明书中记载了生物材料的特性，并给出了公众可以得到该生物材料的具体商业途径，则说明书对该生物材料的公开是充分的。

一、案由

本复审请求涉及申请号为 200410041233.2、名称为"一种中草药药物及其用途"的发明专利申请（下称本申请），申请人为吴兴军，申请日为 2004 年 6 月 8 日，公开日为 2005 年 2 月 23 日。

国家知识产权局于 2006 年 3 月 31 日驳回了本申请，其理由为：本申请说明书中描述了一种治疗糖尿病的药物，制备该药物有效成分的原料为"平糖菊"，经检索，在《中药大辞典》等工具书中均未记载过以"平糖菊"为正名的中药材，尽管说明书中描述了"平糖菊"的部分植物特征，但是本领域技术人员根据说明书的描述并不能确定该原植物的科属来源，无法从自然环境中唯一得到该原植物；而且说明书中明确记载了该中药材是"发明人所发现并培养的"，导致本领域技术人员无法得到该植物，不能够再现本发明的技术方案，因此本申请的说明书不符合专利法第 26 条第 3 款的规定。

驳回决定所针对的独立权利要求为：

"1. 一种中草药药物，其特征在于，它是以中草药平糖菊为原料所制成的药剂。

5. 以权利要求 1 所述的一种中草药药物作为活性成分在制备治疗糖尿病药物中的用途。"

申请人（以下称请求人）对上述驳回决定不服，于 2006 年 6 月 29 日向专利复审委员会提出复审请求，请求人认为：制备本发明药物有效成分的原料"平糖菊"虽未在《中药大辞典》中记载，但是说明书中已经描述了其形态特征，并给出何处有售的指示，本领域技术人员通过本发明指示可以得到该原料，说明书所记载的该中药材是"发明人发现并培养的"，是指发现后进行种植用于研究和销售，并非审查员所说的"意味着该植物是发明人的人工培养物"，因此国家知识产权局驳回的理由不成立。

请求人在提出复审请求时，提交了权利要求书的全文替换页，将原权利要求中记载的"平糖菊"修改为"药用菊三七"，修改后的独立权利要求如下：

"1. 一种中草药药物，其特征在于，它是以中草药药用菊三七为原料所制成的药剂。

5. 以权利要求1所述的一种中草药药物作为活性成分在制备治疗糖尿病药物中的用途。"

形式审查合格后，专利复审委员会受理了该复审请求，并于2006年8月4日向请求人发出《复审请求受理通知书》，随后将本申请移交原审查部门进行前置审查。

原审查部门对本复审请求进行了前置审查，坚持原驳回决定。

专利复审委员会依法组成合议组对本案进行审查。合议组经审查后认为本案事实清楚，可以作出审查决定。

二、决定的理由

1. 关于文本的认定

本复审请求审查决定依据的文本是请求人于2006年6月29日提交的权利要求第1~5项、2004年6月8日提交的说明书第1~8页以及说明书摘要。

2. 关于专利法第26条第3款

说明书应当对发明或者实用新型作出清楚、完整的说明，以所属技术领域的技术人员能够实现为准。

如果说明书中记载了生物材料的特性，并给出了公众可以得到该生物材料的具体商业途径，则说明书对该生物材料的公开是充分的。

本申请说明书第2页第1行记载了本发明中草药药物原料"平糖菊"也称"长寿草"、"药用菊三七"，第2页第2段记载了本发明所称的"平糖菊"的形态特征为"多年生草本，菊科……花期5~7月，果期6~8月。"，并且明确记载了"该药材连云港安邦药业有限公司有售，药材名称为'平糖菊'"（见说明书第2页第13~14行），说明书中药理实验所用的试验材料部分记载"平糖菊新鲜叶，由连云港安邦药业有限公司提供"（见说明书第5页第16行）。根据说明书的记载公众能够从正规的商业渠道买到本申请所述的"平糖菊"或"药用菊三七"，并对照本申请说明书中对"平糖菊"或"药用菊三七"的特性描述确定其购得产品为本申请所述"平糖菊"或"药用菊三七"。因此，原审查部门以"平糖菊"公开不充分为由驳回本申请的理由不成立。

根据以上事实和理由，本合议组作出如下审查决定。

三、决定

撤销国家知识产权局于2006年3月31日针对本申请作出的驳回决定，由原审查部门在请求人于2006年6月29日提交的权利要求第1~5项、2004年6月8日提交的说明书第1~8页以及说明书摘要的基础上继续进行审查。

复审请求人对本决定不服的，可以根据专利法第41条第2款的规定，自收到本决定之日起三个月内向北京市第一中级人民法院起诉。

棉花的一种 Myb 转录因子及其编码基因与应用

复审请求审查决定（第 11421 号）

决 定 号	第 11421 号
决 定 日	2007 年 9 月 10 日
发明创造名称	棉花的一种 Myb 转录因子及其编码基因与应用
国际分类号	C07K 14/415，C12N 15/29，C12N 15/63，A01H 1/00
复审请求人	中国科学院遗传与发育生物学研究所
申 请 号	02145965.7
申 请 日	2002 年 10 月 25 日
公 开 日	2004 年 4 月 28 日
合议组组长	李金光
主 审 员	郭 婷
参 审 员	唐 莉
法 律 依 据	专利法第 26 条第 3 款

决 定 要 点

如果说明书中给出了具体的技术方案，但未给出实验证据，而该方案又必须依赖实验结果加以证实才能成立，则该方案属于缺乏解决技术问题的技术手段而无法实现的情况，不符合专利法第 26 条第 3 款的规定。对于涉及基因、载体、重组载体、转化体、多肽或蛋白、融合细胞、单克隆抗体等的发明，除应当在说明书中明确记载其确认和制备外，还应在说明书中描述其用途和/或效果，明确记载获得所述效果所需的技术手段、条件等。

一、案由

本复审请求涉及于 2002 年 10 月 25 日申请、2004 年 4 月 28 日公开、名称为"棉花的一种 Myb 转录因子及其编码基因与应用"的第 02145965.7 号发明专利申请（下称本申请），本申请的申请人为中国科学院遗传与发育生物学研究所。

国家知识产权局于 2005 年 2 月 4 日发出《第一次审查意见通知书》，指出本申请说明书没有提供实验而仅根据序列同源性来推测本申请蛋白质的用途是不可靠的，本申请说明书关于该蛋白的公开不充分，基于此，编码该蛋白的多核苷酸也公开不充分，本发明蛋白的相关应用等技术方案对于本领域技术人员而言也是不可实现的。因此，本申请说明书不符合专利法第 26 条第 3 款的规定。

申请人于 2005 年 6 月 17 日提交了意见陈述书、经修改的权利要求第 1~8 项和说明书第 2、3 页以及说明书摘要替换页。修改后的权利要求书如下：

"1. Myb 转录因子 GhMYB9，是具有序列表中序列 2 氨基酸残基序列的蛋白质，或者是将序列 2 的氨基酸残基序列经过一个或几个氨基酸残基的取代、缺失或添加且具有与序列 2 的氨基酸残基序列相同活性的由序列 2 衍生的蛋白质。

2. 根据权利要求 1 所述的转录因子，其特征在于：它是具有序列表中序列 2 氨基酸残基序列的蛋白质。

3. Myb 转录因子 GhMYB9 的编码基因，是序列表中序列 1 的 DNA 序列。

4. 根据权利要求 4 所述的基因，其特征在于：该基因的读码框为自 5'端第 1 到第 705 位碱基。

5. 含有权利要求 3 所述基因的表达载体。

6. 含有权利要求 3 所述基因的转基因细胞系。

7. 权利要求 3 所述基因在培育纤维植物新品种中的应用。

8. 权利要求 3 所述基因在培育棉花新品种中的应用。"

申请人在意见陈述书中认为本申请说明书是公开充分的，具体理由是：（1）棉纤维和拟南芥表皮毛具有相同的单细胞起源，它们具有相同的分子机制；R2R3-MYB 亚类型转录因子对表皮毛的发生发育起到调控作用，是本领域技术人员的公知常识；本发明的 GhMYB9 是在棉纤维的起始和延伸时期特异表达的，具有 R2R3-MYB 亚类型转录因子的特异性结构；对于本领域技术人员来说，在比较 AtMYBGL1、AtWER 和本发明转录因子 GhMYB9 的同源性和结构特征之后，唯一能够得到的结论是 GhMYB9 是一个棉纤维中特异表达的 MYB 类转录因子，它在棉纤维的起始和伸长阶段发挥作用。（2）进一步提供了利用本发明转录因子进行的棉花转化实验数据，结果表明 GhMYB9 在棉纤维的发育过程中，尤其在棉纤维延长阶段起着重要的调控作用。

国家知识产权局于 2005 年 7 月 29 日驳回了本申请，理由是本申请说明书不符合专利法第 26 条第 3 款的规定。驳回决定认为：本申请要求保护一种转录因子 GhMYB9 及其编码基因，这种蛋白质及其基因均属于新的化学产品，因此说明书应当公开该化学产品的用途和使用效果。本申请说明书中基于本发明的蛋白质与已知的两种转录因子相比分别具有 50％和 52％的全序列相同性，在一些功能结构域也具有一定相同性，因此推测其属于一种转录因子，继而可将其用于培育植物新品种等应用，但是说明书中除同源性分析外没有提供任何试验来证明本发明蛋白质确实属于一种转录因子，可以调控转录、参与细胞的生化过程。本领域技术人员公知：仅根据序列同源性进行的这种推测不足以证明该因子具有转录因子的用途，因为蛋白质的结构与功能密切相关，在蛋白质关键区域进行的微小改动都可能导致该蛋白丧失功能，这种依据同源性进行的推测是不可靠的，必须通过实验才能证实其具体功能，如果蛋白或基因的新用途或效果在说明书中仅有概括说明而无任何试验数据，使得所属领域的普通技术人员由专业常识无法相信和实施时，可以认定为没有充分公开，因此，本领域技术人员不能确定本发明蛋白的用途，本申请说明书关于该转录因子及其相关应用等技术方案公开不充分，不符合专利法第 26 条第 3 款的规定。此外，尽管申请人在意见陈述中提供了棉花转化试验数据，但是在原始公开的申请文件中并没有证实调控作用的实施例，本领域技术人员根据原始说明书的内容无法确定该因子具有转录调控作用，意见陈述中加入的这些试验数据并不能使本申请克服公开不充分的缺陷。

申请人中国科学院遗传与发育生物学研究所（下称请求人）对上述驳回决定不服，于 2005 年 10 月 31 日向专利复审委员会提出复审请求，请求人没有在提出复审请求的同时提交修改文本。请求人认为，国家知识产权局驳回的理由不成立，具体理由是：植物 MYB 基因家族在高等植物的转录控制中起着非常重要的作用，植物的 R2R3 类型 MYB 基因主要参与植物特异的过程，它们涉及花青素的生物合成、表皮细胞形状的控制和发育启动、介导信号分子如茉莉酸、植物激素 ABA 和 GA 的反应等。对 R2R3 MYB 基因族中 ZmMYBC1、ZmMYBPL、PhMYBAN2 和 MYBROSEEA 这几个基因的结构和功能进行比较，得出的结论是：来源不同，结构相似，功能相近。在拟南芥中，对两个典型的R2R3类型的MYB转录因子AtGL1和AtWER的研究也表明，结构相似，蛋白功能相同，作用机制也几乎相同。由此看来，无论来自同一物种还是不同物种，结构相似的MYB基因应具有相似的功能，这意味着与控制拟南芥表皮毛发育启动的AtGL1和AtWER高度同源的本发明的棉花MYB基因应控制着棉纤维的发育。本发明的GhMYB109是在棉纤维的起始和延伸时期特异表达的，编码一个234个氨基酸的蛋白，具有典型的R2R3类MYB转录因子的特点，通过与拟南芥中的R2R3MYB蛋白AtMYBGL1和AtWER的全长序列比较，发现它们的氨基酸序列同源性分别达51.2％和59.1％；就R2R3保守区而言，同源性高达82.1％和84.0％，并且含有在所有的MYB蛋白中保守的色氨酸，能形成螺旋-环-螺旋结构（图和表见原申请文件的说明书，同时可见申请专利后发表的文章 Jingfeng Suo, Xiaoe Liang, Li Pu, Yangsheng Zhang, Yongbiao Xue. 2003 Identification of GhMYB109 encoding a R2R3 MYB transcription factor that expressed specifically in fiber intials and elongating fibers of cotton (Gossypium Hirsutum L.). Biochim Biophys Acta. Oct 20；1630（1）：25-34）。AtMYBGL1在拟南芥中的作用是控制表皮毛发生的正调控因子，其在拟南芥中的同源基因AtWER是控制根毛细胞非根毛状态的正调控因子。这些均表明GhMYB109是一个棉纤维中特异表达的R2R3类型的MYB类转录因子，它在棉纤维的发育过程中起着重要的调控作用。

形式审查合格后，专利复审委员会受理了该复审请求，并于2005年11月23日向请求人发出《复审请求受理通知书》，同时将本申请案卷移交原审查部门进行前置审查。

原审查部门对本复审请求进行了前置审查，认为复审请求人陈述的意见不具有说服力，因此坚持原驳回决定。

专利复审委员会组成合议组，对本案的复审请求进行了审理。于2007年2月12日向请求人发出《复审通知书》。《复审通知书》指出，本申请说明书给出的序列同源性比较结果结合实施例3的结果仍然不足以证明本发明GhMYB9蛋白的功能，在本申请说明书缺乏证实上述推测结果的具体实验室实验或临床试验证据的情况下，本领域技术人员无法确信GhMYB9蛋白具有本申请所述功能。基于此，本发明的蛋白、其编码基因、含该基因的表达载体、转基因细胞系及其应用也均未得到充分公开，本申请说明书不符合专利法第26条第3款的规定。同时指出，请求人的意见陈述不具有说服力。

针对《复审通知书》指出的问题，请求人于2007年3月20日提交了意见陈述书。请求人认为，R2R3-MYB亚类型转录因子对表皮毛的生长发育起到调控作用，是已经被确证的理论，对于本领域技术人员来说，是公知常识，已经是不用证明的公论，下面的文献是论述这一理论的经典著作：Larkin J C, Oppenheimer D G, Pollock S, Mars M D. Arabidopsis GlABROUSI gene requires downstream sequences for function. Plant Cell, 1993, 5：1739-1748.；Lee M M, Schiefellbein J. WEREWOLF, a MYB-related protein in Arabidopsis, is a position-dependent regulator of epidermal cell patterning. Cell, 1999, 99：473-483。本发明的GhMYB9是在棉纤维的起始和延伸时期表达的，具有R2R3-MYB亚类型转录因子的特异性结构，能够得到的唯一结论是它与棉纤维的起始和延伸时期表皮毛的发生发育有关。根据目前该领域的研究结果可以得出结论：即使是来源不同的R2R3MYB转录因子，只要是结构相似，功能就相近。本发明的GhMYB9与控制拟南芥表皮毛发育启动的AtGL1和AtWER结构高度相似，可以得出其也是控制表皮毛发育的基因，不论"根毛"还是"棉纤维"，都是"表皮毛"。因此，GhMYB9具有控制棉纤维发育的功能应该是唯一且确定的。即使由于植物的R2R3类型MYB基因主要参与植物特异的过程，它们涉及多个方面，不能确认GhMYB9一定是具有控制棉纤维发育的功能，本发明说明书也是清楚完整的，本领域技术人员按照本发明说明书的教导，完全可以重复本发明的技术方案，实现本发明的目的。

至此，合议组认为本案事实清楚，可以作出审查决定。

二、决定的理由

1. 决定所依据的文本

本复审请求审查决定所依据的文本为驳回决定所针对的文本。

2. 关于专利法第 26 条第 3 款

专利法第 26 条第 3 款规定，说明书应当对发明或者实用新型作出清楚、完整的说明，以所属技术领域的技术人员能够实现为准。

根据该款规定，如果说明书中给出了具体的技术方案，但未给出实验证据，而该方案又必须依赖实验结果加以证实才能成立，则该方案属于缺乏解决技术问题的技术手段而无法实现的情况，不符合专利法第 26 条第 3 款的规定。对于涉及基因、载体、重组载体、转化体、多肽或蛋白、融合细胞、单克隆抗体等的发明，除应当在说明书中明确记载其确认和制备外，还应在说明书中描述其用途和/或效果，明确记载获得所述效果所需的技术手段、条件等。

就本案而言，权利要求请求保护 Myb 转录因子 GhMYB9（下称本发明蛋白）（权利要求 1~2）、Myb 转录因子 GhMYB9 的编码基因（下称本发明基因）（权利要求 3~4）、含有本发明基因的表达载体（权利要求 5）、含有本发明基因的转基因细胞系（权利要求 6）、本发明基因在培育纤维植物新品种中的应用（权利要求 7）、本发明基因在培育棉花新品种中的应用（权利要求 8）。上述请求保护的产品或其应用充分公开的基础是充分公开本发明蛋白质的确认、制备和功能，由于说明书中已经给出了该蛋白的制备和基因序列的确认，因此该蛋白是否公开充分取决于能否确定其功能。

本申请说明书中与 GhMYB9 蛋白的功能有关的记载（具体参见本申请说明书第 1 页第 13、17~18、27~28 行，第 2 页第 4 段，第 3 页第 1 段，实施例 3）如下：

"GL1 是最早克隆到的控制表皮毛启动的基因，GL1 编码一种 R2R3 类型的 MYB 蛋白"；"WER 是后来通过遗传分析发现的控制根毛发育的 MYB 基因，它编码一种 R2R3 蛋白"；"棉花纤维的早期发育过程可能类似于拟南芥等植物中表皮毛的形成过程。已经知道，GL1 与 WER 是控制拟南芥表皮毛分化的主要基因之一。那么，棉纤维作为一种子房胚珠外珠被上的单细胞表皮毛，它的发育启动机制很可能也受 MYB-bHLH-WD40 复合体调控机制的控制，而且更类似于拟南芥单细胞表皮毛的发育启动调节机制"；"该基因与 AtMYBGL1 及 WER 高度同源，三者的序列比较如表 1 所示：

表 1 GhMYB9 与 GL1 和 WER 序列一致性比较

	全序列	DNA 结合区	R2 中前 12 个氨基酸	编码区 3'端 24 个氨基酸
GhMYB9 与 WER	52%	83%	10/12	11/24
GhMYB9 与 GL1	50%	81%	9/12	10/24
WER 与 GL1	57%	91%	12/12	14/24

"。

实施例 3 用 Northern 杂交对徐州 142 和徐州 142 无絮两个品种不同时期的子房或胚珠中的基因表达进行了分析，推测 GhMYB9 可能是一个与棉纤维发育高度相关的调控基因。

由此可见，对于 GhMYB9 蛋白的功能，请求人只是根据 GhMYB9 与拟南芥 GL1 和 WER 在一级序列水平上的同源性以及实施例 3 中的基因表达分析推测得出 GhMYB9 具有 MYB 转录因子的作用，推测其能够改变纤维数量和形状。

根据本领域的公知常识，在氨基酸序列的关键位置增加、替换或缺失氨基酸会改变蛋白质的性质，尤其是，当这些变化发生在功能域中时，会显著影响蛋白质的活性。虽然具有相同功能的蛋白其氨基酸序列同源性较高，但氨基酸序列的高度同源并不意味着蛋白功能必然相同或相似，因蛋白质的功能取决于其氨基酸序列和空间结构。序列同源性或同一性分析作为本领域的一种常用分析手段，其结果仅仅是得到一种推测的蛋白功能，它可以为蛋白功能的进一步研究指出方向，但并不意味着所述蛋白必具有该推测功能。就一份专利而言，其所保护的必须是确信能够成立的技术方案，而非推测的存疑技术方案。除了同源性比较外，在本申请说明书中，唯一一个与GhMYB9功能相关的实验是实施例3，然而，从实施例3的分析结果仅能推测GhMYB9可能与棉纤维发育相关，但GhMYB9是否真正在棉纤维发育中起了某种作用并没有得到证实。本申请说明书给出的序列同源性比较结果结合实施例3的结果仍然不足以证明本发明GhMYB9蛋白的功能。在本申请说明书缺乏证实上述推测结果的具体实验室试验或临床试验证据的情况下，本领域技术人员无法确信GhMYB9蛋白具有本申请所述功能。

综上所述，本申请说明书没有充分公开本发明蛋白的功能，基于此，本发明的蛋白、其编码基因、含该基因的表达载体、转基因细胞系及其应用也均未得到充分公开，本申请说明书不符合专利法第26条第3款的规定。

对于请求人在本案审查过程中提出过的意见，合议组认为：（1）虽然现有技术中MYB家族转录因子有其一定的结构，但是这并不等于凡是具有此结构特征的均属于该家族成员，这是因为关键位置的氨基酸发生变化或者空间结构发生变化都会影响蛋白质的功能，本发明的GhMYB9虽然在序列上与已知的MYB转录因子的R2R3结构域有一定的同源性，但其仍然有可能因为关键位置上氨基酸的不同或侧翼序列造成的空间结构的变化，从而导致不具有MYB转录因子的转录激活功能，因此本发明的GhMYB9是否是MYB转录因子，也需要实验证据予以证实，在缺少实验证据的情况下，不能确定GhMYB9是MYB转录因子。（2）请求人虽然提出R2R3-MYB亚类型转录因子对表皮毛的生长发育起到调控作用是本领域公知常识，并提供了两篇外文文献的题目及出处，但是并没有提供这两篇文献的原文及中文译文，从题目来看，其仅仅是涉及拟南芥中两种MYB基因的文献，并不能证明GhMYB9是MYB转录因子，这两篇文献也不属于审查指南中规定的公知常识性证据的范畴。虽然请求人指出R2R3-MYB亚类型转录因子对表皮毛的发生发育起到调控作用是本领域技术人员的公知常识，但是实际上现有技术中已发现的多种植物R2R3-MYB蛋白的功能呈现多样性，涉及苯丙酸代谢、发育、信号转导、植物抗病、细胞分裂等多个方面，而并不是都具有对表皮毛发生和发育的调控功能，请求人在请求复审时的意见陈述中也指出植物的R2R3类型MYB基因主要参与植物特异的过程，它们涉及花青素的生物合成、表皮细胞形状的控制和发育启动、介导信号分子如茉莉酸、植物激素ABA和GA的反应等。此外，"无论来自同一物种，还是来自不同物种，结构相似的MYB基因应具有相似的功能"并不是本领域技术人员公认的论断，即使ZmMYBC1、ZmMYBPL、PhMYBAN2和MYBROSEEA这几个R2R3MYB基因结构类似，功能也在一定程度上类似，由此也无法确定"结构相似的MYB基因具有相似的功能"能够适用于其他的MYB基因。因此，根据说明书的描述，既不能确定本发明的GhMYB9是MYB转录因子，更不能确定其对表皮毛的发生发育起到调控作用。（3）虽然请求人在本申请的审查过程中提交了用GhMYB9进行的棉花转化实验数据和提及了相应的发表过的文章，但请求人提交的用GhMYB9进行的棉花转化实验数据和发表文章的内容并未记载在本申请原始申请文件中，是本领域普通技术人员根据本申请说明书记载的内容无法预知的，因此不能用作判断本申请是否公开充分的依据。综上所述，请求人的意见陈述不具有说服力。

根据以上事实和理由，本案合议组作出如下审查决定。

三、决定

维持国家知识产权局于2005年7月29日对02145965.7号发明专利申请作出的驳回决定。

复审请求人对本决定不服的，可以根据专利法第41条第2款的规定，自收到本决定之日起三个月内向北京市第一中级人民法院起诉。

新的人促分裂原活化蛋白激酶相关蛋白激酶及其编码序列

复审请求审查决定（第11621号）

决 定 号	第11621号
决 定 日	2007年6月13日
发明创造名称	新的人促分裂原活化蛋白激酶相关蛋白激酶及其编码序列
国际分类号	C12N 15/54，C12N 9/12，C12N 15/63，C07K 16/40，C12Q 1/68
复审请求人	国家人类基因组南方研究中心
专利申请号	99127035.5
申 请 日	1999年12月29日
公 开 日	2001年7月4日
合议组组长	李彦涛
主 审 员	叶 娟
参 审 员	葛永奇
法 律 依 据	专利法第26条第3款

决 定 要 点

对于涉及基因、载体、重组载体、转化体、多肽或蛋白质、融合细胞、单克隆抗体等的发明，除应当在说明书中明确记载其确认和制备外，还应在说明书中提供对本领域技术人员来说足以确信所述基因等产品具有特定功能的证据，对于结构基因，应该证明所述基因编码的多肽或蛋白质具有特定的功能。

一、案由

本复审请求涉及名称为"新的人促分裂原活化蛋白激酶相关蛋白激酶及其编码序列"的第99127035.5号发明专利申请（下称本申请），申请人为国家人类基因组南方研究中心，申请日为1999年12月29日，公开日为2001年7月4日。

应申请人提出的实质审查请求，国家知识产权局于2003年1月10日发出《第一次审查意见通知书》，其中指出：本申请涉及一种新的人促分裂原活化蛋白激酶相关蛋白激酶hMnk2及其核酸序列，说明书中根据其与小鼠hMnk2核酸和氨基酸水平上的同源性推测本发明的人hMnk2蛋白是一种促分裂原活化蛋白激酶相关蛋白激酶，并且具有促分裂原活化蛋白激酶相关蛋白激酶的一些重要功能，但是这种对基因功能的推测是不确定的，本领域技术人员根据说明书的描述及本领域的公知常识只能简单推测，但并不能肯定hMnk2蛋白必定具有与促分裂原活化蛋白激酶相关蛋白激酶相同的重要功能，还需要对其功能进行进一步的验证，由于本申请说明书中并没有提供对hMnk2蛋白功能进行验证的直接证据，因此，本领域普通技术人员根据说明书的描述无法实现本申请请求保护的技术方案，即，本申请说明书未对发明作出清楚、完整的说明，导致本领域普通技术人员无法实现，不符合专利法第26条第3款的规定。

2003年5月26日，申请人对上述《第一次审查意见通知书》作出答复认为：通过同源性比较而确定新蛋白的功能是本领域技术人员常用的一种方法，而且该方法的可信度非常高，同时结合结构域或基序的分析，本领域技术人员能更可信的确定新蛋白的功能，蛋白质的一级结构确定后其空间结构即基本确定，将同源比较等实验结果不作为"实验结果"是不合适的；此外，本申请说明书中公开了本发明可用于制备抗体，而该抗体可"用于筛选该家族的其他成员，或者用于亲和纯化相关蛋白（如该家族的其他成员），本申请的说明书充分公开了制备DNA和蛋白的实验、公开了制备抗体的方法和具体例子，因此，根据这些描述，本领域技术人员可以毫不费力地制得这些蛋白、DNA和抗体，用于纯化现有的已知蛋白，从而重现本发明（至少重现本申请的部分技术方案），因此，即使本发明的蛋白的功能不被认可，也不影响本发明的其他技术方案的充分公开，因此本申请符合专利法第26条第3款的规定。申请人同时提交了新的权利要求书（共9项）。

2003年7月18日，国家知识产权局发出了《第二次审查意见通知书》，指出本领域技术人员从已知的人及小鼠Mnk蛋白的核苷酸及氨基酸序列出发，采用本领域技术人员确定新蛋白功能常用的同源比较的方法获得人hMnk2蛋白及其基因序列并不需要创造性劳动，同时所获得的人hMnk2蛋白也没有取得预料不到的效果，因此，本申请全部权利要求不符合专利法第22条第3款的规定。

2003年10月8日，申请人对上述《第二次审查意见通知书》作出答复，并提交以下附件：

附件1："The N and C Termini of the Splice Variants of the Human Mitogen-Activated Protein Kinase-Interacting Kinase Mnk2 Determine Activity and Localization"，Gert C. Scheper等人，Molecular and Cellular Biology，第5692~5705页，2003年8月，复印件共14页；

附件2：第95197779.2号中国专利授权公告文本，复印件共45页。

结合上述附件，申请人陈述了本申请具备创造性的理由，其中附件1用于证明本发明的人hMnk2（即附件1中的Mnk2a）具有激酶活性，并且可调节eIF4G进入核，附件2用于证明在现有技术中已经公开了一种蛋白的情况下，再对来源于不同物种，甚至来源于同一物种的、功能相同、同源性较高的同工酶或第二亚型蛋白授予专利是屡见不鲜的。

2004年1月2日，国家知识产权局针对申请人于申请日提交的说明书第1~23页、说明书附图第1~4页、说明书摘要以及于2003年5月26日提交的权利要求书（共9项），以本申请权利要求1~9不符合专利法第22条第3款为由驳回了本申请。驳回决定针对的权利要求书内容如下：

"1. 一种分离出的DNA分子，其特征在于，所述DNA分子编码一多肽，该多肽含有SEQ ID NO.7所示的序列。

2. 如权利要求1所述的DNA分子，其特征在于，所述多肽的序列如SEQ ID NO.7所示。

3. 如权利要求1所述的DNA分子，其特征在于，所述DNA分子的序列是SEQ ID NO.6中从核苷酸第12~1253位的核苷酸序列。

4. 一种分离出的人hMnk2蛋白多肽，其特征在于，它含有SEQ ID NO.7所示的氨基酸序列。

5. 如权利要求4所述的多肽，其特征在于，该多肽的序列如SEQ ID NO.7所示。

6. 一种载体，其特征在于，它包含权利要求1所述的DNA。

7. 一种用权利要求6所述载体转化的宿主细胞。

8. 一种产生人hMnk2蛋白的方法，其特征在于，该方法包括：

（1）将编码人hMnk2蛋白的核苷酸序列可操作地连于表达调控序列，形成人hMnk2蛋白表达载体，所述的核苷酸序列编码一多肽，该多肽含有 SEQ ID NO.7 所示的序列；

（2）将步骤（1）中的表达载体转入宿主细胞，形成人 hMnk2 蛋白的重组细胞；

（3）在适合表达人 hMnk2 蛋白多肽的条件下，培养步骤（2）中的重组细胞；

（4）分离出人 hMnk2 蛋白。

9. 一种能与权利要求 4 所述的人 hMnk2 蛋白多肽特异性结合的抗体。"

申请人国家人类基因组南方研究中心（以下称请求人）对上述驳回决定不服，于 2004 年 4 月 15 日向专利复审委员会提出了复审请求，请求人坚持认为本申请符合专利法第 22 条第 3 款的规定。请求人在提出复审请求的同时提交了一份新证据（附件 3，标题为"提复审的附件 1（证明 hMnk2 与 Mnk2a 是同一蛋白）"的文字，复印件共 2 页）用于证明本申请的人 hMnk2 与附件 1 中所述的 Mnk2a 是同一蛋白，进而证明本申请的人 hMnk2 具有创造性。

形式审查合格后，专利复审委员会受理了该复审请求，于 2004 年 5 月 31 日向请求人发出《复审请求受理通知书》，并将本申请案卷转送至原审查部门进行前置审查。

原审查部门对本复审请求进行了前置审查，在前置审查意见书中，原审查部门坚持认为本申请不具备创造性，因而维持原驳回决定。

专利复审委员会组成合议组，对本复审请求案进行了审理。

合议组于 2006 年 9 月 26 日发出《复审通知书》，指出本申请说明书公开不充分，不符合专利法第 26 条第 3 款的规定，具体意见如下：（1）本发明请求保护的技术方案充分公开的基础是人 hMnk2 蛋白已经充分公开，由于说明书中已经给出了该多肽的制备和确认，因此该多肽的公开充分与否取决于其是否具有用途和/或效果，对于一种多肽而言，其用途和/或效果具体体现为其是否具有特定的功能；（2）对于 hMnk2 蛋白的功能，说明书并没有给出实验数据来证实，而只是根据其与小鼠 Mnk2 在氨基酸水平的相同性从小鼠 Mnk2 的功能得到的一种推测结论；（3）包括基于同源性的功能推测在内的各种推测只有经过实验验证后才能使得推测的结论成立，在本申请未记载任何有关人 hMnk2 实验数据及其结果的情况下，仅根据人 hMnk2 与被比较多肽的氨基末端的氨基酸同一性分析不足以证实人 hMnk2 具有所述的功能和/或用途，因此，本申请没有充分公开本发明多肽的功能，且基于此，本发明的多肽以及以该多肽为基础的其他要求保护的内容在说明书中也均未得到充分公开，本申请不符合专利法第 26 条第 3 款的规定。此外，针对请求人提交的附件 1～3，合议组进一步指出：附件 1 的提交日在本申请的申请日之后，其中的内容并未记载在本申请原始申请文件中，是本领域普通技术人员在申请日前无法预知的，因此不能用作判断本申请是否公开充分的依据；对于一件专利申请其审查应按照专利法、专利法实施细则以及审查指南进行，针对具体案情进行审理，并非参照个别案例，因此，附件 2 与本案无关；对于附件 3，首先该资料的形成日期在本专利的申请日之后，其次从该资料的内容来看，其中的序列信息来源于 2003 年公开的附件 1，因此，该资料的信息显然也是本领域普通技术人员在本申请的申请日前无法预知的，它也不能用作判断本申请是否公开充分的依据。

请求人于 2006 年 11 月 13 日提交了意见陈述书，请求人认为：（1）原审查部门以本申请权利要求 1～9 不具备创造性驳回了本申请，而复审委员会却认为本申请公开不充分，二者存在矛盾之处；（2）申请人对专利审查中对后补实验数据一律不予考虑的做法表示难以认同。

据此，合议组认为本案事实已经清楚，可以作出复审决定。

二、决定的理由

1. 审查文本

本复审决定所针对的文本为驳回决定所针对的文本。

2. 关于专利法第 26 条第 3 款

专利法第 26 条第 3 款规定，说明书应当对发明或者实用新型作出清楚、完整的说明，以所属技术领域的技术人员能够实现为准。

如果说明书中给出了具体的技术方案，但未给出实验证据，而该方案又必须依赖实验结果加以证实才能成立，则该方案属于缺乏解决技术问题的技术手段而无法实现的情况，不符合专利法第 26 条第 3 款的规定。对于涉及基因、载体、重组载体、转化体、多肽或蛋白质、融合细胞、单克隆抗体等的发明，除应当在说明书中明确记载其确认和制备外，还应在说明书中提供对本领域技术人员来说足以确信所述基因等产品具有特定功能的证据，对于结构基因，应该证明所述基因编码的多肽或蛋白质具有特定的功能，仅仅基于同源性比较并不能确定出所述基因等产品的功能。

就本案而言，其请求保护分离的 DNA 分子（下称本发明核酸）（权利要求 1~3）、分离的人 hMnk2（人促分裂原活化蛋白酶激酶相关蛋白激酶及其编码序列）蛋白多肽（下文也称作"本发明多肽"）（权利要求 3、4）、含有本发明核酸的载体（权利要求 6）、用上述载体转化的宿主细胞（权利要求 7）、生产人 hMnk2 蛋白的方法（权利要求 8）、能与人 hMnk2 蛋白结合的抗体（权利要求 9）、检测样品中是否存在人 hMnk2 蛋白的方法（权利要求 10）。分析上述请求保护的内容可知，上述产品或方法充分公开的基础是人 hMnk2 蛋白已经充分公开，由于说明书中已经给出了该多肽的制备和确认，因此该多肽的公开充分与否取决于其是否具有用途和/或效果，对于一种多肽而言，其用途和/或效果具体体现为其是否具有特定的功能。

关于人 hMnk2 蛋白的功能，说明书中有以下描述：编码人 hMnk2 蛋白的 cDNA 与小鼠 Mnk2 基因的 mRNA 全编码序列第 2~1106 位碱基有 87.6% 的相同性，在氨基酸水平上，人 hMnk2 与小鼠 Mnk2 蛋白有 96.4% 相同性，因而可以确定本发明的人 hMnk2 蛋白是一种促分裂原活化蛋白酶激酶相关蛋白激酶（具体参见本申请说明书第 10 页第 24 行至第 11 页第 1 行，第 13 页第 16~23 行）。由此可见，对于人 hMnk2 蛋白的功能，说明书并没有给出实验数据来证实，而只是根据其与小鼠 Mnk2 在氨基酸水平的相同性从小鼠 Mnk2 的功能得到的一种推测的结论。

对于人 hMnk2 蛋白的上述功能推测，合议组认为：本领域公知，蛋白质的一级结构是其功能的基础，但蛋白质的功能最终取决于其空间构象，即高级结构序列关键位置上发生的氨基酸添加、缺失或者替换都极有可能改变蛋白质的空间结构从而改变其活性或功能甚至使其丧失活性或功能，或者虽然两种蛋白具有相似的一级序列，但是由于某些氨基酸残基的不同，有可能导致氨基酸残基间的键合等关系发生改变，因此使得整个蛋白在三维水平上重新构建出完全不同的结构域，从而使得两种蛋白质表现出完全不同的功能，因此，即使不同蛋白质在一级序列上高度同源也并不必然导致这些蛋白质具有相同的功能，综上，序列同源性或同一性分析作为本领域的一种常用分析手段，其结果仅仅是得到一种有待证实的有可能的功能，它可以为进一步的功能研究指出方向，但并不意味着所述核酸或蛋白必定具有该推测的功能，而对于实验科学而言，包括基于同源性推测功能在内的各种推测只有经过实验验证后才能确认推测的结论是否成立，就一份专利而言，其所保护的必须是已经完成、确信能够成立的技术方案，而非推测的存疑技术方案，对于多肽的功能说明书中应当给出实验数据加以验证。

综上所述，在本申请未记载任何有关人 hMnk2 蛋白实验数据及其结果的情况下，仅根据人 hMnk2 蛋白与小鼠 Mnk2 的氨基酸同一性分析不足以证实人 hMnk2 蛋白具有所述功能和/或用途，也即，本申请没有充分公开本发明多肽的功能，基于此，本发明的多肽以及以该多肽为基础的其他要求保护的内容在说明书中也均未得到充分公开，本申请不符合专利法第 26 条第 3 款的规定。

对于附件 1~3，合议组认为：（1）附件 1 的公开日在本申请的申请日之后，其中的内容是本领域普通技术人员在申请日前无法预知的，因此附件 1 不能用作判断本申请是否公开充分的依据；

（2）我国对专利申请的审查依照专利法、专利法实施细则、审查指南进行，针对具体案情进行审理，并非参照个别案例，因此，附件2与本案无关；（3）对于附件3，首先该资料的形成的日期在本专利的申请日之后，其次从该资料的内容来看，其中的序列信息来源于2003年公开的附件1，因此，该资料的信息显然也是在本申请的申请日前本领域普通技术人员无法预知的，它也不能用作判断本申请是否公开充分的依据。

根据上述事实和理由，本案合议组作出如下决定。

三、决定

维持国家知识产权局于2004年1月2日对第99127035.5号发明专利申请作出的驳回决定。

复审请求人对本决定不服的，可以根据专利法第41条第2款的规定，自收到本决定之日起三个月内向北京市第一中级人民法院起诉。

004

奈瑟球菌基因组序列及其用法

复审请求审查决定（第11637号）

决 定 号	第11637号
决 定 日	2007年9月10日
发明创造名称	奈瑟球菌基因组序列及其用法
国际分类号	C12Q 1/68，C12N 15/11，C07K 14/22
复审请求人	希龙公司，基因组研究所
申 请 号	00809820.4
优 先 权 日	1999年4月30日，1999年10月8日，2000年2月28日
申 请 日	2000年3月8日
公 开 日	2002年7月17日
合议组组长	郭 婷
主 审 员	许 磊
参 审 员	吴通义

法 律 依 据 专利法第26条第3款

决 定 要 点

所属技术领域的技术人员能够实现，是指所属技术领域的技术人员按照说明书记载的内容，就能够实现该发明或者实用新型的技术方案，解决其技术问题，并产生预期的技术效果。对于涉及基因等化学产品的发明来说，说明书应当包括下列内容：产品的确认、产品的制备、产品的用途；对于基因等产品的用途而言，应在说明书中提供证据证明其具有特定的功能。

一、案由

本复审请求涉及2002年7月17日公开，名称为"奈瑟球菌基因组序列及其用法"的第00809820.4号发明专利申请（下称本申请），本申请的申请日为2000年3月8日，优先权日为1999年4月30日、1999年10月8日和2000年2月28日，申请人为希龙公司和基因组研究所。

国家知识产权局于2004年12月17日以本申请说明书不符合专利法第26条第3款为由驳回了本申请，具体理由为：说明书附录A给出了SEQ ID NO：1的全序列，在附录B中记载了SEQ ID NO：1的第1363680-1364114，但是说明书中没有给出所述片段编码的蛋白的功能，也没有给出蛋白的功能验证试验及数据，在申请日时也无法确定所述序列是否是脑膜炎奈瑟球菌特有的序列并具有检测或诊断的功能，这需要本领域技术人员进一步验证才能确定，其结果是无法预料的，虽然说明书给出了序列的具体组成，但所述序列是否具有特有性必需依赖实验结果加以证实才能成立；申请人答复第二次审查意见通知书时提交的序列对比结果的比较对象是申请日之后公开的序列，无法说明在申请日时本领域技术人员能够获得所述结果，所以说明书没有对发明作出完整的说明，不符合专利法第26条第3款的规定。

驳回决定所针对的权利要求书为：

"1. 一种蛋白质，其特征在于，它含有 SEQ ID NO：1 的第 1363680-1364114 位核苷酸编码的氨基酸序列。

2. 一种蛋白质，其特征在于，它含有长 7 个或 7 个以上氨基酸的片段，所述片段为 SEQ ID NO：1 的第 1363680-1364114 位核苷酸编码的氨基酸序列的片段。

3. 如权利要求 2 所述的蛋白质，其特征在于，所述片段含有 SEQ ID NO：1 的第 1363680-1364114 位核苷酸编码的氨基酸序列的表位。

4. 一种抗体，其特征在于，所述抗体结合与权利要求 1~3 中任一项所述的蛋白质。

5. 如权利要求 4 所述的抗体，其特征在于，所述抗体是单克隆抗体。

6. 一种核酸，其特征在于，所述核酸编码权利要求 1~3 中任一项所述的蛋白质。

7. 如权利要求 6 所述的核酸，其特征在于，所述核酸含有 SEQ ID NO：1 的第 1363680-1364114 位核苷酸。

8. 一种核酸，其特征在于，所述核酸含有长 10 个或 10 个以上核苷酸的片段，所述片段为 SEQ ID NO：1 的第 1363680-1364114 位核苷酸的片段。

9. 一种核酸，其特征在于，所述核酸含有一核苷酸序列，该核苷酸序列与权利要求 6~8 中任一项所述的核酸序列互补。

10. 一种核酸，其特征在于，所述核酸在严格条件下与权利要求 6~9 中任一项所述的核酸杂交。

11. 一种组合物，其特征在于，所述组合物含有前述任一项权利要求所述的蛋白质、核酸或抗体。

12. 如权利要求 11 所述的组合物，其特征在于，所述组合物是一种疫苗组合物或诊断组合物。

13. 权利要求 11 或 12 所述的组合物的用途，其特征在于，用于制备药物。

14. 权利要求 13 所述的组合物的用途，其特征在于，用于制备治疗或预防奈瑟球菌感染用的药剂。"

申请人希龙公司和基因组研究所（下称请求人）对上述驳回决定不服，于 2005 年 3 月 31 日向专利复审委员会提出复审请求，请求人认为，国家知识产权局驳回的理由不成立，具体理由为：（1）本申请优先权日之前本发明技术所涉及的领域已经公开了大量技术内容，本领域技术人员知晓这些技术内容，作为某种微生物特有的序列，其在检测该微生物、诊断由该微生物引起的疾病等方面的用途是显而易见的，本领域技术人员在获知某序列为某微生物特有的情况下，也完全能够知晓该序列的检测、诊断等用途；（2）本发明说明书已经从技术问题、技术方案和技术效果等各个方面对本发明进行了清楚完整的描述，还就实施本发明技术方案所涉及的各种方法进行了描述，说明书第36页第32行到第45页第15行的内容还描述了 DNA 的制备、扩增、克隆、表达、纯化、免疫试验等，说明书的实施例部分还具体描述了一些蛋白质的表达、纯化及其活性试验，本发明优选片段是脑膜炎奈瑟球菌基因组特有的这一结论就是一个定性的实验结果；（3）请求人提供的对比结果是基于审查员在第二次审查意见通知书中的怀疑而作出的，因为按照审查员的说法所述比较对象是在申请日之后公开，但是因为连最新发现的序列都与本发明的序列不同，更证明了该序列是脑膜炎奈瑟球菌特有的；（4）附录 B 体现了请求人在现有技术基础上进行的大量劳动和努力，附录 B 提供的结果就是本发明公开的实验结果。综上所述，本发明说明书已经清楚、完整地公开了本发明的技术方案，符合专利法第26条第3款的规定。

请求人在提出复审请求时没有提交新的专利申请文本。

形式审查合格后，专利复审委员会受理了该复审请求，并于2005年5月8日向请求人发出《复审请求受理通知书》，并将本申请案卷移交原审查部门进行前置审查。

原审查部门对本复审请求进行了前置审查，认为本申请仅记载了要求保护的基因组序列的一个片段的序列结构，而没有给出任何确定的生物学功能及验证数据，复审请求书中提出的理由不能证明所述片段的确定功能，因此坚持原驳回决定。

专利复审委员会组成合议组，对本案的复审请求进行了审理。于2006年9月28日向请求人发出《复审通知书》。该《复审通知书》指出，权利要求1~14分别请求保护含有SEQ ID NO：1的第1363680-1364114位核苷酸或者由其编码蛋白和相关的抗体以及能与上述核苷酸序列互补、杂交的核酸片段、含有所述蛋白、核酸和抗体的组合物以及该组合物的用途。但是，其中涉及的SEQ ID NO：1的第1363680-1364114位核苷酸仅在说明书第459页的附录B中以"NMB1343　假设蛋白1363680-1364114"的方式被提及，在说明书中，除在说明书第4页第20~23行中简单笼统描述附录B的片段是脑膜炎奈瑟球菌基因组特有的之外，说明书中没有提供任何证据证明所要保护的片段在其他物种基因组中不存在，从而的确是脑膜炎奈瑟球菌所特有的并进而可用作鉴别奈瑟球菌的特定探针；另外，在说明书中没有用该核苷酸序列实际合成出蛋白，更没有明确该蛋白的功能；没有制备任何包含所说蛋白、核酸或抗体的组合物，也没有提供任何证明该组合物功效的实验。请求人提交的BLAST检索的结果只是SEQ ID NO：1与脑膜炎奈瑟球菌基因组序列同源性比较的结果，无法证明在其他物种基因组如其他球菌基因组中就不包含该序列，即这些结果无法证明该核苷酸序列是脑膜炎奈瑟球菌所特有的。就所要保护的蛋白而言，其只是一种假设蛋白，在说明书中并没有被实际合成出来，其特定功能也没有得到证实，即本发明没有充分公开所述核酸、蛋白的用途。同理，本发明所要保护的基于该蛋白的抗体、核酸、组合物也都没有充分公开。因此，说明书不符合专利法第26条第3款的规定。

针对《复审通知书》指出的问题，请求人于2007年1月12日和2007年1月15日分别提交了意见陈述书并表明以后一次提交的意见陈述书为准，同时，请求人在2007年1月12日还提交了经修改的权利要求书全文替换页和如下三篇附件：

附件1：生物信息学（中译本）（第二版），D.R.韦斯特海德等人著，王明怡等人译校，科学出版社，封面、第37、42、72、73页，复印件共5页；

附件2：标题为"基因专利申请增长迅猛"的国家知识产权局网页，打印件共1页；

附件3：记载有WO02079242、WO2004020634、WO0022430和WO03020756摘要、公开时间等信息的得自esp@cenet数据库的资料，复印件共5页。

其修改后的权利要求书如下：

"1. 一种核酸，其特征在于，所述核酸含有SEQ ID NO：1的第1363680-1364114位核苷酸。

2. 一种核酸，其特征在于，所述核酸由SEQ ID NO：1的第1363680-1364114位核苷酸组成。

3. 一种组合物，其特征在于，所述组合物含有权利要求1或2所述的核酸。

4. 如权利要求3所述的组合物，其特征在于，所述组合物是一种诊断组合物。

5. 权利要求1或2所述的核酸在制备检测奈瑟球菌的存在的诊断性试剂中的用途。"

请求人认为：首先，请求人在答复第二次审查意见通知书时提供的BLAST检索结果是在针对所有物种的一般性数据库中进行的检索（有关数据库搜索的信息可参见附件1、2），从该结果可以看出与SEQ ID NO：1的第1363680~1364114位核苷酸序列具有最高序列相似性的序列都仅出现在脑膜炎奈瑟球菌中，其与附件3中记载的专利文献涉及的脑膜炎奈瑟球菌具有高达99％以上的相似性，并且没有搜索到其他物种的核苷酸序列与该核苷酸序列具有如此高的相似性，因此，请求人提供的证据足以证明SEQ ID NO：1的第1363680-1364114位核苷酸序列确实是脑膜炎奈瑟球菌特有的。其次，因为该序列是脑膜奈瑟球菌特有的，因此，其显然具有用作"探针"的用途，因此，修改后的方案在说明书中公开充分，说明书符合专利法第26条第3款的规定。

至此，合议组认为本案事实清楚，可以作出审查决定。

二、决定的理由

1. 决定所依据的文本

在请求人于2007年1月12日提交的修改的权利要求书中，请求人将原来的14项权利要求修改为5项权利要求，其中权利要求1~4是在原来权利要求的基础上修改获得的，权利要求5的修改是以说明书第6页第29~31行为基础，这种修改没有超出原申请记载的范围，符合专利法第33条的规定。因此，本决定是在请求人于2007年1月12日提交的权利要求第1~5项、进入中国国家阶段时提交的说明书第1~475页、说明书附图第1~18页、说明书摘要以及摘要附图的基础上作出的。

2. 关于专利法第26条第3款

专利法第26条第3款规定，说明书应当对发明或者实用新型作出清楚、完整的说明，以所属技术领域的技术人员能够实现为准。

根据该款规定，所属技术领域的技术人员能够实现，是指所属技术领域的技术人员按照说明书记载的内容，就能够实现该发明或者实用新型的技术方案，解决其技术问题，并产生预期的技术效果。对于涉及基因等化学产品的发明来说，说明书应当包括下列内容：产品的确认、产品的制备、产品的用途；对于基因等产品的用途而言，应在说明书中提供证据证明其具有特定的功能。

本案中，修改后的权利要求1和2分别请求保护一种含有SEQ ID NO：1的第1363680-1364114位核苷酸的核酸和由SEQ ID NO：1的第1363680-1364114位核苷酸组成的核酸，权利要求3和4请求保护包含所述核酸的组合物，权利要求5请求保护所述核酸在制备检测奈瑟球菌的存在的诊断性试剂中的用途。

本申请的说明书中公开了奈瑟球菌基因组的核苷酸序列及其制备方法，但是，对于权利要求1和2中涉及的核酸的用途和/或使用效果而言，其中涉及的SEQ ID NO：1的第1363680-1364114位核苷酸仅在说明书第459页的附录B中以"NMB1343假设蛋白1363680-1364114"的方式被提及，从本申请的说明书来看，该NMB1343开放阅读框或蛋白编码序列是根据计算机上的标准的生物信息技术计算结果得到的推定开放阅读框和假定的编码蛋白，本申请说明书未记载任何足以证明所述"NMB1343假设蛋白1363680-1364114"的功能或用途的实验证据，即本申请说明书没有充分公开所要保护的核酸具有编码功能性蛋白质的用途和/或使用效果。此外，虽然说明书第4页第20~23行中简单笼统地描述了附录B的片段是脑膜炎奈瑟球菌基因组特有的，但是，说明书中未记载要求保护的核酸作为探针用于鉴别奈瑟球菌的实施例和相应的实验数据，即说明书中没有提供任何证据证明该核酸能够特异性地检测奈瑟球菌。

综上所述，本申请说明书未充分公开权利要求1和2中的核酸的用途和/或使用效果，权利要求1和2的技术方案未在说明书中充分公开。基于同样的原因，包含所述核酸的组合物（权利要求3和4）以及所述核酸的用于制备试剂的用途（权利要求5）也未在说明书中充分公开。因此，本申请说明书不符合专利法第26条第3款的规定。

请求人认为其在实质审查过程中提交的BLAST检索的结果表明与SEQ ID NO：1第1363680-1364114位核苷酸序列具有最高序列相似性的序列都仅出现在附件3所列专利文献中公开的序列中，

因此，该检索结果可以证明本发明的片段是脑膜炎奈瑟球菌所特有的，其显然具有作为探测奈瑟球菌的探针的特定功能，因此，说明书符合专利法第26条第3款的规定，同时，请求人还提交附件1-2来证明该检索结果的可信性。

　　对此，合议组认为：如上所述的那样，在本申请说明书中没有提供任何可以证明所述核酸能够特异性检测奈瑟球菌的证据，虽然请求人在实质审查过程中提交了BLAST检索结果，但是，请求人作出的检索结果都是具有99％及以上相似性的序列，在实际检测中并非只有达到99％及以上序列相似性才可以得到检测结果，尤其是在本发明核酸由几百个核苷酸组成的情况下，其很有可能和与其具有90％甚至更低序列相似性的其他菌的核酸杂交并报告检测结果，因此，请求人陈述的理由和提供的证据也不能证明所述核酸能够特异性检测奈瑟球菌，不能表明本申请说明书符合专利法第26条第3款的规定。

　　根据以上事实和理由，本案合议组作出如下审查决定。

三、决定

　　维持国家知识产权局于2004年12月17日针对00809820.4号发明专利申请作出的驳回决定。

　　复审请求人对本决定不服的，可以根据专利法第41条第2款的规定，自收到本决定之日起三个月内向北京市第一中级人民法院起诉。

005

超细 L-肉碱、其制备方法、含有它的组合物及其使用方法

复审请求审查决定（第 11642 号）

决 定 号	第 11642 号
决 定 日	2007 年 10 月 19 日
发明创造名称	超细 L-肉碱、其制备方法、含有它的组合物及其使用方法
国际分类号	A61K 31/205
复审请求人	希格马托健康科学股份公司
申 请 号	00812109.5
优 先 权 日	1999 年 9 月 3 日，1999 年 10 月 8 日
申 请 日	2000 年 9 月 5 日
公 开 日	2003 年 2 月 26 日
合议组组长	李金光
主 审 员	郭　婷
参 审 员	许　磊
法 律 依 据	专利法第 22 条第 3 款

决 定 要 点

在判断一项权利要求是否具有创造性时，应将该权利要求的技术方案与最接近的现有技术相比以确定区别技术特征和实际解决的技术问题，如果现有技术整体上给出了引入该区别特征解决该技术问题的启示，则该技术方案是显而易见的，不具有创造性。

一、案由

本复审请求涉及于 2000 年 9 月 5 日申请、2003 年 2 月 26 日公开、名称为"超细 L-肉碱、其制备方法、含有它的组合物及其使用方法"的第 00812109.5 号发明专利申请（下称本申请），本申请的申请人为希格马托健康科学股份公司，本申请的优先权日为 1999 年 9 月 3 日和 1999 年 10 月 8 日。

国家知识产权局于 2004 年 11 月 12 日以权利要求 1~14 不具备专利法第 22 条第 3 款规定的创造性为由驳回了本申请。

驳回决定所针对的权利要求书为：

"1. 一种 L-肉碱，具有的颗粒大小使它能基本上通过 100USBS 目筛。

2. 权利要求 1 的 L-肉碱，选自下组：

L-肉碱、L-肉碱的盐类、烷酰基 L-肉碱和烷酰基 L-肉碱的盐类。

3. 权利要求1的L-肉碱，选自下组：

L-肉碱盐酸盐、L-肉碱氢溴酸盐、L-肉碱乳清酸盐、L-肉碱酸式天冬氨酸盐、L-肉碱酸式磷酸盐、L-肉碱富马酸盐、L-肉碱乳酸盐、L-肉碱马来酸盐、L-肉碱酸式马来酸盐、L-肉碱酸式草酸盐、L-肉碱酸式硫酸盐、L-肉碱葡萄糖磷酸盐、L-肉碱酒石酸盐、L-肉碱酸式酒石酸盐、L-肉碱碘酸盐、L-肉碱天冬氨酸盐、L-肉碱柠檬酸盐、L-肉碱酸式柠檬酸盐、L-肉碱酸式富马酸盐、L-肉碱甘油磷酸盐、L-肉碱粘酸盐、L-肉碱乳清酸盐、L-肉碱草酸盐、L-肉碱硫酸盐、L-肉碱三氯乙酸盐、L-肉碱三氟乙酸盐、L-肉碱甲磺酸盐、L-肉碱双羟萘酸盐、L-肉碱酸式双羟萘酸盐、C_{2-8}烷酰基L-肉碱、C_{2-8}烷酰基L-肉碱盐酸盐、C_{2-8}烷酰基L-肉碱氢溴酸盐、C_{2-8}烷酰基L-肉碱乳清酸盐、C_{2-8}烷酰基L-肉碱酸式天冬氨酸盐、C_{2-8}烷酰基L-肉碱酸式磷酸盐、C_{2-8}烷酰基L-肉碱富马酸盐、C_{2-8}烷酰基L-肉碱乳酸盐、C_{2-8}烷酰基L-肉碱马来酸盐、C_{2-8}烷酰基L-肉碱酸式马来酸盐、C_{2-8}烷酰基L-肉碱酸式草酸盐、C_{2-8}烷酰基L-肉碱酸式硫酸盐、C_{2-8}烷酰基L-肉碱葡萄糖磷酸盐、C_{2-8}烷酰基L-肉碱酒石酸盐、C_{2-8}烷酰基L-肉碱酸式酒石酸盐、C_{2-8}烷酰基L-肉碱碘酸盐、C_{2-8}烷酰基L-肉碱天冬氨酸盐、C_{2-8}烷酰基L-肉碱柠檬酸盐、C_{2-8}烷酰基L-肉碱酸式柠檬酸盐、C_{2-8}烷酰基L-肉碱富马酸盐、C_{2-8}烷酰基L-肉碱甘油磷酸盐、C_{2-8}烷酰基L-肉碱粘酸盐、C_{2-8}烷酰基L-肉碱乳清酸盐、C_{2-8}烷酰基L-肉碱草酸盐、C_{2-8}烷酰基L-肉碱硫酸盐、C_{2-8}烷酰基L-肉碱三氯乙酸盐、C_{2-8}烷酰基L-肉碱三氟乙酸盐、C_{2-8}烷酰基L-肉碱甲磺酸盐、C_{2-8}烷酰基L-肉碱双羟萘酸盐和C_{2-8}烷酰基L-肉碱酸式双羟萘酸盐。

4. 一种制备具有一定颗粒大小而使其能基本通过100 USBS目筛的L-肉碱的方法，包括：

（1）将所具有的颗粒大小使其不能通过100 USBS目筛的L-肉碱进行减小颗粒大小的操作，以得到颗粒大小减小的L-肉碱；和

（2）将上述颗粒大小减小的L-肉碱用100 USBS目筛筛分，选出能通过此100 USBS目筛的部分。

5. 权利要求4的方法，其中所述L-肉碱选自下组：

L-肉碱、L-肉碱的盐类、烷酰基L-肉碱、烷酰基L-肉碱的盐类。

6. 权利要求4的方法，其中所述L-肉碱选自下组：

L-肉碱盐酸盐、L-肉碱氢溴酸盐、L-肉碱乳清酸盐、L-肉碱酸式天冬氨酸盐、L-肉碱酸式磷酸盐、L-肉碱富马酸盐、L-肉碱乳酸盐、L-肉碱马来酸盐、L-肉碱酸式马来酸盐、L-肉碱酸式草酸盐、L-肉碱酸式硫酸盐、L-肉碱葡萄糖磷酸盐、L-肉碱酒石酸盐、L-肉碱酸式酒石酸盐、L-肉碱碘酸盐、L-肉碱天冬氨酸盐、L-肉碱柠檬酸盐、L-肉碱酸式柠檬酸盐、L-肉碱酸式富马酸盐、L-肉碱甘油磷酸盐、L-肉碱粘酸盐、L-肉碱乳清酸盐、L-肉碱草酸盐、L-肉碱硫酸盐、L-肉碱三氯乙酸盐、L-肉碱三氟乙酸盐、L-肉碱甲磺酸盐、L-肉碱双羟萘酸盐、L-肉碱酸式双羟萘酸盐、C_{2-8}烷酰基L-肉碱、C_{2-8}烷酰基L-肉碱盐酸盐、C_{2-8}烷酰基L-肉碱氢溴酸盐、C_{2-8}烷酰基L-肉碱乳清酸盐、C_{2-8}烷酰基L-肉碱酸式天冬氨酸盐、C_{2-8}烷酰基L-肉碱酸式磷酸盐、C_{2-8}烷酰基L-肉碱富马酸盐、C_{2-8}烷酰基L-肉碱乳酸盐、C_{2-8}烷酰基L-肉碱马来酸盐、C_{2-8}烷酰基L-肉碱酸式马来酸盐、C_{2-8}烷酰基L-肉碱酸式草酸盐、C_{2-8}烷酰基L-肉碱酸式硫酸盐、C_{2-8}烷酰基L-肉碱葡萄糖磷酸盐、C_{2-8}烷酰基L-肉碱酒石酸盐、C_{2-8}烷酰基L-肉碱酸式酒石酸盐、C_{2-8}烷酰基L-肉碱碘酸盐、C_{2-8}烷酰基L-肉碱天冬氨酸盐、C_{2-8}烷酰基L-肉碱柠檬酸盐、C_{2-8}烷酰基L-肉碱酸式柠檬酸盐、C_{2-8}烷酰基L-肉碱富马酸盐、C_{2-8}烷酰基L-肉碱甘油磷酸盐、C_{2-8}烷酰基L-肉碱粘酸盐、C_{2-8}烷酰基L-肉碱乳清酸盐、C_{2-8}烷酰基L-肉碱草酸盐、C_{2-8}烷酰基L-肉碱硫酸盐、C_{2-8}烷酰基L-肉碱三氯乙酸盐、C_{2-8}烷酰基L-肉碱三氟乙酸盐、C_{2-8}烷酰基L-肉碱甲磺酸盐、C_{2-8}烷酰基L-肉碱双羟萘酸盐和C_{2-8}烷酰基L-肉碱酸式双羟萘酸盐。

7. 一种组合物,包括:

(A) 一种具有一定颗粒大小使得其基本能通过 100 USBS 目筛的 L-肉碱;和

(B) 一种药学可接受的赋形剂或载体。

8. 权利要求 7 的组合物,其中所述 L-肉碱选自下组:

L-肉碱、L-肉碱的盐类,烷酰基 L-肉碱、和烷酰基 L-肉碱的盐类。

9. 权利要求 7 的组合物,其中所述 L-肉碱选自下组:

L-肉碱盐酸盐、L-肉碱氢溴酸盐、L-肉碱乳清酸盐、L-肉碱酸式天冬氨酸盐、L-肉碱酸式磷酸盐、L-肉碱富马酸盐、L-肉碱乳酸盐、L-肉碱马来酸盐、L-肉碱酸式马来酸盐、L-肉碱酸式草酸盐、L-肉碱酸式硫酸盐、L-肉碱葡萄糖磷酸盐、L-肉碱酒石酸盐、L-肉碱酸式酒石酸盐、L-肉碱碘酸盐、L-肉碱天冬氨酸盐、L-肉碱柠檬酸盐、L-肉碱酸式柠檬酸盐、L-肉碱酸式富马酸盐、L-肉碱甘油磷酸盐、L-肉碱粘酸盐、L-肉碱乳清酸盐、L-肉碱草酸盐、L-肉碱硫酸盐、L-肉碱三氯乙酸盐、L-肉碱三氟乙酸盐、L-肉碱甲磺酸盐、L-肉碱双羟萘酸盐、L-肉碱酸式双羟萘酸盐、C_{2-8}烷酰基 L-肉碱、C_{2-8}烷酰基 L-肉碱盐酸盐、C_{2-8}烷酰基 L-肉碱氢溴酸盐、C_{2-8}烷酰基 L-肉碱乳清酸盐、C_{2-8}烷酰基 L-肉碱酸式天冬氨酸盐、C_{2-8}烷酰基 L-肉碱酸式磷酸盐、C_{2-8}烷酰基 L-肉碱富马酸盐、C_{2-8}烷酰基 L-肉碱乳酸盐、C_{2-8}烷酰基 L-肉碱马来酸盐、C_{2-8}烷酰基 L-肉碱酸式马来酸盐、C_{2-8}烷酰基 L-肉碱酸式草酸盐、C_{2-8}烷酰基 L-肉碱酸式硫酸盐、C_{2-8}烷酰基 L-肉碱葡萄糖磷酸盐、C_{2-8}烷酰基 L-肉碱酒石酸盐、C_{2-8}烷酰基 L-肉碱酸式酒石酸盐、C_{2-8}烷酰基 L-肉碱碘酸盐、C_{2-8}烷酰基 L-肉碱天冬氨酸盐、C_{2-8}烷酰基 L-肉碱柠檬酸盐、C_{2-8}烷酰基 L-肉碱酸式柠檬酸盐、C_{2-8}烷酰基 L-肉碱酸式富马酸盐、C_{2-8}烷酰基 L-肉碱甘油磷酸盐、C_{2-8}烷酰基 L-肉碱粘酸盐、C_{2-8}烷酰基 L-肉碱乳清酸盐、C_{2-8}烷酰基 L-肉碱草酸盐、C_{2-8}烷酰基 L-肉碱硫酸盐、C_{2-8}烷酰基 L-肉碱三氯乙酸盐、C_{2-8}烷酰基 L-肉碱三氟乙酸盐、C_{2-8}烷酰基 L-肉碱甲磺酸盐、C_{2-8}烷酰基 L-肉碱双羟萘酸盐和 C_{2-8}烷酰基 L-肉碱酸式双羟萘酸盐。

10. 权利要求 7 的组合物,其适用于经口摄入。

11. 权利要求 7 的组合物,其进一步包含羟基柠檬酸、辅酶 Q10、吡啶甲酸铬、γ-亚麻酸、白藜芦醇、ω3 酸、抗氧化剂或维生素。

12. 权利要求 1 所述的 L-肉碱用于制备处置、治疗或者预防方法中所用药物的用途。

13. 权利要求 12 的用途,其中所述的 L-肉碱选自下组:

L-肉碱、L-肉碱的盐类、烷酰基 L-肉碱、以及烷酰基 L-肉碱的盐类。

14. 权利要求 12 的用途,其中所述的 L-肉碱选自下组:

L-肉碱盐酸盐、L-肉碱氢溴酸盐、L-肉碱乳清酸盐、L-肉碱酸式天冬氨酸盐、L-肉碱酸式磷酸盐、L-肉碱富马酸盐、L-肉碱乳酸盐、L-肉碱马来酸盐、L-肉碱酸式马来酸盐、L-肉碱酸式草酸盐、L-肉碱酸式硫酸盐、L-肉碱葡萄糖磷酸盐、L-肉碱酒石酸盐、L-肉碱酸式酒石酸盐、L-肉碱碘酸盐、L-肉碱天冬氨酸盐、L-肉碱柠檬酸盐、L-肉碱酸式柠檬酸盐、L-肉碱酸式富马酸盐、L-肉碱甘油磷酸盐、L-肉碱粘酸盐、L-肉碱乳清酸盐、L-肉碱草酸盐、L-肉碱硫酸盐、L-肉碱三氯乙酸盐、L-肉碱三氟乙酸盐、L-肉碱甲磺酸盐、L-肉碱双羟萘酸盐、L-肉碱酸式双羟萘酸盐、C_{2-8}烷酰基 L-肉碱、C_{2-8}烷酰基 L-肉碱盐酸盐、C_{2-8}烷酰基 L-肉碱氢溴酸盐、C_{2-8}烷酰基 L-肉碱乳清酸盐、C_{2-8}烷酰基 L-肉碱酸式天冬氨酸盐、C_{2-8}烷酰基 L-肉碱酸式磷酸盐、C_{2-8}烷酰基 L-肉碱富马酸盐、C_{2-8}烷酰基 L-肉碱乳酸盐、C_{2-8}烷酰基 L-肉碱马来酸盐、C_{2-8}烷酰基 L-肉碱酸式马来酸盐、C_{2-8}烷酰基 L-肉碱酸式草酸盐、C_{2-8}烷酰基 L-肉碱酸式硫酸盐、C_{2-8}烷酰基 L-肉碱葡萄糖磷酸盐、C_{2-8}烷酰基

L-肉碱酒石酸盐、C_{2-8}烷酰基 L-肉碱酸式酒石酸盐、C_{2-8}烷酰基 L-肉碱碘酸盐、C_{2-8}烷酰基 L-肉碱天冬氨酸盐、C_{2-8}烷酰基 L-肉碱柠檬酸盐、C_{2-8}烷酰基 L-肉碱酸式柠檬酸盐、C_{2-8}烷酰基 L-肉碱富马酸盐、C_{2-8}烷酰基 L-肉碱甘油磷酸盐、C_{2-8}烷酰基 L-肉碱粘酸盐、C_{2-8}烷酰基 L-肉碱乳清酸盐、C_{2-8}烷酰基 L-肉碱草酸盐、C_{2-8}烷酰基 L-肉碱硫酸盐、C_{2-8}烷酰基 L-肉碱三氯乙酸盐、C_{2-8}烷酰基 L-肉碱三氟乙酸盐、C_{2-8}烷酰基 L-肉碱甲磺酸盐、C_{2-8}烷酰基 L-肉碱双羟萘酸盐和 C_{2-8}烷酰基 L-肉碱酸式双羟萘酸盐。"

驳回决定认为：对比文件1（US4254053A，公开日为1981年3月3日）已经公开了一种 L-肉碱。对于粒径的选择和制备，本领域技术人员根据需要将 L-肉碱限定在该粒径是不需要花费创造性劳动的。根据本申请的记载，该 L-肉碱所具有的效果是"以超细颗粒形式的 L-肉碱在口服给药时显示出高的生物利用度、可以方便地与油基原料制成制剂及具有降低的吸湿性"。对于本领域技术人员来说，将难溶性物质降低粒径达到提高生物利用度是显而易见的；关于物质之间的混合，则与这两者的物理状态有关，是本领域的公知常识；关于降低吸湿性，实施例中的效果不能证明是以 100 USBS 目筛的粒径解决了 L-肉碱富马酸盐物质本身的吸湿性问题。也就是说，本申请中没有任何证据说明权利要求1~14的技术方案具有所述的意料不到的效果。虽然在制备胶囊中超细的 L-肉碱具有与其他活性成分混合具有均一性，容易填充及密封的优点，但是，这些均是在特定的物理状态下物质之间混合所能达到的效果，是显而易见的。因此，权利要求1~14没有突出的实质性特点和显著的进步，不具备创造性。

申请人希格马托健康科学股份公司（下称请求人）对上述驳回决定不服，于2005年2月22日向专利复审委员会提出复审请求，请求人在提出复审请求的同时没有提交修改文本。

请求人认为，国家知识产权局驳回的理由不成立，具体理由是：首先，对比文件1没有记载能够支持审查员关于"对比文件中公开了 L-肉碱，并且其中的部分产品可以通过 100USBS 筛"的论断的内容。其次，在本领域的实践中，如本发明所公开的降低物质颗粒大小并非是显而易见的，因为该措施通常被认为是不可行的，特别地，任何形式的 L-肉碱很少作为降低颗粒的候选者，原因是物质颗粒粒径降低过程中产生的摩擦热可以引起相对于环境温度的潮湿状态，由此使得物质产生粘性，因此，本发明相对于对比文件1并非是显而易见的。第三，与常规的 L-肉碱颗粒相比较，超细 L-肉碱具有以下出人意料的优点：（1）超细 L-肉碱提供了理想的物理形式以保证在嵌合硬明胶中填充多成分活性产品时的含量均一性，利用超细 L-肉碱压片则可以获得片剂高度的色泽均一性。特别地，在软明胶胶囊的包囊过程中，通过加入植物油将 L 肉碱加工成为糊状时，粒径大小是一个关键因素。本发明的超细 L-肉碱在此加工过程中表现优良，而具有较大粒径的常规 L-肉碱则存在严重的填充以及密封问题。（2）由于超细 L-肉碱所提供的极度的细分状态，使得其粉末在制药过程中能够更加严实地被包装在胶囊中，颗粒之间仅有非常小的缝隙。这可能正是为什么这些胶囊不出现褪色、不可接受的味道变化、吸湿以及物理化学不稳定等现象的原因。（3）本发明所要求保护的超细 L-肉碱使得本领域技术人员有可能设计所述的超细 L-肉碱与其他活性成分（例如 ω-3 脂肪酸、辅酶 Q10 或硫辛酸）组成的软明胶胶囊剂型，而常规的 L-肉碱则不能实现同样的技术效果。鉴于对比文件1没有公开或提示 L-肉碱的颗粒大小，故本发明公开的超细 L-肉碱相对于对比文件1是非显而易见的，加之所述的粒径特征为 L-肉碱带来了出人意料的有益效果，因此本发明应被视为具有创造性，符合专利法第22条第3款的规定。

形式审查合格后，专利复审委员会受理了该复审请求，并于2005年3月17日向请求人发出《复审请求受理通知书》，随后将本申请案卷移交原审查部门进行前置审查。

原审查部门对本复审请求进行了前置审查，认为请求人的意见陈述没有克服驳回决定所指出的缺陷，因此坚持原驳回决定。

专利复审委员会组成合议组，对本复审请求案进行了审理。于2007年2月12日向请求人发出《复审通知书》。该《复审通知书》指出，权利要求1要求保护一种L-肉碱，其具有的颗粒大小使它能基本上通过100USBS目筛。对比文件1公开了一种L（—）肉碱盐酸盐及其制备方法（见实施例3）。本申请权利要求1与对比文件1的区别在于权利要求1规定了该肉碱具有的颗粒大小使它能基本上通过100USBS目筛。本发明的技术效果是：提高口服给药时的生物利用度，可以方便地与其他组分如油基原料混合从而制成制剂，以及具有降低的吸湿性（参见说明书第2页第11~13行），该技术效果是由权利要求1与对比文件1的区别技术特征带来。然而，对于所属技术领域的技术人员来说，这些效果或不是意料不到的效果或缺乏实验证据。请求人的意见陈述也均不具有说服力。权利要求1相对于对比文件1和公知常识的结合不具备突出的实质性特点和显著的进步，不具备专利法第22条第3款规定的创造性。权利要求2~14相对于对比文件1和公知常识的结合也不具备专利法第22条第3款规定的创造性。

针对《复审通知书》指出的问题，请求人于2007年5月8日提交了意见陈述书，其中陈述的意见与提出复审请求时陈述的意见基本相同，请求人在提交意见陈述的同时没有提交修改文本。

至此，合议组认为本案事实已经清楚，可以作出审查决定。

二、决定的理由

1. 决定所依据的文本

鉴于请求人在复审过程中没有对申请文件进行过修改，因此，本复审请求审查决定所依据的文本为驳回决定所依据的文本。

2. 关于专利法第22条第3款

专利法第22条第3款规定，创造性，是指同申请日以前已有的技术相比，该发明有突出的实质性特点和显著的进步。

在判断一项权利要求是否具有创造性时，应将该权利要求的技术方案与最接近的现有技术相比以确定区别技术特征和实际解决的技术问题，如果现有技术整体上给出了引入该区别特征解决该技术问题的启示，则该技术方案是显而易见的，不具有创造性。

本案中，权利要求1要求保护一种L-肉碱，具有的颗粒大小使它能基本上通过100USBS目筛。对比文件1是与本申请技术领域相同的现有技术文件，其公开了一种L（—）肉碱盐酸盐及其制备方法（见实施例3）。本申请权利要求1与对比文件1的区别在于权利要求1规定了该肉碱具有的颗粒大小使它能基本上通过100USBS目筛。本发明实际解决的技术问题是提供一种颗粒较细的肉碱。根据本申请说明书第2页第11~13行的记载，本发明的技术效果是：（1）提高口服给药时的生物利用度；（2）可以方便地与其他组分如油基原料混合从而制成制剂，以及（3）具有降低的吸湿性，这些技术效果是由上述区别技术特征即"超细颗粒"带来的。然而，对于所属技术领域的技术人员来说，这些效果或不是意料不到的效果或缺乏实验证据，具体理由如下：（1）使物质颗粒粒径减小，可导致颗粒比表面积增加、溶出速率增加，通常可以提高口服给药生物利用度是本领域公知常识（例如见"药剂学"，邹立家主编，中国医药科技出版社，1996年12月第1版，第21~23页"溶解度、溶解速度和影响因素"一节，这一节中公开了"溶解速度的大小与药物的吸收和疗效有着直接的关系"，"固体药物愈细比表面积也愈大，在其表面形成饱和溶液也愈快，从而溶解速度也愈大"）；（2）颗粒细化后表面积的增加和混合性的改进使粒径小的颗粒与粒径大的颗粒相比更易于与其他物质例如油基原料混合来制成制剂也是本领域技术人员公知的；（3）本申请说明书未提供任何将普通粒径的L-肉碱的吸湿性与本申请的100 USBS目筛肉碱的吸湿性进行比较的实验，而且本申请实施例

1中对所述超细L-肉碱的含水量等性质进行的测定是在存在本领域公知的干燥剂-二氧化硅的情况下进行的,所以本申请说明书并不能证明其要求保护的"超细"肉碱的吸湿性降低。由上可知,在对比文件1公开内容的基础上,结合本领域公知常识得到权利要求1的技术方案是显而易见的,该区别技术特征也没有带来任何意想不到的效果。因此,权利要求1相对于对比文件1和公知常识的结合不具备突出的实质性特点和显著的进步,不具备专利法第22条第3款规定的创造性。

从属权利要求2、3对权利要求1的L-肉碱作了进一步的限定,由于对比文件1中已经公开了L-肉碱盐酸盐,因此附加了已知技术特征的权利要求2、3相对于对比文件1和公知常识的结合也不具备专利法第22条第3款规定的创造性。

权利要求4要求保护制备颗粒大小为基本能通过100USBS目筛的L-肉碱的方法,该方法包括减小颗粒大小,再进行筛分。由于颗粒大小为基本能通过100USBS目筛的L-肉碱相对于对比文件1和公知常识的结合不具备创造性(见上面第1点),并且该减小颗粒再进行筛分的方法是本领域公知常规方法,因此,权利要求4相对于对比文件1和公知常识的结合也不具备专利法第22条第3款规定的创造性。

从属权利要求5、6对权利要求4的L-肉碱作了进一步的限定,由于对比文件1中已经公开了L-肉碱盐酸盐,因此附加了已知技术特征的权利要求5、6相对于对比文件1和公知常识的结合也不具备专利法第22条第3款规定的创造性。

权利要求7要求保护包括颗粒大小为基本能通过100USBS目筛的L-肉碱和药学可接受的赋形剂或载体的组合物。由于颗粒大小为基本能通过100USBS目筛的L-肉碱相对于对比文件1和公知常识的结合不具备创造性,本领域又公知L-肉碱可以作为药物使用,在此基础上,将该颗粒大小的L-肉碱与药物可接受的赋形剂或载体组合来得到组合物对于本领域普通技术人员来说是显而易见的,因此,权利要求7相对于对比文件1和公知常识的结合不具备专利法第22条第3款规定的创造性。

从属权利要求8、9对权利要求7的L-肉碱作了进一步的限定,由于对比文件1中已经公开了L-肉碱盐酸盐,因此附加了已知技术特征的权利要求8、9相对于对比文件1和公知常识的结合也不具备专利法第22条第3款规定的创造性。

从属权利要求10、11的附加技术特征分别为其适用于经口摄入及进一步包含一些药物,这些附加技术特征对于本领域普通技术人员来说是显而易见的,并且在本申请说明书中也未说明这些附加技术特征的加入产生了任何意外效果,因此,权利要求10、11相对于对比文件1和公知常识的结合也不具备专利法第22条第3款规定的创造性。

权利要求12要求保护权利要求1所述的L-肉碱用于制备处置、治疗或者预防方法中所用药物的用途。由于权利要求1的L-肉碱与对比文件1的肉碱相比仅是物理形式不同,而且如前所述这种物理形式并未赋予L-肉碱任何意料不到的效果,本领域又公知L-肉碱可以作为药物使用,在此基础上,得到权利要求12所要求保护的技术方案对于本领域普通技术人员来说是显而易见的,权利要求12相对于对比文件1和公知常识的结合也不具备专利法第22条第3款规定的创造性。

从属权利要求13、14对权利要求12的L-肉碱作了进一步的限定,由于对比文件1中已经公开了L-肉碱盐酸盐,因此附加了已知技术特征的权利要求13、14相对于对比文件1和公知常识的结合也不具备专利法第22条第3款规定的创造性。

请求人认为,在本领域的实践中,如本发明所公开的降低物质颗粒大小并非是显而易见的,因为该措施通常被认为是不可行的,特别地,任何形式的L-肉碱很少作为降低颗粒的候选者,原因是物质颗粒粒径降低过程中产生的摩擦热可以引起相对于环境温度的潮湿状态,由此使得物质产生粘性。对此,合议组认为,本申请说明书中没有记载这些内容,请求人也没有提供证据证明任何形式的L-

肉碱很少作为降低颗粒的候选者、降低颗粒大小通常被认为是不可行的、降低L-肉碱的颗粒大小是克服了本领域的偏见，而且本申请说明书第3页倒数第1段至第4页第2段中已指出本发明中采用的减小尺寸和筛分的方法都是本领域公知方法，可见本领域技术人员按照本领域公知的减少颗粒尺寸的方法去实践就获得了成功，并未采取任何克服技术困难的措施。

请求人还认为，与常规的L-肉碱颗粒相比较，超细L-肉碱具有前述三点出人意料的优点。对此，合议组认为：其第（1）个优点与上文提及的粒径减小、混合性增加有关，此效果对于本领域技术人员来说是显而易见的；第（2）和（3）个优点的效果是由粒径降低带来的，这也是本领域技术人员的常识。

因此，请求人陈述的意见也不能说明权利要求1～14符合专利法第22条第3款的规定。

根据以上事实和理由，本案合议组作出如下审查决定。

三、决定

维持国家知识产权局于2004年11月12日对00812109.5号发明专利申请作出的驳回决定。

复审请求人对本决定不服的，可以根据专利法第41条第2款的规定，自收到本决定之日起三个月内向北京市第一中级人民法院起诉。

治疗胃病的药物及其制备方法

复审请求审查决定（第 11647 号）

决 定 号	第 11647 号
决 定 日	2007 年 9 月 27 日
发明创造名称	治疗胃病的药物及其制备方法
国际分类号	A61K 35/78，A61P 1/04
复审请求人	陈代朝
申 请 号	01107369.1
申 请 日	2001 年 4 月 20 日
公 开 日	2002 年 12 月 4 日
合议组组长	叶 娟
主 审 员	郭 婷
参 审 员	刘玉玲

法 律 依 据 专利法第 26 条第 3 款
决 定 要 点

若说明书中的用语模棱两可或者含糊不清，以致所属技术领域的技术人员不能清楚、正确地理解和实施发明，则说明书公开不充分。

一、案由

本复审请求涉及于 2001 年 4 月 20 日申请、2002 年 12 月 4 日公开、名称为"治疗胃病的药物及其制备方法"的第 01107369.1 号发明专利申请（下称本申请），本申请的申请人为陈代朝。

国家知识产权局于 2003 年 11 月 14 日发出《第一次审查意见通知书》，指出本申请说明书描述的原料"藤子暗消"在中药大辞典中对应于两种正名的原料：南木香和羊蹄暗消，但是本申请说明书未具体指明"藤子暗消"所对应的具体药物。因此，说明书中虽然给出了制备本发明药物组合物的原料药物"藤子暗消"，但是对于所属技术领域的技术人员来说，该手段是含糊不清和模棱两可的，根据说明书记载的内容无法具体实施，因此，本申请说明书缺乏制备本发明药物组合物的技术手段，不符合专利法第 26 条第 3 款的规定。此外，本申请的原料"八角"在《中药大辞典》中为异名，也导致说明书不符合专利法第 26 条第 3 款的规定。

申请人于 2004 年 3 月 18 日提交了意见陈述书和经修改的权利要求书、说明书和说明书摘要全文替换页，以及一份由中国科学院昆明植物所标本馆出具的"植物鉴定证明"复印件，用于证明藤子暗消的来源。该"植物鉴定证明"中记载："兹收到于 2003 年 12 月 29 日送鉴定样品，我馆编号

2003年-74，该样品经鉴定，为马兜铃科（Aristolochiaceae）马兜铃属（Aristolochia）植物。汉文名：Aristolochia gracillima Hemsl。地方名：青藤暗消。祖传秘方名：藤子暗消。拉丁学名 Aristolochiacillima Hemsl。产地：云南蒙自根藤及果实入药，味苦，性寒，有清热解毒之功效。应记录吴征镒院士主编的"云南《种植物名录》上册158页已证明（云南人民出版社，1984年出版）"（北京科学出版社1988年出版）。该种植物在《中国植物志》24卷236页归入优质马兜铃（Aoiltoloctua gortilis Fnanch）特此证明"。申请人还指出，"八角"是云南地方的简称，现将其改为正名"八角回香"。

申请人提交的经修改的权利要求书为：

"1. 一种治疗胃病的药物，其特征在于它是由以下重量配比的原料制成的药剂：紫萁贯众2~20，草果2~10，八角回香1~7，桂皮1~5，甘草1~5，鸡内金1~5，花椒1~5，小草乌1~5，藤子暗消0.5~3，鸡血藤0.5~3，草果根、茎、叶的蒸馏液2~10，羊苦胆50~400个。

2. 按权利要求1所述的胃药，其特征在于草果用鲜草果，草果根、茎、叶的蒸馏液用草果的根、茎、叶蒸馏提取。

3. 根据权利要求1所述的胃药的制备方法，其特征在于：

1）按比例取紫萁贯众、鲜草果、八角回香、桂皮、甘草、羊苦胆、鸡内金、花椒、小草乌、藤子暗消、鸡血藤制成粗粉，并与草果根、茎、叶蒸馏液混合成原料药，用30%~38%（重量百分比）原料药浸渍于60%~68%玉米酒中密封，常温下浸渍2~6个月；

2）浸渍后过滤去药渣，所得药液再经灭菌过滤板过滤，得粗滤液，然后再用玉米酒或草果根、茎、叶蒸馏液调整，使其乙醇浓度在38~45度左右即为成品药液。"

国家知识产权局于2005年6月24日以本申请说明书不符合专利法第26条第3款的规定为由驳回了本申请，具体理由是：本申请说明书描述的原料"藤子暗消"在中药大辞典中对应于两种正名的原料：南木香和羊蹄暗消，但是本申请说明书未具体指明"藤子暗消"所对应的具体药物。因此，说明书中虽然给出了制备本发明药物组合物的原料药物"藤子暗消"，但是对于所属技术领域的技术人员来说，该手段是含糊不清和模棱两可的，根据说明书记载的内容无法具体实施，本申请说明书由于缺乏制备本发明药物组合物的技术手段而不符合专利法第26条第3款的规定。此外，中国科学院昆明植物研究所标本馆出具的"植物鉴定证明"只能证明申请人于2003年12月29日送了一份样品为马兜铃科马兜铃属植物，该样品对应于吴征镒院士主编的云南《种植物名录》上册158页相关的植物，在《中国植物志》归入优质马兜铃。但是申请人未提供云南《种植物名录》上册158页和/或《中国植物志》相关页的复印件，即未提供申请日之前的公开出版物证明藤子暗消在本申请日之前已经为公众所知。因此，上述鉴定证明不足以证明藤子暗消在本申请日之前已经为公众所知，更不足以证明申请日以前本领域技术人员知晓藤子暗消对应于云南《种植物名录》上册158页相关植物或《中国植物志》中的优质马兜铃。综上，由中药大辞典和申请人的解释，"藤子暗消"所指代的原料仍然是含糊不清的，本发明的技术方案根据说明书记载的内容无法具体实施。

申请人陈代朝（下称请求人）对上述驳回决定不服，于2005年7月21日向专利复审委员会提出复审请求，请求人在提出复审请求的同时提交了权利要求书、说明书和说明书摘要的全文替换页。请求人指出，本发明中的"藤子暗消"应对应的是"羊蹄暗消"，请求人请求将原申请文件中的"藤子暗消"改为"羊蹄暗消"以克服含糊不清和模棱两可的缺陷，从而符合专利法第26条第3款的规定。

修改后的权利要求书为：

"1. 一种治疗胃病的药物，其特征在于它是由以下重量配比的原料制成的药剂：紫萁贯众2~20，草果2~10，八角回香1~7，桂皮1~5，甘草1~5，鸡内金1~5，花椒1~5，小草乌1~5，羊蹄暗消0.5~3，鸡血藤0.5~3，草果根、茎、叶的蒸馏液2~10，羊苦胆50~400个。

2. 按权利要求1所述的胃药，其特征在于草果用鲜草果，草果根、茎、叶的蒸馏液用草果的根、茎、叶蒸馏提取。

3. 根据权利要求1所述的胃药的制备方法，其特征在于：

1）按比例取紫萁贯众、鲜草果、八角回香、桂皮、甘草、羊苦胆、鸡内金、花椒、小草乌、羊蹄暗消、鸡血藤制成粗粉，并与草果根、茎、叶蒸馏液混合成原料药，用30%~38%（重量百分比）原料药浸渍于60%~68%玉米酒中密封，常温下浸渍2~6个月；

2）浸渍后过滤去药渣，所得药液再经灭菌过滤板过滤，得粗滤液，然后再用玉米酒或草果根、茎、叶蒸馏液调整，使其乙醇浓度在38~45度左右即为成品药液。"

形式审查合格后，专利复审委员会受理了该复审请求，并于2005年11月23日向请求人发出《复审请求受理通知书》，同时将本申请案卷移交原审查部门进行前置审查。

原审查部门对本复审请求进行了前置审查，坚持原驳回决定，并进一步指出申请人对权利要求1~3和说明书的修改不符合专利法第33条的规定，原说明书记载的信息是"藤子暗消"，依据申请人针对第一次审查意见通知书陈述的事实，该原料实际上为拉丁学名为Aristolochiacillima Hemsl的植物，申请人在修改权利要求书和说明书时将其修改为"羊蹄暗消"，与原申请文件记载的信息不同，又不能毫无疑义地导出，不符合专利法第33条的规定。

专利复审委员会组成合议组，对本复审请求案进行了审理。于2007年5月29日向请求人发出《复审通知书》。《复审通知书》指出：（1）原始申请文件中没有记载"藤子暗消"也称"羊蹄暗消"。在《中药大辞典》中，"藤子暗消"是异名，它对应于两种原料的正名，分别为"南木香"和"羊蹄暗消"。由于原始提交的权利要求书和说明书中没有对"藤子暗消"的性状、功能进行具体说明，所属技术领域的技术人员从原申请记载的信息中无法直接地、毫无疑义地确定"藤子暗消"与"羊蹄暗消"具有唯一的对应关系，请求人也没有提供证据对此予以证明。因此，请求人在权利要求第1、3项和说明书第1、4页中所做出的将"藤子暗消"改变为"羊蹄暗消"的修改使得所属领域的技术人员看到的信息与原申请记载的信息不同，而且也不能从原申请记载的信息中直接地、毫无疑义地确定，这种修改是不允许的，超出了原始提交的说明书和权利要求书记载的范围，不符合专利法第33条的规定。（2）即使申请人将"羊蹄暗消"修改回"藤子暗消"，合议组认为本申请仍然存在不符合专利法第26条第3款的问题，具体理由同驳回决定。此外，由于请求人没有提供植物鉴定证明中提及的两份出版物，所属技术领域的技术人员无法获知这两份出版物上是否有关于"藤子暗消"究竟是何种植物的具体记载。即使请求人认为本申请中的"藤子暗消"可以同时对应"南木香"和"羊蹄暗消"两者，但由于二者的基原、性味和功用主治不同，合议组仍旧不能认可本申请说明书符合专利法第26条第3款的规定。

针对《复审通知书》指出的问题，请求人于2007年7月12日提交了意见陈述书，经修改的权利要求书、说明书和说明书摘要全文替换页，以及植物鉴定证明中提及的两份出版物（下称附件1、2）。

附件1：《种植物名录》，第158页，复印件，共1页；

附件2：《中国植物志》，第236、238页和图版第57页，复印件，共3页。

请求人在意见陈述书中提出：（1）为避免修改超范围的问题，现将上次修改的"羊蹄暗消"再改回"藤子暗消"。（2）之前提交的植物鉴定证明中指出"藤子暗消"（地方名：青藤暗消）的汉文名Aristolochia gracillima Hemsl，拉丁学名Aristolochiacillima Hemsl，产地：云南蒙自，记载于云南

《种植物名录》上册158页（云南人民出版社，1984年出版）（北京科学出版社1988年出版）（见附件1），该附件中的汉文名：gracillima Hemsl，与"藤子暗消"的一致，该种植物在《中国植物志》24卷236页（1961年11月第一版）（见附件2）归入优质马兜铃（Aristolochia gentils Franch）。上述两种出版日期均在本发明的申请日以前，藤子暗消及所属的拉汉名是申请日以前公开出版物上记载的，鉴定证明说明申请人提供鉴定的植物就是"藤子暗消"，与申请文件中的完全相同，所以本发明所用的原料是公知的，可以得到的，符合专利法第26条第3款的规定。(3) 本领域普通技术人员实施本专利时，使用药典上与"藤子暗消"对应的"南木香"和"羊蹄暗消"都可以，它们都有治胃病、腹胀、腹痛的功能，而且也没有证据证明分别使用"南木香"和"羊蹄暗消"会带来完全不同的效果。

修改后的权利要求书为：

"1. 一种治疗胃病的药物，其特征在于它是由以下重量配比的原料制成的药剂：紫萁贯众2~20，草果2~10，八角茴香1~7，桂皮1~5，甘草1~5，鸡内金1~5，花椒1~5，小草乌1~5，藤子暗消0.5~3，鸡血藤0.5~3，草果根、茎、叶的蒸馏液2~10，羊苦胆50~400个。

2. 按权利要求1所述的胃药，其特征在于草果用鲜草果，草果根、茎、叶的蒸馏液用草果的根、茎、叶蒸馏提取。

3. 根据权利要求1所述的胃药的制备方法，其特征在于：

1) 按比例取紫萁贯众、鲜草果、八角茴香、桂皮、甘草、羊苦胆、鸡内金、花椒、小草乌、藤子暗消、鸡血藤制成粗粉，并与草果根、茎、叶蒸馏液混合成原料药，用30%~38%（重量百分比）原料药浸渍于60%~68%玉米酒中密封，常温下浸渍2~6个月；

2) 浸渍后过滤去药渣，所得药液再经灭菌过滤板过滤，得粗滤液，然后再用玉米酒或草果根、茎、叶蒸馏液调整，使其乙醇浓度在38~45度左右即为成品药液。"

至此，合议组认为本案事实清楚，可以作出审查决定。

二、决定的理由

1. 决定所依据的文本

本复审请求审查决定所依据的文本为请求人于2007年7月12日提交的权利要求第1~3项、说明书第1~4页以及说明书摘要。

2. 关于专利法第26条第3款

专利法第26条第3款规定，说明书应当对发明或者实用新型作出清楚、完整的说明，以所属技术领域的技术人员能够实现为准。

若说明书中的用语模棱两可或者含糊不清，以致所属技术领域的技术人员不能清楚、正确地理解和实施发明，则说明书公开不充分。

本申请所要保护的一种治疗胃病的药物及其制备方法中使用了一种原料——"藤子暗消"。在《中药大辞典》中，"藤子暗消"是异名，它对应于两种原料的正名，分别为"南木香"和"羊蹄暗消"。然而，在原始提交的说明书中并没有具体说明"藤子暗消"的性状特征和功能。对此，合议组认为，根据本申请说明书记载的内容，所属技术领域的技术人员获得的信息是模棱两可或含糊不清的，不清楚"藤子暗消"究竟对应何种原料，在此情况下，所属技术领域的技术人员也就无法去具体实施本发明的技术方案，因此，本申请说明书没有对发明作出清楚、完整的说明，没有达到所属技术领域的技术人员能够实现的程度，不符合专利法第26条第3款的规定。

请求人在本案的审查过程中提交了一份中国科学院昆明植物研究所标本馆出具的《植物鉴定证明》以及该鉴定证明中提及的两份出版物（即附件1和附件2）。请求人认为这足以证明"藤子暗消"

是公知的，是可以得到的，因而本申请说明书符合专利法第 26 条第 3 款的规定。对此，合议组认为：（1）首先，请求人未提供附件 1 和附件 2 的出版信息页，无法获知这两份出版物是否是本申请申请日前的公开出版物；其次，附件 1 和附件 2 中均未提到"藤子暗消"，本申请文件中也未提及"藤子暗消"的汉方名、地方名、拉丁学名等信息，本领域技术人员无法将附件 1、2 中提及的植物与本申请文件中的"藤子暗消"相关联，更无法确信它们具有唯一对应的关系。（2）植物鉴定中指出"藤子暗消"是祖传秘方名，其汉方名是 Aristolochia gracillima Hemsl，地方名是青藤暗消，拉丁学名是 Aristolochiacillima Hemsl，产地：云南蒙自，根藤及果实入药，味苦，性寒，有清热解毒之功效，并对应于附件 1 和 2 中的植物。然而，该植物鉴定证明并不足以证明申请日以前本领域技术人员知晓"藤子暗消"对应于附件 1 和 2 中的植物，更不能够证明"藤子暗消"在申请日前已经为公众所知。

请求人在答复《复审通知书》时还指出，本领域普通技术人员实施本申请时，使用药典上与"藤子暗消"对应的"南木香"和"羊蹄暗消"都可以，它们都有治胃病、腹胀、腹痛的功能，而且也没有证据证明分别使用"南木香"和"羊蹄暗消"会带来完全不同的效果。对此，合议组认为：（1）本申请药物的作用为治疗胃脘满闷胀痛、冷痛、隐痛、嗳气呃逆、嘈杂吞酸、食欲不振，解黑便，形体瘦弱等症，同时对调整人体内"清浊"二气失调，消除寒温、食积痞满、热毒邪气、开郁化食，平复嘈杂吐酸，嗳腐噫膈，消胀，通其血脉等均有疗效。《中药大辞典》中关于"南木香"和"羊蹄暗消"的记载分别为："南木香：[基原]为马兜铃科植物云南马兜铃的根；[性味]辛，温；[功用主治]温中理气，止痛消食，舒筋活络，治胃炎，腹胀，腹痛，风湿骨痛"；"羊蹄暗消：[基原]为西番莲科植物月西番莲的根、茎；[性味]苦，平；[功用主治]健胃，理气，止泻。治消化不良，胃痛，腹痛，腹胀，腹泻"。根据上述记载可知，"南木香"和"羊蹄暗消"两者虽然均可治疗胃病，但基原、性味和功用主治有所不同，它们的功用主治和本申请的技术效果也并不完全相同，而且本申请原始说明书没有给出中药方解，本领域技术人员根据说明书的记载并不能确定"藤子暗消"对应于"南木香"或是"羊蹄暗消"中的哪一种，所属技术领域的技术人员也无法预见"南木香"和"羊蹄暗消"都能够与本申请中药组方中的其他中药配伍，都能够采用本申请中的制备方法制备，并且能够解决本发明所要解决的治疗胃脘痛久治不愈、反复发作的问题和达到本发明所要达到的技术效果。（2）根据请求人之前的意见陈述和植物鉴定证明可知，本申请中药组方中实际使用的"藤子暗消"既不是"南木香"也不是"羊蹄暗消"，之后，请求人又在意见陈述中指出使用"南木香"和"羊蹄暗消"均可，这种前后不一致的指定是不合理的，不能被认可。

综上所述，请求人提供的证据和意见陈述均不具有说服力，本申请说明书不符合专利法第 26 条第 3 款的规定。

根据以上事实和理由，本案合议组作出如下审查决定。

三、决定

维持国家知识产权局于 2005 年 6 月 24 日对第 01107369.1 号发明专利申请作出的驳回决定。

复审请求人对本决定不服的，可以根据专利法第 41 条第 2 款的规定，自收到本决定之日起三个月内向北京市第一中级人民法院起诉。

007

一种制备预防流感抗血清的方法

复审请求审查决定（第 11648 号）

决 定 号	第 11648 号
决 定 日	2007 年 9 月 11 日
发明创造名称	一种制备预防流感抗血清的方法
国际分类号	A61K 35/16，A61K 39/145，A61K 48/00，A61P 31/16
复审请求人	上海生物制品研究所
申 请 号	03128871.5
申 请 日	2003 年 5 月 26 日
公 开 日	2003 年 11 月 5 日
合议组组长	何 炜
主 审 员	郭 婷
参 审 员	唐 莉

法 律 依 据 专利法第 22 条第 4 款

决 定 要 点

"实用性"所说的"能够制造或使用"是指发明或者实用新型的技术方案具有在产业中被制造或使用的可能性。因不能制造或使用而不具备实用性是由技术方案本身固有的缺陷引起的，与说明书公开的程度无关。针对人体或者动物体的非治疗目的的外科手术方法属于不具备实用性的一种主要情形。非治疗目的的外科手术方法，由于是以有生命的人或者动物为实施对象，无法在产业上使用，因此不具备实用性。

一、案由

本复审请求涉及 2003 年 5 月 26 日申请，2003 年 11 月 5 日公开，名称为"一种制备预防流感抗血清的方法"的第 03128871.5 号发明专利申请（下称本申请），本申请的申请人为上海生物制品研究所。

国家知识产权局于 2005 年 6 月 3 日驳回了本申请，理由是权利要求 1~6 不符合专利法第 22 条第 4 款的规定。

驳回决定所针对的权利要求书为：

"1. 一种制备预防流感抗血清的方法，其特征在于采用流感 DNA 疫苗免疫动物，产生抗血清，以此抗血清被动免疫动物。

2. 根据权利要求 1 所述的制备预防流感抗血清的方法，其特征在于所述方法包括下述步骤，1）

提取流感病毒抗原 HA、NA 基因；2）构建 HA、NA DNA 疫苗；3）鉴定 HA、NA DNA 疫苗；4）选择实验动物；5）HA、NA DNA 疫苗免疫动物；6）测定抗 HA、NA 抗血清效价；7）采集抗血清；8）抗血清被动免疫；9）流感病毒攻击实验。

3. 根据权利要求 1 所述的制备预防流感抗血清的方法，其特征在于所述方法其中用 DNA 疫苗免疫动物，免疫方式采用活体电击免疫，基因枪免疫和肌注免疫方式。

4. 根据权利要求 1 所述的制备预防流感抗血清的方法，其特征在于所述方法其中用 DNA 疫苗免疫动物，免疫程序采用一次 DNA 疫苗免疫，两次 DNA 疫苗免疫，三次 DNA 疫苗免疫或先用 DNA 疫苗免疫再用蛋白疫苗加强免疫。

5. 根据权利要求 1 和 4 所述的制备预防流感抗血清的方法，其特征在于所述方法其中用 DNA 疫苗免疫动物，免疫程序采用 DNA 疫苗免疫再用蛋白疫苗加强免疫。

6. 根据权利要求 1 所述的制备流感预防抗血清的方法，其特征是所述方法其中构建 HA、NA DNA 疫苗所述表达载体是 pCAGGSP7，重组质粒是 pCAGGSP7/HA，pCAGGSP7/NA。"

驳回决定认为：权利要求 1~6 要求保护一种制备预防流感抗血清的方法，该制备方法中包括了以下步骤 "采用流感 DNA 疫苗免疫动物，产生抗血清"，该步骤是以有生命的动物为实施对象进行免疫处理。审查指南第二部分第一章第 2~9 页指出 "外科手术，是指使用器械对有生命的人体或动物体实施的剖开、切除、缝合、纹刺等创伤性或介入性治疗或处置的方法"。权利要求 1 中的 "免疫" 方法属于上述所指的 "介入性处置的方法"。因此，权利要求 1~6 的技术方案是以有生命的人或动物为实施对象，非治疗目的的外科手术方法。此外，权利要求 1~6 的制备过程中涉及了对活体的处理过程，由于活体动物之间存在个体差异，对于不同的个体对象，需要使用的方法和得到的结果也不完全相同，因此不能在产业上制造或使用，不具备实用性。申请人在意见陈述中论述了与动物免疫相关的技术信息（"背景介绍"部分的内容）以及本发明所具有的进步，但是本发明是否具有积极效果、现有技术是什么样的、技术的发展情况与本申请是否具有实用性没有直接联系，该部分内容不能证明本申请权利要求 1~6 具有实用性。

申请人上海生物制品研究所（下称请求人）对上述驳回决定不服，于 2005 年 9 月 18 日向专利复审委员会提出复审请求。请求人在提出复审请求的同时提交了新修改的权利要求书。新修改的权利要求书如下：

"1. 一种制备预防流感抗血清的方法，其特征在于采用流感 DNA 疫苗免疫动物，产生抗血清，以此抗血清被动免疫动物，包括下述步骤：1）提取流感病毒抗原 HA、NA 基因；2）构建 HA、NA DNA 疫苗；3）鉴定 HA、NA DNA 疫苗；4）选择实验动物；5）HA、NA DNA 疫苗免疫动物；6）测定抗 HA、NA 抗血清效价；7）采集抗血清；8）抗血清被动免疫；9）流感病毒攻击实验。

2. 根据权利要求 1 所述的制备预防流感抗血清的方法，其特征在于所述方法中的 DNA 疫苗免疫动物的免疫程序是，采用一次 DNA 疫苗免疫或两次 DNA 疫苗免疫或三次 DNA 疫苗免疫或先用 DNA 疫苗免疫再用蛋白疫苗加强免疫。

3. 根据权利要求 1 所述的制备预防流感抗血清的方法，其特征在于所述方法中的免疫程序是采用 DNA 疫苗免疫，再用蛋白疫苗加强免疫。

4. 根据权利要求 1 所述的制备流感预防抗血清的方法，其特征是所述方法中构建 HA、NA DNA 疫苗的表达载体是 pCAGGSP7，重组质粒是 pCAGGSP7/HA 或 pCAGGSP7/NA。"

请求人认为：（1）抗血清用途广泛，抗血清的制备按本领域公识，是从对某些疾病具有免疫力或已获免疫力的人或动物血液中制得的。本申请提供了一种制备预防流感的抗血清的方法，本发明依据医、药研究的基本规则，将流感 DNA 疫苗采用非外科手术方式免疫非人类的实验动物，产生抗血清，以此抗血清被动免疫实验动物，起到预防保护效果，本制备方法简便，可重复性好。（2）抗血清的制备过程中有许多实验方法能用于保证抗血清的质量，通过各种筛选程序淘汰不理想的抗血清，获得高滴度的抗血清，从而消除个体差异给制备抗血清带来的滴度影响。实验中，所谓的个体差异大多是受体被动免疫血清出现超敏反应等副作用，可通过皮试来确定受免疫对象是否适于免疫抗血清。（3）本申请"制备预防流感病毒基因疫苗"的核心是用流感病毒基因疫苗（也可用其表达的产品）免疫实验动物制备抗血清，利用 HA 和 NA 混合物免疫以提高免疫效果。综上所述，本申请不是以治疗或预防疾病为直接目的，是提供了一种能够在产业上制造或者使用的制备抗血清的制备方法，根据说明书所公开的内容，所属技术领域的技术人员能实现，能够解决技术问题，并且能够产生积极效果。故具备了专利法有关实用性的规定。

形式审查合格后，专利复审委员会受理了该复审请求，并于2005年12月1日向请求人发出《复审请求受理通知书》，同时将本申请案卷移交原审查部门进行前置审查。

原审查部门对本复审请求进行了前置审查，坚持原驳回决定，具体理由是：（1）该方法步骤中包括的"免疫动物、产生抗血清、采集抗血清"的步骤导致该方法是一种非治疗目的的外科手术方法。（2）请求人在意见陈述中的观点仅仅体现了本申请的有益效果，有益效果与本申请是否有实用性（是否属于非治疗目的的外科手术方法）没有必然联系。

专利复审委员会组成合议组，对本案的复审请求进行了审理。于2007年3月19日向请求人发出《复审通知书》。《复审通知书》指出，在本申请权利要求1要求保护的制备预防流感抗血清的方法中，"HA、NA DNA 疫苗免疫动物"、"采集抗血清"和"抗血清被动免疫"三个步骤都包括使用器械对有生命的人体或者动物体实施的创伤性或介入性处置方法，即都使用了非治疗目的的外科手术方法，由于这些方法是以有生命的人或动物为实施对象，无法在产业上使用，因此，包含这些步骤的权利要求1所要求保护的制备预防流感抗血清的方法不具备专利法第22条第4款规定的实用性。基于相同的理由，权利要求1的从属权利要求2～4也不具备专利法第22条第4款规定的实用性。

针对《复审通知书》指出的问题，请求人于2007年5月8日提交了意见陈述书。请求人认为，（1）本方法在抗血清的制备过程中采用本领域技术人员公知的实验方法保证抗血清的质量。（2）本领域技术人员根据本申请公开的内容，完全能够不依赖任何随机的因素，重复实施本申请中为解决现有技术中共同存在的技术问题所采用的技术方案，即：不需制备抗原蛋白，用 DNA 疫苗免疫实验动物，即能获得抗血清，达到能够保护受免疫对象抵御流感病毒的感染的效果，并且实施效果是相同的。（3）现有技术的已经工业化了的抗血清被广泛应用于治疗多种疾病，发明人所在的上海生物制品研究所目前有类似的产品在工业化生产并销售；本方法用 DNA 疫苗免疫实验动物，获得预防流感抗血清的方法是可以在产业上使用的，尽管其中采用了"将流感 DNA 疫苗采用非外科手术方式免疫非人类的实验动物"的某些步骤。（4）本申请方法中涉及的"制备步骤"与审查指南第二部分第五章第3.2.4节规定的非治疗目的的外科手术方法有本质的不同。

至此，合议组认为本案事实清楚，可以作出审查决定。

二、决定的理由

1. 决定所依据的文本

本复审请求审查决定所依据的文本为请求人于2005年9月18日提交的权利要求第1～4项，以及驳回决定所针对的说明书第1～7页和说明书摘要。

2. 关于专利法第22条第4款

专利法第22条第4款规定，实用性，是指该发明或者实用新型能够制造或者使用，并且能够产生积极效果。

根据该款规定，"能够制造或使用"是指发明或者实用新型的技术方案具有在产业中被制造或使用的可能性。因不能制造或使用而不具备实用性是由技术方案本身固有的缺陷引起的，与说明书公开的程度无关。针对人体或者动物体的非治疗目的的外科手术方法属于不具备实用性的一种主要情形。非治疗目的的外科手术方法，由于是以有生命的人或者动物为实施对象，无法在产业上使用，因此不具备实用性。

本案中，权利要求1要求保护一种制备预防流感抗血清的方法，其特征在于采用流感DNA疫苗免疫动物，产生抗血清，以此抗血清被动免疫动物，包括下述步骤：（1）提取流感病毒抗原HA、NA基因；（2）构建HA、NA DNA疫苗；（3）鉴定HA、NA DNA疫苗；（4）选择实验动物；（5）HA、NA DNA疫苗免疫动物；（6）测定抗HA、NA抗血清效价；（7）采集抗血清；（8）抗血清被动免疫；（9）流感病毒攻击实验。该方法中包括"HA、NA DNA疫苗免疫动物"、"采集抗血清"和"抗血清被动免疫"的步骤。

审查指南第二部分第五章第3.1节在实用性的审查原则中规定，"以申请日提交的说明书（包括附图）和权利要求书所公开的整体技术内容为依据，而不仅仅局限于权利要求所记载的内容"。本申请说明书第4页第4段陈述了DNA疫苗免疫动物的方式有"肌肉注射、皮内注射、鼻内滴注或鼻腔喷雾、脂质体法以及基因枪免疫和活体电击免疫等"，采血的方式有"采用用颈动脉放血、心脏采血和静脉多次采血法"。在说明书具体实施方式中，用DNA疫苗免疫动物是采用肌肉注射和活体电击免疫方式进行的，采集抗血清是从心脏采血，之后用抗血清被动免疫动物是通过尾静脉注射进行的。

审查指南第二部分第一章第4.3.2.3节规定，"外科手术方法，是指使用器械对有生命的人体或者动物体实施的剖开、切除、缝合、纹刺等创伤性或者介入性治疗或处置的方法"。如上所述，在本申请权利要求1要求保护的制备预防流感抗血清的方法中，"HA、NA DNA疫苗免疫动物"、"采集抗血清"和"抗血清被动免疫"三个步骤都包括了使用器械对有生命的人体或者动物体实施的创伤性或介入性处置方法，即都使用了非治疗目的的外科手术方法，由于这些方法是以有生命的人或者动物为实施对象，无法在产业上使用，因此，包含这些步骤的权利要求1所要求保护的制备预防流感抗血清的方法不具备专利法第22条第4款规定的实用性。

基于相同的理由，权利要求1的从属权利要求2～4也不具备专利法第22条第4款规定的实用性。

请求人在本案的审查过程中提出过如下几点意见：（1）本申请不是以预防或治疗疾病为直接目的，而是提供了一种能够在产业上制造或者使用的制备抗血清的制备方法，其核心是用流感病毒基因疫苗（也可用其表达的产品）免疫实验动物制备抗血清，利用HA和NA混合物免疫以提高免疫效果，根据说明书所公开的内容，所属技术领域的技术人员能实现，能够解决技术问题，并且能够产生积极效果；（2）抗血清的制备过程中有许多公知实验方法能用于保证抗血清的质量，从而消除个体差异给制备抗血清带来的滴度影响；（3）本领域技术人员根据本申请公开的内容，完全能够不依赖任何随机的因素，重复实施本申请中为解决现有技术中存在的共同不足的技术问题所采用的技术方案，并且实施效果是相同的；（4）上海生物制品研究所目前已有抗血清产品在工业化生产并销售；（5）本申请提供的制备预防流感的抗血清的方法是将流感DNA疫苗采用非外科手术方式免疫非人类的实验动物，产生抗血清，以此抗血清被动免疫实验动物，起到预防保护效果；（6）本申请方法中涉及的"制备步骤"与审查指南第二部分第五章第3.2.4节规定的非治疗目的的外科手术方法有本质的不同。

对此，合议组认为：本申请权利要求1～4不具备实用性的核心问题在于本申请的方法属于针对有生命的人体或者动物体实施的非治疗目的的外科手术方法，而这属于审查指南中规定的不具备实用性的一种主要情形。请求人提出的第（1）、（2）、（3）、（4）点意见都不是针对此核心问题的答复，因不能制造或使用而不具备实用性是由技术方案本身固有的缺陷引起的，与所申请的发明是怎样创造出来的或者是否已经实施无关，与说明书公开的程度无关，本案提出的不具备实用性的理由也不是"无再现性"。第（5）、（6）点意见虽然是针对核心问题做出的答复，但是首先外科手术方法的对象除人类外也包括非人类的实验动物；其次，请求人并未具体说明本申请的方法为何不属于外科手术方法，也未说明本申请方法中涉及的"制备步骤"与审查指南第二部分第五章第3.2.4节规定的非治疗目的的外科手术方法有何本质的不同。由于本申请方法涉及使用器械实施创伤性或介入性处置的过程，因此是外科手术方法。综上所述，请求人的意见陈述不具有说服力。

根据以上事实和理由，本案合议组作出如下审查决定。

三、决定

维持国家知识产权局于2005年6月3日对03128871.5号发明专利申请作出的驳回决定。

复审请求人对本决定不服的，可以根据专利法第41条第2款的规定，自收到本决定之日起三个月内向北京市第一中级人民法院起诉。

无铅膏药及其制备方法

复审请求审查决定（第 11649 号）

决 定 号	第 11649 号
决 定 日	2007 年 10 月 16 日
发明创造名称	无铅膏药及其制备方法
国 际 分 类 号	A61K 9/06，A61K 35/78
复 审 请 求 人	薛弘扬
申 请 号	01135909.9
申 请 日	2001 年 10 月 17 日
公 开 日	2002 年 7 月 17 日
合议组组长	何 炜
主 审 员	郭 婷
参 审 员	李金光
法 律 依 据	专利法第 22 条第 3 款

决定要点

要素省略的发明，是指省去已知产品或者方法中的某一项或多项要素的发明。如果发明省去一项或多项要素后其功能也相应地消失，则该发明不具备创造性。

一、案由

本复审请求涉及 2001 年 10 月 17 日申请，2002 年 7 月 17 日公开，名称为"无铅膏药及其制备方法"的第 01135909.9 号发明专利申请（下称本申请），本申请的申请人为薛弘扬。

国家知识产权局于 2004 年 12 月 3 日驳回了本申请，理由是权利要求 1~5 不具备专利法第 22 条第 3 款规定的创造性。

驳回决定所针对的权利要求书为：

"1. 一种无铅膏药，其特征在于它是以下述植物油、松香为赋形剂，中药为原料，乙醇为介质制成的：

植物油 1 公斤、松香 6~12 公斤、中药原料 1~12 公斤、乙醇 0~100 公斤。

2. 根据权利要求 1 所述的无铅膏药，其特征在于所述的中药原料为临床所应用的任何一种配方。

3. 根据权利要求 1 或 2 所述的无铅膏药，其特征在于所述的中药原料可以为粗料，也可以为精料，还可以为粗料、精料两者同时都有。

4. 根据权利要求 3 所述的无铅膏药，其特征在于所述的中药原料可以是粗料，需用乙醇提取有效药用成份，弃去残渣；精料直接掺入膏药内。

5. 根据权利要求1或2所述的无铅膏药，其特征在于所述的植物油、松香为赋形剂制成的膏药，其形态接近于用铅制成的黑膏药。

6. 根据权利要求1或2所述的无铅膏药的制备方法，包括中药粗料先用乙醇提取并将提取液浓缩；再将精料研成极细粉末；松香打碎；然后将松香、植物油放入铁锅内加热，其特征在于：当所述铁锅内的松香、植物油的温度达到100℃时，向锅内喷洒乙醇提取浓缩液，并用棍棒在锅内不停地搅动，直至撒完，锅内无乙醇挥发即可离火，待温度降至60℃~70℃时再投精料。"

具体理由是：

（1）对比文件1（"壮筋活血膏制剂工艺的改进"，杨治，中成药，1996年12期，第48页）公开了一种无丹膏药，其由松香、香油、马钱子等中药药材以及乙醇等成分制得，其中基质的配制比例为：香油200g、松香1000g、蜂蜡150g（参见该对比文件第48页左栏第7行至右栏第7行），也就是说当香油为1000g时，松香为5000g、蜂蜡为450g，该权利要求所要求保护的技术方案与对比文件1所公开的内容相比，其区别仅在于植物油含量不同，并且不含蜂蜡基质，然而这种含量的选择和蜂蜡的省略对于本领域的普通技术人员来说都是常规的技术手段，蜂蜡不是制备膏药的不可或缺的基质要素是所属技术领域中的公知常识，在对比文件1的基础上结合上述公知常识以获得本发明所要求保护的技术方案对于本领域普通技术人员来说是显而易见的，其所能达到的技术效果也是可以预料到的，因此，相对于对比文件1，权利要求1的技术方案不具备突出的实质性特点和显著的进步，不具备创造性。

（2）权利要求2~5的附加技术特征在对比文件1中已经公开了（参见该对比文件第48页左栏第7行至右栏第16行），其所要求保护的技术方案与对比文件1相比实质上的区别仍然在于植物油含量不同及蜂蜡成分的省略，基于上述第1点的理由，在权利要求1不具有创造性的情况下，权利要求2~5的技术方案相对于对比文件1仍不具有突出的实质性特点和显著进步，也不具备创造性。

申请人薛弘扬（下称请求人）对上述驳回决定不服，于2005年3月10日向专利复审委员会提出复审请求，请求人没有在提出复审请求的同时提交修改文本，请求人认为，权利要求1~5相对于对比文件1符合专利法第22条第3款的规定，具体理由是：（1）本发明属于审查指南第二部分第四章第4.5（3）节规定的关于要素省略的发明。千百年来，蜂蜡都是制备膏药不可缺少的基质之一，即使是对比文件1也依然采用传统的蜂蜡作为制备膏药的基质之一，而并没有跳出省略蜂蜡的圈子，审查员也没有进一步的提供证据来证明和支持这一论断。对于原本基质原料就较少的膏药来说，能够省略其中的一项蜂蜡基质原料，却依然还保持其原有的全部功能，实属不易，是需要创造性的劳动才有可能获得的。因此，权利要求1具有创造性。(2)在权利要求1具备创造性的前提下，其从属权利要求2~5也具备创造性。

形式审查合格后，专利复审委员会受理了该复审请求，并于2005年8月4日向请求人发出《复审请求受理通知书》，同时将本申请案卷移交原审查部门进行前置审查。

原审查部门对本复审请求进行了前置审查，坚持原驳回决定，具体理由是：蜂蜡不是制备膏药的不可或缺的基质要素是所属技术领域中的公知常识，例如，《中药大辞典（上册）》（江苏新医学院编，上海科学技术出版社出版，1986年5月第1版，1992年2月第5次印刷）中的"松香"词条下的[选方]第1项给出"松香八两，铜青二钱，蓖麻仁五钱，同捣作膏，摊贴甚妙"。

专利复审委员会组成合议组，对本复审请求案进行了审理，于2007年3月2日向请求人发出《复审通知书》。《复审通知书》指出，权利要求1~5相对于对比文件1和公知常识的结合不具备专利法第22条第3款规定的创造性。

针对《复审通知书》指出的问题，请求人于 2007 年 4 月 11 日提交了意见陈述书及经修改的权利要求书和说明书全文替换页。请求人在意见陈述中表明，由于权利要求 1～5 的创造性已被对比文件 1 破坏，故予以放弃，仅保留其中第 6 项的权利要求，即无铅膏药的制备方法。

修改后的权利要求书如下：

"1. 一种无铅膏药的制备方法，制备的无铅膏药以植物油和松香为赋形剂，中药为原料，乙醇为介质；

制备上述无膏铅药的原材料的重量为：植物油 1 公斤、松香 6～12 公斤、中药原料 1～12 公斤和乙醇 0～100 公斤；

制备时，先将中药粗料用乙醇提取并将该提取液浓缩，再将精料研成极细粉末，然后将松香打碎后与植物油放入铁锅内加热，其特征在于：当所述铁锅内的松香和植物油的温度上升为 100℃时，向锅内喷撒上述获得的中药粗料乙醇提取浓缩液，并用棍棒在锅内不停地搅动，直至撒完，锅内无乙醇挥发即可离火，待温度降至 60℃～70℃时再投中药精料搅匀，待膏药呈滋膏状，再根据不同的规格摊到膏药衬上，即得无铅膏药。"

至此，合议组认为本案事实清楚，可以作出审查决定。

二、决定的理由

1. 决定所依据的文本

请求人于 2007 年 4 月 11 日提交的权利要求 1 和说明书第 1～3 页的修改符合专利法第 33 条和专利法实施细则第 60 条第 1 款的规定。因此，本复审请求审查决定所依据的文本为 2007 年 4 月 11 日提交的提交的权利要求 1 和说明书第 1～3 页，以及申请日提交的说明书摘要。

2. 关于专利法第 22 条第 3 款

专利法第 22 条第 3 款规定，创造性，是指同申请日以前已有的技术相比，该发明有突出的实质性特点和显著的进步。

要素省略的发明，是指省去已知产品或者方法中的某一项或多项要素的发明。如果发明省去一项或多项要素后其功能也相应地消失，则该发明不具备创造性。

本案合议组在《复审通知书》中指出驳回决定所针对的权利要求书中的权利要求 1～5 不具备专利法第 22 条第 3 款规定的创造性，具体理由是：

驳回决定所针对的权利要求 1 要求保护一种无铅膏药，其特征在于它是以下述植物油、松香为赋形剂，中药为原料，乙醇为介质制成的：植物油 1 公斤、松香 6～12 公斤、中药原料 1～12 公斤、乙醇 0～100 公斤。

对比文件 1（杨治《壮筋活血膏制剂工艺的改进》（《中成药》1996 年第 12 期，第 48 页），1996 年 12 月公开）公开了一种无丹膏药，该膏药基质的配制比例为香油 200g、松香 1000g、蜂蜡 150g，膏药中含有马钱子、当归等 36 味中药，其中的粗料药经乙醇提取备用，细料药粉碎成细粉备用。

本申请驳回决定所针对的权利要求 1 与对比文件 1 的区别在于：（1）该权利要求 1 的膏药基质比对比文件 1 中的膏药基质少了蜂蜡这一组分，且基质中各组分的配比略有不同，本申请权利要求 1 中植物油与松香的比相当于 1∶6～12，对比文件 1 中植物油、松香、蜂蜡的比相当于 1∶5∶0.75；（2）对比文件 1 中未公开加入的中药的量。

对此，合议组认为：对于区别技术特征（1）：所属领域技术人员公知以树脂为基质的硬膏剂，其是以树脂（如松香）或树脂与植物油加热熔合，再掺入药料混合而成的（例如可参"皮肤科外用制剂手册"，彭国民编，人民卫生出版社，1984 年 8 月第 1 版，第 156 页）。在此种硬膏剂中有松香和植物油加热熔合作为基质即可，蜂蜡并不是必不可少的基质原料。此外，蜂蜡的熔点为 62℃～

67℃可用作乳膏剂的增稠剂也是所属技术领域的技术人员公知的（例如可参见"中药药剂学"，范碧亭主编，上海科学技术出版社，1997年12月第1版，第732页附录药剂常用辅料）。当蜂蜡这一成分被省略时，其增稠功能也相应消失，在本发明中蜂蜡的省略并没有产生意想不到的技术效果。至于请求人所认为的省略蜂蜡这一项基质原料后膏药仍然还能保持其原有的全部功能的原因在于，植物油在常温下为液态，松香在常温下为固态遇热熔化，二者按照一定比例配合即可得到软硬适宜的基质，并不必需加入蜂蜡来进行增稠以进一步调节膏剂的软硬度。这也解释了组分含量略有不同的原因是在于，省去蜂蜡后增加硬度的物质松香的含量自然要多一些，即本专利膏药中松香的含量比例比对比文件1膏药中松香的含量比例要高。对于区别技术特征（2），在该膏药中加入1~12公斤量的中药原料是所属技术领域技术人员在可能、有限范围内的常规选择，这种选择并未产生任何意想不到的技术效果。综上所述，该权利要求1相对于对比文件1和公知常识的结合不具备突出的实质性特点和显著的进步，不具备专利法第22条第3款规定的创造性。

驳回决定所针对的从属权利要求2~4对中药原料进行了进一步的限定，这些附加技术特征也已经被对比文件1公开；从属权利要求5限定该膏药的形态接近于用铅制成的黑膏药，对比文件1中已经指出其膏药是将原含铅膏药改进成无丹膏药，产品的形态是类似的，因此，权利要求2~5相对于对比文件1和公知常识的结合也不具备突出的实质性特点和显著的进步，不具备专利法第22条第3款规定的创造性。

请求人在2007年4月11日提交的权利要求书中已经删除了驳回决定所针对的权利要求1~5，因此，修改后的权利要求书克服了《驳回决定》及《复审通知书》所指出的权利要求1~5不具备专利法第22条第3款规定的创造性的缺陷。

根据以上事实和理由，本案合议组作出如下审查决定。

三、决定

撤销国家知识产权局于2004年12月3日对01135909.9号发明专利申请作出的驳回决定。由原审查部门在本复审请求审查决定所针对的文本的基础上继续进行审查。

复审请求人对本决定不服的，可以根据专利法第41条第2款的规定，自收到本决定之日起三个月内向北京市第一中级人民法院起诉。

009

用检查母体血液的非侵入性方法发现唐氏综合症的方法和设备

复审请求审查决定（第 11700 号）

决 定 号	第 11700 号
决 定 日	2007 年 10 月 29 日
发明创造名称	用检查母体血液的非侵入性方法发现唐氏综合症的方法和设备
国际分类号	G01N33/50，G01N 33/76
复审请求人	詹姆斯·尼古拉斯·马克里
申 请 号	90100994.6
申 请 日	1990 年 1 月 17 日
最早优先权日	1989 年 1 月 17 日
公 开 日	1990 年 11 月 28 日
合议组组长	刘 静
主 审 员	周英姿
参 审 员	李 娟

法 律 依 据 专利法第 25 条第 1 款第（3）项

决 定 要 点

如果本领域技术人员通过专利申请所要保护的方法中的检测步骤或诊断步骤并根据现有医学知识或该专利申请公开的内容，在知晓检测或诊断信息后就能够直接获得疾病的诊断结果或健康状况，则该方法满足以获得疾病诊断结果或健康状况为直接目的的条件。若一项发明从表述形式上看是以离体样品为对象，但该发明是以获得同一主体疾病诊断结果或健康状况为直接目的，则该发明不能被授予专利权。

一、案由

本复审请求涉及于 1990 年 1 月 17 日申请、1990 年 11 月 28 日公开、名称为"用检查母体血液的非侵入性方法发现唐氏综合症的方法和设备"的第 90100994.6 号发明专利申请（下称本申请），本申请的申请人为詹姆斯·尼古拉斯·马克里，最早优先权日为 1989 年 1 月 17 日。

针对申请人于 2001 年 10 月 9 日提交的权利要求书第 1~4 页（共 18 项）和说明书第 1 页、1990 年 5 月 17 日提交的说明书附图第 1~14 页以及 1990 年 1 月 17 日提交的说明书第 2-25 页和说明书摘要，国家知识产权局于 2001 年 11 月 30 日以权利要求 1~11 不符合专利法第 25 条第 1 款第（3）项为由驳回了本申请，驳回的理由是：尽管申请人在答复审查意见通知书时将权利要求 1~11 的"方法"修改为"筛选方法"，但是这样的修改没有改变这些权利要求的技术方案是疾病诊断方法这一实质性特征，而且该方法推荐给年龄为 35 岁和超过 35 岁的孕妇进行诊断，因此，不符合专利法第 25 条第 1 款第（3）项的规定。

驳回决定所针对的权利要求书为：

"1. 一种确定孕妇是否处在怀有患唐氏综合症胎儿明显危险中的筛选方法，包括：

测量孕妇母体血清中人绒毛膜促性腺激素的游离 β 亚单位含量，将所说的人绒毛膜促性腺激素中所说的游离 β 亚单位的测量值及孕妇的孕龄代入一个概率密度函数中，由此将所说孕妇的所说游离 β 亚单位含量和所说的孕妇孕龄与一组基准数据比较，以确定所说孕妇怀有患唐氏综合症胎儿的危险率。

2. 一种确定孕妇是否处于怀有患唐氏综合症胎儿明显危险中的筛选方法，包括：测定孕妇母体血液中人绒毛膜促性腺激素的游离 β 亚单位，测定结果是胎儿唐氏综合症危险率增加的征兆。

3. 如权利要求 2 所述的筛选方法，其中还包括：测定孕妇血液中的 α-胎儿蛋白，人绒毛膜促性腺激素中游离 β 亚单位及 α-胎儿蛋白的测量结果是胎儿唐氏综合症危险率增加的征兆。

4. 一种确定孕妇是否处在怀有患唐氏综合症胎儿明显危险中的筛选方法，包括：测量孕妇母体血液中人绒毛膜促性腺激素中游离 β 亚单位的含量，并将该测量值与一组标准数据比较以确定孕妇怀有患唐氏综合症胎儿的危险率。

5. 一种确定孕妇是否处于怀有患唐氏综合症胎儿明显危险中的筛选方法，包括：用测定人绒毛膜促性腺激素中游离 β 亚单位的测定法测量孕妇母体血液中指标的含量，并将对该指标的测量结果与一组基准数据比较以确定孕妇怀有患唐氏综合症胎儿的危险率。

6. 如权利要求 4 所述的方法，其中还包括：测量孕妇母体血液中 α-胎儿蛋白的含量，并将这一测量结果和孕妇的孕龄与一组基准数据比较。

7. 如权利要求 5 所述的方法，其中还包括：侧链孕妇母体血液中 α-胎儿蛋白的含量，并将这一测量结果和孕妇的孕龄与一组基准数据比较。

8. 如权利要求 4、5、6 或 7 所述的方法，其中比较步骤包括将测量结果代入到通过线性判别分析法的由一组基准数据产生的一个概率密度函数中。

9. 如权利要求 4、5、6 或 7 所述的方法，其中比较步骤包括将测量结果的对数与一组基准数据比较。

10. 如权利要求 8 所述的方法，其中比较步骤包括将测量结果的对数与一组基准数据比较。

11. 一个用于执行权利要求 1 至 10 中任一项所述的用于确定孕妇是否处于怀有患唐氏综合症胎儿明显危险中的方法的测定方法，包括：

用免疫分析技术测试孕妇血液中人绒毛膜促性腺激素的游离 β 亚单位的水平；

将游离 β 亚单位的水平作为变量代入线性判别式分析中；

由线性判别式分析产生一组参考数据；

将所述孕妇游离 β 亚单位水平与该组参考数据比较以确定孕妇怀有患唐氏综合症胎儿的危险率。

12. 一种用于孕妇怀有患染色体异常的胎儿的危险率的筛选设备，包括：

适用于接收孕妇母体血液中一种或多种指标水平的测量结果的装置，和用于将所述孕妇血液中一种或多种指标的水平与标准数值进行比较的计算机装置，该计算机装置包括：

计算一组表示未受影响的胎儿的、多元正态变量概率密度函数形式的基准数据，这是通过接受已知孕龄的、怀有正常胎儿的、作为参照的孕妇的一种或多种指标的血液水平测量结果，并将所述血液水平和相应的孕龄作为变量引入线性判别方法中；

计算一组表示未受影响的胎儿的、多元正态变量概率密度函数形式的基准数据，这是通过接受已知孕龄的、怀有已知染色体异常的胎儿的、作为参照的孕妇的一种或多种指标的血液水平测量结果，并将所述血液水平和相应的孕龄作为变量引入线性判别方法中；

将所述一种或多种指标的水平的测量结果和所述孕妇的孕龄代入表示未变影响的胎儿的、多元正态变量概率密度函数中，并将所述孕妇的一种或多种指标的水平和所述孕妇的孕龄与一组标准数据相比较；和将所述一种或多种指标的水平的测量结果和所述孕妇的孕龄代入表示未受影响的胎儿的、多元正态变量概率密度函数中，并将该孕妇的孕龄与一组标准数据比较；

其中所述计算机比较的结果可用于确定所述孕妇怀有患染色体异常胎儿的危险率。

13. 如权利要求12的设备，其中所述的一种或多种指标是两种指标：α-胎儿蛋白和人绒毛膜促性腺激素的游离β亚单位。

14. 权利要求12的设备，其中所述的一种或多种指标是α-胎儿蛋白。

15. 权利要求12的设备，其中所述的一种或多种指标是人绒毛膜促性腺激素的游离β亚单位。

16. 权利要求12的设备，其中所述的一种或多种指标是利用人绒毛膜促性腺激素的游离β亚单位的测定方法测定的。

17. 权利要求12、13、14、15或16的设备，其中所述的染色体异常是唐氏综合症。

18. 权利要求12、13、14、15或16的设备，其中该组基准数据是由各含量测量值的对数计算得到的，及这些测量结果的对数用于将孕妇各指标的含量与该组基准数据比较。"

申请人詹姆斯·尼古拉斯·马克里（下称请求人）对上述驳回决定不服，于2002年3月9日向专利复审委员会提出复审请求，请求人认为，本申请所述方法不是诊断方法，该方法需要测量孕妇血清中特殊分析物的含量，以确定孕妇体内的胎儿患有某种染色体异常的统计学概率，不是诊断胎儿染色体异常的存在。本申请方法只是从活的人体获取作为中间结果的信息，根据现有技术的医学知识不能从所获得信息直接得出疾病的诊断结果，是中间结果。本申请的方法是非侵入性方法，本发明的筛选方法和设备类似地提供基于来自同龄孕妇的参考资料的概率试验，显示本发明标志如α-胎儿蛋白和人绒毛膜促性腺激素的游离β亚单位的某种血液水平的某孕龄的孕妇不被自动诊断为怀有患唐氏综合症的胎儿，仅仅被认为处于增加的统计学危险。本发明方法显然是一种体外筛选方法，不包括全过程。因此，权利要求1~11的方法不属于专利法第25条第1款第（3）项规定的范畴。

请求人在提出复审请求的同时提交了三份附件：

附件1：关于欧洲专利EP0409956 B1的异议决定，英文复印件共16页；

附件2：上述异议程序的口审记录，英文复印件共8页；

附件3：本申请已授权的欧洲专利EP0409956 B1，英文复印件共36页。

形式审查合格后，专利复审委员会受理了本复审请求，并于2002年10月14日向请求人发出《复审请求受理通知书》以及《外文证据处理通知书》，随后将本申请案卷移交原审查部门进行前置审查。

原审查部门对本复审请求进行了前置审查，坚持原驳回决定。

请求人于2002年11月20日提交了附件1~3的部分中文译文（共9页）。

专利复审委员会组成合议组，对本案的复审请求进行了审理。于2007年6月4日向请求人发出《复审通知书》。《复审通知书》指出：（1）独立权利要求1是一项方法权利要求，其所保护的筛选方法的目的在于确定孕妇怀有患唐氏综合症胎儿的危险性的大小，权利要求1的筛选方法得出的结果是孕妇体内胎儿患病的统计学概率，所以，本申请权利要求1的方法并不只停留在对HCG-（亚单位含量等指标的测量和比较，本领域技术人员基于该方法得到的信息就能够直接获得有生命的人体或动物体对象的疾病诊断结果或健康状况，故权利要求1的筛选方法本身仍然是以有生命的人体或动物体为实施对象，其技术方案实质上构成识别、研究和确定有生命人体和动物体的病因或病灶状态，也就是胎儿患唐氏综合症危险状况的过程。同时，该权利要求是一项开放式权利要求，其限定的保护范围涵盖除所说指标测定和处理以外能够确定孕妇是否怀有唐氏综合症胎儿的技术手段，也就是该方法可以进一步包括疾病诊断和治疗的技术内容。因此，权利要求1的技术方案属于专利法第25条第1款第（3）项中规定不能授予专利权的疾病的诊断和治疗方法）。(2) 独立权利要求2、4和5的主题名称均为"一种确定孕妇是否处在怀有患唐氏综合症胎儿明显危险中的筛选方法"，权利要求11请求保护"用于执行权利要求1~10中任一项所述的用于确定孕妇是否处于怀有患唐氏综合症胎儿明显危险中的方法的测定方法"，它们限定的技术方案包括在测定HCG-游离（亚单位含量后经过比较确定胎儿唐氏综合症危险率的状况，基于与权利要求1不符合专利法第25条相关规定相同的理由，上述权利要求也不符合第25条第1款第（3）项的规定。从属权利要求3、6~10是对上述权利要求的引用，基于同样的理由，也不符合专利法第25条第1款第（3）项的规定。附件1~3不能证明本申请的方法不是疾病的诊断方法。(3) 请求人修改后的权利要求12要求保护一种筛选设备，该设备包括接收测量结果的装置和进行比较的计算机装置，其中所述的计算机装置包括计算数组基准数据并采取不同方式进行数据比较等运算。但是，从原始申请文件中不能直接地、毫无疑义的确定出包括权利要求12所述全部技术特征的技术方案，因此，权利要求12的修改超出原说明书和权利要求书记载的范围。

针对《复审通知书》指出的问题，请求人于2007年9月19日提交了意见陈述书及经修改的权利要求书全文替换页（共13项），同时提交了附件4（N. J. WALD，"Antenaltal and neonatal screening"，英文复印件共3页）和附件5（ACOG Practice Bulletin，第77期，英文复印件共3页）。修改后的权利要求书如下：

"1. 一种用于确定孕妇是否应该接受唐氏综合症诊断试验的诊断前筛选方法，包括：

从孕妇取出母体血清，测量孕妇母体血清中人绒毛膜促性腺激素的游离β亚单位含量，将所说的人绒毛膜促性腺激素中所说的游离β亚单位的测量值及孕妇的孕龄代入一个概率密度函数中，由此将所说孕妇的所说游离β亚单位含量和所说的孕妇孕龄与一组基准数据比较，以确定所说孕妇是否应该接受用以确定所说孕妇是否怀有患唐氏综合症胎儿的诊断试验。

2. 一种用于确定孕妇是否应该接受实际唐氏综合症诊断试验的诊断前筛选方法，包括：测定孕妇母体血液中人绒毛膜促性腺激素的游离β亚单位，测定结果是胎儿唐氏综合症危险率增加的征兆。

3. 如权利要求2所述的筛选方法，其中还包括：测定孕妇血液中的α-胎儿蛋白，人绒毛膜促性腺激素中游离β亚单位及α-胎儿蛋白的测量结果是胎儿唐氏综合症危险率增加的征兆。

4. 一种用于确定孕妇是否应该接受唐氏综合症诊断试验的诊断前筛选方法，包括：从孕妇取出母体血液，测量孕妇母体血液中人绒毛膜促性腺激素中游离β亚单位的含量，并将该测量值与一组标准数据比较以确定孕妇怀有患唐氏综合症胎儿的危险率。

5. 一种用于确定孕妇是否应该接受唐氏综合症诊断试验的诊断前筛选方法，包括：用测定人绒毛膜促性腺激素中游离β亚单位的测定法测量孕妇母体血液中指标的含量，并将对该指标的测量结果与一组基准数据比较以确定孕妇怀有患唐氏综合症胎儿的危险率。

6. 如权利要求4所述的方法，其中还包括：测量孕妇母体血液中α-胎儿蛋白的含量，并将这一测量结果和孕妇的孕龄与一组基准数据比较。

7. 如权利要求5所述的方法，其中还包括：测量孕妇母体血液中α-胎儿蛋白的含量，并将这一测量结果和孕妇的孕龄与一组基准数据比较。

8. 如权利要求4、5、6或7所述的方法，其中比较步骤包括将测量结果代入到通过线性判别分析法的由一组基准数据产生的一个概率密度函数中。

9. 如权利要求 4、5、6 或 7 所述的方法，其中比较步骤包括将测量结果的对数与一组基准数据比较。

10. 如权利要求 8 所述的方法，其中比较步骤包括将测量结果的对数与一组基准数据比较。

11. 一个用在用于确定孕妇是否应该接受唐氏综合症诊断试验的诊断前筛选方法中的执行权利要求 1 至 10 中任一项所述方法的测定方法，包括：

用于免疫分析技术测试孕妇血液中人绒毛膜促性腺激素的游离 β 亚单位的水平；

将游离 β 亚单位的水平作为变量代入线性判别式分析中；

由线性判别式分析产生一组参考数据；

将所述孕妇游离 β 亚单位水平与该组参考数据比较以确定孕妇怀有患唐氏综合症胎儿的危险率。

12. 一种用以执行用于确定孕妇是否应该接受实际唐氏综合症诊断试验的诊断前筛选方法的设备，包括：

适用于接收孕妇母体血液中一种或多种指标含量的测量结果的装置，其中所述的一种或多种指标是两种指标：α-胎儿蛋白和人绒毛膜促性腺激素的游离 β 亚单位，或者是人绒毛膜促性腺激素的游离 β 亚单位，和计算机装置，用于将所述孕妇血液中所述一种或多种指标的含量和所述孕妇的孕龄与一组基准数据比较，包括：

计算一组基准数据，该基准数据由怀有患唐氏综合症胎儿的孕妇和怀有正常胎儿孕妇的母体血液中被测量的所述一种和多种指标的含量建立，并将所述孕妇的所述一种或多种指标含量的测量结果和所述孕妇的孕龄代入到利用多变量判别式分析法展开的基准数据的概率密度函数中，由此将所述孕妇的所述一种或多种指标和所述孕妇的孕龄与一组基准数据比较以确定所述孕妇怀有患唐氏综合症胎儿的危险度。

13. 权利要求 12 的设备，其中该组基准数据是由各含量测量值的对数计算得到的，及这些测量结果的对数用于将孕妇各指标的含量与该组基准数据比较。"

请求人认为：将权利要求修改为引述"一种用于确定孕妇是否应当接受实际唐氏综合症诊断试验的诊断前筛选方法"以强调区别"诊断试验"和"筛选"。附件 4 和 5 用于说明产前"筛选"不同于"诊断"试验，不提供诊断结果。附件 4 指出筛选是指从表面上健康的个体中鉴别出那些具有很大患某病的危险的个体，作为正当需要后续诊断试验或程序的理由，筛选不同于诊断。附件 5 指出阳性筛选结果的妇女选择进行诊断程序，筛选与侵入性诊断试验不同。本申请的方法不满足新修改指南中两个判别诊断方法的条件，不属于诊断方法。另外，修改后的权利要求 12～13 的特征记载在原始权利要求书、说明书第 6 页第 3～8 行、说明书第 10 页第 7～8 行中，也得到附图 11～14 及附图说明的支持，权利要求 12～13 的修改符合专利法第 33 条的规定。

请求人于 2007 年 9 月 30 日再次提交了补正书，对专利申请人进行补正，同时提交了与 2007 年 9 月 19 日相同的权利要求书全文替换页、意见陈述书和附件 4 和 5。

至此，合议组认为本案事实清楚，可以作出审查决定。

二、决定的理由

1. 文本的认定

本复审审查决定是以请求人于 2007 年 9 月 30 日提交的新的权利要求第 1～13 项、2001 年 10 月 9 日提交的说明书第 1 页、1990 年 5 月 17 日提交的说明书附图第 1～14 页以及 1990 年 1 月 17 日提交的说明书第 2～25 页和说明书摘要为审查文本。

2. 关于专利法第 25 条第 1 款第（3）项

专利法第 25 条第 1 款第（3）项规定：疾病的诊断和治疗方法不能授予专利权。

如果本领域技术人员通过专利申请所要保护的方法中的检测步骤或诊断步骤并根据现有医学知识或

该专利申请公开的内容，在知晓检测或诊断信息后就能够直接获得疾病的诊断结果或健康状况，则该方法满足以获得疾病诊断结果或健康状况为直接目的的条件。若一项发明从表述形式上看是以离体样品为对象，但该发明是以获得同一主体疾病诊断结果或健康状况为直接目的，则该发明不能被授予专利权。

审查指南第二部分第一章4.3.1.1节中还指出不能被授予专利权的方法例如是患病风险度评估方法、基因筛查诊断法等。

修改后的独立权利要求1、2、4、5和11分别要求"诊断前筛选方法"，它们涉及检查孕妇是否怀有患唐氏综合症胎儿的方法。根据本说明书记载的内容，由于发现了母体血液中游离β-HCG（即人绒毛膜促性腺激素的游离β亚单位）含量的提高与胎儿唐氏综合症之间存在关联性、母体血液中游离β-HCG含量和AFP含量与胎儿唐氏综合症之间的关联性、母体血液中游离β-HCG含量对母体血液中未受损HCG分子含量之比与胎儿唐氏综合症之间的关联性，经过一定分析法处理后可发现胎儿唐氏综合症的发现率更高（参见说明书第7页最后1段至第8页）。

对于独立权利要求1而言，虽然请求人将该权利要求的主题名称修改为"一种用于确定孕妇是否应该接受唐氏综合症诊断试验的诊断前筛选方法"并且是以母体血清为检测样本，但是这仅仅是表述形式上的改变。由于权利要求1的技术方案包括将所说孕妇的所说游离β亚单位含量和所说的孕妇孕龄与一组基准数据比较的步骤，本领域技术人员经过该步骤并根据本申请说明书记载的这些指标含量与胎儿唐氏综合症之间的关联性，可以得出怀有唐氏综合症的患病率或者危险率，请求人在本说明书例如第5页最后1段至第6页第1段、附图11和14及其相应附件说明中对此作出说明，由此可知，本领域技术人员在实施权利要求1的技术方案后可以直接得出有关孕妇所怀胎儿是否患有唐氏综合症的患病状况或健康状况的信息。尽管请求人认为所述方法不同于诊断唐氏综合症的侵入性诊断方法例如羊膜穿刺术，是体外筛选方法。合议组认为，权利要求1的方法虽然与现有技术中通过检查染色体等指标判断唐氏综合症患病情况的已有方法不同，但是该方法通过对人绒毛膜促性腺激素的游离β亚单位或α-胎儿蛋白指标的检测和分析处理获得了唐氏综合症的患病信息，是以有生命的人体或动物体为对象并以获得疾病的诊断结果或健康状况为直接目的，属于患病风险度评估的方法，此类方法是审查指南中明确规定不能被授予专利权的，因此，权利要求1属于专利法第25条第1款第（3）项规定的不能授予专利权的范畴。

对于独立权利要求2及其从属权利要求3而言，所述方法得到的"测定结果是胎儿唐氏综合症危险率增加的征兆"，因此也是对患病风险度情况的评估。虽然该方法主题名称为"诊断前筛选方法"，但其开放式的撰写方式所限定的保护范围实质上涵盖了除上述测定母体血液中人绒毛膜促性腺激素的游离β亚单位以外其他能够确定孕妇是否怀有唐氏综合症胎儿的技术手段，是以有生命的人体或动物体为对象并以获得疾病的诊断结果或健康状况为直接目的，权利要求2及其权利要求同样是疾病的诊断方法，权利要求2~3属于专利法第25条第1款第（3）项规定的不能授予专利权的范畴。

独立权利要求4、5和11要求保护的方法都是以"确定孕妇怀有患唐氏综合症胎儿的危险率"为直接目的并以有生命的人体或动物体为对象，基于与上述相同的理由，此类方法是审查指南中明确规定不能被授予专利权的。因此，权利要求4~11属于专利法第25条第1款第（3）项规定的不能授予专利权的范畴。

根据以上事实和理由，本案合议组作出如下审查决定。

三、决定

维持国家知识产权局于2001年11月30日对第90100994.6号发明专利申请作出的驳回决定。

复审请求人对本决定不服的，可以根据专利法第41条第2款的规定，自收到本决定之日起三个月内向北京市第一中级人民法院起诉。

治疗腺病毒眼感染的方法和组合物

复审请求审查决定（第 11705 号）

决 定 号	第 11705 号
决 定 日	2007 年 11 月 3 日
发明创造名称	治疗腺病毒眼感染的方法和组合物
国际分类号	A61K 31/726
复审请求人	戈兰·韦德尔，尼克拉斯·阿恩贝格
申 请 号	00816173.9
优 先 权 日	1999 年 11 月 26 日
申 请 日	2000 年 11 月 23 日
公 开 日	2003 年 2 月 26 日
合议组组长	何 炜
主 审 员	许 磊
参 审 员	卢 阳

法 律 依 据 专利法第 22 条第 3 款

决 定 要 点

在判断一项发明专利权利要求的创造性时，应当将权利要求限定的技术方案与现有技术中最接近的对比文件中公开的技术方案相对比，找出其区别技术特征，如果现有技术中没有给出将该区别技术特征应用于最接近的对比文件以解决其存在的技术问题的启示，则该权利要求的技术方案是非显而易见的。

一、案由

本复审请求涉及申请日为 2000 年 11 月 23 日、公开日为 2003 年 2 月 26 日、名称为"治疗腺病毒眼感染的方法和组合物"的第 00816173.9 号发明专利申请（下称本申请），其优先权日为 1999 年 11 月 26 日，申请人为戈兰·韦德尔、尼克拉斯·阿恩贝格。

国家知识产权局于 2005 年 3 月 11 日驳回了本申请，理由是权利要求 1 不符合专利法第 22 条第 3 款的规定，驳回决定所针对的权利要求 1 为：

"1. 一种干扰病毒和唾液酸受体间相互作用的物质在生产治疗腺病毒感染的药物组合物中的用途，所述物质选自唾液酸、硫酸葡聚糖、肝素、硫酸乙酰肝素、N-羟乙酰神经氨酸、N-乙酰神经氨酸、多聚乙酰神经氨酸、3′N-乙酰神经氨酰 N-乙酰乳糖胺、6′N-乙酰神经氨酰 N-乙酰乳糖胺、N-乙酰神经氨酰-3-岩藻糖基乳糖、N-乙酰神经氨酰乳糖、粘蛋白、血清类粘蛋白，或其混合物或衍生物。"

驳回决定认为：对比文件1（"MUC1 and Other Sialoglycoconjugates Inhibit Adenovirus-mediated Gene Transfer to Epithelial Cells"，Selim M. Arcasoy等人，Am. J. Respir. Cell Mol. Biol.，第17卷，1997年，第422~435页）公开了跨膜粘蛋白及唾液酸复合糖等类似的物质可以抑制腺病毒结合到上皮细胞，权利要求1与对比文件1公开的技术方案相比，只是将该物质用功能性的描述进行了限定，但是，这种限定没有赋予该物质新的性能，并没有利用此性能用于制备具有新的治疗疾病功能的药物，唾液酸即为"N-乙酰神经酰胺"，本领域技术人员在对比文件1公开的机理的启示下，将粘蛋白或唾液酸复合糖等类似的物质应用于治疗腺病毒感染是不需要花费创造性劳动的，因此，权利要求1请求保护的物质的用途可以从对比文件1得到启示，权利要求1不符合专利法第22条第3款的规定。申请人在意见陈述中认为对比文件1涉及的是导致呼吸道感染和扁桃体炎的一类腺病毒Ad5，而导致流行性角膜炎的是腺病毒Ad8、Ad19和Ad37，但是，权利要求1的技术方案仍然是粘蛋白和唾液酸复合糖用于制备治疗腺病毒感染的疾病的药物组合物的用途，并且，利用"干扰病毒和唾液酸受体间相互作用的物质"治疗腺病毒感染只是一种机理的发现，而该物质本身目前已有如对比文件1所述的其他机理用于治疗腺病毒引起的疾病的启示，使用的物质相同，所治疗的病症相同，只是发现机理不同，因此，权利要求1请求保护的用途不是意见陈述中的用途，申请人陈述的理由也不能表明权利要求1具有创造性。

申请人戈兰·韦德尔、尼克拉斯·阿恩贝格（下称请求人）对上述驳回决定不服，于2005年6月27日向专利复审委员会提出复审请求，请求人在提出复审请求时提交了权利要求书全文替换页以及欧洲专利局授权的本专利的同族专利EP 1231925B1、本申请两个发明人的工作简历和参考文献目录，修改后的权利要求如下：

"1. 一种组合物在生产治疗腺病毒感染的药物中的用途，其特征在于

所述组合物包含能够干扰腺病毒和唾液酸受体间相互作用的唾液酸受体阻断物质，

所述物质选自唾液酸、硫酸葡聚糖、N-羟乙酰神经氨酸、N-乙酰神经氨酸、3′N-乙酰神经氨酰N-乙酰乳糖胺、6′N-乙酰神经氨酰N-乙酰乳糖胺、N-乙酰神经氨酰-3-岩藻糖基乳糖、N-乙酰神经氨酰乳糖、血清类粘蛋白或其混合物或衍生物，以及

所述物质以治疗有效量存在。

2. 根据权利要求1的用途，其特征在于该药物用于治疗流行性角结膜炎，并配制为凝胶、液体或糊剂以用于人眼。

3. 根据权利要求1的用途，其特征在于该药物用于治疗流行性角膜炎，并配制为缓释产品，成形并适于加入眼睑下。

4. 根据权利要求1的用途，其特征在于该药物用于治疗生殖器腺病毒感染，并配制为凝胶、液体或糊剂以用于人生殖道。

5. 根据权利要求1的用途，其特征在于该药物用于治疗生殖器腺病毒感染，并配制为缓释产品，成形并适于插入人阴道内。

6. 一种干扰病毒和唾液酸受体间相互作用的物质在生产治疗腺病毒感染的药物组合物中的用途，所述物质选自唾液酸、硫酸葡聚糖、肝素、硫酸乙酰肝素、N-羟乙酰神经氨酸、N-乙酰神经氨酸、多聚乙酰神经氨酸、3′N-乙酰神经氨酰N-乙酰乳糖胺、6′N-乙酰神经氨酰N-乙酰乳糖胺、N-乙酰神经氨酰-3-岩藻糖基乳糖、N-乙酰神经氨酰乳糖、粘蛋白、血清类粘蛋白或其混合物或衍生物。

7. 根据权利要求6的用途，其中所述用途是肝素在生产治疗角结膜炎的药物组合物中的用途。

8. 根据权利要求6的用途，其中所述用是肝素在生产治疗生殖器腺病毒感染的药物组合物中的

用途。

9. 根据权利要求 6 的用途，其中所述用途是 N-乙酰-神经氨酰乳糖在生产治疗角结膜炎的药物组合物中的用途。

10. 根据权利要求 6 的用途，其中所述用途是 N-乙酰-神经氨酰乳糖在生产治疗生殖器腺病毒感染的药物组合物中的用途。

11. 根据权利要求 6 的用途，其中所述用途是粘蛋白在生产治疗角结膜炎的药物组合物中的用途。

12. 根据权利要求 6 的用途，其中所述用途是粘蛋白在生产治疗生殖器腺病毒感染的药物组合物中的用途。

13. 根据权利要求 1 的一种组合物在生产治疗腺病毒感染的药物中的用途，其特征在于，所述能够干扰腺病毒和唾液酸受体间相互作用的物质以能够与腺病毒颗粒相互作用并且引起所述颗粒聚集的多价复合物的形式存在。"

请求人认为：对比文件 1 涉及 Ad5，即导致上呼吸道感染和扁桃体炎的一类腺病毒，其在任何情况下都不能导致流行性角膜炎，而且重要的是其不依赖于唾液酸受体；对比文件 1 教导了当粘蛋白（携带唾液酸）结合于细胞时实际上排斥 Ad5，而在本发明中，将唾液酸等用于结合腺病毒，这与对比文件 1 和公知常识相反；根据对比文件 1（其证实细胞上的粘蛋白抑制 Ad5），本领域技术人员绝对不可能考虑到 Ad37 使用唾液酸作为其受体，以及唾液酸可用作抗 Ad8、Ad19 和 Ad37，即引起流行性角膜炎的病毒的抗病毒剂；此外，本申请的发明人发现具有正电荷的纤维结而不是六邻体蛋白作为这些病毒结合的原因，这与其他腺病毒完全相反，因此，驳回理由不成立。

形式审查合格后，专利复审委员会受理了该复审请求，于 2005 年 8 月 29 日向请求人发出《复审请求受理通知书》，并将本申请案卷移交原审查部门进行前置审查。

原审查部门对本复审请求进行了前置审查，坚持原驳回决定。

专利复审委员会组成合议组，对本案的复审请求进行了审理。于 2007 年 1 月 29 日向请求人发出《复审通知书》。该《复审通知书》指出：（1）在修改的权利要求书中，新增加的独立权利要求 1 和 13 以及进行了修改的权利要求 2、3、4、7、9、11 在驳回决定中都未被提及，所以对这些权利要求的修改都不符合专利法实施细则第 60 条第 1 款的规定。（2）提交复审请求时提交的文本的权利要求 6 即驳回决定所针对的权利要求 1，其请求保护一种干扰病毒和唾液酸受体间相互作用的物质在生产治疗腺病毒感染的药物组合物中的用途，对比文件 1 公开了唾液酸、粘蛋白以及唾液酸复合糖可以干扰腺病毒与上皮细胞的结合，从而可以防止病毒感染，本领域已知唾液酸也叫"N-乙酰基神经氨酸"，所以对比文件 1 与权利要求 6 的区别仅在于没有明确提及产生所说效果的机理——干扰腺病毒和唾液酸受体间的相互作用。但是，不管其作用机理是什么，对比文件 1 最后产生的效果也是干扰了腺病毒和受体的结合，即对比文件 1 所产生的效果与权利要求 6 是相同的，机理方面是否存在差异并不会对发明所要解决的问题产生任何影响，在对比文件 1 给出了所说物质可以干扰腺病毒与上皮细胞的结合和可用于防止病毒感染的教导的情况下，本领域技术人员即使在不明了其机理的情况下也会用其来治疗临床上表现出来的疾病，所以在目前权利要求 6 所要求保护的范围中包含对比文件 1 中教导的可以治疗的与腺病毒有关的感染的情况下，权利要求 6 不符合专利法第 22 条第 3 款的规定。（3）对于请求人的复审理由和提交的附件而言，评价创造性的对象是权利要求所要保护的技术方案，权利要求 6 请求保护的方案没有具体限定至意见陈述书中所述的 Ad5、Ad8、Ad19 或 Ad37；其次，即使在作用机理方面的确存在差异，这种机理的差异必须通过应用后具体结果即适应症之间的不同才能表现出来，本发明相对于现有技术而言的创造性在目前的表述中并没有体现出来；第三，对于请求人所提交的附件而言，其他国家的专利是否授权对本申请的审查没有参考意义，发明人的个人工作简历和参考文献目录也不能证明权利要求6目前的技术方案具有创造性。

针对《复审通知书》指出的问题，请求人于2007年3月13日提交了意见陈述书及经修改的权利要求书全文替换页，并同时提交了提交复审请求时所提交的参考文献清单中参考文献的全文，修改后的权利要求如下：

"1. 一种干扰病毒和唾液酸受体间相互作用的物质在生产治疗腺病毒感染的药物组合物中的用途，所述腺病毒感染是由Ad8、Ad19和Ad37腺病毒引起的流行性角结膜炎，所述物质选自唾液酸、硫酸葡聚糖、肝素、硫酸乙酰肝素、N-羟乙酰神经氨酸、N-乙酰神经氨酸、多聚乙酰神经氨酸、3′N-乙酰神经氨酰N-乙酰乳糖胺、6′N-乙酰神经氨酰N-乙酰乳糖胺、N-乙酰神经氨酰-3-岩藻糖基乳糖、N-乙酰神经氨酰乳糖、粘蛋白、血清类粘蛋白或其混合物或衍生物。

2. 根据权利要求1的用途，其中所述用途是肝素在生产治疗由Ad8、Ad19和Ad37腺病毒引起的流行性角结膜炎的药物组合物中的用途。

3. 根据权利要求1的用途，其中所述用途是N-乙酰-神经氨酰乳糖在生产治疗由Ad8、Ad19和Ad37腺病毒引起的流行性角结膜炎的药物组合物中的用途。

4. 根据权利要求1的用途，其中所述用途是粘蛋白在生产治疗由Ad8、Ad19和Ad37腺病毒引起的流行性角结膜炎的药物组合物中的用途。"

至此，合议组认为本案事实清楚，可以作出审查决定。

二、决定的理由

1. 决定所依据的文本

请求人于2007年3月13日提交了修改的权利要求书，与请求人在进入国家阶段时提交的申请文本相比，修改后的权利要求1与原始文本的权利要求9相对应，修改之处在于将所述腺病毒感染限定为"由Ad8、Ad19和Ad37腺病毒引起的流行性角结膜炎"，该修改可以由说明书第1页最后一段、第3页第11~12行以及实施例的描述得出，权利要求2~4对权利要求1中所述物质进行了进一步限定，权利要求的这种修改没有超出原申请文件记载的范围，因此，本决定是在请求人于2007年3月13日提交的权利要求第1~4项、2004年6月21日提交的说明书第1~8页和本申请进入中国国家阶段时提交的说明书附图第1~3页、说明书摘要以及摘要附图的基础上作出的。

2. 关于专利法第22条第3款

专利法第22条第3款规定，创造性，是指同申请日以前已有的技术相比，该发明具有突出的实质性特点和显著的进步。

在判断一项发明专利权利要求的创造性时，应当将权利要求限定的技术方案与现有技术中最接近的对比文件中公开的技术方案相对比，找出其区别技术特征，如果现有技术中没有给出将该区别技术特征应用于最接近的对比文件以解决其存在的技术问题的启示，则该权利要求的技术方案是非显而易见的。

本案中，修改后的权利要求1请求保护唾液酸等物质在生产治疗由Ad8、Ad19和Ad37腺病毒引起的流行性角结膜炎的药物组合物中的用途，对比文件1虽然公开了唾液酸、粘蛋白以及唾液酸复合糖可以干扰腺病毒与上皮细胞的结合，但是，对比文件1在得出该结论所用的实验中采用的腺病毒是5和2血清型的E1-删除的重组腺病毒，没有提及Ad8、Ad19和Ad37血清型，也没有提及所述物质通过影响5和2血清型的E1-删除的重组腺病毒的结合而可用于治疗角结膜炎，并且也没有给出腺病毒可能会引起角结膜炎的教导，即对比文件1没有记载所述物质可治疗由Ad8、Ad19和Ad37腺病毒引起的角结膜炎，也没有给出所述物质可治疗由Ad8、Ad19和Ad37腺病毒引起的角结膜炎的教导，因此，相对于对比文件1而言，权利要求1的方案对于本领域技术人员是非显而易见的，驳回决定的驳回理由不再成立。

根据以上事实和理由，本案合议组作出如下审查决定。

三、决定

撤销国家知识产权局于2005年3月11日对00816173.9号发明专利申请作出的驳回决定。由原审查部门在本决定所针对文本的基础上继续进行审查。

复审请求人对本决定不服的，可以根据专利法第41条第2款的规定，自收到本决定之日起三个月内向北京市第一中级人民法院起诉。

重组体 BMP-2 的生产

复审请求审查决定（第 11706 号）

决 定 号	第 11706 号
决 定 日	2007 年 10 月 30 日
发明创造名称	重组体 BMP-2 的生产
国际分类号	C07K14/51，C12N 15/67，A61K 38/18
复审请求人	赖纳·鲁道夫，伊丽莎白·施沃茨
申 请 号	01821777.X
优 先 权 日	2000 年 11 月 29 日
申 请 日	2001 年 11 月 27 日
公 开 日	2004 年 3 月 24 日
合议组组长	许 磊
主 审 员	尹 昕
参 审 员	魏春宝

法 律 依 据 专利法第 22 条第 2 款

决 定 要 点

如果一项权利要求所要保护的技术方案与对比文件公开的技术方案相比，存在区别技术特征，则该权利要求具有新颖性。

一、案由

本复审请求涉及 2001 年 11 月 27 日申请、2004 年 3 月 24 日公开、名称为"重组体 BMP-2 的生产"的第 01821777.X 号发明专利申请（下称本申请）。本申请的申请人原为斯尔蛋白质有限公司，后变更为赖纳·鲁道夫和伊丽莎白·施沃茨。本申请的优先权日为 2000 年 11 月 29 日。

国家知识产权局于 2005 年 10 月 14 日以本申请的权利要求 1 和 3 不符合专利法第 22 条第 2 款的规定为由作出驳回决定，驳回决定所针对的权利要求书为：

"1. 具有连接于成熟的 BMP-2 上完整或截短的前序列的 Pro-BMP-2 的应用，其用于制备促进骨愈合的药物并用于制备骨的替代材料或植入物。

2. 根据权利要求 1 的应用，其用于制备用于脊柱变性性疾病的脊柱融合术、颅骨新生成、颌面外科手术以及治疗四肢骨复杂性骨折的药物。

3. 促进骨生长的组合物，其特征在于，含有依据表 2 具有完整或截短的前序列 $Gly^{20}-Arg^{282}$ 的 Pro-BMP-2 作为活性物质组分。

4. 用于制备促进骨生长的药物的方法，其特征在于，依据表2具有完整或截短的前序列 Gly^{20}-Arg^{282} 的 Pro-BMP-2 以适宜的用于施用的制剂配制。

5. 根据权利要求4的方法，其特征在于，包括一种生理耐受的载体材料的制备，其使用 Pro-BMP-2 活性物质包覆或浸渍。"

驳回的具体理由为：权利要求1要求保护一种具有连接于成熟的 BMP-2 上完整或截短的前序列的 Pro-BMP-2 的应用，其用于制备促进骨愈合的药物并用于制备骨的替代材料或植入物。对比文件1（US5013694A，公开日为1991年5月7日）公开了一种人 BMP-2 蛋白序列及其在大肠杆菌中的表达，还公开了上述蛋白在治疗骨折和软骨缺乏中的应用。虽然对比文件1的技术内容与权利要求1的技术方案相比文字表述有一定差异，但其实质内容相同，二者属于同一技术领域并能产生相同的技术效果，因此权利要求1不具备新颖性。权利要求3要求保护一种促进骨生长的组合物，对比文件1已经公开了和该权利要求相同的氨基酸序列以及蛋白的功能，因此权利要求3也不具备专利法第22条第2款所规定的新颖性。

申请人赖纳·鲁道夫和伊丽莎白·施沃茨（下称请求人）对上述驳回决定不服，于2006年1月27日向专利复审委员会提出复审请求。请求人在复审请求的理由中指出：本申请的权利要求1所述的 Pro-BMP-2 与对比文件1中的成熟 BMP-2 是不同的，具体来说，对比文件1中揭示的是具有生物活性的成熟 BMP-2，相应于本申请的 Pre-Pro-BMP-2 序列中#299—#396之间的97个氨基酸，虽然对比文件1中首先表达了完整的 Pre-Pro-BMP-2 序列，但经过细胞内的蛋白质加工过程，已经切除了 Pre-序列和 Pro-序列，最终获得的是成熟 BMP-2，这与权利要求1中所述的 Pro-BMP-2 不同。因此本申请相对于对比文件1具有新颖性。请求人在提出复审请求时没有对申请文件进行修改。

形式审查合格后，专利复审委员会受理了该复审请求，并于2006年3月1日向请求人发出《复审请求受理通知书》，同时将本申请案卷移交原审查部门进行前置审查。

原审查部门对本复审请求进行了前置审查，在《前置审查意见书》中，原审查部门指出：Pro-BMP-2 的序列在对比文件1中已经公开，而且该蛋白的功能也已经公开，本申请的"Pro-BMP-2"也要在经过正确加工形成了与成熟"BMP-2"相同构象的基础上才能具备生物活性。权利要求1所谓的"具有连接于成熟的 BMP-2 上完整或截短的前序列的 Pro-BMP-2 的应用"与对比文件1中"成熟的 BMP-2 的应用"仅仅是表述上的不同。因此，请求人的复审理由无法克服本申请的权利要求不具有新颖性的缺陷，故坚持原驳回决定。

专利复审委员会组成合议组，对本案的复审请求进行了审理。

至此，合议组认为本案事实清楚，可以作出审查决定。

二、决定的理由

1. 决定所依据的文本

鉴于请求人在提出复审请求时未对申请文件进行修改，因此，本审查决定是在驳回决定所针对的文本的基础上作出的。

2. 关于专利法第22条第2款

专利法第22条第2款规定"新颖性，是指在申请日以前没有同样的发明或者实用新型在国内外出版物上公开发表过、在国内公开使用过或者以其他方式为公众所知，也没有同样的发明或者实用新型由他人向国务院专利行政部门提出过申请并且记载在申请日以后公布的专利申请文件中"。

如果一项权利要求所要保护的技术方案与对比文件公开的技术方案相比，存在区别技术特征，则该权利要求具有新颖性。

本案中，权利要求1请求保护具有连接于成熟的 BMP-2 上完整或截短的前序列的 Pro-BMP-2 在制备促进骨愈合的药物并用于制备骨的替代材料或植入物中的应用，其蛋白除了具备成熟BMP-2的氨基酸序列外，还含有表2中所示的氨基酸序列的完整的前序列（$Gly^{20}-Arg^{282}$）或者其部分，而且该含有完整的前序列或其截短部分的Pro-BMP-2也具有和成熟BMP-2相同的活性（参见本申请说明书第5页第5~6行，实施例1）。对比文件1公开了一种人BMP-2的全长DNA序列和氨基酸序列，说明了优选在哺乳动物细胞中表达BMP-2 cDNA并从培养基中回收具有表2中#299到#396的97个氨基酸序列的BMP-2蛋白，还公开了该蛋白在诱导骨和/或软骨生长以及治疗骨折和软骨缺乏的应用（参见对比文件1表2，说明书第1栏第15~20行和第26~33行，第4栏第55~59行，第20栏实施例Ⅵ第18~21行，第20栏第59行至第21栏第34行），因此，对比文件1公开的技术方案实际为BMP-2的成熟蛋白在诱导骨和/或软骨生长以及治疗骨折和软骨缺乏的用途。与权利要求1所要求保护的技术方案相比，虽然对比文件1中也公开了包含完整前序列的BMP-2前体蛋白的氨基酸序列，但其最终用于治疗骨折和软骨缺乏的是具有97个氨基酸序列的BMP-2成熟蛋白，而且对比文件1全文均未提及具有前序列或其部分的前体Pro-BMP-2蛋白也具有诱导骨和/或软骨生长的活性，因此，对比文件1中所采用的产品与权利要求1中的技术方案所采用的产品不同，权利要求1与对比文件1公开的技术方案之间存在区别技术特征，其相对于对比文件1具有新颖性，符合专利法第22条第2款的规定。

权利要求3要求保护一种促进骨生长的组合物，该组合物含有根据表2具有完整的或截短的前序列$Gly^{20}-Arg^{282}$的Pro-BMP-2作为活性化合物。虽然对比文件1中已经公开了具有完整的前序列的BMP-2氨基酸序列，本领域技术人员可以据此制备出具有该序列的蛋白，但对比文件1中没有公开任何含有该序列的化合物的组合物，因此该权利要求与对比文件1公开的技术方案之间存在区别技术特征，也具备专利法第22条第2条的新颖性。

审查员在驳回决定和前置审查意见中均认为本申请的Pro-BMP-2蛋白的序列和功能在对比文件1中已经公开，权利要求1所请求保护的"具有连接于成熟的BMP-2上完整或截短的前序列的Pro-BMP-2的应用"与对比文件1中公开的"成熟的BMP-2的用途"实际上仅仅是表述方式的不同。对此，合议组认为：虽然对比文件1中的表2公开了Pro-BMP-2蛋白的序列，但其说明书中仅记载了其技术方案为BMP-2的成熟蛋白在诱导骨和/或软骨生长以及治疗骨折和软骨缺乏的用途，并未公开前体Pro-BMP-2蛋白的功能和用途，从本申请说明书第9页至第11页的描述来看，本申请的Pro-BMP-2与BMP-2在分子量、物理性质等方面均有一定的差异，显然不是相同的产品，使用不同产品的技术方案显然不是相同的技术方案，因此，在对比文件1没有公开Pro-BMP-2的用途的情况下，本申请权利要求1所请求保护的技术方案与对比文件1中的技术方案存在实质性的差别，并非仅在于表述方式的不同。

审查员在前置审查意见中还认为虽然本领域技术人员显然能够知道两种蛋白（Pro-BMP-2和BMP-2）的分子量有差异时它们的光谱性质和溶解性必然会有所不同，但这种生物物理性质的不同并不影响本领域技术人员通过一个成熟蛋白已知的功能来推测其前体蛋白经过正确的加工形成成熟蛋白相应的构象后也具有这种相应功能，而且本申请的"Pro-BMP-2"也是要在经过正确加工形成与成熟"BMP-2"相同构象的基础上才具有活性。对此，合议组认为，在审查员承认Pro-BMP-2和BMP-2蛋白在分子量、溶解性等方面有区别的情况下，显然也承认Pro-BMP-2和BMP-2是两种不同的化学产品，在这种情况下，是否可以由一种产品的功能推知另一种产品的功能或者该产品是否必然以另一种形式起作用显然不是审查该技术方案是否具备新颖性时需要考虑的因素，因此，审查员认为权利要求1不具备新颖性的理由不成立。

根据以上事实和理由，本案合议组作出如下审查决定。

三、决定

撤销国家知识产权局于 2005 年 10 月 14 日对 01821777.X 号发明专利申请作出的驳回决定。由原审查部门在本决定所依据文本的基础上继续进行审查。

复审请求人对本决定不服的，可以根据专利法第 41 条第 2 款的规定，自收到本决定之日起三个月内向北京市第一中级人民法院起诉。

卫生灭菌消毒剂

复审请求审查决定（第 11718 号）

决 定 号	第 11718 号
决 定 日	2007 年 10 月 11 日
发明创造名称	卫生灭菌消毒剂
国 际 分 类 号	A01N 55/00，A61L 2/18
复 审 请 求 人	王祥文
申 请 号	00132321.0
申 请 日	2000 年 11 月 4 日
公 布 日	2001 年 5 月 30 日
合议组组长	马文霞
主 审 员	周英姿
参 审 员	魏春宝
法 律 依 据	专利法第 33 条，第 26 条第 3 款

决 定 要 点

在判断申请人对申请文件的修改是否符合专利法第 33 条规定时，应当从本领域普通技术人员的角度来考察修改后的内容是否可以从原始文本中直接地、毫无疑义地确定，而不应仅从字面含义对比修改后的文本与原始文本是否一致。

一、案由

本复审请求涉及于 2000 年 11 月 4 日申请、2001 年 5 月 30 日公开、名称为"卫生灭菌消毒剂"的第 00132321.0 号发明专利申请（下称本申请），复审请求人为王祥文。

国家知识产权局实审部门于 2002 年 11 月 15 日发出《第一次审查意见通知书》，认为本申请说明书未对发明作出清楚、完整的说明，没有充分公开"氯胺基甲苯钒钠"为何种物质，导致所属技术领域的技术人员不能实现该发明，不符合专利法第 26 条第 3 款的规定。

申请人于 2003 年 1 月 10 日提交了意见陈述，其中主张本申请"氯氨基甲苯矾钠"是"氯胺 T"，并且举证说明氯胺 T 是已知的灭菌消毒剂。

国家知识产权局于 2003 年 6 月 20 日驳回了该申请，驳回的理由是：由于原申请中采用了"氯胺基甲苯钒钠"的错误组分名称，导致本领域技术人员无法确认该组分为何种物质，并且公众不能够得到，本申请不符合专利法第 26 条第 3 款的规定。

驳回决定所针对的权利要求书为：

"1. 一种卫生灭菌消毒剂，其特征在于该消毒剂是由氯胺基甲苯矾钠、十二烷基硫酸钠、氯化钠、亚碲酸钠、羧甲基纤维素钠及水组成；各组分配比为：以每1000毫升为基数：

氯胺基甲苯矾钠	80~120 克
十二烷基硫酸钠	80~120 克
氯化钠	5.0~6.5 克
亚碲酸钠	0.01~0.1 克
羧甲基纤维素钠	0.01~0.1 克
水	余量

2. 根据权利要求1所述的卫生灭菌消毒剂的制备方法，其特征在于将各组分原料称取后放入水中溶解，过滤即可得到成品；其中溶解温度为60~80℃。"

申请人王祥文（下称请求人）对上述驳回决定不服，于2003年7月22日向专利复审委员会提出复审请求，请求人提出复审请求的同时提交新的说明书（共4页）、权利要求书（1页共2项）和摘要（1页），其中将原申请文件中的"氯胺基甲苯矾钠"替换为"氯胺基甲苯砜钠"。请求人认为，申请文件中组分"氯胺基甲苯矾钠"中的"矾"应为"砜"。在答复中大量的篇幅阐明本申请记载有可获得专利权的实质内容。同时，提供本申请日之前新疆维吾尔自治区卫生厅批准的本发明的《使用说明书》复印件1份，以证明本发明的消毒剂在自治区进行过分析测试。该请求由于未按时缴费视为未提出。此后，请求人于2003年10月28日再次提出复审请求，其意见陈述和经修改的申请文件与2003年7月22日的相同并且提交了相同的附件。

形式审查合格后，专利复审委员会受理了该复审请求，并于2003年11月27日向请求人发出《复审请求受理通知书》，随后将本申请移交原实审部门进行前置审查。

原实审部门对本复审请求进行了前置审查，坚持原驳回决定。

专利复审委员会组成合议组，对本案的复审请求进行了审理。于2005年3月8日向请求人发出《复审通知书》。《复审通知书》指出：（1）本申请原始说明书和权利要求书中均没有记载过"氯胺基甲苯砜钠"，该词属于新出现的技术内容。尽管请求人认为"氯胺基甲苯砜钠"为"氯胺T"并提供《试剂手册》（第二版，1985年11月第2版，1986年7月第4次印刷）来说明"氯胺T"的别名为"氯氨基甲苯砜钠"，并且指出本申请中的"矾"为错字。但是，由原始申请文件不但难以毫无疑义地导出所述卫生消毒剂中使用的"氯胺基甲苯矾钠"就是"氯胺T（即氯氨基甲苯砜钠）"，而且请求人也没有提供有力的证据来说明对打字错误造成的"氯胺基甲苯矾钠"唯一合理的解释即为"氯氨基甲苯砜钠"，基于上述理由，请求人提交的复审文本不符合专利法第33条的规定。请求人在请求复审时提交的《使用说明书》中仅仅记载"斯特瑞灭菌消毒液"主要成分为氯胺T，但无法看出该文件中的消毒液与本申请的消毒剂存在必然联系。综上所述，修改后的权利要求书、说明书和说明书摘要超出了原申请文件记载的范围，不符合专利法第33条的规定。（2）即使请求人将上述修改超范围的内容恢复为原始申请文件记载的内容，所属领域技术人员由于无法确认和得到"氯胺基甲苯矾钠"，从而导致无法实施本申请的技术方案，因此，本申请说明书不符合专利法第26条第3款的规定。

针对《复审通知书》指出的问题，请求人于2005年3月31日提交了意见陈述书，其中认为："氯胺基甲苯砜钠"即"氯胺T"，具有杀菌消毒功效，这是本领域技术人员公知的，很清楚地知道作为消毒剂的原料必定是"氯胺基甲苯砜钠"，不会认为是新的化合物。并且在前审的一通和驳回决定中也出现了"钒"的打字错误。另外，请求人是由于口音发音的原因将"砜"错误地念为"矾"，校对时也未发觉，"氯胺基甲苯矾钠"与"氯胺基甲苯砜钠"两者之间七个字有六个字相同。本申请的修改仅仅是将错误的名称修改为正确的名称，没有超出原文件记载的范围，符合专利法第33条和第26条第3款的规定。

至此，合议组认为本案事实清楚，可以作出审查决定。

二、决定的理由

1. 文本认定

本复审请求审查决定是以请求人于2003年10月28日提出复审请求时提交的说明书第1～4页、权利要求书第1～2项和说明书摘要第1页为审查文本，作出以下决定。

2. 专利法第33条规定，申请人可以对其专利申请文件进行修改，但是，对发明和实用新型专利申请文件的修改不得超出原说明书和权利要求书记载的范围。

在判断申请人对申请文件的修改是否符合专利法第33条规定时，应当从本领域普通技术人员的角度来考察修改后的内容是否可以从原始文本中直接地、毫无疑义地确定，而不应仅从字面含义对比修改后的文本与原始文本是否一致。

本案中，本申请要求保护一种卫生灭菌消毒剂，其中含有"氯胺基甲苯矾钠"、十二烷基硫酸钠、氯化钠、亚碲酸钠、羧甲基纤维素钠和水。请求人于2003年10月28日对原始申请文件进行修改时将"氯胺基甲苯矾钠"全文替换为"氯胺基甲苯砜钠"，请求人主张"氯胺基甲苯砜钠"为公知消毒组分"氯胺T"并且在前审中提供了公知常识证据来证明"氯胺T"的化学名称为"氯胺基甲苯砜钠"，本申请中的"氯胺基甲苯矾钠"应当修改为"氯胺基甲苯砜钠"。

首先，从"氯胺基甲苯矾钠"和"氯胺基甲苯砜钠"两者的字面上看，"矾"和"砜"的汉语发音和字形都接近，在拼音、书写及校对时都易混淆。而且，本申请的发明目的在于提供一种灭菌消毒剂（参见本说明书第1页最后1段至第2页第1段中），并且所述的消毒剂可广泛用于医疗、餐饮、家庭及公共场所的消毒，故本领域技术人员在阅读本申请说明书记载的上述内容后会理解所述的产品应当包含具有灭菌消毒等功效且可应用于医疗、餐饮和公共场所的有效化学物质和灭菌消毒剂领域的组分，在上述七种组分中，十二烷基硫酸钠、氯化钠、羧甲基纤维素钠和水是常规的辅剂和载体，具有一定抑菌作用的亚碲酸钠通常无法用于医疗、餐饮和公共场所的消毒杀菌，而"氯胺基甲苯砜钠"作为已知的化合物备可广泛用于上述领域的消毒灭菌，而且根据《化工词典》（第三版，1992年7月第3版，1996年9月第6次印刷）的记载，"矾"是指一价或三价金属的硫酸盐的含水复盐，故"氯胺基甲苯矾钠"本身并不是一个合理的化合物，因此，原申请文本中的"矾"应当为明显笔误，本领域技术人员根据本申请说明书记载的内容和现有技术的常识应当直接地、毫无疑义地确定"氯胺基甲苯矾钠"应当为本领域公知的有效消毒成分"氯胺基甲苯砜钠"，修改后的申请文件符合专利法第33条的规定。

修改后的说明书中记载了公众可以获知和得到的组分"氯胺基甲苯砜钠"，因此，本申请说明书已经克服了驳回决定中指出的本申请说明书不符合专利法第26条第3款规定的缺陷。

根据以上事实和理由，本案合议组作出如下审查决定。

三、决定

撤销国家知识产权局于2003年6月20日对00132321.0号发明专利申请作出的驳回决定。由原审查部门在申请人于2003年10月28日提交的权利要求第1～2项、说明书第1～4页和说明书摘要的基础上继续进行审查。

复审请求人对本决定不服的，可以根据专利法第41条第2款的规定，自收到本决定之日起三个月内向北京市第一中级人民法院起诉。

013

用胆碱酯酶抑制剂治疗口腔干燥症

复审请求审查决定（第 11732 号）

决 定 号	第 11732 号
决 定 日	2007 年 11 月 2 日
发明创造名称	用胆碱酯酶抑制剂治疗口腔干燥症
国际分类号	A61K31/40，A61K31/14
复审请求人	卡拉巴尔股份公司
申 请 号	96199706.0
优 先 权 日	1995 年 11 月 29 日
申 请 日	1996 年 11 月 25 日
公 开 日	1999 年 2 月 10 日
合议组组长	何　炜
主 审 员	李金光
参 审 员	张晓飞
法 律 依 据	专利法第 22 条第 3 款

决 定 要 点

如果要求保护的发明相对于现有技术不具备突出的实质性特点，则该发明相对于该现有技术不具备创造性。

一、案由

本复审请求涉及申请日为 1996 年 11 月 25 日、公开日为 1999 年 2 月 10 日、名称为"用胆碱酯酶抑制剂治疗口腔干燥症"的第 96199706.0 号发明专利申请（下称本申请），申请人是卡拉巴尔股份公司（由最初申请人阿斯特拉公司于 2001 年 2 月 8 日变更为赫伯特海兰得——法玛麦迪克隆德公司，再于 2001 年 6 月 14 日变更为比奥拉公司，最后于 2007 年 4 月 6 日变更为现在的申请人）。本申请的优选权日为 1995 年 11 月 29 日，进入国家阶段日期为 1998 年 7 月 17 日。

针对申请人于 2004 年 4 月 14 日提交的权利要求第 1~4 项、2003 年 11 月 3 日提交的说明书第 1 页、进入中国国家阶段时提交的说明书第 2~5 页以及说明书摘要构成的申请文本，国家知识产权局于 2004 年 11 月 5 日以本申请权利要求 1~4 不具备专利法第 22 条第 3 款规定的创造性为由驳回了本申请。具体理由是：（1）对比文件 1（"Xerosomia：Diagnosis and Treatment"，Am J Otolaryngol，4：283-292，公开日为 1983 年 6 月）公开了以胆碱酯酶抑制剂治疗口腔干燥症的治疗方法，其中药物为局部运用或系统运用，权利要求 1 区别于该对比文件 1 之处在于将胆碱酯酶抑制剂的运用具体限定为对口腔黏膜局部给药，这种方式对本领域的普通技术人员来说是显而易见的；（2）毒扁豆碱为胆碱酯酶抑制剂是公知常识，毒扁豆碱、新斯的明等胆碱酯酶抑制剂配成水溶液对本领域的技术人员来说并不需要花费创造性劳动。

驳回决定所针对的权利要求书为：

"1. 胆碱酯酶抑制剂在制备用于治疗口腔干燥症的对口腔黏膜局部给药的药物方面的用途。

2. 权利要求1所述的用途，其中的胆碱酯酶抑制剂是毒扁豆碱。

3. 一种对口腔黏膜局部给药用于治疗口腔干燥症的药物制剂，其中的活性成分是胆碱酯酶抑制剂。

4. 权利要求3所述的药物制剂，其中的胆碱酯酶抑制剂是毒扁豆碱。"

申请人（以下称请求人）对上述驳回决定不服，于2005年2月21日向专利复审委员会提出复审请求。请求人认为：（1）对比文件1仅仅建议了在唾液严重减少的情况下全身性使用胆碱脂酶抑制剂以刺激唾液的产生（见对比文件1第291页第2行最后1段），这是由于毒性的严重风险可以导致在病人中产生严重的副作用；（2）对本领域的普通技术人员而言，术语"口服使用"永远被认为是指药物在被放入口腔后吞服，而不是指施用于口腔黏膜上；（3）本发明直接局部施用于口腔黏膜提供了良好的计算剂量手段，且大量降低了所需的活性成分的剂量，并由此避开了有关副交感神经控制、毒理学和副作用的问题，胆碱脂酶抑制的效果甚至可以仅仅局部地限制在口腔的一边，首次完全保证了不会在诸如神经系统中产生不希望的副作用，附件1、2支持了这点；（4）对比文件1建议局部和/或全身使用各种物质以提高唾液量只是一个概括性的论述，没有具体给出药物或论述药物将以该种方式服用，最有可能是指润滑手段，如人造唾液；（5）对比文件1中没有建议也没有暗示局部施用或胆碱脂酶抑制剂施用后的局部效果，相反地，该文章的作者不断提及它具有严重的副作用，对使用胆碱脂酶抑制剂治疗口腔干燥是持有怀疑态度的。

请求人在提出复审请求的同时提交了以下附件：

附件1：Jörgen Ekström，Herbert F. Helander，Eur. J. Oral Sci.，第110卷，第230~236页，2002年，复印件共7页；

附件2：Ewa Hedner et al，Eur. J. Oral Sci.，第109卷，第371~374页，2001年，复印件共4页。

形式审查合格后，专利复审委员会受理了该复审请求，并于2005年3月15日向请求人发出《复审请求受理通知书》，同时将本申请移交原审查部门进行前置审查。

原审查部门对本复审请求进行了前置审查后认为：（1）"全身性"是申请人自己加进去的；（2）对比文件1中的"增加唾液流量的物质"为刺激唾液分泌的物质，不是"人工唾液"；（3）申请人陈述的其他理由如"口服使用"等没有任何针对性，也缺乏逻辑。所以，坚持原驳回决定。

专利复审委员会组成合议组对本案的复审请求进行了审理，于2007年4月2日向请求人发出《复审通知书》。《复审通知书》指出，对比文件1教导了在治疗口腔干燥症中胆碱酯酶抑制剂局部施用可以提高唾液量，这足以使所属领域的技术人员结合专业常识想到将胆碱酯酶抑制剂直接施用于口腔黏膜部。虽然"口服"是指药物被吞服并且活性成分的吸收是通过内脏黏膜完成的，但"局部施用"并不排除在口腔部位施用，从而没有排除活性成分通过口腔黏膜吸收。因此，请求人的理由不足以说明相对于对比文件1本申请的权利要求1~4具备突出的实质性的特点。附件1、2无中文译文，不符合专利法实施细则第4款的规定；并且，附件1、2是否证明本申请请求保护发明的效果，与本申请请求保护的技术方案是否相对于对比文件1具有创造性无必然联系。对于请求人提出对本案进行口头讨论的申请，本案合议组依据审查指南第四部分第四章的规定，结合本案具体情况，不采纳口头讨论形式，仍以书面形式进行审查。

针对《复审通知书》指出的问题，请求人于 2007 年 5 月 17 日提交了意见陈述书，且再次提交了附件 1、2。在该意见陈述书中，请求人重申了其提出复审请求时的意见外还认为：对比文件 1 第 290 页明确表示，由于会给患者带来严重的副作用和并发症，不希望甚至担心通过口腔黏膜偶然摄入吡啶斯的明；对比文件 1 没有教导和提示任何局部摄入胆碱酯酶抑制剂，也没有给本领域技术人员提供任何启示去尝试局部施用胆碱酯酶抑制剂用于治疗口腔干燥；本发明使得应用胆碱酯酶抑制剂安全、有效地治疗口腔干燥症成为可能，附件 1、2 支持这种观点。

2007 年 7 月 13 日，请求人提交了附件 1、2 的中文译文。

至此，合议组认为本案事实清楚，可以作出审查决定。

二、决定的理由

1. 决定依据的审查文本

本决定依据的申请文本是驳回决定所针对的申请文本，即请求人于 2004 年 4 月 14 日提交的权利要求第 1～4 项、进入中国国家阶段时（1998 年 7 月 17 日）提交的说明书第 2～5 页及说明书摘要、2003 年 11 月 3 日提交的说明书第 1 页。

2. 关于创造性

专利法第 22 条第 3 款规定，创造性是指同申请日以前已有的技术相比，该发明有突出的实质性特点和显著的进步。

如果要求保护的发明相对于现有技术不具备突出的实质性特点，则该发明相对于该现有技术不具备创造性。

本案中，对比文件 1 第 291 页最后 1 段最后 1 句明确记载：有时在分泌唾液严重减少的情况下，胆碱酯酶抑制剂可以适当刺激残存腺体的保留，并促进适当的口腔活性恢复；对比文件 1 第 291 页倒数第 2 段第（2）条明确记载：治疗口腔干燥症包括局部和/或系统使用各种可以增加唾液流量的物质。该技术内容中局部用药的具体技术方案是与本申请权利要求 1、3 请求保护的技术方案最接近的现有技术，该最接近的现有技术与权利要求 1、3 的实质区别之处在于权利要求 1 将治疗治疗口腔干燥症的药物施用部位具体限定在口腔黏膜处。根据该区别特征可以确定本申请实际要解决的技术问题在于将胆碱酯酶抑制剂局部应用于人体的何种部位才能起到最佳效果。由于所属领域的普通技术人员根据专业常识可以想到，一般药物直接作用于发病部位效果最佳，口腔干燥症发病部位在口腔中，其中唾液量少或无唾液，主要是分泌唾液的腺体不分泌或者分泌量过少。在这种情况下，所属领域的普通技术人员容易想到将促进提高唾液量的药剂直接放置在口腔中，而该对比文件教导胆碱酯酶抑制剂局部给药可以刺激唾液分泌，所以，所属领域的技术人员会想到将刺激唾液分泌的药物直接放置在口腔黏膜处。因此，相对于对比文件 1，本申请权利要求 1、3 不具备突出的实质性特点。权利要求 2、4 分别引用权利要求 1、3，其附加技术特征限定了胆碱酯酶抑制剂为毒扁豆碱，而所属领域的技术人员公知毒扁豆碱是胆碱酯酶抑制剂的一种，在对比文件 1 已经教导胆碱酯酶抑制剂可以刺激唾液分泌且可以局部给药的情况下，在已知的胆碱酯酶抑制剂中选择某种具体的种类来制备口腔局部给药以治疗口腔干燥症的药物对所属领域的技术人员来说是通过分析和有限试验即可完成的工作，且没有证据证明本申请具体选择的效果是预料不到。所以，本申请权利要求 2、4 相对于对比文件 1 不具备突出的实质性特点。因此，相对于对比文件 1，本申请权利要求 1～4 不具备专利法第 22 条第 3 款规定的创造性。

从对比文件 1 实际公开的内容来看，对比文件 1 虽然提到口服刺激唾液产生的药物如吡啶斯的明会产生副作用（见对比文件 1 第 290 页最后 1 段至第 291 页第 1 段），但并没有记载担心通过口腔黏膜偶然摄入吡啶斯的明。合议组认为，正是由于对比文件 1 教导了口服某些胆碱脂酶抑制剂会产生副作用，更会使所属领域的技术人员在用胆碱脂酶抑制剂治疗口腔干燥症时不会去采用口服方式，而要采用口腔局部给药方式，所属领域技术人员公知直接将药物用于作用部位可以提高用药治疗效率，且降低用药量和副作用。此外，附件1、2虽然证明胆碱脂酶抑制剂毒扁豆碱在口腔内给药或口腔黏膜给药可以刺激产生唾液，且"口服使用"指"口腔吞服"，不同于在口腔黏膜用药，但这些均与本申请请求保护的技术方案是否相对于对比文件1具有创造性无必然联系。因此，请求人认为本申请相对于对比文件1具有创造性的理由不成立。

至此，合议组认为本案事实清楚，可以作出审查决定。

三、决定

维持国家知识产权局于2004年11月5日对96199706.0号发明专利申请作出的驳回决定。

复审请求人对本决定不服的，可以根据专利法第41条第2款的规定，自收到本决定之日起三个月内向北京市第一中级人民法院起诉。

北京市第一中级人民法院
行政判决书

(2008) 一中行初字第632号

原告卡拉巴尔股份公司，住所地瑞典比尔达尔。

法定代表人约尔根·埃克斯托姆和奥拉·弗林克，部长。

委托代理人万雪松，中国专利代理（香港）有限公司专利代理人。

委托代理人吴玉和，中国专利代理（香港）有限公司专利代理人。

被告中华人民共和国国家知识产权局专利复审委员会，住所地中华人民共和国北京市海淀区北四环西路9号银谷大厦。

法定代表人廖涛，副主任。

委托代理人李金光，中华人民共和国国家知识产权局专利复审委员会审查员。

委托代理人刘妍，中华人民共和国国家知识产权局专利复审委员会审查员。

原告卡拉巴尔股份公司不服被告中华人民共和国国家知识产权局专利复审委员会于2007年11月2日作出的第11732号复审请求审查决定（以下简称第11732号决定），于2008年3月10向本院提起行政诉讼。本院受理后，依法组成合议庭，向被告送达了起诉状副本和应诉通知书，于2008年6月17日公开开庭审理了本案。原告的委托代理人万雪松、吴玉和，被告的委托代理人李金光、刘妍到庭参加了诉讼。本案现已审理终结。

2007年11月2日，被告作出第11732号决定，根据《中华人民共和国专利法》（以下简称《专利法》）第二十二条第三款的规定，维持中华人民共和国国家知识产权局（以下简称国家知识产权局）于2004年11月5日对96199706.0号发明专利申请（以下简称本专利申请）作出的驳回决定。

被告在法定期限内向本院提交了以下证据：1. 驳回决定所针对的权利要求书；2. 对比文件1，即"Xerosomia Diagnosis and Treatment"，Am J Otolaryngol, 4: 283-292，公开日为1983年6月；3. 本专利申请的公开说明书；4. 被诉决定中所列的附件1；5. 被诉决定中所列的附件2；6. 原告在复审程序中提交的复审请求书；7. 被告发出的复审通知书；8. 原告在复审程序中提交的意见陈述书。

原告诉称：1. 关于本专利申请权利要求1被告认为"对比文件1教导了胆碱酯酶抑制剂局部给药可以刺激唾液分泌"，这一结论是不合理的。对比文件1提到"局部给药刺激唾液的药剂"之处，均是针对人工唾液，而对于胆碱酯酶抑制剂的给药方式只具体提到了口服（系统）给药。对比文件1根本没有提到同样的物质可以用于局部和系统给药。"局部/系统使用各种可能的物质"和"胆碱酯酶抑制剂促进口腔活性恢复"这两部分的内容是彼此独立的，并不能断章取义地将这两处内容结合。本领域技术人员在阅读了对比文件1之后，首先想到的是如何去实现胆碱酯酶的系统给药，并且设法避免系统给药方式带来的毒性问题。因此，并不能将该作者的这种一般性推论看作是要建议本领域技术人员进行"胆碱酯酶局部给药"，进而也更不可能仅仅由于这种一般性推理就得出是教导了能通过有限试验得出将胆碱酯酶给药到口腔粘膜，因为既然口服胆碱酯酶都容易引起毒性，那么由于口腔粘膜局部给药更加容易吸收，则也可能会产生不输于口服引起的毒性。被告认为"一般药物直接作用于发病部位效果最佳，所以会想到将刺激唾液分泌的药物直接放置在口腔粘膜处"，这种观点是不恰当的。药物以何种方式给药，需要考虑所述药物具体种类、其解离性、渗透性、毒性以及具体发病部位等诸多方面的因素，需要付出大量创造性劳动，而不是简单的将药物直接作用到发病部位就能奏效。不能仅仅由于某种药物显示出了系统效果，就可以将其局部应用。被告认为"由于对比文件1教导了口服某些胆碱酯酶抑制剂会产生副作用，更会使所属领域的技术人员在用胆碱酯酶抑制剂治疗口腔干燥症时不会采用口服方式，而要采用口腔局部给药方式"，也是不妥当的。对比文件1的作者认识到了系统给药的副作用，但是并没有去考虑通过这种具体的口腔粘膜局部给药方式去避免副作用，也当然没有给出这样的技术启示。而本发明就是克服了这一技术偏见，发现了胆碱酯酶的口腔粘膜给药在高剂量下也不会有副作用。从对比文件1的公开日到本发明的优先权日相隔长达12年之久，这也说明了对比文件1没有教导胆碱酯酶抑制剂的局部应用。2. 关于本专利申请权利要求2。被告认为没有证据证明毒扁豆碱相对于其他胆碱酯酶抑制剂具有预料不到的技术效果，但是事实上在本申请说明书中已经充分证明了毒扁豆碱在口腔粘膜给药时相比于其他胆碱酯酶取得了更加意料不到的技术效果。对于本发明的权利要求2，就是从胆碱酯酶抑制剂（宽范围）中选择出具体的毒扁豆碱（窄范围），并且取得了预料不到的技术效果，因此，权利要求2显然是具有创造性的。原告在复审程序中提交的附件4和5的文章表明了毒扁豆碱在口腔粘膜给药的突出优点，并明确指出局部的腺体刺激可以成为治疗口腔干燥症的一种有意义的替代方法。3. 关于本专利申请权利要求3。在本发明申请日以前，在用于口腔粘膜局部给药来治疗口腔干燥症的药物制剂中，没有任何一种是将胆碱酯酶抑制剂作为活性成分的，因此，这是一种新的药物制剂。同时，由于本领域技术人员不能显而易见地从对比文件1的吡斯的明的系统给药联想到口腔粘膜局部给药，因此该药物制剂也是有创造性的。4. 关于本专利申请权利要求4。毒扁豆碱在本发明中取得了更加预料不到的技术效果，因此权利要求4也是具有创造性的。综上请求法院撤销第11732号决定，并责令被告重新作出决定。

原告向本院提交了如下证据：1. 第96199706.0号发明专利申请公开说明书复印件；2. 国家知识产权局驳回决定复印件；3. 被诉决定中所指的附件1；4. 被诉决定中所指的附件2；5. 复审请求书复印件；6. 复审通知书复印件；7. 复审意见陈述书复印件。

被告辩称：1. 对比文件1明确教导：有时在分泌唾液严重减少的情况下，胆碱酯酶抑制剂可以适当刺激残存腺体的保留，并促进适当的口腔活性恢复；治疗口腔干燥症包括局部和/或系统使用各种可以增加唾液流量的物质。没有记载过其所述局部使用或局部给药是指人工唾液局部辅助，也没有记载过胆碱酯酶抑制剂的给药方式并非局部辅助。2. 复审决定的结论是以对比文件1作为现有技术得出结论，而药物口服毒性与粘膜给药毒性的关系，以及药物给药方式是否受其他因素影响，毒扁豆碱是否比其他胆碱酯酶抑制剂的效果好均不能排斥对比文件1已经公开了以下事实，即治疗口腔干燥症包括局部使用各种可以增加唾液流量的物质，在分泌唾液严重减少的情况下，胆碱酯酶抑制剂可以适当刺激残存腺体的保留，并促进适当的口腔活性恢复；也不能排斥毒扁豆碱是公知胆碱酯酶抑制剂的事实综上，第11732号决定证据充分，原告的诉讼理由不能成立，请求法院驳回原告请求，维持第11732号决定。

经庭审质证，原告和被告对对方提交的证据没有异议，对比文件1英文的相关中文翻译亦无异议本院经审查对本案证据予以确认。

根据上述有效证据及当事人陈述，本院确认如下事实：本专利申请为第96199706.0号"用胆碱酯酶抑制剂治疗口腔干燥症"的发明专利申请，申请日为1996年11月25日，公开日为1999年2月10日，优选权日为1995年11月29日，进入国家阶段日期为1998年7月17日，申请人为原告。本专利申请的权利要求书为：

"1. 胆碱酯酶抑制剂在制备用于治疗口腔干燥症的对口腔粘膜局部给药的药物方面的用途。

2. 权利要求1所述的用途，其中的胆碱酯酶抑制剂是毒扁豆碱。

3. 一种对口腔粘膜局部给药用于治疗口腔干燥症的药物制剂，其中的活性成分是胆碱酯酶抑制剂。

4. 权利要求3所述的药物制剂，其中的胆碱酯酶抑制剂是毒扁豆碱。"

2004年11月5日，国家知识产权局以本专利申请不具备《专利法》第二十二条第三款规定的创造性为由予以驳回。具体理由是：（1）对比文件1（"Xerosomia: Diagnosis and Treatment"，Am J Otolaryngol，4：283-292，公开日为1983年6月）公开了以胆碱酯酶抑制剂治疗口腔干燥症的治疗方法，其中药物为局部运用或系统运用，权利要求1区别于该对比文件1之处在于将胆碱酯酶抑制剂的运用具体限定为对口腔粘膜局部给药，这种方式对本领域的普通技术人员来说是显而易见的；（2）毒扁豆碱为胆碱酯酶抑制剂是公知常识，毒扁豆碱、新斯的明等胆碱酯酶抑制剂配成水溶液对本领域的技术人员来说并不需要花费创造性劳动。

原告不服上述驳回决定，于2005年2月21日向被告提出复审请求。原告认为：（1）对比文件1仅仅建议了在唾液严重减少的情况下全身性使用胆碱脂酶抑制剂以刺激唾液的产生，这是由于毒性的严重风险可以导致在病人中产生严重的副作用；（2）对本领域的普通技术人员而言，术语"口服使用"永远被认为是指药物在被放入口腔后吞服，而不是指施用于口腔粘膜上；（3）本发明直接局部施用于口腔粘膜提供了良好的计算剂量手段，且大量降低了所需的活性成分的剂量，并由此避开了有关副交感神经控制、毒理学和副作用的问题，胆碱脂酶抑制的效果甚至可以仅仅局部地限制在口腔的一边，首次完全保证了不会在诸如神经系统中产生不希望的副作用，附件1、2支持了这点；（4）对比文件1建议局部和/或全身使用各种物质以提高唾液量只是一个概括性的论述，没有具体给出药物或论述药物将以该种方式服用，最有可能是指润滑手段，如人造唾液；（5）对比文件1中没有建议也没有暗示局部施用或胆碱脂酶抑制剂施用后的局部效果，相反地，该文章的作者不断提及它具有严重的副作用，对使用胆碱脂酶抑制剂治疗口腔干燥是持有怀疑态度的。原告同时提交了以下附件：1. Jörgen Eksröm, Herbert F. Helander, Eur. J. Oral Sci.，第110卷，第230~236页，2002年，复印件共7页；2. Ewa Hedner et al, Eur. J. Oral Sci.，第109卷，第371~374页，2001年，复印件共4页。

被告对该复审请求予以受理，同时移交原审查部门进行前置审查。原审查部门坚持原驳回决定。2007年11月2日，被告作出审查决定认为：

对比文件1明确记载：有时在分泌唾液严重减少的情况下，胆碱酯酶抑制剂可以适当刺激残存腺体的保留，并促进适当的口腔活性恢复；治疗口腔干燥症包括局部和/或系统使用各种可以增加唾液流量的物质。该技术内容中局部用药的具体技术方案是与本专利申请权利要求1、3请求保护的技术方案最接近的现有技术，该最接近的现有技术与权利要求1、3的实质区别之处在于权利要求1将治疗口腔干燥症的药物施用部位具体限定在口腔粘膜处。根据该区别特征可以确定本专利申请实际要解决的技术问题在于将胆碱酯酶抑制剂局部应用于人体的何种部位才能起到最佳效果。由于所属领域的普通技术人员根据专业常识可以想到，一般药物直接作用于发病部位效果最佳，口腔干燥症发病部位在口腔中，其中唾液量少或无唾液，主要是分泌唾液的腺体不分泌或者分泌量过少。在这种情况下，所属领域的普通技术人员容易想到将促进提高唾液量的药剂直接放置在口腔中，而该对比文件教导胆碱酯酶抑制剂局部给药可以刺激唾液分泌，所以，所属领域的技术人员会想到将刺激唾液分泌的药物直接放置在口腔粘膜处。因此，相对于对比文件1，本专利申请权利要求1、3不具备突出的实质性特点。权利要求2、4分别引用权利要求1、3，其附加技术特征限定了胆碱酯酶抑制剂为毒扁豆碱，而所属领域的技术人员公知毒扁豆碱是胆碱酯酶抑制剂的一种，在对比文件1已经教导胆碱酯酶抑制剂可以刺激唾液分泌且可以局部给药的情况下，在已知的胆碱酯酶抑制剂中选择某种具体的种类来制备口腔局部给药以治疗口腔干燥症的药物对所属领域的技术人员来说是通过分析和有限试验即可完成的工作，且没有证据证明本专利申请具体选择的效果是预料不到。所以，本专利申请权利要求2、4相对于对比文件1不具备突出的实质性特点。因此，相对于对比文件1，本专利申请权利要求1~4不具备《专利法》第二十二条第三款规定的创造性。

从对比文件1实际公开的内容来看，对比文件1虽然提到口服刺激唾液产生的药物如吡啶斯的明会产生副作用，但并没有记载担心通过口腔粘膜偶然摄入吡啶斯的明。被告认为，正是由于对比文件1教导了口服某些胆碱脂酶抑制剂会产生副作用，更会使所属领域的技术人员在用胆碱脂酶抑制剂治疗口腔干燥症时不会去采用口服方式，而要采用口腔局部给药方式，所属领域技术人员公知直接将药物用于作用部位可以提高用药治疗效率，且降低用药量和副作用。此外，附件1、2虽然证明胆碱脂酶抑制剂毒扁豆碱在口腔内给药或口腔粘膜给药可以刺激产生唾液，且"口服使用"指"口腔吞服"，不同于在口腔粘膜用药，但这些均与本专利申请请求保护的技术方案是否相对于对比文件1具有创造性无必然联系。因此，原告认为本专利来申请相对于对比文件1具有创造性的理由不成立。

综上，被告决定维持国家知识产权局对本专利申请作出的驳回决定。

原告不服被告决定，向本院提起诉讼。在本案庭审中，原告表示对被告行政程序及被诉决定"案由"部分无异议。

本院认为，本案争议的焦点问题为：本专利申请是否符合《专利法》第二十二条第三款的规定。根据《专利法》第二十二条第三款的规定，发明专利的创造性是指同申请日以前已有的技术相比，该发明有突出的实质性特点和显著的进步。

本案中的对比文件1的公开日在本专利申请之前，技术领域相同，可以作为已有技术来评价本专利申请的创造性。

对比文件1公开了胆碱酯酶抑制剂在治疗口腔干燥症上的作用，并且公开了局部给药的治疗口腔干燥症的方法。本专利申请权利要求1和3相对于对比文件1的区别在于将治疗口腔干燥症的给药部位限定于口腔粘膜。在上述事实的基础上，被告认为本领域的普通技术人员容易想到将刺激唾液分泌的药物直接放置在口腔粘膜处，因此本专利申请权利要求1和3不具备突出的实质性特点，该认定具有事实根据，本院应予支持。本专利申请权利要求2和4的附加技术特征为将胆碱酯酶抑制剂限定为毒扁豆碱。毒扁豆碱是胆碱酯酶抑制剂的一种，是所属领域的技术人员公知的事实，当事人对此无争议，本院予以认可。被告认为，在胆碱酯酶抑制剂的作用已经明确的前提下，选择其中的某一具体种类对所属领域的技术人员来说是通过分析和有限试验即可完成的工作，不具备突出的实质性特点，该认定合乎逻辑，本院予以认可。原告主张本专利申请权利要求2和4属于选择性发明而具有创造性，但是这种选择是在已知的可能性中进行并且其技术效果也并非预料不到，因此该主张缺乏事实根据，本院不予支持。

综上，第11732号决定认定事实清楚，适用法律正确，程序合法，本院应予维持。原告的诉讼请求，缺乏事实和法律依据，本院不予支持。依照《中华人民共和国行政诉讼法》第五十四条第（一）项之规定，判决如下：

维持被告中华人民共和国国家知识产权局专利复审委员会作出的第11732号复审请求审查决定。

案件受理费人民币100元，由原告卡拉巴尔股份公司负担（已交纳）。

如不服本判决，原告卡拉巴尔股份公司可在本判决书送达之日起30日内，被告中华人民共和国国家知识产权局专利复审委员会可在本判决书送达之日起15日内，向本院提交上诉状，并按对方当事人的人数提交副本，预交上诉案件受理费人民币100元，上诉于中华人民共和国北京市高级人民法院。

审 判 长　吴　月
审 判 员　刘景文
代理审判员　胡　华
二〇〇八年七月十六日
书 记 员　郎莉萍

康治（内服外用）

复审请求审查决定（第11738号）

决　定　号	第11738号
决　定　日	2007年11月9日
发明创造名称	康治（内服外用）
国际分类号	A61K 35/78，A61P 1/14，A61P 9/12，A61P 1/16，A61P 11/00，A61P 35/00
复审请求人	李能清
申　请　号	01111554.8
申　请　日	2001年3月12日
公　开　日	2002年5月15日
合议组组长	马文霞
主　审　员	周英姿
参　审　员	刘　静

法律依据 专利法第26条第3款

决定要点

说明书的内容应当清楚，做到主题明确、用词准确。说明书中应当使用发明所属技术领域的技术术语，准确表达发明的技术内容，使技术人员能够清楚、正确地理解该发明。如果说明书因为使用了含糊不清或者模棱两可的术语而使所属技术领域的技术人员不能清楚、正确地理解发明和实施该发明，则说明书不符合专利法第26条第3款的规定。

一、案由

本复审请求涉及申请日为2001年3月12日、公开日为2002年5月15日的名称为"康治（内服外用）"的第01111554.8号发明专利申请（下称本申请），复审请求人为李能清。

国家知识产权局于2003年8月29日以说明书不符合专利法第26条第3款和第25条规定为由驳回了本申请，具体理由是：本申请的说明书没有公开技术方案中所用原料"固只、党生、苍竹、观音土"的出处并且没有公开能够证明说明书所述技术方案中各原料重新组合后产生的技术效果的实验数据，根据审查指南第二部分第10章的规定，本领域技术人员根据本说明书的记载无法实施本申请的技术方案，导致本申请说明书的技术方案公开不充分，不符合专利法第26条第3款的规定。同时，权利要求中出现的"方可取用"和"十天后可用"的含义是使用药物治疗疾病，属于疾病的治疗方法，不符合专利法第25条的规定，不能被允许。

驳回决定所针对的权利要求书为：

"虎骨、鹿茸、人参、10~25g，当归、生地、熟地、大云、固只、党生、白芷、川椒、白芍以上各25g，五加皮、官桂、小回香、大枣、苍竹（以上各30g）纯粮白酒十斤，板油、猪肉各半斤，进行浸泡，用观音土密封，每日震荡三次七日方可取用。

麝香1~5g、熊胆1~5g、红花1~5g、川乌25g、草乌25g、江黄25g、斗草25g、半夏25g泡浸纯粮酒用5斤，食用醋一斤，十天后可用。要求权利保护。"

申请人李能清（下称请求人）对上述驳回决定不服，于2003年9月14日向专利复审委员会提出复审请求。请求人认为：审查指南第2部分第10章的规定是关于国际申请的特别规定，因此没有依此答复。中药领域的人按照本说明书完全能够实施说明书的技术方案。权利要求书中的"方可取用"和"十天后可用"是康治的效果，没有任何治疗疾病方法的含义，因此，国家知识产权局驳回的理由不成立。

请求人在提出复审请求时提交了驳回决定复印件，但未提交新的经修改的专利申请文本。

形式审查合格后，专利复审委员会受理了该复审请求，并于2004年4月15日向请求人发出《复审请求受理通知书》，随后将本申请案卷移交原审查部门进行前置审查。

原审查部门对本复审请求进行了前置审查，坚持原驳回决定。

请求人于2004年12月14日和2005年1月24日分别提交了《意见陈述书》，请求人指出本申请经过十几年的实用是可靠稳定的，酒和中药的浸泡，7日溶解后转换为《康治》，本申请说明书公开充分，并且不是疾病的诊断和治疗方法。

专利复审委员会组成合议组，对本复审请求案进行了审理，并于2005年1月27日向请求人发出《复审通知书》。《复审通知书》指出：本复审审查是依据驳回决定所针对的请求人于2001年8月24日提交的说明书（共2页）和说明书摘要（共1页）以及请求人于2001年9月18日提交的权利要求书（共1页）为基础进行审查。本申请请求保护的技术方案中使用"固只"、"党生"和"苍竹"。然而，从中药领域现有技术记载的信息无法查到具有上述三种名称的药味，由此本领域的技术人员不能够理解这三味药为何种中药，并且不能实施采用这三种药味的技术方案。请求人应当提供现有技术证据来证明修改后药味与本申请记载的相应药味药性相同，并且在申请文件中应当采用这些本领域技术人员惯用的技术术语来准确表达康治所采用的上述三种中药药味。

针对《复审通知书》指出的问题，请求人于2005年2月15日提交了意见陈述且复审委员会于2005年2月21收到该意见陈述书。请求人要求修改申请文件，其中抽去《权利要求书》中第1页第1行倒数第2~5字，第2行倒数第4、5二字，第6行倒数第1~6字，改正本申请的技术方案，抽去说明书第1页第22~23、32行。但请求人未提交经修改的申请文本。

请求人于2005年3月6日再次提交了意见陈述书，其内容与2005年2月15日提交的意见陈述内容相同。

请求人于2005年3月16日又提交了意见陈述，请求人指出：抽去《权利要求书》中第1页第1行倒数2~5字，第2行倒数4~5二字，就是仓竹（括号内以上各30g是一字计数），第6行倒数1~6字，改正本申请的技术方案。抽去说明书第1页第22、23、32行，但请求人未提交新的申请文本。

2005年5月11日，合议组再次发出《复审通知书》，其中指出：(1) 请求人在答复复审通知书时表示意欲删除权利要求书和说明书的部分内容，由于请求人仅指出所要删除内容在文中的位置而没有明确说明要删除的具体内容，因此，请求人必须在进行上述修改后提交规范的权利要求书和说明书替换页，以使审查有可依据的文本，同时请求人所作的修改应当是以复审通知书中指定的文本为基础，即以2001年8月24日提交的说明书和2001年9月18日提交的权利要求书为基础进行修改。

(2) 请求人在意见陈述中表示要通过删除权利要求书第 1 页第 1 行倒数第 2~5 字，第 2 行倒数第 4~5 字和第 6 行倒数第 1~6 字改正本申请的技术方案，虽然没有明确指明删除的具体内容，但从原权利要求书可以看出，上述位置的相关内容涉及药物的组成或其含量，因此删除这些技术内容后的权利要求保护的是组成或其含量不同于原权利要求的技术方案，这种新的技术方案无法从原申请文件中直接地、毫无疑义地导出，因此，这样进行修改不符合专利法第 33 条的规定。(3) 专利法实施细则第 60 条规定，请求人在提出复审请求或者在对专利复审委员会的复审通知书作出答复时，可以修改专利申请文件；但是，修改应当仅限于消除驳回决定或者复审通知书指出的缺陷。为了克服所使用的"固只"、"党生"和"苍竹"无法从中药领域现有技术记载的信息查到，请求人应当在答复本复审通知书时提交本申请申请日之前记载"苍竹"、"固只"和"党生"的证据，从而证实现有技术中已经披露有关上述三种药味的信息。如果申请人提交的文本中存在修改超出原始文本范围的缺陷，合议组将以本申请不符合专利法第 33 条的规定为由维持驳回决定。

请求人于 2005 年 5 月 24 日提交了意见陈述，认为"党参"增加一个字为上党参，参见《本草纲目》第 432 页第 13 行第 1~3 字，"苍竹"修改为"苍术"，"固只"就是"故纸"，这些都是常用药。

请求人于 2005 年 5 月 26 日和 2005 年 7 月 11 日再次提交了意见陈述，其中认为，"党参"增加一字为"上党参"，根据是《本草纲目》第 432 页第 13 行第 1~3 字；"苍竹"为"苍术"，苍术在《本草纲目》第 456 页第 6 行，"固只"就是"故纸"，在《本草纲目》第 545 页，上述它们药味和药性相同，《本草纲目》是 2002 年 2 月第一版。

至此，合议组认为本案事实清楚，可以作出审查决定。

二、决定的理由

1. 文本的认定

在复审审查过程中，请求人于 2005 年 2 月 15 日、2005 年 3 月 6 日和 2005 年 3 月 16 日提交的意见陈述中表示要通过删除权利要求书第 1 页第 1 行倒数第 2~5 字，第 2 行倒数第 4~5 字和第 6 行倒数第 1~6 字以及说明书第 1 页第 22、23、32 行来改正本申请的技术方案，但请求人始终没有针对所述修改部分提交申请文本的替换页。此后，在合议组发出复审通知书指出请求人要求删除"党生"、"苍竹"和"固只"将导致申请文件的修改不符合专利法第 33 条规定后，针对该次复审通知书，请求人于 2005 年 5 月 24 日、2005 年 5 月 26 日和 2005 年 7 月 11 日再次提交了意见陈述，在这些意见陈述中请求人未坚持上述修改意见，而是认为"党参"增加一字为"上党参"，"苍竹"为"苍术"，"固只"就是"故纸"，但请求人并未提交新的修改文本。

鉴于请求人在复审过程中实际并未提交过新的申请文本，因此，本决定所依据的文本为请求人于 2001 年 8 月 24 日提交的说明书和说明书摘要以及请求人于 2001 年 9 月 18 日最后提交的权利要求书。

2. 关于专利法第 26 条第 3 款

专利法第 26 条第 3 款规定，说明书应当对发明或者实用新型作出清楚、完整的说明，以所属技术领域的技术人员能够实现为准。

说明书的内容应当清楚，做到主题明确、用词准确。说明书中应当使用发明所属技术领域的技术术语，准确表达发明的技术内容，使技术人员能够清楚、正确地理解该发明。如果说明书使用含糊不清或者模棱两可的术语，使所属技术领域的技术人员不能清楚、正确地理解发明和实施该发明，则说明书不符合专利法第 26 条第 3 款的规定。

本申请权利要求 1 请求保护 "虎骨、鹿茸、人参、10~25g，当归、生地、熟地、大云、固只、党生、白芷、川椒、白芍以上各 25g，五加皮、官桂、小回香、大枣、苍竹（以上各 30g）纯粮白酒十斤，板油、猪肉各半斤，进行浸泡，用观音土密封，每日震荡三次七日方可取用"，其中在本申请请求保护的技术方案中使用了术语"固只"、"党生"和"苍竹"。然而，从中药领域现有技术记载的信息无法查到具有上述三种名称的药味，请求人在审查过程中也始终没有提供本申请申请日之前记载"苍竹"、"固只"和"党生"的证据，即无法证实在现有技术中已经披露有关上述三种药味的信息。因此本领域的技术人员不能够理解这三味药为何种中药，从而导致不能实施采用这三种药味的技术方案，本申请说明书不符合专利法第26条第3款的规定。

请求人在意见陈述时指出在《本草纲目》中有关于"党参"、"苍术"和"故纸"的记载，但是，请求人没有陈述充分的理由或提供现有技术的证据来证明"党参"（或"上党参"）、"苍术"和"故纸"与本申请记载的"党生"、"苍竹"和"固只"是相同的中药原料，也没有提供任何确定它们之间的药味药性相同的技术信息，因此，无法认定本申请中的"党生"、"苍竹"和"固只"一定是"党参"（或"上党参"）、"苍术"和"故纸"，致使所属技术领域的技术人员不能清楚、正确地理解和实施该发明，请求人陈述的理由也不能证明本申请符合专利法第26条第3款的规定。

根据以上事实和理由，本案合议组作出如下审查决定。

三、决定

维持国家知识产权局于2003年8月29日对01111554.8号发明专利申请作出的驳回决定。

复审请求人对本决定不服的，可以根据专利法第41条第2款的规定，自收到本决定之日起三个月内向北京市第一中级人民法院起诉。

北京市第一中级人民法院
行政判决书

(2008) 一中行初字第 442 号

原告李能清，男，1943 年 10 月 16 日出生，汉族，住四川省荥经县严道镇人民路东 1 段 87 号。

被告国家知识产权局专利复审委员会，住所地北京市海淀区北四环西路 9 号银谷大厦 10～12 层。

法定代表人廖涛，副主任。

委托代理人周英姿，女，国家知识产权局专利复审委员会审查员。

委托代理人杨存吉，男，国家知识产权局专利复审委员会审查员。

原告李能清不服被告国家知识产权局专利复审委员会（以下简称专利复审委）作出的行政决定，向本院提起行政诉讼。本院受理后，依法组成合议庭，并于 2008 年 5 月 13 日公开开庭审理了本案。原告李能清，被告专利复审委的委托代理人周英姿、杨存吉到庭参加了诉讼。本案现已审理终结。

2007 年 11 月 9 日，被告针对原告提出的名称为"康治（内服外用）"的第 01111554.8 号发明专利申请（下称本申请），作出第 11738 号复审请求审查决定（以下简称被诉决定），认定本申请不符合《中华人民共和国专利法》（以下简称《专利法》）第二十六条第三款的规定，决定维持国家知识产权局（以下简称知产局）于 2003 年 8 月 29 日对本申请作出的驳回决定。

在法定期限内，被告向本院提交了下列证据的复印件以证明被诉决定合法：被诉决定所针对的文本，用以证明本申请公开的内容。

原告诉称，苍竹就是苍术，两者药性药味相同，味苦、性温（本经）主治风寒，湿痰，痛死肌。《本草纲目》记载治留疾留饮。固只就是婆故纸，又叫补骨脂，两者药性药味相同。党参又叫上党参、党生、上党生、土人参两者药性药味相同；又次于人参。这些在《本草纲目》哪篇哪页已清清楚楚答复。我处于四川山区，方言较重，被告不应就这些词语的准确对我有过多的要求。根据《中华人民共和国专利法实施细则》（以下简称《专利法实施细则》）第五十一条之规定：当专利申请文件中文字和符号有明显错误的，国务院专利行政部门可以自行修改，这是鼓励发明创新。被告认为本申请导致所属技术领域的技术人员不能清楚正确理解和实施发明，请我出示相关证据。而且，被告要求我修改文本，要用专用的表格，但我去成都拿表格有几百里地，被告也没有告诉我在哪申请去哪拿表格。另外，本申请经全国首届新世纪"华佗医圣药王杯"学术活动专家委员会鉴定、审核、论证，具有科学可行性、临床实效性、社会推广性，荣获金奖。综上，被诉决定认定错误，请求法院撤销被诉决定。

在法定期限内，原告向本院提交了下列证据以支持其诉讼主张：原告于 2005 年 5 月 23 日针对被告的复审通知书所作的修改答复，用以证明原告针对被告的要求进行了修改。

被告辩称，被诉决定认定事实清楚，适用法律正确，审理程序合法，审查结论正确。首先，被诉决定认定事实清楚，本申请权利要求 1 请求保护的技术方案申使用了术语"固只"、"党生"和"苍竹"。然而，从中药领域现有技术记载的信息中无法查到具有上述三种名称的药味，原告在审查过程中也始终没有提供本申请申请日之前记载"固只"、"党生"和"苍竹"的证据，即无法证实在现有技术中已经披露有关上述三种药味的信息。因此本领域的技术人员不能够理解这三味药为何种中药，从而导致不能实施采用这三种药味的技术方案，本申请不符合《专利法》第二十六条第三款的规定。原告在意见陈述时指出在《本草纲目》中有关于"党参"、"苍术"和"故纸"的记载，但是原告没有陈述充分的理由或提供现有技术的证据来证明"党参"("上党参")、"苍术"和"故纸"与本申请记载的"党生"、"苍竹"和"固只"是相同的中药原料,也没有提供任何确定它们之间的药味药性相同的技术信息,因此,原告陈述的理由也不能证明本申请符合《专利法》第二十六条第三款的规定。被诉决定中并未涉及原告在起诉状中有关"观音土"和"方可取用",因此上述内容与被诉决定的结论并无关联。其次,被诉决定对文本作出全面正确的考察。原告在复审审查过程中实际并未提交新的申请文本,因此,被诉决定所依据的文本为原告于2001年8月24日提交的说明书和说明书摘要以及原告于2001年9月18日最后提交的权利要求书。至于原告提及无法得到表格,被诉决定并未涉及该内容,因此原告有关无法修改文本的理由不成立。

经庭审质证,原告对于被告提交证据的文本和内容予以认可;被告对原告证据的证明作用有异议。

本院经审查认为,被告提交的证据与本案有关,且合法、真实,本院予以确认。原告提交的证据,因证据上有涂改痕迹,且与其在复审程序中提交的证据不一致,无法证明其主张,故对该份证据本院不予采信。

根据上述有效证据及各方当事人无争议的陈述,本院认定事实如下:

本申请是申请日为2001年3月12日、公开日为2002年5月15日,名称为"康治(内服外用)"的第01111554.8号发明专利申请,申请人为李能清。

知产局于2003年8月29日以说明书不符合《专利法》第二十六条第三款和第二十五条规定为由驳回了本申请,具体理由是:本申请的说明书没有公开技术方案中所用原料"固只、党生、苍竹、观音土"的出处并且没有公开能够证明说明书所述技术方案中各原料重新组合后产生的技术效果的实验数据,根据《审查指南》第二部分第十章的规定,本领域技术人员根据本说明书的记载无法实施本申请的技术方案,导致本申请说明书的技术方案公开不充分,不符合《专利法》第二十六条第三款的规定。同时,权利要求中出现的"方可取用"和"十天后可用"的含义是使用药物治疗疾病,属于疾病的治疗方法,不符合《专利法》第二十五条的规定,不能被允许。

驳回决定所针对的权利要求书为:

"虎骨、鹿茸、人参、10~25g,当归、生地、熟地、大云、固只、党生、白芷、川椒、白芍以上各25g,五加皮、官桂、小回香、大枣、苍竹(以上各30g)纯粮白酒十斤,板油、猪肉各半斤,进行浸泡,用观音土密封,每日震荡三次七日方可取用。

麝香1~5g、熊胆1~5g、红花1~5g、川乌25g、草乌25g、江黄25g、斗草25g、半夏25g泡浸纯粮酒用5斤,食用醋一斤,十天后可用。要求权利保护。"

原告对上述驳回决定不服,于2003年9月14日向被告提出复审请求。原告认为:《审查指南》第2部分第10章的规定是关于国际申请的特别规定,因此没有依此答复。中药领域的人按照本说明书完全能够实施说明书的技术方案。权利要求书中的"方可取用"和"十天后可用"是康治的效果,没有任何治疗疾病方法的含义,因此,知产局驳回的理由不成立。

原告在提出复审请求时提交了驳回决定复印件,但未提交新的经修改的专利申请文本。

形式审查合格后,被告受理了该复审请求,并于2004年4月15日向原告发出《复审请求受理通知书》,随后将本申请案卷移交原审查部门进行前置审查。

原审查部门对本复审请求进行了前置审查,坚持原驳回决定。

原告于2004年12月14日和2005年1月24日分别提交了《意见陈述书》,原告指出本申请经过十几年的使用是可靠稳定的,酒和中药的浸泡,7日溶解后转换为《康治》,本申请说明书公开充分,并且不是疾病的诊断和治疗方法。

被告组成合议组，对本复审请求案进行了审理，并于2005年1月27日向原告发出《复审通知书》。《复审通知书》指出：本复审审查是依据驳回决定所针对的原告于2001年8月24日提交的说明书（共2页）和说明书摘要（共1页）以及原告于2001年9月18日提交的权利要求书（共1页）为基础进行审查。本申请请求保护的技术方案中使用"固只"、"党生"和"苍竹"。然而，从中药领域现有技术记载的信息无法查到具有上述三种名称的药味，由此本领域的技术人员不能够理解这三味药为何种中药，并且不能实施采用这三种药味的技术方案。原告应当提供现有技术证据来证明修改后药味与本申请记载的相应药味药性相同，并且在申请文件中应当采用这些本领域技术人员惯用的技术术语来准确表达康治所采用的上述三种中药药味。

针对《复审通知书》指出的问题，原告于2005年2月15日提交了意见陈述，且被告于2005年2月21收到该意见陈述书。原告要求修改申请文件，其中抽去《权利要求书》中第1页第1行倒数2～5字，第2行倒数4、5二字，第6行倒数1～6字，改正本申请的技术方案，抽去说明书第1页第22～23、32行。但原告未提交经修改的申请文本。

原告于2005年3月6日再次提交了意见陈述书，其内容与2005年2月15日提交的意见陈述内容相同。

原告于2005年3月16日又提交了意见陈述，原告指出：抽去《权利要求书》中第1页第1行倒数2～5字，第2行倒数4～5二字，就是仓竹（括号内以上各30g是一字计数），第6行倒数1～6字，改正本申请的技术方案。抽去说明书第1页第22、23、32行，但原告未提交新的申请文本。

2005年5月11日，被告再次发出《复审通知书》，其中指出：（1）原告在答复复审通知书时表示意欲删除权利要求书和说明书的部分内容，由于原告仅指出所要删除内容在文中的位置而没有明确说明要删除的具体内容，因此，原告必须在进行上述修改后提交规范的权利要求书和说明书替换页，以使审查有可依据的文本，同时原告所作的修改应当是以复审通知书中指定的文本为基础，即以2001年8月24日提交的说明书和2001年9月18日提交的权利要求书为基础进行修改。（2）原告在意见陈述中表示要通过删除权利要求书第1页第1行倒数第2～5字，第2行倒数第4～5字和第6行倒数第1～6字改正本申请的技术方案，虽然没有明确指明删除的具体内容，但从原权利要求书可以看出，上述位置的相关内容涉及药物的组成或其含量，因此删除这些技术内容后的权利要求保护的是组成或其含量不同于原权利要求书的技术方案，这种新的技术方案无法从原申请文件中直接地、毫无疑义地导出，因此，这样进行修改不符合《专利法》第三十三条的规定。（3）《专利法实施细则》第六十条规定，原告在提出复审请求或者在对被告的复审通知书作出答复时，可以修改专利申请文件；但是，修改应当仅限于消除驳回决定或者复审通知书指出的缺陷。为了克服所使用的"固只"、"党生"和"苍竹"无法从中药领域现有技术记载的信息查到，原告应当在答复本复审通知书时提交本申请申请日之前记载"苍竹"、"固只"和"党生"的证据，从而证实现有技术中已经披露有关上述三种药味的信息。如果原告提交的文本中存在修改超出原始文本范围的缺陷，被告将以本申请不符合《专利法》第三十三条的规定为由维持驳回决定。

原告于2005年5月24日提交了意见陈述，认为"党参"增加一个字为上党参，参见《本草纲目》第432页第13行第1～3字，"苍竹"修改为"苍术"，"固只"就是"故纸"，这些都是常用药。

原告于2005年5月26日和2005年7月11日再次提交了意见陈述，其中认为，"党参"增加一字为"上党参"，根据是《本草纲目》第432页第13行1-3字；"苍竹"为"苍术"，苍术在《本草纲目》第456页第6行，"固只"就是"故纸"，在《本草纲目》第545页，上述它们药味和药性相同，《本草纲目》是2002年2月第一版。

被告经审查认为：

1. 文本的认定。

在复审审查过程中，原告于2005年2月15日、2005年3月6日和2005年3月16日提交的意见陈述中表示要通过删除权利要求书第1页第1行倒数第2~5字，第2行倒数第4~5字和第6行倒数第1~6字以及说明书第1页第22、23、32行来改正本申请的技术方案，但原告始终没有针对所述修改部分提交申请文本的替换页。此后，在被告发出复审通知书指出原告要求删除"党生"、"苍竹"和"固只"将导致申请文件的修改不符合《专利法》第三十三条规定后，针对该次复审通知书，原告于2005年5月24日、2005年5月26日和2005年7月11日再次提交了意见陈述，在这些意见陈述中原告未坚持上述修改意见，而是认为"党参"增加一字为"上党参"，"苍竹"为"苍术"，"固只"就是"故纸"，但原告并未提交新的修改文本。

鉴于原告在复审过程中实际并未提交过新的申请文本，因此，本决定所依据的文本为原告于2001年8月24日提交的说明书和说明书摘要以及原告于2001年9月18日最后提交的权利要求书。

2. 关于《专利法》第二十六条第三款。

本申请权利要求1请求保护"虎骨、鹿茸、人参、10~25g，当归、生地、熟地、大云、固只、党生、白芷、川椒、白芍以上各25g，五加皮、官桂、小回香、大枣、苍竹（以上各30g）纯粮白酒十斤，板油、猪肉各半斤，进行浸泡，用观音土密封，每日震荡三次七日方可取用"，其中在本申请请求保护的技术方案中使用了术语"固只"、"党生"和"苍竹"。然而，从中药领域现有技术记载的信息无法查到具有上述三种名称的药味，原告在审查过程中也始终没有提供本申请申请日之前记载"苍竹"、"固只"和"党生"的证据，即无法证实在现有技术中已经披露有关上述三种药味的信息。因此本领域的技术人员不能够理解这三味药为何种中药，从而导致不能实施采用这三种药味的技术方案，本申请说明书不符合《专利法》第二十六条第三款的规定。

原告在意见陈述时指出在《本草纲目》中有关于"党参"、"苍术"和"故纸"的记载，但是，原告没有陈述充分的理由或提供现有技术的证据来证明"党参"（或"上党参"）、"苍术"和"故纸"与本申请记载的"党生"、"苍竹"和"固只"是相同的中药原料，也没有提供任何确定它们之间的药味药性相同的技术信息，因此，无法认定本申请中的"党生"、"苍竹"和"固只"一定是"党参"（或上党参）、"苍术"和"故纸"，致使所属技术领域的技术人员不能清楚、正确地理解和实施该发明，原告陈述的理由也不能证明本申请符合《专利法》第二十六条第三款的规定。

综上，被告作出被诉决定，原告不服，诉至本院。

本院认为，因原告在复审过程中并未提交新的申请文本，故被告将原告于2001年8月24日提交的说明书和说明书摘要以及原告于2001年9月18日最后提交的权利要求书作为审查文本正确。

《专利法》第二十六条第三款规定，说明书应当对发明或者实用新型作出清楚、完整的说明，以所属技术领域的技术人员能够实现为准。

本申请权利要求1要求保护的技术方案中使用了术语"固只"、"党生"和"苍竹"。但是，本领域技术人员无法从中药领域现有技术中得到关于具有上述三种名称的药味的信息，原告亦未提供本申请申请日之前记载"苍竹"、"固只"和"党生"的证据。故本领域的技术人员无法实现本申请权利要求所保护的技术方案，被告认定本申请不符合《专利法》第二十六条第三款的规定正确。

此外，原告无证据证明"党参"（或"上党参"）、"苍术"和"故纸"与本申请记载的"党生"、"苍竹"和"固只"是相同的中药原料，亦无证据证明它们之间的药味药性相同，故原告认为"苍术"就是"苍竹"，"故纸"就是"固只"，《本草纲目》中已经明确记载上述中药信息，本申请符合《专利法》第二十六条第三款规定的诉讼主张，缺乏事实及法律依据，本院不予支持。

综上，被诉决定认定事实清楚，适用法律正确，程序合法，本院应予维持。原告的诉讼请求缺乏事实及法律依据，本院不予支持。依照《中华人民共和国行政诉讼法》第五十四条第（一）项之规定，判决如下：

维持被告国家知识产权局专利复审委员会于二〇〇七年十一月九日作出的第11738号复审请求审查决定。

案件受理费100元，由原告李能清负担（已交纳）。

如不服本判决，可在本判决书送达之日起15日内，向本院提交上诉状，并按对方当事人人数提出副本，上诉于北京市高级人民法院。上诉人在上诉期满后7日内未预交上诉案件受理费又不提交缓交申请的，按自动撤回上诉处理。

审 判 长 强刚华
代理审判员 贾志刚
人民陪审员 张燕宾
二〇〇九年一月六日
书 记 员 董 伟

可提高和/或稳定易被微生物腐败制品的保藏性能的添加剂

复审请求审查决定（第11796号）

决 定 号	第11796号
决 定 日	2007年10月19日
发明创造名称	可提高和/或稳定易被微生物腐败制品的保藏性能的添加剂
国际分类号	A01N31/16，A01N31/04，A23L3/349，A23L3/3472，A61K7/00
复审请求人	乔格·彼得·舒尔
申 请 号	98807616.0
优 先 权 日	1997年6月23日
申 请 日	1998年6月22日
公 开 日	2000年8月30日
合议组组长	郭 婷
主 审 员	刘 锋
参 审 员	魏春宝
法 律 依 据	专利法第22条第3款

决 定 要 点

创造性是指同申请日以前已有的技术相比，该发明具有突出的实质性特点和显著的进步。如果有证据表明发明所要求保护的技术方案相对于现有技术产生了预料不到的技术效果，则一方面说明发明具有显著的进步，同时也反映出发明的技术方案是非显而易见的，具有突出的实质性特点，该发明具备创造性。

一、案由

本复审请求涉及发明名称为"可提高和/或稳定易被微生物腐败制品的保藏性能的添加剂"的第98807616.0号发明专利申请（下称本申请），申请人为乔格·彼得·舒尔，优先权日为1997年6月23日，申请日为1998年6月22日，公开日为2000年8月30日。

2004年5月28日，国家知识产权局以权利要求1~15相对于对比文件1不具备专利法第22条第3款规定的创造性为由驳回了本申请，驳回决定所针对的专利申请文件是：申请人于2000年1月26日进入中国国家阶段时提交的按照国际初步审查报告附件的中文译文的权利要求第1~15项，2000年1月26日进入中国国家阶段时提交的国际申请文件中文译文的说明书第1~27页和说明书摘要。

驳回决定所针对的权利要求书为：

"1. 一种可提高和/或稳定易被微生物腐败制品的保藏性能的添加剂，含有：(i)

(a) 多酚和

(b) 苯甲醇以及任选其他公认安全的香味醇类组成的混合物；或（ii）

(c) 苯甲醇和

(d) 至少一种其他的公认安全的香味醇；

其中组分（a）:（b）或（c）:（d）的混合比例为：1:1至1:10,000，或10,000:1至1:1，其中所述公认安全的香味醇类选自：乙酰甲基甲醇，乙醇，1-丙醇，2-丙醇，丙二醇，丙三醇，正丁醇，2-甲基-1-丙醇，己醇，L-薄荷醇，辛醇，肉桂醇，1-苯乙醇，庚醇，1-戊醇，3-甲基-1-丁醇，4-甲氧基苯甲醇，香茅醇，正癸醇，香叶醇，3-已烯醇，十二烷醇，沉香醇，橙花叔醇，壬二烯醇，壬醇，玫瑰醇，松油醇，龙脑，桉树醇，茴香醚，枯茗醇，10-十一碳烯-1-醇，1-十六醇。

2. 权利要求1所述添加剂，其中混合物（i）和（ii）含有至少一种具有2~10个碳原子，优选具有2~7个碳原子的单羟基或多羟基醇。

3. 权利要求1或2所述添加剂，其中所述添加剂含有至少一种具有1~15个碳原子，优选具有2~10个碳原子的有机酸和/或至少一种其生理可接收的盐。

4. 权利要求1至3中任一项所述添加剂，其中所述分别为组分（e）至（k）的添加剂含有酚类物质、乙酸酯（盐）类物质、酯类物质、萜烯类物质、乙缩醛类物质和/或香精油。

5. 权利要求1至4中任一项所述添加剂，其中所述添加剂含有组分（1）作为增溶剂，特别是甘油、丙二醇、水、植物油或脂肪。

6. 权利要求1至5中任一项所述添加剂，其中组分（a）:（b）或（c）:（d）的混合比例为：1:1至1:1000或1000:1至1:1，优选1:1至1:100或100:1至1:1。

7. 权利要求2所述添加剂，其中组分（a）、（b）、（c）和/或（d）与其他醇类物质分别混合的比例为：1:1至1:10,000或10,000:1至1:1，优选1:1至1:1000或1000:1至1:1。

8. 权利要求1至7中任一项所述添加剂，其中组分（a）或（c）与组分（e）、（f）、（g）、（h）、（i）、（j）、（k）、（1）的混合比例分别为：1:1至1:10,000或10,000:1至1:1，优选1:1至1:1000或1000:1至1:1。

9. 一种提高和/或稳定易被微生物腐败制品的保藏性能的方法，其特征在于将权利要求1至8中任一项所述混合物加入到易被微生物腐败的制品中。

10. 权利要求9所述方法，其中所述添加剂以1ppm至10%重量的用量加入到易被微生物腐败的制品中。

11. 权利要求9或10所述方法，其中所述添加剂以0.001%至0.5%重量的用量加入到易被微生物腐败的制品中。

12. 权利要求8至11中任一项所述方法，其中所述添加剂以0.002%至0.25%重量的用量加入到易被微生物腐败的制品中。

13. 权利要求8至12中任一项所述方法，其特征在于对制品的表面和/或它们所处的环境，尤其是与制品直接或间接接触的周围空气和/或设备表面或其他材料，在产品的制造、加工、或包装时或工艺完成后，使用一种或多种加工助剂进行处理，该加工助剂优选含有至少两种具有杀微生物活性的香味剂。

14. 权利要求13所述方法，其中所述加工助剂的用量为0.01至5g/kg食品，优选0.05至2g/kg食品或当用于周围空气中时，其用量为0.001至10g/m^{3}空气或当用于设备表面时，其用量为0.000001至0.1g/cm^{2}表面积。

15. 权利要求1至8中任一项所述添加剂的用途为用于提高和/或稳定易被微生物腐败制品，尤其是食品和化妆品的保藏性能。"

驳回决定认为：（1）就权利要求1而言，根据对比文件1（WO9629895A1，公开日：1996年10月3日，参见说明书第7页第5~25行、第9页第12行、第10页第25~33行、配方实施例1~62）直接公开的技术方案，结合本专业技术人员能从该对比文件中获得的技术教导或启示，可以容易地获得权利要求要求保护的技术方案（i）和（ii），而且申请人没有提供使人信服的证据支持其产生效果的优异性或意外性，因此权利要求1不具有专利法第22条第3款规定的创造性。权利要求2~8的附加技术特征在对比文件1（参见说明书第7页第10~25行、第10页第23~33行、第11页第1~5行）中公开，因而其也不具有专利法第22条第3款规定的创造性。权利要求9要求保护提高和/或稳定易被微生物腐败制品的保藏性能的方法，其特征在于将权利要求1~8中任一项所述混合物加入到易被微生物腐败的制品中，对比文件1已经公开了该方法（参见说明书第5页第19~27行）；权利要求10~14作为权利要求9的从属权利要求，其附加技术特征也在对比文件1（参见说明书第5页第29行至第6页第2行，第5页第19~27行）中公开，因而权利要求9~14也不具有专利法第22条第3款规定的创造性。同理，权利要求15要求保护的权利要求1至8中任一项所述添加剂的用途也不具有专利法第22条第3款规定的创造性。（2）申请人在答复《第一次审查意见通知书》时提交的对比试验数据是将（单宁[多酚]+苯甲醇[GRAS芳香剂]）和（苯甲醇[GRAS芳香剂]+丙二醇[GRAS芳香剂]）与单独的成分单宁、苯甲醇和丙二醇的抗菌活性进行比较，该对比试验数据仅证实了这两种组合物的效果，并不能代表权利要求中所有要求保护的组合物都具有这样的效果，并且对比文件1的实施例18（苯甲醇和乙醇的组合物）和实施例11（异子丁香酚和苯甲醇的组合物）分别给出了获得这两种组合物的技术教导和启示，因而申请人提供的对比实验不足以证明本发明具备创造性。

申请人乔格·彼得·舒尔（下称请求人）对上述驳回决定不服，于2004年9月13日向专利复审委员会提出复审请求，请求人在提出复审请求时没有提交修改文本。请求人认为：（1）请求人在答复《第一次审查意见通知书》时提交的实验证据表明本发明所述的组合物（i）和（ii）对于细菌和发霉是非常有效的，由多元酚和CRAS-芳香醇组成的组合物（i）比组合物（ii）更为有效，组合物比单独的芳香剂具有好得多的效果；（2）提供的证据已足以证明权利要求1的组合物相对于对比文件1公开的单一组分和组合物具有更好的性能，提供在本发明权利要求范围之内所有可能的组合物对比实验数据，如果不是不可能的话，也是非常困难的；（3）权利要求1的组合物含有多元酚作为必要组分，对比文件1实施例18中的乙醇和实施例11中的异子丁香酚都不属于多酚类，从乙醇或异子丁香酚得到的结论作为多酚的效果只是一种推测，因此对比文件1的实施例11和18没有给出获得本发明权利要求所述技术方案的教导和启示。因此，本发明权利要求1~15相对于对比文件1具备创造性。

经形式审查合格后，专利复审委员会受理了该复审请求，并于2004年9月27日向请求人发出《复审请求受理通知书》，同时，将本申请案卷转送至原审查部门进行前置审查。

原审查部门对本复审请求进行了前置审查，认为请求人没有修改权利要求书，且其陈述理由不具有说服力，故坚持原驳回决定。此外，针对请求人的意见陈述进一步指出：（1）请求人提交的对比试验数据不是同最接近现有技术的技术方案进行对比；（2）请求人认为多酚是其组合物的必要组分，而对比文件中都不含多酚，但这与其申请文件中"苯甲醇+丙二醇"的优选技术方案自相矛盾。

专利复审委员会组成合议组，对本复审请求案进行了审理。并于2006年4月7日发出《复审通知书》，《复审通知书》中指出：（1）权利要求1请求保护的是一种可提高和/或稳定易被微生物腐败制品的保藏性能的添加剂，其中有两个可选择的技术方案：(i) 含有多酚和苯甲醇以及任选其他公认安全的香味醇类组成的混合物的添加剂；或者 (ii) 含有苯甲醇和至少一种公认安全的香味醇的添加剂。对比文件 1 也公开了一种提高和/或稳定易被微生物腐败制品的保藏性能的添加剂，与对比文件 1 配方实施例 11 相比，权利要求 1 所述技术方案 (i) 的区别在于用多酚代替非多酚性酚类物质异子丁香酚；而与配方实施例 57 相比，权利要求 1 所述技术方案 (i) 的区别在于用苯甲醇代替苯乙醇。根据常识，多酚与非多酚性酚类物质的差别在于酚羟基数目的不同，苯甲醇与苯乙醇的差别在于苯环上的烷基取代基不同，而依据这种差别不能预期其对本申请这类添加剂的杀微生物活性有实质性的影响，这些替代性选择属于本领域技术人员对两种结构和性质相似的物质所作出的显而易见的选择，因此权利要求 1 所述技术方案 (i) 不具备突出的实质性特点。同时本申请说明书中也没有记载权利要求 1 所述技术方案 (i) 的这种组合产生预料不到的技术效果。另一方面，与对比文件 1 说明书第 10 页第 25～33 行所述的技术方案（即对比文件 1 中的添加剂优选包含少于 50％重量的乙醇、异丙醇或苯甲醇，或者这些化合物的混合物）相比，权利要求 1 中的技术方案 (ii) 的区别在于在该对比文件所述的有限的相同可能性的几个技术方案中选择了一个技术方案，即苯甲醇与香味醇（如乙醇）的组合，而本申请说明书也没有记载权利要求 1 所述技术方案 (ii) 的这种组合产生预料不到的技术效果。由此可见，对比文件 1 不仅提供了获得提高和/或稳定易被微生物腐败制品的保藏性能的添加剂的一般性指导，还进一步提供了许多可供直接应用或参照使用的优选的具体实施方案，而权利要求 1 记载的两个技术方案不仅包含在该对比文件的一般性概括描述之中，还显而易见地反映在该对比文件所述具体实施方案的构思之中，并且相对于对比文件 1 没有取得预料不到的技术效果，因此权利要求 1 相对于对比文件 1 不具备专利法第 22 条第 3 款规定的创造性。(2) 虽然请求人在针对第一次审查意见的答复中提交了对比实验数据，但该对比实验只是将权利要求 1 中的技术方案 (i) 和 (ii) 中的优选实施方案，即（单宁［多酚］+苯甲醇［GRAS 芳香剂］）和（苯甲醇［GRAS 芳香剂］+丙二醇［GRAS 芳香剂］）与单独的成分单宁、苯甲醇和丙二醇的抗菌活性进行比较，其结果只能用于证明这些组分组合后的抗菌效果比单独组分的抗菌效果好，而不能证明权利要求 1 中的技术方案 (i) 和 (ii) 所要求保护的组合物相对于与其最接近的现有技术即对比文件 1 所述的相应技术方案具有预料不到的技术效果。因此，请求人提供的对比实验数据无助于权利要求 1 创造性的确立。而请求人在复审请求中所述的"提供在本发明权利要求范围之内所有可能的组合物对比实验数据，如果不是不可能的话，也是非常困难的"并不能成为该实验数据在创造性评价中应予采信和免除请求人举证责任的合理理由。(3) 根据权利要求 1 和说明书实施例 11～15 的描述，多酚只是作为权利要求 1 所述技术方案 (i) 的必要组分，而不是技术方案 (ii) 的必要组分，因此请求人在复审请求中认定多酚作为本发明的必要组分，并以此作为认定对比文件 1 没有给出本发明权利要求技术方案以教导和启示的基础是缺乏事实依据的，同样不能予以采信。(4) 基于对比文件 1 公开的相应事实及提供的技术教导，结合对权利要求 1 所要求保护技术方案的不具备创造性的论证，权利要求 2～15 相对于对比文件 1 也不具备专利法第 22 条第 3 款规定的创造性。

2006 年 5 月 22 日，请求人针对《复审通知书》进行答复，并提交了修改后的权利要求书全文替换页和新的对比试验数据（包括表 I 和 II），请求人对于权利要求书的修改仅涉及权利要求 1，修改方式为：删除权利要求 1 中的乙醇、2-丙醇，将其中的 3-已烯醇修改为 3-己烯醇，其余权利要求未做修改，修改后的权利要求 1 如下：

"1. 一种可提高和/或稳定易被微生物腐败制品的保藏性能的添加剂，含有：(i)

(a) 多酚和

(b) 苯甲醇以及任选其他公认安全的香味醇类组成的混合物；或 (ii)

(c) 苯甲醇和

(d) 至少一种其他的公认安全的香味醇；

其中组分（a）：（b）或（c）：（d）的混合比例为：1∶1至1∶10,000，或10,000∶1至1∶1，其中所述公认安全的香味醇类选自：乙酰甲基甲醇，1-丙醇，丙二醇，丙三醇，正丁醇，2-甲基-1-丙醇，己醇，L-薄荷醇，辛醇，肉桂醇，1-苯乙醇，庚醇，1-戊醇，3-甲基-1-丁醇，4-甲氧基苯甲醇，香茅醇，正癸醇，香叶醇，3-己烯醇，十二烷醇，沉香醇，橙花叔醇，壬二烯醇，壬醇，玫瑰醇，松油醇，龙脑，桉树醇，茴香醚，枯茗醇，10-十一碳烯-1-醇，1-十六醇。"

请求人认为：(1) 尽管可以认为对比文件1公开了苯甲醇与乙醇或2-丙醇的混合物，但对比文件1没有公开苯甲醇与多酚或权利要求1所定义的其他醇组分的混合物。(2) 表 I 中的"A"和"B"及"A"和"C"对比试验数据表明，含有苯甲醇和多酚的混合物与苯甲醇和异丁香酚的混合物、或苯乙醇和多酚的混合物相比，具有明显更高的活性；表 II 中的组合物 D、E、F 与组合物 A、B、C 对比试验数据表明，苯甲醇与丙二醇、苯甲醇与沉香醇、苯甲醇与茴香醚的混合物比苯甲醇和异丙醇和/或乙醇的混合物的抗生物活性更有效。因此，修改后的权利要求1～15具有创造性。

经审查，合议组认为本案事实清楚，可以作出复审决定。

二、决定的理由

1. 针对的文本

请求人于2006年5月22日提交的权利要求1～15的修改符合专利法第33条和专利法实施细则第60条第1款的规定。因此，本复审请求审查决定所针对的文本是：请求人于2006年5月22日提交的权利要求第1～15项，2000年1月26日进入中国国家阶段时提交的国际申请文件中文译文的说明书第1～27页和说明书摘要。

2. 关于专利法第22条第3款

专利法第22条第3款规定，创造性是指同申请日以前已有的技术相比，该发明具有突出的实质性特点和显著的进步。

如果有证据表明发明所要求保护的技术方案相对于现有技术产生了预料不到的技术效果，则一方面说明发明具有显著的进步，同时也反映出发明的技术方案是非显而易见的，具有突出的实质性特点，该发明具备创造性。

本申请权利要求1请求保护的是一种可提高和/或稳定易被微生物腐败制品的保藏性能的添加剂，含有：(i)(a) 多酚和(b) 苯甲醇以及任选其他公认安全的香味醇类组成的混合物；或 (ii)(c) 苯甲醇和(d) 至少一种公认安全的香味醇；其中组分（a）：（b）或（c）：（d）的混合比例为：1∶1至1∶10000或10000∶1至1∶1，其中所述公认安全的香味醇类选自：乙酰甲基甲醇，1-丙醇，丙二醇，丙三醇，正丁醇，2-甲基-1-丙醇，己醇，L-薄荷醇，辛醇，肉桂醇，1-苯乙醇，庚醇，1-戊醇，3-甲基-1-丁醇，4-甲氧基苯甲醇，香茅醇，正癸醇，香叶醇，3-己烯醇，十二烷醇，沉香醇，橙花叔醇，壬二烯醇，壬醇，玫瑰醇，松油醇，龙脑，桉树醇，茴香醚，枯茗醇，10-十一碳烯-1-醇，1-十六醇。也就是说，权利要求1请求保护的是两个并列可选择的技术方案。

对比文件1（WO9629895A1，公开日：1996年10月3日）公开了一种提高和/或稳定易被微生物腐败制品的保藏性能的添加剂，并具体公开了以下的技术特征"该添加剂中含有选自下列的至少一种具有杀微生物活性的芳香物质：(Ⅰ) 醇如苯甲醇、乙醇、丙醇、丙二醇、丙三醇等……(Ⅸ) 多酚（参见该对比文件的说明书第7页第5～25行以及第9页第12行）……该添加剂优选包含少于50％重量的乙醇、异丙醇或苯甲醇，或者这些化合物的混合物，所用的添加剂中包含苯甲醇和至少一种其他芳香物质，其中苯甲醇的比例可以大于50％重量（参见该对比文件的说明书第10页第25～33

行)。此外在说明书所列举的配方实施例1~62中公开了大量的芳香物质单独或与其他物质组合的具体配方,例如配方实施例11中公开了苯甲醇、异子丁香酚和富马酸的组合,配方实施例57公开了没食子单宁(一种多酚)、苯乙醇和戊酸的组合,配方实施例62公开了没食子单宁(一种多酚)、枯茗醇和枯茗醛的组合。

关于技术方案(i),原审查部门及《复审通知书》认为,权利要求1所述技术方案(i)与配方实施例11相比,区别在于用多酚代替非多酚性酚类物质异子丁香酚;而与配方实施例57相比,区别在于用苯甲醇代替苯乙醇。这些替代性选择属于本领域技术人员对两种结构和性能相似的物质所作出的显而易见的选择,因而权利要求1的技术方案(i)不具备突出的实质性特点,同时说明书中也没有记载技术方案(i)这种组合产生了预料不到的技术效果。然而请求人在2006年5月22日答复《复审通知书》时提交了根据本申请中公开的定量悬浮试验获得的对比试验数据(见表I),对比试验数据表明:与对比文件1所述的苯甲醇和异丁香酚的组合物(表1中的"B")和苯乙醇和多酚的组合物(表1中的"C")相比,本申请权利要求1技术方案(i)的含有多酚和苯甲醇的组合物(表I中的"A")产生了更高的活性,组合物"A"对于乳酸菌、粪链球菌、黑曲霉的灭活效果是组合物"B"、"C"的几十甚至成百上千倍,可见,权利要求1技术方案(i)所述含有多酚和苯甲醇以及任选其他公认安全的香味醇类组成的混合物所表现的高杀微生物活性的技术效果是本领域技术人员预料不到的。因而,该证据足以表明权利要求1所述技术方案(i)相对于对比文件1具有突出的实质性特点和显著的进步,因此权利要求1所述技术方案(i)相对于对比文件1具备专利法第22条第3款规定的创造性。

关于技术方案(ii),原审查部门及《复审通知书》认为,驳回决定针对的权利要求1中的技术方案(ii)与对比文件1说明书第10页第25~33行所述的技术方案(即对比文件1中的添加剂优选包含少于50%重量的乙醇、异丙醇或苯甲醇,或者这些化合物的混合物)相比,区别在于在该对比文件所述的有限的相同可能性的几个技术方案中选择了一个技术方案,即苯甲醇与香味醇(如乙醇)的组合,本申请说明书也未记载权利要求1技术方案(ii)的这种组合产生了预料不到的技术效果。然而请求人在新提交的权利要求1中已经删除了"乙醇"和"2-丙醇",修改后的权利要求1技术方案(ii)与对比文件1公开的内容不同。此外,请求人在2006年5月22日答复《复审通知书》时提交了根据本申请中公开的定量悬浮试验获得的对比试验数据(见表II),对比试验数据表明:苯甲醇与丙二醇、苯甲醇与沉香醇、苯甲醇与茴香醚的组合物(表II中的D、E、F)与对比文件1的苯甲醇和异丙醇和/或乙醇的组合物(表II中的A、B、C)相比活性明显更高,组合物D、E、F对于乳酸菌、粪链球菌、黑曲霉的灭活效果是组合物A、B、C的数倍、甚至成百上千倍,可见,该技术方案(ii)所述组合物所表现的高杀微生物活性的技术效果是本领域技术人员预料不到的。因而,该证据足以表明权利要求1所述技术方案(ii)相对于对比文件1具有突出的实质性特点和显著的进步,因此权利要求1所述技术方案(ii)相对于对比文件1具备专利法第22条第3款规定的创造性。

从属权利要求2~8直接或间接对权利要求1进行限定,因而,当权利要求1相对于对比文件1具有创造性时,权利要求2~8相对于对比文件1也具备专利法第22条第3款规定的创造性。

权利要求9要求保护提高和/或稳定易被微生物腐败制品的保藏性能的方法,该方法包括将权利要求1~8中任一项的混合物加入到易被微生物腐败的制品中。与对比文件1公开的方法(参见该对比文件1说明书第5页第19~27行)相比,权利要求9的区别在于使用了权利要求1~8中任一项的混合物(即添加剂)。由于前面的论证已表明这些混合物相对于对比文件1所述的添加剂具备创造性,因此使用这些混合物的权利要求9的方法相对于对比文件1所述的方法也具备专利法第22条第3款规定的创造性。

从属权利要求 10~14 直接或间接对权利要求 9 进行限定，因而，当权利要求 9 相对于对比文件 1 具有创造性时，权利要求 10~14 相对于对比文件 1 也具备专利法第 22 条第 3 款规定的创造性。

权利要求 15 要求保护权利要求 1 至 8 中任一项所述添加剂的用途为用于提高和/或稳定易被微生物腐败制品，尤其是食品和化妆品的保藏性能，依据与评述权利要求 9 相同的道理，由于前面的论证已表明这些添加剂相对于对比文件 1 所述的添加剂具备创造性，因此权利要求 15 所述的这些添加剂的用途相对于对比文件 1 也具备专利法第 22 条第 3 款规定的创造性。

综上所述，鉴于请求人提供的证据足以表明权利要求 1~15 相对于对比文件 1 产生了预料不到的技术效果，因而合议组认为，权利要求 1~15 相对于对比文件 1 符合专利法第 22 条第 3 款有关创造性的规定。

基于上述理由，合议组作出如下决定。

三、决定

撤销国家知识产权局于 2004 年 5 月 28 日对第 98807616.0 号发明专利申请作出的驳回决定。原审查部门在请求人于 2006 年 5 月 22 日提交的权利要求第 1~15 项，2000 年 1 月 26 日进入中国国家阶段时提交的国际申请文件中文译文的说明书第 1~27 页和说明书摘要的基础上继续审查程序。

复审请求人对本决定不服的，可以根据专利法第 41 条第 2 款的规定，自收到本决定之日起三个月内向北京市第一中级人民法院起诉。

通过 P-选择素配体（PSGL）拮抗剂抑制细胞毒 T 细胞的分化

复审请求审查决定（第 11797 号）

决 定 号	第 11797 号
决 定 日	2007 年 10 月 24 日
发明创造名称	通过 P-选择素配体（PSGL）拮抗剂抑制细胞毒 T 细胞的分化
国际分类号	A61K38/16，A61K38/17
复审请求人	遗传研究所公司，CBR 实验室有限公司
申 请 号	99815217.X
优 先 权 日	1998 年 10 月 30 日
申 请 日	1999 年 10 月 29 日
公 开 日	2002 年 3 月 27 日
合议组组长	郭 婷
主 审 员	刘 锋
参 审 员	魏春宝
法 律 依 据	专利法实施细则第 20 条第 1 款，专利法第 22 条第 3 款，专利法第 26 条第 3 款、第 4 款

决定要点

除对驳回决定和前置审查意见中主张的公知常识补充相应的技术词典、技术手册、教科书等所属技术领域中的公知常识性证据外，原审查部门在前置审查意见中不得补充证据。

除认为审查文本中存在驳回决定未指出，但足以用已告知过申请人的事实、理由和证据予以驳回的缺陷的；或者认为驳回决定指出的缺陷仍然存在的，如果发现审查文本中还存在其他明显实质性缺陷或者与驳回决定所指出缺陷性质相同的缺陷，可以一并指出以外，原审查部门在前置审查意见中不得补充驳回理由。

一、案由

本复审请求涉及发明名称为"通过 P-选择素配体（PSGL）拮抗剂抑制细胞毒 T 细胞的分化"的第 99815217.X 号发明专利申请（下称本申请），优先权日为 1998 年 10 月 30 日，申请日为 1999 年 10 月 29 日，公开日为 2002 年 3 月 27 日，申请人为遗传研究所有限公司、CBR 实验室有限公司，并于 2002 年 9 月 12 日变更为遗传研究所公司、CBR 实验室有限公司（下称请求人）。

2004 年 8 月 27 日，国家知识产权局以权利要求 1 不清楚，不符合专利法实施细则第 20 条第 1 款的规定以及权利要求 8～25 相对于对比文件 1（US5827817A，公开日为 1998 年 10 月 27 日）不具有专利法第22条第3款规定的创造性为由驳回了本申请，驳回决定所针对的专利申请文件是：申请人于2004年6月15日提交的权利要求第1~25项，2003年12月10日提交的说明书第2页，2001年6月28日进入中国国家阶段时提交的国际申请文件中文译文的说明书第1、3~25页，说明书附图第1~17页和说明书摘要。其中，权利要求书的具体内容如下：

"1. PSGL拮抗剂在制备用于抑制哺乳动物受试者的激活的T-细胞分化为细胞毒淋巴细胞的药物中的用途。

2. 权利要求1的用途，其中所述PSGL拮抗剂选自可溶形式的PSGL，抗PSGL抗体，抗sLex抗体，抗硫酸化酪氨酸抗体，sLex，抑制sLex结合的模拟物和小分子的PSGL结合抑制剂。

3. 权利要求2的用途，其中所述PSGL拮抗剂是可溶形式的PSGL。

4. 权利要求2的用途，其中所述PSGL拮抗剂是抗PSGL抗体。

5. 权利要求3的用途，其中所述可溶形式的PSGL含有PSGL成熟氨基酸序列前19个氨基酸。

6. 权利要求5的用途，其中所述可溶形式的PSGL含有PSGL成熟氨基酸序列前47个氨基酸。

7. 权利要求6的用途，其中所述47个氨基酸与免疫球蛋白链的Fc部分融合。

8. PSGL拮抗剂在制备用于治疗或缓解自身免疫病的药物中的用途，在所述治疗或缓解中，激活的T-细胞分化为细胞毒淋巴细胞受到抑制。

9. 权利要求8的用途，其中所述PSGL拮抗剂选自可溶形式的PSGL，抗PSGL抗体，抗sLex抗体，抗硫酸化酪氨酸抗体，sLex，抑制sLex结合的模拟物和小分子的PSGL结合抑制剂。

10. 权利要求9的用途，其中所述PSGL拮抗剂是可溶形式的PSGL。

11. 权利要求9的用途，其中所述PSGL拮抗剂是抗PSGL抗体。

12. 权利要求10的用途，其中所述可溶形式的PSGL含有PSGL成熟氨基酸序列前19个氨基酸。

13. 权利要求12的用途，其中所述可溶形式的PSGL含有PSGL成熟氨基酸序列前47个氨基酸。

14. 权利要求13的用途，其中所述47个氨基酸与免疫球蛋白链的Fc部分融合。

15. PSGL拮抗剂在制备用于治疗或缓解变应性反应的药物中的用途，在所述治疗或缓解中，激活的T-细胞分化为细胞毒淋巴细胞受到抑制。

16. 权利要求15的用途，其中所述PSGL拮抗剂选自可溶形式的PSGL，抗PSGL抗体，抗sLex抗体，抗硫酸化酪氨酸抗体，sLex，抑制sLex结合的模拟物和小分子的PSGL结合抑制剂。

17. 权利要求16的用途，其中所述PSGL拮抗剂是可溶形式的PSGL。

18. 权利要求16的用途，其中所述PSGL拮抗剂是抗PSGL抗体。

19. 权利要求17的用途，其中所述可溶形式的PSGL含有PSGL成熟氨基酸序列前19个氨基酸。

20. 权利要求19的用途，其中所述可溶形式的PSGL含有PSGL成熟氨基酸序列前47个氨基酸。

21. 权利要求20的用途，其中所述47个氨基酸与免疫球蛋白链的Fc部分融合。

22. PSGL拮抗剂在制备用于治疗或缓解哮喘的药物中的用途，在所述治疗或缓解中，激活的T-细胞分化为细胞毒淋巴细胞受到抑制。

23. 权利要求22的用途，其中所述PSGL拮抗剂选自可溶形式的PSGL，抗PSGL抗体，抗sLex抗体，抗硫酸化酪氨酸抗体，sLex，抑制sLex结合的模拟物和小分子的PSGL结合抑制剂。

24. 权利要求23的用途，其中所述PSGL拮抗剂是可溶形式的PSGL。

25. 权利要求23的用途，其中所述PSGL拮抗剂是抗PSGL抗体。"

驳回决定认为：（1）权利要求1中的"在制备用于抑制哺乳动物受试者的激活的T-细胞分化为细胞毒淋巴细胞的药物中的用途"并不是"治疗某种疾病"的药物用途，而是一个抽象的药物治疗机理，不清楚其包括哪些适应症，能够治疗哪些疾病，因此权利要求1不清楚，不符合专利法实施细则第20条第1款的规定；（2）虽然对比文件1公开的PSGL及抗PSGL抗体（属于PSGL拮抗剂的下位概念）用于治疗与选择素介导的细胞粘附有关的疾病与本申请权利要求8、15、22不依赖于P-选择素的PSGL拮抗剂用于抑制激活的T-细胞分化为细胞毒淋巴细胞的作用机理不同，但是它们的药物用途是一样的；并且从属权利要求9~14、16~21、23~25的附加技术特征在对比文件1中也已经公开或者没有证据表明进一步选择的特征相对于对比文件1具有意想不到的效果，因而权利要求8~25相对于对比文件1不具有突出的实质性特点和显著的进步，不符合专利法第22条第3款有关创造性的规定。

请求人对上述驳回决定不服，于2004年12月7日向专利复审委员会提出复审请求。请求人在提出复审请求的同时提交了修改的权利要求书全文替换页，修改后的权利要求书具体内容如下：

"1. 抑制sLex结合的模拟物在制备用于治疗或缓解自身免疫病的药物中的用途，在所述治疗或缓解中，激活的T-细胞分化为细胞毒淋巴细胞受到抑制。

2. 抑制sLex结合的模拟物在制备用于治疗或缓解变应性反应的药物中的用途，在所述治疗或缓解中，激活的T-细胞分化为细胞毒淋巴细胞受到抑制。

3. 抑制sLex结合的模拟物在制备用于治疗或缓解哮喘的药物中的用途，在所述治疗或缓解中，激活的T-细胞分化为细胞毒淋巴细胞受到抑制。

4. 权利要求1~3的任意一项的用途，其中所述模拟物包括糖类部分。

5. 权利要求1~3的任意一项的用途，其中所述模拟物包括肽部分。

6. 权利要求1~3的任意一项的用途，其中所述模拟物与结合于sLex的决定簇结合。"

请求人认为：修改后的权利要求1~3（对应于驳回针对文本中的权利要求8、15、22）限定了具体的PSGL拮抗剂，并增加了相应的从属权利要求。修改后的权利要求是清楚的。修改后的权利要求1~3限定了具体的PSGL拮抗剂，对比文件1中没有提到这种拮抗剂，因而修改后的权利要求1~6相对于对比文件1具有创造性。

经形式审查合格后，专利复审委员会受理了该复审请求，并于2004年12月28日向请求人发出《复审请求受理通知书》，同时，将本申请案卷转送至原审查部门进行前置审查。

2005年3月16日，专利局原审查部门对该复审请求做了前置审查，并于前置审查意见书中指出：（1）修改后的权利要求的表述是清楚的；（2）本申请修改后的权利要求相对于对比文件1具有新颖性和创造性，但是相对于对比文件3（US5614615A）不具有创造性，不符合专利法第22条第3款的规定，为了节约程序以及节省申请人的费用，故坚持驳回决定；（3）本申请请求保护的"抑制sLex结合的模拟物"的药物用途的技术方案没有在本申请说明书中充分公开或者说将得不到说明书的支持。因此，审查员坚持原驳回决定。

专利复审委员会组成合议组，对本复审请求案进行了审理。

经审查，合议组认为本案事实清楚，可以作出复审决定。

二、决定的理由

1. 针对的文本

请求人于2004年12月7日提交的权利要求第1~6项的修改符合专利法第33条和专利法实施细则第60条第1款的规定。因此，本复审决定针对的文本是：请求人于2004年12月7日提交的权利要求第1~6项，2003年12月10日提交的说明书第2页，2001年6月28日进入中国国家阶段时提交的国际申请文件中文译文的说明书第1、3~25页，说明书附图第1~17页以及说明书摘要。

2. 关于专利法实施细则第20条第1款

修改后的权利要求书中删除了驳回决定所针对的权利要求书中原审查部门认为不清楚的权利要求1及其从属权利要求2~7，因而驳回决定所认定的权利要求1不符合专利法实施细则第20条第1款规定的缺陷已经消除。

3. 关于专利法第 22 条第 3 款

除对驳回决定和前置审查意见中主张的公知常识补充相应的技术词典、技术手册、教科书等所属技术领域中的公知常识性证据外，原审查部门在前置审查意见中不得补充证据。

修改后的权利要求 1~6 分别要求保护抑制 sLex 结合的模拟物在制备用于治疗或缓解自身免疫病/变应性反应/哮喘的药物中的用途，在所述治疗或缓解中，激活的 T-细胞分化为细胞毒淋巴细胞受到抑制。对比文件 1 公开了一种 P-选择素配体蛋白（PSGL）及抗 PSGL 抗体，它能够抑制选择素介导的细胞粘附，用于治疗选择素介导的细胞粘附有关的疾病，包括自身免疫疾病，变应性反应，哮喘等，也公开了一种可溶形式的 PSGL，是将 PSGL 蛋白细胞外片段与免疫球蛋白 IgG1 的 Fc 部分进行融合而得到的融合蛋白（说明书第 15 栏第 26~55 行及实施例 5，第 17 栏第 65 行至第 18 栏第 23 行及实施例 7），对比文件 1 中未公开抑制 sLex 结合的模拟物。

权利要求 1~6 在修改时将原先的"PSGL 拮抗剂"限定为"抑制 sLex 结合的模拟物"，即修改后的权利要求 1~6 中删除了原审查部门在驳回决定中所评述的与对比文件 1 公开的技术方案（可溶形式的 PSGL、抗 PSGL 抗体）相对应的技术方案，而且原审查部门在前置审查意见中也指出修改后的权利要求相对于对比文件 1 是具备创造性的，鉴于此，合议组对于权利要求 1~6 相对于对比文件 1 是否具备专利法第 22 条第 3 款规定的创造性不再予以评述。

此外，原审查部门在进行前置审查时，为了节约程序，依据对比文件 3（US5614615A）认为权利要求 1~6 不具有创造性，而其在驳回决定以及之前的审查意见通知书中未曾依据对比文件 3 对本发明提出过审查意见，请求人也未对此进行过相应的意见陈述，且原审查部门所依据的对比文件 3 不属于本领域技术人员为了佐证公知常识而采用的证据。因而，合议组对于依据对比文件 3 是否能够得出权利要求 1~6 不具有创造性的结论不予评述。

4. 关于专利法第 26 条第 3、4 款

除认为审查文本中存在驳回决定未指出，但足以用已告知过申请人的事实、理由和证据予以驳回的缺陷的；或者认为驳回决定指出的缺陷仍然存在的，如果发现审查文本中还存在其他明显实质性缺陷或者与驳回决定所指出缺陷性质相同的缺陷，可以一并指出以外，原审查部门在前置审查意见中不得补充驳回理由。

原审查部门在前置审查意见书中指出权利要求在修改后要求保护"抑制 sLex 结合的模拟物"的药物用途，这将会导致另一个无法克服的缺陷，即本申请将会公开不充分或者说将会得不到说明书的支持，但是由于原审查部门在其驳回决定以及之前的审查意见通知书中未对说明书是否充分公开以及修改后的技术方案能否得到说明书的支持提出过审查意见，请求人也未对此进行过相应的意见陈述，其也不属于明显实质性缺陷或与驳回决定所指出缺陷性质相同的缺陷。因而合议组对本申请是否符合专利法第 26 条第 3、4 款的规定不予评述。

基于上述理由，合议组作出如下决定。

三、决定

撤销国家知识产权局于 2004 年 8 月 27 日对第 99815217.X 号发明专利申请作出的驳回决定。由国家知识产权局原审查部门以 2003 年 12 月 10 日提交的说明书第 2 页，2001 年 6 月 28 日进入中国国家阶段时提交的国际申请文件中文译文的说明书第 1、3~25 页，说明书附图第 1~17 页和说明书摘要，以及请求人于 2004 年 12 月 7 日提交的权利要求第 1~6 项为基础继续审批程序。

复审请求人对本决定不服的，可以根据专利法第 41 条第 2 款的规定，自收到本决定之日起三个月内向北京市第一中级人民法院起诉。

辅助治疗癌症的中药及其配制方法

复审请求审查决定（第 11801 号）

决 定 号	第 11801 号
决 定 日	2007 年 9 月 11 日
发明创造名称	辅助治疗癌症的中药及其配制方法
国际分类号	A61K 35/78，A61 P35/00
复审请求人	史常永
申 请 号	02158884.8
申 请 日	2002 年 12 月 30 日
公 开 日	2003 年 10 月 8 日
合议组组长	程 强
主 审 员	隋 璐
参 审 员	卢 阳

法律依据 专利法第 26 条第 3 款

决定要点

如果说明书中给出了具体的技术方案，但未提供实验证据，而该方案又必须依赖实验结果加以证实才能成立，则该方案由于缺乏解决技术问题的技术手段而被认为无法实现，说明书不符合专利法第 26 条第 3 款的规定。

一、案由

本复审请求涉及申请人史常永于 2002 年 12 月 30 日申请，2003 年 10 月 8 日公开，发明名称为"辅助治疗癌症的中药及其配制方法"的第 02158884.8 号发明专利申请（下称本申请）。

2003 年 3 月 11 日，申请人提交了临床试验报告、临床设计方案及药理、毒理研究结论报告。

国家知识产权局于 2004 年 8 月 20 日发出第一次审查意见通知书，指出：本申请的说明书公开不充分，不符合专利法第 26 条第 3 款的规定。具体理由是说明书没有给出任何试验数据或者资料来证明根据所述方法所制备的药物确实具有疗效，也没有给出任何有关该药物中各药材组分的功效、所起作用、各药物间所产生的协同作用的说明，因此，根据说明书现有记载本领域普通技术人员无法预期根据所述方法所制备的药物确实能够具有所述的治疗癌症治疗过程中所引起的呕吐的功效。

针对上述通知书，申请人于 2004 年 9 月 10 日提交了意见陈述书，其认为在说明书中已经指出所制备的药物确实具有疗效，以及该药物中各药材组分的功效、所起作用、各药物间所产生的协同作用的说明："本发明是针对现代医学的治疗手段而科学地筛选药物，与其他西药进行辅助治疗肿瘤术后呕吐患者的药物相比，在对因化疗引起的呕吐症状的止呕总缓解率为93.33%，对于由此而产生的中医症候总有效率为90%"。

国家知识产权局于2004年12月10日以本申请不符合专利法第26条第3款规定为由驳回本申请。驳回决定所针对的文本是申请人于申请日提交的原始申请文本。其中权利要求为：

"1. 辅助治疗癌症的中药及其配制方法，其特征在于它是由下述组份（按重量比）组成：黄芪：麦冬：红参：白术：茯苓：甘草：玄参：乌梅：莪术：当归：广藿香：陈皮：法半夏＝7.5：3：2.25：2.25：2.25：2.25：2.25：2.25：3：2.25：2.25：2.25：3；

本发明的制备方法是：

（1）按上述比例取红参、麦冬、黄芪、甘草，于20%乙醇中回流提取1小时，乙醇提取液备用；将乙醇提取后的药渣加水煎煮1小时，再滤过，滤液浓缩至相对密度1.03～1.06（60℃）的清膏，加入乙醇使含醇量达30%，再冷藏24～48小时之后滤过，滤液与乙醇提取液合并，回收乙醇，减压干燥至干，将其粉碎成细粉（Ⅰ）备用；

（2）按上述比例取白术、当归、广藿香、陈皮、莪术，提取挥发油，蒸馏后的水溶液另器保存；药渣与茯苓、乌梅、法半夏、玄参四味混合，加水煎煮二次，第一次1.5小时，第二次1小时，煎液与蒸馏后水溶液（1：0.5）混合，再滤过，滤液浓缩至相对密度1.05～1.10（60℃）的清膏，加入乙醇使醇含量达30%，冷藏24～48小时，滤过，滤液回收乙醇，减压干燥至干，将其粉碎成细粉（Ⅱ）备用；取挥发油，加入β-环糊精饱和水溶液（1：10），取适量进行搅拌，将其冰箱放置24小时后再过滤，其残渣于40℃烘干，研成细粉（Ⅲ），再与水提取细粉（Ⅱ）及乙醇提取细粉（Ⅰ）混合，加入糊精适量量，使成100g，搅匀，加适量80%乙醇制粒，干燥，即得。"

驳回决定的理由是：说明书虽然记载了本发明药物"在对因化疗引起的呕吐症状的止呕总缓解率为93.33%，对于由此而产生的中药证候总有效率为90%"，但却没有提供任何相关的实验资料、实验结果、实验结果统计分析来说明并支撑上述结论。因此，本申请属于由于缺少可信、完整、充分的实验数据而导致本申请说明书公开不充分的情况，本申请不符合专利法第26条第3款的规定。

申请人史常永（下称复审请求人）对上述驳回决定不服，于2005年3月24日向专利复审委员会提出了复审请求，同时提交了专利号分别为98102285.5、94107321.1的两篇专利文献的授权公告文本及本发明产品"呕可宁颗粒"的包装盒复印件。复审请求人认为，专利号分别为98102285.5、94197321.1的两篇专利文献已公开了本发明中的部分药物组分对癌症具有治疗及辅助治疗的作用，这说明本申请说明书中记载的部分内容已是本领域中的普通技术人员所公知的。

经形式审查合格后，专利复审委员会于2005年6月1日受理了该复审请求，并于2005年6月1日向复审请求人发出复审请求受理通知书，同时将本申请送至原实质审查部门进行前置审查。

原审查部门在前置审查意见书中认为，复审请求人提交的两篇专利文献中的药物各由几十种中药原料制成，只是分别与本申请的药物原料配方有极少数几种药材交叉，难以推导出本申请的药物具有所述功效；复审请求人仅仅提供了产品"呕可宁颗粒"的包装盒复印件，而且也没有证据表明所述包装盒所包装的药物是与本申请请求保护的相同药物，也没有表明公开日期，因此无法证明本申请已经充分公开。故原审查部门坚持原驳回决定。

专利复审委员会成立合议组对本案进行审理，并于2007年6月6日向复审请求人发出复审通知书。通知书指出：本申请技术方案属于必须依赖实验结果加以证实才能成立的情形。本领域技术人员无法预见到本申请的药物能达到本申请说明书所述的效果，该效果必须通过该药物的实验结果加以证实。由于说明书中没有记载证明本申请所述中药药用效果的可信实验数据，本领域技术人员无法确认本申请技术方案是否成立，从而导致本申请说明书公开不充分，不符合专利法第26条第3款的规定。

2007年7月20日，复审请求人针对上述复审通知书进行了意见陈述，并提交了《中药大辞典》上册第775~779页及版权页的复印件，但未对申请文件进行修改。请求人认为：本发明已在说明书中给出所制备的药物所具有的功效、所起作用、各药物间所产生的协同作用的说明"本发明是针对现代医学的治疗手段而科学地筛选药物，与其他西药进行辅助治疗肿瘤术后呕吐患者的药物相比，在对因化疗引起的呕吐症状的止呕总缓解率为93.33％，对于由此而产生的中医证候总有效率为90％"。《中药大辞典》中有关于半夏止呕吐的作用和功效的记载，而法半夏是半夏的炮制加工品，其具备止呕吐的功能。因此，本发明中没有必要将实验数据重复提供阐述。

经过上述程序，合议组认为本案事实已经清楚，可以依法作出审查决定。

二、决定的理由

1. 审查文本

本复审决定所针对的文本为复审请求人于申请日提交的说明书第1~4页、权利要求第1项、说明书摘要页、说明书附图第1页、说明书摘要附图。

2. 关于专利法第26条第3款

专利法第26条第3款规定：说明书应当对发明或者实用新型作出清楚、完整的说明，以所属技术领域的技术人员能够实现为准。

如果说明书中给出了具体的技术方案，但未提供实验证据，而该方案又必须依赖实验结果加以证实才能成立，则该方案由于缺乏解决技术问题的技术手段而被认为无法实现，说明书不符合专利法第26条第3款的规定。

合议组认为：本发明申请属于中药领域，要求保护一种辅助治疗癌症的中药及其配制方法，虽然权利要求1中的中药原料都是现有技术已知的，但所属领域技术人员根据本申请说明书中记载的技术内容并结合其现有技术知识，无法预知权利要求1所述的中药组合物能够产生辅助治疗癌症产生呕吐的技术效果，因而，本申请技术方案属于必须依赖实验结果加以证实方能成立的情况。但是申请人在说明书中没有提供关于本申请药物疗效的可信的举证资料，致使本领域技术人员无法确信本发明所述药物组合具有辅助治疗癌症产生呕吐的技术效果，因此本申请不符合专利法第26条第3款的规定。

请求人在申请日后提交了临床实验数据及相关资料，但这些内容并没有记载在原始专利申请的说明书中。合议组认为：判断说明书是否充分公开，是以原说明书和权利要求书记载的内容为准，上述临床实验数据不属于原说明书和权利要求书的一部分，也不属于本申请申请日以前公开的现有技术，因此不能弥补说明书中公开不充分的缺陷。

请求人认为：（1）说明书已经给出了所制备的药物所具有的疗效，以及有关该药物中各药材组分的功效、所起作用、各药物间所产生的协同作用的说明，如说明书中明确记载"在对因化疗引起的呕吐症状的止呕总缓解率为93.33％，对由此而产生的中医证候总有效率为90％，因为对肿瘤患者治疗后所产生的呕吐等反应，有着极其重要的意义，适合推广应用"，因此没有必要将实验数据重复提供阐述。对此，合议组认为说明书中的上述记载仅仅是一种结论性陈述，没有提供得出这种疗效结论所采用的诊断标准、纳入和排除标准、治疗方案设计、疗效标准和统计学方法等内容，因而说明书中仅记载疗效的结论不足以证实本申请所述药物的疗效，不能使本领域技术人员确信上述效果。（2）法半夏在医书中有记载止呕吐的显著疗效和作用，因此没有必要将实验数据重复提供阐述。对此，合议组认为：（1）《中药大辞典》中虽然记载了半夏具有止呕逆的作用，但也记载"亦有报告煎剂或乙醚提取物队阿朴吗啡及洋地黄酊引起的呕吐均无止吐作用"，鉴于《中药大辞典》中并未明确记载半夏可治疗癌症引起的呕吐，也没有其他证据表明现有技术中已知半夏可治疗癌症治疗引起的呕吐，因此，本领域技术人员根据说明书的记载和现有技术，无法预知由半夏制备的药物能够治疗癌症治疗所引起的呕吐；（2）中药复方组合物的医疗效果取决于原料药材之间的相互作用，本发明中法半夏只是十几种药物原料中的一种，本领域技术人员仅根据法半夏的性质也不足以预测本发明中由十几种药物制备获得中药的效果。

综上，合议组认为：本申请技术方案属于必须依赖实验结果加以证实才能成立的情形。本领域技术人员无法预见到本申请的中药能达到本申请说明书所述的效果，该效果必须通过该药物的实验结果加以证实。由于说明书中没有记载证明本申请所述中药药用效果的可信实验数据，本领域技术人员无法确认本申请技术方案是否成立，从而导致本申请说明书公开不充分，不符合专利法第26条第3款的规定。

基于上述事实和理由，合议组作出如下决定。

三、决定

维持国家知识产权局于2004年12月10日对02158884.8号发明专利申请作出的驳回决定。

复审请求人对本决定不服的，可以根据专利法第41条第2款的规定，自收到本决定之日起三个月内向北京市第一中级人民法院起诉。

018

以酰胺键连接的聚乙二醇-干扰素及其制法和用途

复审请求审查决定（第11803号）

决 定 号	第11803号
决 定 日	2007年10月31日
发明创造名称	以酰胺键连接的聚乙二醇-干扰素及其制法和用途
国际分类号	C07K 14/555，C07K 17/08，C08G 65/00，A61K 38/21，A61K 47/48，A61P 31/12
复审请求人	中国药科大学
申 请 号	200310106402.1
申 请 日	2003年11月24日
公 开 日	2004年11月10日
合议组组长	郭 婷
主 审 员	欧阳石文
参 审 员	尹 昕
法 律 依 据	专利法第26条第3款

决 定 要 点

对于化学产品发明而言，在说明书中应当公开化学产品的确认、化学产品的制备以及化学产品的用途，其公开的程度以所属技术领域的技术人员能够实现为准。

一、案由

本复审请求涉及于2003年11月24日申请，2004年11月10日公开，名称为"以酰胺键连接的聚乙二醇-干扰素及其制法和用途"的第200310106402.1号发明专利申请（下称本申请），本申请的申请人为中国药科大学。

国家知识产权局于2005年3月18日发出《第一次审查意见通知书》，认为：本申请说明书中记载的技术方案无法实现，说明书不符合专利法第26条第3款的规定，其理由是：由于蛋白质（包括干扰素）有多个氨基，在聚乙二醇修饰蛋白质时不可能只在一个氨基上连有聚乙二醇（PEG），故本领域技术人员无法获得说明书第4页所示的结构式的聚乙二醇-干扰素。

申请人于2005年7月11日提交了意见陈述书，没有修改申请文件。申请人在意见陈述中认为：本申请提供的结构式是一种混合物的结构通式，如说明书第3页倒数第10行至倒数第7行的表述，可通过控制试剂比例和反应条件主要得到单PEG化的产物，再通过色谱分离，可以得到纯的单PEG化的产物，其实验也证明可以得到以酰胺键连接的单PEG修饰的干扰素。

国家知识产权局于 2005 年 8 月 26 日以本申请不符合专利法第 26 条第 3 款的规定为由驳回了本申请，坚持了在《第一次审查意见通知书》中提出的理由，并认为获得单 PEG 化的复合物的试剂比例和反应条件均没有在说明书具体实施方式中得到体现，在说明书中也没有相应产物为单 PEG 化的产物的证明实验。因此，本申请的说明书依然不满足前述的充分公开要求，本申请的技术方案也仍旧不能被认为是可以实现的。

驳回决定所针对的权利要求书如下：

"1. 一种以酰胺键连接的聚乙二醇-干扰素，其特征是：它是分子量为 5000~30000 的聚乙二醇以酰胺键修饰的干扰素，具有如下结构式：

$$\left[mPEG-CH_2CH_2CH_2-\overset{O}{\underset{\|}{C}}- \right] NH-interferon$$

式中，mPEG 为聚乙二醇链，interferon 为干扰素。

2. 根据权利要求 1 所述的聚乙二醇-干扰素，其特征是：干扰素是干扰素 α1b、干扰素 α2a、干扰素 α2b 或集成干扰素。

3. 一种权利要求 1 所述的聚乙二醇-干扰素的制法，其特征是它由下列步骤组成：

步骤 1. 将干扰素以 5mM pH3.0~5.0 的醋酸钠缓冲液溶解，配制成浓度为 1~10mg/ml 的溶液，

步骤 2. 按干扰素：PEG 为 1:0.5~10 的物质的量之比加入 mPEG-SBA，以氢氧化钠溶液调节 pH 到 7.0~9.0，在 0~25℃条件下反应 0.5~4 小时，mPEG-SBA 有如下结构：

$$mPEA-CH_2CH_2CH_2-\overset{O}{\underset{\|}{C}}-O-N\overset{O}{\underset{O}{}}$$

式中 mPEG 为聚乙二醇链，

步骤 3. 加入 1M 甘氨酸终止反应，

步骤 4. 待 3~5 分钟后，加入 10 倍体积的 50mM pH4.5 的醋酸钠缓冲液，将反应混合物上羧甲基纤维素柱（Waterman CM-52,），以 5 倍体积的 pH4.5 的醋酸钠缓冲液洗涤柱子后，PEG-干扰素和未结合 PEG 的干扰素分别用含 0.2M 氯化钠和 0.4M 氯化钠的醋酸钠缓冲液洗脱，收集含 PEG-干扰素的洗脱液，

步骤 5. 以 Sephacryl S-200 分子排阻色谱对 PEG-干扰素进一步纯化，洗脱液为 pH=7.0 的磷酸缓冲液（含 0.15MNaCl），收集含 PEG-干扰素的洗脱液。

4. 权利要求 1 所述的以酰胺键连接的聚乙二醇-干扰素在制备抗病毒药物中的应用。"

申请人中国药科大学（以下称请求人）对上述驳回决定不服，于 2005 年 11 月 29 日向专利复审委员会提出复审请求，没有提交修改文本。请求人认为，本申请的说明书中提供了完整的实施方案，包括交联反应和两步纯化步聚，由此可得到只连接一条 PEG 链的干扰素（IFN），实施例 4 的电泳结果中的 A 条带即为带一条 PEG 链的 IFN 的电泳条带，因此，表明本申请的技术方案是可以实施的。而且，虽然理论上 IFN 分子具有 11 个潜在结合位点，但由于 PEG 大分子具有很大的空间位阻，与蛋白质结合后会阻止下一个 PEG 分子的进一步结合，而且 PEG 是亲水性长链，和蛋白质结合后会阻挡蛋白质表面带电荷的氨基酸残基和离子交换树脂的结合，而且连接不同数目的 PEG 分子使得结合后的分子量差异较大，因此可以通过阳离子交换柱和分子筛色谱来分离开连接一个 PEG 分子和多个 PEG 分子的干扰素。因此，国家知识产权局驳回的理由不成立。

形式审查合格后，专利复审委员会受理了该复审请求，并于 2006 年 1 月 19 日向请求人发出《复审请求受理通知书》，随后将本申请案卷移交原审查部门进行前置审查。

原审查部门对本复审请求进行了前置审查，认为：（1）发明内容和具体实施方式中描述的"试剂比例和反应条件"并不是针对获得单 PEG 化产物的，而且实验结果中也没有确切的提到"得到单 PEG 化的产物"；（2）请求人在复审理由中提出"实施例 4 的电泳结果中的 A 条带即为带一条 PEG 链的 IFN 的电泳条带"，但在附图说明和具体实施例的描述中都没有上述内容的体现，本领域技术人员不能够根据原始的申请材料推导出上述结论，因而不能够予以接受。因此，坚持原驳回决定。

专利复审委员会组成合议组，对本复审请求案进行了审理。

至此，合议组认为本案事实已经清楚，可以作出审查决定。

二、决定的理由

1. 决定针对的文本

本复审请求审查决定所针对的文本为驳回决定所针对的文本。

2. 关于专利法第 26 条第 3 款

专利法第 26 条第 3 款规定，说明书应当对发明或者实用新型作出清楚、完整的说明，以所属技术领域的技术人员能够实现为准。

根据该款规定，对于化学产品发明而言，在说明书中应当公开化学产品的确认、化学产品的制备以及化学产品的用途，其公开的程度以所属技术领域的技术人员能够实现为准。

本申请权利要求 1~4 请求保护一种以酰胺键连接的聚乙二醇-干扰素及其制备方法和用途，由给出的结构式可知，所述的聚乙二醇-干扰素由单一干扰素分子与单一聚乙二醇构成（下称单 PEG 化的干扰素），系位点异构物的混合物。

本申请说明书发明内容部分指出，尽管干扰素有多个自由氨基，但可以通过控制试剂比例和反应条件主要得到单 PEG 化的产物，由于在交联步聚得到的反应混合物中不同的产物具有不同的分子量及等电点，这些产物可用传统的分离方法如色谱法进行分离（参见说明书第 3 页倒数第 2 段）。在具体实施方式部分，提供了 PEG 分子量为 5000、10000、20000、30000 的 PEG 修饰干扰素的实施例（分别对应于实施例 1、2、3 和 4），包括两个大的步骤，即交联反应和纯化步骤。实施例 5 对上述实施例获得的产物进行 SDS-PAGE 电泳进行了检测，其实验结果如图 1 所示，从图中可以看到每一个实施例得到的 PEG-干扰素的电泳条带均是单一的。此外，实施例 6 还对实施例 1-4 所得到的产物分别进行了抗病毒活性和药代动力学试验（参见说明书的表 1 和表 2），反映了这些产物的生物活性和药理性质。

原审查部门与请求人的争议焦点在于：根据说明书中公开的制备方法是否能制备出单 PEG 化的干扰素，以及根据图 1 的电泳实验结果能否确认已得到了单 PEG 化的干扰素。

对此，合议组认为：说明书发明内容部分提到通过控制试剂比例和反应条件可得到主要是单 PEG-干扰素的产物，由于结合不同数目 PEG 的干扰素有不同的分子量和等电点，因此，该产物可用传统的分离方法进行分离。实施例 1-4 也公开了制备多种单 PEG-干扰素采用的具体的试剂比例和反应条件，以及产物的纯化、鉴定方法。

本领域技术人员已知，虽然干扰素具有多个自由氨基，理论上每一个自由氨基都可能结合 PEG，但是 PEG 属于大分子，具有一定的空间位阻，在第一个 PEG 分子结合到干扰素上后，结合第二个、第三个 PEG 分子的难度会增加，因此，在控制试剂比例和反应条件后，完全可以使获得的产物以单 PEG 化的干扰素为主。由此可知，通过说明书尤其是实施例 1-4 公开的具体试剂比例和反应条件的详细的交联反应步骤，所得到的产物应当是以单 PEG 化的干扰素为主的产物。虽然产物中还含有结合多于一个 PEG 的干扰素，但由于 PEG 的分子量比较大，结合不同数目的 PEG 分子的 PEG-干扰素的分子量差异也比较大，可以容易地通过色谱法来进行分离，在采用的 PEG 以及干扰素分子量已知的情况下，本领域技术人员根据说明书尤其是实施例1-4的记载，采用羧甲基纤维素柱和S-200分子排阻色谱进行两步纯化能够获得单PEG化的干扰素的产物。而且，在实施例1-4所得到的PEG-干扰素的电泳结果的图1中，显示的电泳条带是单一的，这表明最终得到的PEG-干扰素的分子量是一致的，也就是说干扰素上结合的PEG分子数目是相同的，虽然在图1中没有注明标准分子量蛋白的分子量，但泳道E中IFNα2b的分子量是本领域技术人员公知的，约为19000道尔顿，泳道A、B、C和D中各PEG化干扰素产物所采用的干扰素IFNα2a、IFNcon、IFNα1b、IFNα2b的分子量相仿，所采用的PEG的分子量也是已知的，分别为30000、20000、10000、5000道尔顿，因此纵观各条带电泳距离的差别（反映分子量差异），结合上面的分析，本领域技术人员可以判断电泳样品为单PEG化的干扰素。此外，说明书的实施例6还记载了对由实施例1~4所得到的产物进行抗病毒活性和药代动力学的实验，并在表1和表2中给出了具体的实验结果，本领域技术人员可以基于这些化学性质的鉴定结果来进一步确认所述产物。

基于上述分析，请求人在复审理由中提出的"根据这个方案最终是可以得到只连接一条PEG链的IFN的"这一观点与整个申请文件的记载是相符的，并不存在表明该观点不能成立的证据和有说服力的理由。本领域技术人员根据说明书的描述可以获得单PEG化的干扰素，说明书中也对所获得的产物进行了鉴定，并公开了对其进行确认的实验方法和数据。

综上所述，对于所要求保护的化学产品而言，本申请说明书中公开了该化学产品的确认、制备以及用途，其公开信息使得所属技术领域的技术人员能够实现本发明。可见，本申请说明书对发明作出了清楚、完整的说明，符合专利法第26条第3款的规定。

根据以上事实和理由，本案合议组作出如下审查决定。

三、决定

撤销国家知识产权局于2005年8月26日对200310106402.1号发明专利申请作出的驳回决定。由原审查部门在驳回决定所针对的文本的基础上继续进行审查。

复审请求人对本决定不服的，可以根据专利法第41条第2款的规定，自收到本决定之日起三个月内向北京市第一中级人民法院起诉。

制造插入突变的方法

复审请求审查决定（第11825号）

决 定 号	第11825号
决 定 日	2007年9月23日
发明创造名称	制造插入突变的方法
国际分类号	C12N 15/10，C12N 15/55，C12N 15/90，C12N 9/22
复审请求人	威斯康星校友研究基金会
申 请 号	99811265.8
优 先 权 日	1998年9月23日
申 请 日	1999年9月21日
公 开 日	2001年10月24日
合议组组长	叶　娟
主 审 员	唐　莉
参 审 员	吴通义

法 律 依 据　专利法第26条第3款

决 定 要 点

所属技术领域的技术人员能够实现，是指所属技术领域的技术人员按照说明书记载的内容，就能够实现该发明的技术方案，解决其技术问题，并且产生预期的技术效果。所属技术领域的技术人员应当知晓申请日或者优先权日之前发明所属技术领域所有的普通技术知识，能够获知该领域中所有的现有技术，并且具有应用该日期之前常规实验手段的能力，但不具有创造能力。

如果申请涉及的完成发明必须使用的生物材料是公众不能得到的，申请人应当按照专利法实施细则第25条的规定对该生物材料进行保藏。但是，如果该生物材料是公众可以得到的，或者如果申请中使用的生物材料不是完成发明所必须使用的生物材料，申请人可以不对该生物材料进行保藏。

一、案由

本复审请求涉及2001年10月24日公开、名称为"制造插入突变的方法"的第99811265.8号发明专利申请（下称本申请）。本申请的申请日为1999年9月21日，优先权日为1998年9月23日。本申请的申请人为威斯康星校友研究基金会。

国家知识产权局于2004年7月30日发出第一次审查意见通知书，其中指出：说明书中没有详细描述Tn5转座酶的修饰和具体突变的情况，没有公开Tn5转座酶的序列，没有具体公开突触复合物的形成过程，也没有提交说明书中用到的菌株MG1655的保藏和存活证明，因此说明书未对发明作出清楚、完整的说明，不符合专利法第 26 条第 3 款的规定。

申请人于 2004 年 12 月 14 日提交了意见陈述及经修改的权利要求书全文替换页（共 2 页 18 项），申请人认为：(1) 野生型的 Tn5 转座酶序列在本申请的申请日之前就已经被公开，可参见 GenBank 登录号 AAB60064，其在 1995 年之前就已经为公众所得，在 Ahmed，A 和 Podemski，L.，Gene 154：129-130，1995 的文献中描述了 Tn5 的反向序列，因此 Tn5 转座酶的序列是现有技术；(2) 权利要求书和说明书中具体描述了转座酶突变的位点和突变后的氨基酸残基，且在已知的核苷酸或者氨基酸序列上制造点突变的技术是分子生物学领域的常规技术，本领域技术人员可轻易地进行，此外，这些突变位点和突变形式以及突变效果在本说明书中引用的 PCT/US97/15941 中已经公开，它们是现有技术的一部分；(3) 说明书第 3 页第 13 行到第 4 页第 5 行以及第 7 页第 20~27 行中已公开了突触复合物的形成过程，即在不利于多核苷酸链转移的条件下组合复合物的两个组分，本领域技术人员可以理解，该突触复合物是由 Tn5 转座酶以及 Tn5 转座酶所需的反向多核苷酸序列构成的，在常规条件下，Tn5 本身即可与该反向序列结合，从而形成突触复合物；(4) 菌株 MG1655 是本领域一种已经确定的标准菌株，最早公开于 Guyer，M. 等，Cold Spring Harbor Symp. Quant. Biol.，45：135（1981）中，有 75 篇以上的专利提到该菌株，例如美国专利 5,049,493，该菌株可以从美国典型培养物保藏中心以 ATCC47076 购得，而且本发明并不基于该特定的大肠杆菌 MG1655 菌株，来将突触复合物引入造成插入突变，本领域技术人员可以使用各种对 Tn5 敏感的靶细胞，如本领域熟悉的和已知的各种菌株；基于上述各点，本领域技术人员能够结合现有技术和本说明书的描述，实施本发明。

国家知识产权局于 2005 年 4 月 15 日针对本申请进入中国国家阶段时申请人提交的原始国际申请中文译文说明书第 1~5、8 页，国际初审报告附件中文译文的说明书第 6、7、9、10 页，以及申请人于 2004 年 12 月 14 日提交的权利要求第 1~18 项驳回了本申请，理由是：(1) 虽然申请人认为 Tn5 转座酶的序列是现有技术，但是申请人并没有把与本发明相关的现有技术记载入说明书，也没有引用相关文献；(2) 虽然申请人认为转座酶具体突变的情况在说明书第 4~5 页有记载，突变位点和突变形式也已在说明书引用的 PCT/US97/15941 中已经公开，但审查员认为与本申请技术方案相关的许多部分都引用了 PCT/US97/15941 的内容，而审查指南第二部分第二章中明确规定，对于那些就满足专利法第 26 条第 3 款的要求而言必不可少的内容，不能采用引证其他文件或者本申请中其他段落的方式撰写，而应当将其具体内容写入说明书；(3) 对于突触复合物的形成过程，实施例中再次引用了 PCT/US97/15941 的内容，说明书公开不充分，本领域人员无法实现该发明；(4) 对于菌株 MG1655，说明书中没有关于该菌株的说明，要证明该菌株为现有技术必须提交相关的文献；因此本申请不符合专利法第 26 条第 3 款的规定。

驳回决定所针对的权利要求书为：

"1. 一种在靶细胞中细胞核酸的随机或准随机位置制造插入突变的方法，其特征在于，所述的方法包括以下步骤：

在靶细胞中引入突触复合物，所述的突触复合物包含 (a) Tn5 转座酶蛋白质和 (b) 多核苷酸，所述的多核苷酸包含一对核苷酸序列，所述核苷酸适合于与 Tn5 转座酶可操纵性相互作用，从而形成突触复合物，和这对核苷酸序列间的可转座的核苷酸序列。

2. 如权利要求 1 所述的方法，其特征在于，所述的方法还包括以下步骤：

在不利于多核苷酸链转移形成突触复合物的条件下，体外结合 Tn5 转座酶蛋白质和多核苷酸。

3. 如权利要求 2 所述的方法，其特征在于，所述的体外 Tn5 转座酶蛋白质和多核苷酸的结合是在含镁离子水平不足以支持多核苷酸链转移的反应中进行的。

4. 如权利要求 3 所述的方法，其特征在于，所述的反应缺少镁离子。

5. 如权利要求 1 所述的方法，其特征在于，相对于野生型 Tn5 转座酶所述的 Tn5 转座酶是一种修饰的突变 Tn5 转座酶，该突变转座酶包含：

在 54 位上的突变；和在 372 位上的突变，

与野生型 Tn5 转座酶相比，该突变转座酶对供体 DNA 的 Tn5 外末端重复序列具有更强的亲合力，且形成多聚体的能力较低。

6. 如权利要求 5 所述的方法，其特征在于，所述 54 位的突变是取代突变。

7. 如权利要求 6 所述的方法，其特征在于，所述的 54 位是赖氨酸。

8. 如权利要求 5 所述的方法，其特征在于，所述 372 位的突变是取代突变。

9. 如权利要求 8 所述的方法，其特征在于，所述的 372 位是脯氨酸。

10. 如权利要求 5 所述的方法，其特征在于，所述的 Tn5 转座酶还包括在 56 位的取代突变，所述的突变转座酶缺少抑制剂活性。

11. 如权利要求 10 所述的方法，其特征在于，所述的 56 位是丙氨酸。

12. 如权利要求 1 所述的方法，其特征在于，所述的适合于与 Tn5 转座酶可操纵性相互作用的核苷酸序列是一种 18 或 19 个碱基对的多核苷酸序列，其包含在 10 位的核苷酸 A、在 11 位的核苷酸 T 和在 12 位的核苷酸 A。

13. 如权利要求 12 所述的方法，其特征在于，所述的核苷酸序列为序列 5′-CTGTCTCTTATACACATCT-3′。

14. 如权利要求 12 所述的方法，其特征在于，所述的核苷酸序列为序列 5′-CTGTCTCTTATACAGATCT-3′。

15. 一种在（a）Tn5 转座酶蛋白质和（b）多核苷酸之间形成突触复合物的方法，所述的多核苷酸包含一对核苷酸序列，所述核苷酸序列适合于与 Tn5 转座酶可操纵性相互作用形成突触复合物，和这对核苷酸序列间的可转座核苷酸序列，其特征在于，所述的方法包括在不利于多核苷酸链转移形成该突触复合物的条件下，在体外将（a）和（b）结合的步骤。

16. 如权利要求 15 所述的方法，其特征在于，所述的体外 Tn5 转座酶蛋白质和多核苷酸的结合是在含镁离子水平不足以支持多核苷酸链转移的反应中进行的。

17. 如权利要求 16 所述的方法，其特征在于，所述的反应缺少镁离子。

18. 一种在许多靶细胞的细胞核酸中形成随机或准随机位置插入突变的文库的方法，其特征在于，所述的方法包括以下步骤：

将突触复合物引入靶细胞，所述的突触复合物包含（a）Tn5 转座酶蛋白质和（b）多核苷酸，其包含一对核苷酸序列，所述核苷酸序列适合于与 Tn5 转座酶可操纵性相互作用形成突触复合物，和这对核苷酸序列间的可转座核苷酸序列，该可转座核苷酸序列包含选择性标记；和

筛选含选择性标记的细胞。"

申请人威斯康星校友研究基金会（下称请求人）对上述驳回决定不服，于 2005 年 8 月 1 日向专利复审委员会提出复审请求，同时提交了在针对第一次审查意见通知书的意见陈述中提及的四份参考文献的复印件：

附件 1：Ahmed, A. 和 Podemski, L., "The revised nucleotide sequence of Tn5", Gene 154: 129~130, 1995, 2 页；

附件 2：PCT/US97/15941，WO9810077，第 33~35 页，3 页；

附件 3：Guyer, M. S. 等, "Identification of a Sex-factor-affinity Site in E. coli as γδ", 6 页；

附件 4：US 5,049,493, 全文，20 页。

请求人除坚持针对第一次审查意见通知书的意见陈述之外，还具体指出：（1）在附件2的SEQ ID NO: 2中已经给出了Tn5转座酶的序列，而且附件2的说明书中提到野生型的Tn5转座酶序列具有NCBI登录号U00004 L19385，因此对于本领域技术人员来说，本发明中的Tn5转座酶序列是现有技术的一部分；（2）权利要求和说明书中都描述了转座酶具体突变的位点和突变的具体氨基酸，审查员认为"需要将满足专利法第26条第3款的要求必不可少的内容加到说明书中"，但上述突变的具体变化形式和位点，以及突变后引起的效应都是与所引用的PCT/US97/15941中所述的相应的，因此说明书的描述已经包含了审查员所认为的必不可少的内容；（3）在常规条件下，Tn5本身即可与Tn5转座酶所需的反向多核苷酸序列结合，从而形成突触复合物，这是转座酶最基础的作用机制，突触复合物的形成是转座酶的结构和转座核酸的两端末端重复结构所决定的，实施例中所述的突变Tn5转座酶序列在附件2中公开，引用附件2的拼接末端序列在本发明的图3中明确提供；（4）附件4的实施例12中明确指出菌株MG1655可从冷泉试验室购得。因此，国家知识产权局驳回的理由不成立。

形式审查合格后，专利复审委员会受理了该复审请求，并于2005年9月7日向请求人发出《复审请求受理通知书》，随后将本申请案卷移交原审查部门进行前置审查。

原审查部门对本复审请求进行了前置审查，坚持原驳回决定。

至此，合议组认为本案事实已经清楚，可以作出审查决定。

二、决定的理由

1. 审查依据的文本

本复审决定以驳回决定针对的申请文本为基础。

2. 关于专利法第26条第3款

专利法第26条第3款规定，说明书应当对发明或者实用新型作出清楚、完整的说明，以所属技术领域的技术人员能够实现为准。

根据该款规定，所属技术领域的技术人员能够实现，是指所属技术领域的技术人员按照说明书记载的内容，就能够实现该发明的技术方案，解决其技术问题，并且产生预期的技术效果。所属技术领域的技术人员应当知晓申请日或者优先权日之前发明所属技术领域所有的普通技术知识，能够获知该领域中所有的现有技术，并且具有应用该日期之前常规实验手段的能力，但不具有创造能力。

如果申请涉及的完成发明必须使用的生物材料是公众不能得到的，申请人应当按照专利法实施细则第25条的规定对该生物材料进行保藏。但是，如果该生物材料是公众可以得到的，申请人可以不对该生物材料进行保藏。

本申请要求保护一种在靶细胞中细胞核酸的随机或准随机位置制造插入突变的方法，该方法是在介导转座入细胞核酸的条件下，在靶细胞中引入突触复合物，所述突触复合物包含（a）Tn5转座酶蛋白质和（b）多核苷酸，所述的多核苷酸包含适合于同Tn5转座酶可操纵性相互作用从而形成突触复合物的一对核苷酸序列，和这对核苷酸序列间的可转座的核苷酸序列。其中Tn5转座酶可以是修饰的突变Tn5转座酶。本申请说明书的实施例中所使用的靶细胞为大肠杆菌MG1655。

根据驳回决定、原审查部门的前置审查意见以及请求人的复审意见可知，本案的争议焦点在于：（1）说明书中是否清楚、完整地公开了Tn5转座酶的序列；（2）说明书中是否清楚、完整地公开了Tn5转座酶具体突变的情况；（3）说明书中是否清楚、完整地公开了突触复合物的形成过程；（4）实施例中具体使用的靶细胞大肠杆菌MG1655是否必须进行保藏。

对此，合议组认为，（1）说明书中明确指出所使用的转座酶是Tn5转座酶，而附件1（其公开日为1995年，在本申请优先权日之前）中提及，Tn5的全长序列分别于1981年和1985年完成，其中的反向序列IS50R编码功能性转座酶（参见附件1第129页左栏第1段），附件2（国际公开号为WO98/10077,

国际公开日为1998年3月12日，在本申请优先权日之前）的SEQ ID NO：2描述了Tn5转座酶的序列，由以上事实可知，Tn5转座酶的序列属于现有技术，本领域技术人员能够将其用于本发明中，虽然审查指南第二部分第二章第2.2.6节规定："为了方便专利审查，也为了帮助公众更直接地理解发明和实用新型，对于那些就满足专利法第26条第3款的要求而言必不可少的内容，不能采用引证其他文件的方式撰写，而应当将其具体内容写入说明书"，但这一规定是对撰写的形式要求，其对应的法律条款是专利法实施细则第18条第1款，设定这一要求的目的是"为了方便专利审查，也为了帮助公众更直接地理解发明和实用新型"，并不意味着如果说明书的撰写不满足这一要求就导致说明书公开不充分；（2）对于Tn5转座酶的突变情况，说明书中虽然引用了PCT/US97/15941予以说明，但同时也对具体的突变位点和突变形式进行了描述，说明书第4页倒数第1段至第5页第2段明确指出了突变Tn5转座酶可以在54、56和372位含突变，54位突变可以是野生型谷氨酸突变成赖氨酸，372位突变可以是野生型赖氨酸突变成脯氨酸，并且在实施例中给出了一个具体的突变转座酶：EK54/MA56/LP372；根据本领域技术人员的常识，突变的情况包括插入、取代或缺失，而且在已知序列上制造点突变是本领域的常规技术，因此即使不考虑说明书中对PCT/US97/15941的引用，结合现有技术以及说明书的内容，本领域技术人员完全可以实现对野生型Tn5转座酶的突变；（3）根据说明书的描述"该突触复合物包含（a）Tn5转座酶蛋白质和（b）多核苷酸，它由一对插入的核苷酸序列构成，适合于与Tn5转座酶和这对核苷酸序列间的可转座核苷酸序列可操纵性相互作用"（说明书第3页倒数第1段），可见突触复合物中包含Tn5转座酶和可转座核苷酸这两种组分，说明书中还描述了"在不利于或防止突触复合物进行生产性转座的条件下，在体外形成突触复合物"，"引入的转座酶整体地复合于转座子多核苷酸"，"当反应混合物所含的镁水平不足以支持多核苷酸链转移时，或更佳的是，混合物不含镁离子时，在体外反应中将适当的转座酶和适当的转座DNA元件结合"（说明书第3页倒数第1段至第4页第1段），从这些内容中可以看出，只要在不利于或防止转座的条件下，使突触复合物的上述两种组分结合即可得到突触复合物，而且说明书也给出了该条件可以是镁水平不足或是不含镁离子的条件，而没有证据表明根据说明书的内容无法实现形成突触复合物；（4）对于实施例中使用的大肠杆菌MG1655，首先，如请求人在意见陈述中所述，菌株MG1655在多篇文献中被记载并使用，附件4（公开日为1991年9月17日，在本申请的优先权日之前）中指出大肠杆菌MG1655可以自冷泉港实验室获得（参见附件4的实施例12），并且大肠杆菌MG1655可以从美国典型培养物保藏中心以保藏号ATCC47076购得，可见大肠杆菌MG1655是现有技术中已知的菌株，公众是可以获得的；其次，根据说明书给出的信息，本发明的发明点在于通过引入突触复合物，通过转座达到插入突变的目的，并不在于选择用于引入突触复合物的菌株，因此只要是能够被导入所述突触复合物并且能够实现转座的靶细胞都可以用于本发明，也即本发明技术方案的实现并不限于本申请实施例中所使用的大肠杆菌MG1655，菌株MG1665未保藏并不会导致本领域普通技术人员无法实现本发明。

综上所述，本领域技术人员根据说明书的记载，在现有技术的基础上能够实现本申请要求保护的技术方案，本申请说明书符合专利法第26条第3款的规定，驳回理由不成立。

根据以上事实和理由，本案合议组作出如下审查决定。

三、决定

撤销国家知识产权局于2005年4月15日对第99811265.8号发明专利申请作出的驳回决定。由原审查部门在本复审决定所针对的文本的基础上继续进行审查。

复审请求人对本决定不服的，可以根据专利法第41条第2款的规定，自收到本决定之日起三个月内向北京市第一中级人民法院起诉。

… 020

酪蛋白衍生肽及其治疗用途

复审请求审查决定(第11865号)

决定号	第11865号
决定日	2007年11月22日
发明创造名称	酪蛋白衍生肽及其治疗用途
国际分类号	A61K38/00,A61K38/04,A61K38/08,A61K38/10,A61K38/16,C07K7/00,C07K14/00
复审请求人	佩普特拉药品有限公司
申请号	01808959.3
优先权日	2000年3月1日
申请日	2001年3月1日
公开日	2003年7月2日
合议组组长	吴通义
主审员	田芳
参审员	李梦楠

法律依据 专利法第33条

决定要点

申请人可以对其专利申请文件进行修改,但是,对发明和实用新型专利申请文件的修改不得超出原说明书和权利要求书记载的范围。

一、案由

本复审请求案涉及发明名称为"酪蛋白衍生肽及其治疗用途"的第01808959.3号发明专利申请(下称本申请),申请人原为蔡13医疗研究团体有限公司,2006年12月8日变更为佩普特拉药品有限公司。本申请的申请日为2001年3月1日,优先权日为2000年3月1日,公开日为2003年7月2日。

2005年2月18日,国家知识产权局以本申请不符合专利法第33条的规定为由驳回了本申请,驳回决定针对的文本是:进入中国国家阶段时提交的说明书第1~8、13~29、34~35页,核苷酸和氨基酸序列表1~7页,附图1~2、6~8页和摘要;2003年2月28日提交的说明书第11~12、30~31、33、36~39、42~47页,附图第3~4、9~10页;2004年3月26日提交的权利要求1~71项,说明书第9~10、32、40~41页和附图第5页。

驳回决定的理由是:申请人于2003年2月28日提交的说明书第12、31、37、38和43页超出了原说明书和原权利要求书记载的范围，不符合专利法第33条的规定。其中说明书第12页第15行"100μg"修改为"100mg"，第31页表3序列名称"X"和"Y"互换，第37页第13～14行"1μg"修改为"10mg"，第38页第9～10行"未处理"修改为"用盐水处理"，第43页第7行"13个氨基酸"修改为"15个氨基酸"，上述修改不属于本领域技术人员能从说明书中识别出的明显错误，对这些错误的修改也不是本领域技术人员能从说明书的整体及上下文中看出的唯一正确答案。

驳回决定针对的权利要求书如下：

"1. αS1酪蛋白N末端部分衍生肽在制备用于预防或治疗自身免疫性疾病的药物中的用途。

2. αS1酪蛋白N末端部分衍生肽在制备用于预防或治疗病毒性疾病的药物中的用途。

3. αS1酪蛋白N末端部分衍生肽在制备用于预防病毒感染的药物中的用途。

4. αS1酪蛋白N末端部分衍生肽在制备用于诱导造血的药物中的用途。

5. αS1酪蛋白N末端部分衍生肽在制备用于诱导造血干细胞增殖的药物中的用途。

6. αS1酪蛋白N末端部分衍生肽在制备用于诱导造血干细胞增殖和分化的药物中的用途。

7. αS1酪蛋白N末端部分衍生肽在制备用于诱导巨核细胞生成的药物中的用途。

8. αS1酪蛋白N末端部分衍生肽在制备用于诱导红细胞生成的药物中的用途。

9. αS1酪蛋白N末端部分衍生肽在制备用于诱导白细胞生成的药物中的用途。

10. αS1酪蛋白N末端部分衍生肽在制备用于诱导血小板生成的药物中的用途。

11. αS1酪蛋白N末端部分衍生肽在制备用于预防或治疗血小板减少症的药物中的用途。

12. αS1酪蛋白N末端部分衍生肽在制备用于预防或治疗全血细胞减少症的药物中的用途。

13. αS1酪蛋白N末端部分衍生肽在制备用于预防或治疗粒细胞减少症的药物中的用途。

14. αS1酪蛋白N末端部分衍生肽在制备用于预防或治疗高脂血症的药物中的用途。

15. αS1酪蛋白N末端部分衍生肽在制备用于预防或治疗高胆固醇血症的药物中的用途。

16. αS1酪蛋白N末端部分衍生肽在制备用于预防或治疗葡尿的药物中的用途。

17. αS1酪蛋白N末端部分衍生肽在制备用于预防或治疗I型（IDDM）糖尿病的药物中的用途。

18. αS1酪蛋白N末端部分衍生肽在制备用于预防或治疗艾滋病的药物中的用途。

19. αS1酪蛋白N末端部分衍生肽在制备用于预防或治疗HIV感染的药物中的用途。

20. αS1酪蛋白N末端部分衍生肽在制备用于预防或治疗与清髓性剂量放化疗相关的疾病的药物中的用途，所述清髓性放化疗采用自体骨髓或外周血干细胞移植（ASCT）或异体骨髓移植（BMT）支持。

21. 权利要求1～20的任意一种用途，其中所述肽是衍生于αS1酪蛋白断裂的片段。

22. 权利要求1～20的任意一种用途，其中所述肽具有序列1～19公开的序列之一。

23. 权利要求22的用途，其中其中所述肽是合称肽。

24. 预防或治疗自身免疫性疾病的药物组合物，该药物组合物包括，作为活性成分的αS1酪蛋白N末端部分衍生肽和药用载体。

25. 预防或治疗病毒性疾病的药物组合物，该药物组合物包括，作为活性成分的αS1酪蛋白N末端部分衍生肽和药用载体。

26. 预防病毒感染的药物组合物，该药物组合物包括，作为活性成分的αS1酪蛋白N末端部分衍生肽和药用载体。

27. 诱导造血的药物组合物，该药物组合物包括，作为活性成分的αS1酪蛋白N末端部分衍生肽和药用载体。

28. 诱导巨核细胞生成的药物组合物，该药物组合物包括，作为活性成分的αS1酪蛋白N末端部分衍生肽和药用载体。

29. 诱导红细胞生成的药物组合物，该药物组合物包括，作为活性成分的αS1酪蛋白N末端部分衍生肽和药用载体。

30. 诱导白细胞生成的药物组合物，该药物组合物包括，作为活性成分的αS1酪蛋白N末端部分衍生肽和药用载体。

31. 诱导血小板生成的药物组合物，该药物组合物包括，作为活性成分的αS1酪蛋白N末端部分衍生肽和药用载体。

32. 预防或治疗血小板减少症的药物组合物，该药物组合物包括，作为活性成分的αS1酪蛋白N末端部分衍生肽和药用载体。

33. 预防或治疗全血细胞减少症的药物组合物，该药物组合物包括，作为活性成分的αS1酪蛋白N末端部分衍生肽和药用载体。

34. 预防或治疗粒细胞减少症的药物组合物，该药物组合物包括，作为活性成分的αS1酪蛋白N末端部分衍生肽和药用载体。

35. 预防或治疗高脂血症的药物组合物，该药物组合物包括，作为活性成分的αS1酪蛋白N末端部分衍生肽和药用载体。

36. 预防或治疗高胆固醇血症的药物组合物，该药物组合物包括，作为活性成分的αS1酪蛋白N末端部分衍生肽和药用载体。

37. 预防或治疗葡尿的药物组合物，该药物组合物包括，作为活性成分的αS1酪蛋白N末端部分衍生肽和药用载体。

38. 预防或治疗I型（IDDM）糖尿病的药物组合物，该药物组合物包括，作为活性成分的αS1酪蛋白N末端部分衍生肽和药用载体。

39. 预防或治疗艾滋病的药物组合物，该药物组合物包括，作为活性成分的αS1酪蛋白N末端部分衍生肽和药用载体。

40. 预防或治疗HIV感染的药物组合物，该药物组合物包括，作为活性成分的αS1酪蛋白N末端部分衍生肽和药用载体。

41. 预防或治疗与清髓性大剂量放化疗相关的疾病的药物组合物，所述清髓性放化疗采用自体骨髓或外周血干细胞移植（ASCT）或异体骨髓移植（BMT）支持，该药物组合物包括，作为活性成分的αS1酪蛋白N末端部分衍生肽和药用载体。

42. 权利要求24~41的任意一种药物组合物，其中所述肽是衍生于αS1酪蛋白断裂的片段。

43. 权利要求24~41的任意一种药物组合物，其中所述肽具有序列1~19公开的序列之一。

44. 权利要求43的药物组合物，其中所述肽是合成肽。

45. αS1酪蛋白N末端部分衍生肽用于预防或治疗自身免疫性疾病的用途。

46. αS1酪蛋白N末端部分衍生肽用于预防或治疗病毒性疾病的用途。

47. αS1酪蛋白N末端部分衍生肽用于预防病毒感染的用途。

48. αS1酪蛋白N末端部分衍生肽用于诱导造血的用途。

49. αS1酪蛋白N末端部分衍生肽用于诱导造血干细胞增殖的用途。

50. αS1酪蛋白N末端部分衍生肽用于诱导造血干细胞增殖和分化的用途。

51. αS1酪蛋白N末端部分衍生肽用于诱导巨核细胞生成的用途。

52. αS1酪蛋白N末端部分衍生肽用于诱导红细胞生成的用途。

53. αS1酪蛋白N末端部分衍生肽用于诱导白细胞生成的用途。

54. αS1酪蛋白N末端部分衍生肽用于诱导血小板生成的用途。

55. αS1酪蛋白N末端部分衍生肽用于预防或治疗血小板减少症的用途。

56. αS1酪蛋白N末端部分衍生肽用于预防或治疗全血细胞减少症的用途。

57. αS1酪蛋白N末端部分衍生肽用于预防或治疗粒细胞减少症的用途。

58. αS1酪蛋白N末端部分衍生肽用于预防或治疗高脂血症的用途。

59. αS1酪蛋白N末端部分衍生肽用于预防或治疗高胆固醇血症的用途。

60. αS1酪蛋白N末端部分衍生肽用于预防或治疗葡尿的用途。

61. αS1酪蛋白N末端部分衍生肽用于预防或治疗I型（IDDM）糖尿病的用途。

62. αS1酪蛋白N末端部分衍生肽用于预防或治疗艾滋病的用途。

63. αS1酪蛋白N末端部分衍生肽用于预防或治疗HIV感染的用途。

64. αS1酪蛋白N末端部分衍生肽用于预防或治疗与清髓性剂量放化疗相关的疾病的用途，所述清髓性放化疗采用自体骨髓或外周血干细胞移植（ASCT）或异体骨髓移植（BMT）支持。

65. 权利要求45~64的任意一种用途，其中所述肽是衍生于αS1酪蛋白断裂的片段。

66. 权利要求45~64的任意一种用途，其中所述肽具有序列1~19公开的序列之一。

67. 权利要求66的用途，其中所述肽是合成肽。

68. 一种制备用于植入清髓性受体体内的血液干细胞的方法，该方法包括用有效量的αS1酪蛋白N末端部分衍生肽处理所述血液干细胞，并且分离所述血液干细胞。

69. αS1酪蛋白N末端部分衍生肽在制备用于免疫调节的药物中的用途。

70. 一种用于调节免疫系统的药物组合物，该药物组合物包括，作为活性成分的αS1酪蛋白N末端部分衍生肽和药用载体。

71. αS1酪蛋白N末端部分衍生肽用于调节受体免疫系统的用途。"

2005年6月1日，申请人蔡13医疗研究团体有限公司对上述驳回决定不服，向专利复审委员会提出复审请求，其认为：于2003年2月28日提交的说明书第12、31、37、38和43页的修改只是明确纠正了印刷上的错误，反映了实际操作过程，并且这些修改可以从说明书中合理推出。

经形式审查合格后，专利复审委员会受理了该请求，并于2005年6月29日向蔡13医疗研究团体有限公司发出了《复审请求受理通知书》，随后将本申请移交原审查部门进行前置审查。

在《前置审查意见书》中，原审查部门认为2003年2月28日提交的说明书第12、31、37、38和43页的修改不属于本领域技术人员能从说明书中识别出的明显错误，对这些错误的修改也不是本领域技术人员能从说明书的整体及上下文中看出的唯一正确答案，因此坚持驳回决定。

2006年12月8日，本申请的申请人由蔡13医疗研究团体有限公司变更为佩普特拉药品有限公司（下称请求人）。

专利复审委员会组成合议组，对本复审请求案进行了审理。于2007年6月20日发出了《复审通知书》，《复审通知书》指出：(1) 权利要求45~67属于专利法第25条第1款第(3)项规定的不授予专利权的客体。(2) 权利要求68~71，说明书第12、31、37、38、43页的修改不符合专利法第33条的规定。其中，权利要求68~71要求保护的技术方案在原说明书和权利要求书中都没有记载，也无法根据原说明书和权利要求书直接地、毫无疑义地确定。而对于说明书第12、31、37、38、43页的修改，本领域技术人员根据原权利要求书，原说明书上下文不能判断出所做修改是唯一的、毫无疑义确定的内容。(3) 权利要求1~20不符合专利法第31条第1款的规定。(4) 权利要求24~41不符合专利法实施细则第20条第1款的规定。权利要求24~41要求保护的技术方案其保护范围实质上是相同的，因此使得权利要求书整体上不简要。

针对上述《复审通知书》，请求人于2007年9月27日提交了意见陈述书和经修改的说明书以及权利要求书全文替换页（共17项），请求人将说明书第12、31、37、38和43页修改为原始公开的内容，删除了权利要求1~3、14~20、24~26、28~41、45~71，其余权利要求重新排序整理。请求人认为，经过上述修改，克服了《复审通知书》指出的所有缺陷。修改后的权利要求书为：

"1. αS1酪蛋白N末端部分衍生肽在制备用于诱导造血的药物中的用途。

2. 权利要求1的用途，其中所述药物用于诱导造血干细胞增殖。

3. 权利要求1的用途，其中所述药物用于诱导造血干细胞增殖和分化。

4. 权利要求1的用途，其中所述药物用于诱导巨核细胞生成。

5. 权利要求1的用途，其中所述药物用于诱导红细胞生成。

6. 权利要求1的用途，其中所述药物用于诱导白细胞生成。

7. 权利要求1的用途，其中所述药物用于诱导血小板生成。

8. 权利要求1的用途，其中所述药物用于预防或治疗血小板减少症。

9. 权利要求1的用途，其中所述药物用于预防或治疗全血细胞减少症。

10. 权利要求1的用途，其中所述药物用于预防或治疗粒细胞减少症。

11. 权利要求1~10的任一项的用途，其中所述肽是衍生于αS1酪蛋白断裂的片段。

12. 权利要求1~10的任一项的用途，其中所述肽具有序列1~19公开的序列之一。

13. 权利要求12的用途，其中所述肽是合成肽。

14. 诱导造血的药物组合物，该药物组合物包括，作为活性成分的αS1酪蛋白N末端部分衍生肽和药用载体。

15. 权利要求14的药物组合物，其中所述肽是衍生于αS1酪蛋白断裂的片段。

16. 权利要求14的药物组合物，其中所述肽具有序列1~19公开的序列之一。

17. 权利要求16的药物组合物，其中所述肽是合成肽。"

至此，合议组认为本案事实清楚，可以作出审查决定。

二、决定的理由

1. 关于文本

本复审请求审查决定针对的文本是：进入中国国家阶段时提交的说明书第1~8、13~29、34~35页，核苷酸和氨基酸序列表1~7页，附图1~2、6~8页和摘要；2003年2月28日提交的说明书第11、30、33、36、39、42、44~47页，附图第3~4、9~10页；2004年3月26日提交的说明书第9~10、32、40~41页，附图第5页；2007年9月27日提交的权利要求1~17项，说明书第12、31、37、38和43页。

2. 关于专利法第33条

专利法第33条规定，申请人可以对其专利申请文件进行修改，但是，对发明和实用新型专利申请文件的修改不得超出原说明书和权利要求书记载的范围。

在请求人于2007年9月27日提交的修改文本中，删除了原权利要求68~71，同时将说明书第12、31、37、38和43页修改为与原始公开的说明书内容一致，已经克服了复审通知书和驳回决定中指出的不符合专利法第33条规定的缺陷。

3. 关于复审通知书中指出的其他缺陷

a. 请求人于2007年9月27日提交的权利要求书中，删除了复审通知书指出的属于疾病治疗方法的权利要求45~67，已经克服了复审通知书中指出的所述缺陷。

b. 请求人于2007年9月27日提交的权利要求书中，删除了原权利要求1~3、14~20，保留了原权利要求 4~13，即新的权利要求 1~10，权利要求 1~10 均涉及 αS1 酪蛋白 N 末端部分衍生肽在制备用于诱导造血的药物中的用途，克服了复审通知书中指出的原权利要求 1~20 不符合专利法第 31 条第 1 款规定的缺陷。

c. 请求人于 2007 年 9 月 27 日提交的权利要求书中，保留了原权利要求 27，即新的权利要求 14，删除了其他与之保护范围相同的原权利要求 24~26、28~41，克服了复审通知书中指出的原权利要求 24~41 不符合专利法实施细则第 20 条第 1 款规定的缺陷。

综上所述，修改后的申请文本克服了驳回决定和复审通知书指出的缺陷。

根据上述事实和理由，合议组作出如下审查决定。

三、决定

撤销国家知识产权局于 2005 年 2 月 18 日针对第 01808959.3 号发明专利申请作出的驳回决定，由原审查部门在本复审决定所针对的文本的基础上继续进行审查。

复审请求人对本决定不服的，可以根据专利法第 41 条第 2 款的规定，自收到本决定之日起三个月内向北京市第一中级人民法院起诉。

从苦瓜中获得的蛋白质/多肽-k 及其萃取方法

复审请求审查决定（第 11875 号）

决 定 号	第 11875 号
决 定 日	2007 年 11 月 13 日
发明创造名称	从苦瓜中获得的蛋白质/多肽-k 及其萃取方法
国际分类号	C07K 14/415，A61K 38/16，A61P 3/10
复审请求人	普什帕康纳
申 请 号	99809134.0
优 先 权 日	1999 年 4 月 13 日
申 请 日	1999 年 9 月 28 日
公 开 日	2001 年 10 月 3 日
合议组组长	郭 婷
主 审 员	欧阳石文
参 审 员	尹 昕

法 律 依 据 专利法第 33 条，第 26 条第 3 款

决 定 要 点

如果申请的内容通过增加、改变和/或删除其中的一部分，致使所属领域的技术人员看到的信息与原申请记载的信息不同，而且又不能从原申请记载的信息中直接地、毫无疑义地确定，那么，这种修改就是不允许的；反之，则是允许的。

一、案由

本复审请求涉及于 1999 年 9 月 28 日申请，2001 年 10 月 3 日公开，优先权日为 1999 年 4 月 13 日，名称为"从苦瓜中获得的蛋白质/多肽-k 及其萃取方法"的第 99809134.0 号发明专利申请（下称本申请），本申请的申请人为普什帕康纳。

国家知识产权局于 2004 年 9 月 10 日以本申请说明书的修改不符合专利法第 33 条以及本申请说明书不符合专利法第 26 条第 3 款的规定为由作出驳回决定，具体理由是：（1）原始说明书中用于确定本发明多肽-k 为新物质的关键实验数据为说明书第 3 页和第 7~8 页的表格以及附图 2，但除未说明 μmol/mg^a 的 "a" 含义以外，该表格中的数据和附图分别与申请人在申请日前已公开发表的研究成果即对比文件 1（Khanna P 等人，"Hypoglycemic activity of polypeptide-p from a plant source"，Journal of Natural Products，第 44 卷，第 648~655 页，1981 年）公开的多肽 P 的相关数据和附图相

同；在新修改的说明书中，申请人删去了表 1 中的 μmol/mg^a 的 "a" 和附图 2 及其说明，以此来区分本发明的多肽-k 与对比文件 1 中的多肽-p，但申请人并没有提供足够的证据来证明其可以做如上的修改。因此，说明书的修改超出了原始公开的范围，不符合专利法第 33 条的规定；（2）说明书中还存在许多不清楚和相互矛盾的地方，没有对发明作出清楚和完整的说明，不符合专利法第 26 条第 3 款的规定，具体包括：申请人将说明书第 4 页第 2 行、第 6 行修改为原始公开的 "多肽-p 多了甲硫氨酸"，将第 8 行原始公开文本的 "多肽-R 多了甲硫氨酸" 修改为 "多肽 p 多了甲硫氨酸"，这与说明书其他部分的描述互相矛盾。新提交的说明书第 6 页中的第 28 行中的 "如图 1 所示……" 与实际上的附图 1 相互矛盾。

驳回决定所针对的权利要求书如下：

"1. 一种称为多肽-k 的蛋白质，提取自苦瓜，纯度为 100％，含 NH3 和以下氨基酸：氨基酸，天冬氨酸，苏氨酸，丝氨酸，谷氨酸，脯氨酸，甘氨酸，丙氨酸，缬氨酸，1/2 半胱氨酸，甲硫氨酸，异亮氨酸，亮氨酸，酪氨酸，苯丙氨酸，组氨酸，赖氨酸，精氨酸，谷氨酰胺。

2. 一种自苦瓜中提取新蛋白质多肽-k 的方法，包括：

 ⅰ．研磨干的苦瓜种籽；

 ⅱ．用丙酮/己烷溶剂混合物处理粉碎后的种籽；

 ⅲ．将残留物溶于含水 20％ 的丙酮中；

 ⅳ．用氢氧化铵等合适的有机缓冲液将 pH 上调至 9.5；

 ⅴ．用硫酸处理上清液将 pH 调节至 3；和

 ⅵ．收集絮凝状多肽-k 沉淀，通过选择性结晶分离蛋白质。

3. 根据权利要求 2 所述的方法，其中的蛋白质是从苦瓜的干种籽中提取的。

4. 根据权利要求 2 所述的方法，其中，将苦瓜的种籽剖开，用水彻底清洗 2～3 次使它基本不含杂质，并真空干燥，然后提取蛋白质。

5. 根据权利要求 2 所述的方法，其中所用的非极性溶剂含丙酮与己烷的 1∶2 混合物。

6. 如权利要求 1 所述的蛋白质，它是用权利要求 2 所述方法自苦瓜中提取得到的。

7. 权利要求 1 或 6 所述自苦瓜中提取的蛋白质的用途，即用于制造治疗糖尿病的降血糖组合物。"

申请人普什帕 康纳（下称请求人）对上述驳回决定不服，于 2004 年 12 月 23 日向专利复审委员会提出复审请求，同时提交了修改后的全部专利申请文本替换页（包括权利要求 1～8 项，说明书第 1～7 页，附图第 1～2 页及说明书摘要）。请求人在意见陈述中指出：（1）通过对权利要求和说明书的删节，仅保留了本发明从苦瓜种籽中提取降血糖多肽的方法，撤销了对所得多肽的自定义命名 "多肽 k"，对其改用 "本发明方法所得降血糖多肽" 加以描述，除保留与附图 2 相关的凝胶电泳外，删除了其他有关所谓多肽-k 与其他降血糖多肽的比较的内容，包括删除氨基酸组成表，这是删除原本不清楚的内容，因此，修改未超出原始公开的范围，符合专利法第 33 条的规定；（2）将驳回决定指出不清楚和矛盾之处的内容进行了删除，对于驳回决定中指出说明书第 6 页第 28 行的 "如图 1 所示……" 的描述实际上是图 2 所示的凝胶电泳的扫描结果，现改为 "如图 2 所示……"，这属于明显错误的澄清性修改，修改后的说明书符合专利法第 26 条第 3 款的规定。请求人请求根据新修改的文本和以上陈述撤销原驳回决定。

修改后的权利要求书包括 8 项权利要求：

"1. 一种自苦瓜中提取降血糖多肽的方法，包括：

 i. 研磨干的苦瓜种籽；

ii. 用丙酮/己烷熔剂混合物处理粉碎后的种籽；

iii. 将残留物溶于20％的丙酮水溶液中；

iv. 用合适的有机缓冲液将pH上调至9.5；

v. 用硫酸处理上清液将pH调节至3；和

vi. 收集絮凝状多肽沉淀，通过选择性结晶分离该多肽。

2. 根据权利要求1所述的方法，步骤iv中的有机缓冲液是氢氧化铵缓冲液。

3. 根据权利要求1所述的方法，其中是从苦瓜的干种籽中提取降血糖多肽。

4. 根据权利要求1所述的方法，包括将苦瓜的种籽剖开，用水彻底清洗2~3次使它基本不含杂质，并真空干燥，然后提取降血糖多肽。

5. 根据权利要求1所述的方法，其中所用的溶剂混合物含丙酮与己烷的1：2混合物。

6. 一种用权利要求1所述方法自苦瓜中提取得到的降血糖多肽。

7. 一种降血糖组合物，包含权利要求6所述的降血糖多肽。

8. 权利要求6所述自苦瓜中提取的降血糖多肽用于制造治疗糖尿病的降血糖药物的用途。"

形式审查合格后，专利复审委员会受理了该复审请求，并于2005年1月25日向请求人发出《复审请求受理通知书》，随后将本申请移交原审查部门进行前置审查。

原审查部门对本复审请求进行了前置审查，认为修改后的申请文本以及申请人的陈述意见仍没有克服驳回决定所指出的缺陷，因此坚持原驳回决定。

专利复审委员会组成合议组，对本复审请求案进行了审理。

至此，合议组认为本案事实清楚，可以作出审查决定。

二、决定的理由

1. 决定所针对的文本

本复审请求审查决定所针对的文本为请求人于2004年12月23日提出复审请求时所提交的修改后的权利要求第1~8项，说明书第1~7页，说明书附图第1~2页以及说明书摘要。

2. 关于专利法第33条

专利法第33条规定，申请人可以对专利申请文件进行修改，但是，对发明专利申请文件的修改不得超出原说明书和权利要求书记载的范围。

如果申请的内容通过增加、改变和/或删除其中的一部分，致使所属领域的技术人员看到的信息与原申请记载的信息不同，而且又不能从原申请记载的信息中直接地、毫无疑义地确定，那么，这种修改就是不允许的；反之，则是允许的。

在驳回决定所针对的权利要求书中，其要求保护由产品组成定义的多肽k，原审查部门在驳回决定中指出本申请说明书第3页和第7~8页的表格及附图2是确定本发明多肽-k为新物质的关键数据，然而该表格和附图与对比文件1中用于描述多肽p的相同，由于没有足够的证据来证明本发明的多肽k与对比文件1中的多肽p不同，也就无法允许申请人对这些关键数据进行删除，因此，认为这种修改超出了原申请文件的范围。

请求人在提出复审请求时已经删除了用产品组成定义的产品权利要求，放弃了在说明书中区分多肽k和多肽p，将本发明多肽统称为"降血糖多肽"，并将权利要求改为要求保护从苦瓜中提取本发明降血糖多肽的方法及由该方法得到的降血糖多肽。

与原始提交的说明书（下称原说明书）相比，请求人对说明书及其附图主要做了如下修改：

（1）将原说明书第3页第2行中的"约水约80％的丙酮中"修改为"约20％的丙酮水溶液"。该修改通过原始记载可以换算得到，而且在原实施例1中采用了"20％丙酮"的描述（参见原说明书第6页第6行），因此这种修改未超出原申请文件记载的范围。

(2) 在说明书第3页第3~4行，增加了下述两段：

"另一实施例中，所用的溶剂包含丙酮与己烷的1：2混合物。

在分析中，用己烷丙酮萃取种籽所得产物的熔点（234℃）。"

其中第一段在原说明书实施例1中有明确的记载（参见原说明书第6页第6行），第二段相应于原说明书第4页第12行中关于所得产物的熔点的描述，因此该增加的修改未超出原申请文件记载的范围。

(3) 删除了原说明书第3页的表格、第3页第10行至第4页第13行、第6页第18~26行、第7页第19~27行以及随后的表格、第9页第25行至第10页结束。这些内容是关于对按本申请的方法获得的产物进行氨基酸成分分析的实验步骤及其测定结果的描述，以及对本发明优点的表述，这种删除并没有导致本申请描述的制备方法以及获得的产物本身发生变化，即这种删除没有导致说明书超出原说明书和权利要求书记载的范围。

(4) 在说明书第4页增加了附图说明，具体如下：

"可参照以下附图对本发明进行更详细的描述：

图1显示由本发明方法所得多肽中已鉴定的部分氨基酸。

图2显示凝胶电泳的彩色扫描结果。主峰代表按本发明方法从苦瓜中提取的降血糖多肽。"

另外，将图1和图2的顺序作了调换。

关于原图1（现图2）的附图说明，原说明书第8页第5~6行记载有"如图1所示，分离产物和牛胰岛素的电泳模式几乎完全相同"，而且原图1中也明确记载了"彩色扫描时聚丙烯酰胺凝胶扫描图"，据此增加关于原图1（即现图2）的附图说明是有依据的；而对原图2（现图1）的附图说明，原说明书实施例描述了对本申请方法获得的产物进行氨基酸成分分析的实验步骤，结合该图中反映的氨基酸信息，可以确定其是本申请方法所得产物中已鉴定的部分氨基酸，对此增加相应的附图说明也没有超出原申请文件记载的范围。至于图1和图2顺序的调换，仅是为了描述的方便，并没有改变任何信息，应当允许。

(5) 驳回决定认为其所针对的说明书第6页第28行为"如图1所示"与实际图1相矛盾。在本复审决定针对的说明书中的该处内容已明确为"如图2所示"，这是通过申请文件的整体和上下文内容可以直接确定的唯一正确答案。因此这种修改属于改正明显错误，属于允许的修改。

(6) 在修改后的说明书中，对本申请方法获得的产物统一称为"降血糖多肽"，而不再称为多肽k。在原说明书对所述产物的制备方法有明确的描述并公开了其降血糖的性质的情况下，应当允许对该方法所获得的产物称为"降血糖多肽"，这种修改没有超出原申请文件记载的范围。

综观整个说明书，对于上述从苦瓜中提取多肽的方法而言，其完整性或者说本领域技术人员能否实现，并不依赖于对所得到的产品即多肽的特性，尤其是氨基酸组成的描述。本领域技术人员看到的修改文本中保留的内容，或者在原申请文件中有明确的记载，或者能够从原申请文件中直接地、毫无疑义地确定。因此，请求人在提出复审请求时所提交的说明书及说明书附图修改文本符合专利法第33条的规定。基于上述已经陈述过的理由，请求人在提出复审请求时所提交的权利要求书修改文本也符合专利法第33条的规定。

3. 关于专利法第26条第3款

专利法第26条第3款规定，说明书应当对发明或者实用新型作出清楚、完整的说明，以所属技术领域的技术人员能够实现为准。

驳回决定中认为本申请说明书存在许多不清楚和相互矛盾的地方，导致无法实现本发明。在驳回理由中列出了两方面的具体事实：

其一，驳回决定针对的说明书第 6 页第 28 行中的 "如图 1 所示……" 与实际上的附图 1 相互矛盾。合议组认为，请求人在提出复审请求时，已将其修改为 "如图 2 所示……"，如上文所述，这种修改并不违反专利法第 33 条的规定，属于允许的修改，因此消除了所述的矛盾。

其二，驳回决定指出，所针对的文本中的说明书第 4 页第 2 行、第 6 行修改为原始公开的 "多肽–p 多了甲硫氨酸"，第 8 行 "多肽–p 多了甲硫氨酸" 代替了原始公开的 "多肽 R 多了甲硫氨酸"，这与说明书其他部分的描述互相矛盾。合议组认为，所述矛盾仅仅是涉及所述多肽本身的特性（氨基酸的组成），并不影响所述方法的充分公开。请求人在提出复审请求时提交的修改文本中对此进行了删除，如上文所述，这种删除可以被允许。因而也消除了驳回决定中所指出的矛盾。

因此，请求人提出复审请求时提交的修改文本已经克服了原审查部门在驳回决定中指出的说明书因不清楚和相互矛盾而不符合专利法第 26 条第 3 款的规定的缺陷。

根据以上事实和理由，本案合议组作出如下审查决定。

三、决定

撤销国家知识产权局于 2004 年 9 月 10 日对 99809134.0 号发明专利申请作出的驳回决定。由原审查部门在请求人于 2004 年 12 月 23 日提交的申请文件的基础上继续进行审查。

复审请求人对本决定不服的，可以根据专利法第 41 条第 2 款的规定，自收到本决定之日起三个月内向北京市第一中级人民法院起诉。

可脱离的表面

复审请求审查决定（第 11876 号）

决 定 号	第 11876 号
决 定 日	2007 年 11 月 14 日
发明创造名称	可脱离的表面
国际分类号	C12N 5/00，C12N 5/08，A61K 35/12，A61K 7/00
复审请求人	塞尔特兰股份有限公司
申 请 号	00809165.X
优 先 权 日	1999 年 6 月 23 日
申 请 日	2000 年 6 月 23 日
公 开 日	2002 年 7 月 3 日
合议组组长	郭 婷
主 审 员	欧阳石文
参 审 员	尹 昕
法 律 依 据	专利法第 22 条第 2 款

决 定 要 点

如果专利申请中所要求保护的技术方案与现有技术的技术方案实质上并不相同，则该专利申请所要求保护的技术方案具有新颖性。

一、案由

本复审请求涉及 2000 年 6 月 23 日申请，2002 年 7 月 3 日公开，优先权日为 1999 年 6 月 23 日，名称为"可脱离的表面"的第 00809165.X 号发明专利申请（下称本申请），本申请的申请人为塞尔特兰股份有限公司。

国家知识产权局于 2004 年 9 月 3 日驳回了该申请，理由是：权利要求 1 相对于对比文件 1（Richard M. France 等人．"Attachment of human keratinocytes to plasma co-polymers of acrylic acid/octa-1, 7-diene and allyl amine/octa-1, 7-diene.", J. Mater. Chem., 1998 年, 第 8 卷第 1 期, 第 37～42 页）不具备专利法第 22 条第 2 款规定的新颖性。

驳回决定所针对的权利要求书中的权利要求 1 为：

"1. 一种用于组织工程的治疗性载体，其中，所述的载体与一种可通过等离子体聚合得到的细胞培养表面集成，或者在其上涂覆有这种细胞培养表面，至少一个细胞可以可逆地附着于这种细胞培养表面上，其特征在于，所述表面含有至少 5％ 的酸官能团。"

驳回决定认为：对比文件1披露了一种等离子共聚物，由丙烯酸和1，7-辛二酸等离子共聚合后沉积到组织培养盘或铝箔上得到，其表面含有至少5%的酸官能团（见第38页和表1的10.4%、16.4%和21.0%的COOH/R值）。对于权利要求1与对比文件1之间的比较，申请人认为对比文件1公开的组织培养盘或铝箔仅仅是用于培养细胞的容器，不是权利要求1所述用于组织工程的治疗性载体；另外，对比文件1没有公开"至少一个细胞可以可逆地附着于这种细胞培养表面上"。但是，（1）首先，说明书并没有明确地限定所述治疗性载体不包括哪些物质，相反，从说明书的描述和定义可知（说明书第1和10页），本申请所述载体不限于所列举的假体、植入物、间质和聚合物膜等，而包括用于组织工程的表面上培养细胞的结构，显然不排除组织工程中常用的组织培养盘和铝箔；此外，铝箔用作体表局部治疗的基材或载体也是本领域技术人员熟知和常用的，并且也在本发明中作为一种载体（说明书第13页第19行），也就是说，权利要求1中包括了以组织培养盘或铝箔作为载体的治疗性载体。而且根据前述比较可知，权利要求1的治疗性载体的其他技术特征（所述载体与一种可通过等离子体聚合得到的细胞培养表面集成，或者在其上涂覆有这种细胞培养表面，而且该表面含有至少5%的酸官能团）也是对比文件1的等离子共聚物所具有的，因此，对比文件1的等离子共聚物是权利要求1的治疗性载体中的一种。（2）由于对比文件1所述共聚物已经充分公开，并且包含于权利要求1的治疗性载体中，因此申请人提出的对比文件1公开的"组织培养盘或铝箔仅仅是用于培养细胞而不是治疗疾病"，"至少一个细胞可以可逆地附着于这种细胞培养表面上"这些用途和性质未在对比文件1中被披露并不影响其作为一种公开的化学产品起破坏权利要求1的新颖性的作用。因此，权利要求1相对于对比文件1公开的内容不具有新颖性。

申请人塞尔特兰股份有限公司（下称请求人）对上述驳回决定不服，于2004年12月2日向专利复审委员会提出复审请求，没有同时提交专利申请修改文本。在复审请求中，请求人认为："治疗性载体"是适合施加和/或植入进需要治疗组织工程的患者的，而对比文件1中公开的铝箔用于XPS分析，并不是一种治疗性载体，组织培养盘不适合将细胞转移到伤口处，也不是一种治疗性载体；且权利要求1中的特征"至少一个细胞可以可逆地附着于这种细胞培养表面上"以及"所述表面含有至少5%的酸官能团"没有被对比文件1所公开，因此，权利要求1与对比文件1所公开的技术方案相比，具备新颖性。

形式审查合格后，专利复审委员会受理了该复审请求，并于2004年12月30日向请求人发出《复审请求受理通知书》，随后将本申请案卷移交原审查部门进行前置审查。

原审查部门对本复审请求进行了前置审查，坚持原驳回决定。

专利复审委员会组成合议组，对本复审请求案进行了审理。于2007年6月8日向请求人发出《复审通知书》，指出：

对比文件1研究了人角化细胞在等离子共聚物表面上的附着，通过不同浓度和比例的丙烯酸和1，7-辛二烯等离子共聚合后沉积到组织培养盘或铝箔上得到所述表面，所述表面含有的酸官能团即COOH/R的百分数的具体值有2.3%、4.7%、10.4%、16.4%以及21.0%（参见对比文件1第37页右栏最后一段至第38页左栏第8行，以及表1）。可见，对比文件1披露了铝箔这种载体，其与通过等离子体聚合得到的细胞培养表面集成。请求人与原审查部门的争议焦点在于：（1）对比文件1是否公开了"所述表面含有至少5%的酸官能团"；（2）"至少一个细胞可以可逆地附着于这种细胞培养表面上"是否构成本申请权利要求1与对比文件1的区别；（3）铝箔是否属于治疗性载体的范畴。

对此，合议组认为：（1）对比文件1表1中已经公开了酸官能团的含有百分比为10.4%、16.4%以及21.0%这几个具体点值，它们落于了权利要求1所限定的至少5%这一数值范围内。（2）对比文件1虽然没有明确提到"至少一个细胞可以可逆地附着于细胞培养表面上"，但是该特征实际上是对所述载体的性能或效果的描述。由于对比文件1的载体的制备过程与本申请载体的制备过程相同（尤其可参见本申请实施例），而且对比文件1也公开了含酸官能团值大于5%的技术方案，在产品载体相同的情况下，其效果也必然相同，即对比文件1所公开的载体在附着细胞时也必然会达到至少一个细胞可以可逆地附着于细胞培养表面上这一性能或效果。而且本申请说明书第23页最后一段提到的"在低酸官能团浓度的表面也观察到了转移"，进一步佐证了上述结论的正确性。(3) 在本申请说明书第10页第3段具体列出了载体包括植入物、间质、敷料、细胞培养盘、线网、绷带、石膏、可生物降解的间质和聚合物膜等，随后第4段指出本发明的一个优选实施例中提供有一种治疗载体，接着对治疗性载体的描述是"适用于施加和/或植入进需要治疗组织工程的患者"，除此之外未对"治疗性载体"进行进一步定义。另外，由在驳回决定所针对的权利要求书中的权利要求2对治疗性载体的具体限定包括了上述列出的除细胞培养盘之外的所有类型载体可见，请求人认为诸如绷带、石膏等也属于治疗性载体，而铝箔与它们的性质类似，均属于外用且不可降解的载体，尤其在本领域技术人员根据本领域的常识已知铝箔本身是一种创伤修复材料的情况下，应当认为铝箔属于治疗性载体的范畴。而且，在对比文件1的研究目的意在针对伤口治疗和愈合的情况下，以铝箔为基础所获得的载体也能够施加到患者以治疗伤口，完全满足说明书中对于治疗性载体的"适用于施加和/或植入进需要治疗组织工程的患者"的要求。

综上所述，请求人的意见陈述不具有说服力。权利要求1所限定的技术方案与对比文件1公开的技术方案实质上相同，所属技术领域的技术人员根据两者的技术方案可以确定两者能够适用于相同的技术领域，解决相同的技术问题，并具有相同的预期效果。因此，权利要求1相对于对比文件1不具备专利法第22条第2款规定的新颖性。

针对《复审通知书》指出的问题，请求人于2007年9月24日提交了意见陈述书及经修改的权利要求书，将权利要求2的附加技术特征加入到了权利要求1中，其他权利要求仅作了序号和引用关系的调整。修改后的权利要求1为：

"1. 一种用于组织工程的治疗性载体，其中，所述的载体与一种可通过等离子体聚合得到的细胞培养表面集成，或者在其上涂覆有这种细胞培养表面，至少一个细胞可以可逆地附着于这种细胞培养表面上，其特征在于，所述表面含有至少5%的酸官能团，并且所述载体选自：假体、植入物、间质、敷料、线网、绷带、石膏、可生物降解的间质和聚合物膜。"

在意见陈述中，请求人认为：首先，对比文件1中的铝箔仅仅是进行XPS分析时使用的载体，并非本发明意义上的治疗性载体，并且也未包含在修改后的权利要求1所定义的治疗性载体的范围内。其次，本发明着重于研究使细胞良好地附着于表面以及使细胞易于从表面脱附并向DED转移的治疗性载体，而对比文件1仅仅研究了如何使细胞在表面上的附着加强，故对比文件1没有公开也没有暗示细胞可以很好地附着于表面并从表面脱附。总之，对比文件1所公开的内容并非用于解决与本发明相同的技术问题，并未提出与修改后的权利要求1相同的技术方案，也不能达到与本发明相同的预期效果。因此，修改后的权利要求1相对于对比文件1符合专利法第22条第2款关于新颖性的规定。

至此，合议组认为本案事实清楚，可以作出审查决定。

二、决定的理由

1. 决定所依据的文本

请求人于2007年9月24日提交了修改后的权利要求书全文替换页（共25项），其中所作的修改符合专利法第33条和专利实施细则第60条第1款的规定，因此本决定是在驳回决定所针对的说明书第1~26页、说明书附图第1~4页、说明书摘要以及2007年9月24日提交的权利要求第1~25项的基础上作出的。

2. 关于专利法第 22 条第 2 款

专利法第 22 条第 2 款规定，新颖性，是指在申请日以前没有同样的发明或者实用新型在国内外出版物上公开发表过、在国内公开使用过或者以其他方式为公众所知，也没有同样的发明或者实用新型由他人向国务院专利行政部门提出过申请并且记载在申请日以后公布的专利申请文件中。

根据该款的规定，如果专利申请中所要求保护的技术方案与现有技术的技术方案实质上并不相同，则该专利申请所要求保护的技术方案具有新颖性。

本案中，合议组在《复审通知书》中指出，驳回决定针对的权利要求书中的权利要求 1 相对于对比文件 1 不具备新颖性。请求人对权利要求 1 作了修改，对其中的治疗性载体进行了进一步的限定。修改后的权利要求 1 请求保护一种用于组织工程的治疗性载体，所述的载体与一种可通过等离子体聚合得到的细胞培养表面集成，或者在其上涂覆有这种细胞培养表面，至少一个细胞可以可逆地附着于这种细胞培养表面上，其特征在于，所述表面含有至少 5％的酸官能团，并且所述载体选自：假体、植入物、间质、敷料、线网、绷带、石膏、可生物降解的间质和聚合物膜。

对比文件 1 涉及人角化细胞在等离子共聚物表面上的附着，通过不同浓度和比例的丙烯酸和 1,7-辛二烯等离子共聚合后沉积到组织培养盘或铝箔上得到所述表面，所述表面含有的酸官能团即 COOH/R 的百分数的具体值有 2.3％、4.7％、10.4％、16.4％以及 21.0％（参见对比文件 1 第 37 页右栏最后一段至第 38 页左栏第 8 行，以及表 1）。

由此可见，对比文件 1 公开的技术方案与修改后的权利要求 1 要求保护的技术方案存在着下述区别技术特征：对比文件 1 仅公开了载体为组织培养盘或铝箔，而权利要求 1 将载体限定为假体、植入物、间质、敷料、线网、绷带、石膏、可生物降解的间质或聚合物膜。对比文件 1 中公开的组织培养盘和铝箔不在权利要求 1 限定的载体范围内。

综上所述，权利要求 1 的技术方案与对比文件 1 公开的技术方案存在区别技术特征，二者实质上不同，因而权利要求 1 符合专利法第 22 条第 2 款关于新颖性的规定。

根据以上事实和理由，本案合议组作出如下审查决定。

三、决定

撤销国家知识产权局于 2004 年 9 月 3 日对 00809165.X 号发明专利申请作出的驳回决定。由原审查部门在驳回决定所针对的说明书第 1~26 页、说明书附图第 1~4 页和说明书摘要以及请求人于 2007 年 9 月 24 日提交的权利要求第 1~25 项所构成的文本的基础上继续进行审查。

复审请求人对本决定不服的，可以根据专利法第 41 条第 2 款的规定，自收到本决定之日起三个月内向北京市第一中级人民法院起诉。

023

阿拉伯木聚糖降解酶

复审请求审查决定（第 11934 号）

决 定 号	第 11934 号
决 定 日	2007 年 10 月 30 日
发明创造名称	阿拉伯木聚糖降解酶
国际分类号	C12N 15/55，C12N 9/24，A23K 1/165，A21D 8/04；D21C 3/00 //（C12N 15/55，C12R 1：66）
复审请求人	吉斯特-布罗卡迪斯有限公司
申 请 号	95190812.X
优 先 权 日	1994 年 8 月 26 日
申 请 日	1995 年 8 月 28 日
公 开 日	1996 年 10 月 30 日
合议组组长	郭 婷
主 审 员	欧阳石文
参 审 员	尹 昕
法 律 依 据	专利法第 22 条第 3 款

决 定 要 点

对于涉及基因的发明，即使现有技术公开了该基因编码的蛋白质，但如果对于本领域技术人员而言，在申请日当时不能通过显而易见的方式获得足量的蛋白质以用于克隆其编码基因，相反，该发明通过非显而易见的方式获得了足量的蛋白质，进而获得了相关的编码基因，那么，在没有证据表明有任何其他显而易见的方式获得该编码基因的情况下，该发明具备专利法第 22 条第 3 款规定的创造性。

一、案由

本复审请求涉及 1995 年 8 月 28 日申请、1996 年 10 月 30 日公开、名称为"阿拉伯木聚糖降解酶"的第 95190812.X 号发明专利申请（下称本申请），本申请的优先权日为 1994 年 8 月 26 日，本申请的申请人为吉斯特-布罗卡迪斯有限公司。

国家知识产权局于 2001 年 7 月 20 日针对原始提交的国际申请的中文译文发出《第一次审查意见通知书》，其中指出：对比文件 1（EP0463706A1，公开日为 1992 年 1 月 2 日）公开了来源于真菌的木聚糖酶的克隆和表达，并具体公开了编码一种阿拉伯木聚糖降解酶活性的一段 DNA 片段，对比文件 2（"Purification and characterization of a (1，4)-β-D-arabinoxylan arabinofuranohydrolase from Aspergillus awamori"，F. J. M. Kormelink 等，Appl. Microbiol. Biotechnol.，第 35 卷第 753~758 页，

1991年)公开了泡盛曲霉产生的阿拉伯木聚糖阿拉伯呋喃糖水解酶的纯化和特点,因此权利要求1~8与对比文件1和对比文件2相比不具备专利法第22条第3款规定的创造性。

针对上述通知书,申请人于2001年12月4日向国家知识产权局提交了意见陈述书和权利要求书全文替换页,对权利要求1中的酶活性的性质作了进一步的限定,即"具有(1,4)-β-D-阿拉伯木聚糖阿拉伯呋喃糖水解酶活性,但不具有内切木聚糖酶和α-阿拉伯呋喃糖苷酶活性的多肽"。修改后的权利要求书如下:

"1. 含有编码具有(1,4)-β-D-阿拉伯木聚糖阿拉伯呋喃糖水解酶活性,但不具有内切木聚糖酶和α-阿拉伯呋喃糖苷活性的多肽或其多肽前体的核苷酸序列的DNA片段,其特征在于所述核苷酸片段选自:

(a) 编码具有SEQ ID NO:5中氨基酸1至306所代表的氨基酸序列的多肽或氨基酸-27至306所代表的所述多肽的多肽前体的核苷酸片段;

(b) 编码具有SEQ ID NO:7中氨基酸1至306所代表的氨基酸序列的多肽或氨基酸-27至306所代表的所述多肽的多肽前体的核苷酸片段;

(c) SEQ ID NO:5中核苷酸784至1779或SEQ ID NO:7中核苷酸823至1818所代表的核苷酸序列;

(d) 编码具有(1,4)-β-D-阿拉伯木聚糖阿拉伯呋喃糖水解酶活性,但不具有内切木聚糖酶和α-阿拉伯呋喃糖苷活性的多肽的核苷酸序列,该核苷酸序列能在杂交条件下与SEQ ID NO:5中核苷酸784至1779代表的DNA片段或SEQ ID NO:7中核苷酸823至1818代表的DNA片段杂交,所述的杂交条件包括在5×SSC/0.1%SDS中于65℃第一次洗涤30分钟,随后在2×SSC/0.1%SDS中于65℃第二次洗涤30分钟,接下来在0.1×SSC/0.1%SDS中于65℃第三次洗涤30分钟,然后在0.1×SSC中于65℃第四次洗涤30分钟。

2. 根据权利要求1的DNA片段,其中编码具有(1,4)-β-D-阿拉伯木聚糖阿拉伯呋喃糖水解酶活性的多肽的核苷酸序列是可从丝状真菌中获得的。

3. 根据权利要求2的DNA片段,其特征在于丝状真菌是曲霉属某种。

4. 根据权利要求3的DNA片段,其中的曲霉是黑曲霉或塔宾曲霉。

5. 根据权利要求1的DNA片段,其中编码具有(1,4)-β-D-阿拉伯木聚糖阿拉伯呋喃糖水解酶活性的多肽的核苷酸片段与在原核或真核宿主细胞中表达该DNA片段所需的DNA调控序列可操作地连接。

6. 根据权利要求5的DNA片段,其中调控DNA序列相对于编码具有(1,4)-β-D-阿拉伯木聚糖阿拉伯呋喃糖水解酶活性的多肽的核苷酸序列是异源的。

7. 根据权利要求6的DNA片段,其中选择异源DNA调控序列以便与DNA片段连接到自身的同源调控DNA序列上时在宿主中的表达相比,增强DNA片段在所述宿主中的表达。

8. 根据权利要求1~7任何一项的DNA片段,它是以载体的形式存在的。

9. 用权利要求1~8中任何一项的DNA片段转化的真核或原核宿主细胞,其中宿主细胞与未转化的宿主细胞相比能增强具有(1,4)-β-D-阿拉伯木聚糖阿拉伯呋喃糖水解酶活性的多肽的表达。

10. 根据权利要求9的转化的宿主细胞,该宿主属于曲霉属。

11. 一种获得能增强具有(1,4)-β-D-阿拉伯木聚糖阿拉伯呋喃糖水解酶活性的多肽的表达的宿主细胞的方法,该方法包括在转化条件下用权利要求1~8任一项的DNA片段处理宿主细胞,并筛选所述具有(1,4)-β-D-阿拉伯木聚糖阿拉伯呋喃糖水解酶活性的多肽的增强的表达。

12. 根据权利要求11的方法,其特征在于所述宿主细胞是曲霉属某种的宿主细胞。

13. 一种获得具有（1，4）- β-D-阿拉伯木聚糖阿拉伯呋喃糖水解酶活性的多肽的方法，包括在对产生所述多肽有利的条件下使能产生所述多肽的转化的宿主细胞生长并回收所述多肽的步骤，其特征在于所述转化的宿主细胞已用权利要求 1~8 任一项的 DNA 片段转化。

14. 包含具有（1，4）- β-D-阿拉伯木聚糖阿拉伯呋喃糖水解酶活性但不具有内切木聚糖和 α-阿拉伯呋喃糖苷活性的固定化多肽的饲料或食品添加剂组合物，所述多肽是可用权利要求 13 的方法生产的。

15. 具有（1，4）- β-D-阿拉伯木聚糖阿拉伯呋喃糖水解酶活性但不具有内切木聚糖和 α-阿拉伯呋喃糖苷活性的多肽作为饲料或食品添加剂的用途，所述多肽是可用权利要求 13 的方法生产的。

16. 权利要求 15 的用途，其中所述的多肽用于烤制面包。"

在意见陈述书中，申请人认为：对比文件 1 公开了来自黑曲霉的内切木聚糖酶和其编码基因的克隆，但权利要求 1 限定的酶不具有该酶活性，故对比文件 1 并不妨碍权利要求 1 的专利性。对比文件 2 描述了来自泡盛曲霉的（1，4）- β-D-阿拉伯木聚糖阿拉伯呋喃糖水解酶的纯化和表征，在提交的该文件作者的宣誓书副本中，该作者陈述了对比文件 2 中所得到的酶制剂的量不足以实现相应基因的克隆，尤其没有教导技术人员获得大量的足够用于克隆的纯酶，因此认为新提交的权利要求具备创造性。

国家知识产权局于 2002 年 12 月 6 日以权利要求 1 不符合专利法第 22 条第 3 款有关创造性的规定为由驳回了本申请。在驳回决定中，原审查部门认为新修改的权利要求 1 中加入"不具有内切木聚糖酶活性"的特征并没有给本发明带来突出的实质性特点和显著的进步，因此，本申请权利要求 1 仍然不符合专利法第 22 条第 3 款的规定。

申请人吉斯特-布罗卡迪斯有限公司（下称请求人）对上述驳回决定不服，于 2003 年 3 月 7 日向专利复审委员会提出复审请求，请求人在提出复审请求时没有提交修改的专利申请文件。请求人认为，对比文件 1 中的酶是内切木聚糖酶，它不能攻击阿拉伯木聚糖骨架的侧链，而只能切割木聚糖或阿拉伯木聚糖的主链，而本发明的酶的作用与其相反，不是内切木聚糖酶，两者是不同的酶，故对比文件 1 并不能破坏本申请权利要求 1 的创造性；同时指出对比文件 2 没有教导本领域的技术人员获得大量的足以实现相应基因克隆的纯酶，与本申请不相关。因此，请求人认为国家知识产权局驳回的理由不成立，本申请具备创造性。

形式审查合格后，专利复审委员会受理了该复审请求，并于 2003 年 3 月 24 日向请求人发出《复审请求受理通知书》，随后将本申请移交原审查部门进行前置审查。

原审查部门对本复审请求进行了前置审查，坚持原驳回决定。

专利复审委员会组成合议组，对本复审请求案进行了审理。于 2004 年 9 月 20 日向请求人发出《复审通知书》。《复审通知书》指出，对比文件 2 已经公开了权利要求 1 的基因片段所编码的酶，而根据已知蛋白质克隆相应的基因并测其 DNA 序列对本领域技术人员来说是通过常规技术就可以完成的，不需要付出创造性劳动。请求人虽然强调对比文件 2 没有教导获得大量的足以实现相应基因克隆的纯酶，但在对比文件 2 对所述酶的纯化和表征的基础上，本领域技术人员可以通过简单、有限的重复试验来获得更大量的纯酶，进而通过克隆技术获得相应的基因是容易实现的。因此，权利要求 1 相对于对比文件 2 不符合专利法第 22 条第 3 款关于创造性的规定。另外，还指出其余的权利要求即权利要求 2~16 相对于对比文件 2 也不具备创造性。

针对《复审通知书》指出的问题，请求人于 2004 年 12 月 21 日提交了意见陈述书及发明人之一 Van Ooyen 的声明。请求人认为：复审通知书中的意见不适合于本申请的基因，即不能根据对比文件 2 的教导通过克隆和根据常规方法的有限实验获得编码所述蛋白质的基因，并根据所述声明提出以下几点意见：(1) 菌株的生长条件通常对获得足量用于基因克隆的蛋白至关重要，但对比文件2不但没有公开获得足量蛋白质的生长条件，甚至也没有提到或暗示如何获得少量不纯的所述蛋白质，而且对比文件2获得的酶纯度的质量也非常差；(2) 即使获得了符合基因克隆的质量和数量标准的酶，也不能通过根据常规方法的有限的试验进行基因克隆，只有通过使用与对比文件2不同的菌株，不同的培养方案和不同的蛋白质纯化方法，本发明人才最终获得足够的纯的可用于基因克隆的酶。此外，在本申请的优先权日前的常规克隆方法为通过设计探针进行杂交或PCR来克隆所述基因序列，而克隆本申请的基因需要与此完全不同的方法，即通过产生抗体，然后筛选cDNA表达文库来进行克隆。鉴于表达文库的抗体筛选的许多缺陷和风险，该方法不能被认为是本领域的常规方法，也不是首选的方法，也就是说即使具有足量的高纯度的蛋白质，克隆权利要求1的基因对本领域技术人员来说也并非显而易见的。故权利要求1~16符合专利法第22条第3款关于创造性的规定。

复审委员会于2005年1月12日发出了《外文证据处理通知书》，要求请求人补交2004年12月21日答复《复审通知书》时提交的外文证据即Van Ooyen的声明的中文译本，以及2001年12月4日答复《第一次审查意见通知书》时提交的外文证据即Kromelink的宣誓书的中文译文。

请求人于2005年2月4日提交了相关的中文译文。

至此，合议组认为本案事实清楚，可以作出审查决定。

二、决定的理由

1. 决定针对的文本

本复审请求审查决定所针对的文本为驳回决定所针对的文本。

2. 关于专利法第22条第3款

专利法第22条第3款规定，创造性，是指同申请日以前已有的技术相比，该发明有突出的实质性特点和显著的进步。

根据该款规定，对于涉及基因的发明，即使现有技术公开了该基因编码的蛋白质，但如果对于本领域技术人员而言，在申请日当时不能通过显而易见的方式获得足量的蛋白质以用于克隆其编码基因，相反，该发明通过非显而易见的方式获得了足量的蛋白质，进而获得了相关的编码基因，那么，在没有证据表明有任何其他显而易见的方式获得该编码基因的情况下，该发明具备专利法第22条第3款规定的创造性。

本案中，权利要求1要求保护含有编码具有(1,4)-β-D-阿拉伯木聚糖阿拉伯呋喃糖水解酶活性，但不具有内切木聚糖酶和α-阿拉伯呋喃糖苷活性的多肽或其多肽前体的核酸序列的DNA片段。

对比文件2公开了一种来自泡盛曲霉的(1,4)-β-D-阿拉伯木聚糖阿拉伯呋喃糖水解酶(AXH)，能够攻击阿拉伯木聚糖的阿拉伯糖侧链，分子量为32000Da，对β-硝基苯基-α-L-阿拉伯糖呋喃糖苷、阿拉伯糖聚糖、阿拉伯半乳聚糖不显示活性（参见对比文件2的摘要）。该文件中涉及的酶获自Aspergillus awamori CMI 142717的培养过滤物的部分纯化的制品，但对比文件2没有提到如何获得所述的培养过滤物（参见对比文件2第754页左栏第2段）。此外，按照对比文件2提到的纯化方案（如其图1所示），得到的AXH非常微量，以致于难以检测到，仅仅是分离纯化内切木聚糖酶II的副产物（参见对比文件2第755页左栏倒数第14~19行）。而且对比文件2也没有说明获得的AXH的质量和纯度，仅对其相关特性如分子量、最佳pH值、最适温度、底物特异性及作用模式进行了实验。

基于对比文件2所公开的信息，本领域技术人员一方面无法显而易见的得知如何获得用于纯化酶的培养过滤物，其没有说明如何培养所述菌种以期从培养液中获得高水平的AXH；另一方面，对比文件 2 的纯化步骤是针对木聚糖酶的，并不适合纯化 AXH。本领域技术人员知道为要获得足量的较高纯度的 AXH，必然要选择合适的菌种、培养方法和纯化方案，而对比文件 2 中对此并没有给出任何教导。这种情况下，本领域技术人员基于对比文件 2 公开的信息获得可用于克隆相关基因的足量的酶并不是显而易见的。因此，基于对比文件 2，本领域技术人员并不能通过简单、有限的重复试验来获得更多的纯酶。

而且，本申请在克隆权利要求 1 所述的基因片段时，在纯酶的获得方面采取了完全不同的方法：(1) 本申请利用的菌株是 Aspergillus niger var tubigensis DS 16813，而对比文件 2 中使用的是 Aspergillus niger var awamori CMI142717，不同的菌株合成特定酶的能力是有差异的；(2) 本申请的菌种培养方式也是特别的，而对比文件 2 根本未公开相关的培养方式；(3) 纯化方案也完全不同于对比文件 2（参见本申请说明书第 19 页的实施例 1.1）。而该方法在对比文件 2 中并没有教导。因此，本申请在获得纯酶方面付出了创造性劳动，对本领域技术人员而言是非显而易见的。

在此基础上，不管后续的克隆步骤是否采用了常规的方法或者是否存在任何技术困难，权利要求 1 所述的基因片段相对于对比文件 2 而言都是非显而易见的。

至于对比文件 1，由于涉及了不同的酶，其中公开的相应的克隆方法也不会被运用于克隆本申请的权利要求 1 所述的基因片段。也就是说，对本领域技术人员来说，也不能将对比文件 1 和对比文件 2 相结合来获得本申请的权利要求 1 的技术方案。

综上所述，相对于对比文件 2 或者对比文件 1 和 2 的结合而言，权利要求 1 都具备突出的实质性特点和显著的进步，符合专利法第 22 条第 3 款关于创造性的规定。

从属权利要求 2~8，在权利要求 1 具备创造性的基础上，它们也具备创造性，符合专利法第 22 条第 3 款的规定。

权利要求 9~10 要求保护用权利要求 1~8 中任一项的 DNA 片段转化的真核或原核宿主细胞，权利要求 11~12 要求保护获得能增强具有（1, 4）-β-D-阿拉伯木聚糖阿拉伯呋喃糖水解酶活性的多肽的表达的宿主细胞的方法，权利要求 13 要求保护获得具有（1, 4）-β-D-阿拉伯木聚糖阿拉伯呋喃糖水解酶活性的多肽的方法，权利要求 14 要求保护包含权利要求 13 方法生产的多肽的饲料或食品添加剂组合物，权利要求 15~16 要求保护具有（1, 4）-β-D-阿拉伯木聚糖阿拉伯呋喃糖水解酶活性但不具有内切木聚糖酶和 α-阿拉伯呋喃糖苷活性的多肽的用途。在权利要求 1~8 的 DNA 片段具备创造性的基础上，权利要求 9~16 也具备创造性，符合专利法第 22 条第 3 款的规定。

根据以上事实和理由，本案合议组作出如下审查决定。

三、决定

撤销国家知识产权局于 2002 年 12 月 6 日对 95190812.X 号发明专利申请作出的驳回决定。由原审查部门在驳回决定所针对的文本的基础上继续进行审查。

复审请求人对本决定不服的，可以根据专利法第 41 条第 2 款的规定，自收到本决定之日起三个月内向北京市第一中级人民法院起诉。

用作免疫抑制剂的缩肽及其同类物

复审请求审查决定（第11952号）

决 定 号	第11952号
决 定 日	2007年11月27日
发明创造名称	用作免疫抑制剂的缩肽及其同类物
国际分类号	C07K11/00，C07K5/10，A61K38/15
复审请求人	埃克斯西特治疗公司
申 请 号	00817856.9
优 先 权 日	1999年12月8日，2000年3月30日
申 请 日	2000年12月6日
公 开 日	2003年4月30日
合议组组长	郭　婷
主 审 员	唐　莉
参 审 员	卢　阳

法 律 依 据 专利法第26条第3款，专利法第33条

决 定 要 点

要求保护的发明为化学产品本身的，说明书中应当记载化学产品的确认、制备以及用途。就其确认而言，对于化合物发明，说明书中除应当说明该化合物的化学名称及结构式以外，还应当记载能使要求保护的化合物被清楚地确认的化学、物理性能参数（例如各种定性或者定量数据和谱图等）。就其制备而言，说明书中应当记载至少一种制备方法，说明实施所述方法所用的原料物质、工艺步骤和条件、专用设备等，使本领域的技术人员能够实施。对于化合物发明，通常需要有制备实施例。就其用途而言，

如果本领域的技术人员无法根据现有技术预测该药物化合物能够实现所述医药用途、药理作用，则应当记载对于本领域技术人员来说，足以证明该药物化合物可以解决预期要解决的技术问题或者达到预期的技术效果的实验室试验（包括动物试验）或者临床试验的定性或定量数据。

如果申请的内容通过增加、改变和/或删除其中的一部分，致使所属技术领域的技术人员看到的信息与原申请记载的信息不同，而且又不能从原申请记载的信息中直接地、毫无疑义地确定，那么，这种修改就是不允许的。反之，则是允许的。

一、案由

本复审请求涉及2000年12月6日申请，2003年4月30日公开，名称为"用作免疫抑制剂的缩

肽及其同类物"的第00817856.9号发明专利申请（下称本申请），本申请的优先权日分别为1999年12月8日和2000年3月30日，本申请的申请人为埃克斯西特治疗公司。

国家知识产权局于2004年10月15日以本申请说明书不符合专利法第26条第3款的规定为由驳回了本申请，理由是：本申请中说明书给出的只是化合物合成步骤的构思，并没有给出化合物的具体制备方法和制备实施例，说明书中也没有给出这些化合物与发明要解决的技术问题相关的化学、物理参数，使这些化合物与结构相似的已知化合物FR901228之间的区别能被清楚地辨认；实施例部分仅给出已知化合物FR901228的活性实验数据，并不足以证明本申请技术方案中其他化合物可以达到预期要解决的技术问题或效果，因此说明书未清楚、完整地公开发明，不符合专利法第26条第3款的规定。

《驳回决定》所针对的权利要求为2004年8月5日提交的权利要求1~40，其中独立权利要求为：

"1. 具有以下结构的化合物，或其药学上可接受的盐或立体异构体：

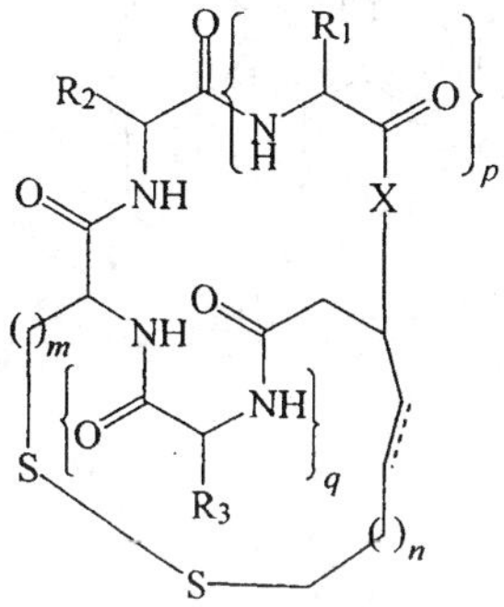

其中，

m 为1、2、3或4；

n 为0、1、2或3；

p 和 q 独立地为1或2；

X 为O、NH或NR；

R_1、R_2 和 R_3 相同或不同，并独立地为氨基酸侧链或氨基酸侧链衍生物；而

R 为低级链烷基、芳基或芳基烷基；

条件是此化合物不是FR901228。

9. 包含权利要求1的化合物和药学上可接受载体的组合物。

10. 具有以下结构的化合物或其药学上可接受的盐或立体异构体在制备用于预防或抑制动物的免疫应答或免疫介导的应答的药物中的用途：

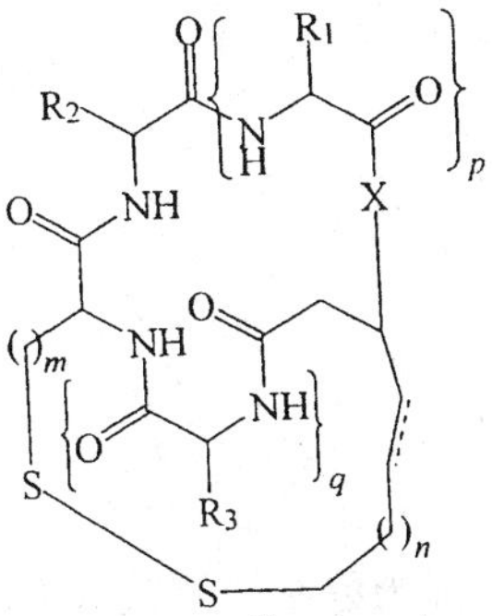

其中，

m 为 1、2、3 或 4；

n 为 0、1、2 或 3；

p 和 q 独立地为 1 或 2；

X 为 O、NH 或 NR；

R_1、R_2 和 R_3 相同或不同，并独立地为氨基酸侧链或氨基酸侧链衍生物；而

R 为低级链烷基、芳基或芳基烷基。

16. 具有以下结构的化合物或其药学上可接受的盐或立体异构体在制备抑制淋巴细胞增殖的药物中的用途：

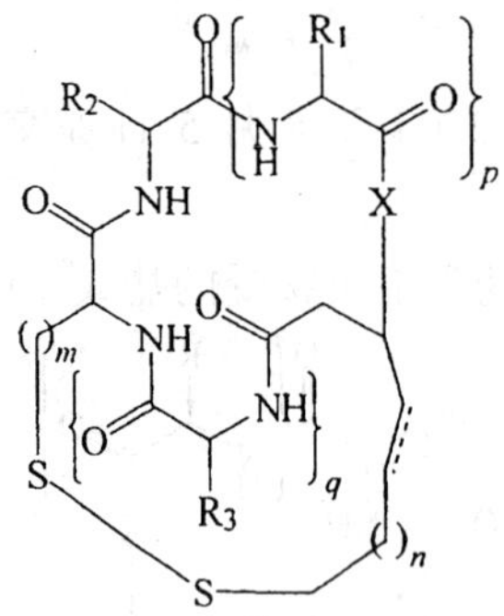

$$\text{(I)}$$

其中，

m 为 1、2、3 或 4；

n 为 0、1、2 或 3；

p 和 q 独立地为 1 或 2；

X 为 O、NH 或 NR；

R_1、R_2 和 R_3 相同或不同，并独立地为氨基酸侧链或氨基酸侧链衍生物；而

R 为低级链烷基、芳基或芳基烷基。

17. 具有以下结构的化合物或其药学上可接受的盐或立体异构体在制备提高移植后移植物存活的药物中的用途：

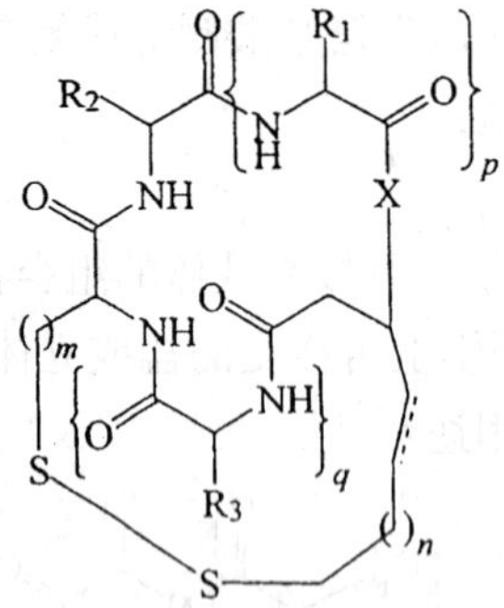

$$\text{(I)}$$

其中，

m 为 1、2、3 或 4；

n 为 0、1、2 或 3；

p 和 q 独立地为 1 或 2；

X 为 O、NH 或 NR；

R_1、R_2 和 R_3 相同或不同，并独立地为氨基酸侧链或氨基酸侧链衍生物；而

R 为低级链烷基、芳基或芳基烷基。

20. 具有以下结构的化合物或其药学上可接受的盐或立体异构体在制备减少淋巴细胞分泌白细胞介素-2 的药物中的用途：

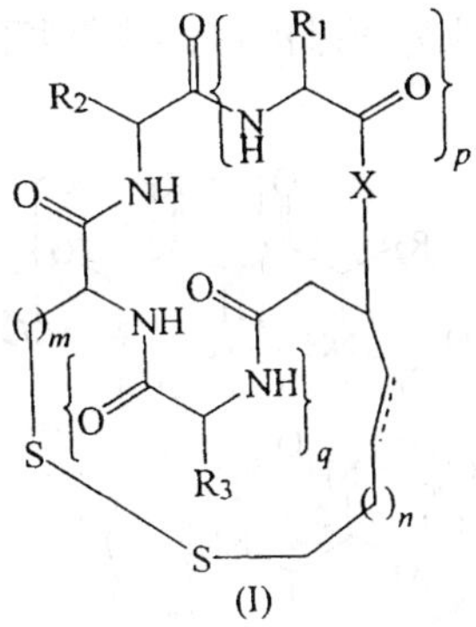

其中，

m 为 1、2、3 或 4；

n 为 0、1、2 或 3；

p 和 q 独立地为 1 或 2；

X 为 O、NH 或 NR；

R_1、R_2 和 R_3 相同或不同，并独立地为氨基酸侧链或氨基酸侧链衍生物；而

R 为低级链烷基、芳基或芳基烷基。

21. 具有以下结构的化合物或其药学上可接受的盐或立体异构体在制备抑制在刺激淋巴细胞之后在淋巴细胞上 CD25 或 CD154 的诱导的药物中的用途：

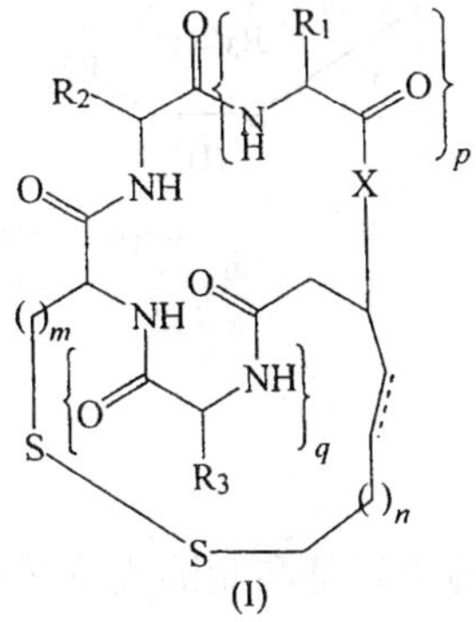

其中，

m 为 1、2、3 或 4；

n 为 0、1、2 或 3；

p 和 q 独立地为 1 或 2；

X 为 O、NH 或 NR；

R_1、R_2 和 R_3 相同或不同，并独立地为氨基酸侧链或氨基酸侧链衍生物；而

R 为低级链烷基、芳基或芳基烷基部分。

22. 具有以下结构的化合物或其药学上可接受的盐或立体异构体在制备诱导活化 T 细胞无反应性或细胞凋亡，同时保持总 T 细胞数的药物中的用途：

其中，

m 为 1、2、3 或 4；

n 为 0、1、2 或 3；

p 和 q 独立地为 1 或 2；

X 为 O、NH 或 NR；

R_1、R_2 和 R_3 相同或不同，并独立地为氨基酸侧链或氨基酸侧链衍生物；而

R 为低级链烷基、芳基或芳基烷基。

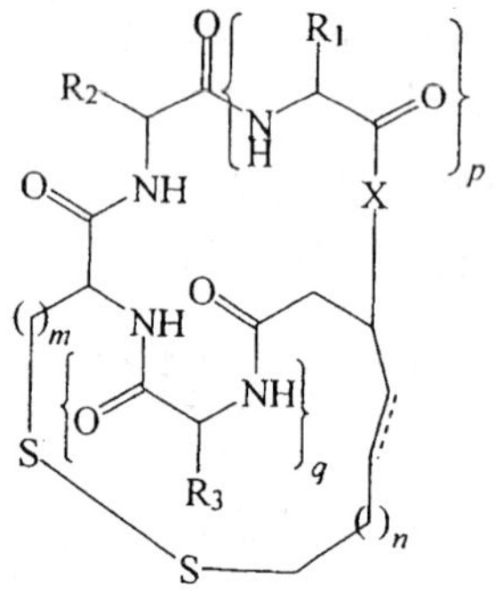

23. 具有以下结构的化合物或其药学上可接受的盐或立体异构体在制备诱导免疫系统对抗原的耐受性的药物中的用途：

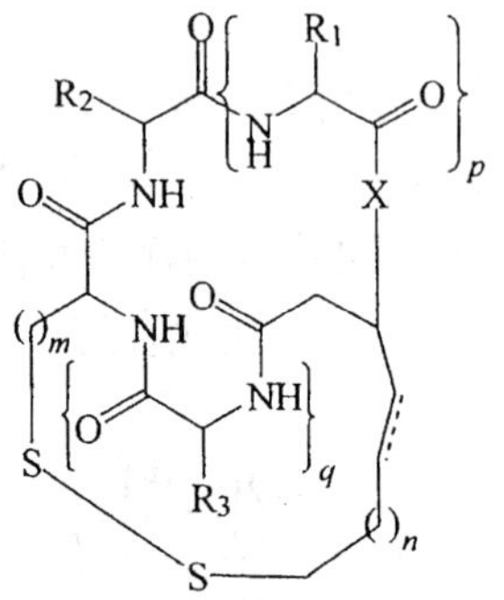

其中，

m 为 1、2、3 或 4；

n 为 0、1、2 或 3；

p 和 q 独立地为 1 或 2；

X 为 O、NH 或 NR；

R_1、R_2 和 R_3 相同或不同，并独立地为氨基酸侧链或氨基酸侧链衍生物；而

R 为低级链烷基、芳基或芳基烷基。

24. 具有以下结构的化合物或其药学上可接受的盐或立体异构体在制备减少肿瘤坏死因子-α 分泌的药物中的用途：

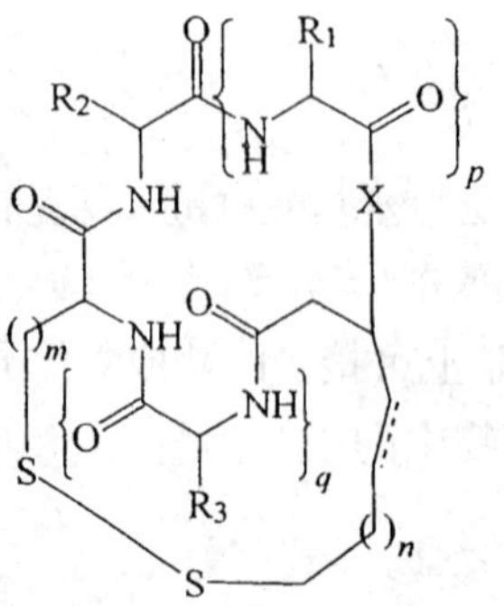

其中，
m 为 1、2、3 或 4；
n 为 0、1、2 或 3；
p 和 q 独立地为 1 或 2；
X 为 O、NH 或 NR；
R_1、R_2 和 R_3 相同或不同，并独立地为氨基酸侧链或氨基酸侧链衍生物；而
R 为低级链烷基、芳基或芳基烷基。

25. 具有以下结构的化合物或其药学上可接受的盐或立体异构体在制备抑制在进入 S 期之前活化 T 细胞的细胞周期的药物中的用途：

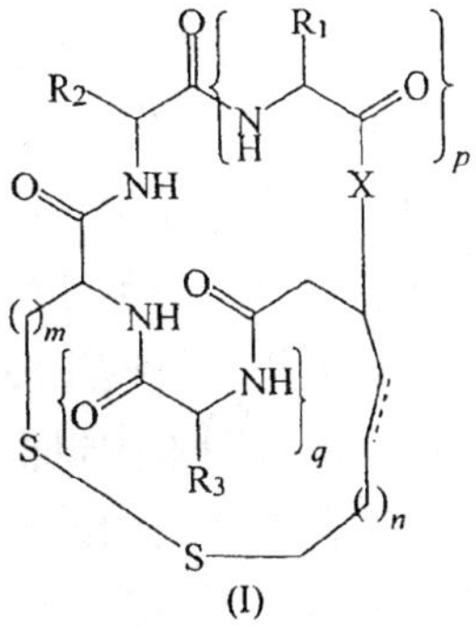

其中，
m 为 1、2、3 或 4；
n 为 0、1、2 或 3；
p 和 q 独立地为 1 或 2；
X 为 O、NH 或 NR；
R_1、R_2 和 R_3 相同或不同，并独立地为氨基酸侧链或氨基酸侧链衍生物；而
R 为低级链烷基、芳基或芳基烷基。"

申请人埃克斯西特治疗公司（以下称请求人）对上述驳回决定不服，于 2005 年 1 月 28 日向专利复审委员会提出复审请求，并提交了附件 1（美国专利 4977138，公开日：1990 年 12 月 11 日）作为参考，请求人提出复审请求的理由为：

（1）本发明的通式 I 的双环缩肽化合物在结构上与已知化合物 FR901228 极为相似，二者母核结构是相同的，本领域技术人员容易理解这一共同的母核结构对化合物的功能性质具有重要作用，申请人发现具有所述母核结构的化合物具有免疫抑制的作用（参见附图 1-4），且请求人提交的附件 1（本申请说明书第 8~9 页提及了此文献）和本申请说明书第 9 页第 2 段都描述了 FR901228 的制备方法，本领域技术人员可以根据这些信息实施本发明。

（2）说明书中清楚地描述了缩肽 FR901228 的多种功能和效果（参见附图 1-5），此外，说明书清楚地描述了有关所要求保护的化合物的具体制备（包括原料物质、工艺步骤和条件等）和相关的化学/物理信息（参见例如说明书第 8 页倒数第 5 行至第 9 页第 11 行、第 15 页至第 18 页第 12 行），本领域技术人员基于说明书的教导和本领域的一般知识水平，完全能够容易地了解如何制备本发明的化合物，完全能够实施本发明。

（3）本案相应的美国和欧洲的同族申请（US 6,403,555；US 6,548,479 和 EP1246839）均已被授予专利权，请求人在国家知识产权局对本申请的实质审查过程中已经提交了相应的授权文本复印件。

请求人没有在提出复审请求的同时提交新的专利申请文本。

形式审查合格后，专利复审委员会受理了该复审请求，并于 2005 年 3 月 2 日向请求人发出《复审请求受理通知书》，随后将本申请案卷移交原审查部门进行前置审查。

原审查部门对本复审请求进行了前置审查，认为本申请涉及到的一组化合物有些结构近似，但有些结构差别很大，申请人提供的现有技术文件仅涉及已知化合物 FR901228 的合成和物化参数，本申请说明书中没有提供化合物的具体制备方法、制备实施例以及化学和物理参数，使这些化合物与结构相似的已知化合物 FR901228 之间的区别能被清楚地辨认；另外实施例部分仅给出已知化合物 FR901228 的活性试验数据，不足以证明该发明技术方案中的其他所有化合物均可达到预期的技术效果；因此坚持原驳回决定。

专利复审委员会组成合议组，对本案的复审请求进行了审理。于 2007 年 5 月 8 日向请求人发出《复审通知书》。《复审通知书》指出，本申请请求保护一种通式化合物及其在制备用于某些特定用途的药物中的用途，条件是该化合物不是 FR901228，首先，对于该化合物的制备和确认，本申请说明书中仅描述了该通式化合物的反应路线的理论设计，并没有给出可用于具体实施该制备方法并表明该制备方法确实可行的信息，这不足以使本领域技术人员确定所设计的制备方法是否能够制得所述的化合物，也无法具体实施该制备方法；其次，对于化合物的用途，本领域技术人员无法从所述通式化合物的结构本身确定其是否能够治疗所述疾病，而说明书中也没有给出任何定性或定量数据或者令人信服的理论分析，因此本领域技术人员无法合理预期本发明的药物化合物是否能够治疗所述疾病；因此说明书不符合专利法第 26 条第 3 款有关公开充分的规定。进入中国国家阶段的 PCT 申请的同族申请在美国和欧洲是否授权对其在中国国家阶段的审查结果没有影响。

针对《复审通知书》指出的问题，请求人于 2007 年 6 月 19 日提交了意见陈述书及经修改的权利要求书全文替换页（共 17 项）。

修改后的权利要求书如下：

"1. 具有以下结构的化合物 FR901228 或其药学上可接受的盐或立体异构体在制备用于预防或抑制动物的免疫应答或免疫介导的应答的药物中的用途：

FR901228

。

2. 权利要求 1 的用途，其中所述动物患有自身免疫病或有患此病的危险。
3. 权利要求 2 的用途，其中所述动物患有糖尿病或有患此病的危险。
4. 权利要求 1 的用途，其中所述动物患有炎性疾病或有患此病的危险。
5. 权利要求 1 的用途，其中所述动物患有移植物抗宿主疾病或有患此病的危险。
6. 权利要求 1 的用途，其中所述动物将接受或已接受同种异体移植。
7. 权利要求 1 的用途，其中所述动物将接受或已接受异种移植。
8. 具有以下结构的化合物 FR901228 或其药学上可接受的盐或立体异构体在制备抑制动物淋巴细胞增殖的药物中的用途：

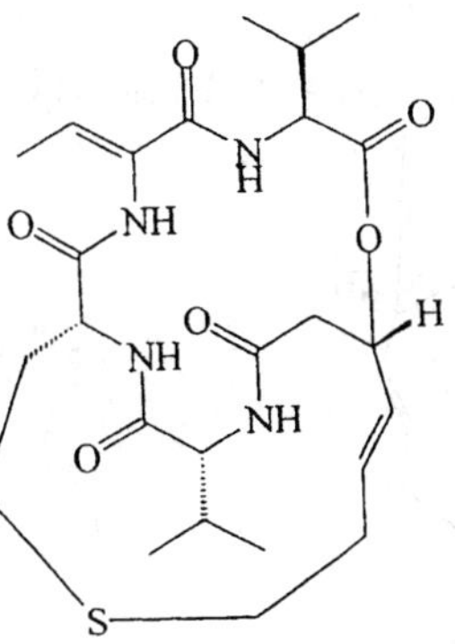

FR901228

9. 具有以下结构的化合物 FR901228 或其药学上可接受的盐或立体异构体在制备提高动物移植后移植物存活的药物中的用途：

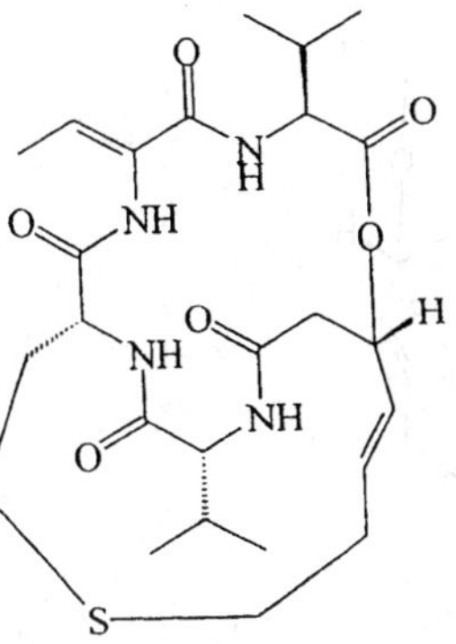

FR901228

10. 权利要求 9 的用途，其中所述移植为同种异体移植。
11. 权利要求 9 的用途，其中所述移植为异种移植。
12. 具有以下结构的化合物 FR901228 或其药学上可接受的盐或立体异构体在制备减少动物淋巴细胞分泌白细胞介素-2 的药物中的用途：

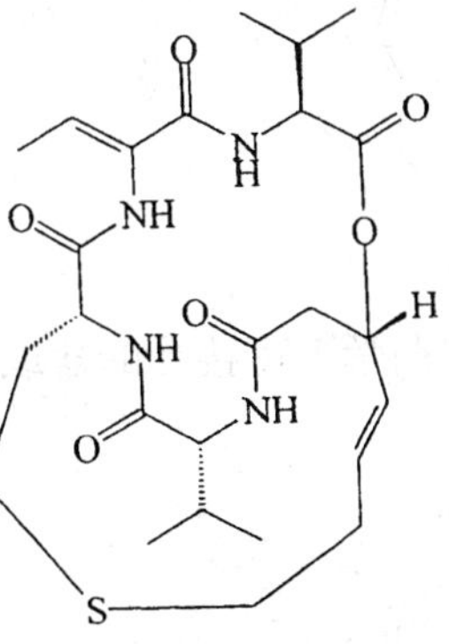

FR901228

13. 具有以下结构的化合物 FR901228 或其药学上可接受的盐或立体异构体在制备抑制动物在刺激淋巴细胞之后在淋巴细胞上 CD25 或 CD154 的诱导的药物中的用途：

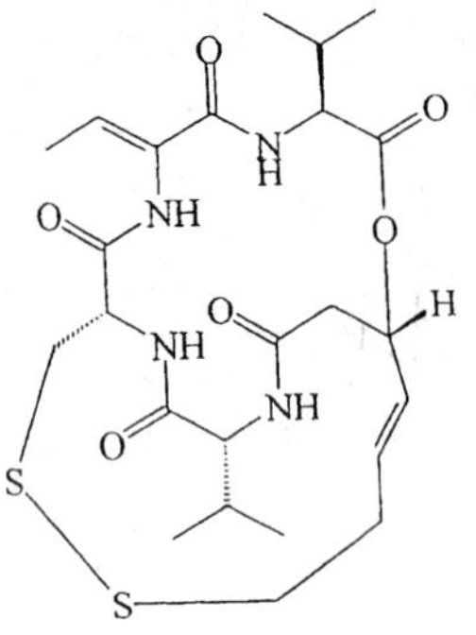

FR901228

14. 具有以下结构的化合物FR901228或其药学上可接受的盐或立体异构体在制备诱导动物活化T细胞无反应性或细胞凋亡，同时保持总T细胞数的药物中的用途：

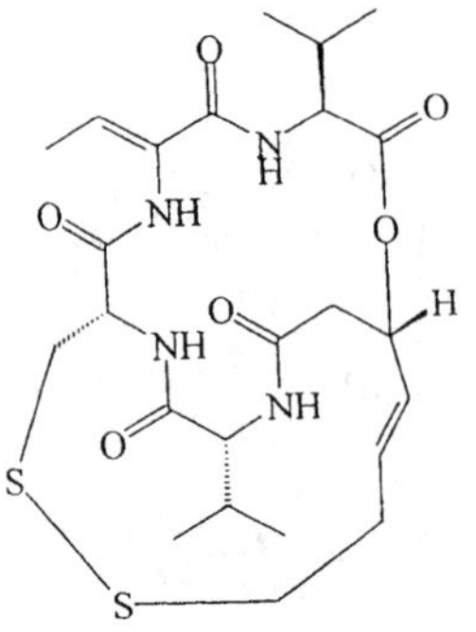

FR901228

15. 具有以下结构的化合物FR901228或其药学上可接受的盐或立体异构体在制备诱导动物免疫系统对抗原的耐受性的药物中的用途：

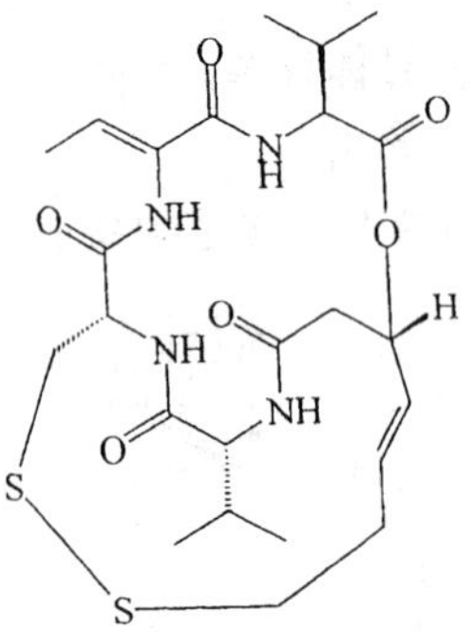

FR901228

16. 具有以下结构的化合物FR901228或其药学上可接受的盐或立体异构体在制备减少动物肿瘤坏死因子-α的T-细胞分泌的药物中的用途：

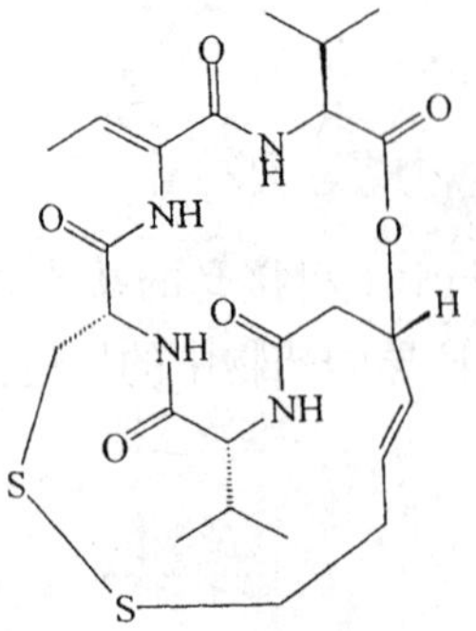

FR901228

17. 具有以下结构的化合物 FR901228 或其药学上可接受的盐或立体异构体在制备抑制动物在进入 S 期之前活化 T 细胞的细胞周期的药物中的用途：

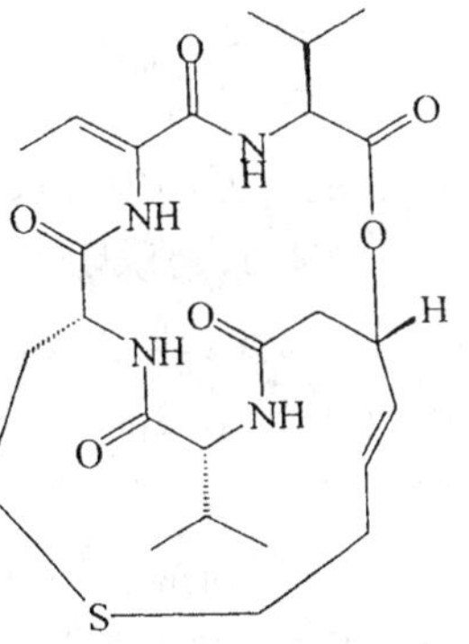

[化学结构式 FR901228]

请求人在意见陈述书中提出：（1）在新修改的权利要求书中将要求保护的主题限定成了化合物 FR901228 的制药用途；（2）化合物 FR901228 是已知的，本领域技术人员完全可以根据本申请说明书第 8~9 页公开的信息制得到所述化合物并用于本发明所述的特定用途；（3）说明书中已清楚详细地描述了缩肽 FR901228 的有关活性实验并记载了数据（参见实施例 II、III、IV、VIII，附图 1~6、10、12，表 2）；因此，说明书已充分清楚完整地描述了目前的权利要求书所要求保护的发明，是符合专利法第 26 条第 3 款规定的。

合议组于 2007 年 8 月 8 日向请求人发出《第二次复审通知书》，《第二次复审通知书》中指出：请求人于 2007 年 6 月 19 日提交的新修改的权利要求书中，在修改后的权利要求 16 中限定了特征"制备减少动物肿瘤坏死因子 α 的 T-细胞分泌的药物中的用途"，然而根据原始说明书和权利要求书的内容无法直接地、毫无疑义地确定本发明的化合物减少肿瘤坏死因子 α 的 T-细胞分泌，上述修改超出了原始权利要求书和说明书的记载范围，不符合专利法第 33 条的规定。

针对《第二次复审通知书》指出的问题，请求人于 2007 年 9 月 24 日提交了意见陈述书及经修改的权利要求书第 14~16 项的替换页。其中所作修改仅是将权利要求 16 的文字部分修改为：

"16. 具有以下结构的化合物 FR901228 或其药学上可接受的盐或立体异构体在制备减少动物外周血淋巴细胞或 CD4 T-细胞分泌肿瘤坏死因子-α 的药物中的用途："

请求人认为：请求人已对权利要求 16 的表述进行了修改，使之与说明书的原始记载内容相一致，目前的权利要求的定义均可从本发明原始公开内容直接推导出来，是符合专利法第 33 条的规定的。

至此，合议组认为本案事实清楚，可以作出审查决定。

二、决定的理由

1. 审查依据的文本

本复审请求审查决定所针对的文本为请求人于 2007 年 6 月 19 日提交的权利要求第 1~13、17 项，于 2007 年 9 月 24 日提交的权利要求第 14~16 项，以及驳回决定针对的说明书第 1~38 页、附图第 1~12 页、摘要。

2. 关于专利法第 33 条

专利法第 33 条规定，申请人可以对其专利申请文件进行修改，但是，对发明和实用新型专利申请文件的修改不得超出原说明书和权利要求书记载的范围。

根据该条规定，如果申请的内容通过增加、改变和/或删除其中的一部分，致使所属技术领域的技术人员看到的信息与原申请记载的信息不同，而且又不能从原申请记载的信息中直接地、毫无疑义地确定，那么，这种修改就是不允许的。反之，则是允许的。

本案中，请求人在 2007 年 6 月 19 日答复《复审通知书》时提交的新修改的权利要求书中的权利要求 16 中限定了特征"制备减少动物肿瘤坏死因子α的 T-细胞分泌的药物中的用途"，而原始提交的权利要求书中与之对应的权利要求限定的特征为"制备减少动物肿瘤坏死因子-α分泌的药物"。

合议组发出的《第二次复审通知书》中指出：对于权利要求 16 的上述修改，在原始说明书和权利要求书中涉及本发明化合物减少肿瘤坏死因子-α的分泌的内容仅包括：(1) 原始权利要求 24 中记载了"减少肿瘤坏死因子-α分泌的方法……"，(2) 原始说明书第 6 页第 4 段记载了"通过结构 (I) 的化合物的给药而减少 TNF-α分泌……"，(3) 原始说明书第 20 页倒数第 3 段记载了"FR901228 可使 CD4 T 细胞部分活化（如……以及减少 IL-2 和/或 TNF-α产生）"，(4) 原始说明书第 22 页第 2~3 行记载了"减少外周血淋巴细胞分泌 TNF-α"，(5) 实施例 IV 中记载了"分析了活化 CD4 细胞的 IL-2 和 TNF-α产生"和"……刺激外周血淋巴细胞（PBL）24 小时后，用 ELISA 法测定了 IL-2 和 TNFα"；根据上述原始说明书和权利要求书的内容能够确定本发明涉及减少 TNF-α分泌、减少 CD4 T 细胞的 TNF-α分泌以及减少外周血淋巴细胞分泌 TNF-α，但不能确定本发明涉及减少 TNF-α的α细胞分泌，因为：首先，并非仅有 T 细胞能够分泌 TNF-α，其他细胞如各种免疫细胞、内皮细胞等都可以分泌 TNF-α，因此根据"减少 TNF-α分泌"并不能确定出"减少 TNF-α的 T 细胞分泌"；其次，CD4 T 细胞是 T 细胞的一种，除 CD4 T 细胞外还有 CD8、CD4/CD8 等其他 T 细胞，因而根据"减少 CD4 T 细胞的 TNF-α分泌"也无法确定出"减少 TNF-α的 T 细胞分泌"；第三，外周血淋巴细胞不仅包括 T 细胞，而且还包括也可以分泌 TNF-α的 NK 细胞，因此根据"减少外周血淋巴细胞分泌 TNF-α"也无法确定出"减少 TNF-α的α细胞分泌"。综上所述，根据上述原始说明书和权利要求书的内容无法直接地、毫无疑义地确定本发明的化合物减少动物肿瘤坏死因子α的 T-细胞分泌，请求人的上述修改超出了原说明书和权利要求书的记载范围，不符合专利法第 33 条的规定。

请求人在答复《第二次复审通知书》时提交的权利要求书修改文本中将权利要求 16 中的"具有以下结构的化合物 FR901228 或其药学上可接受的盐或立体异构体在制备减少动物肿瘤坏死因子α的 T-细胞分泌的药物中的用途"修改为"具有以下结构的化合物 FR901228 或其药学上可接受的盐或立体异构体在制备减少动物外周血淋巴细胞或 CD4 T-细胞分泌肿瘤坏死因子-α的药物中的用途"。原始说明书第 20 页倒数第 3 段明确记载了"FR901228 可使 CD4 T 细胞部分活化（如诱导 CD69，但减少 CD25、CD137w、CD11a、CD134、CD54、CD95 和 CD154 表面表达，以及减少 IL-2 和/或 TNF-α产生）"，原始说明书第 21 页倒数第 1 段至第 22 页第 1 段还明确记载了"包括 FR901228 的在结构 (I) 中所述的此类化合物可能具有一个或多个以下特征……减少外周血淋巴细胞分泌 TNF-α；……"，因此修改后的权利要求 16 的技术方案可以根据原始权利要求书和说明书的记载直接地、毫无疑义地确定，其克服了《第二次复审通知书》中指出的权利要求 16 的修改不符合专利法第 33 条规定的缺陷。请求人于 2007 年 6 月 19 日提交的权利要求第 1~13、17 项以及于 2007 年 9 月 24 日提交的权利要求第 14~16 项的修改符合专利法第 33 条的规定。

3. 关于专利法第 26 条第 3 款

专利法第 26 条第 3 款规定，说明书应当对发明或者实用新型作出清楚、完整的说明，以所属技术领域的技术人员能够实现为准。

根据该款规定，要求保护的发明为化学产品本身的，说明书中应当记载化学产品的确认、制备以及用途。就其确认而言，对于化合物发明，说明书中除应当说明该化合物的化学名称及结构式以外，还应当记载能使要求保护的化合物被清楚地确认的化学、物理性能参数（例如各种定性或者定量数据和谱图等）。就其制备而言，说明书中应当记载至少一种制备方法，说明实施所述方法所用的原料物质、工艺步骤和条件、专用设备等，使本领域的技术人员能够实施。对于化合物发明，通常需要有制备实施例。就其用途而言，如果本领域的技术人员无法根据现有技术预测该药物化合物能够实现所述医药用途、药理作用，则应当记载对于本领域技术人员来说，足以证明该药物化合物可以解决预期要解决的技术问题或者达到预期的技术效果的实验室试验（包括动物试验）或者临床试验的定性或定量数据。

  本案中，《驳回决定》中指出，本申请要求保护一种通式化合物（条件是该化合物不是FR901228），及其在制备用于某些特定用途的药物中的用途，说明书对该排除了FR901228的通式化合物的制备、确认和用途公开不充分，说明书不符合专利法第26条第3款的规定。

  《复审通知书》中指出：（1）对于上述排除FR901228的通式化合物的制备和确认而言，说明书仅在第15～17页描述了制备该通式化合物的反应路线，没有给出具体制备实施例，但是该反应路线仅仅是对所述通式化合物的制备方法的一种理论上的设计，其中仅给出了各步骤的化学反应式，所给出的原料物质和中间体化合物也都是用通式表示的，并没有写明具体的原料物质，也没有给出每个反应的具体反应底物、反应产物、反应温度、时间、pH值、产物纯化步骤、得率等可用于具体实施该制备方法并表明该制备方法确实可行的信息。本领域技术人员公知，有机化学反应往往很复杂，同样的原料物质在不同反应条件下往往会有许多不同的反应产物，即使在特定的反应条件下，有机化学反应也有可能得到结构相似的不同反应产物。因此所设计的化合物的合成路线的可行性和具体实施需要通过从原料物质到目的产物的完整反应历程，以及对目的产物的验证方法和结果来证明和说明，以确保所属领域的技术人员根据说明书公开的内容能够制备获得所述的化合物。而本申请说明书中公开的上述内容不足以使所属领域的技术人员确定这样设计的制备方法是否能够制得所述的化合物，也无法使所属领域的技术人员具体实施该制备方法获得所述的化合物。此外，在说明书中未提供具体实施例，未提供足以清楚地确认该化合物的化学、物理性能参数（例如各种定性或者定量数据和谱图等）的情况下，难以确信请求人在申请日前已经制备得到了该通式化合物中所包含的除FR901228之外的多个具体化合物。同时，针对请求人的意见陈述指出，本申请请求保护的排除了FR901228的通式化合物与FR901228的结构存在较大差别，根据FR901228的制备方法难以确信可以制备获得本申请要求保护的多种化合物；（2）对于上述除FR901228之外的通式化合物的用途而言，由于在申请之时本领域中对于该通式化合物的结构与其功效之间的关系、权利要求中提及的各种疾病所涉及的生理生化过程及其相互关系并未清楚了解，药物作用机理和疾病成因的复杂性使得所属领域的技术人员无法从化合物的结构本身确定其是否能够治疗权利要求中指出的特定的疾病，而本申请的说明书中没有给出任何证明所请求保护的通式化合物能够治疗所述疾病的实验室试验或临床试验的定性或定量数据，也没有给出令人信服地可用于证明本申请的药物化合物能够治疗所述疾病的理论分析。综上，在所属领域技术人员依据说明书中提供的相关信息，结合现有技术，无法合理预期本申请的药物化合物确实能够治疗所述疾病，说明书也没有提供具体的定性定量实验数据的情况下，所属领域的技术人员难于确定本发明的技术方案能够达到预期的目的或效果，即上述通式化合物具有所述用途。同时，针对请求人的意见陈述指出，FR901228与其他符合所述通式但不是FR901228的化合物的结构并不相似，根据说明书中的FR901228实验数据也不足以证实结构式中的哪部分结构对其性质具有重要作用，本领域技术人员无法通过比较二者结构得出它们性质相似的结论。基于上述理由，本申请的说明书不符合专利法第26条第3款有关说明书充分公开的规定。

  请求人在答复《复审通知书》和《第二次复审通知书》时提交的权利要求书修改文本（即本复审请求审查决定针对的权利要求书）中删除了《驳回决定》和《复审通知书》中指出的上述未在说明书中充分公开的技术方案，即删除了产品权利要求和删除了排除FR901228的通式化合物的制药用途权利要求，从而克服了《驳回决定》和《复审通知书》指出的说明书不符合专利法第 26 条第 3 款规定的缺陷。

根据以上事实和理由，本案合议组作出如下审查决定。

三、决定

撤销国家知识产权局于 2004 年 10 月 15 日对 00817856.9 号发明专利申请作出的驳回决定。由原审查部门在本复审请求审查决定针对的文本的基础上继续进行审查。

复审请求人对本决定不服的，可以根据专利法第 41 条第 2 款的规定，自收到本决定之日起三个月内向北京市第一中级人民法院起诉。

025

抗肿瘤的基因转录调控药物

复审请求审查决定（第 11956 号）

决　定　号	第 11956 号
决　定　日	2007 年 12 月 3 日
发明创造名称	抗肿瘤的基因转录调控药物
国际分类号	A61K 48/00，A61K 31/7088，A61P 35/00
复审请求人	南京凯基生物科技发展有限公司
申　请　号	02148492.9
申　请　日	2002 年 12 月 11 日
公　开　日	2004 年 6 月 23 日
合议组组长	周英姿
主　审　员	魏春宝
参　审　员	尹昕
法　律　依　据	专利法第 33 条和第 26 条第 4 款，专利法实施细则第 60 条第 1 款

决 定 要 点

权利要求应当得到说明书的支持。权利要求所要求保护的技术方案应当是所属技术领域的技术人员能够从说明书充分公开的内容中得到或概括得出的技术方案，并且不得超出说明书公开的范围。如果在复审程序中请求人删除了得不到说明书支持的权利要求，则这种修改克服了不符合专利法第 26 条第 4 款的缺陷。

一、案由

本复审请求涉及名称为"抗肿瘤的基因转录调控药物"的第 02148492.9 号发明专利申请（下称本申请），其申请人为南京凯基生物科技发展有限公司，申请日为 2002 年 12 月 11 日，公开日为 2004 年 6 月 23 日。

2005 年 7 月 8 日，针对申请人于 2002 年 12 月 11 日提交的说明书第 1～16 页、附图第 1 页、说明书摘要和 2005 年 4 月 25 日提交的权利要求 1～8 项，国家知识产权局以权利要求 1 不符合专利法第 26 条第 4 款的规定为由驳回了本申请，驳回决定所针对的权利要求 1 为：

"1. 一种肿瘤基因治疗药物，该药物的组成成分特征是由 15～40 个核苷酸组成，其中包括一段可与转录因子 AP-2 结合的寡聚脱氧核糖核酸的特异序列，该特异序列表示为 5'-SCCNNNVSS-3'。"

驳回决定认为：本发明选取 AP-2 作为靶位点设计得到核酸序列 1～25。实施例 1 采用肺癌 A549 细胞和肝癌细胞 SMMC7721 进行生长抑制实验，但结果表明上述 25 条序列中只有部分序列表现出较高的抑制效果，另一部分抑制作用不明显（例如，K208、K216，以及K219对肺癌细胞的抑制作用均不明显）；实施例2的实验结果仅证实药物K201（序列6）具有体内抗肿瘤作用。因此，本发明实施例提供的试验并不能证明所有由15～40个核苷酸组成、含"5′-SCCNNNVSS-3′"保守序列并可结合转录因子AP-2的核酸序列都具有抗肿瘤的作用。况且如意见陈述中所述，由于不同肿瘤间的差异性，所述的序列不能对所有的肿瘤都有效，因此，不能从说明书的描述和现有技术中合理推知所有具有上述特征的序列都有抗肿瘤作用。因此，权利要求1概括了过大的保护范围，得不到说明书的支持，不符合专利法第26条第4款的规定。

申请人南京凯基生物科技发展有限公司（以下称请求人）对上述驳回决定不服，于2005年10月7日向专利复审委员会提出复审请求。请求人在提出复审请求的同时提交了经修改的权利要求书全文替换页（共1页6项），其具体内容如下：

"1. 一种肿瘤基因治疗药物，其特征是由15～31个核苷酸组成的寡聚脱氧核糖核酸，其中包括一段可与转录因子AP-2特异结合的保守序列，该保守序列表示为5′-NNNSCCNVVSSSNNB-3′。

2. 根据权利要求1所述的肿瘤基因治疗药物，其中包括由序列6-序列25（序列13和序列21除外）之中任意单一序列组成的寡聚脱氧核糖核酸。

3. 根据权利要求1所述的寡聚脱氧核糖核酸，其特征是核酸的分子结构特征为具有硫基、甲基、酰胺基中任意一种基团修饰的磷酸二酯键。

4. 根据权利要求1所述的寡聚脱氧核糖核酸的5′或3′端连接有脂溶性基团。

5. 权利要求1所述的寡聚脱氧核糖核酸与生理盐水、磷酸缓冲液、脂质体、药物辅料或其他药物组成的药物组合物。

6. 权利要求1所述的寡聚脱氧核糖核酸在制备抗肿瘤药物中的应用。"

请求人认为：由公知的专业知识可知，某些肿瘤发生与一些癌基因表达异常有关，这些癌基因的表达受转录因子AP-2的调控，AP-2与这些癌基因顺式元件的保守核心序列5′-SCCNNNVSS-3′特异性结合开启癌基因的表达，含该保守核心序列、具有一定碱基数目的核酸可以竞争结合转录因子，调控（开关）下游癌基因的表达。根据以上公知的专业知识结合说明书实施例所验证的核酸序列的功能，可以概括得出修改后的权利要求1的保护范围。而且修改后的权利要求1的保护范围比原范围缩小了很多，没有超出原说明书的记载。此外，修改后的权利要求1包括序列5′-NNNSCCNVVSSSNNB-3′，并且排除了因存在侧翼序列还可以与其他转录因子产生非特异结合的寡聚脱氧核糖核酸。

形式审查合格后，专利复审委员会受理了该复审请求，并于2005年11月8日向请求人发出《复审请求受理通知书》，随后将本申请案卷移交原审查部门进行前置审查。

原审查部门对本复审请求进行了前置审查，《前置审查意见书》中指出：肿瘤机理复杂，在没有实验数据的情况下，无法证实含有所述序列的核酸序列均具有抗肿瘤活性，因此修改后的权利要求1仍不符合专利法第26条第4款的规定，坚持原驳回决定。

专利复审委员会组成合议组，对本复审请求案进行了审理。于2007年6月12日向请求人发出《复审通知书》。《复审通知书》指出，(1) 请求人于2005年10月7日提交的权利要求1中出现的"其中包括一段可与转录因子AP-2特异结合的保守序列，该保守序列表示为5′-NNNSCCNVVSSSNNB-3′"是修改后新增的内容，"5′-NNNSCCNVVSSSNNB-3′"这样的序列结构既未明确记载于原权利要求书和说明书中，也不能从原权利要求书和说明书记载的内容直接地毫无疑义地得到；而且本领域技术人员从原权利要求书和说明书记载的信息也无法直接地毫无疑义地确定该序列是可与转录因子AP-2特异结合达到肿瘤基因治疗目的的保守序列。因此，权利要求1的修改超出了原说明书和权利要求书记载的范围，不符合专利法第33条的规定。(2) 驳回决定未涉及权利要求2～6存在缺陷，请求人提出复审请求时对权利要求 2~6 的技术特征或主题名称的修改不是为消除驳回决定所指缺陷而作出的，不符合专利法实施细则第 60 条第 1 款的规定。（3）驳回决定所针对的权利要求 1 中的基因药物包括了长度不等，序列结构各异的众多序列，不但在特异序列 5′-SCCNNNVSS-3′以外的其他位置上碱基存在不确定性，而且该"特异序列"各位置上的碱基及其排列也具有很大的选择范围。本领域技术人员知道，即使序列高度同源的核酸，其性能也不尽相同或相似，需要试验加以证实。上述技术方案涵盖的序列长度不等、结构各异，20 种序列只是这众多序列中的很小一部分，也并未都表现明显的体外抑制肿瘤细胞生长效果（如本申请实施例 1 结果所示）。因此，驳回决定所针对的权利要求 1 包括了请求人推测的内容，而其效果又难于预先确定和评价，因而得不到说明书支持，不符合专利法第 26 条第 4 款的规定。

2007 年 7 月 11 日，请求人针对《复审通知书》提交了意见陈述书及经修改的权利要求书全文替换页（共 1 页 5 项），请求人认为：按照专利法第 33 条和复审通知书的意见修改后的权利要求书消除了驳回决定及复审通知书指出的缺陷。

2007 年 9 月 13 日，专利复审委员会再次收到请求人提交的意见陈述书及经修改的权利要求书全文替换页（共 1 页 6 项）。

2007 年 11 月 11 日，请求人又提交了意见陈述书及经修改的权利要求书全文替换页（共 1 页 6 项），修改后的权利要求书为：

"1. 一种肿瘤基因治疗药物，其特征是包括由序列 2-序列 25 组成的寡聚脱氧核糖核酸。

2. 根据权利要求 1 所述的肿瘤基因治疗药物，其特征是核酸的分子结构特征为具有硫基、甲基、酰胺基中任意一种基团修饰的磷酸二酯键。

3. 根据权利要求 1 所述的肿瘤基因治疗药物的 5′或 3′端连接有脂溶性基团。

4. 根据权利要求 1 所述的肿瘤基因治疗药物，其特征是剂型包括注射、口服、外敷、滴液、喷雾剂、栓剂、转染和转基因。

5. 权利要求 1 所述肿瘤基因治疗药物与生理盐水、磷酸缓冲液、脂质体、药物辅料或其他药物组成的药物组合物。

6. 权利要求 1 所述肿瘤基因治疗药物在制备抗肿瘤药物中的应用。"

请求人在意见陈述中认为：再次修改的权利要求书，消除了复审通知书中第 2 条审查意见指出的不符合专利法实施细则第 60 条第 1 款规定的缺陷。

至此，合议组认为本案事实清楚，可以作出审查决定。

二、决定的理由

1. 文本认定

请求人于 2007 年 10 月 7 日提出复审请求时对权利要求 1 的修改超出了原说明书和权利要求书记载的范围，对权利要求 2~6 的修改并非为了克服驳回决定所指出的缺陷。2007 年 11 月 11 日请求人提交了根据复审意见修改的权利要求书，其中请求人删除了 2005 年 10 月 7 日请求复审时提交的权利要求 1，同时对权利要求 2~6 进行了修改，新的权利要求 1~6 依次分别对应于驳回决定所针对文本中的权利要求 2 和 4~8。因此，2007 年 11 月 11 日提交的权利要求书克服了复审通知书中指出的权利要求书的修改不符合专利法第 33 条和专利法实施细则第 60 条第 1 款的缺陷。

本复审请求审查决定所依据的文本为请求人于 2007 年 11 月 11 日提交的权利要求第 1~6 项以及驳回决定所针对的说明书第 1~16 页、附图第 1 页和说明书摘要。

2. 关于专利法第 26 条第 4 款

专利法第 26 条第 4 款规定，权利要求书应当以说明书为依据，说明要求专利保护的范围。

根据该款规定，权利要求应当得到说明书的支持。权利要求所要求保护的技术方案应当是所属技术领域的技术人员能够从说明书充分公开的内容中得到或概括得出的技术方案，并且不得超出说明书公开的范围。如果在复审程序中请求人删除了得不到说明书支持的权利要求，则这种修改克服了不符合专利法第26条第4款的缺陷。

本案中，驳回决定所针对的权利要求1要求保护一种肿瘤基因治疗药物，由15~40个核苷酸组成，其中包括一段可与AP-2结合的5′-SCCNNNVSS-3′寡聚脱氧核糖核酸特异序列。但是该基因药物包括了长度不等，序列结构各异的众多序列，不但在该特异序列以外的其他位置上碱基存在不确定性，而且所谓的"特异序列"中各位置上的碱基及其排列也具有很大的选择范围。而本申请说明书实施例部分的试验只证明其中的序列6（药物K201）具有一定的体内外抑瘤作用，实施例2中的20种核酸药物也并不是每种药物都能对肺癌细胞或肝癌细胞具有抑制作用，因此不能证明除此以外的所有其他序列都具有相同作用，并解决本申请所要解决的技术问题。因此，驳回决定所针对的权利要求1得不到说明书的支持，不符合专利法第26条第4款的规定。

在2007年11月11日提交的根据复审意见修改后的权利要求书中，请求人删除了驳回决定针对的权利要求1，驳回决定指出的权利要求1得不到说明书支持的事实已经不存在，因此，修改后的权利要求书已经克服了驳回决定指出的原权利要求1不符合专利法第26条第4款规定的缺陷。该权利要求书中的权利要求1~6分别依次对应于驳回决定所针对文本中的权利要求2和4~8，这些权利要求在驳回决定中并未涉及，合议组对其不予评述。

根据以上事实和理由，本案合议组作出如下审查决定。

三、决定

撤销国家知识产权局于2005年7月8日对第02148492.9号发明专利申请作出的驳回决定。由原审查部门在请求人于2007年11月11日提交的权利要求书第1~6项和2002年12月11日提交的说明书第1~16页、附图第1页和说明书摘要的基础上继续进行审查。

复审请求人对本决定不服的，可以根据专利法第41条第2款的规定，自收到本决定之日起三个月内向北京市第一中级人民法院起诉。

026

与质量标记连接的杂交探针

复审请求审查决定（第 11967 号）

决 定 号	第 11967 号
决 定 日	2007 年 10 月 16 日
发明创造名称	与质量标记连接的杂交探针
国际分类号	C12Q 1/68
复审请求人	X 齐里昂有限两合公司
申 请 号	98803287.2
优 先 权 日	1997 年 1 月 15 日，1997 年 8 月 28 日，1997 年 12 月 19 日
申 请 日	1998 年 1 月 15 日
公 开 日	2000 年 4 月 12 日
合议组组长	郭 婷
主 审 员	彭晓琦
参 审 员	尹 昕

法 律 依 据 专利法第 33 条

决 定 要 点

专利法第 33 条所称"原说明书和权利要求书记载的范围"，包括原说明书和权利要求书文字记载的内容和根据原说明书和权利要求书文字记载的内容以及说明书附图能直接地、毫无疑义地确定的内容。因此，在申请人修改申请文件的情况下，只要修改后的内容能从原始说明书和权利要求书记载的信息中直接地、毫无疑义地确定，则这种修改未超出原说明书和权利要求书记载的范围。

一、案由

本复审请求涉及最早的优先权日为 1997 年 1 月 15 日，申请日为 1998 年 1 月 15 日，公开日为 2000 年 4 月 12 日，发明名称为"与质量标记连接的杂交探针"的第 98803287.2 号发明专利申请（下称本申请），本申请的申请人先为布拉克斯集团有限公司，后变更为 X 齐里昂有限两合公司。

国家知识产权局于 2004 年 10 月 1 日以本申请权利要求 1~35 的修改不符合专利法第 33 条的规定为由做出驳回决定。驳回决定所针对的权利要求书如下：

"1. 杂交探针在通过质谱法分析质量标记来测定探针杂交的方法中的应用，该探针包含与既定长度的已知碱基序列相连的质量标记，其特征在于，质量标记与碱基序列可断裂性相连，并通过碰撞诱导分解从探针上断裂下来。

2. 杂交探针阵列在通过质谱法分析质量标记来测定探针杂交的方法中的应用，其中每个杂交探针包含与既定长度的已知碱基序列相连的质量标记，其特征在于，每个质量标记与其各自的已知碱基序列可断裂性相连，其中质量标记通过碰撞诱导分解从杂交探针上断裂下来。

3. 根据权利要求2所述的应用，其中每个质量标记对于阵列中其他各质量标记来说均是可唯一识别的。

4. 根据权利要求1或2所述的应用，其中碱基序列的既定长度为2至25。

5. 根据权利要求1或2所述的应用，其中这个或各个质量标记可通过可碰撞断裂的接头与已知碱基序列可断裂性相连。

6. 根据权利要求1或2所述的应用，其中接头在质谱仪中断裂。

7. 根据权利要求1或2所述的应用，其中接头在质谱仪的电离室内断裂。

8. 根据权利要求1或2所述的应用，其中这个或各个质量标记通过接头与已知碱基序列可断裂性相连，该接头对电子电离的稳定性比质量标记差。

9. 根据权利要求1或2所述的应用，其中这个或各个质量标记在电离条件下带负电荷。

10. 根据权利要求1或2所述的应用，其中这个或各个质量标记可在质谱仪中从已知碱基序列中分辨出来。

11. 根据权利要求1或2所述的应用，其中这个或各个质量标记对于50伏的电子电离稳定。

12. 根据权利要求1或2所述的应用，其中这个或各个已知碱基序列包含衔接寡核苷酸的粘端，该寡核苷酸含有限制性内切核酸酶的识别位点，该内切酶在距识别位点的既定距离处切割。

13. 根据权利要求1或2所述的应用，其中这个或各个已知碱基序列连接了多个相同的质量标记。

14. 根据权利要求1或2所述的应用，其中它用于在聚合酶链反应或连接酶链反应中测定探针的杂交。

15. 根据权利要求1或2所述的应用，其中方法是专有的在线形式。

16. 一种测定探针阵列与靶核酸杂交的方法，该方法包括：

（a）在探针与靶核酸杂交的条件下使靶核酸与阵列的每个杂交探针接触，任选地除去未杂交物质，其中每个探针含有与既定长度的已知碱基序列相连的质量标记，阵列的每个质量标记与其各自的已知碱基序列可断裂性相连；和

（b）用碰撞诱导分解将质量标记从杂交的探针上断裂下来，以释放质量标记；和

（c）通过用质谱法鉴定释放的质量标记来鉴定杂交的探针。

17. 根据权利要求16所述的方法，其中每个质量标记对于阵列中其他各质量标记来说均是可唯一识别的。

18. 一种测定探针与靶核酸杂交的方法，该方法包括

（a）在探针与靶核酸杂交的条件下使靶核酸与杂交探针接触，该杂交探针含有与既定长度已知碱基序列相连的质量标记，任选地除去未杂交的物质，其中质量标记与其各自的已知碱基序列可断裂性相连；和

（b）用碰撞诱导分解将质量标记从杂交的探针上断裂下来，以释放质量标记；和

（c）通过用质谱法鉴定释放的质量标记来鉴定杂交的探针。

19. 根据权利要求16或18所述的方法，其中用电喷射电离或基质辅助激光解吸附电离来制备质谱法的这个或各个样品。

20. 根据权利要求16或18所述的方法，其中碱基序列的既定长度为2至25。

21. 根据权利要求16或18所述的方法，其中这个或各个质量标记通过可碰撞断裂的接头与已知

碱基序列可断裂性相连。

22. 根据权利要求16或18所述的方法，其中接头在质谱仪内断裂。

23. 根据权利要求16或18所述的方法，其中接头在质谱仪的电离室中断裂。

24. 根据权利要求16或18所述的方法，其中每个质量标记通过接头与其各自的已知碱基序列可断裂性相连，该接头对电子电离的稳定性比质量标记差。

25. 根据权利要求16或18所述的方法，其中每个质量标记在电离条件下带负电荷。

26. 根据权利要求16或18所述的方法，其中质量标记和已知碱基序列在进入质谱仪之前没有分开。

27. 根据权利要求16或18所述的方法，其中质量标记对于50伏的电子电离稳定。

28. 根据权利要求16或18所述的方法，其中已知碱基序列包含衔接寡核苷酸的粘端，该寡核苷酸含有限制性内切核酸酶的识别位点，该内切酶在距识别位点既定距离处切割。

29. 根据权利要求16或18所述的方法，其中已知碱基序列与多个相同的质量标记相连。

30. 根据权利要求16或18所述的方法，其中该方法在线进行。

31. 权利要求2所述的杂交探针阵列在读取寡核苷酸芯片中的应用，其中质量标记通过碰撞诱导分解从探针上断裂下来。

32. 权利要求2所述的杂交探针阵列在竞争性结合试验中鉴定寡核苷酸结合剂的应用，其中质量标记通过碰撞诱导分解从探针上断裂下来。

33. 权利要求2所述的探针阵列在聚合酶链反应或连接酶链反应中探测既定序列的应用，其中质量标记通过碰撞诱导分解从探针上断裂下来。

34. 一种对cDNA作特性分析的方法，该方法包括：

（a）用限制性内切核酸酶切割一群含有一种或多种cDNA的样品，分离出携带有cDNA一个末端的片段，其限制性位点在毗邻cDNA末端的参照位点处；

（b）用第一取样内切核酸酶在距参照位点已知距离的第一取样位点处切割分离的片段，产生第一和第二亚片段，每个亚片段含有既定长度且序列未知的粘端序列，第一亚片段有cDNA的该末端；

（c）将第一或第二亚片段根据其粘端序列分类成亚群，记录下每个亚群的粘端序列作为第一粘端；

（d）用第二取样内切核酸酶在第二取样位点切割每个亚群中的亚片段以产生各亚片段的次亚片段，所述的第二取样内切核酸酶与第一取样内切核酸酶相同或不同，所述的第二取样位点距第一取样位点已知距离，所述的次亚片段包含具有既定长度、序列未知的第二粘端序列；和

（e）测定各个第二粘端序列；

其中每个亚片段的第一和第二粘端序列的总长度为6至10，参照位点和第一及第二粘端的序列和相对位置代表了该cDNA或各个cDNA的特征，第一取样内切核酸酶与第一识别位点结合，并在距该限制性内切核酸酶限制性位点既定距离的第一取样位点处切割，且其中第一和/或第二识别位点提供在权利要求12所述杂交探针阵列的第一和/或第二衔接寡核苷酸中，并与分离片段的限制性位点杂交；

其中第一和/或第二粘端序列的测定是，通过碰撞诱导分解使质量标记从第一和/或第二衔接寡核苷酸上断裂下来，用质谱法鉴定断裂下来的质量标记。

35. 一种对核酸进行测序的方法，该方法包括：

（a）获得包含核酸片段的靶核酸群，其中每个片段以唯一量存在，并且一端携带既定长度且序列未知的粘端序列，

(b) 保护每个片段的另一端，和

(c) 通过下列方式对每个片段测序，

(i) 使片段在连接酶存在时、杂交条件下与权利要求 12 所述的杂交探针阵列接触，阵列的碱基序列的既定长度与粘端序列相同，阵列含有该既定长度所有可能的碱基序列；除去所有连接的衔接寡核苷酸，通过碰撞诱导分解释放质量标记和用质谱法鉴定释放的质量标记来记录所有连接的衔接寡核苷酸的量；

(ii) 使连接的衔接寡核苷酸与测序酶接触，该测序酶与识别位点结合并切割片段显露出新的粘端序列，该粘端与前一粘端序列毗邻或重叠；和

(iii) 重复步骤（i）和（ii）足够多次，通过比较各粘端序列记录的量来确定片段序列。"

驳回决定认为：

（1）虽然原始权利要求 38 中记载了"通过碰撞诱导接头断裂"这个技术特征，但是该权利要求仅仅是原独立权利要求 28、30"一种测定探针阵列与靶核酸杂交的方法"的从属权利要求，因此根据这个从属权利要求不能得到新权利要求 1～15、31～33"杂交探针在通过质谱法分析质量标记来测定探针杂交的方法中的应用"、新权利要求 34"一种对 cDNA 作特性分析的方法"、新权利要求 35"一种对核酸进行测序的方法"所述的技术方案；原权利要求 28、30 中只有两个步骤，它们即使加上原权利要求 38 的附加技术特征也不能得到新权利要求 16～30 的技术方案；也就是说，在原始申请文件中并没有新权利要求 1～35 所述技术方案的完整表述。（2）本申请请求保护的技术方案其发明目的在于"本发明提供一种杂交探针的阵列，每个探针包含一个与既定长度的已知碱基序列相连的质量标记，其中阵列中每个质量标记……可通过质谱法与此碱基序列相关联"（参见说明书第二页第一段）。而申请人对权利要求的修改"通过碰撞诱导分解使质量标记断裂"是根据说明书第 13 页标题"质量标记的诱导断裂"中所记载的各种质量标记诱导断裂的方式作出的，说明书中申请人仅仅泛泛而谈了使质量标记断裂的各种方法，通过碰撞诱导分解仅是其中的一种，在说明书第 2 页还记载"每个质量标记可通过一个接头与已知碱基序列可断裂性相连，该接头可以是可光断裂的接头、可化学断裂的接头或可热断裂的接头"，但是并没有着重指出质量标记的断裂方式，由此可见质量标记的断裂方式中的某一种具体方式在原文中不是本发明的发明点，而修改后的权利要求中将接头与已知碱基序列可断裂性相连的方式具体限定为"通过碰撞诱导断裂"，这就使得技术方案的发明目的发生了改变，相对于对比文件 1 其发明目的为"通过选择断裂方式来得到更佳的技术效果"，也就是，"通过碰撞诱导断裂"带来更好的效果。由于技术方案本身和发明目的均相对于原文作了改变，因此，修改后的技术方案其实是原发明的一个优选发明（另一个发明），而这个优选发明在原文中没有明确指出过，也不能直接唯一地推导得出，因此，这一修改超出了原始申请文件的记载范围，不符合专利法第 33 条的规定。

申请人 X 齐里昂有限两合公司（以下称请求人）对上述驳回决定不服，于 2004 年 12 月 27 日向专利复审委员会提出复审请求，请求人没有在提出复审请求的同时对申请文件进行修改。

请求人认为：

根据审查指南的规定，如果修改后的技术方案在原始公开的范围中有明确指出过，或是能从原申请公开的信息中直接地、毫无疑义地导出，那么就应当认为这种修改是符合专利法第 33 条规定的。虽然本申请修改后的各权利要求的技术方案没有在原始说明书和权利要求书中有明确的文字记载，但是这些技术方案是本领域技术人员能够从原始公开范围直接地、毫无疑义地导出的。具体地说，申请人已经在说明书第 13 页至第 14 页第 1 段描述了"质量标记的诱导断裂"。而如审查员在驳回决定中所认可的，原说明书中已经清楚明确地记载了使质量标记断裂的各种方法中有一种方法是通过碰撞诱

导分解（CID）来诱导质量标记断裂，而原来的各权利要求中都明确指出"质量标记与碱基序列可断裂性相连"。因此，作为一名具有申请日前发明所属技术领域所有的普通技术知识且具有该日期之前常规试验的手段和能力的本领域技术人员，其在阅读了本申请说明书、尤其是上述"质量标记的诱导断裂"章节的内容后，能够直接地、毫无疑义地推导得出各权利要求中的质量标记与碱基序列的诱导断裂可具体通过碰撞诱导分解来实现这一技术方案。正如审查员所说，"修改后的技术方案是原发明的一个优选发明"。再者，专利法、专利法实施细则和审查指南也没有明确规定"对申请文件的修改不得导致发明目的相对于原始申请有所改变"，修改是否导致发明目的发生改变并不是判断该修改是否符合专利法第33条的标准。综上所述，请求人认为在答复第一次审查意见通知书时所作的修改并没有超出原始申请的公开范围，符合专利法第33条的规定。

形式审查合格后，专利复审委员会受理了该复审请求，并于2005年2月1日向请求人发出《复审请求受理通知书》，同时将本案送至国家知识产权局原审查部门进行前置审查。

国家知识产权局原审查部门对本复审请求案进行了前置审查，原审查部门认为，由于申请人未对申请文件再作修改，意见陈述也未有新内容，因此维持驳回决定。

专利复审委员会组成合议组对本复审请求案进行了审理，经审查，合议组认为本案事实清楚，可以依法作出复审决定。

二、决定的理由

1. 决定所针对的文本

本复审请求审查决定所针对的文本为进入中国国家阶段时提交的国际申请文件的中文译文说明书第1~34页、附图第1~4、9~11、13~15、29、30页、摘要，1999年12月24日提交的附图第5~8、12、16~28页、摘要附图，以及2004年1月18日提交的权利要求第1~35项。

2. 关于专利法第33条

专利法第33条规定，申请人可以对其专利申请文件进行修改，但是，对发明和实用新型专利申请文件的修改不得超出原说明书和权利要求书记载的范围。

在申请人修改申请文件的情况下，只要修改后的内容能从原申请记载的信息中直接地、毫无疑义地确定，那么这种修改就未超出原始申请文件记载的范围。

本案中，请求人在2004年1月18日提交的修改后的权利要求书（即驳回决定所针对的权利要求书）中，在所有独立权利要求中增加了"通过碰撞诱导分解使质量标记断裂"的特征。原审查部门认为增加了这一技术特征的权利要求1~35的技术方案本身和发明目的均相对于原文做了改变，因此这一修改超出了原申请文件记载的范围。

对此，合议组认为：原审查部门在驳回决定第（1）点中指出在原始权利要求书中没有新权利要求1~35所述技术方案的完整表述，然而判断申请文件修改是否超范围的依据为原说明书和权利要求书，而不仅仅局限于原权利要求书本身。本申请原始说明书和权利要求书中记载的与权利要求修改有关的信息如下：在原始说明书中，第2页记载了本发明提供杂交探针（阵列）的应用，测定探针（阵列）与靶核酸杂交的方法等，其中都优选质量标记与碱基序列可断裂性相连，进一步地，说明书第2页第24~26行描述"每个质量标记可通过一个接头与已知碱基序列可断裂性相连，该接头可以是可光断裂的接头、可化学断裂的接头或可热断裂的接头"。说明书第13~14页对"质量标记的诱导断裂"进行了详细描述，其中包括"一种更活泼的片段化方法需要诱导分子性离子分解，例如通过碰撞诱导分解（CID）。CID利用质谱仪构造来分离出一套选定的离子，然后通过和中性气体碰撞诱导离子片段化，所得片段离子用第二质谱仪分析"。说明书第19页第11~17行中关于"接头的性质"中描述"质量标记从其相连的核酸探针上可控制地释放下来可通过以下各种方式来实现：光断裂、化学断裂、热断裂、质谱仪内诱导片段化"。同时，原始权利要求 38 中明确提到"可通过碰撞诱导接头断裂"的技术特征。

因此，本领域的技术人员根据原始说明书和权利要求书公开的以上内容，可了解到本发明权利要求 1～35 的技术方案中使用的杂交探针（阵列）中均包含既定长度的已知碱基序列以及质量标记，该质量标记可以从碱基序列上断裂下来，每个质量标记可通过一个可断裂的接头与碱基序列相连，而使这种可断裂的接头断裂的方式有多种，通过碰撞诱导分解使接头断裂是其中一种可选的技术方案。因此，根据以上技术内容，结合原始权利要求书记载的技术方案，本领域的技术人员能够直接地、毫无疑义地得到上述 2004 年 1 月 18 日提交的修改后的权利要求书的所有技术方案，即其中的质量标记与碱基序列的断裂方式均为通过碰撞诱导分解方式断裂。

原审查部门在驳回决定第（2）点中还指出修改后的权利要求改变了本发明的发明目的，因此修改超出了原申请文件记载的范围。对此，合议组认为，修改后的权利要求作为优选方案能够从原申请记载的信息中直接地、毫无疑义地确定，这表明此修改已符合专利法的要求，是允许的。而且原审查部门认定的发明目的改变的结论是与对比文件比较后得出的，这对是否能够从原申请记载的信息中直接地、毫无疑义地确定修改后的权利要求并不产生影响。

综上所述，2004 年 1 月 18 日提交的修改后的权利要求 1～35 并没有超出"原始说明书和权利要求书记载的范围"，驳回理由不成立。

基于上述理由，合议组作出如下决定。

三、决定

撤销国家知识产权局于 2004 年 10 月 1 日对 98803287.2 号发明专利申请作出的驳回决定，由国家知识产权局原审查部门在请求人于进入中国国家阶段时提交的国际申请文件的中文译文说明书第 1～34 页、附图第 1～4、9～11、13～15、29、30 页、摘要，1999 年 12 月 24 日提交的附图第 5～8、12、16～28、摘要附图，以及 2004 年 1 月 18 日提交的权利要求第 1～35 项的基础上继续审查程序。

复审请求人对本决定不服的，可以根据专利法第 41 条第 2 款的规定，自收到本决定之日起三个月内向北京市第一中级人民法院起诉。

转化生长因子 α-HⅡ

复审请求审查决定（第 11986 号）

决 定 号	第 11986 号
决 定 日	2007 年 12 月 12 日
发明创造名称	转化生长因子 α-HⅡ
国际分类号	C12N 15/12，C12N 15/18，C12N 15/19，C07K 14/495
复审请求人	人体基因组科学有限公司
申 请 号	95197808.X
申 请 日	1995 年 5 月 19 日
公 开 日	1998 年 5 月 6 日
合议组组长	叶 娟
主 审 员	魏春宝
参 审 员	刘 静

法 律 依 据 专利法第 26 条第 3 款

决 定 要 点

要求保护的发明为化学产品本身的，说明书中应当记载化学产品的确认、化学产品的制备以及化学产品的用途。如果所属技术领域的技术人员无法根据现有技术预测发明能够实现所述用途和/或使用效果，则说明书中还应当记载对于本领域技术人员来说，足以证明发明的技术方案可以实现所述用途和/或达到预期效果的定性或定量实验数据。

一、案由

本复审请求涉及名称为"转化生长因子 α-HⅡ"的第 95197808.X 号发明专利申请（下称本申请），其申请人为人体基因组科学有限公司，申请日为 1995 年 5 月 19 日，公开日为 1998 年 5 月 6 日。

2004 年 9 月 3 日，国家知识产权局以本申请权利要求 1 和 19 不符合专利法实施细则第 20 条第 1 款的规定为由驳回了本申请，驳回决定所针对的权利要求书为：

"1. 一种分离的多核苷酸，其选自如下一组：

（a）编码由 SEQ ID NO：2 的 1 至 374 位氨基酸组成的多肽的多核苷酸；

（b）编码由 SEQ ID NO：2 的 46 至 374 位氨基酸组成的多肽的多核苷酸；

（c）编码由 SEQ ID NO：2 的 215 至 374 位氨基酸组成的多肽的多核苷酸；

（e）编码由 SEQ ID NO：2 的 46 至 264 位氨基酸组成的多肽的多核苷酸；

(e) 编码由 SEQ ID NO：2 的 215 至 264 位氨基酸组成的多肽的多核苷酸；

(f) 与 (a) 至 (e) 任一项的多核苷酸具有至少 95％相同性且编码具有结合 A431 癌细胞的活性的多肽的多核苷酸；

(g) 编码与 (a) 至 (e) 任一项所定义的多肽具有至少 95％相同性且具有结合 A431 癌细胞的活性的多肽的多核苷酸；以及

(h) (a) 至 (g) 任一项的多核苷酸的互补链。

2. 权利要求 1 的多核苷酸，其中所述的多核苷酸是 DNA。

3. 权利要求 1 的多核苷酸，其中所述的多核苷酸是 RNA。

4. 权利要求 1 的多核苷酸，其中所述的多核苷酸是基因组 DNA。

5. 权利要求 2 的多核苷酸，其编码由 SEQ ID NO：2 的 1-374 位氨基酸组成的多肽。

6. 权利要求 2 的多核苷酸，其编码由 SEQ ID NO：2 的 46-374 位氨基酸组成的多肽。

7. 权利要求 2 的多核苷酸，其编码由 SEQ ID NO：2 的 215-374 位氨基酸组成的多肽。

8. 权利要求 2 的多核苷酸，其编码由 SEQ ID NO：2 的 46-264 位氨基酸组成的多肽。

9. 权利要求 2 的多核苷酸，其编码由 SEQ ID NO：2 的 215-264 位氨基酸组成的多肽。

10. 一种分离的多核苷酸，其编码一种成熟多肽，这种多肽具有由 ATCC 保藏号 97160 所含 DNA 表达的氨基酸序列。

11. 权利要求 1 的多核苷酸，由 SEQ ID NO：1 的 323 至 1444 位核苷酸组成。

12. 权利要求 1 的多核苷酸，由 SEQ ID NO：1 的 965 至 1444 位核苷酸组成。

13. 权利要求 1 的多核苷酸，由 SEQ ID NO：1 的 458 至 1114 位核苷酸组成。

14. 权利要求 1 的多核苷酸，由 SEQ ID NO：1 的 965 至 1114 位核苷酸组成。

15. 一种载体，这种载体包含权利要求 2 的 DNA。

16. 一种由权利要求 15 的载体转化或转染过的宿主细胞。

17. 一种生产多肽的方法，这种方法包括在权利要求 16 的宿主细胞中表达由权利要求 2 的 DNA 编码的多肽。

18. 一种产生能够表达多肽之细胞的方法，这种方法包括用权利要求 15 的载体对细胞进行转化或转染。

19. 一种多肽，其选自如下一组：

(a) 由 SEQ ID NO：2 的 1 至 374 位氨基酸组成的多肽；

(b) 由 SEQ ID NO：2 的 46 至 374 位氨基酸组成的多肽；

(c) 由 SEQ ID NO：2 的 215 至 374 位氨基酸组成的多肽；

(d) 由 SEQ ID NO：2 的 46 至 264 位氨基酸组成的多肽；

(e) 由 SEQ ID NO：2 的 215 至 264 位氨基酸组成的多肽；

(f) 由 ATCC 保藏号 97160 的 cDNA 编码的多肽；以及

(g) 与 (a) 至 (f) 任一项的多肽具有 95％相同性且具有结合 A431 癌细胞的活性的多肽。

20. 权利要求 19 的多肽，这种多肽由 SEQ ID NO：2 的 215 位至 264 位氨基酸组成。

21. 一种抗体，其特异性结合由 SEQ ID NO：2 的 215 位至 264 位氨基酸组成的多肽。

22. 权利要求 19 的多肽在制备用于治疗需要 TGFα-HII 的患者的药物中的应用。

23. 一种体外诊断疾病或疾病的易感性的方法，包括确定来自宿主样品的权利要求 1 的多核苷酸的突变。

24. 一种体外诊断方法，包括分析宿主样品中权利要求 19 的多肽的存在。

25. 权利要求1的多核苷酸在制备用于确定所述多核苷酸中的突变以诊断疾病或疾病的易感性的诊断剂中的应用。

26. 权利要求1的（h）项多核苷酸在制备用于分析宿主样品中权利要求1的（a）至（g）项多核苷酸的存在而诊断疾病或疾病的易感性的诊断剂中的应用。

27. 特异于权利要求19的多肽的抗体在制备用于分析宿主样品中权利要求19的多肽的存在而诊断疾病或疾病的易感性的诊断剂中的应用。"

驳回决定认为：首先，权利要求1中的"编码具有结合A431癌细胞的活性的多肽"是功能性定义，不能将要求保护的序列限定在具有转化生长因子α-HⅡ功能的序列的范围内，因为"具有结合A431癌细胞活性"与转化生长因子之间不存在必然的联系，说明书中未提供两者间联系的实验证明；其次，"具有至少95％相同性"的序列还是包括了很多不能确定其生物学功能，不一定能够达到本发明目的的序列，本领域的技术人员仅仅根据同源性或相同性的比较并不能确定两个序列具有完全相同的功能，因此权利要求1请求保护的范围不清楚，不符合专利法实施细则第20条第1款的规定。权利要求19因存在同样缺陷也不符合专利法实施细则第20条第1款的规定。

申请人人体基因组科学有限公司（以下称请求人）对上述驳回决定不服，于2004年12月20日向专利复审委员会提出复审请求。请求人在提出复审请求的同时提交了附件1~5和修改后的说明书第5页替换页和权利要求书全文替换页（共27项），所作修改为改变说明书第5页以及权利要求1、7~9、12~14和19~21中部分氨基酸和核苷酸的编号，修改后的权利要求1、7~9、12~14和19~21如下：

"1. 一种分离的多核苷酸，其选自如下一组：

（a）（g）编码由SEQ ID NO：2的1至374位氨基酸组成的多肽的多核苷酸；

（b）编码由SEQ ID NO：2的46至374位氨基酸组成的多肽的多核苷酸；

（c）（h）编码由SEQ ID NO：2的260至374位氨基酸组成的多肽的多核苷酸；

（d）编码由SEQ ID NO：2的46至309位氨基酸组成的多肽的多核苷酸；

（e）编码由SEQ ID NO：2的260至309位氨基酸组成的多肽的多核苷酸；

（f）与（a）至（e）任一项的多核苷酸具有至少95％相同性且编码具有结合A431癌细胞的活性的多肽的多核苷酸；

（g）编码与（a）至（e）任一项所定义的多肽具有至少95％相同性且具有结合A431癌细胞的活性的多肽的多核苷酸；以及

（h）（h）（a）至（g）任一项的多核苷酸的互补链。

7. 权利要求2的多核苷酸，其编码由SEQ ID NO：2的260~374位氨基酸组成的多肽。

8. 权利要求2的多核苷酸，其编码由SEQ ID NO：2的46~309位氨基酸组成的多肽。

9. 权利要求2的多核苷酸，其编码由SEQ ID NO：2的260~309位氨基酸组成的多肽。

12. 权利要求1的多核苷酸，由SEQ ID NO：1的321至1248位核苷酸组成。

13. 权利要求1的多核苷酸，由SEQ ID NO：1的402至1248位核苷酸组成。

14. 权利要求1的多核苷酸，由SEQ ID NO：1的1100至1248位核苷酸组成。

19. 一种多肽，其选自如下一组：

（a）由SEQ ID NO：2的1至374位氨基酸组成的多肽；

（b）（q）由SEQ ID NO：2的46至374位氨基酸组成的多肽；

（c）由SEQ ID NO：2的260至374位氨基酸组成的多肽；

（d）（s）由SEQ ID NO：2的46至309位氨基酸组成的多肽；

(e) 由 SEQ ID NO：2 的 260 至 309 位氨基酸组成的多肽；

(f) 由 ATCC 保藏号 97160 的 cDNA 编码的多肽；以及

(g) 与（a）至（f）任一项的多肽具有 95% 相同性且具有结合 A431 癌细胞的活性的多肽。

20. 权利要求 19 的多肽，这种多肽由 SEQ ID NO：2 的 260 位至 309 位氨基酸组成。

21. 一种抗体，其特异性结合由 SEQ ID NO：2 的 260 位至 309 位氨基酸组成的多肽。"

所提供的附件 1~5 如下：

附件 1："Identification and Characterization of TMEFF2, a Novel Survival Factor for Hippocampal and Mesencephalic Neurons", Masato Horie 等人, Genomics, 第 67 卷, 第 146~152 页, 2000 年, 复印件共 7 页；

附件 2："AIDS does not alter the total number of neurons in the hippocampal formation but induces cell atrophy: a stereological study", M. J. Sá 等人, Acta Neuropathol, 第 99 卷, 第 643~653 页, 2000 年, 复印件共 11 页；

附件 3："Hippocampal and Alterations in Neuronal Chemokine Co-Receptor Expression in Patients With AIDS", CAROL K. PETITO 等人, Journal of Neuropathology and Experimental Neurology, 第 6 卷第 4 期, 第 377~385 页, 2001 年 4 月, 复印件共 9 页；

附件 4："Neuronal damage of the substantia nigra in HIV-1 infected brains", Kyoko Itoh 等人, Acta Neuropathol, 第 99 卷, 第 376~384 页, 2000 年, 复印件共 9 页；

附件 5："Neuropathology of Dementia", Daniel P. Perl 等人, Neurologic Clinics, 第 4 卷第 2 期, 第 355~369 页, 1986 年 5 月, 复印件共 8 页。

请求人提出的复审理由为：(1) 本申请说明书第 16 页第 19 行、第 16 页第 22 行至第 17 页第 1 行中指出 TGFα-HⅡ多肽可能是一种或几种 EGF 受体的配体，EGF 受体的过量表达或该蛋白质激酶调节片段的缺失可以导致细胞的致瘤转化（Manjusri, D. 等, humamn cytokines, 364 和 381 (1991)）。A431 细胞是癌细胞，因而其很可能表达一种或几种 EGF 受体，所以，TGFα-HⅡ多肽作为配体与 A431 细胞的结合指示了 TGFα-HⅡ多肽的功能。说明书中还指出在受体结合测定中可以利用标记的 TGFα-HII 或利用 TGFα-HII 受体本身的抗体检测表达 TGFα-HII 受体的恶性细胞（参见说明书第 28 页第 9~10 行）。由此可见，本领域技术人员能理解结合 A431 癌细胞的活性与转化生长因子间具有特定的联系，驳回决定认为二者无必然联系的观点不成立。(2) "与本发明所述具体序列具有至少 95% 相同性的序列"范围清楚，其中仅包含有限的分子，加以功能和用途限定后，该范围是完全清楚的，本领域技术人员可以容易地确定哪些序列与本发明所述具体序列具有至少 95% 相同性且具有所述功能。因此，权利要求 1 和 19 的范围也是清楚的。仅保护具体的序列，对申请人而言是不公平的。(3) 本申请揭示了请求保护的多肽的多种应用（见本申请说明书第 17 页第 2~3 行和第 12~14 行、第 17 页第 2 段），其一可用于"恢复神经功能"，该应用得到了附件 1 的证实；其二可用于治疗 AIDS 痴呆和衰老痴呆，该应用得到了附件 2~5 的证实。(4) 对说明书第 5 页以及权利要求书中氨基酸编号的修改与 SEQ ID NO：2 起始氨基酸的编号变化相适应，这些修改是显而易见的，修改后的核苷酸编号与原始公开的 PCT 文本一致。

形式审查合格后，专利复审委员会受理了该复审请求，并于 2005 年 1 月 24 日向请求人发出《复审请求受理通知书》，随后将本申请案卷移交原审查部门进行前置审查。

原审查部门对本复审请求进行了前置审查，认为本申请仍不符合专利法实施细则第 20 条第 1 款的规定，坚持原驳回决定。

2005 年 5 月 19 日，请求人提交了在复审请求书基础上的补充意见陈述和附件 6（WO0216429A2、

A3,公开日为2002年2月28日,复印件共128页,编号续前),请求人认为:本发明的TGFα-HⅡ的抗体可用于癌症的诊断和治疗(参见,本申请说明书第27页最后1行、第28页第1段、第26~27页跨页段落、第22页第2段),这一点得到了在后申请(附件6)的支持,附件6中的蛋白质TAT137就是本发明的TGFα-HⅡ,其中的DNA序列DNA30871-1157与本申请的序列类似带有非编码的5′和3′序列。附件6的实施例1和2表明,与正常前列腺组织相比,前列腺癌组织中的TGFα-HⅡ过表达。

专利复审委员会组成合议组,对本复审请求案进行了审理,于2007年7月2日向请求人发出《复审通知书》。《复审通知书》指出:(1)权利要求23~24请求保护的方法在体外进行,即以离体样品为对象,并且以获得同一主体疾病诊断结果或健康状况为直接目的,是一种疾病诊断方法,属于专利法第25条第1款第(3)项的规定的不授予专利权的范围。(2)本申请权利要求请求保护氨基酸序列为SEQ ID NO:2的多肽及其片段、编码所述多肽及其片段的多核苷酸、包含所述多核苷酸的载体、用所述载体转化的宿主细胞、所述多肽的生产方法、产生能够表达多肽之细胞的方法、所述多肽的抗体、所述多肽及其片段的制药用途以及所述多肽及其片段和所述多核苷酸及其片段在制备诊断剂中的用途。分析可知,所有请求保护的内容的充分公开均以所述多肽功能充分公开为基础,但是,本申请说明书中只提供了请求保护多肽的序列和制备实施例,没有提供定性或定量实验证据证明请求保护多肽的功能和医药用途,而是仅根据氨基酸序列同源,从理论上简单地将所述多肽"推定性地鉴定为转化生长因子TGFα-HII"(本申请说明书第3页第7~8行和说明书第4~10行)。本领域技术人员都知道,序列同源的多肽或多核苷酸,其功能未必一定相同,序列中几个甚至一个残基的变化都可能导致功能的改变。因此,同源性推导作为一种研究手段,其结果只是为后续研究方向提供指导,目的序列的真正功能必须通过生物学实验加以证实,而本申请说明书中并没有提供证实请求保护多肽功能的实验证据。至于本发明多肽的医药用途,本申请说明书仅在第3页最后1段和第4页第4段作了泛泛描述,没有提供足以证明所述医药用途能够实现的实验室试验或临床试验的定性或者定量数据。在本领域技术人员无法根据现有技术预测本发明请求保护多肽的功能和用途,且本申请说明书又没有提供足以证明发明的技术方案可以实现所述用途和/或达到预期效果的定性或者定量实验数据情况下,本发明多肽的公开不充分,基于此,本申请请求保护的所有内容均未得到充分公开,也即,本申请说明书没有对请求保护的发明作出清楚、完整的说明,不符合专利法第26条第3款的规定。

针对《复审通知书》指出的问题,请求人于2007年10月17日提交了意见陈述书及经修改的权利要求书全文替换页(共25项),与2004年12月20日提交的权利要求书相比,所作修改仅为删除了2004年12月20日所提交权利要求书中的权利要求23和24,并将其中的权利要求25~27重新编号得到修改后的权利要求23~25。本次意见陈述书中,请求人重述了复审请求书中第(1)、(3)项意见和2005年5月19日提交的意见陈述书的内容。

至此,合议组认为本案事实清楚,可以作出审查决定。

二、决定的理由

1. 本复审决定所针对的文本

本复审请求审查决定所依据的文本为:请求人于2007年10月17日提交的权利要求第1~25项,1997年10月14日本申请进入中国国家阶段时提交的国际申请文件中文译文的说明书第1~4、6~9、11~31、33、35~37和39~40页及说明书附图第1~10页,1997年10月14日提交的国际初审报告附件中文译文的说明书第32、34和38页;2003年11月17日提交的说明书第10和41~46页,2004年12月20日提交的说明书第5页。

2. 关于专利法第25条第1款第（3）项

专利法第25条第1款第（3）项规定，疾病的诊断和治疗方法不授予专利权。

根据该款规定，如果一项发明从表述形式上看是以离体样品为对象，但该发明是以获得同一主体疾病诊断结果或健康状况为直接目的，则该发明仍然不能被授予专利权。

本案中，驳回决定所针对文本中的权利要求23～24请求保护的方法在体外进行，即以离体样品为对象，并且以获得同一主体疾病诊断结果或健康状况为直接目的，是一种疾病诊断方法，属于专利法第25条第1款第（3）项规定的不授予专利权的范围。

请求人于2007年10月17日提交的权利要求书中，删去了上述权利要求23～24。因此，《复审通知书》指出的上述缺陷已被克服。

3. 关于专利法第26条第3款

专利法第26条第3款规定，说明书应当对发明或者实用新型作出清楚、完整的说明，以所属技术领域的技术人员能够实现为准。

根据该款规定，要求保护的发明为化学产品本身的，说明书中应当记载化学产品的确认、化学产品的制备以及化学产品的用途。对于化学产品的用途，应当完整的公开该产品的用途和/或使用效果，即使是结构首创的化合物，也应当至少记载一种用途。如果所属技术领域的技术人员无法根据现有技术预测发明能够实现所述用途和/或使用效果，则说明书中还应当记载对于本领域技术人员来说，足以证明发明的技术方案可以实现所述用途和/或达到预期效果的定性或定量实验数据。对于新的药物化合物或者药物组合物，应当记载其具体医药用途或者药理作用，同时还应当记载其有效量及使用方法。如果本领域技术人员无法根据现有技术预测发明能够实现所述医药用途、药理作用，则应当记载对于本领域技术人员来说，足以证明发明的技术方案可以解决预期要解决的技术问题或者达到预期的技术效果的实验室试验（包括动物试验）或者临床试验的定性或者定量数据。说明书对有效量和使用方法或者制剂方法等应当记载至所属技术领域的技术人员能够实施的程度。

本案中，请求人于2007年10月17日提交的权利要求书中，请求保护氨基酸序列为SEQ ID NO：2的多肽及其片段、编码该多肽及其片段的多核苷酸、包含该多核苷酸的载体、该载体转化或转染后的宿主细胞、生产所述多肽及能表达其细胞的方法、所述多肽的抗体、所述多肽及其片段的制药用途、以及所述多肽及其片段和所述多核苷酸及其片段在制备诊断剂中的用途。上述请求保护的内容与驳回决定所针对权利要求区别仅在于，其中所涉及多肽或多核苷酸片段的起始和/或终止残基位置编号的不同。由此可见，本申请请求保护的内容仍以所述多肽为基础，所保护内容的充分公开依赖于所述多肽被充分公开，但是，本申请说明书中只提供了请求保护多肽的序列和制备实施例，没有提供定性或定量实验证据证明请求保护多肽的功能和医药用途。

本申请仅根据所述氨基酸序列和人类TGFα同源，就从理论上简单地将所述多肽"推定性地鉴定为转化生长因子TGFα-HII"（本申请说明书第3页第7～8行和说明书第5页第4～10行）。本领域技术人员都知道，序列同源的多肽或多核苷酸，其功能未必一定相同，序列中数个甚至一个残基的变化都可能导致功能的改变。因此，同源性推导作为一种研究手段，其结果只是为后续研究方向提供指导，目的序列的真正功能必须通过生物学实验加以证实，而本申请说明书中并没有提供证实请求保护多肽功能的实验证据。至于请求保护的医药用途，本申请在说明书第4页第5～7行、第16页第13～14行、第17页第2～3行和第22页第2段作了泛泛描述，没有提供足以证明所述医药用途能够实现的实验室试验或临床试验的定性或者定量数据。

在本领域技术人员无法根据现有技术预测本发明请求保护多肽的功能和用途情况下，本申请说明书又没有提供足以证明发明的技术方案可以实现所述用途和/或达到预期效果的定性或者定量实验数据，因而导致本发明多肽的公开不充分，基于此，本申请请求保护的其他权利要求内容也均未得到充分公开，也即，本申请说明书没有对请求保护的发明作出清楚、完整的说明，不符合专利法第26条第3款的规定。

对于请求人在答复《复审通知书》时所作的意见陈述，合议组认为：请求人所列举的说明书第16~17页、27~28页内容是在TGFα家族相关内容基础上对本申请所述多肽功能及用途的推导。由于本申请未能证明所述多肽是TGFα家族成员，在此情况下TGFα家族相关内容与本申请请求保护内容没有必然联系，在此基础上对本申请所述多肽功能和用途的推导自然不能成立，也无讨论必要。请求人列举的说明书第26和27页相接段落概述了建立在本申请所述多肽基础上的技术主题，不能证明所述多肽具有何种功能和用途。附件1~4和6的公开日在本申请之后，其内容不是本发明的现有技术，无法用于证明本申请的技术方案在申请日前即已能够实现。从请求人所列附件5内容不能看出其中记载了本申请所述多肽以及其内容与本申请请求保护内容有何关系。因此，附件1~6不能克服本申请说明书公开不充分的缺陷。

根据以上事实和理由，本案合议组作出如下审查决定。

三、决定

维持国家知识产权局于2004年9月3日对第95197808.X号发明专利申请作出的驳回决定。

复审请求人对本决定不服的，可以根据专利法第41条第2款的规定，自收到本决定之日起三个月内向北京市第一中级人民法院起诉。

028

改进的阿莫西林和克拉维酸复方制剂

复审请求审查决定（第 11993 号）

决 定 号	第 11993 号
决 定 日	2007 年 12 月 10 日
发明创造名称	改进的阿莫西林和克拉维酸复方制剂
国际分类号	A61K 31/43，A61K 31/43，31：42
复审请求人	广州威尔曼药业有限公司
申 请 号	98113146.8
申 请 日	1998 年 3 月 18 日
公 开 日	1998 年 9 月 2 日
合议组组长	周英姿
主 审 员	王 冬
参 审 员	葛永奇

法 律 依 据 专利法第 22 条第 3 款

决 定 要 点

如果产品的用途不能从产品本身的组成、理化性质及现有用途显而易见地得出或预见到，而且具有有益的技术效果，则该用途具有创造性。

一、案由

本复审请求涉及申请日为 1998 年 3 月 18 日、公开日为 1998 年 9 月 2 日、名称为"改进的阿莫西林和克拉维酸复方制剂"的第 98113146.8 号发明专利申请（下称本申请），其申请人为广州威尔曼药业有限公司。

针对申请人于 1998 年 3 月 18 日提交的权利要求书、说明书、说明书附图及其摘要，国家知识产权局于 2005 年 6 月 24 日以权利要求 1 不符合专利法第 22 条第 3 款规定为由驳回了本申请。驳回所针对的权利要求书为：

"1. 一种改进的阿莫西林和克拉维酸复方制剂，其特征在于该复方制剂为含有 250～2000mg 阿莫西林 [D-（-）-α-氨基-对羟苯基-青霉素三水合物] 和 25～250mg 的克拉维酸 {3-（2-羟乙烯基）-7-氧代-4-氧杂-1-氮杂酸环 [3,2,0]-庚烷-2-羧酸} 的混合物，阿莫西林与克拉维酸的重量比为 8.1:1～10.0:1（含端点）。

2. 根据权利要求 1 所述的改进的阿莫西林和克拉维酸复方制剂，其特征在于适用的阿莫西林衍生物包括了其三水化合物、无水阿莫西林及阿莫西林和阿莫西林的碱金属盐，适用的克拉维酸衍生物包括其碱金属盐；最合适的选择为三水阿莫西林和克拉维酸钾。"

驳回的理由是：（1）对比文件1（WO9807424A，1998年2月26日公开，参见权利要求1和实施例2）中证实了阿莫西林与克拉维酸盐的协同作用，与对比文件1相比，权利要求1的技术方案是以克拉维酸代替了克拉维酸盐。但是它们之间的简单替换无需创造性劳动。因此，基于对比文件1的教导，本领域技术人员很容易选择克拉维酸或其盐，并通过常规试验确定如权利要求1所述的特定配比，上述技术方案相对于现有技术未给所述产品带来突出的实质性特点和/或显著的进步。（2）申请人有关"胶囊剂的制剂工艺（比注射剂）更难"的论断违反本领域技术常识；本领域技术人员显然可通过常规试验（例如体内抑/抗菌、量效、配伍、毒性试验等）很容易确定并制得适于临床应用的特定配比的药品；本申请说明书中既没有描述"克拉维酸（钾）是不稳定的物质、阿莫西林可使克拉维酸（钾）稳定"，也没有针对所谓的"稳定性"问题提出相应的解决方案，而且克拉维酸/盐已临床应用多年，其"极不稳定"的特性必为本领域技术人员所知，而本申请说明书的描述不能证明按照实施例制备的片剂比现有技术"更"稳定。因此，权利要求1不具备专利法第22条第3款规定的创造性。

申请人广州威尔曼药业有限公司（以下称请求人）不服上述驳回决定，于2005年9月22日向专利复审委员会提出复审请求，同时提交了经修改的权利要求书全文替换页（共1项），经修改的权利要求书如下：

"1. 一种改进的阿莫西林和克拉维酸复方制剂，其特征在于该复方制剂为含有250～2000mg阿莫西林或其衍生物和25～250mg克拉维酸或其衍生物的混合物，其中阿莫西林或其衍生物和克拉维酸或其衍生物的重量比例为大于等于8.1:1且小于10.0:1，所述的阿莫西林衍生物为阿莫西林的碱金属盐或其三水化合物，所述克拉维酸衍生物为其碱金属盐。"

请求人认为：对比文件1解决的技术问题与本发明专利申请不同，无法与本发明对比用于评价本发明的创造性。本发明要解决的是适用于临床上广泛治疗革兰氏阳性菌和革兰氏阴性菌的复方制剂，特点是具有广谱性，并且在保证有较好的治疗效果的前提下克拉维酸或其衍生物相对于阿莫西林或其衍生物的用量较低而降低了成本。本发明具有突出的实质性特点，对比文件1公开的数值不能破坏本发明权利要求1的数值范围的新颖性、创造性，也不能够通过逻辑分析推理和有限次试验得到权利要求1的技术方案。本发明的抗菌试验至少要涉及12种菌株，这些工作需要花费创造性的劳动，并不是通过有限次的试验就能得到的。对比文件1并未揭示在其特定用药量及比例条件下是否对本发明中的12种细菌引起的疾病达到本发明的效果。本发明权利要求1所选择的用量及重量比，使其抗菌谱广，可用于不同于肺炎链球菌的12种细菌，并具有较好的效果，具有新的性能且超出人们预期的想象，而且由于克拉维酸的用量较低降低了成本。即使认为对比文件1公开的内容可以推理到本发明中的12种细菌，而由于本发明的数值范围不同于对比文件1中所揭示的较佳的范围，所以本发明克服了技术偏见。因此，本发明权利要求1具有显著的进步，取得了预料不到的技术效果，具备创造性。

形式审查合格后，专利复审委员会受理了该复审请求，并于2006年2月22日向请求人发出《复审请求受理通知书》，同时将本申请案卷移交原审查部门进行前置审查。

原审查部门对本复审请求进行了前置审查，坚持原驳回决定。

专利复审委员会组成合议组，对本复审请求案进行了审理。于2007年9月7日向请求人发出《复审通知书》。《复审通知书》中指出：（1）将权利要求1请求保护的复方制剂与对比文件1公开的技术方案对比可知，二者的区别仅在于：权利要求1对该复方制剂中阿莫西林或其衍生物和克拉维酸或其衍生物的重量比限定为大于等于8.1:1且小于10:1，而对比文件1中给出的是给药过程中阿莫西林和克拉维酸盐的重量比例。但是，对比文件1中不但公开了活性成分及含量均相同的药物组合物,而且公开了阿莫西林与克拉维酸盐在给药时重量比范围是6∶1~10∶1,并优选7.5∶1~8.5∶1。在对比文件1已经教导了阿莫西林和克拉维酸盐联用具有协同抗菌作用的情况下,本领域技术人员完全可以根据具体需要在6∶1~10∶1的阿莫西林和克拉维酸盐重量比范围内得到权利要求1的复方制剂而不用付出创造性劳动,而且权利要求1的技术方案也不具有预料不到的效果,本申请进行的12种抑菌试验是常规试验手段。(2)对比文件1与本发明的作用机理相同,而且对比文件1中阿莫西林与克拉维酸盐在给药时的重量配比最低可以在10∶1左右,已经解决了本申请中所述的减少克拉维酸盐相对量、降低成本的问题。对比文件1中的优选比例范围7.5∶1~8.5∶1与本申请所述制剂的活性成分重量比的取值范围部分重叠,这表明所述数值范围并不属于妨碍本领域技术人员对其进行选择的技术偏见,而且在本发明中也没有任何记载能够表明本发明克服了上述技术偏见的内容。因此,权利要求1请求保护的技术方案相对于对比文件1不具备突出的实质性特点和显著的进步,不符合专利法第22条第3款有关创造性的规定。

针对《复审通知书》指出的问题,请求人于2007年10月17日提交了意见陈述书以及权利要求书全文替换页(共1项)。修改后的权利要求书如下:

"1. 一种改进的阿莫西林和克拉维酸复方制剂在制备治疗绿脓假单孢菌、不动杆菌、枸橼酸杆菌、阴沟肠杆菌、产气肠杆菌或福氏志贺氏菌引起感染的药物中的应用,该复方制剂为含有250~2000mg阿莫西林或其衍生物和25~250mg克拉维酸或其衍生物的混合物,其中阿莫西林或其衍生物和克拉维酸或其衍生物的重量比例为大于等于8.1∶1且小于10.0∶1,所述的阿莫西林衍生物为阿莫西林的碱金属盐或其三水化合物,所述克拉维酸衍生物为其碱金属盐。"

请求人认为:现有技术中并未给出将阿莫西林和克拉维酸复方制剂用于治疗经修改的权利要求1中限定的绿脓假单孢菌、不动杆菌、枸橼酸杆菌、阴沟肠杆菌、产气肠杆菌或福氏志贺氏菌引起的感染以达到较好的治疗效果和较低的成本的目的的技术启示,对比文件1中仅公开了用阿莫西林和克拉维酸盐的组合物治疗由肺炎链球菌引起的感染,同时根据现有技术(例如《新编药物学》)可知,阿莫西林并不是对所有革兰氏阳性菌和革兰氏阴性菌种都有作用或使其敏感,并且将阿莫西林与克拉维酸联用时,也不能提高所有对阿莫西林产生耐药性的菌种的抑菌效果。在现有技术中仅记载了某种药物对某些革兰氏阴性菌或革兰氏阳性菌有效,并不能必然得出该药物会对其他的革兰氏阴性菌或其他的革兰氏阳性菌有效。因此,本发明的技术方案对本领域技术人员来说是非显而易见的,具有突出的实质性特点和显著的进步,具有创造性。

至此,合议组认为本案事实清楚,可以作出审查决定。

二、决定的理由

1. 关于审查文本

请求人在2007年10月17日提交了权利要求书全文替换页。经审查,权利要求书的修改符合专利法第33条的规定。因此,本决定是在请求人于2007年10月17日提交的权利要求第1项、1998年3月18日提交的说明书第1~5页、说明书附图第1页以及摘要的基础上作出的。

2. 关于专利法第22条第3款

专利法第22条第3款规定:创造性,是指同申请日以前已有的技术相比,该发明具有突出的实质性特点和显著的进步。

如果产品的用途不能从产品本身的组成、理化性质及现有用途显而易见地得出或预见到,而且具有有益的技术效果,则该用途具有创造性。

本案中,权利要求1请求保护一种改进的阿莫西林和克拉维酸复方制剂在制备治疗绿脓假单孢菌、不动杆菌、枸橼酸杆菌、阴沟肠杆菌、产气肠杆菌或福氏志贺氏菌引起感染的药物中的应用,该复方制剂为含有250~2000mg阿莫西林或其衍生物和25~250mg克拉维酸或其衍生物的混合物，其中阿莫西林或其衍生物与克拉维酸或其衍生物的重量比为大于等于8.1∶1且小于10.0∶1，所述的阿莫西林衍生物为阿莫西林的碱金属盐或其三水化合物，所述克拉维酸衍生物为其碱金属盐。

对比文件1公开了包含阿莫西林和克拉维酸盐的制剂及其在生产抗耐药性肺炎链球菌的药物中的用途，其中对于成人或较大的儿童患者以6∶1~10∶1的重量比给予800~1100mg阿莫西林和100~150mg克拉维酸盐；或者对于儿童患者以6∶1~10∶1的重量比给予30~40mg/kg体重的克拉维酸盐；优选阿莫西林与克拉维酸盐的比例为7.5∶1~8.5∶1（参见权利要求1、2，实施例2）。该对比文件还教导了阿莫西林和克拉维酸盐的组合物可以有效地治疗细菌感染，克拉维酸盐为β-内酰胺酶抑制剂，与β-内酰胺抗生素阿莫西林一起可以对抗β-内酰胺酶介导的抗性机制（参见说明书第1页第3段）。

将权利要求1请求保护的技术方案与对比文件1公开的技术方案相比，二者的区别技术特征之一"治疗绿脓假单孢菌、不动杆菌、枸橼酸杆菌、阴沟肠杆菌、产气肠杆菌或福氏志贺氏菌引起的感染"在对比文件1中并未公开或暗示，对比文件1仅公开了包含阿莫西林和克拉维酸盐的制剂可用于治疗抗耐药性肺炎链球菌，并没有涉及有关将该制剂用于治疗绿脓假单孢菌、不动杆菌、枸橼酸杆菌、阴沟肠杆菌、产气肠杆菌或福氏志贺氏菌引起的感染的内容，同时本领域技术人员根据本领域的常规知识（例如《新编药物学》）可知，阿莫西林并不是对所有革兰氏阳性菌和革兰氏阴性菌种都有作用或敏感，在将阿莫西林与克拉维酸联用时，也不能影响所有对阿莫西林产生耐药性的菌种的抑菌效果。药物对某些革兰氏阴性菌或革兰氏阳性菌有效，并不能必然得出该药物会对其他的具体革兰氏阴性菌或其他的具体革兰氏阳性菌有效。同时，新修改的权利要求1已由要求保护产品修改为用途权利要求，用途权利要求的本质不在于产品本身，而在于产品性能的应用，对比文件1没提及所述复方制剂在上述菌种的抗菌应用。与对比文件1相比，本领域技术人员还需花费创造性劳动才能获知包含阿莫西林和克拉维酸盐的制剂可用于治疗绿脓假单孢菌、不动杆菌、枸橼酸杆菌、阴沟肠杆菌、产气肠杆菌或福氏志贺氏菌引起的感染。因此，与对比文件1相比，本领域技术人员无法得到包含阿莫西林和克拉维酸盐的制剂可用于治疗绿脓假单孢菌、不动杆菌、枸橼酸杆菌、阴沟肠杆菌、产气肠杆菌或福氏志贺氏菌引起的感染的技术启示。因此，合议组认为对比文件1还不足以破坏修改后的权利要求1的创造性，修改后的权利要求1相对于对比文件1具有突出的实质性特点和显著的进步，具有专利法第22条第3款规定的创造性。

根据以上事实和理由，本案合议组作出如下审查决定。

三、决定

撤销国家知识产权局于2005年6月24日对98113146.8号发明专利申请作出的驳回决定。由原审查部门在请求人于2007年10月17日提交的权利要求第1项、1998年3月18日提交的说明书第1~5页、说明书附图第1页以及摘要的基础上继续进行审查。

复审请求人对本决定不服的，可以根据专利法第41条第2款的规定，自收到本决定之日起三个月内向北京市第一中级人民法院起诉。

生产 L-赖氨酸的方法

复审请求审查决定（第 12000 号）

决 定 号	第 12000 号
决 定 日	2007 年 11 月 2 日
发明创造名称	生产 L-赖氨酸的方法
国 际 分 类 号	C12N1/21，C12P13/08//（C12N1/21，C12R1：19）（C12P13/08，C12R1：19）
复 审 请 求 人	味之素株式会社
申 请 号	00818456.9
申 请 日	2000 年 1 月 21 日
公 开 日	2003 年 6 月 11 日
合议组组长	何 炜
主 审 员	邢维玲
参 审 员	葛永奇
法 律 依 据	专利法实施细则第 20 条第 1 款

决 定 要 点

对于权利要求中的功能性描述，如果所属技术领域的技术人员能够明白无误地得出所述功能性描述确定的技术方案，则应当认为该权利要求清楚地表述了请求保护的范围。

一、案由

本复审请求涉及申请日为 2000 年 1 月 21 日，公开日为 2003 年 6 月 11 日，发明名称为"生产 L-赖氨酸的方法"的发明专利申请，申请人为味之素株式会社。

国家知识产权局于 2005 年 5 月 13 日以权利要求 1~9 不符合专利法实施细则第 20 条第 1 款的规定为由驳回了本申请。

驳回决定所针对的权利要求书为：

"1. 一种埃希氏菌属细菌，其中（1）二氢吡啶二羧酸合成酶、天冬氨酸激酶和二氢吡啶二羧酸还原酶的细胞内活性增强，和（2）二氨基庚二酸脱氢酶的细胞内活性或四氢吡啶二羧酸琥珀酰酶和琥珀酰二氨基庚二酸脱酰酶的细胞内活性增强，其中，天冬氨酸-半醛脱氢酶或磷酸烯醇丙酮酸羧化酶的细胞内活性增强，其中细胞内活性增强的酶的细胞内活性通过导入具有所述酶的基因的质粒而增强，通过增加染色体上所述酶的基因拷贝数量而增强，或者通过改变染色体上所述酶的基因的启动子序列而增强。

2. 一种埃希氏菌属细菌，其中（1）二氢吡啶二羧酸合成酶、天冬氨酸激酶和二氢吡啶二羧酸还原酶的细胞内活性增强，和（2）二氨基庚二酸脱氢酶的细胞内活性或四氢吡啶二羧酸琥珀酰酶和琥珀酰二氨基庚二酸脱酰酶的细胞内活性增强，其中，磷酸烯醇丙酮酸羧化酶的细胞内活性和烟酰胺腺嘌呤二核苷酸转氢酶或天冬氨酸-半醛脱氢酶的细胞内活性增强，其中细胞内活性增强的酶的细胞内活性通过导入具有所述酶的基因的质粒而增强，通过增加染色体上所述酶的基因拷贝数量而增强，或者通过改变染色体上所述酶的基因的启动子序列而增强。

3. 一种埃希氏菌属细菌，其中（1）二氢吡啶二羧酸合成酶、天冬氨酸激酶和二氢吡啶二羧酸还原酶的细胞内活性增强，和（2）二氨基庚二酸脱氢酶的细胞内活性或四氢吡啶二羧酸琥珀酰酶和琥珀酰二氨基庚二酸脱酰酶的细胞内活性增强，其中，磷酸烯醇丙酮酸羧化酶和烟酰胺腺嘌呤二核苷酸转氢酶的细胞内活性和天冬氨酸-半醛脱氢酶或天冬氨酸酶的细胞内活性增强，其中细胞内活性增强的酶的细胞内活性通过导入具有所述酶的基因的质粒而增强，通过增加染色体上所述酶的基因拷贝数量而增强，或者通过改变染色体上所述酶的基因的启动子序列而增强。

4. 如权利要求3的细菌，其中，所述天冬氨酸-半醛脱氢酶和天冬氨酸酶的细胞内活性增强，其中细胞内活性增强的酶的细胞内活性通过导入具有所述酶的基因的质粒而增强，通过增加染色体上所述酶的基因拷贝数量而增强，或者通过改变染色体上所述酶的基因的启动子序列而增强。

5. 如权利要求3的细菌，其中，天冬氨酸激酶、二氢吡啶二羧酸还原酶、四氢吡啶二羧酸琥珀酰酶、琥珀酰二氨基庚二酸脱酰酶、磷酸烯醇丙酮酸羧化酶和天冬氨酸-半醛脱氢酶分别源于埃希氏菌属细菌，如果存在，烟酰胺腺嘌呤二核苷酸转氢酶和天冬氨酸酶分别源于埃希氏菌属细菌，二氢吡啶二羧酸合成酶源于埃希氏菌属细菌或短杆菌属细菌，而二氨基庚二酸脱氢酶源于短杆菌属细菌。

6. 如权利要求4的细菌，其中，天冬氨酸激酶、二氢吡啶二羧酸还原酶、四氢吡啶二羧酸琥珀酰酶、琥珀酰二氨基庚二酸脱酰酶、磷酸烯醇丙酮酸羧化酶和天冬氨酸-半醛脱氢酶分别源于埃希氏菌属细菌，如果存在，烟酰胺腺嘌呤二核苷酸转氢酶和天冬氨酸酶分别源于埃希氏菌属细菌，二氢吡啶二羧酸合成酶源于埃希氏菌属细菌或短杆菌属细菌，而二氨基庚二酸脱氢酶源于短杆菌属细菌。

7. 如权利要求1~6中任一项的细菌，其中，通过获得其L-赖氨酸的反馈抑制作用被脱敏化的二氢庚二酸合成酶以及其L-赖氨酸的反馈抑制作用被脱敏化的天冬氨酸激酶，来增强二氢吡啶二羧酸合成酶和天冬氨酸激酶的细胞内活性，并且，通过导入二氨基庚二酸脱氢酶基因，来增强二氨基庚二酸脱氢酶的细胞内活性。

8. 一种生产L-赖氨酸的方法，该方法包括在合适的培养基中培养权利要求1~6中任一项的细菌，以便产生并且在培养基中积累L-赖氨酸，以及从培养物中收集赖氨酸。

9. 一种生产L-赖氨酸的方法，该方法包括在合适的培养基中培养权利要求7的细菌，以便产生并且在培养基中积累L-赖氨酸，以及从培养物中收集赖氨酸。"

驳回决定认为：权利要求1特征部分"其中（1）二氢吡啶二羧酸合成酶、天冬氨酸激酶和二氢吡啶二羧酸还原酶的细胞内活性增强……所述酶的基因的启动子序列而增强"只是描述了其要达到的目的，是功能性描述，而不是用该细菌本身的结构特征对其进行限定，不符合专利法实施细则第20条第1款的规定。同样理由，权利要求2~4，7~9的技术方案也是不清楚的，不符合专利法实施细则第20条第1款的规定。权利要求5和6，虽然对其中各种酶的来源进行了限定，但是其中的埃希氏菌属细菌和短杆菌属细菌具体是什么细菌，以及具有所述酶的基因的质粒，拷贝数以及启动子等仍然是不清楚的。因此，权利要求5和6的技术方案也是不清楚的，也不符合专利法实施细则第20条第1款的规定。

申请人味之素株式会社对上述驳回决定不服，于2005年8月23日向专利复审委员会提出复审请求，请求人在提出复审请求时提交了权利要求书全文替换页，在权利要求1~4中加入了特征（A）、

(B)、(C)，在权利要求5、6中限定了具体的细菌。请求人提交的新权利要求书为：

"1. 一种埃希氏菌属细菌，其中（1）二氢吡啶二羧酸合成酶、天冬氨酸激酶和二氢吡啶二羧酸还原酶的细胞内活性增强，和（2）二氨基庚二酸脱氢酶的细胞内活性或四氢吡啶二羧酸琥珀酰酶和琥珀酰二氨基庚二酸脱酰酶的细胞内活性增强，其中，天冬氨酸-半醛脱氢酶或磷酸烯醇丙酮酸羧化酶的细胞内活性增强，

其中所述细菌包含：

(A) 插入了每种酶的基因的多拷贝型质粒，

(B) 在染色体上扩增的每种酶的基因，或

(C) 在染色体上的每种酶的基因的修饰的启动子。

2. 一种埃希氏菌属细菌，其中（1）二氢吡啶二羧酸合成酶、天冬氨酸激酶和二氢吡啶二羧酸还原酶的细胞内活性增强，和（2）二氨基庚二酸脱氢酶的细胞内活性或四氢吡啶二羧酸琥珀酰酶和琥珀酰二氨基庚二酸脱酰酶的细胞内活性增强，其中，磷酸烯醇丙酮酸羧化酶的细胞内活性和烟酰胺腺嘌呤二核苷酸转氢酶或天冬氨酸-半醛脱氢酶的细胞内活性增强，

其中所述细菌包含：

(A) 插入了每种酶的基因的多拷贝型质粒，

(B) 在染色体上扩增的每种酶的基因，或

(C) 在染色体上的每种酶的基因的修饰的启动子。

3. 一种埃希氏菌属细菌，其中（1）二氢吡啶二羧酸合成酶、天冬氨酸激酶和二氢吡啶二羧酸还原酶的细胞内活性增强，和（2）二氨基庚二酸脱氢酶的细胞内活性或四氢吡啶二羧酸琥珀酰酶和琥珀酰二氨基庚二酸脱酰酶的细胞内活性增强，其中，磷酸烯醇丙酮酸羧化酶和烟酰胺腺嘌呤二核苷酸转氢酶的细胞内活性和天冬氨酸-半醛脱氢酶或天冬氨酸酶的细胞内活性增强，

其中所述细菌包含：

(A) 插入了每种酶的基因的多拷贝型质粒，

(B) 在染色体上扩增的每种酶的基因，或

(C) 在染色体上的每种酶的基因的修饰的启动子。

4. 如权利要求3的细菌，其中，所述天冬氨酸-半醛脱氢酶和天冬氨酸酶的细胞内活性增强，其中所述细菌包含：

(A) 插入了每种酶的基因的多拷贝型质粒，

(B) 在染色体上扩增的每种酶的基因，或

(C) 在染色体上的每种酶的基因的修饰的启动子。

5. 如权利要求3的细菌，其中，天冬氨酸激酶、二氢吡啶二羧酸还原酶、四氢吡啶二羧酸琥珀酰酶、琥珀酰二氨基庚二酸脱酰酶、磷酸烯醇丙酮酸羧化酶和天冬氨酸-半醛脱氢酶分别源于大肠杆菌，如果存在，烟酰胺腺嘌呤二核苷酸转氢酶和天冬氨酸酶分别源于大肠杆菌，二氢吡啶二羧酸合成酶源于大肠杆菌或乳发酵短杆菌，而二氨基庚二酸脱氢酶源于乳发酵短杆菌。

6. 如权利要求4的细菌，其中，天冬氨酸激酶、二氢吡啶二羧酸还原酶、四氢吡啶二羧酸琥珀酰酶、琥珀酰二氨基庚二酸脱酰酶、磷酸烯醇丙酮酸羧化酶和天冬氨酸-半醛脱氢酶分别源于大肠杆菌，如果存在，烟酰胺腺嘌呤二核苷酸转氢酶和天冬氨酸酶分别源于大肠杆菌，二氢吡啶二羧酸合成酶源于大肠杆菌或乳发酵短杆菌，而二氨基庚二酸脱氢酶源于乳发酵短杆菌。

7. 如权利要求1~6中任一项的细菌，其中，通过获得其L-赖氨酸的反馈抑制作用被脱敏化的二氢庚二酸合成酶以及其L-赖氨酸的反馈抑制作用被脱敏化的天冬氨酸激酶，来增强二氢吡啶二羧

酸合成酶和天冬氨酸激酶的细胞内活性，并且，通过导入二氨基庚二酸脱氢酶基因，来增强二氨基庚二酸脱氢酶的细胞内活性。

8. 一种生产 L-赖氨酸的方法，该方法包括在合适的培养基中培养权利要求 1~6 中任一项的细菌，以便产生并且在培养基中积累 L-赖氨酸，以及从培养物中收集赖氨酸。

9. 一种生产 L-赖氨酸的方法，该方法包括在合适的培养基中培养权利要求 7 的细菌，以便产生并且在培养基中积累 L-赖氨酸，以及从培养物中收集赖氨酸。"

请求人在复审理由中进一步陈述了权利要求 1~4，7~9 符合专利法实施细则第 20 条第 1 款规定的理由。具体理由如下：关于新增补的特征（A），请求人认为，许多能够在大肠杆菌中复制的多拷贝型质粒是已知的，本领域技术人员根据本发明，通过将酶基因插入所述多拷贝质粒可以容易地制备重组质粒，并且将获得的质粒导入细菌以增强酶活性。关于特征（B），请求人认为，在染色体上扩增基因的方法，例如采用转导、转座子、Mu 噬菌体或同源重组的方法是公知的（如说明书第 5 页第 15~21 行），本领域技术人员可以很容易通过进行所述基因扩增技术而增强酶活性。关于特征（C），说明书第 5 页第 22~30 行描述了许多用于基因表达的启动子，包括 lac、trp、tac、trc、pL，本领域技术人员采用所述启动子可以很容易地增强酶活性。

形式审查合格后，专利复审委员会受理了该复审请求，并于 2005 年 9 月 13 日向请求人发出《复审请求受理通知书》。同时将本申请案卷移交原审查部门进行前置审查。

原审查部门对本复审请求进行了前置审查，认为（A）、（B）、（C）本身是不清楚的，因此，即使加上（A）、（B）、（C）后，权利要求 1~4 也仍然是不清楚的，不符合专利法实施细则第 20 条第 1 款的规定。权利要求 5 和 6 即使限定了具体的细菌，其要求保护的细菌仍然是不清楚的，因此，权利要求 5~6 也仍然不符合专利法实施细则第 20 条第 1 款的规定。因此坚持原驳回决定。

至此，合议组认为本案事实清楚，可以作出审查决定。

二、决定的理由

1. 审查文本

本复审请求审查决定针对的申请文本为要进入中国国家阶段时所提交的说明书第 1~10、12~27 页、附图第 1~20 页、说明书摘要、2003 年 8 月 6 日提交的说明书第 11 页和 2005 年 8 月 23 日提交的权利要求第 1~9 项，该文本符合专利法第 33 条和专利法实施细则第 60 条第 1 款的规定。

2. 关于专利法实施细则第 20 条第 1 款

专利法实施细则第 20 条第 1 款规定，权利要求书应当说明发明或者实用新型的技术特征，清楚、简要地表述请求保护的范围。

根据该款规定，对于产品权利要求中的功能性和/或方法特征的描述，如果在所属领域现有技术的基础上，所属技术领域的技术人员能够明白无误地得出所述功能性和/或方法特征的描述确定的技术方案，则应当认为该权利要求清楚地表述了请求保护的范围。

（1）本案中，首先，尽管权利要求 1 中"（1）二氢吡啶二羧酸合成酶、天冬氨酸激酶和二氢吡啶二羧酸还原酶的细胞内活性增强，和（2）二氨基庚二酸脱氢酶的细胞内活性或四氢吡啶二羧酸琥珀酰酶和琥珀酰二氨基庚二酸脱酰酶的细胞内活性增强，其中，天冬氨酸-半醛脱氢酶或磷酸烯醇丙酮酸羧化酶的细胞内活性增强"为功能性描述，但其进一步由"所述细菌包含：（A）插入了每种酶的基因的多拷贝型质粒，（B）在染色体上扩增的每种酶的基因，或（C）在染色体上的每种酶的基因的修饰的启动子。"这样的结构特征加以限定，因而不是纯功能性的权利要求；并且（A）中所述"多拷贝型质粒"、（B）中所述"扩增的基因"、（C）中所述"修饰的启动子"均为本领域常用术语，说明书中对所述"多拷贝型质粒"、"修饰的启动子"也作了描述，例如实施例 1 中所述的 RSF24P、

RSFD80、pCAB1、pCABD2 质粒，说明书第 5 页第 22～30 行描述的 lac, trp, tac, trc, pL 启动子，说明书第 5 页第 15～21 行也对扩增基因的方法作了描述，所属领域的技术人员依据其所知晓的普通技术知识，可以理解并确定权利要求 1 要求保护的就是：一种埃希氏菌属细菌，并且由于其具有了如下结构特征（1）插入了每种酶的基因的多拷贝型质粒，（2）在染色体上扩增的每种酶的基因，或（3）在染色体上的每种酶的基因的修饰的启动子，因而具有（1）二氢吡啶二羧酸合成酶、天冬氨酸激酶和二氢吡啶二羧酸还原酶的细胞内活性增强，和（2）二氨基庚二酸脱氢酶的细胞内活性或四氢吡啶二羧酸琥珀酰酶和琥珀酰二氨基庚二酸脱酰酶的细胞内活性增强。也就是说，权利要求 1 所要求保护的范围是清楚、明确的，其清楚地限定了请求保护的埃希氏菌属细菌的结构特征，以及由该结构特征所带来的功能特征，因此符合专利法实施细则第 20 条第 1 款的规定。

同样的理由，权利要求 2～4 也符合专利法实施细则第 20 条第 1 款的规定。

（2）权利要求 5，6 分别在权利要求 3 和 4 的基础上进一步限定了所述酶的具体来源菌种。因此，在权利要求 3 和 4 的保护范围清楚的前提下，权利要求 5 和 6 的保护范围也是清楚的，符合专利法实施细则第 20 条第 1 款的规定。

（3）权利要求 7 进一步增加了方法限定"通过获得其 L-赖氨酸的反馈抑制作用被脱敏化的二氢庚二酸合成酶以及其 L-赖氨酸的反馈抑制作用被脱敏化的天冬氨酸激酶，来增强二氢吡啶二羧酸合成酶和天冬氨酸激酶的细胞内活性，并且，通过导入二氨基庚二酸脱氢酶基因，来增强二氨基庚二酸脱氢酶的细胞内活性。"上述描述清楚地限定了使二氢吡啶二羧酸合成酶、天冬氨酸激酶和二氨基庚二酸脱氢酶活性增强的方法特征，上述方法特征为所属领域的常规技术，其含义在所属技术领域中是明确的，本领域技术人员能够实施所述方法来达到所述酶活性增强的目的。因此，在权利要求 1～6 的保护范围清楚的前提下，权利要求 7 的保护范围也是清楚的，符合专利法实施细则第 20 条第 1 款的规定。

（4）权利要求 8、9 请求保护一种生产 L-赖氨酸的方法，所述方法分别包括在合适的培养基中培养权利要求 1～6 或权利要求 7 的细菌。如上所述，权利要求 1～7 的细菌是清楚的，而且权利要求 8 和权利要求 9 中的方法特征也是清楚明确的，因此权利要求 8、9 也清楚地描述了其请求保护的范围，符合专利法实施细则第 20 条第 1 款的规定。

根据以上事实和理由，本案合议组作出如下审查决定。

三、决定

撤销国家知识产权局于 2005 年 5 月 13 日对申请号为 00818456.9 的发明专利申请作出的驳回决定。由原审查部门在本复审决定所针对的申请文本的基础上继续进行审查。

复审请求人对本决定不服的，可以根据专利法第 41 条第 2 款的规定，自收到本决定之日起三个月内向北京市第一中级人民法院起诉。

030

抗性传播疾病的疫苗

复审请求审查决定（第 12003 号）

决 定 号	第 12003 号
决 定 日	2007 年 12 月 11 日
发明创造名称	抗性传播疾病的疫苗
国际分类号	A61K 39/02，A61K 39/245，A61K 39/12
复审请求人	史密丝克莱恩比彻姆生物有限公司
申 请 号	99813127.X
申 请 日	1999 年 9 月 8 日
优 先 权 日	1998 年 9 月 11 日
公 开 日	2001 年 12 月 5 日
合议组组长	何 炜
主 审 员	刘 妍
参 审 员	李梦楠

法 律 依 据 专利法第 22 条第 3 款

决 定 要 点

如果一项发明是所属技术领域的技术人员在现有技术的基础上仅仅通过合乎逻辑的分析、推理或者有限的试验可以得到的，并且未产生预料不到的技术效果，则该发明是显而易见的，不具备突出的实质性特点，因此不具备创造性。

一、案由

本复审请求涉及申请日为 1999 年 9 月 8 日，公开日为 2001 年 12 月 5 日，优先权日为 1998 年 9 月 11 日，名称为"抗性传播疾病的疫苗"的第 99813127.X 号发明专利申请（下称本申请），申请人为史密丝克莱恩比彻姆生物有限公司。

国家知识产权局于 2005 年 5 月 13 日以本申请权利要求 1～19 不符合专利法第 22 条第 3 款的规定为由驳回了本申请。驳回决定指出：（1）对比文件 1（CN 1065997A，公开日为 1992 年 11 月 11 日）公开了 HSV-2 糖蛋白 D 和一种佐剂在制备治疗或预防 HSV 引起的疾病的疫苗中的用途。虽然权利要求 1 明确限定疫苗的施用对象是女性，但对比文件 1 所制备得到的疫苗制剂直接目的是用于人类，从对比文件 1 所提供的动物实验的数据，再应用到人或女性个体中只需根据本领域常规的方法即可完成。因此，权利要求 1 不符合专利法第 22 条第 3 款的规定。（2）对比文件 1 公开了权利要求 2～5、10～12 的附加技术特征，权利要求 2～5、10～12 不符合创造性的规定。（3）根据对比文件 1 的方案，本领域技术人员很容易将权利要求1的一种或多种抗原用于预防相应的疾病，因此，权利要求6~9也不符合创造性的规定。（4）对本领域技术人员而言，对该佐剂进行除菌以及选择何种规格的滤膜是常规的，因此权利要求13不符合创造性的规定。（5）对本领域技术人员来说，能够显而易见的将所述疫苗用于免疫或治疗有感染单纯疱疹危险的女性，或用于治疗或防止女性的生殖器疱疹感染，因此，权利要求14、15也不具备创造性。（6）本领域技术人员可通过常规实验来获得权利要求16和17所限定的含量或范围，因此，权利要求16和17也不具备创造性。（7）给药时间和方式并非制药用途的技术特征，因此，权利要求18和19不具备创造性。

驳回决定所针对的权利要求1~19为：

"1. 一种或多种来源于导致生殖器疱疹的病原体或与导致生殖器疱疹的病原体相关的抗原以及一种佐剂在制备给予女性个体以预防和/或治疗与生殖器疱疹相关的感染的疫苗中的用途。

2. 根据权利要求1的用途，其中所说的佐剂是一种TH-1诱导佐剂。

3. 根据权利要求1的用途，其中所说的一种或多种抗原包括HSV糖蛋白D或其免疫原性片段。

4. 根据权利要求3的用途，其中HSV-2糖蛋白D是一个截短的糖蛋白。

5. 根据权利要求4的用途，其中该截短的糖蛋白是HSV gD2，而且没有C末端锚定区。

6. 根据权利要求1~5的任一项的用途，其中所说的一种或多种抗原包括一种来源于HPV的抗原。

7. 根据权利要求1~5的任一项的用途，其中所说的一种或多种抗原包括一种来源于衣原体的抗原。

8. 根据权利要求1~5的任一项的用途，其中所说的一种或多种抗原包括一种来源于淋病奈瑟氏菌的抗原。

9. 根据权利要求1~5的任一项的用途，其中所说的一种或多种抗原包括一种来源于苍白密螺旋体或杜克雷嗜血杆菌的抗原。

10. 根据权利要求1~5的任一项的用途，其中的抗原或抗原组合用适宜的载体配制。

11. 根据权利要求9的用途，其中的载体是氢氧化铝，磷酸铝或水包油乳剂。

12. 根据权利要求1~5的任一项的用途，其中的佐剂是TH-1诱导佐剂3-脱氧-酰化单磷脂酰类脂A。

13. 根据权利要求12的用途，其中3-脱氧-酰化单磷脂酰类脂A颗粒小到可以通过0.22微米滤膜过滤除菌。

14. 根据权利要求3~5的任一项的用途，其中的疫苗是用于免疫或治疗有感染单纯疱疹危险的女性。

15. 根据权利要求14的用途，其中的疫苗是用于治疗或防止生殖器疱疹感染。

16. 根据权利要求14的用途，其中的疫苗制剂包括1-1000μg gD2t，10-200μg 3-脱氧-酰化单磷脂酰类脂A和100~1000μg铝盐。

17. 根据权利要求16的用途，其中的疫苗制剂包含20μg gD2t，50μg 3-脱氧-酰化单磷脂酰类脂A和500μg铝盐。

18. 根据权利要求1~5的任一项的用途，其中的疫苗制剂是以0，1和6月的间隔向女性个体给药或制备供如此给药。

19. 根据权利要求1~5的任一项的用途，其中的疫苗制剂是肌肉内给药。"

史密丝克莱恩比彻姆生物有限公司（以下称请求人）对上述驳回决定不服，于2005年8月29日向专利复审委员会提出复审请求，同时用修改后的权利要求1替换原权利要求1，修改后的权利要求

1为:"一种或多种来源于导致生殖器疱疹的病原体或与导致生殖器疱疹的病原体相关的抗原以及一种佐剂在制备用于预防和/或治疗HSV1-/2-女性的与生殖器疱疹相关的感染的疫苗中的用途。"

请求人认为:尽管用于本发明的抗原和佐剂是公知的,但是本发明第一次证明了所属抗原和佐剂的组合可以将HSV用作"疫苗"的人群。在其他人群,例如包括男性的更大的总人群中,抗原/佐剂组合物不会被认为是有效疫苗。本申请中进行和报道的临床试验第一次确定了权利要求1的抗原/佐剂组合能够起作用的人群,以及所述组合不能起作用的人群。

形式审查合格后,专利复审委员会受理了该复审请求,并于2005年10月11日向请求人发出《复审请求受理通知书》,随后将本申请案卷移交原审查部门进行前置审查。

原审查部门对本复审请求进行了前置审查,前置审查意见认为:请求人提出复审请求时对权利要求1作了修改,具体限定了疫苗的适应症为"HSV1-/2-女性的与生殖器疱疹相关的感染",并认为适应症的不同可以用来评价用途权利要求的新颖性和创造性。但即使明确的适应人群即HSV1-/2-女性也并不表明适应症就不同于对比文件1所述适应症,本申请仍不具备创造性。故坚持原驳回决定。

专利复审委员会组成合议组,对本案的复审请求进行了审理,并于2007年6月25日向请求人发出《复审通知书》。《复审通知书》指出:(1)对比文件1公开了来源于与HSV相关的抗原以及佐剂在制备治疗或预防HSV引起的疾病的疫苗中的用途。本发明权利要求1与对比文件1的区别在于:权利要求1限定了所述疫苗用于HSV1-/2-的女性。对比文件1的给出了将所述疫苗用于尚未受到HSV感染的人的技术启示,本领域技术人员从8组可能的情况中筛选出该疫苗对HSV1或HSV2呈血清阴性的女性具有治疗作用,并不需要付出创造性劳动。因此,权利要求1不具备突出的实质性特点,不具备专利法第22条第3款规定的创造性。(2)权利要求2~5、10~12的附加技术特征已经被对比文件1公开;权利要求6~9限定的抗原是本领域技术人员可以预料的;权利要求13对该佐剂进行除菌以及选择何种规格的滤膜是常规的;本领域技术人员能够显而易见地将所述疫苗用于权利要求14、15所限定的免疫或治疗有感染单纯疱疹危险的女性,或用于治疗或防止女性的生殖器疱疹感染;本领域技术人员可以通过常规实验得到权利要求16和17所限定的含量范围;权利要求18和19对给药时间和给药方式的限定不是制药用途中体现出来的技术特征。因此,权利要求2~19不具备专利法第22条第3款规定的创造性。

针对《复审通知书》指出的问题,请求人于2007年8月10日提交了意见陈述书及经修改的权利要求书替换页(共13项)。意见陈述书中指出:(1)本发明中已经确认HSVgD2疫苗可以成功地用于预防HSV1-/2-女性(而不是男性或HSV1+/2-或HSV1+/2+女性)的生殖器疱疹疾病。疫苗只对女性有效,这一事实是完全出乎意料的。对比文件1没有公开任何关于使用该疫苗的临床数据,不能使本领域技术人员得到本发明的疫苗仅仅适合用于HSV1-/2-女性的结论。(2)只有在完全了解本发明的情况下才可能对"8组可能的"进行定义。对于本申请优先权日之前的本领域技术人员来说,不可能预见到对疫苗的免疫应答有差别,因此也不能预见到该分组。(3)实施例3中记载了疫苗效果的研究包括了在60处研究场所进行的涉及2491个个体试验,这不能说是有限次数的试验。此外,请求人声称类似的权利要求已在美国授权,还随意见陈述书提交了在美国申请的权利要求书。

经修改的权利要求1~13项为:

"1. HSV2糖蛋白D或其免疫原性片段以及一种佐剂在制备用于预防HSV1-/2-女性的生殖器疱疹感染的疫苗中的用途。

2. 根据权利要求1的用途,其中所说的佐剂是一种TH-1诱导佐剂。

3. 根据权利要求1的用途,其中HSV-2糖蛋白D是一个截短的糖蛋白。

4. 根据权利要求3的用途,其中该截短的糖蛋白是HSV gD2,而且没有C末端锚定区。

5. 根据权利要求1~4的任一项的用途，其中所说的疫苗还包括一种来源于HPV的抗原。

6. 根据权利要求1~4的任一项的用途，其中的抗原或抗原组合用适宜的载体配制。

7. 根据权利要求6的用途，其中的载体是氢氧化铝，磷酸铝或水包油乳剂。

8. 根据权利要求1~4的任一项的用途，其中的佐剂是TH-1诱导佐剂3-脱氧-酰化单磷脂酰类脂A。

9. 根据权利要求8的用途，其中3-脱氧-酰化单磷脂酰类脂A颗粒小到可以通过0.22微米滤膜过滤除菌。

10. 根据权利要求1~4的任一项的用途，其中的疫苗制剂包括1~1000μg gD2t，10~200μg 3-脱氧-酰化单磷脂酰类脂A和100-1000μg铝盐。

11. 根据权利要求10的用途，其中的疫苗制剂包含20μg gD2t，50μg 3-脱氧-酰化单磷脂酰类脂A和500μg铝盐。

12. 根据权利要求1~4的任一项的用途，其中的疫苗制剂是以0，1和6月的间隔向女性个体给药或制备供如此给药。

13. 根据权利要求1~4的任一项的用途，其中的疫苗制剂是肌肉内给药。"

至此，合议组认为本案事实清楚，可以作出审查决定。

二、决定的理由

1. 审查所依据的文本

本复审决定所针对的文本是请求人于2007年8月10日提交的权利要求第1~13项、驳回决定所针对的说明书及说明书摘要。

2. 关于专利法第22条第3款

专利法第22条第3款规定，创造性，是指同申请日以前已有的技术相比，该发明有突出的实质性特点和显著的进步。

根据该款的规定，如果发明是所属技术领域的技术人员在现有技术的基础上仅仅通过合乎逻辑的分析、推理或者有限的试验可以得到的，则该发明是显而易见的，不具备突出的实质性特点。

（1）权利要求1不符合专利法第22条第3款规定的创造性。

权利要求1要求保护"HSV2糖蛋白D或其免疫原性片段以及一种佐剂在制备用于预防HSV1-/2-女性的生殖器疱疹感染的疫苗中的用途"。

对比文件1（CN 1065997A，公开日为1992年11月11日）公开了一种包含HSV糖蛋白D或其与3脱酰单磷酰基脂A进行结合的免疫学片段和适宜载体的疫苗制剂，特别是HSV-2糖蛋白D或其免疫学片段和适宜载体的疫苗制剂（参见对比文件1权利要求1~12、说明书第7页第3段到第9页第3段）。说明书明确记载该疫苗制剂特别可用于治疗或预防HSV感染（参见其说明书第6页第11~12行）。由此可知，对比文件1已经公开了来源于与HSV相关的抗原以及佐剂在制备治疗或预防HSV引起的疾病的疫苗中的用途。本发明权利要求1与对比文件1的区别在于：权利要求1限定了所述疫苗用于HSV1-/2-的女性。

虽然权利要求1明确限定疫苗的适用范围是HSV1-/2-的女性，而对比文件1没有明确提及，但对比文件1已经公开了所述组分用于制备预防或治疗HSV感染的疫苗中的用途（参见对比文件1权利要求1、10，说明书第6页第11~12行），并且明确记载了所述疫苗"除易受HSV感染的人接种外……还可用于对HSV感染的患者进行免疫治疗"（参见对比文件1第7页第2~3行），根据本领域的公知常识，"易受HSV感染的人"通常是指容易受到感染，但实际上尚未受到HSV感染的人，因此，对比文件1的上述描述已经给出了将所述疫苗用于尚未受到HSV感染的人（即包括HSV1和

HSV2均为血清阴性的女性）的技术启示；同时根据对比文件1公开的信息，本领域技术人员可以根据血清类型来预知HSV gD疫苗的适用范围，即适用于如请求人在答复二通的意见陈述书中列举的8组可能的患者，其中必然包括了HSV1和HSV2均为血清阴性的女性，而从8组可能的情况中筛选出该疫苗对HSV1和HSV2均血清阴性的女性具有治疗作用，是本领域技术人员只需有限的试验和简单对比分析即可获得的结果，并不需要付出创造性劳动。

同理，对比文件1中记载的所述疫苗"还可用于对HSV感染的患者进行免疫治疗"，同样给出了将所述疫苗用于受到HSV感染的人（即包括HSV1或HSV2为血清阴性的女性）的技术启示。如上所述，从8组可能的情况中筛选出该疫苗对HSV1或HSV2呈血清阴性的女性具有治疗作用，也是本领域技术人员只需有限的试验和简单对比分析即可获得的结果，并不需要付出创造性劳动。

因此，权利要求1不具备突出的实质性特点，不具备专利法第22条第3款规定的创造性。

（2）权利要求2~13不具备专利法第22条第3款规定的创造性。

①对比文件1还公开了以下技术内容：所述单纯疱疹（HSV）疫苗使用了3-脱氧-酰化单磷脂酰类脂A这一具体的TH-1诱导佐剂，所用的抗原为HSV-2糖蛋白D或免疫片段，所述的HSV gD2没有C端固着区（即本申请所述的C末端锚定区），疫苗中包含的载体为水包油型乳液（参见对比文件1的权利要求1~6）。可见权利要求2~4、6~8的附加技术特征已经被对比文件1全部公开，包含上述技术特征的技术方案并未给本发明的制药用途带来突出的实质性特点和显著的进步。权利要求5对抗原进行了进一步限定，但是根据对比文件1的记载，本领域技术人员很容易结合本领域的公知常识，将来源于HPV的抗原用于预防相应的疾病。因此在权利要求1不具备创造性的基础上，权利要求2~8不具备专利法第22条第3款规定的创造性。

②从属权利要求9的附加技术特征是对3-脱氧-酰化单磷脂酰类脂A进行过滤除菌的进一步限定，但对本领域技术人员而言，对该佐剂进行除菌以及选择何种规格的滤膜是常规的，并没有为技术方案带来突出的实质性特点和显著进步，故在其引用的权利要求8不具备创造性时，权利要求9也不具备创造性，不符合专利法第22条第3款的规定。

③权利要求10和11对疫苗制剂中的各成分含量进行了限定。对比文件1的说明书公开了抗原佐剂制剂中，重组单纯疱疹病毒糖蛋白D、氢氧化铝和3-脱氧-酰化单磷脂酰类脂A的多种具体配比（参见对比文件1第7~9页）。在对比文件1的基础上，本领域技术人员可以通过常规实验得到权利要求10和11所限定的含量范围。因此，权利要求10和11不具备专利法第22条第3款规定的创造性。

④权利要求12和13对给药时间和给药方式作了限定。给药时间和给药方式不是制药用途中体现出来的技术特征，它体现的是医生的治疗行为，不会介入制药过程的任意一个部分，对本发明所述的制药用途这一技术方案本身没有任何影响，不能作为制药用途的区别技术特征。因此，在其引用的权利要求1~4不具备创造性的情况下，权利要求12和13也不具备专利法第22条第3款规定的创造性。

针对请求人在答复《复审通知书》时的意见陈述，合议组认为：首先，如前所述，对比文件1事实上已经给出了将所述疫苗用于尚未受到HSV感染的人，即包括HSV1和HSV2均为血清阴性的女性的技术启示；也给出了将所述疫苗用于已经受到HSV感染的人，即包括HSV1或HSV2为血清阴性的女性的技术启示。同时根据对比文件1公开的信息，本领域技术人员可以根据血清类型来预知HSV gD2疫苗的适用范围，其中必然包括了HSV1和HSV2均为血清阴性的女性，以及HSV1或HSV2为血清阴性的女性。其次，在药效试验中，根据给药对象的性别进行分类是本领域技术人员的常规分类方式，尤其是对于疫苗的药效学试验而言，根据血清类型进行分类是最基础的分类方式。本申请将性别和血清类型进行结合进而将疫苗组合物的给药对象分为 8 组是本领域技术人员容易想到的。第三，本申请说明书中所公开的试验、统计和对比方法均为本领域的常规方法，从 8 组可能的情况中通过常规试验手段筛选出该疫苗对 HSV1 和 HSV2 均血清阴性的女性具有治疗作用，或者筛选出该疫苗对 HSV1 或 HSV2 呈血清阴性的女性具有治疗作用，是本领域技术人员只需有限的试验和简单对比分析即可获得的结果，并不需要付出创造性劳动。此外，中国的专利申请以及相关审查所依据的是中国的专利法及相关法律，请求人声称类似的权利要求已在美国授权以及提交的在美国申请的权利要求书也不能作为本申请具备创造性的依据。因此，请求人的主张不能成立。

根据以上事实和理由，本案合议组作出如下审查决定。

三、决定

维持国家知识产权局于 2005 年 5 月 13 日对 99813127.X 号发明专利申请作出的驳回决定。

复审请求人对本决定不服的，可以根据专利法第 41 条第 2 款的规定，自收到本决定之日起三个月内向北京市第一中级人民法院起诉。

向生命目标物传送天然信息营养的装置"BIOTRONTSZYAN-2"

复审请求审查决定（第 12024 号）

决 定 号	第 12024 号
决 定 日	2007 年 12 月 12 日
发明创造名称	向生命目标物传送天然信息营养的装置"BIOTRONTSZYAN-2"
国际分类号	C12N 15/00，A61N 2/00，A61N 5/06
复审请求人	姜堪政
专利申请号	96196587.8
优 先 权 日	1995 年 9 月 1 日
申 请 日	1996 年 8 月 21 日
公 开 日	1998 年 9 月 30 日
合议组组长	李 越
主 审 员	叶 娟
参 审 员	祝海燕
法 律 依 据	专利法第 26 条第 3 款

决 定 要 点

所属技术领域的技术人员能够实现，是指所属技术领域的技术人员按照说明书记载的内容，不需要创造性的劳动，就能够再现该发明或者实用新型的技术方案，解决其技术问题，并且产生预期的技术效果。如果说明书中给出了具体的技术方案，但未提供实验证据，或者提供的实验证据不足以证实该方案，而该方案又必须依赖实验结果加以证实才能成立，则该发明将由于缺乏解决技术问题的技术手段而被认为无法实现。

一、案由

本复审请求涉及名称为"向生命目标物传送天然信息营养的装置"BIOTRON TSZYAN-2""的第 96196587.8 号发明专利申请（下称本申请），申请人为姜堪政，申请日为 1996 年 8 月 21 日，公开日为 1998 年 9 月 30 日，优先权日为 1995 年 9 月 1 日。

应申请人提出的实质审查请求，国家知识产权局于 2002 年 9 月 13 日发出了《第一次审查意见通知书》，指出本申请权利要求 1~8 所要求保护的装置违背了有关的自然法则，该技术方案不可实现；另外，本申请也没有提供具体的实施例证明所述装置能够达到预期的效果，因此权利要求 1~8 请求保护的技术方案不具备实用性，不符合专利法第 22 条第 4 款的规定。此次通知书所针对的审查文本为：申请人于本申请进入中国国家阶段时提交的原始国际申请中文译本权利要求 1~8、说明书第

1~7页、说明书附图第1~5页以及说明书摘要；其中权利要求书如下：

"1. 向生命目标物传送天然信息营养的装置，包括生物场源和承放生物场源及生命目标物的设备，其特征在于装置包括组装舱，包括舱体（1）和两个天线系统，每个天线系统具有反射器（6，8）和与其共轴安装的微波透镜（7，9），第一个天线系统固定在舱体（1）的一端形成部分舱（2）用以从生物场源（3）接受天然信息营养，而第二个天线系统固定在舱体（1）的另一端形成部分舱（4），用以对生命目标物施加影响，承放生物场源和生命目标物的设备分别放置在相应于两个天线系统的聚焦区，而在后一个设备远离第二个天线系统侧放置微波透镜组（30）。

2. 按权利要求1的装置，其特性在于舱体（1）呈圆筒形，两个天线系统固定在它的两端开口处。

3. 按权利要求1的装置，其特性在于舱体（1）两端与天线系统相连接构成具有圆球形状的舱。

4. 按权利要求1的装置，其特征在于舱体（1）两端与天线系统相连接构成具有截面呈椭圆形的舱。

5. 按权利要求1的装置，其特征在于部分舱（2，4）用被固定于舱体（1）中由透过生物电磁场材料制成的间壁（28）所分开。

6. 按权利要求1的装置，其特征在于第二个天线系统增设凸金属镜（34），放置于反射镜（8）和微波透镜（9）聚集区，其凸面指向反射器（8），用以保障浓缩生物电磁场辐射成细束，定向传送给小型生物目标物（5）。

7. 按权利要求1的装置，其特征在于生物场源（3）利用年青植物，从种子萌发起到1~2周龄。

8. 按权利要求1的装置，其特征在于生物场源（3）利用低于发育成熟之半年龄的大型和小型动物。"

2003年1月21日，申请人针对上述《第一次审查意见通知书》作出答复，同时提交了以下附件：

附件1：《世界医药成果经典》，香港科技联合出版社，1999年12月，首页、出版信息页、第177~180页复印件共6页；其中第178~180页为题为"植物幼苗的生物电磁场对人体的保健与抗衰老作用"的文章，第177页为该文章的获奖证书；

附件2：俄文文献复印件共5页，2002年；

附件3：附件2的中文译文，题为"生物电磁场控制生命潜力"的文章，复印件共18页。

结合上述附件，申请人认为：（1）审查员并没有指明本申请违背了哪条具体的自然法则；（2）根据说明书的描述，本申请的装置可以制造，说明书中也说明了使用该装置所产生的效果，这些信息足以表明权利要求1~8的技术方案具有实用性；（3）附件1可证明本发明的装置使用效果较好，附件2、3是对生物电磁场信息传递给另外生物的实验证明总结。

2003年3月7日，针对上述《第一次审查意见通知书》所针对的审查文本，国家知识产权局以本申请不符合专利法第22条第4款的规定为由驳回了本申请，具体理由为：生物的信息存在于生物的遗传物质中，遗传信息大部分存在于细胞核中，也有部分存在于线粒体中，因此，如本申请所述的技术方案，利用由反射器和微波透镜等组成的装置就可以将一种生物信息传递到另一处的情况是不可能的，本领域技术人员也不能够实现本申请所要求保护的技术方案。

申请人姜堪政（下称请求人）对上述驳回决定不服，于2003年6月23日向专利复审委员会提出了复审请求，同时提交了以下附件（编号续前）：

附件4：第2090613号俄国专利的专利证书（俄文）复印件及其中文译文各1页，该专利授权决定书（俄文）复印件及其中文译文各1页，该专利权利要求书（俄文）复印件1页，该权利要求书的公开日为1997年9月20日；

附件5：第2057808号俄国专利的专利证书（俄文）复印件及其中文译文各1页，该专利的说明书和权利要求书（俄文）复印件共3页，该权利要求书的公开日为1996年4月10日；

附件6："Experiments with Auras（Bioelectromagnetic Fields）"（英文），Chiang Kanzhen，"NEXUS NEW TIMES MAGAZINE"，第3卷第1期，1995年12月~1996年1月，该杂志的封面页、目录页、第39~42、68页，复印件共7页；

附件7：题为"生物电磁场的生物学效应及其物理学的检测"的文章，无出版信息，共8页。

结合上述附件，请求人认为驳回决定事实不清、理由不足、程序不妥，具体理由是：（1）根据请求人发现的"生物微波通信"和"生物发射具有遗传信息的生物电磁场微波，作用到另外种类生物促使其定向改变遗传特征"可知"生物电磁场微波也是分子水平遗传信息的物质载体，而且是传递形式"，现有的DNA理论应当被修正为"DNA是分子水平遗传信息物质载体的保存形式"，只有DNA与生物电磁场微波二者相互作用，才能够构成分子水平完整的遗传信息物质载体，这正是本发明的理论基础；（2）附件4~7可以证明本申请的可实施性及效果，本发明经过四十多年实验研究证明了应用本发明的装置能够将一种生物的信息传递给另一种生物。

形式审查合格后，专利复审委员会受理了该复审请求，并于2003年7月9日向请求人发出《复审请求受理通知书》。

原审查部门对本复审请求进行了前置审查，并坚持原驳回决定。

专利复审委员会组成合议组，对本复审请求案进行了审理。

本案合议组于2006年3月14日发出《第一次复审通知书》，指出本申请不符合专利法第26条第3款的规定，其具体理由简述如下：（1）本申请请求保护一种向生命目标物传送天然信息营养的装置，说明书中记载了所述装置的制备方法、使用方法，因此，本申请技术方案的完成取决于所述装置是否能够实现在不同生物体间发生遗传物质的传递、并在不带来有害作用的前提下使人体返老还青或动植物特征改变的技术效果；由于本领域普通技术人员从该装置的结构本身无法预见到上述效果，同时虽然说明书中提供了用于解释说明所述效果是如何实现的具体理论，但本领域普通技术人员仅凭上述解释无法认可本发明的技术方案必定能够实现上述技术效果，从而认为本发明技术方案是已完成的技术方案，因此，本申请技术方案属于必须依赖实验结果证实才能成立的情形；由于本申请说明书中没有记载证明所述装置能够达到上述有益效果的任何实验证据，根据现有技术也无法合理推断出上述技术效果，因此，本领域技术人员在阅读本申请说明书后无法确认本申请技术方案是否成立，致使本申请说明书不符合专利法第26条第3款的规定。（2）关于附件1~7，其中附件1~4的出版日在本申请的申请日之后，不能用作证明本发明已经充分公开的证据；对于附件3、7，从这两份附件本身无法确定、也没有其他证据表明它们是在本申请申请日前公开的公开出版物，也即无法认定其中记载的技术内容属于现有技术，因此附件3、7也不能用作证明本发明已经充分公开证据；附件5、6均为外文证据，首先，请求人并未提交附件6的译文以及附件5的完整译文，而在请求人所提交的附件5的译文中并未记载任何技术内容，故无法以此支持请求人的主张；其次，即使请求人提交了附件5、6的全部中文译文、且附件5、6中确实记载了与本申请所欲保护的方案相同的技术内容，但由于附件5、6与本申请均出自同一作者（也即本申请的申请人及发明人），仅代表本申请的申请人的个人观点，其中所记载的内容与本申请同样是基于未经现有技术中的成熟理论证实的且非本领域公知的理论假设而得出的，因此，它们也不能证明本发明已经充分公开；因此附件5、6仍然不能用于证明本专利已经公开充分。

针对《第一次复审通知书》指出的问题，请求人于2006年6月29日提交了意见陈述书、附件6

的中文译文、及下列新附件（编号续前）：

附件8：中国医科大学学报，第23卷第6期（总第121期），封面页、中英文目录页、正文第519~522页，1994年12月，复印件共8页；

附件9~11：有关姜勘政生物电磁场研究证明鉴定资料，复印件共11页。

结合上述新附件，请求人认为：（1）本申请权利要求属于装置权利要求，只要清楚描述其结构、制备和使用即可，无需实验来证实其效果；（2）说明书第7页给出了有关实验效果，例如玉米、黄瓜新品种；（3）专利法并不要求原理或理论解释，只需实用即可；（4）"生物信息"和"遗传信息"不同，本申请涉及的是将存在于脱氧核糖核酸源中的"遗传信息"经过电磁场传递给目标物，虽然请求人认可现有理论不能证实"生物体能够产生电磁辐射，并且这些电磁辐射可以被天线系统收集以及象热能一样被透镜聚焦，而生物体也能够接受其他生物的电磁辐射并受其影响，从而实现遗传信息的传递或改变"，但是申请人已经千百次地实现了遗传信息的传递；（5）请求人请求对本案进行口头审理。

在仔细阅读和研究上述文件的基础上，合议组于2006年9月27日发出了《第二次复审通知书》，其中除坚持《第一次复审通知书》中所指出的意见外，还针对请求人的意见陈述和补充证据提出了以下审查意见：（1）附件6、8的作者之一均为本发明的请求人，其中所呈现的任何观点仅仅是请求人及与之相关的个别研究人员的观点，没有证据表明该观点在现有技术中已成为一种普遍的认识，甚至也不能表明该观点是现有技术中一种经过验证的较为成熟的观点，而如请求人本人所认可的，"没有证据表明本领域的公知常识或者申请日前的现有技术中存在成熟的理论证实：生物体能够产生电磁辐射，并且这些电磁辐射可以被天线系统收集以及像热能一样被透镜聚焦，而生物体也能够接受其他生物的电磁辐射并受其影响，从而实现遗传信息的传递或改变"、"本申请所述装置不能够实现在不同生物体间发生DNA的传递"，请求人仅仅声称"其已经千百次地实现了遗传信息的传递"，而这在本申请的说明书中并没有任何体现；说明书第7页给出的所谓的"实验效果"仅仅是对本发明装置的使用示例，其结果仅为概述，而对于严谨的科学实验来说，尤其是对于本发明这种所谓"一旦成立必将开创本领域科技新纪元的发明"来说，其任何实验结果都应当是通过科学严谨的数据表现的，也即其中所述的具有"甜瓜、菠萝滋味"的黄瓜的判断指标应当进行科学量化、并根据设计合理严谨充分的统计学方法来判断结果是否显著，由此得出最终定性结论，而不是草率的根据主观判断给出结论。（2）附件6、8~11都没有说明并证实生物电磁场在不同的生物之间是如何传递的，本领域普通技术人员根据附件6、8~11记载的内容无法预见到本发明的装置能够传递生物电磁场并实现所述效果。（3）本发明请求保护的是一种装置，附件6中虽然给出了"借助生物微波通讯装置，一种生物可以通过电磁场影响另一种生物的生长发育"的结论（姑且不讨论该结论的真实性），但其中并没有给出所述的生物微波通讯装置的具体结构，因此由附件6中所述装置得到的效果并不能与本发明请求保护的装置相对应，也即由于无法确认附件6中所述装置与本发明的装置相同，使得附件6中所述的效果并不能用于证实本发明装置也具有相同的效果；附件8~11也没有公开任何与本发明相同的装置，同样不能用于证明本发明装置的效果。（4）虽然请求人在其意见陈述中强调，本发明旨在解决如何消除生物场源因与其他生命目标物交互作用过程中，受到有害影响，而又对生物目标物造成可能的有害影响的技术问题，但是请求人始终未能给出任何证据证明本发明能够实现这一目的；综上所述，本申请说明书以及上述资料均不能证明本发明已经公开充分，鉴于在《第一次复审通知书》中已经指出的原因，本申请所固有的缺陷无法通过补交类似证据予以克服，故申请人此后提交的与上述附件类似的其作者与本申请申请人相同，或者其中未记载与本发明相同装置的文件，都将由于与上述相同的理由而不能被认可，本申请不符合专利法第26条第3款的规定。（5）根据审查指南有关口头审理的规定,合议组认为本案事实清楚,无需进行口头审理,故对请求人提出的进行口头审理的请求不予支持。

2006年11月13日,请求人针对上述《第二次复审通知书》作出答复,认为:(1)本申请说明书已经充分公开了本发明,符合专利法第26条第3款的规定;(2)如果没有证据证明本申请违反专利法第26条第3款的规定,则应认为本申请符合这一规定;(3)如果合议组没有证据证明本申请公开的信息是错误的、虚假的或不严谨的,则只能认定其是真实的;(4)合议组应当对驳回决定所指出的本专利是否符合专利法第22条第4款的规定给出意见;(5)《复审通知书》中所指出的本申请不符合专利法第26条第3款的意见未出现在驳回决定中。

据此,合议组认为本案事实已经清楚,可以作出复审决定。

二、决定的理由

1. 关于审查文本

本复审决定所针对的审查文本与驳回决定所针对的审查文本相同,即:请求人于本申请进入中国国家阶段时提交的原始国际申请中文译本权利要求1~8,说明书第1~7页,说明书附图第1~5页以及说明书摘要。

2. 关于程序

请求人认为:驳回决定中未涉及本申请不符合专利法第26条第3款之规定这一驳回理由,因此合议组在复审程序中不应当对此进行审理。

对此,合议组认为:根据审查指南第四部分第三章第4.1节的有关规定"当审查文本中存在驳回决定中未指出的明显实质性缺陷时,复审程序可对该问题进行审查,并对经审查认定后,依据该理由及其证据作出审查决定"。由于本申请存在不符合专利法第26条第3款之规定这一明显实质性缺陷,因此合议组对其进行审理并无不当。

3. 关于专利法第26条第3款

专利法第26条第3款规定,说明书应当对发明或者实用新型作出清楚、完整的说明,以所属技术领域的技术人员能够实现为准。

所属技术领域的技术人员能够实现,是指所属技术领域的技术人员按照说明书记载的内容,不需要创造性的劳动,就能够再现该发明或者实用新型的技术方案,解决其技术问题,并且产生预期的技术效果。如果说明书中给出了具体的技术方案,但未提供实验证据,或者提供的实验证据不足以证实该方案,而该方案又必须依赖实验结果加以证实才能成立,则该发明将由于缺乏解决技术问题的技术手段而被认为无法实现。

本申请请求保护一种向生命目标物传送天然信息营养的装置,说明书中记载了所述装置的制备方法、使用方法,因此,本申请技术方案的完成取决于所述装置是否能够实现在不同生物体间发生遗传物质的传递、并在不带来有害作用的前提下使人体返老还青或动植物特征改变的技术效果;由于本领域普通技术人员从该装置的结构本身无法预见到上述效果,同时虽然说明书中提供了用于解释说明所述效果是如何实现的具体理论,但本领域普通技术人员仅凭上述解释无法认可本发明的技术方案必定能够实现上述技术效果,从而认为本发明技术方案是已完成的技术方案,因此,本申请技术方案属于必须依赖实验结果证实才能成立的情形;由于本申请说明书中没有记载证明所述装置能够达到上述有益效果的任何实验证据,根据现有技术也无法合理推断出上述技术效果,因此,本领域技术人员在阅读本申请说明书后无法确认本申请技术方案是否成立,致使本申请说明书不符合专利法第26条第3款的规定。

虽然请求人一再强调,本申请说明书已经得到了充分公开,且合议组如果没有证据证明本申请公开的信息是错误的、虚假的或不严谨的,则只能认定其是真实的。但是合议组认为:首先,如请求人本人所认可的,"没有证据表明本领域的公知常识或者申请日前的现有技术中存在成熟的理论证实:生物体能够产生电磁辐射,并且这些电磁辐射可以被天线系统收集以及像热能一样被透镜聚焦,而生物体也能够接受其他生物的电磁辐射并受其影响,从而实现遗传信息的传递或改变"、"本申请所述装置不能够实现在不同生物体间发生DNA的传递",那么在现有的遗传理论基础上,请求人仅仅声称"其已经千百次地实现了遗传信息的传递",而在本申请的说明书中并没有任何体现,是不足以让本领域普通技术人员信服的,也即这已足以让本领域技术人员对其能否实现产生合理的质疑;其次,说明书第7页给出的所谓的"实验效果"仅仅是对本发明装置的使用示例,其结果仅为概述,而对于严谨的科学实验来说,尤其是对于本发明这种所谓"一旦成立必将开创本领域科技新纪元的发明"且颠覆目前被本领域普遍接受的遗传学理论的发明而言,其任何实验结果都应当是通过科学严谨的数据表现的,也即其中所述的具有"甜瓜、菠萝滋味"的黄瓜的判断指标应当进行科学量化、并根据设计合理严谨充分的统计学方法来判断结果是否显著,由此得出最终定性结论,而不是草率的根据主观判断给出结论。

至于请求人提交的附件1~11,其中,附件1~4的出版日在本申请的申请日之后,不能用作证明本发明已经充分公开的证据;对于附件3、7,从这两份附件本身无法确定、也没有其他证据表明它们是在本申请申请日前公开的公开出版物,也即无法认定其中记载的技术内容属于现有技术,因此附件3、7也不能用作证明本发明已经充分公开证据;附件5均为外文证据,请求人并未提交附件5的完整译文,而在请求人所提交的附件5的译文中并未记载任何技术内容,故无法以此支持请求人的主张;附件6、8~11都没有说明并证实生物电磁场在不同的生物之间是如何传递的,本领域普通技术人员根据附件6、8~11记载的内容无法预见到本发明的装置能够传递生物电磁场并实现所述效果。因此,上述附件均不能证明本申请说明书已经充分公开了本发明的技术方案。

综上所述,本申请说明书未对发明作出清楚、完整的说明,不符合专利法第26条第3款的规定。

根据上述事实和理由,本案合议组作出如下决定。

三、决定

维持国家知识产权局于2003年3月7日对96196587.8号发明专利申请作出的驳回决定。由原审查部门在驳回决定所针对文本的基础上继续进行审查。

复审请求人对本决定不服的,可以根据专利法第41条第2款的规定,自收到本决定之日起三个月内向北京市第一中级人民法院起诉。

北京市第一中级人民法院
行政判决书

(2008)一中行初字第 585 号

原告姜堪政，男，1933 年 2 月 5 日出生，退休，登记户口：俄罗斯联邦哈巴罗夫斯克市基考波尔切瓦街 10 号 205 住宅，住俄罗斯联邦哈巴罗夫斯克市弗隆热街 74 楼 37 号。

委托代理人孙爱，男，中华人民共和国国际贸易促进委员会专利商标事务所专利代理人。

被告中华人民共和国国家知识产权局专利复审委员会，住所地中华人民共和国北京市海淀区北四环西路 9 号银谷大厦 10～12 层。

法定代表人廖涛，副主任。

委托代理人叶娟，女，中华人民共和国国家知识产权局专利复审委员会审查员。

委托代理人余心蕾，女，中华人民共和国国家知识产权局专利复审委员会审查员。

原告姜堪政不服被告中华人民共和国国家知识产权局专利复审委员会作出的第 12024 号复审请求审查决定（以下简称被诉决定），向本院提起行政诉讼。本院受理后，依法组成合议庭，并于 2008 年 6 月 12 日公开开庭审理了本案。原告的委托代理人孙爱，被告的委托代理人叶娟、余心蕾到庭参加了诉讼。本案现已审理终结。

2007 年 12 月 12 日，被告作出被诉决定，维持中华人民共和国国家知识产权局（以下简称国知局）于 2003 年 3 月 7 日作出的驳回申请人为原告、申请号为第 96196587.8 号涉及名称为"向生命目标物传送天然信息营养的装置'BIOTRON TSZYAN-2'"发明专利申请（以下简称本申请）的决定（以下简称驳回决定）。

为证明被诉决定合法，被告在法定举证期限内向本院提交了以下证据：1.《世界医药成果经典》，香港科技联合出版社，1999 年 12 月，首页、出版信息页、第 177～180 页，共 6 页（即被诉决定中的附件 1）；2. 俄文文献复印件共 5 页及译文，2002 年，共 23 页（即被诉决定中的附件 2 和附件 3）；3. 第 96196587.8 号发明专利申请公开文本（即本申请）；4. 第 2090613 号俄国专利的专利证书（俄文）复印件及其中文译文，该专利授权决定书（俄文）复印件及其中文译文，该专利权利要求书，共 5 页（即被诉决定中的附件 4）；5. 第 2057808 号俄国专利的专利证书（俄文）复印件及其中文译文各 1 页，该专利的说明书和权利要求书（即被诉决定中的附件 5）；6. Experiments with Auras (Bioelectromagnetic Fields)", Chiang Kanzhen, "NEXUS NEW TIMES MAGAZINE"，第 3 卷第 1 期，1995 年 12 月至 1996 年 1 月，封面页、目录页、第 39～42、68 页，共 7 页（即被诉决定中的附件 6），及其中文译文；7."生物电磁场的生物学效应及其物理学的检测"的文章，共 8 页（即被诉决定中的附件 7）；8. 中国医科大学学报，第 23 卷第 6 期（总第 121 期），封面页、中英文目录页、正文第 519～522 页，1994 年 12 月，共 8 页（即被诉决定中的附件 8）；9. 有关姜勘政生物电磁场研究证明鉴定资料（即被诉决定中的附件 9～11）。以上证据用于证明被诉决定事实认定清楚，法律适用正确，审查程序合法。

原告诉称：被诉决定认定事实不清，主要证据缺乏，程序违法。1. 关于程序问题。被告对作出驳回决定的唯一理由，即本申请不符合《中华人民共和国专利法》（以下简称《专利法》）第二十二条第四款保持沉默，代之以本申请不符合《专利法》第二十六条第三款为由维持驳回决定，属程序不当。被告对《审查指南》第四部分第二章第 4.1 节的规定理解有误。2. 被诉决定事实不清，主要证据不足。原告在2006年6月29日对《复审通知书》及2006年11月13日对《第二次复审通知书》的答复中已充分陈述了其理由。被告没有证据证明原告的数据不是科学量化、统计学的结果，而是草率的主观判断给出了结论。所以，被告没有给出相反的证据是草率的主观判断。综上，请求法院撤销被诉决定。

原告在法定期限内未向本院提交证据。

被告辩称：1. 合议组对本案进行审查后认为本申请的说明书公开不充分，不符合《专利法》第二十六条第三款的规定，此缺陷属于《审查指南》第四部分第二章第4.1节所指出的合议组据以作出维持驳回决定的依据。因此，被诉决定的作出程序合法。2. 被诉决定事实证据清楚，具体理由在被诉决定中有所详述。3. 对于原告在起诉书中多次声称被告及其审查员、复审员有行贿受贿嫌疑的论断，原告应当为其言行负责，这种在没有证据支持下的诬蔑言论严重伤害被告的名誉与精神，请求人民法院予以训诫和惩戒。综上所述，被诉决定认定事实清楚、适用法律正确、审理程序合法，请求法院驳回原告的诉讼请求，维持被诉决定。

经庭审质证，本院审查，被告提交的证据均系原告在行政程序中提交的证据，与本院审查被诉决定的合法性具有关联，且符合最高人民法院《关于行政诉讼证据若干问题的规定》中合法性、真实性的要求，本院均予以确认。

根据以上确认的有效证据及各方当事人无争议的事实陈述，本院认定事实如下：

本申请的申请日为1996年8月21日，优先权日为1995年9月1日，公开日为1998年9月30日，申请人为本案原告。

原告向国知局提出本申请审查的文本为：本申请进入中国国家阶段时提交的原始国际申请中文译本权利要求第1~8项、说明书第1~7页、说明书附图第1~5页以及说明书摘要；其中权利要求书如下：

"1. 向生命目标物传送天然信息营养的装置，包括生物场源和承放生物场源及生命目标物的设备，其特征在于装置包括组装舱，包括舱体（1）和两个天线系统，每个天线系统具有反射器（6，8）和与其共轴安装的微波透镜（7，9），第一个天线系统固定在舱体（1）的一端形成部分舱（2）用以从生物场源（3）接受天然信息营养，而第二个天线系统固定在舱体（1）的另一端形成部分舱（4），用以对生命目标物施加影响，承放生物场源和生命目标物的设备分别放置在相应于两个天线系统的聚焦区，而在后一个设备远离第二个天线系统侧放置微波透镜组（30）。

2. 按权利要求1的装置，其特性在于舱体（1）呈圆筒形，两个天线系统固定在它的两端开口处。

3. 按权利要求1的装置，其特性在于舱体（1）两端与天线系统相连接构成具有圆球形状的舱。

4. 按权利要求1的装置，其特征在于舱体（1）两端与天线系统相连接构成具有截面呈椭圆形的舱。

5. 按权利要求1的装置，其特征在于部分舱（2，4）用被固定于舱体（1）中由透过生物电磁场材料制成的间壁（28）所分开。

6. 按权利要求1的装置，其特征在于第二个天线系统增设凸金属镜（34），放置于反射镜（8）和微波透镜（9）聚集区，其凸面指向反射器（8），用以保障浓缩生物电磁场辐射成细束，定向传送给小型生物目标物（5）。

7. 按权利要求1的装置，其特征在于生物场源（3）利用年青植物，从种子萌发起到1~2周龄。

8. 按权利要求1的装置，其特征在于生物场源（3）利用低于发育成熟之半年龄的大型和小型动物。"

同时，原告向国知局提交了附件1~3作为证据。

2003年3月7日，国知局以本申请不符合《专利法》第二十二条第四款的规定为由作出驳回决定，驳回了本申请，具体理由为：生物的信息存在于生物的遗传物质中，遗传信息大部分存在于细胞核中，也有部分存在于线粒体中，因此，如本申请所述的技术方案，利用由反射器和微波透镜等组成的装置就可以将一种生物信息传递到另一处的情况是不可能的，本领域技术人员也不能够实现本申请所要求保护的技术方案。

原告不服，于2003年6月23日向被告提出了复审请求，同时提交了附件4~7作为证据，其提出的复审理由是：（1）根据其发现的"生物微波通信"和"生物发射具有遗传信息的生物电磁场微波，作用到另外种类生物促使其定向改变遗传特征"可知"生物电磁场微波也是分子水平遗传信息的物质载体，而且是传递形式"，现有的DNA理论应当被修正为"DNA是分子水平遗传信息物质载体的保存形式"，只有DNA与生物电磁场微波二者相互作用，才能够构成分子水平完整的遗传信息物质载体，这正是本发明的理论基础；（2）附件4~7可以证明本申请的可实施性及效果，本发明经过四十多年实验研究证明了应用本发明的装置能够将一种生物的信息传递给另一种生物。

经形式审查合格后，被告受理了该复审请求，并于2003年7月9日向原告发出《复审请求受理通知书》。原审查部门对本复审请求进行了前置审查，并坚持原驳回决定。

2006年3月14日，被告发出《第一次复审通知书》，指出本申请不符合《专利法》第二十六条第三款的规定，其具体理由简述如下：（1）本申请请求保护一种向生命目标物传送天然信息营养的装置，说明书中记载了所述装置的制备方法、使用方法，因此，本申请技术方案的完成取决于所述装置是否能够实现在不同生物体间发生遗传物质的传递、并在不带来有害作用的前提下使人体返老还青或动植物特征改变的技术效果；由于本领域普通技术人员从该装置的结构本身无法预见到上述效果，同时虽然说明书中提供了用于解释说明所述效果是如何实现的具体理论，但本领域普通技术人员仅凭上述解释无法认可本发明的技术方案必定能够实现上述技术效果，从而认为本发明技术方案是已完成的技术方案，因此，本申请技术方案属于必须依赖实验结果证实才能成立的情形；由于本申请说明书中没有记载证明所述装置能够达到上述有益效果的任何实验证据，根据现有技术也无法合理推断出上述技术效果，因此，本领域技术人员在阅读本申请说明书后无法确认本申请技术方案是否成立，致使本申请说明书不符合《专利法》第二十六条第三款的规定。（2）关于附件1~7，其中附件1~4的出版日在本申请的申请日之后，不能用作证明本发明已经充分公开的证据；对于附件3、7，从这两份附件本身无法确定、也没有其他证据表明它们是在本申请申请日前公开的公开出版物，也即无法认定其中记载的技术内容属于现有技术，因此附件3、7也不能用作证明本发明已经充分公开证据；附件5、6均为外文证据，首先，原告并未提交附件6的译文以及附件5的完整译文，而其所提交的附件5的译文中并未记载任何技术内容，故无法以此支持原告的主张；其次，即使原告提交了附件5、6的全部中文译文、且附件5、6中确实记载了与本申请所欲保护的方案相同的技术内容，但由于附件5、6与本申请均出自同一作者（也即本申请的申请人及发明人），仅代表原告的个人观点，其中所记载的内容与本申请同样是基于未经现有技术中的成熟理论证实的且非本领域公知的理论假设而得出的，因此，它们也不能证明本发明已经充分公开；因此附件5、6仍然不能用于证明本专利已经公开充分。

2006年6月29日，原告针对《第一次复审通知书》指出的问题提交了意见陈述书、附件6的中文译文及附件8~11。原告认为：（1）本申请权利要求属于装置权利要求，只要清楚描述其结构、制备和使用即可，无需实验来证实其效果；（2）说明书第7页给出了有关实验效果，例如玉米、黄瓜新品种；（3）专利法并不要求原理或理论解释，只需实用即可；（4）"生物信息"和"遗传信息"不同，本申请涉及的是将存在于脱氧核糖核酸源中的"遗传信息"经过电磁场传递给目标物，虽然其认可现有理论不能证实"生物体能够产生电磁辐射，并且这些电磁辐射可以被天线系统收集以及象热能一样被透镜聚焦，而生物体也能够接受其他生物的电磁辐射并受其影响，从而实现遗传信息的传递或改变"，但是其已经千百次地实现了遗传信息的传递；（5）原告请求对本案进行口头审理。

2006年9月27日，被告发出了《第二次复审通知书》，其中除坚持《第一次复审通知书》中所指出的意见外，还针对原告的意见陈述和补充证据提出了以下审查意见：（1）附件6、8的作者之一均为本发明的请求人，其中所呈现的任何观点仅仅是原告及与之相关的个别研究人员的观点，没有证据表明该观点在现有技术中已成为一种普遍的认识，甚至也不能表明该观点是现有技术中一种经过验证的较为成熟的观点，而如原告本人所认可的，"没有证据表明本领域的公知常识或者申请日前的现有技术中存在成熟的理论证实：生物体能够产生电磁辐射，并且这些电磁辐射可以被天线系统收集以及象热能一样被透镜聚焦，而生物体也能够接受其他生物的电磁辐射并受其影响，从而实现遗传信息的传递或改变"、"本申请所述装置不能够实现在不同生物体间发生DNA的传递"，原告仅仅声称"其已经千百次地实现了遗传信息的传递"，而这在本申请的说明书中并没有任何体现；说明书第7页给出的所谓的"实验效果"仅仅是对本发明装置的使用示例，其结果仅为概述，而对于严谨的科学实验来说，尤其是对于本发明这种所谓"一旦成立必将开创本领域科技新纪元的发明"来说，其任何实验结果都应当是通过科学严谨的数据表现的，也即其中所述的具有"甜瓜、菠萝滋味"的黄瓜的判断指标应当进行科学量化、并根据设计合理严谨充分的统计学方法来判断结果是否显著，由此得出最终定性结论，而不是草率的根据主观判断给出结论。（2）附件6、8～11都没有说明并证实生物电磁场在不同的生物之间是如何传递的，本领域普通技术人员根据附件6、8～11记载的内容无法预见到本发明的装置能够传递生物电磁场并实现所述效果。（3）本发明请求保护的是一种装置，附件6中虽然给出了"借助生物微波通讯装置，一种生物可以通过电磁场影响另一种生物的生长发育"的结论，但其中并没有给出所述的生物微波通讯装置的具体结构，因此由附件6中所述装置得到的效果并不能与本发明请求保护的装置相对应，也即由于无法确认附件6中所述装置与本发明的装置相同，使得附件6中所述的效果并不能用于证实本发明装置也具有相同的效果；附件8～11也没有公开任何与本发明相同的装置，同样不能用于证明本发明装置的效果。（4）虽然原告在其意见陈述中强调，本发明旨在解决如何消除生物场源因与其他生命目标物交互作用过程中，受到有害影响，而又对生物目标物造成可能的有害影响的技术问题，但是原告始终未能给出任何证据证明本发明能够实现这一目的；综上所述，本申请说明书以及上述资料均不能证明本发明已经公开充分，鉴于在《第一次复审通知书》中已经指出的原因，本申请所固有的缺陷无法通过补交类似证据予以克服，本申请不符合《专利法》第二十六条第三款的规定；（5）根据《审查指南》有关口头审理的规定，被告认为本案事实清楚，无需进行口头审理，故对原告提出的进行口头审理的请求不予支持。

针对《第二次复审通知书》，原告于2006年11月13日作出答复，认为：（1）本申请说明书已经充分公开了本发明，符合《专利法》第二十六条第三款的规定；（2）如果没有证据证明本申请违反《专利法》第二十六条第三款的规定，则应认为本申请符合这一规定；（3）如果合议组没有证据证明本申请公开的信息是错误的、虚假的或不严谨的，则只能认定其是真实的；（4）合议组应当对驳回决定所指出的本专利是否符合《专利法》第二十二条第四款的规定给出意见；（5）《复审通知书》中所指出的本申请不符合专利法第二十六条第三款的意见未出现在驳回决定中。

被告经审查，确定本复审决定所针对的审查文本与驳回决定所针对的审查文本相同。本申请请求保护一种向生命目标物传送天然信息营养的装置，说明书中记载了所述装置的制备方法、使用方法，因此，本申请技术方案的完成取决于所述装置是否能够实现在不同生物体间发生遗传物质的传递、并在不带来有害作用的前提下使人体返老还青或动植物特征改变的技术效果；由于本领域普通技术人员从该装置的结构本身无法预见到上述效果，同时虽然说明书中提供了用于解释说明所述效果是如何实现的具体理论，但本领域普通技术人员仅凭上述解释无法认可本发明的技术方案必定能够实现上述技术效果，从而认为本发明技术方案是已完成的技术方案，因此，本申请技术方案属于必须依赖实验结果证实才能成立的情形；由于本申请说明书中没有记载证明所述装置能够达到上述有益效果的任何实验证据，根据现有技术也无法合理推断出上述技术效果。

至于原告提交的附件1~11，被告认为，其中附件1~4的出版日在本申请的申请日之后，不能用作证明本发明已经充分公开的证据；对于附件3、7，从这两份附件本身无法确定、也没有其他证据表明它们是在本申请申请日前公开的公开出版物，也即无法认定其中记载的技术内容属于现有技术，因此附件3、7也不能用作证明本发明已经充分公开证据；附件5均为外文证据，原告并未提交附件5的完整译文，而在原告所提交的附件5的译文中并未记载任何技术内容，故无法以此支持原告的主张；附件6、8~11都没有说明并证实生物电磁场在不同的生物之间是如何传递的，本领域普通技术人员根据附件6、8~11记载的内容无法预见到本发明的装置能够传递生物电磁场并实现所述效果。因此，上述附件均不能证明本申请说明书已经充分公开了本发明的技术方案。

综上，被告作出驳回决定，原告不服，诉至本院。

本案开庭审理中，原告明确表示对驳回决定中关于附件1-11的认定无争议。

本院认为，对于原告在庭审中明确表示无争议的内容，经审查，本院对其合法性予以确认。

《专利法》第二十六条第三款规定，说明书应当对发明或者实用新型作出清楚、完整的说明，以所属技术领域的技术人员能够实现为准。根据该条法律规定，如果说明书中已经清楚、完整地记载了所要解决的技术问题、解决技术问题的技术方案，以及该技术方案所能够获得的有益效果，且所属技术领域的技术人员按照说明书记载的内容，不需要创造性的劳动，就能够再现该发明或者实用新型的技术方案，解决其技术问题，并且产生预期的技术效果，则该发明或实用新型符合上述法律规定。但是，如果说明书中只给出了具体的技术方案，但未提供实验证据，或者提供的实验证据不足以证实该技术方案，该技术方案又必须依赖实验结果加以证实才能成立，本领域技术人员在阅读本申请说明书后无法确认本申请技术方案是否成立，该发明即由于缺乏解决技术问题的技术手段而无法实现。

本案中，本申请说明书中并未体现如何实现遗传信息传递的具体实验数据、结果，在现有的遗传理论基础上，不足以让本领域普通技术人员不付出创造性的劳动即能够确信本申请的技术方案能够成立。由于任何实验结果应当是通过科学严谨的数据表现的，因此，虽然本申请说明书记载了"实验效果"的内容，但该部分内容仅为本发明装置的使用示例，其结果仅为概述。因此，本领域技术人员在阅读本申请说明书后无法确认本申请技术方案是否成立。本院通过对本申请说明书的审查，认为本申请说明书缺少该发明能够实现的事实依据，故认可被告在被诉决定中具体的相关认定，本申请说明书不符合《专利法》第二十六条第三款的规定。

参照《审查指南》第四部分第二章第4.1节的有关规定，在复审程序中，除驳回决定所依据的理由和证据外，合议组发现审查文本中存在驳回决定中未指出的明显实质性缺陷的，可以对与之相关的理由及其证据进行审查，并且经审查认定后，应当依据该理由及其证据作出维持驳回决定的审查决定。由于本申请存在上述不符合《专利法》第二十六条第三款的明显实质性缺陷，因此被告对该问题进行审理并无不当，且不存在程序违法之处。

综上所述，被告作出的被诉决定认定事实清楚，适用法律正确，行政程序合法，本院应予维持。原告的诉讼理由均缺乏事实及法律依据，对其诉讼请求本院不予支持。依照《中华人民共和国行政诉讼法》第五十四条第（一）项之规定，判决如下：

维持被告中华人民共和国国家知识产权局专利复审委员会于二〇〇七年十二月十二日作出的第

12024号复审请求审查决定。

案件受理费人民币100元,由原告姜堪政负担(已交纳)。

一如不服本判决,原告姜堪政可在判决书送达之日起30日内,被告中华人民共和国国家知识产权局专利复审委员会可在判决书送达之日起15日内,向本院递交上诉状,并按对方当事人的人数提出副本,预交上诉受理费人民币100元,上诉于中华人民共和国北京市高级人民法院。上诉人在上诉期满后7日内未预交,又不提出缓交申请的,按自动撤回上诉处理。

审　判　长　梁　菲
代理审判员　司品华
人民陪审员　吴　群
二〇〇八年七月八日
书　记　员　王　丽

北京市高级人民法院
行政判决书

(2008)高行终字第676号

上诉人(一审原告)姜堪政,男,1933年2月5日出生,退休,登记户口:俄罗斯联邦哈巴罗夫斯克市基考波尔切瓦街10号205住宅,住俄罗斯联邦哈巴罗夫斯克市弗隆热街74楼37号。

委托代理人孙爱:中国国际贸易促进委员会专利商标事务所专利代理人。

被上诉人(一审被告)被告中华人民共和国国家知识产权局专利复审委员会,住所地中华人民共和国北京市海淀区北四环西路9号银谷大厦10~12层。

法定代表人廖涛,副主任。

委托代理人叶娟,女,中华人民共和国国家知识产权局专利复审委员会审查员。

委托代理人余心蕾,女,中华人民共和国国家知识产权局专利复审委员会审查员。

上诉人姜堪政因专利复审决定一案,不服中华人民共和国北京市第一中级人民法院(以下简称一审法院)(2008)一中行初字第585号行政判决,向本院提起上诉。本院受理后,依法组成合议庭于2008年11月24日公开开庭进行了审理。上诉人姜堪政的委托代理人孙爱,被上诉人中华人民共和国国家知识产权局专利复审委员会(以下简称专利复审委)的委托代理人叶娟,余心蕾到庭参加了诉讼。本案现已审理终结。

2007年12月12日,专利复审委依据《中华人民共和国专利法》(以下简称《专利法》)第二十六条第三款的规定作出第12024号复审请求审查决定(以下简称第12024号决定),维持国家知识产权局于2003年3月7日作出的驳回姜堪政名称为"向生命目标物传送天然信息营养的装置'BIOTRON TSZYAN-2'"发明专利申请的决定。姜堪政不服上述决定,向一审法院提起行政诉讼一审法院经审理认为,根据《专利法》第二十六条第三款规定,说明书应当对发明或者实用新型作出清楚、完整的说明,以所属技术领域的技术人员能够实现为准。根据该条法律规定,如果说明书中已经清楚、完整地记载了所要解决的技术问题、解决技术问题的技术方案,以及该技术方案所能够获得的有益效果,且所属技术领域的技术人员按照说明书记载的内容,不需要创造性的劳动,就能够再现该发明或者实用新型的技术方案,解决其技术问题,并且产生预期的技术效果,则该发明或实用新型符合上述法律规定。但是，如果说明书中只给出了具体的技术方案，但未提供实验证据，或者提供的实验证据不足以证实该技术方案，该技术方案又必须依赖实验结果加以证实才能成立，本领域技术人员在阅读本申请说明书后无法确认本申请技术方案是否成立，该发明即由于缺乏解决技术问题的技术手段而无法实现。

本案中，本申请说明书中并未体现如何实现遗传信息传递的具体实验数据、结果，在现有的遗传理论基础上，不足以让本领域普通技术人员不付出创造性的劳动即能够确信本申请的技术方案能够成立。由于任何实验结果应当是通过科学严谨的数据表现的，因此，虽然本申请说明书记载了"实验效果"的内容，但该部分内容仅为本发明装置的使用示例，其结果仅为概述。因此，本领域技术人员在阅读本申请说明书后无法确认本申请技术方案是否成立。一审法院通过对本申请说明书的审查，认为本申请说明书缺少该发明能够实现的事实依据，故认可专利复审委在第12024号决定中具本的相关认定，本申请说明书不符合《专利法》第二十六条第三款的规定。

参照《审查指南》第四部分第二章第4.1节的有关规定，在复审程序中，除驳回决定所依据的理由和证据外，专利复审委发现审查文本中存在驳回决定中未指出的明显实质性缺陷的，可以对与之相关的理由及其证据进行审查，并且经审查认定后，应当依据该理由及其证据作出维持驳回决定的审查决定。由于本申请存在上述不符合《专利法》第二十六条第三款的明显实质性缺陷，因此专利复审委对该问题进行审理并无不当，且不存在程序违法之处。

一审法院综上认为，专利复审委作出的第12024号决定认定事实清楚，适用法律正确，程序合法，应予维持。姜堪政的诉讼理由缺乏事实及法律依据，对其诉讼请求不予支持。据此，依照《中华人民共和国行政诉讼法》第五十四条第（一）项之规定，判决维持了第12024号决定。姜堪政不服一审判决，向本院提起上诉。

姜堪政上诉称，一审判决认定事实不清、主要证据不足。根据《审查指南》第二部分第二章第2.1节的规定，说明书对发明或者实用新型作出清楚、完整的说明，应当达到所属技术领域的技术人员能够实现的程度。对于装置发明来说就是能够制备和使用该装置。其如何制备和使用与实验结果无任何关系。专利复审委将本申请如何产生预期技术效果与产生这一效果的机理混为一谈。不论本申请是否提及或是作出令人信服的描述都与公开充分无关，专利法不要求对发明的机理作出解释或研究，它只关心最终的产品和方法。按本申请装置处理后植物的效果，用常规的对比实验就可以证实。这些对比实验在育种和选种领域是众所周知的。同样，对经本申请装置作用后的动物或人的返老还青评价，也有公知的生理学或生物学方法或指标。不得以机理不清楚而否认这些效果，进而否认本申请对发明的充分公开。因此，本申请的技术方案不必依赖实验结果加以证实才能成立的，它与已知化合物的新用途不同。本领域技术人员在阅读了本申请后知道如何使用本装置并用常规实验证明其效果。所以本申请不属于《审查指南》第二部分第二章第2.1.3节第（5）点规定的情形，本申请满足《专利法》第二十六条第三款的规定。本申请申请日为1995年9月1日，专利复审委适用2006年7月1日生效的《审查指南》是不合适的。

根据《审查指南》第四部分第二章第4.1节的规定，一般情况下，专利复审委仅针对驳回决定所依据的理由和证据进行审查。而实质审查部门在第一次审查意见通知书中和驳回决定中均指出本申请不符合《专利法》第二十二条第四款的规定，未指出其他问题。专利复审委在第12024号决定中将驳回决定中没有指明的充分公开的问题视为明显实质性缺陷，违背了《审查指南》的规定。请求二审法院依法撤销一审判决，在查明事实的基础上改判。

专利复审委答辩称，我委对本案进行审查后认为，本申请的说明书公开不充分，不符合《专利法》第二十六条第三款的规定，此缺陷属于《审查指南》第四部分第二章第4.1节所指的我委作出第12024号决定的依据。因此，第12024号决定认定事实清楚，适用法律正确，程序合法。姜堪政的上诉理由及主张的事实均不成立，请求二审法院判决驳回上诉，维持一审判决。

一审期间，专利复审委向法院提交了以下附件作为证据：附件1、《世界医药成果经典》，香港科技联合出版社，1999年12月，首页、出版信息页、第177～180页，共6页；附件2和附件3、俄文文献复印件共5页及译文，2002年，共23页；附件4、第2090613号俄国专利的专利证书（俄文）复印件及其中文译文，该专利授权决定书（俄文）复印件及其中文译文，该专利权利要求书，共5页；附件5、第2057808号俄国专利的专利证书（俄文）复印件及其中文译文各1页，该专利的说明书和权利要求书；附件6、Experiments with Auras（Bioelectromagnetic Fields）"，Chiang Kanzhen，"NEXUS NEW TIMES MAGAZINE"，第3卷第1期，1995年12月至1996年1月，封面页、目录页、第39～42、68页，共7页，及其中文译文；附件7、"生物电磁场的生物学效应及其物理学的检测"的文章，共8页；附件8、中国医科大学学报，第23卷第6期（总第121期），封面页、中英文目录页、正文第519～522页，1994年12月，共8页；附件9～11、有关姜勘政生物电磁场研究证明鉴定资料；12. 第96196587.8号发明专利申请公开文本（即本申请）。

姜堪政未向法院提交证据。

上诉证据均随案移送本院，经庭审质证及合议庭审查认为，专利复审委提交的证据均为姜堪政在行政程序中所提交。与第12024号决定认定的事实具有关联性，内容真实，来源合法，本院予以确认。

经审理查明，姜堪政于1996年8月21日向国家知识产权局提出名称为"向生命目标物传送天然信息营养的装置'BIOTRON TSZYAN-2'"发明专利权申请，优先权日为1995年9月1日，公开日为1998年9月30日。

姜堪政向国家知识产权局提出本申请审查的文本为：本申请进入中国国家阶段时提交的原始国际申请中文译本权利要求第1～8项、说明书第1～7页、说明书附图第1～5页以及说明书摘要；其中权利要求书如下：

"1. 向生命目标物传送天然信息营养的装置，包括生物场源和承放生物场源及生命目标物的设备，其特征在于装置包括组装舱，包括舱体（1）和两个天线系统，每个天线系统具有反射器（6，8）和与其共轴安装的微波透镜（7，9），第一个天线系统固定在舱体（1）的一端形成部分舱（2）用以从生物场源（3）接受天然信息营养，而第二个天线系统固定在舱体（1）的另一端形成部分舱（4），用以对生命目标物施加影响，承放生物场源和生命目标物的设备分别放置在相应于两个天线系统的聚焦区，而在后一个设备远离第二个天线系统侧放置微波透镜组（30）。

2. 按权利要求1的装置，其特性在于舱体（1）呈圆筒形，两个天线系统固定在它的两端开口处。

3. 按权利要求1的装置，其特性在于舱体（1）两端与天线系统相连接构成具有圆球形状的舱。

4. 按权利要求1的装置，其特征在于舱体（1）两端与天线系统相连接构成具有截面呈椭圆形的舱。

5. 按权利要求1的装置，其特征在于部分舱（2，4）用被固定于舱体（1）中由透过生物电磁场材料制成的间壁（28）所分开。

6. 按权利要求1的装置，其特征在于第二个天线系统增设凸金属镜（34），放置于反射镜（8）和微波透镜（9）聚集区，其凸面指向反射器（8），用以保障浓缩生物电磁场辐射成细束，定向传送给小型生物目标物（5）。

7. 按权利要求1的装置，其特征在于生物场源（3）利用年青植物，从种子萌发起到1～2周龄。

8. 按权利要求 1 的装置，其特征在于生物场源（3）利用低于发育成熟之半年龄的大型和小型动物。"

姜堪政同时向国家知识产权局提交了附件 1~3 作为证据。

2003 年 3 月 7 日，国家知识产权局以本申请不符合《专利法》第二十二条第四款的规定为由驳回了本申请。

姜堪政不服驳回决定，于 2003 年 6 月 23 日向专利复审委提出了复审请求，同时提交了附件 4~7 作为证据，其提出的复审理由是：（1）根据其发现的"生物微波通信"和"生物发射具有遗传信息的生物电磁场微波，作用到另外种类生物促使其定向改变遗传特征"可知"生物电磁场微波也是分子水平遗传信息的物质载体，而且是传递形式"，现有的 DNA 理论应当被修正为"DNA 是分子水平遗传信息物质载体的保存形式"，只有 DNA 与生物电磁场微波二者相互作用，才能够构成分子水平完整的遗传信息物质载体，这正是本发明的理论基础；（2）附件 4~7 可以证明本申请的可实施性及效果，本发明经过四十多年实验研究证明了应用本发明的装置能够将一种生物的信息传递给另一种生物。

经形式审查合格后，专利复审委受理了该复审请求，并于 2003 年 7 月 9 日向姜堪政发出《复审请求受理通知书》。原审查部门对本复审请求进行了前置审查，并坚持原驳回决定。

2006 年 3 月 14 日，专利复审委向姜堪政发出《第一次复审通知书》，指出本申请不符合《专利法》第二十六条第三款的规定，其具体理由简述如下：（1）本申请请求保护一种向生命目标物传送天然信息营养的装置，说明书中记载了所述装置的制备方法、使用方法，因此，本申请技术方案的完成取决于所述装置是否能够实现在不同生物体间发生遗传物质的传递、并在不带来有害作用的前提下使人体返老还青或动植物特征改变的技术效果；由于本领域普通技术人员从该装置的结构本身无法预见到上述效果，同时虽然说明书中提供了用于解释说明所述效果是如何实现的具体理论，但本领域普通技术人员仅凭上述解释无法认可本发明的技术方案必定能够实现上述技术效果，从而认为本发明技术方案是已完成的技术方案，因此，本申请技术方案属于必须依赖实验结果证实才能成立的情形；由于本申请说明书中没有记载证明所述装置能够达到上述有益效果的任何实验证据，根据现有技术也无法合理推断出上述技术效果，因此，本领域技术人员在阅读本申请说明书后无法确认本申请技术方案是否成立，致使本申请说明书不符合《专利法》第二十六条第三款的规定。（2）关于附件 1~7，其中附件 1~4 的出版日在本申请的申请日之后，不能用作证明本发明已经充分公开的证据；对于附件 3、7，从这两份附件本身无法确定、也没有其他证据表明它们是在本申请申请日前公开的公开出版物，也即无法认定其中记载的技术内容属于现有技术，因此附件 3、7 也不能用作证明本发明已经充分公开证据；附件 5、6 均为外文证据，首先，姜堪政并未提交附件 6 的译文以及附件 5 的完整译文，而其所提交的附件 5 的译文中并未记载任何技术内容，故无法以此支持其主张；其次，即使姜堪政提交了附件 5、6 的全部中文译文、且附件 5、6 中确实记载了与本申请所欲保护的方案相同的技术内容，但由于附件 5、6 与本申请均出自同一作者（也即本申请的申请人及发明人），仅代表姜堪政的个人观点，其中所记载的内容与本申请同样是基于未经现有技术中的成熟理论证实的且非本领域公知的理论假设而得出的，因此，它们也不能证明本发明已经充分公开；因此附件 5、6 仍然不能用于证明本专利已经公开充分。

2006 年 6 月 29 日，姜堪政针对《第一次复审通知书》指出的问题提交了意见陈述书、附件 6 的中文译文及附件 8~11。姜堪政认为：（1）本申请权利要求属于装置权利要求，只要清楚描述其结构、制备和使用即可，无需实验来证实其效果；（2）说明书第 7 页给出了有关实验效果，例如玉米、黄瓜新品种；（3）专利法并不要求原理或理论解释，只需实用即可；（4）"生物信息"和"遗传信息"不同,本申请涉及的是将存在于脱氧核糖核酸源中的"遗传信息"经过电磁场传递给目标物,虽然其认可现有理论不能证实"生物体能够产生电磁辐射,并且这些电磁辐射可以被天线系统收集以及向热能一样被透镜聚焦,而生物体也能够接受其他生物的电磁辐射并受其影响,从而实现遗传信息的传递或改变",但是其已经千百次地实现了遗传信息的传递;(5)姜堪政请求对本案进行口头审理。

2006年9月27日,专利复审委向姜堪政发出了《第二次复审通知书》,其中除坚持《第一次复审通知书》中所指出的意见外,还针对姜堪政的意见陈述和补充证据提出了以下审查意见:(1)附件6、8的作者之一均为姜堪政,其中所呈现的任何观点仅仅是姜堪政及与之相关的个别研究人员的观点,没有证据表明该观点在现有技术中已成为一种普遍的认识,甚至也不能表明该观点是现有技术中一种经过验证的较为成熟的观点,而如姜堪政所认可的,"没有证据表明本领域的公知常识或者申请日前的现有技术中存在成熟的理论证实:生物体能够产生电磁辐射,并且这些电磁辐射可以被天线系统收集以及向热能一样被透镜聚焦,而生物体也能够接受其他生物的电磁辐射并受其影响,从而实现遗传信息的传递或改变"、"本申请所述装置不能够实现在不同生物体间发生DNA的传递",姜堪政仅仅声称"其已经千百次地实现了遗传信息的传递",而这在本申请的说明书中并没有任何体现;说明书第7页给出的所谓的"实验效果"仅仅是对本发明装置的使用示例,其结果仅为概述,而对于严谨的科学实验来说,尤其是对于本发明这种所谓"一旦成立必将开创本领域科技新纪元的发明"来说,其任何实验结果都应当是通过科学严谨的数据表现的,也即其中所述的具有"甜瓜、菠萝滋味"的黄瓜的判断指标应当进行科学量化、并根据设计合理严谨充分的统计学方法来判断结果是否显著,由此得出最终定性结论,而不是草率的根据主观判断给出结论;(2)附件6、8~11都没有说明并证实生物电磁场在不同的生物之间是如何传递的,本领域普通技术人员根据附件6、8~11记载的内容无法预见到本发明的装置能够传递生物电磁场并实现所述效果;(3)本发明请求保护的是一种装置,附件6中虽然给出了"借助生物微波通讯装置,一种生物可以通过电磁场影响另一种生物的生长发育"的结论,但其中并没有给出所述的生物微波通讯装置的具体结构,因此由附件6中所述装置得到的效果并不能与本发明请求保护的装置相对应,也即由于无法确认附件6中所述装置与本发明的装置相同,使得附件6中所述的效果并不能用于证实本发明装置也具有相同的效果;附件8~11也没有公开任何与本发明相同的装置,同样不能用于证明本发明装置的效果;(4)虽然姜堪政在其意见陈述中强调,本发明旨在解决如何消除生物场源因与其他生命目标物交互作用过程中,受到有害影响,而又对生物目标物造成可能的有害影响的技术问题,但是姜堪政始终未能给出任何证据证明本发明能够实现这一目的;综上所述,本申请说明书以及上述资料均不能证明本发明已经公开充分,鉴于在《第一次复审通知书》中已经指出的原因,本申请所固有的缺陷无法通过补交类似证据予以克服,本申请不符合《专利法》第二十六条第三款的规定;(5)根据《审查指南》有关口头审理的规定,专利复审委认为本案事实清楚,无需进行口头审理,故对姜堪政提出进行口头审理的请求不予支持。

针对《第二次复审通知书》,姜堪政于2006年11月13日作出答复,认为:(1)本申请说明书已经充分公开了本发明,符合《专利法》第二十六条第三款的规定;(2)如果没有证据证明本申请违反《专利法》第二十六条第三款的规定,则应认为本申请符合这一规定;(3)如果合议组没有证据证明本申请公开的信息是错误的、虚假的或不严谨的,则只能认定其是真实的;(4)合议组应当对驳回决定所指出的本专利是否符合《专利法》第二十二条第四款的规定给出意见;(5)《复审通知书》中所指出的本申请不符合专利法第二十六条第三款的意见未出现在驳回决定中。

专利复审委经审查,确定本复审决定所针对的审查文本与驳回决定所针对的审查文本相同。本申请请求保护一种向生命目标物传送天然信息营养的装置,说明书中记载了所述装置的制备方法、使用方法，因此，本申请技术方案的完成取决于所述装置是否能够实现在不同生物体间发生遗传物质的传递、并在不带来有害作用的前提下使人体返老还青或动植物特征改变的技术效果；由于本领域普通技术人员从该装置的结构本身无法预见到上述效果，同时虽然说明书中提供了用于解释说明所述效果是如何实现的具体理论，但本领域普通技术人员仅凭上述解释无法认可本发明的技术方案必定能够实现上述技术效果，从而认为本发明技术方案是已完成的技术方案，因此，本申请技术方案属于必须依赖实验结果证实才能成立的情形；由于本申请说明书中没有记载证明所述装置能够达到上述有益效果的任何实验证据，根据现有技术也无法合理推断出上述技术效果。

至于姜堪政提交的附件1~11，专利复审委认为，其中附件1~4的出版日在本申请的申请日之后，不能用作证明本发明已经充分公开的证据；对于附件3、7，从这两份附件本身无法确定、也没有其他证据表明它们是在本申请申请日前公开的公开出版物，也即无法认定其中记载的技术内容属于现有技术，因此附件3、7也不能用作证明本发明已经充分公开证据；附件5均为外文证据，姜堪政并未提交附件5的完整译文，而在姜堪政所提交的附件5的译文中并未记载任何技术内容，故无法以此支持其主张；附件6、8~11都没有说明并证实生物电磁场在不同的生物之间是如何传递的，本领域普通技术人员根据附件6、8~11记载的内容无法预见到本发明的装置能够传递生物电磁场并实现所述效果。因此，上述附件均不能证明本申请说明书已经充分公开了本发明的技术方案。据此，专利复审委作出第12024号决定。

本院认为，根据《专利法》第二十六条第三款的规定，说明书应当对发明或者实用新型作出清楚、完整的说明，以所属技术领域的技术人员能够实现为准。本申请请求保护的是一种向生命目标物传递天然信息营养的装置，说明书中记载了所述装置的制备方法、使用方法。但本申请说明书中并未体现如何实现在不同生物体间发生遗传物质的传递、在不带来有害作用的前提下使人体返老还青或动植物特征改变的技术效果和具体的实验数据、结果，在现有的遗传理论基础上，无法让本领域的普通技术人员确信本申请的技术方案能够成立。因此，本院认同专利复审委关于本申请说明书不符合《专利法》第二十六条第三款规定的认定。

虽然国家知识产权局的驳回决定中未指出本申请存在明显实质性缺陷，在专利复审程序中，专利复审委经审查发现审查文本中存在驳回决定中未指出的明显实质性缺陷的，可以对与之相关的理由及其证据进行审查，并经审查认定后，依据该理由及其证据作出的审查决定，符合《审查指南》第四部分第二章第4.1节的相关规定。综上，第12024号决定认定事实清楚，适用法律正确，程序合法；一审法院判决维持符合《中华人民共和国行政诉讼法》第五十四条第（一）项的规定；姜堪政的诉讼主张不能成立，本院不予采信。依照《中华人民共和国行政诉讼法》第六十一条第（一）项之规定，判决如下：

判决驳回上诉，维持一审判决。

二审案件受理费100元，由上诉人姜堪政负担（已交纳）。

本判决为终审判决。

审 判 长 郭 宜
审 判 员 张学磊
代理审判员 朱海宏
二〇〇九年十二月十六日
书 记 员 张 怡

抗癌免疫疗法的应激蛋白-肽复合物

复审请求审查决定（第 12027 号）

决 定 号	第 12027 号
决 定 日	2007 年 12 月 6 日
发明创造名称	抗癌免疫疗法的应激蛋白-肽复合物
国际分类号	A61K 38/00，A61K 39/00，A61K 39/02
复审请求人	纽约城市大学辛乃山医科学校
申 请 号	95196515.8
优 先 权 日	1994 年 9 月 30 日
申 请 日	1995 年 4 月 6 日
公 开 日	1997 年 12 月 10 日
合议组组长	吴通义
主 审 员	田 芳
参 审 员	李梦楠

法 律 依 据 专利法第 26 条第 3 款，第 26 条第 4 款

决 定 要 点

要求保护的发明为化学产品本身的，说明书中应当记载化学产品的确认、化学产品的制备以及化学产品的用途。如果所属技术领域的技术人员无法根据现有技术预测发明能够实现所述用途和/或使用效果，则说明书中还应当记载对于本领域技术人员来说，足以证明发明的技术方案可以实现所述用途和/或达到预期效果的定性或者定量实验数据。

一、案由

本复审请求案涉及发明名称为"抗癌免疫疗法的应激蛋白-肽复合物"的第 95196515.8 号发明专利申请（下称本申请），申请人为纽约城市大学辛乃山医科学校，申请日为 1995 年 4 月 6 日，优先权日为 1994 年 9 月 30 日，公开日为 1997 年 12 月 10 日。

针对申请人于 2003 年 7 月 22 日提交的权利要求 1~59，2002 年 6 月 24 日提交的说明书第 2 页和摘要，进入中国国家阶段时提交的说明书第 1、3~15 页，国家知识产权局于 2003 年 9 月 26 日驳回了本申请。理由是：权利要求 1~26、46~56 相对于对比文件 1 不具有创造性，不符合专利法第 22 条第 3 款的规定。权利要求 1 要求保护一种包含纯化的免疫原性人应激蛋白-肽复合物的组合物，对比文件 1（J. Exp. Med, 178 (4), 1391-6 & Chemical Abstracts, vol. 119, no. 157892）公开了一种包含热应激蛋白 70（Hsp-70）-肽复合物的组合物，所述肽复合物从小鼠的肿瘤细胞 Meth A sarcoma 中

分离出来，且引起小鼠对肿瘤 Meth A sarcoma、癌症的有效免疫应答，预防肿瘤的攻击。权利要求1与对比文件1的区别在于：权利要求1的复合物来源于人的肿瘤细胞，而且用于治疗目的。然而由对比文件1的来源于小鼠的肽复合物可预见到来源于人的复合物同样具有活性，并且可以制备成药物组合物来预防肿瘤，而且本申请实施例的肽复合物也来源于小鼠，说明书并未验证来源于人的肽复合物具有意料不到的技术效果。因此权利要求1相对于对比文件1不具有创造性，在此基础上，权利要求2~26、46~56相对于对比文件1也不具有创造性。

驳回决定针对的权利要求书如下：

"1. 包含纯化的免疫原性人应激蛋白-肽复合物的组合物，所述复合物是从人肿瘤细胞分离的，其中肽与应激蛋白非共价结合，所述组合物用作治疗人的药物，所述肿瘤细胞来源于所述人。

2. 权利要求1的组合物，其中复合物与药用载体混合。

3. 权利要求1的组合物，其中复合物中的应激蛋白是 Hsp60 家族、Hsp70 家族或 Hsp90 家族的成员。

4. 权利要求1的组合物，其中复合物中的应激蛋白是 Hsp70、Hsp90 或 gp96。

5. 权利要求1的组合物，其中复合物中的应激蛋白是 gp96。

6. 权利要求1的组合物，其中所述复合物来源于从所述人分离的肿瘤组织。

7. 权利要求1的组合物，其中肿瘤已转移。

8. 权利要求1的组合物，其中肿瘤是黑色素癌。

9. 权利要求1的组合物，其中肿瘤是肝细胞癌。

10. 权利要求1的组合物，其中肿瘤是肾细胞癌。

11. 权利要求1的组合物，其中肿瘤是腺癌。

12. 权利要求1的组合物，其中肿瘤是鳞状细胞癌或表皮癌。

13. 权利要求1的组合物，其中肿瘤是支气管癌或鳃裂癌。

14. 权利要求1的组合物，其中肿瘤是乳腺癌。

15. 权利要求1的组合物，其中肿瘤是囊腺癌。

16. 权利要求1的组合物，其中肿瘤是过渡型细胞癌。

17. 权利要求1的组合物，其中肿瘤是淋巴瘤。

18. 权利要求1的组合物，其中复合物选自 Hsp70-肽复合物、Hsp90-肽复合物、gp96-肽复合物的一种或几种。

19. 权利要求1的组合物，其中复合物是以有效治疗人的量存在的。

20. 权利要求1的组合物，其中对人的治疗包括施用所述组合物，其施用量为每次给每公斤人体重施用1~1000微克的复合物。

21. 权利要求1的组合物，其中对人的治疗包括施用所述组合物，其施用量为每次给每公斤人体重施用100~250微克的复合物。

22. 权利要求1的组合物，其用于重复施用。

23. 权利要求1的组合物，其还包括细胞因子。

24. 权利要求23的组合物，其中细胞因子选自 IL-1α、IL-1β、IL-2、IL-3、IL-4、IL-5、IL-6、IL-7、IL-8、IL-9、IL-10、IL-11、IL-12、IFN-α、IFN-β、IFN-γ、TNFα、TNFβ、G-CSF、GM-CSF 和 TGF-β。

25. 权利要求1的组合物，其与细胞因子一起施用。

26. 权利要求25的组合物，其中细胞因子选自 IL-1α、IL-1β、IL-2、IL-3、IL-4、IL-5、IL-

6、IL-7、IL-8、IL-9、IL-10、IL-11、IL-12、IFN-α、IFN-β、IFN-γ、TNFα、TNFβ、G-CSF、GM-CSF 和 TGF-β。

27. 含有纯化的免疫原性哺乳动物应激蛋白-肽复合物的组合物在制备用于治疗哺乳动物的药物中的应用，其中所述复合物分离自所述哺乳动物的肿瘤细胞，并且肽与应激蛋白非共价结合，所述哺乳动物的肿瘤细胞来源于所述哺乳动物。

28. 权利要求 27 的应用，其中哺乳动物肿瘤细胞是人肿瘤细胞，并且哺乳动物是人。

29. 权利要求 27 的应用，其中复合物中的应激蛋白是 Hsp60 家族、Hsp70 家族或 Hsp90 家族的成员。

30. 权利要求 27 的应用，其中复合物中的应激蛋白是 Hsp70、Hsp90 或 gp96。

31. 权利要求 27 的应用，其中复合物中的应激蛋白是 gp96。

32. 权利要求 27 的应用，其中哺乳动物肿瘤细胞来源于家庭宠物。

33. 权利要求 27 的应用，其中复合物来源于从哺乳动物分离的肿瘤组织。

34. 权利要求 27 的应用，其中肿瘤已转移。

35. 权利要求 27 的应用，其中肿瘤是黑色素癌。

36. 权利要求 27 的应用，其中肿瘤是肝细胞癌。

37. 权利要求 27 的应用，其中肿瘤是肾细胞癌。

38. 权利要求 27 的应用，其中肿瘤是腺癌。

39. 权利要求 27 的应用，其中肿瘤是鳞状细胞癌或表皮癌。

40. 权利要求 27 的应用，其中肿瘤是支气管癌或鳃裂癌。

41. 权利要求 27 的应用，其中肿瘤是乳腺癌。

42. 权利要求 27 的应用，其中肿瘤是囊腺癌。

43. 权利要求 27 的应用，其中肿瘤是过渡型细胞瘤。

44. 权利要求 27 的应用，其中肿瘤是淋巴瘤。

45. 权利要求 27 的应用，其中复合物选自 Hsp70-肽复合物、Hsp90-肽复合物、gp96-肽复合物的一种或几种。

46. 一种组合物，其包含：

a) 治疗有效量的纯化的人应激蛋白-肽复合物，所述复合物分离自人肿瘤组织，其中肽与应激蛋白非共价结合；

b) 药用载体。

47. 权利要求 46 的组合物，其中应激蛋白是 gp96。

48. 权利要求 1 的组合物，其中复合物中的应激蛋白是 Hsp70 或 Hsp90。

49. 权利要求 48 的组合物，其中复合物中的应激蛋白是与 Hsp70 或 Hsp90 明显同源的。

50. 权利要求 48 的组合物，其中复合物与药用载体混合。

51. 权利要求 1～26、46～50 中任一权项的组合物，其进一步包含一种或几种佐剂。

52. 权利要求 51 的组合物，其中佐剂是皂角苷。

53. 权利要求 51 的组合物，其中佐剂是 QS-21。

54. 权利要求 1 的组合物，其中肿瘤是肉瘤。

55. 权利要求 1 的组合物，其中肿瘤是癌。

56. 权利要求 1 的组合物，其中肿瘤是骨髓白血病。

57. 权利要求 27 的应用，其中肿瘤是肉瘤。

58. 权利要求 27 的应用，其中肿瘤是癌。

59. 权利要求 27 的应用，其中肿瘤是骨髓白血病。"

2004 年 1 月 12 日，申请人纽约城市大学辛乃山医科学校（下称请求人）对上述驳回决定不服，向专利复审委员会提出复审请求，请求人在提出复审请求时没有对申请文件进行修改。

请求人认为：由于对比文件 1 针对的是小鼠模型中诱导产生的癌症的预防，本领域技术人员不会由此受到启发，从人肿瘤细胞中分离人 Hsp-肽复合物。制备本发明要求保护的组合物的诱因在于认识到人 Hsp-肽复合物可从实际存在的人肿瘤中制得，用于治疗已存在的、很好地形成的或甚至已转移的肿瘤。因此，本申请权利要求 1~26、46~56 符合专利法第 22 条第 3 款有关创造性的规定。

经形式审查合格后，专利复审委员会受理了该复审请求，并于 2004 年 2 月 16 日向请求人发出了《复审请求受理通知书》，随后将本申请移交原审查部门进行前置审查。

在《前置审查意见书》中，原审查部门认为：虽然对比文件 1 公开的肽复合物是从小鼠体内分离得到的，但是本申请的实施例同样也是从小鼠体内分离出的复合物，如果认为在本申请实施例的基础上得到的结论"由人体内分离出的肽复合物"是成立的，那么以同一个标准判断，所属领域技术人员由对比文件 1 也能得出从人体内分离出肽复合物的结论，因此坚持驳回决定。

专利复审委员会组成合议组，对本复审请求案进行了审理。合议组于 2007 年 6 月 20 日向请求人发出《复审通知书》，《复审通知书》指出：（1）对于本申请请求保护的包含纯化的免疫原性人应激蛋白-肽复合物的组合物及其制备抗癌药物的用途，说明书没有制备、确认所述的人应激蛋白-肽复合物，更没有记载所述人应激蛋白-肽复合物可以实现所述用途和/或达到预期效果的定性或定量试验数据。因此说明书没有对发明作出清楚、完整的说明，没有达到所属领域技术人员能够实现的程度，因此说明书不符合专利法第 26 条第 3 款的规定。（2）由于说明书没有充分公开包含纯化的免疫原性人应激蛋白-肽复合物的组合物及其制备抗癌药物的用途，使得权利要求 1~26、46~56 得不到说明书的支持。另外，权利要求 27~45、57~59 中涉及的哺乳动物还包括除了小鼠之外的哺乳动物，导致权利要求 27~45、57~59 也得不到说明书的支持，因此权利要求 1~59 不符合专利法第 26 条第 4 款的规定。

针对上述《复审通知书》，请求人于 2007 年 10 月 8 日提交了意见陈述书以及经修改的权利要求书全文替换页（共 3 页 55 项），将原权利要求 4 的内容加入原权利要求 1、27 和 46，将原权利要求 1 中的技术特征"肿瘤细胞"替换为"切除自人的人肿瘤组织或人白血病细胞"和"肿瘤组织或人白血病细胞"，将原权利要求 56 中的"肿瘤"替换为"白血病细胞"，增加了新权利要求 51，并且对权利要求重新编号。请求人同时提交了两篇参考文献：（1）Janetzki 等，"Immunization of cancer patients with autologous cancer-derived heat shock protein gp96preparations: a pilot study"，Int. J. Cancer，2000，88：232~238；（2）Belli 等，"Vaccination of metastatic melanoma patients with autologous tumor-derived heat shock protein gp96-peptide complexes: clinical and Immunologic findings"，J. Clin. Oncol. 2002，20：4169~4180。请求人认为：根据说明书的方法可以制备得到鼠应激蛋白-肽复合物的情况下，本领域的普通技术人员完全可以预见到使用该方法也可以制备得到人应激蛋白-肽复合物，说明书第 10 页第 17~18 行，第 11 页第 8~9 行，第 12 页第 8~9 行公开了制备方法和预期结果，实施例 1 记载了该复合物的动物试验，因此对于本申请的人应激蛋白-肽复合物的制备、确认以及药用效果的记载完全符合专利法第 26 条第 3 款关于充分公开的要求。

2007 年 11 月 12 日，请求人又补充提交了意见陈述书以及经修改的权利要求书全文替换页（共 3 页 54 项），将权利要求 1 中的"切除自人的人肿瘤组织或人白血病细胞"和"肿瘤组织或人白血病细胞"改回为"肿瘤细胞"，将权利要求 52（原权利要求 56）中的"白血病细胞"改回为"肿瘤"，删除权利要求 51。修改后的权利要求书如下：

"1. 包含纯化的免疫原性人应激蛋白-肽复合物的组合物，所述复合物是从人肿瘤细胞分离的，其中肽与应激蛋白非共价结合，且其中复合物中的应激蛋白是 Hsp70、Hsp90 或 gp96，所述组合物用作治疗所述人的癌症的药物，所述肿瘤细胞来源于所述人。

2. 权利要求 1 的组合物，其中复合物与药用载体混合。

3. 权利要求 1 的组合物，其中复合物中的应激蛋白是 gp96。

4. 权利要求 1 的组合物，其中所述复合物来源于从所述人分离的肿瘤组织。

5. 权利要求 1 的组合物，其中肿瘤已转移。

6. 权利要求 1 的组合物，其中肿瘤是黑色素癌。

7. 权利要求 1 的组合物，其中肿瘤是肝细胞癌。

8. 权利要求 1 的组合物，其中肿瘤是肾细胞癌。

9. 权利要求 1 的组合物，其中肿瘤是腺癌。

10. 权利要求 1 的组合物，其中肿瘤是鳞状细胞癌或表皮癌。

11. 权利要求 1 的组合物，其中肿瘤是支气管癌或鳃裂癌。

12. 权利要求 1 的组合物，其中肿瘤是乳腺癌。

13. 权利要求 1 的组合物，其中肿瘤是囊腺癌。

14. 权利要求 1 的组合物，其中肿瘤是过渡型细胞癌。

15. 权利要求 1 的组合物，其中肿瘤是淋巴瘤。

16. 权利要求 1 的组合物，其中复合物选自 Hsp70-肽复合物、Hsp90-肽复合物、gp96-肽复合物的一种或几种。

17. 权利要求 1 的组合物，其中复合物是以有效治疗人的量存在的。

18. 权利要求 1 的组合物，其中对人的治疗包括施用所述组合物，其施用量为每次给每公斤人体重施用 1～1000 微克的复合物。

19. 权利要求 1 的组合物，其中对人的治疗包括施用所述组合物，其施用量为每次给每公斤人体重施用 100～250 微克的复合物。

20. 权利要求 1 的组合物，其用于重复施用。

21. 权利要求 1 的组合物，其还包括细胞因子。

22. 权利要求 23 的组合物，其中细胞因子选自 IL-1α、IL-1β、IL-2、IL-3、IL-4、IL-5、IL-6、IL-7、IL-8、IL-9、IL-10、IL-11、IL-12、IFN-α、IFN-β、IFN-γ、TNFα、TNFβ、G-CSF、GM-CSF 和 TGF-β。

23. 权利要求 1 的组合物，其与细胞因子一起施用。

24. 权利要求 25 的组合物，其中细胞因子选自 IL-1α、IL-1β、IL-2、IL-3、IL-4、IL-5、IL-6、IL-7、IL-8、IL-9、IL-10、IL-11、IL-12、IFN-α、IFN-β、IFN-γ、TNFα、TNFβ、G-CSF、GM-CSF 和 TGF-β。

25. 含有纯化的免疫原性哺乳动物应激蛋白-肽复合物的组合物在制备用于治疗哺乳动物癌症的药物中的应用，其中所述复合物分离自所述哺乳动物肿瘤细胞，并且肽与应激蛋白非共价结合，且其中该复合物中的应激蛋白是 Hsp70、Hsp90 或 gp96，所述哺乳动物的肿瘤细胞来源于所述哺乳动物。

26. 权利要求 27 的应用，其中哺乳动物肿瘤细胞是人肿瘤细胞，并且哺乳动物是人。

27. 权利要求 25 或 26 的应用，其中复合物中的应激蛋白是 gp96。

28. 权利要求 25 的应用，其中哺乳动物肿瘤细胞来源于家庭宠物。

29. 权利要求 25 或 26 的应用，其中复合物来源于从哺乳动物分离的肿瘤组织。
30. 权利要求 25 或 26 的应用，其中肿瘤已转移。
31. 权利要求 25 或 26 的应用，其中肿瘤是黑色素癌。
32. 权利要求 25 或 26 的应用，其中肿瘤是肝细胞癌。
33. 权利要求 25 或 26 的应用，其中肿瘤是肾细胞癌。
34. 权利要求 25 或 26 的应用，其中肿瘤是腺癌。
35. 权利要求 25 或 26 的应用，其中肿瘤是鳞状细胞癌或表皮癌。
36. 权利要求 25 或 26 的应用，其中肿瘤是支气管癌或鳃裂癌。
37. 权利要求 25 或 26 的应用，其中肿瘤是乳腺癌。
38. 权利要求 25 或 26 的应用，其中肿瘤是囊腺癌。
39. 权利要求 25 或 26 的应用，其中肿瘤是过渡型细胞瘤。
40. 权利要求 25 或 26 的应用，其中肿瘤是淋巴瘤。
41. 一种组合物，其包含：

a）治疗有效量的纯化的人应激蛋白-肽复合物，所述复合物分离自人肿瘤组织，其中肽与应激蛋白非共价结合，且其中该复合物中的应激蛋白是 Hsp70、Hsp90 或 gp96；

b）药用载体。

42. 权利要求 41 的组合物，其中应激蛋白是 gp96。
43. 权利要求 1 的组合物，其中复合物中的应激蛋白是 Hsp70 或 Hsp90。
44. 权利要求 43 的组合物，其中复合物中的应激蛋白是与 Hsp70 或 Hsp90 明显同源的。
45. 权利要求 43 的组合物，其中复合物与药用载体混合。
46. 权利要求 1~24、41~45 中任一权项的组合物，其进一步包含一种或几种佐剂。
47. 权利要求 46 的组合物，其中佐剂是皂角苷。
48. 权利要求 46 的组合物，其中佐剂是 QS-21。
49. 权利要求 4 的组合物，其中肿瘤是肉瘤。
50. 权利要求 4 的组合物，其中肿瘤是癌。
51. 权利要求 1 的组合物，其中肿瘤是骨髓白血病。
52. 权利要求 25 或 26 的应用，其中肿瘤是肉瘤。
53. 权利要求 25 或 26 的应用，其中肿瘤是癌。
54. 权利要求 25 或 26 的应用，其中肿瘤是骨髓白血病。"

至此，合议组认为本案事实清楚，可以作出审查决定。

二、决定的理由

1. 关于文本

本复审请求审查决定针对的文本是：进入中国国家阶段时提交的说明书第 1、3~15 页，2002 年 6 月 24 日提交的说明书第 2 页和摘要，2007 年 11 月 12 日提交的权利要求 1~54。

2. 关于专利法第 26 条第 3 款的规定

专利法第 26 条第 3 款规定，说明书应当对发明作出清楚、完整的说明，以所属技术领域的技术人员能够实现为准。

要求保护的发明为化学产品本身的，说明书中应当记载化学产品的确认、化学产品的制备以及化学产品的用途。如果所属技术领域的技术人员无法根据现有技术预测发明能够实现所述用途和/或使用效果，则说明书中还应当记载对于本领域技术人员来说，足以证明发明的技术方案可以实现所述用途和/或达到预期效果的定性或者定量实验数据。

本申请要求保护包含纯化的免疫原性人应激蛋白-肽复合物的组合物及其制备抗癌药物的用途，所述复合物是从人的肿瘤细胞中分离出来的，所述组合物用作治疗所述人的癌症的药物（参见权利要求1~54）。

在本申请说明书"发明详述"部分描述了从哺乳动物获得肿瘤细胞的方法，从肿瘤细胞中分离纯化应激蛋白-肽复合物的方法，以及复合物的制剂和应用。在说明书实施例中，具体实施了从小鼠的肿瘤组织中分离gp96-肽、Hsp90-肽和Hsp70-肽复合物，以及将包括所述复合物的组合物回输给小鼠，观察测量试验结果。然而说明书并没有记载从人的肿瘤细胞中分离出人的应激蛋白-肽复合物的制备试验，也没有记载包含人的应激蛋白-肽复合物的组合物回输给所述人的药效学实验，以证明本申请已经从人的肿瘤细胞中分离得到所述的人应激蛋白-肽复合物，并且具有治疗所述人的癌症的活性。虽然本申请实施例记载了从小鼠中分离出鼠应激蛋白-肽复合物，并将其回输给小鼠用于治疗鼠的肿瘤疾病的试验数据，但是鼠和人的生理状况相差很大，从鼠中能分离出鼠应激蛋白-肽复合物，并不意味着从人肿瘤细胞中能分离出人应激蛋白-肽复合物，分离自鼠的鼠应激蛋白-肽复合物对鼠的肿瘤疾病具有活性也并不能预见到分离自人的应激蛋白-肽复合物同样对人的肿瘤疾病有效。由此可见，对于本申请请求保护的药物组合物，本申请说明书既没有记载确认得到所述的活性组分，又没有记载与其医药用途相应的试验数据，即本申请说明书没有记载对于所属领域技术人员来说，足以证明所述的药物组合物可以实现所述用途和/或达到预期效果的定性或者定量试验数据，且所属领域技术人员根据现有技术也无法预测本申请的药物组合物能够实现所述医药用途，由此可见，说明书没有对发明作出清楚、完整的说明，没有达到所属领域技术人员能够实现的程度，不符合专利法第26条第3款的规定。

请求人在答复《复审通知书》的意见陈述中认为：（1）根据说明书的方法可以制备得到鼠应激蛋白-肽复合物的情况下，本领域的普通技术人员完全可以预见到使用该方法也可以制备得到人应激蛋白-肽复合物。（2）根据本发明的制备方法可以分离出人应激蛋白-肽复合物，在本申请说明书公开了所述制备方法的预期制备结果，见说明书第10页第17~18行，第11页第8~9行，第12页第8~9行。（3）实施例1记载了该复合物的动物试验。

对此，合议组认为：（1）请求人在复审请求理由中主张：对比文件1针对的是小鼠模型中诱导产生的癌症的预防，本领域技术人员不会由此受到启发，从人肿瘤细胞中分离人Hsp-肽复合物。也就是说，请求人认为根据对比文件1公开的从小鼠中分离鼠的应激蛋白-肽复合物，本领域技术人员预见不到从人肿瘤细胞中也能够分离到人Hsp-肽复合物。基于此，本领域技术人员不会想到可以从人肿瘤细胞中分离出人Hsp-肽复合物。（2）本申请说明书记载的制备方法是一般性的常规方法，所述"预期制备结果"也只是一种断言，而不是具体针对人应激蛋白-肽复合物的制备方法和实验结果，其仅仅提供了一种制备出人应激蛋白-肽复合物的可能性。对于是否能从人肿瘤细胞中分离出人Hsp-肽复合物，并且是否具有治疗所述人肿瘤的活性，本申请说明书没有任何试验结果加以证明。（3）实施例1记载的鼠应激蛋白-肽复合物回输给鼠的试验，并不能认为是"人应激蛋白-肽复合物的动物试验"，由于本申请的活性物质依赖于其来源，而没有证据表明，分离自人的人应激蛋白-肽复合物与分离自鼠的鼠应激蛋白-肽复合物是相同的或是性质非常相似的，因此分离自鼠的鼠应激蛋白-肽复合物具有治疗鼠肿瘤的活性并不能预见到分离自人的人应激蛋白-肽复合物具有治疗人肿瘤的活性。

请求人在意见陈述中提交了两篇非专利文献，由于其公开日期在本申请申请日之后，因此不能作为现有技术以证明本申请说明书已经充分公开。

3. 关于专利法第 26 条第 4 款的规定

专利法第 26 条第 4 款规定，权利要求书应当以说明书为依据，说明要求专利保护的范围。

权利要求书应当以说明书为依据，是指权利要求应当得到说明书的支持。每一项权利要求所要求保护的技术方案应当是所属领域的技术人员能够从说明书充分公开的内容中得到或概括得出的技术方案。

如上所述，由于说明书没有充分公开包含分离自人的肿瘤细胞中的人应激蛋白-肽复合物的组合物及其药用，使得权利要求 1～24，41～51 请求保护的组合物得不到说明书的支持。另外，权利要求 25～40、52～54 请求保护组合物的应用，由于"哺乳动物"还包括除小鼠之外的其他哺乳动物，使得上述权利要求的技术方案也得不到说明书的支持。因此，权利要求 1～54 不符合专利法第 26 条第 4 款的规定。

根据上述事实和理由，合议组作出如下审查决定。

三、决定

维持国家知识产权局于 2003 年 9 月 26 日针对第 95196515.8 号发明专利申请作出的驳回决定。

复审请求人对本决定不服的，可以根据专利法第 41 条第 2 款的规定，自收到本决定之日起三个月内向北京市第一中级人民法院起诉。

负调节 Osteoprotegerin 配体活性的方法

复审请求审查决定（第 12031 号）

决 定 号	第 12031 号
决 定 日	2007 年 12 月 10 日
发明创造名称	负调节 Osteoprotegerin 配体活性的方法
国际分类号	C12N 15/62，C12N 15/86，C12N 15/12，C12N 5/10，C12N 1/21，C12N 1/19，C07K 14/705，A61K 39/00，A61K 31/713，G01N 33/50
复审请求人	法麦克萨有限公司
申 请 号	99810872.3
优 先 权 日	1998 年 9 月 15 日，1998 年 10 月 2 日
申 请 日	1999 年 9 月 13 日
公 开 日	2001 年 10 月 17 日
合议组组长	郭 婷
主 审 员	刘瑞华
参 审 员	魏春宝

法 律 依 据 专利法第 26 条第 3 款

决 定 要 点

所属技术领域的技术人员能够实现，是指所属技术领域的技术人员按照说明书记载的内容，就能够实现该发明的技术方案，解决其技术问题，并且产生预期的技术效果。对于说明书中给出了具体的技术方案，但未给出实验证据，而该方案又必须依赖实验结果加以证实才能成立的情况由于缺乏解决技术问题的技术手段而被认为无法实现。更具体而言，对于化学产品用途发明，如果本领域的技术人员无法根据现有技术预测该用途，则应当记载对于本领域技术人员来说，足以证明该物质可以用于所述用途并能解决所要解决的技术问题或者达到所述效果的实验数据。

一、案由

本复审请求涉及名称为"负调节 Osteoprotegerin 配体活性的方法"的第 99810872.3 号发明专利申请（下称本申请），其申请人先为 M&E 生物技术公司，后变更为法麦克萨有限公司，其申请日为 1999 年 9 月 13 日，优先权日为 1998 年 9 月 15 日和 1998 年 10 月 2 日，公开日为 2001 年 10 月 17 日。

2005 年 4 月 29 日，国家知识产权局在进入中国国家阶段时提交的国际申请文件中文文本说明书第 1~76 页、摘要以及 2004 年 7 月 12 日提交的权利要求书的基础上，以本申请说明书不符合专利法第 26 条第 3 款的规定为由驳回了本申请。

驳回决定所针对的权利要求书中的独立权利要求为：

"1. 一种动物 OPGL 多肽或其亚序列或一种 OPGL 类似物在制备一种包含所述 OPGL 多肽、亚序列、类似物的药物组合物中的应用，所述 OPGL 类似物衍生自一种其中引入了一个修饰的动物 OPGL 多肽、其导致以所述的类似物免疫所述的动物诱导产生了针对该动物的 OPGL 多肽的抗体，所述的组合物用于在以 OPGL 多肽为一种自身蛋白质的所述动物中下调 OPGL 以治疗、预防或缓解骨质疏松症或其他以骨再吸收过度为特征的疾病。

19. 一种免疫原性组合物在制备一种包含所述的免疫原性组合物的药物组合物中的应用，所述的免疫原性组合物包含

——免疫学有效量的动物自身 OPGL 多肽，所述 OPGL 多肽与免疫学可接受的佐剂配制在一起以破坏动物对 OPGL 多肽的自身耐受，此组合物还包含药物学和免疫学可接受的载体和/或赋形剂，或

——免疫学有效量的如权利要求 1~18 任一项的 OPGL 类似物，此组合物还包含药物学和免疫学可接受的载体和/或赋形剂和任选地佐剂。

所述的药物组合物用于在所述动物中下调 OPGL 以治疗、预防或缓解骨质疏松症或其他以骨再吸收过度为特征的疾病。

20. 编码如权利要求 1~18 任一项的 OPGL、OPGL 亚序列或 OPGL 类似物的核酸片段在制备一种包含所述的核酸片段的、用于在动物中下调 OPGL 以治疗、预防或缓解骨质疏松症或其他以骨再吸收过度为特征的疾病的药物组合物中的应用。

21. 一种携带如权利要求 20 的核酸片段的载体在制备一种包含所述的载体的、用于在动物中下调 OPGL 以治疗、预防或缓解骨质疏松症或其他以骨再吸收过度为特征的疾病的药物组合物中的应用。

27. 一种携带并表达如权利要求 21~26 任一项的载体的非致病性的转化细胞在制备一种包含所述的转化细胞的、用于在动物中下调 OPGL 以治疗、预防或缓解骨质疏松症或其他以骨再吸收过度为特征的疾病的药物组合物中的应用。

32. 一种用于诱导抗 OPGL 抗体的产生的组合物在制备一种包含所述的用于诱导抗体产生的组合物的、用于在动物中下调 OPGL 以治疗、预防或缓解骨质疏松症或其他以骨再吸收过度为特征的疾病的药物组合物中的应用，所述组合物包含

——权利要求 20 的核酸片段或权利要求 21~26 任一项的载体，和

——药物学和免疫学可接受的载体和/或赋形剂和/或佐剂。

33. 一种鉴定被修饰的 OPGL 多肽的方法，该多肽能在未经修饰的 OPGL 多肽是其自身蛋白的动物物种中诱导产生抗未修饰的 OPGL 的抗体，此方法包括

——通过肽合成或基因工程方法制备一系列彼此不同的被修饰的 OPGL 多肽，其中该动物物种中的 OPGL 多肽的氨基酸序列已被添加、插入、删除或被取代了氨基酸，由此，在该系列多肽的氨基酸序列中包含对该动物物种是外源的 T 细胞表位，或者制备一系列编码该一系列彼此不同的被修饰的 OPGL 多肽的核酸片段，

——测试该一系列被修饰的 OPGL 多肽或核酸片段中的成员的诱导该动物物种产生抗未经修饰的 OPGL 抗体的能力，和

——鉴别和任选地分离该一系列被修饰的 OPGL 多肽中的在该动物物种体内显著引起抗未经修饰的 OPGL 抗体产生的成员，或鉴别和任选地分离由该一系列核酸片段中的在该动物物种体内显著引起抗未经修饰的 OPGL 抗体产生的成员编码的多肽表达产物。

34. 一种制备免疫原性组合物的方法，该组合物包含至少一个可在动物物种内诱导抗未经修饰的

OPGL 抗体产生的被修饰的多肽，在所述动物物种中未经修饰的 OPGL 多肽是其自身蛋白，此方法包括

——通过肽合成或基因工程方法制备一系列彼此不同的被修饰的 OPGL 多肽，其中该动物物种中的 OPGL 多肽的氨基酸序列已被添加、插入、删除或被取代了氨基酸，由此，在该系列多肽的氨基酸序列中包含对该动物物种是外源的 T 细胞表位，

——测试该一系列中的成员诱导该动物物种产生抗未经修饰的 OPGL 抗体的能力，和

——将该系列中在动物物种中明显诱导可与 OPGL 反应的抗体产生的成员与药物学和免疫学可接受的载体和/或赋形剂混合，任选地与至少一种药物学和免疫学可接受的佐剂组合。"

驳回决定认为：根据说明书的记载，本发明的目的是对以骨再吸收过度为特征的症状如骨质疏松等提供新的治疗手段，本发明更进一步的目的是开发 OPGL 的自身疫苗，以获得一种对骨质疏松症和其他涉及骨再吸收过度的病理性异常的新的治疗方法，但是，在说明书中仅仅提供了部分 OPGL 变异体的制备及其表达，对于其如何作为被修饰 OPGL 的替代物用于 OPGL 抗体的制备，是否可以有效地诱导抗 OPGL 多肽抗体产生，以及该抗体在治疗、预防或缓解骨质疏松症方面是否有效都没有提供实验数据予以证实，导致本领域技术人员不能预见本申请 OPGL 替代物/类似物是否可以实现本发明的技术效果。申请人答复第一次审查意见通知书时提供的实验证据未在申请时记载于本申请申请文件中，不能用于证明本申请说明书公开充分。因此认为本申请说明书不符合专利法第 26 条第 3 款的规定。

申请人法麦克萨有限公司（下称请求人）对上述驳回决定不服，于 2005 年 8 月 15 日向专利复审委员会提出复审请求，请求人没有在提出复审请求的同时提交专利申请修改文本。

请求人提出的复审理由为：首先，由于现有技术中存在很多针对一种特定的蛋白质抗原进行免疫接种的有效方法，因此，具体采用何种方式以实现对 OPGL 的免疫接种并不是本发明要解决的最重要的技术问题。其次，本发明要解决的技术问题并非仅仅在于制备一种免疫原，而是要制备一种在大多数人群中均能够被识别的免疫原，针对这一问题可参见说明书中有关本发明的免疫原的免疫优势和单倍型限制的讨论。第三，虽然本申请的说明书中没有给出本发明的 OPGL 变体在具体应用中的实验数据，但是说明书中已经给出了一些 OPGL 变异体的制备和表达，本领域普通技术人员在获得了这些 OPGL 变异体之后，将其用于免疫动物并评价效果完全是一些常规的工作。此外，在答复第一次审查意见通知书时，请求人提交了一份本申请在美国进行审查时请求人提交的一份声明材料，该声明中提供了一系列的实验数据，其可证明使用本申请说明书所述的构建体能够有效地在小鼠中诱发针对 OPGL 的免疫应答，诱导产生了抗 OPGL 抗体，结果导致产生对骨再吸收的抑制效果，该实验数据表明，根据本申请说明书的内容，采用通用免疫接种方法便能够实现本发明的目的。因此，本申请说明书符合专利法第 26 条第 3 款的规定。

形式审查合格后，专利复审委员会受理了该复审请求，并于 2005 年 9 月 7 日向请求人发出《复审请求受理通知书》，随后将本申请移交原审查部门进行前置审查。

原审查部门对本复审请求进行了前置审查，认为仍不符合专利法第 26 条第 3 款的规定，坚持原驳回决定。

专利复审委员会组成合议组，对本复审请求案进行了审理。于 2007 年 7 月 2 日向请求人发出《复审通知书》。《复审通知书》指出：

对于采用被修饰的 OPGL 变异体是否能够免疫个体诱导产生能与未经修饰的自身 OPGL 抗原交叉反应的抗体，且该抗体是否能够负调节 OPGL 活性，从而间接降低破骨细胞的活性，本领域技术人员无法根据现有技术进行预测。因为一种抗体通常只能与刺激它产生的抗原结合，该抗体分子上有相应

抗原结合部位，而能否与其他抗原交叉反应则要取决于其他抗原与该抗体有无相同的抗原决定簇。本申请中，被修饰的OPGL变异体与未修饰的OPGL之间是否有相同的抗原决定簇是未知的，因此不能预测由被修饰的OPGL变异体所产生的抗体能够与未修饰的OPGL结合。该方案必须依赖实验结果加以证实才能成立，而申请人没有提供实验数据来证实其所述的用途以及效果，所以导致所要求保护的权利要求的技术方案不能够实现。因此，说明书公开不充分，不符合专利法第26条第3款的规定。

针对《复审通知书》指出的问题，请求人于2007年10月15日提交了意见陈述书并提交了下列附件1~7：

附件1："Osteoclast Differentiation Factor Mediates an Essential Signal for Bone Resorption Induced by 1α, 25 - Dihydroxyvitamin D3, Prostaglandin E2, or Parathyroid Hormone in the Microenvironment of Bone"，Katsuyoshi Tsukii等人，BIOCHEMICAL AND BIOPHYSICAL RESEARCH COMMUNICATIONS，第246卷，第2期，第337~341页，1998年。

附件2：WO98/46751A1，公开日为1998年10月22日，扉页，第18、19页。

附件3：EP0911342A1，公开日为1998年10月22日，扉页，第11~13、46、47页。

附件4：WO95/05849A1，公开日为1995年3月2日，全文。

附件5："Breaking of B Cell Tolerance Toward a Highly Conserved Self Protein"，The Journal of Immunology，第157卷，第4796~4804页，1996年。

附件6："Induction of Cross-Reactive Antibodies Against A Self Protein by Immunization with A Modified Self Protein Containing a Foreign T Helper Epitope"，Iben Dalum等人，Molecular Immunology，第34卷，第16~17期，第1113~1120页，1997年。

附件7："Allergy Treatment with a Peptide Vaccine"，Denis R. Stanworth等人，The Lancet，第1279~1281页，1990年11月24日。

请求人认为：即便本领域技术人员不能仅仅根据本发明公开的内容预测本发明的OPGL变异体的疗效，但是截至优先权日，本领域技术人员结合常规的已知技术可以得到用于证实所要求保护的OPGL变异体的治疗或预防用途的实验结果/数据。对于本发明而言，本领域技术人员能够在现有技术和本申请说明书的基础上，预测所述的用途。其中，附件1~3均证实抗OPGL抗体能够干扰OPGL对骨稳态的作用。从附件4~7可知，本领域技术人员可以预测本申请要求保护的用途能够诱导抗体与天然OPGL的交叉反应。

至此，合议组认为本案事实已经清楚，可以作出审查决定。

二、决定的理由

1. 决定所针对的文本

本复审请求审查决定所依据的文本为驳回决定所针对的文本。

2. 关于专利法第26条第3款

专利法第26条第3款规定：说明书应当对发明或者实用新型作出清楚、完整的说明，以所属技术领域的技术人员能够实现为准。

说明书对发明作出的清楚、完整的说明，应当达到所属技术领域的技术人员能够实现的程度。也就是说，说明书应当满足充分公开发明的要求。

其中所属技术领域的技术人员能够实现，是指所属技术领域的技术人员按照说明书记载的内容，就能够实现该发明的技术方案，解决其技术问题，并且产生预期的技术效果。对于说明书中给出了具体的技术方案，但未给出实验证据，而该方案又必须依赖实验结果加以证实才能成立的情况由于缺乏解决技术问题的技术手段而被认为无法实现。更具体而言，对于化学产品用途发明，如果本领域的技术人员无法根据现有技术预测该用途，则应当记载对于本领域技术人员来说，足以证明该物质可以用于所述用途并能解决所要解决的技术问题或者达到所述效果的实验数据。

本案中，独立权利要求1、19、20、21、27、32、33、34分别要求保护：OPGL多肽或其亚序列或类似物在制备用以治疗、预防或缓解骨质疏松症或其他以骨再吸收过度为特征的疾病的药物组合物中的应用；包含该多肽的免疫原性组合物在制备用以治疗、预防或缓解骨质疏松症或其他以骨再吸收过度为特征的疾病的药物组合物中的应用；编码所述OPGL、OPGL亚序列或OPGL类似物的核酸片段在制备用以治疗、预防或缓解骨质疏松症或其他以骨再吸收过度为特征的疾病的药物组合物中的应用；所述核酸片段的载体在制备用以治疗、预防或缓解骨质疏松症或其他以骨再吸收过度为特征的疾病的药物组合物中的应用；携带并表达所述载体的非致病性的转化细胞在制备用以治疗、预防或缓解骨质疏松症或其他以骨再吸收过度为特征的疾病的药物组合物中的应用；含所述核酸片段或所述载体的组合物在制备用以治疗、预防或缓解骨质疏松症或其他以骨再吸收过度为特征的疾病的药物组合物中的应用；鉴定被修饰的OPGL多肽的方法；制备该免疫原性组合物的方法。

根据说明书的记载，本发明的目的是为以骨再吸收过度为特征的症状如骨质疏松等提供新的治疗手段，更进一步的目的是开发抗OPGL的自身疫苗，以获得一种对骨质疏松症和其他涉及骨再吸收过度的病理性异常的新的治疗方法。所采用的技术手段是：用已被修饰的OPGL（即构成OPGL骨架的多肽的化学改变，如衍生化（如烷基化）OPGL序列中的某些氨基酸残基，优选的修饰包含对OPGL氨基酸序列一级结构的改变）抗原免疫个体。采用该手段的目的是诱导产生能与未经修饰的自身OPGL抗原交叉反应的抗体，该抗体负调节OPGL活性，间接降低破骨细胞的活性，从而用于治疗、预防或缓解骨质疏松症或其他以骨再吸收过度为特征的疾病。本申请说明书实施例中提供了部分OPGL变异体的制备及其表达。

然而，对于采用被修饰的OPGL变异体是否能够免疫个体诱导产生能与未经修饰的自身OPGL抗原交叉反应的抗体，且该抗体是否能够负调节OPGL活性，从而间接降低破骨细胞的活性，本领域技术人员无法根据现有技术进行预测。因为一种抗体通常只能与刺激它产生的抗原结合，该抗体分子上有相应抗原结合部位，而能否与其他抗原交叉反应则要取决于其他抗原与该抗体有无相同的抗原决定簇。本申请中，被修饰的OPGL变异体与未修饰的OPGL之间是否有相同的抗原决定簇是未知的，因此不能预测由被修饰的OPGL变异体所产生的抗体能够与未修饰的OPGL结合。该方案必须依赖实验结果加以证实才能成立，而申请人没有提供实验数据来证实其所述的用途以及效果，所以导致所述权利要求的技术方案不能够实现。说明书中涉及所述权利要求的内容公开不充分，不符合专利法第26条第3款的规定。

在复审请求书中，请求人认为：本申请的说明书中没有给出本发明的OPGL变体在具体应用中的实验数据，但是针对说明书中已经给出的一些OPGL变异体的制备和表达，本领域普通技术人员在获得了这些OPGL变异体之后，将其用于免疫动物并评价效果完全是一些常规的工作。此外，在答复第一次审查意见通知书时，请求人提交了一份本申请在美国进行审查时请求人提交的一份声明材料，该声明中提供了一系列的实验数据，用于证明使用本申请说明书所述的构建体能够有效地在小鼠中诱发针对OPGL的免疫应答，诱导产生了抗OPGL抗体，结果导致产生对骨再吸收的抑制效果。

对此，合议组认为：说明书公开充分要求凡是所属技术领域的技术人员不能从现有技术中直接、唯一地得出的有关内容，均应当在说明书中描述。虽然将OPGL变异体用于免疫动物并评价效果的方法是常规方法，但是用这些常规方法获得的OPGL变异体的效果数据不但是无法预料的，而且是所述权利要求能否实现的依据。因此必须在原始说明书中进行记载。《审查指南》第二部分第十章第3.4节规定："判断说明书是否充分公开以原始说明书和权利要求书记载的内容为准，申请日之后补交的实施例和实验数据不予考虑。"请求人提交的实验数据既未记载在原始申请文件中，也不属于本申请的现有技术，因此所提交的补充实验数据并不能克服本申请说明书公开不充分的缺陷。

在答复复审通知书时，请求人进一步提出，本领域技术人员在附件1~7的基础上结合本申请说明书能够预测所述的用途。

对此，合议组认为，

附件1~3表明抗OPGL抗体能够干扰OPGL对骨稳态的作用。附件4~6披露了一种免疫接种技术，即通过使用一些已经被用相应数量的包含-外源免疫优势T细胞表位的氨基酸序列取代的自身蛋白的类似物免疫来负调节自身蛋白，与此同时维持类似物中自身蛋白的总体三级结构不变。附件7披露了与较大的载体蛋白偶联的自身蛋白可以克服耐受性并诱导抗自身蛋白的抗体。但是，这些附件都没有提供OPGL变体［如衍生化（如烷基化）OPGL序列中的某些氨基酸残基，优选的修饰包含对OPGL氨基酸序列一级结构的改变］抗原免疫个体后，所获得的抗体是否能够与自身OPGL结合的实验证据。

综上所述，请求人提供的所有附件以及请求人的所有意见陈述均不能证明本申请说明书已充分公开，符合专利法第26条第3款的规定。

根据以上事实和理由，本案合议组作出如下审查决定。

三、决定

维持国家知识产权局于2005年4月29日对99810872.3号发明专利申请作出的驳回决定。

复审请求人对本决定不服的，可以根据专利法第41条第2款的规定，自收到本决定之日起三个月内向北京市第一中级人民法院起诉。

新型蛋白质及其制备方法

复审请求审查决定（第 12035 号）

决 定 号	第 12035 号
决 定 日	2007 年 12 月 11 日
发明创造名称	新型蛋白质及其制备方法
国际分类号	C07K 14/51，C12N 15/12，A61K 38/17，C12P 21/02
复审请求人	BIOPHARM 生物技术药物开发股份有限公司
申 请 号	96194702.0
优 先 权 日	1995 年 4 月 19 日，1995 年 11 月 17 日
申 请 日	1996 年 4 月 19 日
公 开 日	1998 年 7 月 15 日
合议组组长	郭 婷
主 审 员	欧阳石文
参 审 员	尹 昕

法 律 依 据 专利法第 22 条第 3 款

决 定 要 点

当要求保护的发明与最接近现有技术相比存在区别特征，判断发明是否显而易见时，要确定现有技术整体上是否存在某种技术启示，即现有技术中是否给出将上述区别特征应用到该最接近现有技术以解决其存在的技术问题（即发明实际解决的技术问题）的启示，这种启示会使本领域的技术人员在面对所述技术问题时，改进该最接近现有技术并获得要求保护的发明。如果现有技术整体上不存在这种启示，则要求保护的发明是非显而易见的，具备突出的实质性特点。

一、案由

本复审请求涉及 1996 年 4 月 19 日申请、1998 年 7 月 15 日公开、名称为"新型蛋白质及其制备方法"的第 96194702.0 号发明专利申请（下称本申请），本申请的优先权日为 1995 年 4 月 19 日和 1995 年 11 月 17 日。本申请的申请人先由赫司特药品和化学品有限公司变更为赫斯·马里恩·鲁索株式会社，后又变更为艾文蒂斯药品有限公司，最后变更为目前的 BIOPHARM 生物技术药物开发股份有限公司。

2005 年 4 月 29 日，国家知识产权局在进入中国国家阶段时提交的国际申请文件中文文本说明书第 2~16 页、附图第 1~7 页、摘要，以及 2003 年 9 月 29 日提交的说明书第 1 页和权利要求 1~21 的基础上，以权利要求 1~21 不符合专利法第 22 条第 3 款的规定为由驳回了本申请。

驳回决定所针对的权利要求书为：

"1. 一种具有序列表中 SEQ ID NO：1 的氨基酸序列的蛋白质。

2. 权利要求 1 的蛋白质的二聚体。

3. 一种用于治疗软骨和骨疾病的药物组合物，包括治疗有效量的权利要求 2 的蛋白质和药用载体。

4. 权利要求 3 的药物组合物，其中软骨和骨疾病是骨质疏松症。

5. 权利要求 3 的药物组合物，其中软骨和骨疾病是骨关节炎或关节骨炎。

6. 权利要求 3 的药物组合物，其中软骨和骨疾病是骨折和骨缺损。

7. 权利要求 3 的药物组合物，其中软骨和骨疾病是牙根和牙槽缺损。

8. 权利要求 3 的药物组合物，其中软骨和骨疾病是指软骨缺损或损伤如关节半月板损伤。

9. 权利要求 3 的药物组合物，其中软骨和骨疾病是先天性的，如软骨错位，软骨发育不全，软骨成长不全，裂腭和骨发育不全。

10. 权利要求 3 的药物组合物，在骨移植或软骨移植或诱导新的软骨或骨形成有利时使用。

11. 权利要求 3 的药物组合物，其中该药物组合物被配制成适于全身或局部用药的形式。

12. 权利要求 3 的药物组合物，其中该药物组合物被配制成注射制剂。

13. 权利要求 3 的药物组合物，其中药物载体是天然或人工骨如金属、陶瓷、玻璃、胶原和/或羟基磷灰石。

14. 一种制备权利要求 1 的蛋白质的方法，包括培养质粒转化的大肠杆菌，其中该质粒含有能够表达所说蛋白的 DNA 序列。

15. 权利要求 14 的方法，其中该质粒所含的 DNA 编码序列表中 SEQ ID NO：1 所示的氨基酸序列，并且该氨基酸序列在 N 末端带有一个甲硫氨酸。

16. 一种制备权利要求 2 的蛋白质二聚体的方法，包括步骤：

构建质粒，该质粒编码序列表中 SEQ ID NO：1 所示的氨基酸序列，并且该氨基酸序列在 N 末端带有一个甲硫氨酸；

将质粒导入到大肠杆菌中进行转化；

溶解由培养所述大肠杆菌得到的包函体；

从溶解的溶液中纯化单体蛋白；

将单体蛋白再折叠成二聚体蛋白并将其纯化。

17. 权利要求 2 的蛋白质二聚体作为有效成分在制备用于治疗软骨和骨疾病的药物中的应用。

18. 权利要求 17 的应用，其中软骨和骨疾病是骨质疏松症。

19. 权利要求 17 的应用，其中软骨和骨疾病是骨关节炎或关节骨炎。

20. 权利要求 17 的应用，其中软骨和骨疾病是骨折和骨缺损。

21. 权利要求 17 的应用，其中软骨和骨疾病是牙根和牙槽缺损。"

驳回决定认为：

对比文件 1（WO9504819A1，公开日：1995 年 2 月 16 日）公开了一种编码 MP52 蛋白的氨基酸序列、由该蛋白质构成的同源或异源二聚体、含有编码该序列 DNA 的载体、宿主细胞以及生产方法（参见权利要求 1~7，说明书第 3~4、7~8 页，实施例 1、2）。本申请权利要求 1、2 和对比文件 1 公开的技术方案的区别仅在于权利要求 1、2 所要求保护的序列是由从单个脯氨酸开始的 119 个氨基酸残基组成的蛋白质，而对比文件 1 公开的是 MP52 的完整 DNA 序列和氨基酸序列。对于本领域普通技术人员来说，经过简单的数据处理和推导或实验测试，从上述完整序列中获得成熟蛋白编码序列

（包括获得含有119个氨基酸的MP52）是显而易见的，并且通过表达序列号1所示序列获得从脯氨酸开始的蛋白质在本质上与对比文件1所公开的蛋白在功能、效果上也没有明显的不同，故权利要求1、2不符合专利法第22条第3款的规定。权利要求14~16所要求保护的制备权利要求1、2中所述产品的方法也同样是在对比文件1已公开MP52序列及其制备方法的基础上，本领域技术人员不需要付出创造性劳动就可以获得的，由于其并没有给出关于如何获得本发明的纯化物相比于对比文件具有创造性的那些技术特征或者只给出了一部分技术特征，因此，它们所要求保护的制备方法也不具备创造性。

此外，对比文件1还公开了使用所述蛋白质制备的药物组合物用于治疗或预防软骨、牙齿损伤的方法（参见权利要求8~10，实施例3）。由于本申请权利要求2的蛋白序列与对比文件1所公开MP52蛋白序列在功能、结构方面并没有不同或明显的不同，因此，本领域普通技术人员在对比文件1的教导下获得含有权利要求2蛋白的用于治疗软骨和骨疾病的药物组合物、或其应用的启示是显而易见的，并且并没有由于蛋白序列的不同而带来该药剂在治疗或预防效果上的不同或明显不同。因此，权利要求3~13、17~21不具有创造性。

同时进一步指出：(1) 对比文件1第36页公开了编码MP52蛋白的全序列，在说明书第5~6页分别指出"本发明至少包括SEQ ID NO：1所示核苷酸序列中编码成熟蛋白的部分或必要的其他功能部分，以及在遗传密码简并范围内同这一序列相应的序列和这些序列的等位基因衍生序列。此外，本发明还包括能与这种序列杂交的序列，只要这种DNA分子至少完全含有编码TGF-β家族成熟蛋白部分"、"尽管本发明包括的等位基因、简并和杂交序列由于他们的核苷酸或/和氨基酸序列微小改变而导致结构上不同，但由于这些序列编码的蛋白基本上都含有相同的有用特性，使它们在相同的医学领域里应用"。本领域技术人员根据上述内容以及权利要求1~7、说明书第3~4、7~8页、实施例1~3的记载，可以不付出创造性劳动而获得本发明SEQ ID NO：1的序列编码的蛋白质，故本发明的技术方案的启示是显而易见的。(2) 如果本发明的创造性体现在获得具有119个氨基酸的MP52蛋白的纯化物，则申请人请求保护的应该是获得上述纯化产物的本发明的特定的制备方法。

申请人BIOPHARM生物技术药物开发股份有限公司（下称请求人）对上述驳回决定不服，于2005年8月12日向专利复审委员会提出复审请求，请求人在提出复审请求时提交了新修改的权利要求书全文替换页（共15项），其中修改了驳回决定所针对的权利要求书中的权利要求1、14和16（对应于新的权利要求1、14和15），并删除了其中的权利要求15和用途权利要求17~21。修改后的独立权利要求1、14、15如下：

"1. 具有119个氨基酸的MP52蛋白质的制剂，所述蛋白质由序列表中SEQ ID NO：1所示的氨基酸序列组成，以及所述制剂不含当中N-末端具有附加丙氨酸或N-末端具有附加甲硫氨酸和丙氨酸的SEQ ID NO：1所示的蛋白质。

14. 一种有选择性地制备权利要求1的由SEQ ID NO：1所示的119个氨基酸组成的蛋白质的方法，包括培养质粒转化的大肠杆菌，其中编码甲硫氨酸的密码子连接编码序列表SEQ ID NO：1所示的氨基酸序列的DNA序列，所述氨基酸序列由119个氨基酸残基组成且不包括MP52的末端丙氨酸，以及使用所得的引入有质粒的大肠杆菌来进行表达。

15. 一种制备由SEQ ID NO：1所示的119个氨基酸组成的蛋白质的蛋白质二聚体的方法，包括步骤：

构建质粒，该质粒含有编码序列表中SEQ ID NO：1所示的氨基酸序列的DNA，该氨基酸序列在N末端带有一个甲硫氨酸；

将质粒导入到大肠杆菌中进行转化；

溶解由培养所述大肠杆菌得到的包函体；

从溶解的溶液中纯化单体蛋白；

将单体蛋白再折叠成二聚体蛋白并将其纯化。"

请求人认为：新修改的权利要求1表明，本发明的蛋白质的特征在于它不受更长的蛋白质的污染，这种MP52和对比文件1的相比较并不是显而易见的。对比文件1涉及编码由120个氨基酸残基组成，且具有N-末端丙氨酸的MP52成熟蛋白的DNA，但对比文件1第5～6页记载的内容对蛋白质的定义非常宽泛，不够具体，而本发明的蛋白只由特定的SEQ ID NO：1所示119个氨基酸组成，它不是MP52的完整的成熟蛋白。而考虑对比文件1的教导，本领域技术人员只会考虑在原核细胞中表达编码120个氨基酸的DNA序列。但本申请的发明人发现，在原核细胞中表达编码MP52蛋白质的120个氨基酸的DNA片段，会产生蛋白质混合物。为进行表达，必须在DNA的5`末端加上甲硫氨酸的密码子，结果产生含121个氨基酸且N-末端序列为Met-Ala-Pro的蛋白质，然而，与大多数在原核表达细胞中表达的蛋白质不同，Met仅部分被氨基肽酶除去，使所得的N-末端Ala更不稳定，因而Ala也可被肽酶除去，故表达产物会包括具121、120和119个氨基酸的蛋白质混合物。而具有119个氨基酸的蛋白质的N-末端不能被氨基肽酶进一步裂解，因此是稳定的，所以本发明所提供的具有119个氨基酸的MP52具有较高的稳定性和纯度，对此，本申请的实施例3足以证明。而且虽然本发明的蛋白质比对比文件1中的MP52蛋白少一个氨基酸，但仍然保留对比文件1的蛋白质的特征和活性。然而，对比文件1没有提及上述事实，也没有提示如何达到本发明的目的，即提供一种用于医药用途的均一性即纯的蛋白质制剂。因此，请求人认为国家知识产权局驳回的理由不成立，本申请具备创造性。

请求人还于2005年8月23日提交了补充的复审请求书，指出2005年8月12日提交的权利要求书中，误删了用途权利要求即原权利要求17～21。故重新提交权利要求书的替换页，增加了用途权利要求16～20，并对部分权利要求的表述进行了调整。修改的权利要求书如下：

"1. 具有119个氨基酸的MP52蛋白质的制剂，所述蛋白质由序列表中SEQ ID NO：1所示的氨基酸序列组成，以及所述制剂不含当中N-末端具有附加丙氨酸或N-末端具有附加甲硫氨酸和丙氨酸的SEQ ID NO：1所示的蛋白质。

2. 权利要求1的制剂，其中所述具有119个氨基酸的MP52蛋白质是同源二聚体蛋白质。

3. 一种用于治疗软骨和骨疾病的药物组合物，包括治疗有效量的权利要求2的制剂和药用载体。

4. 权利要求3的药物组合物，其中软骨和骨疾病是骨质疏松症。

5. 权利要求3的药物组合物，其中软骨和骨疾病是骨关节炎或关节骨炎。

6. 权利要求3的药物组合物，其中软骨和骨疾病是骨折和骨缺损。

7. 权利要求3的药物组合物，其中软骨和骨疾病是牙根和牙槽缺损。

8. 权利要求3的药物组合物，其中软骨和骨疾病是指软骨缺损或损伤如关节半月板损伤。

9. 权利要求3的药物组合物，其中软骨和骨疾病是先天性的，如软骨错位，软骨发育不全，软骨成长不全，裂腭和骨发育不全。

10. 权利要求3的药物组合物，其中在骨移植或软骨移植或诱导新的软骨或骨形成有利时使用。

11. 权利要求3的药物组合物，其中该药物组合物被配制成适于全身或局部用药的形式。

12. 权利要求3的药物组合物，其中该药物组合物被配制成注射制剂。

13. 权利要求3的药物组合物，其中药物载体是天然或人工骨如金属、陶瓷、玻璃、胶原和/或羟基磷灰石。

14. 一种有选择性地制备权利要求1的由SEQ ID NO：1所示的119个氨基酸组成的蛋白质的方

法，包括培养质粒转化的大肠杆菌，其中编码甲硫氨酸的密码子连接编码序列表 SEQ ID NO：1 所示的氨基酸序列的 DNA 序列，所述氨基酸序列由 119 个氨基酸残基组成且不包括 MP52 的末端丙氨酸，以及使用所得的引入有质粒的大肠杆菌来进行表达。

15. 一种制备由 SEQ ID NO：1 所示的 119 个氨基酸组成的蛋白质的蛋白质二聚体的方法，包括步骤：

构建质粒，该质粒含有编码序列表中 SEQ ID NO：1 所示的氨基酸序列的 DNA，该氨基酸序列在 N 末端带有一个甲硫氨酸；

将质粒导入到大肠杆菌中进行转化；

溶解由培养所述大肠杆菌得到的包函体；

从溶解的溶液中纯化单体蛋白；

将单体蛋白再折叠成二聚体蛋白并将其纯化。

16. 权利要求 2 的蛋白质制剂在制备用于治疗软骨和骨疾病的药物中的应用。

17. 权利要求 16 的应用，其中所述疾病是骨质疏松症。

18. 权利要求 17 的应用，其中所述疾病是骨关节炎或关节骨炎。

19. 权利要求 18 的应用，其中所述疾病是骨折和骨缺损。

20. 权利要求 19 的应用，其中所述疾病是牙根和牙槽缺损。"

形式审查合格后，专利复审委员会受理了该复审请求，并于 2005 年 9 月 13 日向请求人发出《复审请求受理通知书》，随后将本申请移交原审查部门进行前置审查。

原审查部门对本复审请求进行了前置审查，除坚持驳回决定中的理由外，还进一步指出：根据对比文件所公开的制备重组蛋白的方法，本领域技术人员可以获得包含 119、120、121 个氨基酸的三种蛋白，也就是说获得包括 119 个氨基酸的 MP52 蛋白是显而易见的，进而获得其蛋白质制剂也是显而易见的。

专利复审委员会组成合议组，对本案的复审请求进行了审理。合议组认为本案事实清楚，可以作出审查决定。

二、决定的理由

1. 决定所针对的文本

本复审请求审查决定所针对的文本为请求人于 2005 年 8 月 23 日提交的权利要求 1~20，2003 年 9 月 29 日提交的说明书第 1 页，以及进入中国国家阶段时提交的国际申请文件的中文文本的说明书第 2~16 页、说明书附图第 1~7 页和说明书摘要。

2. 关于专利法第 22 条第 3 款规定的创造性

专利法第 22 条第 3 款规定，创造性，是指同申请日以前已有的技术相比，该发明有突出的实质性特点和显著的进步。

根据该款规定，当要求保护的发明与最接近现有技术相比存在区别特征，判断发明是否显而易见时，要确定现有技术整体上是否存在某种技术启示，即现有技术中是否给出将上述区别特征应用到该最接近现有技术以解决其存在的技术问题（即发明实际解决的技术问题）的启示，这种启示会使本领域的技术人员在面对所述技术问题时，改进该最接近现有技术并获得要求保护的发明。如果现有技术整体上不存在这种启示，则要求保护的发明是非显而易见的，具备突出的实质性特点。

本案中，权利要求 1 请求保护具有 119 个氨基酸的 MP52 蛋白质的制剂，所述蛋白质由序列表中 SEQ ID NO：1 所示的氨基酸序列组成，以及所述制剂不含当中 N-末端具有附加丙氨酸或 N-末端具有附加甲硫氨酸和丙氨酸的 SEQ ID NO：1 所示的蛋白质。对比文件 1 公开了 MP52 成熟蛋白（具有

120个氨基酸）及其氨基酸序列（参见权利要求1~7、说明书第3~4页、7~8页、实施例1、2）。将权利要求1的技术方案与对比文件1公开的技术方案进行对比，其区别在于：对比文件1并没有公开N末端以脯氨酸开始的具有119个氨基酸的MP52蛋白质的表达，也没有公开其相关制剂。基于上述区别技术特征，根据本申请说明书的描述，权利要求1的技术方案实际解决的技术问题是：通过表达具有119个氨基的MP52蛋白来避免得到还同时包含120、121个氨基酸的MP52蛋白混合物，因此可以工业规模制备MP52蛋白的纯品，并将其用作软骨、骨疾病治疗的药剂。

在对比文件1的教导下，根据本领域的技术常识，如果要在原核细胞中表达该长120个氨基酸的成熟MP52蛋白，基于重组表达的需要，必须在DNA的5末端加上编码甲硫氨酸的密码子，这样表达出来的最初蛋白将会是N-末端为甲硫氨酸-丙氨酸-脯氨酸的长121个氨基酸的蛋白质，通常最末端的甲硫氨酸将被氨基肽酶切割而成为N-末端为丙氨酸-脯氨酸的长120个氨基酸的蛋白质。但对于MP52来说，存在本领域技术人员不能容易得知的特殊之处，即在原核细胞中表达时，其中的甲硫氨酸仅部分被氨基肽酶切割，使得N-末端的丙氨酸更不稳定，进而丙氨酸也可被氨基肽酶切割。因此，按照对比文件1的教导在原核中表达MP52成熟蛋白时，获得的将是121、120和119个氨基酸的三种蛋白质的混合物，而不是单一的由120个氨基酸组成的蛋白质。然而，对比文件1中没有提及上述事实，本领域技术人员在本申请的申请日之前也不可能容易地得知这一事实，因此，根据对比文件1的教导，本领域技术人员不可能有动机表达N末端以脯氨酸开始的长119个氨基酸的MP52蛋白质，也就是说现有技术并不存在这种技术启示。相反，本申请的发明人在研究过程中才发现这一事实，进而本发明才得以完成。虽然，对比文件1中提到可对MP52的编码序列进行一定变化，但仍然保持其基本功能不变（参见对比文件1第5~6页记载的内容，尤其是审查员在驳回决定中引用的相关部分），但对本领域技术人员而言，根据这种宽泛的教导并不能容易的获得权利要求1的技术方案。

进一步地，本申请也证实把编码甲硫氨酸的密码子与编码序列表中序列号1中氨基酸序列的DNA的5末端结合，可以选择性在大量生产N-末端从脯氨酸开始的序列表中序列号1的蛋白质（参见本申请说明书第2页第2段）。而且从实施例尤其是实施例3的记载来看，表达得到的长119个氨基酸的蛋白质，除仍然具备全长MP52的活性和功能外，稳定性和纯度均较高。如果按照对比文件1的教导，通过重组表达获得的将是具有121、120和119个氨基酸的三种蛋白质的混合物，而不能得到纯的单一蛋白质。而对于医药制品而言，所述蛋白质的稳定性和纯度所带来的优点是显然的。可见，本发明获得了本领域技术人员根据现有技术所预料不到的有益的技术效果。

在驳回决定中，审查员认为：在MP52的完整核酸、氨基酸序列（指由120个氨基酸组成的MP52蛋白）已公开的前提下，获得含有119个氨基酸的蛋白序列的启示并不需要花费创造性劳动，且在功能、效果上也没有明显不同。但正如上所述，现有技术中并不存在表达119个氨基酸的MP52蛋白的技术启示，而且本申请的技术方案也获得了根据现有技术无法预期的有益的技术效果，可见审查员的上述观点缺乏事实依据，因而不能成立。

综上所述，权利要求1相对于对比文件1具备实质性特点和显著的进步，符合专利法第22条第3款关于创造性的规定。

权利要求2是权利要求1的从属权利要求，在权利要求1具备创造性的基础上，权利要求2也具备专利法第22条第3款规定的创造性。

权利要求3的药物组合物，包括治疗有效量的权利要求2的制剂。在权利要求2具备创造性的基础上，权利要求3也具备专利法第22条第3款规定的创造性。进而，其从属权利要求4~13也具备专利法第22条第3款规定的创造性。

权利要求14请求保护选择性地制备权利要求1的由SEQ ID NO：1所示的119个氨基酸组成的蛋

白质的方法，权利要求14与对比文件1公开的技术方案的区别在于：对比文件1没有公开用不包括末端丙氨酸的由119个氨基酸组成的蛋白的编码序列以制备所述蛋白质的方法。而如前所述，作为现有技术的对比文件1没有向本领域技术人员给出通过所述方法来表达由119个氨基酸组成的MP52蛋白质的技术启示，而且该方法获得了根据现有技术无法预期的有益的技术效果。因此，权利要求14也具备突出的实质性特点和显著的进步，符合专利法第22条第3款关于创造性的规定。权利要求15请求保护制备由SEQ ID NO: 1所示的119个氨基酸组成的蛋白质二聚体的方法，同理，也符合专利法第22条第3款关于创造性的规定。

权利要求16请求保护权利要求2的蛋白质制剂在制备用于治疗软骨和骨疾病的药物中的应用，由于权利要求2要求保护的产品具备创造性，要求保护该产品的用途的权利要求16也就具备创造性，进而其从属权利要求17~20也具备创造性。即权利要求16~20符合专利法第22条第3款关于创造性的规定。

根据以上事实和理由，本案合议组作出如下审查决定。

三、决定

撤销国家知识产权局于2005年4月29日对96194702.0号发明专利申请作出的驳回决定。由原审查部门在本复审请求审查决定所依据的文本的基础上继续进行审查。

复审请求人对本决定不服的，可以根据专利法第41条第2款的规定，自收到本决定之日起三个月内向北京市第一中级人民法院起诉。

035

百脉根花型和花序结构调控基因、编码蛋白及其应用

复审请求审查决定（第 12040 号）

决　定　号	第 12040 号
决　定　日	2007 年 11 月 30 日
发明创造名称	百脉根花型和花序结构调控基因、编码蛋白及其应用
国际分类号	C12N 15/29，C12N 15/63，C12N 5/10，A01 H1/00，C07K 14/415
复审请求人	中国科学院上海植物生理研究所
申　请　号	02112067.6
申　请　日	2002 年 6 月 14 日
公　开　日	2003 年 12 月 31 日
合议组组长	马文霞
主　审　员	祝海燕
参　审　员	李金光

法律依据 专利法第 31 条第 1 款

决定要点

可以作为一件专利申请提出的属于一个总的发明构思的两项以上的发明或者实用新型，应当在技术上相互关联，包含一个或者多个相同或相应的特定技术特征；对于一项马库什权利要求来说，只有其中的可选择要素具有相类似的性质的，权利要求才可被认为符合单一性的要求，当马库什要素是化合物时，相类似性质是指：（1）所有可选择化合物具有共同的性能或作用；和（2）所有可选择化合物具有共同的结构，该共同结构能够构成它与现有技术的区别特征，并对通式化合物的共同性能或作用是必不可少的；或者在不能有共同结构的情况下，所有可选择化合物在该发明的相关技术中被认为是属于一类化合物。

一、案由

本复审请求涉及申请人中国科学院上海植物生理研究所于 2002 年 6 月 14 日申请、名称为"百脉根花型和花序结构调控基因、编码蛋白及其应用"的第 02112067.6 号发明专利申请（下称本申请），其公开日为 2003 年 12 月 31 日。

国家知识产权局于 2004 年 11 月 5 日以本申请不符合专利法第 31 条第 1 款为由驳回了本申请，理由是：权利要求 3～5 中分别涉及 Ljcyc1 和 Ljcyc2 两种基因的两组技术方案，Ljcyc1 和 Ljcyc2 基因虽然都参与调控百脉根的花序和花型结构，但其对花序的调控作用是不同的，不具有相同的功能；另外，该二基因的序列虽然具有共同的结构单元，但说明书并无证据表明该共同的结构单元对这两种基

因的功能起决定性作用；因此权利要求3~5中要求保护的Ljcyc1和Ljcyc2两组基因的技术方案之间没有相同和相应的特定技术特征，不具有单一性。

驳回决定所针对的权利要求书为：

"1. 一种分离的花型/花序结构调控蛋白多肽，其特征在于，它选自下组：

（a）具有SEQ ID NO：2或4氨基酸序列的多肽；

（b）具有花型/花序结构调控功能的，多肽（a）的保守性变异多肽；

（c）在SEQ ID NO：2或4的氨基酸序列中经过取代、缺失或插入一个或几个氨基酸所衍生的，且具有花型/花序结构调控功能的蛋白；

（d）具有花型/花序结构调控功能的，多肽（a）的活性片段，该活性片段具有SEQ ID NO：2中第49~152位氨基酸序列。

2. 如权利要求1所述的多肽，其特征在于，该多肽是具有SEQ ID NO：2或4氨基酸序列的多肽。

3. 一种分离的多核苷酸，其特征在于，它包含一核苷酸序列，该核苷酸序列选自下组：

（a）编码如权利要求1所述多肽的多核苷酸；

（b）SEQ ID NO：5中295~2018位的序列、SEQ ID NO：6中109~1583位的序列。

4. 如权利要求3所述的多核苷酸，其特征在于，该多核苷酸编码具有SEQ ID NO：2或4所示氨基酸序列的多肽。

5. 如权利要求4所述的多核苷酸，其特征在于，该多核苷酸具有选自下组的序列：

（i）具有SEQ ID NO：1中1~1110位的序列；

（ii）具有SEQ ID NO：3中1~1239位的序列。

6. 一种载体，其特征在于，它含有权利要求3所述的多核苷酸。

7. 一种遗传工程化的宿主细胞，其特征在于，它含有权利要求6所述的载体。

8. 一种花型/花序结构调控蛋白的制备方法，其特征在于，该方法包含：

（a）在适合表达花型/花序结构调控蛋白的条件下，培养权利要求7所述的宿主细胞；

（b）从培养物中分离出花型/花序结构调控蛋白。

9. 一种制备转基因植物的方法，其特征在于，包括步骤：

（a）将权利要求3所述的多核苷酸转入植物细胞，

（b）将步骤（a）中的植物细胞再生成植株。

10. 一种权利要求1所述的花型/花序结构调控蛋白，以及权利要求3所述的多核苷酸的用途，其特征在于，用于调控植物的花型和/或花序结构。"

申请人中国科学院上海植物生理研究所（下称请求人）对上述驳回决定不服，于2005年2月21日向专利复审委员会提出复审请求，请求人认为：（1）Ljcyc1和Ljcyc2基因都是从百脉根中分离出的具有调控花型功能的多肽，因此属于一个总的发明构思；（2）本发明的各多肽均与调控花型有关，因此具有相似的性能，且都具有两个特异功能域结构，实施例3和4的实验数据表明两个基因都参与了相同的调控途径，因此具有特定的技术特征；（3）本发明中的TCP和R结构域等同于通式化合物中的共有结构，本发明的实验结果可以合理推出TCP和R结构是一种核心结构，不能认为说明书中没有直接数据证明就认为TCP和R结构域不能作为特定技术特征；（4）从整体上来看Ljcyc1和Ljcyc2基因功能是相同的，不应过分强调细节和忽视了整体，因此，根据审查指南对于马库什权利要求单一性的规定，权利要求中的两个多肽符合单一性的上述规定；（5）多肽和核酸与常规化合物存在区别，具有相同功能的多肽很难具有相同的序列；（6）将两个多肽一起申请有利于检索和加快审查；(7) 审查员认可了权利要求1~2涉及的Ljcyc1和Ljcyc2蛋白的单一性,却否认了Ljcyc1和Ljcyc2基因的单一性,因此前后意见不一致,综上,国家知识产权局驳回的理由不成立。

请求人在提出复审请求时未提交新的修改文本。

形式审查合格后,专利复审委员会受理了该复审请求,并于2005年4月1日向请求人发出《复审请求受理通知书》,随后将本申请案卷移交国家知识产权局原审查部门进行前置审查。

国家知识产权局原审查部门对本复审请求进行了前置审查,坚持原驳回决定。

专利复审委员会组成合议组,对本案的复审请求进行了审理。于2006年9月1日向请求人发出《复审通知书》。《复审通知书》指出：

本申请权利要求1~10中分别要求保护Ljcyc1和Ljcyc2的基因、蛋白多肽、载体、宿主细胞、蛋白的制备方法、制备转基因植物的方法及其用途两组技术方案。从说明书的记载可知,由于在花序发育的同一时期Ljcyc1和Ljcyc2的表达区域存在差异、Ljcyc1和Ljcyc2基因对花型的控制方面不同、Ljcyc1和Ljcyc2基因对花序结构的控制也不同,因此,Ljcyc1和Ljcyc2基因虽然均涉及百脉根花型和花序的结构调控,但其表达部位,控制的方式均不同,它们决定不同位置的形态建成,因此该二基因在调控花型花序方面不具有共同的性能。

另外,Ljcyc1和Ljcyc2基因也不具有能够构成Ljcyc1和Ljcyc2基因与现有技术的区别特征、并对Ljcyc1和Ljcyc2基因的共同性能必不可少的结构单元。虽然Ljcyc1和Ljcyc2均具有TCP和R结构域,但是本领域技术人员知道,TCP和R结构域属于现有技术中已记载过的结构域,其并不构成Ljcyc1和Ljcyc2基因结构与现有技术的区别特征；其次根据说明书和现有技术的记载均无法证实TCP和R结构域是决定Ljcyc1和Ljcyc2基因对花型和花序调控作用必不可少的结构单元。

综上所述,涉及Ljcyc1和Ljcyc2基因的技术方案不具有相同和相应的特定技术特征,同理,分别涉及Ljcyc1和Ljcyc2基因编码的蛋白多肽、转化的载体、载体导入的宿主细胞、蛋白的制备方法、制备转基因植物的方法及其用途的技术方案间不具有单一性,权利要求1~10不符合专利法第31条第1款的规定。

针对《复审通知书》指出的问题,请求人于2006年10月16日提交了意见陈述书及经修改的权利要求书。修改后的权利要求书为：

"1. 一种分离的花型/花序结构调控蛋白多肽,其特征在于,它选自下组：

(a) 具有SEQ ID NO：4氨基酸序列的多肽；

(b) 具有花型/花序结构调控功能的,多肽(a)的保守性变异多肽；

(c) 在SEQ ID NO：4的氨基酸序列中经过取代、缺失或插入一个或几个氨基酸所衍生的,且具有花型/花序结构调控功能的蛋白。

2. 如权利要求1所述的多肽,其特征在于,该多肽是具有SEQ ID NO：4氨基酸序列的多肽。

3. 一种分离的多核苷酸,其特征在于,它包含一核苷酸序列,该核苷酸序列选自下组：

(a) 编码如权利要求1所述多肽的多核苷酸；

(b) SEQ ID NO：6中109~1583位的序列。

4. 如权利要求3所述的多核苷酸,其特征在于,该多核苷酸编码具有SEQ ID NO：4所示氨基酸序列的多肽。

5. 如权利要求4所述的多核苷酸,其特征在于,该多核苷酸的序列如SEQ ID NO：3中1~1239位所示。

6. 一种载体,其特征在于,它含有权利要求3所述的多核苷酸。

7. 一种遗传工程化的宿主细胞,其特征在于,它含有权利要求6所述的载体。

8. 一种花型/花序结构调控蛋白的制备方法，其特征在于，该方法包含：

（a）在适合表达花型/花序结构调控蛋白的条件下，培养权利要求7所述的宿主细胞；

（b）从培养物中分离出花型/花序结构调控蛋白。

9. 一种制备转基因植物的方法，其特征在于，包括步骤：

（a）将权利要求3所述的多核苷酸转入植物细胞，

（b）将步骤（a）中的植物细胞再生成植株。

10. 一种权利要求1所述的花型/花序结构调控蛋白，以及权利要求3所述的多核苷酸的用途，其特征在于，用于调控植物的花型和/或花序结构。"

请求人认为，修改后的权利要求书中删除了涉及Ljcyc1基因的技术方案，仅保留涉及Ljcyc2基因的技术方案，从而克服了复审通知书中指出的缺陷，修改后的权利要求1～10具有单一性，符合专利法第31条第1款的规定。

至此，合议组认为本案事实清楚，可以依法作出审查决定。

二、决定的理由

1. 关于审查文本

本复审决定是针对请求人于2006年10月16日提交的修改后的权利要求1～10、申请日提交的说明书第1～25页、说明书附图、说明书摘要所构成的文本作出的。

2. 关于专利法第31条第1款

专利法第31条第1款规定，一件发明或者实用新型专利申请应当限于一项发明或者实用新型，属于一个总的发明构思的两项以上的发明或者实用新型，可以作为一件申请提出。

根据该款规定，可以作为一件专利申请提出的属于一个总的发明构思的两项以上的发明或者实用新型，应当在技术上相互关联，包含一个或者多个相同或相应的特定技术特征；对于一项马库什权利要求来说，只有其中的可选择要素具有相类似的性质的，权利要求才可被认为符合单一性的要求，当马库什要素是化合物时，相类似性质是指：（1）所有可选择化合物具有共同的性能或作用；和（2）所有可选择化合物具有共同的结构，该共同结构能够构成它与现有技术的区别特征，并对通式化合物的共同性能或作用是必不可少的；或者在不能有共同结构的情况下，所有可选择化合物在该发明的相关技术中被认为是属于一类化合物。

正如复审通知书中指出的那样：本申请驳回决定所针对的权利要求书中的权利要求1～10涉及保护Ljcyc1和Ljcyc2的基因、蛋白多肽、载体、宿主细胞、蛋白的制备方法、制备转基因植物的方法及其用途两组技术方案。从说明书的记载可知，首先，在花序发育的同一时期Ljcyc1和Ljcyc2的表达区域存在差异，例如在花原基发育的前期（F0～F4期），Ljcyc1在花原基中央和背部形成一个楔型的表达区域，而Ljcyc2的表达在花原基的背部；在F5期Ljcyc1的表达集中在背部的萼片、花瓣和雌蕊中，而Ljcyc2的表达则主要集中在背部的花瓣和萼片中（参见说明书第11～12页实施例2 Ljcyc1和Ljcyc2基因时空表达实验）。其次，Ljcyc1和Ljcyc2基因对花型的控制方面不同，例如，在转入Ljcyc1的反义工程质粒的转基因植株中，对花造成的影响方面是：仅使背部花瓣的体积变小，但不改变其外形状，同时改变侧部的翼瓣和腹部的龙骨瓣形状，且Ljcyc1对花器官数目造成的影响是增加1花瓣，使花瓣数目为6枚；而在转入Ljcyc2的反义工程质粒的转基因植株中，对花造成的影响方面是：两个侧部的翼瓣呈现腹部龙骨瓣的特征，背部花瓣一侧出现缺裂，在另一种转入含反向Ljcyc2的转基因植株中，腹部龙骨瓣打开，翼瓣呈现腹部龙骨瓣的特征，且Ljcyc2对花器官数目造成的影响是两朵花融合（参见说明书第13～14页，实施例4）。最后，Ljcyc1和Ljcyc2基因对花序结构的控制也不同，例如：Ljcyc2主要调控次级花序原基从初级花序原基周缘区域的发育，调控次级花序原基以及花芽的分化，和建立花芽原基之间的边界；而 Ljcyc1 基因通过参与背部花瓣原基的起始，背部花瓣数目的决定，改变侧部翼瓣和腹部龙骨瓣本身的形态而实现对百脉根花型的控制（参见说明书第 14 页，实施例 4）。由此可见，Ljcyc1 和 Ljcyc2 基因虽然均涉及百脉根花型和花序的结构调控，但其表达部位，控制的方式均不同，它们决定不同位置的形态建成（参见说明书第 14 页第 26 行），因此该二基因在调控花型花序方面不具有共同的性能。另外，Ljcyc1 和 Ljcyc2 基因也不具有能够构成 Ljcyc1 和 Ljcyc2 基因与现有技术的区别特征、并对 Ljcyc1 和 Ljcyc2 基因的共同性能必不可少的结构单元。虽然 Ljcyc1 和 Ljcyc2 均具有 TCP 和 R 结构域，但是本领域技术人员知道，TCP 和 R 结构域属于现有技术中已记载过的结构域，其并不构成 Ljcyc1 和 Ljcyc2 基因结构与现有技术的区别特征，其次根据说明书和现有技术的记载均无法证实 TCP 和 R 结构域是决定 Ljcyc1 和 Ljcyc2 基因对花型和花序调控作用必不可少的结构单元。综上所述，涉及 Ljcyc1 和 Ljcyc2 基因的技术方案不具有相同和相应的特定技术特征，同理，分别涉及 Ljcyc1 和 Ljcyc2 基因编码的蛋白多肽、转化的载体、载体导入的宿主细胞、蛋白的制备方法、制备转基因植物的方法及其用途的技术方案间不具有单一性，驳回决定所针对的权利要求书中的权利要求 1~10 不符合专利法第 31 条第 1 款的规定。

针对上述复审通知书所指出的缺陷，请求人于 2006 年 10 月 16 日提交了修改后的权利要求 1~10。在修改后的权利要求 1~10 中，请求人删除了所有有关 Ljcyc1 基因的技术方案，仅保留涉及 Ljcyc2 基因的技术方案。合议组认为，上述修改克服了驳回决定中指出的 Ljcyc1 基因和 Ljcyc2 基因的技术方案之间缺乏单一性的缺陷，修改后的权利要求 1~10 之间具备单一性，符合专利法第 31 条第 1 款的规定。

根据以上事实和理由，本案合议组作出如下审查决定。

三、决定

撤销国家知识产权局 2004 年 11 月 5 日对 02112067.6 号发明专利申请作出的驳回决定。由国家知识产权局原审查部门在本复审决定所针对的文本的基础上继续审查程序。

复审请求人对本决定不服的，可以根据专利法第 41 条第 2 款的规定，自收到本决定之日起三个月内向北京市第一中级人民法院起诉。

具有抑癌功能的新的人蛋白及其编码序列

复审请求审查决定（第 12053 号）

决 定 号	第 12053 号
决 定 日	2007 年 11 月 30 日
发明创造名称	具有抑癌功能的新的人蛋白及其编码序列
国 际 分 类 号	C07K 14/435，C07K 14/47，C07K 16/18，C07H 21/00，C12N 15/11，C12N 15/12，C12N 15/63，C12N 15/64，C12P 21/02，A61K 38/17，A61P 35/00
复审请求人	上海新世界基因技术开发有限公司
申 请 号	02136400.1
申 请 日	2002 年 8 月 7 日
公 开 日	2004 年 2 月 11 日
合议组组长	马文霞
主 审 员	任晓兰
参 审 员	刘 亚
法 律 依 据	专利法第 26 条第 3 款、第 4 款，第 31 条第 1 款

决 定 要 点

如果一项权利要求中仅涉及一项发明，则该权利要求符合专利法第 31 条第 1 款的规定。

对于化学产品发明而言，说明书中应当记载化学产品的确认、制备和至少一种用途。在说明书已经充分公开了化学产品的确认和制备方法的情况下，如果本领域普通技术人员依据说明书和权利要求书记载的内容，结合其所掌握的现有技术知识，能够预期到所述用途可以实现，则说明书对该化学产品的公开符合专利法第 26 条第 3 款的规定。

一、案由

本复审请求涉及名称为"具有抑癌功能的新的人蛋白及其编码序列"的第 02136400.1 号发明专利申请（下称本申请），申请人为上海新世界基因技术开发有限公司，申请日为 2002 年 8 月 7 日，公开日为 2004 年 2 月 11 日。

2004 年 5 月 21 日，国家知识产权局原审查部门发出《第一次审查意见通知书》，指出本申请的说明书不符合专利法第 26 条第 3 款的规定，权利要求 1～10 不符合专利法第 31 条第 1 款、第 26 条第 4 款的规定。

2004 年 10 月 8 日，申请人针对上述《第一次审查意见通知书》进行了意见陈述并对权利要求书和说明书进行了修改，提交了修改后的权利要求书和说明书第 11～12 页的替换页。在提交意见陈述时，申请人提交以下证据1，以证明本申请符合专利法第26条第3款的规定：

证据1：Cancer Research，61，7383~7387，2001年10月15日。

2004年12月17日，针对申请人于2004年10月8日提交的权利要求书、说明书第11~12页，于申请日提交的说明书第1~10页、第13~34页和说明书摘要，国家知识产权局以本申请的说明书不符合专利法第26条第3款的规定、权利要求1~10不符合专利法第31条第1款和第26条第4款的规定为由驳回了本申请。

驳回决定所针对的权利要求书为：

"1. 一种分离的具有抑癌功能的人蛋白，其特征在于，它包含具有选自下组的氨基酸序列的多肽：SEQ ID NO：3、6、9、12、15、18。

2. 如权利要求1所述的多肽，其特征在于，该多肽是具有选自下组的氨基酸序列的多肽：SEQ ID NO：6、9、15。

3. 一种分离的多核苷酸，其特征在于，它选自下组：

（a）编码如权利要求1或2所述多肽的多核苷酸；

（b）与多核苷酸（a）互补的多核苷酸。

4. 如权利要求3所述的多核苷酸，其特征在于，该多核苷酸编码的多肽具有选自下组的氨基酸序列：SEQ ID NO：6、9、15。

5. 如权利要求3所述的多核苷酸，其特征在于，该多核苷酸的序列选自下组：

SEQ ID NO：2、5、8、11、14、17的编码区序列或全长序列。

6. 一种载体，其特征在于，它含有权利要求3所述的多核苷酸。

7. 一种遗传工程化的宿主细胞，其特征在于，它是选自下组的一种宿主细胞：

（a）用权利要求6所述的载体转化或转导的宿主细胞；

（b）用权利要求3所述的多核苷酸转化或转导的宿主细胞。

8. 一种具有抑癌功能的人蛋白活性的多肽的制备方法，其特征在于，该方法包含：

（a）在适合表达具有抑癌功能的人蛋白的条件下，培养权利要求7所述的宿主细胞；

（b）从培养物中分离出具有抑癌功能的人蛋白活性的多肽。

9. 一种能与权利要求1所述的具有抑癌功能的人蛋白特异性结合的抗体。

10. 一种药物组合物，其特征在于，它含有安全有效量的权利要求1所述的多肽以及药学上可接受的载体。"

驳回决定指出：(1) 本申请说明书公开不充分主要表现在化学产品的确认和用途上，本申请仅在实施例1中描写了证明抑癌作用的实验，但其不能作为抑癌作用的证据，理由是：一般用较大的质粒转染，其转染效率较低，而本申请仅用空载体这一较小的质粒作对照，得到的实施例1中的结果不能排除转染率不同的影响，因此不能说明其有抑癌作用；(2) 权利要求1的技术方案分别以SEQ ID NO：3、6、9、12、15、18为基础，但这些序列在结构上并没有相同的功能域，因此，以各个序列为基础的技术方案之间不具备单一性，在此基础上，权利要求2~10也不具备单一性；(3) 由于说明书中没有提供证据表明说明书实施例2中提到的蛋白能够抑癌，因此，权利要求1和2中"具有抑癌功能的人蛋白"实质上并未公开功能，故而权利要求1、2得不到说明书的实质支持，以权利要求1~2为基础的权利要求3~10也得不到说明书的支持。

申请人上海新世界基因技术开发有限公司（下称请求人）对上述驳回决定不服，于2005年3月31日向专利复审委员会提出复审请求。请求人在提出复审请求时修改了权利要求书，修改后的权利要求书为：

"1. 一种分离的多核苷酸，其特征在于，它包含一核苷酸序列，该核苷酸序列选自下组：

（a）编码具有抑癌功能的人蛋白的多核苷酸，所述蛋白具有选自下组的氨基酸序列：SEQ ID NO：3、6、9、12、15、18；

（b）与多核苷酸（a）互补的多核苷酸。

2. 如权利要求1所述的多核苷酸，其特征在于，该多核苷酸编码的多肽具有选自下组的氨基酸序列：SEQ ID NO：6、9、15。

3. 如权利要求1所述的多核苷酸，其特征在于，该多核苷酸的序列选自下组：

SEQ ID NO：2、5、8、11、14、17的编码区序列或全长序列。

4. 一种载体，其特征在于，它含有权利要求1所述的多核苷酸。

5. 一种遗传工程化的宿主细胞，其特征在于，它是选自下组的一种宿主细胞：

（a）用权利要求4所述的载体转化或转导的宿主细胞；

（b）用权利要求1所述的多核苷酸转化或转导的宿主细胞。"

请求人认为：（1）本申请说明书符合专利法第26条第3款的规定，理由是：a. 本领域中并没有文献报道，当空白质粒为4000bp，而含插入片段的质粒为约6000bp时，其转染效率会有很大差异，同时，审查员也没有提供证据证明4000bp的质粒和6000bp的质粒在脂质体转染时效率会有很大差异；b. 由说明书第10页表格的数据和各插入片段的大小可以看出，并不存在插入片段大于6000bp转染效率显著下降的情况，在插入片段为1400～2800bp的情况下，质粒的相对大小并不会对质粒的转染效率（进而对克隆数）起决定性作用；c. 请求人答复第一次审查意见通知书时所提供的证据1也证明本申请中的方法是一种通用的、可接受的试验方法，并不存在明显的设计缺陷。（2）本申请权利要求1中所涉及的多肽都是从人的cDNA库中分离出的具有抑制癌细胞生长功能的多肽，它们虽然具有不同的结构序列，但这些多肽在本领域中被认为是属于一类化合物，均是具有抑癌功能的多肽，而且相互替代后都可得到相同的对于肝癌细胞系7721克隆形成的抑制结果，因此，本申请权利要求1具有马库什要素，符合指南关于马库什权利要求单一性的规定。（3）本申请实施例1的实验结果不仅证明了DNA分子对癌细胞克隆形成具有抑制作用，而且这种抑制作用是通过蛋白产生的，在该实验结果的基础上，本领域技术人员足以直接推出或合理概括出实际上是本发明的多肽在起抑制肝癌细胞克隆形成的功能，因此，权利要求1～10得到了说明书充分的支持，符合专利法第26条第4款的规定。

形式审查合格后，专利复审委员会受理了该复审请求，并于2005年5月8日向请求人发出《复审请求受理通知书》，同时将案卷转送到国家知识产权局原审查部门进行前置审查。

在《前置审查意见书》中，原审查部门认为，无论在现有技术还是本申请实施例中，都是用一定重量的DNA进行转染的，当重量相同时，显然实验组质粒由于分子量较大，摩尔数较少，起始转染时用较小数量的质粒得到较少数量的转化子是很显然的，实施例1的结果并不是抑制的表现，因此坚持驳回决定。

专利复审委员会组成合议组，对本复审请求案进行了审理。合议组针对请求人在提出复审请求时提交的修改文本，于2007年3月30日向请求人发出了《复审通知书》，指出：（1）权利要求1要求保护一种分离的多核苷酸，其中包含的一种核苷酸序列为编码具有抑癌功能的人蛋白的多核苷酸，所述蛋白具有选自SEQ ID NO：3、6、9、12、15、18的氨基酸序列。由说明书实施例3的内容可以看出，这些氨基酸序列分别是从人胎儿cDNA文库筛选出的具有抑癌功能的多核苷酸所表达的蛋白序列，由于各个序列之间的同源性很低，那么，由各蛋白序列或其编码多核苷酸序列之间，除了具有相同的非常概括的功能，即"抑癌功能"之外，其序列之间没有共同的结构单元。（2）权利要求1中所涉及的编码不同氨基酸序列的蛋白在本申请中被认为是一种新颖的蛋白多肽，据此可以推知，现有技术中没有关于所述氨基酸序列的教导，更不可能预期到具有这些氨基酸序列的蛋白多肽在相互替代后能产生相同的效果，因此，包含编码具有这些氨基酸序列的蛋白的多核苷酸不是本领域公认的同一化合物类别。（3）基于包含编码具有所述氨基酸序列的蛋白的多核苷酸之间既没有共同的结构，也不是本领域公认的同一化合物类别，因此，权利要求1中被视为可选择要素的各个多核苷酸不具有类似的性质，它们之间不存在相同或相应的特定技术特征，不具有单一性。在此基础上，权利要求2~5也不具有单一性，不满足专利法第31条第1款的规定。

针对上述《复审通知书》，请求人于2007年4月29日进行了意见陈述并提交了修改的权利要求书。请求人删除了权利要求1和2中除了SEQ ID NO：6之外的其他氨基酸序列，以及权利要求3中除SEQ ID NO：8之外的编码区序列或全长序列。请求人认为上述修改克服了《复审通知书》所指出的缺乏单一性的缺陷。

2007年6月1日，请求人再次提交了修改的权利要求书。请求人将权利要求3中的SEQ ID NO：8修改为SEQ ID NO：5，修改后的权利要求书如下：

"1. 一种分离的多核苷酸，其特征在于，它包含一核苷酸序列，该核苷酸序列选自下组：

（a）编码具有抑癌功能的人蛋白的多核苷酸，所述蛋白具有以下的氨基酸序列：SEQ ID NO：6；

（b）与多核苷酸（a）互补的多核苷酸。

2. 如权利要求1所述的多核苷酸，其特征在于，该多核苷酸编码的多肽的氨基酸序列如SEQ ID NO：6所示。

3. 如权利要求1所述的多核苷酸，其特征在于，该多核苷酸的序列选自下组：
SEQ ID NO：5的编码区序列或全长序列。

4. 一种载体，其特征在于，它含有权利要求1所述的多核苷酸。

5. 一种遗传工程化的宿主细胞，其特征在于，它是选自下组的一种宿主细胞：

（a）用权利要求4所述的载体转化或转导的宿主细胞；

（b）用权利要求1所述的多核苷酸转化或转导的宿主细胞。"

至此，合议组认为本案事实已经清楚，可以作出复审决定。

二、决定的理由

1. 关于审查文本

合议组以请求人于2007年6月1日提交的权利要求书，2004年10月8日提交的说明书第11~12页，申请日提交的说明书第1~10页、第13~34页和说明书摘要为基础进行审查。

2. 关于专利法第31条第1款

专利法第31条第1款规定：一件发明或者实用新型专利申请应当限于一项发明或者实用新型。属于一个总的发明构思的两项以上的发明或者实用新型，可以作为一件申请提出。

如果一项权利要求中仅涉及一项发明，则该权利要求符合专利法第31条第1款的规定。

就本案而言，请求人于2007年6月1日提交的权利要求书中，将权利要求1中氨基酸序列定义为SEQ ID NO：6，新修改的权利要求1仅涉及一项发明，符合专利法第31条第1款的规定。在此基础上，其从属权利要求2~3、要求保护包含权利要求1所述多核苷酸的载体的权利要求4、要求保护用权利要求1所述多核苷酸或包含所述多核苷酸的载体转化或转导的宿主细胞的权利要求5也符合专利法第31条第1款的规定。由此，请求人于2007年6月1日提交的权利要求书克服了驳回决定和复审通知书所指出的缺乏单一性的缺陷。

3. 关于专利法第 26 条第 3 款和第 4 款

专利法第 26 条第 3 款规定：说明书应当对发明或者实用新型作出清楚、完整的说明，以所属技术领域的技术人员能够实现为准。

专利法第 26 条第 4 款规定：权利要求书应当以说明书为依据，说明要求专利保护的范围。

对于化学产品发明而言，说明书中应当记载化学产品的确认、制备和至少一种用途。在说明书已经充分公开了化学产品的确认和制备方法的情况下，如果本领域普通技术人员依据说明书和权利要求书记载的内容，结合其所掌握的现有技术知识，能够预期到所述用途可以实现，则说明书对该化学产品的公开符合专利法第 26 条第 3 款的规定。

就本案而言，权利要求 1 要求保护一种分离的多核苷酸，其包含选自编码具有抑癌功能的人蛋白的核苷酸序列，所述蛋白具有 SEQ ID NO：6 氨基酸序列。在说明书中示出了 SEQ ID NO：6 氨基酸序列的序列表，描述了多核苷酸的一般性获得方法，在实施例 1 中给出了具体的 cDNA 基因的获得方式以及 cDNA 克隆转染细胞（7721）克隆形成的结果。

驳回决定认为：一般用较大的质粒转染，其转染效率较低，实施例 1 中用空载体作为对照，与含插入片段的较大质粒的转染结果进行比较，得到的实施例 1 的结果不能排除转染率不同的影响，因此不能说明本申请中的多核苷酸具有抑癌作用。请求人则认为：当空白质粒为 4000bp，而含插入片段的质粒为约 6000bp 时，其转染效率并不会有很大差异，实施例 1 的结果可以证明本申请中的多核苷酸具有抑癌作用。

因此，本案的争议焦点在于：实施例 1 中示出的转染结果能否表明所述多核苷酸具有抑制肝癌细胞克隆形成的作用，即，空载体与携带外源 cDNA 的载体在大小方面的差别是否导致对其转染结果不能进行有效的对比。

在本领域中，用空载体作为对照物与插入了外源基因的质粒进行性能的比较是经常采用的实验手段，而且，通常认为质粒大于 15kb 时，将成为转化效率的限制因素（参见《分子克隆实验指南》，第二版，科学出版社，1995，第 5 页）。本申请中携带外源 cDNA 片段的质粒载体均未超过 15kb，因此，质粒大小对转化效率应无显著影响。

在本申请实施例 1 中，使用的空载体是 Stratagene 公司市售的 pCMV-script TMXR cDNA 文库构建试剂盒中的质粒 pCMV-script，其大小为 4278bp。从实施例 1 表格所给的数据可以看出，对于不同大小的插入片段，其 cDNA 克隆数是不同的。如果在本申请中，确实如驳回决定所述，质粒大小决定了转染率，质粒大转染率低，质粒小转染度高，那么可以推断，插入片断越小，转染率应该越高，也就是说，当插入 1413bp 的 FP18376 时，其 cDNA 克隆数应当高于插入 2392bp 的 FP18821 时的 cDNA 克隆数。事实上，从表中数据可以看出，在插入较小片段的 FP18376 时，其 cDNA 克隆数为 9～13，而插入较大片段的 FP18821 时，其 cDNA 克隆数却为 15～17，因此可以确定，尽管质粒大小对于外源基因的转染率可能会有一定的影响，但在本申请中，质粒的大小对转染结果并不起决定性的作用。

另外，驳回决定也未能提供确实的证据证明在本申请所述具体情形下质粒大小对于 cDNA 的克隆数起着决定性的作用。

基于上述理由，合议组认为，驳回决定认为实施例 1 的结果不能作为证明本申请所述多核苷酸具有抑癌作用的推论缺乏依据，由此认为说明书未充分公开权利要求产品的用途而导致本申请不符合专利法第 26 条第 3 款，从而也不符合专利法第 26 条第 4 款的理由不能成立。

基于上述理由，合议组作出如下决定。

三、决定

撤销国家知识产权局于 2004 年 12 月 17 日对 02136400.1 号发明专利申请作出的驳回决定。由原审查部门在请求人于2007年6月1日提交的权利要求书,2004年10月8日提交的说明书第11~12页,申请日提交的说明书第1~10页、第13~34页和说明书摘要的基础上继续审批程序。

复审请求人对本决定不服的,可根据专利法第41条第2款的规定,自收到本决定之日起三个月内向北京市第一中级人民法院起诉。

一种治疗鼓膜穿孔的缓释药膜

复审请求审查决定（第 12055 号）

决 定 号	第 12055 号
决 定 日	2007 年 12 月 12 日
发明创造名称	一种治疗鼓膜穿孔的缓释药膜
国 际 分 类 号	A61K 35/78，A61K 9/70，A61P 27/16
复 审 请 求 人	西安交通大学
申 请 号	02139393.1
申 请 日	2002 年 8 月 29 日
公 开 日	2003 年 3 月 5 日
合议组组长	叶 娟
主 审 员	葛永奇
参 审 员	李金光

法 律 依 据 专利法第 22 条第 3 款

决 定 要 点

对于要求保护的发明与最接近的现有技术之间存在的区别特征，如果现有技术整体上存在将上述区别特征应用到该最接近的现有技术以解决其存在的技术问题（即发明实际解决的技术问题）的启示，则发明是显而易见的，不具备专利法第 22 条第 3 款所规定的创造性。

一、案由

本复审请求涉及申请日为 2002 年 8 月 29 日、公开日为 2003 年 3 月 5 日、申请号为 02139393.1、名称为"一种治疗鼓膜穿孔的缓释药膜"的发明专利申请（下称本申请），复审请求人为西安交通大学。

针对申请人于 2004 年 7 月 20 日提交的权利要求 1、说明书第 1~5 页、说明书摘要，国家知识产权局于 2005 年 2 月 18 日以权利要求 1 不符合专利法第 22 条第 3 款的规定为由驳回了本申请，驳回所针对的权利要求书为：

"1. 一种治疗鼓膜穿孔的缓释药膜的制备方法，由沙棘油、甘油、甲壳胺及白芨制成，制备采用以下步骤：

（1）首先按常规的方法制备 4% 甲壳胺和 5% 的白芨胶

①白芨粉 25g 加入蒸溜水 300ml，24h 后加热、静置、离心沉降，下层沉淀约 10g 弃去，取上层

淡棕色液即5％的白芨胶备用；

②甲壳胺4g，溶于2％醋酸溶液100ml中，静置、过滤后得淡黄色透明粘稠液备用；

其特征在于，还包括以下步骤：

（2）取备用4％甲壳胺60ml与5％的白芨胶20ml混匀后，加入沙棘油15ml和甘油5ml，85℃水浴加热20min，充分搅拌，排除气泡，冷却放置至气泡全部消失，将混合液倒入预先涂有石蜡的玻璃平板上，铺成0.6mm±0.1mm的均匀薄层膜；

（3）室温下自然干燥24h～48h后，分割成直径0.5～0.8cm的圆形药膜，放入小塑料袋中，紫外线照射30min后即得。"

具体驳回理由是：对比文件1（"甲壳胺-白及胶载药膜的研制"，苗靖等，中国医药工业杂志，第31卷第6期，2000年，第263～264、271页）公开的甲壳胺-白及胶载药膜的制备方法与权利要求1要求保护的治疗鼓膜穿孔的缓释药膜的制备方法相比，辅料、用量、工艺参数、工艺步骤等技术特征完全一致，其实质区别仅在于将主药由甲硝唑替换为沙棘油。而对比文件2（沙棘油对实验性鼓膜穿孔愈合过程影响的光镜观察，张晓彤等，陕西医学杂志，第29卷第4期，2000年4月，第253～254、256页以及封3、4）公开了沙棘油能够用于治疗鼓膜穿孔。对比文件1和对比文件2已经披露了该权利要求的全部技术特征。在对比文件1的基础上结合对比文件2得出该权利要求所要求保护的技术方案即治疗鼓膜穿孔的缓释药膜的制备方法，对所属技术领域的技术人员来说是显而易见的，而且两者的结合没有产生任何预料不到的技术效果。虽然申请人强调该发明的主题为"治疗鼓膜穿孔的缓释药膜"，并辩称其具有创造性，但该申请的权利要求书请求保护的是"一种治疗鼓膜穿孔的缓释药膜的制备方法"。

申请人西安交通大学（下称请求人）对上述驳回决定不服，于2005年6月3日向专利复审委员会提出复审请求，同时提交了经修改的新的说明书（共5页）和权利要求书（共1页1项）。新权利要求书如下：

"1. 一种治疗鼓膜穿孔的缓释药膜，由沙棘油、甘油、甲壳胺及白芨制成，采用以下步骤制备：

（1）首先制备4％甲壳胺和5％的白芨胶

①白芨粉25g加入蒸溜水300ml，24h后加热、静置、离心沉降，下层沉淀约10g弃去，取上层淡棕色液即5％的白芨胶备用；

②甲壳胺4g，溶于2％醋酸溶液100ml中，静置、过滤后得淡黄色透明粘稠液备用；

其特征在于，还包括以下步骤：

（2）取备用4％甲壳胺60ml与5％的白芨胶20ml混匀后，加入沙棘油15ml和甘油5ml，85℃水浴加热20min，充分搅拌，排除气泡，冷却放置至气泡全部消失，将混合液倒入预先涂有石蜡的玻璃平板上，铺成0.6mm±0.1mm的均匀薄层膜；

（3）室温下自然干燥24h～48h后，分割成直径0.5～0.8cm的圆形药膜，放入小塑料袋中，紫外线照射30min后即得。"

请求人认为，确定化合物的药理作用很重要，而更重要的是如何把它变成疗效确切、性质稳定、便于运输、携带、推广使用的制剂成品。这些任务的完成必须付出创造性劳动。尽管本申请的药膜也选用与现有技术相同的载体，但主药不同，用药途径和目的不同，须经严格的耳毒性、生物相容性、药物配伍变化、膜稳定性、膜韧性以及促进鼓膜穿孔愈合作用等实验研究来确定沙棘油可以用该膜基质制成耳用药膜。而且由于沙棘油具有极强的脂溶性，要制成稳定的膜剂，对其制备工艺如药物与辅料的比例、混合方式、时间等有非常高的技术要求，需花费大量的创造性劳动。在将沙棘油制成药膜的过程中，首先遇到的问题是沙棘油和甲壳胺-白芨胶载药膜不相容，为此请求人在其中加大了甘油的含量，使沙棘油很好的溶于对比文件1的载药膜中，甘油含量的特征是不可缺少的。因此结合对比文件1和2不能得出本发明的技术方案。

形式审查合格后，专利复审委员会受理了该复审请求，于2005年8月11日向请求人发出《复审请求受理通知书》，同时将本申请案卷移交原审查部门进行前置审查。

原审查部门对本复审请求进行了前置审查，坚持原驳回决定，理由与驳回决定相同。

专利复审委员会组成合议组对本复审请求案进行审理。于2007年6月27日向请求人发出《复审通知书》。《复审通知书》指出：(1) 在请求人请求复审时提交的说明书和权利要求书中，将薄层膜的厚度限定为"0.6 mm±0.1 mm"，而这一技术特征在原始说明书和权利要求书中并没有记载，也不能由原申请直接无疑义地确定，因此，此修改不符合专利法第33条的规定。(2) 为节约审查程序，在符合专利法第33条规定的申请文本（即未增加上述技术特征的文本）的基础上，合议组认为：对比文件1给出了用对比文件2中公开的沙棘油替换甲硝唑以制备治疗鼓膜穿孔的缓释药膜的技术启示，并且没有任何现有技术提示甲壳胺-白芨胶载药膜不能与脂溶性的沙棘油相容，在保持其他技术参数基本不变的情况下用沙棘油替代甲硝唑也是所属领域技术人员首先最容易想到的，所以权利要求1相对于对比文件1和2的结合不具备突出的实质性特点和显著的进步，不符合专利法第22条第3款有关创造性的规定。

针对《复审通知书》指出的问题，请求人于2007年7月31日提交了意见陈述书及新说明书（共5页）、新权利要求书（共1页1项）和新说明书摘要（共1页），其中删除了权利要求1和说明书中记载的"0.6 mm±0.1 mm"的薄层膜厚度，并提交了用于证实本申请所述缓释药膜具有积极效果的附图2页，声称其中图1和2分别是治疗后的图片，图3是本申请涉及的缓释药膜。

此次提交的修改后的权利要求书如下：

"1. 一种治疗鼓膜穿孔的缓释药膜，由沙棘油、甘油、甲壳胺及白芨制成，采用以下步骤制备：

(1) 首先制备4%甲壳胺和5%的白芨胶

①白芨粉25g加入蒸溜水300ml，24h后加热、静置、离心沉降，下层沉淀约10g弃去，取上层淡棕色液即5%的白芨胶备用；

②甲壳胺4g，溶于2%醋酸溶液100ml中，静置、过滤后得淡黄色透明粘稠液备用；

其特征在于，还包括以下步骤：

(2) 取备用4%甲壳胺60ml与5%的白芨胶20ml混匀后，加入沙棘油15ml和甘油5ml，85℃水浴加热20min，充分搅拌，排除气泡，冷却放置至气泡全部消失，将混合液倒入预先涂有石蜡的玻璃平板上，铺成均匀薄层膜；

(3) 室温下自然干燥24～48h后，分割成直径0.5～0.8cm的圆形药膜，放入小塑料袋中，紫外线照射30min后即得。"

请求人认为：对比文件1所述各部位外用载药膜仍然是指含有甲硝唑的甲壳胺-白芨胶载药膜，并非是甲壳胺-白芨胶载药膜与任何药物结合的外用载药膜；没有任何现有技术提示甲壳胺-白芨胶载药膜可以与脂溶性的沙棘油相容，并且甲硝唑是一种单一的药物，而沙棘油是含有多种药物成分的物质，两者能否替换并非本领域的常识，而且对比文件没有将两者结合的教导，也没有提供两者结合后的药理功效、有效量及使用方法以及实验室试验（包括动物试验）或者临床试验的定性或定量数据；药膜中各成分的参数例如沙棘油的用量需经过多次的调整才能最终获得，还要分析各种材料在药膜中的作用。因此对比文件1没有教导甲壳胺-白芨胶载药膜可以与任何药物结合而制备成身体各部位外用载药膜，在没有其他文献佐证的情况下，不能简单的认为本领域技术人员根据对比文件1和2就能够显而易见得到本申请的技术方案。本申请的缓释药膜克服了现有技术中存在的缺点和不足，其带来的技术效果是积极的（参见附图），况且审查指南规定："结构上与已知化合物不接近的、有新颖性的化合物，并有一定用途和效果，审查员可以认为它有创造性而不必要求其具有预料不到的用途和效果。"因此，权利要求1的技术方案具备创造性。

至此，合议组认为本案事实清楚，可以作出审查决定。

二、决定的理由

1. 审查文本

请求人于2007年7月31日提交了说明书、权利要求书和摘要全文替换页，其中删除了"0.6 mm±0.1 mm"的薄层膜厚度，克服了《复审通知书》中指出的对说明书和权利要求书的修改不符合专利法第33条的规定的缺陷。因此，本复审决定所针对的文本为请求人于2007年7月31日提交的权利要求1、说明书第1～5页和说明书摘要。

2. 关于专利法第22条第3款

专利法第22条第3款规定，发明的创造性，是指同申请日以前已有的技术相比，该发明具有突出的实质性特点和显著的进步。

根据该款规定，对于要求保护的发明与最接近的现有技术之间存在的区别特征，如果现有技术整体上存在将上述区别特征应用到该最接近的现有技术以解决其存在的技术问题（即发明实际解决的技术问题）的启示，则发明是显而易见的，不具备专利法第22条第3款所规定的创造性。

本申请要求保护一种治疗鼓膜穿孔的缓释药膜，采用制备方法对该药膜进行了限定，在该制备方法中具体限定了包括沙棘油在内的各种原料的用量、加热的温度和时间、所制成的药膜的大小等（参见权利要求1）。

对比文件1公开了一种制备甲壳胺-白及胶载药膜的方法，所制备的载药膜由甲硝唑、甘油、甲壳胺及白及（即白芨）构成，在该制备方法中还具体公开了5%白及胶和4%的甲壳胺及其在载药膜中3:1的比例、85℃水浴加热20分钟、自然干燥24～48小时以及药膜的大小（1×1 cm）等（参见，2.1载药膜的制备）。对比文件1还明确指出上述载药膜有药物缓释效果，可制成身体各部位外用载药膜（参见对比文件1最后一段）。本申请用于制备权利要求1的缓释药膜的方法与对比文件1中制备甲壳胺-白及胶载药膜的方法相比，相同之处在于均以甲壳胺、甘油和白芨为原料成膜，且甲壳胺、白芨的处理工艺相同，区别在于用沙棘油替代甲硝唑作为药物有效成分并相应调整了有效成分和甘油的用量，此外药膜的大小也稍有不同。对比文件2公开了能够用于治疗鼓膜穿孔的药物有效成分沙棘油，在对比文件1中有关"上述载药膜有药物缓释效果，可制成身体各部位外用载药膜"的教导与启示下，为了获得能够用于治疗鼓膜穿孔的缓释药膜，所属领域的技术人员很容易想到用对比文件2中公开的沙棘油替换对比文件1中的甲硝唑，并通过有限实验调整适宜的具体用量，这种用量的具体选择是本领域技术人员能够通过常规手段在可能的、有限的范围内完成的，且这种具体选择没有产生意料不到的技术效果。虽然请求人根据甲硝唑为水溶性的而推测载药膜也是水溶性的，不能与脂溶性的沙棘油相容，并指出其为了使沙棘油很好的溶于载药膜中而加大了甘油的含量，但根据所属领域的公知常识可知，由水溶性的甲硝唑并不能唯一推知对比文件1的高分子载药膜也是水溶性的从而不能与脂溶性的沙棘油相容，且经比较发现本申请权利要求1的甘油用量并不显著高于对比文件1中的用量，此甘油用量的具体选择同样是本领域技术人员能够通过常规手段在可能的、有限的范围内作出的，没有产生意料不到的技术效果。另外，本领域技术人员根据药膜所要应用的患病部位也能够很容易地确定适宜的药膜大小。因此，在对比文件1公开的载药膜和对比文件2公开的治疗鼓膜穿孔的沙棘油的基础上，根据现有技术的教导与启示，获得本申请要求保护的治疗鼓膜穿孔的缓释药膜是显而易见的，权利要求1相对于对比文件1和2的结合不具备突出的实质性特点，不符合专利法第22

条第 3 款有关创造性的规定。

对于请求人所陈述的意见，合议组认为：（1）对比文件 1 明确指出甲壳胺有良好的成膜性，白芨也是优良的天然高分子成膜材料（正文第 1 段），二者来源方便，制膜工艺简单，携带方便，又有药物缓释效果，可制成身体各部位的外用载药膜，显然用于成膜的成分是甲壳胺和白芨。（2）在对比文件 2 中，沙棘油作为能够治疗鼓膜穿孔的药物整体存在，本领域技术人员能够很容易地想到将其作为一个整体来替换甲硝唑，而不考虑其组成。（3）本申请要求保护的是组合物而非化合物，不适用审查指南对化合物创造性的规定。（4）虽然权利要求 1 的技术方案相对于对比文件 1 和 2 具备新颖性，且对比文件 1 和 2 没有提供对比文件 1 的载药膜与沙棘油结合后的药理功效、有效量及使用方法以及实验室试验（包括动物试验）或者临床试验的定性或定量数据，但这并不意味着权利要求 1 将具备创造性，如前所述，用沙棘油替代甲硝唑而制得的药膜的技术效果是能够合理预期的。综上，请求人所陈述的理由不具备足够的说服力。

根据以上事实和理由，本案合议组作出如下审查决定。

三、决定

维持国家知识产权局于 2005 年 2 月 18 日对申请号为 02139393.1 的发明专利申请作出的驳回决定。

复审请求人对本决定不服的，可以根据专利法第 41 条第 2 款的规定，自收到本决定之日起三个月内向北京市第一中级人民法院起诉。

编码 dapF 基因的新核苷酸序列

复审请求审查决定（第 12056 号）

决 定 号	第 12056 号
决 定 日	2007 年 12 月 14 日
发明创造名称	编码 dapF 基因的新核苷酸序列
国际分类号	C12N 15/10，C12N 15/11，C12N 15/52，C12P 13/08
复审请求人	德古萨股份公司
申 请 号	00124486.8
优 先 权 日	1999 年 9 月 11 日
申 请 日	2000 年 9 月 11 日
公 开 日	2001 年 3 月 21 日
合议组组长	徐洁玲
主 审 员	葛永奇
参 审 员	许 磊

法 律 依 据 专利法第 26 条第 3 款、第 4 款，专利法实施细则第 20 条第 1 款

决 定 要 点

如果说明书清楚、完整地记载了解决技术问题的技术手段，并且所属领域技术人员实施所述技术方案能够获得预期的技术效果，则认为说明书充分公开了其发明。

权利要求书应当以说明书为依据，是指权利要求应当得到说明书的支持。如果权利要求所要求保护的技术方案是所属技术领域的技术人员能够从说明书充分公开的内容中得到或概括得出的技术方案，并且没有超出说明书公开的范围，则权利要求能够得到说明书的支持。

一、案由

本复审请求涉及申请日为 2000 年 9 月 11 日、公开日为 2001 年 3 月 21 日、申请号为 00124486.8、名称为"编码 dapF 基因的新核苷酸序列"的发明专利申请（下称本申请），本申请的申请人为德古萨股份公司（由德古萨-于尔斯股份公司变更为现名称），优先权日为 1999 年 9 月 11 日。

国家知识产权局于 2004 年 7 月 30 日以说明书不符合专利法第 26 条第 3 款的规定，权利要求 1~9 不符合专利法第 26 条第 4 款的规定，权利要求 2、4~6、8~17 不符合专利法实施细则第 20 条第 1 款的规定为由驳回了本申请。

驳回决定所针对的权利要求书为：

"1. 分离的多核苷酸，其包括选自如下一组的多核苷酸序列：

a) 与编码由 SEQ ID NO：2 的氨基酸序列组成的多肽的多核苷酸相同的多核苷酸，

b) 编码由 SEQ ID NO：2 的氨基酸序列至少 90％ 相同的氨基酸序列组成的多肽的多核苷酸，

c) 与 a)，b) 的多核苷酸互补的多核苷酸。

2. 权利要求 1 的多核苷酸，其中该多核苷酸是能在棒状细菌中复制的重组 DNA。

3. 权利要求 1 的多核苷酸，其中该多核苷酸是 RNA。

4. 权利要求 2 的多核苷酸，包括如 SEQ ID NO：1 所示的核酸序列。

5. 权利要求 2 的能复制的多核苷酸，其由（i）或（ii）的序列组成：

（i）如 SEQ ID NO：1 所示的核苷酸序列，或

（ii）与互补于（i）序列的序列杂交的至少一个序列。

6. 权利要求 2 的多核苷酸，其编码由 SEQ ID NO：2 的氨基酸序列组成的多肽。

7. 包含权利要求 1 的多核苷酸的载体 pEC-XT99A-dapF，其以保藏号 DSM 12968 保藏。

8. 含有权利要求 1 的多核苷酸的作为宿主细胞的棒状细菌。

9. 经棒状细菌发酵制备 L-赖氨酸的方法，其特征在于使用这样的细菌，所述细菌中权利要求 1 的 dapF 基因或编码 dapF 基因产物的核苷酸序列被过表达。

10. 权利要求 9 的方法，其特征在于使用这样的细菌，所述细菌中所需的 L-赖氨酸生物合成途径的其他基因被额外过表达。

11. 权利要求 9 的方法，其特征在于使用这样的细菌，所述细菌中降低 L-赖氨酸生成的代谢途径至少被部分关闭。

12. 权利要求 9 的方法，其特征在于使用经质粒载体转化的菌株，所述质粒载体携带编码 dapF 基因的核苷酸序列。

13. 权利要求 9 的方法，其特征在于使用经质粒载体 pEC-XT99A-dapF 转化的细菌，该质粒载体以在谷氨酸棒杆菌中的形式保藏，保藏号 DSM 12968。

14. 权利要求 9 的方法，其特征在于使用产生 L-赖氨酸的谷氨酸棒杆菌物种的细菌。

15. 权利要求 9 的方法，其特征在于编码二氢-2,6-吡啶二羧酸合酶的 dapA 基因被同时过表达。

16. 权利要求 9 的方法，其特征在于赋予 S-（2-氨基乙基）-半胱氨酸抗性的 DNA 片段被同时过表达。

17. 权利要求 9 的发酵制备 L-赖氨酸的方法，其特征在于进行以下步骤：

（a）发酵产生 L-赖氨酸的棒状细菌，其中至少 dapF 基因是过表达的，

（b）富集培养基或细菌细胞中的 L-赖氨酸，及

（c）分离 L-赖氨酸。

18. 由 SEQ ID NO：1 的至少 15 个连续核苷酸组成的探针或引物。"

驳回的具体理由为：（1）说明书表 2 所列试验中对 L-赖氨酸测定的取样 OD 值不同，而不同菌体密度与菌体的生长阶段相关，而这显然会影响产量，由此可见，表 2 给出的 L-赖氨酸产量数据非常随意，如果没有多次的重复试验以及相应的统计分析，就无法推知"L-赖氨酸产量的增加是由于引入 dapF 基因所致"这一结论，不能证实所要求保护的技术方案的技术效果，所以说明书对技术方案的公开不充分，不符合专利法第 26 条第 3 款的规定。（2）权利要求 1~9 中仍然存在措辞"包括"、"至少 70％ 相同"、"互补的"、"杂交"等，使得这些权利要求所请求保护的多核苷酸序列存在太多的可能性，而说明书中仅记载了 SEQ ID NO：1 或 SEQ ID NO：2，不能由其预见到上述所有多核苷酸

序列，也不能预见到所有这些序列都是有功能的、具有何种功能，因此，这些权利要求得不到说明书的支持，不符合专利法第 26 条第 4 款的规定；由于 dapF 基因有其公知含义，而说明书中只公开了 SEQ ID NO：1，却没有证据证明 SEQ ID NO：1 就是 dapF 基因，因此，权利要求 9 中使用 dapF 基因限定得不到说明书支持；即便能够证明 SEQ ID NO：1 就是 dapF 基因，由于说明书中除了 SEQ ID NO：1 外没有提到任何不同来源的 dapF 基因，因而，权利要求 9 直接使用 "dapF 基因" 来限定权利要求的保护范围得不到说明书支持，不符合专利法第 26 条第 4 款的规定。(3) "棒状细菌" 是不清楚的，因此，涉及该措辞的权利要求 2、4~6、8~17 均不符合专利法实施细则第 20 条第 1 款的规定。

申请人德古萨股份公司（下称请求人）对上述驳回决定不服，于 2004 年 11 月 15 日向专利复审委员会提出复审请求，同时提交了修改的权利要求全文替换页（共 18 项权利要求）。请求人认为：(1) 表 2 所用各菌株的发酵条件完全相同，唯一的不同之处就是菌株，由此可以总结出 "L-赖氨酸产量的增加是由于引入 dapF 基因所致" 这一结论，至于相同发酵条件下细菌为什么显示出不同的生长行为（例如 OD 不同），发明人无需从理论上解释，只要由说明书的描述能使本领域技术人员理解能够实现所述发明即可，因此，说明书的记载是清楚完整的；(2) 请求人删除了权利要求 1 中有关 "相同性" 的描述以及权利要求 5 中有关 "杂交" 的描述，并对权利要求 9 作了进一步修改，修改后的权利要求书符合专利法第 26 条第 4 款的规定；(3) "棒状细菌（Coryneform bacteria）" 早已是常规术语。

修改后的权利要求书如下：

"1. 分离的多核苷酸，其包括选自如下一组的多核苷酸序列：

a) 与编码由 SEQ ID NO：2 的氨基酸序列组成的多肽的多核苷酸相同的多核苷酸，

b) 与 a) 的多核苷酸互补的多核苷酸。

2. 权利要求 1 的多核苷酸，其中该多核苷酸是能在棒状细菌中复制的重组 DNA。

3. 权利要求 1 的多核苷酸，其中该多核苷酸是 RNA。

4. 权利要求 2 的多核苷酸，包括如 SEQ ID NO：1 所示的核酸序列。

5. 权利要求 2 的能复制的多核苷酸，其由如 SEQ ID NO：1 所示的核苷酸序列组成。

6. 权利要求 2 的多核苷酸，其编码由 SEQ ID NO：2 的氨基酸序列组成的多肽。

7. 包含权利要求 1 的多核苷酸的载体 pEC-XT99A-dapF，其以保藏号 DSM 12968 保藏。

8. 含有权利要求 1 的多核苷酸的作为宿主细胞的棒状细菌。

9. 经棒状细菌发酵制备 L-赖氨酸的方法，其特征在于使用这样的细菌，所述细菌中权利要求 1 的多核苷酸被过表达。

10. 权利要求 9 的方法，其特征在于使用这样的细菌，所述细菌中所需的 L-氨基酸生物合成途径的其他基因被额外过表达。

11. 权利要求 9 的方法，其特征在于使用这样的细菌，所述细菌中降低 L-赖氨酸生成的代谢途径至少被部分关闭。

12. 权利要求 9 的方法，其特征在于使用经质粒载体转化的菌株，所述质粒载体携带编码 dapF 基因的核苷酸序列。

13. 权利要求 9 的方法，其特征在于使用经质粒载体 pEC-XT99A-dapF 转化的细菌，该质粒载体以在谷氨酸棒杆菌中的形式保藏，保藏号 DSM 12968。

14. 权利要求 9 的方法，其特征在于使用产生 L-赖氨酸的谷氨酸棒杆菌物种的细菌。

15. 权利要求 9 的方法，其特征在于编码二氢-2,6-吡啶二羧酸合酶的 dapA 基因被同时过表达。

16. 权利要求 9 的方法，其特征在于编码赋予 S-（2-氨基乙基）-半胱氨酸抗性的 DNA 片段被同时过表达。

17. 权利要求 9 的发酵制备 L-赖氨酸的方法，其特征在于进行以下步骤：

（a）发酵产生 L-赖氨酸的棒状细菌，其中至少 dapF 基因是过表达的，

（b）富集培养基或细菌细胞中的 L-赖氨酸，及

（c）分离 L-赖氨酸。

18. 由 SEQ ID NO：1 的至少 15 个连续核苷酸组成的探针或引物。"

形式审查合格后，专利复审委员会受理了该复审请求，并于 2004 年 12 月 14 日向请求人发出《复审请求受理通知书》，同时将本申请案卷移交原审查部门进行前置审查。

原审查部门对本复审请求案进行了前置审查，坚持原驳回决定。理由是：（1）要客观比较赖氨酸的代谢，就应当在相同 OD 值下取样测定；（2）新的权利要求 1 中的"互补的"使之包含不能实现发明目的的内容，不符合专利法第 26 条第 4 款的规定；而且本发明只得到了核苷酸序列 SEQ ID NO：1，并且未能证明其就是本领域公知的"dapF"，因此权利要求 12"用携带 dapF 基因的核苷酸序列"来限定载体也得不到说明书的支持，不符合专利法第 26 条第 4 款的规定；（3）"棒状细菌"不清楚。

请求人分别于 2007 年 4 月 6 日和 2007 年 4 月 16 日再次提交了两份相同的权利要求书全文替换页（共 18 项权利要求），仅对权利要求 12 进行了修改，未对其他权利要求进行修改，修改后的权利要求 12 如下：

"12. 权利要求 9 的方法，其特征在于使用经质粒载体转化的菌株，所述质粒载体携带权利要求 1 的多核苷酸。"

专利复审委员会成立合议组对本复审请求案进行审理，于 2007 年 8 月 6 日发出《复审通知书》指出，权利要求 1 中使用措辞"包括"使权利要求的保护范围涵盖了不能实现发明目的的技术方案，因此得不到说明书的支持，不符合专利法第 26 条第 4 款的规定。相应地，权利要求 2~4 也不符合专利法第 26 条第 4 款的规定。

2007 年 9 月 21 日，请求人针对《复审通知书》提交了意见陈述书和权利要求书全文替换页（共 17 项权利要求），修改后的权利要求书如下：

"1. 分离的多核苷酸，其为选自如下一组的多核苷酸序列：

c）与编码由 SEQ ID NO：2 的氨基酸序列组成的多肽的多核苷酸相同的多核苷酸，

d）与 a）的多核苷酸互补的多核苷酸。

2. 权利要求 1 的多核苷酸，其中该多核苷酸是能在棒状细菌中复制的重组 DNA。

3. 权利要求 1 的多核苷酸，其中该多核苷酸是 RNA。

4. 权利要求 2 的能复制的多核苷酸，其由如 SEQ ID NO：1 所示的核苷酸序列组成。

5. 权利要求 2 的多核苷酸，其编码由 SEQ ID NO：2 的氨基酸序列组成的多肽。

6. 包含权利要求 1 的多核苷酸的载体 pEC-XT99A-dapF，其以保藏号 DSM 12968 保藏。

7. 含有权利要求 1 的多核苷酸的作为宿主细胞的棒状细菌。

8. 经棒状细菌发酵制备 L-赖氨酸的方法，其特征在于使用这样的细菌，所述细菌中权利要求 1 的多核苷酸被过表达。

9. 权利要求 8 的方法，其特征在于使用这样的细菌，所述细菌中所需的 L-氨基酸生物合成途径的其他基因被额外过表达。

10. 权利要求 8 的方法，其特征在于使用这样的细菌，所述细菌中降低 L-赖氨酸生成的代谢途径至少被部分关闭。

11. 权利要求 8 的方法，其特征在于使用经质粒载体转化的菌株，所述质粒载体携带编码 dapF 基

因的核苷酸序列。

12. 权利要求8的方法，其特征在于使用经质粒载体pEC-XT99A-dapF转化的细菌，该质粒载体以在谷氨酸棒杆菌中的形式保藏，保藏号DSM 12968。

13. 权利要求8的方法，其特征在于使用产生L-赖氨酸的谷氨酸棒杆菌物种的细菌。

14. 权利要求8的方法，其特征在于编码二氢-2,6-吡啶二羧酸合酶的dapA基因被同时过表达。

15. 权利要求8的方法，其特征在于编码赋予S-（2-氨基乙基）-半胱氨酸抗性的DNA片段被同时过表达。

16. 权利要求8的发酵制备L-赖氨酸的方法，其特征在于进行以下步骤：

（d）发酵产生L-赖氨酸的棒状细菌，其中至少dapF基因是过表达的，

（e）富集培养基或细菌细胞中的L-赖氨酸，及

（f）分离L-赖氨酸。

17. 由SEQ ID NO：1的至少15个连续核苷酸组成的探针或引物。"

请求人认为修改后的权利要求书符合专利法及其实施细则的相关规定。

至此，合议组认为本案事实清楚，可以作出审查决定。

二、决定的理由

1. 审查文本

请求人于2007年9月21日提交了权利要求书全文替换页，经审查，上述修改符合专利法第33条和专利法实施细则第60条第1款的规定，因此，本复审决定所依据的申请文本为申请日提交的说明书第1~2页、5~22页、附图第1~2页和说明书摘要，2004年6月28日提交的说明书第3、4页，以及请求人于2007年9月21日提交的权利要求1~17。

2. 关于专利法第26条第3款

专利法第26条第3款规定，说明书应当对发明或者实用新型作出清楚、完整的说明，以所属技术领域的技术人员能够实现为准。

如果说明书清楚、完整地记载了解决技术问题的技术手段，并且所属领域技术人员实施所述技术方案能够获得预期的技术效果，则认为说明书充分公开了其发明。

本案中，发明的技术效果是通过引入dapF基因而增加了L-赖氨酸的产量，对此，原审查部门认为表2的实验结果不能证实所要求保护的技术方案的技术效果（即L-赖氨酸的产量增加），原因是测定L-赖氨酸产量时的取样OD值不同。然而，由实施例6可知，主培养物的起始OD（测量波长660nm）是相同的（为0.2），表2的试验结果是在包括起始OD在内的其他条件（时间、碳源等）都相同的基础上，培养各菌株72小时后得到的培养产物的OD值和L-赖氨酸浓度，各培养之间唯一的区别就是菌株的不同。其中DSM5715/pEC-XT99A-dapF菌株中引入了dapF基因（本申请中指SEQ ID NO：1的核苷酸序列），并且加IPTG诱导及不加IPTG诱导情况下均获得了高于菌株DSM5715/pEC-XT99A的L-赖氨酸产量，由于用于比较的几种培养菌株的培养起始条件是完全相同的，相互之间具有可比性，因而可以认为L-赖氨酸产量的增加是由于引入dapF基因（SEQ ID NO：1）所致。培养72小时后测得的产物的OD值与L-赖氨酸的产量类似，是培养的结果，不是培养的起始条件。对于本发明的目的即增加L-赖氨酸的产量而言，能够证明引入SEQ ID NO：1的核苷酸可以增加L-赖氨酸的产量已足以证明实现了发明目的，达到了发明的技术效果，对于培养后OD值的大小可以不作过多解释，本申请说明书符合专利法第26条第3款的规定。

3. 关于专利法第26条第4款

专利法第26条第4款规定，权利要求应当以说明书为依据，说明要求专利保护的范围。

权利要求书应当以说明书为依据，是指权利要求应当得到说明书的支持。如果权利要求所要求保护的技术方案是所属技术领域的技术人员能够从说明书充分公开的内容中得到或概括得出的技术方案，并且没有超出说明书公开的范围，则权利要求能够得到说明书的支持。

(1) 本案中，原审查部门认为权利要求1中"互补"使该权利要求保护的范围中含有不能实现发明目的的内容，因此得不到说明书的支持。请求人于2007年9月21日提交的经修改的权利要求1要求保护分离的多核苷酸，其为选自如下一组的多核苷酸：a) 与编码由SEQ ID NO：2的氨基酸序列组成的多肽的多核苷酸序列相同的多核苷酸，或b) 与a) 的多核苷酸互补的多核苷酸。说明书实施例1~6已经证实编码SEQ ID NO：2的氨基酸序列的多核苷酸如SEQ ID NO：1的多核苷酸可用于改良L-赖氨酸的生产，且本领域已知多核苷酸和与其"互补"的多核苷酸的碱基是一一配对的，由与多核苷酸"互补"的多核苷酸可以唯一地获得该多核苷酸，因此由权利要求1 b) 的互补多核苷酸可以唯一地获得a) 的多核苷酸，从而用于改良L-赖氨酸的生产。故修改后的权利要求1中b) 的"互补"多核苷酸能够实现本发明的目的，能够得到说明书的支持。

(2) 原审查部门认为权利要求9和12中有关"dapF基因"的表述不符合专利法第26条第4款的规定，原因是说明书只能证明SEQ ID NO：1可以确认、制备、使用，但始终没能证明该核酸序列就是二氨基庚二酸差向异构酶的基因dapF，因此，直接用dapF基因来限定权利要求的保护范围得不到说明书的支持。在2007年9月21日提交的权利要求书中，请求人将权利要求9和12中的"dapF基因"修改为"权利要求1的多核苷酸"，因此针对权利要求9或12的驳回基础已不存在。

(3) 驳回决定所指出的权利要求1~9中的"包括"、"杂交"、"至少……相同"以及《复审通知书》中指出的"包含"的表述在修改后的相应权利要求中已不存在。

综上所述，修改后的权利要求书已经克服了驳回决定和复审通知书所指出的相关权利要求不符合专利法第26条第4款规定的缺陷。

4. 关于专利法实施细则第20条第1款

专利法实施细则第20条第1款规定，权利要求书应当说明发明或者实用新型的技术特征，清楚、简要地表述请求保护的范围。

根据该款规定，权利要求中的用词应当理解为相关技术领域通常具有的含义。

本案中，原审查部门认为"'棒状细菌'一词不是一个分类学上的命名，'棒状'并没有清楚的含义，它仅仅是对细菌的形态所作的大概描述"。而本申请说明书指出："已知L-赖氨酸可通过棒状细菌菌株，尤其谷氨酸棒杆菌的发酵而生产"（第1页第3段），"本发明的微生物可从葡萄糖、蔗糖、乳糖、果糖、麦芽糖、糖蜜、淀粉、纤维素或从甘油和乙醇中生产L-赖氨酸，此微生物可以是棒状细菌的代表菌，尤其是棒杆菌属。在棒杆菌属中尤其应提及的是谷氨酸棒杆菌，本领域技术人员已知其生产L-赖氨酸的能力"（第5页第2段），说明书第5页还具体列举了适当的棒杆菌属细菌。由此可知，本申请所称"棒状细菌"是指以棒杆菌属细菌为代表菌的、具有L-赖氨酸生产能力的一类细菌。也就是说，依据本申请说明书的记载，权利要求中涉及的术语"棒状细菌"对本领域技术人员而言是清楚的，符合专利法实施细则第20条第1款的规定。

根据以上事实和理由，本案合议组作出如下审查决定。

三、决定

撤销国家知识产权局于2004年7月30日对申请号为00124486.8的发明专利申请作出的驳回决定。由原审查部门在本复审决定所针对的文本的基础上继续进行审查。

复审请求人对本决定不服的，可以根据专利法第41条第2款的规定，自收到本决定之日起三个月内向北京市第一中级人民法院起诉。

039

作为用于活性成分的载体的亚微粒子的胶体悬浮液及其制备方法

复审请求审查决定（第 12066 号）

决 定 号	第 12066 号
决 定 日	2007 年 12 月 6 日
发明创造名称	作为用于活性成分的载体的亚微粒子的胶体悬浮液及其制备方法
国 际 分 类 号	A61K 9/16，A61K 9/51，B01J 13/00
复 审 请 求 人	弗拉梅技术公司
申 请 号	00816107.0
优 先 权 日	1999 年 11 月 23 日
申 请 日	2000 年 10 月 11 日
公 开 日	2003 年 2 月 26 日
合 议 组 组 长	李金光
主 审 员	许 磊
参 审 员	王 冬
法 律 依 据	专利法第 22 条第 2 款

决 定 要 点

如果权利要求所要保护的技术方案与现有技术的技术方案之间存在实质性区别，则认为该项权利要求符合专利法有关新颖性的规定。

一、案由

本复审请求涉及申请日为 2000 年 10 月 11 日、公开日为 2003 年 2 月 26 日公开、名称为"作为用于活性成分的载体的亚微粒子的胶体悬浮液及其制备方法"的第 00816107.0 号发明专利申请（下称本申请），本申请的优先权日为 1999 年 11 月 23 日，申请人为弗拉梅技术公司。

国家知识产权局于 2005 年 5 月 13 日以权利要求 1~12、25、27、28、30 和 31 不符合专利法第 22 条第 2 款的规定为由驳回了本申请，驳回所针对的权利要求书为：

"1. 一种亚微粒子的胶体悬浮液，该粒子特别可用于携带活性成分，其中这些粒子是个体化的超分子排列：

基于线性的两亲聚氨基酸，含有肽键和包括至少两种不同类型的重复氨基酸：亲水性 AAI 和疏水性中性 AAO，每种类型的氨基酸彼此相同或不同，

以及能够在胶体悬浮液中，以非溶解的状态结合至少一种活性成分并能够以延长和/或延迟的方式释放它，

225

a) 其中 AAI 选自含有可离子化侧链的氨基酸,

b) 其中 AAO 选自天然中性氨基酸,

并且其特征在于：

c) 在 4~13 的 pH 下，所述悬浮液在不存在表面活性剂的情况下是稳定的，

d) 以与胰岛素结合的负载因子 Ta 为特征，其表达为以质量为基准的结合胰岛素质量的%并根据方法 Ma 测量，Ta 为如下所述：

$\Delta 7 \leq Ta$,

e) 并且以用 nm 表示的并根据方法 Md 测量的平均流体动力学直径 Dh 为特征，Dh 为如下所述：

$\Delta 10nm \leq Dh < 150nm$。

2. 权利要求 1 的悬浮液，其特征在于 AAI 选自羧酸形式和/或盐形式的天然氨基酸 Glu 和 Asp，并且 AAO 选自天然中性氨基酸。

3. 权利要求 2 的悬浮液，其特征在于 AAI 选自 Leu, Ile, Val, Ala, Gly, Phe。

4. 权利要求 1 的悬浮液，其特征在于 $8 \leq Ta \leq 50$。

5. 权利要求 1 的悬浮液，其特征在于 $10 \leq Ta \leq 30$。

6. 权利要求 1 的悬浮液，其特征在于 $20nm \leq Dh \leq 100nm$。

7. 权利要求 1 的悬浮液，其特征在于亚微粒子并不从以下三种化合物的存在获得它们的内聚：

-I) 油

-II) 水相

-III) 以及至少一种合成非交联线性共聚氨基酸，其包括至少两种不同类型的氨基酸共聚单体：亲水性 AAI 和疏水性 AAO。

8. 权利要求 1 的悬浮液，其特征在于粒子的组分聚氨基酸是"嵌段"聚氨基酸，为此表达为%的 AAO (AAI+AAO) 摩尔比为如下所述：

$\Delta 10\% \leq AAO/(AAI+AAO) \leq 70\%$,

并且为此链聚合度 DP 为 30~600。

9. 权利要求 1 的悬浮液，其特征在于粒子的组分聚氨基酸是"二嵌段"聚氨基酸。

10. 权利要求 1 的悬浮液，其特征在于它是含水的和稳定的。

11. 权利要求 1 的悬浮液，其特征在于粒子包括至少一种活性成分。

12. 粉状固体，其特征在于它是从权利要求 1 的悬浮液获得的。

13 制备权利要求 12 的粉状固体的方法，其特征在于：

(1) 在以下物质存在的情况下，进行单体的共聚，单体由至少两种不同类型的 N-羧基氨基酸的酸酐 NCA 组成，一方面是 NCA-pAAI，其中"pAAI"表示 AAI 的前体，并且另一方面是 NCA-AAO：

-至少一种非芳族极性溶剂；

-以及任选地至少一种共溶剂，共溶剂选自非质子溶剂和/或质子溶剂和/或水和/或醇；

(2) 使用水解，将在步骤 1 中获得的共聚物的重复 pAAI 基元转化成重复 AAI 基元，为此将在步骤 1 中获得的共聚物与用于酸水解的水相+水接触；

(3) 将反应介质中和；

(4) 任选地，将反应介质透析以精制结构粒子的含水悬浮液；

(5) 任选地，浓缩步骤 4 的悬浮液；

(6) 除去液体介质以收集包括粒子的粉状固体。

14. 权利要求 13 的方法，其特征在于非芳族极性溶剂选自 N-甲基吡咯烷酮、二甲基甲酰胺、二

甲亚砜、二甲基乙酰胺、吡咯烷酮。

15. 权利要求 14 的方法，其特征在于非芳族溶剂为 N-甲基吡咯烷酮。

16. 权利要求 13 的方法，其特征在于共溶剂为 1, 4-二噁烷和/或吡咯烷酮和/或水和/或甲醇。

17. 权利要求 13 的方法，其特征在于，在步骤 1 结束时，将获得的共聚物聚（AAO）（pAAI）沉淀，并回收沉淀物。

18. 制备权利要求 1 的悬浮液的方法，其特征在于将权利要求 12 的粉状固体和/或由权利要求 13 的方法获得的粉状固体与用于 AAO 的非溶剂含水介质接触。

19. 制备权利要求 1 的悬浮液的方法，其特征在于它包括权利要求 13 的方法中的步骤 1，2，3，4 和任选地 5。

20. 制备权利要求 11 的悬浮液的方法，其特征在于通过将包含活性成分的液体相与粒子的胶体悬浮液接触从而进行活性成分与粒子的结合。

21. 制备权利要求 11 的悬浮液的方法，其特征在于通过将固体状态的 PA 与粒子的胶体悬浮液接触从而进行活性成分与粒子的结合。

22. 制备权利要求 11 的悬浮液的方法，其特征在于将权利要求 12 的粉状固体和/或由权利要求 13 的方法获得的粉状固体与包含活性成分的液体相接触。

23. 制备权利要求 11 的悬浮液的方法，其特征在于将权利要求 12 的粉状固体和/或由权利要求 13 的方法获得的粉状固体与固体形式的活性成分接触，并在于将此固体混合物分散在液体相中。

24. 权利要求 13 的方法，其特征在于其中的中间产物由聚氨基酸共聚物组成，该共聚物是粒子的前体。

25. 权利要求 11 的悬浮液，其包括至少一种选自以下的活性成分：

疫苗，

蛋白质和/或肽，其中最优选的选自：血红蛋白、细胞色素、白蛋白、干扰素、抗原、抗体、红细胞生成素、胰岛素、生长激素、因子 VIII 和 IX、白细胞介素或其混合物、血细胞生成刺激因子，

多糖，

核酸，

属于各种抗癌化疗类的非肽蛋白质分子并且特别是蒽环类药和紫杉类，

及其混合物。

26. 权利要求 20 的方法，其中的悬浮液包括至少一种选自以下的活性成分：

疫苗，

蛋白质和/或肽，其中最优选的选自：血红蛋白、细胞色素、白蛋白、干扰素、抗原、抗体、红细胞生成素、胰岛素、生长激素、因子 VIII 和 IX、白细胞介素或其混合物、血细胞生成刺激因子，

多糖，

核酸，

属于各种抗癌化疗类的非肽蛋白质分子并且特别是蒽环类药和紫杉类，

及其混合物。

27. 权利要求 12 的粉状固体，其包括至少一种选自以下的活性成分：

疫苗，

蛋白质和/或肽，其中最优选的选自：血红蛋白、细胞色素、白蛋白、干扰素、抗原、抗体、红细胞生成素、胰岛素、生长激素、因子 VIII 和 IX、白细胞介素或其混合物、血细胞生成刺激因子，

多糖，

核酸，

属于各种抗癌化疗类的非肽蛋白质分子并且特别是蒽环类药和紫杉类，

及其混合物。

28. 权利要求 11 的悬浮液，其包括至少一种营养的植物保护或化妆品活性成分。

29. 权利要求 20 的方法，其中的悬浮液包括至少一种营养的植物保护或化妆品活性成分。

30. 权利要求 12 的粉状固体，其包括至少一种营养的植物保护或化妆品活性成分。

31. 药物、营养、植物保护或化妆品专用产品，其特征在于它包括权利要求 25 的悬浮液和/或权利要求 27 的粉状固体。"

驳回决定认为：(1) 对比文件 1（CN1183040A，公开日为 1998 年 5 月 27 日）公开了一种携带活性成分的线性聚氨基酸颗粒制备的胶体水悬浮液，活性成分为疫苗、蛋白质或多糖等，该粒子的粒径为 10～500nm 及 30～400nm，其中聚氨基酸由中性疏水性氨基酸单体 AAN（如 Glu、Ile 和 Val 等）和亲水性可离子化侧链的氨基酸单体 AAI（如 Leu 和 Asp）共聚而成，该聚氨基酸为"嵌段"共聚物时，AAN/（AAN+AAI）的摩尔比 $\geq 15\%$，Mw$\geq$5500D，优选 6500D$\leq$Mw$\leq$200000D 及 8000D$\leq$Mw$\leq$200000D，并且实施例 5 和 6 中公开了具有"嵌段"结构的聚（Leu/Glu）20/80、40/60、50/50 和 60/40 的纳米粒。该产品在 pH 为 4～13 时是稳定的，不使用表面活性剂，胰岛素负载因子 Ta 可以为 6.5%（参见对比文件 1 权利要求和实施例）。对比文件 1 公开了本申请权利要求 1 所有的技术特征，并且 pH 稳定性和胰岛素负载因子 Ta 应当是由该聚氨基酸粒子携带活性成分的产品所要达到的目的和效果，而不是产品制备过程中技术手段的具体特征。本申请权利要求 1 所要求保护的技术方案与对比文件 1 所公开的内容相比，不同的仅仅是文字表达方式上略有差别，技术方案实质上是相同的，因此该权利要求所要求保护的技术方案不具备新颖性。同理，权利要求 2～11、25 和 28 不具备新颖性，不符合专利法第 22 条第 2 款的规定。(2) 权利要求 12、27、30 和 31 的方案实质上也被对比文件 1 公开（参见对比文件 1 说明书第 13 页第 3 行，权利要求 19），因此也不具备新颖性。

申请人弗拉梅技术公司（下称请求人）对上述驳回决定不服，于 2005 年 8 月 22 日向专利复审委员会提出复审请求。请求人在提出复审请求的同时提交了修改的权利要求书全文替换页（共 16 项权利要求），该权利要求书内容如下：

"1. 制备亚微粒子的胶体悬浮液的方法，该粒子特别可用于携带活性成分，这些粒子是个体化的超分子排列：

基于线性的两亲聚氨基酸，含有肽键和包括至少两种不同类型的重复氨基酸：亲水性 AAI 和疏水性中性 AAO，每种类型的氨基酸彼此相同或不同，

以及能够在胶体悬浮液中，以非溶解的状态结合至少一种活性成分并能够以延长和/或延迟的方式释放它，

a）其中 AAI 选自含有可离子化侧链的氨基酸，

b）其中 AAO 选自天然中性氨基酸，

并且其特征在于：

c）在 4～13 的 pH 下，所述悬浮液在不存在表面活性剂的情况下是稳定的，

d）以与胰岛素结合的负载因子 Ta 为特征，其表达为以质量为基准的结合胰岛素质量的 % 并根据方法 Ma 测量，Ta 为如下所述：

$\Delta 7 \leq$ Ta，

e）并且以用 nm 表示的并根据方法 Md 测量的平均流体动力学直径 Dh 为特征，Dh 为如下所述：

$\Delta 10 nm \leq Dh < 150 nm$，

其特征在于：

（1）在以下物质存在的情况下，进行单体的共聚，单体由至少两种不同类型的N-羧基氨基酸的酸酐NCA组成，一方面是NCA-pAAI，其中"pAAI"表示AAI的前体，并且另一方面是NCA-AAO；

至少一种非芳族极性溶剂；

以及任选地至少一种共溶剂，共溶剂选自非质子溶剂和/或质子溶剂和/或水和/或醇；

（2）使用水解，将在步骤1中获得的共聚物的重复pAAI基元转化成重复AAI基元，为此将在步骤1中获得的共聚物与用于酸水解的水相+水接触；

（3）将反应介质中和；

（4）任选地，将反应介质透析以精制结构粒子的含水悬浮液；

（5）任选地，浓缩步骤4的悬浮液。

2. 权利要求1的方法，其特征在于非芳族极性溶剂选自N-甲基吡咯烷酮、二甲基甲酰胺、二甲亚砜、二甲基乙酰胺、吡咯烷酮。

3. 权利要求2的方法，其特征在于非芳族极性溶剂为N-甲基吡咯烷酮。

4. 权利要求1的方法，其特征在于共溶剂为1,4-二噁烷和/或吡咯烷酮和/或水和/或甲醇。

5. 制备含有载体亚微粒子（PVs）的粉状固体的方法，所述的载体亚微粒子由按照权利要求1所述方法制备的悬浮液中获得，其特征在于：

（1）在以下物质存在的情况下，进行单体的共聚，单体由至少两种不同类型的N-羧基氨基酸的酸酐NCA组成，一方面是NCA-pAAI，其中"pAAI"表示AAI的前体，并且另一方面是NCA-AAO；

至少一种非芳族极性溶剂；

以及任选地至少一种共溶剂，共溶剂选自非质子溶剂和/或质子溶剂和/或水和/或醇；

（2）使用水解，将在步骤1中获得的共聚物的重复pAAI基元转化成重复AAI基元，为此将在步骤1中获得的共聚物与用于酸水解的水相+水接触；

（3）将反应介质中和；

（4）任选地，将反应介质透析以精制结构粒子的含水悬浮液；

（5）任选地，浓缩步骤4的悬浮液，

（6）除去液体介质以收集包含粒子的粉状固体。

6. 制备来自权利要求1方法的沉淀的稳定中间产物的方法，其特征在于，在步骤1结束时，将获得的共聚物聚（AAO）（pAAI）沉淀，并回收沉淀物。

7. 制备权利要求1所限定的悬浮液的方法，其特征在于将按权利要求6方法获得的粉状固体与用于AAO的非溶剂含水介质接触。

8. 根据权利要求1~4和7任一项的方法，其特征在于，所述粒子包含至少一种活性成分。

9. 权利要求8的方法，其特征在于通过将包含活性成分的液体相与粒子的胶体悬浮液接触从而进行活性成分与粒子的结合。

10. 权利要求8的方法，其特征在于通过将固体状态的活性成分与粒子的胶体悬浮液接触从而进行活性成分与粒子的结合。

11. 权利要求8的方法，其特征在于将按权利要求5方法制备的粉状固体与包含活性成分的液体相接触。

12. 制备权利要求8所限定的悬浮液的方法，其特征在于将按权利要求5方法制备的粉状固体与固体形式的活性成分接触，并在于将此固体混合物分散在液体相中。

13. 权利要求6的方法，其特征在于其中的中间产物由聚氨基酸共聚物组成，该共聚物是粒子的前体。

14. 权利要求 8~12 任一项所述的方法，其中的活性成分选自：

疫苗，

蛋白质和/或肽，其中最优选的选自：血红蛋白、细胞色素、白蛋白、干扰素、抗原、抗体、红细胞生成素、胰岛素、生长激素、因子 VIII 和 IX、白细胞介素或其混合物、血细胞生成刺激因子，

多糖，

核酸，

属于各种抗癌化疗类的非肽蛋白质分子并且特别是蒽环类药和紫杉类，

及其混合物。

15. 权利要求 8~12 任一项的方法，其中的活性成分包括至少一种营养、植物保护或化妆品活性成分。

16. 药物、营养、植物保护或化妆品专用产品，其特征在于它包括按照权利要求 1~4、7~15 任一项方法制得的悬浮液和/或按照权利要求 5 方法制得的粉状固体。"

请求人认为本发明方法与对比文件 1 公开的方法的一个主要且基本的区别在于：本发明中用于 N-羧基氨基酸的酸酐共聚合作用的溶剂为非芳香极性溶剂，而对比文件 1 中所使用的是二噁烷/甲苯混合物，使用非芳香极性溶剂的优势之一是可以获得具有小且窄的粒径范围的纳米颗粒以及均匀的粒径分布，从纯技术的角度说，这一点在本发明的申请日之际尚未完全被本领域技术人员所认识且从对比文件 1 中得不到这样的技术启示，所以本发明制备如本发明权利要求 1 所限定的胶体悬浮液和粉状固体的技术方案相对于对比文件 1 而言是新的并且是非显而易见的。此外，由本发明方法制得的胶体悬浮液和粉状固体液具有较现有技术更为优异的性能，所以本发明的保护主题对于对比文件 1 而言不仅具备新颖性，而且具备创造性。

形式审查合格后，专利复审委员会受理了该复审请求，并于 2005 年 9 月 13 日向请求人发出《复审请求受理通知书》，并将本申请案卷移交原审查部门进行前置审查。

原审查部门对本复审请求进行了前置审查，认为对比文件 1 实施例 1 制备过程中用于 N-羧基氨基酸酐共聚作用的溶剂为二噁烷和水，与本申请权利要求 1 和 5 请求保护的技术方案只是表述的方式不同，技术内容实质相同，因此，权利要求 1 和 5 不具备新颖性；权利要求 4、6~11 和 13~15 的附加技术特征都被对比文件 1 的实施例所公开，当引用的权利要求不具备新颖性时，这些权利要求也不具备新颖性；权利要求 16 请求保护的产品是通过制备方法限定的，由于其制备方法不具备新颖性，其产品没有限定制备方法以外的任何技术特征，因此权利要求 16 也不具备新颖性，复审请求人陈述的意见和提交的申请文件修改文本不足以使原驳回申请的决定被撤销，因此坚持原驳回决定。

专利复审委员会组成合议组，对本案的复审请求进行了审理，并于 2006 年 9 月 18 日向请求人发出《复审通知书》。该《复审通知书》指出：权利要求 16 要求保护的产品被对比文件 1 所公开，虽然对比文件 1 没有提及本申请的参数 Ta 和 Dh，但是从对比文件 1 制备颗粒的目的、制备方法、颗粒的组成以及粒度来看，其产品与本申请的产品具有相同的组成和物理形式，所以这些参数无法将本申请要求保护的该产品与对比文件 1 的产品区分开，因此权利要求 16 不符合专利法第 22 条第 2 款的规定。

针对该《复审通知书》指出的问题，请求人于 2006 年 12 月 18 日提交了意见陈述书及经修改的权利要求书全文替换页（共 14 项权利要求），请求人认为修改后的权利要求书克服了上述缺陷。其中修改如下：请求人将权利要求 2 的内容并入到了权利要求 1 中，删除了权利要求 16 并同时调整了其余权利要求的编号。

2007年11月1日，请求人再次提交了权利要求书全文替换页（共14项权利要求）对权利要求进行了修改，其中修改了权利要求4、6和11。修改后的权利要求书如下：

"1. 制备亚微粒子的胶体悬浮液的方法，该粒子特别可用于携带活性成分，这些粒子是个体化的超分子排列：

基于线性的两亲聚氨基酸，含有肽键和包括至少两种不同类型的重复氨基酸：亲水性AAI和疏水性中性AAO，每种类型的氨基酸彼此相同或不同，

以及能够在胶体悬浮液中，以非溶解的状态结合至少一种活性成分并能够以延长和/或延迟的方式释放它，

a）其中AAI选自含有可离子化侧链的氨基酸，

b）其中AAO选自天然中性氨基酸，

并且其特征在于：

c）在4～13的pH下，所述悬浮液在不存在表面活性剂的情况下是稳定的，

d）以与胰岛素结合的负载因子Ta为特征，其表达为以质量为基准的结合胰岛素质量的％并根据方法Ma测量，Ta为如下所述：

$\Delta 7 \leq Ta$，

e）并且以用nm表示的并根据方法Md测量的平均流体动力学直径Dh为特征，Dh为如下所述：

$\Delta 10nm \leq Dh < 150nm$，

其特征在于：

（1）在以下物质存在的情况下，进行单体的共聚，单体由至少两种不同类型的N-羧基氨基酸的酸酐NCA组成，一方面是NCA-pAAI，其中"pAAI"表示AAI的前体，并且另一方面是NCA-AAO：

至少一种非芳族极性溶剂，其选自N-甲基吡咯烷酮、二甲基甲酰胺、二甲亚砜、二甲基乙酰胺、吡咯烷酮；

以及任选地至少一种共溶剂，共溶剂选自非质子溶剂和/或质子溶剂和/或水和/或醇；

（2）使用水解，将在步骤1中获得的共聚物的重复pAAI基元转化成重复AAI基元，为此将在步骤1中获得的共聚物与用于酸水解的水相+水接触；

（3）将反应介质中和；

（4）任选地，将反应介质透析以精制结构粒子的含水悬浮液；

（5）任选地，浓缩步骤4的悬浮液。

2. 权利要求1的方法，其特征在于非芳族溶剂为N-甲基吡咯烷酮。

3. 权利要求1的方法，其特征在于共溶剂为1,4-二噁烷和/或吡咯烷酮和/或水和/或甲醇。

4. 制备含有载体亚微粒子（PVs）的粉状固体的方法，所述的载体亚微粒子由按照权利要求1所述方法制备的悬浮液中获得，其特征在于：

（1）在以下物质存在的情况下，进行单体的共聚，单体由至少两种不同类型的N-羧基氨基酸的酸酐NCA组成，一方面是NCA-pAAI，其中"pAAI"表示AAI的前体，并且另一方面是NCA-AAO：

至少一种非芳族极性溶剂，其选自N-甲基吡咯烷酮、二甲基甲酰胺、二甲亚砜、二甲基乙酰胺、吡咯烷酮；

以及任选地至少一种共溶剂，共溶剂选自非质子溶剂和/或质子溶剂和/或水和/或醇；

（2）使用水解，将在步骤1中获得的共聚物的重复pAAI基元转化成重复AAI基元，为此将在步骤1中获得的共聚物与用于酸水解的水相+水接触；

（3）将反应介质中和；

(4) 任选地,将反应介质透析以精制结构粒子的含水悬浮液;

(5) 任选地,浓缩步骤4的悬浮液,

(6) 除去液体介质以收集包含粒子的粉状固体。

5. 制备来自权利要求1方法的沉淀的稳定中间产物的方法,其特征在于,在步骤1结束时,将获得的共聚物聚(AAO)(pAAI)沉淀,并回收沉淀物。

6. 制备权利要求1所限定的悬浮液的方法,其特征在于,在权利要求4的步骤6之后,将粉状固体与用于AAO的非溶剂含水介质接触。

7. 根据权利要求1~3和6任一项的方法,其特征在于,所述粒子包含至少一种活性成分。

8. 权利要求7的方法,其特征在于通过将包含活性成分的液体相与粒子的胶体悬浮液接触从而进行活性成分与粒子的结合。

9. 权利要求7的方法,其特征在于通过将固体状态的活性成分与粒子的胶体悬浮液接触从而进行活性成分与粒子的结合。

10. 权利要求7的方法,其特征在于将按权利要求4方法制备的粉状固体与包含活性成分的液体相接触。

11. 制备权利要求7所限定的悬浮液的方法,其特征在于,在权利要求4的步骤6之后,将粉状固体与固体形式的活性成分接触,并在于将此固体混合物分散在液体相中。

12. 权利要求5的方法,其特征在于其中的中间产物由聚氨基酸共聚物组成,该共聚物是粒子的前体。

13. 权利要求7~11任一项所述的方法,其中的活性成分选自:

疫苗,

蛋白质和/或肽,其中最优选的选自:血红蛋白、细胞色素、白蛋白、干扰素、抗原、抗体、红细胞生成素、胰岛素、生长激素、因子VIII和IX、白细胞介素或其混合物、血细胞生成刺激因子,

多糖,

核酸,

属于各种抗癌化疗类的非肽蛋白质分子并且特别是蒽环类药和紫杉类,

及其混合物。

14. 权利要求7~11任一项的方法,其中的活性成分包括至少一种营养、植物保护或化妆品活性成分。"

至此,合议组认为本案事实清楚,可以作出审查决定。

二、决定的理由

1. 决定的基础

请求人于2007年11月1日提交了修改的权利要求书全文替换页,其中复审阶段修改部分符合专利法第33条和专利法实施细则第60条第1款的规定。因此,本决定是在请求人于2007年11月1日提交的权利要求1~14、进入中国国家阶段时提交的说明书第1~21页、说明书附图第1~2页以及说明书摘要和摘要附图的基础上作出的。

2. 关于新颖性

专利法第22条第2款规定,新颖性,是指在申请日以前没有同样的发明或者实用新型在国内外出版物上公开发表过、在国内公开使用过或者以其他方式为公众所知,也没有同样的发明或者实用新型由他人向国务院专利行政部门提出过申请并且记载在申请日以后公布的专利申请文件中。

根据该款规定,如果权利要求所要保护的技术方案与现有技术的技术方案之间存在实质性区别,

则认为该项权利要求符合专利法有关新颖性的规定。

本案中，请求人在于2007年11月1日提交的独立权利要求1和4中均要求保护一种制备亚微粒子的胶体悬浮液的方法，其中将非芳族极性溶剂限定为"选自N-甲基吡咯烷酮、二甲基甲酰胺、二甲亚砜、二甲基乙酰胺、吡咯烷酮"，而对比文件1公开的方法中没有记载可使用这些非芳族溶剂中的任何一种，因此，权利要求1和4所保护的技术方案与对比文件1的技术方案存在实质性区别，鉴于此，本申请权利要求1和4相对于对比文件1符合专利法第22条第2款有关新颖性的规定。

鉴于独立权利要求1和4相对于对比文件1具备新颖性，因此分别从属于权利要求1和4的从属权利要求2~3、5~14相对于对比文件1也符合专利法第22条第2款的规定。

根据以上事实和理由，本案合议组作出如下审查决定。

三、决定

撤销国家知识产权局于2005年5月13日对00816107.0号发明专利申请作出的驳回决定。由原审查部门在本决定所依据的文本的基础上继续进行审查。

复审请求人对本决定不服的，可以根据专利法第41条第2款的规定，自收到本决定之日起三个月内向北京市第一中级人民法院起诉。

心血管疾病的治疗

复审请求审查决定（第 12068 号）

决 定 号	第 12068 号
决 定 日	2007 年 12 月 13 日
发明创造名称	心血管疾病的治疗
国际分类号	A61K 31/40，C07D 487/22
复审请求人	伊莱利利公司
申 请 号	97196421.1
申 请 日	1997 年 6 月 12 日
优 先 权 日	1996 年 6 月 13 日
公 开 日	1999 年 8 月 4 日
合议组组长	叶 娟
主 审 员	程 强
参 审 员	侯秋霞
法 律 依 据	专利法第 26 条第 3 款

决 定 要 点

如果说明书中给出了具体的技术方案，但未提供实验证据，而该方案又必须依赖实验结果加以证实才能成立，那么该技术方案将被认为无法实现。

对于已知化合物的新的医药用途发明，新的医药用途是否确定、是否具有有益的治疗效果是发明申请可专利性的核心。围绕这一核心内容，说明书应当详细说明这种新的医药用途及其有益效果。说明书不能仅断言该化合物具有新的医药用途并能产生有益的治疗效果或仅公开发明动机、发明的构思和推理过程，还应当充分公开相关的试验数据以便对新的医药用途及其效果加以说明。

根据审查指南的规定，新的药物化合物或组合物要发明尚且须要在说明书中公开试验效果数据，那么对于已知化合物的新医药用途发明来说，由于其技术方案即在于该用途本身，因而更应当充分公开相关试验效果数据。

一、案由

本复审请求涉及申请日为 1997 年 6 月 12 日，优先权日为 1996 年 6 月 13 日，公开日为 1999 年 8 月 4 日，发明名称为"心血管疾病的治疗"的发明专利申请（下称本申请），其申请号是 97196421.1，申请人为伊莱利利公司。

国家知识产权局于 2003 年 7 月 11 日以本申请不符合专利法第 26 条第 3 款的规定为由驳回了本

申请。驳回的具体理由为：本发明涉及同功酶选择性蛋白激酶 C 抑制剂在制备治疗血管内皮细胞机能障碍及与血管内皮细胞机能障碍有关的心血管疾病等药物方面的用途。正如说明书第 8 页最后一行至第 9 页第 8 行所述，蛋白激酶 C 抑制剂是现有技术中已知的化合物，并且在预期的可以选择性抑制 PKC-β 的剂量下可以使内皮细胞机能障碍正常化。因此，本发明是以发现已知物质新的性质为基础而导致的用途发明。对于此类发明来说，说明书应当提供相应的实验模型和数据来证明所述化合物的确具有所述作用。但是，本申请说明书中没有提供任何药理实验模型证明同功酶选择性蛋白激酶 C 抑制剂具有治疗与血管内皮细胞机能障碍相关的心血管疾病的作用。本领域技术人员无法确定同功酶选择性蛋白激酶 C 抑制剂具有上述作用。因此，本申请的说明书未对发明作出清楚、完整的说明，致使所属技术领域的技术人员不能实现该发明，不符合专利法第 26 条第 3 款的规定。

驳回决定所针对的权利要求书中独立权利要求如下：

"1. 蛋白激酶 C 抑制剂或其药用盐、前药或酯在制备治疗微蛋白尿的药物的用途，其中的蛋白激酶 C 抑制剂具有如下结构式：

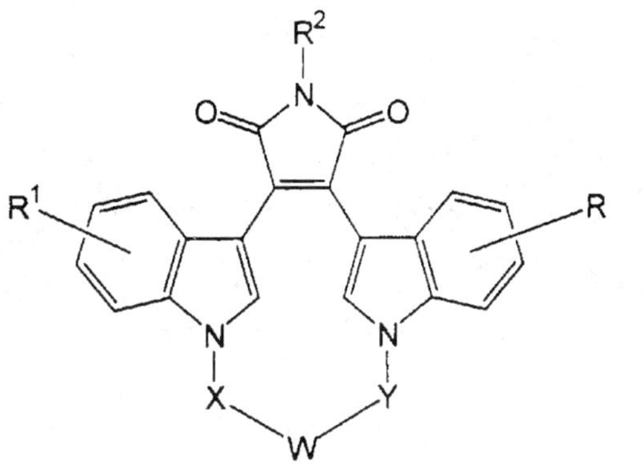

其中：

W 是 -O-、-S-、-SO-、-SO$_2$-、-CO-、C$_2$-C$_6$ 亚烷基、取代的亚烷基、C$_2$-C$_6$ 亚烯基、-芳基-、-芳基（CH$_2$）$_m$O-、-杂环-、-杂环-（CH$_2$）$_m$O-、-稠合的二环-、-稠合的二环-（CH$_2$）$_m$O-、-NR^3、-NOR^3、-CONH- 或 -NHCO-；

X 和 Y 彼此独立地是 C$_1$-C$_4$ 亚烷基、取代的亚烷基，或 X、Y 和 W 合在一起形成 -（CH$_2$）$_n$-AA-；

R^1 是氢或最多 4 个选择性的取代基，所述取代基彼此独立地选自卤素、C$_1$-C$_4$ 烷基、羟基、C$_1$-C$_4$ 烷氧基、卤代烷基、硝基、NR^{4}R^5 或 -NHCO（C$_1$-C$_4$ 烷基）；

R^2 是氢、CH$_3$CO-、NH$_2$ 或羟基；

R^3 是氢、(CH$_2$)m 芳基、C$_1$-C$_4$ 烷基、-COO（C$_1$-C$_4$ 烷基）、-CONR^{4}R^5、-(C=NH)NH$_2$、-SO（C$_1$-C$_4$ 烷基）、-SO$_2$（NR^{4}R^5）或 -SO$_2$（C$_1$-C$_4$ 烷基）；

R^4 和 R^5 彼此独立地是氢、C$_1$-C$_4$ 烷基、苯基、苄基或与它们所连接的氮合在一起形成一个饱和或不饱和的 5 或 6 元环；

AA 是氨基酸残基；

m 是 0、1、2 或 3；

n 是 2、3、4 或 5。

6. 蛋白激酶 C 抑制剂或其药用盐、前药或酯在制备用于在哺乳动物中治疗充血性心力衰竭的药物的用途，其中的蛋白激酶 C 抑制剂或其药用盐、前药或酯具有如下结构式：

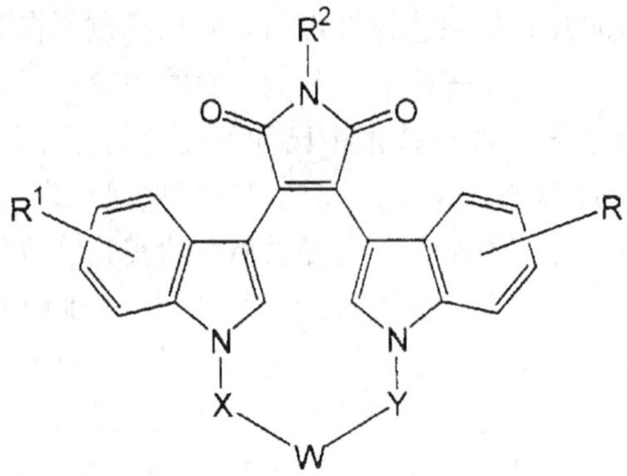

$$\text{(I)}$$

其中：

W 是 -O-、-S-、-SO-、-SO$_2$-、-CO-、C$_2$-C$_6$ 亚烷基、取代的亚烷基、C$_2$-C$_6$ 亚烯基、-芳基-、-芳基（CH$_2$）$_m$O-、-杂环-、-杂环-（CH$_2$）$_m$O-、-稠合的二环-、-稠合的二环-（CH$_2$）$_m$O-、-NR^3、-NOR^3、-CONH- 或 -NHCO-；

X 和 Y 彼此独立地是 C$_1$-C$_4$ 亚烷基、取代的亚烷基，或 X、Y 和 W 合在一起形成 -（CH$_2$）$_n$-AA-；

R^1 是氢或最多 4 个选择性的取代基，所述取代基彼此独立地选自卤素、C$_1$-C$_4$ 烷基、羟基、C$_1$-C$_4$ 烷氧基、卤代烷基、硝基、NR^{4}R^5 或 -NHCO（C$_1$-C$_4$ 烷基）；

R^2 是氢、CH$_3$CO-、NH$_2$ 或羟基；

R^3 是氢、（CH$_2$）$_m$ 芳基、C$_1$-C$_4$ 烷基、-COO（C$_1$-C$_4$ 烷基）、-CONR^{4}R^5、-（C=NH）NH$_2$、-SO（C$_1$-C$_4$ 烷基）、-SO$_2$（NR^{4}R^5）或 -SO$_2$（C$_1$-C$_4$ 烷基）；

R^4 和 R^5 彼此独立地是氢、C$_1$-C$_4$ 烷基、苯基、苄基或与它们所连接的氮合在一起形成一个饱和或不饱和的 5 或 6 元环；

AA 是氨基酸残基；

m 是 0、1、2 或 3；

n 是 2、3、4 或 5。"

申请人伊莱利利公司（下称请求人）不服该驳回决定，于 2003 年 10 月 11 日向国家知识产权局专利复审委员会提出复审请求，请求撤销该驳回决定。其具体理由为：用途发明属于一种方法发明，对于要求一项"化合物的用途"发明来说，在审查指南中并没有要求申请人在说明书中对一项"用途发明"提供审查员所要求的数据。本领域技术人员完全可以根据说明书的描述制造、组合和控制化合物的有效剂量，并在制药过程中使用该化合物。因此，对本申请的用途发明来说，说明书中没有公开不充分的问题。请求人同时提交了同族美国申请的授权文本 US5723456 作为证据 1。

形式审查合格后，专利复审委员会受理了该复审请求，并于 2003 年 11 月 12 日向请求人发出《复审请求受理通知书》，同时将本案送至原实质审查部门进行前置审查。

原审查部门在前置审查意见书中认为：审查指南第二部分第二章第 2.1.3 节规定了说明书没有对发明作出清楚完整的说明，以致本领域技术人员不能实现的几种情况。本申请属于其中的第（5）项，即说明书给出了具体的技术方案，但未提供实验数据，而该方案又必须依赖实验结果加以证实才能成立。根据此项规定，申请人在复审请求中陈述的"用途发明无需提供实验数据"的理由是不能被接受的，因而坚持原驳回决定。

专利复审委员会组成合议组，对本复审请求进行了审理。

专利复审委员会本案合议组于 2004 年 3 月 10 日向请求人发出了《复审通知书》，提出如下复审意见：

（1）说明书仅仅概括说明了权利要求所述的蛋白激酶 C 抑制剂在治疗血管内皮细胞机能障碍方面的作用和效果，并介绍了引起这种机能障碍的各种因素、治疗该机能障碍的给药量及各种可能的剂型，在实施例部分给出了具体制剂的制备例。而本申请的独立权利要求 1 和 6 要求保护的是蛋白激酶 C 抑制剂在治疗微蛋白尿中和在哺乳动物中治疗充血性心力衰竭疾病药物中的应用，虽然说明书第 9 页第 1 段中提到"在糖尿病动物模型中，该化合物在预期的可以选择性抑制 PKC-β 的剂量下可以使内皮细胞机能障碍正常化"，但说明书没有给出任何的药效数据来证明权利要求所述的蛋白激酶 C 抑制剂在治疗上述适应症上的作用和效果，而上述作用和效果又必须依赖实验结果加以证实才能成立。由以上分析可知，说明书未记载用途权利要求 1～9 所要求保护的用于上述适应症的技术方案的实验证据，而这些技术方案又必须依赖实验结果加以证实才能成立。因此，本申请的说明书缺乏解决技术问题的技术手段，所属技术领域的技术人员按照说明书记载的内容无法实现权利要求所述的技术方案，因而不符合专利法第 26 条第 3 款的规定。（2）权利要求 3 存在不符合专利法第 33 条的缺陷。

2004 年 4 月 26 日，请求人提交了意见陈述书和经过修改的权利要求书（共 3 页 9 项），请求人认为：修改后的权利要求书仅仅保留了蛋白激酶 C 抑制剂在治疗充血性心力衰竭的药物中的用途，并克服了修改超出的缺陷。对于本发明权利要求的用途来说，说明书虽然未提供药效数据，但是该方案并不是必须依赖实验结果加以证实才能成立。合议组指出的上述规定并没有排除说明书可以用"实验结果/药效数据"以外的内容去证明一项公知化合物的新用途是能够实现的。审查指南中也没有强制性要求对公知化合物的新用途发明提供实验结果或药效数据。本领域技术人员在参考本发明的说明书之后，完全有能力根据本领域公知的用于测量充血性心力衰竭疾病的实验步骤来测试本发明的治疗效果。本领域技术人员可以在不需要"实验结果"的情况下，并在参考了本发明的说明书内容后实现本发明的用途。因而本申请符合专利法第 26 条第 3 款的规定。

此次提交的新权利要求书中的独立权利要求为：

"1. 蛋白激酶 C 抑制剂在制备用于在哺乳动物中治疗充血性心力衰竭的药物的用途，其中的蛋白激酶 C 抑制剂或其药用盐或溶剂化物具有如下结构：

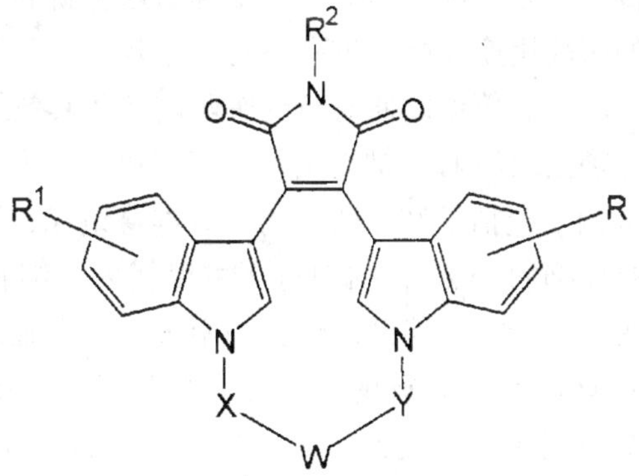

其中：

W 是 -O-、-S-、-SO-、-SO$_2$-、-CO-、C2-C6 亚烷基、取代的亚烷基、C$_2$-C$_6$ 亚烯基、-芳基-、-芳基（CH$_2$）$_m$O-、-杂环-、-杂环-（CH$_2$）$_m$O-、-稠合的二环-、-稠合的二环-（CH$_2$）$_m$O-、-NR^3、-NOR^3、-CONH- 或 -NHCO-；

X 和 Y 彼此独立地是 C$_1$-C$_4$ 亚烷基、取代的亚烷基，或 X、Y 和 W 合在一起形成 -（CH$_2$）$_n$-AA-；

R^1 是氢或最多 4 个选择性的取代基，所述取代基彼此独立地选自卤素、C$_1$-C$_4$ 烷基、羟基、C$_1$-C$_4$ 烷氧基、卤代烷基、硝基、NR$_4$R$_5$ 或 -NHCO（C$_1$-C$_4$ 烷基）；

R^2 是氢、CH$_3$CO-、NH$_2$ 或羟基；

R^3 是氢、$(CH_2)_m$ 芳基、C_1-C_4 烷基、-COO(C_1-C_4 烷基)、-CONR^{4}R^5、-(C=NH)NH$_2$、-SO(C_1-C_4 烷基)、-SO$_2$(NR^{4}R^5)或-SO$_2$(C_1-C_4 烷基);

R^4 和 R^5 彼此独立地是氢、C_1-C_4 烷基、苯基、苄基或与它们所连接的氮合在一起形成一个饱和或不饱和的5或6元环;

AA 是氨基酸残基;

m 是 0、1、2 或 3;

n 是 2、3、4 或 5。"

2007年3月16日,专利复审委员会向请求人发出《合议组成员告知通知书》,告知变更后的合议组成员。同时告知请求人,如对合议组成员有回避请求的,请于收到本通知之日起7日内提交书面的回避请求书。逾期未答复,视为无回避请求。

请求人未在指定期限内提出回避请求。

合议组合议后认为,本案事实已经清楚,可以依法作出复审决定。

二、决定的理由

1. 审查文本

本复审请求审查决定所针对的文本是请求人于1999年2月9日提交的说明书第1~14页及说明书摘要以及请求人在2004年4月26日提交的权利要求1~9。

2. 关于专利法第26条第3款

专利法第26条第3款规定:说明书应当对发明或者实用新型作出清楚、完整的说明,以所属技术领域的技术人员能够实现为准。

如果说明书中给出了具体的技术方案,但未提供实验证据,而该方案又必须依赖实验结果加以证实才能成立,那么该技术方案将被认为无法实现。

对于已知化合物的新的医药用途发明,新的医药用途是否确定、是否具有有益的治疗效果是发明申请可专利性的核心。围绕这一核心内容,说明书应当详细说明这种新的医药用途及其有益效果。说明书不能仅断言该化合物具有新的医药用途并能产生有益的治疗效果或仅公开发明动机、发明的构思和推理过程,还应当充分公开相关的试验数据以便对新的医药用途及其效果加以说明。

本申请属于医药领域,要求保护蛋白激酶C抑制剂在治疗充血性心力衰竭的药物中的用途,由于本申请说明书中所述蛋白激酶C抑制剂包括已知的化合物,其本身组成、制备方法及检测方法均属于现有技术。并且在预期的可以选择性抑制PKC-β的剂量下可以使内皮细胞机能障碍正常化。根据本申请说明书的记载,本申请的发明点在于将上述已知化合物用于治疗充血性心力衰竭的新的用途,也即本申请主张该医药用途为"非现有技术"的新用途。由于本申请要求保护的技术方案本身即是蛋白激酶C抑制剂在治疗充血性心力衰竭中的"医药用途",因此,该新的治疗充血性心力衰竭的医药用途是否确定、是否具有有益的治疗效果是本发明申请可专利性的核心。说明书应当围绕这一核心内容详细说明治疗充血性心力衰竭的新的医药用途及其治疗效果,而不能仅断言该化合物具有治疗充血性心力衰竭的医药用途并产生有益的治疗效果。只公开发明动机、发明的构思和推理过程,包括血管内皮细胞机能障碍与糖尿病和非糖尿病患者中的动脉粥样硬化性心血管疾病有很大关系、蛋白激酶C抑制剂在预期的可以选择性抑制PKC-β的剂量下可以使内皮细胞机能障碍正常化等内容也还是不够的,还应当充分公开相关的治疗充血性心力衰竭的试验数据以便对新的医药用途及其效果加以说明。如果说明书没有公开任何效果数据,那么本领域技术人员完全有理由怀疑本申请新的治疗充血性心力衰竭的医药用途并非建立在真实的科学试验基础上,而仅仅是一种推测甚至是虚构的,从而认为本发明无法实现。

根据审查指南的规定，新的药物化合物或组合物要发明尚且须要在说明书中公开试验效果数据，那么对于已知化合物的新医药用途发明来说，由于其技术方案即在于该用途本身，因而更应当充分公开相关试验效果数据。

综上，合议组认为，对已知化合物的新医药用途发明申请提供试验数据是对专利法第26条第3款的正确适用，也是对审查指南的正确理解。由于本申请说明书没有公开蛋白激酶C抑制剂在治疗充血性心力衰竭的药物的相关试验效果，本领域技术人员也无法从本申请的说明书中毫无疑义地推知上述内容，因此本申请说明书不符合专利法第26条第3款的规定。

故此，本合议组作出如下决定。

三、决定

维持国家知识产权局于2003年7月11日作出的驳回97196421.1号发明专利申请的决定。

复审请求人对本决定不服的，可以根据专利法第41条第2款的规定，自收到本决定之日起三个月内向北京市第一中级人民法院起诉。

雌激素药物药用组合物

复审请求审查决定（第 12072 号）

决 定 号	第 12072 号
决 定 日	2007 年 12 月 4 日
发明创造名称	雌激素药物药用组合物
国际分类号	A61K 31/404，A61K 9/20
复审请求人	惠氏公司
申 请 号	01815086.1
优 先 权 日	2000 年 7 月 6 日
申 请 日	2001 年 6 月 29 日
公 开 日	2003 年 10 月 22 日
合议组组长	李金光
主 审 员	任 怡
参 审 员	李梦楠
法 律 依 据	专利法第 22 条第 3 款

决 定 要 点

如果一项权利要求所述的技术方案与最接近的对比文件相比具有区别技术特征，但现有技术给出将上述区别技术特征应用到该最接近的对比文件以解决其存在的技术问题的启示，则该权利要求不具有突出的实质性特点。

一、案由

本复审请求涉及 2003 年 10 月 22 日公开、名称为"雌激素药物药用组合物"的第 01815086.1 号发明专利申请（下称本申请），本申请的申请日为 2001 年 6 月 29 日、优先权日为 2000 年 7 月 6 日，本申请的申请人为惠氏公司。

国家知识产权局于 2005 年 5 月 13 日以权利要求 1~48 不符合专利法第 22 条第 2、3 款的规定为由驳回了本申请。驳回决定所针对的权利要求书为：

"1. 一种用于制备药用制剂的药用载体或赋形剂体系，所述载体或赋形剂体系包含：

a) 填充剂及崩解组分，占所述药用制剂的约 5% 至约 82%（重量），其中所述总制剂的约 4% 至约 40% 包含一种或多种药学上可接受的崩解剂；

b) 润滑剂，占所述药用制剂的约 0.2% 至约 10%（重量）；

c）任选润湿剂，占所述药用制剂的约0.2%至约5%（重量）；

d）任选助流剂，占所述药用制剂的约0.1%至约10%（重量）。

2. 权利要求1的药用载体或赋形剂体系，它还包含约0.5%至约15%（重量）的抗氧化剂。

3. 权利要求1的药用载体或赋形剂体系，它还包含约0.5%至约5%（重量）的抗氧化剂。

4. 权利要求3的药用载体或赋形剂体系，其中所述抗氧化剂选自抗坏血酸、抗坏血酸钠、棕榈酸抗坏血酸酯以及它们的混合物。

5. 权利要求1～4任一项的药用载体或赋形剂体系，其中所述填充剂及崩解剂组分占制剂的约30%至约80%（重量）。

6. 权利要求1～5任一项的药用载体或赋形剂体系，其中所述填充剂组分为一种或多种选自以下的组分：乳糖、微晶纤维素、蔗糖、甘露糖醇、磷酸钙、碳酸钙、粉状纤维素、麦芽糖糊精、山梨糖醇、淀粉或木糖醇。

7. 权利要求1～6任一项的药用载体或赋形剂体系，其中所述崩解剂组分为一种或多种选自以下的组分：预胶凝化淀粉、羟基乙酸淀粉钠、交联羧甲基纤维素钠、聚乙烯聚吡咯烷酮、淀粉、藻酸、藻酸钠、粘土（例如veegum或黄原胶）、纤维素絮凝物、离子交换树脂或基于食用酸和碱性碳酸盐组分的泡腾体系。

8. 权利要求7的药用载体或赋形剂体系，其中所述崩解剂泡腾体系使用选自以下的酸：柠檬酸、酒石酸、苹果酸、富马酸、乳酸、己二酸、抗坏血酸、天冬氨酸、异抗坏血酸、谷氨酸和琥珀酸；以及选自以下的碱性碳酸盐组分：碳酸氢钠、碳酸钠、碳酸镁、碳酸钾、碳酸铵。

9. 权利要求1～8任一项的药用载体或赋形剂体系，其中用于本发明的崩解剂占约15%到约35%。

10. 权利要求1～8任一项的药用载体或赋形剂体系，其中用于本发明的崩解剂占约20%到约35%。

11. 权利要求1～10任一项的药用载体或赋形剂体系，其中所述润滑剂选自硬脂酸金属盐、脂肪酸酯（例如硬脂酰富马酸钠）、脂肪酸、脂肪族醇、山嵛酸甘油酯、矿物油、石蜡、氢化植物油、亮氨酸、聚乙二醇、十二烷基硫酸金属盐和氯化钠。

12. 权利要求1～11任一项的药用载体或赋形剂体系，其中所述润滑剂为硬脂酸镁、硬脂酸钙、硬脂酸锌或硬脂酸。

13. 权利要求1～12任一项的药用载体或赋形剂体系，其中所述润湿剂选自十二烷基硫酸钠、聚氧乙烯山梨糖醇酐脂肪酸酯、聚氧乙烯烷基醚、脱水山梨糖醇脂肪酸酯、聚乙二醇、聚氧乙烯蓖麻油衍生物、多库脂钠、季铵化合物、脂肪酸的糖酯和脂肪酸的甘油酯。

14. 权利要求1～13任一项的药用载体或赋形剂体系，其中所述助流剂选自二氧化硅、滑石粉、硬脂酸金属盐、硅酸钙和十二烷基硫酸金属盐。

15. 一种药用组合物，该组合物包含药用有效量的药理学活性药物和权利要求1～14任一项的药用载体或赋形剂体系。

16. 权利要求15的药用组合物，其中所述药物占最终组合物的约0.5%至约20%（重量）。

17. 权利要求15的药用组合物，其中所述药物占最终组合物的约1%至约5%（重量）。

18. 权利要求15～17任一项的药用组合物，其中所述组合物为膜包衣或包囊化组合物。

19. 权利要求18的药用组合物，其中所述膜包衣或胶囊占最终组合物的至多约8%（重量）。

20. 权利要求15～19任一项的药用组合物，其中所述药理学活性药物为非类固醇雌激素或组织选择性雌激素药物。

21. 权利要求 15~19 任一项的药用组合物,其中所述药理学活性药物为下式 I 或 II 的化合物或其药学上可接受的盐:

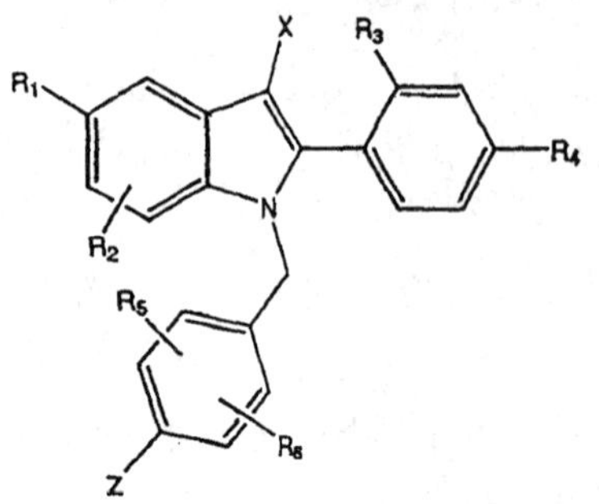

![结构式 I 和 II]

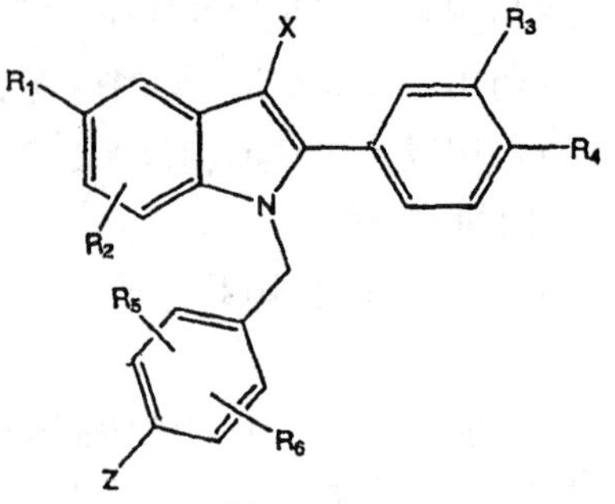

其中 Z 选自以下部分:

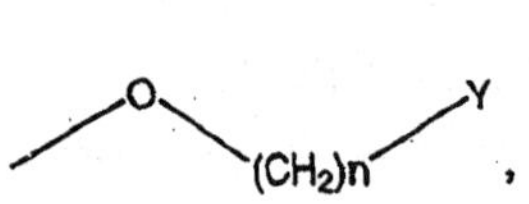

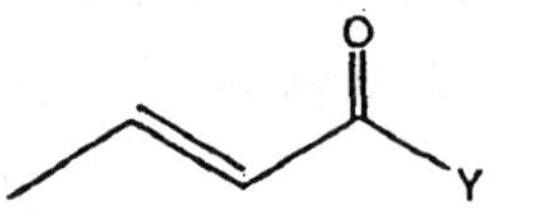

![Z 基团结构]

其中:

R_1 选自 H、OH 或其 C_1-C_{12} 酯或 C_1-C_{12} 烷基醚、苄氧基或卤素;或包括三氟甲基醚和三氯甲基醚的 C_1-C_4 卤代醚;

R_2、R_3、R_5 和 R_6 独立选自 H、OH 或其 C_1-C_{12} 酯或 C_1-C_{12} 烷基醚、卤素或 C_1-C_4 卤代醚、氰基、C_1-C_6 烷基或三氟甲基,但是当 R_1 为 H 时,R_2 不为 OH;

R_4 选自 H、OH 或其 C_1-C_{12} 酯或 C_1-C_{12} 烷基醚、卤素或 C_1-C_4 卤代醚、苄氧基、氰基、C_1-C_6 烷基或三氟甲基;

X 选自 H、C_1-C_6 烷基、氰基、硝基、三氟甲基、卤素;

n 为 1、2 或 3;

Y 选自:

a) 以下部分:

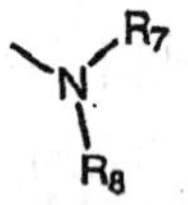

![N(R7)(R8)结构]

其中 R_7 和 R_8 独立选自 H、C_1-C_6 烷基或任选被 CN、C_1-C_6 烷基、C_1-C_6 烷氧基、卤素、-OH、-CF_3 或 -OCF_3 取代的苯基;或者 R_7 和 R_8 结合为 -$(CH_2)_p$-,其中 p 是 2~6 的整数,使得形成一个环,所述环任选被至多 3 个选自以下的取代基取代:羟基、卤基、C_1-C_4 烷基、三卤代甲基、C_1-C_4 烷氧基、三卤代甲氧基、C_1-C_4 烷硫基、C_1-C_4 烷基亚磺酰基、C_1-C_4 烷基磺酰基、羟基(C_1-C_4)烷基、-CO_2H、-CN、-CONH(C_1-C_4)烷基、-NH_2、C_1-C_4 烷基氨基、二-(C_1-C_4)烷基氨基、-$NHSO_2$(C_1-C_4)烷基、-NHCO(C_1-C_4)烷基和 -NO_2;

b) 五元饱和、不饱和或部分不饱和杂环,含有至多两个选自 -O-、-NH-、-N(C_1-C_4烷基)-、-N= 和 -S(O)m- 的杂原子,其中 m 是 0~2 的整数,所述杂环任选被 1~3 个独立选自以下的取代基取代:羟基、卤基、C_1-C_4 烷基、三卤代甲基、C_1-C_4 烷氧基、三卤代甲氧基、C_2-C_4 酰氧基、C_1-C_4 烷硫基、C_1-C_4 烷基亚磺酰基、C_1-C_4 烷基磺酰基、羟基(C_1-C_4)烷基、-CO_2H-、-CN、-$CONHR_1$、

-NH$_2$、C$_1$-C$_4$烷基氨基、二（C$_1$-C$_4$）烷基氨基、-NHSO$_2$R$_1$、-NHCOR$_1$、-CONH（C$_1$-C$_4$）烷基、-NHSO$_2$（C$_1$-C$_4$）烷基、-NHCO（C$_1$-C$_4$）烷基；-NO$_2$和任选被1~3个（C$_1$-C$_4$）烷基取代的苯基；

c) 六元饱和、不饱和或部分不饱和杂环，含有至多两个选自-O-、-NH-、-N（C$_1$-C$_4$烷基）-、-N=和-S（O）m-的杂原子，其中m是0~2的整数，所述杂环任选被1~3个独立选自以下的取代基取代：羟基、卤基、C$_1$-C$_4$烷基、三卤代甲基、C$_1$-C$_4$烷氧基、三卤代甲氧基、C$_2$-C$_4$酰氧基、C$_1$-C$_4$烷硫基、C$_1$-C$_4$烷基亚磺酰基、C$_1$-C$_4$烷基磺酰基、羟基（C$_1$-C$_4$）烷基、-CO$_2$H、-CN、-CONHR$_1$、-NH$_2$、C$_1$-C$_4$烷基氨基、二-（C$_1$-C$_4$）烷基氨基、-NHSO$_2$R$_1$、-NHCOR$_1$、-CONH（C$_1$-C$_4$）烷基、-NHSO$_2$（C$_1$-C$_4$）烷基、-NHCO（C$_1$-C$_4$）烷基、-NO$_2$和任选被1~3个（C$_1$-C$_4$）烷基取代的苯基；

d) 七元饱和、不饱和或部分不饱和杂环，含有至多两个选自-O-、-NH-、-N（C$_1$-C$_4$烷基）-、-N=和-S（O）m-的杂原子，其中m是0~2的整数，所述杂环任选被1~3个独立选自以下的取代基取代：氢、羟基、卤基、C$_1$-C$_4$烷基、三卤代甲基、C$_1$-C$_4$烷氧基、三卤代甲氧基、C$_2$-C$_4$酰氧基、C$_1$-C$_4$烷硫基、C$_1$-C$_4$烷基亚磺酰基、C$_1$-C$_4$烷基磺酰基、羟基（C$_1$-C$_4$）烷基、-CO$_2$H、-CN、-CONHR$_1$、-NH$_2$、C$_1$-C$_4$烷基氨基、二-（C$_1$-C$_4$）烷基氨基、-NHSO$_2$R$_1$、-NHCOR$_1$、-CONH（C$_1$-C$_4$）烷基、-NHSO$_2$（C$_1$-C$_4$）烷基、-NHCO（C$_1$-C$_4$）烷基、-NO$_2$和任选被1~3个（C$_1$-C$_4$）烷基取代的苯基；或者

e) 桥连或稠合的双环杂环，含有6-12个碳原子且含有至多两个选自-O-、-NH-、-N（C$_1$-C$_4$烷基）-和-S（O）m-的杂原子，其中m是0~2的整数，所述杂环任选被1~3个独立选自以下的取代基取代：羟基、卤基、C$_1$-C$_4$烷基、三卤代甲基、C$_1$-C$_4$烷氧基、三卤代甲氧基、C$_2$-C$_4$酰氧基、C$_1$-C$_4$烷硫基、C$_1$-C$_4$烷基亚磺酰基、C$_1$-C$_4$烷基磺酰基、羟基（C$_1$-C$_4$）烷基、-CO$_2$H、-CN、-CONHR$_1$、-NH$_2$、C$_1$-C$_4$烷基氨基、二-（C$_1$-C$_4$）烷基氨基、-NHSO$_2$R$_1$、-NHCOR$_1$、-CONH（C$_1$-C$_4$）烷基、-NHSO$_2$（C$_1$-C$_4$）烷基、-NHCO（C$_1$-C$_4$）烷基、-NO$_2$和任选被1~3个（C$_1$-C$_4$）烷基取代的苯基。

22. 权利要求21的药用组合物，其中所述式I或II的化合物或其药学上可接受的盐中：

R$_1$选自H、OH或其C$_1$-C$_{12}$酯或烷基醚、苄氧基或卤素；

R$_2$、R$_3$、R$_5$和R$_6$独立选自H、OH或其C$_1$-C$_{12}$酯或烷基醚、卤素、氰基、C$_1$-C$_6$烷基或三卤代甲基，但是当R$_1$为H时，R$_2$不为OH；

R$_4$选自H、OH或其C$_1$-C$_{12}$酯或烷基醚、苄氧基、卤素、氰基、C$_1$-C$_6$烷基或三卤代甲基；

X选自H、C$_1$-C$_6$烷基、氰基、硝基、三氟甲基、卤素；

Y为以下部分

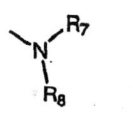

R$_7$和R$_8$独立选自H、C$_1$-C$_6$烷基或结合为-（CH$_2$）$_p$-，其中p是2~6的整数，使得形成一个环，所述环任选被至多3个选自以下的取代基取代：氢、羟基、卤基、C$_1$-C$_4$烷基、三卤代甲基、C$_1$-C$_4$烷氧基、三卤代甲氧基、C$_1$-C$_4$烷硫基、C$_1$-C$_4$烷基亚磺酰基、C$_1$-C$_4$烷基磺酰基、羟基（C$_1$-C$_4$）烷基、-CO$_2$H、-CN、-CONH（C$_1$-C$_4$）烷基、-NH$_2$、C$_1$-C$_4$烷基氨基、二（C$_1$-C$_4$）烷基氨基、-NHSO$_2$（C$_1$-C$_4$）烷基、-NHCO（C$_1$-C$_4$）烷基和-NO$_2$。

23. 权利要求22的药用制剂，其中在所述式I或II化合物中，R$_7$和R$_8$通过-（CH$_2$）$_p$-连接形成的环选自氮丙啶、氮杂环丁烷、吡咯烷、哌啶、六亚甲基胺或七亚甲基胺。

24. 权利要求 21 的药用制剂,其使用式 I 或 II 的化合物或其药学上可接受的盐,其中 R_1 为 OH; R_2-R_6 同权利要求 1 定义;X 选自 Cl、NO_2、CN、CF_3 或 CH_3;Y 为以下部分:

且 R_7 和 R_8 连接在一起为-$(CH_2)_r$-,其中 r 是 4~6 的整数,形成一个任选被至多 3 个选自以下的取代基取代的环:氢、羟基、卤基、C_1-C_4 烷基、三卤代甲基、C_1-C_4 烷氧基、三卤代甲氧基、C_1-C_4 烷硫基、C_1-C_4 烷基亚磺酰基、C_1-C_4 烷基磺酰基、羟基(C_1-C_4)烷基、-CO_2H、-CN、-CONH(C_1-C_4)烷基、-NH_2、C_1-C_4 烷基氨基、二(C_1-C_4)烷基氨基、-$NHSO_2$(C_1-C_4)烷基、-NHCO(C_1-C_4)烷基和-NO_2。

25. 权利要求 14~18 任一项的用组合物,其中所述药理学活性药物为下式(III)或(IV)的化合物或其药学上可接受的盐:

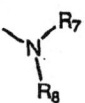

(III)   (IV)

其中取代基 R_1、R_2、R_3、R_4、R_5、R_6、n、X 和 Y 同权利要求 20 定义。

26. 权利要求 25 的药用组合物,其中:

R_1 选自 H、OH 或其 C_1-C_{12} 酯或烷基醚、苄氧基或卤素;

R_2、R_3、R_5 和 R_6 独立选自 H、OH 或其 C_1-C_{12} 酯或烷基醚、卤素、氰基、C_1-C_6 烷基或三卤代甲基,优选三氟甲基,但是当 R_1 为 H 时,R_2 不为 OH;

R_4 选自 H、OH 或其 C_1-C_{12} 酯或烷基醚、苄氧基、卤素、氰基、C_1-C_6 烷基或三卤代甲基;

X 选自 H、C_1-C_6 烷基、氰基、硝基、三氟甲基、卤素;

Y 为以下部分

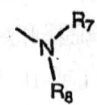

R_7 和 R_8 独立选自 H、C_1-C_6 烷基或结合为-$(CH_2)_p$-,其中 p 是 2~6 的整数,使得形成一个环,所述环任选被至多 3 个选自以下的取代基取代:氢、羟基、卤基、C_1-C_4 烷基、三卤代甲基、C_1-C_4 烷氧基、三卤代甲氧基、C_1-C_4 烷硫基、C_1-C_4 烷基亚磺酰基、C_1-C_4 烷基磺酰基、羟基(C_1-C_4)烷基、-CO_2H、-CN、-CONH(C_1-C_4)烷基、-NH_2、C_1-C_4 烷基氨基、C_1-C_4 二烷基氨基、-$NHSO_2$(C_1-C_4)烷基、-NHCO(C_1-C_4)烷基和-NO_2;或其药学上可接受的盐。

27. 权利要求 25 的药用组合物,其中 R_1 为 OH;R_2-R_6 同前定义;X 选自 Cl、NO_2、CN、CF_3 或 CH_3;Y 为以下部分:

且 R_7 和 R_8 连接在一起为 $-(CH_2)_r-$，其中 r 是 4～6 的整数，形成一个任选被至多 3 个选自以下的取代基取代的环：氢、羟基、卤基、C_1-C_4 烷基、三卤代甲基、C_1-C_4 烷氧基、三卤代甲氧基、C_1-C_4 烷硫基、C_1-C_4 烷基亚磺酰基、C_1-C_4 烷基磺酰基、羟基（C_1-C_4）烷基、$-CO_2H$、$-CN$、$-CONH$（C_1-C_4）烷基、$-NH_2$、C_1-C_4 烷基氨基、二（C_1-C_4）烷基氨基、$-NHSO_2$（C_1-C_4）烷基、$-NHCO$（C_1-C_4）烷基和 $-NO_2$；或其药学上可接受的盐。

28. 权利要求 26 或 27 的药用组合物，其中 R_7 和 R_8 连接在一起为 $-(CH_2)_p-$，其中 p 是 2～6 的整数、优选 4～6，如此形成的环任选 1～3 个选自 C_1-C_3 烷基、三氟甲基、卤素、氢、苯基、硝基、$-CN$ 的取代基取代。

29. 权利要求 21 的药用组合物，其中所述药理学活性药物为下式（V）或（VI）的化合物或其药学上可接受的盐：

（V）　　　　　　　（VI）

其中包括 R_1、R_2、R_3、R_4、R_5、R_6、n、X 和 Y 的可变取代基同权利要求 21 定义。

30. 权利要求 29 的药用组合物，其中：

R_1 选自 H、OH 或其 C_1-C_{12} 酯或烷基醚、苄氧基或卤素；

R_2、R_3、R_5 和 R_6 独立选自 H、OH 或其 C_1-C_{12} 酯或烷基醚、卤素、氰基、C_1-C_6 烷基或三卤代甲基，优选三氟甲基，但是当 R_1 为 H 时，R_2 不为 OH；

R_4 选自 H、OH 或其 C_1-C_{12} 酯或烷基醚、苄氧基、卤素、氰基、C_1-C_6 烷基或三卤代甲基；

X 选自 H、C_1-C_6 烷基、氰基、硝基、三氟甲基、卤素；

Y 为以下部分

R_7 和 R_8 独立选自 H、C_1-C_6 烷基或结合为 $-(CH_2)_p-$，其中 p 是 2～6 的整数，使得形成一个环，所述环任选被至多 3 个选自以下的取代基取代：氢、羟基、卤基、C_1-C_4 烷基、三卤代甲基、C_1-C_4 烷氧基、三卤代甲氧基、C_1-C_4 烷硫基、C_1-C_4 烷基亚磺酰基、C_1-C_4 烷基磺酰基、羟基（C_1-C_4）烷基、$-CO_2H$、$-CN$、$-CONH$（C_1-C_4）烷基、$-NH_2$、C_1-C_4 烷基氨基、二（C_1-C_4）烷基氨基、$-NHSO_2$（C_1-C_4）烷基、$-NHCO$（C_1-C_4）烷基和 $-NO_2$；或其药学上可接受的盐。

31. 权利要求 29 的药用组合物，其中 R_1 为 OH；R_2-R_6 同前定义；X 选自 Cl、NO_2、CN、CF_3 或 CH_3；Y 为以下部分：

且 R_7 和 R_8 连接在一起为 $-(CH_2)_r-$，其中 r 是 4~6 的整数，形成一个任选被至多 3 个选自以下的取代基取代的环：氢、羟基、卤基、C_1-C_4 烷基、三卤代甲基、C_1-C_4 烷氧基、三卤代甲氧基、C_1-C_4 烷硫基、C_1-C_4 烷基亚磺酰基、C_1-C_4 烷基磺酰基、羟基（C_1-C_4）烷基、$-CO_2H$、$-CN$、$-CONH$（C_1-C_4）烷基、$-NH_2$、C_1-C_4 烷基氨基、二（C_1-C_4）烷基氨基、$-NHSO_2$（C_1-C_4）烷基、$-NHCO$（C_1-C_4）烷基和 $-NO_2$；或其药学上可接受的盐。

32. 权利要求 30 或 31 的药用组合物，其中 R_7 和 R_8 连接在一起为 $-(CH_2)_p-$，其中 p 是 2~6 的整数，优选 4~6，如此形成的环任选 1~3 个选自 C_1-C_3 烷基、三氟甲基、卤素、氢、苯基、硝基、$-CN$ 的取代基取代。

33. 权利要求 21 的药用组合物，其中所述药理学活性药物为下式（VII）或（VIII）的化合物或其药学上可接受的盐：

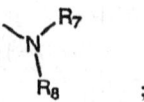

其中包括 R_1、R_2、R_3、R_4、R_5、R_6、n、X 和 Y 的可变取代基同权利要求 24 定义。

34. 权利要求 33 的药用组合物，其中：

R_1 选自 H、OH 或其 C_1-C_{12} 酯或烷基醚、苄氧基或卤素；

R_2、R_3、R_5 和 R_6 独立选自 H、OH 或其 C_1-C_{12} 酯或烷基醚、卤素、氰基、C_1-C_6 烷基或三卤代甲基，优选三氟甲基，但是当 R_1 为 H 时，R_2 不为 OH；

R_4 选自 H、OH 或其 C_1-C_{12} 酯或烷基醚、苄氧基、卤素、氰基、C_1-C_6 烷基或三卤代甲基；

X 选自 H、C_1-C_6 烷基、氰基、硝基、三氟甲基、卤素；

Y 为以下部分

R_7 和 R_8 独立选自 H、C_1-C_6 烷基或结合为 $-(CH_2)_p-$，其中 p 是 2~6 的整数，使得形成一个环，所述环任选被至多 3 个选自以下的取代基取代：氢、羟基、卤基、C_1-C_4 烷基、三卤代甲基、C_1-C_4 烷氧基、三卤代甲氧基、C_1-C_4 烷硫基、C_1-C_4 烷基亚磺酰基、C_1-C_4 烷基磺酰基、羟基（C_1-C_4）烷基、$-CO_2H$、$-CN$、$-CONH$（C_1-C_4）烷基、$-NH_2$、C_1-C_4 烷基氨基、二（C_1-C_4）烷基氨基、$-NHSO_2$（C_1-C_4）烷基、$-NHCO$（C_1-C_4）烷基和 $-NO_2$；或其药学上可接受的盐。

35. 权利要求 33 的药用组合物，其中 R_1 为 OH；R_2-R_6 同前定义；X 选自 Cl、NO_2、CN、CF_3 或 CH_3；Y 为以下部分：

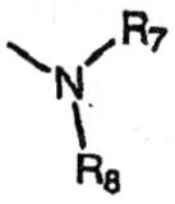

且 R_7 和 R_8 连接在一起为-（CH_2）r-，其中 r 是 4~6 的整数，形成一个任选被至多 3 个选自以下的取代基取代的环：氢、羟基、卤基、C_1-C_4 烷基、三卤代甲基、C_1-C_4 烷氧基、三卤代甲氧基、C_1-C_4 烷硫基、C_1-C_4 烷基亚磺酰基、C_1-C_4 烷基磺酰基、羟基（C_1-C_4）烷基、-CO_2H、-CN、-CONH（C_1-C_4）烷基、-NH_2、C_1-C_4 烷基氨基、二（C_1-C_4）烷基氨基、-$NHSO_2$（C_1-C_4）烷基、-NHCO（C_1-C_4）烷基和-NO_2；或其药学上可接受的盐。

36. 权利要求 33 或 34 的药用组合物，其中 R_7 和 R_8 连接在一起为-（CH_2）$_p$-，其中 p 是 2~6 的整数、优选 4~6，如此形成的环任选 1~3 个选自 C_1-C_3 烷基、三氟甲基、卤素、氢、苯基、硝基、-CN 的取代基取代。

37. 权利要求 21 的药用组合物，其中所述药理学活性药物为 1-［4-（2-氮杂环庚烷-1 基-乙氧基）-苄基］-2-（4-羟基-苯基）-3-甲基-1H-吲哚-5-酚或其药学上可接受的盐。

38. 权利要求 21 的药用组合物，其中所述药理学活性药物为 2-（4-羟基-苯基）-3-甲基-1-（4-（2-哌啶-1-基-乙氧基）-苄基）-1H-吲哚-5-酚或其药学上可接受的盐。

39. 权利要求 21 的药用组合物，其中所述药理学活性药物选自雷洛昔芬、他莫昔芬、屈洛昔芬、阿佐昔芬、CP 336156 或它们的药学上可接受的盐。

40. 一种药用组合物，该组合物包含：

a）药用有效量的 1-［4-（2-氮杂环庚烷-1 基-乙氧基）-苄基］-2-（4-羟基-苯基）-3-甲基-1H-吲哚-5-酚或 2-（4-羟基-苯基）-3-甲基-1-（4-（2-哌啶-1-基-乙氧基）-苄基）-1H-吲哚-5-酚、或它们的药学上可接受的盐；

b）填充剂及崩解剂组分，占所述制剂的约 50% 至约 80%，其中所述制剂的约 4% 至约 40% 包含一种或多种崩解剂；

c）润湿剂，占所述制剂的约 0.5% 至约 2.5%；

d）润滑剂，占所述制剂的约 0.2% 至约 5%；

e）助流剂，占所述制剂的约 0.1% 至约 5%。

41. 权利要求 40 的药用组合物，该组合物还包含浓度为所述组合物的约 0.5% 至约 5%（重量）的抗氧化剂，所述抗氧化剂选自抗坏血酸、抗坏血酸钠、棕榈酸抗坏血酸酯、或它们的混合物。

42. 权利要求 40 或 41 的药用组合物，该组合物进一步用占所述组合物的约 0.3% 至约 8%（重量）的膜包衣进行包衣。

43. 一种药用组合物，该组合物包含：

a）药用有效量的 1-［4-（2-氮杂环庚烷-1 基-乙氧基）-苄基］-2-（4-羟基苯基）-3-甲基-1H-吲哚-5-酚或 2-（4-羟基苯基）-3-甲基-1-（4-（2-哌啶-1-基-乙氧基）苄基）-1H-吲哚-5-酚、或它们的药学上可接受的盐；

b）一种或多种药学上可接受的填充剂及崩解剂组分，占所述制剂的约 54% 至约 87%（重量），其中崩解剂占所述制剂的约 25% 至约 35%（重量）；

c）润湿剂，占所述制剂的约 0.55% 至约 2.7%；

c）润滑剂，占所述制剂的约 0.2% 至约 5.5%；

d）助流剂，占所述制剂的约 0.1% 至约 5.5%。

44. 权利要求 43 的药用组合物，该组合物还包含浓度为所述组合物的约 0.5% 至约 5%（重量）

的抗氧化剂，所述抗氧化剂选自抗坏血酸、抗坏血酸钠、棕榈酸抗坏血酸酯、或它们的混合物。

45. 权利要求43或44的药用组合物，该组合物进一步用占所述组合物的约0.3%至约8%（重量）的膜包衣进行包衣。

46. 一种药用组合物，该组合物包含（以重量计）：

a）约2%至约8%的1-[4-（2-氮杂环庚烷-1基-乙氧基）苄基]-2-（4-羟基苯基）-3-甲基-1H-吲哚-5-酚或2-（4-羟基苯基）-3-甲基-1-（4-（2-哌啶-1-基-乙氧基）苄基）-1H-吲哚-5-酚、或它们的药学上可接受的盐；

b）约32%至约38%乳糖；

c）约32%至约38%微晶纤维素；

d）约12%至约16%预胶凝化淀粉；

e）约1%至约2%抗坏血酸；

f）约1%至约2%十二烷基硫酸钠；

g）约4%至约8%羟基乙酸淀粉钠；

h）约0.1%至约0.2%二氧化硅；

i）约0.3%至约0.7%硬脂酸镁。

47. 一种药用组合物，该组合物包含（以重量计）：

a）约0.1%至约25%的1-[4-（2-氮杂环庚烷-1基-乙氧基）苄基]-2-（4-羟基苯基）-3-甲基-1H-吲哚-5-酚或2-（4-羟基苯基）-3-甲基-1-（4-（2-哌啶-1-基-乙氧基）苄基）-1H-吲哚-5-酚、或它们的药学上可接受的盐；

b）约20%至约80%乳糖；

c）约4%至约40%预胶凝化淀粉；

d）约0.2%至约5%十二烷基硫酸钠；

e）约0.5%至约15%抗坏血酸；

f）约0.1%至约10%二氧化硅；

g）约0.2%至约10%硬脂酸镁。

48. 权利要求47的药用组合物，该组合物包含（以重量计）：

a）约5%至约18%的1-[4-（2-氮杂环庚烷-1基-乙氧基）苄基]-2-（4-羟基-苯基）-3-甲基-1H-吲哚-5-酚或2-（4-羟基苯基）-3-甲基-1-（4-（2-哌啶-1-基-乙氧基）苄基）-1H-吲哚-5-酚、或它们的药学上可接受的盐；

b）约47%至约77%乳糖；

c）约25%至约35%预胶凝化淀粉；

d）约1%至约2%十二烷基硫酸钠；

e）约1%至约3%抗坏血酸；

f）约0.1%至约0.5%二氧化硅；

g）约0.2%至约0.5%硬脂酸镁。"

驳回决定认为：对比文件1（EP0670162A1，公开日为1995年9月6日）公开了含有填充剂、崩解剂、润湿剂、助流剂和润滑剂的药物制剂（参见对比文件1说明书第4页和实施例），其中实施例3、4公开了本申请权利要求1的技术方案，权利要求1不符合专利法第22条第2款的规定，并且权利要求1相对于对比文件1的实施例1、2公开的技术方案仅略有差别，而这些差别是本领域技术人员在制备制剂时可进行调节的，因此权利要求1也不符合专利法第22条第3款的规定；权利要求2~

7、9～14的附加技术特征是所属领域的公知常识，因此权利要求2～7、9～14也不符合专利法第22条第3款创造性的规定；对比文件2（US5478847，公开日为1995年12月26日）公开了含有稀释剂、润湿剂、润滑剂、崩解剂等长用辅料的制剂（参见对比文件2第7栏以及实施例），对比文件3（US5480652，公开日为1996年1月2日）公开了泡腾药物制剂，对比文件4（US5332727，公开日为1994年7月26日）公开了可食用的药物组合物（参见对比文件4第2～3栏以及实施例），权利要求1～14相对于对比文件2～4也不符合专利法第22条第3款的规定。权利要求15～17的附加技术特征也是所属领域的公知常识，在对比文件1～4的基础上结合公知常识可以得到的权利要求15～17的技术方案，因此权利要求15～17也不符合专利法第22条第3款的规定；所属领域技术人员在对比文件1～4的基础上结合公知常识得到权利要求18～19的具有膜的组合物的技术方案是显而易见的，权利要求18～19不符合专利法第22条第3款的规定；权利要求20～39对药物进行了限定，这些药物是公知的活性物质，权利要求20～39也不符合专利法第22条第2或3款的规定；对比文件5（EP0802183A1，公开日为1997年10月22日）公开了口服制剂（参见对比文件5第13页第25～39行和实施例107和98），其中也含有填充剂、崩解剂、润滑剂等常用辅料，在对比文件5的基础上结合根据对比文件1或2或3或4以及本领域技术人员的公知常识给出的技术启示得到权利要求40～48的技术方案是显而易见的，权利要求40～48也不符合专利法第22条第3款的规定。

申请人惠氏公司（下称请求人）对上述驳回决定不服，于2005年8月29日向专利复审委员会提出复审请求，请求人在提出复审请求时提交了新修改的权利要求书和说明书第6页的替换页。其中删除了驳回决定所针对文本中的权利要求15、20～39，对权利要求1的活性成分进行了限定，并对其余权利要求进行了适应性修改。请求人认为：虽然制剂的组分在本领域公知，但组分的含量选择和优化以达到快速溶解药物的目的不容易达到，现有技术没有指出所述因素会对结果产生影响，对比文件1使用了亲水粘合剂，而本发明不需要使用亲水粘合剂，对比文件1没有提供技术教导或动机；对比文件2～4公开的制剂是常规制剂，所要解决的技术问题与本申请不同，本发明的技术方案相对于对比文件1～4是非显而易见的；对比文件5没有讨论改进稳定性或溶解度的组合物，不能破坏本申请的创造性，修改后的权利要求书已经克服了驳回决定中所指出的问题。

修改后的权利要求书为：

"1. 一种包括选自1-［4-（2-氮杂环庚烷-1基-乙氧基）-苄基］-2-（4-羟基-苯基）-3-甲基-1H-吲哚-5-酚；2-（4-羟基-苯基）-3-甲基-1-（4-（2-哌啶-1-基-乙氧基）-苄基）-1H-吲哚-5-酚或雷洛昔芬的活性药用化合物或其药学上可接受的盐，和载体或赋形剂体系的药用制剂，所述载体或赋形剂体系包含：

a）填充剂及崩解剂组分，占所述药用制剂的5％至82％重量，其中包含的一种或多种药学上可接受的崩解剂占所述总制剂的4％至40％；

b）润滑剂，占所述药用制剂的0.2％至10％重量；

c）任选润湿剂，占所述药用制剂的0.2％至5％重量；

d）任选助流剂，占所述药用制剂的0.1％至10％重量。

2. 权利要求1的药用制剂，它还包含0.5％至15％重量的抗氧化剂。

3. 权利要求1的药用制剂，它还包含0.5％至5％重量的抗氧化剂。

4. 权利要求3的药用制剂，其中所述抗氧化剂选自抗坏血酸、抗坏血酸钠、棕榈酸抗坏血酸酯以及它们的混合物。

5. 权利要求1～4任一项的药用制剂，其中所述填充剂及崩解剂组分占制剂的30％至80％重量。

6. 权利要求1～5任一项的药用制剂，其中所述填充剂组分为一种或多种选自以下的组分：乳糖、微晶纤维素、蔗糖、甘露糖醇、磷酸钙、碳酸钙、粉状纤维素、麦芽糖糊精、山梨糖醇、淀粉和木糖醇。

7. 权利要求1~6任一项的药用制剂，其中所述崩解剂组分为一种或多种选自以下的组分：预胶凝化淀粉、羟基乙酸淀粉钠、交联羧甲基纤维素钠、交联聚乙烯聚吡咯烷酮、淀粉、藻酸、藻酸钠、粘土（例如veegum或黄原胶）、纤维素絮凝物、离子交换树脂或基于食用酸和碱性碳酸盐组分的泡腾体系。

8. 权利要求7的药用制剂，其中所述崩解剂泡腾体系使用选自以下的酸：柠檬酸、酒石酸、苹果酸、富马酸、乳酸、己二酸、抗坏血酸、天冬氨酸、异抗坏血酸、谷氨酸和琥珀酸；以及选自以下的碱性碳酸盐组分：碳酸氢钠、碳酸钠、碳酸镁、碳酸钾、碳酸铵。

9. 权利要求1~8任一项的药用制剂，其中用于本发明的崩解剂占15%到35%。

10. 权利要求1~8任一项的药用制剂，其中用于本发明的崩解剂占20%到35%。

11. 权利要求1~10任一项的药用制剂，其中所述润滑剂选自硬脂酸金属盐、脂肪酸酯（例如硬脂酰富马酸钠）、脂肪酸、脂肪族醇、山嵛酸甘油酯、矿物油、石蜡、氢化植物油、亮氨酸、聚乙二醇、十二烷基硫酸金属盐和氯化钠。

12. 权利要求1~11任一项的药用制剂，其中所述润滑剂为硬脂酸镁、硬脂酸钙、硬脂酸锌或硬脂酸。

13. 权利要求1~12任一项的药用制剂，其中所述润湿剂选自十二烷基硫酸钠、聚氧乙烯山梨糖醇酐脂肪酸酯、聚氧乙烯烷基醚、脱水山梨糖醇脂肪酸酯、聚乙二醇、聚氧乙烯蓖麻油衍生物、多库脂钠、季铵化合物、脂肪酸的糖酯和脂肪酸的甘油酯。

14. 权利要求1~13任一项的药用制剂，其中所述助流剂选自二氧化硅、滑石粉、硬脂酸金属盐、硅酸钙和十二烷基硫酸金属盐。

15. 权利要求1~14任一项的药用制剂，其中所述活性药用化合物占最终组合物的0.5%至20%重量。

16. 权利要求14的药用制剂，其中所述活性药用化合物占最终组合物的1%至5%重量。

17. 权利要求14~16任一项的药用制剂，其中所述组合物为膜包衣或包囊化组合物。

18. 权利要求17的药用制剂，其中所述膜包衣或胶囊占最终组合物的至多8%重量。

19. 一种药用组合物，该组合物包含：

a）药用有效量的1-[4-（2-氮杂环庚烷-1基-乙氧基）-苄基]-2-（4-羟基-苯基）-3-甲基-1H-吲哚-5-酚或2-（4-羟基-苯基）-3-甲基-1-（4-（2-哌啶-1-基-乙氧基）-苄基）-1H-吲哚-5-酚、或它们的药学上可接受的盐；

b）填充剂及崩解剂组分，占所述制剂的50%至80%，其中包含的一种或多种崩解剂占所述制剂的4%至40%；

c）润湿剂，占所述制剂的0.5%至2.5%；

d）润滑剂，占所述制剂的0.2%至5%；

e）助流剂，占所述制剂的0.1%至5%。

20. 权利要求19的药用组合物，该组合物还包含浓度为所述组合物的0.5%至5%重量的抗氧化剂，所述抗氧化剂选自抗坏血酸、抗坏血酸钠、棕榈酸抗坏血酸酯、或它们的混合物。

21. 权利要求19或20的药用组合物，该组合物进一步用占所述组合物的0.3%至8%重量的膜包衣进行包衣。

22. 一种药用组合物，该组合物包含：

a) 药用有效量的 1-［4-（2-氮杂环庚烷-1 基-乙氧基）-苄基］-2-（4-羟基苯基）-3-甲基-1H-吲哚-5-酚或 2-（4-羟基苯基）-3-甲基-1-（4-（2-哌啶-1-基-乙氧基）苄基）-1H-吲哚-5-酚、或它们的药学上可接受的盐；

b) 一种或多种药学上可接受的填充剂及崩解剂组分，占所述制剂的 54% 至 87% 重量，其中崩解剂占所述制剂的 25% 至 35% 重量；

c) 润湿剂，占所述制剂的 0.55% 至 2.7%；

c) 润滑剂，占所述制剂的 0.2% 至 5.5%；

d) 助流剂，占所述制剂的 0.1% 至 5.5%。

23. 权利要求 22 的药用组合物，该组合物还包含浓度为所述组合物的 0.5% 至 5% 重量的抗氧化剂，所述抗氧化剂选自抗坏血酸、抗坏血酸钠、棕榈酸抗坏血酸酯、或它们的混合物。

24. 权利要求 22 或 23 的药用组合物，该组合物进一步用占所述组合物的 0.3% 至 8% 重量的膜包衣进行包衣。

25. 一种药用组合物，以重量计，该组合物包含：

a) 2% 至 8% 的 1-［4-（2-氮杂环庚烷-1 基-乙氧基）苄基］-2-（4-羟基苯基）-3-甲基-1H-吲哚-5-酚或 2-（4-羟基苯基）-3-甲基-1-（4-（2-哌啶-1-基-乙氧基）苄基）-1H-吲哚-5-酚、或它们的药学上可接受的盐；

b) 32% 至 38% 乳糖；

c) 32% 至 38% 微晶纤维素；

d) 12% 至 16% 预胶凝化淀粉；

e) 1% 至 2% 抗坏血酸；

f) 1% 至 2% 十二烷基硫酸钠；

g) 4% 至 8% 羟基乙酸淀粉钠；

h) 0.1% 至 0.2% 二氧化硅；

i) 0.3% 至 0.7% 硬脂酸镁。

26. 一种药用组合物，以重量计，该组合物包含：

a) 0.1% 至 25% 的 1-［4-（2-氮杂环庚烷-1 基-乙氧基）苄基］-2-（4-羟基苯基）-3-甲基-1H-吲哚-5-酚或 2-（4-羟基苯基）-3-甲基-1-（4-（2-哌啶-1-基-乙氧基）苄基）-1H-吲哚-5-酚、或它们的药学上可接受的盐；

b) 20% 至 80% 乳糖；

c) 4% 至 40% 预胶凝化淀粉；

d) 0.2% 至 5% 十二烷基硫酸钠；

e) 0.5% 至 15% 抗坏血酸；

f) 0.1% 至 10% 二氧化硅；

g) 0.2% 至 10% 硬脂酸镁。

27. 权利要求 26 的药用组合物，以重量计，该组合物包含：

a) 5% 至 18% 的 1-［4-（2-氮杂环庚烷-1 基-乙氧基）苄基］-2-（4-羟基-苯基）-3-甲基-1H-吲哚-5-酚或 2-（4-羟基苯基）-3-甲基-1-（4-（2-哌啶-1-基-乙氧基）苄基）-1H-吲哚-5-酚、或它们的药学上可接受的盐；

b) 47% 至 77% 乳糖；

c) 25% 至 35% 预胶凝化淀粉；

d) 1%至2%十二烷基硫酸钠;

e) 1%至3%抗坏血酸;

f) 0.1%至0.5%二氧化硅;

g) 0.2%至0.5%硬脂酸镁。"

形式审查合格后，专利复审委员会受理了该复审请求，并于2005年10月11日向请求人发出《复审请求受理通知书》，同时将本申请案卷移交原审查部门进行前置审查。

原审查部门对本复审请求进行了前置审查，认为申请人虽然修改了权利要求并在意见陈述中指出本申请与对比文件的区别，但是权利要求采用的是开放式表述，即使对比文件1公开了雷洛昔芬的制剂包含亲水粘合剂的情况下其仍不符合专利法第22条的规定，坚持原驳回决定。

专利复审委员会组成合议组，对本案的复审请求进行了审理。2007年7月2日，专利复审委员会向请求人发出《复审通知书》。《复审通知书》指出：(1) 对比文件1公开了一种药物制剂，其中包括雷洛昔芬和载体体系，载体体系包含66.7%的填充剂乳糖、9.6%的崩解剂交联羧甲基纤维素钠、3.8%的润滑剂硬脂酸镁和硬脂酸、2.9%的润湿剂泊洛沙姆，不含助流剂（参见对比文件1的处方5），权利要求1与对比文件1相比所不同的仅仅是权利要求1中限定的是辅料类型和用量数值范围，而对比文件1记载具体辅料和数值，后者是前者的下位概念且后者数值落在前者数值范围内，因此权利要求1相对于对比文件1不符合专利法第22条第2款的规定。权利要求5~7、11~12、15的附加技术特征被对比文件1公开，权利要求2~4、8~10、13~14、16~18的附加技术特征是所属领域的公知常识，因此在其引用的权利要求不具备新颖性或创造性时，权利要求5~7、11~12、15不符合专利法第22条第2款新颖性的规定、权利要求2~18不符合专利法第22条第3款创造性的规定。(2) 对比文件5公开了一种药物制剂，其中含有本申请权利要求19、22中涉及的化合物（参见对比文件5的说明书第13页第25~39行，实施例107、98），权利要求19、22与对比文件5公开的药物制剂的区别仅在于：对比文件5没有具体公开药物组合物中所含的的辅料类型和含量，对比文件1公开了多种辅料及用量，如药物制剂中含74.2%的填充剂、5%的崩解剂、2.1%的润湿剂，2.1%的润滑剂（参见对比文件1的处方6)，上述辅料在对比文件1中所起的作用与在本申请中所起的作用相同，对比文件1给出了将这些辅料应用于对比文件5的技术启示；并且在制备片剂、胶囊剂等剂型时添加一定量的助流剂是所属领域的公知常识，因此权利要求19、22不符合专利法第22条第3款的规定。权利要求19、22的从属权利要求20~21、23~24的附加技术特征是所属领域的公知常识，因此权利要求20~21、23~24也不符合专利法第22条第3款的规定。(3) 权利要求25、26与对比文件5公开的药物组合物制剂的区别仅在于权利要求25、26选择了具体的药用辅料以及各组分的用量范围，但该区别技术特征是所属领域的常规技术手段，权利要求25、26不符合专利法第22条第3款的规定。从属权利要求27的附加技术特征是所属领域的公知常识，权利要求27也不符合专利法第22条第3款的规定。如果请求人在规定答复期限内不能提出本申请符合专利法第22条第2、3款规定的充分理由，合议组将作出维持驳回决定的复审决定。

针对该《复审通知书》指出的问题，请求人于2007年10月16日提交了意见陈述书及经修改的权利要求书，请求人认为：(1) 对比文件1公开了包括雷洛昔芬和载体体系的药物制剂，不含助流剂，修改后的权利要求不含雷洛昔芬并含有润湿剂和助流剂，因此修改后的权利要求书克服了新颖性的缺陷；(2) 本申请提供了一种快速溶解溶解性不好的药物的技术方案，实施例1证明了TSE-424制剂在30分钟内迅速溶解，对比文件1没有关于改进药物溶解性的讨论，也没有关于抗氧化剂的用途的教导，本申请某些制剂提供了改进的稳定性。对比文件5没有提供任何制剂实施例，没有关于化合物TSE-424和ERA-923稳定性和溶解性的讨论，对比文件1、5没有关于使用特定赋形剂和用量提供改进的溶解性和稳定性的教导。

请求人修改后的权利要求书如下：

"1. 一种包括选自1-［4-（2-氮杂环庚烷-1基-乙氧基）-苄基］-2-（4-羟基-苯基）-3-甲基-1H-吲哚-5-酚，2-（4-羟基-苯基）-3-甲基-1-（4-（2-哌啶-1-基-乙氧基）-苄基）-1H-吲哚-5-酚的活性药用化合物或其药学上可接受的盐，和载体或赋形剂体系的药用制剂，所述载体或赋形剂体系包含包含：

a）填充剂及崩解剂组分，占所述药用制剂的5％至82％重量，其中包含的一种或多种药学上可接受的崩解剂占所述总制剂的4％至40％；

b）润滑剂，占所述药用制剂的0.2％至10％重量；

c）润湿剂，占所述药用制剂的0.2％至5％重量；

d）助流剂，占所述药用制剂的0.1％至10％重量。

2. 权利要求1的药用制剂，它还包含0.5％至15％重量的抗氧化剂。

3. 权利要求1的药用制剂，它还包含0.5％至5％重量的抗氧化剂。

4. 权利要求3的药用制剂，其中所述抗氧化剂选自抗坏血酸、抗坏血酸钠、棕榈酸抗坏血酸酯以及它们的混合物。

5. 权利要求1~4任一项的药用制剂，其中所述填充剂及崩解剂组分占制剂的30％至80％重量。

6. 权利要求1~5任一项的药用制剂，其中所述填充剂组分为一种或多种选自以下的组分：乳糖、微晶纤维素、蔗糖、甘露糖醇、磷酸钙、碳酸钙、粉状纤维素、麦芽糖糊精、山梨糖醇、淀粉和木糖醇。

7. 权利要求1~6任一项的药用制剂，其中所述崩解剂组分为一种或多种选自以下的组分：预胶凝化淀粉、羟基乙酸淀粉钠、交联羧甲基纤维素钠、交联聚乙烯聚吡咯烷酮、淀粉、藻酸、藻酸钠、粘土（例如veegum或黄原胶）、纤维素絮凝物、离子交换树脂或基于食用酸和碱性碳酸盐组分的泡腾体系。

8. 权利要求7的药用制剂，其中所述崩解剂泡腾体系选自以下的酸：柠檬酸、酒石酸、苹果酸、富马酸、乳酸、己二酸、抗坏血酸、天冬氨酸、异抗坏血酸、谷氨酸和琥珀酸；以及选自以下的碱性碳酸盐组分：碳酸氢钠、碳酸钠、碳酸镁、碳酸钾、碳酸铵。

9. 权利要求1~8任一项的药用制剂，其中用于本发明的崩解剂占15％到35％。

10. 权利要求1~8任一项的药用制剂，其中用于本发明的崩解剂占20％到35％。

11. 权利要求1~10任一项的药用制剂，其中所述润滑剂选自硬脂酸金属盐、脂肪酸酯（例如硬脂酰富马酸钠）、脂肪酸、脂肪族醇、山嵛酸甘油酯、矿物油、石蜡、氢化植物油、亮氨酸、聚乙二醇、十二烷基硫酸金属盐和氯化钠。

12. 权利要求1~11任一项的药用制剂，其中所述润滑剂为硬脂酸镁、硬脂酸钙、硬脂酸锌或硬脂酸。

13. 权利要求1~12任一项的药用制剂，其中所述润湿剂选自十二烷基硫酸钠、聚氧乙烯山梨糖醇酐脂肪酸酯、聚氧乙烯烷基醚、脱水山梨糖醇脂肪酸酯、聚乙二醇、聚氧乙烯蓖麻油衍生物、多库脂钠、季铵化合物、脂肪酸的糖酯和脂肪酸的甘油酯。

14. 权利要求1~13任一项的药用制剂，其中所述助流剂选自二氧化硅、滑石粉、硬脂酸金属盐、硅酸钙和十二烷基硫酸金属盐。

15. 权利要求1~14任一项的药用制剂，其中所述活性药用化合物占最终制剂的0.5％至20％重量。

16. 权利要求14的药用制剂，其中所述活性药用化合物占最终制剂的1％至5％重量。

17. 权利要求14～16任一项的药用制剂，其中所述制剂为膜包衣或包囊化制剂。

18. 权利要求17的药用制剂，其中所述膜包衣或胶囊占最终制剂的至多8%重量。

19. 一种药用制剂，该制剂包含：

a) 药用有效量的1-[4-(2-氮杂环庚烷-1基-乙氧基)-苄基]-2-(4-羟基-苯基)-3-甲基-1H-吲哚-5-酚或2-(4-羟基-苯基)-3-甲基-1-(4-(2-哌啶-1-基-乙氧基)-苄基)-1H-吲哚-5-酚、或它们的药学上可接受的盐；

b) 填充剂及崩解剂组分，占所述制剂的50%至80%，其中包含的一种或多种崩解剂占所述制剂的4%至40%；

c) 润湿剂，占所述制剂的0.5%至2.5%；

d) 润滑剂，占所述制剂的0.2%至5%；

e) 助流剂，占所述制剂的0.1%至5%。

20. 权利要求19的药用制剂，该制剂还包含浓度为所述制剂的0.5%至5%重量的抗氧化剂，所述抗氧化剂选自抗坏血酸、抗坏血酸钠、棕榈酸抗坏血酸酯、或它们的混合物。

21. 权利要求19或20的药用制剂，该制剂进一步用占所述制剂的0.3%至8%重量的膜包衣进行包衣。

22. 一种药用制剂，该制剂包含：

a) 药用有效量的1-[4-(2-氮杂环庚烷-1基-乙氧基)-苄基]-2-(4-羟基苯基)-3-甲基-1H-吲哚-5-酚或2-(4-羟基苯基)-3-甲基-1-(4-(2-哌啶-1-基-乙氧基)苄基)-1H-吲哚-5-酚、或它们的药学上可接受的盐；

b) 一种或多种药学上可接受的填充剂及崩解剂组分，占所述制剂的54%至87%重量，其中崩解剂占所述制剂的25%至35%重量；

c) 润湿剂，占所述制剂的0.55%至2.7%；

c) 润滑剂，占所述制剂的0.2%至5.5%；

d) 助流剂，占所述制剂的0.1%至5.5%。

23. 权利要求22的药用制剂，该制剂还包含浓度为所述制剂的0.5%至5%重量的抗氧化剂，所述抗氧化剂选自抗坏血酸、抗坏血酸钠、棕榈酸抗坏血酸酯、或它们的混合物。

24. 权利要求22或23的药用制剂，该制剂进一步用占所述制剂的0.3%至8%重量的膜包衣进行包衣。

25. 一种药用制剂，以重量计，该制剂包含：

a) 2%至8%的1-[4-(2-氮杂环庚烷-1基-乙氧基)苄基]-2-(4-羟基苯基)-3-甲基-1H-吲哚-5-酚或2-(4-羟基苯基)-3-甲基-1-(4-(2-哌啶-1-基-乙氧基)苄基)-1H-吲哚-5-酚、或它们的药学上可接受的盐；

b) 32%至38%乳糖；

c) 32%至38%微晶纤维素；

d) 12%至16%预胶凝化淀粉；

e) 1%至2%抗坏血酸；

f) 1%至2%十二烷基硫酸钠；

g) 4%至8%羟基乙酸淀粉钠；

h) 0.1%至0.2%二氧化硅；

i) 0.3%至0.7%硬脂酸镁。

26. 一种药用制剂，以重量计，该制剂包含：

a）0.1％至25％的1-［4-（2-氮杂环庚烷-1基-乙氧基）苄基］-2-（4-羟基苯基）-3-甲基-1H-吲哚-5-酚或2-（4-羟基苯基）-3-甲基-1-（4-（2-哌啶-1-基-乙氧基）苄基）-1H-吲哚-5-酚、或它们的药学上可接受的盐；

b）20％至80％乳糖；

c）4％至40％预胶凝化淀粉；

d）0.2％至5％十二烷基硫酸钠；

e）0.5％至15％抗坏血酸；

f）0.1％至10％二氧化硅；

g）0.2％至10％硬脂酸镁。

27. 权利要求26的药用制剂，以重量计，该制剂包含：

a）5％至18％的1-［4-（2-氮杂环庚烷-1基-乙氧基）苄基］-2-（4-羟基-苯基）-3-甲基-1H-吲哚-5-酚或2-（4-羟基苯基）-3-甲基-1-（4-（2-哌啶-1-基-乙氧基）苄基）-1H-吲哚-5-酚、或它们的药学上可接受的盐；

b）47％至77％乳糖；

c）25％至35％预胶凝化淀粉；

d）1％至2％十二烷基硫酸钠；

e）1％至3％抗坏血酸；

f）0.1％至0.5％二氧化硅；

g）0.2％至0.5％硬脂酸镁。"

至此，合议组认为本案事实清楚，可以作出审查决定。

二、决定的理由

1. 审查依据的文本

请求人于2007年10月16日提交了权利要求书修改替换页（共27项）。本复审决定所针对的文本为请求人于2007年10月16日提交的权利要求1～27、2005年8月29日提交的说明书第6页，进入中国国家阶段时提交的说明书第1～5、7～37页和说明书摘要。

2. 专利法第22条第3款

专利法第22条第3款规定：创造性，是指同申请日以前已有的技术相比，该发明有突出的实质性特点和显著的进步，该实用新型有实质性特点和进步。

如果一项权利要求所述的技术方案与最接近的对比文件相比具有区别技术特征，但现有技术给出将上述区别技术特征应用到该最接近的对比文件以解决其存在的技术问题的启示，则该权利要求不具有突出的实质性特点。

对比文件5公开了一种雌激素药物制剂（参见说明书第13页第25～39行，实施例98、107），制剂含有药用有效量的活性成分，该活性成分可为"1-［4-（2-氮杂环庚烷-1基-乙氧基）-苄基］-2-（4-羟基苯基）-3-甲基-1H-吲哚-5-酚"或"2-（4-羟基苯基）-3-甲基-1-（4-（2-哌啶-1-基-乙氧基）-苄基）-1H-吲哚-5-酚"。权利要求19与对比文件5的区别仅在于：权利要求19限定了辅料类型和含量，而对比文件5没有具体公开药用制剂中所含的辅料类型和含量。相对于对比文件5，本发明实际解决的技术问题是提供了雌激素药物制剂中各辅料的种类和含量，以获得一种较为具体的制剂处方。对比文件1也公开了一种雌激素药用制剂，并具体公开了制剂中的多种辅料及所用含量，其中每240mg的片剂中含有乳糖和葡萄糖各89mg（相当于74.2％的填充剂）、12mg

交联聚乙烯吡咯烷酮（相当于5%的崩解剂）、5mg十二烷基硫酸钠（相当于2.1%的润湿剂），5mg（相当于2.1%的润滑剂）（参见对比文件1的处方6），上述辅料在对比文件1中所起的作用与在本申请中所起的作用相同，都是作为雌激素药用制剂中的药物辅料，因此对比文件1给出了将这些辅料应用于对比文件5的技术启示；虽然对比文件1、5都没有披露制剂中含有助流剂，但在制备片剂、胶囊剂等剂型时，为了改善制备过程中颗粒间的摩擦力，添加助流剂是所属领域的公知常识（例如可参见：张光杰主编的《药用辅料应用技术》，中国医药科技出版社，1991年版，第95~96页），并且该用量也是所属领域中常规使用的用量，所属领域技术人员通过常规试验筛选即可确定。因此在对比文件5的基础上结合对比文件1给出的技术启示以及所属领域的公知常识得到权利要求19的技术方案对于所属领域的技术人员来说是显而易见的，权利要求19不具备突出的实质性特点和显著的进步，不符合专利法第22条第3款的规定。

针对请求人答复《复审通知书》的意见，合议组认为：(1) 权利要求19包括了大量与本申请实施例1组成、制备方法不同的制剂，本申请说明书实施例1仅证明了通过使用具体的辅料、特定的各原、辅料用量以及特定的颗粒和粉末混合法制备得到的药物制剂具有较好的释放效果，没有证明本申请权利要求19包括的所有制剂都具有释放快的技术效果。(2) 对比文件1、5没有对药物溶解性和稳定性进行讨论并不等于对比文件1没有给出将对比文件1中给出的辅料及其用量应用于对比文件5所公开的药物成分而形成制剂的启示。(3) 通过添加抗氧化剂是易于氧化的药物稳定性提高也是本领域的公知常识（例如可参见：罗明生、高天惠主编的《药剂辅料大全》，四川科学技术出版社，1995年版，第56~57页），抗氧剂的使用以及所获得的效果对于所属领域技术人员是显而易见的，该技术特征并不能使本申请相对于现有技术具有创造性。因此，对于请求人关于本申请具有创造性的理由，合议组不予支持。

根据以上事实和理由，本案合议组作出如下审查决定。

三、决定

维持国家知识产权局于2005年5月13日对01815086.1号发明专利申请作出的驳回决定。

复审请求人对本决定不服的，可以根据专利法第41条第2款的规定，自收到本决定之日起三个月内向北京市第一中级人民法院起诉。

北京市第一中级人民法院
行政判决书

(2008) 一中行初字第614号

原告惠氏公司，住所地美利坚合众国新泽西州。

法定代表人盖尔·马修斯，部长。

委托代理人吴玉和，中国专利代理（香港）有限公司专利代理人。

委托代理人李连涛，中国专利代理（香港）有限公司专利代理人。

被告中华人民共和国国家知识产权局专利复审委员会，住所地中华人民共和国北京市海淀区北四环西路9号银谷大厦。

法定代表人廖涛，副主任。

委托代理人李梦楠，女，中华人民共和国国家知识产权局专利复审委员会审查员。

委托代理人程强，男，中华人民共和国国家知识产权局专利复审委员会审查员。

原告惠氏公司不服被告中华人民共和国国家知识产权局专利复审委员会作出的行政决定，于2008年3月20日向本院提起行政诉讼。本院受理后，依法组成合议庭，于2008年6月17日公开开庭审理了本案。原告的委托代理人吴玉和、李连涛，被告的委托代理人李梦楠、程强到庭参加了诉讼。本案现已审理终结。

被告于2007年12月4日针对原告提出的复审请求作出了第12072号复审请求审查决定（以下简称被诉决定），维持了中华人民共和国国家知识产权局（以下简称国家知识产权局）于2005年5月13日针对第01815086.1号发明专利申请（以下简称本申请）作出的驳回决定（以下简称驳回决定）。为证明被诉决定合法，被告在法定举证期限内向本院提交了下列证据的复印件：1. 本申请的审查文本；2. 被诉决定中的对本文件1；3. 被诉决定中的对本文件5。以上证据用以证明被诉决定合法。

原告诉称：1. 对比文件5与本申请权利要求19的技术领域并不相同，所要解决的技术问题、技术效果或者用途也不接近。对比文件5最多也就公开了权利要求19中的特征a)，不能够认为是公开了本申请的技术特征最多的现有技术。因此，对比文件5不适于作为本申请最接近的现有技术。即使可以，本领域技术人员也没有动机将对比文件5与对比文件1结合。本申请权利要求19相对于对比文件1、5以及公知常识的结合不是显而易见的，符合《中华人民共和国专利法》（以下简称《专利法》）第二十二条第三款关于创造性的规定。被诉决定关于本申请权利要求19相对于对比文件1、5以及公知常识三者的结合不具备创造性的认定是错误的，缺乏证据支持；2. 权利要求19是对说明书公开内容的合理概括，实施例的技术效果完全证明了权利要求19的创造性。被告所主张的实施例的具体（下位）概念与权利要求19的一般（上位）概念的差异属于《专利法》第二十六条的范畴。本领域技术人员根据其自身掌握的知识以及本申请的公开完全能够实施并预期权利要求19的技术方案能够实现本申请的目的，权利要求19完全得到说明书的支持。审查员在否定本专利申请创造性时存在法律适用问题并且事实认定不清；3. 在被诉决定中，被告仅仅对独立权利要求19进行了评述，却没有对修改过的权利要求1~18进行任何评述，导致这些权利要求的修改在整个专利行政审查程序中未曾被审查。因此，原告认为被告对本专利申请的审查是不完整的，被诉决定应因其程序问题而被撤销。综上，原告认为本申请具有创造性，故请求法院撤销被诉决定。在法定举证期限内，原告向本院提交了下列证据的复印件：

1. 被诉决定书；2. 本申请公开说明书，用于证明本申请权利要求 19 具有创造性；3. 驳回决定书；4. 复审请求书；5. 复审通知书；6. 复审意见陈述书，证据 3～6 用以证明原告陈述的内容。

被告辩称：1. 对于原告的第 1 点诉讼意见，被诉决定 21～23 页已进行了详细的论述，在此不再赘述；2. 本申请权利要求 19 是一个开放式的权利要求，其中组份的用量均为范围，且没有对辅料进行具体限定。也就是说，权利要求 19 中包含了很多个不同的具体技术方案，而实施例 1 是一个优选的具体技术方案，显然只是权利要求 19 的下位概念。因此，如被诉决定所述，即使实施例 1 的具体方案具有施放快的技术效果，也不能证明权利要求 19 中的所有技术方案均具有上述效果。被诉决定认定事实清楚、适用法律正确，审查结论正确。原告的诉讼理由不能成立，故要求驳回原告请求，维持被诉决定。

原告对被告证据的关联性、合法性、真实性无异议，对证明作用有异议。

被告对原告证据的关联性、合法性、真实性无异议，对于证据 2 的证明作用有异议。

经庭审质证，本院对当事人提交的证据认证如下：被告和原告提交的证据均与本案具有关联性且符合诉讼证据形式上的真实性、合法性要求，被告提交的证据能够作为其认定相关事实的依据，原告提交的证据能够作为认定本案相关事实的依据，本院均予采纳。上述经本院采纳的证据以及各方当事人无争议的相关陈述可以作为认定本案事实的依据。

经审理查明，本案涉及 2003 年 10 月 22 日公开、名称为"雌激素药物药用组合物"的第 01815086.1 号发明专利申请（即本申请），本申请的申请日为 2001 年 6 月 29 日、优先权日为 2000 年 7 月 6 日，本申请的申请人为本案原告惠氏公司。

国家知识产权局于 2005 年 5 月 13 日以本申请权利要求 1～48 不符合《专利法》第二十二条第二、三款的规定为由驳回了本申请。驳回决定所针对的权利要求书为：

"1. 一种用于制备药用制剂的药用载体或赋形剂体系，所述载体或赋形剂体系包含：

a) 填充剂及崩解剂组分，占所述药用制剂的约 5% 至约 82%（重量），其中所述总制剂的约 4% 至约 40% 包含一种或多种药学上可接受的崩解剂；

b) 润滑剂，占所述药用制剂的约 0.2% 至约 10%（重量）；

c) 任选润湿剂，占所述药用制剂的约 0.2% 至约 5%（重量）；

d) 任选助流剂，占所述药用制剂的约 0.1% 至约 10%（重量）。

2. 权利要求 1 的药用载体或赋形剂体系，它还包含约 0.5% 至约 15%（重量）的抗氧化剂。

3. 权利要求 1 的药用载体或赋形剂体系，它还包含约 0.5% 至约 5%（重量）的抗氧化剂。

4. 权利要求 3 的药用载体或赋形剂体系，其中所述抗氧化剂选自抗坏血酸、抗坏血酸钠、棕榈酸抗坏血酸酯以及它们的混合物。

5. 权利要求 1～4 任一项的药用载体或赋形剂体系，其中所述填充剂及崩解剂组分占制剂的约 30% 至约 80%（重量）。

6. 权利要求 1～5 任一项的药用载体或赋形剂体系，其中所述填充剂组分为一种或多种选自以下的组分：乳糖、微晶纤维素、蔗糖、甘露糖醇、磷酸钙、碳酸钙、粉状纤维素、麦芽糖糊精、山梨糖醇、淀粉或木糖醇。

7. 权利要求 1～6 任一项的药用载体或赋形剂体系，其中所述崩解剂组分为一种或多种选自以下的组分：预胶凝化淀粉、羟基乙酸淀粉钠、交联羧甲基纤维素钠、聚乙烯聚吡咯烷酮、淀粉、藻酸、藻酸钠、粘土（例如 veegum 或黄原胶）、纤维素絮凝物、离子交换树脂或基于食用酸和碱性碳酸盐组分的泡腾体系。

8. 权利要求 7 的药用载体或赋形剂体系，其中所述崩解剂泡腾体系使用选自以下的酸：柠檬酸、酒石酸、苹果酸、富马酸、乳酸、己二酸、抗坏血酸、天冬氨酸、异抗坏血酸、谷氨酸和琥珀酸；以及选自以下的碱性碳酸盐组分：碳酸氢钠、碳酸钠、碳酸镁、碳酸钾、碳酸铵。

9. 权利要求1～8任一项的药用载体或赋形剂体系，其中用于本发明的崩解剂占约15%到约35%。

10. 权利要求1～8任一项的药用载体或赋形剂体系，其中用于本发明的崩解剂占约20%到约35%。

11. 权利要求1～10任一项的药用载体或赋形剂体系，其中所述润滑剂选自硬脂酸金属盐、脂肪酸酯（例如硬脂酰富马酸钠）、脂肪酸、脂肪族醇、山嵛酸甘油酯、矿物油、石蜡、氢化植物油、亮氨酸、聚乙二醇、十二烷基硫酸金属盐和氯化钠。

12. 权利要求1～11任一项的药用载体或赋形剂体系，其中所述润滑剂为硬脂酸镁、硬脂酸钙、硬脂酸锌或硬脂酸。

13. 权利要求1～12任一项的药用载体或赋形剂体系，其中所述润湿剂选自十二烷基硫酸钠、聚氧乙烯山梨糖醇酐脂肪酸酯、聚氧乙烯烷基醚、脱水山梨糖醇脂肪酸酯、聚乙二醇、聚氧乙烯蓖麻油衍生物、多库脂钠、季铵化合物、脂肪酸的糖酯和脂肪酸的甘油酯。

14. 权利要求1～13任一项的药用载体或赋形剂体系，其中所述助流剂选自二氧化硅、滑石粉、硬脂酸金属盐、硅酸钙和十二烷基硫酸金属盐。

15. 一种药用组合物，该组合物包含药用有效量的药理学活性药物和权利要求1～14任一项的药用载体或赋形剂体系。

16. 权利要求15的药用组合物，其中所述药物占最终组合物的约0.5%至约20%（重量）。

17. 权利要求15的药用组合物，其中所述药物占最终组合物的约1%至约5%（重量）。

18. 权利要求15～17任一项的药用组合物，其中所述组合物为膜包衣或包囊化组合物。

19. 权利要求18的药用组合物，其中所述膜包衣或胶囊占最终组合物的至多约8%（重量）。

20. 权利要求15～19任一项的药用组合物，其中所述药理学活性药物为非类固醇雌激素或组织选择性雌激素药物。

21. 权利要求15～19任一项的药用组合物，其中所述药理学活性药物为下式Ⅰ或Ⅱ的化合物或其药学上可接受的盐：

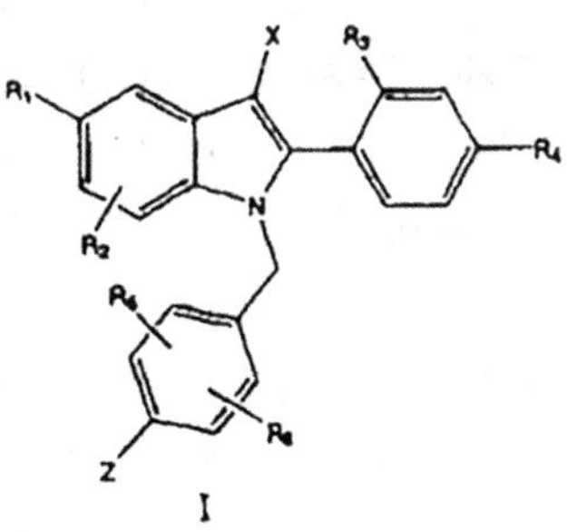

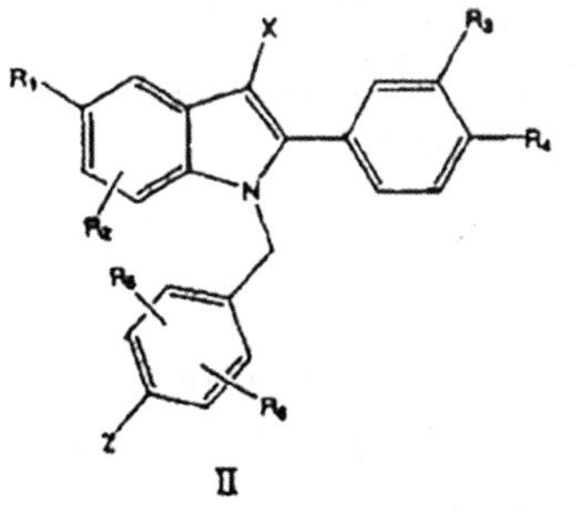

其中Z选自以下部分：

其中：R_1选自H、OH或其C_1-C_{12}酯或C_1-C_{12}烷基醚、苄氧基或卤素；或包括三氟甲基醚和三氯甲基醚的C_1-C_4卤代醚；

R_2、R_3、R_5 和 R_6 独立选自 H、OH 或其 C_1-C_{12} 酯或 C_1-C_{12} 烷基醚、卤素或 C_1-C_4 卤代醚、氰基、C_1-C_6 烷基或三氟甲基，但是当 R_1 为 H 时，R_2 不为 OH

R_4 选自 H、OH 或其 C_1-C_{12} 酯或 C_1-C_{12} 烷基醚、卤素或 C_1-C_4 卤代醚、苄氧基、氰基、C_1-C_6 烷基或三氟甲基；

X 选自 H、C_1-C_6 烷基、氰基、硝基、三氟甲基、卤素；

n 为 1、2 或 3；

Y 选自：

a) 以下部分：

其中 R_7 和 R_8 独立选自 H、C_1-C_6 烷基或任选被 CN、C_1-C_6 烷基、C_1-C_6 烷氧基、卤素、-OH、-CF_3 或 -OHF_3 取代的苯基；或者 R_7 和 R_8 结合为 -$(CH_2)_p$-，其中 p 是 2~6 的整数，使得形成一个环，所述环任选被至多 3 个选自以下的取代基取代：羟基、卤基、C_1-C_4 烷基、三卤代甲基、C_1-C_4 烷氧基、三卤代甲氧基、C_1-C_4 烷硫基、C_1-C_4 烷基亚磺酰基、C_1-C_4 烷基磺酰基、羟基（C_1-C_4）烷基、-CO_2H、-CN、-CONH（C_1-C_4）烷基、-NH_2、C_1-C_4 烷基氨基、二-（C_1-C_4）烷基氨基、-$NHSO_2$（C_1-C_4）烷基、-NHCO（C_1-C_4）烷基和 -NO_2）；

b) 五元饱和、不饱和或部分不饱和杂环，含有至多两个选自 -O-、-NH-、-N（C_1-C_4 烷基）-、-N= 和 -S(O)$_m$- 的杂原子，其中 m 是 0-2 的整数，所述杂环任选被 1-3 个独立选自以下的取代基取代：羟基、卤基、C_1-C_4 烷基、三卤代甲基、C_1-C_4 烷氧基、三卤代甲氧基、C_2-C_4 酰氧基、C_1-C_4 烷硫基、C_1-C_4 烷基亚磺酰基、C_1-C_4 烷基磺酰基、羟基（C_1-C_4）烷基、-CO_2H-、-CN、-CONHR$_1$、-NH_2、C_1-C_4 烷基氨基、二（C_1-C_4）烷基氨基、-$NHSO_2R_1$、$NHCOR_1$、-CONH（C_1-C_4）烷基、-$NHSO_2$（C_1-C_4）烷基、-NHCO（C_1-C_4）烷基；-NO_2 和任选被 1-3 个（C_1-C_4）烷基取代的苯基；

c) 六元饱和、不饱和或部分不饱和杂环，含有至多两个选自 -O-、-NH-、-N（C_1-C_4 烷基）-、-N= 和 -S(O)$_m$- 的杂原子，其中 m 是 0-2 的整数，所述杂环任选被 1-3 个独立选自以下的取代基取代：羟基、卤基、C_1-C_4 烷基、三卤代甲基、C_1-C_4 烷氧基、三卤代甲氧基、C_2-C_4 酰氧基、C_1-C_4 烷硫基、C_1-C_4 烷基亚磺酰基、C_1-C_4 烷基磺酰基、羟基（C_1-C_4）烷基、-CO_2H、-CN、-CONHR$_1$、-NH_2、C_1-C_4 烷基氨基、二-（C_1-C_4）烷基氨基、-$NHSO_2R_1$、-$NHCOR_1$、-CONH（C_1-C_4）烷基、-$NHSO_2$（C_1-C_4）烷基、-NHCO（C_1-C_4）烷基、-NO_2 和任选被 1-3 个（C_1-C_4）烷基取代的苯基；

d) 七元饱和、不饱和或部分不饱和杂环，含有至多两个选自 -O-、-NH-、-N（C_1-C_4 烷基）-、-N= 和 -S(O)$_m$- 的杂原子，其中 m 是 0-2 的整数，所述杂环任选被 1-3 个独立选自以下的取代基取代：氢、羟基、卤基、C_1-C_4 烷基、三卤代甲基、C_1-C_4 烷氧基、三卤代甲氧基、C_2-C_4 酰氧基、C_1-C_4 烷硫基、C_1-C_4 烷基亚磺酰基、C_1-C_4 烷基磺酰基、羟基（C_1-C_4）烷基、-CO2H、-CN、-CONHR$_1$、-NH_2、C_1-C_4 烷基氨基、二-（C_1-C_4）烷基氨基、-$NHSO_2R_1$、-$NHCOR_1$、-CONH（C_1-C_4）烷基、-$NHSO_2$（C_1-C_4）烷基、-NHCO（C_1-C_4）烷基、-NO_2 和任选被 1-3 个（C_1-C_4）烷基取代的苯基；或者

e) 桥连或稠合的双环杂环，含有 6-12 个碳原子且含有至多两个选自 -O-、-NH-、-N（C_1-C_4 烷基）-和 -S(O)$_m$- 的杂原子，其中 m 是 0-2 的整数，所述杂环任选被 1-3 个独立选自以下的取代基取代：羟基、卤基、C_1-C_4 烷基、三卤代甲基、C_1-C_4 烷氧基、三卤代甲氧基、C_2-C_4 酰氧基、

C_1-C_4烷硫基、C_1-C_4烷基亚磺酰基、C_1-C_4烷基磺酰基、羟基（C_1-C_4）烷基、$-CO_2H$、$-CN$、$-CONHR_1$、$-NH_2$、C_1-C_4烷基氨基、二-（C_1-C_4）烷基氨基、$-NHSO_2R_1$、$-NHCOR_1$、$-CONH$（C_1-C_4）烷基、$-NHSO_2$（C_1-C_4）烷基、$-NHCO$（C_1-C_4）烷基、$-NO_2$和任选被1-3个（C_1-C_4）烷基取代的苯基。

22. 权利要求21的药用组合物，其中所述式I或II的化合物或其药学上可接受的盐中：

R_1选自H、OH或其C_1-C_{12}酯或烷基醚、苄氧基或卤素；R_2、R_3、R_5和R_6独立选自H、OH或其C_1-C_{12}酯或烷基醚、卤素、氰基、C_1-C_6烷基或三卤代甲基，但是当R_1为H时，R_2不为OH；

R_4选自H、OH或其C_1-C_{12}酯或烷基醚、苄氧基、卤素、氰基、C_1-C_6烷基或三卤代甲基；

X选自H、C_1-C_6烷基、氰基、硝基、三氟甲基、卤素；

Y为以下部分

R_7和R_8独立选自H、C_1-C_6烷基或结合为-（CH_2）$_p$-，其中p是2-6的整数，使得形成一个环，所述环任选被至多3个选自以下的取代基取代：氢、羟基、卤基、C_1-C_4烷基、三卤代甲基、C_1-C_4烷氧基、三卤代甲氧基、C_1-C_4烷硫基、C_1-C_4烷基亚磺酰基、C_1-C_4烷基磺酰基、羟基（C_1-C_4）烷基、$-CO_2H$、$-CN$、$-CONH$（C_1-C_4）烷基、$-NH_2$、C_1-C_4烷基氨基、二（C_1-C_4）烷基氨基、$-NHSO_2$（C_1-C_4）烷基、$-NHCO$（C_1-C_4）烷基和$-NO_2$。

23. 权利要求22的药用制剂，其中在所述式I或II化合物中，R_7和R_8通过-（CH_2）$_p$-连接形成的环选自氮丙啶、氮杂环丁烷、吡咯烷、哌啶、六亚甲基胺或七亚甲基胺。

24. 权利要求21的药用制剂，其使用式I或II的化合物或其药学上可接受的盐，其中R_1为OH；R_2-R_6同权利要求1定义；X选自C_1、NO_2、CN、CF_3或CH_3；Y为以下部分：

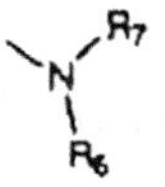

且R_7和R_8连接在一起为-（CH_2）$_r$-，其中r是4~6的整数，形成一个任选被至多3个选自以下的取代基取代的环：氢、羟基、卤基、C_1-C_4烷基、三卤代甲基、C_1-C_4烷氧基、三卤代甲氧基、C_1-C_4烷硫基、C_1-C_4烷基亚磺酰基、C_1-C_4烷基磺酰基、羟基（C_1-C_4）烷基、$-CO_2H$、$-CN$、$-CONH$（C_1-C_4）烷基、$-NH_2$、C_1-C_4烷基氨基、二（C_1-C_4）烷基氨基、$-NHSO_2$（C_1-C_4）烷基、$-NHCO$（C_1-C_4）烷基和$-NO_2$。

25. 权利要求14-18任一项的用组合物，其中所述药理学活性药物为下式（III）或（IV）的化合物或其药学上可接受的盐：

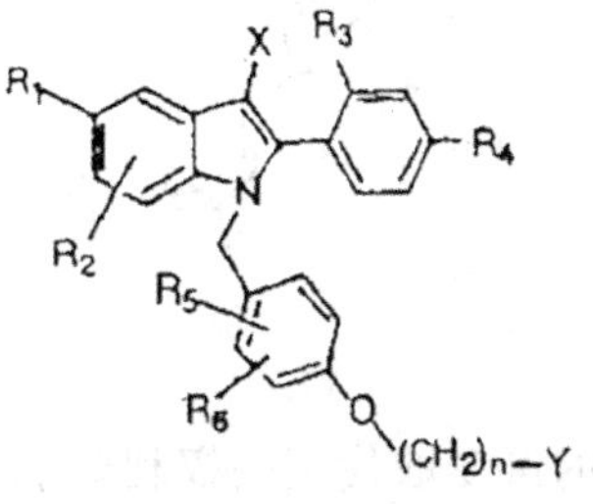

（III） 或 （IV）

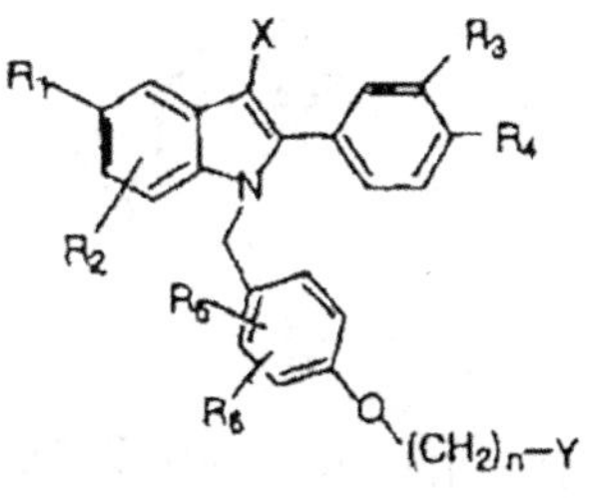

其中取代基R_1、R_2、R_3、R_4、R_5、R_6、n、X和Y同权利要求20定义。

26. 权利要求25的药用组合物，其中：

R_1 选自 H、OH 或其 C_1-C_{12} 酯或烷基醚、苄氧基或卤素;

R_2、R_3、R_5 和 R_6 独立选自 H、OH 或其 C_1-C_{12}.:酯或烷基醚、卤素、氰基、C_1-C_6 烷基或三卤代甲基,优选三氟甲基,但是当 R_1 为 H 时,R_2 不为 OH;

R_4 选自 H、OH 或其 C_1-C_{12} 酯或烷基醚、苄氧基、卤素、氰基、C_1-C_6 烷基或三卤代甲基;

X 选自 H、C_1-C_6 烷基、氰基、硝基、三氟甲基、卤素;

Y 为以下部分

R_7 和 R_8 独立选自 H、C_1-C_6 烷基或结合为-$(CH_2)_p$-,其中 p 是 2-6 的整数,使得形成一个环,所述环任选被至多 3 个选自以下的取代基取代:氢、羟基、卤基、C_1-C_4 烷基、三卤代甲基、C_1-C_4 烷氧基、三卤代甲氧基、C_1-C_4 烷硫基、C_1-C_4 烷基亚磺酰基、C_1-C_4 烷基磺酰基、羟基(C_1-C_4)烷基、-CO_2H、-CN、-CONH(C_1-C_4)烷基、-NH_2、C_1-C_4 烷基氨基、C_1-C_4 二烷基氨基、-$NHSO_2$(C_1-C_4)烷基、-NHCO(C_1-C_4)烷基和-NO_2;或其药学上可接受的盐。

27. 权利要求 25 的药用组合物,其中 R_1 为 OH;R_2-R_6 同前定义;X 选自 Cl、NO_2、CN、CF_3 或 CH_3;Y 为以下部分:

且 R_7 和 R_8 连接在一起为-$(CH_2)_r$-,其中 r 是 4~6 的整数,形成一个任选被至多 3 个选自以下的取代基取代的环:氢、羟基、卤基、C_1-C_4 烷基、三卤代甲基、C_1-C_4 烷氧基、三卤代甲氧基、C_1-C_4 烷硫基、C_1-C_4 烷基亚磺酰基、C_1-C_4 烷基磺酰基、羟基(C_1-C_4)烷基、-CO_2H、-CN、-CONH(C_1-C_4)烷基、-NH_2、C_1-C_4 烷基氨基、二(C_1-C_4)烷基氨基、-$NHSO_2$(C_1-C_4)烷基、-NHCO(C_2-C_4)烷基和-NO_2;或其药学上可接受的盐。

28. 权利要求 26 或 27 的药用组合物,其中 R_7 和 R_8 连接在一起为-$(CH_2)_p$-,其中 p 是 2-6 的整数,优选 4~6,如此形成的环任选 1~3 个选自 C_1-C_3 烷基、三氟甲基、卤素、氢、苯基、硝基、-CN 的取代基取代。

29. 权利要求 21 的药用组合物,其中所述药理学活性药物为下式(V)或(VI)的化合物或其药学上可接受的盐:

其中包括 R_1、R_2、R_3、R_4、R_5、R_6、n、X 和 Y 的可变取代基同权利要求 21 定义。

30. 权利要求 29 的药用组合物,其中:

R_1 选自 H、OH 或其 C_1-C_{12} 酯或烷基醚、苄氧基或卤素;

R_2、R_3、R_5 和 R_6 独立选自 H、OH 或其 C_1-C_{12} 酯或烷基醚、卤素、氰基、C_1-C_6 烷基或三卤代

甲基，优选三氟甲基，但是当 R_1 为 H 时，R_2 不为 OH；

R_4 选自 H、OH 或其 C_1-C_{12} 酯或烷基醚、苄氧基、卤素、氰基、C_1-C_6 烷基或三卤代甲基；

X 选自 H、C_1-C_6 烷基、氰基、硝基、三氟甲基、卤素；

Y 为以下部分

R_7 和 R_8 独立选自 H、C_1-C_6 烷基或结合为 $-(CH_2)_p-$，其中 p 是 2-6 的整数，使得形成一个环，所述环任选被至多 3 个选自以下的取代基取代：氢、羟基、卤基、C_1-C_4 烷基、三卤代甲基、C_1-C_4 烷氧基、三卤代甲氧基、C_1-C_4 烷硫基、C_1-C_4 烷基亚磺酰基、C_1-C_4 烷基磺酰基、羟基（C_1-C_4）烷基、$-CO_2H$、$-CN$、$-CONH$（C_1-C_4）烷基、$-NH_2$、C_1-C_4 烷基氨基、二（C_1-C_4）烷基氨基、$-NHSO_2$（C_1-C_4）烷基、$-NHCO$（C_1-C_4）烷基和 $-NO_2$；或其药学上可接受的盐。

31. 权利要求 29 的药用组合物，其中 R_1 为 OH；R_2-R_6 同前定义；X 选自 Cl、NO_2、CN、CF_3 或 CH_3；Y 为以下部分：

且 R_7 和 R_8 连接在一起为 $-(CH_2)_r-$，其中 r 是 4-6 的整数，形成一个任选被至多 3 个选自以下的取代基取代的环：氢、羟基、卤基、C_1-C_4 烷基、三卤代甲基、C_1-C_4 烷氧基、三卤代甲氧基、C_1-C_4 烷硫基、C_1-C_4 烷基亚磺酰基、C_1-C_4 烷基磺酰基、羟基（C_1-C_4）烷基、$-CO_2H$、$-CN$、$-CONH$（C_1-C_4）烷基、$-NH_2$、C_1-C_4 烷基氨基、二（C_1-C_4）烷基氨基、$-NHSO_2$（C_1-C_4）烷基、$-NHCO$（C_1-C_4）烷基和 $-NO_2$；或其药学上可接受的盐。

32. 权利要求 30 或 31 的药用组合物，其中 R_7 和 R_8 连接在一起为 $-(CH_2)_p-$，其中 p 是 2~6 的整数，优选 4~6，如此形成的环任选 1~3 个选自 C_1-C_3 烷基、三氟甲基、卤素、氢、苯基、硝基、$-CN$ 的取代基取代。

33. 权利要求 21 的药用组合物，其中所述药理学活性药物为下式（VII）或（VIII）的化合物或其药学上可接受的盐：

其中包括 R_1、R_2、R_3、R_4、R_5、R_6、n、X 和 Y 的可变取代基同权利要求 24 定义。

34. 权利要求 33 的药用组合物，其中：

R_1 选自 H、OH 或其 C_1-C_{12} 酯或烷基醚、苄氧基或卤素；

R_2、R_3、R_5 和 R_6 独立选自 H、OH 或其 C_1-C_{12} 酯或烷基醚、卤素、氰基、C_1-C_6 烷基或三卤代甲基，优选三氟甲基，但是当 R_1 为 H 时，R_2 不为 OH；

R_4 选自 H、OH 或其 C_1-C_{12} 酯或烷基醚、苄氧基、卤素、氰基、C_1-C_6 烷基或三卤代甲基；

X 选自 H、C_1-C_2 烷基、氰基、硝基、三氟甲基、卤素；

Y 为以下部分

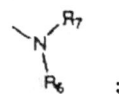

R_7 和 R_8 独立选自 H、C_1-C_6 烷基或结合为 -$(CH_2)_p$-，其中 p 是 2-6 的整数，使得形成一个环，所述环任选被至多 3 个选自以下的取代基取代：氢、羟基、卤基、C_1-C_4 烷基、三卤代甲基、C_1-C_4 烷氧基、三卤代甲氧基、C_1-C_4 烷硫基、C_1-C_4 烷基亚磺酰基、C_1-C_4 烷基磺酰基、羟基（C_1-C_4）烷基、-CO_2H、-CN、-CONH（C_1-C_4）烷基、-NH_2、C_1-C_4 烷基氨基、二（C_1-C_4）烷基氨基、-$NHSO_2$（C_1-C_4）烷基、-NHCO（C_1-C_4）烷基和 -NO_2；或其药学上可接受的盐。

35. 权利要求 33 的药用组合物，其中 R_1 为 OH；R_2-R_6 同前定义；x 选自 Cl、NO_2、CN、CF_3 或 CH_3；Y 为以下部分：

且 R_7 和 R_8 连接在一起为 -$(CH_2)_r$-，其中 r 是 4~6 的整数，形成一个任选被至多 3 个选自以下的取代基取代的环：氢、羟基、卤基、C_1-C_4 烷基、三卤代甲基、C_1-C_4 烷氧基、三卤代甲氧基、C_1-C_4 烷硫基、C_1-C_4 烷基亚磺酰基、C_1-C_4 烷基磺酰基、羟基（C_1-C_4）烷基、-CO_2H、-CN、-CONH（C_1-C_4）烷基、-NH_2、C_1-C_4 烷基氨基、二（C_1-C_4）烷基氨基、-$NHSO_2$（C_1-C_4）烷基、-NHCO（C_1-C_4）烷基和 -NO_2；或其药学上可接受的盐。

36. 权利要求 33 或 34 的药用组合物，其中 R_7 和 R_8 连接在一起为 -$(CH_2)_p$-，其中 p 是 2~6 的整数、优选 4~6，如此形成的环任选 1~3 个选自 C_1-C_3 烷基、三氟甲基、卤素、氢、苯基、硝基、-CN 的取代基取代。

37. 权利要求 21 的药用组合物，其中所述药理学活性药物为 1-[4-(2-氮杂环庚烷-1基-乙氧基)-苄基-2-(4-羟基-苯基)-3-甲基-1H-吲哚-5-酚或其药学上可接受的盐。

38. 权利要求 21 的药用组合物，其中所述药理学活性药物为 2-(4-羟基-苯基)-3-甲基-1-(4-(2-哌啶-1-基-乙氧基)-苄基)-1H-吲哚-5-酚或其药学上可接受的盐。

39. 权利要求 21 的药用组合物，其中所述药理学活性药物选自雷洛昔芬、他莫昔芬、屈洛昔芬、阿佐昔芬、CP 336156 或它们的药学上可接受的盐。

40. 一种药用组合物，该组合物包含：

a) 药用有效量的 1-[4-(2-氮杂环庚烷-1基-乙氧基)-苄基-2-(4-羟基-苯基)-3-甲基-1H-吲哚-5-酚或 2-(4-羟基-苯基)-3-甲基-1-(4-(2-哌啶-1-基-乙氧基)-苄基)-1H-吲哚-5-酚、或它们的药学上可接受的盐；

b) 填充剂及崩解剂组分，占所述制剂的约 50% 至约 80%，其中所述制剂的约 4% 至约 40% 包含一种或多种崩解剂；

c) 润湿剂，占所述制剂的约 0.5% 至约 2.5%；

d) 润滑剂，占所述制剂的约 0.2% 至约 5%；

e) 助流剂，占所述制剂的约 0.1% 至约 5%。

41. 权利要求 40 的药用组合物，该组合物还包含浓度为所述组合物的约 0.5% 至约 5%（重量）

的抗氧化剂,所述抗氧化剂选自抗坏血酸、抗坏血酸钠、棕榈酸抗坏血酸酯、或它们的混合物。

42. 权利要求40或41的药用组合物,该组合物进一步用占所述组合物的约0.3%至约8%(重量)的膜包衣进行包衣。

43. 一种药用组合物,该组合物包含:

a) 药用有效量的1-[4-(2-氮杂环庚烷-1基-乙氧基)-苄基]-2-(4-羟基苯基)-3-甲基-1H-吲哚-5-酚或2-(4-羟基苯基)-3-甲基-1-(4-(2-哌啶-1-基-乙氧基)苄基)-1H-吲哚-5-酚、或它们的药学上可接受的盐;

b) 一种或多种药学上可接受的填充剂及崩解剂组分,占所述制剂的约54%至约87%(重量),其中崩解剂占所述制剂的约25%至约35%(重量);

c) 润湿剂,占所述制剂的约0.55%至约2.7%;

c) 润滑剂,占所述制剂的约0.2%至约5.5%;

d) 助流剂,占所述制剂的约0.1%至约5.5%。

44. 权利要求43的药用组合物,该组合物还包含浓度为所述组合物的约0.5%至约5%(重量)的抗氧化剂,所述抗氧化剂选自抗坏血酸、抗坏血酸钠、棕榈酸抗坏血酸酯、或它们的混合物。

45. 权利要求43或44的药用组合物,该组合物进一步用占所述组合物的约0.3%至约8%(重量)的膜包衣进行包衣。

46. 一种药用组合物,该组合物包含(以重量计):

a) 约2%至约8%的1-[4-(2-氮杂环庚烷-1基-乙氧基)苄基]-2-(4-羟基苯基)-3-甲基-1H-吲哚-5-酚或2-(4-羟基苯基)-3-甲基-1-(4-(2-哌啶-1-基-乙氧基)苄基)-1H-吲哚-5-酚、或它们的药学上可接受的盐;

b) 约32%至约38%乳糖;

c) 约32%至约38%微晶纤维素;

d) 约12%至约16%预胶凝化淀粉;

e) 约1%至约2%抗坏血酸;

f) 约1%至约2%十二烷基硫酸钠;

g) 约4%至约8%羟基乙酸淀粉钠;

h) 约0.1%至约0.2%二氧化硅;

i) 约0.3%至约0.7%硬脂酸镁。

47. 一种药用组合物,该组合物包含(以重量计):

a) 约0.1%至约25%的1-[4-(2-氮杂环庚烷-1基-乙氧基)苄基]-2-(4-羟基苯基)-3-甲基-1H-吲哚-5-酚或2-(4-羟基苯基)-3-甲基-1-(4-(2-哌啶-1-基-乙氧基)苄基)-1H-吲哚-5-酚、或它们的药学上可接受的盐;

b) 约20%至约80%乳糖;

c) 约4%至约40%预胶凝化淀粉;

d) 约0.2%至约5%十二烷基硫酸钠;

e) 约0.5%至约15%抗坏血酸;

f) 约0.1%至约10%二氧化硅;

g) 约0.2%至约10%硬脂酸镁。

48. 权利要求47的药用组合物,该组合物包含(以重量计):

a) 约5%至约18%的1-[4-(2-氮杂环庚烷-1基-乙氧基)苄基]-2-(4-羟基-苯基)-3-

甲基-1H-吲哚-5-酚或2-（4-羟基苯基）-3-甲基-1-（4-（2-哌啶-1-基-乙氧基）苄基）-1H-吲哚-5-酚、或它们的药学上可接受的盐；

  b) 约47%至约77%乳糖；

  c) 约25%至约35%预胶凝化淀粉；

  d) 约1%至约2%十二烷基硫酸钠；

  e) 约1%至约3%抗坏血酸；

  f) 约0.1%至约0.5%二氧化硅；

  g) 约0.2%至约0.5%硬脂酸镁。"

  驳回决定认为：对比文件1（EP0670162A1，公开日为1995年9月6日）公开了含有填充剂、崩解剂、润湿剂、助流剂和润滑剂的药物制剂（参见对比文件1说明书第4页和实施例），其中实施例3、4公开了本申请权利要求1的技术方案，权利要求1不符合《专利法》第二十二条第二款的规定，并且权利要求1相对于对比文件1的实施例1、2公开的技术方案仅略有差别，而这些差别是本领域技术人员在制备制剂时可进行调节的，因此权利要求1也不符合《专利法》第二十二条第三款的规定；权利要求2~7、9~14的附加技术特征是所属领域的公知常识，因此权利要求2~7、9~14也不符合《专利法》第二十二条第三款创造性的规定；对比文件2（US5478847，公开日为1995年12月26日）公开了含有稀释剂、润湿剂、润滑剂、崩解剂等长用辅料的制剂（参见对比文件2第7栏以及实施例），对比文件3（US5480652，公开日为1996年1月2日）公开了泡腾药物制剂，对比文件4（US5332727，公开日为1994年7月26日）公开了可食用的药物组合物（参见对比文件4第2~3栏以及实施例），权利要求1~14相对于对比文件2~4也不符合《专利法》第二十二条第三款的规定。权利要求15~17的附加技术特征也是所属领域的公知常识，在对比文件1~4的基础上结合公知常识可以得到权利要求15~17的技术方案，因此权利要求15~17也不符合《专利法》第二十二条第三款的规定；所属领域技术人员在对比文件1~4的基础上结合公知常识得到权利要求18~19的具有膜的组合物的技术方案是显而易见的，权利要求18~19不符合《专利法》第二十二条第三款的规定；权利要求20~39对药物进行了限定，这些药物是公知的活性物质，权利要求20~39也不符合《专利法》第二十二条第二或三款的规定；对比文件5（EP0802183A1，公开日为1997年10月22日）公开了口服制剂（参见对比文件5第13页第25~39行和实施例107和98），其中也含有填充剂、崩解剂、润滑剂等常用辅料，在对比文件5的基础上结合根据对比文件1或2或3或4以及本领域技术人员的公知常识给出的技术启示得到权利要求40~48的技术方案是显而易见的，权利要求40~48也不符合《专利法》第二十二条第三款的规定。

  原告对上述驳回决定不服，于2005年8月29日向被告提出复审请求，原告在提出复审请求时提交了新修改的权利要求书和说明书第6页的替换页。其中删除了驳回决定所针对文本中的权利要求15、20~39，对权利要求1的活性成分进行了限定，并对其余权利要求进行了适应性修改。原告认为：虽然制剂的组分在本领域公知，但组份的含量选择和优化以达到快速溶解药物的目的不容易达到，现有技术没有指出所述因素会对结果产生影响，对比文件1使用了亲水粘合剂，而本申请不需要使用亲水粘合剂，对比文件1没有提供技术教导或动机；对比文件2~4公开的制剂是常规制剂，所要解决的技术问题与本申请不同，本申请的技术方案相对于对比文件1~4是非显而易见的；对比文件5没有讨论改进稳定性或溶解度的组合物，不能破坏本申请的创造性，修改后的权利要求书已经克服了驳回决定中所指出的问题。

  修改后的权利要求书为：

  "1. 一种包括选自1-［4-（2-氮杂环庚烷-1基-乙氧基）-苄基］-2-（4-羟基-苯基）-3-甲

基-1H-吲哚-5-酚；2-（4-羟基-苯基）-3-甲基-1-（4-（2-哌啶-1-基-乙氧基）-苄基）-1H-吲哚-5-酚或雷洛昔芬的活性药用化合物或其药学上可接受的盐，和载体或赋形剂体系的药用制剂，所述载体或赋形剂体系包含：

a）填充剂及崩解剂组分，占所述药用制剂的5％至82％重量，其中包含的一种或多种药学上可接受的崩解剂占所述总制剂的4％至40％；

b）润滑剂，占所述药用制剂的0.2％至10％重量；

c）任选润湿剂，占所述药用制剂的0.2％至5％重量；

d）任选助流剂，占所述药用制剂的0.1％至10％重量。

2. 权利要求1的药用制剂，它还包含0.5％至15％重量的抗氧化剂。

3. 权利要求1的药用制剂，它还包含0.5％至5％重量的抗氧化剂。

4. 权利要求3的药用制剂，其中所述抗氧化剂选自抗坏血酸、抗坏血酸钠、棕榈酸抗坏血酸酯以及它们的混合物。

5. 权利要求1~4任一项的药用制剂，其中所述填充剂及崩解剂组分占制剂的30％至80％重量。

6. 权利要求1~5任一项的药用制剂，其中所述填充剂组分为一种或多种选自以下的组分：乳糖、微晶纤维素、蔗糖、甘露糖醇、磷酸钙、碳酸钙、粉状纤维素、麦芽糖糊精、山梨糖醇、淀粉和木糖醇。

7. 权利要求1~6任一项的药用制剂，其中所述崩解剂组分为一种或多种选自以下的组分：预胶凝化淀粉、羟基乙酸淀粉钠、交联羧甲基纤维素钠、交联聚乙烯聚吡咯烷酮、淀粉、藻酸、藻酸钠、粘土（例如veegum或黄原胶）、纤维素絮凝物、离子交换树脂或基于食用酸和碱性碳酸盐组分的泡腾体系。

8. 权利要求7的药用制剂，其中所述崩解剂泡腾体系使用选自以下的酸：柠檬酸、酒石酸、苹果酸、富马酸、乳酸、己二酸抗坏血酸、天冬氨酸、异抗坏血酸、谷氨酸和琥珀酸；

以及选自以下的碱性碳酸盐组分：碳酸氢钠、碳酸钠、碳酸镁、碳酸钾、碳酸铵。

9. 权利要求1~8任一项的药用制剂，其中用于本发明的崩解剂占15％到35％。

10. 权利要求1~8任一项的药用制剂，其中用于本发明的崩解剂占20％到35％。

11. 权利要求1~10任一项的药用制剂，其中所述润滑剂选自硬脂酸金属盐、脂肪酸酯（例如硬脂酰富马酸钠）、脂肪酸、脂肪族醇、山嵛酸甘油酯、矿物油、石蜡、氢化植物油、亮氨酸、聚乙二醇、十二烷基硫酸金属盐和氯化钠。

12. 权利要求1~11任一项的药用制剂，其中所述润滑剂为硬脂酸镁、硬脂酸钙、硬脂酸锌或硬脂酸。

13. 权利要求1~12任一项的药用制剂，其中所述润湿剂选自十二烷基硫酸钠、聚氧乙烯山梨糖醇酐脂肪酸酯、聚氧乙烯烷基醚、脱水山梨糖醇脂肪酸酯、聚乙二醇、聚氧乙烯蓖麻油衍生物、多库脂钠、季铵化合物、脂肪酸的糖酯和脂肪酸的甘油酯。

14. 权利要求1~13任一项的药用制剂，其中所述助流剂选自二氧化硅、滑石粉、硬脂酸金属盐、硅酸钙和十二烷基硫酸金属盐。

15. 权利要求1~14任一项的药用制剂，其中所述活性药用化合物占最终组合物的0.5％至20％重量。

16. 权利要求14的药用制剂，其中所述活性药用化合物占最终组合物的1％至5％重量。

17. 权利要求14~16任一项的药用制剂，其中所述组合物为膜包衣或包囊化组合物。

18. 权利要求17的药用制剂，其中所述膜包衣或胶囊占最终组合物的至多8％重量。

19. 一种药用组合物，该组合物包含：

a) 药用有效量的 1-［4-（2-氮杂环庚烷-1 基-乙氧基）-苄基］-2-（4-羟基-苯基）-3-甲基-1H-吲哚-5-酚或 2-（4-羟基-苯基）-3-甲基-1-（4-（2-哌啶-1-基-乙氧基）-苄基）-1H-吲哚-5-酚、或它们的药学上可接受的盐；

b) 填充剂及崩解剂组分，占所述制剂的 50% 至 80%，其中包含的一种或多种崩解剂占所述制剂的 4% 至 40%；

c) 润湿剂，占所述制剂的 0.5% 至 2.5%；

d) 润滑剂，占所述制剂的 0.2% 至 5%；

e) 助流剂，占所述制剂的 0.1% 至 5%。

20. 权利要求 19 的药用组合物，该组合物还包含浓度为所述组合物的 0.5% 至 5% 重量的抗氧化剂，所述抗氧化剂选自抗坏血酸、抗坏血酸钠、棕榈酸抗坏血酸酯、或它们的混合物。

21. 权利要求 19 或 20 的药用组合物，该组合物进一步用占所述组合物的 0.3% 至 8% 重量的膜包衣进行包衣。

22. 一种药用组合物，该组合物包含：

a) 药用有效量的 1-［4-（2-氮杂环庚烷-1 基-乙氧基）-苄基］-2-（4-羟基苯基）-3-甲基-1H-吲哚-5-酚或 2-（4-羟基苯基）-3-甲基-1-（4-（2-哌啶-1-基-乙氧基）苄基）-1H-吲哚-5-酚、或它们的药学上可接受的盐；

b) 一种或多种药学上可接受的填充剂及崩解剂组分，占所述制剂的 54% 至 87% 重量，其中崩解剂占所述制剂的 25% 至 35% 重量；

c) 润湿剂，占所述制剂的 0.55% 至 2.7%；

c) 润滑剂，占所述制剂的 0.2% 至 5.5%；

d) 助流剂，占所述制剂的 0.1% 至 5.5%。

23. 权利要求 22 的药用组合物，该组合物还包含浓度为所述组合物的 0.5% 至 5% 重量的抗氧化剂，所述抗氧化剂选自抗坏血酸、抗坏血酸钠、棕榈酸抗坏血酸酯、或它们的混合物。

24. 权利要求 22 或 23 的药用组合物，该组合物进一步用占所述组合物的 0.3% 至 8% 重量的膜包衣进行包衣。

25. 一种药用组合物，以重量计，该组合物包含：

a) 2% 至 8% 的 1-［4-（2-氮杂环庚烷-1 基-乙氧基）苄基］-2-（4-羟基苯基）-3-甲基-1H-吲哚-5-酚或 2-（4-羟基苯基）-3-甲基-1-（4-（2-哌啶-1-基-乙氧基）苄基）-1H-吲哚-5-酚、或它们的药学上可接受的盐；

b) 32% 至 38% 乳糖；

c) 32% 至 38% 微晶纤维素；

d) 12% 至 16% 预胶凝化淀粉；

e) 1% 至 2% 抗坏血酸；

f) 1% 至 2% 十二烷基硫酸钠；

g) 4% 至 8% 羟基乙酸淀粉钠；

h) 0.1% 至 0.2% 二氧化硅；

i) 0.3% 至 0.7% 硬脂酸镁。

26. 一种药用组合物，以重量计，该组合物包含：

a) 0.1% 至 25% 的 1-［4-（2-氮杂环庚烷-1 基-乙氧基）苄基］-2-（4-羟基苯基）-3-甲基

-1H-吲哚-5-酚或2-(4-羟基苯基)-3-甲基-1-(4-(2-哌啶-1-基-乙氧基)苄基)-1H-吲哚-5-酚、或它们的药学上可接受的盐;

  b) 20%至80%乳糖;
  c) 4%至40%预胶凝化淀粉;
  d) 0.2%至5%十二烷基硫酸钠;
  e) 0.5%至15%抗坏血酸;
  f) 0.1%至10%二氧化硅;
  g) 0.2%至10%硬脂酸镁。

  27. 权利要求26的药用组合物,以重量计,该组合物包含:
  a) 5%至18%的1-[4-(2-氮杂环庚烷-1基-乙氧基)苄基]-2-(4-羟基-苯基)-3-甲基-1H-吲哚-5-酚或2-(4-羟基苯基)-3-甲基-1-(4-(2-哌啶-1-基-乙氧基)苄基)-1H-吲哚-5-酚、或它们的药学上可接受的盐;
  b) 47%至77%乳糖;
  c) 25%至35%预胶凝化淀粉;
  d) 1%至2%十二烷基硫酸钠;
  e) 1%至3%抗坏血酸;
  f) 0.1%至0.5%二氧化硅;
  g) 0.2%至0.5%硬脂酸镁。"

  形式审查合格后,被告受理了该复审请求,并于2005年10月11日向原告发出《复审请求受理通知书》,同时将本申请案卷移交原审查部门进行前置审查。

  原审查部门对本复审请求进行了前置审查,认为原告虽然修改了权利要求并在意见陈述中指出本申请与对比文件的区别,但是权利要求采用的是开放式表述,即使对比文件1公开了雷洛昔芬的制剂包含亲水粘合剂的情况下,其仍不符合《专利法》第二十二条的规定,坚持原驳回决定。

  被告组成合议组,对本案的复审请求进行了审理。2007年7月2日,被告向原告发出《复审通知书》。《复审通知书》指出:(1)对比文件1公开了一种药物制剂,其中包括雷洛昔芬和载体体系,载体体系包含66.7%的填充剂乳糖、9.6%的崩解剂交联羧甲基纤维素钠、3.8%的润滑剂硬脂酸镁和硬脂酸、2.9%的润湿剂泊洛沙姆,不含助流剂(参见对比文件1的处方5),权利要求1与对比文件1相比所不同的仅仅是权利要求1中限定的是辅料类型和用量数值范围,而对比文件1记载具体辅料和数值,后者是前者的下位概念且后者数值落在前者数值范围内,因此权利要求1相对于对比文件1不符合《专利法》第二十二条第二款的规定。权利要求5~7、11~12、15的附加技术特征被对比文件1公开,权利要求2~4、8~10、13~14、16~18的附加技术特征是所属领域的公知常识,因此在其引用的权利要求不具备新颖性或创造性时,权利要求5~7、11~12、15不符合《专利法》第二十二条第二款新颖性的规定、权利要求2~18不符合《专利法》第二十二条第三款创造性的规定。(2)对比文件5公开了一种药物制剂,其中含有本申请权利要求19、22中涉及的化合物(参见对比文件5的说明书第13页第25~39行,实施例107、98),权利要求19、22与对比文件5公开的药物制剂的区别仅在于:对比文件5没有具体公开药物组合物中所含的辅料类型和含量,对比文件1公开了多种辅料及用量,如药物制剂中74.2%的填充剂、5%的崩解剂、2.1%的润湿剂,2.1%的润滑剂(参见对比文件1的处方6),上述辅料在对比文件1中所起的作用与在本申请中所起的作用相同,对比文件1给出了将这些辅料应用于对比文件5的技术启示;并且在制备片剂、胶囊剂等剂型时添加一定量的助流剂是所属领域的公知常识,因此权利要求19、22不符合《专利法》第二十二条第三款的规定。权利要求19、22的从属权利要求20~21、23~24的附加技术特征是所属领域的公知常识,因此权利要求20~21、23~24也不符合《专利法》第二十二条第三款的规定。(3)权利要求25、26与对比文件5公开的药物组合物制剂的区别仅在于权利要求25、26选择了具体的药用辅料以及各组份的用量范围,但该区别技术特征是所属领域的常规技术手段,权利要求25、26不符合《专利法》第二十二条第三款的规定。从属权利要求27的附加技术特征是所属领域的公知常识,权利要求27也不符合《专利法》第二十二条第三款的规定。如果原告在规定答复期限内不能提出本申请符合《专利法》第二十二条第二、三款规定的充分理由,被告将作出维持驳回决定的复审决定。

针对该《复审通知书》指出的问题,原告于2007年10月16日提交了意见陈述书及经修改的权利要求书,原告认为:(1)对比文件1公开了包括雷洛昔芬和载体体系的药物制剂,不含助流剂,修改后的权利要求不含雷洛昔芬并含有润湿剂和助流剂,因此修改后的权利要求书克服了新颖性的缺陷;(2)本申请提供了一种快速溶解溶解性不好的药物的技术方案,实施例1证明了TSE-424制剂在30分钟内迅速溶解,对比文件1没有关于改进药物溶解性的讨论,也没有关于抗氧化剂的用途的教导,本申请某些制剂提供了改进的稳定性。对比文件5没有提供任何制剂实施例,没有关于化合物TSE-424和ERA-923稳定性和溶解性的讨论,对比文件1、5没有关于使用特定赋形剂和用量提供改进的溶解性和稳定性的教导。

原告修改后的权利要求书如下:

"1. 一种包括选自1-[4-(2-氮杂环庚烷-1基-乙氧基)-苄基]-2-(4-羟基-苯基)-3-甲基-1H-吲哚-5-酚,2-(4-羟基-苯基)-3-甲基-1-(4-(2-哌啶-1-基-乙氧基)-苄基)-1H-吲哚-5-酚的活性药用化合物或其药学上可接受的盐,和载体或赋形剂体系的药用制剂,所述载体或赋形剂体系包含:

a) 填充剂及崩解剂组分,占所述药用制剂的5%至82%重量,其中包含的一种或多种药学上可接受的崩解剂占所述总制剂的4%至40%;

b) 润滑剂,占所述药用制剂的0.2%至10%重量;

c) 润湿剂,占所述药用制剂的0.2%至5%重量;

d) 助流剂,占所述药用制剂的0.1%至10%重量。

2. 权利要求1的药用制剂,它还包含0.5%至15%重量的抗氧化剂。

3. 权利要求1的药用制剂,它还包含0.5%至5%重量的抗氧化剂。

4. 权利要求3的药用制剂,其中所述抗氧化剂选自抗坏血酸、抗坏血酸钠、棕榈酸抗坏血酸酯以及它们的混合物。

5. 权利要求1~4任一项的药用制剂,其中所述填充剂及崩解剂组分占制剂的30%至80%重量。

6. 权利要求1~5任一项的药用制剂,其中所述填充剂组分为一种或多种选自以下的组分:乳糖、微晶纤维素、蔗糖、甘露糖醇、磷酸钙、碳酸钙、粉状纤维素、麦芽糖糊精、山梨糖醇、淀粉和木糖醇。

7. 权利要求1~6任一项的药用制剂,其中所述崩解剂组分为一种或多种选自以下的组分:预胶凝化淀粉、羟基乙酸淀粉钠、交联羧甲基纤维素钠、交联聚乙烯聚吡咯烷酮、淀粉、藻酸、藻酸钠、粘土(例如veegum或黄原胶)、纤维素絮凝物、离子交换树脂或基于食用酸和碱性碳酸盐组分的泡腾体系。

8. 权利要求7的药用制剂,其中所述崩解剂泡腾体系选自以下的酸:柠檬酸、酒石酸、苹果酸、富马酸、乳酸、己二酸、抗坏血酸、天冬氨酸、异抗坏血酸、谷氨酸和琥珀酸;以及选自以下的碱性碳酸盐组分:碳酸氢钠、碳酸钠、碳酸镁、碳酸钾、碳酸铵。

9. 权利要求 1~8 任一项的药用制剂，其中用于本发明的崩解剂占 15% 到 35%。

10. 权利要求 1~8 任一项的药用制剂，其中用于本发明的崩解剂占 20% 到 35%。

11. 权利要求 1~10 任一项的药用制剂，其中所述润滑剂选自硬脂酸金属盐、脂肪酸酯（例如硬脂酰富马酸钠）、脂肪酸、脂肪族醇、山嵛酸甘油酯、矿物油、石蜡、氢化植物油、亮氨酸、聚乙二醇、十二烷基硫酸金属盐和氯化钠。

12. 权利要求 1~11 任一项的药用制剂，其中所述润滑剂为硬脂酸镁、硬脂酸钙、硬脂酸锌或硬脂酸。

13. 权利要求 1~12 任一项的药用制剂，其中所述润湿剂选自十二烷基硫酸钠、聚氧乙烯山梨糖醇酐脂肪酸酯、聚氧乙烯烷基醚、脱水山梨糖醇脂肪酸酯、聚乙二醇、聚氧乙烯蓖麻油衍生物、多库脂钠、季铵化合物、脂肪酸的糖酯和脂肪酸的甘油酯。

14. 权利要求 1~13 任一项的药用制剂，其中所述助流剂选自二氧化硅、滑石粉、硬脂酸金属盐、硅酸钙和十二烷基硫酸金属盐。

15. 权利要求 1~14 任一项的药用制剂，其中所述活性药用化合物占最终制剂的 0.5% 至 20% 重量。

16. 权利要求 14 的药用制剂，其中所述活性药用化合物占最终制剂的 1% 至 5% 重量。

17. 权利要求 14~16 任一项的药用制剂，其中所述制剂为膜包衣或包囊化制剂。

18. 权利要求 17 的药用制剂，其中所述膜包衣或胶囊占最终制剂的至多 8% 重量。

19. 一种药用制剂，该制剂包含：

a) 药用有效量的 1-[4-(2-氮杂环庚烷-1基-乙氧基)-苄基]-2-(4-羟基-苯基)-3-甲基-1H-吲哚-5-酚或 2-(4-羟基-苯基)-3-甲基-1-(4-(2-哌啶-1-基-乙氧基)-苄基)-1H-吲哚-5-酚、或它们的药学上可接受的盐；

b) 填充剂及崩解剂组分，占所述制剂的 50% 至 80%，其中包含的一种或多种崩解剂占所述制剂的 4% 至 40%；

c) 润湿剂，占所述制剂的 0.5% 至 2.5%；

d) 润滑剂，占所述制剂的 0.2% 至 5%；

e) 助流剂，占所述制剂的 0.1% 至 5%。

20. 权利要求 19 的药用制剂，该制剂还包含浓度为所述制剂的 0.5% 至 5% 重量的抗氧化剂，所述抗氧化剂选自抗坏血酸、抗坏血酸钠、棕榈酸抗坏血酸酯、或它们的混合物。

21. 权利要求 19 或 20 的药用制剂，该制剂进一步用占所述制剂的 0.3% 至 8% 重量的膜包衣进行包衣。

22. 一种药用制剂，该制剂包含：

a) 药用有效量的 1-[4-(2-氮杂环庚烷-1基-乙氧基)-苄基]-2-(4-羟基苯基)-3-甲基-1H-吲哚-5-酚或 2-(4-羟基苯基)-3-甲基-1-(4-(2-哌啶-1-基-乙氧基)苄基)-1H-吲哚-5-酚、或它们的药学上可接受的盐；

b) 一种或多种药学上可接受的填充剂及崩解剂组分，占所述制剂的 54% 至 87% 重量，其中崩解剂占所述制剂的 25% 至 35% 重量；

c) 润湿剂，占所述制剂的 0.55% 至 2.7%；

c) 润滑剂，占所述制剂的 0.2% 至 5.5%；

d) 助流剂，占所述制剂的 0.1% 至 5.5%。

23. 权利要求 22 的药用制剂，该制剂还包含浓度为所述制剂的 0.5% 至 5% 重量的抗氧化剂，所述抗氧化剂选自抗坏血酸、抗坏血酸钠、棕榈酸抗坏血酸酯、或它们的混合物。

24. 权利要求22或23的药用制剂，该制剂进一步用占所述制剂的0.3%至8%重量的膜包衣进行包衣。

25. 一种药用制剂，以重量计，该制剂包含：

a）2%至8%的1-［4-（2-氮杂环庚烷-1基-乙氧基）苄基］-2-（4-羟基苯基）-3-甲基-1H-吲哚-5-酚或2-（4-羟基苯基）-3-甲基-1-（4-（2-哌啶-1-基-乙氧基）苄基）-1H-吲哚-5-酚、或它们的药学上可接受的盐；

b）32%至38%乳糖；

c）32%至38%微晶纤维素；

d）12%至16%预胶凝化淀粉；

e）1%至2%抗坏血酸；

f）1%至2%十二烷基硫酸钠；

g）4%至8%羟基乙酸淀粉钠；

h）0.1%至0.2%二氧化硅；

i）0.3%至0.7%硬脂酸镁。

26. 一种药用制剂，以重量计，该制剂包含：

a）0.1%至25%的1-［4-（2-氮杂环庚烷-1基-乙氧基）苄基］-2-（4-羟基苯基）-3-甲基-1H-吲哚-5-酚或2-（4-羟基苯基）-3-甲基-1-（4-（2-哌啶-1-基-乙氧基）苄基）-1H-吲哚-5-酚、或它们的药学上可接受的盐；

b）20%至80%乳糖；

c）4%至40%预胶凝化淀粉；

d）0.2%至5%十二烷基硫酸钠；

e）0.5%至15%抗坏血酸；

f）0.1%至10%二氧化硅；

g）0.2%至10%硬脂酸镁。

27. 权利要求26的药用制剂，以重量计，该制剂包含：

a）5%至18%的1-［4-（2-氮杂环庚烷-1基-乙氧基）苄基］-2-（4-羟基苯基）-3-甲基-1H-吲哚-5-酚或2-（4-羟基苯基）-3-甲基-1-（4-（2-哌啶-1-基-乙氧基）苄基）-1H-吲哚-5-酚、或它们的药学上可接受的盐；

b）47%至77%乳糖；

c）25%至35%预胶凝化淀粉；

d）1%至2%十二烷基硫酸钠；

e）1%至3%抗坏血酸；

f）0.1%至0.5%二氧化硅；

g）0.2%至0.5%硬脂酸镁。"

至此，被告认为本案事实清楚，作出如下决定：

1. 审查依据的文本。

原告于2007年10月16日提交了权利要求书修改替换页（共27项）。本复审决定所针对的文本为原告于2007年10月16日提交的权利要求第1～27项、2005年8月29日提交的说明书第6页，进入中国国家阶段时提交的说明书第1～5、7～37页和说明书摘要。

2. 《专利法》第二十二条第三款。

《专利法》第二十二条第三款规定：创造性，是指同申请日以前已有的技术相比，该发明有突出的实质性特点和显著的进步，该实用新型有实质性特点和进步。

如果一项权利要求所述的技术方案与最接近的对比文件相比具有区别技术特征，但现有技术给出将上述区别技术特征应用到该最接近的对比文件以解决其存在的技术问题的启示，则该权利要求不具有突出的实质性特点。

对比文件5公开了一种雌激素药物制剂（参见说明书第13页25～39行、实施例98、107），制剂含有药用有效量的活性成分，该活性成分可为"1-［4-（2-氮杂环庚烷-1-基-乙氧基）-苄基］-2-（4-羟基-苯基）-3-甲基-1H-吲哚-5-酚"或"2-（4-羟基-苯基）-3-甲基-1-（4-（2-哌啶-1-基-乙氧基）-苄基）-1H-吲哚-5-酚"。权利要求19与对比文件5的区别仅在于：权利要求19限定了辅料类型和含量，而对比文件5没有具体公开药用制剂中所含的的辅料类型和含量。相对于对比文件5，本申请实际解决的技术问题是提供了雌激素药物制剂中各辅料的种类和含量，以获得一种较为具体的制剂处方。对比文件1也公开了一种雌激素药用制剂，并具体公开了制剂中的多种辅料及所用含量，其中每240mg的片剂中含有乳糖和葡萄糖各89mg（相当于74.2%的填充剂）、12mg交联聚乙烯吡咯烷酮（相当于5%的崩解剂）、5mg十二烷基硫酸钠（相当于2.1%的润湿剂），5mg（相当于2.1%的润滑剂）（参见对比文件1的处方6），上述辅料在对比文件1中所起的作用与在本申请中所起的作用相同，都是作为雌激素药用制剂中的药物辅料，因此对比文件1给出了将这些辅料应用于对比文件5的技术启示；虽然对比文件1、5都没有披露制剂中含有助流剂，但在制备片剂、胶囊剂等剂型时，为了改善制备过程中颗粒间的摩擦力，添加助流剂是所属领域的公知常识（例如可参见：张光杰主编的《药用辅料应用技术》，中国医药科技出版社，1991年版，第95～96页），并且该用量也是所属领域中常规使用的用量，所属领域技术人员通过常规试验筛选即可确定。因此在对比文件5的基础上结合对比文件1给出的技术启示以及所属领域的公知常识得到权利要求19的技术方案对于所属领域的技术人员来说是显而易见的，权利要求19不具备突出的实质性特点和显著的进步，不符合《专利法》第二十二条第三款的规定。

针对原告答复《复审通知书》的意见，被告认为：（1）权利要求19包括了大量与本申请实施例1组成、制备方法不同的制剂，本申请说明书实施例1仅证明了通过使用具体的辅料、特定的各原、辅料用量以及特定的颗粒和粉末混合法制备得到的药物制剂具有较好的释放效果，没有证明本申请权利要求19包括的所有制剂都具有释放快的技术效果。（2）对比文件1、5没有对药物溶解性和稳定性进行讨论并不等于对比文件1没有给出将对比文件1中给出的辅料及其用量应用于对比文件5所公开的药物成分而形成制剂的启示。（3）通过添加抗氧化剂使易于氧化的药物稳定性提高也是本领域的公知常识（例如可参见：罗明生、高天惠主编的《药剂辅料大全》，四川科学技术出版社，1995年版，第56～57页），抗氧剂的使用以及所获得的效果对于所属领域技术人员是显而易见的，该技术特征并不能使本申请相对于现有技术具有创造性。因此，对于原告关于本申请具有创造性的理由，被告不予支持。

据此，被告作出被诉决定。原告不服该决定，向本院提起行政诉讼。

本院认为，《专利法》第二十二条第三款规定："创造性，是指同申请日以前已有的技术相比，该发明有突出的实质性特点和显著的进步，该实用新型有实质性特点和进步"。

本申请系一种名称为"雌激素药物药用组合物"的发明专利申请，而对比文件5亦公开了一种雌激素药物制剂，被告认定本申请与对比文件5的所属技术领域相同并无不妥。被告结合本申请权利要求19所限定的具体技术方案，将对比文件5作为与本申请权利要求19最接近的对比技术亦无不当。原告认为对比文件5不适于作为本申请最接近的现有技术的意见缺乏事实及法律依据,本院不予支持。

将本申请权利要求19与对比文件5相比较,其区别仅在于:本申请权利要求19限定了药用制剂中所含的辅料类型和含量,而对比文件5没有具体公开辅料类型和含量。相对于对比文件5,本申请实际解决的技术问题是提供了雌激素药物制剂中各辅料的种类和含量,以获得一种较为具体的制剂处方。对比文件1也公开了一种雌激素药用制剂,并具体公开了制剂中的多种辅料及所用含量,其中每240mg的片剂中含有乳糖和葡萄糖各89mg(相当于74.2%的填充剂)、12mg交联聚乙烯吡咯烷酮(相当于5%的崩解剂)、5mg十二烷基硫酸钠(相当于2.1%的润湿剂),5mg硬脂酸(相当于2.1%的润滑剂),上述辅料在对比文件1中所起的作用与在本申请中所起的作用相同,即都是作为雌激素药用制剂中的药物辅料。因此,对比文件1给出了将这些辅料应用于对比文件5的技术启示。

虽然对比文件1、5都没有披露制剂中含有助流剂,但在制备片剂、胶囊剂等剂型时,为了改善制备过程中颗粒间的摩擦问题,添加助流剂是所属技术领域的公知常识,并且相应用量也是所属技术领域中的常规用量,本领域的普通技术人员通过常规试验筛选即可确定。因此,对于本领域的普通技术人员来说,在对比文件5的基础上结合对比文件1给出的技术启示以及所属领域的公知常识得到权利要求19的技术方案是显而易见的,本申请权利要求19不具备突出的实质性特点和显著的进步。据此,被告认定本申请权利要求19不具有创造性正确。

《专利法》第三十九条规定:"发明专利申请经实质审查没有发现驳回理由的,由国务院专利行政部门作出授予发明专利权的决定……"本申请系一种发明专利申请,在本申请权利要求19不具有创造性的情况下,本申请不属于上述可以授予发明专利权的法定情况。据此,被告维持驳回决定正确,本院应予支持。

原告认为本申请具有创造性及被诉决定仅审查了本申请权利要求19的创造性,因而存在程序性问题的诉讼意见缺乏事实及法律依据,本院不予支持。综上,被诉决定认定事实清楚、适用法律正确、程序合法,本院应予维持。原告的诉讼请求缺乏事实和法律依据,本院不予支持。据此,依照《中华人民共和国行政诉讼法》第五十四条第(一)项之规定,判决如下:

维持被告中华人民共和国国家知识产权局专利复审委员会于二〇〇七年十二月四日作出的第12072号复审请求审查决定。

案件受理费100元,由原告惠氏公司负担(已交纳)。

如不服本判决,原告惠氏公司可在本判决书送达之日起30日内,被告中华人民共和国国家知识产权局专利复审委员会可在本判决书送达之日起15日内,向本院递交上诉状,并按对方当事人的人数提交副本,上诉于中华人民共和国北京市高级人民法院。上诉人在上诉期满后7日内未预交上诉案件受理费又不提出缓交申请的,按自动撤回上诉处理。

审 判 长 强刚华
代理审判员 司品华
人民陪审员 欧万雄
二〇〇八年九月二十三日
书 记 员 赵 峰

用于预防、诊断及治疗戊型肝炎病毒的多肽，及它们作为诊断试剂和疫苗

复审请求审查决定（第12073号）

决 定 号	第12073号
决 定 日	2007年12月12日
发明创造名称	用于预防、诊断及治疗戊型肝炎病毒的多肽，及它们作为诊断试剂和疫苗
国际分类号	C07K 14/005，C12N 15/51，C12N 15/63，A61K 39/29，G01N 33/576，G01N 33/68
复审请求人	养生堂有限公司
申 请 号	00130634.0
申 请 日	2000年9月30日
公 开 日	2002年4月24日
合议组组长	叶　娟
主 审 员	李金光
参 审 员	张晓飞
法 律 依 据	专利法第26条第3款、第25条第1款第3项、第33条，专利法实施细则第20条第1款

决 定 要 点

所属技术领域的技术人员能够实现，指所属技术领域的技术人员按照说明书记载的内容，就能够再现发明或者实用新型的技术方案，解决其技术问题，并且产生预期的技术效果。如果说明书中给出了具体的技术方案，但未提供实验证据，而该方案又必须依赖实验结果加以证实才能成立，则该方案不符合专利法第26条第3款的规定。

一、案由

本复审请求案涉及发明名称为"用于预防、诊断及治疗戊型肝炎病毒的多肽，及它们作为诊断试剂和疫苗"的第00130634.0号发明专利申请（下称本申请），申请人是养生堂有限公司，申请日为2000年9月30日，公开日为2002年4月24日。

针对由申请人于申请日提交的权利要求1~20和说明书第1~20、22~25、34~37页及说明书摘要以及2003年9月19日提交的说明书第21、26~33页构成的申请文本（下称驳回文本），国家知识产权局于2004年7月9日驳回了本申请，驳回理由是：（1）本申请涉及第二~六等序列所表示的多

肽及其二聚体、三聚体，但说明书中除记载第六序列即重组蛋白193C的生物活性实验数据外，未记载可以证明其他多肽具有高度免疫活性的相关实验定性定量数据，并且，说明书中所述的多肽存在结构上的差异，所属领域的技术人员不能确定说明书中所涉及的所有多肽及其二聚体、三聚体均能实现本发明的目的，所以说明书不符合专利法第26条第3款的规定。（2）权利要求19、20请求保护的主题涉及疾病的诊断方法，属于专利法第25条第1款第3项规定的不能授予专利权的主题。驳回决定所针对的权利要求书（下称原始权利要求书）如下：

"1. 对戊型肝炎病毒（HEV）有高度免疫活性的的多肽或其二聚体或三聚体，其氨基末端位于第一个序列的225位至459位氨基酸之间，羧基末端位于第一个序列的578位氨基酸至610位氨基酸之间。

2. 对戊型肝炎病毒（HEV）有高度免疫活性的多肽或其二聚体或三聚体，其氨基末端位于第一个序列的374位至429位氨基酸之间，其羧基末端位于第一个序列的578位氨基酸至610位氨基酸之间。

3. 对戊型肝炎病毒（HEV）有高度免疫活性的多肽或其二聚体或三聚体，其氨基末端位于第一个序列的394位至429位氨基酸之间，其羧基末端位于第一个序列的578位氨基酸至610位氨基酸之间。

4. 肝炎病毒第二读码框架的多肽，其序列为第二个序列。

第二个序列：

Gln Leu Phe Tyr Ser Arg Pro Val Val Ser Ala Asn Gly Glu Pro Thr Val Lys Leu TyrThr Ser Val Glu Asn Ala Gln Gln Asp Lys Gly Ile Ala Ile Pro His Asp Ile Asp Leu Gly Glu Ser Arg Val Val Ile Gln Asp Tyr Asp Asn Gln His Glu Gln Asp Arg Pro Thr Pro Ser Pro Ala Pro Ser Arg Pro Phe Ser Val Leu Arg Ala Asn Asp Val Leu Trp Leu Ser Leu Thr Ala Ala Glu Tyr Asp Gln Ser Thr Tyr Gly Ser Ser Thr Gly Pro Val Tyr Val Ser Asp Ser Val Thr Leu Val Asn Val Ala Thr Gly Ala Gln Ala Val Ala Arg Ser Leu Asp Trp Thr Lys Val Thr Leu Asp Gly Arg Pro Leu Ser Thr Ile Gln Gln Tyr Ser Lys Thr Phe Phe Val Leu Pro Leu Arg Gly Lys Leu Ser Phe Trp Glu Ala Gly Thr Thr Lys Ala Gly Tyr Pro Tyr Asn Tyr Asn Thr Thr Ala Ser Asp Gln Leu Leu Val Glu Asn Ala Ala Gly His Arg Val Ala Ile Ser Thr Tyr Thr Thr Ser Leu Gly Ala Gly Pro Val Ser Ile Ser Ala Val Ala Val Leu Ala Pro His Ser Val

5. 对戊型肝炎病毒（HEV）有高度免疫活性的多肽或其二聚体或三聚体，其序列为第三个序列。

第三个序列：

Gln Leu Phe Tyr Ser Arg Pro Val Val Ser Ala Asn Gly Glu Pro Thr Val Lys Leu Tyr Thr Ser Val Glu Asn Ala Gln Gln Asp Lys Gly Ile Ala Ile Pro His Asp Ile Asp Leu Gly Glu Ser Arg Val Val Ile Gln Asp Tyr Asp Asn Gln His Glu Gln Asp Arg Pro Thr Pro Ser Pro Ala Pro Ser Arg Pro Phe Ser Val Leu Arg Ala Asn Asp Val Leu Trp Leu Ser Leu Thr Ala Ala Glu Tyr Asp Gln Ser Thr Tyr Gly Ser Ser Thr Gly Pro Val Tyr Val Ser Asp Ser Val Thr Leu Val Asn Val Ala Thr Gly Ala Gln Ala Val Ala Arg Ser Leu Asp Trp Thr Lys Val Thr Leu Asp Gly Arg Pro Leu Ser Thr Ile Gln Gln Tyr Ser Lys Thr Phe Phe Val Leu Pro Leu Arg Gly Lys Leu Ser Phe Trp Glu Ala Gly Thr Thr Lys Ala Gly Tyr Pro Tyr Asn Tyr Asn Thr Thr Ala Ser Asp Gln Leu Leu Val Glu Asn Ala Ala Gly His Arg Val Ala Ile Ser Thr Tyr Thr Thr Ser Leu Gly Ala Gly Pro Val Ser Ile Ser Ala Val Ala Val Leu Ala Pro

6. 对戊型肝炎病毒（HEV）有高度免疫活性的多肽或其二聚体或三聚体，其序列为第四个序列。

第四个序列：

Thr Ser Val Glu Asn Ala Gln Gln Asp Lys Gly Ile Ala Ile Pro His Asp Ile Asp Leu Gly Glu Ser Arg Val

Val Ile Gln Asp Tyr Asp Asn Gln His Glu Gln Asp Arg Pro Thr Pro Ser Pro Ala Pro Ser Arg Pro Phe Ser Val Leu Arg Ala Asn Asp Val Leu Trp Leu Ser Leu Thr Ala Ala Glu Tyr Asp Gln Ser Thr Tyr Gly Ser Ser Thr Gly Pro Val Tyr Val Ser Asp Ser Val Thr Leu Val Asn Val Ala Thr Gly Ala Gln Ala Val Ala Arg Ser Leu Asp Trp Thr Lys Val Thr Leu Asp Gly Arg Pro Leu Ser Thr Ile Gln Gln Tyr Ser Lys Thr Phe Phe Val Leu Pro Leu Arg Gly Lys Leu Ser Phe Trp Glu Ala Gly Thr Thr Lys Ala Gly Tyr Pro Tyr Asn Tyr Asn Thr Thr Ala Ser Asp Gln Leu Leu Val Glu Asn Ala Ala Gly His Arg Val Ala Ile Ser Thr Tyr Thr Thr Ser Leu Gly Ala Gly Pro Val Ser Ile Ser Ala Val Ala Val Leu Ala Pro

7. 对戊型肝炎病毒（HEV）有高度免疫活性的多肽或其二聚体或三聚体，其序列为第五个序列。

第五个序列：

His Asp Ile Asp Leu Gly Glu Ser Arg Val Val Ile Gln Asp Tyr Asp Asn Gln His Glu Gln Asp Arg Pro Thr Pro Ser Pro Ala Pro Ser Arg Pro Phe Ser Val Leu Arg Ala Asn Asp Val Leu Trp Leu Ser Leu Thr Ala Ala Glu Tyr Asp Gln Ser Thr Tyr Gly Ser Ser Thr Gly Pro Val Tyr Val Ser Asp Ser Val Thr Leu Val Asn Val Ala Thr Gly Ala Gln Ala Val Ala Arg Ser Leu Asp Trp Thr Lys Val Thr Leu Asp Gly Arg Pro Leu Ser Thr Ile Gln Gln Tyr Ser Lys Thr Phe Phe Val Leu Pro Leu Arg Gly Lys Leu Ser Phe Trp Glu Ala Gly Thr Thr Lys Ala Gly Tyr Pro Tyr Asn Tyr Asn Thr Thr Ala Ser Asp Gln Leu Leu Val Glu Asn Ala Ala Gly His Arg Val Ala Ile Ser Thr Tyr Thr Thr Ser Leu Gly Ala Gly Pro Val Ser Ile Ser Ala Val Ala Val Leu Ala Pro

8. 权利要求1至7的多肽，其还包括与其同源性至少70％以上的多肽。

9. 权利要求1至7的多肽，其还包括与其同源性至少80％以上的多肽。

10. 权利要求1至7的多肽，其还包括与其同源性至少90％以上的多肽。

11. 权利要求1至7的多肽，其还包括其衍生多肽。

12. DNA分子，其序列编码权利要求1～11之一的戊型肝炎病毒第二读码框架多肽。

13. 重组表达载体，其中包含权利要求12的DNA分子。

14. 用于免疫个体免受戊型肝炎病毒感染的疫苗组合物，包含至少一种加在药物学上可接受的佐剂中的权利要求1～11的多肽。

15. 用于免疫个体免受戊型肝炎病毒感染的疫苗组合物，包含加在药物学上可接受的佐剂中的权利要求5的多肽。

16. 用于免疫个体免受戊型肝炎病毒感染的疫苗组合物，包含加在药物学上可接受的佐剂中的权利要求6的多肽。

17. 用于免疫个体免受戊型肝炎病毒感染的疫苗组合物，包含加在药物学上可接受的佐剂中的HEV-ORF2多肽，其序列如第六个序列。

第六个序列：

Met Thr Ser Val Glu Asn Ala Gln Gln Asp Lys Gly Ile Ala Ile Pro His Asp Ile Asp Leu Gly Glu Ser Arg Val Val Ile Gln Asp Tyr Asp Asn Gln His Glu Gln Asp Arg Pro Thr Pro Ser Pro Ala Pro Ser Arg Pro Phe Ser Val Leu Arg Ala Asn Asp Val Leu Trp Leu Ser Leu Thr Ala Ala Glu Tyr Asp Gln Ser Thr Tyr Gly Ser Ser Thr Gly Pro Val Tyr Val Ser Asp Ser Val Thr Leu Val Asn Val Ala Thr Gly Ala Gln Ala Val Ala Arg Ser Leu Asp Trp Thr Lys Val Thr Leu Asp Gly Arg Pro Leu Ser Thr Ile Gln Gln Tyr Ser Lys Thr Phe Phe Val Leu Pro Leu Arg Gly Lys Leu Ser Phe Trp Glu Ala Gly Thr Thr Lys Ala Gly Tyr Pro Tyr Asn Tyr Asn Thr Thr Ala Ser Asp Gln Leu Leu Val Glu Asn Ala Ala Gly His Arg Val Ala Ile Ser Thr Tyr Thr Thr Ser Leu Gly Ala Gly Pro Val Ser Ile Ser Ala Val Ala Val Leu Ala Pro

18. 用于免疫个体免受戊型肝炎病毒感染的疫苗组合物，包含至少一种权利要求12的DNA分子。

19. 一种检测戊型肝炎病毒感染的方法，其包括用一定数量的至少一种权利要求1～11的多肽，与包含抗体的样本接触。

20. 一种检测戊型肝炎病毒感染的方法，其包括至少一种权利要求14，权利要求16，权利要求17，权利要求19的抗体分子或其片段。"

申请人养生堂有限公司对上述驳回决定不服，于2004年10月19日向专利复审委员会提出复审请求。其复审理由是：（1）说明书公开了所要求保护多肽的具体序列及其制备方法，实施例12中用具体序列免疫恒河猴证明了所述多肽的功用。（2）申请人在本次意见陈述书中列举的按照本申请实施例13中所述的ELISA方法测定结果表明，多肽序列二～五对HEV感染急性期的猴血清和来自戊型肝炎患者急性期的人血清具有免疫反应性，所以，说明书符合专利法第26条第3款的规定。（3）驳回文本中的权利要求19、20针对的对象是离体的生物学样本，不是有生命的人体，不应归类于不予保护的主题。

形式审查合格后，专利复审委员会受理了该复审请求，并于2004年11月16日向请求人发出《复审请求受理通知书》，随后将本申请案卷移交原审查部门进行前置审查。

原审查部门对本复审请求进行了前置审查，认为本申请存在驳回决定指出的说明书公开不充分的缺陷；驳回文本中的权利要求19、20要求保护的方法可直接获得疾病诊断的信息，实质上是疾病诊断方法，所以坚持原驳回决定。

专利复审委员会组成合议组，对本复审请求案进行了审理。

2005年10月24日，专利复审委员向养生堂有限公司（下称请求人）发出《复审通知书》。《复审通知书》指出：（1）驳回文本中主题为检测戊型肝炎病毒感染的方法权利要求19、20在实际操作过程中必然包括如取样和获得结果进行直接判断的步骤；尽管获取的样本是离体材料，但病毒感染是针对生命体而言的，取样获得样本本身是以生命体为对象的；样本与多肽接触获得的生化反应结果直接与阴性或阳性结果对应，从而能直接获得判断是否有病毒感染的诊断结果；因此，该方法实质属于疾病诊断方法。（2）说明书中将原始记载的"多肽394～607基因的表达质粒构建"（参见原说明书第30页第4行）修改为"多肽394～606基因的表达质粒构建"（参见说明书第30页替换页第4行），原始记载的"对多肽414～603基因进行PCR扩增"（参见原说明书第30页第6行）修改为"对多肽394～606基因进行PCR扩增"（参见说明书第30页替换页第6行）不符合专利法第33条的规定。（3）在多肽片段技术效果方面，说明书仅提供了源于HEV-ORF2的重组蛋白193C具有免疫活性效果的实施例（参见说明书实施例12），未记载可以证明其他多肽及其二聚体、三聚体具有高度免疫活性的相关实验定性定量数据；即使申请日后提交了相关实验数据，也不能证明本申请所述发明在申请日前充分公开；因此，说明书不符合专利法第26条第3款的规定。

针对上述《复审通知书》指出的问题，请求人于2005年12月12日提交了意见陈述书及修改后的新权利要求书（共12项）全文替换页。其中修改包括：删除了驳回文本中的权利要求1～3、15、16，将驳回文本中的权利要求4～7合并为新权利要求1，将驳回文本中主题为"检测戊型肝炎病毒感染的方法"的权利要求19、20修改成主题为"体外检测戊型肝炎病毒感染的方法"的新权利要求11、12，并对修改后的权利要求编号及其引用关系进行适应性修改，但是，驳回文本中的权利要求20修改成新权利要求12时只对其编号作了修改，未对其内容进行适应性修改。请求人认为：（1）驳回文本中涉及检测方法的权利要求不包括取样和直接判断，且样本与多肽接触得到的不是本领域普通技术人员知晓的生理参数；（2）目标多肽与其编码基因是相对应的，由实施例7具体涉及的"多肽394～606的表达和纯化"可知，实施例7记载的"多肽394～607基因的表达质粒"只能是"多肽394～606基因的表达质粒"的打字错误，而所需要扩增的基因也只能是394～607基因；（3）说明书公开了所要求保护的多肽的序列和制备所述序列的方法，实施例12证明了所述多肽的生物学活性，而多肽的氨基酸序列确定下来，其性质就相应确定下来，与测定其性质的时间无关。此外，请求人请求对本案进行口头审理。

2006年10月23日，专利复审委员会应请求人的请求向请求人发出《复审请求口头审理通知书》，定于2006年11月30日对本案进行口头审理。

为使口头审理调查有针对性，专利复审委员会于2006年11月14日向请求人发出第二次《复审通知书》。其中指出：（1）主题限定为"体外检测戊型肝炎病毒感染的方法"的权利要求11请求保护的方法虽然在文字上没有记载病毒感染和取样的过程以及对获得结果进行判断的步骤，但从主题可以看出无样本是无法检测的，且检测结果的作用是确定在同一主体对象上是否存在戊型肝炎病毒感染，即检测结果本身是在判断同一主体对象是否有疾病或健康。（2）权利要求12涉及本申请的权利要求书中不存在的权利要求14、16、17、19，导致权利要求12请求保护的范围不清楚。（3）实施例7公开的内容中对多肽有两种描述方式，根据原始申请文件文字记载的内容和附图不能唯一地确定实施例7的标题一定是"多肽394~606的表达质粒"，而原实施例7中记载的"多肽394~606的表达和纯化"也可能是"多肽394~607的表达和纯化"。（4）说明书中未记载证明第二、三、四、五序列的多肽或其二聚体或三聚体具有高度免疫活性的实验数据，而这种活性需要实验数据来证明。因此，说明书不符合专利法第26条第3款的规定。

2006年11月17日，请求人提交了《复审请求口头审理通知书回执》，表示如期参加口头审理。

2006年11月30日，口头审理如期进行，请求人的代理人参加了口头审理。口头审理中：（1）请求人对合议组成员无回避请求；（2）请求人表示删除涉及保护范围不清楚的权利要求，并将涉及检测方法的权利要求改写成制药用途权利要求，且将在口头审理后书面提交修改的权利要求书；（3）请求人坚持主张对说明书的修改符合专利法第33条的规定；（4）请求人认为序列六有活性，说明序列二~五也有活性；且单体本身更倾向于自发形成二聚体、三聚体；分子量越大，产生的免疫活性越大。

2006年12月6日，请求人提交了意见陈述书、修改后的新权利要求书（共5页7项）和下述附件：

附件1：医药分子生物学，高等院校选用教材·医药类，高天祥、田竟生主编，科学出版社出版，1996年6月第一版第一次印刷，封面页、著录项目页、第148、149页，复印件共4页；

附件2："Structural and Functional properties of the 14-kDa Envelope Protein of Vaccinia Virus Synthesized in Escherichia coli *"，Chingfeng Lai 等，THE JOURNAL OF BIOLOGICAL CHEMISTRY，第265卷第36期第22174~22180页，1990年12月25日发行，复印件共7页。

此次提交的新权利要求书中，删除了前次权利要求书中的权利要求2~5、12，将前次权利要求11的主题修改成新权利要求7的制药用途主题，并对其余权利要求的编号和引用关系进行适应性修改，修改后的权利要求书内容如下：

"1. 对戊型肝炎病毒（HEV）有高度免疫活性的的多肽或其二聚体或三聚体，所述序列为如下序列：

第二个序列：

Gln Leu Phe Tyr Ser Arg Pro Val Val Ser Ala Asn Gly Glu Pro Thr Val Lys Leu Tyr Thr Ser Val Glu Asn Ala Gln Gln Asp Lys Gly Ile Ala Ile Pro His Asp Ile Asp Leu Gly Glu Ser Arg Val Val Ile Gln Asp Tyr Asp Asn Gln His Glu Gln Asp Arg Pro Thr Pro Ser Pro Ala Pro Ser Arg Pro Phe Ser Val Leu Arg Ala Asn Asp Val Leu Trp Leu Ser Leu Thr Ala Ala Glu Tyr Asp Gln Ser Thr Tyr Gly Ser Ser Thr Gly Pro Val Tyr Val Ser Asp

Ser Val Thr Leu Val Asn Val Ala Thr Gly Ala Gln Ala Val Ala Arg Ser Leu Asp Trp Thr Lys Val Thr Leu Asp Gly Arg Pro Leu Ser Thr Ile Gln Gln Tyr Ser Lys Thr Phe Phe Val Leu Pro Leu Arg Gly Lys Leu Ser Phe Trp Glu Ala Gly Thr Thr Lys Ala Gly Tyr Pro Tyr Asn Tyr Asn Thr Thr Ala Ser Asp Gln Leu Leu Val Glu Asn Ala Ala Gly His Arg Val Ala Ile Ser Thr Tyr Thr Thr Ser Leu Gly Ala Gly Pro Val Ser Ile Ser Ala Val Ala Val Leu Ala Pro His Ser Val

第三个序列：

Gln Leu Phe Tyr Ser Arg Pro Val Val Ser Ala Asn Gly Glu Pro Thr Val Lys Leu Tyr Thr Ser Val Glu Asn Ala Gln Gln Asp Lys Gly Ile Ala Ile Pro His Asp Ile Asp Leu Gly Glu Ser Arg Val Val Ile Gln Asp Tyr Asp Asn Gln His Glu Gln Asp Arg Pro Thr Pro Ser Pro Ala Pro Ser Arg Pro Phe Ser Val Leu Arg Ala Asn Asp Val Leu Trp Leu Ser Leu Thr Ala Ala Glu Tyr Asp Gln Ser Thr Tyr Gly Ser Ser Thr Gly Pro Val Tyr Val Ser Asp Ser Val Thr Leu Val Asn Val Ala Thr Gly Ala Gln Ala Val Ala Arg Ser Leu Asp Trp Thr Lys Val Thr Leu Asp Gly Arg Pro Leu Ser Thr Ile Gln Gln Tyr Ser Lys Thr Phe Phe Val Leu Pro Leu Arg Gly Lys Leu Ser Phe Trp Glu Ala Gly Thr Thr Lys Ala Gly Tyr Pro Tyr Asn Tyr Asn Thr Thr Ala Ser Asp Gln Leu Leu Val Glu Asn Ala Ala Gly His Arg Val Ala Ile Ser Thr Tyr Thr Thr Ser Leu Gly Ala Gly Pro Val Ser Ile Ser Ala Val Ala Val Leu Ala Pro

第四个序列：

Thr Ser Val Glu Asn Ala Gln Gln Asp Lys Gly Ile Ala Ile Pro His Asp Ile Asp Leu Gly Glu Ser Arg Val Val Ile Gln Asp Tyr Asp Asn Gln His Glu Gln Asp Arg Pro Thr Pro Ser Pro Ala Pro Ser Arg Pro Phe Ser Val Leu Arg Ala Asn Asp Val Leu Trp Leu Ser Leu Thr Ala Ala Glu Tyr Asp Gln Ser Thr Tyr Gly Ser Ser Thr Gly Pro Val Tyr Val Ser Asp Ser Val Thr Leu Val Asn Val Ala Thr Gly Ala Gln Ala Val Ala Arg Ser Leu Asp Trp Thr Lys Val Thr Leu Asp Gly Arg Pro Leu Ser Thr Ile Gln Gln Tyr Ser Lys Thr Phe Phe Val Leu Pro Leu Arg Gly Lys Leu Ser Phe Trp Glu Ala Gly Thr Thr Lys Ala Gly Tyr Pro Tyr Asn Tyr Asn Thr Thr Ala Ser Asp Gln Leu Leu Val Glu Asn Ala Ala Gly His Arg Val Ala Ile Ser Thr Tyr Thr Thr Ser Leu Gly Ala Gly Pro Val Ser Ile Ser Ala Val Ala Val Leu Ala Pro

第五个序列：

His Asp Ile Asp Leu Gly Glu Ser Arg Val Val Ile Gln Asp Tyr Asp Asn Gln His Glu Gln Asp Arg Pro Thr Pro Ser Pro Ala Pro Ser Arg Pro Phe Ser Val Leu Arg Ala Asn Asp Val Leu Trp Leu Ser Leu Thr Ala Ala Glu Tyr Asp Gln Ser Thr Tyr Gly Ser Ser Thr Gly Pro Val Tyr Val Ser Asp Ser Val Thr Leu Val Asn Val Ala Thr Gly Ala Gln Ala Val Ala Arg Ser Leu Asp Trp Thr Lys Val Thr Leu Asp Gly Arg Pro Leu Ser Thr Ile Gln Gln Tyr Ser Lys Thr Phe Phe Val Leu Pro Leu Arg Gly Lys Leu Ser Phe Trp Glu Ala Gly Thr Thr Lys Ala Gly Tyr Pro Tyr Asn Tyr Asn Thr Thr Ala Ser Asp Gln Leu Leu Val Glu Asn Ala Ala Gly His Arg Val Ala Ile Ser Thr Tyr Thr Thr Ser Leu Gly Ala Gly Pro Val Ser Ile Ser Ala Val Ala Val Leu Ala Pro

2. DNA 分子，其序列编码权利要求 1 的戊型肝炎病毒多肽。

3. 重组表达载体，其中包含权利要求 2 的 DNA 分子。

4. 用于免疫个体免受戊型肝炎病毒感染的疫苗组合物，包含至少一种加在药物学上可接受的佐剂中的权利要求 1 的多肽。

5. 用于免疫个体免受戊型肝炎病毒感染的疫苗组合物，包含加在药物学上可接受的佐剂中的 HEV-ORF2 多肽，其序列为第六个序列：

Met Thr Ser Val Glu Asn Ala Gln Gln Asp Lys Gly Ile Ala Ile Pro His Asp Ile Asp Leu Gly Glu Ser Arg Val Val Ile Gln Asp Tyr Asp Asn Gln His Glu Gln Asp Arg Pro Thr Pro Ser Pro Ala Pro Ser Arg Pro Phe Ser

Val Leu Arg Ala Asn Asp Val Leu Trp Leu Ser Leu Thr Ala Ala Glu Tyr Asp Gln Ser Thr Tyr Gly Ser Ser Thr Gly Pro Val Tyr Val Ser Asp Ser Val Thr Leu Val Asn Val Ala Thr Gly Ala Gln Ala Val Ala Arg Ser Leu Asp Trp Thr Lys Val Thr Leu Asp Gly Arg Pro Leu Ser Thr Ile Gln Gln Tyr Ser Lys Thr Phe Phe Val Leu Pro Leu Arg Gly Lys Leu Ser Phe Trp Glu Ala Gly Thr Thr Lys Ala Gly Tyr Pro Tyr Asn Tyr Asn Thr Thr Ala Ser Asp Gln Leu Leu Val Glu Asn Ala Ala Gly His Arg Val Ala Ile Ser Thr Tyr Thr Thr Ser Leu Gly Ala Gly Pro Val Ser Ile Ser Ala Val Ala Val Leu Ala Pro

 6. 用于免疫个体免受戊型肝炎病毒感染的疫苗组合物，包含至少一种权利要求 2 的 DNA 分子。

 7. 权利要求 1 的多肽用于制备治疗、预防或诊断戊型肝炎病毒感染的药物的用途。"

 基于修改后的申请文件，请求人认为：（1）根据 PCR 方法的扩增原理，依据碱基互补配对原则，引物限定了待扩增目标基因的端点位置，因此，本申请中说明书的修改符合专利法第 33 条的规定。（2）新权利要求书已将涉及检测方法的权利要求主题限定为制药用途，从而使要求保护的主题符合专利法第 25 条第 1 款第 3 项的规定。（3）删除了保护范围不清楚的权利要求，从而克服了《复审通知书》指出的本申请不符合专利法实施细则第 20 条第 1 款规定的缺陷。（4）权利要求 1 中所要求保护的序列二、三、四、五多肽与具有具体免疫活性的多肽六来源相同，均获自 HEV-ORF2 编码基因，只是具体的起始 N 末端和终止 C 末端略有不同；现有技术文件附件 2 明确教导衣壳蛋白的结构决定了其能够形成寡聚体（参见附件 2 的第 22175 页右栏第 29 ~ 46 行），且三聚体具有诱导更高的滴度中和抗体活性（参见附件 2 的摘要、第 22176 页右栏倒数第 6 行至第 22177 页右栏第 16 行）；多肽是否具有免疫活性是由该多肽固有的结构即氨基酸序列决定的，因此，一旦说明书公开或确定了多肽的氨基酸序列即结构，其是否具有免疫活性则属于该多肽自身的固有的性质，无需本领域普通技术人员花费创造性劳动；本申请说明书第 3 页第 18 ~ 27 行及第 5 页第 5 ~ 15 行描述所述第二、三、四、五多肽或其二聚体或三聚体均具有高度免疫活性，且能够暴露出一个与感染性病毒表面天然构象型相近的构象型表位，其可以与识别构象表位的单克隆抗体结合，因此本发明说明书中明确记载和描述了所述多肽的用途；而且结合说明书实施例 12 所描述的具体实验可知，用于判断所述多肽是否具有免疫活性的方法为本领域常规手段。因此，本申请说明书符合专利法第 26 条第 3 款的规定。

 至此，合议组认为本案事实清楚，可以作出审查决定。

二、决定的理由

 1. 本决定依据的审查文本

 本决定依据的审查文本为：请求人于 2006 年 12 月 6 日提交权利要求 1 ~ 7 和于申请日提交的说明书第 1 ~ 20、22 ~ 25、34 ~ 37 页及说明书摘要以及于 2003 年 9 月 19 日提交的说明书第 21、26 ~ 33 页构成的申请文本。

 2. 关于专利法第 33 条

 专利法第 33 条规定，申请人可以对其专利申请文件进行修改，但是，对发明和实用新型专利申请文件的修改不得超出原说明书和权利要求书记载的范围。

 根据该条款的规定，原说明书和权利要求书记载的范围包括原说明书和权利要求文字记载的内容和根据原说明书和权利要求书文字记载的内容以及说明书附图能直接地、毫无疑义地确定的内容。

 本案中，请求人对说明书的修改如下：将原始记载"多肽 394 ~ 607 基因的表达质粒构建"（参见原说明书第 30 页第 4 行）修改为"多肽 394 ~ 606 基因的表达质粒构建"（参见说明书第 30 页替换页第 4 行）；将原始记载的"对多肽 414 ~ 603 基因进行 PCR 扩增"（参见原说明书第 30 页第 6 行）修改为"对多肽 394 ~ 606 基因进行 PCR 扩增"（参见说明书第 30 页替换页第 6 行）。虽然这种修改内容在原始申请文本的文字中没有记载，但由于说明书实施例 7 中的多肽 394 ~ 606 基因是以 HEV-

ORF2基因为模板通过PCR方法扩增获得的，其中利用了具体的引物：

"引物A：5′—CAT ATG CAG CTG TTC TAC TCT CGT C —3′

引物B：5′—CAA TTC TTA CAC AGA GTG GGG GGC TAA —3′"

根据PCR方法的扩增原理和碱基互补配对原则，引物A限定了待扩增的目标基因5′端起点的位置，引物B限定了待扩增的目标基因3′端终点的位置，上述引物A的序列与第394位氨基酸编码序列相对应，而引物B的序列与第606位氨基酸编码序列相对应。因此，上述修改是本领域的普通技术人员根据原始说明书文字记载内容能够直接地、毫无疑义地确定的内容。所以，上述修改未超出原始说明书和权利要求书的记载范围，符合专利法第33条的规定。

3. 关于专利法第25条第1款第3项

专利法第25条第1款第3项规定，疾病的诊断和治疗方法不授予专利权。

根据该款的规定，一项与疾病诊断有关的方法如果同时满足以下两个条件，则属于疾病诊断方法，不能被授予专利权：（1）以有生命的人体或动物体为对象；（2）以获得疾病诊断结果或健康状况为直接目的。如果一项发明从形式上看以离体样品为对象的，但该发明是以获得同一主体疾病诊断结果或健康状况为直接目的，则该发明仍然不能被授予专利权。

本案中，驳回决定所针对申请文本中的权利要求19、20以及《第二复审通知书》所针对申请文本中的权利请求11、12保护的主题均涉及检测方法，且均以获得疾病诊断结果或健康状况为直接目的，属于专利法第25条第1款第3项规定的不能授予专利权的主题中的疾病诊断方法。请求人于2006年12月6日提交的权利要求书中将涉及检测方法的权利要求主题限定为制药用途，即权利要求7，从而克服了驳回决定和《复审通知书》所指出的本申请不符合专利法第25条第1款第3项规定的缺陷。

4. 关于专利法实施细则第20条第1款

专利法实施细则第20条第1款规定，权利要求书应当说明发明或者实用新型的技术特征，清楚、简要地表述请求保护的范围。

根据该条款的规定，权利要求书中的每项权利要求所请求保护的范围必须清楚、简明。如果权利要求中记载有含义不明确的措辞，导致所属领域的技术人员无法确定该权利要求请求保护的范围，则该权利要求不符合专利法实施细则第20条第1款的规定。

本案中，《第二复审通知书》所针对的权利要求12涉及权利要求书中不存在的权利要求14、16、17、19，导致权利要求12请求保护的范围不清楚。请求人于2006年12月6日提交的权利要求书中删除了该权利要求12，从而克服了该复审通知书所指出的本申请不符合专利法实施细则第20条第1款规定的缺陷。

5. 关于专利法第26条第3款

专利法第26条第3款规定，说明书应当对发明或实用新型作出清楚、完整的说明，以所属技术领域的技术人员能够实现为准。

所属技术领域的技术人员能够实现，指所属技术领域的技术人员按照说明书记载的内容，就能够再现发明或者实用新型的技术方案，解决其技术问题，并且产生预期的技术效果。如果说明书中给出了具体的技术方案，但未提供实验证据，而该方案又必须依赖实验结果加以证实才能成立，则该方案不符合专利法第26条第3款的规定。

本案中，权利要求1请求保护对戊型肝炎病毒（HEV）有高度免疫活性的的第二、三、四、五多肽或其二聚体或三聚体，其中各具体多肽的起始N末端和终止C末端不同，具体的对应关系是：多肽二对应于氨基酸残基394~606，多肽三对应于氨基酸残基394~603，多肽四对应于氨基酸残基

414~603，多肽五对应于氨基酸残基429~603，多肽六对应的序列中第一位氨基酸为甲硫氨酸，其后为氨基酸残基414~603（与多肽四相同）。但在所述多肽或其二聚体、三聚体技术效果方面，说明书仅提供了源于HEV-ORF2的重组蛋白193C具有免疫活性效果的实施例（参见说明书实施例12），该实施例证明序列中第一位氨基酸为甲硫氨酸，其后为氨基酸残基414~603的多肽含有能实现免疫活性的功能部位。尽管所属领域的普通技术人员根据说明书公开的内容可以制备出源于HEV-ORF2的不同多肽片段，还可以检测所制备多肽片段是否具有免疫活性，但在现有技术没有提供除源于HEV-ORF2的重组蛋白193C之外的其他多肽片段具有免疫活性的实验数据的情况下，并且现有技术中没有教导将第六多肽片段至少一端的氨基酸去掉部分或增加部分氨基酸而仍能保证其免疫活性不变的情况下，第二、三、五多肽（氨基酸残基位置分别为394~606、394~603、429~603）及其二聚体、三聚体是否与第六多肽同样具有高度免疫活性需要实验数据来证明，因此所属领域的技术人员根据现有技术以及说明书的内容均无法推断出第二、三、五多肽及其二聚体或三聚体也与第六多肽具有同样免疫活性的功能。综上所述，本申请说明书没有对权利要求1请求保护的第二、三、五多肽及其二聚体、三聚体作出清楚、完整的说明，不符合专利法第26条第3款的规定。

针对请求人于2006年12月6日提交的意见陈述书中陈述的理由，合议组认为：首先，本申请说明书第3页第18~27行及第5页第5~15行记载的内容只是对本发明目的的说明以及相应效果的推测，而说明书中并没有提供相应于本申请权利要求1请求保护的第二、三、五多肽具有高度免疫活性的实验结果；第二，虽然多肽的结构或序列确定后其本身固有的性质是确定的，且本申请第二、三、四、五、六多肽序列来源相同，但各多肽序列的具体起始N末端和终止C末端不同，这就确定了上述多肽结构或序列已经不同，因此，即使这些序列有功能且其功能是确定的，这些功能也非必定彼此相同，且在说明书未给出证明序列二、三、五免疫功能的实验数据情况下，其功能也是未知的；第三，能用某种具体手段来检测不同多肽的活性并不必然肯定了所检测的多肽具有某种具体活性；第四，附件1和附件2与本申请的第五多肽是否具有与第六多肽相同的高度免疫活性没有关系。因此，请求人针对本申请符合专利法第26条第3款的规定的理由不成立。

根据以上事实和理由，本案合议组作出如下审查决定。

三、决定

维持国家知识产权局于2004年7月9日对第00130634.0号发明专利申请作出的驳回决定。

复审请求人对本决定不服的，可以根据专利法第41条第2款的规定，自收到本决定之日起三个月内向北京市第一中级人民法院起诉。

043

人疾病相关表皮生长因子编码序列、其制备方法及用途

复审请求审查决定（第12075号）

决 定 号	第12075号
决 定 日	2007年12月24日
发明创造名称	人疾病相关表皮生长因子编码序列、其制备方法及用途
国际分类号	C12N 15/10，C12N 15/12，C12N 15/64，C07K 14/435，C07K 14/17，C07K 16/18，C07H 21/00，C12Q 1/68
复审请求人	复旦大学
申 请 号	01142686.1
申 请 日	2001年12月18日
公 开 日	2002年8月28日
合议组组长	何 炜
主 审 员	祝海燕
参 审 员	田 芳
法 律 依 据	专利法第26条第3款

决 定 要 点

所属技术领域的技术人员能够实现，是指所属技术领域的技术人员按照说明书记载的内容，就能够实现该发明或者实用新型的技术方案，解决其技术问题，并且产生预期的技术效果。对于涉及遗传工程的产品发明来说，除了需要确认该产品以及公开该产品的制备方法外，还应当充分公开该产品的用途和使用效果。如果该产品发明所声称的用途和效果不能通过说明书中公开的结构分析和理论推导相结合毫无疑义地确定，而必须依赖实验结果加以证实才能成立的情况下，则说明书应当记载相关的实验数据，否则将被认为说明书没有充分公开该产品而不符合专利法第26条第3款的规定。

一、案由

本复审请求涉及申请日为2001年12月18日，公开日为2002年8月28日，名称为"人疾病相关表皮生长因子编码序列、其制备方法及用途"的第01142686.1号发明专利申请（下称本申请），其申请人为复旦大学。

针对原始提交的申请文件，国家知识产权局实审部门于2003年11月7日发出第一次审查意见通知书，认为：本申请要求保护的PREGF蛋白多肽的功能仅仅是通过BLAST同源比较，发现其蛋白序列中具有信号肽和表皮生长因子的典型序列就认为其具有表皮生长因子家族的相关功能，而本申请的多肽是否具有表皮生长因子的功能说明书中没有提供必要的实验数据加以证实，因此说明书公开不充分。

针对上述审查意见通知书，申请人于 2004 年 2 月 11 日提交了意见陈述书及经修改的权利要求书替换页（共 7 项），申请人认为：(1) 通过同源性比较来确定新蛋白功能是本领域技术人员常用的一种方法，可信度高；(2) 蛋白质功能由一级结构决定；(3) 同源性比较也是实验结果。另外，在意见陈述书中，申请人还补充了部分 PREGF 蛋白对人主动脉内皮细胞作用的实验数据。

2004 年 4 月 9 日，国家知识产权局驳回了本申请，理由是：(1) 本申请要求保护的 PREGF 蛋白多肽的功能仅仅是通过 BLAST 同源比较，发现其蛋白序列中具有信号肽和表皮生长因子的典型序列就推测其具有表皮生长因子家族的相关功能；而本申请的多肽是否具有表皮生长因子的功能说明书中没有提供必要的实验数据加以证实，因此说明书公开不充分；(2) 申请人在意见陈述中所述的"同源比较可信度高和同源性比较也是一种实验结果"理由不能成立；"蛋白质的功能由一级结构确定"的说法也与本领域的一般知识相矛盾；(3) 申请人补充的实验数据超出了原始申请文本的范围，因此也不能接受；且申请人对权利要求书的修改也没有克服公开不充分的缺陷，综上，本申请说明书不符合专利法第 26 条第 3 款的规定。

驳回决定所针对的权利要求书为：

"1. 一种分离出的 DNA 分子，其特征在于，它包括：编码具有人 PREGF 蛋白活性的多肽的核苷酸序列，所述的核苷酸序列如 SEQ ID NO.1 所示。

2. 如权利要求 1 所述的 DNA 分子，其特征在于，所述的序列编码一多肽，该多肽具有 SEQ ID NO.2 所示的序列。

3. 一种分离的 PREGF 蛋白多肽，其特征在于，它包括：具有 SEQ ID NO.2 所示的氨基酸序列。

4. 一种载体，其特征在于，它含有权利要求 1 所述的 DNA。

5. 一种用权利要求 4 所述载体转化的宿主细胞。

6. 一种产生具有 PREGF 蛋白活性的多肽的方法，其特征在于，该方法包括：

（a）将编码具有 PREGF 蛋白活性的多肽的核苷酸序列可操作地连于表达调控序列，形成 PREGF 蛋白表达载体，所述序列为 SEQ ID NO.1 中从核苷酸 258～1166 位的核苷酸序列；

（b）将步骤（a）中的表达载体转入宿主细胞，形成 PREGF 蛋白的重组细胞；

（c）在适合表达 PREGF 蛋白多肽的条件下，培养步骤（b）中的重组细胞；

（d）分离出具有 PREGF 蛋白活性的多肽。

7. 一种能与权利要求 3 所述的 PREGF 蛋白多肽特异性结合的抗体。"

申请人复旦大学（下称请求人）对上述驳回决定不服，于 2004 年 7 月 29 日向专利复审委员会提出复审请求，请求人认为国家知识产权局驳回的理由不成立：(1) 公开充分的标准是本领域技术人员可以重现发明，并根据实验和常识显而易见的认为技术方案可行即可，并不要求公开所有技术方案的实验结果；本发明公开了 PREGF 的序列、制备方法和保守序列以及现有的对 EGF 其他成员的功能研究结果，本领域技术人员认为这些都是可信的实验结果，根据这些内容，本领域技术人员完全可以重复本发明，因此本申请充分公开了本发明的蛋白或核酸的用途和效果；(2) 在答复第一次审查意见通知书时提交的补充实验数据是用于进一步证明本说明书中基于"现有蛋白功能+结构相似性"推导化学产品用途的正确性；(3) 补充的实验是可以接受的，附上授权专利 ZL95197779.2 授权文本首页（附件 1）供参考，根据附件 1 的说明书可以推测其在审查过程中补充了数据，鉴于其授权范围很大，而且补充了实验数据，因此也应当给予本专利相应的保护范围。

请求人在提出复审请求时未提交新的修改文本。

形式审查合格后，专利复审委员会受理了该复审请求，并于 2005 年 5 月 30 日向请求人发出《复审请求受理通知书》，随后将本申请移交国家知识产权局原审查部门进行前置审查。

国家知识产权局原审查部门对本复审请求进行了前置审查，坚持原驳回决定。

专利复审委员会组成合议组，对本案的复审请求进行了审理，并于2006年8月10日向请求人发出《复审通知书》。《复审通知书》指出：（1）本申请说明书对于所要求保护的DNA和多肽的功能的描述仅仅是基于BLAST同源序列比较结果从而推测其为一种人疾病相关表皮生长因子，然而从说明书实施例2同源性比较结果来看，在本发明要求保护的全长为303aa的多肽序列中仅有位于第44～190位的序列符合SCP功能域的特点，由于SCP功能域存在于鼠精被糖蛋白、植物发病机制相关蛋白等多种不同类型的蛋白序列中，其并不是一种动物疾病相关蛋白的特异性标志序列，因此上述仅有部分序列符合保守序列特点的比较结果并不能必然地推断出本发明要求保护的多肽具有人疾病相关表皮生长因子的功能。其次，对于本领域技术人员来说，基于一级结构相似性的同源性比较方法仅仅是一种预测蛋白质功能的手段，蛋白质确切的功能是由其在体内经过加工折叠的三级结构等多种因素决定的，因此只有当同源性比较推测的结果经实验验证后，才能确定蛋白质的确切功能。由此可见，通过本申请说明书公开的序列结构分析与现有技术理论推导相结合的方式，并不能毫无疑义地确定本发明的核酸和蛋白质的用途和效果，其需要实验数据的证实才能成立。（2）请求人在针对第一次审查意见通知书进行的意见陈述时提交的实验数据是申请日之后提交的资料，其既没有记载在原始公开的说明书及权利要求书内，也不是公众能够获知的现有技术资料，因此其不能证实本申请说明书公开充分。（3）请求人提供的授权专利ZL95197779.2扉页显然也不能说明本专利符合专利法第26条第3款的规定。本发明的说明书存在公开不充分的问题，不符合专利法第26条第3款的规定。

针对《复审通知书》指出的问题，请求人于2006年9月8日提交了意见陈述书，请求人认为同源性比较是本领域技术人员认为可信的实验结果，根据同源比较结果推导核酸或蛋白质的生物学功能是常规手段，是本发明的现有技术，因此本领域技术人员可以重复本发明。另外，请求人提供实验数据的目的是从另一个角度证明本发明PREGF的生物学功能，而非因为说明书公开不充分，因此本申请公开充分。

2007年11月16日，合议组向请求人发出《合议组成员告知通知书》，通知请求人合议组成员发生变更，如有回避请求应当在规定的时间内提交请求。在规定的时间内，合议组未收到请求人提交的回避请求。

至此，合议组认为本案事实清楚，可以依法作出审查决定。

二、决定的理由

1. 审查针对的文本

本复审决定所针对的文本为请求人于2001年12月18日提交的说明书第1-15页和摘要，于2004年2月11日提交的权利要求1~7。

2. 关于专利法第26条第3款

专利法第26条第3款规定，说明书应当对发明或者实用新型作出清楚、完整的说明，以所属技术领域的技术人员能够实现为准。

所属技术领域的技术人员能够实现，是指所属技术领域的技术人员按照说明书记载的内容，就能够实现该发明或者实用新型的技术方案，解决其技术问题，并且产生预期的技术效果。对于涉及遗传工程的产品发明来说，除了需要确认该产品以及公开该产品的制备方法外，还应当充分公开该产品的用途和使用效果。如果该产品发明所声称的用途和效果不能通过说明书中公开的结构分析和理论推导相结合毫无疑义地确定，而必须依赖实验结果加以证实才能成立的情况下，则说明书应当记载相关的实验数据，否则将被认为说明书没有充分公开该产品而不符合专利法第26条第3款的规定。

本案中，权利要求1～7要求保护的技术方案涉及一种分离出的DNA分子、其编码的PREGF多肽、含有所述DNA分子的载体、用上述载体转化的宿主细胞及所述多肽的生产方法和与所述PREGF多肽特异性结合的抗体。针对上述要求保护的技术方案，说明书记载的相应的内容为：对要求保护的

DNA 分子进行克隆和序列测定；对其编码的多肽结构进行同源性序列比较分析；将所述 DNA 分子编码的 PREGF 多肽在大肠杆菌、真核细胞中进行表达以及抗体的制备。

由此可见，说明书中具体记载了要求保护的 DNA 和多肽产品的序列结构（产品的确认）和制备方法（产品的制备），但是对于所要求保护的 DNA 和多肽的功能只是基于 BLAST 同源序列比较结果，推测其为一种人疾病相关表皮生长因子。

从说明书实施例 2 同源性比较结果来看，在本发明要求保护的全长为 303aa 的多肽序列中，仅有位于多肽序列的第 231～261 位的氨基酸序列符合 EGF 家族的保守序列的特点，仅有位于第 44～190 位的序列符合 SCP 功能域的特点，如说明书所述，由于 SCP 功能域还存在于鼠精被糖蛋白、植物的发病机制相关蛋白等多种不同类型的蛋白序列中，因此其并不是一种动物疾病相关蛋白的特异性标志序列，因此上述仅有部分序列符合保守序列特点的比较结果并不能必然地推断出本发明要求保护的多肽具有人疾病相关表皮生长因子的功能。

此外，本领域技术人员已知，不同蛋白在一级序列上存在较高的同源性并不必然导致相应蛋白质具有相同的功能。这是因为，作为蛋白质一级结构的氨基酸序列是其空间结构的基础，而蛋白质的空间结构又是其功能的基础，同源性较高的蛋白质是否具有相似的空间结构和相似的功能，主要取决于那些在维系其空间结构以及功能、活性中起关键作用的氨基酸残基的差异，以及这些差异是否足以改变其空间构象和相应的生物学功能及活性。如果蛋白质氨基酸序列中的一些甚至一个起关键作用的氨基酸改变，就会导致蛋白质空间结构与生物学活性或功能的巨大变化，举例来说，镰刀形红细胞贫血就是由于正常人血红蛋白 β 亚基的第 6 位谷氨酸被缬氨酸取代所致，这一微小的变化使红细胞变成镰刀状而易于破碎，产生严重的贫血，该位点发生突变的纯合子个体产生严重的溶血性贫血，往往幼年死亡。对于本发明所分离的 PREGF 多肽也是如此，一些关键部位（如结构域、酶活性部位等）氨基酸的改变很可能会大大改变其生物学功能及活性。尽管本申请通过同源性对比发现分离的多肽存在符合 EGF 家族的保守序列和 SCP 功能域的保守序列，但是这并不能排除本申请所要求保护的蛋白的其他氨基酸序列中存在对蛋白结构、功能或活性发挥重要作用的部位，也不能确定该蛋白一定具有所述的人疾病相关表皮生长因子的功能。

请求人在意见陈述中指出同源性比较是本领域技术人员认可的实验结果。合议组认为：正如上文所分析的那样，虽然同源性对比作为本领域技术人员的常用技术手段，对从理论上推测基因以及蛋白的功能起到重要作用，但它只是为进一步的研究指示了方向。在属于实验科学的生物技术领域，对于一项完整的发明，同源性推测无法取代具体的实验来确定核酸、多肽等生物大分子的功能。科学研究中可以进行合理的推测，但只有当该推测经各种方式（例如实验数据）得到验证后，推测的命题才得以成立。也就是说，在缺乏实验证据的情况下，仅通过同源性推测尚不足以认定本申请所述蛋白质的功能已经确定。

综上所述，在缺乏实验证据的情况下，仅通过同源性推测以及基序分析尚不足以认定本申请所述蛋白质的功能已经确定，本领域技术人员根据现有技术及其掌握的公知常识，不能认为本申请说明书所述蛋白质的功能得到了确认，即本申请说明书并没有充分公开其要求保护的蛋白质的功能或用途，本领域技术人员无法预见本申请要求保护的技术方案将产生预期的技术效果。因此本申请的说明书不符合专利法第 26 条第 3 款的规定。

根据以上事实和理由，本案合议组作出如下审查决定。

三、决定

维持国家知识产权局于 2004 年 4 月 9 日对 01142686.1 号发明专利申请作出的驳回决定。

复审请求人对本决定不服的，可以根据专利法第 41 条第 2 款的规定，自收到本决定之日起三个月内向北京市第一中级人民法院起诉。

降低抗肿瘤剂毒性的制剂和方法

复审请求审查决定（第 12082 号）

决 定 号	第 12082 号
决 定 日	2007 年 12 月 5 日
发明创造名称	降低抗肿瘤剂毒性的制剂和方法
国际分类号	A61K 31/13，A61K 31/135，A61K 31/165，A61K 31/175，A61K 31/195，A61K 31/255，A61K 31/335，A61K 31/40，A61K 31/415，A61K 31/44，A61K 31/445，A61K 31/460，A61K 31/492，A61K 31/505，A61K 31/52，A61K 31/53，A61K 31/55，A61K 31/66，A61K 31/665，A61K 31/675
复审请求人	比奥纽默里克药物公司
申 请 号	98810284.6
申 请 日	1998 年 10 月 16 日
优 先 权 日	1997 年 10 月 17 日
公 开 日	2000 年 12 月 13 日
合议组组长	李金光
主 审 员	刘 妍
参 审 员	唐 莉
法 律 依 据	专利法第 33 条

决 定 要 点

原说明书和权利要求书记载的范围包括原说明书和权利要求书文字记载的内容和根据原说明书和权利要求书文字记载的内容以及说明书附图能直接地、毫无疑义地确定的内容。

一、案由

本复审请求涉及申请日为 1998 年 10 月 16 日、公开日为 2000 年 12 月 13 日、优先权日为 1997 年 10 月 17 日、名称为"降低抗肿瘤剂毒性的制剂和方法"的第 98810284.6 号发明专利申请（下称本申请），本申请的申请人为比奥纽默里克药物公司，本申请进入中国国家阶段日期为 2000 年 4 月 17 日。

本申请进入中国国家阶段时，申请人提交了本申请原始申请文本的中文译文以及根据专利合作条约第 41 条修改的权利要求书全文中文译文替换页（共 13 项权利要求），其中原始申请文本中的权利要求 1 为：

"1. 包含 i) 有效量的抗肿瘤剂和 ii) 下式所示化合物或其可药用盐的溶液或悬浮液的药物制剂：（I）

$$R_1S-(\ )_m-\underset{R_3}{(\ )_n}-R_2$$

其中：

R_1 是氢、低级烷基或

$$R_1S-(\ )_m-\underset{R_3}{(\ )_n}-R_2$$

R_2 和 R_4 分别独立地为 $SO_3^-M^+$、$PO_3^{2-}M_2^{2+}$、或 $PO_2S^{2-}M_2^{2+}$；

R_3 和 R_5 分别独立地为氢、羟基或巯基；

m 和 n 独立地为 0、1、2、3 或 4，条件是，如果 m 或 n 是 0，则 R_3 是氢；且

M 是氢或碱金属离子；

条件是：如果所用抗肿瘤剂是亲电性烷化剂，则 R_1 不是氢；如果所用抗肿瘤剂是顺铂或卡铂，则 R_1 不是氢且 R_2 和 R_4 不相同。"

根据专利合作条约第 41 条修改的权利要求 1 为：

"1. 包含 i) 抗肿瘤剂和 ii) 下式所示化合物或其可药用盐的溶液或悬浮液的药物制剂：

$$R_1S-(CH_2)_m-\underset{R_3}{(CH_2)_n}-R_2$$

(I)

其中：

R_1 是氢、低级烷基或下式基团

$$-S-(CH_2)_m-\underset{R_5}{}-R_4$$

R_2 和 R_4 分别独立地为 $SO_3^-M^+$、$PO_3^{2-}M_2^{2+}$、或 $PO_2S^{2-}M_2^{2+}$；

R_3 和 R_5 分别独立地为氢、羟基或巯基；

m 和 n 独立地为 0、1、2、3 或 4，条件是，如果 m 或 n 是 0，则 R_3 是氢；且

M 是氢或碱金属离子；

条件是：如果所用抗肿瘤剂是亲电性烷化剂，则 R_1 不是氢；如果所用抗肿瘤剂是顺铂，则 R_1 不是氢且 R_2 和 R_4 不相同；如果所用抗肿瘤剂是卡铂，R_1 是其中 R_5 是氢，R_4 为 $SO_3^-M^+$ 或 $PO_3^{2-}M_2^{2+}$ 的下式基团

$$-S-(CH_2)_m-\underset{R_5}{}-R_4$$

则或者 R_5 不是氢，或者 R_4 不是 $SO_3^-M^+$ 或 $PO_3^{2-}M_2^{2+}$"。

2005 年 6 月 10 日，针对申请人于本申请进入中国国家阶段时提交的国际申请文本的中文译文说明书第 1~48 页及其摘要和依据专利合作条约第 41 条修改的权利要求 1~13，国家知识产权局以权利要求 1 不符合专利法第 33 条的规定为由驳回了本申请。驳回决定指出：申请人在修改替换页中，将权利要求 1 中的式 I 原结构式中的"−（　）m−"和"−（　）n−"修改为"−（CH₂）m−"和"−（CH₂）n−"。根据原说明书和权利要求书记载的内容，并无任何信息可以直接导出原申请文件中的式 I 化合物即是指进行上述修改之后所示的物质，因为根据价键理论的一般知识，括号内缺失的基团可以是能实现稳定连接的任意二价基团，只要其在与碳原子形成稳定共价键的作用上是等效的，所以，所属领域技术人员并不能唯一确定原式 I 化合物就是上述修改后所示物质。因此，权利要求 1 的修改不符合专利法第 33 条的规定。

比奥纽默里克药物公司（以下称请求人）对上述驳回决定不服，于 2005 年 9 月 13 日向专利复审

委员会提出复审请求。请求人认为：（1）本发明涉及"地美司钠及其类似物和衍生物"，只有当权利要求1的式I中"-（）m-"为"-（CH_2）m-"，"-（）n-"为"-（CH_2）n-"，m为0且n为1，R_3为氢并且R_1是下式的基团时，地美司钠才能包括在通式I化合物中

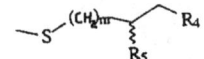

此外，说明书中列出了本发明优选的化合物，这些优选的具体化合物也只有当"-（）m-"为"-（CH_2）m-"，"-（）n-"为"-（CH_2）n-"时才能满足通式I，所述括号中只能是CH_2，对权利要求的修改是改正明显的错误。（2）地美司钠以及其他优选的实施方案均为现有技术中已知的化合物，给出通式I结构旨在合理概括这一类化合物的结构，而并非要求保护新的通式化合物。

形式审查合格后，专利复审委员会受理了该复审请求，并于2005年12月1日向请求人发出《复审请求受理通知书》，随后将本申请案卷移交原审查部门进行前置审查。

原审查部门对本复审请求进行了前置审查，前置审查意见坚持原驳回决定。

专利复审委员会组成合议组，对本案的复审请求进行了审理，并于2007年6月27日向请求人发出《复审通知书》。《复审通知书》指出：（1）请求人将原权利要求1化合物结构式（I）中的"-（）m-"和"-（）n-"分别相应地修改为"-（CH_2）m-"和"-（CH_2）n-"；同时增加了以下内容："如果所用抗肿瘤剂是卡铂，R_1是其中R_5是氢，R_4为SO_3^--M^+或PO_3^{2-}-M_2^{2+}的下式基团

则或者R_5不是氢，或者R_4不是$SO_3^-M^+$或$PO_3^{2-}M_2^{2+}$"。由于原说明书和权利要求书中并未明确记载上述括号中的基团可以是"CH_2"，上述增加的内容也未在原说明书和权利要求书中明确记载，本领域技术人员也无法根据原说明书和权利要求书记载的范围直接地、毫无疑义地确定上述修改。因此，以上对权利要求1的修改不符合专利法第33条的规定。（2）正如请求人在意见陈述书中所述，只有当m为0时，地美司钠才能被包括在通式（I）化合物中，同时本发明说明书中所记载的化合物，如巯乙磺酸钠、地美司钠二磷酸盐类似物、S-甲基美司钠、巯乙磺酸钠异二聚体等均为m为0时的情况；m为0时（）m的括号内为任何基团均不会对化合物的实际结构造成影响，但无法从本申请原说明书和权利要求书记载的范围直接地、毫无疑义地确定括号内的基团一定为CH_2。n为0时同理。（3）由于本申请原说明书和权利要求书中式（I）括号中的内容均是缺失的，本领域技术人员无法明确通式（I）括号中为何种基团，虽然说明书公开了地美司钠本身及其他优选化合物，如巯乙磺酸钠、地美司钠二磷酸盐类似物、S-甲基美司钠、巯乙磺酸钠异二聚体等，但地美司钠本身及其他优选化合物落在通式范围内并不意味着式（I）中括号内的基团只能是CH_2，原权利要求1中通式（I）代表的范围不明确。（4）本申请仅仅公开了几个具体的点，请求人修改后要求保护的权利要求1中括号中为"CH_2"的通式（I）是将原权利要求1不明确的范围确定为包括具体点的特定范围。

针对《复审通知书》指出的问题，请求人于2007年10月10日提交了意见陈述书及经修改的权利要求书替换页，并于2007年10月24日再次提交权利要求书替换页，共13项。其中请求人于2007年10月24日提交的修改文件中对权利要求1的式（I）化合物进行了修改，并对权利要求2~13进行了适应性修改。修改后的权利要求1~13为：

"1. 包含i）抗肿瘤剂和ii）选自地美司钠、dimephos、mesnaphos、S-甲基巯乙磺酸钠和羟基巯乙磺酸钠的化合物或其可药用盐的溶液或悬浮液的药物制剂；

条件是：如果所述抗肿瘤剂是顺铂或卡铂，

则化合物（ii）不是地美司钠或dimephos。

2. 根据权利要求1的药物制剂，其中化合物（ii）是地美司钠。

3. 根据权利要求1或2的药物制剂，其中抗肿瘤剂不是卡铂或顺铂。

4. 根据权利要求1、2或3的药物制剂，其中抗肿瘤剂是紫杉烷类抗肿瘤剂。

5. 根据上述任一权利要求的药物制剂，其中抗肿瘤剂选自：长春花生物碱类抗肿瘤剂、亲电性烷化剂、抗激素类抗肿瘤剂、嘌呤类抗代谢物、嘧啶类抗代谢物、核苷类抗代谢物、抗生素类抗肿瘤剂、抗叶酸类抗肿瘤剂、喜树碱衍生物、表鬼臼毒素衍生物、拓扑异构酶抑制剂、羟基脲、铂类似物、氟嘧啶衍生物、蒽环或蒽二酮类抗肿瘤剂、激素或激素衍生物。

6. 根据上述任一权利要求的药物制剂在用于治疗癌症中的应用。

7. 权利要求1定义的化合物（ii）或其可药用盐在制备与抗肿瘤剂联合用药治疗癌症的制剂中的应用。

8. 根据权利要求7的应用，所述制剂是 i) 权利要求1定义的化合物（ii）或其可药用盐和 ii) 抗肿瘤剂的溶液或悬浮液。

9. 根据权利要求7的应用，所述癌症治疗包括在选自下列的时间将化合物（ii）或其可药用盐对患者给药：

a）在抗肿瘤剂给药前5~60分钟给药；

b）在抗肿瘤剂给药前15~30分钟给药；

c）与抗肿瘤剂同时给药。

10. 根据权利要求7或9的应用，所述联合用药包括将所述化合物（ii）或其可药用盐静脉内或口服给药，并将所述抗肿瘤剂口服给药。

11. 根据权利要求7、8、9或10的应用，所述联合用药中化合物（ii）或其可药用盐的给药量比抗肿瘤剂给药量多4~5000倍。

12. 根据权利要求7~11中任一项的应用，其中抗肿瘤剂是紫杉烷类抗肿瘤剂。

13. 根据权利要求7~12中任一项的应用，其中化合物（ii）是地美司钠。"

至此，合议组认为本案事实清楚，可以作出审查决定。

二、决定的理由

1. 审查所依据的文本

本复审决定所针对的文本是请求人于2007年10月24日提交的权利要求1~13、驳回决定所针对的说明书及说明书摘要。

2. 关于专利法第33条

专利法第33条规定，申请人可以对其专利申请文件进行修改，但是，对发明和实用新型专利申请文件的修改不得超出原说明书和权利要求书记载的范围。

根据该条规定，原说明书和权利要求书记载的范围包括原说明书和权利要求书文字记载的内容和根据原说明书和权利要求书文字记载的内容以及说明书附图能直接地、毫无疑义地确定的内容。

为克服驳回决定与《复审通知书》所指出的缺陷，请求人于2007年10月24日提交了权利要求书替换页，将权利要求1修改为：

"1. 包含 i) 抗肿瘤剂和 ii) 选自地美司钠、dimephos、mesnaphos、S-甲基硫乙磺酸钠和羟基硫乙磺酸钠的化合物或其可药用盐的溶液或悬浮液的药物制剂；

条件是：如果所述抗肿瘤剂是顺铂或卡铂，

则化合物（ii）不是地美司钠或dimephos。"

本案中，请求人对权利要求1的修改如下：将原通式（I）的化合物限定为具体化合物（ii）地美司钠、dimephos、mesnaphos、S-甲基硫乙磺酸钠和羟基硫乙磺酸钠，同时限定了"如果所述抗肿瘤剂是顺铂或卡铂，则化合物（ii）不是地美司钠或dimephos"；且删除了原权利要求1中对各基团的限定。

首先，根据原说明书的记载，本申请"最优选的式I化合物是地美司钠，地美司钠的二磷酸类似物（dimephos）……巯乙磺酸钠异二聚体（mesnaphos），S-甲基巯乙磺酸钠……且m和n至少是1的类似物（羟基巯乙磺酸钠）"（参见原说明书第39页第1~4行），可见修改后的权利要求1中的化合物在原申请文件中有明确记载。其次，根据原始权利要求1的记载，"如果所用抗肿瘤剂是顺铂或卡铂，则R_1不是氢且R_2和R_4不相同"，在上述五种化合物中，地美司钠的R_1不是氢且R_2和R_4相同（均为SO_3M）、地美司钠的二磷酸类似物（即dimephos）的R_1不是氢且R_2和R_4相同（均为PO_3M_2），由此能够直接地、毫无疑义地确定当抗肿瘤剂是顺铂或卡铂时，化合物（ii）不会是地美司钠或dimephos。因此，上述修改的内容属于本领域技术人员能够从原始说明书和权利要求书记载的内容中直接地、毫无疑义地确定的内容。

综上所述，请求人于2007年10月24日提交的权利要求书已经克服了驳回决定和《复审通知书》所指出的权利要求1不符合专利法第33条规定的缺陷。

根据以上事实和理由，本案合议组作出如下审查决定。

三、决定

撤销国家知识产权局于2005年6月10日对第98810284.6号发明专利申请作出的驳回决定。由原审查部门在本复审决定所针对的文本的基础上继续进行审查。

复审请求人对本决定不服的，可以根据专利法第41条第2款的规定，自收到本决定之日起三个月内向北京市第一中级人民法院起诉。

施用于上呼吸道和/或耳部的消炎剂，
特别是抗菌剂和/或促进伤口愈合活性剂的制剂

复审请求审查决定（第 12089 号）

决 定 号	第 12089 号
决 定 日	2007 年 12 月 12 日
发明创造名称	施用于上呼吸道和/或耳部的消炎剂，特别是抗菌剂和/或促进伤口愈合活性剂的制剂
国际分类号	A61K 9/127
复审请求人	尤罗塞尔蒂克股份有限公司
申 请 号	99806578.1
优 先 权 日	1998 年 5 月 27 日
申 请 日	1999 年 5 月 27 日
公 开 日	2001 年 7 月 11 日
合议组组长	李金光
主 审 员	任 怡
参 审 员	张晓飞
法 律 依 据	专利法第 22 条第 3 款

决 定 要 点

在发明申请与对比文件的技术领域相同或接近的情况下，如果权利要求所要求保护的技术方案与一篇对比文件公开的技术内容的区别技术特征在另一篇对比文件中公开，该区别技术特征在另一篇对比文件记载的技术方案中所起的作用与本申请中所起的作用相同，该项权利要求不具备突出的实质性特点。

一、案由

本复审请求涉及申请日为 1999 年 5 月 27 日，公开日为 2001 年 7 月 11 日，名称为"施用于上呼吸道和/或耳部的消炎剂，特别是抗菌剂和/或促进伤口愈合活性剂的制剂"的第 99806578.1 号发明专利申请（下称本申请），本申请的优先权日为 1998 年 5 月 27 日，本申请的申请人为尤罗塞尔蒂克股份有限公司。

国家知识产权局于 2005 年 5 月 13 日以权利要求 5、10、11 不符合专利法第 33 条的规定、权利要求 1~4、6~16 不符合专利法第 22 条第 3 款的规定、权利要求 17 不符合专利法第 26 条第 4 款的规定为由驳回了本申请。

驳回决定所针对的权利要求书为：

"1. 与脂质体联合的至少一种抗菌剂在制备用于预防或治疗口腔、咽、喉、鼻和/或耳内感染或伤口的药用制剂中的用途，所述的抗菌剂选自释放氧的化合物和释放卤素的化合物和金属化合物。

2. 根据权利要求1所述的用途，特征在于所述的抗菌剂选自下列物质组：碘和碘配合物。

3. 根据权利要求2所述的用途，特征在于所述的抗菌剂为聚乙烯吡咯酮碘。

4. 根据权利要求1～3任何一项所述的用途，特征在于所述的制剂含有至少一种抗菌剂和至少一种促进伤口愈合的活性剂。

5. 根据权利要求1～4任何一项所述的用途，特征在于所述的脂质体的直径大小的范围在1000～20000nm。

6. 根据权利要求1～4中任何一项所述的用途，特征在于所述的脂质体制剂可在延长的时间期限内以大约相同的释放速率释放所述的活性剂。

7. 根据权利要求6所述的用途，其特征在于脂质体制剂在几小时持续时间的延长时间期限内，以大约相同的释放速率释放所述的活性剂。

8. 根据权利要求1～4中任何一项所述的用途，特征在于所述的制剂另外含有至少一种麻醉活性剂。

9. 根据权利要求1～4中任何一项所述的用途，特征在于所述的制剂含有添加剂和佐剂。

10. 根据权利要求9所述的用途，其中所述的添加剂和佐剂为防腐剂、抗氧化剂和形成稠度的添加剂。

11. 根据权利要求1～4中任何一项所述的用途，其中所述的制剂是含有负载活性剂的脂质体的溶液或分散液剂型；或是在亲水或两亲乳剂基质中含有负载活性剂的脂质体制剂的亲水或两亲乳剂剂型；或是O/W或W/O型药用洗剂的剂型；或是在药用软膏基质中含有负载活性剂的脂质体的药用软膏剂型；或在药用凝胶基质中含有负载活性剂的脂质体或活性剂的药用凝胶剂型；或是在药物上可接受的可雾化的固体或液体制剂中含有负载活性剂的脂质体的喷雾剂剂型。

12. 根据权利要求11所述的用途，其中所述的含有负载活性剂的脂质体的溶液或分散液剂型是液体药物制剂剂型；所述的药物凝胶是非醇类水凝胶剂型。

13. 根据权利要求1～4中任何一项所述的用途，其中所述的制剂是药物溶液或分散液制剂的剂型，它包括：

a) 含有1％～5％重量的药物上可接受的脂质体成膜物质的脂质体；和

b) 0.1％～10％重量的抗菌剂。

14. 根据权利要求13所述的用途，其中所述的药物上可接受的脂质体成膜物质的脂质体为卵磷脂，所述的抗菌剂为聚乙烯吡咯烷酮碘。

15. 根据权利要求1～4中任何一项所述的用途，其中所述的制剂适于治疗感染性疾病或缓解伴有机会致病菌感染或免疫系统抑制的疾病。

16. 根据权利要求1～4中任何一项所述的用途，其中所述的制剂适于治疗急性和/或慢性咽喉炎、咽峡炎和/或鼻炎。

17. 根据权利要求1～4中任何一项所述的用途，其中所述的制剂适于功能组织的改型和修复治疗。"

驳回决定认为：(1) 权利要求5中的脂质体直径大小范围在原说明书没有记载；权利要求10中的"防腐剂"、权利要求11中的"乳剂"和"……或是在药用凝胶基质中含有负载活性剂的脂质体或活性剂的药用凝胶剂型"与原说明书和权利要求书所记载的内容不符,且不能由原说明书和权利要求书所记载的内容直接导出,权利要求5、10和11不符合专利法第33条的规定。(2)对比文件1("碘伏的临床应用及剂型",蔡小燕,汕头大学医学院学报,第2期,第77~78页,公开日为1994年)公开了聚维酮碘应用于口腔、耳鼻喉科的消毒与治疗、其漱口液用于治疗口腔炎、咽喉炎、牙龈炎时作含漱用;对比文件2(EP0639373A,公开日为1995年2月22日)披露了聚乙烯吡咯烷酮碘等抗菌剂制成的脂质体制剂,将对比文件2中的聚维酮脂质体制剂应用于对比文件1中,从而得到权利要求1的技术方案是显而易见的,权利要求1不符合专利法第22条第3款的规定,从属权利要求2~4、6~16的附加技术特征被对比文件1、2披露,也不符合专利法第22条第3款的规定。(3)从属权利要求17的附加技术特征为"所述制剂适用于功能组织的改型和修复治疗",说明书中并没有试验证明所述功能,且不能从说明书中公开的内容概括得出该技术方案,因此权利要求17得不到说明书的支持,不符合专利法第26条第4款的规定。

申请人尤罗塞尔蒂克股份有限公司(下称请求人)对上述驳回决定不服,于2005年8月29日向专利复审委员会提出复审请求,请求人在提出复审请求时提交了新修改的权利要求书替换页及如下附件:

附件1:发明人之一的Dr. Fleischer的声明及其中文译文,共3页;

附件2:欧洲专利局对本申请相应的欧洲专利申请的口审记录,共4页。

修改后的权利要求书共包括26项权利要求,具体修改之处为:(1)将权利要求5中的数值范围修改为"1~20000nm";(2)删除了驳回决定所针对的权利要求6、7、17;(3)将权利要求10中的"防腐剂"修改为"保存剂";(4)将权利要求11中的"……或是在药用凝胶基质中含有负载活性剂的脂质体或活性剂的药用凝胶剂型"修改为"……或在药用水凝胶基质中含有所述载体和一种或多种活性剂的的药用凝胶剂型";(5)增加了独立权利要求15及其从属权利要求16~26。请求人认为:(1)修改后的权利要求书克服了驳回决定所指出的缺陷;(2)对比文件1和2没有教导或暗示脂质体是一种用于治疗上呼吸道感染或伤口的适宜的载体,因此,权利要求1及其从属权利要求具备创造性,国家知识产权局驳回的理由不成立。

修改后的权利要求书如下:

"1. 与脂质体联合的至少一种抗菌剂在制备用于预防或治疗口腔、咽、喉、鼻和/或耳内感染或伤口的药用制剂中的用途,所述的抗菌剂选自释放氧的化合物和释放卤素的化合物和金属化合物。

2. 根据权利要求1所述的用途,特征在于所述的抗菌剂选自下列物质组:碘和碘配合物。

3. 根据权利要求2所述的用途,特征在于所述的抗菌剂为聚乙烯吡咯酮碘。

4. 根据权利要求1~3任何一项所述的用途,特征在于所述的制剂含有至少一种抗菌剂和至少一种促进伤口愈合的活性剂。

5. 根据权利要求1~4任何一项所述的用途,特征在于所述的脂质体的直径大小的范围在1~20000nm。

6. 根据权利要求1~4中任何一项所述的用途,特征在于所述的制剂另外含有至少一种麻醉活性剂。

7. 根据权利要求1~5中任何一项所述的用途,特征在于所述的制剂含有添加剂和佐剂。

8. 根据权利要求7所述的用途,其中所述的添加剂和佐剂为保存剂、抗氧化剂和形成稠度的添加剂。

9. 根据权利要求1~4中任何一项所述的用途,其中所述的制剂是含有负载活性剂的脂质体的溶液或分散液剂型;或是在亲水或两亲乳膏剂基质中含有负载活性剂的脂质体制剂的亲水或两亲乳剂剂型；或是O/W或W/O型药用洗剂的剂型；或是在药用软膏基质中含有负载活性剂的脂质体的药用软膏剂型；或在药用水凝胶基质中含有所述载体和一种或多种活性剂的的药用凝胶剂型；或是在药物上可接受的可雾化的固体或液体制剂中含有负载活性剂的脂质体的喷雾剂剂型。

10. 根据权利要求9所述的用途，其中所述的含有负载活性剂的脂质体的溶液或分散液剂型是液体药物制剂剂型；所述的药物凝胶是非醇类水凝胶剂型。

11. 根据权利要求1~4中任何一项所述的用途，其中所述的制剂是药物溶液或分散液制剂的剂型，它包括：

a) 含有1%~5%重量的药物上可接受的脂质体成膜物质的脂质体；和

b) 0.1%~10%重量的抗菌剂。

12. 根据权利要求11所述的用途，其中所述的药物上可接受的脂质体成膜物质的脂质体为卵磷脂，所述的抗菌剂为聚乙烯吡咯烷酮碘。

13. 根据权利要求1~4中任何一项所述的用途，其中所述的制剂适于治疗感染性疾病或缓解伴有机会致病菌感染或免疫系统抑制的疾病。

14. 根据权利要求1~4中任何一项所述的用途，其中所述的制剂适于治疗急性和/或慢性咽喉炎、咽峡炎和/或鼻炎。

15. 与脂质体联合的聚乙烯吡咯烷酮碘在制备用于预防或治疗口腔、咽、喉、鼻和/或慢性咽喉炎、咽峡炎和/或鼻炎。

16. 根据权利要求15所述的用途，特征在于所述的制剂含至少一种抗菌剂和至少一种促进伤口愈合的活性剂。

17. 根据权利要求15或16所述的用途，特征在于所述的脂质体的直径大小的范围在1~20000nm。

18. 根据权利要求15或16所述的用途，特征在于所述的制剂另外含有至少一种麻醉活性剂。

19. 根据权利要求15~17中任何一项所述的用途，特征在于所述的制剂含有添加剂和佐剂。

20. 根据权利要求19所述的用途，其中所述的添加剂和佐剂为保存剂、抗氧化剂和形成稠度的添加剂。

21. 根据权利要求15~17中任何一项所述的用途，其中所述的制剂是含有负载活性剂的脂质体的溶液或分散液剂型；或是在亲水或两亲乳膏剂基质中含有负载活性剂的脂质体制剂的亲水或两亲乳剂剂型；或是O/W或W/O型药用洗剂的剂型；或是在药用软膏基质中含有负载活性剂的脂质体的药用软膏剂型；或在药用水凝胶基质中含有所述载体和一种或多种活性剂的的药用凝胶剂型；或是在药物上可接受的可雾化的固体或液体制剂中含有负载活性剂的脂质体的喷雾剂剂型。

22. 根据权利要求21所述的用途，其中所述的含有负载活性剂的脂质体的溶液或分散液剂型是液体药物制剂剂型；所述的药物凝胶是非醇类水凝胶剂型。

23. 根据权利要求15~17中任何一项所述的用途，其中所述的制剂是药物溶液或分散液制剂的剂型，它包括：

a) 含有1%~5%重量的药物上可接受的脂质体成膜物质的脂质体；和

b) 0.1%~10%重量的抗菌剂。

24. 根据权利要求23所述的用途，其中所述的药物上可接受的脂质体成膜物质的脂质体为卵磷脂，所述的抗菌剂为聚乙烯吡咯烷酮碘。

25. 根据权利要求15~17中任何一项所述的用途，其中所述的制剂适于治疗感染性疾病或缓解伴有机会致病菌感染或免疫系统抑制的疾病。

26. 根据权利要求15～17中任何一项所述的用途，其中所述的制剂适于治疗急性和/或慢性咽喉炎、咽峡炎和/或鼻炎。"

形式审查合格后，专利复审委员会受理了该复审请求，并于2005年10月13日向请求人发出《复审请求受理通知书》，同时将本申请案卷移交原审查部门进行前置审查。

原审查部门对本复审请求进行了前置审查，认为：（1）权利要求1、15中的"用于预防或治疗口腔、咽、喉、鼻和/或耳内感染或伤口"、权利要求11、23涉及的含抗菌剂和促进伤口愈合的活性剂的脂质体的制剂、"1wt％～5wt％"脂质体、"10.1％～10％重量"抗菌剂、权利要求15中的"耳内的纤毛上皮组织"导致修改后的权利要求超出原说明书和权利要求书的记载，不符合专利法第33条的规定；（2）申请人关于创造性的理由不充分，因此坚持原驳回决定。

专利复审委员会组成合议组，对本复审请求案进行了审理。于2007年5月8日向请求人发出《复审通知书》，其中指出：

（1）请求人在提出复审请求时修改的权利要求书中，增加了新的权利要求15～26，这种修改不是为了消除驳回决定所指出的缺陷，不符合专利法实施细则第60条第1款的规定。

（2）权利要求1涉及"与脂质体联合的至少一种抗菌剂在制备用于预防或治疗口腔、咽、喉、鼻和/或耳内感染或伤口的药物制剂中的用途"，在原申请文件中记载的该药物制剂均为施用于上呼吸道和/或耳部的制剂，而"用于预防或治疗口腔、咽、喉、鼻和/或耳内感染或伤口的药物制剂"包括直接施用于上呼吸道等部位的药物制剂，也包括通过胃肠道给药、注射等其他方式给药的药物制剂，由局部给药的药物制剂不能直接地、毫无疑义地确定任何给药形式的药物制剂；另外，修改的权利要求1中限定该药物制剂用于"预防或治疗伤口"，而原申请文件中记载为"促进伤口愈合"，"预防或治疗伤口"包括促进伤口愈合、止痛等方面，但由促进伤口愈合不能直接地、毫无疑义地确定包括其他治疗用途的医药用途。因此，修改的权利要求1不符合专利法第33条的规定。

（3）修改后的权利要求11引用权利要求4时，技术方案包括技术特征"含有与脂质体联合的抗菌剂的溶液或分散液药物制剂中，还含有至少一种抗伤口愈合的活性剂，其中含有0.1％～10％的抗菌剂"，但该技术特征并未记载在原说明书和权利要求书中，也不能从原说明书和权利要求书的内容中直接地、毫无疑义地确定，这种修改不符合专利法第33条的规定。

（4）即使请求人克服上述的缺陷，本申请仍存在不符合专利法第22条第3款规定的创造性缺陷。根据说明书的记载，本申请实际请求保护的技术方案为"与脂质体联合的至少一种抗菌剂在制备用于预防或治疗口腔、咽、喉、鼻和/或耳内感染或促进伤口愈合的施用于上呼吸道和/或耳部的药物制剂中的用途"。对比文件1公开了聚维酮碘可以用于创面治疗，治疗口腔炎、咽喉炎及其他腔道的冲洗和治疗，本申请的技术方案与对比文件1的区别仅在于本申请的抗菌剂与脂质体联合使用。对比文件2披露了聚乙烯吡咯烷酮碘等抗菌剂制成的脂质体制剂，并指出通过将抗菌剂制备成脂质体制剂应用于施用在伤口、黏膜组织、非角质化的上皮组织等部位，脂质体制剂能使抗菌剂产生延长的释放和延长的局部作用、降低抗菌剂在使用的过程中产生的抗性和过敏反应（见对比文件2第1页第2～3行、第2页第52～53行、第3页第36～37行）。抗菌剂的脂质体形式在对比文件2中的作用与在本申请中的作用相同，都是使抗菌剂产生延长的释放和延长的局部作用、降低抗菌剂在直接使用的过程中产生的过敏反应，在对比文件1的基础上结合对比文件2的技术启示得到权利要求1的技术方案是显而易见的，该技术方案不具备突出的实质性特点，不符合专利法第22条第3款的规定。此外，对比文件1披露：抗菌剂为聚乙烯吡咯酮碘、组合物用于治疗咽喉炎、聚乙烯吡咯烷酮碘对乙型肝炎病毒、甲型肝炎病毒、流感病毒等有强大的杀灭力，并不产生耐药性（即对比文件1给出了将该药物用于治疗这类病菌病毒导致的感染性疾病等方面的技术启示）；对比文件2披露：制剂中含有至少一种抗菌剂和促进伤口愈合的活性剂；脂质体的直径为 20~20000nm；所述制剂还含有至少一种麻醉活性剂；含有添加剂和佐剂，诸如保存剂和形成稠度的添加剂；制剂形式是：含有脂质体的溶液或分散液，优选滴剂、亲水或两亲乳膏剂、O/W 或 W/O 洗剂、软膏、凝胶，尤其是非醇类水凝胶；溶液或分散液制剂含有 1%~5% 药学上可接受的脂质体成膜物质和 1%~10% 的聚乙烯吡咯烷酮碘；聚乙烯吡咯烷酮碘与卵磷脂制成的脂质体制剂，因此，即使由上述技术特征对该技术方案进一步限定，也不能使限定后的技术方案具有创造性。

针对《复审通知书》指出的问题，请求人于 2007 年 8 月 23 日提交了意见陈述书及权利要求书替换页，其中删除了复审通知书所针对审查文本中的权利要求 2、3、15~26。请求人认为：(1) 修改后的权利要求书克服了《复审通知书》指出的缺陷；(2) 现有技术文件附件 3（WO9635434A1，公开日为 1996 年 11 月 14 日，在前审程序中请求人答复《第二次审查意见通知书》时提交）阐述了聚维酮碘应用于上呼吸道的一些部位会导致明显的刺激，本领域技术人员知道将化学刺激性强的聚维酮碘应用于上呼吸道的敏感组织只是在别无选择的情况下使用，因此关键问题是本领域普通技术人员是否会显而易见地想到使用脂质体制剂降低附件 3 中提到的刺激性，而不担心会产生伤害。对比文件 2 关注的是将聚乙烯吡咯烷酮碘脂质体制剂用于人和动物体外部位，因此当对比文件 2 提到上皮组织时，涉及的是外界可以很容易接触的身体部位，如皮肤的上皮组织，人和动物体体外部位可以适应外界损害，例如化学刺激性强的聚乙烯吡咯烷酮碘，对比文件 2 没有表明当施用于上呼吸道敏感组织时脂质体制剂可以改善聚乙烯吡咯烷酮碘的耐受性，现有技术没有暗示聚乙烯吡咯烷酮碘脂质体不仅可应用于皮肤上皮，而且应用于上呼吸道敏感组织都会降低毒性。(3) 本发明的脂质体制剂不仅降低毒性，还具有功效增强的效果，试验Ⅳ表明只有施用脂质体制剂时纤毛上皮细胞才可以保留完整的功能。当聚乙烯吡咯烷酮碘以溶液形式来施用时，细胞失去功能，但使用脂质体制剂时杀菌作用得到保持，伤口治疗效果增强，毒性降低，并且没有任何功能损失，产生了优异的效果。(4) 附件 4（"Comparative therapeutic and toxic effects of different povidone iodine (PVP-I) formulations in a model of oral candidosis based on in vitro reconstituted epithelium"，《Journal of Drug Targeting》，2000 年，第 1~10 页，在前审程序中请求人答复《第二次审查意见通知书》时提交）用于说明本申请试验Ⅳ的发现不是个别发现，而是同时在上呼吸道其他部位得到确认的。

修改后的权利要求书如下：

"1. 与脂质体联合的聚乙烯吡咯烷酮碘在制备施用于上呼吸道和/或耳、用于预防或治疗口腔、咽、喉、鼻和/或耳内感染或促进伤口愈合的药用制剂中的用途。

2. 根据权利要求 1 所述的用途，特征在于所述的制剂含有至少一种抗菌剂和至少一种促进伤口愈合的活性剂。

3. 根据权利要求 1 或 2 所述的用途，特征在于所述的脂质体的直径大小的范围在 1~20000nm。

4. 根据权利要求 1 或 2 所述的用途，特征在于所述的制剂另外含有至少一种麻醉活性剂。

5. 根据权利要求 1~3 中任何一项所述的用途，特征在于所述的制剂含有添加剂和佐剂。

6. 根据权利要求 5 所述的用途，其中所述的添加剂和佐剂为保存剂、抗氧化剂和形成稠度的添加剂。

7. 根据权利要求 1~3 中任何一项所述的用途，其中所述的制剂是含有负载活性剂的脂质体的溶液或分散液剂型；或是在亲水或两亲乳膏剂基质中含有负载活性剂的脂质体制剂的亲水或两亲乳剂剂型；或是 O/W 或 W/O 型药用洗剂的剂型；或是在药用软膏基质中含有负载活性剂的脂质体的药用软膏剂型；或在药用水凝胶基质中含有所述载体和一种或多种活性剂的药用凝胶剂型；或是在药物上可接受的可雾化的固体或液体制剂中含有负载活性剂的脂质体的喷雾剂剂型。

8. 根据权利要求 7 所述的用途，其中所述的含有负载活性剂的脂质体的溶液或分散液剂型是液体药物制剂剂型；所述的药物凝胶是非醇类水凝胶剂型。

9. 根据权利要求 1 所述的用途，其中所述的制剂是药物溶液或分散液制剂的剂型，它包括：
a）脂质体，所述的脂质体含有 1％~5％重量的药物上可接受的脂质体成膜物质；和
b）0.1％~10％重量的抗菌剂。

10. 根据权利要求 9 所述的用途，其中所述的含有药物上可接受的脂质体成膜物质的脂质体为卵磷脂，所述的抗菌剂为聚乙烯吡咯烷酮碘。

11. 根据权利要求 1~3 中任何一项所述的用途，其中所述的制剂适于治疗感染性疾病或缓解伴有机会致病菌感染或免疫系统抑制的疾病。

12. 根据权利要求 1~3 中任何一项所述的用途，其中所述的制剂适于治疗急性和/或慢性咽喉炎、咽峡炎和/或鼻炎。"

至此，合议组认为本案事实清楚，可以作出审查决定。

二、决定的理由

1. 审查依据的文本

本复审决定所针对的文本为请求人于 2007 年 8 月 23 日提交的权利要求 1~12、于 2000 年 11 月 24 日提交的说明书第 1 页替换页（即国际初审报告的附件中的说明书第 1 页）、本申请进入中国国家阶段时提交的国际申请文本的中文译文中的说明书第 2、5、7~14 页、说明书摘要以及于 2003 年 11 月 24 日提交的说明书第 3、4、6 页。

2. 关于专利法第 22 条第 3 款

专利法第 22 条第 3 款规定：创造性，是指同申请日以前已有的技术相比，该发明有突出的实质性特点和显著的进步。

在发明申请与对比文件的技术领域相同或接近的情况下，如果权利要求所要求保护的技术方案与一篇对比文件公开的技术内容的区别技术特征在另一篇对比文件中公开，该区别技术特征在另一篇对比文件记载的技术方案中所起的作用与本申请中所起的作用相同，该项权利要求不具备突出的实质性特点。

权利要求 1 请求保护与脂质体联合的聚乙烯吡咯烷酮碘在制备药用制剂中的用途。对比文件 1 公开了聚乙烯吡咯烷酮碘可以用于制备用于治疗口腔炎、咽喉炎（相当于本申请权利要求 1 中的口腔、咽、喉感染）及其他腔道（当然也会包括本申请权利要求 1 中的上呼吸道）的冲洗液（见对比文件 1 第 78 页第 2.4、2.5、3.3 部分）。权利要求 1 与对比文件 1 的区别仅在于：权利要求 1 的聚乙烯吡咯烷酮碘与脂质体联合使用。本申请实际要解决的技术问题是抗菌剂聚乙烯吡咯烷酮碘与脂质体联合使用能否使抗菌剂产生延长的释放和延长的局部作用、降低抗菌剂在直接使用的过程中产生的过敏反应。对比文件 2 披露了聚乙烯吡咯烷酮碘等抗菌剂制成的脂质体制剂，并指出通过将抗菌剂制备成脂质体制剂应用于施用在伤口、黏膜组织、非角质化的上皮组织等部位，脂质体制剂能使抗菌剂产生延长的释放和延长的局部作用、降低抗菌剂在使用的过程中产生的抗性和过敏反应（见对比文件 2 第 1 页第 2~3 行、第 2 页第 52~53 行、第 3 页第 36~37 行）。抗菌剂的脂质体形式是使抗菌剂产生延长的释放和延长的局部作用、降低抗菌剂在直接使用的过程中产生的过敏反应。由此可见，对比文件 2 给出了将聚乙烯吡咯烷酮碘与脂质体联合制备施用于黏膜组织、非角质化的上皮组织的药物的技术启示，所属领域技术人员为了改善抗菌剂的局部施用效果、降低机体产生的过敏反应，在对比文件 1 的基础上结合对比文件 2 给出的技术启示，得到权利要求 1 的技术方案是显而易见的，权利要求 1 不具备突出的实质性特点，不符合专利法第 22 条第 3 款创造性的规定。

针对请求人答复《复审通知书》时的意见，合议组认为：（1）对比文件2虽描述了该脂质体制剂可以用于人和动物体外部位，但这仅仅体现了给药的一种途径，并不意味着这种外用制剂仅适用于外界损害的部位，对比文件2还公开了聚乙烯吡咯酮碘制备成脂质体后可降低毒性而应用于上皮组织和黏膜组织，特别是对比文件2提供了实验证据证明聚乙烯吡咯酮碘制备成脂质体制剂后降低毒性而能够应用于眼部这一人体或动物体的敏感部位（参见对比文件2的实施例）。而口腔、咽喉等上呼吸道组织和耳内部位同样存在上皮组织和黏膜组织，因此虽然诸如附件3等现有技术披露了聚维酮碘应用于上呼吸道等部位有刺激性的，但所属领域技术人员在看到对比文件2后，可以得到聚乙烯吡咯酮碘制备成脂质体制剂后可应用于存在上皮组织和黏膜组织的人体或动物体的口腔、咽喉等上呼吸道组织和耳内部位的技术启示，以克服现有技术存在的聚维酮碘应用于上呼吸道有刺激的技术问题问题。（2）虽然本申请试验Ⅳ给出了脂质体制剂不破坏纤毛上皮细胞的功能，但由于口腔、咽喉等上呼吸道部位和耳内部位不仅有纤毛上皮组织还存在黏膜等其他组织，而权利要求1的技术方案除包括了针对纤毛上皮组织施用药物，还包括了针对黏膜等其他组织施用药物，而对比文件2已经明确披露了脂质体制剂可用于黏膜、上皮组织，因此本申请试验Ⅳ不能证明权利要求1的所有技术方案都具有创造性；并且对比文件2已经公开了聚乙烯吡咯酮碘制备成脂质体制剂后能降低聚乙烯吡咯酮碘的毒性，可应用于上皮细胞和黏膜，因此本申请试验Ⅳ脂质体制剂能够避免聚乙烯吡咯酮碘对纤毛上皮细胞的破坏作用只是验证了对比文件2所述的效果。（3）附件4的公开日在本申请申请日之后，不能用作现有技术证据，从而不能用于评价本申请的创造性。因此，请求人关于本申请相对于对比文件1和2的结合具备创造性的观点，合议组不予支持。

由于权利要求1不具备创造性，因此合议组对其他权利要求不再进行评述。

根据以上事实和理由，本案合议组作出如下审查决定。

三、决定

维持国家知识产权局于2005年5月13日对99806578.1号发明专利申请作出的驳回决定。

复审请求人对本决定不服的，可以根据专利法第41条第2款的规定，自收到本决定之日起三个月内向北京市第一中级人民法院起诉。

一种蛇脑组织抗癌药物及其制备方法

复审请求审查决定（第 12090 号）

决 定 号	第 12090 号
决 定 日	2007 年 12 月 15 日
发明创造名称	一种蛇脑组织抗癌药物及其制备方法
国际分类号	A61K 35/78，A61P 35/00
复审请求人	周天义，杨安民
申 请 号	02113311.5
申 请 日	2002 年 2 月 4 日
公 开 日	2003 年 8 月 20 日
合议组组长	何 炜
主 审 员	许 磊
参 审 员	唐 莉

法 律 依 据 专利法第 26 条第 3 款

决 定 要 点

对于新的药物化合物或者药物组合物，说明书中应当记载其具体医药用途或药理作用，同时还应记载其有效量及使用方法。如果本领域技术人员无法根据现有技术预测发明能够实现所述医药用途、药理作用，则说明书中应当记载对于本领域技术人员来说，足以证明发明的技术方案可以解决预期要解决的技术问题或者达到预期的技术效果的实验室试验（包括动物试验）或者临床试验的定性或者定量数据。

一、案由

本复审请求涉及申请日为 2002 年 2 月 4 日、公开日为 2003 年 8 月 20 日、名称为"一种蛇脑组织抗癌药物及其制备方法"的第 02113311.5 号发明专利申请（下称本申请），其申请人为周天义、杨安民。

国家知识产权局于 2005 年 1 月 28 日发出第一次审查意见通知书，指出本领域技术人员不通过创造性劳动无法证明所述蛇脑组织药物溶液具有抗癌作用，致使该发明无法实施，因此，本申请说明书不符合专利法第 26 条第 3 款的规定。

申请人于 2005 年 4 月 28 日提交了意见陈述及经修改的权利要求书全文替换页（共 2 项权利要求）以及下述附件：

附件 1：全国第二届现代医学研究与临床学术会议论文集，北京，1994 年，中国生物药理学会、培黎职业大学中医分校，封面、第 228~229 页，复印件共 3 页；

附件 2：华西医科大学药学院提供的"蛇脑组织粗提物抗白血病药效学初步研究报告"，复印件共 6 页。

修改后的权利要求如下：

"1. 一种蛇脑组织抗癌药物，其特征在于：提取健康的年龄在 1~20 年的性成熟蛇的脑组织匀浆，经过滤制得的浅黄色的有少许沉淀的溶液，其中：提取脑组织的取材部位为蛇的丘脑至垂体；脑组织匀浆是在蛇脑组织匀浆中依次加入乳胶液、使细胞膜破裂发生酶解的解链酶、保持生物活性和阻止微生物生长的细胞保存剂，经充分混合而制得。

2. 根据权利要求 1 所述的一种蛇脑组织抗癌药物的制备方法，其特征在于：具体方法步骤如下：

A. 快速取出处死后的健康的年龄在 1~20 年的性成熟蛇的脑组织，取材部位为丘脑至垂体。

B. 按 1：2 的重量比例在所取的脑组织中加入浓度为 0.05%~0.5% 的乳胶液，混合制成浓度为 5%~10% 的匀浆缓冲液；

C. 在 2~35℃ 的温室条件下，在匀浆缓冲液中按 1：1 的重量比例加入使细胞膜破裂发生酶解的解链酶，同时加入细胞保存剂，其中细胞保存剂为按 100 毫升生理盐水中加入 0.5 克乳胶或者利凡诺配制而成；

D. 用 50~200 目的滤筛过滤上述缓冲液得到浅黄色的有少许沉淀的溶液。"

申请人认为附件 1 和 2 可证明在申请日以前，蛇脑组织的抗癌作用已经属于现有技术，本领域技术人员能够获悉蛇脑组织在抗癌方面的作用，因此，本申请能够实施，满足专利法第 26 条第 3 款的规定。

国家知识产权局于 2005 年 9 月 9 日针对上述权利要求以及申请日提交的说明书第 1~4 页和说明书摘要，以说明书不符合专利法第 26 条第 3 款为由驳回了本申请，驳回的具体理由为：（1）本发明公开了一种将蛇脑组织匀浆，加入乳胶液、解链酶和细胞保存剂得到药物溶液的技术方案，其目的是该溶液能抑制癌细胞的生长，尤其是达到体内外抗白血病的效果，但是，在本申请说明书中没有公开其有效量及使用方法，也没有公开任何临床或动物实验材料、数据证明该蛇脑组织药物溶液具有抗癌作用，且蛇脑组织的抗癌作用不属于现有技术，本领域技术人员无法证明蛇脑组织药物溶液具有抗癌作用，说明书中也没有具体公开其有效量和使用方法，说明书没有公开至本领域技术人员能够实施的程度。（2）附件 1 只是提及从冬眠蛇的组织中提取的组织液中的类似抑制素的物质具有抗癌作用，并不能表明蛇脑组织具有抗癌作用属于现有技术；附件 2 不是公开出版物，不是公众可以获得的现有技术。因此，因为说明书中对蛇脑组织药物溶液具有抗癌作用的用途和使用效果没有充分公开，本领域技术人员根据说明书以及现有技术均不能实现本发明，本申请说明书不符合专利法第 26 条第 3 款的规定。

申请人周天义、杨安民（下称请求人）对上述驳回决定不服，于 2005 年 12 月 7 日向专利复审委员会提出复审请求，请求人在提交复审请求时提交了权利要求书全文替换页（共 2 项权利要求），该修改后的权利要求书与请求人于 2005 年 4 月 28 日提交的权利要求书相同。请求人认为：（1）本申请说明书的背景技术中提到的中国专利 ZL93114644.5 和 ZL8710774.1 均是以蛇为材料，选取了蛇的一部分来进行提纯加工或加入辅助药物后来实现治疗各种疾病的目的，在《本草纲目》的鳞部中也叙述了以蛇的各个部分材料制作药物来治疗各种疾病的方法，本申请同样是采用蛇的一部分作为原料来实现治疗疾病的目的，不同的是选取的蛇脑，说明了以蛇身上的一部分为原料来研制抗癌药物是现有技术，而且附件 1 也清楚地说明了组织液中的细胞冬眠抑素可以抗癌，本申请就是以附件 1 的内容为基础来实施的，因此，本专利的蛇脑具有抗癌作用是现有技术。（2）附件 2 给出了蛇脑组织药物溶液具有抗癌作用的实验结果，但本申请的蛇脑组织的抗癌作用是现有技术，不用依赖该结果来加以证实，本申请中已经说明了蛇脑组织的医药用途、药理功效并且根据所配制的溶液浓度的不同已经分别制成了不同的口服片状药物和注射式针剂，本领域技术人员不经过创造性劳动就可以实施，因此，本申请符合专利法第 26 条第 3 款的规定。

形式审查合格后，专利复审委员会受理了该复审请求，并于 2006 年 1 月 19 日向请求人发出《复审请求受理通知书》，随后将本申案卷请移交原审查部门进行前置审查。

原审查部门对本复审请求进行了前置审查，认为虽然请求人争辩以蛇的各个部分为材料来制作药物是现有技术，但不能以此推导出单独使用蛇脑也具有抗癌作用，蛇脑具有抗癌作用不是现有技术，本领域普通技术人员也无法推导或预测蛇脑组织具有抗癌作用，因此坚持原驳回决定。

专利复审委员会组成合议组，对本案的复审请求进行了审理，并于 2007 年 3 月 15 日向请求人发出《复审通知书》。该《复审通知书》指出：（1）本申请请求保护一种蛇脑组织抗癌药物以及其制备方法，所说的蛇脑组织抗癌药物溶液是由年龄在 1~20 年的性成熟蛇的脑组织匀浆制得的，在说明书中对其制备方法进行了描述。但是，在说明书中，没有提供制得的药物的有效剂量，仅通过泛泛描述对其功效进行了说明，并没有提供足以证明该产品具有抗癌活性的定性或定量实验数据。虽然在现有技术中记载了用蛇毒和蛇尾部提取物来制备抗癌药的技术，但是，在这些现有技术中都没有提及采用蛇脑，因此，本领域技术人员无法预测本申请请求保护的由蛇脑组织制成的化学产品使用什么样的剂量才能获得所述作用，而且本领域技术人员根据现有技术也无法预测蛇脑组织可以达到本发明所要达到的抗癌目的，所以说明书不符合专利法第 26 条第 3 款的规定。（2）在本专利说明书背景技术中提到的中国专利 ZL93114644.5 和 ZL87107741 虽然记载了用蛇毒和蛇尾部提取物来制备抗癌药，但是，在这些现有技术中，除蛇制品外还包含其他药物如免疫药物或中草药，而且在这些现有技术以及《本草纲目》中，也都没有提及采用蛇脑；附件 1 虽然提及细胞冬眠抑制素可以抑制癌细胞生长，但是其中仅提及从冬眠动物蛇的组织中提取组织液，并没有表明蛇脑中就含有所说的细胞冬眠抑制素，动植物不同器官组织所含的成分不同，所以在附件 1 仅表明组织液中含细胞抑制激素的情况下，无法得出蛇脑中也含上述物质的结论；附件 2 不是公开出版物，不是申请日前公众可以获得的现有技术，所以合议组对其不予考虑，因此，请求人陈述的意见和提供的证据也不能证明本申请说明书符合专利法第 26 条第 3 款的规定。

针对《复审通知书》指出的问题，请求人于 2007 年 4 月 17 日提交了意见陈述书及下述附件（编号续前）：

附件 3：由华西医科大学药学院出具的"冬眠蛇脑提取物对小鼠白血病移植瘤生长的影响"，共 2 页。

请求人认为：本申请请求保护一种蛇脑组织抗癌药物，在说明书中对其制备方法及药效作用均作了相应的阐述，具体的动物试验数据见附件 3。虽然在原始说明书中未披露药物的有效量及使用方法，但却公布了完整的技术方案，根据 2001 年版审查指南的规定，药物化合物的有关试验数据可以在答复审查意见通知书时作为附件提交，因此，根据本申请说明书及附件 3 的记载，本领域技术人员完全能够实现本发明的目的。附件 2 虽然不是公开出版物，但是却处于任何人想得到就能得到的状态，因此属于现有技术，且在其中披露了有关蛇脑组织药物溶液具有抗癌作用的实验结果。综上所述，本申请说明书符合专利法第 26 条第 3 款的规定。

至此，合议组认为本案事实清楚，可以作出审查决定。

二、决定的理由

1. 决定所依据的文本

请求人于 2005 年 12 月 7 日提交了与其在答复第一次审查意见通知书时提交的权利要求书相同的

权利要求书，因此，本复审请求审查决定是在请求人于2005年12月7日提交的权利要求第1~2项以及驳回决定所针对的说明书和说明书摘要的基础上作出的。

2. 关于专利法第26条第3款

专利法第26条第3款规定，说明书应当对发明或者实用新型作出清楚、完整的说明，以所属技术领域的技术人员能够实现为准。

根据该款规定，对于新的药物化合物或者药物组合物，说明书中应当记载其具体医药用途或药理作用，同时还应记载其有效量及使用方法。如果本领域技术人员无法根据现有技术预测发明能够实现所述医药用途、药理作用，则说明书中应当记载对于本领域技术人员来说，足以证明发明的技术方案可以解决预期要解决的技术问题或者达到预期的技术效果的实验室试验（包括动物试验）或者临床试验的定性或者定量数据。

本申请请求保护一种蛇脑组织抗癌药物以及其制备方法，所述蛇脑组织抗癌药物溶液是由年龄在1~20年的性成熟蛇的脑组织匀浆制得的，在说明书中虽然对其制备方法进行了描述，但是，在说明书中，没有提供制得的药物的有效剂量；仅用"通过动物体内体外实验证实：该溶液能抑制癌细胞的生长，尤其是对体内体外抗白血病的效果十分明显"（说明书第2页第1~3行）、"本发明对癌细胞的生长有抑制作用，尤其是对体内体外抗白血病的效果十分明显"（说明书第3页第3~4行和第4页第6~7行）这样的泛泛描述对其功效进行了说明，并没有提供足以证明该产品具有抗癌活性的定性或定量实验数据。虽然在本申请背景技术中提及的现有技术中记载了用蛇毒和蛇尾部提取物来制备抗癌药的技术，但是，在这些现有技术中都没有提及采用蛇脑，因此，本领域技术人员无法预测本申请请求保护的由蛇脑组织制成的化学产品使用什么样的剂量才能获得所述作用，而且本领域技术人员根据现有技术也无法预测蛇脑组织可以达到本发明所要达到的抗癌目的，所以说明书不符合专利法第26条第3款的规定。

请求人在本案的审查过程中提交了附件1~3，认为附件2和3均披露了本发明的动物试验数据，但是，如《复审通知书》所指出的那样，附件1虽然提及细胞冬眠抑制素可以抑制癌细胞生长，但是其中仅提及从冬眠动物蛇的组织中提取组织液，并没有表明蛇脑中就含有所说的细胞冬眠抑制素，根据本领域技术人员的公知常识，动植物不同器官组织所含的成分不同，例如蛇蜕中的主要成分是骨胶原，而蛇毒中的主要成分显然不是骨胶原，所以在附件1仅表明组织液中含细胞抑制激素的情况下，无法得出蛇脑中也含上述物质的结论，因此，附件1不能证据证明蛇脑可用于抗癌属于申请日前的现有技术。附件2和3均是华西医科大学药学部提供的有关蛇脑组织的试验数据，虽然请求人坚持认为其是任何人想获得即可获得的现有技术，但是，请求人没有提供任何证据证明这一点，从附件2和3来看，附件2和3均是试验报告，不是公开出版物，未构成本申请申请日前的现有技术，也未记载在申请日提交的申请文件中，因此，不能证明本领域技术人员在申请日阅读申请文件时根据说明书的描述可以预测本发明能够实现所述医药用途、药理作用。此外，请求人认为的2001年版审查指南规定药物化合物的试验数据可以在答复审查意见通知书时提交而不必记载在说明书中的主张也没有任何依据。因此，请求人陈述的意见和提交的证据均不能证明本申请说明书符合专利法第26条第3款的规定。

根据以上事实和理由，本案合议组作出如下审查决定。

三、决定

维持国家知识产权局于2005年9月9日对02113311.5号发明专利申请作出的驳回决定。

复审请求人对本决定不服的，可以根据专利法第41条第2款的规定，自收到本决定之日起三个月内向北京市第一中级人民法院起诉。

047

β-咔啉药物产品

复审请求审查决定（第 12091 号）

决 定 号	第 12091 号
决 定 日	2007 年 12 月 14 日
发明创造名称	β-咔啉药物产品
国际分类号	A61K 31/4985，A61K 9/14，A61P 15/10
复审请求人	利利艾科斯有限公司
申 请 号	00813777.3
优 先 权 日	1999 年 8 月 3 日
申 请 日	2000 年 8 月 1 日
公 开 日	2002 年 10 月 30 日
合议组组长	许 磊
主 审 员	郭 婷
参 审 员	王 冬
法 律 依 据	专利法第 22 条第 3 款

决 定 要 点

评价一项发明是否具备创造性，应将其与最接近的现有技术比较以确定区别特征和发明实际解决的技术问题，如果现有技术给出了将上述区别特征应用到该最接近的现有技术以解决其实际解决的技术问题的启示，从而使所属技术领域的技术人员在最接近的现有技术的基础上和该技术启示下仅仅通过合乎逻辑的分析、推理或者有限的试验就可以得到该发明，则该发明是显而易见的，不具备突出的实质性特点。

一、案由

本复审请求涉及申请日为 2000 年 8 月 1 日、公开日为 2002 年 10 月 30 日、名称为"β-咔啉药物产品"的第 00813777.3 号发明专利申请（下称本申请），本申请的优先权日为 1999 年 8 月 3 日，申请人为利利艾科斯有限公司。

2005 年 4 月 8 日，国家知识产权局在本申请进入中国国家阶段时提交的国际申请文件中文文本说明书第 1~5、7~12、14~17、19 页、附图第 1 页、摘要，2002 年 5 月 16 日提交的说明书第 6、13、18 页，以及 2004 年 12 月 2 日提交的权利要求 1~7 的基础上，以权利要求 1~7 不具备专利法第 22 条第 3 款规定的创造性为由驳回了本申请。

驳回决定所针对的权利要求书为：

"1. 一种具有下式的化合物及其药学上可接受的盐和溶剂化物的游离药物微粒形式，

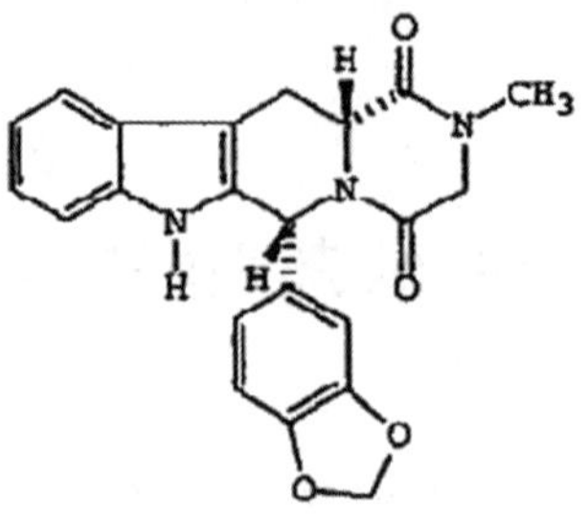

其包括的化合物颗粒中至少90%的颗粒具有小于40微米的粒度。

2. 权利要求1的游离药物微粒形式，其中至少90%的颗粒具有小于25微米的粒度。

3. 权利要求1的游离药物微粒形式，其中至少90%的颗粒具有小于15微米的粒度。

4. 权利要求1的游离药物微粒形式，其中至少90%的颗粒具有小于10微米的粒度。

5. 一种药用组合物，它包括权利要求1的游离药物微粒形式和一种或一种以上的药学上可接受的载体、稀释剂或赋形剂。

6. 权利要求5的药用组合物，其中游离药物全部为微粒形式。

7. 具有下式的化合物的游离形式的微粒在制备用于治疗男性勃起功能障碍或女性性唤起障碍的药物中的用途，

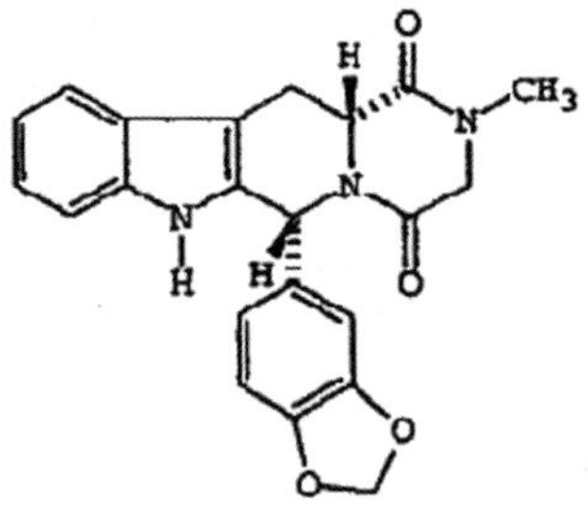

其中至少90%的颗粒具有小于40微米的粒度。"

驳回决定认为：

（1）对比文件1（WO 97/03675 A1，公开日：1997年2月6日）公开了β-咔啉化合物A（6R, 12aR）-2, 3, 6, 7, 12, 12a-六氢-2-甲基-6-（3, 4-亚甲基-二氧基苯基）吡嗪并［2′, 1′: 6, 1］吡啶并［3, 4-b］吲哚-1, 4-二酮（即本申请权利要求1所示化合物）的游离药物微粒（见对比文件1实施例1）。权利要求1所要求保护的技术方案与对比文件1所公开的技术内容相比，其区别仅在于权利要求1指出"化合物颗粒中至少90%的颗粒具有小于40微米的粒度"。对比文件2（教科书《药剂学》南京药学院1984年出版，第1081～1082页）公开了本领域常识性的技术手段：为了提高溶解性不好的药物的生物利用度，可采用将药物微粉化的方式，来减小药物粒径，增大颗粒比表面积，提高药物的溶解性能，改善疗效，一般可将药物控制在1～10微米。因此为了提高药物的生物利用度等效果，所属领域技术人员很容易想到利用对比文件2教导的常规技术手段将对比文件1中的药物颗粒进行微粉化。因此，在对比文件1的基础上结合对比文件2教导的常用技术而获得的权利要求1的技术方案对所属技术领域的技术人员来说是显而易见的，并且该技术方案并未产生任何预料不到的技术效果。权利要求1不具备突出的实质性特点和显著的进步，不符合专利法第22条第3款有关创造性的规定。

（2）从属权利要求2～4对颗粒的粒度作了进一步的限定，但对比文件2已经公开了可将药物颗粒控制在1～10微米的范围内（见对比文件2第1081页最后一行），因此，权利要求2～4也不符合专利法第 22 条第 3 款有关创造性的规定。

（3）权利要求 5 要求保护一种含有所述药物微粒的药物组合物，对比文件 1 公开了可以将该化合物制备成含有药学上可接受载体的药物组合物（见其说明书第 12 页处方 1、2），并且为了方便患者使用而将活性药物与药学上可接受载体制备成药物组合物也是本领域的公知常识，因此，当权利要求 1 所要保护的微粒不具备创造性时，权利要求 5 保护的含有权利要求 1 化合物的药物组合物相对于对比文件 1、2 也不符合专利法第 22 条第 3 款有关创造性的规定。

（4）权利要求 6 对权利要求 5 进行了限定。在为了制备药物组合物时，为了使药物和辅料均匀混合，而全部使用微粒形式的药物是本领域的常用技术手段，并未产生任何预料不到的技术效果。因此，权利要求 6 也不符合专利法第 22 条第 3 款所规定的创造性。

（5）权利要求 7 要求保护药物微粒在制备药物中的用途。对比文件 1 公开了所述的 β-咔啉化合物具有治疗男性性功能障碍的作用（见对比文件 1 说明书第 17 页第 21~28 行），在权利要求 1 所要保护的药物微粒没有创造性的情况下，权利要求 7 也不符合专利法第 22 条第 3 款有关创造性的规定。

申请人利利艾科斯有限公司（下称请求人）对上述驳回决定不服，于 2005 年 7 月 25 日向专利复审委员会提出复审请求，请求人在提出复审请求时没有提交申请文件修改文本。

请求人认为：（1）对比文件 2 是教科书，其教导不适用于特定药物，而且审查员没有考虑对比文件 2 第 1082 页第 1 段第 7 行的相反教导，即由于稳定性及粒子凝聚方面的问题，并非所有难溶性药物都可以微粉化，而且不同药物的最佳粒径不同，将对比文件 2 的一般性教导应用于某一特定药物不是显而易见的。（2）现有技术如审查员发出第一次审查意见通知书时引用的对比文件 3（WO9638131A1，公开日：1996 年 12 月 5 日）采用了制备共沉淀物的方法来改善所述化合物的溶解度，进一步表明本领域技术人员对特定药物不会考虑对比文件 2 的教导。因此，本发明的技术方案具备创造性。

形式审查合格后，专利复审委员会受理了该复审请求，并于 2005 年 8 月 29 日向请求人发出《复审请求受理通知书》，同时将本申请案卷移交原审查部门进行前置审查。

原审查部门对本复审请求进行了前置审查，坚持原驳回决定，具体理由是：对比文件 2 是教科书更能证明对难溶性药物进行微粉化对于本领域技术人员是一种公知技术，是本领域技术人员最先会考虑的解决问题的方法，虽然对比文件也指出一些特殊药物的特殊性质导致这些药物微粉化后的效果不好，但这并不能证明本申请的化合物就不适于微粉化，本申请的存在恰好能证明该药物与大多数药物相同，是一种适用于微粉化的药物。对于掌握制剂基本技术的本领域技术人员来说，在遇到溶解度小、生物利用度低的药物时，想到提高该药物的生物利用度是必然的，而采用教科书中教导的最常规的技术微粉化也是显而易见的，而产生的生物利用度的提高的效果也是可预见的。

专利复审委员会组成合议组，对本案的复审请求进行了审理。于 2007 年 5 月 29 日向请求人发出《复审通知书》。该《复审通知书》指出：（1）对比文件 1 公开了权利要求 1 的化合物，其与权利要求 1 的区别在于未指出化合物的粒度，根据本申请说明书的描述，本申请要解决的技术问题是提供具有特定的和限制粒度特征的游离药物形式的 β-咔啉化合物的微粒制剂以实现其快速起效。根据本领域公知常识，减小难溶药物粒度可增加其吸收速度，对比文件 2 也给出了将难溶药物微粉化至 1~10 微米以改善其溶解、吸收和起效的教导，因此，在对比文件 1 已经公开了该难溶性化合物和对比文件 2 给出了解决难溶性药物溶解、吸收、起效的技术问题的启示的情况下，本领域技术人员仅通过合乎逻辑的分析、推理或者有限的试验就可以得到权利要求 1 的技术方案，因此权利要求 1 不具备专利法第 22 条第 3 款规定的创造性。在权利要求 1 没有创造性的情况下，权利要求 2~7 也不具备专利法第 22 条第 3 款规定的创造性。（2）请求人认为对比文件 2 的教导不适用于特定药物，并且表明不是所有药物都适于微粉化，并且根据现有技术如对比文件 3 的教导，本领域技术人员不会考虑通过降低粒径来改进药物的可利用度，但是对比文件2是教科书，其教导具有普遍适用性，而且本申请要求保护的粒径范围涵盖了对比文件2教导的范围，并且权利要求1所述化合物不属于对比文件2中例外的情况，此外，本领域技术人员可用各种方法来改善药物的溶解度，虽然对比文件3采用了共沉淀法，但并不表明本领域技术人员不能采用其他方法。

针对《复审通知书》指出的问题，请求人于2007年9月13日提交了意见陈述书，同时提交了如下三份附件：

附件1：请求人声称的 M. E. Aulton 编写的《Pharmaceutics – The Science of dosage form design》中英文复印件1页及相关部分中文译文1页；

附件2：本领域技术人员设计用于低溶解性物质的剂型的可能途径的流程图，英文1页及中文译文1页；

附件3：标题为"FORRESTER & BOEHMERT"的信函的第3、4页，英文2页及中文译文2页。

请求人未对其申请文件进行修改。

请求人认为：（1）针对特定的化合物，发现一种实现特定结果的剂型是不可预知的，并且需要大量的实验。附件1清楚涉及"一种难溶性的疏水性药物"以及由于粒径的减少而出现的问题，本申请化合物同样也是难溶和疏水性的，因此凝聚和稳定性问题同样适用。（2）对比文件2涉及的微粉化并不是显而易见的，如果是，则应该被实施并首先得到授权。所附附件2是设计用于低溶解性物质的剂型的可能途径的流程图。与本申请采用的增加溶解率途径相反，本申请化合物的最初发现和开发者沿着增加溶解度途径开发该化合物的剂型，并最终选择了共沉淀方法。（3）本说明书实施例2比较了所述化合物的游离药物制剂和共沉淀物制剂的达峰血药水平时间（分别为2小时和3.5小时）和吸收进入血浆的速率（30分钟时分别为51mg/ml 和29mg/ml），表明药物的游离颗粒制剂胜过其共沉淀制剂，该结果令人吃惊。实施例3清楚地表明合适的粒径是难以预知的，而且是重要的特征，特别是与粒径8.4μ 和20μ 相比（见本申请说明书第16页第11~16行），$d90=52\mu$ 的粒径延长了化合物的起效时间，这也体现了特定粒径提供的预料不到的效果。附件3含有本说明书实施例2和3的概述。因此，请求人认为本发明的技术方案具有创造性。

至此，合议组认为本案事实清楚，可以作出审查决定。

二、决定的理由

1. 决定所针对的文本

鉴于请求人在复审过程中未对申请文件进行修改，因此，本复审请求审查是在驳回决定所针对的文本的基础上作出的。

2. 关于专利法第22条第3款

专利法第22条第3款规定：创造性，是指同申请日以前已有的技术相比，该发明有突出的实质性特点和显著的进步，该实用新型有实质性特点和进步。

根据该款规定，评价一项发明是否具备创造性，应将其与最接近的现有技术比较以确定区别特征和发明实际解决的技术问题，如果现有技术给出了将上述区别特征应用到该最接近的现有技术以解决其实际解决的技术问题的启示，从而使所属技术领域的技术人员在最接近的现有技术的基础上和该技术启示下仅仅通过合乎逻辑的分析、推理或者有限的试验就可以得到该发明，则该发明是显而易见的，不具备突出的实质性特点。

本案中，权利要求1要求保护一种具有下式的化合物及其药学上可接受的盐和溶剂化物的游离药物微粒形式，其包括的化合物颗粒中至少90％的颗粒具有小于40微米的粒度。

对比文件1公开了本申请权利要求1所述的化合物（见对比文件1实施例1）。权利要求1所要求保护的技术方案与对比文件1公开的技术方案相比，区别在于对比文件1未指出"化合物颗粒中至少90％的颗粒具有小于40微米的粒度"。本申请说明书第1页最后1行已指出"用作PDE5抑制剂的许多β-咔啉化合物溶解性较差"，因此，由上述区别特征所能达到的技术效果可确定本发明实际解决的技术问题是提供具有特定和限制粒度特征的游离药物形式的β-咔啉化合物的微粒制剂以改善其溶解并实现其快速起效。

根据本领域公知常识，减小难溶性药物的粒径可增加其吸收速度，对比文件2也公开了溶解快慢直接影响到药物吸收的起始时间，吸收速度和程度，并最终影响到药效，尤其对难溶性药物（溶解度0.1mg％～1mg％以下）或溶解速率很慢的药物与制剂而言，溶解往往成为吸收过程的限速阶段，药物的溶解随粒径等变化，同一重量粉末的表面积随粉粒直径的减少而增加，微小粒径与体液有较大的接触面，可使药物较快地溶解而吸收，为此常用微粉化（1～10微米）原料制成制剂，对一些难溶性药物，药典规定采用微粉化原料（见对比文件2第1081～1082页）。由此可见，对比文件2给出了为改善难溶性药物的溶解、吸收、起效可将药物微粉化至1～10微米的技术启示。因此，在对比文件1已经公开了该难溶性化合物和对比文件2给出了解决难溶性药物溶解吸收起效方法的技术启示的情况下，本领域技术人员仅仅通过合乎逻辑的分析、推理或者有限的试验就可以得到本申请权利要求1的技术方案。综上所述，对于本领域技术人员来说，权利要求1相对于对比文件1和2的结合是显而易见的，并且也未产生任何预料不到的技术效果，因此，权利要求1不具备突出的实质性特点和显著的进步，不具备专利法第22条第3款规定的创造性。

从属权利要求2～4对权利要求1进行了限定，进一步限定了颗粒的粒度小于25、15、10微米。由于对比文件2已经公开了可将药物微粉化至1～10微米，即从属权利要求2～4的附加技术特征也已被对比文件2公开。同评价权利要求1时所述的理由，权利要求2～4相对于对比文件1和2的结合也不符合专利法第22条第3款有关创造性的规定。

权利要求5要求保护一种药物组合物，它包括权利要求1的游离药物微粒形式和一种或一种以上的药学上可接受的载体、稀释剂或赋形剂。对比文件1也已经公开了含有权利要求1的化合物和载体、稀释剂或赋形剂的药物组合物（见对比文件1第12～17页的处方），在所述化合物的游离药物微粒形式不具备创造性的情况下，权利要求5相对于对比文件1和2的结合也不符合专利法第22条第3款有关创造性的规定。

权利要求6对权利要求5进行了进一步限定，指出其中游离药物全部为微粒形式。在对比文件2给出了可通过将粒径降低至1～10微米以达到改善溶解、吸收等的启示下，将游离药物全部制成微粒形式对于本领域技术人员来说也是显而易见的，因此，权利要求6相对于对比文件1和2的结合也不符合专利法第22条第3款有关创造性的规定。

权利要求7要求保护该化合物的游离形式的微粒在制备用于治疗男性勃起功能障碍或女性性唤起障碍的药物中的用途。由于对比文件1也已经公开了该化合物具有治疗男性勃起功能障碍的作用（见对比文件1说明书第17页第21~28行)。因此,在所述化合物的游离药物微粒形式不具备创造性的情况下,权利要求7相对于对比文件1和2的结合也不具备专利法第22条第3款规定的创造性。

请求人提供了附件1~3来证明本发明具有创造性并认为:(1)对比文件2是教科书,其教导不适用于特定药物;并不是所有的药物都适于微粉化,审查员没有考虑对比文件2第1082页第1段中关于稳定性及粒子凝聚方面的相反教导;请求人提交的附件1提供了反例;审查员对该相反教导的否认没有提供任何证据的支持。(2)对比文件2涉及的微粉化不是显而易见的,否则该化合物的最初开发者不会沿着与本发明相反的途径(参见附件2)开发剂型并最终选择对比文件3的共沉淀物制剂。(3)本申请说明书实施例2比较了所述化合物的游离药物制剂和共沉淀物制剂的达峰血药水平时间(分别为2小时和3.5小时)和吸收进入血浆的速率(30分钟时分别为51mg/ml和29mg/ml),结果令人吃惊。(4)不同药物的最佳粒径不同,合适的粒径是难以预知的,本申请实施例3通过8.4μ、20μ、52μ三种粒径制剂的比较证明了这一点,并体现了特定粒径提供的预料不到的效果。附件3中的说明也表明了这一点。

对于请求人提交的附件,合议组认为:附件1是一页没有记载标题、日期等信息的英文文章,虽然请求人在意见陈述书中指出其是"M. E. Aulton所编写的《Pharmaceutics-The Science of dosage form design》中的一页",但是从请求人提供的附件1本身无法确认;附件2的流程图和附件3的信函均不是公开出版物,请求人希望用附件1~3表明本领域技术人员不会根据对比文件2的教导来对本发明化合物进行微粉化,但是,如上所述,从附件1~3的形式来看,不能得出它们是本申请申请日前的现有技术的结论,因此不能用于证明本申请申请日前现有技术中存在请求人所述的本发明化合物不适于微粉化的观点。

对于请求人的意见陈述,合议组认为:(1)首先,由于对比文件2是教科书,所以其教导更加具有普遍的适用性;其次,虽然某些具体药物由于稳定性或粒子凝聚等原因属于适于微粉化的例外情况,但是对比文件2和请求人提交的附件1中都没有指出本发明的化合物属于该种情况,所述的不适于微粉化的情况是作为不符合常规情况的特例给出的,在没有证据的情况下,请求人认为本发明化合物不适于微粉化的观点没有依据,而且本发明在对所述药物进行微粉化时采用的也是常规手段,显然也不支持请求人所述的本发明化合物不适于微粉化的主张。(2)在面对改善难溶性药物溶解的问题时,本领域技术人员可以采用例如降低粒径、制备共沉淀物、制备固体分散体、寻找新晶型、成盐等多种方法,虽然对比文件3采用了制备共沉淀物法,但是在现有技术中不存在哪种方法不可能或难以实现的教导的情况下,本领域技术人员优先选择哪种方法的机会是均等的,并且在对比文件3中也并未给出不能通过降低粒径来实现溶解度改善的相反教导。虽然都是要解决与难溶性药物溶解有关的问题,但是对比文件3所要解决的技术问题倾向于提高该难溶性药物的生物利用度,其说明书也记载了所述共沉淀物载体可以是快速溶解型的,也可以是经相对较长的时间溶解以实现持续释放型的,而本申请所要解决的技术问题倾向于实现男性勃起功能障碍和女性性欲唤起障碍患者所需的快速起效,在对比文件3和本申请实际所要解决的技术问题不同的情况下,药物剂型开发者分别采用不同的途径是符合各自需求的。请求人提出的由于对比文件3先选择了共沉淀制剂所以选择降低游离药物颗粒大小就是非显而易见的理由不具有说服力。(3)本申请实施例2虽然对该化合物的游离药物制剂和共沉淀物制剂进行了比较,但是该共沉淀物中采用的辅料为邻苯二甲酸羟丙甲基纤维素,本领域技术人员公知,邻苯二甲酸羟丙甲基纤维素是肠溶性载体材料,采用该辅料的目的显然不是要实现快速起效,因其会将药物运载到肠道再释放,释放需要一定时间,所以该共沉淀制剂起效慢于不使用该载体的相同粒径的游离化合物是本领域技术人员可以预期的,因此实施例2的比较结果并不能体现本申请化合物的游离药物制剂和共沉淀物制剂本身对起效时间的影响,不能表明本发明的技术方案是本领域技术无法从对比文件1和对比文件2的结合显而易见的获得的,也不能表明本发明的技术方案取得了意料不到的技术效果。(4) 对比文件2已经教导了常用微粉化粒径为1~10微米,而本申请要求保护的粒径范围(包括优选粒径范围)均包含了1~10微米这一范围,本申请权利要求1~7对粒径范围的选择是显而易见的。实施例3中52μ、20μ、8.4μ三种粒径制剂的比较的结果也表明该化合物的吸收速率和程度随着粒度的减少而增加,该结果与对比文件2的教导相符,并未证明带来了预料不到的技术效果。综上所述,请求人陈述的意见均不能证明本申请权利要求1~7的技术方案具备创造性。

根据以上事实和理由,本案合议组作出如下审查决定。

三、决定

维持国家知识产权局于2005年4月8日对00813777.3号发明专利申请作出的驳回决定。

复审请求人对本决定不服的,可以根据专利法第41条第2款的规定,自收到本决定之日起三个月内向北京市第一中级人民法院起诉。

含有二氨基吡唑的角蛋白纤维染色组合物、染色的方法、新型的二氨基吡唑及其制备方法

复审请求审查决定（第 12130 号）

决　定　号	第 12130 号
决　定　日	2007 年 12 月 13 日
发明创造名称	含有二氨基吡唑的角蛋白纤维染色组合物、染色的方法、新型的二氨基吡唑及其制备方法
国际分类号	A61K 7/13，C07D 231/38，B65D 81/32，A61K 7/00
复审请求人	莱雅公司
申　请　号	96195290.3
优　先　权　日	1995 年 5 月 5 日
申　请　日	1996 年 5 月 3 日
公　布　日	1998 年 8 月 5 日
合议组组长	何　炜
主　审　员	卫　军
参　审　员	卢　阳
法　律　依　据	专利法第 26 条第 4 款，第 33 条

决　定　要　点

对于一项权利要求而言，如果该权利要求要求保护的技术方案不但在说明书技术方案部分被提及，而且能由所属领域技术人员根据其说明书中公开的一个或多个实施方式或实施例合理概括得出，则该权利要求得到了说明书公开内容的支持，符合专利法第 26 条第 4 款的规定。对于权利要求是否概括得当，应当参照与之相关的现有技术进行判断。

一、案由

本复审请求涉及申请人莱雅公司于 1996 年 5 月 3 日申请，名称为"含有二氨基吡唑的角蛋白纤维染色组合物、染色的方法、新型的二氨基吡唑及其制备方法"的 96195290.3 号发明专利申请（下称本申请），本申请的优先权日为 1995 年 5 月 5 日，公开日为 1998 年 8 月 5 日。

国家知识产权局于 2004 年 8 月 6 日驳回了本申请。驳回理由具体如下：（1）对于申请人所请求保护的范围而言，所属领域技术人员根据说明书的记载而难以直接导出，结构差异较大的取代基可能使化合物的理化性质有较大差异，并可能由于位阻等原因而根据本申请的方法不能合成，权利要求

1、21的取代基中包括了大量不同的基团,其结构差异较大,根据本领域的知识不能合理推导得出;
(2) 权利要求2、3、22和23中请求保护了多个具体化合物,然而其中包括了在说明书实施例中没有具体合成并给出具体参数的化合物,本领域技术人员并不能直接地、毫无疑义地推导得出这些没有具体合成的化合物。因此,本申请的权利要求未以说明书为依据,不符合专利法第26条第4款的规定。

驳回决定所针对的权利要求如下:

"1. 一种用于角蛋白纤维氧化染色的组合物,具有用于人的角蛋白纤维,比如毛发,其特征在于,它在适于染色的介质中包含至少一种如下所定义的通式(I)的在3-位被取代的4,5-二氨基吡唑作为氧化显色碱和/或其至少一种与酸的加成盐:

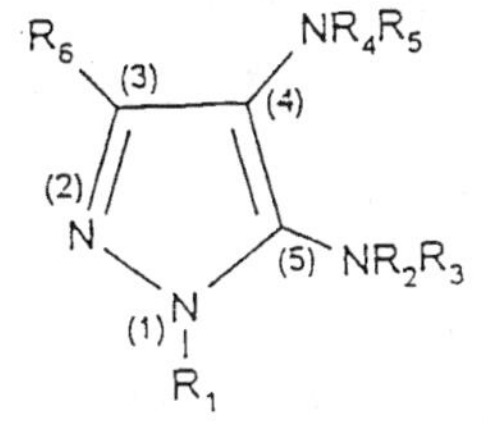

在式中,R_1、R_2、R_3、R_4和R_5相同或不同,表示氢原子、直链或支链的C_1-C_6烷基、C_2-C_4的羟基烷基、C_2-C_4的氨基烷基、苯基;被C_1-C_4烷基取代的苯基;被卤素原子或C_1-C_4烷基、C_1-C_4烷氧基、硝基、三氟甲基、氨基或C_1-C_4烷基氨基取代的苯基;苄基;被卤素原子或C_1-C_4烷基、C_1-C_4烷氧基、亚甲基二氧基或氨基取代的苄基、或者是如下的基团:

—$(CH_2)_m$—X—$(CH)_n$—Z
                |
                Y

在此式中,m和n是包括1和3在内的1~3的相同或不同的整数,X表示氧原子或基团NH,Y表示氢原子或甲基,Z表示甲基或基团OR或NRR′,其中R和R′相同或不同,表示氢原子、甲基或乙基,

可以理解当R_2表示氢原子时,R_3还可以表示氨基或C_1-C_4烷基氨基,

-R_6表示直链或支链的C_1-C_6烷基、C_1-C_4的羟基烷基、C_1-C_4的氨基烷基、C_1-C_4烷基-C_1-C_4氨基烷基、二C_1-C_4烷基C_1-C_4氨基烷基、C_1-C_4羟基烷基C_1-C_4氨基烷基、C_1-C_4烷氧基甲基、苯基;被卤素原子或C_1-C_4烷基、C_1-C_4烷氧基、硝基、三氟甲基、氨基或C_1-C_4烷基氨基取代的苯基;苄基;被卤素原子或C_1-C_4烷基、C_1-C_4烷氧基、硝基、三氟甲基、氨基或C_1-C_4烷基氨基取代的苄基、选自噻吩、呋喃和吡啶的杂环,或者是基团-$(CH_2)_p$-O-$(CH_2)_q$-OR″,式中p和q是包括1和3在内的1~3的相同或不同整数,R″表示氢原子或甲基,

而且规定在上述式(I)中:
-R_2、R_3、R_4和R_5中至少有一个表示氢原子,
-当R_2和R_4分别表示取代或未取代的苯基,苄基或如下基团时

—$(CH_2)_m$—X—$(CH)_n$—Z
                |
                Y

R_3和R_5都不能是这三种基团中的任何一种,
-当R_4和R_5同时表示氢原子时,R_1可以与R_2、R_3一起形成六氢嘧啶杂环或任意被C_1-C_4烷基或1,2,4-三唑取代的四氢咪唑杂环,-当R_2、R_3、R_4和R_5表示氢原子或C_1-C_6烷基时,R_1和R_6也可以表示任意被甲基或环己基取代的2、3或4-吡啶基、2-或3-噻吩基、2-或3-呋喃基的杂环残基。

2. 权利要求1的组合物,其特征在于式(I)的3-位取代的4,5-二氨基吡唑选自:

-1-苄基-4,5-二氨基-3-甲基吡唑,

-4,5-二氨基-1-(β-羟乙基)-3-(4′-甲氧基苯基)吡唑,

-4,5-二氨基-1-(β-羟乙基)-3-(4′-甲基苯基)吡唑,

-4,5-二氨基-1-(β-羟乙基)-3-(3′-甲基苯基)吡唑,

-4,5-二氨基-3-甲基-1-异丙基吡唑,

-4,5-二氨基-3-(4′-甲氧基苯基)-1-异丙基吡唑,

-4,5-二氨基-1-乙基-3-甲基吡唑,

-4,5-二氨基-1-乙基-3-(4′-甲氧基苯基)吡唑,

-4,5-二氨基-3-羟甲基-1-甲基吡唑,

-4,5-二氨基-1-乙基-3-羟甲基吡唑,

-4,5-二氨基-3-羟甲基-1-异丙基吡唑,

-4,5-二氨基-3-羟甲基-1-叔丁基吡唑,

-4,5-二氨基-3-羟甲基-1-苯基吡唑,

-4,5-二氨基-3-羟甲基-1-(2′-甲氧基苯基)吡唑,

-4,5-二氨基-3-羟甲基-1-(3′-氧基苯基)吡唑,

-4,5-二氨基-3-羟甲基-1-(4′-甲氧基苯基)吡唑,

-1-苄基-4,5-二氨基-3-羟甲基吡唑,

-4,5-二氨基-3-甲基-1-(2′-甲氧基苯基)吡唑,

-4,5-二氨基-3-甲基-1-(3′-甲氧基苯基)吡唑,

-4,5-二氨基-3-甲基-1-(4′-甲氧基苯基)吡唑,

-3-氨基甲基-4,5-二氨基-1-甲基吡唑,

-3-氨基甲基-4,5-二氨基-1-乙基吡唑,

-3-氨基甲基-4,5-二氨基-1-异丙基吡唑,

-3-氨基甲基-4,5-二氨基-1-叔丁基吡唑,

-4,5-二氨基-3-二甲基氨基甲基-1-甲基吡唑,

-4,5-二氨基-3-二甲基氨基甲基-1-乙基吡唑,

-4,5-二氨基-3-二甲基氨基甲基-1-异丙基吡唑,

-4,5-二氨基-3-二甲基氨基甲基-1-叔丁基吡唑,

-4,5-二氨基-3-乙基氨基甲基-1-甲基吡唑,

-4,5-二氨基-3-乙基氨基甲基-1-乙基吡唑,

-4,5-二氨基-3-乙基氨基甲基-1-异丙基吡唑,

-4,5-二氨基-3-乙基氨基甲基-1-叔丁基吡唑,

-4,5-二氨基-3-甲基氨基甲基-1-甲基吡唑,

-4,5-二氨基-3-甲基氨基甲基-1-异丙基吡唑,

-4,5-二氨基-1-乙基-3-甲基氨基甲基吡唑,

-1-叔丁基-4,5-二氨基-3-甲基氨基甲基吡唑,

-4,5-二氨基-3-〔(β-羟乙基)氨基甲基〕-1-甲基吡唑,

-4,5-二氨基-3-〔(β-羟乙基)氨基甲基〕-1-异丙基吡唑,

-4,5-二氨基-1-乙基-3-〔(β-羟乙基)氨基甲基〕吡唑,

-1-叔丁基-4,5-二氨基-3-〔(β-羟乙基)氨基甲基〕吡唑,

-4-氨基-5-(β-羟乙基)氨基-1,3-二甲基吡唑,

-4-氨基-5-(β-羟乙基)氨基-1-异丙基-3-甲基吡唑,

-4-氨基-5-(β-羟乙基)氨基-1-乙基-3-甲基吡唑,

-4-氨基-5-(β-羟乙基)氨基-1-叔丁基-3-甲基吡唑,

-4-氨基-5-(β-羟乙基)氨基-1-苯基-3-甲基吡唑,

-4-氨基-5-(β-羟乙基)氨基-1-(2-甲氧基苯基)-3-甲基吡唑,

-4-氨基-5-(β-羟乙基)氨基-1-(3-甲氧基苯基)-3-甲基吡唑,

-4-氨基-5-(β-羟乙基)氨基-1-(4-甲氧基苯基)-3-甲基吡唑,

-4-氨基-5-(β-羟乙基)氨基-1-苄基-3-甲基吡唑,

-4-氨基-1-乙基-3-甲基-5-甲基氨基吡唑,

-4-氨基-1-叔丁基-3-甲基-5-甲基氨基吡唑,

-4,5-二氨基-1,3-二甲基吡唑,

-4,5-二氨基-3-叔丁基-1-甲基吡唑,

-4,5-二氨基-1-叔丁基-3-甲基吡唑,

-4,5-二氨基-1-甲基-3-苯基吡唑,

-4,5-二氨基-1-(β-羟乙基)-3-甲基吡唑,

-4,5-二氨基-1-(β-羟乙基)-3-苯基吡唑,

-4,5-二氨基-1-甲基-3-(2′-氯苯基)吡唑,

-4,5-二氨基-1-甲基-3-(4′-氯苯基)吡唑,

-4,5-二氨基-1-甲基-3-(3′-三氟甲基苯基)吡唑,

-4,5-二氨基-1,3-二苯基吡唑,

-4,5-二氨基-3-甲基-1-苯基吡唑,

-4-氨基-1,3-二甲基-5-苯基氨基吡唑,

-4-氨基-1-乙基-3-甲基-5-苯基氨基吡唑,

-4-氨基-1,3-二甲基-5-甲基氨基吡唑,

-4-氨基-3-甲基-1-异丙基-5-甲基氨基吡唑,

-4-氨基-3-异丁氧基甲基-1-甲基-5-甲基氨基吡唑,

-4-氨基-3-甲氧基乙氧基甲基-1-甲基-5-甲基氨基吡唑,

-4-氨基-3-羟甲基-1-甲基-5-甲基氨基吡唑,

-4-氨基-1,3-二苯基-5-苯基氨基吡唑,

-4-氨基-3-甲基-5-甲基氨基-1-苯基吡唑,

-4-氨基-1,3-二甲基-5-肼基吡唑,

-5-氨基-3-甲基-4-甲基氨基-1-苯基吡唑,

-5-氨基-1-甲基-4-(N,N-甲基苯基)氨基-3-(4′-氯苯基)吡唑,

-5-氨基-3-乙基-1-甲基-4-(N,N-甲基苯基)氨基吡唑,

-5-氨基-1-甲基-4-(N,N-甲基苯基)氨基-3-苯基吡唑,

-5-氨基-3-乙基-4-(N,N-甲基苯基)氨基吡唑,

-5-氨基-4-(N,N-甲基苯基)氨基-3-苯基吡唑,

-5-氨基-4-(N,N-甲基苯基)氨基-3-(4′-甲基苯基)吡唑,

-5-氨基-3-（4′-氯苯基）-4-（N，N-甲基苯基）氨基吡唑，

-5-氨基-3-（4′-甲氧基苯基）-4-（N，N-甲基苯基）氨基吡唑，

-4-氨基-5-甲基氨基-3-苯基吡唑，

-4-氨基-5-乙基氨基-3-苯基吡唑，

-4-氨基-5-乙基氨基-3-（4′-甲基苯基）吡唑，

-4-氨基-3-苯基-5-丙基氨基吡唑，

-4-氨基-5-丁基氨基-3-苯基吡唑，

-4-氨基-3-苯基-5-苯基氨基吡唑，

-4-氨基-5-苄基氨基-3-苯基吡唑，

-4-氨基-5-（4′-氯苯基）氨基-3-苯基吡唑，

-4-氨基-3-（4′-氯苯基）-5-苯基氨基吡唑，

-4-氨基-3-（4′-甲氧基苯基）-5-苯基氨基吡唑，

-1-（4′-氯苄基）-4，5-二氨基-3-甲基吡唑，

-4，5-二氨基-3-羟甲基-1-异丙基吡唑，

-4-氨基-1-乙基-3-甲基-5-甲基氨基吡唑，

-4-氨基-5-（2′-氨基乙基）氨基-1，3-二甲基吡唑，

和它们的与酸的加成盐。

3. 如权利要求2的组合物，其特征在于，如式（I）的在3-位上被取代的4，5-二氨基吡唑选自：

-4，5-二氨基-1，3-二甲基吡唑，

-4，5-二氨基-3-甲基-1-苯基吡唑，

-4，5-二氨基-1-甲基-3-苯基吡唑，

-4-氨基-1，3-二甲基-5-肼基吡唑，

-1-苄基-4，5-二氨基-3-甲基吡唑，

-4，5-二氨基-3-叔丁基-1-甲基吡唑，

-4，5-二氨基-1-叔丁基-3-甲基吡唑，

-4，5-二氨基-1-（β-羟乙基）-3-甲基吡唑，

-4，5-二氨基-1-乙基-3-甲基吡唑，

-4，5-二氨基-1-乙基-3-（4′-甲氧基苯基）吡唑，

-4，5-二氨基-1-乙基-3-羟甲基吡唑，

-4，5-二氨基-3-羟甲基-1-甲基吡唑，

-4，5-二氨基-3-羟甲基-1-异丙基吡唑，

-4，5-二氨基-3-甲基-1-异丙基吡唑，

-4-氨基-5-（2′-氨基乙基）氨基-1，3-二甲基吡唑，

和它们与酸的加成盐。

21. 具有如下通式的新型的在3-位上取代的4，5-二氨基吡唑及其与酸的加成盐：

式中，R_1'、R_2'、R_3'、R_4'、R_5'和R_6'与前面式（I）所用的R_1、R_2、R_3、R_4、R_5和R_6是相同的符号，仍具有如下的专用意义：

$$\begin{array}{c} \text{(结构式 I')} \end{array}$$

(i) 当 R'_1 表示甲基，R'_2、R'_4、和 R'_5 同时表示氢原子而 R'_3 表示氢原子或甲基时，R'_6 不能是羟甲基、异丁氧基甲基、甲氧基乙氧基甲基、环己基、噻吩基、吡啶基、苯基或被甲基或三氟甲基或氯原子取代的苯基；

(ii) 当 R'_1 表示未取代的苯基，R'_2、R'_3、R'_4 和 R'_5 同时表示氢原子时，R'_6 不能是未取代的苯基；

(iii) 当 R'_1 表示未取代的苯基，R'_6 表示甲基，而 R'_2、R'_4 和 R'_5 同时表示氢原子时，R'_3 不能是氢原子、甲基或未取代的苯基；

(iv) 当 R'_1 表示未取代的苯基，R'_6 表示甲基，R'_4 和 R'_5 同时表示氢原子，而 R'_2 表示甲基或乙基时，R'_3 不能是未取代的苯基；

(v) 当 R'_1 表示未取代的苯基，R'_6 表示甲基，而 R'_2、R'_3 和 R'_5 同时表示氢原子时，R'_4 不能是甲基；

(vi) 当 R'_2、R'_3、R'_4 和 R'_5 同时表示氢原子，R'_6 表示甲基时，R'_1 不能是被氯原子、三氟乙基、硝基或吡啶基取代的苯基；

(vii) 当 R'_1 表示氢原子，R'_6 表示苯基或被氯原子、甲基或甲氧基取代的苯基，R'_2、R'_4 和 R'_5 同时表示氢原子时，R'_3 不能是氢原子、C_1-C_4 烷基或未取代的苯基；

(viii) 当 R'_1、R'_2、R'_3、R'_4 和 R'_5 同时表示氢原子时，R'_6 不能是甲基；

(ix) 当 R'_1 表示（-羟基乙基，R'_2、R'_3、R'_4 和 R'_5 同时表示氢原子时，R'_6 不能是甲基或未取代的苯基；

(x) 当 R'_4 表示甲基，R'_5 表示未取代的苯基，R'_2 和 R'_3 同时表示氢原子，而 R'_1 表示氢原子或甲基时，R'_6 不能是未取代的苯基或被甲基、乙基、甲氧基或氯原子取代的苯基；

(xi) 当 R'_1 表示叔丁基，R'_2、R'_3、R'_4 和 R'_5 同时表示氢原子时，R'_6 不能是甲基；

(xii) 当 R'_1 表示吡啶基，R'_2、R'_4 和 R'_5 同时表示氢原子，R'_3 表示氢原子或甲基时，R'_6 不能是甲基或未取代的苯基；

(xiii) 当 R'_1 表示甲基、乙基或4-氨基苯基，R'_2、R'_4 和 R'_5 同时表示氢原子，而 R'_3 表示氢原子或未取代的苯基时，R'_6 不能是甲基；

(xiv) 当 R'_1 表示异丙基，R'_2、R'_4 和 R'_5 同时表示氢原子时，R'_3 和 R'_6 中至少一个不能是甲基；

(xv) 当 R'_1 表示氢原子或未取代的苯基，R'_2、R'_4 和 R'_5 同时表示氢原子，R'_3 表示苄基或被甲基或氯原子取代的苯基时，R'_6 不能是甲基或未取代的苯基。

22. 如权利要求21的化合物，其特征在于，它们选自：

-1-苄基-4，5-二氨基-3-甲基吡唑，

-4，5-二氨基-1-（β-羟乙基）-3-（4'-甲氧基苯基）吡唑，

-4，5-二氨基-1-（β-羟乙基）-3-（4'-甲基苯基）吡唑，

-4，5-二氨基-1-（β-羟乙基）-3-（3'-甲基苯基）吡唑，

-4，5-二氨基-3-甲基-1-异丙基吡唑，

-4，5-二氨基-3-（4'-甲氧基苯基）-1-异丙基吡唑，

-4,5-二氨基-1-乙基-3-甲基吡唑，
-4,5-二氨基-1-乙基-3-（4′-甲氧基苯基）吡唑，
-4,5-二氨基-3-羟甲基-1-甲基吡唑，
-4,5-二氨基-1-乙基-3-羟甲基吡唑，
-4,5-二氨基-3-羟甲基-1-异丙基吡唑，
-4,5-二氨基-3-羟甲基-1-叔丁基吡唑，
-4,5-二氨基-3-羟甲基-1-苯基吡唑，
-4,5-二氨基-3-羟甲基-1-（2′-甲氧基苯基）吡唑，
-4,5-二氨基-3-羟甲基-1-（3′-甲氧基苯基）吡唑，
-4,5-二氨基-3-羟甲基-1-（4′-甲氧基苯基）吡唑，
-1-苄基-4,5-二氨基-3-羟甲基吡唑，
-4,5-二氨基-3-甲基-1-（2′-甲氧基苯基）吡唑，
-4,5-二氨基-3-甲基-1-（3′-甲氧基苯基）吡唑，
-4,5-二氨基-3-甲基-1-（4′-甲氧基苯基）吡唑，
-3-氨基甲基-4,5-二氨基-1-甲基吡唑，
-3-氨基甲基-4,5-二氨基-1-乙基吡唑，
-3-氨基甲基-4,5-二氨基-1-异丙基吡唑，
-3-氨基甲基-4,5-二氨基-1-叔丁基吡唑，
-4,5-二氨基-3-二甲基氨基甲基-1-甲基吡唑，
-4,5-二氨基-3-二甲基氨基甲基-1-乙基吡唑，
-4,5-二氨基-3-二甲基氨基甲基-1-异丙基吡唑，
-4,5-二氨基-3-二甲基氨基甲基-1-叔丁基吡唑，
-4,5-二氨基-3-乙基氨基甲基-1-甲基吡唑，
-4,5-二氨基-3-乙基氨基甲基-1-乙基吡唑，
-4,5-二氨基-3-乙基氨基甲基-1-异丙基吡唑，
-4,5-二氨基-3-乙基氨基甲基-1-叔丁基吡唑，
-4,5-二氨基-3-甲基氨基甲基-1-甲基吡唑，
-4,5-二氨基-3-甲基氨基甲基-1-异丙基吡唑，
-4,5-二氨基-1-乙基-3-甲基氨基甲基吡唑，
-1-叔丁基-4,5-二氨基-3-甲基氨基甲基吡唑，
-4,5-二氨基-3-〔（β-羟乙基）氨基甲基〕-1-甲基吡唑，
-4,5-二氨基-3-〔（β-羟乙基）氨基甲基〕-1-异丙基吡唑，
-4,5-二氨基-1-乙基-3-〔（β-羟乙基）氨基甲基〕吡唑，
-1-叔丁基-4,5-二氨基-3-〔（β-羟乙基）氨基甲基〕吡唑，
-4-氨基-5-（β-羟乙基）氨基-1,3-二甲基吡唑，
-4-氨基-5-（β-羟乙基）氨基-1-异丙基-3-甲基吡唑，
-4-氨基-5-（β-羟乙基）氨基-1-乙基-3-甲基吡唑，
-4-氨基-5-（β-羟乙基）氨基-1-叔丁基-3-甲基吡唑，
-4-氨基-5-（β-羟乙基）氨基-1-苯基-3-甲基吡唑，
-4-氨基-5-（β-羟乙基）氨基-1-（2′-甲氧基苯基）-3-甲基吡唑，

-4-氨基-5-（β-羟乙基）氨基-1-（3'-甲氧基苯基）-3-甲基吡唑,

-4-氨基-5-（β-羟乙基）氨基-1-（4'-甲氧基苯基）-3-甲基吡唑,

-4-氨基-5-（β-羟乙基）氨基-1-苄基-3-甲基吡唑,

-4-氨基-1-乙基-3-甲基-5-甲基氨基吡唑,

-4-氨基-1-叔丁基-3-甲基-5-甲基氨基吡唑,

-1-（4'-氯苄基）-4,5-二氨基-3-甲基吡唑,

-4,5-二氨基-3-羟甲基-1-异丙基吡唑,

-4-氨基-1-乙基-3-甲基-5-甲基氨基吡唑,

-4-氨基-5-（2'-氨基乙基）氨基-1,3-二甲基吡唑,

和它们的与酸的加成盐。

23. 如权利要求 22 的化合物，其特征在于它们选自：

-1-苄基-4,5-二氨基-3-甲基吡唑,

-4,5-二氨基-1-乙基-3-甲基吡唑,

-4,5-二氨基-1-乙基-3-（4'-甲氧基苯基）吡唑,

-4,5-二氨基-1-乙基-3-羟甲基吡唑,

-4,5-二氨基-3-羟甲基-1-甲基吡唑,

-4,5-二氨基-3-羟甲基-1-异丙基吡唑,

-4,5-二氨基-3-甲基-1-异丙基吡唑,

-4-氨基-5-（2'-氨基乙基）氨基-1,3-二甲基吡唑,

和它们与酸的加成盐。"

申请人莱雅公司（下称请求人）对上述驳回决定不服，于 2004 年 11 月 22 日向专利复审委员会提出复审请求。针对上述驳回理由，请求人对权利要求书进行了修改，并针对修改后的权利要求，陈述了如下意见：权利要求对 R_1-R_5 的定义中，保留了 C_1-C_4 烷基取代的苄基和 C_1-C_4 烷基取代的苯基，因苄基已在实施例 5 中实施，苯基已在实施例 3 中实施，其上烷基的取代并未明显改变分子的化学性质；保留定义 R_6 为苯基，因其已在实施例 3 中阐释，权利要求已符合专利法第 26 条第 4 款的规定。因此，国家知识产权局驳回的理由已不成立，应予撤销。

请求人在提出复审请求的同时提交经修改的权利要求书如下：

"1. 一种用于角蛋白纤维氧化染色的组合物，具有用于人的角蛋白纤维，比如毛发，其特征在于，它在适于染色的介质中包含至少一种如下所定义的通式（I）的在 3-位被取代的 4,5-二氨基吡唑作为氧化显色碱和/或其至少一种与酸的加成盐：

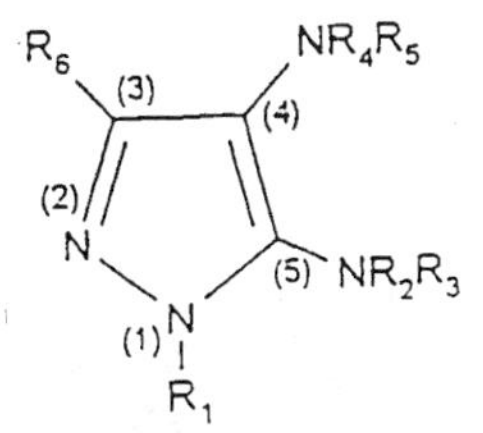

在式中，R_1、R_2、R_3、R_4 和 R_5 相同或不同，表示氢原子、直链或支链的 C_1-C_6 烷基、C_2-C_4 的羟基烷基、C_2-C_4 的氨基烷基、苯基；被 C_1-C_4 烷基取代的苯基；苄基；被 C_1-C_4 烷基取代的苄基，

可以理解当 R_2 表示氢原子时，R_3 还可以表示氨基或氨基（C_1-C_4）烷基，

-R_6 表示直链或支链的 C_1-C_6 烷基、苯基；被 C_1-C_4 烷基取代的苯基；

理解在上述式（I）中：
- R_2、R_3、R_4 和 R_5 中至少有一个表示氢原子，
- 当 R_2 和 R_4 分别表示取代或未取代的苯基或苄基时，R_3 和 R_5 都不能是这两种基团中的任何一种。

2. 权利要求1的组合物，其特征在于式（I）的3-位取代的4,5-二氨基吡唑选自：
- 1-苄基-4,5-二氨基-3-甲基吡唑，
- 4,5-二氨基-1-（β-羟乙基）-3-（4′-甲基苯基）吡唑，
- 4,5-二氨基-1-（β-羟乙基）-3-（3′-甲基苯基）吡唑，
- 4,5-二氨基-3-甲基-1-异丙基吡唑，
- 4,5-二氨基-1-乙基-3-甲基吡唑，
- 4-氨基-5-（β-羟乙基）氨基-1,3-二甲基吡唑，
- 4-氨基-5-（β-羟乙基）氨基-1-异丙基-3-甲基吡唑，
- 4-氨基-5-（β-羟乙基）氨基-1-乙基-3-甲基吡唑，
- 4-氨基-5-（β-羟乙基）氨基-1-叔丁基-3-甲基吡唑，
- 4-氨基-5-（β-羟乙基）氨基-1-苯基-3-甲基吡唑，
- 4-氨基-5-（β-羟乙基）氨基-1-苄基-3-甲基吡唑，
- 4-氨基-1-乙基-3-甲基-5-甲基氨基吡唑，
- 4-氨基-1-叔丁基-3-甲基-5-甲基氨基吡唑，
- 4,5-二氨基-1,3-二甲基吡唑，
- 4,5-二氨基-3-叔丁基-1-甲基吡唑，
- 4,5-二氨基-1-叔丁基-3-甲基吡唑，
- 4,5-二氨基-1-甲基-3-苯基吡唑，
- 4,5-二氨基-1-（β-羟乙基）-3-甲基吡唑，
- 4,5-二氨基-1-（β-羟乙基）-3-苯基吡唑，
- 4,5-二氨基-1,3-二苯基吡唑，
- 4,5-二氨基-3-甲基-1-苯基吡唑，
- 4-氨基-1,3-二甲基-5-苯基氨基吡唑，
- 4-氨基-1-乙基-3-甲基-5-苯基氨基吡唑，
- 4-氨基-1,3-二甲基-5-甲基氨基吡唑，
- 4-氨基-3-甲基-1-异丙基-5-甲基氨基吡唑，
- 4-氨基-1,3-二苯基-5-苯基氨基吡唑，
- 4-氨基-3-甲基-5-甲基氨基-1-苯基吡唑，
- 4-氨基-1,3-二甲基-5-肼基吡唑，
- 5-氨基-3-甲基-4-甲基氨基-1-苯基吡唑，
- 5-氨基-3-乙基-1-甲基-4-（N,N-甲基苯基）氨基吡唑，
- 5-氨基-1-甲基-4-（N,N-甲基苯基）氨基-3-苯基吡唑，
- 5-氨基-3-乙基-4-（N,N-甲基苯基）氨基吡唑，
- 5-氨基-4-（N,N-甲基苯基）氨基-3-苯基吡唑，
- 5-氨基-4-（N,N-甲基苯基）氨基-3-（4′-甲基苯基）吡唑，
- 4-氨基-5-甲基氨基-3-苯基吡唑，

- 4-氨基-5-乙基氨基-3-苯基吡唑，
- 4-氨基-5-乙基氨基-3-（4′-甲基苯基）吡唑，
- 4-氨基-3-苯基-5-丙基氨基吡唑，
- 4-氨基-5-丁基氨基-3-苯基吡唑，
- 4-氨基-3-苯基-5-苯基氨基吡唑，
- 4-氨基-5-苄基氨基-3-苯基吡唑，
- 4-氨基-1-乙基-3-甲基-5-甲基氨基吡唑，
- 4-氨基-5-（2′-氨基乙基）氨基-1，3-二甲基吡唑，

和它们的与酸的加成盐。

3. 如权利要求2的组合物，其特征在于，如式（I）的在3-位上被取代的4，5-二氨基吡唑选自：

- 4，5-二氨基-1，3-二甲基吡唑，
- 4，5-二氨基-3-甲基-1-苯基吡唑，
- 4，5-二氨基-1-甲基-3-苯基吡唑，
- 4-氨基-1，3-二甲基-5-肼基吡唑，
- 1-苄基-4，5-二氨基-3-甲基吡唑，
- 4，5-二氨基-3-叔丁基-1-甲基吡唑，
- 4，5-二氨基-1-叔丁基-3-甲基吡唑，
- 4，5-二氨基-1-（β-羟乙基）-3-甲基吡唑，
- 4，5-二氨基-1-乙基-3-甲基吡唑，
- 4，5-二氨基-3-甲基-1-异丙基吡唑，
- 4-氨基-5-（2′-氨基乙基）氨基-1，3-二甲基吡唑，

和它们与酸的加成盐。

4. 如前面所述的权利要求中任意一项的组合物，其特征在于，如式（I）一种或几种在3-位上被取代的4，5-二氨基吡唑的用量为染色组合物总重量的0.0005％~12％。

5. 如权利要求4的组合物，其特征在于，如式（I）一种或几种在3-位上被取代的4，5-二氨基吡唑的用量为染色组合物总重量的0.005％~6％。

6. 如前面各项权利要求中任意一项的组合物，其特征在于，适合于染色的介质包括水或水与至少一种有机溶剂的混合物，该有机溶剂选自 C_1-C_4 的低级醇、甘油、二醇和二醇醚、芳香醇、类似的化合物和它们的混合物。

7. 如前面各项权利要求中任意一项的组合物，其特征在于，其pH值为3~12。

8. 如前面各项权利要求中任意一项的组合物，其特征在于，它含有至少一种附加的氧化显色碱，该氧化显色碱选自对苯二胺、双苯基亚烷基二胺、对氨基苯酚、邻氨基苯酚、和式（I）的3-位取代4，5-二氨基吡唑以外的杂环碱。

9. 如权利要求8的组合物，其特征在于，该附加氧化显色碱的含量为染色组合物总重量的0.0005％~12％。

10. 如前面各项权利要求中任意一项的组合物，其特征在于，它含有至少一种发色剂和/或至少一种直接染料。

11. 如权利要求10的方法，其特征在于，该一种或几种发色剂选自间苯二胺、间氨基苯酚、间二酚、杂环发色剂以及它们和酸的加成盐。

12. 如权利要求 10 或 11 的方法，其特征在于，该一种或几种发色剂的含量为该染色组合物总重量的 0.0001%～10%。

13. 如前面各项权利要求中任意一项的组合物，其特征在于，该与酸的加成盐选自盐酸盐、氢溴酸盐、硫酸盐、酒石酸盐、乳酸盐和醋酸盐。

14. 角蛋白纤维，特别是人类的角蛋白纤维比如头发的染色方法，其特征在于，在空气中或藉助于氧化剂，在足够生出所需颜色的时间内，将至少一种如权利要求 1～13 中任意一项中所定义的染色组合物涂在此纤维上。

15. 如权利要求 14 的方法，其特征在于，只是通过与空气中的氧接触来显出颜色。

16. 如权利要求 15 的方法，其特征在于，只是在氧化催化剂存在下，通过与空气接触来显出颜色。

17. 如权利要求 16 的方法，其特征在于，该氧化催化剂是一种金属盐。

18. 如权利要求 14 的方法，其特征在于，在酸性、中性或碱性 pH 值下，藉助于在使用染色组合物时加入的氧化剂来显出颜色，该氧化剂存在于同时使用的氧化组合物当中或存在于随后分别加入的氧化组合物当中。

19. 如权利要求 18 的方法，其特征在于，该氧化剂选自过氧化氢、过氧化脲、碱金属溴酸盐、以及如过硼酸盐和过硫酸盐的过盐类。

20. 一个带有多个室的设备或带有多个室的"盒"，其中第一个室中装有权利要求 1～13 中的任意一项所定义的染色组合物，第二个室中装有氧化剂组合物。

21. 具有如下通式的新型的在 3-位上取代的 4,5-二氨基吡唑及其与酸的加成盐：

$$\begin{array}{c} R'_6 \text{(3)} \quad NR'_4R'_5 \\ \text{(2)} \quad \text{(4)} \\ N \quad \text{(5)} \quad NR'_2R'_3 \\ \text{(1)} \\ R'_1 \end{array} \quad (I')$$

式中，R'_1，R'_2，R'_3，R'_4，R'_5 和 R'_6 与前面式（I）所用的 R_1、R_2、R_3、R_4、R_5 和 R_6 是相同的符号，仍具有如下的专用意义：

(i) 当 R'_1 表示甲基，R'_2、R'_4、和 R'_5 同时表示氢原子而 R'_3 表示氢原子或甲基时，R'_6 不能是环己基、苯基或被甲基取代的苯基；

(ii) 当 R'_1 表示未取代的苯基，R'_2、R'_3、R'_4 和 R'_5 同时表示氢原子时，R'_6 不能是未取代的苯基；

(iii) 当 R'_1 表示未取代的苯基，R'_6 表示甲基，而 R'_2、R'_4 和 R'_5 同时表示氢原子时，R'_3 不能是氢原子、甲基或未取代的苯基；

(iv) 当 R'_1 表示未取代的苯基，R'_6 表示甲基，R'_4 和 R'_5 同时表示氢原子，而 R'_2 表示甲基或乙基时，R'_3 不能是未取代的苯基；

(v) 当 R'_1 表示未取代的苯基，R'_6 表示甲基，而 R'_2、R'_3 和 R'_5 同时表示氢原子时，R'_4 不能是甲基；

(vii) 当 R'_1 表示氢原子，R'_6 表示苯基或被甲基取代的苯基，R'_2、R'_4 和 R'_5 同时表示氢原子时，R'_3 不能是氢原子、C_1-C_4 烷基或未取代的苯基；

(viii) 当 R'_1、R'_2、R'_3、R'_4 和 R'_5 同时表示氢原子时，R'_6 不能是甲基；

(ix) 当 R'_1 表示（-羟基乙基，R'_2、R'_3、R'_4 和 R'_5 同时表示氢原子时，R'_6 不能是甲基或未取代的

苯基；

（x）当 R_4' 表示甲基，R_5' 表示未取代的苯基，R_2' 和 R_3' 同时表示氢原子，而 R_1' 表示氢原子或甲基时，R_6' 不能是未取代的苯基或被甲基或乙基取代的苯基；

（xi）当 R_1' 表示叔丁基，R_2'、R_3'、R_4' 和 R_5' 同时表示氢原子时，R_6' 不能是甲基；

（xiii）当 R_1' 表示甲基、乙基或 4-氨基苯基，R_2'、R_4' 和 R_5' 同时表示氢原子，而 R_3' 表示氢原子或未取代的苯基时，R_6' 不能是甲基；

（xiv）当 R_1' 表示异丙基，R_2'、R_4' 和 R_5' 同时表示氢原子时，R_3' 和 R_6' 中至少一个不能是甲基；

（xv）当 R_1' 表示氢原子或未取代的苯基，R_2'、R_4' 和 R_5' 同时表示氢原子，R_3' 表示苄基或被甲基取代的苯基时，R_6' 不能是甲基或未取代的苯基。

22. 如权利要求 21 的化合物，其特征在于，它们选自：
- 1-苄基-4，5-二氨基-3-甲基吡唑，
- 4，5-二氨基-1-（β-羟乙基）-3-（4′-甲基苯基）吡唑，
- 4，5-二氨基-1-（β-羟乙基）-3-（3′-甲基苯基）吡唑，
- 4，5-二氨基-3-甲基-1-异丙基吡唑，
- 4，5-二氨基-1-乙基-3-甲基吡唑，
- 4-氨基-5-（β-羟乙基）氨基-1，3-二甲基吡唑，
- 4-氨基-5-（β-羟乙基）氨基-1-异丙基-3-甲基吡唑，
- 4-氨基-5-（β-羟乙基）氨基-1-乙基-3-甲基吡唑，
- 4-氨基-5-（β-羟乙基）氨基-1-叔丁基-3-甲基吡唑，
- 4-氨基-5-（β-羟乙基）氨基-1-苯基-3-甲基吡唑，
- 4-氨基-5-（β-羟乙基）氨基-1-苄基-3-甲基吡唑，
- 4-氨基-1-乙基-3-甲基-5-甲基氨基吡唑，
- 4-氨基-1-叔丁基-3-甲基-5-甲基氨基吡唑，
- 4-氨基-1-乙基-3-甲基-5-甲基氨基吡唑，
- 4-氨基-5-（2′-氨基乙基）氨基-1，3-二甲基吡唑，
和它们的与酸的加成盐。

23. 如权利要求 22 的化合物，其特征在于它们选自：
- 1-苄基-4，5-二氨基-3-甲基吡唑，
- 4，5-二氨基-1-乙基-3-甲基吡唑，
- 4，5-二氨基-3-甲基-1-异丙基吡唑，
- 4-氨基-5-（2′-氨基乙基）氨基-1，3-二甲基吡唑，
和它们与酸的加成盐。

24. 制备如权利要求 21～23 中任一项的式（I′）化合物的方法，该化合物分子中 R_6' 表示甲基，R_1' 不是氢原子，其特征在于，该方法包括：在第一步中，在 90℃ 的温度下和在醇类溶剂中让 3-氨基丁烯腈和单取代的肼反应，然后在第二步中，通过与无机亚硝酸盐或有机亚硝酸酯反应，在 4-位上对 5-氨基吡唑进行亚硝基化，得到 5-氨基-4-亚硝基吡唑，在第三步中将其进行催化加氢，得到在式中 R_6' 表示甲基、R_1' 不是氢原子的式（I′）4，5-二氨基吡唑。

25. 制备如权利要求 21～23 中任一项的式（I′）化合物在方法，该化合物分子中 R_6' 不是甲基，R_1' 不是氢原子，其特征在于，该方法包括：在第一步中，在 20～150℃ 的温度下和在醇类溶剂中，让 β-氧代乙腈和单取代的肼反应，得到 5-氨基吡唑，然后在第二步中，在 4-位上进行亚硝基化，得到

4-硝基-5-氨基吡唑，然后在第三步中将其加氢，得到在式中 R_6' 不是甲基、R_1' 不是氢原子的式（I'）4，5-二氨基吡唑。

26. 制备如权利要求 21~23 中任一项的式（I'）化合物的方法，该化合物分子中 R_6' 表示具有很强空间位阻的基团，其特征在于，该方法包括：在第一步中，让 β-氧化乙腈和单取代的肼反应，得到 5-氨基吡唑，然后在第二步中，在 5-位置上乙酰基化，得到 5-乙酰基氨基吡唑，然后在第三步中将其在 4-位置上硝化和在 5-位置上脱乙酰基，得到 5-氨基-4-硝基吡唑，然后在第四步中进行加氢，得到在式中 R_6' 表示具有很强空间位阻基团的式（I'）4，5-二氨基吡唑。

27. 制备如权利要求 21~23 的，在分子中 R_2' 和 R_3' 都不是氢原子的式（I'）化合物的方法，其特征在于，该方法包括：在第一步中让 β-氧代酯和肼反应，得到与其互变异构物吡唑-5-酮平衡的 5-羟基吡唑，然后在第二步中，在 4-位上进行硝化，再在第三步中将 5-位氯化，得到 5-氯-4-硝基吡唑，然后在第四步中，在伯胺 H_2N-R_3' 存在下将其转变为 5-氨基-4-硝基吡唑，然后再在第五步中进行催化加氢，得到在式中 R_2' 和 R_3' 都不是氢原子的式（I'）4，5-二氨基吡唑。"

形式审查合格后，专利复审委员会受理了该复审请求，并于 2004 年 12 月 23 日向请求人发出《复审请求受理通知书》，随后将本申请移交原审查部门进行前置审查。

原审查部门对本复审请求进行了前置审查，坚持原驳回决定。

专利复审委员会组成合议组，对本案的复审请求进行了审理并于 2006 年 6 月 2 日向请求人发出《复审通知书》。《复审通知书》中指出：

申请人在提交复审请求时提交的权利要求书中，对权利要求所作的如下修改，均是既未在原申请文件中记载，也是所属领域技术人员根据原申请文件记载的内容难以直接导出的，因此，均超出了原始说明书和权利要求书的记载范围，不符合专利法第 33 条的规定：

（1）权利要求 1 中，将基团"R_2"修改为"R_{2+}"，将"当 R_2 和 R_4 分别表示取代或未取代的苯基，苄基或如下基团"-（CH$_2$）m-X-（CH）nY-Z"时，R_3 和 R_5 都不能是这三种基团中的任何一种"修改为"当 R_2 和 R_4 分别表示取代或未取代的苯基或苄基时，R_3 和 R_5 都不能是这两种基团中的任何一种"，上述修改后的基团定义在原说明书和权利要求书的化合物结构式及文字说明中均未记载，也不能毫无疑义的推导得出，因此上述修改均超出了原始说明书和权利要求书的记载范围；

（2）权利要求 1、21 中，将基团"C_1-C_4 烷基氨基"修改为"氨基（C_1-C_4）烷基"，根据化学基团的标准命名规则可知，上述两基团对应的结构含义不同，对于新修改的申请文件，将 R_3 定义为"氨基（C_1-C_4）烷基"是请求人概括出来的新范围，所述范围并没有在原说明书中记载过，尽管请求人强调：说明书实施例 9 中公开了上述定义中取代基相应基团"2'-氨基乙基"的具体技术方案，但是所述范围是在原说明书和权利要求书中仅公开一个具体基团的情况下概括出来的，这种概括不是可以唯一导出的，且所述范围的基团与其他基团组合后构成了原说明书中未曾公开的化合物范围，致使所属技术领域的技术人员看到的信息与原申请公开的信息不相同，而且不能从原申请公开的信息中直接导出；

（3）权利要求 21 中，对基团的定义（I）将基团"R_6' 不能是羟甲基、异丁氧基甲基、甲氧基乙氧基甲基、环己基、噻吩基、吡啶基、苯基或被甲基或三氟甲基或氯原子取代的苯基"修改为"R_6' 不能是未取代的苯基或被甲基或乙基取代的苯基"；对基团的定义（X）将基团"R_6' 不能是未取代的苯基或被甲基、乙基、甲氧基或氯原子取代的苯基"修改为"R_6' 不能是环己基、苯基或被甲基取代的苯基"；根据所述基团的定义方式可知，上述两处修改均删除了所述定义中被排除的基团，实际上扩大了基团的定义范围，这一扩大后的范围与原申请公开的信息不相同，而且不能从原申请公开的信息中直接导出。

合议组在《复审通知书》中还指出申请文件中同时存在以下缺陷：

权利要求1、21中R_1、R_2、R_3、R_4、R_5的定义均包括了"C_1-C_4烷基取代的苄基"和"C_1-C_4烷基取代的苯基"，尽管说明书中有化学式（I）某个位置是苄基或苯基的实施例，但是，由于苯基和苄基属于简单芳香结构的基团，不同位置上的直链或支链烷取代对于基团整体结构及其性质均有较大影响，本领域技术人员据此和根据说明书的记载仅能确认苄基和苯基本身构成的化合物能够达到本发明的目的，而C_1-C_4的烷基取代的苯基或C_1-C_4的烷基取代的苄基是否能够达到本发明的目的则是难以确定的。

此外，权利要求2、3、22、23的组合物中均包括了大量的新具体化合物作为必要组分，而说明书中仅给出了如下具体化合物的制备实施例：1-苄基-4，5-二氨基-3-甲基吡唑、4，5-二氨基-1，3-二甲基吡唑、4，5-二氨基-3-叔丁基-1-甲基吡唑、4，5-二氨基-1-叔丁基-3-甲基吡唑、4，5-二氨基-1-甲基-3-苯基吡唑、4，5-二氨基-1-（β-羟乙基）-3-甲基吡唑、4-氨基-1，3-二甲基-5-肼基吡唑、4-氨基-5-（2（-氨基乙基）氨基-1，3-二甲基吡唑、4，5-二氨基-3-甲基-1-苯基吡唑和它们的盐酸加成盐。对于上述权利要求2、3、22、23中包含的其他具体新化合物在说明书中不仅没有其具体制备方法的描述和具体制备实施例，也无确认这些新化合物的物化参数和活性数据，而上述新化合物均为所述组合物的必要组分，由于说明书的描述使本领域技术人员无法确定是否能够制备出这些化合物，也无法评价其效果，因此，说明书不足以支持权利要求2、3、22、23所要求保护的范围，上述权利要求不符合专利法第26条第4款的规定。

针对《复审通知书》指出的问题，请求人于2006年8月17日提交了意见陈述书及经修改的权利要求书。修改后的权利要求书如下：

"1. 一种用于角蛋白纤维氧化染色的组合物，具有用于人的角蛋白纤维，比如毛发，其特征在于，它在适于染色的介质中包含至少一种如下所定义的通式（I）的在3-位被取代的4，5-二氨基吡唑作为氧化显色碱和/或其至少一种与酸的加成盐：

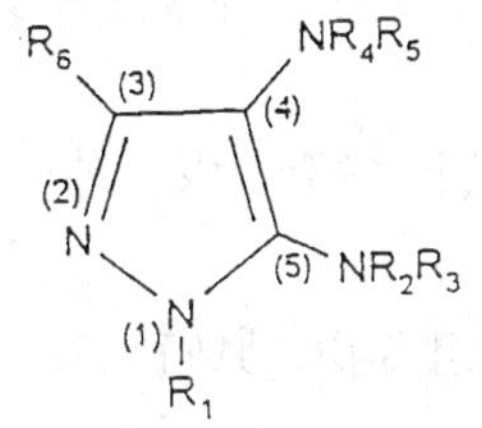

在式中，R_1、R_2、R_3、R_4和R_5相同或不同，表示氢原子、直链或支链的C_1-C_6烷基、C_2-C_4的羟基烷基、C_2-C_4的氨基烷基、苯基；苄基，

可以理解当R_2表示氢原子时，R_3还可以表示氨基或C_1-C_4烷基氨基，

- R_6表示直链或支链的C_1-C_6烷基、苯基；被C_1-C_4烷基取代的苯基；

理解在上述式（I）中：

- R_2、R_3、R_4和R_5中至少有一个表示氢原子，

- 当R_2和R_4分别表示取代或未取代的苯基或苄基时，R_3和R_5都不能是这两种基团中的任何一种。

2. 权利要求1的组合物，其特征在于式（I）的3-位取代的4，5-二氨基吡唑选自：

- 1-苄基-4，5-二氨基-3-甲基吡唑，

- 4，5-二氨基-1，3-二甲基吡唑，

- 4，5-二氨基-3-叔丁基-1-甲基吡唑，

— 4，5-二氨基-1-叔丁基-3-甲基吡唑，

— 4，5-二氨基-1-甲基-3-苯基吡唑，

— 4，5-二氨基-1-（β-羟乙基）-3-甲基吡唑，

— 4，5-二氨基-3-甲基-1-苯基吡唑，

— 4-氨基-1，3-二甲基-5-肼基吡唑，

— 4-氨基-5-（2′-氨基乙基）氨基-1，3-二甲基吡唑，

和它们的与酸的加成盐。

3. 如前面所述的权利要求中任意一项的组合物，其特征在于，如式（I）一种或几种在3-位上被取代的4，5-二氨基吡唑的用量为染色组合物总重量的0.0005％~12％。

4. 如权利要求3的组合物，其特征在于，如式（I）一种或几种在3-位上被取代的4，5-二氨基吡唑的用量为染色组合物总重量的0.005％~6％。

5. 如前面各项权利要求中任意一项的组合物，其特征在于，适合于染色的介质包括水或水与至少一种有机溶剂的混合物，该有机溶剂选自C_1-C_4的低级醇、甘油、二醇和二醇醚、芳香醇、类似的化合物和它们的混合物。

6. 如前面各项权利要求中任意一项的组合物，其特征在于，其pH值为3~12。

7. 如前面各项权利要求中任意一项的组合物，其特征在于，它含有至少一种附加的氧化显色碱，该氧化显色碱选自对苯二胺、双苯基亚烷基二胺、对氨基苯酚、邻氨基苯酚、和式（I）的3-位取代4，5-二氨基吡唑以外的杂环碱。

8. 如权利要求7的组合物，其特征在于，该附加的氧化显色碱的含量为染色组合物总重量的0.0005％~12％。

9. 如前面各项权利要求中任意一项的组合物，其特征在于，它含有至少一种发色剂和/或至少一种直接染料。

10. 如权利要求9的组合物，其特征在于，该一种或几种发色剂选自间苯二胺、间氨基苯酚、间二酚、杂环发色剂以及它们和酸的加成盐。

11. 如权利要求9或10的组合物，其特征在于，该一种或几种发色剂的含量为该染色组合物总重量的0.0001％~10％。

12. 如前面各项权利要求中任意一项的组合物，其特征在于，该与酸的加成盐选自盐酸盐、氢溴酸盐、硫酸盐、酒石酸盐、乳酸盐和醋酸盐。

13. 角蛋白纤维，特别是人类的角蛋白纤维比如头发的染色方法，其特征在于，在空气中或藉助于氧化剂，在足够生出所需颜色的时间内，将至少一种如权利要求1~12中任意一项中所定义的染色组合物涂在此纤维上。

14. 如权利要求13的方法，其特征在于，只是通过与空气中的氧接触来显出颜色。

15. 如权利要求14的方法，其特征在于，只是在氧化催化剂存在下，通过与空气中氧的接触来显出颜色。

16. 如权利要求15的方法，其特征在于，该氧化催化剂是金属盐。

17. 如权利要求13的方法，其特征在于，在酸性、中性或碱性pH值下，藉助于仅在使用染色组合物时加入的氧化剂来显出颜色，该氧化剂存在于同时使用的氧化组合物当中或存在于随后分别加入的氧化组合物当中。

18. 如权利要求17的方法，其特征在于，该氧化剂选自过氧化氢、过氧化脲、碱金属溴酸盐、以及如过硼酸盐和过硫酸盐的过盐类。

19. 一个带有多个室的设备或带有多个室的染色"盒",其中第一个室中装有权利要求1~12中的任意一项所定义的染色组合物,第二个室中装有氧化组合物。

20. 具有如下通式的新型的在3-位上取代的4,5-二氨基吡唑及其与酸的加成盐:

$$\text{结构式 (I')}$$

式中,R_1',R_2',R_3',R_4',R_5'和R_6'与前面式(I)所用的R_1、R_2、R_3、R_4、R_5和R_6是相同的符号,仍具有如下的专用意义:

(i) 当R_1'表示甲基,R_2'、R_4'、和R_5'同时表示氢原子而R_3'表示氢原子或甲基时,R_6'不能是环己基、苯基或被甲基取代的苯基;

(ii) 当R_1'表示未取代的苯基,R_2'、R_3'、R_4'和R_5'同时表示氢原子时,R_6'不能是未取代的苯基;

(iii) 当R_1'表示未取代的苯基,R_6'表示甲基,而R_2'、R_4'和R_5'同时表示氢原子时,R_3'不能是氢原子、甲基或未取代的苯基;

(iv) 当R_1'表示未取代的苯基,R_6'表示甲基,R_4'和R_5'同时表示氢原子,而R_2'表示甲基或乙基时,R_3'不能是未取代的苯基;

(v) 当R_1'表示未取代的苯基,R_6'表示甲基,而R_2'、R_3'和R_5'同时表示氢原子时,R_4'不能是甲基;

(vii) 当R_1'表示氢原子,R_6'表示苯基或被甲基取代的苯基,R_2'、R_4'和R_5'同时表示氢原子时,R_3'不能是氢原子、C_1-C_4烷基或未取代的苯基;

(viii) 当R_1'、R_2'、R_3'、R_4'和R_5'同时表示氢原子时,R_6'不能是甲基;

(ix) 当R_1'表示($-$羟基乙基,R_2'、R_3'、R_4'和R_5'同时表示氢原子时,R_6'不能是甲基或未取代的苯基;

(x) 当R_1'表示甲基,R_5'表示未取代的苯基,R_2'和R_3'同时表示氢原子,而R_1'表示氢原子或甲基时,R_6'不能是未取代的苯基或被甲基或乙基取代的苯基;

(xi) 当R_1'表示叔丁基,R_2'、R_3'、R_4'和R_5'同时表示氢原子时,R_6'不能是甲基;

(xiii) 当R_1'表示甲基、乙基或4-氨基苯基,R_2'、R_4'和R_5'同时表示氢原子,而R_3'表示氢原子或未取代的苯基时,R_6'不能是甲基;

(xiv) 当R_1'表示异丙基,R_2'、R_4'和R_5'同时表示氢原子时,R_3'和R_6'中至少一个不能是甲基;

(xv) 当R_1'表示氢原子或未取代的苯基,R_2'、R_4'和R_5'同时表示氢原子,R_3'表示苄基或被甲基取代的苯基时,R_6'不能是甲基或未取代的苯基。

21. 如权利要求20的化合物,其特征在于,它们选自:
- 1-苄基-4,5-二氨基-3-甲基吡唑,
- 4-氨基-5-(2(-氨基乙基)氨基-1,3-二甲基吡唑,
和它们的与酸的加成盐。

22. 制备如权利要求20~21中任一项的式(I')化合物的方法,该化合物分子中R(6表示甲基,R_1'不是氢原子,其特征在于,该方法包括:在第一步中,在高于90℃的温度下和在醇类溶剂中让3-氨基丁烯腈和单取代的肼反应,然后在第二步中,通过与无机亚硝酸盐或有机亚硝酸酯反应,在4-位上对5-氨基吡唑进行亚硝基化,得到5-氨基-4-亚硝基吡唑,在第三步中将其进行催化加氢,得到在式中R_6'表示甲基、R_1'不是氢原子的式(I') 4,5-二氨基吡唑。

23. 制备如权利要求 20~21 中任一项的式（I'）化合物在方法，该化合物分子中 R_6' 不是甲基，R_1' 不是氢原子，其特征在于，该方法包括：在第一步中，在 20~150℃ 的温度下和在醇类溶剂中，让 β-氧代乙腈和单取代的肼反应，得到 5-氨基吡唑，然后在第二步中，在 4-位上进行亚硝基化，得到 4-硝基-5-氨基吡唑，然后在第三步中将其加氢，得到在式中 R_6' 不是甲基、R_1' 不是氢原子的式（I'）4,5-二氨基吡唑。

24. 制备如权利要求 20~21 中任一项的式（I'）化合物的方法，该化合物分子中 R_6' 表示具有很强空间位阻的基团，其特征在于，该方法包括：在第一步中，让 β-氧化乙腈和单取代的肼反应，得到 5-氨基吡唑，然后在第二步中，在 5-位置上乙酰基化，得到 5-乙酰基氨基吡唑，然后在第三步中将其在 4-位置上硝化和在 5-位置上脱乙酰基，得到 5-氨基-4-硝基吡唑，然后在第四步中进行加氢，得到在式中 R_6' 表示具有很强空间位阻基团的式（I'）4,5-二氨基吡唑。

25. 制备如权利要求 20~21 中任一项的式（I'）化合物的方法，该化合物中 R_2' 或 R_3' 之一不是氢原子，其特征在于，该方法包括：在第一步中让 β-氧代酯和肼反应，得到与其互变异构物吡唑-5-酮平衡的 5-羟基吡唑，然后在第二步中，在 4-位上进行硝化，再在第三步中将 5-位氯化，得到 5-氯-4-硝基吡唑，然后在第四步中，在伯胺 H_2N-R_3' 存在下将其转变为 5-氨基-4-硝基吡唑，然后再在第五步中进行催化加氢，得到在式中 R_2' 或 R_3' 之一不是氢原子的式（I'）4,5-二氨基吡唑。"

至此，合议组认为本案事实已经清楚，可以作出审查决定。

二、决定的理由

1. 审查文本的认定

本决定以 1998 年 1 月 5 日提交的说明书第 1~8、10~27、29、31 页及说明书摘要，1998 年 4 月 3 日提交的说明书第 9、30 页，2004 年 1 月 5 日提交的说明书第 28 页，2006 年 8 月 17 日提交的权利要求 1~25 为审查文本。

2. 关于专利法第 33 条

专利法第 33 条规定，申请人可以对其专利文件进行修改，但是，对发明和实用新型专利文件的修改不得超出原说明书和权利要求书记载的范围。

具体地说，如果申请的内容通过增加、改变和/或删除其中的一部分，致使所属技术领域的技术人员看到的信息与原申请公开的信息不同，而且又不能从原申请公开的信息中直接地、毫无疑义地导出，那么，这种修改就是不允许的。但如果修改后的技术方案或技术内容不超出原说明书和权利要求书记载的范围，则是允许的。

本案中，请求人于 2006 年 8 月 17 日答复复审通知书时，对权利要求书做出了修改。所作的如下修改，未超出原始说明书和权利要求书的记载范围，符合专利法第 33 条的上述规定：

（1）权利要求 1 中，将基团 "R_{2+}" 修改为 "R_2"，将基团 "氨基（C_1-C_4）烷基" 修改为 "C_1-C_4 烷基氨基"，均已记载在原说明书和权利要求书中，符合专利法第 33 条的规定。

（2）对于权利要求 1，将 "当 R_2 和 R_4 分别表示取代或未取代的苯基，苄基或如下基团 "-(CH_2)m-X-(CH)nY-Z" 时，R_3 和 R_5 都不能是这三种基团中的任何一种" 修改为 "当 R_2 和 R_4 分别表示取代或未取代的苯基或苄基时，R_3 和 R_5 都不能是这两种基团中的任何一种"。由于已经从 R_1、R_2、R_3、R_4 和 R_5 的定义中删除了基团 -(CH_2)m-X-(CH)nY-Z，因此，在前提条件中已删除了 R_2、R_3、R_4 和 R_5 为 -(CH_2)m-X-(CH)nY-Z 的可能性的情况下，在取代基的进一步限定中删除相应的可能性也是可直接、毫无疑义地确定的。

（3）对于权利要求 20（相应于《复审通知书》及驳回决定所针对的权利要求 21），将（i）基团定义中的 "R_6' 不能是羟甲基、异丁氧基甲基、甲氧基乙氧基甲基、环己基、噻吩基、吡啶基、苯基或被甲基或三氟甲基或氯原子取代的苯基"修改为"R_6'不能是环己基、苯基或被甲基取代的苯基"以及将（X）基团定义中的"R_6'不能是未取代的苯基或被甲基、乙基、甲氧基或氯原子取代的苯基"修改为"R_6'不能是未取代的苯基或被甲基或乙基取代的苯基"。由于R_6'与R_6的定义相同，因此，R_6'为羟甲基、异丁氧基甲基、甲氧基乙氧基甲基、噻吩基、吡啶基、或被三氟甲基或氯原子取代的苯基等的可能性已删除，在取代基的进一步限定中不必重复删除，因此也是可直接地、毫无疑义地确定的。

3. 关于专利法第26条第4款

专利法第26条第4款规定：权利要求书应当以说明书为依据，说明要求保护的范围。

对于一项权利要求而言，如果该权利要求要求保护的技术方案不但在说明书技术方案部分被提及，而且能由所属领域技术人员根据其说明书中公开的一个或多个实施方式或实施例合理概括得出，则该权利要求得到了说明书公开内容的支持，符合专利法第26条第4款的规定。对于权利要求是否概括得当，应当参照与之相关的现有技术进行判断。

就本案而言，请求人在答复复审通知书时提交的权利要求1、20（相应于《复审通知书》及驳回决定所针对的权利要求1、21）中，删除了R_1-R_5（R_1'-R_5'）为"被C_1-C_4烷基取代的苄基"和"被C_1-C_4烷基取代的苯基"的选择，克服了《复审通知书》及驳回决定所指出的权利要求1、21得不到说明书支持的问题；同时，针对《复审通知书》及驳回决定所指出的权利要求2、3与22、23的具体化合物得不到说明书支持的问题，请求人删除了原权利要求3、23，并对原权利要求2、22进行了修改，删除了其中得不到说明书支持的部分，修改后的权利要求2、21中所涵盖的化合物均为实施例中的化合物，因而克服了相应的得不到说明书支持的问题。结合说明书中公开的技术方案与具体实施例以及现有技术，本领域技术人员能够合理概括出新提交的权利要求1、2、20、21请求保护的技术方案。

根据以上事实和理由，本案合议组作出如下审查决定。

三、决定

撤销国家知识产权局于2004年8月6日对第96195290.3号发明专利申请作出的驳回决定。由原审查部门在本决定所依据文本的基础上继续进行审查程序。

如对本复审请求审查决定不服，根据专利法第41条第2款的规定，请求人可以自收到本决定之日起三个月内向北京市第一中级人民法院起诉。

药物组合物

复审请求审查决定（第 12131 号）

决 定 号	第 12131 号
决 定 日	2007 年 12 月 14 日
发明创造名称	药物组合物
国际分类号	A61K 9/00，A61K 47/12，A61K 31/52
复审请求人	葛兰素集团有限公司
申 请 号	99804843.7
优 先 权 日	1998 年 2 月 6 日
申 请 日	1999 年 2 月 4 日
公 布 日	2001 年 5 月 23 日
合议组组长	何 炜
主 审 员	卫 军
参 审 员	卢 阳
法 律 依 据	专利法第 22 条第 3 款，第 33 条

决 定 要 点

当要求保护的技术方案相对于最接近的现有技术存在区别技术特征时，应判断现有技术是否给出将上述区别技术特征应用到该最接近现有技术以解决其存在的技术问题的启示，如果存在这种技术启示，则要求保护的技术方案不具有创造性。

一、案由

本复审请求涉及申请人葛兰素集团有限公司于 1999 年 2 月 4 日申请，名称为"药物组合物"的第 99804843.7 号发明专利申请（下称本申请），其优先权日为 1998 年 2 月 6 日，公开日为 2001 年 5 月 23 日。

国家知识产权局于 2004 年 10 月 29 日以权利要求 1~15 不符合专利法第 22 条第 3 款创造性的规定为由驳回了该申请。

驳回决定所针对的权利要求书为：

"1. 一种药物组合物，包含（1S，4R）-顺-4-[2-氨基-6-（环丙基氨基）-9H-嘌呤-9-基]-2-环戊烯-1-甲醇，或其药物上可接受的衍生物，一种金属螯合剂、以及从山梨糖醇、糖精、丁磺氨、果糖、从蔗糖制备的人造甜味剂、和天冬甜素中选择的至少一种增甜剂，pH 范围为 2.0~4.5。

2. 按照权利要求 1 的药物组合物，其中增甜剂包含从山梨糖醇和糖精中选择的至少一种增甜剂，

pH 范围为 6.6~7.5。

3. 按照权利要求 1 的药物组合物，用于经口给药，其中增甜剂是糖精，且该组合物进一步包含果糖和丁磺氨。

4. 按照权利要求 1~3 中任何一项的药物组合物，其中，（1S，4R）-顺-4-〔2-氨基-6-（环丙基氨基）-9H-嘌呤-9-基〕-2-环戊烯-1-甲醇的药物上可接受的衍生物是半硫酸盐。

5. 按照权利要求 1~3 中任何一项的药物组合物，其中该金属螯合剂是柠檬酸盐。

6. 按照权利要求 1~3 中任何一项的药物组合物，其中 pH 范围为 3.8~4.5。

7. 按照权利要求 1~3 中任何一项的药物组合物，其中，pH 值是 4.1。

8. 按照权利要求 1~3 中任何一项的药物组合物，其中甜味剂包含山梨糖醇，且 pH 值是 4.0。

9. 按照权利要求 8 的组合物，进一步包含糖精。

10. 按照权利要求 1~3 中任何一项的药物组合物，其中甜味剂包含果糖、糖精和丁磺氨，且 pH 值是 4.0。

11. 按照权利要求 5 的药物组合物，其中，柠檬酸根离子浓度范围为 0.01M~0.13M。

12. 按照权利要求 1~3 中任何一项的药物组合物，用于经口给药。

13. 按照权利要求 1~3 中任何一项的药物组合物，呈溶液形式。

14. 一种呈溶液剂形式的药物组合物，包含（1S，4R）-顺-4-[2-氨基-6-（环丙基氨基）-9H-嘌呤-9-基]-2-环戊烯-1-甲醇，或其药物上可接受的衍生物，以及从山梨糖醇和糖精中选择的至少一种增甜剂，pH 范围为 6.6~7.5。

15. 按照权利要求 14 的药物组合物，用于经口给药，其中增甜剂是糖精，且该组合物进一步包含果糖和丁磺氨。"

驳回决定认为：

权利要求 1 和 14 分别请求保护一种药物组合物，对比文件 1（EP0434450A，公开日：1991 年 6 月 26 日）也公开了一种糖浆剂型（口服剂型）的药物组合物，并具体披露其包含以下组分（见其说明书第 25 页实施例 E）：（1）活性组分 1592U89 [（1S，4R）-顺-4-[2-氨基-6-（环丙基氨基）-9H-嘌呤-9-基]-2-环戊烯-1-甲醇]（其说明书第 12 页实施例 6、7、10-12、16、18、19、28 和 35 中具体披露了可作为活性组份的上述物质），（2）增甜剂山梨糖醇溶液。而该权利要求 1 和 14 相对于对比文件 1 的组合物的区别之一是：分别将所述组合物的 pH 范围具体限定为 2.0~4.5 和 6.6~7.5，由于对比文件 1 也已在其实施例 C（注射液）中披露了上述活性组分的最适 pH 范围为 4.0~7.0，由此可知，所属领域技术人员在上述实施例 E 的基础上，结合实施例 C，从而得出该权利要求 1 的技术方案是显而易见的。因此，这一限定并未产生任何预料不到的技术效果，从而不能为该权利要求 1 和 14 带来创造性。此外，权利要求 1 相对于原权利要求 1 的另一区别为：在所述组合物中加入了组分"一种金属螯合剂"，但这一组分（尤其是例如本申请实施例中所具体选择的柠檬酸盐）是口服制剂中的常规组分，根据说明书的记载，所属领域技术人员也看不出这一组分的引入能使该权利要求 1 相对于对比文件 1 产生任何预料不到的技术效果，因此，该权利要求 1 和 14 不具备突出的实质性特点和显著的进步，从而不符合专利法第 22 条第 3 款有关创造性的规定。

权利要求 2~13 和 15 分别以附加技术特征对所述组合物的具体组分、含量和 pH 值作了进一步限定，但基于前述相同的理由，根据说明书的记载，所属领域技术人员看不出上述限定能产生任何预料不到的技术效果，因此，当其引用的权利要求不具备创造性时，该从属权利要求 2~13 和 15 也不具备突出的实质性特点和显著的进步，从而不符合专利法第 22 条第 3 款有关创造性的规定。

对于申请人强调的理由：将活性组分 1592U89 配制成溶液是困难的，且如山梨糖醇和聚乙二醇等物质会产生颜色变化并生成暗色沉淀物，对比文件1并未提到与制备含有1592U89以及增甜剂的药物组合物有关的问题。由于不论在原说明书中还是意见陈述书中申请人均并未能给出任何具体试验数据以证明其结论，且在对比文件1中，该活性组分1592U89即是配制成溶液且与常见的增甜剂山梨糖醇配合使用的（参见前述的驳回理由1、2），因此，上述理由不足以证明本发明的技术方案相对于对比文件1具备专利法第22条第3款所规定的创造性。

申请人葛兰素集团有限公司（下称请求人）对上述驳回决定不服，于2005年2月16日向专利复审委员会提出复审请求，请求人在提出复审请求时没有提交新修改的专利申请文本，但提交了相应的欧洲专利（EP1051156B1）与美国专利（US6641843B1）。请求人针对驳回理由陈述了如下意见：①将活性组分1592U89配制成溶液是困难的，因为含有-COOH的物质存在与1592U89兼容性的问题，并且诸如山梨糖醇和丙二醇等物质可能会导致颜色变化；②本申请可以制备1592U89与增甜剂的稳定组合物，一种方式是加入金属螯合剂并控制pH范围为2.0~4.5，另一种方式是控制pH范围为6.6~7.5；③权利要求1的组合物作为Zigan口服液在市场上销售证明了其稳定性；④对比文件1并未公开或启发与制备含有1592U89以及增甜剂的药物组合物有关的问题；⑤对比文件1的实施例E不包含金属螯合剂，也无关于pH的教导，实施例C涉及的为注射制剂而非口服制剂，不能结合，且实施例C教导的pH范围4.0~7.0与本申请的pH范围只是部分重合；⑥说明pH大约为4的Zigan口服液与pH大约为6的组合物相比更稳定，但原始资料不能提供；⑦与本申请相关的专利已在欧洲和美国授权。因此，国家知识产权局驳回的理由不成立，应予撤销。

形式审查合格后，专利复审委员会受理了该复审请求，并于2005年3月15日向请求人发出《复审请求受理通知书》，随后将本申请移交原审查部门进行前置审查。

原审查部门对本复审请求进行了前置审查，坚持原驳回决定。

专利复审委员会组成合议组，对本案的复审请求进行了审理并于2007年6月26日向请求人发出《复审通知书》。《复审通知书》中指出：

（1）本案中，申请人在答复第二次审查意见通知书时提交的权利要求书中（即驳回决定所针对的权利要求书），所作的如下修改：将权利要求1中的"蔗糖（sucralosa）"修改为"从蔗糖制备的人造甜味剂"，其既未在原申请文件中记载，也是所属领域技术人员根据原申请文件记载的内容难以直接地、毫无疑义地确定的，因此，超出了原始说明书和权利要求书的记载范围，不符合专利法第33条的上述规定。

请求人在答复第二次审查意见通知书时提交了"药用赋形剂手册"摘录，用以证明sucralose是由蔗糖制造的一种人造甜味剂，但是所述范围是在原说明书和权利要求书中仅公开一个具体的由蔗糖制造的人造甜味剂的情况下概括出来的，这种概括不是可以直接地、毫无疑义确定的，且所述范围的人造甜味剂与其他成分组合后构成了原说明书和权利要求书中未曾公开的药物组合物范围，致使所属技术领域的技术人员看到的信息与原申请记载的信息不相同，而且不能从原申请记载的信息中直接地、毫无疑义地确定。因此，该修改不符合专利法第33条的规定。

（2）权利要求1请求保护一种药物组合物。对比文件1（EP0434450A，公开日为1991年6月26日）公开了一种糖浆剂型（口服剂型）的药物组合物，并具体披露其包含以下组分（见其说明书第25页实施例E）：(1)活性组分1592U89［(1S,4R)-顺-4-［2-氨基-6-（环丙基氨基）-9H-嘌呤-9-基］-2-环戊烯-1-甲醇］（其说明书第12页实施例19具体披露了可作为活性组分的上述物质），(2)增甜剂山梨糖醇溶液。该权利要求1相对于对比文件1的组合物的区别是：①包含一种金属螯合剂；②将所述组合物的pH范围具体限定为2.0~4.5。对于区别①，由于原辅料、溶剂、容器以及操作过程中使用的工具等可能给制剂中带入微量金属离子，而微量金属离子对自动氧化反应有显著的催化作用，因此为了避免金属离子的影响、保持制剂的稳定，本领域通常采用的一种方式是加入金属螯合剂，加入后必然会通过螯合金属离子起到说明书中提及的稳定制剂的作用，说明书及意见陈述中也未提供证据证明其具有意想不到的稳定作用。对于区别②，首先，对比文件1中的糖浆剂根据药典要求应当是澄清的，其必然具有合适的pH值保持溶液的稳定，尽管未明确表示，但从与本申请所声称的"无沉淀物"等基本相同的效果上可推定此糖浆剂的pH值落入本申请的pH值范围内；其次，作为供人体使用的溶液制剂，必然具有合适的pH值，使溶液不具有很大的刺激性并保持合适的稳定性，而对比文件1在其实施例C（注射液）中披露了上述活性组份的最适pH范围为4.0~7.0，即在此范围内的刺激性不大且具有较好的稳定性，尽管实施例E的糖浆剂与注射剂不同，但同作为溶液制剂的pH值的调节目的基本相同，本领域技术人员有动机根据实施例C的教导将实施例E的pH值调节为4.0~7.0，与权利要求1的pH范围2.0~4.5部分重合，并且端值4.0在权利要求1的pH范围之内，效果也是可以预料的。因此，区别①、②并未使权利要求1请求保护的技术方案相对于对比文件1具有突出的实质性特点，权利要求1不具备专利法第22条第3款规定的创造性。

权利要求14请求保护一种药物组合物。对比文件1公开了一种糖浆剂型（口服剂型、溶液形式）的药物组合物，并具体披露其包含以下组分（见其说明书第25页实施例E）：（1）活性组分1592U89［（1S,4R）-顺-4-［2-氨基-6-（环丙基氨基）-9H-嘌呤-9-基］-2-环戊烯-1-甲醇］（其说明书第12页实施例19具体披露了可作为活性组分的上述物质），（2）增甜剂山梨糖醇溶液。该权利要求14相对于对比文件1的组合物的区别是：将所述组合物的pH范围具体限定为6.6~7.5。首先，对比文件1中的糖浆剂根据药典要求应当是澄清的，其必然具有合适的pH值保持溶液的稳定，尽管未明确表示，但从与本申请所声称的"无沉淀物"等基本相同的效果上可推定此糖浆剂的pH值落入本申请的pH值范围内；其次，作为供人体使用的溶液制剂，必然具有合适的pH值，使溶液不具有很大的刺激性并保持合适的稳定性，而对比文件1在其实施例C（注射液）中披露了上述活性组分的最适pH范围为4.0~7.0，即在此范围内的刺激性不大且具有较好的稳定性，尽管实施例E的糖浆剂与注射剂不同，但同作为溶液制剂的pH值的调节目的基本相同，本领域技术人员有动机根据实施例C的教导将实施例E的pH值调节为4.0~7.0，与权利要求14的pH范围6.6~7.5部分重合，并且端值7.0在权利要求14的pH范围之内，效果也是可以预料的。因此，相对于对比文件1，权利要求14请求保护的技术方案不具有突出的实质性特点，因而不具备专利法第22条第3款规定的创造性。

权利要求2~13和15分别以附加技术特征对所述组合物的增甜剂、活性成分的盐、金属螯合剂、pH值与给药形式作了进一步限定。其中的增甜剂、活性成分的盐、金属螯合剂均属于常规的替换形式，pH值范围仍与对比文件1中披露的有所重合，经口给药、溶液形式也已在对比文件1披露。根据说明书的记载和申请人的复审请求理由，本领域技术人员也看不出上述限定能产生任何预料不到的技术效果，因此，基于前述相同的理由，当其引用的权利要求不具备创造性时，从属权利要求2~13和15也不具备突出的实质性特点，从而不具备专利法第22条第3款规定的创造性。

对于请求人在提出复审请求中的理由，合议组的意见如下：

对于理由①，对比文件1实施例E的糖浆剂便是溶液，也含有山梨糖醇，并未体现出配制成溶液的困难与颜色的变化；对于理由②、⑤，在权利要求1、14的评述理由中已充分论述；对于理由③，权利要求1的组合物作为Zigan口服液在市场上销售只是证明了其稳定性，并不能说明从对比文件1的技术方案中得不到启示；对于理由④，对比文件1实施例E已给出了与制备含有1592U89以及增甜剂山梨糖醇的药物组合物的启示，请求人认为没有启示的看法是不正确的；对于理由⑥，是本领域技术人员在对比文件1实施例C公开的pH为4.0~7.0的范围内通过简单的比较实验很容易验证得出的结果，效果并非预料不到，而且，请求人并未提供实验证据证明；对于理由⑦，欧洲与美国相应的授权并不能成为其请求保护的技术方案具有创造性的理由。

针对《复审通知书》指出的问题,请求人于2007年7月20日提交了意见陈述书及经修改的权利要求书。修改后的权利要求书如下:

"1. 一种药物组合物,包含(1S,4R)-顺-4-[2-氨基-6-(环丙基氨基)-9H-嘌呤-9-基]-2-环戊烯-1-甲醇,或其药物上可接受的衍生物,一种金属螯合剂,以及从山梨糖醇、糖精、丁磺氨、果糖、三氯蔗糖、和天冬甜素中选择的至少一种增甜剂,pH范围为2.0~4.5。

2. 按照权利要求1的药物组合物,其中增甜剂包含从山梨糖醇和糖精中选择的至少一种增甜剂,pH范围为6.6~7.5。

3. 按照权利要求1的药物组合物,用于经口给药,其中增甜剂是糖精,且该组合物进一步包含果糖和丁磺氨。

4. 按照权利要求1~3中任何一项的药物组合物,其中,(1S,4R)-顺-4-[2-氨基-6-(环丙基氨基)-9H-嘌呤-9-基]-2-环戊烯-1-甲醇的药物上可接受的衍生物是半硫酸盐。

5. 按照权利要求1~3中任何一项的药物组合物,其中该金属螯合剂是柠檬酸盐。

6. 按照权利要求1~3中任何一项的药物组合物,其中pH范围为3.8~4.5。

7. 按照权利要求1~3中任何一项的药物组合物,其中,pH值是4.1。

8. 按照权利要求1~3中任何一项的药物组合物,其中甜味剂包含山梨糖醇,且pH值是4.0。

9. 按照权利要求8的组合物,进一步包含糖精。

10. 按照权利要求1~3中任何一项的药物组合物,其中甜味剂包含果糖、糖精和丁磺氨,且pH值是4.0。

11. 按照权利要求5的药物组合物,其中,柠檬酸根离子浓度范围为0.01M~0.13M。

12. 按照权利要求1~3中任何一项的药物组合物,用于经口给药。

13. 按照权利要求1~3中任何一项的药物组合物,呈溶液形式。

14. 一种呈溶液剂形式的药物组合物,包含(1S,4R)-顺-4-[2-氨基-6-(环丙基氨基)-9H-嘌呤-9-基]-2-环戊烯-1-甲醇,或其药物上可接受的衍生物,以及从山梨糖醇和糖精中选择的至少一种增甜剂,pH范围为6.6~7.5。

15. 按照权利要求14的药物组合物,用于经口给药,其中增甜剂是糖精,且该组合物进一步包含果糖和丁磺氨。"

请求人在意见陈述中认为:a. 本发明可配制1592U89和甜味剂的稳定药物组合物,其呈溶液形式,而对比文件1没有制备出相关药物组合物,并认为复审委已承认此事实;b. 通过实验证明,对比文件1的实施例E的pH值为2.74,无法根据实施例C的教导将pH值调节为4.0~7.0;c. 对比文件1中不存在本申请权利要求1中的金属螯合剂,复审委没有证据证明金属螯合剂在解决组合物稳定性中的启示;d. 实施例E、C分别涉及口服、注射制剂,无法将其结合;e. 权利要求14的pH值6.6~7.5与实施例E不同,且与实施例C的pH值范围4.0~7.0只是部分重叠。

至此,合议组认为本案事实清楚,可以作出审查决定。

二、决定的理由

(1)审查文本的认定:

本决定以原始提交的国际申请的中文译文说明书第1~17页及说明书摘要,2007年7月20日提交的权利要求1~15为审查文本。

(2)专利法第33条规定,申请人可以对其专利文件进行修改,但是,对发明和实用新型专利文件的修改不得超出原说明书和权利要求书记载的范围。

具体地说,如果申请的内容通过增加、改变和/或删除其中的一部分,致使所属技术领域的技术人员看到的信息与原申请公开的信息不同,而且又不能从原申请公开的信息中直接地、毫无疑义地导出,那么,这种修改就是不允许的。但如果修改后的技术方案或技术内容不超出原说明书和权利要求书记载的范围,则都是允许的。

本案中,请求人于 2007 年 7 月 20 日答复"复审通知书"时,对权利要求书作出了修改,将权利要求 1 中的"从蔗糖制备的人造甜味剂"修改为"三氯蔗糖"。由于在原说明书和权利要求中相应记载了药物组合物中包含增甜剂"蔗糖(sucralosa)"或"蔗糖(sucralose)",而"三氯蔗糖"是"sucralose"的正确翻译。因而,权利要求书的修改未超出原始说明书和权利要求书的记载范围,符合专利法第 33 条的上述规定。

(3)专利法第 22 条第 3 款规定:创造性,是指同申请日以前已有的技术相比,该发明有突出的实质性特点和显著的进步。

当要求保护的技术方案相对于最接近的现有技术存在区别技术特征时,应判断现有技术是否给出将上述区别技术特征应用到该最接近现有技术以解决其存在的技术问题的启示,如果存在这种技术启示,则要求保护的技术方案不具有创造性。

本案中,权利要求 1 请求保护一种药物组合物。对比文件 1(EP0434450A,公开日为 1991 年 6 月 26 日)公开了一种糖浆剂型(口服剂型)的药物组合物,并具体披露其包含以下组分(见其说明书第 25 页实施例 E):(1)活性组分 1592U89〔(1S,4R)-顺-4-〔2-氨基-6-(环丙基氨基)-9H-嘌呤-9-基〕-2-环戊烯-1-甲醇〕(其说明书第 12 页实施例 19 具体披露了可作为活性组分的上述物质),(2)增甜剂山梨糖醇溶液。该权利要求 1 相对于对比文件 1 的组合物的区别是:①包含一种金属螯合剂;②将所述组合物的 pH 范围具体限定为 2.0~4.5。其实际解决的技术问题是制备稳定的药物组合物。对于区别①,由于原辅料、溶剂、容器以及操作过程中使用的工具等可能给制剂中带入微量金属离子,而微量金属离子对自动氧化反应有显著的催化作用,因此为了避免金属离子的影响、保持制剂的稳定,本领域通常采用的一种方式是加入金属螯合剂,加入后必然会通过螯合金属离子起到说明书中提及的稳定制剂的作用,说明书及意见陈述中也未提供证据证明其具有意想不到的稳定作用。对于区别②,首先,对比文件 1 中的糖浆剂根据药典要求应当是澄清的,其必然具有合适的 pH 值保持溶液的稳定,尽管未明确表示,但从与本申请所声称的"无沉淀物"等基本相同的效果上可推定此糖浆剂的 pH 值落入本申请的 pH 值范围内;其次,所属领域技术人员在制备药物组合物时通过筛选确定适宜的 pH 值范围是常规的技术手段,通过简单的试验筛选就可确定合适的 pH 值范围;第三,作为供人体使用的溶液制剂,必然具有合适的 pH 值,使溶液不具有很大的刺激性并保持合适的稳定性,而对比文件 1 在其实施例 C(注射液)中披露了上述活性组分的最适 pH 范围为 4.0~7.0,即在此范围内的刺激性不大且具有较好的稳定性,尽管实施例 E 的糖浆剂与注射剂不同,但同作为溶液制剂的 pH 值的调节目的基本相同,即给出了 pH 范围为 4.0~7.0 时活性组分稳定的启示,本领域技术人员有动机根据实施例 C 的教导将实施例 E 的 pH 值调节为 4.0~7.0,与权利要求 1 的 pH 范围 2.0~4.5 部分重合,并且端值 4.0 在权利要求 1 的 pH 范围之内,效果也是可以预料的。因此,区别①、②并未使权利要求 1 请求保护的技术方案相对于对比文件 1 具有突出的实质性特点,权利要求 1 不具备专利法第 22 条第 3 款规定的创造性。

权利要求 14 请求保护一种药物组合物。对比文件 1 公开了一种糖浆剂型(口服剂型、溶液形式)的药物组合物,并具体披露其包含以下组分(见其说明书第 25 页实施例 E):(1)活性组分 1592U89〔(1S,4R)-顺-4-〔2-氨基-6-(环丙基氨基)-9H-嘌呤-9-基〕-2-环戊烯-1-甲醇〕(其说明书第 12 页实施例 19 具体披露了可作为活性组分的上述物质),(2)增甜剂山梨糖醇溶液。该权利要求 14 相对于对比文件 1 的组合物的区别是:将所述组合物的 pH 范围具体限定为 6.6~7.5。其实际解决的技术问题是制备稳定的药物组合物。首先，对比文件1中的糖浆剂根据药典要求应当是澄清的，其必然具有合适的pH值保持溶液的稳定，尽管未明确表示，但从与本申请所声称的"无沉淀物"等基本相同的效果上可推定此糖浆剂的pH值落入本申请的pH值范围内；其次，所属领域技术人员在制备药物组合物时通过筛选确定适宜的pH值范围是常规的技术手段，通过简单的试验筛选就可确定合适的pH值范围；第三，作为供人体使用的溶液制剂，必然具有合适的pH值，使溶液不具有很大的刺激性并保持合适的稳定性，而对比文件1在其实施例C（注射液）中披露了上述活性组分的最适pH范围为4.0~7.0，即在此范围内的刺激性不大且具有较好的稳定性，尽管实施例E的糖浆剂与注射剂不同，但同作为溶液制剂的pH值的调节目的基本相同，即给出了pH范围为4.0~7.0时活性组分稳定的启示，本领域技术人员有动机根据实施例C的教导将实施例E的pH值调节为4.0~7.0，与权利要求14的pH范围6.6~7.5部分重合，并且端值7.0在权利要求14的pH范围之内，效果也是可以预料的。因此，相对于对比文件1，权利要求14请求保护的技术方案不具有突出的实质性特点，因而不具备专利法第22条第3款规定的创造性。

权利要求2~13和15分别以附加技术特征对所述组合物的增甜剂、活性成分的盐、金属螯合剂、pH值与给药形式作了进一步限定。其中的增甜剂、活性成分的盐、金属螯合剂均属于常规的替换形式，pH值范围仍与对比文件1中披露的有所重合，经口给药、溶液形式也已在对比文件1披露。根据说明书的记载和申请人的复审请求理由、答复复审通知书中的理由，本领域技术人员也看不出上述限定能产生任何预料不到的技术效果，因此，基于前述相同的理由，当其引用的权利要求不具备创造性时，从属权利要求2~13和15也不具备突出的实质性特点，从而不具备专利法第22条第3款规定的创造性。

对于复审请求人在答复"复审通知书"时提出的理由，合议组的意见如下：

对于理由a，对比文件1的实施例E的糖浆剂便是溶液，也含有活性组分1592U89和山梨糖醇（甜味剂），在配制成溶液时也并未体现出困难与颜色的变化，请求人对合议组所认定的事实的理解是错误的；对于理由b，由于对比文件1的实施例E的pH值为2.74，落入本申请权利要求1的范围之内，恰好证明了合议组关于"实施例E糖浆剂的pH值落入本申请的pH值范围内"的推测，此种情况下不再需要实施例C关于pH值的教导；对于理由c，对比文件1中尽管不存在金属螯合剂，但在面临解决药物组合物稳定性的问题时，使用金属螯合剂属于公知常识，这一点在教科书中已有明确教导（如《药剂学》，王承德 主编，中国医药科技出版社，1991年6月第1版，第131页，第（四）点：金属离子的影响），即通过金属螯合剂与药液中难以避免存在的金属离子的络合作用以增加溶液的稳定性；对于理由d，由于实施例C的注射液与实施例E的口服溶液制剂均为溶液制剂，必然均要求合适的pH值以使溶液的刺激性不大且具有较好的稳定性，在已知注射剂稳定的pH值范围的情况下，本领域技术人员易于想到可在此范围中确定同为溶液的口服制剂的pH值范围，因而，使溶液制剂稳定的pH值范围是有结合启示的；对于理由e，由于使实施例C的溶液制剂稳定的pH值范围对于实施例E来说是有结合启示的，本领域技术人员不会仅限于实施例E中的特定某一点pH值，权利要求14的pH值范围6.6~7.5尽管与实施例E不同，但与实施例C的范围4.0~7.0部分重叠，且端值7.0在权利要求14的pH范围之内（相当于数值的具体公开），因而请求人认为没有教导是不正确的。

综上所述，本申请权利要求1~15均不具备专利法第22条第3款规定的创造性。故此，本合议组作出如下决定。

三、决定

维持国家知识产权局于2004年10月29日对第99804843.7号发明专利申请作出的驳回决定。

复审请求人对本复审请求审查决定不服的，根据专利法第41条第2款的规定，可以自收到本决定之日起三个月内向北京市第一中级人民法院起诉。

IREN 蛋白，其制备和应用

复审请求审查决定（第 12132 号）

决 定 号	第 12132 号
决 定 日	2007 年 12 月 12 日
发明创造名称	IREN 蛋白，其制备和应用
国际分类号	C12N 15/12，C12N 15/86，C12N 15/10，C12N 1/19，C12N 1/21，C12N 5/10，C07K 14/47，C07K 16/18，C12Q 1/68，G01N 33/50，A61K 38/17，A61K 31/70，A61K 39/395
复审请求人	耶达研究发展有限公司
申 请 号	00815013.3
申 请 日	2000 年 8 月 31 日
优 先 权 日	1999 年 9 月 2 日
公 开 日	2002 年 12 月 11 日
合议组组长	何 炜
主 审 员	邢维玲
参 审 员	葛永奇
法 律 依 据	专利法第 26 条第 4 款

决 定 要 点

权利要求书应当以说明书为依据，是指权利要求应当得到说明书的支持。权利要求书中的每一项权利要求所要求保护的技术方案应当是所属技术领域的技术人员能够从说明书充分公开的内容中得到或者概括得出的技术方案，并且不得超出说明书公开的范围。对于用上位概念概括的权利要求，如果该权利要求的概括包含申请人推测的内容，而其效果又难于预先确定和评价，应当认为这种概括超出说明书公开的范围，该权利要求得不到说明书的支持。

一、案由

本复审请求涉及 2000 年 8 月 31 日申请，2002 年 12 月 11 日公开，发明名称为"IREN 蛋白，其制备和应用"的发明专利申请，本申请的优先权日为 1999 年 9 月 2 日，申请人为耶达研究发展有限公司。

国家知识产权局于 2004 年 4 月 2 日以权利要求 1、3~12、14~40 得不到说明书的支持，不符合专利法第 26 条第 4 款的规定为由驳回了本申请。

驳回决定所针对的权利要求书为：

"1. 一种编码能结合 TRAF 的蛋白质的 DNA 序列,其特征在于,该 DNA 序列选自:

a) 含有图 3B 所示核苷酸序列的本文命名为 IREN 的 cDNA 序列;

b) 含有图 4 所示核苷酸序列的本文命名为 IREN-10B 的 cDNA 序列;

c) 含有图 5 所示核苷酸序列的本文命名为 IREN-E 的 cDNA 序列;

d) 序列 (a) ~ (c) 的编码能至少结合 TRAF2 的 225~501 氨基酸序列的生物活性蛋白质的片段;和

e) 对 (a) ~ (d) 所定义的 DNA 具有基因密码子简并性并编码能至少结合 TRAF2 的 225~501 氨基酸序列的生物活性蛋白质的 DNA 序列。

2. 根据权利要求 1 所述的 DNA 序列,其选自本文命名为 IREN,IREN-10 和 IREN-E 的 cDNA 序列。

3. 根据前述权利要求任一项所述的 DNA 序列,其包含本文所定义的编码蛋白质 IREN 的 DNA 序列。

4. 编码蛋白质 IREN、其同工型、片段或类似物的 DNA 序列,其特征在于,所述 IREN、其同工型、片段或类似物能结合 TRAF2,并能调节 NF-kB 的活性。

5. 根据权利要求 4 所述的 DNA 序列,其特征在于,该 DNA 序列选自:

a) 天然 IREN 蛋白质的编码区衍生的 cDNA 序列;

b) 在中等严谨条件下能与 (a) 序列杂交并编码生物活性 IREN 的 DNA 序列;和

c) 对 (a) 和 (b) 所定义的序列具有密码子简并性并编码生物活性 IREN 蛋白 DNA 序列。

6. 根据权利要求 4 或 5 所述的 DNA 序列,其至少含有图 3B 所示序列的一部分并至少编码一种活性 IREN 蛋白质、其同工型、类似物或片段。

7. 根据权利要求 6 所述的 DNA 序列,其编码的 IREN 蛋白质、其同工型、片段或类似物至少具有图 6 所示氨基酸序列的一部分。

8. 一种含有权利要求 1~7 任一项所述 DNA 序列的载体。

9. 如权利要求 8 所述的载体,其特征在于,所述载体能被真核宿主细胞表达。

10. 如权利要求 8 所述的载体,其特征在于,所述载体能被原核宿主细胞表达。

11. 包含权利要求 8 所述载体的转化的真核或原核宿主细胞。

12. 根据权利要求 1 所述的 DNA 序列编码的 IREN 蛋白质、其同工型、片段、类似物和衍生物,其特征在于,所述蛋白质、其同工型、片段、类似物和衍生物至少能结合 TRAF2 蛋白质的氨基酸 225~501 之间的部分。

13. 根据权利要求 12 所述的蛋白质,该蛋白质是图 7 所示的 IREN-10B 氨基酸序列。

14. 根据权利要求 12 所述的蛋白质、其同工型、片段、类似物和衍生物,其特征在于,所述蛋白质、其同工型、片段、类似物或衍生物是图 8 所示的 IREN-E 氨基酸序列。

15. 根据权利要求 14 所述的蛋白质 IREN、其同工型、片段、类似物和衍生物,其所述蛋白质、其同工型、类似物、片段和衍生物,至少具有图 6 所示氨基酸序列的一部分。

16. 一种产生权利要求 12~14 中任一项所述的蛋白质、其同工型、片段、类似物和衍生物的方法,其特征在于,该方法包括在适合所述蛋白质、其同工型、片段、类似物和衍生物表达的条件下,培养权利要求 12~14 要求中任一项所述的转化宿主细胞,如需要,影响其翻译后修饰,以获得所述蛋白质、其同工型、片段、类似物和衍生物,分离所述被表达的蛋白质、其同工型、片段、类似物和衍生物。

17. 针对权利要求 12 所述的 IREN 蛋白质、其同工型、片段、类似物和衍生物的特异性的的抗体，或该抗体的活性片段或衍生物。

18. 权利要求 12～15 中任一项所述的蛋白质、其同工型、片段、类似物和衍生物的用途，其特征在于，用于制备调节或介导细胞中 NF-kB 的活性或所述蛋白质、其同工型、片段、类似物和衍生物所结合的 TRAF2 或其他分子所调节或介导的任何其他胞内信号传递活动的组合物，所述调节或介导包括以适合胞内导入的方式，向所述细胞导入一个或多个所述蛋白质、其同工型、片段、类似物和衍生物来处理所述细胞；或以运载所述序列的合适载体形式，向所述细胞导入所述的一个或多个蛋白质、其同工型、片段、类似物和衍生物的 DNA 序列；所述载体能将所述序列插入到所述细胞中从而在所述细胞中表达所述序列。

19. 根据权利要求 18 所述的用途，其中所述的细胞处理包括向所述细胞以运载所述序列的合适载体形式导入编码所述蛋白质、同工型、片段、类似物和衍生物的 DNA 序列；所述载体能将所述序列插入到所述细胞中，从而在所述细胞中表达所述序列。

20. 根据权利要求 18 或 19 所述的用途，其中所述的细胞处理是用重组动物病毒载体转染所述细胞，该调节或介导包括以下步骤：

（a）构建一重组动物病毒载体，其携带有病毒表面蛋白的编码序列和编码选自权利要求 12～15 中任一项所述蛋白质、其同工型、片段、类似物和衍生物的蛋白质的序列，其中，所述病毒表面蛋白即配体，它能结合所述待处理细胞表面的特异性细胞表面受体，所述选自权利要求 12～15 中任一项所述的蛋白质在所述细胞中表达时，能调节/介导 NF-kB 的活性或由 TRAF2 或其他所述分子调节/介导的任何其他胞内信号传递活动。

（b）用（a）所述的载体感染所述细胞。

21. 权利要求 18 所述的抗体或其活性片段或衍生物的用途，其特征在于，用于制备调节受 TRAF2 调节/介导的细胞效应的组合物，其中，所述调节包括用所述抗体或其活性片段或衍生物处理所述细胞，所述处理是将含所述抗体或其活性片段或衍生物的组合物施加于所述细胞，当所述细胞的 IREN 蛋白或其部分暴露任细胞外表面时配制胞外用的所述组合物；当所述 IREN 蛋白是胞内蛋白时，所述组合物研制成胞内用制剂。

22. 权利要求 1～6 中任一项所述的编码 IREN 蛋白的 DNA 序列至少一部分的反义序列的寡核苷酸序列的用途，其特征在于，用于制备调节受 TRAF2 调节/介导的细胞效应的组合物，其中，所述调节包括用所述的编码 IREN 蛋白的 DNA 序列至少一部分的反义序列的寡核苷酸序列处理所述细胞，所述寡核苷酸序列能阻断 IREN 蛋白质的表达。

23. 根据权利要求 22 所述的用途，其特征在于，通过权利要求 20 所述的病毒将所述寡核苷酸序列导入所述细胞，其中，所述病毒的所述编码权利要求 12～15 中任一项所述的蛋白质的序列编码所述寡核苷酸序列。

24. 能与编码权利要求 12～15 中任一项所述 IREN 蛋白的胞内 mRNA 序列相互反应的核酶序列的用途，其特征在于，用于制备调节受 TRAF2 调节/介导的细胞效应的组合物，其中，所述调节包括采用一种核酶程序，在该程序中将所述核酶序列的载体以允许该核酶序列在所述细胞中表达的形式导入所述细胞中，当所述核酶序列在所述的细胞中表达时，它与所述细胞 mRNA 序列相互作用并切割该 mRNA 序列，导致抑制所述细胞的所述 IREN 蛋白质的表达。

25. 一种分离和鉴定权利要求 12～15 中任一项所述的能直接结合 TRAF2 蛋白质的方法，其特征在于，该方法包括采用酵母双杂交程序，在该程序中，一个杂交载体携带有编码所述 TRAF2 的序列，第二个杂交载体携带有来自 cDNA 或基因组 DNA 文库的序列，因此用二载体转化酵母宿主细胞并分离转化阳性的细胞,然后提取所述第二杂交载体以获得能结合编码所述 TRAF2 蛋白质的序列。

26. 根据权利要求 18～25 中任一项所述的方法,其中所述蛋白质是 IREN、或至少是其同工型、片段、类似物和衍生物的一种。

27. 一种调节受 TRAF2 调节/介导的细胞效应的药物组合物,其特征在于,作为活性组分,该组合物至少含有如权利要求 12～15 中任一项所述的 IREN 蛋白质、其生物活性片段、类似物和衍生物之一或它们的混合物

28. 一种调节受 TRAF2 调节/介导的细胞效应的药物组合物,其特征在于,作为活性组分,该组合物含有编码能结合细胞表面受体和编码权利要求 12～15 中任一项所述的至少一种 IREN 蛋白质、其同工型、活性片段或类似物的重组动物痘毒载体。

29. 一种调节受 TRAF2 调节/介导的细胞效应的药物组合物,其特征在于,作为活性组分,该组合物含有编码权利要求 1～6 中任一项所述的 IREN 蛋白质 mRNA 序列的反义序列的寡核苷酸序列。

30. 一种预防或治疗 NF-kB 诱导相关疾病、或 TRAF2 所介导的或权利要求 12～15 任一项所述蛋白质所结合的其他分子所介导的任何其他活性相关疾病的药物组合物,其特征在于,所述组合物包含有效量的 IREN 蛋白质、其同工型、片段、类似物和衍生物,或 DNA 编码分子,或包含能破坏所述蛋白质 IREN、其同工型片段、类似物和衍生物与 TRAF2、或与所述 IREN 蛋白质、其同工型、片段、类似物和衍生物结合的任何其他分子相互反应的分子。

31. 一种预防或治疗与 NF-kB 诱导相关的疾病,或与 TRAF2 介导的或权利要求 14 或 15 所述的蛋白质 IREN,同工型,片段,类似物或衍生物所结合的其他分子介导的任何其他活性相关的疾病的药物组合物,其特征在于,所述组合物包含有效量的蛋白质 IREN,或其同工型,片段、类似物或衍生物,或编码它们的 DNA 分子,或包含能破坏蛋白质所述 IREN,其同工型,片段,类似物或衍生物与 TRAF2 或所述蛋白质 IREN,同工型,片段,类似物或衍生物所结合的任何其他分子相互反应的分子。

32. 以下物质的用途:权利要求 12～15 中任一项所述的蛋白质或其同工型,片段,类似物和衍生物及它们的混合物,或编码它们的 DNA 分子或给予有效量的能破坏权利要求 12～15 中任一项所述的蛋白质或同工型,片段,类似物和衍生物及它们的混合物与 TRAF2 或与权利要求 12～15 中任一项所述的蛋白质或同工型,片段,类似物和衍生物及它们的混合物所结合的任何其他分子相互反应的分子,其特征在于,用于制备预防或治疗与 NF-kB 相关的疾病,或与 TRAF2 介导的或权利要求 14～17 中所述蛋白质结合的其他分子介导的任何其他活性相关的疾病的组合物。

33. 根据权利要求 32 所述的用途,其中所述蛋白质由 IREN 所编码。

34. 根据权利要求 32 所述的用途,其中所述蛋白质是 IREN。

35. 一种筛选能结合权利要求 12～15 中任一项所述的蛋白质的配体的方法,其特征在于,该方法包括使细胞提取物与连接有所述蛋白质的亲和层折介质接触,从而该配体结合所述基质,并洗脱、分离和分析所述配体。

36. 一种筛选能结合权利要求 12～15 中任一项所述蛋白质的配体的编码 DNA 序列的方法,其特征在于,该方法采用酵母双杂交程序,在该程序中,一个杂交载体携带有编码所述蛋白的序列,第二个杂交载体携带有选白 cDNA 或基因组 DNA 文库的序列,用所述二载体转化酵母宿主细胞,分离阳性转化的细胞,并提取所述第二杂交载体以获得所述配体的编码序列。

37. 一种鉴定和产生能调节权利要求 15～18 中任一项所述蛋白质所调节或介导的细胞活性的配体的方法,其特征在于,该方法包括:

(a) 筛选能结合至少含有图 6 所示 IREN 序列一部分的多肽的配体;

(b) 鉴定和特征分析，通过所述筛选步骤发现的具有所述结合能力的配体，而非 TRAF2 或 TNF/NGF 受体家族的受体；

(c) 产生基本上分离的和纯化形式的所述配体。

38. 一种鉴定和产生能调节受蛋白质 IREN 所调节/介导的细胞活性的配体的方法，其特征在于，该方法包括：

（a）筛选能至少结合图 6 所示 IREN 序列之一部分的配体；

（b）鉴定和特征分析通过所述筛选步骤发现的具有所述结合能力的配体，而非 TRAF2 或 TNF/NGF 下受体家族的受体；

（c）产生基本上分离的和纯化形式所述配体。

39. 一种鉴定和产生能直接或间接调节蛋白质 IREN 所调节/介导的细胞活性的分子的方法，其特征在于，该方法包括：

（a）筛选能调节受蛋白质 IREN 所调节/介导的活性的分子；

（b）鉴定和特征分析所述分子；和

（c）产生基本上分离的和纯化形式所述分子。

40. 一种鉴定和产生能直接或间接调节权利要求 12～15 中任一项所述蛋白质调节/介导的细胞活性的分子的方法，其特征在于，该方法包括：

（a）筛选能调节受权利要求 12～15 中任一项所述蛋白质调节/介导的活性的分子；

（b）鉴定和特征分析所述分子；和

（c）产生基本上分离的和纯化形式所述分子。"

驳回的具体理由为：

（1）权利要求 1 中 a～c 使用了"含有"一词，而说明书中的实施例只公开了其中的 IREN、IREN-10B、IREN-E 的结构和活性，由于使用了"含有"，使得 IREN、IREN-10B、IREN-E 可以存在于任何性质、长度的 DNA 中，包括了太多性质难以预料的序列，本领域技术人员需要进一步实验才能判断其编码的蛋白质能否结合 TRAP；该权利要求中 d 虽然进一步限定了生物活性，但这是功能性限定，序列 a-c 本身的结构并不能使所属技术领域的技术人员预见到其具有特定生物活性，并且筛选所述蛋白质片段的出发蛋白质是由序列 a-c 定义的，再要获取能达到本发明目的的蛋白质片段需要更多的工作量；权利要求 1 中 e 以 a-d 为基础，且 e 的限定也没有解决以上缺陷。因此，权利要求 1 得不到说明书的支持，不符合专利法第 26 条第 4 款的规定。

（2）"同工型"、"能结合 TRAF2，并调节 NF-kB 的活性"是功能性限定，不通过对物质结构的明确限定或进行进一步的创造性实验筛选，所属技术领域的技术人员难于实现该范围内的技术方案。Sambrook 等的手册上仅教导了如何改变肽、DNA 的结构，并没有提示这些改变仍旧能保持"能结合 TRAF2，并能调节 NF-kB 的活性"。

（3）同理，"片段"、"类似物"本身的结构不能明确反映其生物学活性，所属技术领域的技术人员难以预见采用该范围内的所有技术方案均能达到本发明的目的。权利要求 12 中的"衍生物"也存在上述缺陷。

（4）权利要求 5 中使用的"杂交"概括了一个较宽的范围，由于 DNA 序列能否杂交与其序列的相似程度有关，与其功能没有直接的联系，所属领域的技术人员要筛选出具有生物活性的技术方案还需要进一步的创造性劳动才行。

因此，权利要求 1、3～12、14～20、25～28、30～34、40 得不到说明书的支持，不符合专利法第 26 条第 4 款的规定。

(5) 权利要求 21~24、29 中的特征"组合物"、"胞内用制剂"、"反义序列的寡核苷酸序列"、"核酶"没有在说明书中记载，说明书中也更没有记载这些物质使用于相应的技术方案中，没有教导如何具体获得能达到发明目的的"组合物"、"胞内用制剂"、"反义序列的寡核苷酸序列"、"核酶"等，仅能由技术人员进一步摸索，因此得不到说明书的支持。

(6) 权利要求书和说明书中仅记载了要求"筛选"特定性质的"配体"或"分子"，没有记载筛选何种来源的配体或分子、如何筛选、能够结合的标准等如何实现该方法的步骤，更没有用实验说明该方法的可行性、有效率，只能依靠技术人员创造性的摸索。实施例 1 中筛选的是 IREN 等（与 TRAF 结合的蛋白质），不涉及筛选 IREN 的"配体"或与之结合的"分子"。因此，权利要 35~39 不符合专利法第 26 条第 4 款的规定。

申请人耶达研究发展有限公司（下称请求人）对上述驳回决定不服，于 2004 年 7 月 15 日向专利复审委员会提出复审请求，并提交了新修改的权利要求书全文替换页。请求人提交的新权利要求书为：

"1. 一种编码能结合 TRAF 的蛋白质的 DNA 序列，其特征在于，该 DNA 序列选自：

a) 含有图 3B 所示核苷酸序列的本文命名为 IREN 的 cDNA 序列；

b) 含有图 4 所示核苷酸序列的本文命名为 IREN-10B 的 cDNA 序列；

c) 含有图 5 所示核苷酸序列的本文命名为 IREN-E 的 cDNA 序列；

d) 序列（a）~（c）的编码能至少结合 TRAF2 的 225~501 氨基酸序列的生物活性蛋白质的 DNA 序列；和

e) 对（a）~（d）所定义的 DNA 具有基因密码子简并性并编码能至少结合 TRAF2 的 225~501 氨基酸序列的生物活性蛋白质的 DNA 序列。

2. 根据权利要求 1 所述的 DNA 序列，其选自本文命名为 IREN，IREN-10 和 IREN-E 的 cDNA 序列。

3. 根据前述权利要求任一项所述的 DNA 序列，其包含本文所定义的编码蛋白质 IREN 的 DNA 序列。

4. 编码蛋白质 IREN 或其具有 10 个或 10 个以内选自替代、缺失和/或插入的变化的类似物的 DNA 序列，其特征在于，所述 IREN 能结合 TRAF2，并能调节 NF-kB 的活性。

5. 根据权利要求 4 所述的 DNA 序列，其特征在于，该 DNA 序列选自：

a) 天然 IREN 蛋白质的编码区衍生的 cDNA 序列；和

b) 对（a）所定义的序列具有密码子简并性并编码生物活性 IREN 蛋白 DNA 序列。

6. 根据权利要求 4 或 5 所述的 DNA 序列，其特征在于，该 DNA 序列至少含有图 3B 所示序列的一部分并至少编码一种活性 IREN 蛋白质。

7. 根据权利要求 6 所述的 DNA 序列，其特征在于，该 DNA 序列编码的 IREN 蛋白质或其类似物至少具有图 6 所示氨基酸序列的一部分。

8. 一种含有权利要求 1~7 任一项所述 DNA 序列的载体。

9. 如权利要求 8 所述的载体，其特征在于，所述载体能被真核宿主细胞表达。

10. 如权利要求 8 所述的载体，其特征在于，所述载体能被原核宿主细胞表达。

11. 包含权利要求 8 所述载体的转化的真核或原核宿主细胞。

12. 根据权利要求 1 所述的 DNA 序列编码的 IREN 蛋白质或其具有 10 个或 10 个以内的选自替代、缺失和/或插入的变化的类似物，其特征在于，所述蛋白质或其类似物至少能结合 TRAF2 蛋白质的氨基酸 225~501 之间的部分。

13. 根据权利要求12所述的蛋白质，该蛋白质是图7所示的IREN-10B氨基酸序列。

14. 根据权利要求12所述的蛋白质或其类似物，其特征在于，所述蛋白质或其类似物是图8所示的IREN-E氨基酸序列。

15. 根据权利要求14所述的蛋白质IREN或其类似物，其特征在于，所述蛋白质或其类似物至少具有图6所示氨基酸序列的一部分。

16. 一种产生权利要求12~14中任一项所述的蛋白质或其具有10个或10个以内的选自替代、缺失和/或插入的变化的类似物的方法，其特征在于，该方法包括在适合所述蛋白质或其类似物表达的条件下，培养权利要求12~14中任一项所述的转化宿主细胞，如需要，影响其翻译后修饰，以获得所述蛋白质或其类似物，分离所述被表达的蛋白质或其类似物。

17. 针对权利要求12所述的IREN蛋白质或其具有10个或10个以内的选自替代、缺失和/或插入的变化的类似物的特异性的的抗体。

18. 权利要求12~15中任一项所述的蛋白质或其具有10个或10个以内的选自替代、缺失和/或插入的变化的类似物的用途，其特征在于，用于制备调节或介导细胞中NF-kB的活性或所述蛋白质或其类似物所结合的TRAF2或其他分子所调节或介导的任何其他胞内信号传递活动的组合物，所述调节或介导包括以适合胞内导入的方式，向所述细胞导入一个或多个所述蛋白质或其类似物来处理所述细胞；或以运载所述序列的合适载体形式，向所述细胞导入所述的一个或多个蛋白质或其类似物的DNA序列；所述载体能将所述序列插入到所述细胞中从而在所述细胞中表达所述序列。

19. 根据权利要求18所述的用途，其中所述的细胞处理包括向所述细胞以运载所述序列的合适载体形式导入编码所述蛋白质或其类似物的DNA序列；所述载体能将所述序列插入到所述细胞中，从而在所述细胞中表达所述序列。

20. 根据权利要求18或19所述的用途，其中所述的细胞处理是用重组动物病毒载体转染所述细胞，该调节或介导包括以下步骤：

(a) 构建一重组动物病毒载体，其携带有病毒表面蛋白的编码序列和编码选自权利要求12~15中任一项所述蛋白质或其具有10个或10个以内的选自替代、缺失和/或插入的变化的类似物的蛋白质的序列，其中，所述病毒表面蛋白即配体，它能结合所述待处理细胞表面的特异性细胞表面受体，所述选自权利要求12~15中任一项所述的蛋白质在所述细胞中表达时，能调节/介导NF-kB的活性或由TRAF2或其他所述分子调节/介导的任何其他胞内信号传递活动。

(b) 用 (a) 所述的载体感染所述细胞。

21. 权利要求18所述的抗体的用途，其特征在于，用于制备调节受TRAF2调节/介导的细胞效应的组合物，其中，所述调节包括用所述抗体处理所述细胞，所述处理是将含所述抗体的组合物施加于所述细胞，当所述细胞的IREN蛋白或其部分暴露在细胞外表面时配制胞外用的所述组合物；当所述IREN蛋白是胞内蛋白时，所述组合物研制成胞内用制剂。

22. 权利要求1~6中任一项所述的编码IREN蛋白的DNA序列至少一部分的反义序列的寡核苷酸序列的用途，其特征在于，用于制备调节受TRAF2调节/介导的细胞效应的组合物，其中，所述调节包括用所述的编码IREN蛋白的DNA序列至少一部分的反义序列的寡核苷酸序列处理所述细胞，所述寡核苷酸序列能阻断IREN蛋白质的表达。

23. 根据权利要求22所述的用途，其特征在于，通过权利要求20所述的病毒将所述寡核苷酸序列导入所述细胞，其中，所述病毒的所述编码权利要求12~15中任一项所述的蛋白质的序列编码所述寡核苷酸序列。

24. 能与编码权利要求12~15中任一项所述IREN蛋白的胞内mRNA序列相互反应的核酶序列

的用途，其特征在于，用于制备调节受TRAF2调节/介导的细胞效应的组合物，其中，所述调节包括采用一种核酶程序，在该程序中将所述核酶序列的载体以允许该核酶序列在所述细胞中表达的形式导入所述细胞中，当所述核酶序列在所述的细胞中表达时，它与所述细胞mRNA序列相互作用并切割该mRNA序列，导致抑制所述细胞的所述IREN蛋白质的表达。

25. 一种分离和鉴定权利要求12~15中任一项所述的能直接结合TRAF2蛋白质的方法，其特征在于，该方法包括采用酵母双杂交程序，在该程序中，一个杂交载体携带有编码所述TRAF2的序列，第二个杂交载体携带有来自cDNA或基因组。DNA文库的序列，因此用二载体转化酵母宿主细胞并分离转化阳性的细胞，然后提取所述第二杂交载体以获得能结合编码所述TRAF2蛋白质的序列。

26. 根据权利要求18~25中任一项所述的方法，其中所述蛋白质是IREN、或至少是其具有10个或10个以内的选自替代、缺失和/或插入的变化的类似物的一种。

27. 一种调节受TRAF2调节/介导的细胞效应的药物组合物，其特征在于，作为活性组分，该组合物至少含有如权利要求12~15中任一项所述的IREN蛋白质或其具有10个或10个以内的选自替代、缺失和/或插入的变化的类似物之一或它们的混合物

28. 一种调节受TRAF2调节/介导的细胞效应的药物组合物，其特征在于，作为活性组分，该组合物含有编码能结合细胞表面受体和编码权利要求12~15中任一项所述的至少一种IREN蛋白质或其具有10个或10个以内的选自替代、缺失和/或插入的变化的类似物的重组动物病毒载体。

29. 一种调节受TRAF2调节/介导的细胞效应的药物组合物，其特征在于，作为活性组分，该组合物含有编码权利要求1~6中任一项所述的IREN蛋白质mRNA序列的反义序列的寡核苷酸序列。

30. 一种预防或治疗NF-kB诱导相关疾病、或TRAF2所介导的或权利要求12~15任一项所述蛋白质所结合的其他分子所介导的任何其他活性相关疾病的药物组合物，其特征在于，所述组合物包含有效量的IREN蛋白质或具有10个或10个以内的选自替代、缺失和/或插入的变化的类似物，或DNA编码分子，或包含能破坏所述蛋白质IREN或其具有10个或10个以内的选自替代、缺失和/或插入的变化的类似物与TRAF2、或与所述IREN蛋白质或其具有10个或10个以内的选自替代、缺失和/或插入的变化的类似物结合的任何其他分子相互反应的分子。

31. 一种预防或治疗与NF-kB诱导相关的疾病，或与TRAF2介导的或权利要求14或15所述的蛋白质IREN或其具有10个或10个以内的选自替代、缺失和/或插入的变化的类似物所结合的其他分子介导的任何其他活性相关的疾病的药物组合物，其特征在于，所述组合物包含有效量的蛋白质IREN或其具有10个或10个以内的选自替代、缺失和/或插入的变化的类似物，或编码它们的DNA分子，或包含能破坏蛋白质所述IREN或其具有10个或10个以内的选自替代、缺失和/或插入的变化的类似物与TRAF2或所述蛋白质IREN或其具有10个或10个以内的选自替代、缺失和/或插入的变化的类似物所结合的任何其他分子相互反应的分子。

32. 以下物质的用途：权利要求12~15中任一项所述的蛋白质或其具有10个或10个以内的选自替代、缺失和/或插入的变化的类似物及它们的混合物，或编码它们的：DNA分子或给予有效量的能破坏权利要求12~15中任一项所述的蛋白质或其具有10个或10个以内的选自替代、缺失和/或插入的变化的类似物及它们的混合物与TRAF2或与权利要求12~15中任一项所述的蛋白质或其具有10个或10个以内的选自替代、缺失和/或插入的变化的类似物及它们的混合物所结合的任何其他分子相互反应的分子，其特征在于，用于制备预防或治疗与NF-kB诱导相关的疾病，或与TRAF2介导的或权利要求14~17中所述蛋白质结合的其他分子介导的任何其他活性相关的疾病的组合物。

33. 根据权利要求32所述的用途，其中所述蛋白质由IREN所编码。

34. 根据权利要求32所述的用途，其中所述蛋白质是IREN。

35. 一种筛选能结合权利要求 12~15 中任一项所述的蛋白质的配体的方法，其特征在于，该方法包括使细胞提取物与连接有所述蛋白质的亲和层折介质接触，从而该配体结合所述基质，并洗脱、分离和分析所述配体。

36. 一种筛选能结合权利要求 12~15 中任一项所述蛋白质的配体的编码 DNA 序列的方法，其特征在于，该方法采用酵母双杂交程序，在该程序中，一个杂交载体携带有编码所述蛋白的序列，第二个杂交载体携带有选白 cDNA 或基因组 DNA 文库的序列，用所述二载体转化酵母宿主细胞，分离阳性转化的细胞，并提取所述第二杂交载体以获得所述配体的编码序列。

37. 一种鉴定和产生能调节权利要求 15~18 中任一项所述蛋白质所调节或介导的细胞活性的配体的方法，其特征在于，该方法包括：

（a）筛选能结合至少含有图 6 所示 IREN 序列一部分的多肽的配体；

（b）鉴定和特征分析，通过所述筛选步骤发现的具有所述结合能力的配体，而非 TRAF2 或 TNF/NGF 受体家族的受体；

（c）产生基本上分离的和纯化形式的所述配体。

38. 一种鉴定和产生能调节受蛋白质 IREN 所调节/介导的细胞活性的配体的方法，其特征在于，该方法包括：

（a）筛选能至少结合图 6 所示 IREN 序列之一部分的配体；

（b）鉴定和特征分析通过所述筛选步骤发现的具有所述结合能力的配体，而非 TRAF2 或 TNF/NGF 下受体家族的受体；

（c）产生基本上分离的和纯化形式所述配体。

39. 一种鉴定和产生能直接或间接调节蛋白质 IREN 所调节/介导的细胞活性的分子的方法，其特征在于，该方法包括：

（a）筛选能调节受蛋白质 IREN 所调节/介导的活性的分子；

（b）鉴定和特征分析所述分子；和

（c）产生基本上分离的和纯化形式所述分子。

40. 一种鉴定和产生能直接或间接调节权利要求 12~15 中任一项所述蛋白质调节/介导的细胞活性的分子的方法，其特征在于，该方法包括：

（a）筛选能调节受权利要求 12~15 中任一项所述蛋白质调节/介导的活性的分子；

（b）鉴定和特征分析所述分子；和

（c）产生基本上分离的和纯化形式所述分子。"

请求人认为：（1）审查员以技术人员仍需要实施进一步的实验加以判断、而且这样的实验可能导致大量的工作并进而导致需要创造性劳动为由，认为权利要求 1 得不到说明书支持的意见是不妥当的，申请人要求保护的技术方案是本领域技术人员在本发明说明书的公开以及本领域常识的基础上能够合理预见的、能够解决技术问题、实现发明目的的技术方案。技术人员所进行的判断行为是为实现其目的而自发地、必须进行的行为，同时也是一种简单的重复性劳动。对于本发明这样的序列而言，以结构加功能的方式对其进行限定是最合理的方式。因此，权利要求 1 能够得到说明书的支持。（2）在修改后的权利要求书中，权利要求 1 的 d）项中"片段"已改为"DNA 序列"，删除了权利要求 5 中的 b 项，将权利要求书中的"同工型"、"片段"、"衍生物"、"类似物"等限定为具有"10 个或 10 个以内的选自替代、缺失、和/或插入的变化的类似物"，因此，权利要求 3、5~11、14~20、25~28、30~34、和 40 能够得到说明书的支持。（3）本领域技术人员不需要"进一步摸索"，仅需采用常规的技术和方法就能实现权利要求 21~24 和 29 的技术方案。因此，权利要求 21~24 和 29 能够得到说明书的支持。(4) 权利要求35～39是以本发明新颖的蛋白质为基础的、结合本领域常规的筛选技术而实施的技术方案,是本领域技术人员结合本发明说明书和现有技术而能显而易见地预见到的技术方案,因此能够得到说明书的支持。

形式审查合格后,专利复审委员会受理了该复审请求,并于2004年8月20日向请求人发出《复审请求受理通知书》,同时将本申请案卷移交原审查部门进行前置审查。

原审查部门对本复审请求进行了前置审查,认为"含有"概括的范围无法预见;"10个或10个以内"的变化,这种表述没有在原申请文件中出现过,不符合专利法第33条的规定,并且即使在该范围内判断哪些突变有功能也需要创造性劳动;"组合物"、"胞内用制剂"、"反义序列的寡核苷酸序列"、"核酶"清楚但是得不到说明书的支持;"配体"、"分子"概括了太大的范围,得不到说明书的支持,因此坚持原驳回决定。

专利复审委员会组成合议组对本复审请求案进行了审理。于2007年6月22日发出《复审通知书》,指出:(1) 权利要求21错误地引用权利要求18,导致保护范围不清楚,不符合专利法实施细则第20条第1款的规定。(12) 权利要求1 a～c中出现了"含有"的表述,但在本申请说明书中仅记载了图3B、图4或图5所示核苷酸序列编码的蛋白质具有结合TRAF蛋白质的活性,并未记载在图3B、图4或图5所示核苷酸序列编码的蛋白质的氨基酸序列的一端或两端添加任意数目和/或类型的氨基酸残基并且仍然具有结合TRAF蛋白质的活性的多肽(或蛋白质)。因此,由说明书的内容概括不出权利要求1的技术方案,权利要求1不符合专利法第26条第4款的规定。同样的道理,以"含有"、"包含"或"具有"等类似的开放式撰写的权利要求3、6、7和15均不符合专利法第26条第4款的规定。(3) 权利要求6、7和15中分别有"图3B所示序列的一部分"和"图6所示氨基酸序列的一部分"的表述,对于这种"至少编码一种活性IREN蛋白质"的核苷酸序列片段或者能够结合TRAF的IREN氨基酸序列片段,说明书中没有例举任何具体实例,因此,权利要求6、7和15不符合专利法第26条第4款的规定。(4) 权利要求4、7、12、14～20、26、27、28、30～32出现了"具有10个或10个以内选自替代、缺失和/或插入的变化的类似物"的表述。然而说明书并没有记载什么样的突变衍生物能够结合TRAF蛋白质,也没有记载在蛋白质IREN的哪些位点发生"10个或10个以内选自替代、缺失和/或插入的变化"的类似物才能结合TRAF蛋白质,说明书中更没有任何能够结合TRAF蛋白质的这种类似物的实例,因此上述权利要求不符合专利法第26条第4款的规定。(5) 权利要求21中的"组合物"、"胞内用制剂",权利要求22、23、29中的"反义序列的寡核苷酸序列"、权利要求24中的"核酶"在说明书中没有记载,更没有记载将这些物质用于相应的技术方案中,即便如请求人所言"本领域技术人员根据本发明的公开以及本领域的常识,能够很容易地根据实际的需要选择合适的序列或程序用于实施所述的技术方案",但将这些物质用于相应的技术方案中是否能够达到预期的发明目的是难以预料的,因此权利要求21～24、29得不到说明书的支持,不符合专利法第26条第4款的规定。(6) 权利要求35请求保护一种筛选能结合权利要求12～15中任一项所述的蛋白质的配体的方法,即"筛选"特定活性的"配体"或"分子",由于说明书中并没有给出任何使用所述筛选方法的实施例,也没有提供任何筛选到的配体的实例,因此,无法证实所要求保护的技术方案确实能够实施,故权利要求35得不到说明书的支持,不符合专利法第26条第4款的规定。类似地,权利要求36～40均不符合专利法第26条第4款的规定。

请求人于2007年7月27日针对《复审通知书》提交了意见陈述书和权利要求书全文替换页,认为修改后的权利要求能够得到说明书的支持。修改后的权利要求书如下:

"1. 一种选自以下的蛋白质:
a) 图6所示的IREN蛋白;

b）图7所示的IREN-10B蛋白；和

c）图8所示的IREN-E蛋白。

2. 编码权利要求1所述蛋白质的DNA序列。

3. 如权利要求2所述的DNA序列，其特征在于，所述DNA序列由图3B所示的核苷酸序列、图4所示的核苷酸序列或者图5所示的核苷酸序列构成。

4. 一种含有权利要求2所述DNA序列的载体。

5. 如权利要求4所述的载体，其特征在于，所述载体能被真核宿主细胞表达。

6. 如权利要求4所述的载体，其特征在于，所述载体能被原核宿主细胞表达。

7. 包含权利要求5所述载体的转化的真核宿主细胞。

8. 包含权利要求6所述载体的转化的原核宿主细胞。

9. 一种分离和鉴定权利要求1所述的能直接结合TRAF2的蛋白质的方法，其特征在于，该方法包括采用酵母双杂交程序，在该程序中，一个杂交载体携带有编码所述TRAF2的序列，第二个杂交载体携带有来自cDNA或基因组DNA文库的序列，用此二载体转化酵母宿主细胞并分离转化阳性的细胞，然后提取所述第二杂交载体以获得编码能结合所述TRAF2的蛋白质的序列。

10. 一种产生权利要求1所述的蛋白质的方法，其特征在于，该方法包括在适合所述蛋白质表达的条件下，培养权利要求7~8中任一项所述的转化宿主细胞，如需要，影响其翻译后修饰，以获得所述蛋白质，分离所述被表达的蛋白质。"

至此，合议组认为本案事实已经清楚，可以作出复审决定。

二、决定的理由

1. 审查文本

本复审决定所依据的文本为请求人于2002年4月27日提交的说明书第1~60页、说明书附图第1~25页和说明书摘要，以及于2007年7月27日提交的权利要求1~10。该申请文本符合专利法第33条和专利法实施细则第60条第1款的规定。

2. 关于专利法第26条第4款

专利法第26条第4款规定，权利要求书应当以说明书为依据，说明要求专利保护的范围。

权利要求书应当以说明书为依据，是指权利要求应当得到说明书的支持。权利要求书中的每一项权利要求所要求保护的技术方案应当是所属技术领域的技术人员能够从说明书公开的内容中直接得到或者概括得出的技术方案，并且不得超出说明书公开的范围。对于用上位概念概括的权利要求，如果该权利要求的概括包含申请人推测的内容，而其效果又难于预先确定和评价，应当认为这种概括超出说明书公开的范围，该权利要求得不到说明书的支持。

就本案而言，驳回决定所指出的权利要求1~12、14~20、25~28、30~34、40中存在"含有"、"同工型"、"片段"、"类似物"、"衍生物"、"杂交"等措辞，得不到说明书的支持，权利要求21~24、29中的"组合物"、"胞内用制剂"、"反义序列的寡核苷酸序列"、"核酶"得不到说明书的支持，权利要求35~39涉及"筛选"特定活性的"配体"或"分子"，得不到说明书的支持，上述权利要求均不符合专利法第26条第4款的规定。在请求人于2007年7月27日提交的修改权利要求书中，删除了涉及上述"组合物"、"胞内用制剂"、"反义序列的寡核苷酸序列"、"核酶"等的权利要求和涉及"筛选"特定活性的"配体"或"分子"的权利要求，并且将所述蛋白质限定为a. 图6所示的IREN蛋白、b. 图7所示的IREN-10B蛋白、或c. 图8所示的IREN-E蛋白，所述DNA序列限定为编码该蛋白质的DNA序列。因此驳回决定和《复审通知书》所指出的上述不符合专利法第26条第4款规定的缺陷已不存在。

基于上述理由，合议组作出如下决定。

三、决定

撤销国家知识产权局于 2004 年 4 月 2 日对 00815013.3 号发明专利申请作出的驳回决定，由原审查部门在本复审决定所针对的文本的基础上继续进行审查。

复审请求人对本决定不服的，可根据专利法第 41 条第 2 款的规定，自收到本决定之日起三个月内向北京市第一中级人民法院起诉。

… 051

佐剂系统及疫苗

复审请求审查决定（第 12142 号）

决 定 号	第 12142 号
决 定 日	2007 年 10 月 30 日
发明创造名称	佐剂系统及疫苗
国际分类号	A61K 39/39，A61K 39/00，A61K 39/29，A61 K39/015，A61P 31/12，A61P31/04，A61P 33/06，A61P 35/00，A61P 37/08
复审请求人	史密丝克莱恩比彻姆生物有限公司
申 请 号	99814341.3
优 先 权 日	1998 年 10 月 16 日
申 请 日	1999 年 10 月 8 日
公 开 日	2002 年 1 月 9 日
合议组组长	叶 娟
主 审 员	卢 阳
参 审 员	葛永奇
法 律 依 据	专利法实施细则第 20 条第 1 款

决 定 要 点

权利要求的保护范围应当根据其所用的词语的含义来理解。一般情况下，权利要求中的用词应当理解为相关技术领域通常具有的含义。

一、案由

本复审请求涉及名称为"佐剂系统及疫苗"的第 99814341.3 号发明专利申请（下称本申请），申请人为史密丝克莱恩比彻姆生物有限公司，申请日为 1999 年 10 月 8 日，公开日为 2002 年 1 月 9 日，优先权日为 1998 年 10 月 16 日。

国家知识产权局于 2004 年 7 月 30 日以权利要求 3、8~10、18 不符合专利法实施细则第 20 条第 1 款的规定为由驳回了本申请，理由概括如下：

（1）权利要求 3、18 中的"Der p1"含义不清楚，申请人于 2004 年 6 月 17 日提交的附件 1（"Sequence analysis of cDNA coding for a major house dust mite allergen, *Der p* I", K. Y. CHUA 等人，J. EXP. MED，第 167 卷，第 175~182 页，1988 年 1 月）和附件 2（"Comparative modelling of major house dust mite allergen *Der p* I: structure validation using an extended environmental amino acid propensity table", Christopher M. Topham 等人，Protein Engineering，第 7 卷第 7 期，第 869~894 页，1994 年）

中所示的"Der p1"为过敏原,而本申请中所指的至少是"可以用于预防或治疗变态反应"的治病救人的疫苗中的"Der p1",两者中的"Der p1"仅名字一样,无法判断实质是否一样,"斯坦维斯(stanworth)"的含义不清楚,因此,权利要求3、18不符合专利法实施细则第20条第1款的规定。

(2)独立权利要求8、9、10要求保护的是一项发明,不符合"构成权利要求书的所有权利要求作为一个整体也应当简明"的要求,不符合专利法实施细则第20条第1款的规定。

驳回决定所针对的权利要求书如下:

"1. 生产疫苗组合物的方法,该方法包括混合(a)包含吸附于金属盐颗粒上的免疫刺激剂的佐剂组合物,其特征在于所述金属盐颗粒含少于20%质量的其他抗原,和(b)抗原。

2. 权利要求1要求保护的生产疫苗组合物的方法,其特征在于所述抗原吸附于另外一种金属盐颗粒上。

3. 权利要求1或2中任一项要求保护的方法,其中所述抗原选自:衍生自人免疫缺损病毒、水痘-带状疱疹病毒、1型单纯疱疹病毒、2型单纯疱疹病毒、人巨细胞病毒、登革病毒、甲型肝炎、乙型肝炎、丙型肝炎或戊型肝炎、呼吸道合胞病毒、人乳头瘤病毒、流感病毒、B型流感嗜血杆菌、脑膜炎病毒、沙门氏菌属、奈瑟氏菌属、疏螺旋体属、衣原体属、博德特氏菌属、疟原虫属或弓形虫属的抗原、IgE 肽、Der p1、花粉相关抗原;肿瘤相关抗原 MAGE、BAGE、GAGE、MUC-1、Her-2 neu、GnRH、CEA、PSA、KSA 或 PRAME。

4. 权利要求3要求保护的方法,其中所述的抗原衍生自2型单纯疱疹病毒。

5. 权利要求4要求保护的方法,其中所述的抗原是 HSV-2 gD 或其衍生物。

6. 权利要求3要求保护的方法,其中所述的抗原衍生自 HPV6、11、16 或 18。

7. 权利要求6要求保护的方法,其中所述的抗原是 L1 颗粒或病毒壳粒。

8. 依照权利要求1到7中任一项要求保护的方法生产的疫苗。

9. 包含两组主要复合物的疫苗组合物,第一组复合物包含(a)吸附于一种金属盐颗粒上的免疫刺激剂,其特征在于所述金属盐颗粒含少于20%的抗原;第二组复合物包含(b)吸附于一种金属盐颗粒上的抗原。

10. 包含两组主要复合物的疫苗组合物,第一组复合物包含(a)吸附于一种金属盐颗粒上的免疫刺激剂,其特征在于所述金属盐颗粒含少于20%的抗原;第二组复合物包含(b)吸附于一种金属盐颗粒上的抗原,特征在于所述免疫刺激剂为单磷酰脂质 A 或其衍生物。

11. 权利要求9或10要求保护的疫苗组合物,其中在所述第一组复合物和所述第二组复合物中存在的金属盐是相同的。

12. 权利要求9或11要求保护的疫苗组合物,其中所述第二组复合物包含多种亚复合物,每种亚复合物包含吸附于金属颗粒上的不同抗原。

13. 权利要求9或12要求保护的疫苗组合物,其中所述金属盐是铝盐、锌盐、钙盐、铈盐、铬盐、铁盐或铍盐。

14. 权利要求13要求保护的疫苗组合物,其中所述金属盐是磷酸盐或氢氧化物。

15. 权利要求14要求保护的疫苗组合物,其中所述金属盐是氢氧化铝或磷酸铝。

16. 权利要求8~15中任一项要求保护的疫苗组合物,其中所述免疫刺激剂是3-脱氧酰化单磷酰脂质 A。

17. 权利要求8~16中任一项要求保护的疫苗组合物,其中所述免疫刺激剂是 CpG。

18. 权利要求8~17中任一项要求保护的疫苗组合物,其中所述抗原选自:人免疫缺损病毒、水痘-带状疱疹病毒、1型单纯疱疹病毒、2型单纯疱疹病毒、人巨细胞病毒、登革病毒、甲型肝炎、乙型肝炎、丙型肝炎或戊型肝炎、呼吸道合胞病毒、人乳头瘤病毒、流感病毒、B 型流感嗜血杆菌、脑膜炎病毒、沙门氏菌属、奈瑟氏菌属、疏螺旋体属、衣原体属、博德特氏菌属、疟原虫属或弓形虫属、斯坦维斯（stanworth）十肽、Der p1、花粉相关抗原；或癌症相关抗原、MAGE、BAGE、GAGE、MUC-1、Her-2 neu、GnRH、CEA、PSA、酪氨酸酶、Survivin、KSA 或 PRAME。

19. 权利要求 18 要求保护的疫苗组合物，其中所述抗原是甲型肝炎抗原和乙型肝炎抗原的组合。

20. 权利要求 18 要求保护的疫苗组合物，其中所述疟原虫抗原是选自以下的一种或多种抗原：RTS、S 和 TRAP。

21. 权利要求 18 要求保护的疫苗组合物用于生产适于预防或治疗病毒感染、细菌感染、寄生虫感染、变态反应或癌症的药物的用途。

22. 权利要求 18 要求保护的疫苗组合物，其中所述的抗原衍生自 HPV6、11、16 或 18。

23. 权利要求 22 要求保护的疫苗组合物，其中所述的抗原是 L1 颗粒或病毒壳粒。

24. 包括两个容器的试剂盒，其中一个容器盛有吸附到金属盐上的免疫刺激剂，没有其他抗原；第二个容器盛有吸附到金属盐上的抗原。"

申请人史密丝克莱恩比彻姆生物有限公司（下称请求人）对上述驳回决定不服，于 2004 年 11 月 15 日向专利复审委员会提出复审请求，同时修改了权利要求书，并提交了替换文本，所作修改为：将权利要求 10 修改为权利要求 9 的从属权利要求，将权利要求 11～13、16～17 修改为只引用权利要求 9。请求人认为：

（1）如附件 1、2 中所示，"Der P1" 为已知的能引发很强的 IgE 介导的免疫反应的蛋白，是本领域已知的术语，本领域技术人员不会有任何怀疑含有"Der P1"的疫苗能够用于预防或治疗过敏反应。因此，"Der P1" 对于本领域技术人员而言是清楚的。

（2）"斯坦维斯"是"stanworth"的音译，这种音译的方式是审查指南所允许的。

（3）权利要求 8 是方法限定的产品权利要求，与权利要求 9 不同。

形式审查合格后，专利复审委员会受理了该复审请求，并于 2005 年 2 月 17 日向请求人发出《复审请求受理通知书》，随后将本申请移交原审查部门进行前置审查。

原审查部门对本复审请求进行了前置审查，坚持原驳回决定。

专利复审委员会组成合议组，对本复审请求案进行了审理。

请求人于 2007 年 5 月 4 日主动提交了权利要求书替换页（共 2 页 23 项），所作修改为：删除权利要求 8，同时请求人还提交了以下附件（编号续前）：

附件 3："Synthetic Peptides Comprising Sequences of the Human Immunoglobulin E Heavy Chain Capable of Releasing Histamine"，D. R. STANWORTH 等人，Biochem. J，第 180 卷，第 665～668 页，1979 年。

请求人认为：如附件 3 所示，术语"史坦沃斯（stanworth）十肽"的含义对于本领域技术人员而言是清楚的。

本案合议组于 2007 年 6 月 1 日向请求人发出《复审通知书》，指出权利要求 17 中涉及的"史坦沃斯（stanworth）十肽"并非本领域公知的术语，请求人于 2007 年 5 月 4 日提交的附件 3 中并未将其所描述的十肽命名为"stanworth decapeptide"，不能证明"史坦沃斯（stanworth）十肽"在本领域具有清楚、确定的含义，因此，权利要求 17 不符合专利法实施细则第 20 条第 1 款的规定。

请求人分别于 2007 年 7 月 12 日、2007 年 9 月 10 日两次提交了意见陈述书及权利要求书的替换页，其中于 2007 年 9 月 10 日提交的权利要求书如下（共 2 页 23 项）：

"1. 生产疫苗组合物的方法，该方法包括混合（a）包含吸附于金属盐颗粒上的免疫刺激剂的佐剂组合物，其特征在于所述金属盐颗粒含少于20%质量的其他抗原，和（b）抗原。

2. 权利要求1要求保护的生产疫苗组合物的方法，其特征在于所述抗原吸附于第二种金属盐颗粒上。

3. 权利要求1或2中任一项要求保护的方法，其中所述抗原选自：衍生自人免疫缺损病毒、水痘-带状疱疹病毒、1型单纯疱疹病毒、2型单纯疱疹病毒、人巨细胞病毒、登革病毒、甲型肝炎、乙型肝炎、丙型肝炎或戊型肝炎、呼吸道合胞病毒、人乳头瘤病毒、流感病毒、B型流感嗜血杆菌、脑膜炎病毒、沙门氏菌属、奈瑟氏菌属、疏螺旋体属、衣原体属、博德特氏菌属、疟原虫属或弓形虫属的抗原、IgE肽、Der p1、花粉相关抗原；肿瘤相关抗原MAGE、BAGE、GAGE、MUC-1、Her-2 neu、GnRH、CEA、PSA、KSA或PRAME。

4. 权利要求3要求保护的方法，其中所述的抗原衍生自2型单纯疱疹病毒。

5. 权利要求4要求保护的方法，其中所述的抗原是HSV-2 gD或其衍生物。

6. 权利要求3要求保护的方法，其中所述的抗原衍生自HPV6、11、16或18。

7. 权利要求6要求保护的方法，其中所述的抗原是L1颗粒或病毒壳粒。

8. 包含两组主要复合物的疫苗组合物，第一组复合物包含（a）吸附于一种金属盐颗粒上的免疫刺激剂，其特征在于所述金属盐颗粒含少于20%质量的抗原；第二组复合物包含（b）吸附于一种金属盐颗粒上的抗原。

9. 权利要求8要求保护的疫苗组合物，其特征在于所述免疫刺激剂为单磷酰脂质A或其衍生物。

10. 权利要求8要求保护的疫苗组合物，其中在所述第一组复合物和所述第二组复合物中存在的金属盐是相同的。

11. 权利要求8要求保护的疫苗组合物，其中所述第二组复合物包含多种亚复合物，每种亚复合物包含吸附于金属颗粒上的不同抗原。

12. 权利要求8要求保护的疫苗组合物，其中所述金属盐是铝盐、锌盐、钙盐、铈盐、铬盐、铁盐或铍盐。

13. 权利要求12要求保护的疫苗组合物，其中所述金属盐是磷酸盐或氢氧化物。

14. 权利要求13要求保护的疫苗组合物，其中所述金属盐是氢氧化铝或磷酸铝。

15. 权利要求8要求保护的疫苗组合物，其中所述免疫刺激剂是3-脱氧酰化单磷酰脂质A。

16. 权利要求8要求保护的疫苗组合物，其中所述免疫刺激剂是CpG。

17. 权利要求8~16中任一项要求保护的疫苗组合物，其中所述抗原选自：人免疫缺损病毒、水痘-带状疱疹病毒、1型单纯疱疹病毒、2型单纯疱疹病毒、人巨细胞病毒、登革病毒、甲型肝炎、乙型肝炎、丙型肝炎或戊型肝炎、呼吸道合胞病毒、人乳头瘤病毒、流感病毒、B型流感嗜血杆菌、脑膜炎病毒、沙门氏菌属、奈瑟氏菌属、疏螺旋体属、衣原体属、博德特氏菌属、疟原虫属或弓形虫属、Der p1、花粉相关抗原；或癌症相关抗原、MAGE、BAGE、GAGE、MUC-1、Her-2 neu、GnRH、CEA、PSA、酪氨酸酶、Survivin、KSA或PRAME。

18. 权利要求17要求保护的疫苗组合物，其中所述抗原是甲型肝炎抗原和乙型肝炎抗原的组合。

19. 权利要求17要求保护的疫苗组合物，其中所述疟原虫抗原是选自以下的一种或多种抗原：RTS、S和TRAP。

20. 权利要求17要求保护的疫苗组合物用于生产适于预防或治疗病毒感染、细菌感染、寄生虫感染、变态反应或癌症的药物的用途。

21. 权利要求17要求保护的疫苗组合物，其中所述的抗原衍生自HPV6、11、16或18。

22. 权利要求21要求保护的疫苗组合物，其中所述的抗原是L1颗粒或病毒壳粒。

23. 包括两个容器的试剂盒,其中一个容器盛有吸附到金属盐上的免疫刺激剂,没有其他抗原;第二个容器盛有吸附到金属盐上的抗原。"

在上述程序的基础上,合议组认为本案事实已经清楚,可以作出审查决定。

二、决定的理由

1. 审查文本

本复审决定依据的申请文本为:请求人于 2007 年 9 月 10 日提交的权利要求 1~23, 2001 年 6 月 11 日提交的说明书第 1~3、5~18、20、21、24 页、说明书附图第 1~6 页和说明书摘要以及 2004 年 2 月 9 日提交的说明书第 4、19、22、23、25 页。

2. 关于专利法实施细则第 20 条第 1 款

专利法实施细则第 20 条第 1 款规定,权利要求书应当说明发明或者实用新型的技术特征,清楚、简要地表述请求保护的范围。

根据该款规定,每项权利要求所确定的保护范围应当清楚。权利要求的保护范围应当根据其所用的词语的含义来理解。一般情况下,权利要求中的用词应当理解为相关技术领域通常具有的含义。

本案中,驳回决定认为"Der p1"一词含义不清楚,导致含有该词的权利要求 3 和权利要求 18 的保护范围不清楚,不符合专利法实施细则第 20 条第 1 款的规定。对此,合议组认为:本申请说明书第 13 页最后 1 行至第 14 页第 1 行记载了"本发明的疫苗可以用于预防或治疗变态反应,这样的疫苗将包含变态反应原特异性抗原(例如 Der p1 以及花粉相关抗原)",由此可知 Der p1 为一种引起机体超敏反应的抗原,而请求人提交的附件 1、2 表明了"Der p1"是一种已知的能引发很强的 IgE 介导的免疫反应的蛋白,因此,在没有证据显示本申请中所述的"Der p1"在本领域还存在其他含义的情况下,应当认为本申请的 Der p1 就是附件 1、2 中的 Der p1,即"Der p1"的含义对于本领域技术人员而言是清楚的,不会导致含有该词的权利要求的保护范围不清楚,驳回决定中的上述理由不成立。

驳回决定及《复审通知书》中还认为:"斯坦维斯(stanworth)"的含义不清楚,由此导致含有该词的权利要求的保护范围不清楚,不符合专利法实施细则第 20 条第 1 款的规定。对此,请求人于 2007 年 9 月 10 日提交了经修改的权利要求书,其中删除了"斯坦维斯(stanworth)十肽",从而克服了上述缺陷;

此外,请求人于 2007 年 9 月 10 日提交的权利要求书中还删除了原权利要求 8,并将原权利要求 10 修改为原权利要求 9 的从属权利要求(2007 年 9 月 10 日提交的权利要求 8、9 分别对应于驳回决定所针对的权利要求 9、10),从而克服了驳回决定中所指出的独立权利要求 8、9、10 不符合专利法实施细则第 20 条第 1 款中有关"权利要求书应当简要"的规定的缺陷。

根据以上事实和理由,本案合议组作出如下审查决定。

三、决定

撤销国家知识产权局于 2004 年 7 月 30 日对 99814341.3 号发明专利申请作出的驳回决定。由原审查部门在本决定依据文本的基础上继续进行审查。

复审请求人对本决定不服的,可以根据专利法第 41 条第 2 款的规定,自收到本决定之日起三个月内向北京市第一中级人民法院起诉。

052

表达以及分泌制管张素和 endostatin 的免疫融合物

复审请求审查决定（第 12143 号）

决 定 号	第 12143 号
决 定 日	2007 年 12 月 9 日
发明创造名称	表达以及分泌制管张素和 endostatin 的免疫融合物
国际分类号	C07K 14/78，C07K 14/515，C12N 9/68，C12N 15/62，C07K 19/00
复审请求人	利思进药品公司
申 请 号	99812456.7
优 先 权 日	1998 年 8 月 25 日
申 请 日	1999 年 8 月 25 日
公 开 日	2001 年 12 月 12 日
合议组组长	叶 娟
主 审 员	卢 阳
参 审 员	刘玉玲

法 律 依 据　专利法第 22 条第 3 款、第 26 条第 4 款，专利法实施细则第 20 条第 1 款
决 定 要 点
　　判断发明是否具有突出的实质性特点，需要确定现有技术整体上是否存在使本领域的技术人员在面对发明实际解决的技术问题时，有动机改进最接近的现有技术并获得要求保护的技术方案的技术启示，如果现有技术中不存在这种技术启示，则发明是非显而易见的，具有突出的实质性特点。

一、案由

　　本复审请求涉及名称为"表达以及分泌制管张素和 endostatin 的免疫融合物"的第 99812456.7 号发明专利申请（下称本申请），申请人为利思进药品公司，申请日为 1999 年 8 月 25 日，公开日为 2001 年 12 月 12 日，优先权日为 1998 年 8 月 25 日。

　　经实质审查，国家知识产权局于 2004 年 9 月 3 日以本申请权利要求 1~15 不符合专利法第 22 条第 3 款的规定为由驳回了本申请，驳回决定中涉及的对比文件包括：

　　对比文件 1："A recombinant human angiostatin protein inhibits experimental primary and metastatic cancer"，SIM 等人，CANCER RESEARCH，第 57 卷第 7 期，1997 年 4 月 1 日，第 1329~1334 页；

　　对比文件 2："High level expression and secretion of Fc-X fusion proteins in mammalian cells"，LO 等人，PROTEIN ENGINEERING，第 11 卷第 6 期，1998 年 6 月，第 495~500 页；

　　对比文件 3："Endostatin: an endogenous inhibitor of angiogenesis and tumor growth"，O'REILLY 等

人，CELL，第88卷第2期，1997年1月24日，第277～285页。

具体的驳回理由为：对比文件1公开了编码一种融合蛋白的DNA分子，该分子包括信号序列和具有制管张素活性的纤溶酶原片段（第1329页，"材料与方法"部分第1段）；对比文件2公开了一种在哺乳动物细胞中高水平表达和分泌的Fc-X融合蛋白，其中还指出IgG1是优选使用的，并且感兴趣的蛋白融合于CH3结构域，教导了Fc融合蛋白延长了感兴趣蛋白的半衰期（第499页右栏第3段），还公开了经二硫键在Fc分子的铰链区共价连接的多聚体Fc-X蛋白（第497页）；对比文件3公开了一种编码融合蛋白的DNA分子，该分子包含信号序列和具有endostatin活性的胶原蛋白XVIII片段（第284页"实验过程"部分）。由上述对比文件可知，为获得高水平表达和半衰期延长的具有血管生成抑制活性的蛋白的目的，本领域技术人员很容易想到将对比文件2所述的同源二聚体融合蛋白的方案应用于对比文件1或3所述的具有血管生成抑制活性的靶蛋白。鉴于申请人所陈述的"本发明融合蛋白相对于靶蛋白本身具有增强的抑制肿瘤的效果"并没有记载在原申请中，不予考虑，因而权利要求1的技术方案也未产生意想不到的技术效果。因此，权利要求1不具备专利法第22条第3款规定的创造性。在权利要求1不具备创造性的情况下，权利要求2～15也不具备专利法第22条第3款规定的创造性。

驳回决定所针对的权利要求书如下：

"1. 具有血管生成抑制剂活性的同源二聚体融合蛋白，该融合蛋白包含免疫球蛋白Fc区和靶蛋白，其中所述Fc区包含一个铰链区、一个CH2结构域和一个CH3结构域，所述靶蛋白具有制管张素和endostatin的血管生成抑制剂活性，以及为纤溶酶原片段或胶原蛋白XVIII片段和它们的组合物，并且与所述免疫球蛋白Fc区的N-末端或C-末端连接。

2. 权利要求1的所述同源二聚体融合蛋白，其中所述靶蛋白为制管张素或endostatin或其生物活性片段。

3. 权利要求2的所述同源二聚体融合蛋白，其中所述靶蛋白包含SEQ ID NO：4或SEQ ID NO：11所示氨基酸序列。

4. 权利要求1～3任一项的所述同源二聚体融合蛋白，其中所述靶蛋白与所述Fc区的C-末端连接。

5. 权利要求1～3任一项的所述同源二聚体融合蛋白，其中所述融合蛋白含有一个为纤溶酶原片段或胶原蛋白XVIII片段，而且具有制管张素和endostatin的血管生成抑制剂活性的第二靶蛋白。

6. 权利要求5的所述同源二聚体融合蛋白，其中所述第二靶蛋白为制管张素或endostatin或其生物活性片段。

7. 权利要求5或6的所述同源二聚体融合蛋白，其中所述第二靶蛋白通过一个多肽接头连接到第一靶蛋白。

8. 权利要求5或6的所述同源二聚体融合蛋白，其中所述第一靶蛋白连接到所述Fc区的C-末端，第二靶蛋白为endostatin或其生物活性片段。

9. 权利要求5～8任一项的所述同源二聚体融合蛋白，其中所述第一靶蛋白为制管张素，第二靶蛋白连接到所述Fc区的N-末端。

10. 权利要求5～8任一项的所述同源二聚体融合蛋白，其中所述免疫球蛋白为IgG1。

11. 编码权利要求1～10任一项所述同源二聚体融合蛋白的DNA。

12. 用于表达权利要求1～10任一项所述同源二聚体融合蛋白的载体，该载体可以在哺乳动物细胞内复制以及包含一种权利要求11的DNA和一种编码信号多肽的DNA序列。

13. 产生权利要求1～10任一项所述同源二聚体融合蛋白的方法，所述方法包括以下步骤：

a）用权利要求 12 的载体传染哺乳动物细胞；

b）培养所述哺乳动物细胞以生产所述融合蛋白；和

c）分离所述融合蛋白。

14. 含有权利要求 1~10 任一项所述融合蛋白的药物组合物。

15. 权利要求 1~10 任一项所述融合蛋白在制备用于治疗通过施用制管张素或 endostatin 能够缓解的病症的药物中的用途。"

申请人利思进药品公司（下称请求人）对上述驳回决定不服，于 2004 年 12 月 16 日向专利复审委员会提出复审请求，同时提交了权利要求书的全文替换页（共 2 页 13 项）。经修改后的权利要求书如下：

"1. 具有血管生成抑制剂活性的同源二聚体融合蛋白，该融合蛋白包含免疫球蛋白 Fc 区以及一个第一和一个第二靶蛋白，其中所述 Fc 区包含一个铰链区、一个 CH2 结构域和一个 CH3 结构域，所述第一靶蛋白为制管张素或具有血管生成抑制剂活性的纤溶酶原片段，以及第二靶蛋白为 endostatin 或具有血管生成抑制剂活性的胶原蛋白 XVIII 片段，每个靶蛋白与所述免疫球蛋白 Fc 区的 N-末端或 C-末端连接。

2. 权利要求 1 的所述同源二聚体融合蛋白，其中所述第一靶蛋白为制管张素和第二靶蛋白为 endostatin，或为其各自的活性片段。

3. 权利要求 2 的所述同源二聚体融合蛋白，其中所述第一靶蛋白包含 SEQ ID NO：11 所示氨基酸序列和第二靶蛋白包含 SEQ ID NO：4 所示氨基酸序列。

4. 权利要求 1~3 任一项的所述同源二聚体融合蛋白，其中所述第一靶蛋白与所述 Fc 区的 N-末端连接和第二靶蛋白与所述 Fc 区的 C-末端连接。

5. 权利要求 1~3 任一项的所述同源二聚体融合蛋白，其中所述第二靶蛋白与所述 Fc 区的 C-末端连接和第一靶蛋白与第二靶蛋白连接。

6. 权利要求 1~3 任一项的所述同源二聚体融合蛋白，其中所述第一靶蛋白与所述 Fc 区的 C-末端连接和第二靶蛋白与第一靶蛋白连接。

7. 权利要求 5 或 6 的所述同源二聚体融合蛋白，其中所述靶蛋白通过一个多肽接头连接。

8. 权利要求 1~7 任一项的所述同源二聚体融合蛋白，其中所述免疫球蛋白为 IgG1。

9. 编码权利要求 1~8 任一项所述同源二聚体融合蛋白的 DNA

10. 用于表达权利要求 1~8 任一项所述同源二聚体融合蛋白的载体，该载体可以在哺乳动物细胞内复制以及包含一种权利要求 9 的 DNA 和一种编码信号多肽的 DNA 序列。

11. 产生权利要求 1~8 任一项所述同源二聚体融合蛋白的方法，所述方法包括以下步骤：

a）用权利要求 10 的载体传染哺乳动物细胞；

b）培养所述哺乳动物细胞以生产所述融合蛋白；和

c）分离所述融合蛋白。

12. 含有权利要求 1~8 任一项所述融合蛋白的药物组合物。

13. 权利要求 1~8 任一项所述融合蛋白在制备用于治疗通过施用制管张素或 endostatin 能够缓解的病症的药物中的用途。"

请求人认为：经修改后的权利要求 1 要求保护同源二聚体四价融合蛋白，其中包括第一靶蛋白（制管张素或具有血管生成抑制剂活性的纤溶酶原片段）和第二靶蛋白（endostatin 或具有血管生成抑制剂活性的胶原蛋白 XVIII 片段）。而对比文件 1、2、3 都没有公开在一个二聚体 Fc 融合分子中使用超过一种靶蛋白的优点，特别是没有记载制管张素活性分子与 endostatin 活性分子通过一个多肽接头或一个 Fc 部分相融合，以及 Fc-制管张素-endostatin 融合蛋白比相应的 Fc-制管张素或 Fc-endostatin 融合蛋白能够更有效的抑制肿瘤。同时，对比文件 1～3 中也没有任何关于将两个靶蛋白在一个 Fc 融合蛋白中结合的启示。因此，对于本领域技术人员而言，结合对比文件 1～3 的教导得到本发明并不是显而易见的。此外，如说明书第 12 页第 23～24 行所示，本发明融合蛋白相对于靶蛋白本身还具有增强的抑制肿瘤效果，因此，修改后的权利要求 1 具有创造性。

形式审查合格后，专利复审委员会受理了该复审请求，并于 2005 年 1 月 10 日向请求人发出《复审请求受理通知书》，随后将本申请移交原审查部门进行前置审查。

原审查部门对本复审请求进行了前置审查，坚持原驳回决定。

专利复审委员会组成合议组，对本复审请求案进行了审理，并于 2007 年 6 月 26 日向请求人发出复审通知书，指出：

（1）权利要求 1 中包含两种形式的融合蛋白，即第一靶蛋白-Fc-第二靶蛋白和第二靶蛋白-Fc-第一靶蛋白，而本发明说明书中仅给出了第一靶蛋白-Fc-第二靶蛋白的具体实例，对于第二靶蛋白-Fc-第一靶蛋白形式的融合蛋白，并没有提供具体实例验证其效果，由于靶蛋白的转录、翻译、分泌受到多种因素的影响，因而本领域技术人员根据说明书中公开的内容并不足以确定第二靶蛋白-Fc-第一靶蛋白也能够高水平表达，因此，权利要求 1 不符合专利法第 26 条第 4 款的规定；同理，权利要求 2、3 也不符合专利法第 26 条第 4 款的规定。

（2）权利要求 5 是权利要求 1～3 的从属权利要求，但其特征"第二靶蛋白与所述 Fc 区的 C-末端连接和第一靶蛋白与所述第二靶蛋白连接"与其所引用的权利要求 1 中的特征"每个靶蛋白与所述免疫球蛋白 Fc 区的 N-末端或 C-末端连接"相矛盾，致使该权利要求的技术方案不清楚，同样的问题也存在于权利要求 6 中，因此，权利要求 5、6 不符合专利法实施细则第 20 条第 1 款的规定。

（3）权利要求 5 可理解为要求保护一种 Fc-X-X 形式的融合蛋白，该技术方案与对比文件 2 中公开的 Fc-X 融合蛋白相比，区别在于靶蛋白不同，权利要求 5 中使用的是由第一靶蛋白（制管张素或具有血管生成抑制剂活性的纤溶酶原片段）和第二靶蛋白（endostatin 或具有血管生成抑制剂活性的胶原蛋白 XVIII）组成的靶蛋白，该区别技术特征所要解决的技术问题在于使 Fc 融合蛋白具有血管生成抑制剂活性。然而，上述第一和第二靶蛋白及其血管生成抑制剂活性已分别公开于对比文件 1 和对比文件 3 中，且将两种蛋白融合构建双功能蛋白属于本领域的常规技术，由此可见，在对比文件 2 的基础上结合对比文件 1 和对比文件 3 获得权利要求 5 的技术方案，对于本领域技术人员而言是显而易见的，因此，权利要求 5 不具备创造性，不符合专利法第 22 条第 3 款的规定；基于类似的理由，权利要求 6～8 也不符合专利法第 22 条第 3 款的规定。

请求人于 2007 年 10 月 11 日提交了意见陈述书和权利要求书全文替换页（共 1 页 8 项），修改后的权利要求书如下：

"1. 具有血管生成抑制剂活性的同源二聚体融合蛋白，该融合蛋白由免疫球蛋白 Fc 区以及一个第一和一个第二靶蛋白组成，其中所述 Fc 区包含一个铰链区、一个 CH2 结构域和一个 CH3 结构域，所述第一靶蛋白为制管张素，并且第二靶蛋白为 endostatin，其中第一靶蛋白与所述 Fc 区的 N-末端连接，并且第二靶蛋白与所述 Fc 区的 C-末端连接。

2. 权利要求 1 的所述同源二聚体融合蛋白，其中所述第一靶蛋白包含 SEQ ID NO：11 所示氨基酸序列，并且第二靶蛋白包含 SEQ ID NO：4 所示氨基酸序列。

3. 权利要求 1 或 2 的所述同源二聚体融合蛋白，其中所述免疫球蛋白为 IgG1。

4. 编码权利要求 1～3 任一项所述同源二聚体融合蛋白的 DNA 分子。

5. 用于表达权利要求 1～3 任一项所述同源二聚体融合蛋白的载体，该载体可以在哺乳动物细胞内复制并且包含一种权利要求4的DNA和一种编码信号多肽的DNA序列。

6. 产生权利要求1~3任一项所述同源二聚体融合蛋白的方法，所述方法包括以下步骤：

　　a）用权利要求5的载体转染哺乳动物细胞；

　　b）培养所述哺乳动物细胞以生产所述融合蛋白；和

　　c）分离所述融合蛋白，

7. 含有权利要求1~3任一项所述融合蛋白的药物组合物。

8. 权利要求1~3任一项所述融合蛋白在制备用于治疗通过施用制管张素或endostatin能够缓解的病症的药物中的用途。"

在上述程序的基础上，合议组认为本案事实已经清楚，可以作出审查决定。

二、决定的理由

1. 审查文本的认定

本复审决定依据的审查文本为：请求人于2007年10月11日提交的权利要求1~8、于2001年4月23日进入中国国家阶段时提交的国际申请中文译本的说明书第1~61页、说明书附图第1页及摘要。

2. 关于专利法实施细则第20条第1款

专利法实施细则第20条第1款规定，权利要求书应当说明发明或者实用新型的技术特征，清楚、简要地表述请求保护的范围。

根据该款规定，每项权利要求所确定的保护范围应当清楚。权利要求的保护范围应当根据其所用词语的含义来理解。

如《复审通知书》中所指出的，请求人于2004年12月16日所提交的权利要求书中，权利要求5、6的附加技术特征与其所引用的权利要求1中的特征矛盾，由此导致权利要求5、6的技术方案不清楚，不符合专利法实施细则第20条第1款的规定。对此，请求人在2007年10月11日提交的经修改的权利要求书中删除了《复审通知书》所针对的权利要求5、6，从而克服了《复审通知书》中所指出的上述缺陷。

3. 关于专利法第26条第4款

专利法第26条第4款规定，权利要求书应当以说明书为依据，说明要求专利保护的范围。

根据该款规定，权利要求书中的每一项权利要求所要求保护的技术方案应当是所属技术领域的技术人员能够从说明书充分公开的内容中得到或概括得出的技术方案，并且不得超出说明书公开的内容。

如《复审通知书》中所指出的，请求人于2004年12月16日所提交的权利要求书中，权利要求1~3涵盖了过宽的保护范围，对于其中所要求保护的第二靶蛋白-Fc-第一靶蛋白形式的融合蛋白，说明书中并未提供具体实例验证其效果，本领域技术人员也无法预先确定和评价其效果，因此，权利要求1不符合专利法第26条第4款的规定。对此，，请求人于2007年10月11日提交了经修改的权利要求书，该文本中将复审通知书所针对的权利要求2的附加技术特征并入到权利要求1中，即将权利要求1技术方案中所涉及的融合蛋白具体限定为制管张素-Fc-endostatin，并删除了涉及第二靶蛋白-Fc-第一靶蛋白形式融合蛋白的技术方案，鉴于说明书中的实施例15已证实人制管张素-Fc-人Endo能够高水平表达，因此，经修改后的权利要求1~2得到了说明书的支持，消除了《复审通知书》中所指出的相关权利要求不符合专利法第26条第4款之规定的缺陷。

4. 关于专利法第22条第3款

专利法第22条第3款的规定，发明的创造性是指同申请日以前已有的技术相比，该发明具有突出的实质性特点和显著的进步。

根据该款规定,判断发明是否具有突出的实质性特点,需要确定现有技术整体上是否存在使本领域的技术人员在面对发明实际解决的技术问题时,有动机改进最接近的现有技术并获得要求保护的技术方案的技术启示,如果现有技术中不存在这种技术启示,则发明是非显而易见的,具有突出的实质性特点。

本案中,请求人于2007年10月11日提交的权利要求1要求保护一种具有血管生成抑制剂活性的同源二聚体融合蛋白,该融合蛋白由免疫球蛋白Fc区以及制管张素和endostatin组成,其中制管张素与所述Fc区的N-末端连接,endostatin与所述Fc区的C-末端连接,即该融合蛋白为X-Fc-X形式。

对比文件2中公开了一种在哺乳动物细胞中高水平表达和分泌的Fc-X融合蛋白,并表示该融合蛋白是作为同源二聚体产生的(参见摘要,第497页第2段),但该对比文件中同时指出Fc-X融合蛋白优于X-Fc融合蛋白,同样条件下,Fc-gp120能够高水平表达,gp120-Fc却不能(参见第499页第2段),由此可见,对比文件2中并没有给出在免疫球蛋白Fc区的N-末端和C-末端同时连接靶蛋白,即构成X-Fc-X融合蛋白的技术启示,而是暗示X-Fc形式的融合蛋白可能无法高水平表达,该暗示不利于本领域技术人员想到构建X-Fc-X形式的融合蛋白以实现高水平表达的目的。因此,虽然权利要求1的技术方案中所涉及的制管张素(第一靶蛋白)和endostatin(第二靶蛋白)都是现有技术(对比文件1和对比文件3)中已知的具有血管生成抑制剂活性的蛋白,对比文件2中也表明Fc-X融合蛋白具有更高的表达水平和延长的半衰期,但对比文件1~3中并没有将Fc和上述两靶蛋白组合成X-Fc-X形式融合蛋白的技术启示,因而,与对比文件1~3相比,权利要求1所述的技术方案是非显而易见的,具备突出的实质性特定,并且能够产生有益的效果,具备显著的进步,因此具有专利法第22条第3款规定的创造性。

基于类似的理由,直接或间接引用权利要求1的权利要求2~8相对于对比文件1~3也具有创造性,符合专利法第22条第3款的规定。

根据以上事实和理由,本案合议组作出如下审查决定。

三、决定

撤销国家知识产权局于2004年9月3日对第99812456.7号发明专利申请作出的驳回决定。由原审查部门在本决定依据文本的基础上继续进行审查。

复审请求人对本决定不服的,可以根据专利法第41条第2款的规定,自收到本决定之日起三个月内向北京市第一中级人民法院起诉。

一种体外构建 DNA 文库的方法

复审请求审查决定（第 12195 号）

决 定 号	第 12195 号
决 定 日	2007 年 12 月 17 日
发明创造名称	一种体外构建 DNA 文库的方法
国 际 分 类 号	C12Q 1/68，C12N 15/10 //C12N 9/00
复 审 请 求 人	诺维信公司
申 请 号	98802958.8
申 请 日	1998 年 3 月 18 日
优 先 权 日	1997 年 3 月 18 日，1997 年 4 月 17 日，1997 年 5 月 30 日
公 开 日	2000 年 4 月 5 日
合 议 组 组 长	吴通义
主 审 员	李金光
参 审 员	魏春宝

法 律 依 据 专利法第 26 条第 4 款

决 定 要 点
如果权利要求所要求保护的技术方案不是所属技术领域的技术人员能从说明书公开内容中直接得到或概括得出的，则该权利要求不符合专利法第 26 条第 4 款的规定。

一、案由

本复审请求涉及名称为"一种体外构建 DNA 文库的方法"的第 98802958.8 号发明专利申请（下称本申请），申请日为 1998 年 3 月 18 日，公开日为 2000 年 4 月 5 日，进入中国国家阶段日为 1999 年 8 月 30 日，最早优先权日为 1997 年 3 月 18 日，申请人是诺维信公司（2001 年 2 月 16 日由诺沃挪第克公司变更为诺维信公司）。

本申请原始提交的国际申请中文译文（下称原始申请文件）中的权利要求共 27 项，其中权利要求 1（下称原始权利要求 1）如下：

"1. 通过在使用聚合酶的体外多核苷酸合成中诱导的模板移位从一系列不同的起始单或双链亲代 DNA 模板和引物构建重组同源多核苷酸文库的一种方法，其中

A. 通过下面方法合成延伸引物或多核苷酸

a）将亲代双链 DNA 模板变性产生单链模板，

b）将上述引物与单链 DNA 模板退火，

c) 使用上述聚合酶通过起始合成延伸上述引物,

d) 引起合成的抑制,并

e) 将双链变性,从模板分离延伸的引物,

B. 通过下面方法诱导模板移位

a) 从模板分离新合成的单链延伸引物并使用（A）中产生的上述延伸引物作为引物和模板重复步骤 A.b）至 A.e）,或

b) 重复步骤 A.b）至 A.e）,

C. 在适当数目循环的步骤 A. 和 B.a）,A. 和 B.b）,或其组合后终止上述过程,并且

D. 可选择地使用特定引物在标准 PCR 反应中扩增产生的多核苷酸以选择性扩增感兴趣的同源多核苷酸。"

在本申请的实质审查过程中,申请人于 2004 年 10 月 11 日提交的修改的权利要求共 51 项,其中权利要求 1 为:

"1. 通过在使用聚合酶的体外多核苷酸合成中诱导的模板移位从一系列不同的初始单或双链亲代 DNA 模板和引物构建重组同源多核苷酸文库的一种方法,所述 DNA 模板在 DNA 水平表现出超过 70% 的同一性,其中所述引物包括半随机引物和/或特定引物组,其中

Ⅰ. 通过下面方法合成延伸引物或多核苷酸

a) 将亲代双链 DNA 模板变性产生单链模板,

b) 将上述引物与单链 DNA 模板退火,

c) 使用上述聚合酶通过引发合成延伸上述引物,

d) 引起合成的抑制,并

e) 将双链变性,从模板分离延伸的引物,

Ⅱ. 通过使用（Ⅰ）中产生的上述延伸引物作为引物和模板重复合适循环数的步骤 Ⅰ.b）～ Ⅰ.e)而诱导模板移位,由此重组同源多核苷酸文库而得以制备,

Ⅲ. 将所述重组同源多核苷酸文库转化进合适的宿主系统并表达为相应编码的多肽,并且

Ⅳ. 在合适的检测方法中筛选该编码的多肽,其中筛选出目的多肽,其是通过包含于表达该筛选多肽的宿主系统中的重组多核苷酸编码的。"

2004 年 12 月 10 日,针对申请人于 2004 年 10 月 11 日提交的权利要求 1～51 和说明书第 6、8 页以及 2003 年 12 月 24 日提交的说明书第 1～5、7、9～13 页和本申请进入中国国家阶段时提交的说明书第 14～19 页及说明书摘要构成的申请文本,国家知识产权局驳回了本申请,理由是：（1）权利要求 1 中记载的步骤 Ⅲ、Ⅳ 以及由步骤 Ⅰ～Ⅳ 构成的新的技术方案在原始申请文件中没有记载,超出了原始申请文件的记载范围,不符合专利法第 33 条的规定。（2）末端序列不同的模板即使表现出超过 70% 的相同性也不一定能够构建出同源基因文库,且在半随机引物和/或特定引物不与模板两端同源时,权利要求 1 的技术方案不能扩增出完整的同源多核苷酸,所以权利要求 1 得不到说明书的支持,不符合专利法第 26 条第 4 款的规定。

申请人诺维信公司（下称请求人）对上述驳回决定不服,于 2005 年 3 月 25 日向专利复审委员会提出复审请求,同时,提交了新修改的权利要求书以及附件 1（US6541207B1,授权公告日为 2003 年 4 月 1 日）和附件 2（US6159687A,授权公告日为 2000 年 12 月 12 日）。请求人认为：（1）修改后的权利要求 1 删除了步骤 Ⅲ 和 Ⅳ,符合专利法第 33 条的规定。（2）修改后的权利要求 1 的前序部分中没有要求所构建的多核苷酸文库或亲代 DNA 模板必须由全长基因组成,重组同源多苷酸文库可以是全长亲代 DNA 模板基因内部某一部分的多样化,没有必要要求基因末端序列相同或相似；且在确定

所使用的模板后，半随机引物和/或特定引物与模板的退火可以是随机的或特异的，依据引物的性质可以在多核苷酸的任意处或在特定位置。因此，本领域的普通技术人员能够根据本申请说明书公开内容和本领域的公知常识得出本发明的技术方案，权利要求1符合专利法第26条第4款的规定。

（3）附件1和附件2是本申请在美国的授权文本，供本案参考。

修改后的权利要求共51项，其中权利要求1是：

"1. 通过在使用聚合酶的体外多核苷酸合成中诱导的模板移位从一系列不同的初始单或双链亲代DNA模板和引物构建重组同源多核苷酸文库的一种方法，所述DNA模板在DNA水平表现出超过70％的同一性，其中所述引物包括半随机引物和/或特定引物组，其中

Ⅰ. 通过下面方法合成延伸引物或多核苷酸

a）将亲代双链DNA模板变性产生单链模板，

b）将上述引物与单链DNA模板退火，

c）使用上述聚合酶通过引发合成延伸上述引物，

d）引起合成的抑制，并

e）将双链变性，从模板分离延伸的引物，

Ⅱ. 通过下面的方法诱导模板移位

a）从模板分离新合成的单链延伸引物，并使用（Ⅰ）中产生的上述延伸引物作为引物和模板重复步骤Ⅰ.b）～Ⅰ.e），或

b）重复步骤Ⅰ.b）至Ⅰ.e），并且

Ⅲ. 在适当数目循环的步骤Ⅰ.和Ⅱ.a）；Ⅰ.和Ⅱ.b）；或其组合后终止上述过程。"

形式审查合格后，专利复审委员会受理了该复审请求，并于2005年4月20日向请求人发出《复审请求受理通知书》，同时将本申请案卷移交原审查部门进行前置审查。

原审查部门对本复审请求进行了前置审查后认为：请求人提出复审请求时提交的文本符合专利法第33条的规定，但仍不符合专利法第26条第4款的规定。理由是：权利要求1请求保护的主题是"构建重组'同源'多核苷酸文库"的方法，该权利要求构建出来的多核苷酸文库可以是①全长基因文库，②全长亲代DNA模板基因内部片段的多样化多核苷酸文库。实现第①文库需要限定引物与同源模板DNA侧翼序列的关系，如实施例1和3中使用的引物都是"基因侧翼的特定引物"，但是权利要求1中没有限定。第②文库与权利要求1的主题不符，也即实现不了权利要求1主题部分所限定的内容，因为核苷酸长链片段间（例如，1～500bp、501～1000bp、1001～1500bp间）绝大部分情况下不存在同源性，由这样的片段构成的核苷酸文库不是同源多核苷酸文库。虽然实施例2中确实最初使用了随机引物（说明书第16页第19行），但是这个实施例中包含了两个技术步骤，从这个随机引物得到的是片段化的多核苷酸，这些多核苷酸之间并不一定具有同源性，而最终得到有同源性的重组多核苷酸还需要再用"感兴趣基因侧翼的两个特定引物"（说明书第17页第2行）进行PCR才行。因此，坚持驳回决定。

专利复审委员会组成合议组对本复审请求案进行了审理。

2007年4月6日，专利复审委员会向请求人发出《复审通知书》。《复审通知书》指出：说明书的实施例中构建重组同源多核苷酸文库时使用"基因侧翼的特定引物"或者先使用随机引物延伸多核苷酸，再使用"感兴趣基因侧翼的特定引物"进行PCR，没有记载仅使用"半随机引物"或者使用"半随机引物和特定引物"构建出重组同源多核苷酸文库的实施例；而且即便DNA模板在DNA水平表现出超过70％同一性，扩增后得到的序列片段间结构不同，因此，不能保证所构建得到的重组多核苷酸片段之间都是同源的。所以，权利要求1不符合专利法第26条第4款的规定。

针对《复审通知书》指出的问题，请求人于 2007 年 7 月 23 日提交了意见陈述书。请求人认为：本发明的目的在于通过权利要求 1 所述的 DNA 改组技术给文库中引入更多的有遗传差异的基因变体，进而能从文库中依据特定特征筛选所需的蛋白质，所以无论使用"特定引物"，或"随机引物与特定引物"，还是仅使用"半随机引物"或者使用"半随机引物和特定引物"都可以在权利要求 1 所述的多核苷酸合成过程中得到不同的基因变体，为基因库增加新的突变体；而且由于所采用的 DNA 模板具有超过 70％的同一性，扩增后得到的变体序列也具有相当程度的同一性。审查指南规定权利要求还应当包括由实施例概括出的合理范围，如果所属领域技术人员可以合理预测说明书给出的实施方式的所有等同替代方式，则应当允许权利要求覆盖所有等同替代方式或明显变型的方式。因此，本申请权利要求符合专利法第 26 条第 4 款的规定。

至此，合议组认为本案事实清楚，可以作出审查决定。

二、决定的理由

1. 决定依据的审查文本

本审查决定所依据的审查文本是由请求人于 2005 年 3 月 25 日提出复审请求时提交的权利要求 1~51 和 2003 年 12 月 24 日提交的说明书第 1~5、7、9~13 页以及 2004 年 10 月 11 日提交的说明书第 6、8 页和 1999 年 8 月 30 日本申请进入中国国家阶段时提交的说明书第 14~19 页和说明书摘要构成的申请文本。

2. 关于专利法第 26 条第 4 款

专利法第 26 条第 4 款规定，权利要求书应当以说明书为依据，说明要求专利保护的范围。

如果权利要求所要求保护的技术方案不是所属技术领域的技术人员能从说明书公开内容中直接得到或概括得出的，则该权利要求不符合专利法第 26 条第 4 款的规定。

本案中，权利要求 1 请求保护的构建重组同源多核苷酸文库的方法，该方法通过使用聚合酶的体外多核苷酸合成中诱导的模板移位从一系列不同的初始单或双链亲代 DNA 模板和引物构建重组同源多核苷酸文库，其中 DNA 模板在 DNA 水平表现出超过 70％的同一性，引物包括半随机引物和/或特定引物组，步骤包括合成延伸引物或多核苷酸、诱导模板移位以及根据需要适当循环选定的引物或多核苷酸合成延伸及诱导模板移位后终止上述过程。然而根据本申请说明书记载的实施例可知：首先，在构建重组同源多核苷酸文库时均使用了"基因侧翼的特定引物"，或者在使用随机引物延伸多核苷酸后，再使用"感兴趣基因侧翼的特定引物"进行 PCR，说明书并没有记载仅使用"半随机引物"或者使用"半随机引物和特定引物"来构建重组同源多核苷酸文库的实施例；而本申请权利要求 1 请求保护的技术方案中将引物限定为"包括半随机引物和/或特定引物"，包含了仅使用"半随机引物"和"半随机引物和特定引物"的技术方案。其次，根据专业常识，在使用随机引物的情况下，即便 DNA 模板在 DNA 水平表现出超过 70％同一性，因这些模板之间存在结构上的不同，且随机引物扩增时可以使杂交发生在不同模板的多个位点上，从而经过几轮扩增后得到的序列片段间结构不同，不能保证所构建得到的重组多核苷酸片段之间都是同源的。因此，本申请权利要求 1 根据的技术方案得不到说明书的支持，不符合专利法第 26 条第 4 款的规定。

针对请求人在本案中的主张，合议组认为：（1）本申请所述发明的目的在于给文库中引入更多的有遗传差异的基因变体，进而能从文库中依据特定特征筛选所需的蛋白质。要实现发明目的，就必须使合成延伸的新变异体是能够编码所述蛋白质的全长序列，但在仅使用"特定引物"或"半随机引物"或者"半随机引物和特定引物"而没有"基因侧翼的特定引物"的情况下，不能将合成延伸的序列片段连成编码所述蛋白质的全长序列。另外，同一模板不同片段之间不一定均存在同一性，即使所采用的 DNA 模板之间具有超过 70％的同一性，也不能保证新产生的所有序列片段间具有相当程度的同一性，进而满足本申请所述的同源关系（参见说明书第 5 页第 22 行至第 6 页第 3 行）。
(2) 审查指南虽然没有要求权利要求的概括局限于具体实施例的方式，但要求权利要求的保护范围应当是由实施例概括出的合理范围，且在所属领域技术人员可以合理预测说明书给出的实施方式的所有等同替代方式或明显变型方式的情况，才允许权利要求覆盖所有等同替代方式或明显变型的方式。而本申请的权利要求 1 请求保护的技术方案中仅使用"特定引物"或"半随机引物"或者"半随机引物和特定引物"而没有"基因侧翼的特定引物"，所属领域技术人员只能确认这种情况下不能保证将合成延伸的序列片段均能够连成编码所述蛋白质的全长序列，且也无法合理预测到变体基因的不同片段间的序列也具有同源关系。因此，本案合议组对请求人的主张不予支持。

根据以上事实和理由，本案合议组作出如下审查决定。

三、决定

维持国家知识产权局于 2004 年 12 月 10 日对第 98802958.8 号发明专利申请作出的驳回决定。

复审请求人对本决定不服的，可以根据专利法第 41 条第 2 款的规定，自收到本决定之日起三个月内向北京市第一中级人民法院起诉。

雄激素受体复合物相关蛋白

复审请求审查决定（第 12196 号）

决 定 号	第 12196 号
决 定 日	2007 年 11 月 23 日
发明创造名称	雄激素受体复合物相关蛋白
国际分类号	C07K 14/575，C07K 14/705，C12N 15/11，C12Q 1/68，A61K 38/22，A61P 35/00，G01N 33/574，G01N 33/68
复审请求人	台北荣民总医院
申 请 号	02101738.7
优 先 权 日	2001 年 1 月 17 日，2001 年 2 月 12 日
申 请 日	2002 年 1 月 17 日
公 开 日	2002 年 10 月 23 日
合议组组长	李金光
主 审 员	张 建
参 审 员	王 冬
法 律 依 据	专利法第 25 条第 1 款，第 26 条第 4 款

决定要点

疾病的诊断方法是以有生命的人体或动物体为对象、以获得疾病诊断结果或健康状况为直接目的；如果一项发明从表述形式上看是以离体样品为对象的，但该发明是以获得同一主体疾病诊断结果或健康状况为直接目的，则该发明仍然不能被授予专利权。

权利要求书应当以说明书为依据，是指权利要求应当得到说明书的支持，权利要求书中的每一项权利要求所要求保护的技术方案应当是所属技术领域的技术人员能够从说明书充分公开的内容中得到或概括得出的技术方案。

一、案由

本复审请求涉及申请日为 2002 年 1 月 17 日、公开日为 2002 年 10 月 23 日、名称为"雄激素受体复合物相关蛋白"的第 02101738.7 号发明专利申请（下称本申请），本申请的优先权日为 2001 年 1 月 17 日和 2001 年 2 月 12 日。本申请的申请人为台北荣民总医院（2002 年 4 月 12 日由"行政院国军退除役官兵辅导委员会台北荣民总医院"变更）。

国家知识产权局于 2005 年 4 月 15 日以权利要求 1、6、10~15 不符合专利法第 26 条第 4 款的规定为由驳回了本申请。

驳回决定所针对的权利要求书为：

"1. 一种实质纯化的雄激素受体复合物相关蛋白，其含有100%的SEQ ID NO：2的氨基酸序列。

2. 一种编码权利要求1的蛋白的分离的核酸。

3. 一种包含权利要求2的核酸的载体。

4. 一种培养宿主细胞，其含有权利要求2的核酸。

5. 一种制备蛋白的方法，该方法包括在培养物中培养权利要求4的培养宿主细胞，在该培养宿主细胞中表达所述蛋白，并从培养物中分离所述蛋白。

6. 用抗含有SEQ ID NO：2的氨基酸序列的实质纯化的雄激素受体复合物相关蛋白或其片段产生的抗体在制备用于诊断癌症的诊断剂中的应用。

7. 与权利要求1的蛋白特异结合的抗体。

8. 一种检测来自于病人的离体样本中是否含有癌细胞的方法，该方法包括：

检测该检测样本的细胞中雄激素受体复合物相关蛋白基因的表达；

其中所述检体细胞中雄激素受体复合物相关蛋白基因表达水平高于正常细胞中雄激素受体复合物相关蛋白基因表达水平表示该病人检测样本含有癌细胞。

9. 权利要求8的方法，其中癌细胞是肝肿瘤细胞。

10. 阻断雄激素受体复合物相关蛋白与雄激素受体结合或者降低雄激素受体致活雄激素反应基因的能力的化合物在制备治疗癌症的药物中的应用。

11. 权利要求10的应用，其中癌症是肝癌。

12. 权利要求10的应用，其中所述化合物是一种抗体。

13. 权利要求11的应用，其中所述化合物是一种抗体。

14. 权利要求2的核酸或其片段在制备经检测癌症细胞中雄激素受体复合物相关蛋白基因的表达而诊断癌症的诊断剂中的应用。

15. 一种筛检降低雄激素受体介导的致活作用的化合物的方法，该方法包括

在候选化合物存在的情形下，将权利要求1的蛋白与一种含有雄激素受体的蛋白质复合物接触；

检测所述蛋白和该蛋白质复合物相互作用的程度；和

评定是否所述相互作用程度较不存在候选化合物时所述蛋白和该蛋白质复合物相互作用的程度差，其中含有候选化合物时相互作用程度低于不含有候选化合物时相互作用程度表示该候选化合物降低雄激素受体介导的致活作用。"

驳回决定指出：权利要求1和6中的"含有"、权利要求6和14中的"其片段"的写法包括了大量的化合物，权利要求10～13、15的技术方案在本申请说明书中仅仅只有内容空洞的文字描述，这些权利要求概括的范围包含了申请人推测的内容，其效果难以有效确定和评价，得不到说明书的支持，不符合专利法第26条第4款的规定。

申请人台北荣民总医院（下称请求人）对上述驳回决定不服，于2005年7月27日向专利复审委员会提出复审请求，请求人在提出复审请求时提交了意见陈述书和修改的权利要求书全文替换页，共11项权利要求，其中将权利要求1和6中的"含有"修改为"由……组成"，删除权利要求6中的"或其片段产生的"以及驳回决定所针对的权利要求10～13和15，添加的新权利要求11请求保护融合蛋白质，将驳回决定针对的权利要求14改为权利要求10。请求人认为：权利要求10涉及一种核酸或其片段在制备诊断癌症的诊断剂中的应用，说明书中教导了如何使用ARCAP编码核酸或其片段通过PCR或杂交来检测ARCAP mRNA而诊断癌症，因此根据本发明的教导及本领域的一般常识，本领域技术人员不需要过多的实验就能实现本发明，所以权利要求10得到了说明书的支持；新增权利要

求11在说明书第12～13页中能够找到相应支持。因此修改后的权利要求书克服了驳回决定所指出的缺陷。

请求人提交的修改权利要求书为：

"1. 一种实质纯化的雄激素受体复合物相关蛋白，其由SEQ ID NO：2的氨基酸序列组成。

2. 一种编码权利要求1的蛋白的分离的核酸。

3. 一种包含权利要求2的核酸的载体。

4. 一种培养宿主细胞，其含有权利要求2的核酸。

5. 一种制备蛋白的方法，该方法包括在培养物中培养权利要求4的培养宿主细胞，在该培养宿主细胞中表达所述蛋白，并从培养物中分离所述蛋白。

6. 用抗由SEQ ID NO：2的氨基酸序列组成的实质纯化的雄激素受体复合物相关蛋白产生的抗体在制备用于诊断癌症的诊断剂中的应用。

7. 与权利要求1的蛋白特异结合的抗体。

8. 一种检测来自于病人的离体样本中是否含有癌细胞的方法，该方法包括：

检测该检测样本的细胞中雄激素受体复合物相关蛋白基因的表达；

其中所述检体细胞中雄激素受体复合物相关蛋白基因表达水平高于正常细胞中雄激素受体复合物相关蛋白基因表达水平表示该病人检测样本含有癌细胞。

9. 权利要求8的方法，其中癌细胞是肝肿瘤细胞。

10. 权利要求2的核酸或其片段在制备经检测癌症细胞中雄激素受体复合物相关蛋白基因的表达而诊断癌症的诊断剂中的应用。

11. 一种融合蛋白质，所述融合蛋白质选自GST_ARCAP、ARCAP-GFP、ARCAP-HA或ARCAP-Xpress。"

形式审查合格后，专利复审委员会受理了该复审请求，并于2005年8月29日向请求人发出《复审请求受理通知书》，同时将本申请案卷移交原审查部门进行前置审查。

原审查部门对本复审请求进行了前置审查，认为说明书中"ARCAP部分克隆"的描述并不能充分支持权利要求10中所涉及的"其片段"这一术语所涵盖的极宽范围，所以权利要求10仍然不符合专利法第26条第4款的规定；此外新添加的权利要求11并不是为了要消除驳回决定指出的缺陷的目的而添加的，不符合专利法实施细则第60条第1款的规定。因此坚持原驳回决定。

专利复审委员会组成合议组，对本复审请求案进行了审理。

2007年7月9日，专利复审委员会向请求人发出《复审通知书》。《复审通知书》指出：

（1）驳回理由是本申请中部分权利要求不符合专利法第26条第4款的规定，但请求人修改权利要求书时增加的权利要求11要求保护一种融合蛋白质，不是为了消除驳回决定指出的缺陷，因而这种增加新的技术方案的修改不符合专利法实施细则第60条第1款的规定。

（2）权利要求8和9要求保护一种检测来自于病人的离体样本中是否含有癌细胞的方法。尽管在表述形式上是以离体样本为对象的，但是其直接目的仍然是为了获得该离体样本的主体的癌症诊断结果，因此仍然属于疾病诊断方法的范围，属于专利法第25条第1款第（3）项规定的不授予专利权的范围，不能被授予专利权。

（3）权利要求10中"或其片段"包含请求人推测的内容，说明书中提到的"ARCAP部分克隆"并未具体记载是ARCAP的哪个部分，而"片段"包括了ARCAP编码核酸任意位置、任意长度的部分核苷酸。说明书中并未记载哪些片段可用于特异性检测，根据说明书记载的内容也无法概括出来，也就无法概括出"ARCAP编码核酸的片段"都可用于特异性检测。因此其效果难于预先确定和评价，故不符合专利法第26条第4款的规定。

针对《复审通知书》指出的问题,请求人于2007年8月15日提交了意见陈述书及经修改的权利要求书全文替换页,共8项权利要求,其中删除了权利要求11和《复审通知书》所针对的权利要求10中记载的"或其片段"以及权利要求8、9,并对权利要求编号进行了适应性修改。

修改后的权利要求书如下:

"1. 一种实质纯化的雄激素受体复合物相关蛋白,其由SEQ ID NO:2的氨基酸序列组成。

2. 一种编码权利要求1的蛋白的分离的核酸。

3. 一种包含权利要求2的核酸的载体。

4. 一种培养宿主细胞,其含有权利要求2的核酸。

5. 一种制备蛋白的方法,该方法包括在培养物中培养权利要求4的培养宿主细胞,在该培养宿主细胞中表达所述蛋白,并从培养物中分离所述蛋白。

6. 用抗由SEQ ID NO:2的氨基酸序列组成的实质纯化的雄激素受体复合物相关蛋白产生的抗体在制备用于诊断癌症的诊断剂中的应用。

7. 与权利要求1的蛋白特异结合的抗体。

8. 权利要求2的核酸在制备经检测癌症细胞中雄激素受体复合物相关蛋白基因的表达而诊断癌症的诊断剂中的应用。"

请求人认为修改后的权利要求书克服了《复审通知书》所指出的缺陷。

至此,合议组认为本案事实已经清楚,可以作出审查决定。

二、决定的理由

1. 决定依据的文本

请求人于2007年8月15日提交的权利要求书中删除了《复审通知书》所针对的权利要求11,从而克服了本申请不符合专利法实施细则第60条第1款规定的缺陷。

本复审决定所针对的文本为请求人于2007年8月15日提交的权利要求1~8以及于申请日提交的原始申请文件的说明书第1~10和12~16页、说明书摘要和于2002年6月7日提交的说明书第17~26页以及于2004年11月30日提交的说明书第11页。

2. 关于专利法第25条第1款

专利法第25条第1款第(3)项规定:疾病的诊断和治疗方法不授予专利权。

根据该款的规定,疾病的诊断方法是以有生命的人体或动物体为对象、以获得疾病诊断结果或健康状况为直接目的的。如果一项发明从表述形式上看是以离体样品为对象的,但该发明是以获得同一主体疾病诊断结果或健康状况为直接目的,则该发明仍然不能被授予专利权。

本案中,《复审通知书》所针对的权利要求8和9要求保护检测来自于病人的离体样本中是否含有癌细胞的方法,尽管这些权利要求在表述形式上是以离体样本为对象的,但是对于本领域技术人员来说,能够根据这种检测离体样本中是否含有癌细胞的方法判断出相应病人是否含有癌细胞,即是否患有癌症,可见该方法的直接目的仍然是为了获得该离体样本的主体的癌症诊断结果,因此,仍然属于疾病诊断方法的范围,属于专利法第25条第1款第(3)项规定的不授予专利权的范围,不能被授予专利权。

由于请求人于2007年8月15日提交的权利要求书中删除了涉及上述诊断方法的权利要求,从而克服了《复审通知书》所指出的本申请不符合专利法第25条第1款第(3)项规定的缺陷。

3. 关于专利法第26条第4款

专利法第26条第4款规定:权利要求书应当以说明书为依据,说明要求专利保护的范围。

根据该款的规定，权利要求书应当以说明书为依据，是指权利要求应当得到说明书的支持，权利要求书中的每一项权利要求所要求保护的技术方案应当是所属技术领域的技术人员能够从说明书充分公开的内容中得到或概括得出的技术方案。

本决定所依据的文本中，权利要求1、6、8相应于驳回决定所针对的权利要求1、6、14和《复审通知书》所针对的权利要求1、6、10，目前的权利要求1、6和8仅涉及SEQ ID NO：2，而说明书中充分记载了涉及该序列的相关蛋白、抗体、核酸及诊断剂应用（参见说明书第2~6页，第7页第3~4段），因此，目前的权利要求1、6和8的技术方案能够从说明书记载的内容中得到或概括得出，因而能够得到说明书的支持。

根据以上事实和理由，本案合议组作出如下审查决定。

三、决定

撤销国家知识产权局于2005年4月15日对第02101738.7号发明专利申请作出的驳回决定。由原审查部门在本复审决定所针对的文本的基础上继续进行审查。

复审请求人对本决定不服的，可以根据专利法第41条第2款的规定，自收到本决定之日起三个月内向北京市第一中级人民法院起诉。

055

制备单克隆抗体的方法、单克隆抗体、药物组合物和诊断试剂

复审请求审查决定（第12197号）

决 定 号	第12197号
决 定 日	2007年11月23日
发明创造名称	制备单克隆抗体的方法、单克隆抗体、药物组合物和诊断试剂
国际分类号	C07K 16/18，C12P 21/08，A61K 39/395，G01N 33/577
复审请求人	欧加农股份有限公司
申 请 号	97126193.8
优 先 权 日	1996年12月6日，1997年6月27日
申 请 日	1997年12月5日
公 开 日	1998年7月22日
合议组组长	李金光
主 审 员	张 建
参 审 员	王 冬
法 律 依 据	专利法实施细则第20条第1款，专利法第31条第1款

决 定 要 点

权利要求的保护范围应当根据其所用词语的含义来理解，一般情况下，权利要求中的用词应当理解为相关技术领域通常具有的含义，在特定情况下，如果说明书中指明了某词具有特定的含义，只有使用了该词的权利要求的保护范围由于说明书中对该词的说明而被限定得足够清楚，这种情况才是允许的。

属于一个总的发明构思的两项以上的发明，应当在技术上相互关联，包含一个或者多个相同或者相应的特定技术特征，其中特定技术特征是指每一项发明作为整体，对现有技术作出贡献的技术特征。

一、案由

本复审请求涉及申请日为1997年12月5日、公开日为1998年7月22日、名称为"制备单克隆抗体的方法、单克隆抗体、药物组合物和诊断试剂"的第97126193.8号发明专利申请（下称本申请），本申请的优先权日为1996年12月6日和1997年6月27日。本申请的申请人为欧加农股份有限公司（2007年5月17日由"阿克佐诺贝尔公司"变更）。

国家知识产权局于2005年5月13日以权利要求1~10、16、18中涉及权利要求1~10的部分与权利要求11~15、17、18中涉及权利要求11~15的部分之间不符合专利法第31条第1款的规定以

及权利要求1不符合专利法实施细则第20条第1款的规定为由驳回了本申请。

驳回决定所针对的权利要求书为：

"1. 制备抗具有恒定区与可变区的细胞表面抗原的单克隆抗体的方法，其中至少部分的所述可变区定义了所述表面抗原的特异性决定部分，所述方法包括以下步骤

（1）以含有细胞表面抗原的物质注射哺乳动物，所述的物质选自 i）整个细胞和 ii）通过处理整个细胞而获得的膜部分；

（2）从所述哺乳动物的脾脏中分离含 B-细胞的细胞部分；

（3）通过以下步骤在步骤（2）中获得的所述的细胞部分中富集所述细胞表面抗原特异的 B-细胞，将细胞部分与和所述的整个细胞有关的细胞的结合载体物质接触，所述的细胞的结合载体物质缺乏所述的细胞表面抗原，并从待用于下一步中的富集的未结合的含有 B-细胞的细胞部分中分离结合到相关细胞的与载体结合物质上的 B-细胞；

（4）使所述细胞部分与载体结合的含有细胞表面抗原的物质接触，接着使未结合至所述载体结合物质上的 B 细胞与结合至所述载体结合物质上的 B 细胞分离，其中所述物质选自：i）整个细胞；ii）从所述整个细胞获得的膜部分；和 iii）基本纯化的细胞表面抗原；

（5）将前一步骤获得的结合至所述载体结合物质上的 B-细胞进行有限的稀释接着进行克隆扩增；

（6）筛选 B-细胞克隆并用小规模融合技术使所述筛选出的 B-细胞克隆永生化；和

（7）筛选和克隆能产生特异性结合所述细胞表面抗原抗体的杂交瘤，接着从所述杂交瘤的上清液中分离含有单克隆抗体的部分。

2. 根据权利要求1的方法，其特征在于注射以表面抗原的哺乳动物与表面抗原来源于其中的哺乳动物物种是不同的物种。

3. 根据权利要求2的方法，其特征在于含有受体分子的物质用作含有表面抗原的物质。

4. 根据权利要求3的方法，其特征在于 T-细胞克隆用于制备含有受体分子的物质。

5. 根据前面权利要求中任何一项的方法，其特征在于步骤1的膜部分通过机械处理整个细胞而获得。

6. 根据前面权利要求中任何一项的方法，其特征在于含有细胞表面抗原的物质在缺乏佐剂的条件下注射于哺乳动物。

7. 根据前面权利要求中任何一项的方法，其特征在于顺磁小珠用作载体。

8. 根据前面权利要求中任何一项的方法，其特征在于步骤6和7中至少一个当中的筛选用凝集分析进行，其中的 B-细胞克隆上清液与包被有抗体的载体和具有细胞表面抗原的整个细胞接触，并且检测凝集，其中该抗体能结合步骤1中被注射哺乳动物物种的抗体。

9. 根据权利要求8的方法，其特征在于与所述整个细胞有关但缺乏所述细胞表面抗原的整个细胞用作对照。

10. 根据前面权利要求中任何一项的方法，其特征在于在步骤6中筛选出的 B-细胞克隆与骨髓瘤细胞混合并进行微量电融合。

11. 与 T-细胞受体克隆型结构反应的单克隆抗体，其特征在于 T-细胞受体为与自身-免疫疾病有关的 T-细胞受体。

12. 根据权利要求11的单克隆抗体，其特征在于自身免疫疾病为类风湿性关节炎。

13. 根据权利要求12的单克隆抗体，其特征在于所述的单克隆抗体与 HCgp-39 反应性 T-细胞克隆的 T-细胞受体反应。

14. 根据权利要求13的单克隆抗体，其特征在于T-细胞克隆为ECACC保藏号96103122。

15. 根据权利要求14的单克隆抗体，其特征在于其通过选自以下的杂交瘤制备：ECACC保藏号96103118，ECACC保藏号96103119，ECACC保藏号96103120和ECACC保藏号96103121。

16. 药物组合物，其包括根据权利要求1~10中任何一项方法而制备的单克隆抗体，混合有适当的赋形剂。

17. 药物组合物，其包括根据权利要求11~15中任何一项的与适当的赋形剂混合的单克隆抗体，适于治疗类风湿性关节炎。

18. 包括单克隆抗体的诊断试剂，该单克隆抗体选自根据权利要求1到10中任何一项方法而制备的单克隆抗体和根据权利要求11~15中任何一项的单克隆抗体。"

驳回决定指出：

（1）涉及要求保护制备抗细胞表面抗原单克隆抗体的方法的权利要求1~10、16、18（下称a组）以及要求保护与T细胞受体克隆型结构反应的单克隆抗体的权利要求11~15、17、18（下称b组）中，相同特征在于"与T细胞受体克隆型结构反应的单克隆抗体"，该特征不是特定技术特征（因对比文件1（US5223426，公开日为1993年6月29日）的说明书摘要中公开了该技术特征），故上述两组权利要求之间不具有相同或相应的特定技术特征，不属于同一发明构思，不符合专利法第31条第1款的规定。

（2）权利要求1中涉及"整个细胞"、"有关的细胞"、"所述的整个细胞有关的细胞的结合载体的物质"等术语，说明书对所述术语的定义和解释与本领域普通技术人员所理解的含义相差甚远，因此说明书的定义无法清楚定义和解释权利要求1中的这些术语，故上述术语导致权利要求1所要求保护的范围不清楚，不符合专利法实施细则第20条第1款的规定。

申请人欧加农股份有限公司（下称请求人）对上述驳回决定不服，于2005年8月29日向专利复审委员会提出复审请求。请求人认为：

（1）对比文件1所公开的抗体并不是克隆型的抗体，而这种克隆型结构在本发明权利要求中进行了限定，故"与T细胞受体克隆型结构反应的单克隆抗体"并不是现有技术已知的，从而所述权利要求具有单一性。

（2）说明书对权利要求的解释不仅包括技术方案的解释，也包括对权利要求中所用术语的解释。尽管权利要求1中的所述术语与本领域的普通理解可能有差异，但是本领域普通技术人员参阅说明书后，对这些术语就会有一个清楚的理解。故这些术语是清楚的。

形式审查合格后，专利复审委员会受理了该复审请求，并于2005年10月11日向请求人发出《复审请求受理通知书》，同时将本申请案卷移交原审查部门进行前置审查。

原审查部门对本复审请求进行了前置审查，认为：

（1）事实上对比文件1中已经公开了T细胞表面受体的克隆型抗体，而即使对比文件1所公开的T细胞表面受体的克隆型抗体不等于针对T细胞表面抗原的"克隆型结构"的抗体，那么a、b两组权利要求间就没有任何相同之处了，也就没有任何相同或相应的特定技术特征，因此本申请仍然不符合专利法第31条第1款的规定。

（2）"说明书和附图可以用于解释权利要求"是在一定前提下的，在本领域从未出现过的术语，那么说明书的解释可以用于定义、解释权利要求，但是如果术语在本领域中已经存在，而说明书用相差甚远的含义来定义就不属于该法条适用的情况了，所以权利要求1所要求保护的范围不清楚，不符合专利法实施细则第20条第1款的规定。因此坚持原驳回决定。

专利复审委员会组成合议组，对本复审请求案进行了审理。

2007年7月9日，专利复审委员会向请求人发出《复审通知书》。《复审通知书》指出：

（1）权利要求1第（3）步骤中和权利要求9中对细胞记载有"有关"、"相关"这样的术语，本身并不清楚哪些细胞是与"整个细胞"有关或相关的细胞，说明书中的定义仅仅列举了一些优选方式，不清楚是否还有其他方式，权利要求中也并未明确将这些术语限定到上述优选方式的范围，所以"有关"或"相关"细胞的含义是不清楚的。权利要求1第（3）、（4）和（5）步骤中记载有"结合载体物质"、"载体结合物质"。虽然说明书对"结合载体物质"进行了定义，但说明书中的这种定义没有清楚限定权利要求1第（3）、（4）和（5）步骤中出现的"结合载体物质"、"载体结合物质"这些术语，所以这些术语的含义也是不清楚的。基于以上理由，权利要求1和9请求保护的范围不清楚，不符合专利法实施细则第20条第1款的规定。从属权利要求2~8、10引用了上述不清楚的权利要求1和9且并未进一步清楚限定，因此也不符合专利法实施细则第20条第1款的规定。

（2）a组权利要求中的细胞表面抗原是任何具有恒定区与可变区的细胞表面抗原，这与b组权利要求中的T-细胞受体是不同的；b组权利要求中的T-细胞受体仅仅是其中一种细胞表面抗原。a组权利要求的"抗具有恒定区与可变区的细胞表面抗原的单克隆抗体"与b组权利要求的"与T细胞受体克隆型结构反应的单克隆抗体"不同，a组权利要求制备的单克隆抗体并未限定针对细胞表面抗原的何种具体表位产生抗体，因此产生的并不一定是抗克隆型结构的单克隆抗体。所以a组和b组权利要求之间在技术上相互不关联，没有任何相同或者相应的特定技术特征，因此这两组权利要求之间不具备单一性，不符合专利法第31条第1款的规定。

针对《复审通知书》指出的问题，请求人于2007年8月22日提交了意见陈述书及经修改的权利要求书全文替换页共7项权利要求，其中删除了驳回决定和《复审通知书》所针对的权利要求1~10、16。

修改后的权利要求书如下：

"1. 与T-细胞受体克隆型结构反应的单克隆抗体，其特征在于T-细胞受体为与自身-免疫疾病有关的T-细胞受体。

2. 根据权利要求1的单克隆抗体，其特征在于自身免疫疾病为类风湿性关节炎。

3. 根据权利要求2的单克隆抗体，其特征在于所述的单克隆抗体与HCgp-39反应性T-细胞克隆的T-细胞受体反应。

4. 根据权利要求3的单克隆抗体，其特征在于T-细胞克隆为ECACC保藏号96103122。

5. 根据权利要求4的单克隆抗体，其特征在于其通过选自以下的杂交瘤制备：ECACC保藏号96103118，ECACC保藏号96103119，ECACC保藏号96103120和ECACC保藏号96103121。

6. 药物组合物，其包括根据权利要求1~5中任何一项的与适当的赋形剂混合的单克隆抗体，适于治疗类风湿性关节炎。

7. 包括单克隆抗体的诊断试剂，该单克隆抗体选自根据权利要求1~5中任何一项的单克隆抗体。"

请求人认为修改后的申请文件克服了《复审通知书》指出的所有缺陷。

至此，合议组认为本案事实已经清楚，可以作出审查决定。

二、决定的理由

1. 决定依据的文本

本复审决定所针对的文本为：请求人于2007年8月22日提交的权利要求1~7以及于申请日提交的说明书第1、3~7、10~20页、说明书附图第1~6页和摘要；于2003年9月9日提交的说明书第2页；于2004年4月27日提交的说明书第8~9页。

2. 关于专利法实施细则第 20 条第 1 款

专利法实施细则第 20 条第 1 款规定：权利要求书应当说明发明的技术特征，清楚、简要地表述请求保护的范围。

根据该款的规定，权利要求的保护范围应当根据其所用词语的含义来理解，一般情况下，权利要求中的用词应当理解为相关技术领域通常具有的含义，在特定情况下，如果说明书中指明了某词具有特定的含义，只有使用了该词的权利要求的保护范围由于说明书中对该词的说明而被限定得足够清楚，这种情况才是允许的。

本案中，驳回决定和《复审通知书》所针对的权利要求保护范围不清楚的权利要求中不清楚之处在于其中分别记载有含义不明确的措辞"有关的细胞"、"相关细胞"、"结合载体物质"、"载体结合物质"，请求人于 2007 年 8 月 22 日提交的权利要求书中删除了记载有上述含义不清楚措辞的权利要求，从而克服了驳回决定和《复审通知书》所指出的本申请不符合专利法实施细则第 20 条第 1 款规定的缺陷。

3. 关于专利法第 31 条第 1 款

专利法第 31 条第 1 款规定：一件发明专利申请应当限于一项发明。属于一个总的发明构思的两项以上的发明，可以作为一件申请提出。

根据该款的规定，属于一个总的发明构思的两项以上的发明，应当在技术上相互关联，包含一个或者多个相同或者相应的特定技术特征，其中特定技术特征是指每一项发明作为整体，对现有技术作出贡献的技术特征。

本案中，驳回决定和《复审通知书》中均指出本申请 a、b 两组权利要求间不存在相同或相应的特定技术特征，因而两组权利要求之间不具备单一性，不符合专利法第 31 条第 1 款的规定。由于请求人于 2007 年 8 月 22 日提交的权利要求书中删除了 a 组权利要求，仅保留了 b 组权利要求，因此克服了驳回决定和《复审通知书》所指出的本申请缺乏单一性的缺陷。

根据以上事实和理由，本案合议组作出如下审查决定。

三、决定

撤销国家知识产权局于 2005 年 5 月 13 日对第 97126193.8 号发明专利申请作出的驳回决定。由原审查部门在本复审决定所针对的文本的基础上继续进行审查。

复审请求人对本决定不服的，可以根据专利法第 41 条第 2 款的规定，自收到本决定之日起三个月内向北京市第一中级人民法院起诉。

056

牛泌乳相关的亲免疫性蛋白（CD14），编码基因以及在 B 细胞激活中的应用

复审请求审查决定（第 12214 号）

决 定 号	第 12214 号
决 定 日	2007 年 12 月 13 日
发明创造名称	牛泌乳相关的亲免疫性蛋白（CD14），编码基因以及在 B 细胞激活中的应用
国际分类号	C12N 15/12，A61K 38/17，C07K 19/00，C07K 14/705，C12N 5/10，G01N 33/60
复审请求人	韦尔斯利医院基金会
申 请 号	97199840.X
优 先 权 日	1996 年 11 月 18 日
申 请 日	1997 年 11 月 18 日
公 开 日	1999 年 12 月 8 日
合议组组长	郭 婷
主 审 员	刘玉玲
参 审 员	魏春宝

法 律 依 据 专利法第 33 条，第 22 条第 3 款，第 22 条第 4 款

决 定 要 点

如果修改后的技术方案既不是原说明书和权利要求书文字记载的内容，也不是根据原说明书和权利要求书文字记载的内容以及说明书附图能直接地、毫无疑义地确定的内容，那么这种修改是超范围的，不能被允许。

在判断要求保护的发明相对于现有技术是否显而易见时，先确定最接近的现有技术，再确定发明的区别特征和发明实际解决的技术问题，然后要判断现有技术整体上是否给出将上述区别特征应用到该最接近的现有技术以解决其存在的技术问题并获得要求保护的发明的启示，若现有技术中不存在这种技术启示，则发明是非显而易见的。

一、案由

本复审请求涉及 1997 年 11 月 18 日申请、1999 年 12 月 8 日公开、名称为"牛泌乳相关的亲免疫性蛋白（CD14），编码基因以及在 B 细胞激活中的应用"的第 97199840.X 号发明专利申请（下称本申请），本申请的优先权日为 1996 年 11 月 18 日，本申请的申请人为韦尔斯利医院基金会。

2004年11月19日国家知识产权局以1999年5月18日提交的说明书第1~3、5~32页、附图第1~26页、摘要，2004年3月8日提交的说明书第4, 4a页，以及2004年8月5日提交的权利要求1~18为审查基础，以权利要求1~5不符合专利法第22条第3款的规定、权利要求15~18不符合专利法第22条第4款的规定为由驳回了本申请。

驳回决定所针对的权利要求书为：

"1. 一种多肽在生产药物、食品或者疫苗中的用途，其中该多肽选自：

(a) 核酸序列SEQ ID NO：1编码的多肽；

(b) 核酸序列SEQ ID NO：2编码的多肽；

(c) 核酸序列SEQ ID NO：3编码的多肽；及

(d)（a）、（b）或（c）的保守取代多肽，其可以激活B细胞。

2. 权利要求1的用途，用于生产药物。

3. 权利要求1的用途，用于生产一种食品，该食品是婴儿配方。

4. 权利要求1的用途，用于生产疫苗。

5. 权利要求1~4之任一的用途，其中所述多肽选自（a）、（b）或（c）。

6. 权利要求1的用途，其中所述多肽由哺乳动物乳房泌乳中获得。

7. 权利要求6的用途，其中所述哺乳动物是牛。

8. 含有编码SEQ ID NO：4的多肽的核苷酸序列的核酸分子。

9. 权利要求8的核酸分子，含有SEQ ID NO：1的核苷酸序列。

10. 生产婴儿配方的方法，包括将权利要求1~7任一项中的多肽加入到该配方中。

11. 权利要求10的方法生产的婴儿配方。

12. 生产含有非CD14抗原的疫苗的方法，包括将权利要求1~7任一项中的多肽加入到疫苗中。

13. 权利要求12的方法，还包括混合抗原和多肽至疫苗中的步骤。

14. 用于疫苗接种的试剂盒，含有预定量的非CD14抗原和预定量的权利要求1~7任一项中的多肽。

15. 检测编码CD14的核酸分子的探针，包括编码权利要求1所述（a）、（b）或（c）的多肽的序列中至少34个连续核苷酸。

16. 权利要求15的探针，包括SEQ ID NO：1的序列中至少34个连续核苷酸。

17. 权利要求15的探针，包括SEQ ID NO：2的序列中至少34个连续核苷酸。

18. 权利要求15的探针，包括SEQ ID NO：3的序列中至少34个连续核苷酸。"

驳回决定认为：(1) 权利要求1要求保护SEQ ID NO：2、3编码的多肽在生产药物、食品或者疫苗中的用途，其中，SEQ ID NO：2、3分别为编码人和小鼠CD14的核酸序列，对比文件1（"Mouse and human CD14 (myeloid cell-specific leucine-rich glycoprotein) primary structure deduced from cDNA clones", Mihoko Setoguchi等, Biochimica Biophysica Acta, 1989年, 第1008卷, 第213~222页）公开了人和小鼠的CD14的基因序列（第216~217页图3），而CD14在免疫方面具有一定功能是本领域技术人员众所周知的，在此基础上，想到将人和小鼠的CD14用于生产药物、食品或疫苗是显而易见的，因此，权利要求1不符合专利法第22条第3款有关创造性的规定。同理，权利要求2、4不符合专利法第22条第3款有关创造性的规定。权利要求3中限定的婴儿食品是食品中的常见形式，而且也未取得预料不到的效果，因此，权利要求3也不符合专利法第22条第3款有关创造性的规定。在权利要求1~4不具备创造性的基础上，权利要求5也不符合专利法第22条第3款有关创造性的规定。(2) 权利要求15~18要求保护包括所述序列至少34个连续核苷酸的用于检测编码CD14

的核酸分子的探针，所述检测能否具有再现性要看组成探针的序列对目的蛋白的特异性，说明书没有给出任意34个核苷酸都必然能实现检测目的的证明，不能保证用任意的连续34个核苷酸检测到的序列一定编码CD14，从而不能确定所述探针具有检测编码CD14的核酸分子的再现性，致使权利要求15~18要求保护的探针不具有产业上的使用价值，不符合专利法第22条第4款有关实用性的规定。

申请人韦尔斯利医院基金会（下称请求人）对上述驳回决定不服，于2005年3月4日向专利复审委员会提出复审请求，请求人在提出复审请求时提交了新修改的权利要求全文替换页（共18项），在权利要求1~4中增加了"用于激活B细胞的"的技术特征，同时提交了附件1（"Molecular Cloning, a laboratory manual"，第2版，J. Sambrook等，Cold Spring Harbor Laboratory Press，1989年，复印件共8页）。

请求人提交的新权利要求书为：

"1. 一种多肽在生产用于激活B细胞的药物、食品或者疫苗中的用途，其中该多肽选自：

（a）核酸序列SEQ ID NO：1编码的多肽；

（b）核酸序列SEQ ID NO：2编码的多肽；

（c）核酸序列SEQ ID NO：3编码的多肽；及

（d）（a）、（b）或（c）的保守变换多肽，其可以激活B细胞。

2. 权利要求1的用途，用于生产激活B细胞的药物。

3. 权利要求1的用途，用于生产一种食品，该食品是用于激活B细胞的婴儿配方。

4. 权利要求1的用途，用于生产激活B细胞的疫苗。

5. 前述任一权利要求的用途，其中所述多肽选自（a）、（b）或（c）。

6. 权利要求1的用途，其中所述多肽由哺乳动物乳房泌乳中获得。

7. 权利要求6的用途，其中所述哺乳动物是牛。

8. 含有编码SEQ ID NO：4的多肽的核苷酸序列的核酸分子。

9. 权利要求8的核酸分子，含有SEQ ID NO：1的核苷酸序列。

10. 生产婴儿配方的方法，包括将权利要求1~7任一项中的多肽加入到该配方中。

11. 权利要求10的方法生产的婴儿配方。

12. 生产含有非CD14抗原的疫苗的方法，包括将权利要求1~7任一项中的多肽加入到疫苗中。

13. 权利要求12的方法，还包括混合抗原和多肽至疫苗中的步骤。

14. 用于疫苗接种的试剂盒，含有预定量的非CD14抗原和预定量的权利要求1~7任一项中的多肽。

15. 检测编码CD14的核酸分子的探针，包括编码权利要求1所述（a）、（b）或（c）的多肽的序列中至少34个连续核苷酸。

16. 权利要求15的探针，包括SEQ ID NO：1的序列中至少34个连续核苷酸。

17. 权利要求15的探针，包括SEQ ID NO：2的序列中至少34个连续核苷酸。

18. 权利要求15的探针，包括SEQ ID NO：3的序列中至少34个连续核苷酸。"

请求人认为，（1）修改后的权利要求1~5要求保护一种多肽在生产用于激活B细胞的药物、食品或者疫苗中的用途，增加了"用于激活B细胞的"的技术特征，而对比文件1并没有公开CD14的任何功能，因此不会启发本领域技术人员配制药物、食品或疫苗；（2）关于权利要求15~18中探针的长度，在说明书中记载的探针SEQ ID NO：11和12的长度都是34个碱基，这一长度是足够的，不需要全长序列中的特定序列来决定特异性，附件1可以证明这一点，而且CD14是独特的基因，不属于任何具有广泛同源性的"基因家族"，用34bp引物保证了检测CD14基因的特异性。因此，国家知识产权局驳回的理由不成立。

形式审查合格后，专利复审委员会受理了该复审请求，并于2005年4月27日向请求人发出《复审请求受理通知书》，同时将本申请案卷移交原审查部门进行前置审查。

原审查部门对本复审请求进行了前置审查，认为权利要求15～18仍然不符合专利法第22条第4款的规定，因而，坚持原驳回决定。

专利复审委员会组成合议组，对本复审请求案进行了审理。于2007年6月29日向请求人发出《复审通知书》。《复审通知书》指出，（1）与原始权利要求相比，权利要求6增加了技术特征"其中所述多肽由哺乳动物乳房泌乳中获得"，权利要求6中SEQ ID NO：3是编码小鼠CD14多肽（SEQ ID NO：6）的核酸序列，然而原始权利要求书和说明书中没有记载小鼠CD14多肽是从小鼠乳房泌乳中获得的；原始权利要求书和说明书的相关记载是，"小鼠CD14从小鼠杂交瘤OKT3的上清中分离"（参见说明书第26页第9行），然而杂交瘤OKT3和乳房的泌乳属于不同的组织来源，两者不能等同，即修改后的技术方案也不能根据原始说明书和权利要求书文字记载的内容以及说明书附图直接、毫无疑义地确定，因此，修改后的权利要求6涉及SEQ ID NO：3的技术方案超出原始说明书和权利要求书记载的范围，权利要求6不符合专利法第33条的规定。（2）与原始权利要求相比，权利要求15～18是增加的权利要求，要求保护检测编码CD14的核酸分子的探针，包括编码权利要求1所述（a）、（b）或（c）的多肽的序列中至少34个连续核苷酸。原始权利要求书和说明书中没有记载编码（a）、（b）或（c）所述多肽（即分别为SEQ ID NO：4～6所示的牛、人和小鼠的CD14）的核苷酸中至少34个连续核苷酸作为检测编码CD14的核酸分子的探针的用途；原始权利要求书和说明书仅仅记载了两个具体核苷酸序列（SEQ ID NO：11和12）作为小鼠CD14特异的探针，没有记载其他任意的编码小鼠CD14（SEQ ID NO：6）的核苷酸的至少34个连续核苷酸作为小鼠CD14特异的探针，因而并不能由两个具体的核苷酸序列（SEQ ID NO：11和12）直接、毫无疑义地确定编码SEQ ID NO：6的核苷酸的至少34个连续核苷酸作为小鼠CD14特异的探针，当然更不能直接、毫无疑义地确定编码SEQ ID NO：4或5的核苷酸的至少34个连续核苷酸作为牛或人CD14特异的探针，即修改后的技术方案也不能根据原始权利要求书和说明书文字记载的内容以及说明书附图直接地、毫无疑义地确定，因此，增加的权利要求15～18的技术方案超出原始权利要求书和说明书记载的范围，权利要求15～18不符合专利法第33条的规定。

针对《复审通知书》指出的问题，请求人于2007年10月15日提交了意见陈述书及经修改的权利要求书全文替换页（共14项），其中将权利要求6中的多肽限定为（a），并且删除了权利要求15～18。

修改后的权利要求书如下：

"1. 一种多肽在生产用于激活B细胞的药物、食品或者疫苗中的用途，其中该多肽选自：

（a）核酸序列SEQ ID NO：1编码的多肽；

（b）核酸序列SEQ ID NO：2编码的多肽；

（c）核酸序列SEQ ID NO：3编码的多肽；及

（d）（a）、（b）或（c）的保守变换多肽，其可以激活B细胞。

2. 权利要求1的用途，用于生产激活B细胞的药物。

3. 权利要求1的用途，用于生产一种食品，该食品是用于激活B细胞的婴儿配方。

4. 权利要求1的用途，用于生产激活B细胞的疫苗。

5. 前述任一权利要求的用途，其中所述多肽选自（a）、（b）或（c）。

6. 权利要求1的用途，其中所述多肽是（a），该多肽由哺乳动物乳房泌乳中获得。

7. 权利要求6的用途，其中所述哺乳动物是牛。

8. 含有编码SEQ ID NO：4的多肽的核苷酸序列的核酸分子。

9. 权利要求8的核酸分子，含有SEQ ID NO：1的核苷酸序列。

10. 生产婴儿配方的方法，包括将权利要求1～7任一项中的多肽加入到该配方中。

11. 权利要求10的方法生产的婴儿配方。

12. 生产含有非CD14抗原的疫苗的方法，包括将权利要求1～7任一项中的多肽加入到疫苗中。

13. 权利要求12的方法，还包括混合抗原和多肽至疫苗中的步骤。

14. 用于疫苗接种的试剂盒，含有预定量的非CD14抗原和预定量的权利要求1～7任一项中的多肽。"

请求人认为，修改后的权利要求书已克服了《复审通知书》中指出的本申请的缺陷。

至此，合议组认为本案事实已经清楚，可以作出审查决定。

二、决定的理由

1. 审查针对的文本

本复审请求审查决定所针对的文本为请求人于2007年10月15日提交的权利要求1～14、于1999年5月18日提交的说明书第1～3、5～32页，说明书附图第1～26页和摘要以及于2004年3月8日提交的说明书第4、4a页。

2. 关于专利法第33条

专利法第33条规定：申请人可以对其专利申请文件进行修改，但是，对发明专利申请文件的修改不得超出原说明书和权利要求书记载的范围。

根据该条规定，原说明书和权利要求书记载的范围包括原说明书和权利要求书文字记载的内容和根据原说明书和权利要求书文字记载的内容以及说明书附图能直接地、毫无疑义地确定的内容。如果修改后的技术方案既不是原说明书和权利要求书文字记载的内容，也不是根据原说明书和权利要求书文字记载的内容以及说明书附图能直接地、毫无疑义地确定的内容，那么这种修改是超范围的，不能被允许。

本案中，请求人于2007年10月15日提交了修改的权利要求书全文替换页，其中，删除了权利要求6涉及的SEQ ID NO：3的技术方案和权利要求15～18，即该权利要求书中已经删除了《复审通知书》指出的修改超出原始权利要求书和说明书记载范围的全部技术方案，因此，修改后的权利要求书符合专利法第33条的规定。

3. 关于专利法第22条第3款

专利法第22条第3款规定：创造性，是指同申请日以前已有的技术相比，该发明有突出的实质性特点和显著的进步，该实用新型有实质性特点和进步。

在判断要求保护的发明相对于现有技术是否显而易见时，先确定最接近的现有技术，再确定发明的区别特征和发明实际解决的技术问题，然后要判断现有技术整体上是否给出将上述区别特征应用到该最接近的现有技术以解决其存在的技术问题并获得要求保护的发明的启示，若现有技术中不存在这种技术启示，则发明是非显而易见的。

本案中，权利要求1要求保护一种多肽在生产用于激活B细胞的药物、食品或者疫苗中的用途，其中该多肽选自：（a）核酸序列SEQ ID NO：1编码的多肽；（b）核酸序列SEQ ID NO：2编码的多肽；（c）核酸序列SEQ ID NO：3编码的多肽；及（d）（a）、（b）或（c）的保守变换多肽，其可以激活B细胞。

驳回决定认为，权利要求1中关于SEQ ID NO：2、3编码的多肽的用途的技术方案相对于对比文件 1 不具备创造性。

对比文件 1 公开了人和小鼠的 CD14 的基因序列（即本申请权利要求 1 中的 SEQ ID NO：2 和 3），并指出，CD14 是一种骨髓细胞表面分化抗原（参见对比文件 1 第 213 页右栏、第 216~217 页图 3）。可见权利要求 1 中关于 SEQ ID NO：2、3 编码的多肽的用途的技术方案和对比文件 1 公开的技术方案的区别技术特征在于权利要求 1 中具体限定了该多肽的用途为"在生产用于激活 B 细胞的药物、食品或者疫苗中的用途"，即本发明实际解决的技术问题是提供该多肽的具体用途。虽然对比文件 1 公开了 CD14 是一种骨髓细胞表面分化抗原，但并未公开其具体功能，本领域技术人员根据 CD14 是一种骨髓细胞表面分化抗原可推知其在免疫系统中具有一定的作用，但免疫系统的作用包括很多，例如仅仅介导骨髓细胞的分化，对 T 细胞的作用，对 B 细胞的激活，促进 B 细胞的抗体的形成，细胞因子的产生等等，因而，根据对比文件 1 公开的"CD14 是一种骨髓细胞表面分化抗原"这样泛泛的功能，本领域技术人员并不能得到启示从而推知"CD14 具有激活 B 细胞活性"的具体功能，进而根据该活性而将权利要求 1 中的 SEQ ID NO：2、3 编码的多肽用于生产药物、食品或者疫苗的用途，因此，权利要求 1 中关于 SEQ ID NO：2、3 编码的多肽的用途的技术方案相对于对比文件 1 是非显而易见的，具有突出的实质性特点，而且该技术方案也取得了有益的技术效果，即具有显著的进步，因此，权利要求 1 相对于对比文件 1 具有创造性，符合专利法第 22 条第 3 款的规定。

基于独立权利要求 1 具备创造性，其从属权利要求 2~5 也具有创造性，符合专利法第 22 条第 3 款的规定。

4. 关于专利法第 22 条第 4 款

专利法第 22 条第 4 款的规定：实用性，是指发明或者实用新型能够制造或者使用，并且能够产生积极效果。

本案中，驳回决定认为权利要求 15~18 不符合专利法第 22 条第 4 款的规定，请求人于 2007 年 10 月 15 日提交的权利要求书中已经删除了驳回决定所针对的权利要求 15~18，因此，驳回决定中指出的本申请不符合专利法第 22 条第 4 款规定的缺陷已被克服。

根据以上事实和理由，本案合议组作出如下审查决定。

三、决定

撤销国家知识产权局于 2004 年 11 月 19 日对第 97199840.X 号发明专利申请作出的驳回决定。由原审查部门在本复审请求审查决定所针对的文本的基础上继续进行审查。

复审请求人对本决定不服的，可以根据专利法第 41 条第 2 款的规定，自收到本决定之日起三个月内向北京市第一中级人民法院起诉。

与细胞凋亡有关的疾病的预防和/或治疗药剂

复审请求审查决定（第 12236 号）

决 定 号	第 12236 号
决 定 日	2007 年 11 月 21 日
发明创造名称	与细胞凋亡有关的疾病的预防和/或治疗药剂
国际分类号	A61K 38/43
复审请求人	东菱药品工业株式会社
申 请 号	97117912.3
优 先 权 日	1996 年 8 月 29 日
申 请 日	1997 年 8 月 29 日
公 开 日	1998 年 4 月 29 日
合议组组长	吴通义
主 审 员	任 怡
参 审 员	张晓飞

法 律 依 据 专利法第 26 条第 4 款

决 定 要 点

权利要求书应当以说明书为依据，是指权利要求应当得到说明书的支持。如果权利要求书中的每一项权利要求所要求保护的技术方案是所属技术领域的技术人员能够从说明书充分公开的内容中得到或概括得出的，并且没有超出说明书公开的范围，则该权利要求能够得到说明书的支持。

一、案由

本复审请求涉及 1998 年 4 月 29 日公开、名称为"与细胞凋亡有关的疾病的预防和/或治疗药剂"的第 97117912.3 号发明专利申请（下称本申请），本申请的优先权日为 1996 年 8 月 29 日，申请日为 1997 年 8 月 29 日，本申请的申请人为东菱药品工业株式会社。

国家知识产权局于 2005 年 5 月 13 日以权利要求 1~2 不符合专利法第 26 条第 4 款的规定为由驳回了本申请。

驳回决定所针对的权利要求书为：

"1. 巴曲霉在制备用于抑制患有细胞凋亡相关疾病的患者中的细胞凋亡的药物中的应用，其中可以通过抑制细胞凋亡而对细胞凋亡相关的疾病进行预防或治疗，且所述疾病不包括再灌注障碍。

2. 权利要求 1 所述应用，其中与细胞凋亡相关的疾病是除了再灌流障碍之外的局部缺血性疾病、神经变性疾病、末梢神经障碍、再生不良性贫血、肝障碍或 HIV 感染症。"

驳回决定认为：说明书仅验证了巴曲霉在局部缺血再灌注障碍模式中的细胞凋亡抑制效果，没有验证权利要求所保护的制药用途，实施例验证的仅是细胞凋亡的一种方法，不能支持权利要求所保护的除再灌注障碍外的其他细胞凋亡相关的疾病。

申请人东菱药品工业株式会社（下称请求人）对上述驳回决定不服，于 2005 年 8 月 18 日向专利复审委员会提出复审请求，没有提交新的专利申请文本，请求人在提出复审请求时提交了附件 1：

附件 1. 第 96108240.2 号中国发明专利说明书，授权公告日为 2005 年 2 月 2 日，扉页及权利要求书复印件共 2 页。

请求人认为：权利要求 1~2 排除再灌注损伤是为了避免与在先专利申请 ZL96108240.2 重复授权的问题，细胞凋亡可以由各种因素引起，实施例中的缺血再灌注模型仅是其中的一种方式，防止局部缺血性再灌注损伤引起的细胞凋亡的效果一经证实，本领域技术人员就可容易地理解与细胞凋亡相关的疾病可以用巴曲霉治疗，因此权利要求 1~2 可以得到说明书的支持，国家知识产权局驳回的理由不成立。

形式审查合格后，专利复审委员会受理了该复审请求，并于 2005 年 9 月 14 日向请求人发出《复审请求受理通知书》，随后将本申请移交原审查部门进行前置审查。

原审查部门对本复审请求进行了前置审查，认为细胞凋亡由多种因素引起，实施例仅证明了巴曲霉能够抑制其中缺血再灌注引起的细胞凋亡，不能证明能够抑制其他因素引起的细胞凋亡，故坚持原驳回决定。

请求人于 2006 年 6 月 30 日提交了修改的权利要求书替换页以及补充意见，补充意见中指出：本申请实施例中使用的动物模型与观察再灌注损伤的缺血再灌注损伤模型不同，在本申请实施例的实验条件下不能引起神经细胞坏死为主要表现的再灌注损伤，在该实验条件下观察评价的是神经细胞凋亡，本申请利用比一般再灌注损伤模型弱的缺血程度条件而样本采集时间较晚的脑缺血再灌注动物模型，以及用观察细胞凋亡特有的 TUNEL 方法评价了巴曲霉抑制细胞凋亡的效果，本领域普通技术人员能够预见到巴曲霉可用于治疗或预防与细胞凋亡增加有关的所述疾病，权利要求 1 中排除再灌注损伤是为了避免重复授权。

专利复审委员会组成合议组，对本案的复审请求进行了审理。于 2007 年 5 月 29 日向请求人发出《复审通知书》。《复审通知书》指出：权利要求 1 的技术方案为巴曲霉在制备用于预防或治疗细胞凋亡相关疾病的药物中的用途，该权利要求限定了多种与细胞凋亡相关的疾病：神经变性疾病、末梢神经障碍、再生不良性贫血、肝障碍、艾滋病或除了再灌注障碍之外的局部缺血性疾病。细胞凋亡是由生理活性物质诱导或受凋亡抑制因子的抑制等因素控制，可以由多种因素引起，如自身正常凋亡、神经变性疾病、脊髓发育不良综合症、再灌注损伤、毒素等，其中再灌注损伤通过缺血再灌注引起体内细胞的钙超载、神经递质大量释放等生理反应而导致细胞凋亡，其他因素可通过其他各种方式使机体产生生理反应诱导细胞凋亡。本申请仅在说明书实施例部分给出了巴曲霉对缺血再灌注后细胞凋亡的作用，并没有给出证据证明巴曲霉是通过何种机理起作用的，根据说明书所给出的信息，所属领域技术人员无法判断巴曲霉是通过控制缺血再灌注产生的异常生理反应来抑制细胞凋亡，还是其本身对细胞凋亡的过程有直接的恢复作用而抑制细胞凋亡。因此，所属技术领域的技术人员根据说明书的记载难以预期巴曲霉能否用于预防或治疗权利要求 1 所列的神经变性疾病等病症，权利要求 1 的概括包含了申请人推测的内容，其效果难以预先确定和评价，权利要求 1 得不到说明书的支持，不符合专利法第 26 条第 4 款的规定。权利要求 2 对权利要求 1 中的疾病进行了选择，基于与对权利要求 1 评述部分相同的理由，根据说明书的记载所属技术领域的技术人员不能预测巴曲霉对于缺血再灌注以外的其他原因引起的细胞凋亡具有治疗和预防效果。因此权利要求 2 也不符合专利法第 26 条第 4 款的规定。

针对《复审通知书》指出的问题，请求人于 2007 年 9 月 13 日提交了意见陈述书及经修改的权利要求书。请求人同时提交了如下附件（编号续前）：

附件 2. "Apoptosis in the Pathogenesis and Treatment of Disease", Craig B. Thompson, Scinece, 第 267 卷, 第 1456~1462 页, 1995 年, 复印件共 7 页;

附件 3. 美国专利文献 US 5770690, 公开日为 1998 年 6 月 23 日, 复印件共 4 页;

附件 4. 第 03118416.2 号中国发明专利说明书, 授权公告日为 2005 年 6 月 8 日, 复印件共 5 页;

附件 5. "巴曲酶对围产期缺氧缺血性脑损伤神经保护作用的研究", 郭世杰等, 《中风与神经疾病杂志》, 第 21 卷第 1 期, 第 25~27 页、附图页, 2004 年 2 月, 复印件共 4 页;

附件 6. 东菱药品株式会社内部资料的复印件 (4 页) 及其中文译文 (3 页), 共 7 页;

附件 7. "巴曲酶对沙土鼠前脑缺血再灌注损伤后神经元凋亡的时间效应关系研究", 龚洁等, 《南京医科大学学报》, 第 25 卷第 10 期, 第 697~699 页, 2005 年 10 月, 复印件共 3 页;

附件 8. "左旋四氢巴马汀在大鼠急性脑缺血再灌注时对 Bcl-2、Bax 蛋白表达的影响", 杨光田等, 《中华急诊医学杂志》, 第 11 卷第 6 期, 第 376~378、409 页, 2002 年 11 月, 复印件共 4 页;

附件 9. "预防性应用氟桂利嗪对实验性脑缺血模型神经细胞的保护", 张秋玲等, 《中国临床康复》, 第 7 卷第 19 期, 第 2652~2653 页, 2003 年 8 月 15 日, 复印件共 2 页;

附件 10. "脑脉通对老龄老鼠脑缺血/再灌注细胞凋亡的影响", 任小巧等, 《中国老年学杂志》, 第 25 卷第 9 期, 第 1067~1068 页, 2005 年 9 月, 复印件共 2 页。

2007 年 10 月 26 日, 请求人再次提交了经修改的权利要求书全文替换页 (共 1 页 1 项)。修改后的权利要求书如下:

"1. 巴曲霉在制备用于预防和/或治疗缺血再灌注引起的细胞凋亡的药物中的用途。"

至此, 合议组认为本案事实清楚, 可以作出审查决定。

二、决定的理由

1. 审查依据的文本

本复审决定所针对的文本为 2007 年 10 月 26 日提交的权利要求 1、1997 年 8 月 29 日提交的说明书第 1~5 页和说明书摘要。

2. 关于专利法第 26 条第 4 款

专利法第 26 条第 4 款规定, 说明书应当对发明或者实用新型作出清楚、完整的说明, 以所属技术领域的技术人员能够实现为准。

权利要求书应当以说明书为依据, 是指权利要求应当得到说明书的支持。如果权利要求书中的每一项权利要求所要求保护的技术方案是所属技术领域的技术人员能够从说明书充分公开的内容中得到或概括得出的, 并且没有超出说明书公开的范围, 则该权利要求能够得到说明书的支持。

本申请权利要求 1 要求保护巴曲霉在制备用于预防和/或治疗缺血再灌注引起的细胞凋亡的药物中的用途, 而说明书在第 4~5 页的实施例部分记载了巴曲霉在脑局部缺血再灌注障碍模式的大鼠中抑制细胞凋亡的实验过程和证实其对细胞凋亡具有明显抑制作用的实验数据, 本申请说明书公开的上述内容证明了巴曲霉可用于制备预防和/或治疗缺血再灌注引起的细胞凋亡的药物, 因此, 修改后的权利要求 1 能够得到说明书的支持, 符合专利法第 26 条第 4 款的规定。

根据以上事实和理由, 本案合议组作出如下审查决定。

三、决定

撤销国家知识产权局于 2005 年 5 月 13 日对 97117912.3 号发明专利申请作出的驳回决定。由原审查部门在本复审决定所针对的文本的基础上继续进行审查。

复审请求人对本决定不服的, 可以根据专利法第 41 条第 2 款的规定, 自收到本决定之日起三个月内向北京市第一中级人民法院起诉。

异氰酸酯乳液胶粘剂制备方法

复审请求审查决定（第 12237 号）

决 定 号	第 12237 号
决 定 日	2007 年 12 月 6 日
发明创造名称	异氰酸酯乳液胶粘剂制备方法
国际分类号	C09J 175/04
复审请求人	东北林业大学
申 请 号	00129121.1
申 请 日	2000 年 9 月 29 日
公 开 日	2002 年 4 月 24 日
合议组组长	李人久
主 审 员	郝兴辉
参 审 员	张晓飞

法 律 依 据 专利法第 26 条第 3 款

决 定 要 点

说明书给出的技术手段是含糊不清的，缺少实现发明所需的完整的具体实施方式，导致所属技术领域的技术人员不能实现该发明的技术方案，解决其技术问题，并且产生预期的技术效果，该说明书不符合专利法第 26 条第 3 款的规定。

一、案由

本复审请求涉及名称为"异氰酸酯乳液胶粘剂制备方法"的第 00129121.1 号发明专利申请（下称本申请），申请人为东北林业大学，申请日为 2000 年 9 月 29 日，公开日为 2002 年 4 月 24 日。

2003 年 4 月 18 日，国家知识产权局向申请人发出第一次审查意见通知书，其审查意见为：说明书未对发明作出清楚、完整的说明，不符合专利法第 26 条第 3 款的规定，权利要求 1~3 不能得到说明书的支持，不符合专利法第 26 条第 4 款的规定。

申请人于 2003 年 6 月 13 日提交了补正书和修改后的说明书第 1~6 页。

2003 年 10 月 17 日，国家知识产权局向申请人发出《第二次审查意见通知书》，其审查意见为：修改后的说明书增加了新内容，补入了具体化合物，并更改了反映温度、时间、加入量等要素，导致修改后的说明书超出了原始公开的说明书记载的范围，不符合专利法第 33 条的规定。

申请人分别于 2003 年 12 月 4 日和 2004 年 1 月 7 日提交了意见陈述书、补正书和修改后的申请文件替换页，又于 2004 年 1 月 9 日提交了更换后的意见陈述书和更换后的补正书。

国家知识产权局于 2004 年 4 月 2 日驳回了本申请,其理由为:修改后的说明书对第 3 页第五段、实施例 1、第 3 页最后一段、第 4 页第 1 段、实施例 2、第 4 页表 1 的修改,与原始申请文件相比构成了新的技术方案,所使用的化合物"十七烷氧基聚氧乙烯-25 醚"在原始公开的说明书和权利要求中没有记载,因此该申请说明书的修改超出了原始申请文件公开的范围,不符合专利法第 33 条的规定。驳回决定针对的权利要求书为:

"1. 一种异氰酸酯乳液胶黏剂制备方法,属于聚氨酯胶黏剂制备方法,其特征在于采用多异氰酸脂类物质,分子式如下:

$$OCN-R-NCO \qquad (Ⅰ)$$

式中,R 为 6~20 个碳原子的烷基、环烷基、芳香基或烷芳基,或由苯胺与甲醛合成含一定量的多胺混合物后再光气化而得到 PAPI(多亚甲基多苯基多异氰酸酯),分子式如下:

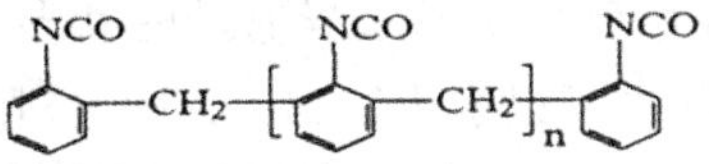

(Ⅱ)

式中 n 为大于 1 的整数。

和经真空减压脱水后的多元醇类物质,分子式如下:

$$R'-(CH_2-CH_2-O)_m-H \qquad (Ⅲ)$$

式中 R′为环氧基、烷氧基、芳氧基或 H,m 为 5~50 的整数,按摩尔比 20-200:1 分别称取,加入洁净干燥的装有搅拌器和温度计的三口瓶中,经氮气保护加热,升温,保温得到异氰酸酯基封端预聚体,取异氰酸酯预聚体,与乳化液水溶液、稳定剂水溶液搅拌混合,制成异氰酸酯乳液胶黏剂。

2. 如权利要求 1 所述的异氰酸酯乳液胶黏剂制备方法,其特征在 30~100℃ 之间加热升温,保温 2~4 小时。

3. 如权利要求 1 所述的异氰酸酯乳液胶黏剂制备方法,其特征在于乳化剂水溶液浓度为 0.1%~10%,稳定剂水溶液浓度为 0.1%~10%,异氰酸酯预聚体固体含量为 30%~40%。"

申请人东北林业大学(下称请求人)对上述驳回决定不服,于 2004 年 5 月 11 日向专利复审委员会提出复审请求,认为修改后的说明书没有增加技术特征、也没有构成新的技术方案,没有超出原始申请文件公开的范围。

形式审查合格后,专利复审委员会受理了该复审请求,于 2005 年 3 月 2 日向复审请求人发出《复审请求受理通知书》,并将案卷转送至原审查部门进行前置审查。

原审查部门对本复审请求进行了前置审查,认为说明书第 3 页第 5 段增加了具体实施方案,实施例中将通式化合物修改为具体化合物,这些增加和修改超出了原始申请文件的范围,坚持驳回决定。

专利复审委员会组成合议组,对本复审请求案进行了审理,于 2005 年 10 月 9 日发出《第一次复审通知书》,指出与申请日提交的原说明书和权利要求书相比,修改后的说明书和权利要求书超范围,不符合专利法第 33 条的规定。

请求人于 2005 年 11 月 8 日提交了意见陈述书,并提交了说明书摘要、权利要求书、说明书的全文替换页。

合议组于 2007 年 7 月 31 日发出《第二次复审通知书》,指出说明书的具体实施方式一中的反应原料"结构式(Ⅲ)的化合物"是通式化合物,在实施方式中没有描述具体的化合物,并且"乳化剂水溶液"和"稳定剂水溶液"的具体物质和浓度仅在说明书中列举了一定的范围,在具体实施方式中没有描述具体的物质和浓度,而且乳化的具体步骤也不清楚;同样,说明书的具体实施方式二中的反应原料"结构式(Ⅱ)的化合物"和"结构式(Ⅲ)的化合物"也都是通式化合物,没有描述具体的化合物;表 2 列出了各种刨花板物理力学性能,但是所属技术领域的技术人员不能明了制备各种刨花板的异氰酸脂乳液胶粘剂的具体成分。修改后的说明书中具体实施方式一和具体实施方式二所用的反应原料、制备步骤以及制得的产物均不清楚，所属技术领域的技术人员根据说明书记载内容，无法实施该异氰酸脂乳液胶粘剂制备方法，并解决其技术问题。因此，说明书给出的技术手段是含糊不清的，缺少实现发明所需的完整的具体实施方式，导致所属技术领域的技术人员不能实现该发明的技术方案，解决其技术问题，并且产生预期的技术效果，说明书不符合专利法第26条第3款的规定。另外，说明书没有清楚、完整地公开制备异氰酸脂乳液胶粘剂的方法，没有足够的实施例支持权利要求1的方法中采用通式化合物（Ⅰ）、（Ⅱ）、（Ⅲ）均能解决技术问题，即根据说明书记载的内容所属技术领域的技术人员无法确定该通式化合物概括的具体化合物均能解决其技术问题，并达到相同的技术效果，因此权利要求1~3要求保护的技术方案不符合专利法第26条第4款的规定。

针对上述复审通知书，请求人于2007年8月31日提交了意见陈述书和修改后的权利要求第1~2项、说明书第1~2页。请求人认为：新权利要求1中多亚甲基多苯基多异氰酸酯和多元醇类物质以通式的形式给出，但多亚甲基多苯基多异氰酸酯是化工产品，可以购买得到，说明书对多元醇类物质中的R′各基团进行了具体的限定和描述；本发明所限定的多元醇类物质形成的预聚体空间结构统一，都具有自乳化功能，所以制备出的异氰酸酯封端预聚体均能解决异氰酸酯水乳液不稳定的技术问题，达到技术效果，因此新权利要求1和2符合专利法第26条第4款的规定；在多元醇物质与多亚甲基多苯基多异氰酸酯比例确定的情况下，预聚体在水中的稳定性能基本相同，因此即使具体实施方式一和二中没有具体说明多元醇物质，也不影响本领域技术人员的实施，修改后的申请文件给出的技术手段清楚，不缺少实现本发明的具体实施方式，本领域技术人员能够实现本发明的技术方案，说明书符合专利法第26条第3款的规定。修改后的权利要求书为：

"1. 一种异氰酸酯封端预聚体的制备方法，其特征在于将多亚甲基多苯基多异氰酸酯与真空减压脱水后的多元醇类物质按120~180∶1摩尔比加入洁净干燥的装有搅拌器和温度计的三口瓶中，经氮气保护加热，升温，保温得到异氰酸酯封端预聚体；

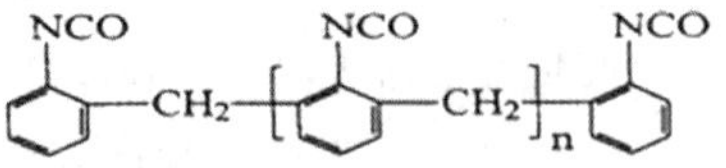

多亚甲基多苯基多异氰酸酯分子式如下：

$$\text{NCO—}[\text{CH}_2\text{—}\text{NCO}\text{—}\text{CH}_2]_n\text{—NCO} \quad （Ⅱ）$$

多亚甲基多苯基多异氰酸酯分子式中n为大于1的整数；多元醇类物质分子式如下：

$$R'-(CH_2-CH_2-O)_m-H \quad （Ⅲ）$$

多元醇类物质分子式中R′为环氧基、烷氧基、芳氧基或H，m为5~50的整数。

2. 如权利要求1所述的一种异氰酸酯封端预聚体的制备方法，其特征在于加热升温在30~100℃之间，保温2~4小时。"

据此，合议组认为本案事实清楚，可以作出复审决定。

二、决定的理由

1. 文本认定

本复审决定依据的审查文本为请求人于2007年8月31日提交的权利要求1~2，说明书第1~2页，于2005年11月8日提交的说明书第3~5页及说明书摘要。

2. 专利法第26条第3款

专利法第26条第3款规定，说明书应当对发明或者实用新型作出清楚、完整的说明，以所属技术领域的技术人员能够实现为准。

如说明书和权利要求书所述，本申请涉及一种异氰酸酯封端预聚体的制备方法，其要解决的技术问题是实现减少异氰酸酯基与水反应的比例，制备成稳定的水性异氰酸酯乳液胶粘剂。然而，说明书的具体实施方式一中的反应原料"结构式（Ⅲ）的化合物"是通式化合物，在实施方式中没有描述具体的化合物；同样，说明书的具体实施方式二中的反应原料"结构式（Ⅲ）的化合物"也是通式化合物，没有描述具体的化合物。结构式（Ⅲ）的化合物为多元醇类物质，分子式中 R′ 为环氧基、烷氧基、芳氧基或 H，m 为 5~50 的整数，因此结构式（Ⅲ）的化合物包含大量的化合物，由于说明书的具体实施方式中并未限定结构式（Ⅲ）的化合物中的 m 值和 R′，当与多亚甲基多苯基多异氰酸酯反应时可能出现大量的聚合方式，而说明书的具体实施方式中没有描述具体的结构式（Ⅲ）的化合物，使得所属技术领域的技术人员无法明了结构式（Ⅲ）化合物的何种具体物质与多亚甲基多苯基多异氰酸酯反应能解决其技术问题，并且产生预期的技术效果。因此，具体实施方式一和具体实施方式二所用的反应原料结构式（Ⅲ）的化合物不清楚，所属技术领域的技术人员根据说明书记载的内容，无法具体实施该异氰酸酯封端预聚体的制备方法，并解决其技术问题。因此，说明书给出的技术手段含糊不清，缺少实现发明所需的完整的具体实施方式，导致所属技术领域的技术人员不能实现该发明的技术方案，解决其技术问题，并且产生预期的技术效果，说明书不符合专利法第 26 条第 3 款的规定。

请求人认为本发明预聚体的性能取决于其分子的空间结构，而本发明预聚体的空间结构取决于多元醇类物质与多亚甲基多苯基多异氰酸酯之间的比例，而与多元醇物质本身 R′ 基团关系不大，因此即使具体实施方式一和具体实施方式二没有具体说明多元醇物质也不影响本领域技术人员的实施和试验数据的证明力和说服力。合议组认为，多元醇类物质包含大量的化合物，而在本发明说明书的具体实施方式中没有记载多元醇类物质的具体物质的情况下，本领域的技术人员无法得到说明书中的试验数据。专利说明书公开的意义在于指导本领域技术人员去实施和再现本发明所请求保护的技术方案以解决所述技术问题，获得有益的技术效果，本申请缺乏足以证明发明的技术方案可以实现所述效果的具体技术手段，而且本领域的技术人员无法依据现有技术预测所述的效果或作用，导致本领域的技术人员无法实现本申请所述的技术方案。

基于上述理由，合议组特作出如下决定。

三、决定

维持国家知识产权局于 2004 年 4 月 2 日对第 00129121.1 号发明专利申请作出的驳回决定。

请求人如对本决定不服的，可以根据专利法第 41 条第 2 款 的规定，自收到本决定之日起三个月内向北京市第一中级人民法院起诉。

用于预防糖尿病并发症中的治疗干涉的化合物和方法

复审请求审查决定（第 12238 号）

决 定 号	第 12238 号
决 定 日	2007 年 12 月 13 日
发明创造名称	用于预防糖尿病并发症中的治疗干涉的化合物和方法
国际分类号	A61K 31/01，A61K 31/015，A61K 31/70
复审请求人	福克斯契思癌症中心
申 请 号	98803748.3
申 请 日	1998 年 2 月 5 日
优 先 权 日	1997 年 2 月 5 日
公 开 日	2000 年 4 月 26 日
合议组组长	叶 娟
主 审 员	郝兴辉
参 审 员	李人久
法 律 依 据	专利法第 26 条第 3 款
决 定 要 点	

对于化学产品用途发明，在说明书中应当记载所使用的化学产品、使用方法及所取得的效果，使得本领域技术人员能够实施该用途发明。从说明书公开的内容来看，说明书中记载了发明所使用的化学产品、使用方法以及取得的效果，尚没有证据证明本发明的技术方案对于本领域技术人员来说不能够实现。

一、案由

本复审请求涉及名称为"用于预防糖尿病并发症中的治疗干涉的化合物和方法"的第 98803748.3 号发明专利申请（下称本申请），申请人为福克斯契思癌症中心，优先权日为 1997 年 2 月 5 日，申请日为 1998 年 2 月 5 日，公开日为 2000 年 4 月 26 日。

2003 年 1 月 17 日，针对本申请进入中国国家阶段时提交的原始国际申请中文译文（包括说明书第 1~38 页、权利要求 1~40、附图第 1~6 页和摘要），国家知识产权局向申请人发出《第一次审查意见通知书》，其中指出：（1）权利要求 17~34、36~40 属于专利法第 25 条第 1 款第（3）项规定的不能被授予专利权的疾病的治疗和诊断方法；（2）说明书没有对发明作出清楚、完整的说明，不符合专利法第 26 条第 3 款的规定，并由此导致权利要求 1~16、35 得不到说明书的支持，不符合专利法第 26 条第 4 款的规定。所述权利要求 1~16、35 如下：

"1. 具有酶抑制活性的化合物，所述化合物有效地抑制果糖-赖氨酸酶促转化为果糖-赖氨酸-3-磷酸，所述活性通过一种测定方法测定，该方法包括：提供一种水溶液，它含有预定量的果糖-赖氨酸、三磷酸腺苷、果糖-赖氨酸-3-磷酸激酶源和所述化合物；使所述溶液经受促进生成果糖-赖氨酸-3-磷酸和二磷酸腺苷的条件，果糖-赖氨酸-3-磷酸和二磷酸腺苷为所述激酶、所述果糖-赖氨酸和所述三磷酸腺苷相互作用产生的产物；并且测定至少所述产物之一的产量，与没有加入所述化合物的相同相对量的果糖-赖氨酸、三磷酸腺苷和果糖-赖氨酸-3-磷酸激酶源的水溶液相比，所述化合物减少所述产物的量。

2. 按照权利要求1的化合物，其中所述果糖-赖氨酸-3-磷酸激酶源为肾组织。

3. 按照权利要求1的化合物，其中所述果糖-赖氨酸-3-磷酸激酶源为红细胞或其祖细胞。

4. 按照权利要求1的化合物，其中所述果糖-赖氨酸-3-磷酸激酶源为外周神经组织。

5. 按照权利要求1的化合物，其中所述果糖-赖氨酸-3-磷酸激酶源为晶状体组织。

6. 按照权利要求1的化合物，其中所述果糖-赖氨酸-3-磷酸激酶源为胰腺组织。

7. 按照权利要求1的化合物，其中所述化合物表现出竞争性或非竞争性酶抑制，并且抑制常数（K_i）小于大约1mM。

8. 按照权利要求1的化合物，另外：

（ⅰ）其分子量低于大约2,000道尔顿；

（ⅱ）其生理盐水或血清中的溶解度不低于10μm；以及

（ⅲ）在生理盐水或血清中温育至少1小时后，保留至少50％的其酶抑制活性。

9. 具有下式结构的化合物以及所述化合物的异构体和药学上可接受的盐：

$$\begin{array}{c} CH_2-X-R \\ | \\ Y \\ | \\ Z-C-H \\ | \\ R_1 \end{array}$$

其中X为-NR'-或-O-，R'选自H、线性或支链烷基（C_1-C_4）和未取代或取代的芳基（C_6-C_{10}）或芳烷基（C_7-C_{10}）；R为选自以下的取代基：H、氨基酸残基、多氨基酸残基、肽链、线性或支链脂族基（C_1-C_8）（该基团为未取代的或用至少一个含氮或含氧取代基取代）、线性或支链脂族基（C_1-C_8）（该基团为未取代的或用至少一个含氮或含氧取代基取代，并且被至少一个-O-、-NH-或-NR″-部分中断），R″为线性或支链烷基（C_1-C_6）以及未取代或取代的芳基（C_6-C_{10}）或芳烷基（C_7-C_{10}），前提是：当X代表-NR'时，R和R'同它们连接的氮原子一起也可以代表一个具有5~7个环原子的取代或未取代的杂环，氮和氧中的至少一个是所述环中仅有的杂原子，所述芳基（C_6-C_{10}）或芳烷基（C_7-C_{10}）以及所述杂环取代基选自H、烷基（C_1-C_6）、卤素、CF_3、CN、NO_2和-O-烷基（C_1-C_6）；R_1为具有1~4个线性碳原子的多元醇部分，Y为或者羰基部分（C=O）或亚羟甲基部分（H-C-OH）；Z选自-H、-O-烷基（C_1-C_6）、-卤素、-CF_3、-CN、-COOH和-SO_3H_2。

10. 用于预防、减少或延迟糖尿病患者中糖尿病并发症发作的药用制剂，包含作为活性药剂的按照权利要求1的化合物和一种药学上可接受的载体。

11. 按照权利要求10的药用制剂，还包含抗高血压药物和补充活性药剂。

12. 按照权利要求10的液体形式的药用制剂。

13. 按照权利要求12的药用制剂，其中所述药学上可接受的载体为所述活性药剂在其中可溶的液体。

14. 按照权利要求10的片剂形式的药用制剂。

15. 按照权利要求14的药用制剂,其中所述片剂具有时间释放包衣。

16. 按照权利要求14的药用制剂,其中所述片剂具有肠溶衣。

35. 报告糖尿病病人一种包装食品导致发生糖尿病相关的病理学病征的潜力的方法,该方法包括:测量所述食品中糖化赖氨酸残基的含量,并且在该食品的包装上或在计划让糖尿病患者使用的出版物中提供所述测量结果。"

申请人于2003年8月1日提交了意见陈述书和新修改的权利要求1~32,所作修改仅为:将权利要求17~34、36~40改为制药用途权利要求,在权利要求9中增加"上式中X-R不表示羟基",而对权利要求1~16完全未作修改,对权利要求35仅将编号改为权利要求27,而未修改内容。申请人认为:本发明清楚地确立了将果糖-赖氨酸(FL)酶促转化为果糖-赖氨酸-3-磷酸(FL3P)的生化途径,以及3-脱氧葡萄糖醛酮(3DG,由果糖-赖氨酸-3-磷酸自发分解形成)的产生与糖尿病并发症的关系。本发明与现有技术中的方法的区别在于,本发明的组合物和方法不是通过与3DG反应起作用,而是通过抑制3DG的形成起作用,但所达到的治疗效果相同。而在本申请说明书的教导下,确定能够实现本发明的合适的抑制剂所要进行的工作仅是常规的,本发明的方法也已公开了鉴定合适的抑制剂化合物的检测方法,说明书第20~22页也给出了实现本发明以达到所需治疗效果的其他细节。因此,本申请说明书已经对本发明作了清楚、完整的说明。

国家知识产权局于2003年12月12日驳回了本申请,其理由为:本发明涉及已知或新化合物抑制FL激酶活性的新用途,对于此类发明说明书应当提供实验证据来确认化合物的合成或来源并证明所述物质确有所述作用,而本申请说明书提供的实验证据不能解决所要解决的技术问题。因此,说明书没有对发明作出清楚、完整地说明,不符合专利法第26条第3款的规定。

申请人福克斯契思癌症中心(下称请求人)对上述驳回决定不服,于2004年3月29日向专利复审委员会提出复审请求,认为本申请说明书公开充分,本领域技术人员可以由本发明的公开内容推论出存在涉及FL激酶酶促转化为导致3DG产生的FL3P的生化途径,以及在3DG和糖尿病并发症之间存在因果关系;并且本领域技术人员也能够由本发明公开的概述性教导和实验数据推论出:依照申请人开发的测定表现出FL激酶抑制活性的已知的或新的糖类衍生物可有效降低体内的3DG水平,从而预防、降低或延迟糖尿病并发症的发生。此外,说明书第30~31页的实施例4清楚地证明了各种已知的糖类衍生物(即葡甲胺、山梨醇赖氨酸、甘露醇赖氨酸和半乳醇赖氨酸)引起实验动物血浆样品中3DG浓度显著降低。申请人还提交了附件1,来证明名称为DYN12的化合物在本发明的测定中被确定为具有3DG抑制作用。

附件1:"DYN12, A small molecule inhibitor of enzyme amadorase, lowers plasma 3-deoxyglucosone levels in diabetic rats", Francis Kappler, Ph. D. 等著, Diabetes Technology &Therapeutics, 2001年第3卷第4期,第609~616页,复印件共8页。

形式审查合格后,专利复审委员会受理了该复审请求,并于2004年5月11日向复审请求人发出《复审请求受理通知书》。并将本申请案卷转送至原审查部门进行前置审查。

原审查部门对本复审请求案进行了前置审查,坚持驳回决定,并认为附件1不属于本申请的现有技术,不能用于证明本申请可实施。

专利复审委员会组成合议组,对本复审请求案进行了审理。

合议组于2005年10月9日向请求人发出《复审通知书》,指出本申请说明书提供了具体的方法用于确定化合物抑制FL3P激酶抑制活性的能力,但是没有提供任何具有FL3P激酶抑制活性的化合物，虽然其声称说明书第 18 页记载的式 I 化合物具有 FL3P 激酶抑制活性，但没有提供任何实验证据加以证明，而式 I 化合物是否具有 FL3P 激酶抑制活性必须依赖试验结果加以证实才能成立。请求人提交的附件 1 的公开日在本专利申请日之后，不能作为本领域技术人员掌握的现有技术，因此不能用于证明说明书公开充分。因此，本发明由于缺乏解决技术问题的技术手段而被认为无法实现，不符合专利法第 26 条第 3 款的规定。

针对上述复审通知书，请求人于 2006 年 1 月 24 日提交了意见陈述书和修改后的权利要求书，此次以修改后的权利要求 1~2 代替原权利要求书全文，请求人认为 3DG 对人类疾病和动物疾病的作用在文献中有大量的记载，实施例 4 表明给予了葡甲胺、山梨糖醇赖氨酸、甘露糖醇赖氨酸和半乳糖醇赖氨酸的实验动物样本中 3DG 浓度显著降低。因此，说明书对新权利要求 1~2 所述的发明作出了充分的公开，使得本领域技术人员能够实现本发明。申请人此次提交的新权利要求 1~2 为：

"1. 抑制患者产生 3-脱氧葡萄糖醛酮 3DG 的化合物在制备用于在患者中减轻 3DG 产生引起的有害效应的药物中的用途，其中所述化合物为选自葡甲胺、山梨糖醇赖氨酸、甘露糖醇赖氨酸和半乳糖醇赖氨酸中的至少一种。

2. 权利要求 1 的用途，其中所述化合物为葡甲胺。"

至此，合议组认为本案事实清楚，可以作出复审决定。

二、决定的理由

1. 文本认定

本复审决定依据的审查文本为请求人于 2006 年 1 月 24 日提交的权利要求 1~2，本申请进入中国国家阶段时提交的国际申请文件中文译文的说明书第 1~38 页、说明书附图第 1~6 页及说明书摘要。

2. 关于专利法第 26 条第 3 款

专利法第 26 条第 3 款规定，说明书应当对发明或者实用新型作出清楚、完整的说明，以所属技术领域的技术人员能够实现为准。

对于化学产品用途发明，在说明书中应当记载所使用的化学产品、使用方法及所取得的效果，使得本领域技术人员能够实施该用途发明。

针对合议组于 2005 年 10 月 9 日发出的《复审通知书》，请求人提交了新权利要求 1~2。新权利要求 1 和 2 要求保护抑制患者产生 3-脱氧葡萄糖醛酮 3DG 的化合物在制备用于在患者中减轻 3DG 产生引起的有害效应的药物中的用途。说明书中实施例 4 记载了用葡甲胺、山梨糖醇赖氨酸、甘露糖醇赖氨酸和半乳糖醇赖氨酸抑制 3DG 形成的实验过程，并测定了动物样品的尿及血浆中的 3DG 浓度。由此可见，说明书记载了动物样品的尿及血浆中的 3DG 浓度的实验数据，该数据表明葡甲胺、山梨糖醇赖氨酸、甘露糖醇赖氨酸或半乳糖醇赖氨酸达到抑制患者产生 3DG，从而减轻 3DG 产生引起的有害效应的效果。从说明书公开的内容来看，说明书中记载了发明所使用的化学产品、使用方法以及取得的效果，尚没有证据证明本发明的技术方案对于本领域技术人员来说不能够实现。因此，修改后的专利申请文件已经克服了国家知识产权局于 2003 年 12 月 12 日对本申请作出的驳回决定所指出的缺陷。

基于上述理由，合议组作出如下决定。

三、决定

撤销国家知识产权局于 2003 年 12 月 12 日对第 98803748.3 号发明专利申请作出的驳回决定。由原审查部门在本复审决定所针对的文本的基础上继续审查程序。

复审请求人如对本决定不服的，可以根据专利法第 41 条第 2 款的规定，自收到本决定之日起三个月内向北京市第一中级人民法院起诉。

在植物中生产含有保护性蛋白质的免疫球蛋白的方法和应用

复审请求审查决定（第 12239 号）

决 定 号	第 12239 号
决 定 日	2007 年 12 月 7 日
发明创造名称	在植物中生产含有保护性蛋白质的免疫球蛋白的方法和应用
国际分类号	C12N 15/12，C12N 15/13，C12N 15/82，C07K 16/00，A01H 5/00
复审请求人	行星生物技术有限公司，盖伊及圣托马斯医院内科和牙科联合学校
申 请 号	95197699.0
优 先 权 日	1994 年 12 月 30 日，1995 年 5 月 4 日
申 请 日	1995 年 12 月 27 日
公 开 日	1998 年 6 月 3 日
合议组组长	吴通义
主 审 员	唐 莉
参 审 员	李梦楠

法 律 依 据 专利法第 26 条第 4 款

决 定 要 点

权利要求书中的每一项权利要求所要求保护的技术方案应当是所属技术领域的技术人员能够从说明书充分公开的内容中得到或概括得出的技术方案，并且不得超出说明书公开的范围。如果权利要求的概括包含申请人推测的内容，而其效果又难于预先确定和评价，应当认为这种概括超出了说明书公开的范围。

一、案由

本复审请求涉及 1998 年 6 月 3 日公开的名称为"在植物中生产含有保护性蛋白质的免疫球蛋白的方法和应用"的第 95197699.0 号发明专利申请（下称本申请），本申请的优先权日为 1994 年 12 月 30 日和 1995 年 5 月 4 日，申请日为 1995 年 12 月 27 日。本申请的申请人为行星生物技术有限公司、盖伊及圣托马斯医院内科和牙科联合学校。

国家知识产权局于 2004 年 1 月 9 日以权利要求 1~13、15~17、20~25、28~46、67~71 不符合专利法第 26 条第 4 款的规定为由驳回了本申请。

驳回决定所针对的权利要求书为：

"1. 一种免疫球蛋白，它包含与免疫球蛋白起源的重链相连的保护性蛋白，其中重链至少含有部分抗原结合功能区，其中所述保护性蛋白含有多聚免疫球蛋白分子中提供对化学降解和酶促降解的抗性以及对变性的抗性的部分。

2. 权利要求1中所述免疫球蛋白，它进一步包含免疫球蛋白起源的轻链，所述轻链至少含有部分抗原结合功能区且与上述免疫球蛋白起源的重链相连。

3. 权利要求1或2中所述免疫球蛋白，它进一步包含第二条免疫球蛋白起源的重链，所述重链至少含有部分抗原结合功能区且与上述保护性蛋白相连。

4. 权利要求3中所述的免疫球蛋白，它进一步包含第二条免疫球蛋白起源的轻链，轻链至少含有部分抗原结合功能区且与上述第二条免疫球蛋白起源的重链相连。

5. 权利要求1中所述免疫球蛋白，它进一步包含免疫球蛋白J链，所述J链至少与上述免疫球蛋白起源的重链之一相结合。

6. 权利要求1中所述的免疫球蛋白，它是治疗性免疫球蛋白。

7. 权利要求6中所述的免疫球蛋白，它能够与黏膜表面致病原抗原结合。

8. 权利要求7中所述的免疫球蛋白，它能够防止龋齿。

9. 权利要求1中所述的免疫球蛋白，其中抗原结合功能区能够与链球菌S. mutans的血清型c. e和f或链球菌S. sobrinus血清型d和g的抗原结合。

10. 权利要求1中所述免疫球蛋白，其中保护性蛋白的氨基酸序列实际上至少与兔多聚免疫球蛋白受体的第1至第627氨基酸残基部分相应，但不含与兔免疫球蛋白受体的第628～755氨基酸残基相应的氨基酸残基序列。

11. 权利要求1中所述免疫球蛋白，其中保护性蛋白的氨基酸序列实际上至少与兔多聚免疫球蛋白受体的第1至第606氨基酸残基部分相应，但不含与兔多聚免疫球蛋白受体的第628～755氨基酸残基相应的氨基酸序列。

12. 权利要求10或11中所述的免疫球蛋白，其中保护性蛋白的氨基酸序列不含有相应于兔多聚免疫球蛋白受体第628～775氨基酸序列相应的序列；但含有与下列氨基酸片段之一或一个以上的片段相应的氨基酸序列：

a) 与兔多聚免疫球蛋白受体第21～43氨基酸相应的氨基酸序列；

b) 与兔多聚免疫球蛋白受体第1～118氨基酸相应的氨基酸序列；

c) 与兔多聚免疫球蛋白受体第119～223氨基酸相应的氨基酸序列；

d) 与兔多聚免疫球蛋白受体第224～332氨基酸相应的氨基酸序列；

e) 与兔多聚免疫球蛋白受体第333～441氨基酸相应的氨基酸序列；

f) 与兔多聚免疫球蛋白受体第442～552氨基酸相应的氨基酸序列；

g) 与兔多聚免疫球蛋白受体第553～606或553～627氨基酸相应的氨基酸序列。

13. 权利要求1中所述免疫球蛋白，其中保护性蛋白的氨基酸序列不含有与兔多聚免疫球蛋白受体的第628～775氨基酸序列相类似的另一种属的多聚免疫球蛋白受体氨基酸残基序列，但含有与下列氨基酸片段之一，或一个以上的片段相类似的另一种属免疫球蛋白受体的氨基酸序列：

a) 与兔多聚免疫球蛋白受体第21～43氨基酸相应的氨基酸序列；

b) 与兔多聚免疫球蛋白受体第1～118氨基酸相应的氨基酸序列；

c) 与兔多聚免疫球蛋白受体第119～223氨基酸相应的氨基酸序列；

d) 与兔多聚免疫球蛋白受体第224～332氨基酸相应的氨基酸序列；

e) 与兔多聚免疫球蛋白受体第333～441氨基酸相应的氨基酸序列；

f) 与兔多聚免疫球蛋白受体第442～552氨基酸相应的氨基酸序列；

g) 与兔多聚免疫球蛋白受体第553～606或553～627氨基酸相应的氨基酸序列。

14. 权利要求13中所述的免疫球蛋白，其中上述种属是人类。

15. 权利要求1中所述的免疫球蛋白，其中保护性蛋白至少包括以下兔多聚免疫球蛋白受体部分的功能区之一的氨基酸序列：功能区Ⅰ，功能区Ⅱ，功能区Ⅲ，功能区Ⅳ，功能区Ⅴ，功能区Ⅵ的从第553至627氨基酸序列，而不含相应于第628～755的氨基酸残基的氨基酸的序列。

16. 权利要求1中所述的免疫球蛋白，其中保护性蛋白不含任何与兔多聚免疫球蛋白受体第628～755的氨基酸序列相应或相似的氨基酸序列；但含有：

a）至少一个功能区，它源于第一动物的多聚免疫球蛋白受体且至少与下列兔多聚免疫球蛋白受体的氨基酸片段部分相类似：功能区Ⅰ，功能区Ⅱ，功能区Ⅲ，功能区Ⅳ，功能区Ⅴ，功能区Ⅵ的第553～627氨基酸序列；

b）至少一个功能区，它源于第二动物的多聚免疫球蛋白受体且至少与下列兔多聚免疫球蛋白受体的氨基酸片段部分相类似：功能区Ⅰ，功能区Ⅱ，功能区Ⅲ，功能区Ⅳ，功能区Ⅴ，功能区Ⅵ的第553～627氨基酸序列。

17. 权利要求1中所述的免疫球蛋白，其中保护性蛋白不含任何与兔多聚免疫球蛋白受体第628～755的氨基酸序列相应或相似的氨基酸序列；但含有：

a）至少一个氨基酸片段，它源于第一动物的多聚免疫球蛋白受体且至少与下列兔多聚免疫球蛋白受体的氨基酸片段部分相类似：功能区Ⅰ，功能区Ⅱ，功能区Ⅲ，功能区Ⅳ，功能区Ⅴ，功能区Ⅵ的第553～627氨基酸序列；

b）至少一个氨基酸片段，它源于第二动物的多聚免疫球蛋白受体且至少与下列兔多聚免疫球蛋白受体的氨基酸片段部分相类似：功能区Ⅰ，功能区Ⅱ，功能区Ⅲ，功能区Ⅳ，功能区Ⅴ，功能区Ⅵ的第553～627氨基酸序列

18. 权利要求16的免疫球蛋白，其中所述的第一动物，它是哺乳动物；第二动物，它是兔。

19. 权利要求16的免疫球蛋白，其中所述的第一动物，它是人；第二动物，它是兔。

20. 权利要求1中所述免疫球蛋白，其中免疫球蛋白起源的重链至少含有任何亚型的IgA或IgM重链的一部分。

21. 权利要求1中所述免疫球蛋白，其中免疫球蛋白起源的重链由两种不同同种型免疫球蛋白功能区所构成。

22. 权利要求21的免疫球蛋白，其中所述的免疫球蛋白功能区，它由下列各组中选出：

a）小鼠IgG1的CH1和小鼠IgA的CH2和CH3；和

b）小鼠IgG1的CH1和CH2和小鼠IgA的CH2和CH3。

23. 权利要求1的免疫球蛋白，其中所述的抗原结合功能区，它实质上相应于Guy's13重链可变区。

24. 权利要求2的免疫球蛋白，其中所述的抗原结合功能区，它实质上相应于Guy's13重链可变区。

25. 权利要求1中所述免疫球蛋白，其中保护性蛋白的第一序列实质上相应于兔多聚免疫球蛋白受体的第1～606或1～627氨基酸的部分序列，而第二序列与第一序列相邻且不含与兔多聚免疫球蛋白受体的功能性跨膜片段的氨基酸残基序列相应的氨基酸序列。

26. 权利要求25的免疫球蛋白，其中所述的第二氨基酸序列，它具有与多聚免疫球蛋白受体的第665～755氨基酸相应的氨基酸序列。

27. 权利要求25的免疫球蛋白，其中所述的第二氨基酸序列，它为下列组分之一或多于一种组分：多聚免疫球蛋白分子的细胞内功能区，免疫球蛋白基因超家族成员之一的功能区，一种酶，一种毒素或一种连接片段。

28. 一种真核细胞，它含有权利要求1所述的免疫球蛋白。

29. 权利要求28所述的真核细胞，它是一种植物细胞。

30. 权利要求29所述的植物细胞，它是一种植物的部分组织。

31. 一种含有编码保护性蛋白的第一核苷酸序列和编码权利要求1中所述的免疫球蛋白起源重链的第二核苷酸序列的真核细胞，其中所述保护性蛋白含有多聚免疫球蛋白分子中提供对化学降解和酶促降解的抗性以及对变性的抗性的部分。

32. 权利要求31所述的真核细胞，它亦含有编码一条至少含有部分抗原结合功能区的免疫球蛋白起源的轻链，或一条免疫球蛋白的J链的第三核苷酸序列。

33. 权利要求32中所述的真核细胞，其中所述第三核苷酸序列编码至少含有部分抗原结合功能区的免疫球蛋白起源的轻链。

34. 权利要求33中所述的真核细胞，它亦含编码免疫球蛋白J链的第四核苷酸序列。

35. 权利要求31中所述的真核细胞，它是一种植物细胞。

36. 一种植物细胞，它含有编码保护性蛋白的核苷酸序列，亦含有编码至少含有部分抗原结合功能区的免疫球蛋白起源的重链的核苷酸序列，其中所述保护性蛋白含有多聚免疫球蛋白分子中的一部分。

37. 权利要求29、35和36中所述的植物细胞，它源于双子叶或单子叶植物。

38. 权利要求29、35和36中所述的植物细胞，它源于茄科植物。

39. 权利要求29、35和36中所述的植物细胞，它源于苜蓿植物。

40. 权利要求29、35和36中所述的植物细胞，它源于烟草植物。

41. 权利要求29、35和36中所述的植物细胞，它是植物的部分组织。

42. 一种包含权利要求1所述免疫球蛋白和植物起源的分子的组合物。

43. 权利要求42中所述的组合物，其中植物起源的分子源于单子叶，双子叶，茄科，苜蓿或烟草植物。

44. 权利要求42中所述的组合物，其中植物起源的分子是二磷酸核酮糖羧化酶，集光复合物，色素，二级代谢物或叶绿体。

45. 权利要求42中所述的组合物，其中免疫球蛋白浓度为除水外重量的0.001%～99%。

46. 权利要求42中所述的组合物，其中植物起源的分子浓度为除水外的1%～99%重量。

47. 生产权利要求1～24中所述的免疫球蛋白的方法，它由下列步骤组成：

a) 将编码保护性蛋白的核苷酸序列与适宜的转录启动子连接后接入表达载体，导入植物细胞；

b) 将编码至少含有部分抗原结合功能区的免疫球蛋白的核苷酸序列与适宜的转录启动子连接后，接入表达载体导入上述的植物细胞。

48. 权利要求47所述方法，它进一步包括如下步骤：

c) 将编码至少含有部分抗原结合功能区的免疫球蛋白的核苷酸序列与适宜的转录启动子连接后，接入表达载体导入上述的植物细胞。

49. 权利要求47所述的方法，它进一步包括：将含有编码免疫球蛋白J链的核苷酸序列与适宜的转录启动子连接后，接入表达载体导入上述的植物细胞。

50. 权利要求47～49所述方法，其中免疫球蛋白起源的重链是免疫球蛋白α链，免疫球蛋白起源的轻链是免疫球蛋白κ或λ链。

51. 权利要求47～49所述方法，其中免疫球蛋白起源的重链是由部分免疫球蛋白α链和λ链构成的。

52. 权利要求 47~49 所述方法，其中植物细胞是一种植物的部分组织。

53. 权利要求 51 中所述方法，其进一步包括所述植物的生长。

54. 权利要求 51 所述方法，其中所述植物，它是一种单子叶，双子叶，茄科，豆科，苜蓿或烟草植物。

55. 权利要求 47 所述方法，其中所述的免疫球蛋白起源的重链，它是一种嵌合性免疫球蛋白重链。

56. 一种生产含有植物起源的分子的治疗性免疫球蛋白的组合物的方法，此方法包括：在压力下剪力处理含有权利要求 30 或 41 中所述植物细胞的植物的部分，制备含有治疗性免疫球蛋白和植物起源的分子的匀浆，含植物起源的分子的液体源于所述植物的原生质体或原地胞质和固体植物起源的物质。

57. 权利要求 56 所述的方法，它进一步包括将所述的固体物与液体分离开。

58. 权利要求 56 或 57 的方法，其中植物的部分是叶，茎，根，管，果或全植物。

59. 权利要求 56 所述的方法，其中所述的剪力是应用机械装置达到的，可使液体从所述植物的原生质或原地胞质中释出。

60. 权利要求 57 中所述的方法，其中分离是通过离心，沉降，浆凝或过滤而达到的。

61. 一种生产由重链，轻链，J 链和保护性蛋白装配而成的免疫球蛋白分子的方法，其步骤包括：
a) 将编码以下成份的核苷酸序列导入真核细胞；
i) 一条至少含有部分抗原结合功能区免疫球蛋白起源的重链；
ii) 一条至少含有部分抗原结合功能区免疫球蛋白起源的轻链；
iii) 一条免疫球蛋白 J 链；
iv) 保护性蛋白；
b) 在一定条件下维持所述细胞的生长，使其生产所述的免疫球蛋白重链，轻链，J 链和保护性蛋白并装配成为的免疫球蛋白分子，
其中所述保护性蛋白含有多聚免疫球蛋白分子中提供对化学降解和酶促降解的抗性以及对变性的抗性的部分。

62. 在允许蛋白产生和免疫球蛋白装配的条件下，维持真核细胞来产生装配完毕的具有重链，轻链，J 链和保护性蛋白的免疫球蛋白分子的方法，此真核细胞含有适宜于表达而连接后编码以下组分的核苷酸序列：
i) 一条至少含有部分抗原结合功能区免疫球蛋白起源的重链；
ii) 一条至少含有部分抗原结合功能区免疫球蛋白起源的轻链；
iii) 一条免疫球蛋白 J 链；
iv) 保护性蛋白，
其中所述保护性蛋白含有多聚免疫球蛋白分子中提供对化学降解和酶促降解的抗性以及对变性的抗性的部分，

63. 权利要求 61~62 的方法，其中所述的真核细胞，它是一种植物细胞。

64. 制备对环境条件具有抗性的免疫球蛋白的方法，它包括下列步骤：
a) 将编码至少含有部分免疫球蛋白重链的抗原结合功能区的核苷酸序列与编码至少含有免疫球蛋白 a 重链的功能区的核苷酸序列相连接形成编码嵌合免疫球蛋白重链的核苷酸序列；
b) 在真核细胞中表达上述编码嵌合免疫球蛋白重链的核苷酸序列以产生嵌合免疫球蛋白重链。其真核细胞已含有至少一种下述其他分子：保护性蛋白，至少含有部分抗原结合功能区的免疫球蛋白

起源的轻链和免疫球蛋白J链；

嵌合免疫球蛋白重链与所述的至少一种其他分子装配形成对环境条件具有抗性的免疫球蛋白，

其中所述保护性蛋白含有多聚免疫球蛋白分子中提供对化学降解和酶促降解的抗性以及对变性的抗性的部分。

65. 权利要求64的方法，其中所述其他分子，它们为保护性蛋白，所说的真核细胞含有一条至少携有部分抗原结合功能的免疫球蛋白起源的轻链和一条免疫球蛋白J链。

66. 在允许蛋白产生和免疫球蛋白装配的条件下维持一种细胞来生产对环境条件有抗性的免疫球蛋白的方法，该细胞含有：

a）编码嵌合免疫球蛋白重链的核苷酸序列，此序列为：编码至少部分抗原结合功能区的免疫球蛋白重链的核苷酸序列与编码至少一个免疫球蛋白a重链功能区的核苷酸序列，二序列相互连接，和

b）至少一种下列的其他蛋白：保护性蛋白，一条至少含有部分抗原结合功能区的免疫球蛋白起源的轻链和免疫球蛋白J链，故而允许嵌合免疫球蛋白重链与所说的至少一种其他分子装配形成对环境条件具有抗性的免疫球蛋白，

其中所述保护性蛋白含有多聚免疫球蛋白分子中提供对化学降解和酶促降解的抗性以及对变性的抗性的部分。

67. 权利要求1所述免疫球蛋白，其中所述的嵌合性免疫球蛋白重链含有下列免疫球蛋白重链之一的免疫球蛋白功能区：IgG，lgA，IgM，IgE，IgD，同时含有IgA或IgM的保护性蛋白结合功能区。

68. 权利要求67所述免疫球蛋白，其中所述的免疫球蛋白重链是人，啮齿类动物，兔，牛，绵羊，山羊，家禽，犬，猪或灵长目的免疫球蛋白重链。

69. 权利要求67所述免疫球蛋白，其中所述的保护性蛋白结合功能区是源于人，啮齿类动物，兔，牛，绵羊，山羊，家禽，犬，猪或灵长目的IgA。

70. 权利要求67所述免疫球蛋白，其中所述的嵌合性免疫球蛋白重链，它是由小鼠IgG1的免疫球蛋白重链组成的，所说的保护性蛋白结合功能区源于小鼠IgA或IgM。

71. 权利要求67所述免疫球蛋白，其中所述的嵌合性免疫球蛋白重链是由人IgG，IgM，IgD或IgE的免疫球蛋白功能区构成的，而所述抗原结合功能区源于人IgA或IgM。

72. 权利要求52所述方法，其中所述的植物是双子叶，单子叶，茄科，豆科，苜蓿或烟草植物。"

驳回决定认为：权利要求1并没有明确所请求保护的免疫球蛋白包含与兔的多聚免疫球蛋白受体的第1～606氨基酸残基相应的保护性蛋白，根据对说明书的理解，要实现权利要求1的技术方案，保护性蛋白至少应与兔的多聚免疫球蛋白受体序列相对应，并不是兔的多聚免疫球蛋白受体的任何部分都能够实现该技术方案，它至少应该不包括功能性跨膜转运部分，而且说明书中唯一实施并证实的仅仅是兔的多聚免疫球蛋白受体的第1～606氨基酸残基在实现本发明中的作用，它包含了第Ⅰ～Ⅵ全部功能区，但是每一个功能区单独参与保护性蛋白的作用在说明书中并没有得到验证，这部分内容也不能从说明书的记载中合理推导出来，由说明书的记载不能合理推导出权利要求1的技术方案能够实现，因此权利要求1得不到说明书的支持，不符合专利法第26条第4款的规定。权利要求2～9、20～24、28～72都没有对保护性蛋白进行必要的限定，因此也不符合专利法第26条第4款的规定。权利要求10～13、15～17、25中所述"实际上……部分相应"、"相类似"、"相似"以及要求保护具体的功能区序列的描述由于缺乏试验验证，得不到说明书的支持，不符合专利法第26条第4款的规定。

申请人行星生物技术有限公司、盖伊及托马斯医院内科牙科联合学校（下称请求人）对上述驳

回决定不服，于 2004 年 4 月 24 日向专利复审委员会提出复审请求，请求人在提出复审请求时提交了新修改的权利要求书。

请求人提交的新权利要求书为：

"1. 一种免疫球蛋白，它包含与免疫球蛋白起源的重链相连的保护性蛋白，其中重链至少含有部分抗原结合功能区，其中所述保护性蛋白含有下表中所限定的人、大鼠、小鼠、兔或牛多聚免疫球蛋白分子的一部分

	兔 （SEQ ID NO. 2）	牛 （SEQ ID NO. 6）	人 （SEQ ID NO. 4）	大鼠 （SEQ ID NO. 10）	小鼠 （SEQ ID NO. 8）
功能区 I 的免疫球蛋白结合残基	21～43	-13～45	-13～45	-13～45	-13～45
功能区 I	1～118	1～120	1～120	1～120	1～120
功能区 II	119～223	110～230	110～230	110～230	110～230
功能区 III	224～332	210～340	210～340	210～340	210～340
功能区 IV	333～441	320～450	320～450	320～450	320～450
功能区 V	442～552	440～570	440～550	440～550	440～550
功能区 VI 的细胞外部分	553～606& 553～627	550～606& 550～627	550～606& 550～627	550～606& 550～627	550～606& 550～627
跨膜片段	630～652	625～660	625～660	625～660	625～660
细胞内部分	653～755	650～末端	650～末端	653～末端	653～末端

2. 权利要求 1 中所述免疫球蛋白，它进一步包含免疫球蛋白起源的轻链，所述轻链至少含有部分抗原结合功能区且与上述免疫球蛋白起源的重链相连。

3. 权利要求 1 或 2 中所述免疫球蛋白，它进一步包含第二条免疫球蛋白起源的重链，所述重链至少含有部分抗原结合功能区且与上述保护性蛋白相连。

4. 权利要求 3 中所述的免疫球蛋白，它进一步包含第二条免疫球蛋白起源的轻链，轻链至少含有部分抗原结合功能区且与上述第二条免疫球蛋白起源的重链相连。

5. 权利要求 1 中所述免疫球蛋白，它进一步包含免疫球蛋白 J 链，所述 J 链至少与上述免疫球蛋白起源的重链之一相结合。

6. 权利要求 1 中所述的免疫球蛋白，它是治疗性免疫球蛋白。

7. 权利要求 6 中所述的免疫球蛋白，它能够与黏膜表面致病原抗原结合。

8. 权利要求 7 中所述的免疫球蛋白，它能够防止龋齿。

9. 权利要求 1 中所述的免疫球蛋白，其中抗原结合功能区能够与链球菌 S. mutans 的血清型 c、e 和 f 或链球菌 S. sobrinus 血清型 d 和 g 的抗原结合。

10. 权利要求 1 中所述免疫球蛋白，其中保护性蛋白具有权利要求 1 的表中所限定的与兔多聚免疫球蛋白受体的第 1～627 氨基酸残基的至少一部分相应的人、大鼠、小鼠或牛氨基酸序列，但不含权利要求 1 的表所限定的与兔多聚免疫球蛋白受体的第 628～755 氨基酸残基相应的人、大鼠、小鼠或牛氨基酸残基序列。

11. 权利要求 1 中所述免疫球蛋白，其中保护性蛋白具有权利要求 1 的表中所限定的与兔多聚免

疫球蛋白受体的第 1~606 氨基酸残基的至少一部分相应的人、大鼠、小鼠或牛氨基酸序列，但不含权利要求 1 的表中所限定的与兔多聚免疫球蛋白受体的第 628~755 氨基酸残基相应的人、大鼠、小鼠或牛氨基酸序列。

12. 权利要求 10 或 11 中所述的免疫球蛋白，其中保护性蛋白的氨基酸序列不含有相应于权利要求 1 的表中所限定的兔多聚免疫球蛋白受体第 628~775 氨基酸序列相应的人、大鼠、小鼠或牛氨基酸序列；但含有权利要求 1 的表中所限定的与下列氨基酸片段之一或一个以上的片段相应的氨基酸序列：

a) 与兔多聚免疫球蛋白受体第 21~43 氨基酸相应的人、大鼠、小鼠或牛氨基酸序列；
b) 与兔多聚免疫球蛋白受体第 1~118 氨基酸相应的人、大鼠、小鼠或牛氨基酸序列；
c) 与兔多聚免疫球蛋白受体第 119~223 氨基酸相应人、大鼠、小鼠或牛的氨基酸序列；
d) 与兔多聚免疫球蛋白受体第 224~332 氨基酸相应的人、大鼠、小鼠或牛氨基酸序列；
e) 与兔多聚免疫球蛋白受体第 333~441 氨基酸相应的人、大鼠、小鼠或牛氨基酸序列；
f) 与兔多聚免疫球蛋白受体第 442~552 氨基酸相应的人、大鼠、小鼠或牛氨基酸序列；
g) 与兔多聚免疫球蛋白受体第 553~606 或 553~627 氨基酸相应的人、大鼠、小鼠或牛氨基酸序列。

13. 权利要求 1 中所述免疫球蛋白，其中保护性蛋白的氨基酸序列不含有权利要求 1 的表中所限定的与兔多聚免疫球蛋白受体的第 628~755 氨基酸残基相应的人、大鼠、小鼠或牛多聚免疫球蛋白受体氨基酸残基，但含有权利要求 1 的表中所限定的与下列氨基酸片段之一，或一个以上的片段相应的人、大鼠、小鼠或牛聚免疫球蛋白受体的氨基酸序列：

a) 与兔多聚免疫球蛋白受体第 21~43 氨基酸相应的氨基酸序列；
b) 与兔多聚免疫球蛋白受体第 1~118 氨基酸相应的氨基酸序列；
c) 与兔多聚免疫球蛋白受体第 119~223 氨基酸相应的氨基酸序列；
d) 与兔多聚免疫球蛋白受体第 224~332 氨基酸相应的氨基酸序列；
e) 与兔多聚免疫球蛋白受体第 333~441 氨基酸相应的氨基酸序列；
f) 与兔多聚免疫球蛋白受体第 442~552 氨基酸相应的氨基酸序列；
g) 与兔多聚免疫球蛋白受体第 553~606 或 553~627 氨基酸相应的氨基酸序列；

14. 权利要求 13 中所述的免疫球蛋白，其中所述多聚免疫球蛋白受体是人多聚免疫球蛋白受体。

15. 权利要求 1 中所述的免疫球蛋白，其中保护性蛋白至少包括权利要求 1 的表中限定的以下兔多聚免疫球蛋白受体部分的功能区之一的氨基酸序列：功能区 I，功能区 II，功能区 III，功能区 IV，功能区 V，功能区 VI 的从第 553~627 氨基酸序列，而不含相应于第 628~755 的氨基酸残基的氨基酸的序列。

16. 权利要求 1 中所述的免疫球蛋白，其中保护性蛋白不含任何权利要求 1 的表中所限定的与兔多聚免疫球蛋白受体第 628~755 的氨基酸残基相应的人、大鼠、小鼠或牛氨基酸序列；但含有：

a) 至少一个功能区，它源于第一动物的多聚免疫球蛋白受体且至少与权利要求 1 的表中所限定的下列兔多聚免疫球蛋白受体的氨基酸片段部分相应：功能区 I，功能区 II，功能区 III，功能区 IV，功能区 V，功能区 VI 的第 553~627 氨基酸序列；
b) 至少一个功能区，它源于第二动物的多聚免疫球蛋白受体且至少与权利要求 1 的表中所限定的下列兔多聚免疫球蛋白受体的氨基酸片段部分相应：功能区 I，功能区 II，功能区 III，功能区 IV，功能区 V，功能区 VI 的第 553~627 氨基酸序列。

17. 权利要求 1 中所述的免疫球蛋白，其中保护性蛋白不含任何权利要求 1 的表中所限定的与兔多聚免疫球蛋白受体第 628~755 的氨基酸残基相应的人、大鼠、小鼠或牛氨基酸序列；但含有：

a）至少一个氨基酸片段，它源于第一动物的多聚免疫球蛋白受体且至少与权利要求 1 的表中所限定的下列免多聚免疫球蛋白受体的氨基酸片段部分相应：功能区 I，功能区 II，功能区 III，功能区 IV，功能区 V，功能区 VI 的第 553~627 氨基酸序列；

b）至少一个氨基酸片段，它源于第二动物的多聚免疫球蛋白受体且至少与权利要求 1 的表中所限定的下列免多聚免疫球蛋白受体的氨基酸片段部分相应：功能区 I，功能区 II，功能区 III，功能区 IV，功能区 V，功能区 VI 的第 553~627 氨基酸序列。

18. 权利要求 16 的免疫球蛋白，其中所述的第一动物，它是哺乳动物；第二动物，它是兔。

19. 权利要求 16 的免疫球蛋白，其中所述的第一动物，它是人；第二动物，它是兔。

20. 权利要求 1 中所述免疫球蛋白，其中免疫球蛋白起源的重链至少含有任何亚型的 IgA 或 IgM 重链的一部分。

21. 权利要求 1 中所述免疫球蛋白，其中免疫球蛋白起源的重链由两种不同同种型免疫球蛋白功能区所构成。

22. 权利要求 21 的免疫球蛋白，其中所述的免疫球蛋白功能区，它由下列各组中选出：

a）小鼠 IgG1 的 CH1 和小鼠 IgA 的 CH2 和 CH3；和

b）小鼠 IgG1 的 CH1 和 CH2 和小鼠 IgA 的 CH2 和 CH3。

23. 权利要求 1 的免疫球蛋白，其中所述的抗原结合功能区，它相应于 Guy's 13 重链可变区。

24. 权利要求 2 的免疫球蛋白，其中所述的抗原结合功能区，它相应于 Guy's 13 重链可变区。

25. 权利要求 1 中所述免疫球蛋白，其中保护性蛋白的第一氨基酸序列相应于权利要求 1 的表中所限定的兔多聚免疫球蛋白受体的第 1~606 或 1~627 氨基酸的至少部分序列，而第二氨基酸序列与第一氨基酸序列相邻且不含与权利要求 1 的表中所限定的兔多聚免疫球蛋白受体的功能性跨膜片段的氨基酸残基序列相应的氨基酸序列。

26. 权利要求 25 的免疫球蛋白，其中所述的第二氨基酸序列，它具有与多聚免疫球蛋白受体的第 655~755 氨基酸相应的氨基酸序列。

27. 权利要求 25 的免疫球蛋白，其中所述的第二氨基酸序列，它为下列组分之一或多于一种组分：多聚免疫球蛋白分子的细胞内功能区，免疫球蛋白基因超家族成员之一的功能区，一种酶，一种毒素或一种连接片段。

28. 一种真核细胞，它含有权利要求 1 所述的免疫球蛋白。

29. 权利要求 28 所述的真核细胞，它是一种植物细胞。

30. 权利要求 29 所述的植物细胞，它是一种植物的部分组织。

31. 一种含有编码保护性蛋白的第一核苷酸序列和编码权利要求 1 中所述的免疫球蛋白起源重链的第二核苷酸序列的真核细胞，其中所述保护性蛋白含有多聚免疫球蛋白分子中提供对化学降解和酶促降解的抗性以及对变性的抗性的部分。

32. 权利要求 31 所述的真核细胞，它亦含有编码一条至少含有部分抗原结合功能区的免疫球蛋白起源的轻链，或一条免疫球蛋白的 J 链的第三核苷酸序列。

33. 权利要求 32 中所述的真核细胞，其中所述第三核苷酸序列编码至少含有部分抗原结合功能区的免疫球蛋白起源的轻链。

34. 权利要求 33 中所述的真核细胞，它亦含编码免疫球蛋白 J 链的第四核苷酸序列。

35. 权利要求 31 中所述的真核细胞，它是一种植物细胞。

36. 一种植物细胞，它含有编码保护性蛋白的核苷酸序列，亦含有编码至少含有部分抗原结合功能区的免疫球蛋白起源的重链的核苷酸序列，其中所述保护性蛋白含有权利要求1的表中所限定的人、大鼠、小鼠或牛多聚免疫球蛋白分子中的一部分。

37. 权利要求29、35或36中所述的植物细胞，它源于双子叶或单子叶植物。

38. 权利要求29、35或36中所述的植物细胞，它源于茄科植物。

39. 权利要求29、35或36中所述的植物细胞，它源于苜蓿植物。

40. 权利要求29、35和36中所述的植物细胞，它源于烟草植物。

41. 权利要求29、35和36中所述的植物细胞，它是植物的部分组织。

42. 一种包含权利要求1所述免疫球蛋白和植物起源的分子的组合物。

43. 权利要求42中所述的组合物，其中植物起源的分子源于单子叶，双子叶，茄科，苜蓿或烟草植物。

44. 权利要求42中所述的组合物，其中植物起源的分子是二磷酸核酮糖羧化酶，集光复合物，色素，二级代谢物或叶绿体。

45. 权利要求42中所述的组合物，其中免疫球蛋白浓度为除水外重量的0.001％~99％。

46. 权利要求42中所述的组合物，其中植物起源的分子浓度为除水外的1％~99％重量。

47. 生产权利要求1~24中任一项所述的免疫球蛋白的方法，它由下列步骤组成：

a）将编码保护性蛋白的核苷酸序列与适宜的转录启动子连接后接入表达载体，导入植物细胞；

b）将编码至少含有部分抗原结合功能区的免疫球蛋白起源的重链的核苷酸序列与适宜的转录启动子连接后，接入表达载体导入上述的植物细胞。

48. 权利要求47所述方法，它进一步包括如下步骤：

c）将编码至少含有部分抗原结合功能区的免疫球蛋白起源的轻链的核苷酸序列与适宜的转录启动子连接后，接入表达载体导入上述的植物细胞。

49. 权利要求47所述的方法，它进一步包括：将含有编码免疫球蛋白J链的核苷酸序列与适宜的转录启动子连接后，接入表达载体导入上述的植物细胞。

50. 权利要求47~49中任一项所述方法，其中免疫球蛋白起源的重链是免疫球蛋白α链，免疫球蛋白起源的轻链是免疫球蛋白K或λ链。

51. 权利要求47~49中任一项所述方法，其中免疫球蛋白起源的重链是由部分免疫球蛋白α链和γ链构成的。

52. 权利要求47~49中任一项所述方法，其中植物细胞是一种植物的部分组织。

53. 权利要求51中所述方法，其进一步包括所述植物的生长。

54. 权利要求51所述方法，其中所述植物，它是一种单子叶，双子叶，茄科，豆科，苜蓿或烟草植物。

55. 权利要求47所述方法，其中所述的免疫球蛋白起源的重链，它是一种嵌合性免疫球蛋白重链。

56. 一种生产含有植物起源的分子的治疗性免疫球蛋白的组合物的方法，此方法包括：在压力下剪力处理含有权利要求30或41中所述植物细胞的植物的部分，制备含有治疗性免疫球蛋白和植物起源的分子的匀浆，含植物起源的分子的液体源于所述植物的原生质体或原地胞质和固体植物起源的物质。

57. 权利要求56所述的方法，它进一步包括将所述的固体物与液体分离开。

58. 权利要求56或57的方法，其中植物的部分是叶，茎，根，管，果或全植物。

59. 权利要求56所述的方法，其中所述的剪力是应用机械装置达到的，可使液体从所述植物的原生质或原地胞质中释出。

60. 权利要求 57 中所述的方法，其中分离是通过离心，沉降，浆凝或过滤而达到的。

61. 一种生产由重链，轻链，J 链和保护性蛋白装配而成的免疫球蛋白分子的方法，其步骤包括：

a）将编码以下成份的核苷酸序列导入真核细胞；

i）一条至少含有部分抗原结合功能区免疫球蛋白起源的重链；

ii）一条至少含有部分抗原结合功能区免疫球蛋白起源的轻链；

iii）一条免疫球蛋白 J 链；

iv）保护性蛋白；

b）在一定条件下维持所述细胞的生长，使其生产所述的免疫球蛋白重链，轻链，J 链和保护性蛋白并装配成为的免疫球蛋白分子，

其中所述保护性蛋白含有多聚免疫球蛋白分子中提供对化学降解和酶促降解的抗性以及对变性的抗性的部分。

62. 在允许蛋白产生和免疫球蛋白装配的条件下，维持真核细胞来产生装配完毕的具有重链，轻链，J 链和保护性蛋白的免疫球蛋白分子的方法，此真核细胞含有适宜于表达而连接后编码以下组分的核苷酸序列：

i）一条至少含有部分抗原结合功能区免疫球蛋白起源的重链；

ii）一条至少含有部分抗原结合功能区免疫球蛋白起源的轻链；

iii）一条免疫球蛋白 J 链；

iv）保护性蛋白，

其中所述保护性蛋白含有权利要求 1 的表中所限定的人、大鼠、小鼠或牛多聚免疫球蛋白分子的一部分。

63. 权利要求 61～62 的方法，其中所述的真核细胞，它是一种植物细胞。

64. 制备对环境条件具有抗性的免疫球蛋白的方法，它包括下列步骤：

a）将编码至少含有部分免疫球蛋白重链的抗原结合功能区的核苷酸序列与编码至少含有免疫球蛋白？重链的功能区的核苷酸序列相连接形成编码嵌合免疫球蛋白重链的核苷酸序列；

b）在真核细胞中表达上述编码嵌合免疫球蛋白重链的核苷酸序列以产生嵌合免疫球蛋白重链。其真核细胞已含有至少一种下述其他分子：保护性蛋白，至少含有部分抗原结合功能区的免疫球蛋白起源的轻链和免疫球蛋白 J 链；

嵌合免疫球蛋白重链与所述的至少一种其他分子装配形成对环境条件具有抗性的免疫球蛋白，

其中所述保护性蛋白含有权利要求 1 的表中所限定的人、大鼠、小鼠或牛多聚免疫球蛋白分子的一部分。

65. 权利要求 64 的方法，其中所述其他分子，它们为保护性蛋白，所说的真核细胞含有一条至少携有部分抗原结合功能的免疫球蛋白起源的轻链和一条免疫球蛋白 J 链。

66. 在允许蛋白产生和免疫球蛋白装配的条件下维持一种细胞来生产对环境条件有抗性的免疫球蛋白的方法，该细胞含有：

a）编码嵌合免疫球蛋白重链的核苷酸序列，此序列为：编码至少部分抗原结合功能区的免疫球蛋白重链的核苷酸序列与编码至少一个免疫球蛋白 α 重链功能区的核苷酸序列，二序列相互连接，和

b）至少一种下列的其他蛋白：保护性蛋白，一条至少含有部分抗原结合功能区的免疫球蛋白起源的轻链和免疫球蛋白 J 链，故而允许嵌合免疫球蛋白重链与所说的至少一种其他分子装配形成对环境条件具有抗性的免疫球蛋白，

其中所述保护性蛋白含有权利要求1的表中所限定的人、大鼠、小鼠或牛多聚免疫球蛋白分子的一部分。

67. 权利要求1所述免疫球蛋白，其中所述的嵌合性免疫球蛋白重链含有下列免疫球蛋白重链之一的免疫球蛋白功能区：IgG，lgA，IgM，IgE，IgD，同时含有IgA或IgM的保护性蛋白结合功能区。

68. 权利要求67所述免疫球蛋白，其中所述的免疫球蛋白重链是人，啮齿类动物，兔，牛，绵羊，山羊，家禽，犬，猪或灵长目的免疫球蛋白重链。

69. 权利要求67所述免疫球蛋白，其中所述的保护性蛋白结合功能区是源于人，啮齿类动物，兔，牛，绵羊，山羊，家禽，犬，猪或灵长目的IgA。

70. 权利要求67所述免疫球蛋白，其中所述的嵌合性免疫球蛋白重链，它是由小鼠IgG1的免疫球蛋白重链组成的，所说的保护性蛋白结合功能区源于小鼠IgA或IgM。

71. 权利要求67所述免疫球蛋白，其中所述的嵌合性免疫球蛋白重链是由人IgG，IgM，IgD或IgE的免疫球蛋白功能区构成的，而所述抗原结合功能区源于人IgA或IgM。

72. 权利要求52所述方法，其中所述的植物是双子叶，单子叶，茄科，豆科，苜蓿或烟草植物。"

请求人认为，修改后的权利要求1中对保护性蛋白作了进一步的限定，并在此基础上对其余权利要求作了相应的限定，并删去了权利要求中的措词"实际上"和"相似"，因此修改后的权利要求得到了说明书的支持，符合专利法第26条第4款的规定。

形式审查合格后，专利复审委员会受理了该复审请求，并于2004年5月24日向请求人发出《复审请求受理通知书》，同时将本申请案卷移交原审查部门进行前置审查。

原审查部门对本复审请求进行了前置审查，认为修改后的权利要求所述"保护性蛋白含有下表中所限定的人、大鼠、小鼠、兔或牛多聚免疫球蛋白分子的一部分"虽然把保护性蛋白的范围缩小了一些，但是仍然导致盖免疫球蛋白得不到说明书的支持，请求人也没有陈述可以得到说明书支持的理由，坚持原驳回决定。

专利复审委员会组成合议组，对本复审请求案进行了审理。于2007年6月15日向请求人发出《复审通知书》。《复审通知书》指出：（1）首先，权利要求1请求保护的免疫球蛋白可以不含有轻链和J链，但说明书中仅提供试验证据证明了含有重链、轻链、J链和保护性蛋白四个组分的免疫球蛋白的稳定性，而蛋白质的性质取决于其空间构象，组成成分的缺少可能会导致其空间构象的改变，最终影响该蛋白的性质，因此本领域技术人员不能确信在没有轻链和/或J链的情况下，其余组分还能装配成为一个对不同的环境条件及苛刻的条件更具抗力，更稳定的免疫球蛋白分子；其次，说明书中仅提供试验证据证明了使用多聚免疫球蛋白受体的第1~606个氨基酸，但不含第627~675氨基酸作为保护性蛋白，可以装配出更稳定的免疫球蛋白分子，而且说明书中明确指出，本发明的保护性蛋白不含有与多聚免疫球蛋白受体的跨膜片段相关的序列，本领域技术人员根据说明书的描述不能确信用权利要求1的表中限定的多聚免疫球蛋白分子的一部分作为保护性蛋白是否能够达到发明目的；因此权利要求1得不到说明书的支持，同理，权利要求2~30、36~60、67~72也得不到说明书的支持，因此权利要求1~30、36~60、67~72不符合专利法第26条第4款的规定。（2）首先，本领域技术人员不能确信在没有轻链和/或J链的情况下，其余组分还能装配成为一个对不同的环境条件及苛刻的条件更具抗力，更稳定的免疫球蛋白分子；其次，说明书中仅提供试验证据证明了使用多聚免疫球蛋白受体的第1~606个氨基酸，但不含第627~675氨基酸作为保护性蛋白，可以装配出更稳定的免疫球蛋白分子，本领域技术人员必须付出创造性的劳动才能获知多聚免疫球蛋白分子中哪些部分能够提供对化学降解和酶促降解的抗性以及对变性的抗性，从而实现权利要求31的技术方案，因此权利要求31得不到说明书的支持,同理,权利要求32~35也得不到说明书的支持,因此权利要求31~35不符合专利法第26条第4款的规定。(3)说明书中仅提供试验证据证明了使用多聚免疫球蛋白受体的第1~606个氨基酸,但不含第627~675氨基酸作为保护性蛋白,可以装配出更稳定的免疫球蛋白分子,本领域技术人员必须付出创造性的劳动才能获知多聚免疫球蛋白分子中哪些部分能够提供对化学降解和酶促降解的抗性以及对变性的抗性,从而实现权利要求61的技术方案,因此权利要求61得不到说明书的支持,不符合专利法第26条第4款的规定。(4)如上所述,本领域技术人员根据说明书的描述不能确信用权利要求1的表中限定的多聚免疫球蛋白分子的一部分作为保护性蛋白是否能够达到发明目的,因此权利要求62~65得不到说明书的支持,不符合专利法第26条第4款的规定。(5)首先,根据权利要求66的描述,所述细胞中可以不含保护性蛋白、轻链和J链,但是本领域技术人员根据说明书的描述无法确信不含保护性蛋白、轻链和/或J链的免疫球蛋白分子还能达到发明目的,其次,如上所述,本领域技术人员根据说明书的描述不能确信用权利要求1的表中限定的多聚免疫球蛋白分子的一部分作为保护性蛋白是否能够达到发明目的,因此权利要求66得不到说明书的支持,不符合专利法第26条第4款的规定。

针对《复审通知书》指出的问题,请求人于2007年10月10日提交了意见陈述书、经修改的权利要求书以及名为"Experimental Data submitted by Y. Tran regarding Chinese App. No. 65197699.0 in response to the Notice of Reexamination"的实验资料说明(下称附件1)。

修改后的权利要求书如下:

"1. 一种免疫球蛋白,它包含保护性蛋白、至少含有部分抗原结合功能区的免疫球蛋白起源的重链和免疫球蛋白J链,其中所述保护性蛋白含有来自哺乳动物多聚免疫球蛋白受体的、与SEQ ID NO:2的残基1至606~627类似但缺少SEQ ID NO:2的残基628~755的氨基酸残基。

2. 权利要求1中所述免疫球蛋白,它进一步包含免疫球蛋白起源的轻链,所述轻链至少含有部分抗原结合功能区且与上述免疫球蛋白起源的重链相连。

3. 权利要求1的免疫球蛋白,其中所述保护对环境性降解提供保护。

4. 权利要求1或2中所述免疫球蛋白,它进一步包含第二条免疫球蛋白起源的重链,所述重链至少含有部分抗原结合功能区且与上述保护性蛋白相连。

5. 权利要求4中所述的免疫球蛋白,它进一步包含第二条免疫球蛋白起源的轻链,轻链至少含有部分抗原结合功能区且与上述第二条免疫球蛋白起源的重链相连。

6. 权利要求1中所述的免疫球蛋白,它是治疗性免疫球蛋白。

7. 权利要求6中所述的免疫球蛋白,它能够与黏膜表面致病原抗原结合。

8. 权利要求7中所述的免疫球蛋白,它能够防止龋齿。

9. 权利要求1中所述的免疫球蛋白,其中抗原结合功能区能够与链球菌S. mutans的血清型c. e和f或链球菌S. sobrinus血清型d和g的抗原结合。

10. 权利要求1中所述免疫球蛋白,其中保护性蛋白含有来自人、大鼠、小鼠或牛多聚免疫球蛋白受体的、对应于表1定义的一个或多个下列氨基酸节段的氨基酸残基:

a)与兔多聚免疫球蛋白受体第21~43氨基酸相应的氨基酸序列;

b)与兔多聚免疫球蛋白受体第1~118氨基酸相应的氨基酸序列;

c)与兔多聚免疫球蛋白受体第119~223氨基酸相应的氨基酸序列;

d)与兔多聚免疫球蛋白受体第224~332氨基酸相应的氨基酸序列;

e)与兔多聚免疫球蛋白受体第333~441氨基酸相应的氨基酸序列;

f)与兔多聚免疫球蛋白受体第442~552氨基酸相应的氨基酸序列;

g）与兔多聚免疫球蛋白受体第553~606或553~627氨基酸相应的氨基酸序列；

11. 权利要求10中所述的免疫球蛋白，其中所述多聚免疫球蛋白受体是人多聚免疫球蛋白受体。

12. 权利要求1中所述免疫球蛋白，其中保护性蛋白至少包括表1中限定的以下兔多聚免疫球蛋白受体部分的功能区之一的氨基酸序列：功能区 I，功能区 II，功能区 III，功能区 IV，功能区 V，功能区 VI 的从第553~627氨基酸残基，而不含相应于第628~755氨基酸残基的氨基酸序列。

13. 权利要求1中所述的免疫球蛋白，其中保护性蛋白含有：

a）至少一个功能区，它源于第一动物的多聚免疫球蛋白受体且至少与表1中所限定的下列兔多聚免疫球蛋白受体的氨基酸片段部分相应：功能区 I，功能区 II，功能区 III，功能区 IV，功能区 V，功能区 VI 的第553~627氨基酸残基；

b）至少一个功能区，它源于第二动物的多聚免疫球蛋白受体且至少与表1中所限定的下列兔多聚免疫球蛋白受体的氨基酸片段部分相应：功能区 I，功能区 II，功能区 III，功能区 IV，功能区 V，功能区 VI 的第553~627氨基酸残基；

14. 权利要求1中所述的免疫球蛋白，其中保护性蛋白含有：

a）至少一个氨基酸片段，它源于第一动物的多聚免疫球蛋白受体且至少与表1中所限定的下列兔多聚免疫球蛋白受体的氨基酸片段部分相应：功能区 I，功能区 II，功能区 III，功能区 IV，功能区 V，功能区 VI 的第553~627氨基酸序列；

b）至少一个氨基酸片段，它源于第二动物的多聚免疫球蛋白受体且至少与表1中所限定的下列兔多聚免疫球蛋白受体的氨基酸片段部分相应：功能区 I，功能区 II，功能区 III，功能区 IV，功能区 V，功能区 VI 的第553~627氨基酸序列。

15. 权利要求13的免疫球蛋白，其中所述的第一动物，它是哺乳动物；第二动物，它是兔。

16. 权利要求13的免疫球蛋白，其中所述的第一动物，它是人；第二动物，它是兔。

17. 权利要求1中所述免疫球蛋白，其中免疫球蛋白起源的重链至少含有任何亚型的IgA或IgM重链的一部分。

18. 权利要求1中所述免疫球蛋白，其中免疫球蛋白起源的重链由两种不同同种型免疫球蛋白功能区所构成。

19. 权利要求18的免疫球蛋白，其中所述的免疫球蛋白功能区，它由下列各组中选出：

a）小鼠IgG1的CH1和小鼠IgA的CH2和CH3；和

b）小鼠IgG1的CH1和CH2和小鼠IgA的CH2和CH3。

20. 权利要求1的免疫球蛋白，其中所述的抗原结合功能区，它相应于Guy's 13重链可变区。

21. 权利要求2的免疫球蛋白，其中所述的抗原结合功能区，它相应于Guy's 13重链可变区。

22. 权利要求1中所述免疫球蛋白，其中保护性蛋白具有与来自哺乳动物多聚免疫球蛋白受体的、与SEQ ID NO：2的残基1至606~627类似的氨基酸残基相邻的第二氨基酸序列，其中所述第二氨基酸残基序列不含与表1中所限定的兔多聚免疫球蛋白受体的功能性跨膜片段的氨基酸残基序列相应的氨基酸序列。

23. 权利要求22的免疫球蛋白，其中所述的第二氨基酸序列，它具有与多聚免疫球蛋白受体的第655~755氨基酸相应的氨基酸序列。

24. 权利要求22的免疫球蛋白，其中所述的第二氨基酸序列，它为下列组分之一或多于一种组分：多聚免疫球蛋白分子的细胞内功能区，免疫球蛋白基因超家族成员之一的功能区，一种酶，一种毒素或一种连接片段。

25. 一种真核细胞，它含有权利要求1所述的免疫球蛋白。

26. 权利要求25所述的真核细胞，它是一种植物细胞。

27. 权利要求26所述的真核细胞，它是一种植物的部分组织。

28. 一种植物细胞，它含有编码保护性蛋白的核苷酸序列，编码J链的核苷酸序列，和编码至少含有部分抗原结合功能区的免疫球蛋白起源的重链的核苷酸序列，其中所述保护性蛋白含有来自哺乳动物多聚免疫球蛋白受体的、与SEQ ID NO：2的残基1至606~627类似但缺少SEQ ID NO：2的残基628~755的氨基酸残基。

29. 权利要求28中所述的植物细胞，它源于双子叶或单子叶植物。

30. 权利要求28中所述的植物细胞，它源于茄科植物。

31. 权利要求28中所述的植物细胞，它源于苜蓿植物。

32. 权利要求28中所述的植物细胞，它源于烟草植物。

33. 权利要求28中所述的植物细胞，它是植物的部分组织。

34. 一种包含权利要求1所述免疫球蛋白和植物起源的分子的组合物。

35. 权利要求34中所述的组合物，其中植物起源的分子源于单子叶、双子叶、茄科、苜蓿或烟草植物。

36. 权利要求34中所述的组合物，其中植物起源的分子是二磷酸核酮糖羧化酶，集光复合物，色素，二级代谢物或叶绿体。

37. 权利要求34中所述的组合物，其中免疫球蛋白浓度为除水外重量的0.001%~99%。

38. 权利要求34中所述的组合物，其中植物起源的分子浓度为除水外的1%~99%重量。

39. 生产权利要求1~21中任一项所述的免疫球蛋白的方法，它由下列步骤组成：

a) 将编码保护性蛋白的核苷酸序列与适宜的转录启动子连接后接入表达载体，然后导入植物细胞，其中所述保护性蛋白含有来自哺乳动物多聚免疫球蛋白受体的、与SEQ ID NO：2的残基1至606~627类似但缺少SEQ ID NO：2的残基628~755的氨基酸残基；

b) 将编码至少含有部分抗原结合功能区的免疫球蛋白起源的重链的核苷酸序列与适宜的转录启动子连接后，接入表达载体导入上述的植物细胞；

c) 将含有有效连接在一起的编码免疫球蛋白J链的核苷酸序列和转录启动子的表达载体导入所述植物细胞。

40. 权利要求39所述方法，它进一步包括如下步骤：

c) 将编码至少含有部分抗原结合功能区的免疫球蛋白起源的轻链的核苷酸序列与适宜的转录启动子连接后，接入表达载体导入上述的植物细胞。

41. 权利要求39~40中任一项所述方法，其中免疫球蛋白起源的重链是免疫球蛋白α链，免疫球蛋白起源的轻链是免疫球蛋白κ或λ链。

42. 权利要求39~40中任一项所述方法，其中免疫球蛋白起源的重链是由部分免疫球蛋白α链和γ链构成的。

43. 权利要求39~40中任一项所述方法，其中植物细胞是一种植物的部分组织。

44. 权利要求39中所述方法，其进一步包括所述植物的生长。

45. 权利要求39所述方法，其中所述植物，它是一种单子叶、双子叶、茄科、豆科、苜蓿或烟草植物。

46. 权利要求39所述方法，其中所述的免疫球蛋白起源的重链，它是一种嵌合性免疫球蛋白重链。

47. 一种生产含有植物起源的分子的治疗性免疫球蛋白的组合物的方法，此方法包括：在压力下剪力处理含有权利要求 27 或 33 中所述植物细胞的植物的部分，制备含有治疗性免疫球蛋白和植物起源的分子的匀浆，含植物起源的分子的液体源于所述植物的原生质体或原地胞质和固体植物起源的物质。

48. 权利要求 47 所述的方法，它进一步包括将所述的固体物与液体分离开。

49. 权利要求 47 的方法，其中植物的部分是叶，茎，根，管，果或全植物。

50. 权利要求 47 所述的方法，其中所述的剪力是应用机械装置达到的，可使液体从所述植物的原生质或原地胞质中释出。

51. 权利要求 48 中所述的方法，其中分离是通过离心，沉降，浆凝或过滤而达到的。

52. 一种生产由重链，轻链，J 链和保护性蛋白装配而成的免疫球蛋白分子的方法，其步骤包括：

a）将编码以下成份的核苷酸序列导入真核细胞；

i）一条至少含有部分抗原结合功能区免疫球蛋白起源的重链；

ii）一条至少含有部分抗原结合功能区免疫球蛋白起源的轻链；

iii）一条免疫球蛋白 J 链；

iv）保护性蛋白；

b）在一定条件下维持所述细胞的生长，使其生产所述的免疫球蛋白重链，轻链，J 链和保护性蛋白并装配成为的免疫球蛋白分子，

其中所述保护性蛋白含有来自哺乳动物多聚免疫球蛋白受体的、与 SEQ ID NO：2 的残基 1 至 606～627 类似但缺少 SEQ ID NO：2 的残基 628～755 的氨基酸残基。

53. 在允许蛋白产生和免疫球蛋白装配的条件下，维持真核细胞来产生装配完毕的具有重链，轻链，J 链和保护性蛋白的免疫球蛋白分子的方法，此真核细胞含有适宜于表达而连接后编码以下组分的核苷酸序列：

i）一条至少含有部分抗原结合功能区免疫球蛋白起源的重链；

ii）一条至少含有部分抗原结合功能区免疫球蛋白起源的轻链；

iii）一条免疫球蛋白 J 链；

iv）保护性蛋白，

其中所述保护性蛋白含有来自哺乳动物多聚免疫球蛋白受体的、与 SEQ ID NO：2 的残基 1 至 606～627 类似但缺少 SEQ ID NO：2 的残基 628～755 的氨基酸残基。

54. 权利要求 52～53 的方法，其中所述的真核细胞，它是一种植物细胞。

55. 制备对环境条件具有抗性的免疫球蛋白的方法，它包括下列步骤：

a）将编码至少含有部分免疫球蛋白重链的抗原结合功能区的核苷酸序列与编码至少含有免疫球蛋白 α 重链的功能区的核苷酸序列相连接形成编码嵌合免疫球蛋白重链的核苷酸序列；

b）在真核细胞中表达上述编码所述嵌合免疫球蛋白重链的核苷酸序列以产生嵌合免疫球蛋白重链，所述真核细胞还含有保护性蛋白和免疫球蛋白 J 链；

由此使得嵌合免疫球蛋白重链与所述保护蛋白和 J 链装配形成对所述环境条件具有抗性的免疫球蛋白，

其中所述保护性蛋白含有来自哺乳动物多聚免疫球蛋白受体的、与 SEQ ID NO：2 的残基 1 至 606～627 类似但缺少 SEQ ID NO：2 的残基 628～755 的氨基酸残基。

56. 权利要求 55 的方法，其中所述真核细胞还含有至少携有部分抗原结合功能的免疫球蛋白起源的轻链。

57. 在允许蛋白产生和免疫球蛋白装配的条件下维持一种细胞来生产对环境条件有抗性的免疫球

蛋白的方法，该细胞含有：

a）编码嵌合免疫球蛋白重链的核苷酸序列，此序列为：编码至少部分抗原结合功能区的免疫球蛋白重链的核苷酸序列与编码至少一个免疫球蛋白α重链功能区的核苷酸序列，二序列相互连接，

b）编码保护蛋白的核苷酸序列；和

c）编码J链的核苷酸序列，故而允许嵌合免疫球蛋白重链与所说的至少一种其他分子装配形成对环境条件具有抗性的免疫球蛋白，

其中所述保护性蛋白含有来自哺乳动物多聚免疫球蛋白受体的、与SEQ ID NO：2的残基1至606~627类似但缺少SEQ ID NO：2的残基628~755的氨基酸残基。

58. 权利要求1所述免疫球蛋白，其中所述的嵌合性免疫球蛋白重链含有下列免疫球蛋白重链之一的免疫球蛋白功能区：IgG，IgA，IgM，IgE，IgD，同时含有IgA或IgM的保护性蛋白结合功能区。

59. 权利要求58所述免疫球蛋白，其中所述的免疫球蛋白重链是人，啮齿类动物，兔，牛，绵羊，山羊，家禽，犬，猪或灵长目的免疫球蛋白重链。

60. 权利要求58所述免疫球蛋白，其中所述的保护性蛋白结合功能区是源于人，啮齿类动物，兔，牛，绵羊，山羊，家禽，犬，猪或灵长目的IgA。

61. 权利要求58所述免疫球蛋白，其中所述的嵌合性免疫球蛋白重链，它是由小鼠IgG1的免疫球蛋白重链组成的，所说的保护性蛋白结合功能区源于小鼠IgA或IgM。

62. 权利要求58所述免疫球蛋白，其中所述的嵌合性免疫球蛋白重链是由人IgG，IgM，IgD或IgE的免疫球蛋白功能区构成的，而所述抗原结合功能区源于人IgA或IgM。

63. 权利要求43所述方法，其中所述的植物是双子叶，单子叶，茄科，豆科，苜蓿或烟草植物。"

请求人认为：（1）修改后的权利要求包括的所有技术方案均能够实施，本领域技术人员不需要过度实验就能够确定在1~606到627范围内的功能序列，而且本领域技术人员知道SEQ ID NO：4、6、8和10中什么残基是与SEQ ID NO：2的残基1~606至627是相似的；（2）附件1中的构建物3完全缺乏轻链，但是具有优异的效力，说明轻链不是本发明所必须的；因此包含重链和J链、以及包含基于兔pIgR序列和同源序列的保护性蛋白的免疫蛋白是完全得到说明书支持的。

至此，合议组认为本案事实已经清楚，可以作出审查决定。

二、决定的理由

1. 审查依据的文本

本复审决定所针对的文本为请求人于2007年10月10日提交的权利要求1~63，驳回决定针对的说明书第1~95页、说明书附图第1页、说明书摘要、摘要附图。

2. 关于专利法第26条第4款

专利法第26条第4款规定，权利要求书应当以说明书为依据，说明要求专利保护的范围。

根据该款规定，权利要求书中的每一项权利要求所要求保护的技术方案应当是所属技术领域的技术人员能够从说明书充分公开的内容中得到或概括得出的技术方案，并且不得超出说明书公开的范围。如果权利要求的概括包含申请人推测的内容，而其效果又难于预先确定和评价，应当认为这种概括超出了说明书公开的范围。

本发明的目的是改造免疫球蛋白的产生方式，使其对不同的环境条件及苛刻的条件更具有抗力，即更稳定。为此目的，本发明提供了一种含有四个组成部分的免疫球蛋白：重链、轻链、J链和保护性蛋白，根据说明书的描述，其中保护性蛋白的作用是加强免疫球蛋白对环境的抗力。

（1）权利要求1~51、55、56、58~63得不到说明书的支持，不符合专利法第26条第4款的

规定。

权利要求 1 请求保护一种免疫球蛋白，它包含保护性蛋白、至少含有部分抗原结合功能区的免疫球蛋白起源的重链和免疫球蛋白 J 链，其中所述保护性蛋白含有来自哺乳动物多聚免疫球蛋白受体的、与 SEQ ID NO：2 的残基 1 至 606~627 类似但缺少 SEQ ID NO：2 的残基 628~755 的氨基酸残基。

首先，权利要求 1 中仅限定所述免疫球蛋白含有重链、J 链和保护性蛋白，即该免疫球蛋白可以不含有轻链，但是说明书中仅仅提供试验证据证明了含有重链、轻链、J 链和保护性蛋白四个组分的免疫球蛋白的稳定性，而且，根据说明书所述，这四个组分互相通过氢键、二硫键、共价键和/或离子键而联接在一起，装配成一个复合肽分子（参见说明书第 18 页第 2 段和第 19 页第 2 段），该复合肽分子具有一定的空间构象，而蛋白质的性质取决于其空间构象，其组成成分的缺少可能会导致其空间构象的改变，最终影响该蛋白质的性质，因此根据说明书提供的信息，本领域技术人员不能确信在没有轻链的情况下，其余组分还能装配成为一个对不同的环境条件及苛刻的条件更具抗力，更稳定的免疫球蛋白分子。

其次，权利要求 1 中限定"其中所述保护性蛋白含有来自哺乳动物多聚免疫球蛋白受体的、与 SEQ ID NO：2 的残基 1 至 606~627 类似但缺少 SEQ ID NO：2 的残基 628~755 的氨基酸残基"，其中所用"类似"一词表明所述保护性蛋白可以只含有来自哺乳动物多聚免疫球蛋白受体的、与 SEQ ID NO：2 的残基 1 至 606~627 中的氨基酸残基部分相同的氨基酸序列，例如所述保护性蛋白可以只含有哺乳动物多聚免疫球蛋白受体的残基 1~606 中的一部分。而说明书中仅提供试验证据证明了使用多聚免疫球蛋白受体的第 1~606 个氨基酸作为保护性蛋白，可以装配出更稳定的免疫球蛋白分子，而对于用哺乳动物多聚免疫球蛋白受体的残基 1~606 中的一部分作为保护性蛋白是否能够达到发明目的，是否能够使得装配得到的免疫球蛋白分子对不同环境条件及苛刻的条件更具抗力，说明书中并没有提供试验证据予以证实。因此本领域技术人员根据说明书的描述不能确信用哺乳动物多聚免疫球蛋白受体的第 1~606 氨基酸的一部分作为保护性蛋白是否仍然具有加强免疫球蛋白对环境抗力的能力，是否能够达到发明目的。

再次，根据权利要求 1 的限定，其中所述保护性蛋白包含的来自哺乳动物多聚免疫球蛋白受体的氨基酸残基可以是起始于残基 1，截止于残基 606~627 中的任何一个残基。说明书中仅提供试验证据证明了使用多聚免疫球蛋白受体的第 1~606 个氨基酸作为保护性蛋白，可以装配出更稳定的免疫球蛋白分子，说明书中也没有阐明所述多聚免疫球蛋白受体作为保护性蛋白加强免疫球蛋白对环境抗力的机理，本领域技术人员根据说明书的记载不能确定多聚免疫球蛋白受体的第 607~627 个氨基酸是否会影响第 1~606 氨基酸的保护性作用，因而不能确定包含哺乳动物多聚免疫球蛋白受体的第 1 至 607~627 氨基酸的免疫球蛋白是否能够用于实现本发明的目的。

因此，本领域技术人员根据说明书的描述无法确定在权利要求 1 保护范围内的免疫球蛋白均能实现发明目的，因此权利要求 1 的概括超出了说明书公开的范围，不符合专利法第 26 条第 4 款的规定。

请求人在答复《复审通知书》的意见陈述中认为：（1）说明书第 4 页载明了本发明优选实施方案包括的保护蛋白包含兔 pIgR 的残基 1 至 606 到 627 但不包含该序列的 628~755，说明书表 1 及序列表公开了来自其他哺乳动物物种的类似序列，这为所要求保护的发明提供了充分支持，尽管可能需要本领域普通技术人员进行一般性实验确定 1~606 和 1~627 之间具有最佳保护作用的最佳序列，但这是不需要过度劳动的；（2）附件 1 的实验资料说明说明包含重链、J 链和保护性蛋白、但是没有轻链的构建物是可能实现本发明的；因此包含重链和 J 链，以及包含基于兔 pIgR 序列和同源序列的保护性蛋白的免疫蛋白是完全得到说明书支持的。

对此，合议组认为：（1）说明书第4页仅仅是对本发明的保护蛋白所作的一般性描述，并非证明包含兔pIgR的残基1至607~627能作为保护性蛋白达到发明目的的实验证据，因而不足以充分支持所要求保护的范围，由于本领域技术人员根据说明书的描述不能确定用哺乳动物多聚免疫球蛋白受体的第1至607~627氨基酸作为保护性蛋白是否能达到发明目的，因此本领域技术人员需要付出创造性劳动、通过实验来鉴定哺乳动物多聚免疫球蛋白受体的第1至607~627氨基酸中哪些序列具有保护性作用，这是鉴定不能预知的结果的过程，并非仅仅是在已知这些序列均具有保护性作用的基础上确定最佳序列；（2）说明书表1及序列表虽然列举了来自其他哺乳动物物种的类似序列，但如上所述，"类似"一词表明所述保护性蛋白可以只含有来自哺乳动物多聚免疫球蛋白受体的、与SEQ ID NO：2的残基1至606~627中的氨基酸残基部分相同的氨基酸序列，权利要求1中所限定的"来自哺乳动物多聚免疫球蛋白受体的、与SEQ ID NO：2的残基1至606~627类似但缺少SEQ ID NO：2的残基628~755的氨基酸残基"可以是说明书表1中列出的某个多聚免疫球蛋白受体的某一个功能区，即其他哺乳动物多聚免疫球蛋白的残基1~606的一部分，而本领域技术人员根据说明书的描述不能确信用哺乳动物多聚免疫球蛋白受体的第1~606氨基酸的一部分作为保护性蛋白是否仍然具有加强免疫球蛋白对环境抗力的能力，是否能够达到发明目的；（3）附件1的提交日晚于本申请的优先权日，且并未在原申请文件中记载，所属领域技术人员在本申请的优先权日前根据现有技术无法获知该附件1的实验结果，因此其不能证明本领域技术人员根据本申请说明书提供的信息，可以确定在没有轻链的情况下，其余组分还能装配成为一个对不同的环境条件及苛刻的条件更具抗力，更稳定的免疫球蛋白分子。综上，请求人的意见不具备说服力。

权利要求2~24、58~62虽然对所述免疫球蛋白作了进一步限定，但是仍然没有完全克服上述导致权利要求1得不到说明书支持的缺陷，因此权利要求2~24、58~62也不符合专利法第26条第4款的规定。

权利要求25~27请求保护含有权利要求1所述免疫球蛋白的植物细胞，权利要求34~38请求保护含有权利要求1所述免疫球蛋白的组合物，权利要求39~46、63请求保护生产权利要求1~21中任一项所述的免疫球蛋白的方法，这些权利要求请求保护的技术方案是否得到说明书支持依赖于权利要求1~21的技术方案是否得到说明书支持，如上所述，权利要求1~21得不到说明书的支持，因此权利要求25~27、34~46、63也得不到说明书的支持，不符合专利法第26条第4款的规定。

权利要求28~33请求保护含有保护性蛋白的核苷酸序列，编码J链和编码至少含有部分抗原结合功能区的免疫球蛋白起源的重链的核苷酸序列，并限定所述保护性蛋白含有来自哺乳动物多聚免疫球蛋白受体的、与SEQ ID NO：2的残基1至606到627类似但缺少SEQ ID NO：2的残基628~755的氨基酸残基。基于与前面评述权利要求1相同的理由，权利要求28~33也得不到说明书的支持，不符合专利法第26条第4款的规定。

权利要求47~51请求保护一种生产含有植物起源的分子的治疗性免疫球蛋白的组合物的方法，该方法包括在压力下剪力处理含有权利要求27或33中所述植物细胞的植物的部分，这些权利要求请求保护的技术方案是否得到说明书支持依赖于权利要求27或33的技术方案是否得到说明书支持，如上所述，权利要求27或33得不到说明书的支持，因此权利要求47~51也得不到说明书的支持，不符合专利法第26条第4款的规定。

权利要求55请求保护制备对环境条件具有抗性的免疫球蛋白的方法，所述免疫球蛋白是由嵌合免疫球蛋白重链与保护蛋白和J链装配而成的，权利要求55中限定所述保护性蛋白含有来自哺乳动物多聚免疫球蛋白受体的、与SEQ ID NO：2的残基1至606~627类似但缺少SEQ ID NO：2的残基628~755的氨基酸残基。基于与评述权利要求1相同的理由，权利要求55也得不到说明书的支持，不符合专利法第 26 条第 4 款的规定。

权利要求 56 虽然对所述免疫球蛋白作了进一步限定，但是仍然没有完全克服上述的权利要求 55 中存在的得不到说明书支持的缺陷，因此权利要求 56 也得不到说明书的支持，不符合专利法第 26 条第 4 款的规定。

（2）权利要求 52～54 得不到说明书的支持，不符合专利法第 26 条第 4 款的规定。

权利要求 52～54 请求保护生产具有重链、轻链、J 链和保护性蛋白的免疫球蛋白分子的方法，并限定所述保护性蛋白含有来自哺乳动物多聚免疫球蛋白受体的、与 SEQ ID NO：2 的残基 1 至 606～627 类似但缺少 SEQ ID NO：2 的残基 628～755 的氨基酸残基。

如上所述，首先，其中所用"类似"一词表明所述保护性蛋白可以只含有来自哺乳动物多聚免疫球蛋白受体的、与 SEQ ID NO：2 的残基 1 至 606～627 中的氨基酸残基部分相同的氨基酸序列，例如所述保护性蛋白可以只含有哺乳动物多聚免疫球蛋白受体的残基 1～606 中的一部分，而本领域技术人员根据说明书的描述不能确定用哺乳动物多聚免疫球蛋白受体的第 1～606 氨基酸的一部分作为保护性蛋白是否仍然具有加强免疫球蛋白对环境抗力的能力，是否能够达到发明目的。

其次，根据权利要求 52～54 的限定，其中所述保护性蛋白包含的来自哺乳动物多聚免疫球蛋白受体的氨基酸残基可以是起始于残基 1，截止于残基 606～627 中的任何一个残基，而本领域技术人员根据说明书的记载不能确定用哺乳动物多聚免疫球蛋白受体的第 1 至 607～627 氨基酸作为保护性蛋白是否仍然具有加强免疫球蛋白对环境抗力的能力，是否能够达到发明目的。

因此权利要求 52～54 得不到说明书的支持，不符合专利法第 26 条第 4 款的规定。

（3）权利要求 57 得不到说明书的支持，不符合专利法第 26 条第 4 款的规定。

权利要求 57 请求保护在允许蛋白产生和免疫球蛋白装配的条件下维持一种细胞来生产对环境条件由抗性的免疫球蛋白的方法，所述免疫球蛋白是由嵌合免疫球蛋白重链与保护蛋白和 J 链二者之一装配形成的，并且限定所述保护性蛋白含有来自哺乳动物多聚免疫球蛋白受体的、与 SEQ ID NO：2 的残基 1 至 606～627 类似但缺少 SEQ ID NO：2 的残基 628～755 的氨基酸残基。

首先，根据权利要求 57 的描述，所产生的免疫球蛋白可以不含保护性蛋白、轻链或 J 链，但是说明书中仅仅提供试验证据证明了含有重链、轻链、J 链和保护性蛋白四个组分的免疫球蛋白具有对环境条件的抗性，而且说明书中明确指出"本发明的保护性蛋白使免疫球蛋白具有对抗化学降解及酶解的能力，对变性亦具抗力"，表明在本发明中要使所述免疫球蛋白具有对环境条件的抗性，其必须含有保护性蛋白，同时说明书中的试验证据还表明不含保护性蛋白的免疫球蛋白很快被降解（参见说明书第 51 页第 1 段），因此本领域技术人员根据说明书的描述无法确定不含保护性蛋白的免疫球蛋白是否还能够达到发明目的，另外，根据说明书所述，上述四个组分互相通过氢键、二硫键、共价键和/或离子键而联接在一起，装配成一个复合肽分子（参见说明书第 18 页第 2 段和第 19 页第 2 段），其中保护性蛋白与免疫球蛋白重链或轻链的装配依赖于 J 链的存在（参见说明书第 44 页倒数第 1 段），而且蛋白质的性质取决于其空间构象，其组成成分的缺少可能会导致其空间构象的改变，最终影响该蛋白质的性质，因此根据说明书提供的信息，本领域技术人员不能确定在没有轻链和/或 J 链的情况下，其余组分还能装配成为一个对不同的环境条件及苛刻的条件更具抗力，更稳定的免疫球蛋白分子；其次，如上所述，其中所用"类似"一词表明所述保护性蛋白可以只含有来自哺乳动物多聚免疫球蛋白受体的、与 SEQ ID NO：2 的残基 1 至 606～627 中的氨基酸残基部分相同的氨基酸序列，例如所述保护性蛋白可以只含有哺乳动物多聚免疫球蛋白受体的残基 1～606 中的一部分，而本领域技术人员根据说明书的描述不能确定用哺乳动物多聚免疫球蛋白受体的第 1～606 氨基酸的一部分作为保护性蛋白是否仍然具有加强免疫球蛋白对环境抗力的能力，是否能够达到发明目的；再次，如上所述，根据权利要求57的限定，其中所述保护性蛋白包含的来自哺乳动物多聚免疫球蛋白受体的氨基酸残基可以是起始于残基1，截止于残基606~627中的任何一个残基，而本领域技术人员根据说明书的记载不能确定用哺乳动物多聚免疫球蛋白受体的第1至607~627氨基酸作为保护性蛋白是否仍然具有加强免疫球蛋白对环境抗力的能力，是否能够达到发明目的。

因此权利要求57得不到说明书的支持，不符合专利法第26条第4款的规定。

根据以上事实和理由，本案合议组作出如下审查决定。

三、决定

维持国家知识产权局于2004年1月9日对95197699.0号发明专利申请作出的驳回决定。

复审请求人对本决定不服的，可以根据专利法第41条第2款的规定，自收到本决定之日起三个月内向北京市第一中级人民法院起诉。

… 061

抗肝癌基因工程单链抗体 scFv25

复审请求审查决定（第 12240 号）

决 定 号	第 12240 号
决 定 日	2007 年 12 月 14 日
发明创造名称	抗肝癌基因工程单链抗体 scFv25
国 际 分 类 号	C07K 16/44，A61P 35/00
复 审 请 求 人	中国人民解放军第四军医大学
申 请 号	03114660.0
申 请 日	2003 年 4 月 9 日
公 开 日	2004 年 10 月 13 日
合 议 组 组 长	吴通义
主 审 员	唐 莉
参 审 员	任 怡
法 律 依 据	专利法第 22 条第 3 款

决 定 要 点

如果请求保护的蛋白质序列是通过现有技术中已知的方法获得的，而且该蛋白质序列与现有技术中用该已知方法获得的相似序列相比，具有相同的性质和功能，而未产生预料不到的效果，则蛋白质序列的发明不具备创造性。

一、案由

本复审请求涉及 2004 年 10 月 13 日公开，名称为"抗肝癌基因工程单链抗体 scFv25"的第 03114660.0 号发明专利申请（下称本申请），本申请的申请日为 2003 年 4 月 9 日，申请人为中国人民解放军第四军医大学。

国家知识产权局于 2004 年 12 月 10 日发出第一次审查意见通知书，其中引用了 4 篇对比文件：

对比文件 1：公开号为 CN1241574A 的发明专利申请公开说明书，公开日为 2000 年 1 月 19 日；

对比文件 2：胡川闽等，"HAb25 肝癌单克隆抗体可变区基因的克隆和序列测定"，《中华肝脏病杂志》，1999 年第 7 卷第 2 期，第 101～103 页，公开日为 1999 年 6 月；

对比文件 3：袁清安等，"肝癌特异性鼠源及人源化单链抗体基因的构建及在大肠杆菌中的表达"，《生物工程学报》，2000 年 16 卷 1 期，第 86～90 页，公开日为 2000 年 1 月；

对比文件 4：孙志伟等，"二硫键稳定的抗肝癌人源化单链抗体—突变体人 TNFα 融合基因在

CHO（dhfr⁻）细胞中的表达"，《军事医学科学院院刊》，2001年第25卷第4期，第241~245页，公开日为2001年12月；

第一次审查意见通知书中指出：对比文件1公开了与本发明完全一致的抗肝癌基因工程单链抗体scFv25的构建方法，对比文件2公开了抗肝癌单克隆抗体Hab25可变区的克隆方法和序列，其CDR区核苷酸序列和氨基酸序列与本发明单链抗体scFv25的CDR区完全一致，结合对比文件1和2获得权利要求1和2要求保护的单链抗体scFv25是显而易见的，而且这种结合没有产生预料不到的技术效果，因而权利要求1和2不具备专利法第22条第3款规定的创造性。权利要求3所要限定的是氨基酸序列，但所给序列却是核苷酸序列，而且没有指明二硫键形成的位置，因而保护范围不清楚，不符合专利法实施细则第20条第1款的规定。即使权利要求3克服了不清楚的问题，由于对比文件3公开了单链抗体scFv25的人源化方法，对比文件4公开了二硫键稳定的抗肝癌人源化单链抗体——突变体人TNFα融合基因的构建方法，因此在对比文件1和2的基础上结合对比文件3和4获得权利要求3的技术方案也是显而易见的，权利要求3也不具备专利法第22条第3款规定的创造性。

申请人于2005年4月9日提交了意见陈述及经修改的权利要求书替换页，其中删除了权利要求3，并指出：对比文件2公开的序列是错误的，无法影响本发明的新颖性和创造性。

国家知识产权局于2005年6月3日以权利要求1~2不符合专利法第22条第3款为由驳回了本申请，理由是对比文件1公开了与本发明完全一致的抗肝癌基因工程单链抗体scFv25的构建方法，对比文件2公开了抗肝癌单克隆抗体Hab25可变区的克隆方法和序列，其CDR区核苷酸序列和氨基酸序列与本发明单链抗体scFv25的CDR区完全一致，结合对比文件1和2获得权利要求1和2要求保护的单链抗体scFv25是显而易见的，而且这种结合没有产生预料不到的技术效果，因而权利要求1和2不具备专利法第22条第3款规定的创造性。对比文件2公开的氨基酸序列中存在明显的打印错误，本领域技术人员可以看出该氨基酸序列与核苷酸序列不是正确的编码关系，根据遗传密码子可以得到正确的氨基酸序列，另外通过对比文件2的扩增抗体可变区的引物也可获得正确的氨基酸序列。

驳回决定所针对的权利要求书为：

"1. 抗肝癌基因工程单链抗体scFv25，它的特殊氨基酸序列是：

ATG CAG GTG CAG CTG TTG GAG TCT GGG ACT GAA CTG GTG AAG CCT GGG GCT TCA
 M   Q   V   Q   L   L   E   S   G   T   E   L   V   K   P   G   A   S
GTG AAA CTG TCC TGC AAA GCT TCT GGC TAC ACC TTC ACC AGT TAT TGG ATG CAC
 V   K   L   S   C   K   A   S   G   Y   T   F   T   S   Y   W   M   H
                                                       ─────────────────
                                                            VH-CDR1

TGG GTG AAG CAG AGG CCT GGA CAA GGC CTT GAG TGG ATT GGA GAG ATT AAT CCT
 W   V   K   Q   R   P   G   Q   G   L   E   W   I   G   E   I   A   P
                                                               ─────────
AGC AAC GGT CGT ATT TAC TAC AAT GAA AAG TTC AAG AAC AAG GCC ACA CTG ACT
 S   N   G   R   I   Y   Y   N   E   K   F   K   N   K   A   T   L   T
───
                 VH-CDR2

GTA GAC AAA TCC TCC AAC ACA GCC TAT ATG GAA CTC ACC AGC CTG ACA TCT GAG
 V   D   K   S   S   N   T   A   Y   M   E   L   T   S   L   T   S   E
GAC TCT GCG GTC TAT TCT TGT GCA AGA TTG GTG GGA CCC TTC TCT TAC TGG GGC
 D   S   A   V   Y   S   C   A   R   L   V   G   P   F   S   Y   W   G
                                         ───────────────────────────────
                                                      VH-CDR3

CAA	GGC	ACC	CTG	GTC	ACC	GTC	TCC	TCA	GAG	CTC	GGT	GGA	GGC	GGT	TCA	GGT	GGA
Q	G	T	L	V	T	V	S	S	E	L	G	G	G	G	S	G	G

GGT GGC TCT GGC GGT GGC GGA TCT GGA TCC AGA TGT GAG CTC GTG ATG ACC CAG
G   G   S   G   G   G   G   S   G   S   R   C   E   L   V   M   T   Q

<u>Linker</u>

ACT CCA CTC TCC CTG CCT GTC AGT CTT GGA GAT CAA GCC TCC ATC TCT TGC AGA
T   P   L   S   L   P   V   S   L   G   D   Q   A   S   I   S   C   R

TCT AGT CAG AGC CTT GTA CAC AGT AAT GGA AAC ACC TAT TTA CAT TGG TAC CTG
S   S   Q   S   L   V   H   S   N   G   N   T   Y   L   H   W   Y   L

VL-CDR1

CAG AAG CCA GGC CAG TCT CCA AAG CTC CTG ATC TAC AAA GTT TCC AAC CGA TTT
Q   K   P   G   Q   S   P   K   L   L   I   Y   K   V   S   N   R   F

VL-CDR2

TCT GGG GTC CCA GAC AGG TTC AGT GGC AGT GGA TCA GGG ACA GAT TTC ACA CTC
S   G   V   P   D   R   F   S   G   S   G   S   G   T   D   F   T   L

AAG ATC AGC AGA GTG GAG GCT GAG GAT CTG GGA GTT TAT TTC TGC TCT CAA AGT
K   I   S   R   V   E   A   E   D   L   G   V   Y   F   C   S   Q   S

ACA CAT GTT CCG TAC ACG TTG GGA GGG GGG ACC AAG GTC GAG ATC AAA CGT GTC
T   H   V   P   Y   T   L   G   G   G   T   K   L   E   L   K   R   V

VL-CDR3

GAC
D 。

2. 根据权利要求1所述的抗肝癌基因工程单链抗体scFv25，其特征是：它的重链氨基酸序列是：

ATG CAG GTG CAG CTG TTG GAG TCT GGG ACT GAA CTG GTG AAG CCT GGG GCT TCA
M   Q   V   Q   L   L   E   S   G   T   E   L   V   K   P   G   A   S

GTG AAA CTG TCC TGC AAA GCT TCT GGC TAC ACC TTC ACC AGT TAT TGG ATG CAC
V   K   L   S   C   K   A   S   G   Y   T   F   T   S   Y   W   M   H

VH-CDR1

TGG GTG AAG CAG AGG CCT GGA CAA GGC CTT GAG TGG ATT GGA GAG ATT AAT CCT
W   V   K   Q   R   P   G   Q   G   L   E   W   I   G   E   I   N   P

AGC AAC GGT CGT ATT TAC TAC AAT GAA AAG TTC AAG AAC AAG GCC ACA CTG ACT
S   N   G   R   I   Y   Y   N   E   K   F   K   N   K   A   T   L   T

VH-CDR2

GTA GAC AAA TCC TCC AAC ACA GCC TAT ATG GAA CTC ACC AGC CTG ACA TCT GAG
V   D   K   S   S   N   T   A   Y   M   E   L   T   S   L   T   S   E

```
GAC TCT GCG GTC TAT TCT TGT GCA AGA TTG GTG GGA CCC TTC TCT TAC TGG GGC
 D   S   A   V   Y   S   C   A   R   L   V   G   P   F   S   Y   W   G
                                        ─────────────────────────────────
                                                      VH-CDR3

CAA GGC ACC CTG GTC ACC GTC TCC TCA GAG CTC
 Q   G   T   L   V   T   V   S   S   E   L  ；
```

它的轻链氨基酸序列是：GGA TCC AGA TGT GAG CTC GTG ATG ACC CAG
          G   S   R   C   E   L   V   M   T   Q

```
ACT CCA CTC TCC CTG CCT GTC AGT CTT GGA GAT CAA GCC TCC ATC TCT TGC AGA
 T   P   L   S   L   P   V   S   L   G   D   Q   A   S   I   S   C   R
                                                                     ───
TCT AGT CAG AGC CTT GTA CAC AGT AAT GGA AAC ACC TAT TTA CAT TGG TAC CTG
 S   S   Q   S   L   V   H   S   N   G   N   T   Y   L   H   W   Y   L
─────────────────────────────────────────
              VL-CDR1

CAG AAG CCA GGC CAG TCT CCA AAG CTC CTG ATC TAC AAA GTT TCC AAC CGA TTT
 Q   K   P   G   Q   S   P   K   L   L   I   Y   K   V   S   N   R   F
                                                     ───────────────────
                                                              VL-CDR2

TCT GGG GTC CCA GAC AGG TTC AGT GGC AGT GGA TCA GGG ACA GAT TTC ACA CTC
 S   G   V   P   D   R   F   S   G   S   G   S   G   T   D   F   T   L

AAG ATC AGC AGA GTG GAG GCT GAG GAT CTG GGA GTT TAT TTC TGC TCT CAA AGT
 K   I   S   R   V   E   A   E   D   L   G   V   Y   F   C   S   Q   S
                                                             ───────────
ACA CAT GTT CCG TAC ACG TTG GGA GGG GGG ACC AAG GTC GAG ATC AAA CGT GTC
 T   H   V   P   Y   T   L   G   G   G   T   K   L   E   L   K   R   V
─────────────────────
     VL-CDR3

GAC
 D  ；
```

它的连接肽是：GGT GGA GGC GGT TCA GGT GGA
       G   G   G   G   S   G   G
       ─────────────────────

```
GGT GGC TCT GGC GGT GGC GGA TCT
 G   G   S   G   G   G   S       。"
 ─────────────────────────
```

  申请人中国人民解放军第四军医大学（以下称请求人）对上述驳回决定不服，于2005年8月5日向专利复审委员会提出复审请求，请求人认为，对比文件2中CDR核苷酸序列与本发明单链抗体scFv25的CDR核苷酸序列不同，对比文件4发表的序列与本发明的序列也不同，只有引物没有模板不能扩增出预期的产物，因此如果不经过创造性劳动就不能再现出本发明申请的序列，国家知识产权局驳回的理由不成立。请求人同时提交了7份附件，其中附件1~4分别是驳回决定和实审审查员引用的对比文件2~4的复印件，附件5~7是本申请的序列与对比文件4公开的序列的计算机核对结果，请求人在附件2的复印件上标出了错误氨基酸残基及修正后氨基酸残基。

在提出复审请求的同时请求人没有提交新的专利申请文本。

形式审查合格后，专利复审委员会受理了该复审请求，并于 2005 年 9 月 5 日向请求人发出《复审请求受理通知书》，随后将本申请案卷移交原审查部门进行前置审查。

原审查部门对本复审请求进行了前置审查，认为本技术领域公知抗体活性的差异在于它的 CDR 区，虽然对比文件 2 可变区其他区域与本申请存在不同，但是 CDR 却是相同的，说明本申请抗体与现有技术相比不具有突出的实质性特点和显著的进步，故坚持原驳回决定。

专利复审委员会组成合议组，对本案的复审请求进行了审理。于 2007 年 5 月 28 日向请求人发出《复审通知书》。《复审通知书》指出：对比文件 1 公开了一种抗肝癌单链抗体 scFv25，在其制备方法以及制备本申请权利要求 1 的单链抗体 scFv25 的方法中，用于获得单链抗体的 VH 和 VL 的起始细胞材料是通过完全相同的方法获得的 HAb25 杂交瘤细胞，对比文件 1 公开的抗肝癌单链抗体 scFv25 和本申请的单链抗体 scFv25 都是由 VL、VH 和人工合成的多肽 Linker 构成，并且具有完全相同的 VL 和 VH 序列，对比文件 1 公开的 scFv25 与权利要求 1 请求保护的 scFv25 的区别在于对比文件 1 中没有具体限定多肽 Linker 的序列，但（Gly_4Ser）$_3$ 是单链抗体的构建中常用的一种连接肽，因此权利要求 1 不具备创造性，不符合专利法第 22 条第 3 款的规定；同理，权利要求 2 也不符合专利法第 22 条第 3 款有关创造性的规定。

针对《复审通知书》指出的问题，请求人于 2007 年 7 月 4 日提交了意见陈述书。请求人认为：不同病人新鲜肝癌标本的抗原是有所不同的，用同样的方法会获得不同的抗体，申请人免疫动物所得到的单克隆抗体是独特的，只有知道其序列才能重复再现。

合议组于 2007 年 7 月 25 日发出《第二次复审通知书》，指出：权利要求 1 的 scFv25 与对比文件 1 公开的 scFv25 的区别在于对比文件 1 中没有公开 VH 和 VL 的具体序列，也没有具体限定多肽 Linker 的序列，但通过对比本申请说明书和对比文件 1 的说明书可知，对比文件 1 的单链抗体 scFv25 中的 VH 和 VL 与本申请的 scFv25 的 VH 和 VL 具有相同的性质和功能，对比文件 1 的 scFv25 和本申请的 scFv25 具有相同的抗肝癌功能，而说明书中也没有证据证明本申请的具体序列给所述单链抗体 scFv25 带来何种意外的技术效果，另外，（Gly_4Ser）$_3$ 是一种单链抗体的构建中常用的连接肽，因此权利要求 1 不符合专利法第 22 条第 3 款有关创造性的规定；同理，权利要求 2 也不符合专利法第 22 条第 3 款有关创造性的规定。

针对《第二次复审通知书》指出的问题，请求人于 2007 年 8 月 31 日提交了意见陈述书，并提交了经修改的权利要求书全文（共 3 页 1 项）替换页，以及下述附件（编号续前）：

附件 8：国家知识产权局对申请号为 98112905.6 的发明专利申请做出的驳回决定及其正文复印件，共 3 页；

附件 9：由西安交通大学司履生教授于 2007 年 8 月 18 日出具的证言，共 1 页；

附件 10：由西安交通大学王一理教授于 2007 年 8 月 18 日出具的证言，共 1 页。

请求人将原权利要求 1、2 合并，同时增加了所述单链抗体 scFv25 的人源化及二硫稳定后的氨基酸序列特征的限定，作为修改后的权利要求 1。修改后的权利要求 1 为：

"1. 抗肝癌基因工程单链抗体 scFv25，它的特殊氨基酸序列是：

ATG CAG GTG CAG CTG TTG GAG TCT GGG ACT GAA CTG GTG AAG CCT GGG GCT TCA
 M   Q   V   Q   L   L   E   S   G   T   E   L. V   K   P   G   A   S

GTG AAA CTG TCC TGC AAA GCT TCT GGC TAC ACC TTC ACC AGT TAT TGG ATG CAC
 V   K   L   S   C   K   A   S   G   Y   T   F   T   <u>S   Y   W   M   H</u>
                                                                  VH-CDR1

```
TGG GTG AAG CAG AGG CCT GGA CAA GGC CTT GAG TGG ATT GGA GAG ATT AAT CCT
 W   V   K   Q   R   P   G   Q   G   L   E   W   I   G   E   I   A   P
AGC AAC GGT CGT ATT TAC TAC AAT GAA AAG TTC AAG AAC AAG GCC ACA CTG ACT
 S   N   G   R   I   Y   Y   N   E   K   F   K   N   K   A   T   L   T
                         VH-CDR2
GTA GAC AAA TCC TCC AAC ACA GCC TAT ATG GAA CTC ACC AGC CTG ACA TCT GAG
 V   D   K   S   S   N   T   A   Y   M   E   L   T   S   L   T   S   E
GAC TCT GCG GTC TAT TCT TGT GCA AGA TTG GTG GGA CCC TTC TCT TAC TGG GGC
 D   S   A   V   Y   S   C   A   R   L   V   G   P   F   S   Y   W   G
                                         VH-CDR3
CAA GGC ACC CTG GTC ACC GTC TCC TCA GAG CTC GGT GGA GGC GGT TCA GGT GGA
 Q   G   T   L   V   T   V   S   S   E   L   G   G   G   G   S   G   G
GGT GGC TCT GGC GGT GGC GGA TCT GGA TCC AGA TGT GAG CTC GTG ATG ACC CAG
 G   G   S   G   G   G   G   S   G   S   R   C   E   L   V   M   T   Q
              Linker
ACT CCA CTC TCC CTG CCT GTC AGT CTT GGA GAT CAA GCC TCC ATC TCT TGC AGA
 T   P   L   S   L   P   V   S   L   G   D   Q   A   S   I   S   C   R
TCT AGT CAG AGC CTT GTA CAC AGT AAT GGA AAC ACC TAT TTA CAT TGG TAC CTG
 S   S   Q   S   L   V   H   S   N   G   N   T   Y   L   H   W   Y   L
              VL-CDR1
CAG AAG CCA GGC CAG TCT CCA AAG CTC CTG ATC TAC AAA GTT TCC AAC CGA TTT
 Q   K   P   G   Q   S   P   K   L   L   I   Y   K   V   S   N   R   F
                                                   VL-CDR2
TCT GGG GTC CCA GAC AGG TTC AGT GGC AGT GGA TCA GGG ACA GAT TTC ACA CTC
 S   G   V   P   D   R   F   S   G   S   G   S   G   T   D   F   T   L
AAG ATC AGC AGA GTG GAG GCT GAG GAT CTG GGA GTT TAT TTC TGC TCT CAA AGT
 K   I   S   R   V   E   A   E   D   L   G   V   Y   F   C   S   Q   S
ACA CAT GTT CCG TAC ACG TTG GGA GGG GGG ACC AAG GTC GAG ATC AAA CGT GTC
 T   H   V   P   Y   T   L   G   G   G   T   K   L   E   L   K   R   V
              VL-CDR3
GAC
 D   ;
```

它的重链氨基酸序列是：

```
ATG CAG GTG CAG CTG TTG GAG TCT GGG ACT GAA CTG GTG AAG CCT GGG GCT TCA
 M   Q   V   Q   L   L   E   S   G   T   E   L   V   K   P   G   A   S
GTG AAA CTG TCC TGC AAA GCT TCT GGC TAC ACC TTC ACC AGT TAT TGG ATG CAC
```

```
                V   K   L   S   C   K   A   S   G   Y   T   F   T   S   Y   W   M   H
                                                                        ─────────────
                                                                          VH-CDR1
TGG GTG AAG CAG AGG CCT GGA CAA GGC CTT GAG TGG ATT GGA GAG ATT AAT CCT
 W   V   K   Q   R   P   G   Q   G   L   E   W   I   G   E   I   A   P
                                                                 ───────
AGC AAC GGT CGT ATT TAC TAC AAT GAA AAG TTC AAG AAC AAG GCC ACA CTG ACT
 S   N   G   R   I   Y   Y   N   E   K   F   K   N   K   A   T   L   T
─────────────────────────────────────────────────
              VH-CDR2
GTA GAC AAA TCC TCC AAC ACA GCC TAT ATG GAA CTC ACC AGC CTG ACA TCT GAG
 V   D   K   S   S   N   T   A   Y   M   E   L   T   S   L   T   S   E
GAC TCT GCG GTC TAT TCT TGT GCA AGA TTG GTG GGA CCC TTC TCT TAC TGG GGC
 D   S   A   V   Y   S   C   A   R   L   V   G   P   F   S   Y   W   G
                                         ─────────────────────────────
                                                    VH-CDR3
CAA GGC ACC CTG GTC ACC GTC TCC TCA GAG CTC
 Q   G   T   L   V   T   V   S   S   E   L   ;
```

它的轻链氨基酸序列是：GGA TCC AGA TGT GAG CTC GTG ATG ACC CAG
　　　　　　　　　　　　 G   S   R   C   E   L   V   M   T   Q

```
ACT CCA CTC TCC CTG CCT GTC AGT CTT GGA GAT CAA GCC TCC ATC TCT TGC AGA
 T   P   L   S   L   P   V   S   L   G   D   Q   A   S   I   S   C   R
                                                                     ───
TCT AGT CAG AGC CTT GTA CAC AGT AAT GGA AAC ACC TAT TTA CAT TGG TAC CTG
 S   S   Q   S   L   V   H   S   N   G   N   T   Y   L   H   W   Y   L
─────────────────────────────────────────────────
              VL-CDR1
CAG AAG CCA GGC CAG TCT CCA AAG CTC CTG ATC TAC AAA GTT TCC AAC CGA TTT
 Q   K   P   G   Q   S   P   K   L   L   I   Y   K   V   S   N   R   F
                                             ─────────────────────────
                                                        VL-CDR2
TCT GGG GTC CCA GAC AGG TTC AGT GGC AGT GGA TCA GGG ACA GAT TTC ACA CTC
 S   G   V   P   D   R   F   S   G   S   G   S   G   T   D   F   T   L
AAG ATC AGC AGA GTG GAG GCT GAG GAT CTG GGA GTT TAT TTC TGC TCT CAA AGT
 K   I   S   R   V   E   A   E   D   L   G   V   Y   F   C   S   Q   S
                                                             ───────────
ACA CAT GTT CCG TAC ACG TTG GGA GGG GGG ACC AAG GTC GAG ATC AAA CGT GTC
 T   H   V   P   Y   T   L   G   G   G   T   K   L   E   L   K   R   V
─────────────────
     VL-CDR3
GAC
 D   ;
```

它的连接肽是：GGT GGA GGC GGT TCA GGT GGA
　　　　　　　 G   G   G   G   S   G   G
              ───────────────────────────

GGT GGC TCT GGC GGT GGC GGA TCT
 G   G   S   G   G   G   G   S   ;

它的人源化及二硫稳定后的氨基酸序列是：

GAA TTC GAG GTA CAG CTG GTT GAA TCT GGT GGT GGT CTG GTT CAG CCG GGT GGT
TCT CTG AAA CTG TCT TGC GCT GCT TCT GGT TAC ACT TTC ACT TCT TAC TGG ATG
CAC TGG GTT CGT CAG GGC CCG GGT AAA GGT CTG GAA TGG ATC GGT GAA ATT AAC
CCG TCT AAC GGT CGT ATC TAC TAC AAC GAA AAG TTC AAG AAC AAA GCT ACT CTG
ACT GTT GAC AAA TCT AAG AAC ACT GCT TAC CTG CAG ATG AAC TCT CTG CGT GCT
GAG GAC ACT GTG GTC TAT TCT TGT GCA AGA TTG GTG GGA CCC TTC TCT TAC TGG
GGC TGT GGC ACC CTG GTC ACC GTC TCC TAG GGT GGA GGC GGT TCA
GGA GGT GGC TCT GGC GGT GGC GGA TCT GAT TCC ATG ACC CAG ACT CCA CTC TCC
CTG CCT GTC AGT CTT GGA GAT CAA GCC TCC ATC TCC TGC AGA TCT AGT CAG AGC
CTT GTA CAC AGT AAT GGA AAC ACC TAT TTA CAT TGG TAC CTG CAG AAG CCA GGC
CAG TGT CCA AAG CTC CTG ATC TAC AAA GT T TCC AAC CGA TTT TCT GGG GTC
CCA GAC AGG TTC AGT GGC AGT GGA TCA GGG ACA GAT TTC ACA CTC GAG ATC AGC
AGA GTG GAG GCT GAG GAT CTG GGA GTT TAT TTC TGC TCT CAA AGT ACA CAT GTT
CCG TAC ACG TTG GGA GGG ACC AAG GTC GAG ATCAAA。"

请求人认为：（1）请求人于1998年7月2日提交的申请号为98112905.6的发明名称为"抗肝癌单克隆抗体HAb25及其单链抗体和双功能抗体"的发明专利申请（即对比文件1）被驳回，原因是说明书未公开所述单克隆抗体或其单链抗体或双功能抗体的氨基酸序列，也未保藏分泌单克隆抗体的杂交瘤，使得本领域技术人员不能获得所述肝癌单克隆抗体HAb25及其单链抗体和双功能抗体，因而该申请不符合专利法第26条第3款的规定，请求人按照审查员指示重新申请专利（即本申请）并在申请文件中公开了序列，却因在先申请已公开而再次被驳回，其结论自相矛盾；（2）本领域技术人员即使用同样的方法提取相似的抗体，只要序列不同其治疗效果也不同，在附件9、10中同行有关专家对此作了鉴别，同时，各国对结构相似、来源相似且目的相同的抗体，只要序列不同都授予专利。

至此，合议组认为本案事实清楚，可以作出审查决定。

二、决定的理由

1. 审查依据的文本

本复审请求审查决定所针对的文本为请求人于2007年8月31日提交的权利要求1，2004年4月9日提交的说明书第1~7页及说明书摘要。

2. 关于专利法第22条第3款

专利法第22条第3款规定，创造性，是指同申请日以前已有的技术相比，该发明有突出的实质性特点和显著的进步，该实用新型有实质性特点和进步。

根据该款规定，发明是否具备创造性，应当基于所属技术领域的技术人员的知识和能力进行评价。所属技术领域的技术人员知晓申请日或优先权日之前发明所属技术领域所有的普通技术知识，能够获知该领域中所有的现有技术，并且具有应用该日期之前的常规实验手段的能力。如果请求保护的蛋白质序列是通过现有技术中已知的方法获得的，而且该蛋白质序列与现有技术中用该已知方法获得的相似序列相比，具有相同的性质和功能，而未产生预料不到的效果，则蛋白质序列的发明不具备创造性。

本案中，修改后的权利要求1请求保护抗肝癌基因工程单链抗体scFv25，并具体限定了该单链抗体的特定氨基酸序列，虽然修改后的权利要求1中增加了对于所述单链抗体scFv25的人源化及二硫稳定后的氨基酸序列的限定，但这仅仅是对所述单链抗体经过人源化和二硫稳定后能够产生的性能的限定，权利要求1所请求保护的技术方案就是具有所述特定氨基酸序列的抗肝癌基因工程单链抗体scFv25。

对比文件1（CN1241574A，公开日为2000年1月19日）公开了一种抗肝癌单链抗体scFv25（参见对比文件1说明书第2页第6~29行），其制备方法是从HAb25杂交瘤细胞中提取总RNA，逆转录合成cDNA，扩增出单克隆抗体HAb25的轻链可变区基因VL和重链可变区基因VH，将VL和VH通过人工合成的多肽Linker连接起来，形成抗肝癌单链抗体scFv25，并纯化获得其活性蛋白，由此可见，对比文件1公开的抗肝癌单链抗体scFv25是由单克隆抗体HAb25的VL、VH和人工合成的多肽Linker构成，而且权利要求1请求保护的单链抗体scFv25与对比文件1公开的单链抗体scFv25是通过相同的方法制备得到的。权利要求1的scFv25与对比文件1公开的scFv25的区别在于（1）对比文件1中没有公开VH和VL的具体序列，（2）权利要求1的scFv25中的VL和VH通过具体的$(Gly_4Ser)_3$连接，而对比文件1没有具体限定多肽Linker的序列。

对于上述区别特征（1），虽然本申请权利要求1中给出了所述单链抗体中VH和VL的具体序列，而对比文件1中没有给出，但对比文件1的方法中所使用的起始细胞材料HAb25杂交瘤细胞与本申请说明书中所记载的用于制备本申请权利要求1的单链抗体scFv25的方法所使用的起始细胞材料HAb25杂交瘤细胞是通过完全相同的方法获得的（通过对比本申请说明书第4页第19~24行和对比文件1说明书第1页倒数第9~14行可知），并且均是"用外科手术切除的新鲜的原发性肝细胞肝癌标本制备的肝癌细胞悬液为免疫原"，由此可知，对比文件1的单链抗体scFv25中的VH和VL序列与本申请的scFv25的VH和VL序列应是相同或相似的，对比文件1的单链抗体scFv25中的VH和VL与本申请的scFv25的VH和VL也具有相同或相似的性质和功能，而对比文件1的单链抗体scFv25与本申请的scFv25具有相同的抗肝癌功能，说明书中没有记载证明本申请的的具体序列给所述单链抗体scFv25带来何种意外的技术效果的内容。

对于上述区别特征（2），$(Gly_4Ser)_3$是一种单链抗体的构建中常用的连接肽，所属领域的技术人员无需付出创造性的劳动即可想到使用$(Gly_4Ser)_3$作为VH和VL间的连接肽。

综上，相对于对比文件1公开的单链抗体scFv25，权利要求1不具备突出的实质性特点和显著的进步，不符合专利法第22条第3款有关创造性的规定。

请求人在本案的审查过程中提供了本申请的单链抗体scFv25中的VH、VL以及说明书中所述人源化及二硫稳定后的序列与对比文件4中相应序列进行同源比较的计算机核对结果复印件（见附件5~7），表明对比文件4缺少1个氨基酸、3个核苷酸，用于说明仅有引物没有特定模板不能扩增出预期的产物；并提出如下意见：（1）请求人所得到的单克隆抗体是独特的，其能与83%的肝癌标本的切片进行阳性反应，是用所述方法制备的35株单克隆抗体中比较特异性好的一株；（2）不同病人新鲜肝癌标本的抗原是有所不同的，用同样的方法也难以得到相同的抗体，根据对比文件不能重复再现本发明所述的单链抗体scFv25，本发明的序列是独特的；（3）即使用相同的方法获得相似的抗体，只要序列不同，它们所针对的抗原决定簇也不相同且与抗原簇的亲和性也不同，因而治疗效果不同，附件9和10证明只要序列不同其治疗效果也不同，各国对于结构相似、来源相似目的相同的抗体，只要序列不同都授予专利；（4）对比文件1是请求人的在先专利申请，因说明书未公开所述单克隆抗体或其单链抗体或双功能抗体的氨基酸序列而被驳回，请求人按照审查员指示重新申请专利（即本申请），却因对比文件1已公开而再次被驳回，该结论自相矛盾，并且，各国对结构相似、来源相似目的相同的不同抗体都授予专利权。

对此，合议组认为：（1）根据对比文件1公开的方法所获得的HAb25活性蛋白对肝细胞肝癌石蜡切片的阳性反应率为84%（参见对比文件1说明书倒数第2段），请求人所陈述的本发明的HAb25能与83%的肝癌标本的切片进行阳性反应并不足以证明本发明具有比对比文件1更好的技术效果；（2）即使如请求人提供附件5~7来说明如果没有特定模板不能扩增得到预期产物，以及如请求人所述，不同病人新鲜肝癌标本的抗原不同，并导致最终的单链抗体的序列可能会存在差别，但是，由于对比文件1和本申请均是用肝癌标本所制备的肝癌细胞悬液作为免疫原，其中包含的肝癌抗原之间的序列差异不会对其抗原性质产生实质性影响，即其中包含的肝癌抗原之间不应具有实质性差别，由其诱导产生的抗肝癌单克隆抗体之间也理应不具有实质性差别。附件5~7不足以说明本发明的单链抗体scFv25相对于对比文件1具备创造性，而且如对比文件1和本申请说明书所记载，由所述的抗原产生的单克隆抗体以及进一步制备得到的单链抗体的效果都是相同的（参见本申请说明书第4页倒数第2段、第5页倒数第7行以及对比文件1说明书第1页倒数第2段、第2页第26行），本申请的具体序列没有为本申请的技术方案带来突出的实质性特点和显著的进步；（3）只有当抗体序列中影响其与抗原决定簇的结合的关键氨基酸发生变化时，才有可能导致针对的抗原决定簇以及和抗原决定簇的亲合性发生变化，可见并不是抗体序列中任何一个氨基酸发生变化都会影响其治疗效果，附件9和10中所述"只要序列不同治疗效果也会不同"仅仅是一种断言，并没有提供令人信服的实验证据予以佐证，而请求人也没有提供其他证据表明权利要求1的单链抗体scFv25相对于对比文件1公开的单链抗体scFv25具有不同的治疗效果，即没有提供证据表明权利要求1的单链抗体scFv25相对于对比文件1公开的单链抗体scFv25具有更好的或预料不到的技术效果；（4）我国专利申请的审查是依照专利法及专利法实施细则，以及审查指南的相关规定进行的，作出审查意见需要针对具体的案情，其他国家的审查标准或针对其他申请作出的审查结论并不能证明本申请权利要求1具备创造性。因此，请求人的意见陈述不足以证明修改后的权利要求1具备创造性，综上，权利要求1仍然不符合专利法第22条第3款的规定。

根据以上事实和理由，本案合议组作出如下审查决定。

三、决定

维持国家知识产权局于2005年6月3日对03114660.0号发明专利申请作出的驳回决定。

复审请求人对本决定不服的，可以根据专利法第41条第2款的规定，自收到本决定之日起三个月内向北京市第一中级人民法院起诉。

编码代谢途径蛋白的谷氨酸棒杆菌基因

复审请求审查决定（第 12241 号）

决 定 号	第 12241 号
决 定 日	2007 年 12 月 13 日
发明创造名称	编码代谢途径蛋白的谷氨酸棒杆菌基因
国际分类号	C12N 15/31，C12N 15/61，C12N 1/21，C12N 9/90，C07K 14/34，C12P 13/08，C12Q 1/68，// (C12N 15/61，C12R 1：15)
复审请求人	BASF 公司
申 请 号	00811981.3
最早优先权日	1999 年 6 月 25 日
申 请 日	2000 年 6 月 23 日
公 开 日	2002 年 9 月 25 日
合议组组长	叶 娟
主 审 员	吴通义
参 审 员	郭 婷

法 律 依 据 专利法第 26 条第 3 款

决 定 要 点

对于涉及基因、载体、多肽或蛋白质、融合细胞等产品的发明来说，除应当在说明书中明确记载产品的确认和制备外，还应在说明书中提供对本领域技术人员来说足以确信所述产品具有特定功能的证据，以充分公开该产品的用途和/或使用效果，对于结构基因，应该证明所述基因编码的多肽或蛋白质具有特定的功能。

一、案由

本复审请求涉及 2002 年 9 月 25 日公开、名称为"编码代谢途径蛋白的谷氨酸棒杆菌基因"的第 00811981.3 号发明专利申请（下称本申请）。本申请的最早优先权日为 1999 年 6 月 25 日，申请日为 2000 年 6 月 23 日，申请人为 BASF 公司。

针对申请人于本申请进入中国国家阶段时提交的原始申请文件中文译文说明书第 1～129 页、序列表第 1～2141 页和权利要求 1～38 以及说明书摘要，国家知识产权局于 2005 年 1 月 28 日以本申请说明书不符合专利法第 26 条第 3 款的规定为由驳回了本申请，理由是：说明书没有公开所述核酸分子及其所编码的蛋白的功能，只有泛泛的描述，没有任何的效果实验，没有提供对于本领域普通技术人员来说足以证明本申请的技术方案可以达到预期目的或效果的实验室试验或临床试验的定性或定量数据，因此，说明书公开不充分，不符合专利法第26条第3款的规定。

驳回决定所针对的权利要求书为：

"1. 从谷氨酸棒杆菌分离的，编码代谢途径蛋白或者其片段的核酸分子，条件是该核酸分子不包括表1中列出的任何F-标明的基因。

2. 权利要求1的分离的核酸分子，其中所说的代谢途径蛋白，选自参与氨基酸、维生素、辅因子、营养因子、核苷酸、核苷或海藻糖代谢的蛋白质。

3. 分离的谷氨酸棒杆菌核酸分子，该分子选自序列表中以奇数序列号列出的序列或者其部分，条件是该核酸分子不包括表1中列出的任何F-标明的基因。

4. 分离的编码多肽序列的核酸分子，该多肽序列选自序列表中以偶数序列号列出的序列，条件是该核酸分子不包括表1中列出的任何F-标明的基因。

5. 分离的编码多肽的天然存在等位基因变体的核酸分子，该多肽序列选自序列表中以偶数序列号列出的序列的氨基酸序列，条件是该核酸分子不包括表1中列出的任何F-标明的基因。

6. 分离的含有这样核苷酸序列的核酸分子，该序列与选自序列表中以奇数序列号列出的序列或者其部分的核苷酸序列有至少50%的同源性，条件是该核酸分子不包括表1中列出的任何F-标明的基因。

7. 分离的含有至少15个核苷酸片段的核酸分子，该片段来自这样的核酸，该核酸含有选自序列表中以奇数序列号列出的序列的核苷酸序列，条件是该核酸分子不包括表1中列出的任何F-标明的基因。

8. 分离的核酸分子，该核酸分子在严格条件下可以与权利要求1~7中任一项的核酸分子杂交。

9. 分离的核酸分子，该核酸分子包括权利要求1~8中任一项的核酸分子或者其部分和编码异源多肽的核苷酸序列。

10. 包含权利要求1~9中任一项核酸分子的载体。

11. 权利要求10的载体，该载体是表达载体。

12. 权利要求11的表达载体转染的宿主细胞。

13. 权利要求12的宿主细胞，其中该细胞是微生物。

14. 权利要求13的宿主细胞，其中该细胞属于棒杆菌属或者短杆菌属。

15. 权利要求12的宿主细胞，其中所说的核酸分子的表达，导致该细胞精细化学物质生产的调节。

16. 权利要求15的宿主细胞，其中所说的精细化学物质选自下列物质：有机酸，蛋白质源氨基酸，非蛋白质源氨基酸，嘌呤碱基和嘧啶碱基，核苷，核苷酸，脂质，饱和和不饱和脂肪酸，二醇，糖类，芳香族化合物，维生素，辅因子，聚酮化合物和酶。

17. 生产多肽的方法，包括在合适的培养基中培养宿主细胞，从而生产多肽。

18. 分离的来自谷氨酸棒杆菌的代谢途径多肽或者其片段。

19. 权利要求18的蛋白质，其中所说的代谢途径蛋白，选自参与氨基酸、维生素、辅因子、营养因子、核苷酸、核苷或海藻糖代谢的蛋白质。

20. 分离的含有这样氨基酸序列的多肽，该序列选自序列表中以偶数序列号列出的序列，条件是该氨基酸序列不是由表1中列出的任何F-标明的基因编码的。

21. 分离的含有这样的多肽的天然存在等位基因变体的多肽，该多肽含有选自序列表中以偶数序列号列出的序列或其部分，条件是该氨基酸序列不是由表1中列出的任何F-标明的基因编码的。

22. 权利要求18~21中任一项的分离的多肽，该多肽另外包含异源氨基酸序列。

23. 分离的由核酸分子编码的多肽，该核酸分子包含的核苷酸序列，与选自序列表中以奇数序列号列出的序列的核酸，有至少50％的同源性，条件是该核酸分子不包括表1中列出的任何F-标明的核酸分子。

24. 分离的多肽，该多肽包含的氨基酸序列，与选自序列表中以偶数序列号列出的序列的氨基酸序列，有至少50％的同源性，条件是该氨基酸序列不是由表1中列出的任何F-标明的基因编码的。

25. 生产精细化学物质的方法，包括培养含有权利要求12的载体的细胞，从而产生精细化学物质。

26. 权利要求25的方法，其中所说的方法另外包括从所说的培养物中回收精细化学物质的步骤。

27. 权利要求25的方法，其中所说的方法另外包括用权利要求11的载体转染所说细胞的步骤，这导致产生含有该载体的细胞。

28. 权利要求25的方法，其中所说的细胞属于棒杆菌属或者短杆菌属。

29. 权利要求25的方法，其中所说的细胞选自以下菌株：谷氨酸棒杆菌、力士棒杆菌、百合花棒杆菌、嗜乙酰乙酸棒杆菌、醋谷棒杆菌、嗜乙酰棒杆菌、产氨棒杆菌、Corynebacterium fujiokense、Corynebacterium nitrilophilus、产氨短杆菌、Brevibacterium butanicum、分歧短杆菌、黄色短杆菌、希氏短杆菌、酮戊二酸短杆菌、Brevibacterium ketosoreductum、乳发酵短杆菌、扩展短杆菌、解石蜡短杆菌和表3所列菌株。

30. 权利要求25的方法，其中所说载体的核酸分子的表达，导致该细胞精细化学物质生产的调节。

31. 权利要求25的方法，其中所说的精细化学物质选自下列物质：有机酸，非蛋白质源氨基酸，嘌呤碱基和嘧啶碱基，核苷，核苷酸，脂质，饱和和不饱和脂肪酸，二醇，糖类，芳香族化合物，维生素，辅因子，聚酮化合物和酶。

32. 权利要求25的方法，其中所说的精细化学物质是氨基酸。

33. 权利要求32的方法，其中所说的氨基酸选自下列氨基酸：赖氨酸、谷氨酸、谷氨酰胺、丙氨酸、天冬氨酸、甘氨酸、丝氨酸、苏氨酸、甲硫氨酸、半胱氨酸、缬氨酸、亮氨酸、异亮氨酸、精氨酸、脯氨酸、组氨酸、酪氨酸、苯丙氨酸、色氨酸。

34. 生产精细化学物质的方法，包括培养这样的细胞，该细胞的基因组DNA被插入了权利要求1～9中任一项的核酸分子而改变。

35. 诊断受试者中白喉棒杆菌的存在或者活性的方法，包括检测受试者中列在序列表中的SEQ ID NO 1～1156的一条或者多条序列的存在，条件是这些序列不是表1中列出的任何F-标明的序列或者由它们编码的序列，因此可以诊断受试者中白喉棒杆菌的存在或者活性。

36. 含有选自序列表中以奇数序列号列出的核酸分子的核酸分子的宿主细胞，其中的核酸分子被破坏。

37. 含有选自序列表中以奇数序列号列出的核酸分子的核酸分子的宿主细胞，其中的核酸分子含有一个或者多个对于序列表中以奇数序列号列出序列的核酸修饰。

38. 含有选自序列表中以奇数序列号列出的核酸分子的核酸分子的宿主细胞，其中该核酸分子调节区域相对于该分子野生型调节区域进行了修饰。"

申请人BASF公司（下称请求人）对上述驳回决定不服，于2005年5月11日向专利复审委员会提出复审请求，同时提交了权利要求书全文替换页（共3页34项）。请求人认为修改后的权利要求仅涉及SEQ ID NO：1和2，本申请说明书第15页最后一段和实施例3描述了进行计算机功能分析以确定分离序列的功能，表1中提供了前述方法确定的每一种序列的活性，其中通过计算机功能分析鉴定了 SEQ ID NO：1 具有二氨基庚二酸差向异构酶活性；此外，在申请日之时，本领域技术人员已经了解了二氨基庚二酸差向异构酶参与代谢途径，不需要额外的实验证据证明这一点，因此，本申请说明书提供了充分的说明和实验数据，证明谷氨酸棒杆菌二氨基庚二酸差向异构酶的核苷酸和氨基酸序列的鉴定，以及它们参与调节如赖氨酸生产，说明书的公开是充分的。请求人同时提供了两篇参考文献：

附件1："Molecular cloning, characterization, and chromosomal localization of dapF, the Escherichia coli gene for diaminopimelate epimerase", Catherine Richaud 等人, J. Bacteriology, 1987, 169 (4)：1454~1459, 复印件共6页；

附件2："Purification and properties of diaminopimelic acid epimerase fromEscherichia coli", Jeffrey S. Wiseman 和 James S. Nichols, J. Biological Chemistry, 1984, 258 (14), 8907~8914, 复印件共8页。

请求人在提出复审请求时提交的权利要求书如下：

"1. 分离的谷氨酸棒杆菌核酸分子，该分子包含 SEQ ID NO：1 列出的核苷酸序列或其互补序列。

2. 分离的编码多肽的核酸分子，该多肽包含 SEQ ID NO：2 列出的完整氨基酸序列或其互补序列。

3. 分离的编码多肽的天然存在等位基因变体的核酸分子，该多肽包含 SEQ ID NO：2 列出的氨基酸序列或其互补序列。

4. 分离的含有核苷酸序列的核酸分子，该序列与 SEQ ID NO：1 列出的核苷酸序列或其互补序列有至少50％的同一性。

5. 分离的含有 SEQ ID NO：1 列出的核苷酸序列或其互补序列的至少15个连续核苷酸的片段的核酸分子。

6. 分离的核酸分子，该核酸分子在严格条件下可以与权利要求1~5中任一项的核酸分子杂交。

7. 分离的核酸分子，该核酸分子包括权利要求1~6中任一项的核酸分子和编码异源多肽的核苷酸序列。

8. 包含权利要求1~7中任一项核酸分子的载体。

9. 权利要求8的载体，该载体是表达载体。

10. 权利要求9的表达载体转染的宿主细胞。

11. 权利要求10的宿主细胞，其中该细胞是微生物。

12. 权利要求11的宿主细胞，其中该细胞属于棒杆菌属或者短杆菌属。

13. 权利要求10的宿主细胞，其中所说的核酸分子的表达，导致该细胞精细化学物质生产的调节。

14. 权利要求13的宿主细胞，其中所说的精细化学物质选自下列物质：有机酸，蛋白质源氨基酸，非蛋白质源氨基酸，嘌呤碱基和嘧啶碱基，核苷，核苷酸，脂质，饱和和不饱和脂肪酸，二醇，糖类，芳香族化合物，维生素，辅因子，聚酮化合物和酶。

15. 生产多肽的方法，包括在合适的培养基中培养权利要求10的宿主细胞，从而生产多肽。

16. 分离的含有 SEQ ID NO：2 列出的氨基酸序列的多肽。

17. 分离的含有包含 SEQ ID NO：2 列出的氨基酸序列的多肽的天然存在等位基因变体的多肽。

18. 权利要求16或17的分离的多肽，该多肽另外包含异源氨基酸序列。

19. 分离的由核酸分子编码的多肽，该核酸分子包含的核苷酸序列与 SEQ ID NO：1 列出的完整核酸序列有至少50％的同一性。

20. 分离的多肽，该多肽包含的氨基酸序列与 SEQ ID NO：2 列出的完整氨基酸序列有至少50％

的同一性。

21. 生产精细化学物质的方法，包括培养含有权利要求10的细胞，从而产生精细化学物质。

22. 权利要求21的方法，其中所说的方法另外包括从所说的培养物中回收精细化学物质的步骤。

23. 权利要求21的方法，其中所说的细胞属于棒杆菌属或者短杆菌属。

24. 权利要求21的方法，其中所说的细胞选自以下菌株：谷氨酸棒杆菌、力士棒杆菌、百合花棒杆菌、嗜乙酰乙酸棒杆菌、醋谷棒杆菌、嗜乙酰棒杆菌、产氨棒杆菌、Corynebacterium fujiokense、Corynebacterium nitrilophilus、产氨短杆菌、Brevibacterium butanicum、分歧短杆菌、黄色短杆菌、希氏短杆菌、酮戊二酸短杆菌、Brevibacterium ketosoreductum、乳发酵短杆菌、扩展短杆菌、解石蜡短杆菌和表3所列菌株。

25. 权利要求21的方法，其中所说载体的核酸分子的表达，导致该细胞精细化学物质生产的调节。

26. 权利要求21的方法，其中所说的精细化学物质选自下列物质：有机酸，非蛋白质源氨基酸，嘌呤碱基和嘧啶碱基，核苷，核苷酸，脂质，饱和和不饱和脂肪酸，二醇，糖类，芳香族化合物，维生素，辅因子，聚酮化合物和酶。

27. 权利要求21的方法，其中所说的精细化学物质是氨基酸。

28. 权利要求27的方法，其中所说的氨基酸选自下列氨基酸：赖氨酸、谷氨酸、谷氨酰胺、丙氨酸、天冬氨酸、甘氨酸、丝氨酸、苏氨酸、甲硫氨酸、半胱氨酸、缬氨酸、亮氨酸、异亮氨酸、精氨酸、脯氨酸、组氨酸、酪氨酸、苯丙氨酸、色氨酸。

29. 生产精细化学物质的方法，包括培养这样的细胞，该细胞的基因组DNA被插入了权利要求1~7中任一项的核酸分子而改变。

30. 诊断受试者中白喉棒杆菌的存在或者活性的方法，包括检测受试者中权利要求1~5的核酸分子或权利要求16~20的多肽分子中至少一种物质的存在。

31. 含有包含SEQ ID NO：1列出的核苷酸序列的核酸分子的宿主细胞，其中的核酸分子被破坏。

32. 含有包含SEQ ID NO：1列出的核苷酸序列的核酸分子的宿主细胞，其中的核酸分子含有一个或者多个与SEQ ID NO：1列出的序列相比的核酸修饰。

33. 含有包含SEQ ID NO：1列出的核苷酸序列的核酸分子的宿主细胞，其中该核酸分子调节区域相对于该分子野生型调节区域进行了修饰。

34. 分离的多肽，该多肽包含含有SEQ ID NO：2列出的氨基酸序列的多肽的片段，其中所述多肽片段保持了包含SEQ ID NO：2列出的氨基酸序列的多肽的生物学活性。"

形式审查合格后，专利复审委员会受理了该复审请求，并于2005年6月15日向请求人发出《复审请求受理通知书》，随后将本申请案卷移交原审查部门进行前置审查。

原审查部门对本复审请求进行了前置审查，认为：虽然修改后的权利要求仅涉及SEQ ID NO：1和2，但是本申请说明书中的基因及蛋白的功能必须提供试验数据才能证明，仅仅有泛泛的描述或仅仅进行预测或仅仅提供检测方法而没有任何试验数据是不能证明基因和蛋白的功能的。说明书中对具有序列SEQ ID NO：1的基因没有进行任何实验室或临床试验，只是描述为通过计算机分析其序列并确定了功能，计算机分析只是一种推测，而且计算机分析的数据也没有提供，只有泛泛的描述，不能证明该基因具有二氨基庚二酸差向异构酶活性，请求人提供的文献与本申请的序列无关，没有说明意义。因此，本申请说明书仍然没有证明所述序列的功能，本领域普通技术人员仍然不能实施，说明书仍然不符合专利法第26条第3款的规定，故坚持原驳回决定。

专利复审委员会组成合议组，对本案的复审请求进行了审理。于2007年1月29日向请求人发出

《复审通知书》。《复审通知书》指出，本申请说明书没有充分公开本发明多肽的用途和/或使用效果，本发明多肽未被充分公开，因此，本申请请求保护的本发明的多肽以及以该多肽为基础的其他要求保护的技术方案在说明书中均未得到充分公开，本申请说明书不符合专利法第 26 条第 3 款的规定。

针对《复审通知书》指出的问题，请求人于 2007 年 5 月 14 日提交了意见陈述书、权利要求书全文替换页以及如下附件（编号续前）：

附件 3：第 783709 号澳大利亚专利的第 1~5、1738~1742 页，复印件共 10 页；

附件 4："WIT: integrated system for high-throughput genome sequence analysis and metabolic reconstruction"，Ross Overbeek 等人，Nucleic Acids Research，第 28 卷第 1 期，123~125，2000，复印件共 3 页；

附件 5："Improved tools for biological sequence comparison"，William R. Pearson 等人，Pro. Natl. Acad. Sci. USA，第 85 卷，2444~2448，1988，复印件共 5 页；

附件 6："Beyond complete genomes: from sequence to structure and function"，Eugene V Koonin 等人，Sequences and topology，355~363，复印件共 9 页；

附件 7：http://www.ncbi.nlm.nih.gov/entrez/query.fcgi?cmd=Retrieve&db=Protein&list_uids=21…网页打印件，共 2 页；

附件 8：http://www.ncbi.nlm.nih.gov/entrez/query.fcgi?cmd=Retrieve&db=Protein&list_uids=24…网页打印件，共 3 页；

附件 9：http://www.ncbi.nlm.nih.gov/entrez/query.fcgi?cmd=Retrieve&db=Protein&list_uids=62…网页打印件，共 2 页；

附件 10：http://www.ncbi.nlm.nih.gov/entrez/query.fcgi?cmd=Retrieve&db=Protein&list_uids=19…网页打印件，共 2 页；

附件 11："lalign output for BAB99336 vs. BGI-121CPCN SEQ ID NO：2"，http://www.ch.embnet.org/cgi-bin/LALIGN_form_parser 网页打印件，共 1 页；

附件 12："lalign output for Q8NP73 vs. BGI-121CPCN SEQ ID NO：2"，http://www.ch.embnet.org/cgi-bin/LALIGN_form_parser 网页打印件，共 1 页；

附件 13："lalign output for YP_226185 vs. BGI-121CPCN SEQ ID NO：2"，http://wwwxh.embnet.org/cgi-bin/LALIGN_formjparser 网页打印件，共 1 页；

附件 14："lalign output for NP_601150 vs. BGI-121CPCN SEQ ID NO：2"，http://www.ch.embnet.org/cgi-bin/LALIGN_formjparser 网页打印件，共 1 页；

附件 15："1166478382-17277-147257844661.BLASTQ4"，http://www.ncbi.nlm.nih.gov/BLAST/Blast.cgi 网页打印件，共 2 页。

修改后的权利要求书如下：

"1. 分离的核酸分子，该分子包含 SEQ ID NO：1 列出的核苷酸序列或其互补序列。

2. 分离的编码多肽的核酸分子，该多肽包含 SEQ ID NO：2 列出的完整氨基酸序列或其互补序列。

3. 分离的编码多肽的天然存在等位基因变体的核酸分子，该多肽包含 SEQ ID NO：2 列出的氨基酸序列或其互补序列，其中所述核酸分子编码具有二氨基庚二酸差向异构酶活性的多肽。

4. 分离的含有核苷酸序列的核酸分子，该序列与 SEQ ID NO：1 列出的核苷酸序列或其互补序列有至少 95% 的同一性，其中所述核酸分子编码具有二氨基庚二酸差向异构酶活性的多肽。

5. 分离的含有 SEQ ID NO：1 列出的核苷酸序列或其互补序列的至少 15 个连续核苷酸的片段的

核酸分子,其中所述核酸分子编码具有二氨基庚二酸差向异构酶活性的多肽。

6. 分离的核酸分子,该核酸分子包括权利要求1~5中任一项的核酸分子和编码异源多肽的核苷酸序列。

7. 包含权利要求1~6中任一项核酸分子的载体。

8. 权利要求7的载体,该载体是表达载体。

9. 权利要求8的表达载体转染的宿主细胞。

10. 权利要求9的宿主细胞,其中该细胞是微生物。

11. 权利要求10的宿主细胞,其中该细胞属于棒杆菌属或者短杆菌属。

12. 权利要求9的宿主细胞,其中所说的核酸分子的表达,导致该细胞精细化学物质生产的调节。

13. 权利要求12的宿主细胞,其中所说的精细化学物质选自下列物质:有机酸,蛋白质源氨基酸,非蛋白质源氨基酸,嘌呤碱基和嘧啶碱基,核苷,核苷酸,脂质,饱和和不饱和脂肪酸,二醇,糖类,芳香族化合物,维生素,辅因子,聚酮化合物和酶。

14. 生产多肽的方法,包括在合适的培养基中培养权利要求9的宿主细胞,从而生产多肽。

15. 分离的含有SEQ ID NO:2列出的氨基酸序列的多肽。

16. 分离的含有包含SEQ ID NO:2列出的氨基酸序列的多肽的天然存在等位基因变体的多肽,其中所述多肽具有二氨基庚二酸差向异构酶活性。

17. 权利要求15或16的分离的多肽,该多肽另外包含异源氨基酸序列。

18. 分离的由核酸分子编码的多肽,该核酸分子包含的核苷酸序列与SEQ ID NO:1列出的完整核苷酸序列有至少95%的同一性,其中所述多肽具有二氨基庚二酸差向异构酶活性。

19. 分离的多肽,该多肽包含的氨基酸序列与SEQ ID NO:2列出的完整氨基酸序列有至少95%的同一性,其中所述多肽具有二氨基庚二酸差向异构酶活性。

20. 生产精细化学物质的方法,包括培养含有权利要求9的细胞,从而产生精细化学物质。

21. 权利要求20的方法,其中所说的方法另外包括从所说的培养物中回收精细化学物质的步骤。

22. 权利要求20的方法,其中所说的细胞属于棒杆菌属或者短杆菌属。

23. 权利要求20的方法,其中所说的细胞选自以下菌株:谷氨酸棒杆菌、力士棒杆菌、百合花棒杆菌、嗜乙酰乙酸棒杆菌、醋谷棒杆菌、嗜乙酰棒杆菌、产氨棒杆菌、Corynebacterium fujiokense、Corynebacterium nitrilophilus、产氨短杆菌、Brevibacterium butanicum、分歧短杆菌、黄色短杆菌、希氏短杆菌、酮戊二酸短杆菌、Brevibacterium ketosoreductum、乳发酵短杆菌、扩展短杆菌、解石蜡短杆菌和表3所列菌株。

24. 权利要求20的方法,其中所说载体的核酸分子的表达,导致该细胞精细化学物质生产的调节。

25. 权利要求20的方法,其中所说的精细化学物质选自下列物质:有机酸,非蛋白质源氨基酸,嘌呤碱基和嘧啶碱基,核苷,核苷酸,脂质,饱和和不饱和脂肪酸,二醇,糖类,芳香族化合物,维生素,辅因子,聚酮化合物和酶。

26. 权利要求20的方法,其中所说的精细化学物质是氨基酸。

27. 权利要求26的方法,其中所说的氨基酸选自下列氨基酸:赖氨酸、谷氨酸、谷氨酰胺、丙氨酸、天冬氨酸、甘氨酸、丝氨酸、苏氨酸、甲硫氨酸、半胱氨酸、缬氨酸、亮氨酸、异亮氨酸、精氨酸、脯氨酸、组氨酸、酪氨酸、苯丙氨酸、色氨酸。

28. 生产精细化学物质的方法,包括培养这样的细胞,该细胞的基因组DNA被插入了权利要求1

~6中任一项的核酸分子而改变。

29. 诊断受试者中白喉棒杆菌的存在或者活性的方法，包括检测受试者中权利要求1~5的核酸分子或权利要求15~19的多肽分子中至少一种物质的存在。

30. 含有包含SEQ ID NO：1列出的核苷酸序列的核酸分子的宿主细胞，其中的核酸分子被破坏。

31. 含有包含SEQ ID NO：1列出的核苷酸序列的核酸分子的宿主细胞，其中的核酸分子含有一个或者多个与SEQ ID NO：1列出的序列相比的核酸修饰，其中所述核酸分子编码具有二氨基庚二酸差向异构酶活性的多肽。

32. 含有包含SEQ ID NO：1列出的核苷酸序列的核酸分子的宿主细胞，其中该核酸分子调节区域相对于该分子野生型调节区域进行了修饰。

33. 分离的多肽，该多肽包含含有SEQ ID NO：2列出的氨基酸序列的多肽的片段，其中所述多肽片段具有二氨基庚二酸差向异构酶活性。"

请求人在意见陈述书中提出：本申请说明书教导了请求保护的核苷酸序列编码二氨基庚二酸差向异构酶，说明书阐述了用于表征序列的方法并通过计算机功能分析表征了该序列（参见实施例3，说明书第119页第14~20行，第125页第34行至第126页第11行）。请求保护的序列的功能分析采用来自Integrated Genomes的WIT系统。如附件4和5所述，WIT系统整合了不限于序列同一性的各种数据类型如基因组数据和途径数据，因此，本发明序列的分析和表征并非仅基于比较序列同一性，而是足以证实蛋白质功能的各种因素。多肽活性的实验证据并非是证实蛋白质功能的唯一手段，利用WIT软件进行蛋白质功能分析和表征是科技界广为接受的确定蛋白质功能的技术。如附件6所述，旁系同源物簇的分析、同源性蛋白质的结构比较、进化保守途径分析以及序列比较，特别是蛋白质超家族的阐述，可以获得一种可靠的蛋白质功能鉴定。世界上很多专利局认为计算机功能分析足以判定本申请可被授予专利权。本发明的SEQ ID NO：2与附件7~10的氨基酸序列具有98.6％的同一性（参见附件11~14），这些序列以及附件15都确认了所请求保护的来自谷氨酸棒状杆菌的、作为二氨基庚二酸差向异构酶的分子的鉴定，因此，申请日后的实验数据证实了Seq ID NO：1和2的功能。请求人还认为，如果合议组怀疑说明书所公开的功能，应该提供证据来证实本领域技术人员可合理地怀疑所称的效用。因此，本申请说明书是公开充分的。另外，与修改后的权利要求类似的权利要求在相应的澳大利亚专利申请中已经被授权，附件3的澳大利亚专利作为参考。

至此，合议组认为本案事实清楚，可以作出审查决定。

二、决定的理由

1. 审查文本

本复审请求审查决定是以请求人于2007年5月14日提交权利要求1~33，以及驳回决定所针对的说明书、说明书附图和摘要为审查基础的。

2. 关于专利法第26条第3款

专利法第26条第3款规定：说明书应当对发明或者实用新型作出清楚、完整的说明，以所属技术领域的技术人员能够实现为准。

根据该款规定，对于涉及基因、载体、多肽或蛋白质、融合细胞等产品的发明来说，除应当在说明书中明确记载产品的确认和制备外，还应在说明书中提供对本领域技术人员来说足以确信所述产品具有特定功能的证据，以充分公开该产品的用途和/或使用效果，对于结构基因，应该证明所述基因编码的多肽或蛋白质具有特定的功能。

就本申请而言，其请求保护分离的核酸分子（下称本发明核酸分子）（权利要求1~6）、分离的多肽（下称本发明多肽）（权利要求15~19、33）、所述核酸分子转染的载体（权利要求7、8）；含有上述载体的宿主细胞（权利要求9~13、30~32）、利用所述宿主细胞生产多肽的方法（权利要求14）以及利用了本发明核酸分子或多肽的方法（权利要求20~29）。

分析上述请求保护的技术方案可知，上述产品或方法充分公开的基础是本发明多肽已经充分公开，说明书中已经给出了本发明多肽的来源和氨基酸序列，因此，本发明多肽的公开充分与否取决于说明书是否充分公开了该多肽的用途和/或使用效果。而对于一种多肽而言，其用途和/或使用效果具体体现为其具有特定的功能。

对于本发明多肽而言，说明书描述其为二氨基庚二酸差向异构酶（参见表1），属于代谢途径蛋白质（参见说明书第4页第34行至第5页第14行），而代谢途径蛋白质参与谷氨酸棒杆菌中某些精细化学物质的代谢，包括氨基酸、维生素、辅助因子、营养因子、核苷酸、核苷和海藻糖（参见说明书第8页第25~27行）。但是，本申请说明书中既没有给出充分、严谨、合理的理论分析也没有给出相应的实验证据来证实本发明多肽具有所述二氨基庚二酸差向异构酶活性，本领域技术人员根据本领域的普通技术知识也无法预见SEQ ID NO：2具有所述功能，虽然本领域技术人员知晓二氨基庚二酸差向异构酶参与代谢途径，说明书中给出了确定蛋白质功能、酶活性的一般性方法和参考文献，但是这些方法或技术仅限于教导本领域普通技术人员如何进行蛋白质功能的确定，而由这些方法不能推知本发明多肽必定具有二氨基庚二酸差向异构酶活性。因此，本申请说明书并没有充分公开本发明多肽的生物学功能，即没有充分公开本发明多肽的用途和/或使用效果，本发明多肽未被充分公开。基于此，以该多肽为基础的其他要求保护的技术方案在说明书中也均未得到充分公开，本申请说明书不符合专利法第26条第3款的规定。

对于请求人在答复《复审通知书》时提交的意见陈述及其所附附件，合议组认为：意见陈述书中提及的WIT系统以及旁系同源物簇的分析等其他分析方法（附件4~6）仍然都是基于序列特征比较，其分析结果仍然是推定的、有待实验证实的，因此，请求人提出涉及分析方法的意见陈述不足以证明本申请说明书已经充分公开本发明多肽的功能。此外，对于附件7~15，首先，没有证据表明请求人所提交的附件7~15属于本申请申请日前的资料，这些附件不能作为用于与本申请说明书公开内容相结合来证明本发明多肽已经充分公开的依据；其次，附件7~15涉及的是本发明多肽与相关蛋白的序列同一性比较，但是序列同一性分析作为本领域的一种常用分析手段，其结果仅仅是得到了一种有待证实的可能功能，它可以为进一步的功能研究指引方向，但并不意味着所述核酸或蛋白必定具有该推测的功能，对于实验科学而言，包括基于同源性推测功能在内的各种推测只有经过实验验证后才能使得推测的命题能够成立，就一份专利而言，其所保护的必须是已经完成、确信能够成立的技术方案，而非推测的存疑技术方案，因此，附件7~15也不足以证明本发明多肽具有二氨基庚二酸差向异构酶活性。此外，请求人提交附件3用以说明与本申请类似的权利要求在澳大利亚获得了授权，这不作为合议组审理本案的依据。综上，请求人的意见陈述不能够克服本申请存在的说明书公开不充分的缺陷。

综上所述，本申请说明书不符合专利法第26条第3款的规定。

根据以上事实和理由，本案合议组作出如下审查决定。

三、决定

维持国家知识产权局于2005年1月28日对00811981.3号发明专利申请作出的驳回决定。

复审请求人对本决定不服的，可以根据专利法第41条第2款的规定，自收到本决定之日起三个月内向北京市第一中级人民法院起诉。

检测和纯化对 HLA 体系中存在的肽特异的 CD8+T 淋巴细胞群的方法

复审请求审查决定（第 12242 号）

决 定 号	第 12242 号
决 定 日	2007 年 9 月 3 日
发明创造名称	检测和纯化对 HLA 体系中存在的肽特异的 CD8+T 淋巴细胞群的方法
国际分类号	C07K 14/705，G01N 33/68，C12N 5/08
复审请求人	国家健康科学研究所
申 请 号	00801877.4
优 先 权 日	1999 年 9 月 6 日
申 请 日	2000 年 9 月 5 日
公 开 日	2001 年 11 月 7 日
合议组组长	何　炜
主 审 员	吴通义
参 审 员	郭　婷
法 律 依 据	专利法第 26 条第 4 款

决定要点

如果一项权利要求的概括包括申请人推测的内容，而且其效果又难以预先确定和评价，应当认为这种概括超出了说明书公开的范围，得不到说明书的支持。

一、案由

本复审请求涉及 2001 年 11 月 7 日公开、名称为"检测和纯化对 HLA 体系中存在的肽特异的 CD8+T 淋巴细胞群的方法"的第 00801877.4 号发明专利申请（下称本申请）。本申请的申请日为 2000 年 9 月 5 日，优先权日为 1999 年 9 月 6 日，申请人为国家健康科学研究所。

国家知识产权局于 2004 年 5 月 14 日以权利要求 1~10 不符合专利法第 26 条第 4 款规定为由驳回了本申请，驳回决定所针对的权利要求书为：

"1. 两个或更多 I 类 MHC 重组单体构成的多聚体复合物，其中所述 I 类 MHC 重组单体在单体重链和 T 淋巴细胞的 CD8 共同受体相互作用的区域具有至少一个氨基酸取代、缺失或修饰，从而降低了所述多聚体复合物相对于相应未取代或未修饰的天然多聚体复合物对 T 淋巴细胞 CD8 共同受体的亲和力。

2. 按照权利要求1的多聚体复合物,其中所述取代、缺失或修饰位于所述单体重链的α3结构域。

3. 按照权利要求1或2的多聚体复合物,其中MHC单体以与MHC-结合肽的复合物形式存在。

4. 按照权利要求3的多聚体复合物,其特征在于它以四聚体的形式存在。

5. 权利要求3或4的多聚体复合物在检测和/或分离肽特异性CD8+T淋巴细胞群中的应用。

6. 权利要求5的应用,其中所述多聚体复合物用于细胞分选方法中。

7. 权利要求6的应用,其中所述细胞分选方法是免疫磁分选方法。

8. 一种从多克隆细胞群中检测肽特异性CD8+T淋巴细胞群的方法,包括:

将多克隆细胞群与权利要求3的多聚体复合物在允许所述I类MHC重组单体/肽复合物和对所述复合物有亲和力的T淋巴细胞受体间相作用的条件下接触,

检测对所述复合物具有亲和力的T淋巴细胞,从而检测肽特异性CD8+群体。

9. 权利要求8的方法,其中所述I类MHC单体/肽复合物含有荧光实体,并且检测步骤包括对所述复合体的荧光的检测。

10. 一种从多克隆细胞群中分离肽特异性CD8+T淋巴细胞群的方法,包括:

将多克隆细胞群与其上固定有权利要求3的多聚体复合物的固体支持体在允许所述I类MHC重组单体/肽复合物和对这些复合物有亲和力的T淋巴细胞受体间相互作用的条件下接触,和

回收结合的T淋巴细胞,以分离肽特异性CD8+群体。"

驳回决定认为,由于在蛋白的关键区域进行相近氨基酸的保守替代也有可能破坏其生物活性,因而即便采用现有技术中已知的其他能降低I类MHC单体重链与CD8亲和力的氨基酸替换后的HLA-A0201-抗原性肽四聚体,所属领域技术人员也无法预知在亲和力改变的同时,是否会对其与具有特异性的TCR的T淋巴细胞的结合能力以及除了亲和力以外的生物活性产生影响。在说明书没有教导I类MHC单体重链和T淋巴细胞的CD8共同受体相互作用区域进行氨基酸的取代、修饰、缺失的位置、数量、类型时,本领域技术人员不可能通过反复试验来得出如此大范围内的能达到发明目的的至少一个氨基酸发生了取代、缺失或修饰后的聚合物。本发明是通过对HLA重链区域中特定氨基酸的突变获得仅通过单标记就能达到或超过天然HLA-A0201四聚体鉴别力的突变的HLA-A0201四聚体,这是本领域技术人员能从说明书和本领域公知常识所能合理推导出的保护范围。因此,权利要求1~10得不到说明书的支持,不符合专利法第26条第4款的规定。

国家健康科学研究所(下称请求人)对上述驳回决定不服,于2004年8月25日向专利复审委员会提出复审请求,没有提交新修改的申请文本。请求人认为,本案中给出了I类MHC单体重链和T淋巴细胞的CD8共同受体的相互作用区,并且给出了实施例验证该作用区中245位丙氨酸残基到缬氨酸残基的突变可以减少对T淋巴细胞CD8共同受体的亲和力,已知该区域中的34个氨基酸替换不会降低与CD8的亲和力。本领域公知,所述相互作用区负责I类MHC单体重链和T淋巴细胞的CD8共同受体的相互作用,是一个功能结构域。通常,功能结构域中的氨基酸替换、删除或取代会影响其功能活性。权利要求1还进行了功能性限定"从而降低了所述多聚体复合物相对于相应未取代或未修饰的天然多聚体复合物对T淋巴细胞CD8共同受体的亲和力"。至于某一突变所产生的多聚体复合物是否具有上述功能,本领域技术人员通过常规技术检测就能确定,实施例2和3也给出了这些检测方法,本领域技术人员不需要创造性劳动就可以得到权利要求1~10的技术方案,国家知识产权局驳回的理由不成立。

形式审查合格后,专利复审委员会受理了该复审请求,并于2004年10月8日向请求人发出《复审请求受理通知书》,随后将本申请案卷移交原审查部门进行前置审查。

原审查部门对本复审请求进行了前置审查，坚持原驳回决定。

专利复审委员会组成合议组，对本案的复审请求进行了审理，于2006年7月20日向请求人发出《复审通知书》。《复审通知书》指出：（1）权利要求1要求保护"两个或更多I类MHC重组单体构成的多聚体复合物，其中所述I类MHC重组单体在单体重链和T淋巴细胞的CD8共同受体相互作用的区域具有至少一个氨基酸取代、缺失或修饰，从而降低了所述多聚体复合物相对于相应未取代或未修饰的天然多聚体复合物对T淋巴细胞CD8共同受体的亲和力"。本申请说明书仅公开了一种突变HLA-A0201四聚体，其是通过在HLAα3结构域的245位丙氨酸突变为缬氨酸并以四个单体聚合的特定方式而获得的。除此之外，说明书没有公开其他可用于实现发明目的的I类MHC重组单体多聚复合物，也没有公开在I类MHC单体重链与T淋巴细胞的CD8共同受体相互作用区进行氨基酸突变和修饰的具体位置、数量和类型。现有技术也没有教导在I类MHC单体重链与T淋巴细胞的CD8共同受体相互作用区进行怎样的突变和修饰后，I类MHC单体的多聚复合物在降低了与T淋巴细胞CD8共同受体的亲和力的同时，仍具备与TCR特异性结合等生物学活性，以能够与具有特异性的TCR的T淋巴细胞结合。基于说明书记载的内容和现有技术，本领域技术人员无法推导出权利要求1的多聚体复合物均可用于解决本发明的技术问题。因此，权利要求1不符合专利法第26条第4款的规定。（2）权利要求2～4对权利要求1所述多聚体复合物进行进一步限定，但是这些权利要求中均未对I类MHC重链单体上发生的氨基酸突变和修饰的具体位置、数量和类型进行限定，本领域技术人员难以预先确定和评价权利要求2～4要求保护的所有多聚体复合物是否可用于解决本发明的技术问题，权利要求2～4不符合专利法第26条第4款的规定。权利要求5～7涉及权利要求3和4所述多聚体复合物的应用，权利要求8～10涉及使用权利要求3所述多聚体复合物的方法，但是，由于权利要求3和4包括了推测的且效果难以预期的多聚体复合物，致使使用这些多聚体复合物的应用和方法的效果也是难以预期的，权利要求5～10也不符合专利法第26条第4款的规定。

针对《复审通知书》指出的问题，请求人于2006年11月6日提交了意见陈述书及经修改的权利要求书。请求人认为修改后的权利要求得到说明书的支持，根据本申请公开的内容和现有技术的信息，本领域普通技术人员完全能确定什么样的四聚体复合物具有权利要求1所述的活性。修改后的权利要求书如下：

"1. 从I类MHC重组蛋白质类似物制备的四聚体复合物，其特征在于所述蛋白在重链和T淋巴细胞的CD8共同受体相互作用的区域具有至少一个氨基酸取代，从而降低了所述重链与CD8相互作用的亲和力。

2. 按照权利要求1的四聚体复合物，其中所述取代位于所述单体重链的α3结构域。

3. 按照权利要求1或2的四聚体复合物，其中MHC单体以与MHC-结合肽的复合物形式存在。

4. 权利要求3的四聚体复合物在检测和/或分离肽特异性CD8+T淋巴细胞群中的应用。

5. 权利要求4的应用，其中所述四聚体复合物用于细胞分选方法中。

6. 权利要求5的应用，其中所述细胞分选方法是免疫磁分选方法。

7. 一种从多克隆细胞群中检测肽特异性CD8+T淋巴细胞群的方法，包括：

将多克隆细胞群与权利要求3的四聚体复合物在允许所述I类MHC重组单体/肽复合物和对所述复合物有亲和力的T淋巴细胞受体间作用的条件下接触，

检测对所述复合物具有亲和力的T淋巴细胞，从而检测肽特异性CD8+群体。

8. 权利要求7的方法，其中所述I类MHC单体/肽复合物含有荧光实体，并且检测步骤包括对所述复合体的荧光的检测。

9. 一种从多克隆细胞群中分离肽特异性CD8+T淋巴细胞群的方法，包括：

将多克隆细胞群与其上固定有权利要求3的四聚体复合物的固体支持体在允许所述I类MHC重组单体/肽复合物和对这些复合物有亲和力的T淋巴细胞受体间相互作用的条件下接触，和

回收结合的T淋巴细胞，以分离肽特异性CD8+群体。"

2006年11月22日，请求人再次提交意见陈述书及经修改的权利要求书。请求人认为现有技术Salter等人的文章（Nature，1990，345：41~46）（请求人未提交该文章）公开了本发明所述的与CD8相互作用的区域中的取代突变，所述区域由I类MHC中至少三个分开的簇中的氨基酸残基组成：（1）氨基酸223~229，特别是氨基酸227；（2）氨基酸233-235；和（3）氨基酸245~247，特别是氨基酸245。Salter等人在图1中公开了34个取代突变。因此，本领域普通技术人员不需要过度的劳动即可获得权利要求中的技术方案。与请求人于2006年11月6日提交的权利要求书相比，请求人于2006年11月22日提交的权利要求书中仅将权利要求7中的"I类MHC重组单体/肽复合物"修改为"I类MHC重组单体/肽四聚体复合物"。

至此，合议组认为本案事实清楚，可以作出审查决定。

二、决定的理由

1. 决定依据的文本

请求人于2006年11月22日提交的权利要求书未超出原说明书和权利要求书记载的范围（参见原权利要求1~11和说明书第3页），符合专利法第33条和专利法实施细则第60条1款的规定。本复审请求审查决定是以请求人于2006年11月22日提交的权利要求1~9，于2001年4月30日提交的说明书第1~12页、说明书附图第1~7页和说明书摘要为基础。

2. 关于专利法第26条第4款

专利法第26条第4款规定，权利要求书应当以说明书为依据，说明要求专利保护的范围。

根据该款规定，如果一项权利要求的概括包括申请人推测的内容，而且其效果又难以预先确定和评价，应当认为这种概括超出了说明书公开的范围，得不到说明书的支持。

本案中，权利要求1请求保护一种从I类MHC重组蛋白类似物制备的四聚体复合物，其特征在于所述蛋白在重链和T淋巴细胞的CD8共同受体相互作用的区域具有至少一个氨基酸取代，从而降低了所述重链与CD8相互作用的亲和力。

基于本申请说明书第1页倒数第1段至第3页第1行的记载可知，本发明目的在于通过突变I类MHC单体重链和CD8共同受体相互作用区，降低其与CD8共同受体的相互作用，从而增加对目标T细胞的特异性结合，来解决由于CD8与I类HLA结合导致产生I类HLA四聚体与带有HLA非特异性TCR的CD8+淋巴细胞结合的背景噪声的问题。为了实现发明目的，本发明的四聚体复合物应当降低与T淋巴细胞CD8共同受体的亲和力，同时仍具备与TCR特异性结合等生物学活性，以能够与具有特异性的TCR的T淋巴细胞结合。

权利要求1的四聚体复合物在其蛋白重链和T淋巴细胞的CD8共同受体相互作用的区域具有至少一个降低与CD8相互作用的亲和力的氨基酸取代，但是这些四聚体复合物是否都可用于解决本发明技术问题并达到预期的技术效果是难以预先评价和确定的。

本领域技术人员知晓，不同位置上发生不同数量和类型的氨基酸突变和修饰对蛋白质或多肽的性能影响不同，而且发生突变和修饰的氨基酸位点越多，蛋白质或多肽的性能发生改变的可能性越大。尤其是在功能结构域中发生的氨基酸替换、删除或取代更会影响蛋白质或多肽的功能活性。本申请说明书仅公开了一种突变HLA-A0201四聚体，其是通过在HLAα3结构域的245位丙氨酸突变为缬氨酸并以四个单体聚合的特定方式而获得的。除此之外，说明书没有公开其他可用于实现发明目的的四聚体复合物，也没有公开为实现发明目的而在I类MHC重组蛋白重链与T淋巴细胞的CD8共同受体相

互作用区进行氨基酸突变和修饰的具体位置、数量和类型。现有技术也没有教导在 I 类 MHC 重组蛋白重链与 T 淋巴细胞的 CD8 共同受体相互作用区进行怎样的突变和修饰后，由该蛋白制备的四聚复合物在降低了与 T 淋巴细胞 CD8 共同受体的亲和力的同时，仍具备与 TCR 特异性结合等生物学活性，以能够与具有特异性的 TCR 的 T 淋巴细胞结合。可见，基于说明书记载的内容和现有技术，本领域技术人员仍无法确定在权利要求 1 包含的大量四聚体复合物中，哪些仍然具备与 TCR 特异结合等生物学活性，以能够与具有特异性的 TCR 的 T 淋巴细胞结合，基于唯一公开的突变 HLA-A0201 四聚体，无法推导出权利要求 1 的四聚体复合物均可用于解决本发明的技术问题。因此，权利要求 1 包括推测的技术方案，这些技术方案的效果难以预先确定和评价，不符合专利法第 26 条第 4 款的规定。

权利要求 2~4 对权利要求 1 所述四聚体复合物进行进一步限定，但是这些权利要求中均未对 I 类 MHC 重组蛋白重链上发生氨基酸取代的具体位置、数量和类型进行限定，在说明书仅唯一公开在 HLAα3 结构域的 245 位丙氨酸突变为缬氨酸的 HLA-A0201 四聚体的基础上，本领域技术人员难以预先确定和评价权利要求 2 和 3 要求保护的所有四聚体复合物是否都具备与 TCR 特异结合等生物学活性，以能够与具有特异性的 TCR 的 T 淋巴细胞结合，即无法推导出权利要求 2 和 3 所要求保护的所有四聚体复合物均可用于解决本发明的技术问题，权利要求 2 和 3 不符合专利法第 26 条第 4 款的规定。权利要求 4~6 涉及权利要求 3 所述四聚体复合物的应用，权利要求 7~9 涉及使用权利要求 3 所述四聚体复合物的方法，但是，由于权利要求 3 包括了推测的且效果难以预期的四聚体复合物，致使使用这些四聚体复合物的应用和方法的效果也是难以预期的，权利要求 4~9 也不符合专利法第 26 条第 4 款的规定。

请求人在提出复审请求和答复《复审通知书》时提出：现有技术（Salter 等人的文章）公开了本发明所述的与 CD8 相互作用的区域中的 34 个取代突变，所述区域由 I 类 MHC 中至少三个分开的簇中的氨基酸残基组成，本申请也给出了该相互作用区，作为功能结构域的相互作用区中的氨基酸替换、删除或取代会影响其功能活性，本领域技术人员通过常规技术检测就能确定由某一突变所产生的多聚体复合物是否具有降低对 T 淋巴细胞共同受体亲和力的功能，而且实施例 2 和 3 给出了这些检测方法，并且实施例验证该作用区中 245 位丙氨酸残基到缬氨酸残基的突变可以减少对 T 淋巴细胞 CD8 共同受体的亲和力，本领域技术人员不需要创造性劳动就可以得到本申请权利要求的技术方案。

对此，合议组认为：（1）权利要求 1~3 的四聚体复合物包含大量物质，所述氨基酸取代并未限定在与现有技术（Salter 等人的文章）公开的 34 个取代突变一致的取代。（2）请求人的上述复审理由和意见陈述仅用于说明，基于说明书的记载和现有技术，本领域技术人员能够在 I 类 MHC 重组蛋白重链和 CD8 共同受体的相互作用区域内进行氨基酸的取代，达到降低由 I 类 MHC 重组蛋白重链与 CD8 相互作用的亲合力的目的。请求人并没有提供理由和证据来说明，本申请说明书和/或现有技术中已经记载或教导了在 I 类 MHC 重组蛋白重链和 T 淋巴细胞的 CD8 共同受体相互作用区中发生哪些氨基酸取代不会影响由该 I 类 MHC 重组蛋白制备的四聚体复合物与具有特异性 TCR 的 T 细胞结合的活性。即基于说明书公开的内容和现有技术，本领域技术人员无法预先判断在权利要求 1~3 包含的大量四聚体复合物中，哪些四聚体复合物仍然具备与 TCR 特异结合等生物学活性，以能够与具有特异性的 TCR 的 T 淋巴细胞结合，无法推导出权利要求 1~3 的四聚体复合物均可用于解决本发明的技术问题。权利要求 3 包括了推测的且效果难以预期的四聚体复合物，致使使用这些四聚体复合物的权利要求 4~9 的应用和方法的效果也是难以预期的。当权利要求公开的技术方案的技术效果无法由现有技术的理论和说明书公开的内容合理预测时，实验数据的证明对于确定技术效果变得必不可少，此时仅给出实验和检测方法不足以确定权利要求的技术方案的技术效果。因此，请求人提出的上述理由不足以说明本申请权利要求得到说明书支持。

综上所述，权利要求1~9不符合专利法第26条第4的款规定。

根据以上事实和理由，本案合议组作出如下审查决定。

三、决定

维持国家知识产权局于2004年5月14日对00801877.4号发明专利申请作出的驳回决定。

复审请求人对本决定不服的，可以根据专利法第41条第2款的规定，自收到本决定之日起三个月内向北京市第一中级人民法院起诉。

在浮萍中表达生物活性多肽

复审请求审查决定（第 12243 号）

决 定 号	第 12243 号
决 定 日	2007 年 10 月 31 日
发明创造名称	在浮萍中表达生物活性多肽
国 际 分 类 号	C12N 15/82，C12N 15/67，C12N 15/62，C07K 14/56
复 审 请 求 人	比奥莱克斯公司
申 请 号	01815064.0
优 先 权 日	2000 年 7 月 31 日，2001 年 5 月 23 日
申 请 日	2001 年 7 月 26 日
公 开 日	2003 年 10 月 22 日
合议组组长	何 炜
主 审 员	吴通义
参 审 员	尹 昕

法 律 依 据 专利法第 22 条第 3 款

决 定 要 点

如果一项权利要求包含了效果特征，在评价该权利要求的新颖性或创造性时，应当考虑这些效果特征是否对权利要求的技术方案起实质上的限定作用，使得该技术方案隐含了某种特定的结构、组成和/或特定的工艺步骤、条件等，而不应该无视这些效果特征的存在，从而在错误理解权利要求的技术方案的基础上评价其新颖性或创造性。

一、案由

本复审请求涉及 2003 年 10 月 22 日公开、名称为"在浮萍中表达生物活性多肽"的第 01815064.0 号发明专利申请（下称本申请）。本申请的申请日为 2001 年 7 月 26 日，优先权日为 2000 年 7 月 31 日、2001 年 5 月 23 日，申请人为比奥莱克斯公司。

针对申请人于 2003 年 3 月 3 日提交的说明书第 1~30 页、序列表第 1~4 页、说明书附图第 1~2 页和说明书摘要，于 2005 年 2 月 5 日提交的权利要求 1~41，国家知识产权局于 2005 年 11 月 11 日驳回了本申请，理由是：对比文件 1（WO9907210A，公开日为 1999 年 2 月 18 日）公开了一种生产重组蛋白或肽的方法（参见对比文件 1 的权利要求 49、52、54、56，说明书第 9~12 页，第 25~27 页），权利要求 1 与对比文件 1 的区别只是从对比文件 1 公开的表达 α-干扰素的现有技术方案中选择了一种以生产 α-干扰素的亚型，即 α-2b-干扰素，虽然权利要求 1 限定了"所述 α-2b-干扰素以至少 6000IU/ml 的浓度被分泌到浮萍培养物中",但是当所属领域技术人员用对比文件 1 公开的技术来生产 α-2b-干扰素时,自然也可以得到这样的技术效果,因此,这样的技术方案对本领域技术人员来说是显而易见的,权利要求 1 与对比文件 1 相比不具备突出的实质性特点和显著的进步,不具备专利法第 22 条第 3 款规定的创造性。

驳回决定所针对的独立权利要求 1 为:

"1. 在浮萍植物培养物或者浮萍节结培养物中生产生物活性 α-2b-干扰素的方法,其包括以下步骤:

(a) 在浮萍培养基中培养浮萍植物培养物或者浮萍节结培养物,其中该浮萍植物培养物或者该浮萍节结培养物被稳定转化以表达所述的生物活性 α-2b-干扰素,且其中生物活性 α-2b-干扰素由含有 α-2b-干扰素编码序列和操作性连接的指导 α-2b-干扰素分泌的信号肽的编码序列的核苷酸序列表达。

(b) 从浮萍培养基收集所述生物活性 α-2b-干扰素;其中所述 α-2b-干扰素以至少 6000IU/ml 的浓度被分泌到浮萍培养基中。"

申请人比奥莱克斯公司(下称请求人)对上述驳回决定不服,于 2006 年 2 月 24 日向专利复审委员会提出复审请求,请求人认为对比文件 1 没有公开在浮萍中表达 α-2b-干扰素,也没有公开对编码的核苷酸序列进行修饰以增强其在浮萍中的表达,更没有公开所述 α-2b-干扰素的特定分泌浓度,修改后的权利要求 1 具有创造性。

请求人在提出复审请求的同时提交了新修改的权利要求书(共 6 页 41 项),修改后的权利要求 1 如下:

"1. 在浮萍植物培养物或者浮萍节结培养物中生产生物活性 α-2b-干扰素的方法,其包括以下步骤:

(a) 在浮萍培养基中培养浮萍植物培养物或者浮萍节结培养物,其中该浮萍植物培养物或者该浮萍节结培养物被稳定转化以表达所述的生物活性 α-2b-干扰素,且其中生物活性 α-2b-干扰素由含有 α-2b-干扰素编码序列和操作性连接的指导 α-2b-干扰素分泌的信号肽的编码序列的核苷酸序列表达;和

(b) 从浮萍培养基收集所述生物活性 α-2b-干扰素;

其中所述核苷酸序列已经经过修饰而提高其在浮萍中的表达并且其中所述 α-2b-干扰素以至少 6000IU/ml 的浓度被分泌到浮萍培养基中。"

形式审查合格后,专利复审委员会受理了该复审请求,并于 2006 年 3 月 24 日向请求人发出《复审请求受理通知书》,随后将本申请移交原审查部门进行前置审查。

原审查部门对本复审请求进行了前置审查,认为修改后的权利要求 1 中所增加的技术特征"其中所述核苷酸序列已经经过修饰"也已经被对比文件 1 公开,权利要求 1 仍不具备创造性,因此坚持原驳回决定。

至此,合议组认为本案事实清楚,可以作出审查决定。

二、决定的理由

1. 审查文本

请求人于 2006 年 2 月 24 日提交权利要求书全文替换页符合专利法第 33 条和专利法实施细则第 60 条的规定。本复审请求审查决定是以请求人于 2006 年 2 月 24 日提交的权利要求 1~41、驳回决定所针对的说明书、附图和摘要为审查基础的。

2. 关于专利法第 22 条第 3 款

专利法第 22 条第 3 款规定："创造性，是指同申请日以前已有的技术相比，该发明有突出的实质性特点和显著的进步，该实用新型有实质性特点和进步。"

如果一项权利要求包含了效果特征，在评价该权利要求的新颖性或创造性时，应当考虑这些效果特征是否对权利要求的技术方案起实质上的限定作用，使得该技术方案隐含了某种特定的结构、组成和/或特定的工艺步骤、条件等，而不应该无视这些效果特征的存在，从而在错误理解权利要求的技术方案的基础上评价其新颖性或创造性。

本案中，权利要求 1 请求保护一种在浮萍植物培养物或者浮萍节结培养物中生产生物活性 α-2b-干扰素的方法。驳回决定引用的对比文件 1（WO9907210A，公开日为 1999 年 2 月 18 日）公开了一种生产重组蛋白或肽的方法，包括（a）培养表达至少一种异源蛋白或肽的转化浮萍植株和（b）从浮萍培养物中收集至少一种蛋白或肽，所述蛋白或肽包括 α-干扰素（参见对比文件 1 的权利要求 49 和 56），对比文件 1 还公开了可以采用单子叶植物或浮萍的优选密码子合成目的基因、在表达盒中含有 5' 前导序列，使用内含子等方式来增强目的基因的表达，以及将目的外源核酸与编码转运肽的核酸序列操作性连接，将所述目的肽或蛋白表达导向特定的细胞区室，用于分泌到细胞外（参见对比文件 1 第 11~12 页），权利要求 1 与对比文件 1 公开的内容相比存在如下区别技术特征：(1) 权利要求 1 生产的是 α-2b-干扰素，而对比文件 1 用于生产 α-干扰素；(2) 权利要求 1 中用于表达 α-2b-干扰素的核苷酸序列经过修饰使得所述 α-2b-干扰素以至少 6000IU/ml 的浓度被分泌到浮萍培养基中，而对比文件 1 中未具体公开能够将目的基因的表达增强到何种水平。驳回决定认为当所属领域技术人员用对比文件 1 公开的技术来生产 α-2b-干扰素时，自然也可以得到 "所述 α-2b-干扰素以至少 6000IU/ml 的浓度被分泌到浮萍培养物中" 的技术效果。合议组认为：并非对表达 α-2b-干扰素的核苷酸序列进行任何的修饰都能够使得所表达的 α-2b-干扰素的分泌水平达到至少 6000IU/ml 的浓度，例如本申请说明书记载的内容表明，含有信号肽和玉米脱氢酶 1 基因的 IFN03 和 IFN08 的分泌水平仅分别为 320 IU/ml 和 3200 IU/ml（参见本申请说明书实施例 3 的表 4）。可见 "所述 α-2b-干扰素以至少 6000IU/ml 的浓度被分泌到浮萍培养物中" 的效果特征对权利要求 1 的技术方案起到实质上的限定作用，限定了权利要求 1 具有能够实现所述技术效果的工艺步骤或条件（例如，表达 α-2b-干扰素的核苷酸序列的修饰方式），在评价权利要求 1 的创造性时不应该忽视该效果特征。驳回决定中认为 "虽然申请人在经修改的权利要求 1 又限定了 '所述 α-2b-干扰素以至少 6000IU/ml 的浓度被分泌到浮萍培养物中'，但是对于方法权利要求应该用工艺过程、操作条件、步骤或者流程等技术特征来描述，同时当所属领域技术人员用对比文件 1 公开的技术来生产 α-2b-干扰素时，自然也可以得到这样的技术效果" 属于事实认定错误。驳回决定以此为基础得出权利要求 1 不具备创造性的结论缺乏事实依据。

根据以上事实和理由，本案合议组作出如下审查决定。

三、决定

撤销国家知识产权局于 2005 年 11 月 11 日对 01815064.0 号发明专利申请作出的驳回决定。由原审查部门在本复审决定所针对文本的基础上继续进行审查。

复审请求人对本决定不服的，可以根据专利法第 41 条第 2 款的规定，自收到本决定之日起三个月内向北京市第一中级人民法院起诉。

多肽—脂质体与人血管内皮生长因子基因重组质粒复合物及用途

复审请求审查决定（第 12244 号）

决 定 号	第 12244 号
决 定 日	2007 年 11 月 27 日
发明创造名称	多肽—脂质体与人血管内皮生长因子基因重组质粒复合物及用途
国际分类号	A61K 48/00，A61P 9/10
复审请求人	朱静亚，彭朝晖，张晓志
申 请 号	02134321.7
申 请 日	2002 年 7 月 4 日
公 开 日	2003 年 1 月 8 日
合议组组长	叶 娟
主 审 员	吴通义
参 审 员	刘 静
法 律 依 据	专利法第 26 条第 4 款

决定要点

如果权利要求所请求保护的技术方案是所属技术领域的技术人员能够从说明书中公开的内容直接得到或者概括得出的，并且未超出说明书公开的范围，则该权利要求能够得到说明书的支持。

一、案由

本复审请求涉及 2003 年 1 月 8 日公开的、名称为"多肽—脂质体与人血管内皮生长因子基因重组质粒复合物及用途"的第 02134321.7 号发明专利申请（下称本申请），本申请的申请日为 2002 年 7 月 4 日，申请人为朱静亚、彭朝晖和张晓志。

针对申请人于申请日提交的说明书第 1~3、5~8 页，附图第 1~3 页及摘要，于 2004 年 8 月 31 日提交的权利要求 1~3，说明书第 4 页，国家知识产权局于 2005 年 1 月 7 日驳回了本申请，理由是：本发明要求保护的基因重组质粒复合物由人血管内皮生长因子基因重组质粒 pVAX-VEGF165 及包裹于其外部的多肽和脂质体复合而成，其中脂质体有很多种类，如常规脂质体、pH 敏感脂质体、热敏脂质体和阳离子脂质体等，各种脂质体的性质和功能有很大差别，本发明的复合物中多肽以非共价键形式与人血管内皮生长因子基因重组质粒及脂质体相结合，脂质体的结构对复合物能否形成以及稳定性都有影响，本发明尤其是实施例中只是证实了脂质体 2000 能够达到发明目的，而说明书和权利要求书中虽然对脂质体进行了定义，但是也只是形式上的支持，实质上是否所有的脂质体都能达到发明目的，没有试验证实，也无法推导出来，因此，权利要求 1 和 2 不符合专利法第 26 条第 4 款规定。

权利要求3的限定部分是对复合物用途的描述，不是用该复合物本身的结构特征对其进行限定，其保护范围实质上与权利要求1的保护范围相同，因此，权利要求3不符合专利法实施细则第20条第1款的规定。

驳回决定所针对的权利要求书为：

"1. 一种多肽—脂质体与人血管内皮生长因子基因重组质粒复合物，其特征在于，它是由人血管内皮生长因子基因重组质粒pVAX-VEGF165及包裹于其外部的多肽及脂质体复合而成，其中的多肽为可有效诱导基因重组质粒或DNA跨越哺乳动物细胞膜和核膜性结构的人工合成的富含疏水氨基酸的肽段，其氨基酸残基序列和一级结构为：*GNQSSNFGPMKGGNFGGRSSGPYGGGGQYFAKPRNQGGY*PKKKRKV. 其中，*GNQSSNFGPMKGGNFGGRSSGPYGGG GQYFAKPRNQGGY*序列来自核内异质核糖蛋白A1蛋白质核定位信号序列；PKKKRKV序列来自猿空泡病毒40的T抗体核定位信号序列；多肽以非共价键形式与人血管内皮生长因子基因重组质粒及脂质体相结合。

2. 如权利要求1所述的复合物，其特征在于，所述脂质体是可以包裹基因重组质粒或DNA，并有助重组质粒或DNA跨越哺乳动物细胞膜性结构的人工合成的脂性物质。

3. 如权利要求1所述的复合物，其特征在于，该复合物可用于制备缺血性外周血管病及缺血性冠心病的基因治疗药物。"

申请人朱静亚、彭朝晖和张晓志（下称请求人）对上述驳回决定不服，于2005年4月22日向专利复审委员会提出复审请求，同时提交了新修改的权利要求书（共1页4项）。修改后的权利要求书如下：

"1. 一种多肽—脂质体与人血管内皮生长因子基因重组质粒复合物，其特征在于，它是由人血管内皮生长因子基因重组质粒及包裹于其外部的多肽及脂质体复合而成，其中所述多肽的氨基酸残基序列为：*GNQSSNFGPMKGGNFGGRSSGPYGGGGQYFAKPRNQGGY*PKKKRKV，所述脂质体是阳离子脂质体。

2. 如权利要求1所述的复合物，其特征在于所述脂质体是脂质体2000。

3. 如权利要求1所述的复合物，其特征在于所述人血管内皮生长因子基因重组质粒为pVAX-VEGF$_{165}$。

4. 权利要求1所述的复合物在制备治疗缺血性外周血管病及缺血性冠心病的基因治疗药物中的应用。"

请求人认为国家知识产权局驳回的理由不成立，原因在于：（1）原权利要求1的复合物中可以使用"脂质体"得到原说明书和权利要求书的支持，符合专利法第26条第4款的规定，修改后的权利要求将脂质体限定为"阳离子脂质体"，实施例中使用的脂质体2000就是一种阳离子脂质体，修改后的权利要求得到说明书更好的支持；（2）权利要求3是一个用途权利要求，不是权利要求1中的产品，通过修正撰写方式，可以符合专利法实施细则第20条第1款的规定。

形式审查合格后，专利复审委员会受理了该复审请求，并于2005年5月25日向请求人发出《复审请求受理通知书》，随后将本申请案卷移交原审查部门进行前置审查。

原审查部门对本复审请求进行了前置审查，前置审查意见认为本发明尤其是实施例中只是证实了所构建的pVAX-VEGF165以及脂质体2000与所述多肽的重组质粒复合物能够达到本发明的目的，由于复合物的结构能够影响其能否达到发明目的，而各种重组质粒以及阳离子脂质体的结构之间有很多差别，而其他人血管内皮生长因子基因重组质粒以及其他阳离子脂质体是否能达到发明目的没有试验证实，也无法推导出来，因此，权利要求1仍不符合专利法第26条第4款的规定，故坚持原驳回决定。

2006年8月22日，请求人提交了意见陈述书及经修改的权利要求书（共1页3项），请求人认为修改后的权利要求克服了驳回决定所指出的缺陷。新修改的权利要求书如下：

"1. 一种多肽—脂质体与人血管内皮生长因子基因重组质粒复合物，其特征在于，它是由人血管内皮生长因子基因重组质粒 pVAX-VEGF$_{165}$ 及包裹于其外部的多肽及脂质体复合而成，其中的多肽为可有效诱导基因重组质粒或 DNA 跨越哺乳动物细胞膜和核膜性结构的人工合成的富含疏水氨基酸的肽段，其氨基酸残基序列和一级结构为：*GNQSSNFGPMKGGNFGGRSSGPYGGGGQYFAKPRNQGGYPKKKRKV*。其中，*GNQSSNFGPMKGGNFGGRSSGPYGGGG QYFAKPRNQGGY* 序列来自核内异质核糖蛋白 A1 蛋白质核定位信号序列；<u>PKKKRKV</u> 序列来自猿空泡病毒 40 的 T 抗体核定位信号序列；多肽以非共价键形式与人血管内皮生长因子基因重组质粒及脂质体相结合，所述脂质体是可以包裹基因重组质粒或 DNA，并有助重组质粒或 DNA 跨越哺乳动物细胞膜性结构的人工合成的脂性物质。

2. 如权利要求1所述的复合物，其特征在于，所述脂质体是脂质体2000。

3. 权利要求1所述的复合物在制备治疗缺血性外周血管病及缺血性冠心病的基因治疗药物中的应用。"

至此，合议组认为本案事实清楚，可以作出审查决定。

二、决定的理由

1. 审查文本

请求人于2006年8月22日提交了的经修改的权利要求书，该修改符合专利法第33条的规定（权利要求1和3参见说明书第3页第16行到第4页第13行，权利要求2参见说明书第6页倒数第1行到第7页第5行）。本案合议组在请求人于2006年8月22日提交的权利要求1～3，于2004年8月31日提交的说明书第4页，以及于申请日提交的说明书第1～3和5～8页，附图第1～3页和说明书摘要的基础上作出本复审请求审查决定。

2. 关于专利法第26条第4款

专利法第26条第4款规定，权利要求书应当以说明书为依据，说明要求专利保护的范围。

根据该款规定，如果权利要求所请求保护的技术方案是所属技术领域的技术人员能够从说明书中公开的内容直接得到或者概括得出的，并且未超出说明书公开的范围，则该权利要求能够得到说明书的支持。

本案中，权利要求1请求保护一种多肽—脂质体与人血管内皮生长因子基因重组质粒复合物，其由人血管内皮生长因子基因重组质粒 pVAX-VEGF$_{165}$ 及包裹于其外部的多肽及脂质体复合而成，多肽的氨基酸残基序列为：*GNQSSNFGPMKGGNFGGRSSGPYGGGG QYFAKPRNQGGY*<u>PKKKRKV</u>，脂质体是可以包裹基因重组质粒或 DNA，并有助重组质粒或 DNA 跨越哺乳动物细胞膜性结构的人工合成的脂性物质。

鉴于权利要求1已经具体限定构成所述复合物的人血管内皮生长因子基因重组质粒和多肽序列，因此，前置审查意见书中所指出的"其他人血管内皮生长因子基因重组质粒是否能达到发明目的没有试验证实，也无法推导出来"的基础已不存在。本案的争议焦点在于：权利要求1仅将脂质体限定为"可以包裹基因重组质粒或 DNA，并有助重组质粒或 DNA 跨越哺乳动物细胞膜性结构的人工合成的脂性物质"是否导致权利要求1得不到说明书的支持。

对此，合议组认为：（1）权利要求1请求保护的多肽—脂质体与人血管内皮生长因子基因重组质粒复合物的技术方案明确记载在说明书第3页第16行到第4页第13行中，使权利要求1能够得到说明书形式上的支持；（2）基于说明书记载的内容可知，本发明的发明点在于在利用所述复合物中的多肽与人特定细胞膜的亲和力及核定位信号作用，介导基因转移，提高特异性的同时，提高转染效率(参见说明书第4页倒数第1行到第5页第1行)。本申请说明书已经描述了本发明复合物的结构特征,即"脂质体是可以包裹基因重组质粒或DNA,并有助重组质粒或DNA跨越哺乳动物细胞膜性结构的人工合成的脂性物质"、"多肽以非共价键形式与人血管内皮生长因子基因重组质粒及脂质体相结合"、"所述多肽中的疏水氨基酸以疏水键与脂质体上的脂结合"和"使多肽呈现在形成的包有目的DNA载体的脂质体囊泡表面"(参见说明书第4页第4、5段,第5页第2行,附图1),可见所述多肽对形成复合物的脂质体的要求是脂质体具有脂,这是脂质体本身具备的。而脂质体能够包裹基因重组质粒或DNA,并有助重组质粒或DNA跨越哺乳动物细胞膜性结构的性质是脂质体作为基因导入载体所应具备的。在本申请的申请日之前,本领域已经进行了大量的脂质体基因导入方法研究(参见说明书第3页第2段),本领域技术人员基于现有技术能够知晓哪些脂质体适合用于基因导入,即知晓哪些脂质体属于权利要求1所限定的脂质体。因此,虽然本申请说明书中仅以脂质体2000为例制备了本发明的多肽—脂质体与人血管内皮生长因子基因重组质粒复合物,但是在本申请说明书记载内容的基础上结合本领域常规专业知识,本领域普通技术人员显然能够选择其他可实现本发明目的的合适脂质体来制备本发明的多肽—脂质体与人血管内皮生长因子基因重组质粒复合物。综上所述,权利要求1的技术方案是所属技术领域的技术人员能够从说明书中公开的内容直接得到或者概括得出的,并且未超出说明书公开的范围,权利要求1符合专利法第26条第4款的规定。

3. 关于专利法实施细则第20条第1款

修改后的权利要求2对权利要求1的脂质体作进一步限定,修改后的权利要求3是权利要求1的复合物的用途权利要求,因此,新权利要求书中已不存在驳回决定所指出的权利要求书中具有两项保护范围相同的权利要求而不简明的缺陷。

根据以上事实和理由,本案合议组作出如下审查决定。

三、决定

撤销国家知识产权局于2005年1月7日对第02134321.7号发明专利申请作出的驳回决定。由原审查部门在本复审请求审查决定所针对文本的基础上继续进行审查。

复审请求人对本决定不服的,可以根据专利法第41条第2款的规定,自收到本决定之日起三个月内向北京市第一中级人民法院起诉。

肌酸的新用途

复审请求审查决定（第 12245 号）

决 定 号	第 12245 号
决 定 日	2007 年 9 月 24 日
发明创造名称	肌酸的新用途
国际分类号	A61K 31/00
复审请求人	法玛西雅意大利公司
申 请 号	97199783.7
优 先 权 日	1996 年 11 月 19 日
申 请 日	1997 年 11 月 10 日
公 开 日	1999 年 12 月 8 日
合议组组长	李金光
主 审 员	吴通义
参 审 员	魏春宝
法 律 依 据	专利法第 22 条第 2 款

决 定 要 点

新颖性是指在申请日以前没有同样的发明或者实用新型在国内外出版物上公开发表过、在国内公开使用过或者以其他方式为公众所知，也没有同样的发明或者实用新型由他人向国务院专利行政部门提出过申请并且记载在申请日以后（含申请日）公布的专利申请文件中。

一、案由

本复审请求涉及 1999 年 12 月 8 日公开、名称为"肌酸的新用途"的第 97199783.7 号发明专利申请（下称本申请）。本申请的申请日为 1997 年 11 月 10 日，优先权日为 1996 年 11 月 19 日，申请人于 2002 年 9 月 13 日由意大利孟山都股份公司变更为法玛西雅意大利公司。

针对申请人于 2003 年 3 月 17 日提交的权利要求 1~3，于 1999 年 5 月 17 日提交的说明书第 1~3 页、说明书附图第 1~2 页和说明书摘要，国家知识产权局于 2003 年 6 月 13 日以权利要求 1~3 不符合专利法第 22 条第 2 款的规定为由驳回了本申请，理由是：权利要求 1 所保护的是肌酸在制备治疗心脏和/或呼吸功能不全的药物方面的用途，其特征在于所述药物中肌酸的剂量为 1~4 克/日。对比文件 1（WO9402127 A1，1994 年 2 月 3 日公开）公开了肌酸的口服给药在心脏功能不全、血管病患者、肺功能不全患者以及肺气肿等疾病的研究结果表明，其能显著增进最大运动量（见对比文件 1 说明书摘要以及第 4~5 页）。因此，权利要求 1 仅仅在使用剂量上与对比文件 1 有所不同，而"剂量"

特征属于人为的行为,不涉及工业应用,不属于医药用途本身的特征,对于医药用途不具有限定作用,因此,权利要求1不具有新颖性。对比文件1中公开了肌酸可以用于治疗肺气肿(见对比文件1说明书摘要以及第4~5页),在权利要求1不具有新颖性的基础上,权利要求2也不具有新颖性。权利要求3的附加技术特征是口服给药,也不是药物用途本身的特征,因此也不具有新颖性。驳回决定所针对的权利要求书为:

"1. 肌酸在制备治疗心脏和/或呼吸功能不全的药物方面的用途,其特征在于在所述药物中肌酸的剂量为1~4克/日。

2. 按照权利要求1的用途,其中所述药物用于治疗晚期阻塞性支气管病。

3. 按照权利要求1或2的用途,其中所述药物采用口服给药。"

申请人法玛西雅意大利公司(下称请求人)对上述驳回决定不服,于2003年9月26日向专利复审委员会提出复审请求,并提出如下复审理由:本申请的给药剂量克服了现有技术中的偏见,本领域普通技术人员基于对比文件1根本不能预见到本发明技术方案及其效果。给药剂量不仅涉及到临床中的药物的给予和服用,而且直接影响到药物生产,直接影响药物用途的本身;如果通过改变剂量确实为现有的医药用途带来了有益效果,为现有技术作出了实质性贡献,同时对已被确认的工业上的实用性产生了有益影响,则应该授予专利权。

经形式审查合格后,专利复审委员会受理了该复审请求,于2003年11月10日向请求人发出《复审请求受理通知书》,随后将本申请案卷移交原审查部门进行前置审查。

原审查部门对本复审请求进行了前置审查,坚持原驳回决定。

专利复审委员会组成合议组对本复审请求案进行了审理,并于2004年6月25日向复审请求人发出《复审通知书》。《复审通知书》指出:权利要求1请求保护的是肌酸在制备治疗心脏和/或呼吸功能不全的药物方面的用途,对比文件1中公开了肌酸的口服给药在心脏功能不全、血管病患者、肺功能不全患者以及肺气肿等疾病的研究结果表明,其能显著增进最大运动量(见对比文件1说明书摘要及第4~5页)。因此,对比文件1实质上已经公开了权利要求1请求保护的肌酸在制备治疗心脏和/或呼吸功能不全的药物方面的用途,并且二者属于同一技术领域,都能够达到治疗心脏和/或呼吸功能不全的效果。尽管本申请权利要求1中对给药剂量进行限定,但这些不能清楚地将本申请技术方案与对比文件1中记载的技术方案区分开,本领域技术人员也并不能发现有无上述特征的限定对于本申请权利要求1技术方案的制药用途范围有实质性影响。在此情况下,本案合议组认为,权利要求1不具备新颖性,不符合专利法第22条第2款的规定。

针对上述《复审通知书》,请求人于2004年8月10日向专利复审委员会提交了意见陈述书。请求人认为:给药剂量直接影响到药品生产过程中化合物原料的投入量、药品制剂的规格(单位剂量)和包装、药品开发中对药理作用的研究以及药品说明书的撰写,完全属于制备药物过程中体现的特征。剂量的选择不仅仅是临床医生的个人行为,它直接涉及药物的实际工业生产中许多重要的环节,并且对制药用途带来实质性的影响,因此,权利要求1具有新颖性和创造性。

至此,合议组认为本案事实已经清楚,可以依法作出审查决定。

二、决定的理由

1. 关于审查文本

在复审程序中,请求人没有提交新的申请文本。本决定以驳回决定所针对的申请文本为审查基础。

2. 关于专利法第22条第2款

专利法第22条第2款规定,授予专利权的发明和实用新型,应当具备新颖性。新颖性是指在申请日以前没有同样的发明或者实用新型在国内外出版物上公开发表过、在国内公开使用过或者以其他方式为公众所知，也没有同样的发明或者实用新型由他人向国务院专利行政部门提出过申请并且记载在申请日以后（含申请日）公布的专利申请文件中。

本申请权利要求1请求保护的是肌酸在制备治疗心脏和/或呼吸功能不全的药物方面的用途，对比文件1中公开的肌酸在心脏功能不全、血管病患者、肺功能不全患者以及肺气肿等疾病的研究结果表明，其能显著增进最大运动量（见对比文件1说明书摘要及第4~5页），对比文件1公开了肌酸在制备治疗心脏和/或呼吸功能不全的药物方面的用途。尽管权利要求1中记载所述药物中肌酸的限定剂量1~4克/日，但由于"1~4克/日"是在使用该药物过程中体现的，实质上是限定了该药物的给药剂量，而给药剂量体现的是治疗和预防疾病的行为，不是制备药物过程中体现的特征，故不能构成制药用途的技术特征，该特征不能将本申请权利要求1的技术方案与对比文件1中公开的技术方案区分开，权利要求1与对比文件1公开的内容实质上相同，并且二者属于同一技术领域，都能够达到治疗心脏和/或呼吸功能不全的效果，因此，权利要求1相对于对比文件1不具有新颖性。

请求人认为剂量的选择不仅仅是临床医生的个人行为，它直接涉及到药物的实际工业生产中的许多重要的环节，如单位剂型的剂量、生产中的投料量、药品说明书的撰写，权利要求1中的用药剂量特征能够清楚地将本申请的技术方案与对比文件1的技术方案区别开。但是，合议组认为：给药剂量是治疗过程中因治疗对象的耐受力及病情而定的用药份量，其实质上是用药间隔以及起作用的用药量；而单位剂型的剂量、生产中的投料量是生产环节中需要确认的药量。给药剂量不等同于单位剂型的剂量和生产中的投料量；给药剂量与单位剂型的剂量以及生产中的投料量没有直接的对应关系，其并不必然地影响到单位剂型剂量、生产的投料量以及药品说明书的撰写，药品说明书与给药剂量是否为制药特征没有关系。给药剂量是医生的用药行为，不体现在药物制备过程中，其不能将权利要求1与对比文件1公开的制药用途区别开，请求人的主张不能成立。

综上所述，权利要求1不具备新颖性，不符合专利法第22条第2款的规定。

鉴于基于以上评述已经得出权利要求1不符合专利法第22条第2款的规定，仍未克服驳回决定和《复审通知书》中指出的缺陷，合议组对其他权利要求不再评述。

根据以上事实和理由，本案合议组作出如下审查决定。

三、决定

维持国家知识产权局于2003年6月13日对第97199783.7号发明专利申请作出的驳回决定。

复审请求人对本决定不服的，可以根据专利法第41条第2款的规定，自收到本决定之日起三个月内向北京市第一中级人民法院起诉。

用于诱导神经发生的氧化氮供体

复审请求审查决定（第 12246 号）

决 定 号	第 12246 号
决 定 日	2007 年 8 月 20 日
发明创造名称	用于诱导神经发生的氧化氮供体
国际分类号	A61K 31/519，A61K 31/198，A61K 31/21
复审请求人	亨利福特保健系统公司
申 请 号	00811769.1
优 先 权 日	1999 年 6 月 14 日
申 请 日	2000 年 6 月 14 日
公 开 日	2002 年 9 月 18 日
合议组组长	李金光
主 审 员	吴通义
参 审 员	何 炜

法律依据 专利法第 22 条第 2 款

决定要点

如果一项权利要求保护的范围包括了现有技术中公开的技术方案，则该权利要求相对于该现有技术不具备新颖性。同样，对于保护范围包含一系列化合物的权利要求来说，如果该系列化合物中的一种或多种具体化合物已经在申请日前的现有技术中被公开，则该权利要求不具备新颖性。

一、案由

本复审请求涉及 2002 年 9 月 18 日公开、名称为"用于诱导神经发生的氧化氮供体"的 00811769.1 号发明专利申请（下称本申请）。本申请的申请日为 2000 年 6 月 14 日，优先权日为 1999 年 6 月 14 日，申请人为亨利福特保健系统公司。

国家知识产权局于 2005 年 4 月 29 日以本申请权利要求 2~4 不符合专利法第 22 条第 2 款的规定为由驳回了本申请。驳回决定所针对的权利要求书为：

"1. 氧化氮供体化合物在制备用于促进神经发生的方法的药物中的应用。

2. 促进神经发生的化合物，包括足以促进神经发生的有效剂量的氧化氮供体。

3. 包括包含在药物上可接受的载体中的氧化氮供体的神经发生促进剂。

4. 权利要求 3 中的神经发生促进剂，其中该氧化氮供体增强了组织中的氧化氮。

5. 权利要求 4 中的神经发生促进剂，其中该氧化氮供体是选自基本上由磷酸二酯酶抑制剂和 L-

精氨酸组成的组。

6. 氧化氮供体在制备用于增强神经元产生的药物中的应用,该药物在对需要这种增强作用的位点给药。

7. 氧化氮供体在制备用于提高神经功能的药物中的应用。

8. 氧化氮供体化合物在制备用于提高认知功能和神经功能的法的药物中的应用。"

驳回决定认为,对比文件1(US5385940,公开日为1995年1月31日)公开了一种化合物,该化合物也包含氧化氮供体(参见该对比文件1的第3栏第6~7段,第4栏第1~2段)。对于化合物本身的保护,功能限定不能作为两种化合物的区别特征。虽然权利要求2的化合物和对比文件1的化合物的功能不是完全相同,但是作为化合物本身是相同的,所以权利要求2不具有新颖性。同样道理,权利要求3~4所要求的保护范围也被对比文件1公开。因此,权利要求2~4不符合专利法第22条第2款的规定。

亨利福特保健系统公司(下称请求人)对上述驳回决定不服,于2005年8月15日向国家知识产权局专利复审委员会提出复审请求。请求人认为对比文件1公开了在中风前或中风后出现至多2小时给病人施用L-精氨酸;L-精氨酸是一种氧化氮底物,不是氧化氮供体;对比文件1不包括本发明的DETANONOate的药剂,也不包括许多别的氧化氮供体。对比文件1所提供的数据仅涉及用氧化氮底物治疗缺血性休克的模型,没有建议在施用氧化氮供体后出现或将会出现神经发生,而本发明权利要求涉及促进新神经元生长/神经发生的化合物。请求人在提出复审请求时提交了一份英文申明(下称附件1),该申明证明对比文件1的实验没有诱发神经发生。相反,根据本发明的技术方案,在给局部缺血的大鼠施用氧化氮供体后,出现神经发生。请求人还提出根据对比文件1及其发明人的其他出版物,在中风好几个小时或几天后,L-精氨酸不能有效治疗中风,这与本发明的证据截然相反。因此,对比文件1没有公开本申请请求保护的促进新神经生长或神经发生的化合物,本申请的权利要求具备新颖性,国家知识产权局驳回的理由不成立。

形式审查合格后,专利复审委员会受理了该复审请求,并于2005年9月8日向请求人发出《复审请求受理通知书》,随后将本申请案卷移交原审查部门进行前置审查。

原审查部门对本复审请求进行了前置审查,坚持原驳回决定。

专利复审委员会组成合议组,对本案的复审请求进行了审理。2006年9月22日,专利复审委员会向请求人发出《复审通知书》。《复审通知书》指出:(1)权利要求2要求保护促进神经发生的化合物,包括足以促进神经发生的有效剂量的氧化氮供体;根据本申请说明书和权利要求书可知,所述氧化氮供体是一类能够提供氧化氮或者促进氧化氮浓度增加的化合物,包括L-精氨酸等促进氧化氮浓度增加的化合物(参见本申请说明书第2页第31行至第3页第5行和权利要求5)。对比文件1公开了一氧化氮释放化合物,如L-精氨酸及其类似物(参见对比文件1第3栏6~7段和第4栏1~2段),可见L-精氨酸等一氧化氮释放化合物已经作为已知物质在对比文件1中公开,其能够促进一氧化氮浓度增加,破坏了包含L-精氨酸等促进氧化氮浓度增加的化合物的权利要求2的新颖性。请求人在复审理由中强调,对比文件1没有公开L-精氨酸作为氧化氮供体促进神经生长和发生的作用,不包括本发明的其他别的氧化氮供体。对此,合议组认为,L-精氨酸等释放一氧化氮的化合物作为本申请申请日前的已知物质已经在对比文件1中公开,并具有促进一氧化氮浓度增加的作用,所以,对比文件1公开的内容破坏了包含L-精氨酸等促进氧化氮浓度增加的化合物的权利要求2的新颖性。(2)对比文件1公开了L-精氨酸等释放一氧化氮的化合物,以及将释放一氧化氮的化合物用合适的添加剂制备成药学上可接受的制备物(参见对比文件1第3栏第6~7段和第4栏第1~2段),即公开了含有L-精氨酸等释放一氧化氮的化合物的药学上可接受的制备物,这些化合物被包括在权利要求3和4的神经发生促进剂中，对比文件1公开的内容破坏了权利要求3和4的新颖性。

针对《复审通知书》指出的问题，请求人于2007年1月16日提交了意见陈述书及经修改的权利要求书。请求人认为对比文件1公开在发生中风至多2小时后施用氧化氮供体化合物，该化合物仅能被用于改进血流，并由此减少局部缺血性损伤，其用途目的是"限制与中风有关的梗塞的范围"，而本申请权利要求中的化合物用于促进神经发生，是在中风后施用的。本申请权利要求讲述了氧化氮供体在制备用于中风后促进新神经增长的药物中的新用途，而对比文件1讲述了神经系统不能再生，因此本领域技术人员不会由对比文件1想到本发明的技术方案；修改后的权利要求具备新颖性和创造性。修改后的权利要求书如下：

"1. 氧化氮供体化合物在制备用于促进中风后神经发生的药物中的应用。

2. 促进神经发生的化合物，包括足以促进中风后神经发生的有效剂量的氧化氮供体。

3. 包括包含在药物上可接受的载体中的用于促进中风后神经发生的氧化氮供体的神经发生促进剂。

4. 权利要求3中的神经发生促进剂，其中该氧化氮供体增强了组织中的氧化氮。

5. 权利要求4中的神经发生促进剂，其中该氧化氮供体选自基本上由磷酸二酯酶抑制剂和L-精氨酸组成的组。

6. 氧化氮供体化合物在制备用于增强中风后神经元产生的药物中的应用，该药物在对中风后需要这种增强作用的位点给药。

7. 氧化氮供体化合物在制备用于提高中风后神经功能的药物中的应用。

8. 氧化氮供体化合物在制备用于提高中风后认知功能和神经功能的法的药物中的应用。"

至此，合议组认为本案事实清楚，可以作出审查决定。

二、决定的理由

1. 审查依据的文本

本复审请求审查决定以请求人于2007年1月16日提交的权利要求第1~8项，于2002年2月19日提交的说明书第1~7和9~19页，说明书附图第1~22页和说明书摘要，以及于2002年5月17日提交的说明书第8页为基础。

2. 关于专利法第22条第2款

专利法第22条第2款规定："新颖性，是指在申请日以前没有同样的发明或者实用新型在国内外出版物上公开发表过、在国内公开使用过或者以其他方式为公众所知，也没有同样的发明或者实用新型由他人向国务院专利行政部门提出过申请并且记载在申请日以后公布的专利申请文件中。"

根据该款规定，如果一项权利要求保护的范围包括了现有技术中公开的技术方案，则该权利要求相对于该现有技术不具备新颖性。同样，对于保护范围包含一系列化合物的权利要求来说，如果该系列化合物中的一种或多种具体化合物已经在申请日前的现有技术中被公开，则该权利要求不具备新颖性。

本案中，权利要求2要求保护促进神经发生的化合物，包括足以促进中风后神经发生的有效剂量的氧化氮供体。根据本申请说明书和权利要求书可知，所述氧化氮供体是一类能够提供氧化氮或者促进氧化氮浓度增加的化合物，包括L-精氨酸等促进氧化氮浓度增加的化合物（参见本申请说明书第2页第31行至第3页第5行和权利要求5）。对比文件1公开了释放一氧化氮的化合物，如L-精氨酸及其类似物（参见对比文件1第3栏6~7段和第4栏1~2段），可见L-精氨酸等释放一氧化氮的化合物已经作为已知物质在对比文件1中公开，其能够促进一氧化氮浓度增加，破坏了包含L-精氨酸等促进氧化氮浓度增加的化合物的权利要求2的新颖性。

请求人在其复审请求理由中以及答复《复审通知书》的意见陈述书中都强调对比文件1没有公开L-精氨酸作为氧化氮供体促进神经生长和发生的作用，也不包括本发明的其他别的氧化氮供体，而本申请权利要求中的化合物用于促进神经发生，具有用于中风后促进新神经增长的新用途。附件1证明了对比文件1的实验没有诱发神经发生。因此本申请的权利要求相对于对比文件1具备新颖性。

对此，合议组认为：(1) 根据审查指南有关化合物的新颖性的规定，专利申请要求保护一种化合物的，如果在一份对比文件里已经提到该化合物，即推定该化合物不具备新颖性（参见审查指南第二部分第十章第2～165页关于化合物的新颖性部分）。(2) 虽然本发明的技术内容涉及L-精氨酸等氧化氮供体具有促进中风后神经发生的用途，但是权利要求2请求保护的是促进神经发生的化合物本身，该化合物包括L-精氨酸等氧化氮供体。(3) 基于对比文件1记载的内容可知，L-精氨酸等释放一氧化氮的化合物作为已知物质已经在本申请优先权日前的现有技术中公开，且其具有促进一氧化氮浓度增加的作用。因此，就化合物本身而言，对比文件1公开的内容破坏了包含L-精氨酸等氧化氮供体的化合物的权利要求2的新颖性。

权利要求3和4要求保护神经发生促进剂，其包括包含在药物上可接受的载体中的用于促进中风后神经发生的氧化氮供体。所述用于促进中风后神经发生的氧化氮供体包括L-精氨酸等促进氧化氮浓度增加的化合物（参见本申请说明书第2页第31行至第3页第5行和权利要求5），权利要求3和4中包括在药物上可接受的载体中包含L-精氨酸等促进氧化氮浓度增加的化合物的技术方案。对比文件1公开了L-精氨酸等释放一氧化氮的化合物，以及将释放一氧化氮的化合物用合适的添加剂制备成药学上可接受的制备物（参见对比文件1第3栏6～7段和第4栏1～2段），即公开了包含在药学上可接受载体中的L-精氨酸等释放一氧化氮的化合物的制备物，其被包括在权利要求3和4的神经发生促进剂中，对比文件1公开的内容破坏了权利要求3和4的新颖性。因此，权利要求3和4不符合专利法第22条第2款的规定。

根据以上事实和理由，本案合议组作出如下审查决定。

三、决定

维持国家知识产权局于2005年4月29日对00811769.1号发明专利申请作出的驳回决定。

复审请求人对本决定不服的，可以根据专利法第41条第2款的规定，自收到本决定之日起三个月内向北京市第一中级人民法院起诉。

酯酶及其编码 DNA 和掺入此 DNA 的载体和宿主细胞

复审请求审查决定（第 12252 号）

决 定 号	第 12252 号
决 定 日	2007 年 12 月 7 日
发明创造名称	酯酶及其编码 DNA 和掺入此 DNA 的载体和宿主细胞
国际分类号	C12N 15/55，C12N 9/18，C12N 15/80，C12N 1/15，D06M 16/00，A23L 3/3571//（C12N 9/18，C12R 1：685）
复审请求人	金克克国际有限公司
申 请 号	97199664.4
优 先 权 日	1996 年 9 月 30 日
申 请 日	1997 年 9 月 29 日
公 开 日	2000 年 3 月 1 日
合 议 组 组 长	许 磊
主 审 员	郝建欣
参 审 员	卢 阳

法 律 依 据 专利法第 26 条第 4 款

决 定 要 点

权利要求书应当以说明书为依据，是指权利要求应当得到说明书的支持，即权利要求书中的每一项权利要求所要求保护的技术方案应当是所属技术领域的技术人员能够从说明书中公开的内容直接得到或者概括得出的技术方案，并且权利要求的范围不得超出说明书记载的内容。

一、案由

本复审请求涉及名称为"酯酶及其编码 DNA 和掺入此 DNA 的载体和宿主细胞"的 97199664.4 号发明专利申请（下称本申请），本申请的优先权日为 1996 年 9 月 30 日，申请日为 1997 年 9 月 29 日，公开日为 2000 年 3 月 1 日，申请人为金克克国际有限公司。

国家知识产权局于 2004 年 1 月 2 日以权利要求 7~15 不符合专利法第 26 条第 4 款的规定为由驳回了本申请。驳回决定所针对的权利要求 7~15 为：

"7. 分离编码具有酯酶活性的蛋白的 DNA 的方法，包括：

（a）制备包含来自植物、动物、真菌、酵母或细菌的原始 DNA 的片段的文库；

（b）在低严格条件下将所述原始 DNA 的文库与含有第二个 DNA 的探针混合以在所述 DNA 文库中的所述片段和所述探针之间发生杂交，其中所述探针包含对应于 SEQ ID NO：29 的 DNA 或其至少

100个核苷酸的部分,所述适于杂交的低严格条件包括用0.2×SSC/0.1% SDS的溶液在20℃下洗涤Sonthern印迹膜15分钟;

(c) 鉴别编码具有酯酶活性的蛋白的DNA。

8. 根据权利要求7所述的方法,其中所述的原始DNA来自丝状真菌。

9. 根据权利要求8所述的方法,其中所述的原始DNA来自曲霉属。

10. 根据权利要求7所述的方法,其中所述的适于杂交的条件包括进一步的洗涤步骤,包括用0.2×SSC/0.1% SDS溶液在37℃下再次洗涤Sonthern印迹膜30分钟。

11. 根据权利要求7所述的方法,其中所述探针包含对应于SEQ ID NO:29的含至少400个核苷酸的部分之DNA。

12. 按照权利要求7的方法分离的DNA。

13. 按照权利要求9的方法分离的DNA。

14. 按照权利要求10的方法分离的DNA。

15. 按照权利要求15的方法分离的DNA。"

驳回决定认为:权利要求7要求保护分离编码具有酯酶活性的蛋白的DNA的方法,但申请人仅证实SEQ ID NO:29的DNA编码的氨基酸序列具有酯酶活性,未能证实所有与SEQ ID NO:29序列杂交的序列均能编码具有酯酶活性的氨基酸序列,因此权利要求7不符合专利法第26条第4款的规定,同理,权利要求8~11和12~15也不符合专利法第26条第4款的规定。

申请人金克克国际有限公司(下称请求人)对上述驳回决定不服,于2004年4月19日向专利复审委员会提出复审请求,请求人在提出复审请求时没有提交新的专利申请文本。

请求人认为,国家知识产权局驳回的理由不成立,具体理由为:首先,权利要求7要求保护的方法包括制备包含来自植物、动物、真菌、酵母、细菌的原始DNA片段的文库,其是在该文库中进行杂交,得到的是来自这些生物体基因组的DNA,而不是任意的、不相关的DNA;其次,权利要求中涉及的步骤是常规实验技术,关键是使用了具有SEQ ID NO:29所示的序列或其部分序列的DNA作为探针进行杂交筛选,因此,得到的是文库中与SEQ ID NO:29有一定同源性的基因,具有不同功能的可能性小,鉴别容易,基因序列重复序列可能性小;第三,杂交筛选同源性序列是常用的、证明有效的克隆策略,没有理由认为不适合本发明,因此,根据说明书中关于SEQ ID NO:29序列及其他部分的内容,结合现有技术中有关基因克隆技术的教导,可以容易地实施权利要求7的技术方案,从不同物种中克隆出编码具有酯酶活性的蛋白质的基因,因此权利要求7符合专利法第26条第4款的规定,同理,权利要求8~15也得到了说明书的支持,符合专利法第26条第4款的规定。

形式审查合格后,专利复审委员会受理了该复审请求,并于2004年5月11日向请求人发出《复审请求受理通知书》,随后将本申请案卷移交原审查部门进行前置审查。

原审查部门对本复审请求进行了前置审查,坚持原驳回决定。

专利复审委员会组成合议组,对本案的复审请求进行了审理。于2007年7月2日向请求人发出《复审通知书》。该《复审通知书》指出,权利要求7中"包含"和"至少100个核苷酸的部分"的表述方式使其涵盖了过宽的保护范围,得不到说明书的支持,不符合专利法第26条第4款的规定,同理,权利要求8~11也不符合专利法第26条第4款的规定。此外,权利要求12中所采用的"低严格条件下"也使其保护范围过宽,得不到说明书支持,不符合专利法第26条第4款的规定,同理,权利要求13~15也不符合专利法第26条第4款的规定。

针对《复审通知书》指出的问题,请求人于2007年8月10日提交了意见陈述书及经修改的权利要求书全文替换页(共2页20项权利要求),其中删除了《复审通知书》针对的权利要求7~15,相应调节了其余权利要求的序号和引用关系。

经审查，合议组认为本案事实清楚，可以作出复审决定。

二、决定的理由

1. 决定所依据的文本：

请求人在于 2007 年 8 月 10 日提交的修改的权利要求书中，删除了驳回决定和《复审通知书》所针对文本的权利要求 7~15，除调整序号和引用关系外，对其余权利要求未作修改，因此，本复审决定是在请求人于 2007 年 8 月 10 日提交的权利要求 1~20 以及驳回决定所针对的说明书、说明书附图、序列表和说明书摘要及摘要附图的基础上作出的。

2. 关于专利法第 26 条第 4 款：

专利法第 26 条第 4 款规定，权利要求书应当以说明书为依据，说明要求专利保护的范围。

权利要求书应当以说明书为依据，是指权利要求应当得到说明书的支持，即权利要求书中的每一项权利要求所要求保护的技术方案应当是所属技术领域的技术人员能够从说明书中公开的内容直接得到或者概括得出的技术方案，并且权利要求的范围不得超出说明书记载的内容。

本案中，《复审通知书》及驳回决定所针对的权利要求 7~15 中涵盖了效果难以预先确定和评价的范围，得不到说明书支持，不符合专利法第 26 条第 4 款的规定。

对此，请求人于 2007 年 8 月 10 日提交了新的权利要求书，删除了《复审通知书》及驳回决定所针对的权利要求 7~15，因此克服了驳回决定和《复审通知书》中指出的权利要求 7~15 不符合专利法第 26 条第 4 款的缺陷。

根据以上事实和理由，本案合议组作出如下审查决定。

三、决定

撤销国家知识产权局于 2004 年 1 月 2 日对 97199664.4 号发明专利申请作出的驳回决定。由原审查部门在本决定所依据的文本的基础上继续进行审查。

复审请求人对本决定不服的，可以根据专利法第 41 条第 2 款的规定，自收到本决定之日起三个月内向北京市第一中级人民法院起诉。

编码甘油-3-磷酸酰基转移酶的 DNA 链

复审请求审查决定（第 12253 号）

决 定 号	第 12253 号
决 定 日	2007 年 12 月 7 日
发明创造名称	编码甘油-3-磷酸酰基转移酶的 DNA 链
国际分类号	C12N 15/00，C12N 9/10，A01H 5/00
复审请求人	麒麟麦酒株式会社
申 请 号	96196909.1
优 先 权 日	1995 年 7 月 27 日
申 请 日	1996 年 7 月 3 日
公 开 日	1998 年 10 月 14 日
合议组组长	许 磊
主 审 员	郝建欣
参 审 员	卢 阳
法 律 依 据	专利法第 33 条
决 定 要 点	

如果申请的内容增加、改变和/或删除其中的一部分，致使所属技术领域的技术人员看到的信息与原申请记载的信息不同，而且又不能从原申请记载的信息中直接地、毫无疑义地确定，那么这种修改不符合专利法 33 条的规定，是不允许的；反之，则是允许的。

一、案由

本复审请求涉及优先权日为 1995 年 7 月 27 日、申请日为 1996 年 7 月 3 日、公开日为 1998 年 10 月 14 日、名称为"编码甘油-3-磷酸酰基转移酶的 DNA 链"的 96196909.1 号发明专利申请（下称本申请），申请人为麒麟麦酒株式会社。

国家知识产权局于 2003 年 7 月 18 日以权利要求 1 不符合专利法第 33 条的规定为由驳回了本申请。

驳回决定所针对的权利要求 1 为：

"1. 一种 DNA 链，它能用于以生物工程学方法生产甘油-3-磷酸酰基转移酶，该 DNA 的核苷酸序列所编码的多肽具有甘油-3-磷酸酰基转移酶活性，所述 DNA 包括与（A）SEQ ID NO1、2、3、4 或 5 中所示的 Hind III 切割位点到 SacI 切割位点的第一核苷酸序列基本一致的核苷酸序列和与（B）SEQ ID NO.1、2、3、4 或 5 中所示的 Kpn I 切割位点到 EcoR I 切割位点的第二核苷酸序列基本上一致的核苷酸序列，所述多肽对油酰基-（酰基-载体-蛋白）的底物选择性比对棕榈酰基-（酰基-载体-蛋白）高。"

驳回决定认为，权利要求1中"所述DNA包括与（A）SEQ ID NO：1、2、3、4或5中所示的Hind III切割位点到SacI切割位点的第一核苷酸序列基本一致的核苷酸序列和……基本一致的核苷酸序列"在原申请文件中没有记载，并且SEQ ID NO：1~5的核苷酸长度为1104，从中找出如HindIII等切割位点并非显而易见的事，因此权利要求1不符合专利法第33条的规定。

申请人麒麟麦酒株式会社（下称请求人）对上述驳回决定不服，于2003年10月31日向专利复审委员会提出复审请求，请求人在提出复审请求时提交了权利要求书的全文替换页（共5项），及如下附件：

附件1：示出酶切位点的序列表（SEQ ID NO：1），复印件共3页；

附件2：Molecular Cloning，J. Sambrook等著，Cold Spring Harbor Laboratory Press，1989年，封面、目录第xvii、xviii页、第5.4、5.5、5.6页，复印件共6页。

请求人在提交的新权利要求书中对权利要求1进行了修改，对引用其的相应权利要求所引用的权利要求1的主题进行了适应性修改，此外，对除权利要求1外的其余权利要求未进行其他修改。修改后的权利要求1为：

"1. 一种嵌合DNA链，它能用于以生物工程学方法生产甘油-3-磷酸酰基转移酶，该DNA的核苷酸序列所编码的多肽具有甘油-3-磷酸酰基转移酶活性，所述DNA包括与（A）SEQ ID NO1、2、3、4或5中所示的Hind III切割位点到SacI切割位点的第一核苷酸序列基本一致的核苷酸序列和与（B）SEQ ID NO.1、2、3、4或5中所示的Kpn I切割位点到1104位点的第二核苷酸序列基本上一致的核苷酸序列，所述多肽对油酰基-（酰基-载体-蛋白）的底物选择性比对棕榈酰基-（酰基-载体-蛋白）高。"

请求人认为：本申请的嵌合DNA链编码的酶对不饱和脂肪酸具有高的底物特异性，说明书验证了PPQ，QPQ，Q（PQ）Q，证明中间1/3部分具有来自菠菜（P）的基因、中间部分的氨基端的一半对反应活性是重要的，将来自菠菜的基因置于中间部分而来自南瓜的基因置于C末端的组合是最佳的，位点1104对应于SEQ ID NO：1~5的端点，所述序列都具有Hind III、SacI和KpnI酶切位点，且分别只有一个所述识别位点，基于此，本发明的典型DNA链具有SEQ ID NO：1~5所示的序列，其中所述序列具有1104个核苷酸，编码图1中的PPQ、QPQ、Q（PQ）Q中的368个氨基酸残基，即序列（B）具有SEQ ID NO：1~5中的KpnI到1104位点的序列，因此对于序列（A）和序列（B）的组合以及限制性酶切位点HindIII、SacI、KpnI和C末端1104位点的定位，在说明书中有了充分的描述和公开，修改后的权利要求1得到了原始公开的说明书和权利要求书的充分支持，不存在超范围问题，因此驳回理由不成立。

形式审查合格后，专利复审委员会受理了该复审请求，并于2003年12月15日向请求人发出《复审请求受理通知书》，随后将本申请案卷移交原审查部门进行前置审查。

原审查部门对本复审请求进行了前置审查，坚持原驳回决定。

专利复审委员会组成合议组，对本复审请求案进行了审理。于2007年6月29日向请求人发出《复审通知书》。该《复审通知书》指出：（1）修改后的权利要求1的DNA是包括（A）序列和（B）序列的DNA，但原申请中仅记载了基本如SEQ ID NO：1~5所示的5条具体序列，并且其中的"基本"仅限于几个氨基酸发生缺失、替换、插入、添加的情况，并没有记载包含权利要求1中（A）和（B）两部分序列的DNA链，其也不能由原申请记载的信息直接得出，因此该修改不符合专利法第33条的规定。（2）请求人于2001年10月26日提交的附图2中将"Q（PQ）Q"修改为"P（PQ）P"

的修改也不符合专利法第33条的规定。

针对《复审通知书》指出的问题,请求人于2007年10月11日提交了意见陈述书及经修改的权利要求书全文替换页和说明书附图第2页的替换页。修改后的权利要求如下:

"1. 一种DNA链,它能用于以生物工程学方法生产甘油-3-磷酸酰基转移酶,该DNA包含编码具有甘油-3-磷酸酰基转移酶活性的多肽的核苷酸序列,所述多肽对油酰基-(酰基-载体-蛋白)的底物选择性比对棕榈酰基-(酰基-载体-蛋白)高,其中该DNA序列所编码的多肽具有SEQ ID NO:1、2、3、4或5中所示的氨基酸序列或SEQ ID NO:1、2、3、4或5中所示的氨基酸序列中一个或几个氨基酸残基发生了插入、缺失或取代的氨基酸序列。

2. 权利要求1的DNA链,其中该多肽具有与SEQ ID NO:1、2、3、4或5中所示氨基酸序列相同的序列。

3. 权利要求1或2的DNA链,其中该DNA具有SEQ ID NO:1、2、3、4或5中所示的核苷酸序列或其简并异构体。

4. 权利要求1的DNA链,其为链状或环状DNA链的形式。

5. 权利要求4的DNA链,其还包含启动子、编码翻译调节区域的DNA链、编码向叶绿体中转移肽的DNA链、翻译终止密码子、终止子或它们的任意组合。

6. 一种使植物的脂质中脂肪酸组成发生变化的方法,包括将权利要求1~3任一项的DNA导入植物细胞,使其在植物细胞中表达以产生甘油-3-磷酸酰基转移酶,从而使该植物中与脂质结合的脂肪酸中不饱和脂肪酸的含量相对原本的组成发生了变化。

7. 权利要求6的方法,其中不饱和脂肪酸的含量增加。"

除将《复审通知书》所指出的修改超范围的"Q(PQ)Q"修改回"P(PQ)P"之外,与原始提交的说明书附图第2页相比,请求人在提交的说明书附图第2页的替换页中还将"P(QP)P"改为"P(PQ)P"。

请求人认为其对权利要求1的修改依据为原始权利要求1和说明书第3页第26~28行,第4页第2~25行;新增的权利要求4和5的依据见说明书第4页第4~6行和第11~14行;同时,原始提交的附图第2页中"P(QP)P"为打字错误,应为"P(PQ)P",修改的依据为说明书第14页第30行,第15页第3行。

至此,合议组认为本案事实清楚,可以作出审查决定。

二、决定的理由

1. 决定所依据的文本

请求人于2007年10月11日提交了权利要求全文替换页和说明书附图第2页的替换页,并且请求人还曾于2001年10月26日提交了说明书第31页和34页的替换页,因此,本复审决定是在请求人于2007年10月11日提交的权利要求1~7、说明书附图第2页、本申请进入国家阶段时提交的国际申请文件的中文译文的说明书第1~6、8~30、32~33、35~36页、附图第1、3页和说明书摘要、依据专利合作条约第41条规定提交的说明书第7页、2001年10月26日提交的说明书第31、34页的文本的基础上作出的。

2. 关于专利法第33条

专利法第33条规定:申请人可以对其专利申请文件进行修改,但是,对发明和实用新型专利申请文件的修改不得超出原说明书和权利要求书记载的范围。

如果申请的内容增加、改变和/或删除其中的一部分,致使所属技术领域的技术人员看到的信息与原申请记载的信息不同,而且又不能从原申请记载的信息中直接地、毫无疑义地确定,那么这种修改不符合专利法33条的规定,是不允许的;反之,则是允许的。

在请求人于2007年10月11日提交的修改的权利要求书中,权利要求1被修改为"一种DNA链,它能用于以生物工程学方法生产甘油-3-磷酸酰基转移酶,该DNA包含编码具有甘油-3-磷酸酰基转移酶活性的多肽的核苷酸序列,所述多肽对油酰基-(酰基-载体-蛋白)的底物选择性比对棕榈酰基-(酰基-载体-蛋白)高,其中该DNA序列所编码的多肽具有SEQ ID NO:1、2、3、4或5中所示的氨基酸序列或SEQ ID NO:1、2、3、4或5中所示的氨基酸序列中一个或几个氨基酸残基发生了插入、缺失或取代的氨基酸序列",修改后的权利要求1的技术方案可以由原始提交的说明书第1页第17~27行、第2页第11~15行、第21~24行、第3页第26~28行、第4页第23~25行、第14页第29~31行、第19页第6~11行所记载的信息直接得出,因此修改后的权利要求1未超出原申请文件记载信息的范围,符合专利法第33条的规定。

在修改后的权利要求书中的权利要求2、3、6、7分别对应于原始提交的权利要求3、4、7、9,新增加的权利要求4和5可以从说明书第4页第4~18行记载的信息直接得出,因此也未超出原申请文件记载的范围。

请求人于2007年10月11日提交了附图第2页的替换页,与原始提交的附图第2页相比,请求人在其中除将复审通知书指出的修改超范围的"P(PQ)P"修改为原始申请文件中的"Q(PQ)Q"外,还将"P(QP)P"修改为"P(PQ)P",鉴于说明书第13页第9~25行所述的制备过程显示本发明所制备的是P(PQ)P,而且说明书中的相关部分(说明书第14页第30行,第15页第3行)中均是采用"P(PQ)P",通篇并未出现"P(QP)P",本领域技术人员据此可以认定"P(QP)P"为"P(PQ)P"的打字错误,且将其修改为"P(PQ)P"是所属技术领域技术人员从说明书整体及上下文能看出的唯一合理的正确答案,因此该修改是可以接受的修改,符合专利法第33条的规定。

因此,请求人于2007年10月11日提交的权利要求书及说明书附图第2页中所作的修改均符合专利法第33条的规定,克服了驳回决定和《复审通知书》中所指出的缺陷。

根据以上事实和理由,本案合议组作出如下审查决定。

三、决定

撤销国家知识产权局于2003年7月18日对96196909.1号发明专利申请作出的驳回决定。由原审查部门在本决定所依据的文本的基础上继续进行审查。

复审请求人对本决定不服的,可以根据专利法第41条第2款的规定,自收到本决定之日起三个月内向北京市第一中级人民法院起诉。

包含 HPV 抗原和应激蛋白或者其表达载体的组合物激发的抗 HPV 抗原免疫应答

复审请求审查决定（第 12255 号）

决 定 号	第 12255 号
决 定 日	2007 年 12 月 18 日
发明创造名称	包含 HPV 抗原和应激蛋白或者其表达载体的组合物激发的抗 HPV 抗原免疫应答
国际分类号	C12N 15/70，A61K 39/385，A61K 39/12，C07K 19/00，A61K 48/00
复审请求人	恩温塔生物制药学公司
申 请 号	98809121.6
优 先 权 日	1997 年 8 月 5 日
申 请 日	1998 年 3 月 20 日
公 开 日	2000 年 10 月 18 日
合议组组长	李金光
主 审 员	卢 阳
参 审 员	王 冬
法 律 依 据	专利法第 22 条第 3 款

决 定 要 点

判断发明是否具有突出的实质性特点，需要确定现有技术整体上是否存在使所属领域的技术人员在面对发明实际解决的技术问题时，有动机改进最接近的现有技术并获得要求保护的技术方案的技术启示，如果现有技术中不存在这种技术启示，则发明是非显而易见的，具有突出的实质性特点。

一、案由

本复审请求涉及名称为"包含 HPV 抗原和应激蛋白或者其表达载体的组合物激发的抗 HPV 抗原免疫应答"的第 98809121.6 号发明专利申请（下称本申请），申请人为恩温塔生物制药学公司（原申请人为斯特思吉生物技术公司，2007 年 7 月 27 日变更为现申请人），优先权日为 1997 年 8 月 5 日，申请日为 1998 年 3 月 20 日，公开日为 2000 年 10 月 18 日，本申请进入中国国家阶段日为 2000 年 3 月 15 日。

针对申请人于 2004 年 10 月 29 日提交的权利要求 1~144、本申请进入中国国家阶段时提交的说明书第 1~36 页、附图第 1~13 页、摘要及摘要附图，国家知识产权局于 2004 年 12 月 10 日以权利要求 1~144 不符合专利法第 22 条第 3 款的规定为由驳回了本申请。

具体的驳回理由为：对比文件（"Adjuvant-Free Hsp70 Fusion Protein System Elicits Humoral and Cellular Immune Responses to HIV-1 p24", Kimiko Suzue 和 Richard A. Young, The Journal of Immunology, 第156卷第2期, 1996年1月15日, 第873~879页）公开了不含佐剂的 HIV-1 p24-Hsp70 融合蛋白, 其可以引起小鼠体内抗 p24 的体液和细胞免疫反应（见对比文件的摘要、第877页右栏第4~22行、第878页右栏讨论部分的最后一段），其与权利要求1相比，区别仅在于权利要求1中与应激蛋白连接的抗原是 HPV 蛋白抗原。该区别技术特征所解决的技术问题就是引起受试体对 HPV 抗原蛋白的免疫反应。由于从该对比文件可以得到应激蛋白可以用来增强对所连接的其他蛋白抗原的体液和细胞免疫反应的启示，并且 HPV 和 HIV 都是病毒，因此，当本领域技术人员面临引起受试体对 HPV 抗原蛋白的免疫反应这一技术问题，显然会受该对比文件的启发而用 HPV 蛋白抗原替代 HIV-1 抗原，从而得出权利要求1的技术方案，因此权利要求1不具备创造性；在权利要求1不具备创造性的情况下，鉴于权利要求2~26的附加技术特征均被该对比文件公开，因此，权利要求2~26不具备创造性；由于得到权利要求27~144请求保护的包含所述融合蛋白的组合物、获得编码融合蛋白的核酸分子、构建包含融合蛋白的表达载体、转化包含表达载体的细胞、再由所述细胞中核酸的表达而制备融合蛋白，以及将所述融合蛋白用于制备可用于诱导针对人乳头瘤病毒抗原的免疫反应的药物均是本领域的公知技术手段，基于权利要求1~26的评述，权利要求27~144也不具有创造性。

驳回决定所针对的权利要求书如下：

"1. 一种包含人乳头瘤病毒抗原或其抗原性部分和应激蛋白的融合蛋白质，其中所述融合蛋白质在给予了该融合蛋白质的哺乳动物中可诱导针对人乳头瘤病毒抗原的免疫反应。

2. 权利要求1的融合蛋白质，其中人乳头瘤病毒抗原是全长人乳头瘤病毒抗原。

3. 权利要求1的融合蛋白质，其中人乳头瘤病毒抗原是人乳头瘤病毒抗原的非转化变体。

4. 权利要求1的融合蛋白质，其中应激蛋白是全长应激蛋白。

5. 权利要求1的融合蛋白质，其中人乳头瘤病毒抗原是 L1、L2、E1、E2、E4 或 E5 蛋白质。

6. 权利要求1的融合蛋白质，其中人乳头瘤病毒抗原是 E6 蛋白。

7. 权利要求6的融合蛋白质，其中应激蛋白是 Hsp60 或 Hsp70 应激蛋白。

8. 权利要求7的融合蛋白质，其中人乳头瘤病毒抗原是16型人乳头瘤病毒抗原。

9. 权利要求1的融合蛋白质，其中人乳头瘤病毒抗原是 E7 蛋白。

10. 权利要求9的融合蛋白质，其中应激蛋白是 Hsp60 或 Hsp70 应激蛋白。

11. 权利要求10的融合蛋白质，其中人乳头瘤病毒抗原是16型人乳头瘤病毒抗原。

12. 权利要求1的融合蛋白质，其中人乳头瘤病毒抗原包括 T 细胞表位。

13. 权利要求12的融合蛋白质，其中 T 细胞表位是 CTL 表位。

14. 权利要求12的融合蛋白质，其中 T 细胞表位是 T 辅助细胞表位。

15. 权利要求1的融合蛋白质，其中应激蛋白是哺乳动物应激蛋白。

16. 权利要求1的融合蛋白质，其中应激蛋白是细菌应激蛋白。

17. 权利要求1的融合蛋白质，其中应激蛋白是下述应激蛋白家族之一的成员：Hsp100-200；Hsp100；Hsp90；Lon；Hsp70；Hsp60；TF55；Hsp40；FKBP；亲环蛋白；Hsp20-30；ClpP；GrpE；Hsp10；泛素；钙联接蛋白或蛋白质二硫键异构酶。

18. 权利要求1的融合蛋白质，其中应激蛋白是分枝杆菌应激蛋白。

19. 权利要求18的融合蛋白质，其中应激蛋白是 Hsp65。

20. 权利要求19的融合蛋白质，其中应激蛋白是牛分枝杆菌（M. bovis）BCG Hsp65。

21. 权利要求 18 的融合蛋白质，其中应激蛋白是 Hsp70。
22. 权利要求 1 的融合蛋白质，其中免疫反应包含细胞介导的免疫反应。
23. 权利要求 22 的融合蛋白质，其中细胞介导的免疫反应是细胞介导的溶细胞免疫反应。
24. 权利要求 1 的融合蛋白质，其中免疫反应包含体液免疫反应。
25. 权利要求 1 的融合蛋白质，其包含牛分枝杆菌 BCG Hsp65 和来自 16 型人乳头瘤病毒的 E7 蛋白质。
26. 权利要求 1 的融合蛋白质，其由牛分枝杆菌 BCG Hsp65 和来自 16 型人乳头瘤病毒的 E7 蛋白质组成。
27. 一种组合物，其中包含权利要求 1~26 中任一项所述的融合蛋白质和医药上可接受的赋形剂、载体、稀释剂或运载体。
28. 权利要求 27 的组合物，该组合物中进一步包含佐剂或表面活性剂。
29. 一种核酸分子，其包含编码权利要求 1 融合蛋白质的序列。
30. 包含权利要求 29 的核酸分子的表达载体。
31. 权利要求 29 的核酸分子，其中人乳头瘤病毒抗原是全长人乳头瘤病毒抗原。
32. 权利要求 29 的核酸分子，其中人乳头瘤病毒抗原是人乳头瘤病毒抗原的非转化变体。
33. 权利要求 29 的核酸分子，其中应激蛋白是全长应激蛋白。
34. 权利要求 29 的核酸分子，其中人乳头瘤病毒蛋白质抗原是 L1、L2、E1、E2、E4 或 E5 蛋白质。
35. 权利要求 29 的核酸分子，其中人乳头瘤病毒抗原是 E6 蛋白。
36. 权利要求 35 的核酸分子，其中应激蛋白是 Hsp60 或 Hsp70 应激蛋白。
37. 权利要求 36 的核酸分子，其中人乳头瘤病毒抗原是 16 型人乳头瘤病毒抗原。
38. 权利要求 29 的核酸分子，其中人乳头瘤病毒抗原是 E7 蛋白。
39. 权利要求 38 的核酸分子，其中应激蛋白是 Hsp60 或 Hsp70 应激蛋白。
40. 权利要求 39 的核酸分子，其中人乳头瘤病毒抗原是 16 型人乳头瘤病毒抗原。
41. 权利要求 29 的核酸分子，其中人乳头瘤病毒抗原包括 T 细胞表位。
42. 权利要求 41 的核酸分子，其中 T 细胞表位是 CTL 表位。
43. 权利要求 41 的核酸分子，其中 T 细胞表位是 T 辅助细胞表位。
44. 权利要求 29 的核酸分子，其中应激蛋白是哺乳动物应激蛋白。
45. 权利要求 23 的核酸分子，其中应激蛋白是细菌应激蛋白。
46. 权利要求 29 的核酸分子，其中应激蛋白是下述应激蛋白家族之一的成员：Hsp100-200；Hsp100；Hsp90；Lon；Hsp70；Hsp60；TF55；Hsp40；FKBP；亲环蛋白；Hsp20-30；ClpP；GrpE；Hsp10；泛素；钙联接蛋白或蛋白质二硫键异构酶。
47. 权利要求 29 的核酸分子，其中应激蛋白是分枝杆菌应激蛋白。
48. 权利要求 47 的核酸分子，其中应激蛋白是 Hsp65。
49. 权利要求 48 的核酸分子，其中应激蛋白是牛分枝杆菌 BCG Hsp65。
50. 权利要求 29 的核酸分子，其中应激蛋白是 Hsp70。
51. 权利要求 29 的核酸分子，其中免疫反应包含细胞介导的免疫反应。
52. 权利要求 51 的核酸分子，其中细胞介导的免疫反应是细胞介导的溶细胞免疫反应。
53. 权利要求 29 的核酸分子，其中免疫反应包含体液免疫反应。
54. 权利要求 30 的表达载体，其中表达载体是腺病毒载体或腺伴随病毒载体。

55. 权利要求30的表达载体，其中表达载体是逆转录病毒载体。

56. 权利要求29的核酸分子，其包含编码融合蛋白质的序列，该融合蛋白质包含牛分枝杆菌BCG Hsp65和来自16型人乳头瘤病毒的E7蛋白质。

57. 权利要求29的核酸分子，其由编码融合蛋白质的序列组成，该融合蛋白质由牛分枝杆菌BCG Hsp65和来自16型人乳头瘤病毒的E7蛋白质组成。

58. 权利要求1~26中任一项的融合蛋白质在制备可用于诱导针对人乳头瘤病毒抗原的免疫反应的药物中的应用。

59. 权利要求30的表达载体在制备可用于诱导针对人乳头瘤病毒抗原的免疫反应的药物中的应用。

60. 权利要求58的融合蛋白质的应用，其中免疫反应包含细胞介导的免疫反应。

61. 权利要求60的融合蛋白质的应用，其中细胞介导的免疫反应是细胞介导的溶细胞免疫反应。

62. 权利要求58的融合蛋白质的应用，其中免疫反应包含体液免疫。

63. 权利要求1的融合蛋白质，其包含全长牛分枝杆菌BCG Hsp65蛋白质、组氨酸残基和来自16型人乳头瘤病毒的全长E7蛋白质，该组氨酸残基位于牛分枝杆菌BCG Hsp65蛋白质和E7蛋白质之间。

64. 权利要求63的融合蛋白质，其中牛分枝杆菌BCG Hsp65蛋白质位于融合蛋白质的氨基末端，而E7蛋白质位于融合蛋白质的羧基末端。

65. 权利要求1的融合蛋白质，其由全长牛分枝杆菌BCG Hsp65蛋白质、组氨酸残基和来自16型人乳头瘤病毒的全长E7蛋白质组成，该组氨酸残基位于牛分枝杆菌BCG Hsp65蛋白质和E7蛋白质之间。

66. 权利要求65的融合蛋白质，其中牛分枝杆菌BCG Hsp65蛋白质位于融合蛋白质的氨基末端，而E7蛋白质位于融合蛋白质的羧基末端。

67. 由质粒pET65C/E7-1N编码的融合蛋白质。

68. 权利要求27的组合物，其包含权利要求64的融合蛋白质和医药上可接受的赋形剂、载体、稀释剂或运载体。

69. 权利要求68的组合物，该组合物进一步包含佐剂或表面活性剂。

70. 权利要求27的组合物，其包含权利要求66的融合蛋白质和医药上可接受的赋形剂、载体、稀释剂或运载体。

71. 权利要求70的组合物，该组合物进一步包含佐剂或表面活性剂。

72. 权利要求27的组合物，其包含权利要求67的融合蛋白质和医药上可接受的赋形剂、载体、稀释剂或运载体。

73. 权利要求72的组合物，该组合物进一步包含佐剂或表面活性剂。

74. 权利要求29的核酸分子，其包含编码权利要求63的融合蛋白质的序列。

75. 权利要求29的核酸分子，其包含编码权利要求65的融合蛋白质的序列。

76. 权利要求29的核酸分子，其包含编码权利要求67的融合蛋白质的序列。

77. 权利要求30的表达载体，其包含权利要求74的核酸分子。

78. 权利要求77的表达载体，其中表达载体是腺病毒载体或腺伴随病毒载体。

79. 权利要求77的表达载体，其中表达载体是逆转录病毒载体。

80. 权利要求30的表达载体，其包含权利要求75的核酸分子。

81. 权利要求80的表达载体，其中表达载体是腺病毒载体或腺伴随病毒载体。

82. 权利要求 80 的表达载体，其中表达载体是逆转录病毒载体。

83. 权利要求 30 的表达载体，其包含权利要求 76 的核酸分子。

84. 权利要求 83 的表达载体，其中表达载体是腺病毒载体或腺伴随病毒载体。

85. 权利要求 83 的表达载体，其中表达载体是逆转录病毒载体。

86. 权利要求 63 的融合蛋白质在制备可用于诱导针对 E7 蛋白质的免疫反应的药物中的应用。

87. 权利要求 74 的核酸分子在制备可用于诱导针对 E7 蛋白质的免疫反应的药物中的应用。

88. 权利要求 86 的应用，其中免疫反应包含细胞介导的免疫反应。

89. 权利要求 88 的应用，其中细胞介导的免疫反应是细胞介导的溶细胞免疫反应。

90. 权利要求 86 的应用，其中免疫反应包含体液免疫。

91. 权利要求 65 的融合蛋白质在制备可用于诱导针对 E7 蛋白质的免疫反应的药物中的应用。

92. 权利要求 75 的核酸分子在制备可用于诱导针对 E7 蛋白质的免疫反应的药物中的应用。

93. 权利要求 91 的应用，其中免疫反应包含细胞介导的免疫反应。

94. 权利要求 93 的应用，其中细胞介导的免疫反应是细胞介导的溶细胞免疫反应。

95. 权利要求 91 的应用，其中免疫反应包含体液免疫。

96. 权利要求 67 的融合蛋白质在制备可用于诱导针对 E7 蛋白质的免疫反应的药物中的应用。

97. 权利要求 76 的核酸分子在制备可用于诱导针对 E7 蛋白质的免疫反应的药物中的应用。

98. 权利要求 96 的应用，其中免疫反应包含细胞介导的免疫反应。

99. 权利要求 98 的应用，其中细胞介导的免疫反应是细胞介导的溶细胞免疫反应。

100. 权利要求 96 的应用，其中免疫反应包含体液免疫。

101. 权利要求 1 的融合蛋白质，其包含牛分枝杆菌 BCG Hsp65 和来自 16 型人乳头瘤病毒的 E6 蛋白质。

102. 权利要求 1 的融合蛋白质，其由牛分枝杆菌 BCG Hsp65 和来自 16 型人乳头瘤病毒的 E6 蛋白质组成。

103. 权利要求 29 的核酸分子，其包含编码融合蛋白质的序列，该融合蛋白质包含牛分枝杆菌 BCG Hsp65 和来自 16 型人乳头瘤病毒的 E6 蛋白质。

104. 权利要求 29 的核酸分子，其由编码融合蛋白质的序列组成，该融合蛋白质由牛分枝杆菌 BCG Hsp65 和来自 16 型人乳头瘤病毒的 E6 蛋白质组成。

105. 一种包含表达载体的细胞，该表达载体包含编码融合蛋白质的核酸序列，该融合蛋白质包含人乳头瘤病毒抗原或其抗原性部分及应激蛋白或其部分，其中融合蛋白质在给予了该融合蛋白质的哺乳动物中可诱导针对人乳头瘤病毒抗原的免疫反应。

106. 权利要求 105 的细胞，其中人乳头瘤病毒抗原是全长人乳头瘤病毒抗原。

107. 权利要求 105 的细胞，其中人乳头瘤病毒抗原是人乳头瘤病毒抗原的非转化变体。

108. 权利要求 105 的细胞，其中应激蛋白是全长应激蛋白。

109. 权利要求 105 的细胞，其中人乳头瘤病毒抗原是 L1、L2、E1、E2、E4 或 E5 蛋白质。

110. 权利要求 105 的细胞，其中人乳头瘤病毒抗原是 E6 蛋白。

111. 权利要求 110 的细胞，其中应激蛋白是 Hsp60 或 Hsp70 应激蛋白。

112. 权利要求 111 的细胞，其中人乳头瘤病毒抗原是 16 型人乳头瘤病毒抗原。

113. 权利要求 105 的细胞，其中人乳头瘤病毒抗原是 E7 蛋白。

114. 权利要求 113 的细胞，其中应激蛋白是 Hsp60 或 Hsp70 应激蛋白。

115. 权利要求 114 的细胞，其中人乳头瘤病毒抗原是 16 型人乳头瘤病毒抗原。

116. 权利要求 105 的细胞,其中人乳头瘤病毒抗原包括 T 细胞表位。

117. 权利要求 116 的细胞,其中 T 细胞表位是 CTL 表位。

118. 权利要求 116 的细胞,其中 T 细胞表位是 T 辅助细胞表位。

119. 权利要求 105 的细胞,其中应激蛋白是哺乳动物应激蛋白。

120. 权利要求 105 的细胞,其中应激蛋白是细菌应激蛋白。

121. 权利要求 105 的细胞,其中应激蛋白是下述应激蛋白家族之一的成员:Hsp100-200;Hsp100;Hsp90;Lon;Hsp70;Hsp60;TF55;Hsp40;FKBP;亲环蛋白;Hsp20-30;ClpP;GrpE;Hsp10;泛素;钙连接蛋白或蛋白质二硫键异构酶。

122. 权利要求 105 的细胞,其中应激蛋白是分枝杆菌应激蛋白。

123. 权利要求 122 的细胞,其中分枝杆菌应激蛋白是 Hsp65。

124. 权利要求 123 的细胞,其中分枝杆菌应激蛋白是牛分枝杆菌 BCG Hsp65。

125. 权利要求 122 的细胞,其中分枝杆菌应激蛋白是 Hsp70。

126. 权利要求 105 的细胞,其中免疫反应包含细胞介导的免疫反应。

127. 权利要求 126 的细胞,其中细胞介导的免疫反应是细胞介导的溶细胞免疫反应。

128. 权利要求 105 的细胞,其中免疫反应包含体液免疫反应。

129. 权利要求 105 的细胞,其中融合蛋白质包含牛分枝杆菌 BCG Hsp65 和来自 16 型人乳头瘤病毒的 E7 蛋白质。

130. 权利要求 129 的细胞,其中融合蛋白质由牛分枝杆菌 BCG Hsp65 和来自 16 型人乳头瘤病毒的 E7 蛋白质组成。

131. 一种制备融合蛋白质的方法,该方法包含:

(a) 提供权利要求 105 的细胞,和

(b) 在允许该核酸表达的条件下培养细胞。

132. 权利要求 105 的细胞,其中该细胞包含的所述表达载体包含编码融合蛋白质的核酸序列,该融合蛋白质包含全长牛分枝杆菌 BCG Hsp65 蛋白质、组氨酸残基和来自 16 型人乳头瘤病毒的全长 E7 蛋白质,其中所述组氨酸残基位于牛分枝杆菌 BCG Hsp65 蛋白质和 E7 蛋白质之间。

133. 权利要求 132 的细胞,其中牛分枝杆菌 BCG Hsp65 蛋白质位于融合蛋白质的氨基末端,而 E7 蛋白质位于融合蛋白质的羧基末端。

134. 权利要求 132 的细胞,其中融合蛋白质由全长牛分枝杆菌 BCG Hsp65 蛋白质、组氨酸残基和来自 16 型人乳头瘤病毒的全长 E7 蛋白质组成。

135. 权利要求 134 的细胞,其中牛分枝杆菌 BCG Hsp65 蛋白质位于融合蛋白质的氨基末端,而 E7 蛋白质位于融合蛋白质的羧基末端。

136. 权利要求 105 的细胞,其中该细胞包含质粒 pET65C/E7-1N。

137. 权利要求 131 的方法,该方法包含:

(a) 提供权利要求 132 的细胞,和

(b) 在允许该融合蛋白质表达的条件下培养细胞。

138. 权利要求 131 的方法,该方法包含:

(a) 提供权利要求 134 的细胞,和

(b) 在允许该融合蛋白质表达的条件下培养细胞。

139. 权利要求 131 的方法,该方法包含:

(a) 提供权利要求 136 的细胞,和

(b) 在允许该融合蛋白质表达的条件下培养细胞。

140. 权利要求 105 的细胞,其中表达载体进一步包含编码寡聚组氨酸标记的核酸序列。

141. 权利要求 105 的细胞,其中细胞是细菌细胞。

142. 权利要求 141 的细胞,其中细菌细胞是大肠杆菌(E. coli)。

143. 权利要求 105 的细胞,其中融合蛋白质包含牛分枝杆菌 BCG Hsp65 和来自 16 型人乳头瘤病毒的 E6 蛋白质。

144. 权利要求 143 的细胞,其中融合蛋白质由牛分枝杆菌 BCG Hsp65 和来自 16 型人乳头瘤病毒的 E6 蛋白质组成。"

申请人(下称请求人)对上述驳回决定不服,于 2005 年 3 月 25 日向专利复审委员会提出复审请求,同时提交了如下附件:

附件 1:"Induction of HIV-Specific Cytotoxic T Lymphocytes In Vivo With Hybrid HIV-1 V3:Ty-Virus-Like Particles",Guy T. Layton 等人,The Journal of Immunology,第 151 卷第 2 期,1993 年 7 月 15 日,第 1097~1107 页。

请求人认为:本发明的融合蛋白引发的 CTL 应答对于本发明申请时的现有技术构成了意外的有益效果,本申请实施例 7 表明在未用佐剂的情况下,用本申请要求保护的融合蛋白免疫动物,引发了 CTL 应答。该效果未在该对比文件中提及,且如附件 1 所示,本领域普通技术人员都承认在没有特殊佐剂时,使用蛋白或多肽很难引发 CTL 应答。由此可见,本发明要求保护的融合蛋白可产生 CTL 应答属于意外的效果,因此,本发明具有创造性。

形式审查合格后,专利复审委员会受理了该复审请求,并于 2005 年 5 月 18 日向请求人发出《复审请求受理通知书》,随后将本申请案卷移交原审查部门进行前置审查。

原审查部门对本复审请求进行了前置审查,认为 Hsp70 与一种或多种肽组合使用引起 CTL 应答,即 Hsp70 可以作为佐剂引起 CTL 应答是本领域的公知常识,因此本申请中 Hsp70 就是佐剂,由于 Hsp70 的作用引起 CTL 应答也是本领域技术人员可以预料到的,因此坚持驳回决定。

专利复审委员会组成合议组,对本复审请求案进行了审理,并于 2007 年 6 月 13 日向请求人发出《复审通知书》,指出:权利要求 1 所要求保护的包含人乳头瘤病毒抗原或其抗原性部分和应激蛋白的融合蛋白质与驳回理由中引用的对比文件中公开的 HIV-1 p24-Hsp70 融合蛋白相比,区别仅在于权利要求 1 中与应激蛋白连接的抗原是 HPV 蛋白抗原,该区别技术特征所解决的技术问题是通过将应激蛋白与 HPV 蛋白抗原或其抗原性部分连接引起受试体对 HPV 抗原蛋白的免疫反应。而该对比文件中给出了"分枝杆菌 Hsp70 的抗原性质可以用来增强对其他所连接的蛋白抗原的体液和细胞免疫反应"(见对比文件第 878 页右栏最后一段)的技术启示,根据该技术启示,本领域技术人员在面临引起受试体对 HPV 抗原蛋白的免疫反应这一技术问题时,有动机用 HPV 蛋白抗原替代 HIV-1 抗原,得出权利要求 1 的技术方案,因此,权利要求 1 的技术方案相对于该对比文件而言是显而易见的,不具备专利法第 22 条第 3 款规定的创造性;在权利要求 1 不具备创造性的情况下,鉴于权利要求 2~144 中的技术特征均被对比文件公开或属于公知常识,因此,权利要求 2~144 也不符合专利法第 22 条第 3 款的规定。

请求人于 2007 年 9 月 28 日提交了意见陈述书和权利要求书全文替换页(共 126 项),修改后的权利要求书如下:

"1. 一种包含人乳头瘤病毒抗原或其抗原性部分和应激蛋白的融合蛋白质,其中所述人乳头瘤病毒抗原是 E6 蛋白质或 E7 蛋白质,应激蛋白是 Hsp60,并且所述融合蛋白质在给予了该融合蛋白质的哺乳动物中可诱导针对人乳头瘤病毒抗原的免疫反应。

2. 权利要求1的融合蛋白质,其中人乳头瘤病毒抗原是全长人乳头瘤病毒抗原。
3. 权利要求1的融合蛋白质,其中人乳头瘤病毒抗原是人乳头瘤病毒抗原的非转化变体。
4. 权利要求1的融合蛋白质,其中应激蛋白是全长应激蛋白。
5. 权利要求1的融合蛋白质,其中人乳头瘤病毒抗原是E6蛋白。
6. 权利要求1的融合蛋白质,其中人乳头瘤病毒抗原是16型人乳头瘤病毒抗原。
7. 权利要求1的融合蛋白质,其中人乳头瘤病毒抗原是E7蛋白。
8. 权利要求1的融合蛋白质,其中人乳头瘤病毒抗原或其抗原性部分包括T细胞表位。
9. 权利要求8的融合蛋白质,其中T细胞表位是CTL表位。
10. 权利要求8的融合蛋白质,其中T细胞表位是T辅助细胞表位。
11. 权利要求1的融合蛋白质,其中应激蛋白是哺乳动物应激蛋白。
12. 权利要求1的融合蛋白质,其中应激蛋白是细菌应激蛋白。
13. 权利要求1的融合蛋白质,其中应激蛋白是分枝杆菌应激蛋白。
14. 权利要求13的融合蛋白质,其中应激蛋白是Hsp65。
15. 权利要求14的融合蛋白质,其中应激蛋白是牛分枝杆菌(M. bovis)BCG Hsp65。
16. 权利要求1的融合蛋白质,其中免疫反应包含细胞介导的免疫反应。
17. 权利要求16的融合蛋白质,其中细胞介导的免疫反应是细胞介导的溶细胞免疫反应。
18. 权利要求1的融合蛋白质,其中免疫反应包含体液免疫反应。
19. 权利要求1的融合蛋白质,其包含牛分枝杆菌BCG Hsp65和来自16型人乳头瘤病毒的E7蛋白质。
20. 权利要求1的融合蛋白质,其由牛分枝杆菌BCG Hsp65和来自16型人乳头瘤病毒的E7蛋白质组成。
21. 一种组合物,其中包含权利要求1~20中任一项所述的融合蛋白质和医药上可接受的赋形剂、载体、稀释剂或运载体。
22. 权利要求21的组合物,该组合物中进一步包含佐剂或表面活性剂。
23. 一种核酸分子,其包含编码权利要求1融合蛋白质的序列。
24. 包含权利要求23的核酸分子的表达载体。
25. 权利要求23的核酸分子,其中人乳头瘤病毒抗原是全长人乳头瘤病毒抗原。
26. 权利要求23的核酸分子,其中人乳头瘤病毒抗原是人乳头瘤病毒抗原的非转化变体。
27. 权利要求23的核酸分子,其中应激蛋白是全长应激蛋白。
28. 权利要求23的核酸分子,其中人乳头瘤病毒抗原是E6蛋白。
29. 权利要求23的核酸分子,其中人乳头瘤病毒抗原是E7蛋白。
30. 权利要求23的核酸分子,其中人乳头瘤病毒抗原包括T细胞表位。
31. 权利要求30的核酸分子,其中T细胞表位是CTL表位。
32. 权利要求30的核酸分子,其中T细胞表位是T辅助细胞表位。
33. 权利要求23的核酸分子,其中应激蛋白是哺乳动物应激蛋白。
34. 权利要求23的核酸分子,其中应激蛋白是细菌应激蛋白。
35. 权利要求23的核酸分子,其中应激蛋白是分枝杆菌应激蛋白。
36. 权利要求35的核酸分子,其中应激蛋白是Hsp65。
37. 权利要求36的核酸分子,其中应激蛋白是牛分枝杆菌BCG Hsp65。
38. 权利要求23的核酸分子,其中免疫反应包含细胞介导的免疫反应。

39. 权利要求 38 的核酸分子，其中细胞介导的免疫反应是细胞介导的溶细胞免疫反应。

40. 权利要求 23 的核酸分子，其中免疫反应包含体液免疫反应。

41. 权利要求 24 的表达载体，其中表达载体是腺病毒载体或腺伴随病毒载体。

42. 权利要求 24 的表达载体，其中表达载体是逆转录病毒载体。

43. 权利要求 23 的核酸分子，其包含编码融合蛋白质的序列，该融合蛋白质包含牛分枝杆菌 BCG Hsp65 和来自 16 型人乳头瘤病毒的 E7 蛋白质。

44. 权利要求 23 的核酸分子，其由编码融合蛋白质的序列组成，该融合蛋白质由牛分枝杆菌 BCG Hsp65 和来自 16 型人乳头瘤病毒的 E7 蛋白质组成。

45. 权利要求 1~20 中任一项的融合蛋白质在制备可用于诱导针对人乳头瘤病毒抗原的免疫反应的药物中的应用。

46. 权利要求 24 的表达载体在制备可用于诱导针对人乳头瘤病毒抗原的免疫反应的药物中的应用。

47. 权利要求 45 的融合蛋白质的应用，其中免疫反应包含细胞介导的免疫反应。

48. 权利要求 47 的融合蛋白质的应用，其中细胞介导的免疫反应是细胞介导的溶细胞免疫反应。

49. 权利要求 45 的融合蛋白质的应用，其中免疫反应包含体液免疫。

50. 权利要求 1 的融合蛋白质，其包含全长牛分枝杆菌 BCG Hsp65 蛋白质、组氨酸残基和来自 16 型人乳头瘤病毒的全长 E7 蛋白质，该组氨酸残基位于牛分枝杆菌 BCG Hsp65 蛋白质和 E7 蛋白质之间。

51. 权利要求 50 的融合蛋白质，其中牛分枝杆菌 BCG Hsp65 蛋白质位于融合蛋白质的氨基末端，而 E7 蛋白质位于融合蛋白质的羧基末端。

52. 权利要求 1 的融合蛋白质，其由全长牛分枝杆菌 BCG Hsp65 蛋白质、组氨酸残基和来自 16 型人乳头瘤病毒的全长 E7 蛋白质组成，该组氨酸残基位于牛分枝杆菌 BCG Hsp65 蛋白质和 E7 蛋白质之间。

53. 权利要求 52 的融合蛋白质，其中牛分枝杆菌 BCG Hsp65 蛋白质位于融合蛋白质的氨基末端，而 E7 蛋白质位于融合蛋白质的羧基末端。

54. 由质粒 pET65C/E7-1N 编码的融合蛋白质。

55. 权利要求 21 的组合物，其包含权利要求 51 的融合蛋白质和医药上可接受的赋形剂、载体、稀释剂或运载体。

56. 权利要求 55 的组合物，该组合物进一步包含佐剂或表面活性剂。

57. 权利要求 21 的组合物，其包含权利要求 53 的融合蛋白质和医药上可接受的赋形剂、载体、稀释剂或运载体。

58. 权利要求 57 的组合物，该组合物进一步包含佐剂或表面活性剂。

59. 权利要求 21 的组合物，其包含权利要求 54 的融合蛋白质和医药上可接受的赋形剂、载体、稀释剂或运载体。

60. 权利要求 59 的组合物，该组合物进一步包含佐剂或表面活性剂。

61. 权利要求 23 的核酸分子，其包含编码权利要求 50 的融合蛋白质的序列。

62. 权利要求 23 的核酸分子，其包含编码权利要求 52 的融合蛋白质的序列。

63. 权利要求 23 的核酸分子，其包含编码权利要求 54 的融合蛋白质的序列。

64. 权利要求 24 的表达载体，其包含权利要求 61 的核酸分子。

65. 权利要求 64 的表达载体，其中表达载体是腺病毒载体或腺伴随病毒载体。

66. 权利要求 64 的表达载体,其中表达载体是逆转录病毒载体。

67. 权利要求 24 的表达载体,其包含权利要求 62 的核酸分子。

68. 权利要求 67 的表达载体,其中表达载体是腺病毒载体或腺伴随病毒载体。

69. 权利要求 67 的表达载体,其中表达载体是逆转录病毒载体。

70. 权利要求 24 的表达载体,其包含权利要求 63 的核酸分子。

71. 权利要求 70 的表达载体,其中表达载体是腺病毒载体或腺伴随病毒载体。

72. 权利要求 70 的表达载体,其中表达载体是逆转录病毒载体。

73. 权利要求 50 的融合蛋白质在制备可用于诱导针对 E7 蛋白质的免疫反应的药物中的应用。

74. 权利要求 61 的核酸分子在制备可用于诱导针对 E7 蛋白质的免疫反应的药物中的应用。

75. 权利要求 73 的应用,其中免疫反应包含细胞介导的免疫反应。

76. 权利要求 75 的应用,其中细胞介导的免疫反应是细胞介导的溶细胞免疫反应。

77. 权利要求 73 的应用,其中免疫反应包含体液免疫。

78. 权利要求 52 的融合蛋白质在制备可用于诱导针对 E7 蛋白质的免疫反应的药物中的应用。

79. 权利要求 62 的核酸分子在制备可用于诱导针对 E7 蛋白质的免疫反应的药物中的应用。

80. 权利要求 78 的应用,其中免疫反应包含细胞介导的免疫反应。

81. 权利要求 80 的应用,其中细胞介导的免疫反应是细胞介导的溶细胞免疫反应。

82. 权利要求 78 的应用,其中免疫反应包含体液免疫。

83. 权利要求 54 的融合蛋白质在制备可用于诱导针对 E7 蛋白质的免疫反应的药物中的应用。

84. 权利要求 63 的核酸分子在制备可用于诱导针对 E7 蛋白质的免疫反应的药物中的应用。

85. 权利要求 83 的应用,其中免疫反应包含细胞介导的免疫反应。

86. 权利要求 85 的应用,其中细胞介导的免疫反应是细胞介导的溶细胞免疫反应。

87. 权利要求 83 的应用,其中免疫反应包含体液免疫。

88. 权利要求 1 的融合蛋白质,其包含牛分枝杆菌 BCG Hsp65 和来自 16 型人乳头瘤病毒的 E6 蛋白质。

89. 权利要求 1 的融合蛋白质,其由牛分枝杆菌 BCG Hsp65 和来自 16 型人乳头瘤病毒的 E6 蛋白质组成。

90. 权利要求 23 的核酸分子,其包含编码融合蛋白质的序列,该融合蛋白质包含牛分枝杆菌 BCG Hsp65 和来自 16 型人乳头瘤病毒的 E6 蛋白质。

91. 权利要求 23 的核酸分子,其由编码融合蛋白质的序列组成,该融合蛋白质由牛分枝杆菌 BCG Hsp65 和来自 16 型人乳头瘤病毒的 E6 蛋白质组成。

92. 一种包含表达载体的细胞,该表达载体包含编码融合蛋白质的核酸序列,该融合蛋白质包含人乳头瘤病毒抗原或其抗原性部分及应激蛋白或其部分,其中所述人乳头瘤病毒抗原是 E6 蛋白质或 E7 蛋白质,应激蛋白是 Hsp60,并且融合蛋白质在给予了该融合蛋白质的哺乳动物中可诱导针对人乳头瘤病毒抗原的免疫反应。

93. 权利要求 92 的细胞,其中人乳头瘤病毒抗原是全长人乳头瘤病毒抗原。

94. 权利要求 92 的细胞,其中人乳头瘤病毒抗原是人乳头瘤病毒抗原的非转化变体。

95. 权利要求 92 的细胞,其中应激蛋白是全长应激蛋白。

96. 权利要求 92 的细胞,其中人乳头瘤病毒抗原是 E6 蛋白。

97. 权利要求 96 的细胞,其中人乳头瘤病毒抗原是 16 型人乳头瘤病毒抗原。

98. 权利要求 92 的细胞,其中人乳头瘤病毒抗原是 E7 蛋白。

99. 权利要求 98 的细胞，其中人乳头瘤病毒抗原是 16 型人乳头瘤病毒抗原。

100. 权利要求 92 的细胞，其中人乳头瘤病毒抗原包括 T 细胞表位。

101. 权利要求 100 的细胞，其中 T 细胞表位是 CTL 表位。

102. 权利要求 100 的细胞，其中 T 细胞表位是 T 辅助细胞表位。

103. 权利要求 92 的细胞，其中应激蛋白是哺乳动物应激蛋白。

104. 权利要求 92 的细胞，其中应激蛋白是细菌应激蛋白。

105. 权利要求 92 的细胞，其中应激蛋白是分枝杆菌应激蛋白。

106. 权利要求 105 的细胞，其中分枝杆菌应激蛋白是 Hsp65。

107. 权利要求 106 的细胞，其中分枝杆菌应激蛋白是牛分枝杆菌 BCG Hsp65。

108. 权利要求 92 的细胞，其中免疫反应包含细胞介导的免疫反应。

109. 权利要求 108 的细胞，其中细胞介导的免疫反应是细胞介导的溶细胞免疫反应。

110. 权利要求 92 的细胞，其中免疫反应包含体液免疫反应。

111. 权利要求 92 的细胞，其中融合蛋白质包含牛分枝杆菌 BCG Hsp65 和来自 16 型人乳头瘤病毒的 E7 蛋白质。

112. 权利要求 111 的细胞，其中融合蛋白质由牛分枝杆菌 BCG Hsp65 和来自 16 型人乳头瘤病毒的 E7 蛋白质组成。

113. 一种制备融合蛋白质的方法，该方法包含：
（a）提供权利要求 92 的细胞，和
（b）在允许该核酸表达的条件下培养细胞。

114. 权利要求 92 的细胞，其中该细胞包含的所述表达载体包含编码融合蛋白质的核酸序列，该融合蛋白质包含全长牛分枝杆菌 BCG Hsp65 蛋白质、组氨酸残基和来自 16 型人乳头瘤病毒的全长 E7 蛋白质，其中所述组氨酸残基位于牛分枝杆菌 BCG Hsp65 蛋白质和 E7 蛋白质之间。

115. 权利要求 114 的细胞，其中牛分枝杆菌 BCG Hsp65 蛋白质位于融合蛋白质的氨基末端，而 E7 蛋白质位于融合蛋白质的羧基末端。

116. 权利要求 114 的细胞，其中融合蛋白质由全长牛分枝杆菌 BCG Hsp65 蛋白质、组氨酸残基和来自 16 型人乳头瘤病毒的全长 E7 蛋白质组成。

117. 权利要求 116 的细胞，其中牛分枝杆菌 BCG Hsp65 蛋白质位于融合蛋白质的氨基末端，而 E7 蛋白质位于融合蛋白质的羧基末端。

118. 权利要求 92 的细胞，其中该细胞包含质粒 pET65C/E7-1N。

119. 权利要求 113 的方法，该方法包含：
（a）提供权利要求 114 的细胞，和
（b）在允许该融合蛋白质表达的条件下培养细胞。

120. 权利要求 113 的方法，该方法包含：
（a）提供权利要求 116 的细胞，和
（b）在允许该融合蛋白质表达的条件下培养细胞。

121. 权利要求 113 的方法，该方法包含：
（a）提供权利要求 118 的细胞，和
（b）在允许该融合蛋白质表达的条件下培养细胞。

122. 权利要求 92 的细胞，其中表达载体进一步包含编码寡聚组氨酸标记的核酸序列。

123. 权利要求 92 的细胞，其中细胞是细菌细胞。

124. 权利要求 123 的细胞，其中细菌细胞是大肠杆菌（E. coli）。

125. 权利要求 92 的细胞，其中融合蛋白质包含牛分枝杆菌 BCG Hsp65 和来自 16 型人乳头瘤病毒的 E6 蛋白质。

126. 权利要求 125 的细胞，其中融合蛋白质由牛分枝杆菌 BCG Hsp65 和来自 16 型人乳头瘤病毒的 E6 蛋白质组成。"

请求人认为：（1）本发明涉及的是 Hsp60，而对比文件中仅涉及 Hsp70，没有任何理由认为 Hsp 之间可以相互替代而取得类似的效果；（2）对比文件中教导了 Hsp70 可用于引发针对连接的分子的免疫应答，但没有教导 Hsp70 可用于引发针对任何连接的分子的免疫应答；（3）没有证据表明现有技术中存在 Hsp 与抗原的融合蛋白可激发 CTL 应答的教导，因此，本发明的融合蛋白可以引发细胞介导的细胞毒性免疫应答是一个显著的进步；（4）本领域中认为在"没有特殊佐剂时，使用单纯蛋白或多肽很难引发 CTL"，而本发明的融合蛋白就是单纯蛋白。

至此，合议组认为本案事实已经清楚，可以作出审查决定。

二、决定的理由

1. 审查文本的认定

请求人于 2007 年 9 月 28 日提交的权利要求书中所作的修改符合专利法第 33 条的规定。因此，本复审决定依据的审查文本为：请求人于 2007 年 9 月 28 日提交的权利要求 1～126，2000 年 3 月 15 日本申请进入中国国家阶段时提交的说明书第 1～36 页、附图第 1～13 页、说明书摘要及摘要附图。

2. 关于专利法第 22 条第 3 款

专利法第 22 条第 3 款的规定，发明的创造性是指同申请日以前已有的技术相比，该发明具有突出的实质性特点和显著的进步。

判断发明是否具有突出的实质性特点，需要确定现有技术整体上是否存在使所属领域的技术人员在面对发明实际解决的技术问题时，有动机改进最接近的现有技术并获得要求保护的技术方案的技术启示，如果现有技术中不存在这种技术启示，则发明是非显而易见的，具有突出的实质性特点。

本案中，权利要求 1 要求保护一种包含人乳头瘤病毒抗原或其抗原性部分和应激蛋白的融合蛋白质，其中所述人乳头瘤病毒抗原是 E6 蛋白质或 E7 蛋白质，应激蛋白是 Hsp60，并且所述融合蛋白质在给与了该融合蛋白质的哺乳动物中可诱导针对人乳头瘤病毒抗原的免疫反应，而驳回决定中所引用的对比文件公开了不含佐剂的 HIV-1 p24-Hsp70 融合蛋白，其可以引起小鼠体内抗 p24 的体液和细胞免疫反应。两者相比，区别在于（1）融合蛋白中的应激蛋白不同：权利要求 1 中为 Hsp60，对比文件中为 Hsp70；（2）与应激蛋白连接的抗原不同，权利要求 1 中为 HPV 蛋白抗原，而对比文件中为 HIV-1 p24。上述区别技术特征实际解决的技术问题是引起受试体对 HPV 抗原蛋白的 CTL 应答。

虽然该对比文件中指出"分枝杆菌 Hsp70 的抗原性质可以用来引发对其他所连接的蛋白抗原的体液和细胞免疫反应"（参见第 878 页右栏最后一段），但是，首先该对比文件中的上述记载是针对 Hsp70 的教导，而权利要求 1 中明确将所述应激蛋白限定为 Hsp60，并且尚没有证据能够证明本领域公知在引起对所连接抗原的免疫反应方面，Hsp 之间可以相互替代而取得类似的效果；其次，该对比文件中并未提及 HPV，其中记载的融合蛋白所产生的免疫应答也并非 CTL 应答，即没有给出热应激蛋白可引发对其所连接的 HPV 的 CTL 应答的教导，而且也没有证据表明现有技术中公知热应激蛋白可引发对其所连接的任意抗原蛋白的 CTL 应答；由此可见，该对比文件中不存在将所述 HIV-1 p24-Hsp70 融合蛋白中的 Hsp70 替换为 Hsp60、HIV-1 p24 替换为 HPV 可使其引起受试体对 HPV 抗原蛋白的 CTL 应答的技术启示，而且也没有证据证明上述区别特征属于本领域的公知常识。因此，与该对比文件相比，权利要求 1 所要求保护的技术方案是非显而易见，具备突出的实质性特点，并且能够产生有益的效果,具备显著的进步,因此具有专利法第22条第3款规定的创造性。

基于类似的理由,权利要求2~126也符合专利法第22条第3款的规定。

根据以上事实和理由,本案合议组作出如下审查决定。

三、决定

撤销国家知识产权局于2004年12月10日对第98809121.6号发明专利申请作出的驳回决定。由原审查部门在本决定依据文本的基础上继续进行审查。

复审请求人对本决定不服的,可以根据专利法第41条第2款的规定,自收到本决定之日起三个月内向北京市第一中级人民法院起诉。

一种非手术构建人/山羊嵌合体的方法

复审请求审查决定（第 12256 号）

决 定 号	第 12256 号
决 定 日	2007 年 12 月 24 日
发明创造名称	一种非手术构建人/山羊嵌合体的方法
国 际 分 类 号	A61K 35/14，A61K 48/00，C12N 5/08
复 审 请 求 人	上海凡华生物技术有限公司
申 请 号	02136780.9
申 请 日	2002 年 9 月 3 日
公 开 日	2003 年 7 月 16 日
合 议 组 组 长	何 炜
主 审 员	祝海燕
参 审 员	田 芳

法 律 依 据 专利法第 22 条第 4 款

决 定 要 点

具有实用性的发明专利申请主题应当具有再现性。再现性是指所属技术领域的技术人员根据公开的技术内容，能够重复实施专利申请中为解决技术问题所采用的技术方案。这种重复实施不得依赖任何随机因素，并且实施结果应该是相同的。

针对人体或者动物体的非治疗目的的外科手术方法属于不具备实用性的一种主要情形。非治疗目的的外科手术方法，由于是以有生命的人或者动物为实施对象，无法在产业上使用，因此不具备实用性。

一、案由

本复审请求涉及申请人上海凡华生物技术有限公司于 2002 年 9 月 3 日申请，2003 年 7 月 16 日公开，名称为"一种非手术构建人/山羊嵌合体的方法"的第 02136780.9 号发明专利申请（下称本申请）。

国家知识产权局于 2004 年 10 月 29 日驳回了本申请，理由是：权利要求 1～5 要求保护的构建人/山羊嵌合体的方法是通过将人源干细胞注射至胎山羊腹腔内实施的，虽然权利要求限定该方法是非手术方法，但外科手术方法，是指使用器械对有生命的人体或者动物体实施的剖开、切除、缝合、纹刺等创伤性或者介入性治疗或处置的方法，权利要求 1～5 中所使用的注射方法是外科手术方法之一，且是以有生命的山羊为实施对象，无法在产业上使用，因此不具备专利法第 22 条第 4 款规定的实用性。

驳回决定所针对的权利要求书为：

"1. 一种非手术构建人/山羊嵌合体的方法，其特征是在影像监视下，直接注射人源干细胞至胎山羊腹腔内，建立人/山羊嵌合体模型。

2. 按权利要求1所述的非手术构建人/山羊嵌合体的方法，其特征是所述影像监视包括X线监视和B超监视。

3. 按权利要求1所述的非手术构建人/山羊嵌合体的方法，其特征是所述人源干细胞指来源于人体任何组织的细胞，包括干细胞和间充质细胞。

4. 按权利要求1所述的非手术构建人/山羊嵌合体的方法，其特征是所述嵌合体模型是人和非人哺乳动物构成的嵌合模型。

5. 按权利要求1所述的非手术构建人/山羊嵌合体的方法，其特征是所述直接注射方式可以重复多次。"

申请人上海凡华生物技术有限公司（下称请求人）对上述驳回决定不服，于2005年2月7日向专利复审委员会提出复审请求，请求人认为，国家知识产权局驳回的理由不成立：（1）本发明的技术方案具有新颖性、创造性和实用性；（2）本申请技术方案中涉及的"注射"含义为将一种液体注入皮下组织、血管或器官，充其量是一种"极轻微的微创手术"；（3）本申请的研究获得了十五"863"生物学口主题项目的资助，本发明的目的在于，所制备的嵌合模型可作为研究干细胞的载体并将该模型利用成为制造人细胞的工厂，提供器官移植的生物材料，其还可为人类疾病和损伤等进行产前治疗研究提供一种良好的模型，因此具有明显的实用性。

请求人在提出复审请求时未提交新的修改文本。

形式审查合格后，专利复审委员会受理了该复审请求，并于2005年3月22日向请求人发出《复审请求受理通知书》，随后将本申请移交国家知识产权局原审查部门进行前置审查。

国家知识产权局原审查部门对本复审请求进行了前置审查，认为：（1）申请人关于本申请技术方案具有新颖性创造性的理由与本申请是否具有实用性无关；（2）申请人坚持的"注射"是一种微创手术，但根据审查指南的有关规定带有创伤性的处置属于外科手术的方法，是否是微创伤不能证明是否具有实用性；（3）申请人关于本身的技术是否是有价值的科研课题以及模型建立的目的与本申请是否有实用性无关，因此坚持原驳回决定。

专利复审委员会组成合议组，对本案的复审请求进行了审理。于2006年8月4日向请求人发出《复审通知书》。《复审通知书》指出：（1）权利要求1～5要求保护一种非手术构建人/山羊嵌合体的方法，该方法的主要步骤为将人源干细胞直接注射至胎山羊腹腔内，建立人/山羊嵌合模型。如说明书所述，上述技术方案是以有生命的怀孕45～55天的母山羊作为实施对象，在确保按照本发明所要求的"分离成体干细胞"、"在B超仪的监视下定位到子宫胎山羊"、"穿刺"等全部技术条件下实施本发明的技术方案时，如实施例所反映的那样，经检测3头实验山羊中，CD34+细胞的频率均不相同，分别为0.64%、0.6%和1.44%，GPA+细胞的频率也均不相同，分别为0.87%、2.61%和2.65%，而且在实验条件完全相同的情况下，32例实验山羊中还存在1例流产。也就是说，按照本发明的方法构建得到的人/山羊嵌合模型中会由于羊的个体差异这种随机因素而导致人基因嵌合至山羊体的嵌合率不相同，无法获得嵌合位点、嵌合率完全相同的两个人/山羊嵌合体，甚至还有实验无法进行的情况存在，从而本发明的技术方案实施结果不相同，不具有再现性。（2）根据审查指南第二部分第一章第4.3.2.3节外科手术方法的规定，专利法意义上的外科手术方法是指，使用器械对有生命的人体或者动物体实施的剖开、切除、缝合、纹刺等创伤性或者介入性治疗或处置的方法。由此可见，虽然权利要求中限定所述的方法是一种"非手术"方法，但正如权利要求的技术特征所限定那样，本发明要求保护的嵌合方法主要步骤是利用注射器械对有生命的怀孕母羊实施的针刺创伤性注射，毫无疑问其属于专利法意义上的外科手术方法，由于上述方法的直接目的不是用于治疗，因此是一种非治疗性的外科手术方法。按照审查指南第二部分第五章第 3.2.4 节的具体规定，对于非治疗目的的外科手术方法，由于是以有生命的人或动物为实施对象，无法在产业上使用，因此不具备实用性。（3）请求人在意见陈述中提到，本申请技术方案中涉及的"注射"含义为将一种液体注入皮下组织、血管或器官，充其量是一种"极轻微的微创手术"，对此合议组认为，无论创伤是否轻微，毫无疑问"注射"属于专利法意义上的外科手术方法，因此请求人的上述解释合议组无法接受；此外，请求人在意见陈述中提到的本申请的技术是有影响、有价值的课题与本申请技术方案的实用性与否无关，合议组对其不予考虑。

针对《复审通知书》指出的问题，请求人于 2006 年 9 月 18 日提交了意见陈述书，请求人认为：（1）本发明的目的是获得人/山羊嵌合体，而非嵌合位点、嵌合率完全相同的嵌合体，因此嵌合率的不同不会影响本发明目的的实现；对于化工产品生产方法而言，也无法保证每一次使用同样的方法来获得产品在纯度、外观上完全一致，32 例山羊仅有 1 例出现流产的事实足以说明要重复实施本发明的方法是没有问题的；（2）根据字典上的解释，注射不同于手术，因此"注射"不属于外科手术方法，本发明的方法具有实用性。随意见陈述书，请求人提交了如下附件 1 字典中的解释用于证实"注射"不同于"手术"：

附件 1：《现代汉语词典》，第二版，商务印书馆，1983 年 1 月，第 1059，1513 页，复印件共两页。

2007 年 11 月 16 日，合议组向请求人发出《合议组成员告知通知书》，通知请求人合议组成员发生变更，如有回避请求应当在规定的时间内提交请求。在规定的时间内，合议组未收到请求人提交的回避请求。

至此，合议组认为本案事实清楚，可以依法作出审查决定。

二、决定的理由

1. 决定所依据的文本

本复审请求审查决定所依据的文本为请求人于 2002 年 9 月 3 日提交的权利要求 1~5、说明书第 1~5 页、说明书附图第 1 页和说明书摘要。

2. 关于专利法第 22 条第 4 款

专利法第 22 条第 4 款规定，实用性，是指该发明或者实用新型能够制造或者使用，并且能够产生积极效果。

根据该款规定，具有实用性的发明专利申请主题应当具有再现性。再现性是指所属技术领域的技术人员根据公开的技术内容，能够重复实施专利申请中为解决技术问题所采用的技术方案。这种重复实施不得依赖任何随机因素，并且实施结果应该是相同的。针对人体或者动物体的非治疗目的的外科手术方法属于不具备实用性的一种主要情形。非治疗目的的外科手术方法，由于是以有生命的人或者动物为实施对象，无法在产业上使用，因此不具备实用性。

本申请权利要求 1~5 要求保护一种非手术构建人/山羊嵌合体的方法，该方法的主要步骤为将人源干细胞直接注射至胎山羊腹腔内，建立人/山羊嵌合模型。如说明书所述，上述技术方案是以有生命的怀孕 45~55 天的母山羊作为实施对象，在确保按照本发明所要求的"分离成体干细胞"、"在 B 超仪的监视下定位到子宫胎山羊"、"穿刺"等全部技术条件下实施本发明的技术方案时，而且在实验条件完全相同的情况下，32 例实验山羊中还存在 1 例流产。也就是说，在其他实验条件完全相同的情况下，按照本发明的方法构建人/山羊嵌合模型时，由于羊的个体差异即这种随机因素而导致实验结果无法重复再现，因此权利要求1~5的技术方案不具有再现性。

审查指南第二部分第一章第4.3.2.3节规定，"外科手术方法，是指使用器械对有生命的人体或者动物体实施的剖开、切除、缝合、纹刺等创伤性或者介入性治疗或处置的方法"。在本申请权利要求1~5要求保护的一种非手术构建人/山羊嵌合体的方法中，需要"用穿刺经母体皮肤、子宫壁直接穿刺入胎山羊的腹腔"然后进行"注射人源干细胞至胎山羊腹内"的步骤，该步骤是一种使用器械对有生命的人体或者动物体实施的创伤性或介入性的处置方法，是基于非治疗目的的外科手术方法，由于这些方法是以有生命的人或者动物为实施对象，无法在产业上使用，因此，包含该步骤的权利要求1~5所要求保护的构建人/山羊嵌合体的方法不具备专利法第22条第4款规定的实用性。

综上所述，权利要求1~5不具备专利法第22条第4款规定的实用性。

申请人在意见陈述中指出：在实施本发明方法的过程中会由于怀孕山羊的个体差异而存在差别，但这种差别等同于化工产品会由于批次差异而存在的差异，而32例山羊仅有1例出现流产的事实足以说明要重复实施本发明的方法是没有问题的。对此，合议组认为：对于请求人提出上述理由，审查指南第二部分第五章第3.2.1节有明确的说明："发明申请的产品成品率低与不具有再现性有本质的区别。前者是能够重复实施，只是由于实施过程中未能确保某些技术条件（例如环境洁净度、温度等）而导致成品率低；后者则是在确保发明专利申请所需全部技术条件下，所属技术领域的技术人员仍不可重复实现该技术方案所要求达到的结果。"本申请的情形就属于后者，正如申请人在意见陈述中承认的那样，本生产方法会由于怀孕山羊的个体差异而存在结果差别，这并非技术条件的变化造成的，因此本发明技术方案不具有再现性。

请求人在复审请求书中提到，本申请技术方案中涉及的"注射"含义为将一种液体注入皮下组织、血管或器官，充其量是一种"极轻微的微创手术"，对此合议组认为，无论创伤是否轻微，毫无疑问"注射"属于审查指南所定义的外科手术方法，因此请求人的上述解释合议组不能接受。

此外，请求人在答复复审通知书的意见陈述中指出"注射"的含义不同于"手术"，并提交附件1《现代汉语词典》中有关"注射"和"手术"的词条解释作为佐证。对此，合议组需要再次强调的是，本申请中的"注射"是使用器械对有生命的人体或者动物体实施的创伤性或介入性的处置方法，符合审查指南规定的外科手术方法的定义，因此请求人的意见合议组不予接受。

根据以上事实和理由，本案合议组作出如下审查决定。

三、决定

维持国家知识产权局于2004年10月29日对02136780.9号发明专利申请作出的驳回决定。

复审请求人对本决定不服的，可以根据专利法第41条第2款的规定，自收到本决定之日起三个月内向北京市第一中级人民法院起诉。

… 072

含有高质量生理活性的家兔发痘组织的制造方法

复审请求审查决定（第 12257 号）

决 定 号	第 12257 号
决 定 日	2007 年 12 月 13 日
发明创造名称	含有高质量生理活性的家兔发痘组织的制造方法
国 际 分 类 号	C12N 5/06，A61K 39/275
复 审 请 求 人	株式会社富吉摩托普拉泽兹
申 请 号	98102329.0
申 请 日	1998 年 6 月 2 日
公 开 日	1999 年 12 月 8 日
合 议 组 组 长	许 磊
主 审 员	任 怡
参 审 员	葛永奇
法 律 依 据	专利法第 22 条第 3 款

决 定 要 点

在判断一项发明的创造性时，应将权利要求限定的技术方案与最接近的现有技术对比，找出其区别技术特征，如果现有技术中没有给出将该区别技术特征应用于该最接近的现有技术以解决其存在的技术问题的启示，则该权利要求的技术方案是非显而易见的，而且若该权利要求所限定的技术方案能够带来有益的技术效果，则该权利要求具有创造性。

一、案由

本复审请求涉及 1998 年 6 月 2 日申请、1999 年 12 月 8 日公开、名称为"含有高质量生理活性的家兔发痘组织的制造方法"的第 98102329.0 号发明专利申请（下称本申请），本申请的申请人为株式会社富吉摩托普拉泽兹。

针对申请人于 2003 年 2 月 21 日提交的说明书第 1~2、4 页和于 2003 年 8 月 11 日提交的说明书第 3 页、申请日提交的说明书摘要以及 2003 年 2 月 21 日提交的权利要求 1~2，国家知识产权局于 2004 年 8 月 6 日以权利要求 1~2 不符合专利法第 22 条第 3 款的规定为由驳回了本申请。

驳回决定所针对的权利要求书为：

"1. 作为医药品原料使用的家兔发痘组织的制造方法，其特征是对体重 2~3 千克的家兔进行 50~200 处的皮内接种，其中每处均施以 0.1~0.4 毫升的溶液，该溶液为用缓冲液稀释的痘病毒为

$10^6 \sim 10^8$ 个/毫升的溶液,接种后第 3~5 日采取发痘组织,在采取的发痘组织上施以蒸汽加热灭菌处理。

2. 权利要求 1 所述的制造方法,其中的痘病毒是牛痘病毒,缓冲液是磷酸盐缓冲氯化钠液。"

驳回决定认为:对比文件 1(EP 0300973A1,公开日为 1989 年 1 月 25 日)公开了一种通过牛痘病毒接种家兔,取感染皮肤组织而制得的抗过敏镇痛药剂的方法(见对比文件 1 说明书第 2 页第 6 行以及摘要),权利要求 1~2 的技术方案与对比文件 1 的区别仅在于"家兔的体重,使用接种溶液的浓度,病毒浓度及缓冲溶液等",然而上述区别技术特征的选择是本领域技术人员可以想到并能够实施的公知常识,并且并未给本发明带来任何意想不到的效果,因此在对比文件 1 的基础上结合上述公知常识获得权利要求 1~2 所要求保护的技术方案对所属技术领域的技术人员来说是显而易见的。此外,本发明的实验数据均是其保护范围内的数据进行比较,没有与现有技术比较来证明本发明的方案有意想不到的效果,且从说明书参考例 2 和 4 中可以看出,在其他参数相同的情况下接种后 4 天采样与接种后 7 天采样的结果相差不大,因此,本发明克服技术偏见的理由也不成立。另外,发痘组织质量的大小并不能直接证明生理活性物质含量的高低,请求人也并未证明病毒浓度以及接种的病毒量与现有技术相比能带来意想不到的技术效果,因此权利要求 1 和 2 不符合专利法第 22 条第 3 款有关创造性的规定。

申请人株式会社富吉摩托普拉泽兹(下称请求人)对上述驳回决定不服,于 2004 年 10 月 29 日向专利复审委员会提出复审请求,请求人在提出复审请求时未提交新修改的申请文件替换页,请求人同时提交了如下附件:

附件 1:EP0831699B1,授权公告日为 2003 年 7 月 2 日,复印件共 15 页,及其第 4、6~8 页相关内容的中文译文共 1 页;

附件 2:US5922649A,授权公告日为 1999 年 7 月 13 日,复印件共 8 页;

附件 3:《药名检索词典》,综合药事研究所编纂,药业时报社出版,1991 年,第 977 页、出版信息页和封面页,复印件共 3 页,及其封面、第 997 页部分内容的中文译文共 1 页;

附件 4:《THE MERCK INDEX》,Merck Research Laboratories Division of MERCK & Co,INC. 出版,2001 年第 13 版,第 944~945 页和封面页,复印件共 3 页,及其相关部分中文译文共 1 页。

请求人认为:(1)本发明为从家兔获得高质量的发痘组织的制造方法,即本发明是以获得公知的家兔发痘组织为目的的方法发明,而对比文件 1 中公开的内容主要是关于从发痘组织中提取提炼的生理活性物质及相应的提取提炼方法,即对比文件 1 是为了获得新的生理活性物质而进行的发痘,两者的主题不同,此外,对比文件 1 也没有公开或暗示获得发痘组织的具体方法对发痘组织的影响以及对其质量的影响。(2)为获得发痘组织,本领域的技术人员认为优选的是体重大的成熟家兔且发痘的最佳时期为接种后第一周的前后,权利要求 1 是与现有技术的见解和本领域技术人员的想法不同的技术方案,通过本发明的方法可使发痘组织的收量增加,例如收量的增加在较低的情况下为约 3 倍(本申请实施例 2 和参考例 2 比较),收量的增加在较高的情况下为约 6.5 倍(本申请实施例 1 和参考例 4 比较),从实施例可以看出使用本发明的方法可以获得很好的收量。附件 1 和 2 证明了与化学方法提高收量相比,来自活体的收量的提高更难;并且由附件 3 和 4 可以看出对比文件 1 中所述的"激肽释放酶"与本发明所述的"胰激肽原酶"是不同的酶;本申请实施例与参考例的数据对比证明权利要求 1 的技术方案与现有技术相比具有突出的技术效果。因此,权利要求 1、2 相对于现有技术以及对比文件 1 具备创造性,国家知识产权局驳回的理由不成立。

形式审查合格后,专利复审委员会受理了该复审请求,并于 2004 年 12 月 14 日向请求人发出《复审请求受理通知书》,同时将本申请案卷移交原审查部门进行前置审查。

原审查部门对本复审请求进行了前置审查，认为：对比文件1在整体上包含了与本申请相似的技术方案，其已经对本申请构成为现有技术，而且二者均是使用痘病毒接种家兔皮肤组织后，其中含有的抑制激肽释放酶或胰激肽原酶生成而达到镇痛抗过敏活性物质的作用原理，激肽释放酶与胰激肽原酶的区别并不重要，因为其不是本发明的发明点。申请人所例举的实验数据没有与现有技术进行比较来证明本发明有着意想不到的效果，而发痘组织质量的大小并不能直接证明生理活性物质含量的高低，申请人的意见陈述不能证明本发明具有创造性，因此坚持原驳回决定。

至此，合议组认为本案事实清楚，可以作出审查决定。

二、决定的理由

1. 审查依据的文本

鉴于复审请求人在提出复审请求时未对申请文件进行修改。因此，本复审决定是在驳回决定所针对的文本的基础上作出的。

2. 关于专利法第22条第3款

专利法第22条第3款规定，创造性，是指同申请日以前已有的技术相比，该发明有突出的实质性特点和显著的进步。

在判断一项发明的创造性时，应将权利要求限定的技术方案与最接近的现有技术对比，找出其区别技术特征，如果现有技术中没有给出将该区别技术特征应用于该最接近的现有技术以解决其存在的技术问题的启示，则该权利要求的技术方案是非显而易见的，而且若该权利要求所限定的技术方案能够带来有益的技术效果，则该权利要求具有创造性。

本案中，权利要求1要求保护作为医药品原料使用的家兔发痘组织的制造方法。对比文件1公开了一种从接种痘病毒的感染组织中提取生理活性物质的方法，该方法中包括了在健康成年家兔的皮肤上接种牛痘病毒，并在无菌的条件下取红肿的皮肤，进而制备得到具有抑制激肽释放酶形成活性的生理活性物质（参见对比文件1说明书摘要，说明书第2页第6行，第3页第3、50行）。权利要求1与对比文件1相比存在以下区别：（1）权利要求1采用接种后3至5日间采取发痘组织，而对比文件1未具体披露采取发痘组织的时间；（2）权利要求1皮内接种点为50至200处，而对比文件1未具体披露接种点数量；（3）权利要求1的家兔体重为2~3千克，而对比文件1的未具体限定成年家兔的体重范围；（4）权利要求1的接种方式为皮内接种，而对比文件1仅指出作用到皮肤中，未具体披露皮内接种的方式；（5）对比文件1未公开接种用的缓冲液体积和浓度。

权利要求1要解决的技术问题是提供一种向家兔的组织上接种痘病毒，以高收率和高质量获取发痘组织的方法（参见本申请说明书第1页第5段）。对比文件1要解决的技术问题是要从受感染组织中获取生理活性物质（参见对比文件1第2页第4~5、10~13行）。对比文件1并未给出在什么样的条件下以高收率和高质量获得发痘组织的启示，所属领域技术人员根据公知常识也难以预见在什么样的条件下可以提高制备家兔发痘组织的收率和质量。上述区别特征都是本发明为了提高发痘组织的收率和质量而采用的，在对比文件1没有给出任何启示的情况下，权利要求1的技术方案相对于对比文件1而言是非显而易见的。此外，从本申请说明书来看，本申请实施例测定并比较了在不同时间点采得的发痘组织的重量和胰激肽原酶生成阻碍活性（参见本申请实施例1和3，参考例3和4）以及不同接种点数量获得的发痘组织中胰激肽原酶生成阻碍活性（参见本申请实施例1和3，参考例1），实施例证明了对家兔进行50~200处的皮内接种并在接种后3~5日采取发痘组织可以获得较高的发痘组织重量和胰激肽原酶生成阻碍活性，说明书实施例和参考例的比较表明本发明的技术方案取得了有益效果。综上所述，权利要求1的技术方案与对比文件1相比具有突出的实质性特点及显著的进步，具有专利法第22条第3款规定的创造性。在权利要求1具有创造性的基础上，权利要求1的从属权利要求2相对于对比文件1也具有专利法第22条第3款规定的创造性。

审查员认为本发明与对比文件1的区别仅在于家兔体重、使用溶液的浓度、病毒浓度及缓冲液等，但是，本发明的技术方案与对比文件1的技术方案在采样时间、接种方式上也存在区别，对比文件1没有给出接种时间、接种数量和方式方面的启示，而且也没有给出家兔体重应限制在低于3公斤的启示，因此审查员认为本发明的方案与对比文件1的区别均是公知常识，因而是显而易见的主张没有依据。此外，审查员还认为本发明的技术方案相对于现有技术没有产生任何意想不到的效果，然而，审查发明是否具备创造性时应依据审查指南第二部分第四章第3.2节审查发明是否具有非显而易见性，以及是否具有显著的进步即发明是否具有有益效果，发明是否产生意想不到的技术效果不是衡量发明是否具有创造性的必要条件。因此，在本发明的技术方案相对于对比文件1非显而易见并具有有益效果的情况下，审查员的驳回理由不成立。

根据以上事实和理由，本案合议组作出如下审查决定。

三、决定

撤销国家知识产权局于2004年8月6日对98102329.0号发明专利申请作出的驳回决定。由原审查部门在本复审决定所针对的文本的基础上继续进行审查。

复审请求人对本决定不服的，可以根据专利法第41条第2款的规定，自收到本决定之日起三个月内向北京市第一中级人民法院起诉。

在活性位点环区具有额外氨基酸残基的 I-S1 和 I-S2 亚族枯草杆菌酶

复审请求审查决定（第 12264 号）

决 定 号	第 12264 号
决 定 日	2007 年 12 月 20 日
发明创造名称	在活性位点环区具有额外氨基酸残基的 I-S1 和 I-S2 亚族枯草杆菌酶
国际分类号	C12N 9/54//C11D 3/386
复审请求人	诺沃奇梅兹有限公司
申 请 号	99815580.2
申 请 日	1999 年 12 月 20 日
优 先 权 日	1998 年 12 月 18 日
公 开 日	2002 年 1 月 30 日
合议组组长	叶 娟
主 审 员	刘 铭
参 审 员	葛永奇
法 律 依 据	专利法第 26 条第 4 款

决 定 要 点

如果本领域技术人员根据说明书中公开的内容和现有技术无法预期一项权利要求中所概括的全部技术方案都能达到该发明的技术效果，则该权利要求没有得到说明书的支持。

一、案由

本复审请求涉及申请号为 99815580.2，名称为"在活性位点环区具有额外氨基酸残基的 I-S1 和 I-S2 亚族枯草杆菌酶"的发明专利申请。申请人为诺沃奇梅兹有限公司。本申请的申请日为 1999 年 12 月 20 日，优先权日为 1998 年 12 月 18 日，公开日为 2002 年 1 月 30 日。

经实质审查，国家知识产权局原审查部门于 2005 年 5 月 13 日驳回了本发明专利申请，其理由是：权利要求 1~31 没有得到说明书的支持，具体理由为：在说明书的实施例中仅给出了 I-S2 亚族的枯草杆菌酶 309 的变体 V95VT 在洗涤性能测试中具有优于枯草杆菌酶 309 的具体实验数据，而没有落入权利要求 1 保护范围内的其他变体的实验数据，所属领域的技术人员难于预见其他变体均能实现发明目的；权利要求 15 和 16 中的"大于 90% 同一性"的技术特征包含了数量极大的氨基酸序列，说明书中没有提供在该同源性范围下限的枯草杆菌酶变体的实施例，本领域技术人员从中筛选出实现本发明目的的变体仍需付出创造性劳动,这些权利要求概括了过宽的保护范围。如上所述,权利要求2～14、17～31也得不到说明书的支持。驳回决定所依据的文本为:申请人于2001年7月12日本申请进入中国国家阶段时提交的PCT申请的中文译文的说明书第1、12～37页、氨基酸序列表第1～3页、说明书附图第2～5页、说明书摘要;2002年8月28日提交的说明书第2～11页;2004年4月5日提交的说明书附图第1页;2004年10月8日提交的权利要求1～31。驳回决定所针对的权利要求书如下:

"1. I-S1或I-S2亚族枯草杆菌酶,其在第95-103位的活性位点环(b)区中的第95位具有至少一个额外的氨基酸残基,由此所述额外氨基酸残基相应于在第95和96位之间至少一个氨基酸残基的插入,其特征在于所述至少一个额外或插入的氨基酸残基选自G、N、I、S、T、A、D、E、H、P、C、Q、V、F、L、M、W和Y。

2. 根据权利要求1的枯草杆菌酶,其在活性位点环(b)中包含一个以上的额外或插入氨基酸残基。

3. 权利要求1或2的枯草杆菌酶,其中所述第95和96位之间的插入与在任意其他位置的一个或多个进一步修饰相结合。

4. 权利要求3的枯草杆菌酶,其中所述进一步修饰位于以下的一个或多个位置:27、36、57、76、87、97、101、104、120、123、167、170、206、218、222、224、235和274。

5. 前述权利要求之任意一项的枯草杆菌酶,其中所述修饰与下列一个或多个位置的修饰相结合:129、131、133和194。

6. 权利要求1的枯草杆菌酶,其属于I-S1亚族。

7. 权利要求6的枯草杆菌酶,其选自BSS168、BASBPN、BSSDY和BLSCAR。

8. 权利要求1的枯草杆菌酶,其属于I-S2亚族。

9. 权利要求8的枯草杆菌酶,其选自BLS147、BLS309、BAALKP和BYSYAB。

10. 权利要求8或9的分离的枯草杆菌酶,其包含选自下组的插入:

V95VA,

V95VT,

V95VG,

V95VS,

V95VD,

V95VE,

V95VK,

V95VR,

V95VH,

V95VV,

V95VC,

V95VN,

V95VQ,

V95VF,

V95VI,

V95VL,

V95VM,

V95VP，

V95VW，和

V95VY。

11. 权利要求8~10任一项的枯草杆菌酶，其中所述进一步修饰选自K27R、*36D、S57P、N76D、S87N、G97N、S101G、V104A、V104N、V104Y、H120D、N123S、Y167X、R170X、Q206E、N218S、M222S、M222A、T224S、K235L和T274A。

12. 权利要求8~11任一项的枯草杆菌酶，其中所述进一步修饰选自S101G+V104N、S87N+S101G+V104N、K27R+V104Y+N123S+T274A、N76D+S103A+V104I或N76D+V104A，其与权利要求1~5之任意一项中提及的任意一个或多个替代、缺失和/或插入相组合。

13. 权利要求8~11任一项的枯草杆菌酶，其中所述进一步修饰选自P129K、P131H、A133P、A133D和A194P。

14. 根据权利要求8~11任一项的枯草杆菌酶，其含有修饰V95VT+Y167A。

15. 属于I-S1亚组的具有下列氨基酸序列的枯草杆菌酶：

```
1                    10                   20                        30
A-Q-T-V-P-Y-G-I-P-L-I-K-A-D-K-V-Q-A-Q-G-F-K-G-A-N-V-K-V-A-V
                     40                   50                        60
L-D-T-G-I-Q-A-S-H-P-D-L-N-V-V-G-G-A-S-F-V-A-G-E-A-*-Y-N-T-D
                     70                   80                        90
G-N-G-H-G-T-H-V-A-G-T-V-A-A-L-D-N-T-T-G-V-L-G-V-A-P-S-V-S-L
                     95a                  110                       120
Y-A-V-K-V-X-L-N-S-S-G-S-G-T-Y-S-G-I-V-S-G-I-E-W-A-T-T-N-G-M-D
                     130                  140                       150
V-I-N-M-S-L-G-G-P-S-G-S-T-A-M-K-Q-A-V-D-N-A-Y-A-R-G-V-V-V-V
                     160                  170                       180
A-A-A-G-N-S-G-S-S-G-N-T-N-T-I-G-Y-P-A-K-Y-D-S-V-I-A-V-G-A-V
                     190                  200                       210
D-S-N-S-N-R-A-S-F-S-S-V-G-A-E-L-E-V-M-A-P-G-A-G-V-Y-S-T-Y-P
                     220                  230                       240
T-S-T-Y-A-T-L-N-G-T-S-M-A-S-P-H-V-A-G-A-A-A-L-I-L-S-K-H-P-N
                     250                  260                       270
L-S-A-S-Q-V-R-N-R-L-S-S-T-A-T-Y-L-G-S-S-F-Y-Y-G-K-G-L-I-N-V
                     275
E-A-A-A-Q
```

或具有包含第95a位氨基酸残基并显示与上述序列有大于90%的一致的性氨基酸序列的同源枯草杆菌酶。

16. 属于I-S2亚族的具有下列氨基酸序列的枯草杆菌酶：

```
1                    10                   20                        30
A-Q-S-V-P-W-G-I-S-R-V-Q-A-P-A-A-H-N-R-G-L-T-G-S-G-V-K-V-A-V-
                     40                   50                        60
L-D-T-G-I-*-S-T-H-P-D-L-N-I-R-G-G-A-S-F-V-P-G-E-P-*-S-T-Q-D-
```

```
                    70                        80                              90
G-N-G-H-G-T-H-V-A-G-T-I-A-A-L-N-N-S-I-G-V-L-G-V-A-P-S-A-E-L-
                    95a                      110                             120
Y-A-V-K-V-X-L-G-A-S-G-S-G-S-V-S-S-I-A-Q-G-L-E-W-A-G-N-N-G-M-H-
                    130                      140                             150
V-A-N-L-S-L-G-S-P-S-P-S-A-T-L-E-Q-A-V-N-S-A-T-S-R-G-V-L-V-V-
                    160                      170                             180
A-A-S-G-N-S-G-A-*-G-S-I-S-*-*-*-Y-P-A-R-Y-A-N-A-M-A-V-G-A-T-
                    190                      200                             210
D-Q-N-N-N-R-A-S-F-S-Q-Y-G-A-G-L-D-I-V-A-P-G-V-N-V-Q-S-T-Y-P-
                    220                      230                             240
G-S-T-Y-A-S-L-N-G-T-S-M-A-T-P-H-V-A-G-A-A-A-L-V-K-Q-K-N-P-S-
                    250                      260                             270
W-S-N-V-Q-I-R-N-H-L-K-N-T-A-T-S-L-G-S-T-N-L-Y-G-S-G-L-V-N-A-
                    275
E-A-A-T-R
```

或具有包含第95a位氨基酸残基并显示与上述序列有大于90％的一致性的氨基酸序列的同源枯草杆菌酶。

17. 权利要求15或16的枯草杆菌酶，其中第95a位的X选自T、A、G、S和P。

18. 编码前述权利要求任意一项的枯草杆菌酶的分离的DNA序列。

19. 含有权利要求18的分离DNA序列的表达载体。

20. 转化了权利要求19的表达载体的微生物宿主细胞。

21. 权利要求20的微生物宿主，其是细菌。

22. 权利要求21的微生物宿主，其是芽孢杆菌属。

23. 权利要求22的微生物宿主，其是迟缓芽孢杆菌。

24. 权利要求20的微生物宿主，其是真菌或酵母。

25. 权利要求24的微生物宿主，其是丝状真菌。

26. 权利要求25的微生物宿主，其是曲霉属。

27. 制备权利要求1～17之任意一项的枯草杆菌酶的方法，其中在利于所述枯草杆菌酶表达和分泌的条件下培养权利要求20～26之任意一项的宿主，并回收该枯草杆菌酶。

28. 含有权利要求1～17之任意一项的枯草杆菌酶的组合物。

29. 根据权利要求28的组合物，其还含有纤维素酶、脂肪酶、角质酶、氧化还原酶、其他蛋白酶或淀粉酶。

30. 根据权利要求28或29的组合物，其中该组合物是洗涤剂组合物。

31. 根据权利要求1～17之任意一项的枯草杆菌酶或者根据权利要求28或29的组合物在制备洗衣和/或洗碟洗涤剂中的应用。"

申请人诺沃奇梅兹有限公司（下称复审请求人）对上述驳回决定不服，于2005年8月29日向专利复审委员会提出了复审请求。复审请求人认为：关于权利要求1，本发明在说明书中示范了大量变体，其在所述位于环区的位点插入的属于同一组的性质相似的氨基酸残基，其空间排布对酶的三级结构的影响极小，而且环是非常柔性的结构，不会对该酶的空间结构造成实质性变化，根据本发明所公开的大量事实可知，其在具体的插入位点用具体插入氨基酸所修饰的枯草杆菌酶变体的性质相似，复审请求人还分别说明了插入带电氨基酸、亲水氨基酸、小的疏水氨基酸和大的疏水氨基酸插入不影响其性质的理由；复审请求人强调，本发明的所述酶的三级结构基本上不因在环区的插入而改变，其唯一的不同在于修饰的分子表面有小"泡"，而且插入的氨基酸的化学性质比空间排布重要得多，实施例2中给出了变体具有更好的洗涤性能的结论，实施例3中给出了其详细测定步骤，本领域技术人员很容易测定实施例2中变体的洗涤性能，将实施例中公开的变体推广到包含具有类似化学性质的氨基酸之插入的变体是合理的。关于权利要求15和16，复审请求人认为：本发明的实施例中给出了与所述序列具有大于90%一致性的变体，对于蛋白质而言起决定作用的是其中一些功能域，其他区域对其活性影响较小，与其高度同源的预期也具有类似的活性，除非有相反的证据，本领域技术人员应当预见实施例所述序列同源性较高的酶进行类似的修饰可以改善酶的洗涤性能；复审请求人还提供了第4099号复审请求审查决定的复印件来证明该权利要求符合专利法第26条第4款的规定。综上所述，复审请求人认为权利要求1、15、16得到了说明书的支持，且基于类似的理由，权利要求2~14和17~31也能得到说明书实质上的支持。

经形式审查合格后，专利复审委员会依法受理了该复审请求，并于2005年10月10日向复审请求人发出《复审请求受理通知书》，同时将本复审请求案转交原审查部门进行前置审查。

原审查部门在前置审查意见书中认为：该申请缺乏实际实验数据来证明其所声称的效果；"至少一个额外的氨基酸残基"、"所述至少一个额外或插入的氨基酸……"概括的范围过宽，当插入多个氨基酸残基时会影响其活性；对于同一性90%的问题，没有排除对蛋白质活性部位或功能域的突变；因而坚持原驳回决定。

随后，专利复审委员会成立合议组对本案进行审理。

合议组于2007年8月3日向复审请求人发出《复审通知书》，指出：（1）权利要求1请求保护的技术方案中的I-S1或I-S2亚族枯草杆菌酶突变后是否能带来优于亲本酶的洗涤效果需要具体的试验数据来证实，而说明书中仅记载了由特定亲本酶Savinase衍生的变体V95VT的试验数据，没有提供其他变体的实验数据，本领域技术人员不能确定除这种变体之外，其他变体都具有优于其亲本酶的洗涤性能，权利要求1中没有排除在别的位点上具有任意氨基酸变化的情况，根据说明书提供的试验数据，本领域技术人员无法合理预期权利要求1所限定的枯草杆菌酶都具有优于亲本酶的洗涤性能，因此该权利要求得不到说明书的支持；其从属权利要求2~14都没有克服上述得不到说明书支持的缺陷，通过引用撰写的权利要求18~31也没有克服该问题，这些权利要求都不符合专利法第26条第4款的规定；（2）权利要求15和16中所要求保护的与给定序列具有大于90%同一性并包含95a位氨基酸的氨基酸序列是否都具有本发明所声称的洗涤性能，说明书中并没有提供实验证据，本领域技术人员也无法从现有技术中合理地推导出来，该权利要求没有得到说明书的支持；其从属权利要求17也存在相同的问题；（3）对于复审请求人的复审请求意见，合议组认为，实施例2中只列出了9种变体，而没有给出"初步分析"的方法和试验数据，实施例3只证明了Savinase衍生的变体V95VT具有更优的洗涤性能，而该氨基酸与其他组的氨基酸的化学性质不相似，不能由其推知其他组的氨基酸也能获得更好的洗涤性能；当在环区中插入多个氨基酸残基时，并不能确定其三级结构是否发生改变，也没有排除其他位点是否存在插入等变化，进而是否会影响酶的功能都没有试验数据来说明；请求人提供的第4099号复审决定并不能作为本案的审查依据。

针对上述审查意见，复审请求人于2007年11月14日提交了意见陈述书，并提交了权利要求书的全文修改替换页（共4页24项）。复审请求人在意见陈述中强调：将权利要求1仅仅限定为实施例中的枯草杆菌酶309变体，克服了没有得到说明书的支持的问题，相应的，权利要求2~14、18~31

也得到了说明书的支持；删除了权利要求15，将权利要求16中的"高于90％同一性的氨基酸序列的同源枯草杆菌酶"修改为"具有包含带有选自N、S、T、C或N的95a位氨基酸残基的氨基酸序列的同源枯草杆菌酶"克服了该权利要求没有得到说明书支持的问题。修改后的权利要求书如下：

"1. BLS309枯草杆菌酶，其在第95～103位的活性位点环（b）区中的第95位具有一个额外的氨基酸残基，由此所述额外氨基酸残基相应于在第95和96位之间有一个氨基酸残基的插入，其特征在于所述额外或插入氨基酸残基选自N、S、T、C和Q。

2. 根据权利要求1的枯草杆菌酶，其中所述第95和96位之间的插入与在任意其他位置的一个或多个进一步修饰相结合。

3. 权利要求2的枯草杆菌酶，其中所述进一步修饰位于以下的一个或多个位置：27、36、57、76、87、97、101、104、120、123、167、170、206、218、222、224、235和274。

4. 前述权利要求之任意一项的枯草杆菌酶，其中所述修饰与下列一个或多个位置的修饰相结合：129、131、133和194。

5. 权利要求4的分离的枯草杆菌酶，其包含选自下组的插入：

V95VT，

V95VS，

V95VC，

V95VN，和

V95VQ。

6. 权利要求5的枯草杆菌酶，其中所述进一步修饰选自K27R、*36D、S57P、N76D、S87N、G97N、S101G、V104A、V104N、V104Y、H120D、N123S、Y167X、R170X、Q206E、N218S、M222S、M222A、T224S、K235L和T274A。

7. 权利要求5～6任一项的枯草杆菌酶，所述进一步修饰选自S101G+V104N、S87N+S101G+V104N、K27R+V104Y+N123S+T274A、N76D+S103A+V104I或N76D+V104A，其与权利要求1～4之任意一项中提及的任意一个或多个替代、缺失和/或插入相组合。

8. 权利要求5～6任一项的枯草杆菌酶，其中所述进一步修饰选自P129K、P131H、A133P、A133D和A194P。

9. 根据权利要求5～6任一项的枯草杆菌酶，其含有修饰V95VT+Y167A。

10. 属于I-S2亚族的具有下列氨基酸序列的枯草杆菌酶：

```
1                    10                   20                   30
A-Q-S-V-P-W-G-I-S-R-V-Q-A-P-A-A-H-N-R-G-L-T-G-S-G-V-K-V-A-V-
                     40                   50                   60
L-D-T-G-I-*-S-T-H-P-D-L-N-I-R-G-G-A-S-F-V-P-G-E-P-*-S-T-Q-D-
                     70                   80                   90
G-N-G-H-G-T-H-V-A-G-T-I-A-A-L-N-N-S-I-G-V-L-G-V-A-P-S-A-E-L-
                     95a                  110                  120
Y-A-V-K-V-X-L-G-A-S-G-S-G-S-V-S-S-I-A-Q-G-L-E-W-A-G-N-N-G-M-H-
                     130                  140                  150
V-A-N-L-S-L-G-S-P-S-P-S-A-T-L-E-Q-A-V-N-S-A-T-S-R-G-V-L-V-V-
                     160                  170                  180
A-A-S-G-N-S-G-A-*-G-S-I-S-*-*-*-Y-P-A-R-Y-A-N-A-M-A-V-G-A-T-
```

```
                190                    200                         210
D-Q-N-N-N-R-A-S-F-S-Q-Y-G-A-G-L-D-I-V-A-P-G-V-N-V-Q-S-T-Y-P-
                220                    230                         240
G-S-T-Y-A-S-L-N-G-T-S-M-A-T-P-H-V-A-G-A-A-A-L-V-K-Q-K-N-P-S-
                250                    260                         270
W-S-N-V-Q-I-R-N-H-L-K-N-T-A-T-S-L-G-S-T-N-L-Y-G-S-G-L-V-N-A-
                275
E-A-A-T-R
```

或具有包含选自 N、S、T、C 或 N 的第 95a 位氨基酸残基的氨基酸序列的同源枯草杆菌酶。

11. 编码前述权利要求任意一项的枯草杆菌酶的分离的 DNA 序列。

12. 含有权利要求 11 的分离 DNA 序列的表达载体。

13. 转化了权利要求 12 的表达载体的微生物宿主细胞。

14. 权利要求 13 的微生物宿主，其是细菌。

15. 权利要求 14 的微生物宿主，其是芽孢杆菌属。

16. 权利要求 15 的微生物宿主，其是迟缓芽孢杆菌。

17. 权利要求 13 的微生物宿主，其是真菌或酵母。

18. 权利要求 17 的微生物宿主，其是丝状真菌。

19. 权利要求 18 的微生物宿主，其是曲霉属。

20. 制备权利要求 1~10 之任意一项的枯草杆菌酶的方法，其中在利于所述枯草杆菌酶表达和分泌的条件下培养权利要求 13~19 之任意一项的宿主，并回收该枯草杆菌酶。

21. 含有权利要求 1~10 之任意一项的枯草杆菌酶的组合物。

22. 根据权利要求 21 的组合物，其还含有纤维素酶、脂肪酶、角质酶、氧化还原酶、其他蛋白酶、或淀粉酶。

23. 根据权利要求 21 或 22 的组合物，其中该组合物是洗涤剂组合物。

24. 根据权利要求 1~10 之任意一项的枯草杆菌酶或者根据权利要求 21 或 22 的组合物在制备洗衣和/或洗碟洗涤剂中的应用。"

在上述程序的基础上，合议组认为本案事实已经清楚，可以作出审查决定。

二、决定的理由

1. 审查文本

由于复审请求人在复审审查过程中提交了修改文本，且该修改文本符合专利法第 33 条和专利法实施细则第 60 条第 1 款的规定，因此本复审决定所针对的文本是：驳回决定所针对的说明书、说明书附图、说明书摘要和序列表以及复审请求人于 2007 年 11 月 14 日提交的权利要求 1~24。

2. 关于专利法第 26 条第 4 款

专利法第 26 条第 4 款规定：权利要求书应当以说明书为依据，说明要求专利保护的范围。

如果本领域技术人员根据说明书中公开的内容和现有技术无法预期一项权利要求中所概括的全部技术方案都能达到该发明的技术效果，则该权利要求没有得到说明书的支持。

本案中：

（1）权利要求 1 要求保护"BLS309 枯草杆菌酶，其在第 95~103 位的活性位点环（b）区中的第 95 位具有一个额外的氨基酸残基，由此所述额外氨基酸残基相应于在第 95 和 96 位之间有一个氨基酸残基的插入，其特征在于所述额外或插入的氨基酸残基选自 N、S、T、C 和 Q"。根据说明书的记载，本发明的目的在于提供与亲本酶相比表现出改进的洗涤性能的枯草杆菌蛋白酶变体（说明书第2页第10行到第3页第3行）。

根据本领域的公知常识，作为蛋白质一级结构的氨基酸序列是其空间结构的基础，而蛋白质的空间结构又是其功能的基础，酶的功能是由氨基酸残基的性质和氨基酸序列的空间排布决定的，当氨基酸残基发生变化的时候，不仅会带来其性质的改变，而且也会影响氨基酸序列的空间排布，由此可能会带来酶功能的变化，尤其是一些关键部位（如结构域、酶活性部位等）氨基酸的改变会大大改变酶的生物学功能及活性，而氨基酸残基的变化会如何影响氨基酸序列的空间排布，进而如何导致酶功能的变化，是本领域技术人员根据现有技术难以预料的，只有通过试验数据的证实才能确定。

具体到本发明中，所述的BLS309枯草杆菌酶经过突变以后是否能带来优于亲本酶的洗涤效果是需要具体的试验数据来证实的，而在本申请说明书中仅记载了由特定亲本酶Savinase（即枯草杆菌酶309）衍生的变体V95VT具有优于其亲本酶的洗涤性能的具体实验数据（即P值为2.3）（说明书第37页表格），却没有提供其他变体的试验数据。

首先，仅由说明书提供的上述试验数据，本领域技术人员不能确定除枯草杆菌酶309变体V95VT之外，在BLS309枯草杆菌酶的第95和96位之间插入选自N、S、T、C和Q中的任意一个氨基酸得到的变体是否都具有优于其亲本酶的洗涤性能；其次，根据权利要求1的描述，其要求保护的技术方案并没有排除在除第95位以外的其他位点具有氨基酸变化的情况，也即在权利要求1的技术方案中，在第95和96位有一个氨基酸残基的插入的同时，还可以在别的位点上具有任意氨基酸变化，但根据说明书提供的上述试验数据，本领域技术人员不能确定除了上述试验证实具有更优洗涤效果的单个特定位点特定氨基酸插入变化之外，同时还包括其他位点的氨基酸变化的变体是否会同样具有优于其亲本酶的洗涤性能。因此，权利要求1得不到说明书的支持，不符合专利法第26条第4款的规定。基于此，由于权利要求2~9的进一步限定均未克服权利要求1中存在的上述得不到说明书支持的缺陷，因此也都得不到说明书的支持。

权利要求11要求保护编码权利要求1的枯草杆菌酶的DNA序列、权利要求12要求保护含有权利要求11的分离的DNA序列的表达载体、权利要求13~19要求保护转化了权利要求12的表达载体的微生物宿主，权利要求20要求保护生产权利要求1~10的枯草杆菌酶的方法，权利要求21~23要求保护含有权利要求1的枯草杆菌酶的洗涤剂组合物，权利要求24要求保护权利要求1~10的枯草杆菌酶或者权利要求21或22的洗涤剂组合物在制备洗衣和/或洗碟洗涤剂中的应用。基于相同的理由，这些权利要求都得不到说明书的支持，因此，权利要求2~9、11~24不符合专利法第26条第4款的规定。

（2）权利要求10要求保护属于I-S2亚族的具有给定氨基酸序列的枯草杆菌酶，或具有包含选自N、S、T、C或N的第95a位氨基酸残基的氨基酸序列的同源枯草杆菌酶。说明书中只给出了在95a位具有氨基酸T的氨基酸序列的突变体具有优于亲本酶的洗涤性能，而没有给出具有其他几种氨基酸的氨基酸序列的突变体也具有优于亲本酶的洗涤性能的试验证据，根据说明书公开的内容和现有技术本领域技术人员无法合理地推导出权利要求10所述的突变体都具有所需要的洗涤性能，即权利要求10中包含了申请人推测的内容，而其效果又难于预先确定和评价，因此，权利要求10所要求保护的技术方案未得到说明书的支持，不符合专利法第26条第4款的规定。

（3）关于复审请求人针对《复审通知书》的意见陈述，合议组经审理认为：虽然复审请求人将权利要求1中枯草杆菌酶突变体限定为BLS309枯草杆菌酶，但其中仍然包含了几种不同的插入突变体，而说明书中并没有实验证据证明这些突变体都具有优于其亲本酶的洗涤活性，本领域技术人员根据说明书公开的内容和现有技术知识，也无法预测这些突变体都具有优于亲本酶的洗涤活性，而且，其要求保护的技术方案并没有排除在除第95位以外的其他位点具有氨基酸变化的情况，也即在权利要求1的技术方案中，在第95和96位有一个氨基酸残基的插入的同时，还可以在别的位点上具有任意氨基酸变化，这种变化的组合包含了大量的突变体，本领域技术人员不能确定这些突变体都具有比亲本酶更优的洗涤效果；虽然复审请求人将权利要求10中的"90%同一性的氨基酸序列的枯草杆菌酶"修改成"具有包含选自N、S、T、C或N的95a位氨基酸的氨基酸序列的枯草杆菌酶"，但说明书中只公开了95a位具有氨基酸T的氨基酸序列的突变体具有优于亲本酶的洗涤性能，本领域技术人员同样无法预测其他突变体也具有相应的洗涤性能，因此复审请求人的上述理由不足以说明本申请的权利要求1~24符合专利法第26条第4款的规定。

三、决定

维持国家知识产权局于2005年5月13日对第99815580.2号发明专利申请作出的驳回决定。

如对本复审请求审查决定不服，根据专利法第41条第2款的规定，请求人可以自收到本决定之日起三个月内向北京市第一中级人民法院起诉。

制备可抑制后传染病毒蛋白酶的药物组合物的方法

复审请求审查决定（第 12270 号）

决 定 号	第 12270 号
决 定 日	2007 年 12 月 18 日
发明创造名称	制备可抑制后传染病毒蛋白酶的药物组合物的方法
国际分类号	A61K 38/55，A61K 38/04，A61P 31/12，A61P 31/18
复审请求人	艾伯特实验室
申 请 号	99118641.9
申 请 日	1990 年 9 月 27 日
优 先 权 日	1989 年 9 月 28 日，1990 年 4 月 25 日
公 布 日	2000 年 5 月 17 日
合议组组长	李人久
主 审 员	李梦楠
参 审 员	刘玉玲

法 律 依 据 专利法第 26 条第 3 款

决 定 要 点

对于新的药物组合物，说明书中应当记载其具体医药用途或者药理作用，同时还应当记载其有效量及使用方法。如果本领域技术人员无法根据现有技术预测发明能够实现所述医药用途、药理作用，则应当记载对于本领域技术人员来说，足以证明发明的技术方案可以解决预期要解决的技术问题或者达到预期的技术效果的实验室试验或者临床试验的定性或定量数据。说明书对有效量和使用方法或者制剂方法等应当记载至所属技术领域的技术人员能够实施的程度。

一、案由

本复审请求涉及复审请求人于 1990 年 9 月 27 日申请，2000 年 5 月 17 日公开，名称为"制备可抑制后传染病毒蛋白酶的药物组合物的方法"的第 99118641.9 号发明专利申请（下称本申请），本申请的优先权日为 1989 年 9 月 28 日和 1990 年 4 月 25 日，申请人为艾伯特实验室。

国家知识产权局于 2004 年 8 月 6 日驳回了本申请，理由是本申请请求保护一种新的药物组合物的制备方法，但是其并未提供作为一种新的药物组合物的具体的医药用途的药理功效，有效量和使用方法，以及对于本领域技术人员来说足以证明本申请的技术方案可以达到预期要解决的技术问题或效果的实验室或临床试验的定性或定量数据，因此本申请的说明书公开不充分，不符合专利法第 26 条第 3 款的规定。

驳回决定所针对的权利要求书为:

"1. 一种制备包含式（I）所示的、治疗学上有效的二氨基化合物或其生理上可接受的盐的药物组合物的方法,

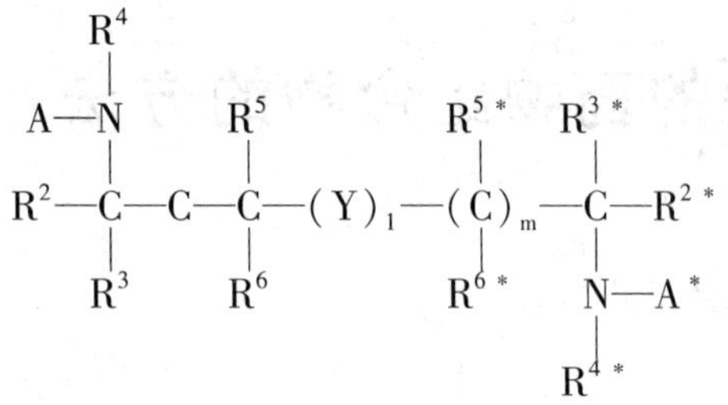

$$\begin{array}{c} R^4 \\ | \\ A-N \quad R^5 \quad R^{5*} \quad R^{3*} \\ | \quad | \quad | \quad | \\ R^2-C-C-C-(Y)_l-(C)_m-C-R^{2*} \\ | \quad | \quad | \quad | \\ R^3 \quad R^6 \quad R^{6*} \quad N-A^* \\ \qquad\qquad\qquad\qquad | \\ \qquad\qquad\qquad\qquad R^{4*} \end{array} \qquad (I)$$

其中 Y 是氧或硫,

l 是 0 且 m 是 1

A 是一个式（IV）基团, A* 是一个式（IV*）基团,

D-(E)n-(F)o-(G)p- (IV)

D*-(E*)n*-(F*)o*-(G*)p*- (IV*)

其中,

n、n*、o、o*、p 和 p* 各自独立地代表整数 0 或 1,

E、E*、F、F*、G 和 G* 各自独立地代表一个氨基酸残基,所说氨基酸选自 ALa、Arg、Asp、Asn、Cpg、Cbg、Glu、Gly、ILe、Leu、Lys、Met、Nva、Phe、Ser、Tbg、Trp、Tyr 和 Val,

D 是 R^1 或式（V）或（VI）所示的一个基团, D* 是 R^{1*} 或式（V*）或（VI*）所示的一个基团,

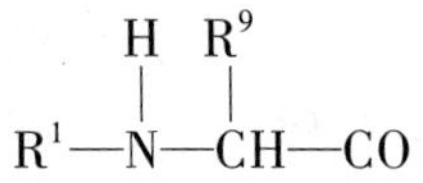

$$\begin{array}{cc} \text{H} \quad R^9 \\ | \quad | \\ R^1-N-CH-CO- \quad (V) \end{array} \qquad \begin{array}{cc} \text{H} \quad R^{9*} \\ | \quad | \\ R^{1*}-N-CH-CO- \quad (V^*) \end{array}$$

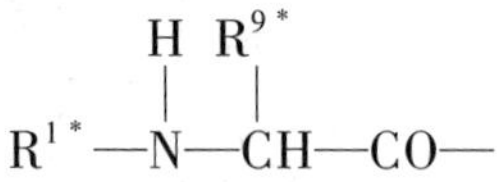

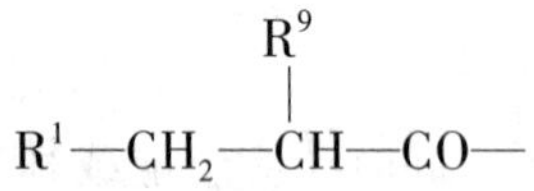

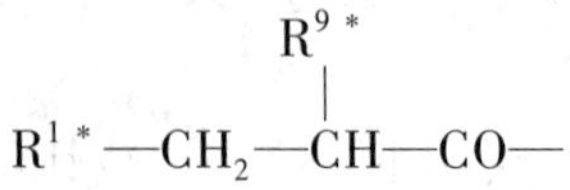

$$\begin{array}{c} R^9 \\ | \\ R^1-CH_2-CH-CO- \quad (VI) \end{array} \qquad \begin{array}{c} R^{9*} \\ | \\ R^{1*}-CH_2-CH-CO- \quad (VI^*) \end{array}$$

其中,

R^1 和 R^{1*} 独立地代表一个（C_1-C_6）烷基磺酰基、$R^{12}R^{13}$N-CO-或 Het-（C_1-C_6）烷基-O-CO-; 其中 R^{12} 代表一个（C_1-C_6）烷基且 R^{13} 代表 Het-（C_1-C_4）烷基,其中 Het 为噻唑基、异噻唑基、四唑基、吡啶基、吡唑基、嘧啶基、吲哚基、异吲哚基、噻吩基、咪唑基、哌啶基、呋喃糖基、醌醇基、吲唑基、2,3-二氮杂萘基、喹啉基、异喹啉基、喹喔啉基、喹唑啉基或噜啉基,且 Het 可被（C_1-C_4）烷基取代一次或多次;且

R^9 和 R^{9*} 代表一个（C_1-C_{10}）烷基、环己基甲基、苄基、2-苯基乙基、1-萘基甲基、2-萘基甲基、4-甲基苄基、4-甲氧基苄基或 4-氯苄基;且

R^2 和 R^{2*} 代表一个正丙基、正丁基、异丁基、正戊基、正己基、环己基甲基、苄基、4-甲基苄基、4-甲氧基苄基、3,4-亚甲二氧基苄基或 4-氯苄基;且

R^3、R^{3*}、R^4、R^{4*}、R^6 和 R^{6*} 均为一个 H;

R^5 和 R^{5*} 独立地为一个 H 或 OH;

其特征在于,使药理学上有效量的至少一种式（I）化合物或其生理上可接受的盐和必要时的一种或多种药用载体制成适用施用的剂型。

2. 按照权利要求1的方法，其特征在于，式（I）化合物中

E、E^*、F、F^*、G和G^*各自独立地代表一个氨基酸残基，所说氨基酸选自Ala、Arg、Asp、Asn、Glu、Gly、Ile、Leu、Lys、Met、Phe、Ser、Tbg、Trg、Tyr和Val；

R^1和R^{1*}各自独立地代表一个（C^1-C^4）烷基磺酰基、$R^{12}R^{13}$N-CO-或Het-（C_1-C_6）烷基-O-CO；其中R^{12}为一个（C_1-C_6）烷基且R^{13}为一个Het-（C_1-C_4）烷基，其中Het为一个噻唑基、异噻唑基、吡啶基、哌啶基、吡嗪基、咪唑基、噻吩基、呋喃糖基、醛醇基、喹啉基或异喹啉基，且Het可被（C_1-C_4）烷基取代一次或多次。"

申请人艾伯特实验室（下称请求人）对上述驳回决定不服，于2004年11月19日向专利复审委员会提出复审请求。请求人认为本申请的技术方案是将一种新颖的化合物与常规药用载体混合进而制备成常规药物组合物的方法；本申请预期要解决的技术问题是获得可使用的药剂。在说明书第50~51页指出了本发明的药物制剂可用常规方法制备成常规的服用或施用形式，就制备方法而言，本申请的公开是充分的。申请人还认为，本申请发明点在于采用本申请中所述的新颖化合物，而与药用载体结合的该化合物的药物组合物的性能和效果取决于该化合物的性能和效果，该化合物的特性在说明书中译文第44~48b中由具体实验得到证明，因此国家知识产权局驳回的理由不成立。

请求人没有在提出复审请求的同时提交新的专利申请文本。

形式审查合格后，专利复审委员会受理了该复审请求，并于2004年12月22日向请求人发出《复审请求受理通知书》，随后将本申请移交原实审部门进行前置审查。

原实审部门对本复审请求进行了前置审查，审查员认为，本案要求保护的药物制备方法是通过一种新的有医药用途的化合物或组合物来进行制备方法的限定的，发明的核心在于这种新的药物化合物或组合物，因而其必须提供其作为一种新的药物组合物或化合物的药理功效、有效量和使用方法，以及对本领域技术人员来说，足以证明本发明的技术方案可以达到预期要解决的技术问题或效果的实验室试验或临床试验的定性或定量数据，而申请人所指出的说明书译文第44~48b中的数据并不能满足这一要求，坚持原驳回决定。

专利复审委员会组成合议组，对本案的复审请求进行了审理。于2007年6月18日向请求人发出《复审通知书》。《复审通知书》指出，（1）本申请要求保护的是一种制备包含治疗学上有效的二氨基化合物或其生理上可接受的盐的药物组合物的方法，但是说明书并没有清楚地记载该药物组合物的有效量，使本领域技术人员根本无法清楚的确定该新的药物组合物的实际用量，从而不能实施本申请的技术方案。（2）说明书中仅仅记载了本申请中的新化合物在酶试验中具有抑制HIV蛋白酶作用的机理性的实验数据，并预期利用化合物的这种性能制备具有新的治疗疾病功能的药物组合物，但是本领域技术人员通过所提供的化合物的实验数据结合现有技术并不能推知由该化合物制备的药物组合物在制药工业中的具体适应症及治疗效果，因此不足以证实本申请的药物组合物可以达到治疗具体病症的目的和效果，因此，不符合专利法第26条第3款的规定。

针对《复审通知书》指出的问题，请求人于2007年10月8日提交了意见陈述书及新修改的权利要求书，在新修改的权利要求1中加入了"所述药物组合物用于抑制HIV蛋白酶"的限定。请求人认为说明书中已经公开了本申请的新化合物具有抑制HIV蛋白酶的作用，因此对本领域技术人员来说，若一种化合物具有特定的药物作用，其可被用于制备用于实现该药物作用的药物组合物，因此针对新修改的权利要求书，本申请的说明书是公开充分的。

修改后的权利要求如下：

"1. 一种制备包含式（I）所示的二氨基化合物或其生理上可接受的盐的药物组合物的方法，所述药物组合物用于抑制HIV蛋白酶，

$$\begin{array}{c} \quad\quad\quad R^4 \\ \quad\quad\quad | \\ A-N \quad R^5 \quad\quad R^{5*} \quad R^{3*} \\ | \quad | \quad\quad\quad | \quad | \\ R^2-C-C-(Y)_l-(C)_m-C-R^{2*} \quad\quad\quad (I) \\ | \quad | \quad\quad\quad | \quad | \\ R^3 \quad R^6 \quad\quad R^{6*} \quad N-A^* \\ \quad\quad\quad\quad\quad\quad\quad | \\ \quad\quad\quad\quad\quad\quad\quad R^{4*} \end{array}$$

其中Y是氧或硫，

l是0且m是1

A是一个式（IV）基团，A^*是一个式（IV^*）基团，

D-（E）n-（F）o-（G）p-（IV）

$D^*-(E^*)_{n^*}-(F^*)_{o^*}-(G^*)_{p^*}-(IV^*)$

其中，

n、n^*、o、o^*、p和p^*各自独立地代表整数0或1，

E、E^*、F、F^*、G和G^*各自独立地代表一个氨基酸残基，所说氨基酸选自ALa、Arg、Asp、Asn、Cpg、Cbg、Glu、Gly、ILe、Leu、Lys、Met、Nva、Phe、Ser、Tbg、Trp、Tyr和Val，

D是R^1或式（V）或（VI）所示的一个基团，D^*是R^{1*}或式（V^*）或（VI^*）所示的一个基团，

$$\begin{array}{cc} \quad H \quad R^9 & \quad H \quad R^{9*} \\ \quad | \quad | & \quad | \quad | \\ R^1-N-CH-CO- \quad (V) & R^{1*}-N-CH-CO- \quad (V^*) \\ \\ \quad\quad R^9 & \quad\quad R^{9*} \\ \quad\quad | & \quad\quad | \\ R^1-CH_2-CH-CO- \quad (VI) & R^{1*}-CH_2-CH-CO- \quad (VI^*) \end{array}$$

其中，

R^1和R^{1*}独立地代表一个（C_1-C_6）烷基磺酰基、$R^{12}R^{13}$N-CO-或Het-（C_1-C_6）烷基-O-CO-；其中R^{12}代表一个（C_1-C_6）烷基且R^{13}代表Het-（C_1-C_4）烷基，其中Het为噻唑基、异噻唑基、四唑基、吡啶基、吡唑基、嘧啶基、吲哚基、异吲哚基、噻吩基、咪唑基、哌啶基、呋喃糖基、醌醇基、吲唑基、2,3-二氮杂萘基、喹啉基、异喹啉基、喹喔啉基、喹唑啉基或噌啉基，且Het可被（C_1-C_4）烷基取代一次或多次；且

R^9和R^{9*}代表一个（C_1-C_{10}）烷基、环己基甲基、苄基、2-苯基乙基、1-萘基甲基、2-萘基甲基、4-甲基苄基、4-甲氧基苄基或4-氯苄基；且

R^2和R^{2*}代表一个正丙基、正丁基、异丁基、正戊基、正已基、环己基甲基、苄基、4-甲基苄基、4-甲氧基苄基、3,4-亚甲二氧基苄基或4-氯苄基；且

R^3、R^{3*}、R^4、R^{4*}、R^6和R^{6*}均为一个H；

R^5和R^{5*}独立地为一个H或OH；

其特征在于，使药理学上有效量的至少一种式（I）化合物或其生理上可接受的盐和必要时的一种或多种药用载体制成适用施用的剂型。

2. 按照权利要求1的方法，其特征在于，式（I）化合物中

E、E^*、F、F^*、G和G^*各自独立地代表一个氨基酸残基，所说氨基酸选自Ala、Arg、Asp、Asn、Glu、Gly、Ile、Leu、Lys、Met、Phe、Ser、Tbg、Trg、Tyr和Val；

R^1和R^{1*}各自独立地代表一个（C_1-C_4）烷基磺酰基、$R^{12}R^{13}$N-CO-或Het-（C_1-C_6）烷基-

O—CO；其中 R^{12} 为一个（C_1-C_6）烷基且 R^{13} 为一个 Het-（C_1-C_4）烷基，其中 Het 为一个噻唑基、异噻唑基、吡啶基、哌啶基、吡嗪基、咪唑基、噻吩基、呋喃糖基、醌醇基、喹啉基或异喹啉基，且 Het 可被（C_1-C_4）烷基取代一次或多次。"

至此，合议组认为本案事实清楚，可以作出审查决定。

二、决定的理由

1. 审查文本

本复审决定所依据的文本是2007年10月8日提交的权利要求1~2、1999年9月10日提交的说明书第1~13、13a、14~48、48a、48b和49~148页及说明书摘要。

2. 关于专利法第26条第3款

专利法第26条第3款规定，说明书应当对发明或实用新型作出清楚、完整的说明，以所属技术领域的技术人员能够实现为准。

根据该款规定，对于新的药物组合物，说明书中应当记载其具体医药用途或者药理作用，同时还应当记载其有效量及使用方法。如果本领域技术人员无法根据现有技术预测发明能够实现所述医药用途、药理作用，则应当记载对于本领域技术人员来说，足以证明发明的技术方案可以解决预期要解决的技术问题或者达到预期的技术效果的实验室试验或者临床试验的定性或定量数据。说明书对有效量和使用方法或者制剂方法等应当记载至所属技术领域的技术人员能够实施的程度。

就本案而言，独立权利要求1要求保护的是一种制备包含治疗学上有效的二氨基化合物或其生理上可接受的盐的药物组合物的方法。本申请实际解决的技术问题在于提供一种新的药物组合物。因此，说明书中除了要记载制备该新的药物组合物的原料和方法外，还需要对所得的新的药物组合物进行确认，公开其具体医药用途、药理功能、有效量及使用方法。虽然本申请的说明书中记载了制备该新的药物组合物所用的原料及方法以及该药物组合物的医药用途，但是说明书并没有清楚地记载该药物组合物的有效量，只是在说明书第50页第10行描述了"高效物质的用量取决于温血动物物种、体重、所龄和应用方法"，但是这种模糊的描述使本领域技术人员根本无法清楚的确定该新的药物组合物的实际用量，从而不能实施本申请的技术方案。此外，说明书中仅仅记载了本申请中的新化合物在酶试验中具有抑制 HIV 蛋白酶作用的机理性的实验数据，并预期利用化合物的这种性能制备具有新的治疗疾病功能的药物组合物，但是本领域技术人员通过所提供的化合物的实验数据结合现有技术并不能推知由该化合物制备的药物组合物在制药工业中的具体适应症及治疗效果，该药物组合物是否能够达到制药工业上所需要的具体的药物作用是需要依赖试验结果加以证实的，而本申请说明书中没有公开这样的实验证据，因此不足以证实本申请的药物组合物可以达到治疗具体病症的目的和效果。

请求人在意见陈述中认为，修改后的权利要求1中限定了"所述药物组合物用于抑制 HIV 蛋白酶"，而且说明书中已经公开了本申请的新化合物具有抑制 HIV 蛋白酶的作用，对本领域技术人员来说，若一种化合物具有特定的药物作用，其可被用于制备用于实现该药物作用的药物组合物，因此本申请的说明书是公开充分的。对此，合议组认为，说明书中公开了本申请的新化合物在体外的酶试验中具有抑制 HIV 蛋白酶作用的实验数据，这只是能说明该化合物在体外具有 HIV 蛋白酶抑制作用，并没有任何证据证明根据这种酶抑制作用能够合理地预期可治疗现有的疾病，也就是没有任何证据能证明该化合物能够被制备成用于治疗某种具体疾病的药物组合物，因此该药物组合物是否能够达到制药工业上所需要的具体的药物作用是需要依赖试验结果加以证实的，而本申请说明书中没有公开的这样的实验证据，因此不符合专利法第26条第3款的规定。

综上所述，本案合议组认为本申请驳回决定的理由成立，根据以上事实和理由，本案合议组作出如下审查决定。

三、决定

维持国家知识产权局于 2004 年 8 月 6 日对 99118641.9 号发明专利申请作出的驳回决定。

复审请求人对本决定不服的,可以根据专利法第 41 条第 2 款的规定,自收到本决定之日起三个月内向北京市第一中级人民法院起诉。

专治大面积烧伤的中成药

复审请求审查决定（第12271号）

决 定 号	第12271号
决 定 日	2007年12月10日
发明创造名称	专治大面积烧伤的中成药
国 际 分 类 号	A61K 35/78，A61K 9/14，A61P 17/02
复 审 请 求 人	段宣明
申 请 号	200410022541.0
申 请 日	2004年5月17日
公 开 日	2005年2月16日
合议组组长	徐洁玲
主 审 员	郝兴辉
参 审 员	吴通义
法 律 依 据	专利法第26条第3款

决 定 要 点

本申请说明书提供了具体的药物配方、炮制方法以及使用方法，但并没有提供任何关于该中成药具有所述功效的试验数据或临床试验资料。而该中成药是否具有所述功效在本专利申请日之前是不可预知的，其必须依赖试验结果加以证实才能成立。在这种情况下，本发明由于缺乏解决技术问题的技术手段而被认为无法实现。

一、案由

本复审请求涉及名称为"专治大面积烧伤的中成药"的第200410022541.0号发明专利申请（下称本申请），申请人为段宣明，申请日为2004年5月17日，公开日为2005年2月16日。

2005年9月9日，国家知识产权局向申请人发出第一次审查意见通知书，其审查意见为：说明书中没有相关的试验资料证明其技术效果，不能推导出该中成药具有快速治疗各种大面积烧伤的效果，因此说明书不符合专利法第26条第3款的规定。

申请人于2005年11月2日提交了意见陈述书以及照片、烧伤回访调查登记表。

国家知识产权局于2006年1月20日驳回了本申请，其理由为：根据现有技术本领域技术人员无法推知本申请的几味药物具有快速治疗各种大面积烧伤的效果，而说明书中缺少证明其疗效的实验室试验或临床试验的资料，因此说明书不符合专利法第26条第3款的规定。

申请人段宣明（下称请求人）对上述驳回决定不服，于2006年3月10日向专利复审委员会提出复审请求,并提交了用以证明实施例效果的照片。请求人认为,按照中西医资料烫伤的标准,结痂就是痊愈,不能以西医一般的外科理论来否定中医对烧伤治疗的客观事实和技术方案,本发明的技术方案可以实现。

形式审查合格后,专利复审委员会受理了该复审请求,并于2006年4月25日向请求人发出《复审请求受理通知书》。并将案卷转送至原审查部门进行前置审查。

原审查部门对本复审请求进行了前置审查,坚持驳回决定。

2007年1月26日请求人提交了意见陈述书,认为以西医一般的外科理论来否定中医对烧伤治疗的客观事实和技术方案是片面、不完善的,不能以书本理论作为相同或近似的标准来判定中医治疗事实和西医治疗事实,实验数据虽未在说明书中提到,但这是申请人利用此中成药治愈患者的事实。从发明目的、技术方案、技术效果都证明本发明具有比西医更佳的实质性效果和显著的进步。

专利复审委员会组成合议组,对本复审请求案进行了审理。

合议组于2007年6月18日发出《复审通知书》,指出本申请说明书提供了具体的药物配方、炮制方法以及使用方法,但并没有提供任何关于该中成药具有以上功效的试验数据或临床试验资料。而该中成药是否具有以上功效在本专利申请日之前是不可预知的,其必须依赖试验结果加以证实才能成立。因此,本申请说明书给出了技术方案,但未提供试验数据,而所述技术方案又必须依赖试验结果加以证实才能成立,在这种情况下,本发明由于缺乏解决技术问题的技术手段而被认为无法实现。

针对上述复审通知书,请求人于2007年7月6日提交了意见陈述书,其认为说明书公开的内容清楚、完整。

据此,合议组认为本案事实清楚,可以作出复审决定。

二、决定的理由

本复审决定依据的审查文本为驳回决定所针对的申请文本,即请求人于申请日提交的原始申请文件的权利要求1、说明书第1~7页以及说明书摘要。

专利法第26条第3款规定,说明书应当对发明或者实用新型作出清楚、完整的说明,以所属技术领域的技术人员能够实现为准。

如果说明书中给出了具体的技术方案,但未给出实验证据,而该方案又必须依赖实验结果加以证实才能成立,这种情况由于缺乏解决技术问题的技术手段而被认为无法实现。

本申请权利要求1请求保护一种专治大面积烧伤的中成药,该中成药具有清热祛毒,迅速逐水消肿、很快使伤口生肌长肉愈合,以及护疮不扩散、退肿、生痂、止血、抗炎之功效;生肌愈口快,而且不留疤痕,并能防止败血症,具有至今中西医治疗大面积烧伤、烫伤、化学实际灼伤的药物所从未有过的奇特功效;能够适用于烈火、焰火、电灼等大面积烧伤、烫伤、灼伤,一般一周痊愈,深度烧伤也只需半月即可。本申请说明书提供了具体的药物配方、炮制方法以及使用方法,但并没有提供任何关于该中成药具有以上功效的试验数据或临床试验资料。而该中成药是否具有以上功效在本专利申请日之前是不可预知的,其必须依赖试验结果加以证实才能成立。因此,本申请说明书给出了技术方案,但未提供试验数据,而所述技术方案又必须依赖试验结果加以证实才能成立,在这种情况下,本发明由于缺乏解决技术问题的技术手段而被认为无法实现。

请求人在答复第一次审查意见通知书时提交了用以证明本发明技术效果的照片和烧伤回访调查登记表。请求人在提出复审请求时,又提供了证明实施例效果的照片,对照片进行了说明。由于以上资料不属于本申请申请日之前的现有技术,因此不能用来证明该发明的技术效果。因此,请求人提供的这些资料并不能用以克服本申请说明书存在的公开不充分的缺陷。

请求人还提出,按照中西医资料烫伤的标准,结痂就是痊愈,不能以西医一般的外科理论来否定中医对烧伤治疗的客观事实和技术方案,该发明的技术方案可以实现。合议组认为《外科学》(人民卫生出版社第三版,第十三章)记载的治疗烧伤的临床经验可以作为判断本发明的技术效果是否能够实现的参考资料。而根据该资料所记载的临床经验,即使是深Ⅱ度烧伤在一般无感染等并发症的情况下也需要3～4周才能治愈,而大面积烧伤属于重度烧伤,电烧伤在治疗上同Ⅲ度烧伤,化学烧伤因存在创面吸收问题,均较深Ⅱ度烧伤严重,所以愈合只能更慢。因此,从说明书和权利要求记载的内容来看,所属技术领域的技术人员根据现有技术,无法预见到该中成药具有所述的功效,请求人的意见不具有说服力。

综上所述,合议组认为,本申请的说明书没有对本发明作出清楚、完整的说明,致使本领域技术人员不能够确定本发明技术方案的技术效果并且预见该技术方案能够解决所述的技术问题,因而无法实现本发明。因此,本申请说明书不符合专利法第26条第3款的规定。

基于上述理由,合议组特作出如下决定。

三、决定

维持国家知识产权局于2006年1月20日对200410022541.0号发明专利申请作出的驳回决定。

复审复审请求人如对本决定不服的,可以根据专利法第41条第2款的规定,自收到本决定之日起三个月内向北京市第一中级人民法院起诉。

菠萝蛋白酶成分

复审请求审查决定（第 12272 号）

决 定 号	第 12272 号
决 定 日	2007 年 11 月 30 日
发明创造名称	菠萝蛋白酶成分
国 际 分 类 号	C12N 9/50，A61K 38/48
复 审 请 求 人	科特克斯（英国）有限公司
申 请 号	98803901.X
最早优先权日	1997 年 2 月 25 日
申 请 日	1998 年 2 月 25 日
公 开 日	2000 年 5 月 3 日
合 议 组 组 长	李人久
主 审 员	旭 昀
参 审 员	张晓飞

法 律 依 据 专利法第 26 条第 4 款

决 定 要 点

权利要求书应当以说明书为依据是指权利要求书应当得到说明书的支持，即权利要求书中的每一项权利要求所要求保护的技术方案应当是所属技术领域的技术人员能够从说明书中公开的内容直接得到或者概括得出的技术方案，并且权利要求的范围不得超出说明书记载的内容。

一、案由

本复审请求涉及 1998 年 2 月 25 日申请、2000 年 5 月 3 日中国国家阶段公开、名称为"菠萝蛋白酶成分"的第 98803901.X 号发明专利申请（下称本申请），本申请的最早优先权日为 1997 年 2 月 25 日，申请人为科特克斯（英国）有限公司。

国家知识产权局于 2004 年 11 月 5 日以权利要求 1 和 4 不符合专利法第 26 条第 4 款的规定为由驳回了本申请。驳回决定所针对的权利要求 1 和 4 为：

"1. 菠萝蛋白酶成分在制备用于治疗或预防疾病或病症的药剂中的用途，其中该菠萝蛋白酶成分选自：

（a）菠萝蛋白酶成分，包括具有由 SDS-PAGE 测定的约 15.07kDa、28.85kDa 和 27.45kDa 分子量并具有等电点 10.4 和 10.45 的蛋白，所述菠萝蛋白酶成分可通过下列方法得到：

（i）将菠萝蛋白酶溶解于 pH5.0 的乙酸缓冲液中；

(ii) 通过在 S-Sepharose 上快速高效液相层析，用 300ml 以上的溶于乙酸缓冲液中的 0~0.8M 氯化钠线性梯度洗脱以分离菠萝蛋白酶的成分；

(iii) 收集对应于从柱上下来的最后双峰的组分；

(b) ananain；和

(c) ananain、comosain 的混合物；

其中，所述疾病或病症选自：

(a) T 细胞的活化介导的疾病或病症；

(b) MAP 激酶通路活化介导的疾病或病症；

(c) 生长因子或细胞因子的产生介导的疾病或病症；

(d) 癌症；

(e) 自身免疫疾病；

(f) 宿主对移植排斥；

(g) 过敏反应；

(h) 中毒性休克；

(i) 细胞程序性死亡；和

(j) 寄生物或病原体侵染。

4. 一种用于预防或治疗疾病或病症的药物或兽医组合物，包含菠萝蛋白酶成分及药学上或兽医上可接受的赋形剂，其中所述菠萝蛋白酶成分选自：

(a) 菠萝蛋白酶成分，包括具有由 SDS-PAGE 测定的约 15.07kDa、28.85kDa 和 27.45kDa 分子量并具有等电点 10.4 和 10.45 的蛋白，所述菠萝蛋白酶成分可通过下列方法得到：

(i) 将菠萝蛋白酶溶解于 pH5.0 的乙酸缓冲液中；

(ii) 通过在 S-Sepharose 上快速高效液相层析，用 300ml 以上的溶于乙酸缓冲液中的 0~0.8M 氯化钠线性梯度洗脱以分离菠萝蛋白酶的成分；

(iii) 收集对应于从柱上下来的最后双峰的组分；

(b) ananain；和

(c) ananain、comosain 的混合物；

其中，所述疾病或病症选自：

(a) T 细胞活化介导的疾病或病症；

(b) MAP 激酶通路活化介导的疾病或病症；

(c) 生长因子或细胞因子的产生介导的疾病或病症；

(d) 癌症；

(e) 自身免疫疾病；

(f) 宿主对移植排斥；

(g) 过敏反应；

(h) 中毒性休克；

(i) 细胞程序性死亡；和

(j) 寄生物或病原体侵染。

驳回决定认为：权利要求 1 和 4 中分别要求保护的的菠萝蛋白酶成分在用于治疗或预防疾病"(c) 生长因子或细胞因子的产生成介导的疾病或病症；(d) 癌症；(e) 自身免疫疾病；(f) 宿主对移植排斥；(h) 中毒性休克；和 (j) 寄生物或病原体侵染"中用途的药物组合物得不到说明书的支

持，说明书实施例中提供的体外试验数据只能表明本发明的菠萝蛋白酶成分能够抑制MAP激酶通路的活化，抑制T细胞增殖，抑制IL-2产生，体外抑制人肿瘤生长，但是本领域技术人员并不能由这些试验以及说明书的描述进一步概括和推测出所述的菠萝蛋白酶成分还能够用于治疗或预防如癌症、中毒性休克、自身免疫疾病、寄生物或病原体侵染等疾病或病症，这样的效果是难以预先确定或评价的，申请人认为只要认可抑制MAP激酶通路的活化，抑制T细胞增殖，抑制IL-2产生，体外抑制人肿瘤生长的数据就可以推测出权利要求1和4所述疾病，但是事实上，本领域技术人员公知，尽管已经有了该组合物可影响ERK-2和MAP激酶细胞信号通路或体外抑制肿瘤细胞生长的实验数据，但并不能表明该组合物就一定能够治疗癌症或自身免疫疾病这样的由多种信号通路和复杂因子所引发的疾病，而申请人并没有提供这样的数据加以证明，本领域技术人员更无法推测该菠萝蛋白酶成分可以达到治疗癌症、自身免疫疾病、中毒性休克、寄生物或病原体侵染的目的。

申请人科特克斯（英国）有限公司（下称请求人）对上述驳回决定不服，于2005年2月18日向专利复审委员会提出复审请求，请求人在提出复审请求时提交了经修改的权利要求1~9，并对权利要求1和4进行了修改，将所述疾病和病症限定为对抑制MAP激酶通路有反应。修改后的权利要求1和4的内容如下：

"1. 菠萝蛋白酶成分在制备用于治疗或预防疾病或病症的药剂中的用途，其中该菠萝蛋白酶成分选自：

（a）菠萝蛋白酶成分，包括具有由SDS-PAGE测定的约15.07kDa、25.85kDa和27.45kDa分子量并具有等电点10.4和10.45的蛋白，所述菠萝蛋白酶成分可通过下列方法得到：

（i）将菠萝蛋白酶溶解于pH5.0的乙酸缓冲液中；

（ii）通过在S-Sepharose上快速高效液相层析，用300ml以上的溶于乙酸缓冲液中的0~0.8M氯化钠线性梯度洗脱以分离菠萝蛋白酶的成分；

（iii）收集对应于从柱上下来的最后双峰的组分；

（b）ananain；和

（c）ananain和comosain的混合物；

其中，所述疾病或病症对抑制MAP激酶通路有反应并且选自：

（a）T细胞活化介导的疾病或病症；

（b）生长因子或细胞因子的产生介导的疾病或病症；

（c）癌症；

（d）自身免疫疾病；

（e）宿主对移植排斥；

（f）过敏反应；

（g）中毒性休克；

（h）细胞程序性死亡；和

（i）寄生物或病原体侵染。

4. 一种用于预防或治疗疾病或病症的药物或兽医组合物，包含菠萝蛋白酶成分及药学上或兽医上可接受的赋形剂，其中所述菠萝蛋白酶成分选自：

（a）菠萝蛋白酶成分，包括具有由SDS-PAGE测定的约15.07kDa、25.85kDa和27.45kDa分子量并具有等电点10.4和10.45的蛋白，所述菠萝蛋白酶成分可通过下列方法得到：

（i）将菠萝蛋白酶溶解于pH5.0的乙酸缓冲液中；

（ii）通过在S-Sepharose上快速高效液相层析，用300ml以上的溶于乙酸缓冲液中的0~0.8M氯化钠线性梯度洗脱以分离菠萝蛋白酶的成分；

（iii）收集对应于从柱上下来的最后双峰的组分；

（b）ananain；和

（c）ananain 和 comosain 的混合物；

其中，所述疾病或病症对抑制 MAP 激酶通路有反应并且选自：

（a）T 细胞活化介导的疾病或病症；

（b）生长因子或细胞因子的产生介导的疾病或病症；

（c）癌症；

（d）自身免疫疾病；

（e）宿主对移植排斥；

（f）过敏反应；

（g）中毒性休克；

（h）细胞程序性死亡；和

（i）寄生物或病原体侵染。"

请求人认为，将权利要求 1 和 4 所述的疾病或病症限定为那些通过对抑制 MAP 激酶通路能够治疗的疾病或病症，如果某一特定类型的癌症、自身免疫疾病等对菠萝蛋白酶成分抑制 MAP 激酶没有反应，则该疾病不包含在权利要求 1 和 4 中，而说明书第 4～9 页提供了充足的证据证明权利要求 1 和 4 所述疾病或病症中 MAP 激酶通路起着关键作用，因此，修改后的权利要求 1 和 4 能够得到说明书的支持。

形式审查合格后，专利复审委员会受理了该复审请求，并于 2005 年 3 月 17 日向请求人发出《复审请求受理通知书》，同时将本申请案件移交原审查部门进行前置审查。

原审查部门对本复审请求进行了前置审查，认为：根据说明书的记载，只能证明本发明的菠萝蛋白酶成分体外涉及抑制 MAP 激酶通路，而进一步的要应用于制备体内治疗上述疾病的药物还需要本领域技术人员需要付出创造性的劳动通过大量的试验证明才能够得以实现。因而，坚持原驳回决定。

专利复审委员会组成合议组，对本复审请求案进行了审查。经审查，合议组认为本案事实已经清楚，可以作出审查决定。

二、决定的理由

1. 文本认定

本复审决定是针对请求人于 2005 年 2 月 18 日提交的权利要求 1～9、进入中国国家阶段时提交的说明书摘要、说明书第 1～3、5、7～26 页、说明书附图第 1～15 页、1999 年 9 月 30 日提交的说明书第 27～29 页、2003 年 10 月 20 日提交的说明书第 4、6 页作出的。

2. 关于专利法第 26 条第 4 款

专利法第 26 条第 4 款规定，权利要求书应当以说明书为依据，说明要求专利保护的范围。

权利要求书应当以说明书为依据是指权利要求书应当得到说明书的支持，即权利要求书中的每一项权利要求所要求保护的技术方案应当是所属技术领域的技术人员能够从说明书中公开的内容直接得到或者概括得出的技术方案，并且权利要求的范围不得超出说明书记载的内容。

2005 年 2 月 18 日提交的经修改的权利要求 1 和权利要求 4 分别请求保护菠萝蛋白酶成分在制备用于治疗或预防疾病或病症的药剂中的用途和包含所述菠萝蛋白酶成分的用于预防或治疗疾病或病症的药物或兽医组合物，其中所述权利要求 1 和 4 中的疾病或病症被限定为对抑制 MAP 激酶通路有反应。由于修改后的权利要求 1 和 4 中的疾病或病症仅仅包括那些对菠萝蛋白酶成分抑制 MAP 激酶通路有反应的病症，而说明书中所提供的体外试验数据表明本发明的菠萝蛋白酶成分能够抑制MAP激酶通路的活化，并且抑制IL-2产生和CD4+T细胞增殖以及抑制肿瘤细胞生长，同时在说明书中第4～9页记载了权利要求1和4中的疾病或病症与MAP激酶通路具有关联性的内容，具体如下：说明书第4页倒数第1段至第5页第1～4段阐述了T细胞活化介导的疾病或病症和生长因子或细胞因子的产生介导的疾病或病症与MAP激酶通路的关联性："T细胞中CCS对MAP激酶通路的影响……已表明CCS阻断MAP激酶通路的活化并阻断T细胞的活化，MAP激酶通路对于生长因子和其他细胞因子也是很重要的"；说明书第8页第3段至第9页第1～2段阐述了癌症与MAP激酶通路的关联性"MAP激酶活化依赖于P21Ras和Raf-1，它们是重要的癌基因……所述基因通过阻断对细胞增殖和分化的正常控制促使癌症和肿瘤的形成"；说明书第7页倒数第3～4段阐述了自身免疫疾病和宿主对移植排斥与MAP激酶通路的关联性："T细胞中MAP激酶通路活化以合成IL-2和推动细胞克隆扩充是免疫反应的必须成分，如果自身反应T细胞活化，将产生自身免疫疾病，而且T细胞对移植组织特异的活化会导致移植排斥"；说明书第7页倒数第2段阐述了过敏反应与MAP激酶通路的关联性："过敏原特异的T细胞的活化会导致过敏反应，炎性细胞因子和其他细胞产物如组胺在与过敏原接触后从细胞释放，组胺和炎性细胞因子的释放包括MAP激酶通路"；说明书第7页倒数第1段阐述了中毒性休克与MAP激酶通路的关联性："中毒性休克由来自革兰氏阴性细菌脂多糖（LPS）的合成介导，LPS通过巨噬细胞中的MAP激酶通路活化激发TNF-α和白细胞介素-1的合成，这些细胞因子的分泌引起免疫系统其他细胞（包括T细胞）中细胞因子的合成，这导致白细胞增多、休克、血管内凝血和死亡"；说明书第8页第1段倒数第2～3行阐述了细胞程序性死亡与MAP激酶通路的关联性："细胞程序性死亡依赖特异细胞信号传导时间包括MAP激酶通路的活化"；说明书第8页第2段阐述了寄生物或病原体侵染与MAP激酶通路的关联性："某些慢性寄生感染可以发现的，T细胞在慢性病的持续活化也会导致病理学后果，而且寄生物和病原体的侵入和他们随后在细胞中的存活依赖于这些生物利用宿主细胞信号通路，如已证明沙门氏菌使MAP激酶磷酸化，然后细菌增殖并破坏细胞，已证明所述菠萝蛋白酶成分修饰信号转导通路，并且具体抑制MAP激酶"。根据说明书记载的内容可以得知：权利要求1和4的疾病与病症虽然由多种信号通路和复杂因素引起的，但其中均涉及MAP激酶通路的异常活化，而在说明书中已经给出实验证据表明（1）菠萝蛋白酶成分抑制MAP激酶通路，阻断ERK-2磷酸化作用并因此阻断MAP激酶级联反应，（2）抑制IL-2产生和CD4+T细胞增殖和（3）抑制肿瘤细胞生长，本领域技术人员有理由相信，菠萝蛋白酶成分在用于预防或治疗上述对抑制MAP激酶通路有反应的疾病或病症时能产生积极的作用。因此，本案合议组认为，权利要求1、4可以得到说明书的支持，符合专利法第26条第4款的规定。

根据以上事实和理由，本案合议组作出如下审查决定。

三、决定

撤销国家知识产权局于2004年11月5日对98803901.X号发明专利申请作出的驳回决定。由原审查部门在本决定针对的文本基础上继续进行审查。

复审请求人对本决定不服的，可以根据专利法第41条第2款的规定，自收到本决定之日起三个月内向北京市第一中级人民法院起诉。

Reg-结合蛋白

复审请求审查决定（第12277号）

决 定 号	第12277号
决 定 日	2007年12月6日
发明创造名称	Reg-结合蛋白
国际分类号	C12N 15/09，C07K 14/435，C07K 16/18，C12N 1/15，C12N1/21，C12N 5/10，C12P 21/02，G01N 33/15，G01N 33/50，G01N 33/566，A61K 31/00，A61K 38/00，A61K 45/00
复审请求人	冈本宏
申 请 号	00810465.4
优 先 权 日	1999年6月10日
申 请 日	2000年6月9日
公 开 日	2002年7月31日
合议组组长	许 磊
主 审 员	郝建欣
参 审 员	卢 阳

法 律 依 据 专利法第25条、第26条第4款，专利法实施细则第20条第1款、第60条第1款
决 定 要 点
权利要求中的每一项权利要求所要求保护的技术方案应当是所述技术领域的技术人员能够从说明书充分公开的内容中得到或概括得出的技术方案，并且不得超出说明书公开的范围。

一、案由

本复审请求涉及名称为"Reg-结合蛋白"的第00810465.4号发明专利申请（下称本申请），其申请人为冈本宏，优先权日为1999年6月10日，申请日为2000年6月9日，公开日为2002年7月31日。

国家知识产权局于2004年12月10日以权利要求1、2、5、7、8不符合专利法第26条第4款的规定为由驳回了本申请。驳回决定所针对的权利要求书为：

"1. 一种筛选化合物的方法，该化合物抑制Reg蛋白与如下（a）至（c）中任一项的蛋白结合，
（a）含有SEQ ID NO：2或SEQ ID NO：4之氨基酸序列的蛋白质，
（b）由DNA所编码的蛋白质，该DNA含有SEQ ID NO：1或SEQ ID NO：3之核苷酸序列的编码序列，

(c) 由DNA所编码的蛋白质，该DNA在50℃，在6×SSC，5×FBP，0.5%SDS，0.2mg/ml鲑精DNA和50%甲酰胺溶液中，可与具有SEQ ID NO：1或SEQ ID NO：3之核苷酸序列的DNA杂交，其中所述的DNA编码具有与Reg蛋白结合之活性的蛋白质，

该方法包括如下步骤：

(i) 在受试样品存在下，使Reg蛋白与上述（a）至（c）中任一项的蛋白或其Reg-结合片段接触，

(ii) 检测Reg蛋白与所述（a）至（c）中任一项的的蛋白或其Reg-结合片段的结合，和，

(iii) 选择减弱所述结合的化合物。

2. 一种筛选化合物的方法，该化合物促进或抑制由如下（a）至（c）中任一项的蛋白的激活所致的信号转导，

(a) 含有SEQ ID NO：2或SEQ ID NO：4之氨基酸序列的蛋白质，

(b) 由DNA所编码的蛋白质，该DNA含有SEQ ID NO：1或SEQ ID NO：3之核苷酸序列的编码序列，

(c) 由DNA所编码的蛋白质，该DNA在50℃，在6×SSC，5×FBP，0.5%SDS，0.2mg/ml鲑精DNA和50%甲酰胺溶液中，可与具有SEQ ID NO：1或SEQ ID NO：3之核苷酸序列的DNA杂交，其中所述的DNA编码具有与Reg蛋白结合之活性的蛋白质，

该方法包括如下步骤：

(i) 在受试样品的存在下，使Reg蛋白与在细胞表面表达上述（a）至（c）中任一项的蛋白的细胞接触，

(ii) 检测细胞在应答Reg蛋白的刺激中的改变，和

(iii) 选择与缺乏受试样品时所作的检测相比，能增强或抑制所述细胞改变的化合物。

3. 根据权利要求2的方法，其中所述细胞改变包括细胞-增殖活性或细胞的DNA-合成活性的改变。

4. 根据权利要求1~3任一项的方法，其中所述蛋白是大鼠或人的蛋白。

5. 根据如下（a）至（c）中任一项的蛋白质，具有该蛋白胞外结构域的多肽，编码该蛋白或多肽的DNA，插入有该DNA的载体，结合所述蛋白的抗体，在制备调节应答Reg蛋白的细胞的胞内信号转导的药物，调节细胞生长的药物，调节DNA合成的药物，调节凋亡的药物中的用途：

(a) 含有SEQ ID NO：2或SEQ ID NO：4之氨基酸序列的蛋白质，

(b) 由DNA所编码的蛋白质，该DNA含有SEQ ID NO：1或SEQ ID NO：3之核苷酸序列的编码序列，

(c) 由DNA所编码的蛋白质，该DNA在50℃，在6×SSC，5×FBP，0.5%SDS，0.2mg/ml鲑精DNA和50%甲酰胺溶液中，可与具有SEQ ID NO：1或SEQ ID NO：3之核苷酸序列的DNA杂交，其中所述的DNA编码具有与Reg蛋白结合之活性的蛋白质。

6. 权利要求5的用途，其中所述蛋白是大鼠或人的蛋白。

7. 权利要求5或6的用途，其中所述药物是抗-糖尿病药物。

8. 根据如下（a）至（c）中任一项的蛋白质，具有该蛋白胞外结构域的多肽，编码该蛋白或多肽的DNA，插入有该DNA的载体，结合所述蛋白的抗体，用于调节应答Reg蛋白的细胞的胞内信号转导，调节细胞生长，调节DNA合成，调节凋亡：

(a) 含有SEQ ID NO：2或SEQ ID NO：4之氨基酸序列的蛋白质，

(b) 由DNA所编码的蛋白质，该DNA含有SEQ ID NO：1或SEQ ID NO：3之核苷酸序列的编

码序列，

（c）由 DNA 所编码的蛋白质，该 DNA 在 50℃，在 6×SSC，5×FBP，0.5%SDS，0.2mg/ml 鲑精 DNA 和 50%甲酰胺溶液中，可与具有 SEQ ID NO：1 或 SEQ ID NO：3 之核苷酸序列的 DNA 杂交，其中所述的 DNA 编码具有与 Reg 蛋白结合之活性的蛋白质。

9. 权利要求 8 的用途，其中所述蛋白是大鼠或人的蛋白。"

驳回决定认为：权利要求 1、2、5、8 中的"含有"和（c）中所涉及的蛋白质包括了大量具有不同氨基酸序列的蛋白质，因此得不到说明书支持；权利要求 7 要求保护的在制备抗糖尿病药物中的用途由于缺少实验数据而得不到说明书支持。

申请人冈本宏（下称请求人）对上述驳回决定不服，于 2005 年 3 月 25 日向专利复审委员会提出复审请求，请求人在提出复审请求时提交了权利要求书全文替换页（共 11 项权利要求）及如下附件：

附件 1："The Extracellular Domain Suppresses Constitutive Activity of the Transmembrane Domain of the Human TSH Receptor: Implications for Hormone – Receptor Interaction and Antagonist Design"，MENG ZHANG 等人，Endocrinology，第 141 卷，第 9 期，2000 年，第 3514～3517 页，复印件共 4 页；

附件 2：sigma-aldrich 的产品说明，Recombinant Protein Cloning and Expression，"CLONING AND EXPRESSION，FLAG® and 3xFLAG® Overview"，第 25～26 页，复印件共 2 页；

附件 3：Acris ANTIBODIES GmbH 的产品说明，"Rabbit Polyclonal Antibody to Myc Epitope Tag"，复印件共 2 页。

请求人新提交的权利要求书为：

"1. 一种筛选化合物的方法，该化合物抑制 Reg 蛋白与如下（a）或（b）的蛋白结合，

（a）含有 SEQ ID NO：2 或 SEQ ID NO：4 之氨基酸序列的蛋白质，其中，SEQ ID NO：2 或 SEQ ID NO：4 中添加了 10 个或 10 个以下的氨基酸，并且该蛋白具有与 Reg 蛋白结合之活性，

（b）由 DNA 所编码的蛋白质，该 DNA 在 50℃，在 6×SSC，5×FBP，0.5%SDS，0.2mg/ml 鲑精 DNA 和 50%甲酰胺溶液中，可与具有 SEQ ID NO：1 或 SEQ ID NO：3 之核苷酸序列的 DNA 杂交，其中所述的 DNA 编码具有与 Reg 蛋白结合之活性的蛋白质，并且该 DNA 的编码序列与 SEQ ID NO：1 或 SEQ ID NO：3 有 95%或 95%以上相同，

该方法包括如下步骤：

（i）在受试样品存在下，使 Reg 蛋白与上述（a）至（b）中任一项的蛋白或其 Reg-结合片段接触，

（ii）检测 Reg 蛋白与所述（a）至（b）中任一项的蛋白或其 Reg-结合片段的结合，和，

（iii）选择减弱所述结合的化合物。

2. 一种筛选化合物的方法，该化合物促进或抑制由如下（a）或（b）的蛋白的激活所致的信号转导，

（a）含有 SEQ ID NO：2 或 SEQ ID NO：4 之氨基酸序列的蛋白质，其中，SEQ ID NO：2 或 SEQ ID NO：4 中添加了 10 个或 10 个以下的氨基酸，并且该蛋白具有与 Reg 蛋白结合之活性，

（b）由 DNA 所编码的蛋白质，该 DNA 在 50℃，在 6×SSC，5×FBP，0.5%SDS，0.2mg/ml 鲑精 DNA 和 50%甲酰胺溶液中，可与具有 SEQ ID NO：1 或 SEQ ID NO：3 之核苷酸序列的 DNA 杂交，其中所述的 DNA 编码具有与 Reg 蛋白结合之活性的蛋白质，并且该 DNA 的编码序列与 SEQ ID NO：1 或 SEQ ID NO：3 有 95%或 95%以上相同，

该方法包括如下步骤：

(i) 在受试样品的存在下,使 Reg 蛋白与在细胞表面表达上述(a)至(b)中任一项的蛋白的细胞接触,

(ii) 检测细胞在应答 Reg 蛋白的刺激中的改变,和

(iii) 选择与缺乏受试样品时所作的检测相比,能增强或抑制所述细胞改变的化合物。

3. 根据权利要求 2 的方法,其中所述细胞改变包括细胞-增殖活性或细胞的 DNA-合成活性的改变。

4. 根据权利要求 1~3 任一项的方法,其中(a)或(b)的蛋白是(i):具有 SEQ ID NO:2,SEQ ID NO:4 或 SEQ ID NO:5 之氨基酸序列的蛋白质,或(ii):向(i)的蛋白中添加了 10 个或 10 个以下的氨基酸的蛋白质,该蛋白质具有与 Reg 蛋白结合之活性。

5. 根据权利要求 1 至 3 任一项的方法,其中(a)或(b)的蛋白是具有 SEQ ID NO:2,SEQ ID NO:4 或 SEQ ID NO:5 之氨基酸序列的蛋白质。

6. 根据如下(a)或(b)的蛋白质、具有该蛋白胞外结构域的多肽、编码该蛋白或多肽的 DNA、插入有该 DNA 的载体、结合所述蛋白的抗体、在制备调节应答 Reg 蛋白的细胞的胞内信号转导的药物、调节细胞生长的药物、调节 DNA 合成的药物和调节凋亡的药物中的用途:

(a) 含有 SEQ ID NO:2 或 SEQ ID NO:4 之氨基酸序列的蛋白质,其中,SEQ ID NO:2 或 SEQ ID NO:4 中添加了 10 个或 10 个以下的氨基酸,并且该蛋白具有与 Reg 蛋白结合之活性,

(b) 由 DNA 所编码的蛋白质,该 DNA 在 50℃,在 6×SSC,5×FBP,0.5%SDS,0.2mg/ml 鲑精 DNA 和 50%甲酰胺溶液中,可与具有 SEQ ID NO:1 或 SEQ ID NO:3 之核苷酸序列的 DNA 杂交,其中所述的 DNA 编码具有与 Reg 蛋白结合之活性的蛋白质,并且该 DNA 的编码序列与 SEQ ID NO:1 或 SEQ ID NO:3 有 95% 或 95% 以上相同。

7. 根据权利要求 6 的用途,其中(a)或(b)的蛋白是(i):具有 SEQ ID NO:2,SEQ ID NO:4 或 SEQ ID NO:5 之氨基酸序列的蛋白质,或(ii):向(i)的蛋白质中添加了 10 个或 10 个以下的氨基酸的蛋白质,该蛋白质具有与 Reg 蛋白结合之活性。

8. 根据权利要求 5 的用途,其中所述(a)或(b)的蛋白是具有 SEQ ID NO:2,SEQ ID NO:4 或 SEQ ID NO:5 之氨基酸序列的蛋白质。

9. 根据如下(a)或(b)的蛋白质、具有该蛋白胞外结构域的多肽、编码该蛋白或多肽的 DNA、插入有该 DNA 的载体、结合所述蛋白的抗体,用于调节应答 Reg 蛋白的细胞的胞内信号转导、调节细胞生长、调节 DNA 合成和调节凋亡的用途:

(a) 含有 SEQ ID NO:2 或 SEQ ID NO:4 之氨基酸序列的蛋白质,其中,SEQ ID NO:2 或 SEQ ID NO:4 中添加了 10 个或 10 个以下的氨基酸,并且该蛋白具有与 Reg 蛋白结合之活性,

(b) 由 DNA 所编码的蛋白质,该 DNA 在 50℃,在 6×SSC,5×FBP,0.5%SDS,0.2mg/ml 鲑精 DNA 和 50%甲酰胺溶液中,可与具有 SEQ ID NO:1 或 SEQ ID NO:3 之核苷酸序列的 DNA 杂交,其中所述的 DNA 编码具有与 Reg 蛋白结合之活性的蛋白质,并且该 DNA 的编码序列与 SEQ ID NO:1 或 SEQ ID NO:3 有 95% 或 95% 以上相同。

10. 根据权利要求 9 的用途,其中(a)或(b)的蛋白是(i):具有 SEQ ID NO:2,SEQ ID NO:4 或 SEQ ID NO:5 之氨基酸序列的蛋白质,或(ii):向(i)的蛋白质中添加了 10 个或 10 个以下的氨基酸的蛋白质,该蛋白质具有与 Reg 蛋白结合之活性。

11. 根据权利要求 9 的用途,其中(a)或(b)的蛋白是具有 SEQ ID NO:2,SEQ ID NO:4 或 SEQ ID NO:5 之氨基酸序列的蛋白质。"

请求人认为:修改后的权利要求 1,2,6 和 9 限定所述蛋白为"添加了 10 个或 10 个以下的氨基

酸,并且该蛋白具有与Reg蛋白结合之活性"的蛋白,并将所述DNA进一步限定有95%或95%以上的相同性;本发明实施例中所用的Reg结合蛋白血凝素(HA)九肽-标记物为"包含"SEQ ID NO:2或4之氨基酸序列的一种蛋白,且附件1~3表明向氨基酸序列中添加数个氨基酸完全可以不影响所述蛋白的活性,至于用95%或95%以上相同性和功能同时限定,说明书以序列5为例提供了具体实例和实验数据。同样,实施例10~12证明了本发明Reg结合蛋白的功能,因此权利要求1、2、6、9符合专利法第26条第4款的规定。

形式审查合格后,专利复审委员会受理了该复审请求,并于2005年6月20日向请求人发出《复审请求受理通知书》,随后将本申请案卷移交原审查部门进行前置审查。

原审查部门对本复审请求进行了前置审查,坚持原驳回决定。

专利复审委员会组成合议组,对本案的复审请求进行了审理。于2007年7月2日向请求人发出《复审通知书》。该《复审通知书》指出:(1)权利要求4、5、7、8、10、11不符合专利法实施细则第60条第1款的规定;(2)权利要求9~11属于专利法第25条第1款第(3)项规定的不授予专利权的范围;(3)权利要求1、2、6、9中(a)和(b)中的描述不清楚,不符合专利法实施细则第20条第1款的规定;(4)权利要求1、2、6、9中采用"含有"和"具有"这种开放式的表述方式概括了过宽的保护范围,因此权利要求1、2、6、9不符合专利法第26条第4款的规定。

针对《复审通知书》指出的问题,请求人于2007年8月10日提交了意见陈述书及经修改的权利要求书全文替换页,修改后的权利要求书如下:

"1. 一种筛选化合物的方法,该化合物抑制Reg蛋白与如下(a)或(b)的蛋白结合,

(a)由SEQ ID NO:2或SEQ ID NO:4所示氨基酸序列组成的蛋白质,或SEQ ID NO:2或SEQ ID NO:4中添加了10个或10个以下的氨基酸并具有与Reg蛋白结合之活性的蛋白质,

(b)由DNA所编码的蛋白质,该DNA在50℃,在6×SSC,5×FBP,0.5%SDS,0.2mg/ml鲑精DNA和50%甲酰胺溶液中,可与SEQ ID NO:1或SEQ ID NO:3之核苷酸序列杂交,其中所述的DNA编码具有与Reg蛋白结合之活性的蛋白质,并且该DNA的编码序列与SEQ ID NO:1或SEQ ID NO:3有95%或95%以上相同,

该方法包括如下步骤:

(i)在受试样品存在下,使Reg蛋白与上述(a)至(b)中任一项的蛋白或其Reg-结合片段接触,

(ii)检测Reg蛋白与所述(a)至(b)中任一项的蛋白或其Reg-结合片段的结合,和,

(iii)选择减弱所述结合的化合物。

2. 一种筛选化合物的方法,该化合物促进或抑制由如下(a)或(b)的蛋白的激活所致的信号转导,

(a)由SEQ ID NO:2或SEQ ID NO:4所示氨基酸序列组成的蛋白质,或SEQ ID NO:2或SEQ ID NO:4中添加了10个或10个以下的氨基酸并具有与Reg蛋白结合之活性的蛋白质,

(b)由DNA所编码的蛋白质,该DNA在50℃,在6×SSC,5×FBP,0.5%SDS,0.2mg/ml鲑精DNA和50%甲酰胺溶液中,可与SEQ ID NO:1或SEQ ID NO:3之核苷酸序列杂交,其中所述的DNA编码具有与Reg蛋白结合之活性的蛋白质,并且该DNA的编码序列与SEQ ID NO:1或SEQ ID NO:3有95%或95%以上相同,

该方法包括如下步骤:

(i)在受试样品的存在下,使Reg蛋白与在细胞表面表达上述(a)至(b)中任一项的蛋白的细胞接触,

(ii) 检测细胞在应答 Reg 蛋白的刺激中的改变，和

(iii) 选择与缺乏受试样品时所作的检测相比，能增强或抑制所述细胞改变的化合物。

3. 根据权利要求 2 的方法，其中所述细胞改变包括细胞-增殖活性或细胞的 DNA-合成活性的改变。

4. 根据权利要求 1~3 任一项的方法，其中所述蛋白是大鼠或人的蛋白。

5. 根据如下（a）或（b）的蛋白质、具有该蛋白胞外结构域的多肽、编码该蛋白或多肽的 DNA、插入有该 DNA 的载体、结合所述蛋白的抗体、在制备调节应答 Reg 蛋白的细胞的胞内信号转导的药物、调节细胞生长的药物、调节 DNA 合成的药物和调节凋亡的药物中的用途：

（a）由 SEQ ID NO：2 或 SEQ ID NO：4 所示氨基酸序列组成的蛋白质，或 SEQ ID NO：2 或 SEQ ID NO：4 中添加了 10 个或 10 个以下的氨基酸并具有与 Reg 蛋白结合之活性的蛋白质，

（b）由 DNA 所编码的蛋白质，该 DNA 在 50℃，在 6×SSC，5×FBP，0.5％SDS，0.2mg/ml 鲑精 DNA 和 50％甲酰胺溶液中，可与 SEQ ID NO：1 或 SEQ ID NO：3 之核苷酸序列杂交，其中所述的 DNA 编码具有与 Reg 蛋白结合之活性的蛋白质，并且该 DNA 的编码序列与 SEQ ID NO：1 或 SEQ ID NO：3 有 95％或 95％以上相同。

6. 根据权利要求 5 的用途，其中所述蛋白是大鼠或人的蛋白。

7. 根据如下（a）或（b）的蛋白质、具有该蛋白胞外结构域的多肽、编码该蛋白或多肽的 DNA、插入有该 DNA 的载体、结合所述蛋白的抗体，在制备用于调节应答 Reg 蛋白的细胞的胞内信号转导、调节细胞生长、调节 DNA 合成和调节凋亡的药物中的用途：

（a）由 SEQ ID NO：2 或 SEQ ID NO：4 所示氨基酸序列组成的蛋白质，或 SEQ ID NO：2 或 SEQ ID NO：4 中添加了 10 个或 10 个以下的氨基酸并具有与 Reg 蛋白结合之活性的蛋白质，

（b）由 DNA 所编码的蛋白质，该 DNA 在 50℃，在 6×SSC，5×FBP，0.5％SDS，0.2mg/ml 鲑精 DNA 和 50％甲酰胺溶液中，可与 SEQ ID NO：1 或 SEQ ID NO：3 之核苷酸序列杂交，其中所述的 DNA 编码具有与 Reg 蛋白结合之活性的蛋白质，并且该 DNA 的编码序列与 SEQ ID NO：1 或 SEQ ID NO：3 有 95％或 95％以上相同。

8. 根据权利要求 7 的用途，其中所述蛋白是大鼠或人的蛋白。"

至此，合议组认为本案事实清楚，可以作出审查决定。

二、决定的理由

1. 决定所依据的文本

鉴于请求人于 2007 年 8 月 10 日提交了权利要求书全文替换页（共 8 项权利要求），因此，本决定是在请求人于 2007 年 8 月 10 日提交的权利要求 1~8 以及本申请进入中国国家阶段时提交的国际申请文件中文译文的说明书第 1~23、27~28 页、序列表第 1~31 页、说明书附图第 1~12 页、说明书摘要和依据专利合作条约第 41 条修改的说明书第 24~26 页的基础上作出的。

2. 关于专利法实施细则第 60 条第 1 款

本案中，请求人删除了在复审请求时新增加的权利要求 5、8、11，并将权利要求 4、7、10 恢复到修改前的表述，因此克服了《复审通知书》中指出的权利要求 4、5、7、8、10、11 不符合专利法实施细则第 60 条第 1 款的规定的缺陷。

3. 关于专利法第 25 条第 1 款第（3）项

专利法第 25 条第 1 款规定，对下列各项，不授予专利权：（1）科学发现；（2）智力活动的规则和方法；（3）疾病的诊断和治疗方法；（4）动物和植物品种；（5）用原子核变换方法获得的物质。

本案中，请求人将《复审通知书》所针对的权利要求 9、10 修改为制药用途权利要求并删除了

权利要求11，因此克服了《复审通知书》指出的权利要求9～11属于专利法第25条第1款第（3）项规定的不能授予专利权的对象的缺陷。

4. 关于专利法实施细则第20条第1款

专利法实施细则第20条第1款规定：权利要求书应当说明发明或者实用新型的技术特征，清楚、简要地表述请求保护的范围。

本案中，请求人将《复审通知书》所针对的权利要求1、2、6、9中的（a）修改为"由SEQ ID NO：2或SEQ ID NO：4所示氨基酸序列组成的蛋白质，或SEQ ID NO：2或SEQ ID NO：4中添加了10个或10个以下的氨基酸并具有与Reg蛋白结合之活性的蛋白质"，（b）修改为"由DNA所编码的蛋白质，该DNA在50℃，在6×SSC，5×FBP，0.5%SDS，0.2mg/ml鲑精DNA和50%甲酰胺溶液中，可与SEQ ID NO：1或SEQ ID NO：3之核苷酸序列杂交，其中所述的DNA编码具有与Reg蛋白结合之活性的蛋白质，并且该DNA的编码序列与SEQ ID NO：1或SEQ ID NO：3有95%或95%以上相同"，修改后的权利要求采用术语"添加了10个或10个以下的氨基酸"与功能相结合，或采用在严格条件下"杂交"与功能相结合的方式对所述序列进行限定，并明确了DNA的指代关系，能够清楚的表述要求保护的范围，从而克服了《复审通知书》所指出的表述前后矛盾和指代不清的缺陷。

5. 关于专利法第26条第4款

专利法第26条第4款规定，权利要求书应当以说明书为依据，说明要求专利保护的范围。

根据该款规定，权利要求中的每一项权利要求所要求保护的技术方案应当是所述技术领域的技术人员能够从说明书充分公开的内容中得到或概括得出的技术方案，并且不得超出说明书公开的范围。

本案中，请求人在于2007年8月10日提交的权利要求书中删除了驳回决定所针对的权利要求7，并将《复审通知书》针对的权利要求1、2、6、9中"含有"、"具有"的表述修改为"由SEQ ID NO：2或SEQ ID NO：4所示氨基酸序列组成的蛋白质"、"可与SEQ ID NO：1或SEQ ID NO：3之核苷酸序列杂交"，删除了其中涉及的"含有"、"具有"的表述方式。

鉴于请求人已经删除了"含有……序列"和"具有……序列"的表述方式以及驳回决定所指出的用于制备抗糖尿病药物的用途，并且在修改后的权利要求1、2、5、7中（b）的方案（相当于驳回决定所涉及的权利要求1、5、8中（c）的方案）中，请求人对所述DNA序列采用了在特定杂交条件下与SEQ ID NO：1或SEQ ID NO：3的核苷酸序列杂交，且具有与Reg蛋白结合活性的限定方式，从说明书的描述来看，其中所述的杂交条件是高严格杂交条件（见本申请说明书第8页第18～20行），并且说明书中例举了符合条件（b）的DNA序列（见本申请说明书实施例），因此，根据审查指南第二部分第十章第9.3.1.1节（5）的规定，该描述限定的技术方案能够得到说明书的支持，因此修改后的权利要求书已经克服了驳回决定和《复审通知书》所指出的缺陷，驳回理由不再成立。

根据以上事实和理由，本案合议组作出如下审查决定。

三、决定

撤销国家知识产权局于2004年12月10日对00810465.4号发明专利申请作出的驳回决定。由原审查部门在本决定所针对的文本的基础上继续进行审查。

复审请求人对本决定不服的，可以根据专利法第41条第2款的规定，自收到本决定之日起三个月内向北京市第一中级人民法院起诉。

尿酸氧化酶

复审请求审查决定（第 12280 号）

决 定 号	第 12280 号
决 定 日	2007 年 12 月 18 日
发明创造名称	尿酸氧化酶
国际分类号	C12N 9/00，C12N 15/00，A61K 38/54，C07H 21/04
复审请求人	杜克大学
申 请 号	99811738.2
优 先 权 日	1998 年 8 月 6 日
申 请 日	1999 年 8 月 5 日
公 开 日	2001 年 11 月 14 日
合议组组长	许 磊
主 审 员	任 怡
参 审 员	葛永奇

法 律 依 据 专利法第 26 条第 4 款

决 定 要 点

权利要求书中的每一项权利要求所要求保护的技术方案应当是所属技术领域的技术人员能够从说明书充分公开的内容得到或概括得出的技术方案，如果权利要求的概括包含申请人推测的内容，而其效果又难于预先确定和评价，则认为这种概括超出了说明书公开的范围，得不到说明书的支持。

一、案由

本复审请求涉及申请日为 1999 年 8 月 5 日、公开日为 2001 年 11 月 14 日、名称为"尿酸氧化酶"的第 99811738.2 号发明专利申请（下称本申请），本申请的申请人为杜克大学，优先权日为 1998 年 8 月 6 日。

国家知识产权局于 2005 年 5 月 13 日以权利要求 1～2 不符合专利法第 26 条第 4 款的规定为由驳回了本申请。

驳回决定所针对的权利要求书为：

"1. 包含哺乳动物物种的重组尿酸酶蛋白的蛋白，所述重组尿酸酶蛋白已经过修饰从而插入了一个或更多个赖氨酸残基。

2. 按照权利要求 1 的蛋白，其中所述重组蛋白是两种或更多种哺乳动物氨基酸序列的嵌合蛋白。

3. 权利要求 2 的蛋白，其中所述重组尿酸酶嵌合蛋白由 304 个氨基酸组成，所述 304 个氨基酸的前 225 个氨基酸 N-端部分是猪尿酸酶的第 1~225 号氨基酸，且所述 304 个氨基酸的剩下的 79 个氨基酸是狒狒尿酸酶的第 226~304 号氨基酸。

4. 权利要求 2 的蛋白，其中所述重组尿酸酶嵌合蛋白由 304 个氨基酸组成，所述 304 个氨基酸的前 288 个氨基酸 N-端部分是猪尿酸酶的第 1~288 号氨基酸，且所述 304 个氨基酸的剩下的 16 个氨基酸是狒狒尿酸酶的第 289~304 号氨基酸。

5. 重组尿酸酶蛋白，所述重组尿酸酶蛋白选自 SEQ ID NO：2、4、8、9、10 和 11 的一种序列。

6. 编码权利要求 1 的重组尿酸酶的、分离且纯化的核酸分子。

7. 编码权利要求 3 的重组尿酸酶的、分离且纯化的核酸分子。

8. 编码权利要求 4 的重组尿酸酶的、分离且纯化的核酸分子。

9. 编码权利要求 5 的重组尿酸酶的、分离且纯化的核酸分子。

10. 具有 SEQ ID NO：1 的碱基序列的分离且纯化的核酸分子。

11. 具有 SEQ ID NO：3 的碱基序列的分离且纯化的核酸分子。

12. 包括权利要求 1 的核酸分子的载体。

13. 包括权利要求 9 的核酸分子的载体。

14. 包含按照权利要求 12 的载体的宿主细胞。

15. 包含按照权利要求 13 的载体的宿主细胞。

16. 包含哺乳动物物种的重组尿酸酶蛋白的蛋白，所述重组尿酸酶蛋白已经过修饰从而包括了一个或更多个赖氨酸残基，所述重组尿酸酶蛋白包含哺乳动物尿酸酶的 C 末端 SRL 序列。

17. 包含哺乳动物物种的重组尿酸酶蛋白的蛋白，所述重组尿酸酶蛋白已经过修饰从而包括了一个或更多个赖氨酸残基，其中所述重组尿酸酶蛋白不包含哺乳动物尿酸酶的三个羧基末端氨基酸。

18. 分离且纯化的核酸分子，其编码权利要求 16 中的重组尿酸酶。

19. 分离且纯化的核酸分子，其编码权利要求 17 中的重组尿酸酶。

20. 包括权利要求 18 的核酸分子的载体。

21. 包括权利要求 19 的核酸分子的载体。

22. 包含按照权利要求 20 的载体的宿主细胞。

23. 包含按照权利要求 21 的载体的宿主细胞。"

驳回决定认为：本发明的目的在于提供一种能通过施用于哺乳动物减少哺乳动物体液中尿酸量的重组尿酸酶蛋白，该尿酸酶保留未修饰尿酸酶的全部或几乎全部的尿酸分解活性。由于只有在尿酸酶的特定位置插入相应的赖氨酸，才能获得具有上述性质的重组尿酸酶，而在任意的一或多个位置插入赖氨酸不可能必然获得能实现本发明目的的重组尿酸酶，因此，所属技术领域的技术人员难于预见权利要求 1、2 中包含的所有重组尿酸酶蛋白均能达到本发明的目的，权利要求 1、2 不符合专利法第 26 条第 4 款的规定。

申请人杜克大学（下称请求人）对上述驳回决定不服，于 2005 年 8 月 29 日向专利复审委员会提出复审请求，请求人在提出复审请求时提交了新修改的权利要求书全文替换页（共 24 项权利要求）。

修改后的权利要求书如下：

"1. 包含哺乳动物物种的重组尿酸酶蛋白的蛋白，所述重组尿酸酶蛋白已经过修饰从而插入了 1~10 个赖氨酸残基。

2. 包含哺乳动物物种的重组尿酸酶蛋白的蛋白，所述重组尿酸酶蛋白已经过修饰从而将 1~10 个精氨酸残基用相应数量的赖氨酸残基置换。

3. 按照权利要求 1 或 2 的蛋白，其中所述重组蛋白是两种或更多种哺乳动物氨基酸序列的嵌合蛋白。

4. 权利要求 3 的蛋白，其中所述重组尿酸酶嵌合蛋白由 304 个氨基酸组成，所述 304 个氨基酸的前 225 个氨基酸 N-端部分是猪尿酸酶的第 1~225 号氨基酸，且所述 304 个氨基酸的剩下的 79 个氨基酸是狒狒尿酸酶的第 226~304 号氨基酸。

5. 权利要求 3 的蛋白，其中所述重组尿酸酶嵌合蛋白由 304 个氨基酸组成，所述 304 个氨基酸的前 288 个氨基酸 N-端部分是猪尿酸酶的第 1~288 号氨基酸，且所述 304 个氨基酸的剩下的 16 个氨基酸是狒狒尿酸酶的第 289~304 号氨基酸。

6. 重组尿酸酶蛋白，所述重组尿酸酶蛋白具有选自 SEQ ID NO：2、4、8、9、10 和 11 的一种序列。

7. 编码权利要求 1 或 2 的重组尿酸酶的、分离且纯化的核酸分子。

8. 编码权利要求 4 的重组尿酸酶的、分离且纯化的核酸分子。

9. 编码权利要求 5 的重组尿酸酶的、分离且纯化的核酸分子。

10. 编码权利要求 6 的重组尿酸酶的、分离且纯化的核酸分子。

11. 具有 SEQ ID NO：1 的碱基序列的分离且纯化的核酸分子。

12. 具有 SEQ ID NO：3 的碱基序列的分离且纯化的核酸分子。

13. 包括权利要求 1 或 2 的核酸分子的载体。

14. 包括权利要求 10 的核酸分子的载体。

15. 包含按照权利要求 13 的载体的宿主细胞。

16. 包含按照权利要求 14 的载体的宿主细胞。

17. 包含哺乳动物物种的重组尿酸酶蛋白的蛋白，所述重组尿酸酶蛋白已经过修饰从而包括了一个或更多个赖氨酸残基，所述重组尿酸酶蛋白包含哺乳动物尿酸酶的 C 末端 SRL 序列。

18. 包含哺乳动物物种的重组尿酸酶蛋白的蛋白，所述重组尿酸酶蛋白已经过修饰从而包括了一个或更多个赖氨酸残基，其中所述重组尿酸酶蛋白不包含哺乳动物尿酸酶的三个羧基末端氨基酸。

19. 分离且纯化的核酸分子，其编码权利要求 17 中的重组尿酸酶。

20. 分离且纯化的核酸分子，其编码权利要求 18 中的重组尿酸酶。

21. 包含权利要求 19 的核酸分子的载体。

22. 包含权利要求 20 的核酸分子的载体。

23. 包含按照权利要求 21 的载体的宿主细胞。

24. 包含按照权利要求 22 的载体的宿主细胞。"

请求人认为：实施例证明将较多赖氨酸残基插入哺乳类物种的重组尿酸酶可提高生物可利用率，同时不会提高免疫原性或使生物活性明显下降；说明书无须将发明实施至绝对可以预测，说明书只须将发明公开至本领域普通技术人员只需进行常规试验就能达到和使用本发明的程度，在本申请的申请日时，对本领域普通技术人员来说，其根据说明书的描述可以制备本发明的尿酸酶蛋白，而筛选是本领域的常规操作，无须进行过多实验就能完成，此外权利要求的范围可宽于实施例涉及的序列，因此，国家知识产权局驳回的理由不成立。

形式审查合格后，专利复审委员会受理了该复审请求，并于 2005 年 10 月 11 日向请求人发出《复审请求受理通知书》，同时将本申请案卷移交原审查部门进行前置审查。

原审查部门对本复审请求进行了前置审查，认为：修改后的权利要求 1 仍然概括了一个较宽的保护范围，依据本申请文件所记载的内容，所属技术领域的技术人员在不花费创造性劳动的情况下，难于预见除具有 SEQ ID NO：2、4、8~11 所示氨基酸的重组尿酸酶蛋白之外的其他重组蛋白也能与

PEG 基团结合并充分减少免疫原性,同样的问题也存在于新的权利要求 2 中,此外,修改后的权利要求 3 相当于驳回决定所针对的权利要求 2,仍然存在驳回决定所指出的问题,因此,修改后的权利要求 1~3 仍然得不到说明书支持,故坚持原驳回决定。

专利复审委员会组成合议组,对本复审请求案进行了审理。于 2007 年 7 月 9 日向请求人发出《复审通知书》。该《复审通知书》指出:(1)权利要求 17 中"所述重组尿酸酶蛋白包含哺乳动物尿酸酶的 C 末端 SRL 序列"既未明确地记载在原申请文件中,也不能由原申请文件记载的内容直接地、毫无疑义地确定,超出了原申请文件记载的范围,不符合专利法第 33 条的规定。权利要求 18 中"所述重组尿酸酶蛋白不包含哺乳动物尿酸酶的三个羧基末端氨基酸"同样既未明确地记载在原申请文件中,并且由原申请中提及的具体 PBC 尿酸酶和 PKS 尿酸酶的包括截短失掉 3 个羧基末端氨基酸的截短衍生物也不能直接、无疑义地概括出权利要求 18 的技术方案,权利要求 18 也超出了原申请文件记载的范围,不符合专利法第 33 条的规定。基于同样的理由,引用权利要求 17、18 的权利要求 19~24 也不符合专利法第 33 条的规定。(2)权利要求 1、2 分别请求保护包含哺乳动物物种的重组尿酸酶蛋白的蛋白,权利要求 1、2 中未对所述赖氨酸插入和置换的方式和位置进行限定,包含了大量的在不同位置上引入赖氨酸残基的重组尿酸酶蛋白的技术方案,而本申请的说明书中仅记载了重组尿酸酶蛋白 PBC 和 PKS 的制备方法及其生物活性实验结果,由于插入或置换发生在所述重组尿酸酶蛋白氨基酸序列的功能区时将可能导致 PEG-尿酸酶的尿酸分解活性降低甚至丧失,因此本领域技术人员根据说明书的描述无法确定除 PBC 和 PKS 外,在所述蛋白氨基酸序列的任何位置上进行所述插入或置换获得的蛋白均具有能够实现本发明目的的活性,权利要求 1 和 2 得不到说明书的支持,不符合专利法第 26 条第 4 款的规定。权利要求 3、7、13、15 均涉及权利要求 1 或 2 所述的蛋白,基于同样的理由,这些权利要求也存在不符合专利法第 26 条第 4 款规定的缺陷。

针对《复审通知书》指出的问题,请求人于 2007 年 10 月 31 日提交了意见陈述书以及权利要求书全文替换页(共 24 项权利要求)和说明书第 42 页的替换页。

修改后的权利要求书如下:

"1. 包含哺乳动物物种的重组尿酸酶蛋白的蛋白,所述重组尿酸酶蛋白已经过修饰从而插入了 1~10 个赖氨酸残基。

2. 包含哺乳动物物种的重组尿酸酶蛋白的蛋白,所述重组尿酸酶蛋白已经过修饰从而将 1~10 个精氨酸残基用相应数量的赖氨酸残基置换。

3. 按照权利要求 1 或 2 的蛋白,其中所述重组蛋白是两种或更多种哺乳动物氨基酸序列的嵌合蛋白。

4. 权利要求 3 的蛋白,其中所述重组尿酸酶嵌合蛋白由 304 个氨基酸组成,所述 304 个氨基酸的前 225 个氨基酸 N-端部分是猪尿酸酶的第 1~225 号氨基酸,且所述 304 个氨基酸的剩下的 79 个氨基酸是狒狒尿酸酶的第 226~304 号氨基酸。

5. 权利要求 3 的蛋白,其中所述重组尿酸酶嵌合蛋白由 304 个氨基酸组成,所述 304 个氨基酸的前 288 个氨基酸 N-端部分是猪尿酸酶的第 1~288 号氨基酸,且所述 304 个氨基酸的剩下的 16 个氨基酸是狒狒尿酸酶的第 289~304 号氨基酸。

6. 重组尿酸酶蛋白,所述重组尿酸酶蛋白具有选自 SEQ ID NO:2、4、8、9、10 和 11 的一种序列。

7. 编码权利要求 1 或 2 的重组尿酸酶的、分离且纯化的核酸分子。

8. 编码权利要求 4 的重组尿酸酶的、分离且纯化的核酸分子。

9. 编码权利要求 5 的重组尿酸酶的、分离且纯化的核酸分子。

10. 编码权利要求6的重组尿酸酶的、分离且纯化的核酸分子。

11. 具有SEQ ID NO：1的碱基序列的分离且纯化的核酸分子。

12. 具有SEQ ID NO：3的碱基序列的分离且纯化的核酸分子。

13. 包括权利要求1或2的核酸分子的载体。

14. 包括权利要求10的核酸分子的载体。

15. 包含按照权利要求13的载体的宿主细胞。

16. 包含按照权利要求14的载体的宿主细胞。

17. 包含哺乳动物物种的重组尿酸酶蛋白的蛋白，所述重组尿酸酶蛋白已经过修饰从而包括了一个或更多个赖氨酸残基，所述重组尿酸酶蛋白包含哺乳动物尿酸酶的三个羧基末端氨基酸Ser-Arg-Leu。

18. 包含哺乳动物物种的重组尿酸酶蛋白的蛋白，所述重组尿酸酶蛋白已经过修饰从而包括了一个或更多个赖氨酸残基，其中所述重组尿酸酶蛋白为缺失了哺乳动物尿酸酶的三个羧基末端氨基酸的截短形式。

19. 分离且纯化的核酸分子，其编码权利要求17中的重组尿酸酶。

20. 分离且纯化的核酸分子，其编码权利要求18中的重组尿酸酶。

21. 包含权利要求19的核酸分子的载体。

22. 包含权利要求20的核酸分子的载体。

23. 包含按照权利要求21的载体的宿主细胞。

24. 包含按照权利要求22的载体的宿主细胞。"

请求人认为：(1) 修改后的权利要求17的依据为说明书第6页第10~21行、第10页第23行至第11页第3行、第17页第10~19行，SEQ ID NO：1~8和10，图5~10；权利要求18的依据为说明书第6页第18~23行以及SEQ ID NO：9和11，修改后的权利要求书符合专利法第33条的规定；(2) 本申请的说明书提供了制备和使用本发明所需的信息，权利要求1和2的依据可以在例如说明书第10页第14行至第12页第3行和实施例1~7中找到，说明书教导了除低等物种外的哺乳动物物种的尿酸酶结构之间的关系（见说明书第9页第20~25行），本领域技术人员可以知道同源物序列中的这种变异提供了有关何处可以包括插入和取代的指引，无需过多的实验就能实施本发明，包括插入和取代的方式和位置，因此权利要求得到了说明书的支持。

至此，合议组认为本案事实清楚，可以作出审查决定。

二、决定的理由

1. 审查依据的文本

请求人于2007年10月31日提交了修改的权利要求书全文替换页（共24项权利要求）和说明书第42页的替换页。因此，本复审决定所针对的文本为：请求人于2007年10月31日提交的权利要求1~24和说明书第42页，进入中国国家阶段时提交的说明书第33~41、43页、说明书附图第1~18页以及说明书摘要，2002年8月3日提交的说明书第32、44、44a页，2005年3月21日提交的说明书第1~30页（对应于原说明书第1~31页）。

2. 关于专利法第26条第4款

专利法第26条第4款规定：权利要求书应当以说明书为依据，说明要求专利保护的范围。

根据该款规定，权利要求书中的每一项权利要求所要求保护的技术方案应当是所属技术领域的技术人员能够从说明书充分公开的内容得到或概括得出的技术方案，如果权利要求的概括包含申请人推测的内容，而其效果又难于预先确定和评价，则认为这种概括超出了说明书公开的范围，得不到说明书的支持。

本案中，请求人在于2007年10月31日提交的修改的权利要求书中，仅对权利要求17和18进行了修改，对《复审通知书》所指出的不符合专利法第26条第4款规定的权利要求1～3、7、13、15均未进行修改。如《复审通知书》中指出的那样，权利要求1请求保护包含哺乳动物物种的重组尿酸酶蛋白的蛋白，该重组尿酸酶蛋白经过修饰后较之修饰前插入了1～10个赖氨酸残基，权利要求1中并未对所述"插入"的方式和位置进行限定，因此权利要求1请求保护的蛋白包含了所有在不同位置上引入1～10个赖氨酸残基而得到的重组尿酸酶蛋白；权利要求2请求保护包含哺乳动物物种的重组尿酸酶蛋白的蛋白，该重组尿酸酶蛋白用1～10个赖氨酸残基替换精氨酸残基，权利要求2同样未对替换的位置进行限定，因此权利要求2也包含了用赖氨酸置换任何位置的精氨酸的重组尿酸酶蛋白。所属技术领域的技术人员公知，活性蛋白的功能区是决定蛋白活性的关键区域，功能区发生变化，蛋白的活性也将随之发生改变。本申请的说明书中仅记载了两种具体的经过特定插入或置换获得的重组尿酸酶蛋白PBC和PKS的制备方法及其生物活性实验结果，其中PBC尿酸酶包括猪尿酸酶的第1～225号氨基酸和狒狒尿酸酶的第226～304号氨基酸；PKS尿酸酶包括猪尿酸酶的第1～288号氨基酸和狒狒尿酸酶的第289～304号氨基酸（见本申请说明书第2页第2段），说明书并没有给出其他理由和证据证明权利要求1或2包括的所有重组尿酸酶蛋白均可用于生产基本上无免疫原性且保留未修饰尿酸酶的全部或几乎全部尿酸分解活性的PEG-尿酸酶，因此如果这种插入或置换发生在所述重组尿酸酶蛋白氨基酸序列的功能区，这将很可能导致PEG-尿酸酶的尿酸分解活性降低甚至丧失。并且本申请说明书第11页第2～22行记载的内容也表明"在哺乳动物DNA序列的精氨酸突变为赖氨酸后，保持尿酸酶酶活性的能力是不可预言的"、"赖氨酸的几种其他插入对活性是有害的"。本领域技术人员根据说明书的描述无法确定除PBC和PKS外，在所述蛋白氨基酸序列的任何位置上进行所述插入或置换获得的蛋白均具有能够实现本发明的发明目的。因此，在任意位置进行插入和替换的重组尿酸酶蛋白使权利要求1或2的概括包含了申请人推测的效果难以预先确定和评价的内容，权利要求1、2得不到说明书的支持，不符合专利法第26条第4款的规定。

权利要求3请求保护"按照权利要求1或2的蛋白，其中所述重组蛋白是两种或更多种哺乳动物氨基酸序列的嵌合蛋白"。虽然权利要求3将所述蛋白进一步限定为嵌合蛋白，但是，如评价权利要求1和2时所述的理由，权利要求3仍然涵盖了效果难于预先确定和评价的内容，也得不到说明书的支持。权利要求7请求保护"编码权利要求1或2的重组尿酸酶的、分离且纯化的核酸分子"，权利要求13请求保护"包括权利要求1或2的核酸分子的载体"，权利要求15请求保护"包含按照权利要求13的载体的宿主细胞"，由于这些权利要求均涉及权利要求1或2所述的蛋白，基于同样的理由，其也存在不符合专利法第26条第4款规定的缺陷。

请求人认为，权利要求1和2的依据在说明书第10页第14行至第12页第3行和实施例中可找到，使用说明书第11页第2行至第12页第3行证明权利要求得不到说明书支持是不适当的，本申请说明书记载了在没有所完成的发明的知识的情况下所获得的不成功的结果，然而本申请的教导和说明书的公开内容为本领域技术人员提供了制备和使用本发明所需的信息，说明书提供了大量的实施例，说明书教导了除低等物种外的哺乳动物物种的尿酸酶结构之间的关系，本领域技术人员会认识到同源物序列中的这种变异提供了有关何处可以包括插入和取代的指引。因此本申请权利要求得到了说明书的支持。

对此，合议组认为，说明书第10页第14行至第12页第3行和实施例都未给出任何证据证明除PBC和PKS之外的其他蛋白具有本申请所述的功能，而如果插入或置换发生在所述重组尿酸酶蛋白氨基酸序列的功能区，这将很可能导致PEG-尿酸酶的尿酸分解活性降低甚至丧失，即使本申请说明书记载了对尿酸酶蛋白改性等方法，但这些改性后的蛋白是否具有本申请所述的功能本领域技术人员并不能确定。而不同物种之间的尿酸酶之间的同源性的高低与改性后的蛋白是否能保持功能不变没有因果关系，即并不能教导所属领域技术人员在哪些位置进行氨基酸的插入和替换能保持该蛋白的活性不变。综上所述，请求人所陈述的理由也不能说明本申请的上述权利要求符合专利法第26条第4款的规定。

根据以上事实和理由，本案合议组作出如下审查决定。

三、决定

维持国家知识产权局于2005年5月13日对99811738.2号发明专利申请作出的驳回决定。

复审请求人对本决定不服的，可以根据专利法第41条第2款的规定，自收到本决定之日起三个月内向北京市第一中级人民法院起诉。

犬埃里希体的同源 28kD 免疫优势蛋白质基因及其用途

复审请求审查决定（第 12281 号）

决　定　号	第 12281 号
决　定　日	2007 年 12 月 7 日
发明创造名称	犬埃里希体的同源 28kD 免疫优势蛋白质基因及其用途
国 际 分 类 号	C07K 5/00，C07H 21/02，C07H 21/04，C12N 15/00，C12N 15/63
复 审 请 求 人	研究发展基金会
申　请　号	01818456.1
优　先　权　日	2000 年 9 月 12 日
申　请　日	2001 年 9 月 12 日
公　开　日	2004 年 2 月 4 日
合议组组长	许　磊
主　审　员	丁　海
参　审　员	卢　阳

法　律　依　据　专利法第 31 条第 1 款

决　定　要　点

　　属于一个总的发明构思的两项以上的发明应在技术上相关联，包含一个或多个相同或相应的特定技术特征，其中特定技术特征是指一项发明作为整体，对现有技术作出贡献的技术特征；如果两项以上的发明中对现有技术作出贡献的技术特征各不相同，则它们不属于一个总的发明构思下的两项以上发明的情形，不具有单一性。

一、案由

　　本复审请求涉及申请日为 2001 年 9 月 12 日、公开日为 2004 年 2 月 4 日、优先权日为 2000 年 9 月 12 日、发明名称为"犬埃里希体的同源 28kD 免疫优势蛋白质基因及其用途"的第 01818456.1 号发明专利申请（下称本申请），其申请人为研究发展基金会。

　　针对本申请进入中国国家阶段时提交的国际申请文件中文译文的说明书第 1～25 页、序列表第 1～24 页、说明书附图第 1～17 页和说明书摘要，以及申请人于 2004 年 9 月 13 日提交的权利要求 1～19，国家知识产权局于 2005 年 1 月 28 日以权利要求 1～19 不符合专利法第 31 条第 1 款的规定为由驳回了本申请，具体理由为：（1）权利要求 1 的各自含有单一序列的技术方案之间不具备单一性，相对于现有技术，如对比文件 1（"Cloning and Characterization of Mutigenes encoding the Immunodominant 30-Kilodalton Major Outer Membarane Proteins of *Ehrlichia canis* and Application of the Recombinant Protein for Serodiagnosis" Norio Ohasih 等人，JOURNAL OF CLINICAL MICROBIOLOGY，第36卷第9期，第2671～2680页，1998年9月30日）的图2公开的P30、P30～1等序列，权利要求1所含有的序列之间结构不同，其技术方案在技术上无相互关联，没有相同或者相应的特定技术特征。同理，权利要求2～19中的含有各异序列的技术方案之间没有相同或者相应的特定技术特征，不符合专利法第31条的规定。（2）本申请不属于马库什权利要求，因而不能用马库什权利要求的单一性进行解释；申请人提出的"犬埃里希体28kDa蛋白质，免疫应答早期的主要免疫优势抗原"等功能特征已经在对比文件1公开，因而没有相同或相应的特定技术特征。

驳回决定所针对的权利要求如下：

"1. 一种编码犬埃里希体30kDa蛋白质的分离的DNA序列，其特征在于，所述蛋白质与抗犬埃里希体血清具有免疫反应性，所述蛋白质含有选自SEQ ID NO.4，6，40，42，44和46的氨基酸序列。

2. 如权利要求1所述的DNA序列，其特征在于，所述蛋白质具有N-末端信号序列。

3. 如权利要求2所述的DNA序列，其特征在于，所述蛋白质是经翻译后修饰成28kDa蛋白质。

4. 如权利要求1所述的DNA序列，其特征在于，所述DNA含有选自SEQ ID NO.3，5，39，41，43和45的序列。

5. 如权利要求1所述的DNA序列，其特征在于，所述DNA包含在犬埃里希体的一个基因座中。

6. 如权利要求5所述的DNA序列，其特征在于，所述基因座是长10,677bp的一个多基因基因座。

7. 如权利要求6所述的DNA序列，其特征在于，所述基因座含有编码犬埃里希体同源性28kDa蛋白质的基因。

8. 如权利要求7所述的DNA序列，其特征在于，所述犬埃里希体的同源性28kDa蛋白选自p28～1，p28～2，p28～3，p28～4，p28～5，p28～6，p28～7，p28～8和p28～9。

9. 一种含有权利要求1所述的DNA序列的载体。

10. 如权利要求9所述的载体，其特征在于，所述载体是一种表达载体，当所述载体被引入细胞时，能够表达选自SEQ ID NO.3，5，39，41，43和45的序列编码的肽或多肽。

11. 一种重组蛋白质，其特征在于，该蛋白质含有选自SEQ ID NO.4，6，40，42，44和46的氨基酸序列。

12. 如权利要求11所述的氨基酸序列，其特征在于，所述氨基酸序列由含有选自SEQ ID NO.3，5，39，41，43和45的序列的核酸区段所编码。

13. 一种宿主细胞，其特征在于，该细胞含有选自SEQ ID NO.3，5，39，41，43，和45的核酸区段。

14. 一种产生权利要求11所述的重组蛋白质的方法，其特征在于，该方法包括步骤：获得含有表达区的载体，所述表达区含有与启动子可操纵性连接的、编码选自SEQ ID NO.4，6，40，42，44和46的氨基酸序列的序列；

将所述载体转染入细胞；和

在有效表达所述表达区的条件下培养所述细胞。

15. 一种抗体，其特征在于，该抗体与含有选自SEQ ID NO.4，6，40，42，44和46的氨基酸序列的多肽具有免疫反应性。

16. 权利要求11所述的重组蛋白质的用途，其特征在于，用于制备抑制个体内犬埃里希体感染的药物包括步骤：

在接触前或怀疑已接触，或已感染犬埃里希体时鉴定个体；和

以抑制犬埃里希体感染的有效量施用含有权利要求11所述的重组蛋白质的组合物。

17. 如权利要求16所述的用途，其特征在于，所述重组蛋白质含有选自SEQ ID NO.4，6，40，42，44和46的氨基酸序列。

18. 如权利要求17所述的用途，其特征在于，所述重组蛋白质由含有选自SEQ ID NO.3，5，39，41，43和45的序列的基因编码。

19. 如权利要求16所述的用途，其特征在于，所述组合物分散于药物学上可接受的载体中。"

申请人研究发展基金会（下称请求人）对上述驳回决定不服，于2005年05月12日向专利复审委员会提出复审请求，请求人认为：(1) 权利要求1的多肽虽然具有不同的结构序列，但这些多肽都属于一个总的发明构思，即都是犬埃里希体28kDa蛋白质，免疫应答早期的主要免疫优势抗原，并且它们具有特定技术特征，即都是一类具有相同免疫原性的新多肽，虽然对于涉及人工合成或分离的小分子化合物的申请，在评价时通常要求其具有相同结构特征，但并不排除非结构特征（如功能特征）作为特定技术特征的可能性。本发明的各肽具有相同的性能或作用，在本领域中被认为是一类化合物（都具有抗犬埃里希体血清免疫反应性的多肽），而且相互替代后可得到相同结果，在实施例7和图9中通过测序证明了权利要求1这些犬埃里希体的高度同源性，从而证明它们是同一类物质。(2) 本发明的特定技术特征是权利要求1中具有新氨基酸序列的蛋白，并且其具有相同的免疫应答早期识别的作用，多肽和核苷酸这类化合物往往具有相同性能或功能但结构不同，很难具有相同序列，在专利的审查和授权中将多个具有相同特性的蛋白视为具有单一性的情况很多，本发明也属于这种情况。因此，请求人申请保留目前的权利要求。

请求人在提出复审请求时没有提交新的专利申请文本。

形式审查合格后，专利复审委员会受理了该复审请求，并于2005年06月22日向请求人发出《复审请求受理通知书》，随后将本申请案卷移交原审查部门进行前置审查。

原审查部门对本复审请求进行了前置审查，坚持原驳回决定，具体理由如下：本申请的权利要求不属于马库什权利要求，因而不适用关于马库什的规定；对于一个绝对保护的化合物来说，功能不是它的技术特征，因此，各并列权利要求之间不具有相同或者相应的特定技术特征，对比文件1也公开了相同的分子量的几乎相同的序列长度，因此分子量也不是相同或者相应的特定技术特征。

专利复审委员会组成合议组，对本复审请求案进行了审理。于2007年07月03日向请求人发出《复审通知书》。该《复审通知书》指出：(1) 权利要求1请求保护一种编码犬埃里希体30kDa蛋白质的分离的DNA序列，权利要求1实际上是一个包含编码不同氨基酸序列的DNA序列的、具有多个并列技术方案的权利要求，它们共同的特征仅在于编码犬埃里希体30kDa蛋白质和所述蛋白质与抗犬埃里希体血清具有免疫反应性。由于现有技术对比文件1已经公开了一种来自犬埃里希体的具有免疫原性的30kD蛋白质及其氨基酸序列（参见对比文件1摘要、图2），因此，上述所述的并列技术方案之间共同的技术特征不再是对现有技术作出贡献的技术特征，即不是特定技术特征。此外，由于氨基酸序列SEQ ID NO：4、6、40、42、44和46的结构彼此不同，因此，从所述序列来看，权利要求1的这些并列技术方案之间不具有相同或相应的特定技术特征。因此，综上所述，权利要求1所包含的多个并列技术方案之间无相同或相应的特定技术特征。不具有单一性，不符合专利法第31条第1款规定。基于同样的理由，权利要求2~19中所包含的并列技术方案之间也存在不具有单一性的缺陷。因此，也不符合专利法第31条第1款规定。(2) 对于请求人陈述的意见而言，首先，由于现有技术的公开使犬埃里希体30kDa蛋白质和所述蛋白质与抗犬埃里希体血清具有免疫反应性不能构成这些技术方案之间相同或相应的特定技术特征；其次，根据马库什权利要求规定的单一性标准来判断，"公

519

认的同一化合物类别"是指根据本领域的知识可以预期到该类的成员对于要求保护的发明来说表现相同的一类化合物，即每个成员都可以互相替代且可以预期所要达到的效果是相同的，但是，在本发明的申请日或优先权日以前，根据本领域的常识，在实验前并不能确认权利要求中各序列的结构可以相互替代并且所带来的效果相同，因此，根据马库什权利要求的定义和原则，也不能认为权利要求1~19中这些并列技术方案之间具有单一性；第三，审查员是否已进行检索以及是否有利于'加速审查'以及是否便于公众检索与发明是否具有单一性无关，因此，请求人陈述的意见不能说明权利要求1~19符合专利法第31条第1款的规定。

针对《复审通知书》指出的问题，请求人于2007年10月16日提交了意见陈述书并于2007年11月19日提交了对其于2007年10月16日提交的意见陈述书进行补正的补正书，并且请求人在该补正书中再次陈述了其在2007年10月16日提交的意见陈述书中所陈述的观点，请求人认为：（1）权利要求1的多肽属于一个总的发明构思，即都是犬埃里希体28kDa免疫反应性蛋白，免疫应答早期识别的主要免疫优势抗原，发明人正是在分离和验证具有抗犬埃里希体抗血清的功能蛋白这一总体发明构思情况下遵循相同方法和步骤完成本发明；（2）它们具有特定技术特征，即都是一类具有相同免疫原性的新多肽，因为并不排除非结构特征作为特定技术特征的可能性，根据马库什权利要求单一性要求的规定，本发明各肽具有相同性能或作用，并且在本领域中被认为是属于一类化合物，即都是具有抗犬埃里希体血清免疫反应性的多肽，而且相互替代后可以得到相同结果，即对抗犬埃里希体血清具有免疫反应性，认为不符合马库什权利要求过于苛刻，本说明书实施例7和图9都通过测序证明权利要求1中的序列具有高度同源性从而证明它们是一类物质；（3）对本发明来说，特定技术特征应该是那些具有新氨基酸序列的犬埃里希体30kDa蛋白，并且它们具有相同的免疫应答早期识别作用，而不单单是审查员所认为的"犬埃里希体28kDa免疫反应性蛋白，免疫应答早期识别的主要免疫优势抗原"，"相应"关系，不应仅理解为就是功能特征本身，即不应将上述所述特定技术特征单独替换特定技术特征的整体概念，否则那当然是现有技术已经公开的内容；（4）多肽和核苷酸这类化合物往往具有相同性能或功能，但结构不同，很难具有相同序列，在中国专利的审查实践中，上述情况也会被授权；（5）从利于检索和加快审查的角度出发，以及从利于公众检索的角度考虑，应该保留这样的权利要求。

至此，合议组认为本案事实清楚，可以作出审查决定。

二、决定的理由

1. 决定所依据的文本

鉴于请求人在请求复审的过程中没有对申请文件进行过修改，因此，本决定是在驳回决定所针对的文本的基础上作出的。

2. 关于专利法第31条第1款规定

专利法第31条第1款规定，一件发明或者实用新型专利申请应当限于一项发明或者实用新型。属于一个总的发明构思的两项以上的发明或者实用新型，可以作为一件申请提出。

根据该规定，属于一个总的发明构思的两项以上的发明应在技术上相关联，包含一个或多个相同或相应的特定技术特征，其中特定技术特征是指一项发明作为整体，对现有技术作出贡献的技术特征；如果两项以上的发明中对现有技术作出贡献的技术特征各不相同，则它们不属于一个总的发明构思下的两项以上发明的情形，不具有单一性。

本案中，权利要求1请求保护一种编码犬埃里希体30kDa蛋白质的分离的DNA序列，其特征在于，所述蛋白质与抗犬埃里希体血清具有免疫反应性，所述蛋白质含有选自SEQ ID NO.4，6，40，42，44和46的氨基酸序列。可以看出，权利要求1实际上是一个包含编码不同氨基酸序列的DNA序列的、具有多个并列技术方案的权利要求,它们共同的特征仅在于编码犬埃里希体30kDa蛋白质和所述蛋白质与抗犬埃里希体血清具有免疫反应性。由于现有技术对比文件1已经公开了一种来自犬埃里希体(Ehrlichia canis)的具有免疫原性的30kda蛋白质及其氨基酸序列(参见摘要、图2),因此,上述所述的并列技术方案之间共同的技术特征不再是对现有技术作出贡献的技术特征,即不是特定技术特征。此外,由于各并列权利要求之间的氨基酸序列SEQ ID NO:4、6、40、42、44和46的结构彼此不同,因此,从所述序列来看,权利要求1的这些并列技术方案之间不具有相同或相应的特定技术特征。因此,综上所述,权利要求1所包含的多个并列技术方案之间无相同或相应的特定技术特征。不具有单一性,不符合专利法第31条第1款规定。

权利要求2~8进一步限定权利要求1,权利要求9~10涉及与权利要求1所述序列相关的载体,权利要求11~12、16~19涉及与权利要求1所述序列相关的重组蛋白质及其该重组蛋白质的用途,权利要求13涉及与权利要求1所述序列相关的宿主细胞,权利要求14涉及与权利要求1所述序列相关的产生重组蛋白质的方法,权利要求15涉及与权利要求1所述序列相关的抗体,基于同样的理由,这些权利要求中所包含的并列技术方案之间也存在不具有单一性的缺陷。因此,权利要求2~19也不符合专利法第31条第1款规定。

针对请求人的答复,合议组认为:(1)如上所述,由于现有技术的公开使犬埃里希体30kDa蛋白质和所述蛋白质与抗犬埃里希体血清具有免疫反应性不能构成这些技术方案之间相同或相应的特定技术特征,请求人认为本发明正是在分离和验证具有抗犬埃里希体抗血清的功能蛋白这一总体发明构思情况下遵循相同方法和步骤完成了本发明,然而,是否属于一个总的发明构思的判断依据并非看是否能够依据相类似的功能通过相同的方法获得这些技术方案,而是需要判断这些技术方案是否具有相同或相应的特定技术特征。(2)即使根据马库什权利要求规定的单一性标准来判断,"公认的同一化合物类别"是指根据本领域的知识可以预期到该类的成员对于要求保护的发明来说表现相同的一类化合物,也就是说,每个成员都可以互相替代,而且可以预期所要达到的效果是相同的。而本申请权利要求中各并列技术方案中所限定的序列之间彼此不具有相同的结构,其结构是否具有所述的免疫反应性需经过实验确认,在本发明的申请日或优先权日以前,根据本领域的常识,在实验前并不能预测在一种结构具有所述性质的情况下,另一序列结构是否也具有所述性质,即并不能确认它们的结构是可以相互替代和所带来的效果是相同的。因此,根据马库什权利要求的定义和原则,也不能认为权利要求1~19中这些并列技术方案之间具有单一性。(3)请求人坚持认为对本发明来说,特定技术特征应该是那些具有新氨基酸序列的犬埃里希体30kDa蛋白,并且它们具有相同的免疫应答早期识别作用,然而,对于单一性的判断来说,并不能单单从字面内容去判断'相同或相应特定技术特征',上面所述"新氨基酸序列"都各有所指,即都有其具体的氨基酸序列表示其"新"的含义,因此就其根本来说,每一个"新氨基酸序列"的序列结构都不相同,因而不具有相同或相应的特定技术特征;此外,审查员是否已进行检索以及是否利于'加速审查'以及是否便于公众检索与发明是否具有单一性无关。因此,请求人陈述的意见也不能说明权利要求1~19符合专利法第31条第1款的规定。

根据以上事实和理由,本案合议组作出如下审查决定。

三、决定

维持国家知识产权局于2005年1月28日对01818456.1号发明专利申请作出的驳回决定。

复审请求人对本决定不服的,可以根据专利法第41条第2款的规定,自收到本决定之日起三个月内向北京市第一中级人民法院起诉。

一种调节免疫的组合物药物及其制备方法

复审请求审查决定（第12282号）

决 定 号	第12282号
决 定 日	2007年12月12日
发明创造名称	一种调节免疫的组合物药物及其制备方法
国际分类号	A61K 35/78，A61P 37/02
复审请求人	丽珠集团利民制药厂
申 请 号	03123045.8
申 请 日	2003年4月29日
公 开 日	2004年7月21日
合议组组长	何 炜
主 审 员	刘玉玲
参 审 员	李梦楠

法律依据 专利法第33条

决定要点

原说明书和权利要求书记载的范围包括原说明书和权利要求书文字记载的内容和根据原说明书和权利要求书文字记载的内容以及说明书附图能直接地、毫无疑义地确定的内容。如果修改后的技术方案能够根据原说明书和权利要求书文字记载的内容直接地、毫无疑义地确定，那么这种修改是允许的。

一、案由

本复审请求涉及2003年4月29日申请、2004年7月21日公开、名称为"一种调节免疫的组合物药物及其制备方法"的第03123045.8号发明专利申请（下称本申请），本申请的申请人为丽珠集团利民制药厂。

国家知识产权局于2005年6月10日以权利要求1、3、4、7不符合专利法第33条为由驳回了本申请。

驳回决定所针对的权利要求书为：

"1. 一种党参黄芪注射液的制备方法，其特征在于包括下列步骤：

a) 将党参、黄芪除杂质，加工成饮片；

b) 按一定重量比称取党参和黄芪，用去离子水将其冲洗干净；

c) 根据称取的党参和黄芪的重量分次加入一定量的去离子水，加热提取1~3次，得到药物提取物；

  d）将药物提取物浓缩，得浓缩液，每毫升浓缩液中含有 1.0～1.5 克生药；

  e）加入适量乙醇，常规沉淀，过滤，回收滤液中的乙醇并浓缩至干，即得党参、黄芪提取组合物。

  2. 根据权利要求 1 所述的方法，其中在步骤 c）中将药物加水提取时，第一次加水 8 倍量，煎煮 1 小时，第二次加水 6 倍量，煎煮 0.5 小时。

  3. 根据权利要求 1 所述的方法，其特征在于所述步骤 c）中将药物加水提取时，第一次加水 8 倍量，煎煮 1 小时，第二次加水 6 倍量，煎煮 1 小时，第三次加水 6 倍量，煎煮 0.5 小时。

  4. 根据权利要求 1 所述的方法，其特征在于所述步骤 d）中将药物提取浓缩时，浓缩到每毫升浓缩液中含 1.3～1.4 克生药。

  5. 根据权利要求 1 所述的方法，其中在步骤 e）中将药物加乙醇沉淀时，第一次乙醇含量应占总重量的 65%～80%，第二次乙醇含量不少于总重量的 80%。

  6. 一种权利要求 1～5 中任一项所述的方法制备的党参黄芪注射液。

  7. 根据权利要求 6 所述的注射剂，其特征在于所述的注射剂为小容量注射剂、大容量注射剂和冻干粉针剂。

  8. 根据权利要求 6 所述的注射剂，其特征在于所述的党参和黄芪的重量比范围为 0.5∶1～1∶0.5。

  9. 根据权利要求 6 所述的注射剂，其特征在于所述步骤 a）中党参和黄芪的重量比为 1∶1。"

  驳回决定认为：申请人修改的权利要求 1（增加"每毫升浓缩液中含 1.0～1.5 克生药"）、3、4、7 既未明确记载在原说明书和权利要求书中，也不能由原说明书和权利要求书直接导出，超出了原说明书和权利要求书记载的范围，不符合专利法第 33 条规定。

  申请人丽珠集团利民制药厂（下称请求人）对上述驳回决定不服，于 2005 年 8 月 4 日向专利复审委员会提出复审请求，请求人在提出复审请求时提交了新修改的权利要求书。

  请求人提交的新权利要求书为：

"1. 一种党参黄芪注射液的制备方法，其特征在于包括下列步骤：

  a）将党参、黄芪除杂质，加工成饮片；

  b）按一定重量比称取党参和黄芪，用去离子水将其冲洗干净；

  c）根据称取的党参和黄芪的重量分次加入一定量的去离子水，加热提取 1～3 次，得到药物提取物；

  d）将药物提取物浓缩，得浓缩液，每毫升浓缩液中含有 1.33 克生药；

  e）加入适量乙醇，常规沉淀，过滤，回收滤液中的乙醇并浓缩至干，即得党参、黄芪提取组合物。

  2. 根据权利要求 1 所述的方法，其特征在于所述步骤 c）中将药物加水提取时，第一次加水 8 倍量，煎煮 1 小时，第二次加水 6 倍量，煎煮 0.5 小时。

  3. 根据权利要求 1 所述的方法，其特征在于所述步骤 c）中将药物加水提取时，第一次加水 8 倍量，煎煮 1 小时，第二次加水 6 倍量，煎煮 1 小时，第三次加水 6 倍量，煎煮 0.5 小时。

  4. 根据权利要求 1 所述的方法，其特征在于所述步骤 e）中将药物加乙醇沉淀时，第一次乙醇含量应占总重量的 65%～80%，第二次乙醇含量不少于总重量的 80%。

  5. 一种权利要求 1～4 中任一项所述的方法制备的党参黄芪注射液。

  6. 根据权利要求 5 所述的注射剂，其特征在于所述步骤 a）中党参和黄芪的重量比范围为 0.5∶

1~1：0.5。

7. 根据权利要求6所述的注射剂，其特征在于所述步骤a）中党参和黄芪的重量比为1：1。"

请求人认为，驳回理由不成立：（1）根据说明书实施例1记载，党参与黄芪各400克……浓缩至600ml，即浓缩的比例是4：3，据此可以直接推导出每毫升浓缩液中含1.33克生药，因此，权利要求1的修改不超范围；（2）权利要求3中增加的技术特征"药物、加水量和煎煮时间"和说明书中实施例1记载的相同，因此，权利要求3的修改也不超范围。

形式审查合格后，专利复审委员会受理了该复审请求，并于2005年9月7日向请求人发出《复审请求受理通知书》，随后将本申请移交原实审部门进行前置审查。

原实审部门对本复审请求进行了前置审查，坚持原驳回决定，认为相对于对比文件3（国家新药注册数据，电子工业出版社，国家药品监督管理局药品注册司 国家药品监督管理局药品评审中心联合制作，公开日为2001年12月31日），修改后的权利要求1~4不具备创造性，不符合专利法第22条第3款的规定；权利要求5~7不具备新颖性，不符合专利法第22条第2款的规定。

专利复审委员会组成合议组，对本复审请求案进行了审理，于2007年5月10日向请求人发出《复审通知书》。《复审通知书》指出：

（1）修改后的权利要求1在步骤d）中增加了"每毫升浓缩液中含1.33克生药"，在实施例1这个具体的实施方式中涉及了生药和浓缩液的具体数值，在该实施例中，每味生药为400g，共800g，浓缩液为600ml，根据上述记载，仅仅只能推导出，生药和浓缩液的比例是800g：600ml，即"每毫升浓缩液中含4/3克生药"，由于4/3的数值并不等同于1.33，因此并不能推导出"每毫升浓缩液中含1.33克生药"，因此，权利要求1的修改不符合专利法第33条的规定。

（2）权利要求3限定了药物三次提取的水的比例和时间，修改后的技术方案在原说明书和权利要求书中没有文字记载。在原说明书、权利要求书以及说明书附图的内容中，仅仅在实施例1这个具体的实施方式中涉及了药物加水提取三次，在该实施例中，每种生药为400g，共800g，其中第一次加水量为3200ml，加热提取1小时，第二次加水量为2400ml，加热提取0.5小时，第三次加水量为2400ml，加热提取0.5小时。根据上述内容可知，该实施例中，第一次加水的量为药物的4倍，第二次加水的量为药物的3倍，第三次加水的量为药物的3倍，三次提取中药物和水的比例和权利要求3所限定的比例并不相同，因此，权利要求3的修改不符合专利法第33条的规定。权利要求5~7由于直接或者间接引用权利要求3，而且仍然存在上述缺陷，也不符合专利法第33条的规定。

针对《复审通知书》指出的问题，请求人于2007年5月24日提交了意见陈述书及经修改的权利要求书。

修改后的权利要求书如下：

"1. 一种党参黄芪注射液的制备方法，其特征在于包括下列步骤：

a）将党参、黄芪除杂质，加工成饮片；

b）按一定重量比称取党参和黄芪，用去离子水将其冲洗干净；

c）根据称取的党参和黄芪的重量分次加入一定量的去离子水，加热提取1~3次，得到药物提取物；

d）将药物提取物浓缩，得浓缩液，每毫升浓缩液中含有4/3克生药；

e）加入适量乙醇，常规沉淀，过滤，回收滤液中的乙醇并浓缩至干，即得党参、黄芪提取组合物。

2. 根据权利要求1所述的方法，其特征在于所述步骤c）中将药物加水提取时，第一次加水8倍量，煎煮1小时，第二次加水6倍量，煎煮0.5小时。

3. 根据权利要求1所述的方法,其特征在于所述步骤c)中将药物加水提取时,第一次加水4倍量,煎煮1小时,第二次加水3倍量,煎煮1小时,第三次加水3倍量,煎煮0.5小时。

4. 根据权利要求1所述的方法,其特征在于所述步骤e)中将药物加乙醇沉淀时,第一次乙醇含量应占总重量的65%~80%,第二次乙醇含量不少于总重量的80%。

5. 一种权利要求1~4中任一项所述的方法制备的党参黄芪注射液。

6. 根据权利要求5所述的注射剂,其特征在于所述步骤a)中党参和黄芪的重量比范围为0.5:1~1:0.5。

7. 根据权利要求6所述的注射剂,其特征在于所述步骤a)中党参和黄芪的重量比为1:1。"

至此,合议组认为本案事实已经清楚,可以作出审查决定。

二、决定的理由

1. 审查针对的文本

本复审决定所针对的文本为请求人于2007年5月24日提交的权利要求1~7、于2003年4月29日提交的说明书第1~9页、说明书附图第1页和摘要。

2. 关于专利法第33条

专利法第33条规定:申请人可以对其专利申请文件进行修改,但是,对发明专利申请文件的修改不得超出原说明书和权利要求书记载的范围。

原说明书和权利要求书记载的范围包括原说明书和权利要求书文字记载的内容和根据原说明书和权利要求书文字记载的内容以及说明书附图能直接地、毫无疑义地确定的内容。如果修改后的技术方案能够根据原说明书和权利要求书文字记载的内容直接地、毫无疑义地确定,那么这种修改是允许的。

本案中,修改后的权利要求1在步骤d)中增加了"每毫升浓缩液中含4/3克生药"。在原权利要求书和说明书第2页记载的技术方案中对步骤d)中浓缩液的生药浓度未进行限定,可以理解为浓缩液中的生药浓度为任意浓度;同时,在实施例1这个具体的实施方式中涉及了生药和浓缩液的具体数值,在该实施例中,党参、黄芪每味生药为400g,共800g,浓缩液为600ml,根据上述记载,可以推导出,生药和浓缩液的比例是800g:600ml,即"每毫升浓缩液中含4/3克生药",可见,修改后的权利要求1的技术方案能够根据原说明书和权利要求书文字记载的内容直接、毫无疑义地确定,因此权利要求1的修改未超出原权利要求书和说明书记载的范围,符合专利法第33条的规定。

权利要求3限定了药物三次提取的水的比例和时间,在实施例1这个具体的实施方式中涉及了药物加水提取三次,在该实施例中,每个生药为400g,共800g,其中第一次加水量为3200ml,加热提取1小时,第二次加水量为2400ml,加热提取0.5小时,第三次加水量为2400ml,加热提取0.5小时。根据上述内容可知,该实施例中,第一次加水的量为药物的4倍,第二次加水的量为药物的3倍,第三次加水的量为药物的3倍,三次提取中药物和水的比例即为修改后的权利要求3所限定的比例,即权利要求3的技术方案能够根据原说明书和权利要求书文字记载的内容以及说明书附图内容直接地、毫无疑义地确定,因此,权利要求3的修改没有超出原权利要求书和说明书记载的范围,符合专利法第33条的规定。

基于权利要求1、3的修改符合专利法第33条的规定,引用它们的权利要求2、4~7也符合专利法第33条的规定。

3. 关于前置意见

原实审部门在《前置审查意见书》中引用对比文件3认为权利要求1~4不具备创造性,不符合专利法第22条第3款的规定;权利要求5~7不具备新颖性,不符合专利法第22条第2款的规定。

由于，对比文件3是原实审部门在前置审查中补充的证据，属于新的证据，而且该证据也不是公知常识性证据，根据2006年版审查指南第四部分第二章第3.3节规定，合议组在复审阶段对该证据，以及基于该证据的审查意见不予考虑。

根据以上事实和理由，本案合议组作出如下审查决定。

三、决定

撤销国家知识产权局于2005年6月10日对03123045.8号发明专利申请作出的驳回决定。由原审查部门在本复审决定所针对的文本的基础上继续进行审查。

复审请求人对本决定不服的，可以根据专利法第41条第2款的规定，自收到本决定之日起三个月内向北京市第一中级人民法院起诉。

磺酰胺衍生物

复审请求审查决定（第 12283 号）

决 定 号	第 12283 号
决 定 日	2007 年 12 月 12 日
发明创造名称	磺酰胺衍生物
国际分类号	A61K 31/18
复审请求人	伊莱利利公司
申 请 号	98803753.X
优 先 权 日	1997 年 2 月 4 日
申 请 日	1998 年 1 月 30 日
公 开 日	2000 年 4 月 26 日
合议组组长	许 磊
主 审 员	任 怡
参 审 员	葛永奇
法 律 依 据	专利法第 26 条第 4 款

决 定 要 点

在判断一项权利要求是否以说明书为依据时，应当考虑说明书记载的全部内容，将其作为一个整体，考察所属领域技术人员能否在说明书公开内容的基础上，概括得出权利要求的技术方案并预见其技术效果。

一、案由

本复审请求涉及 1998 年 1 月 30 日申请、2000 年 4 月 26 日公开、名称为"磺酰胺衍生物"的第 98803753.X 号发明专利申请（下称本申请），本申请的优先权日为 1997 年 2 月 4 日，申请人为伊莱利利公司。

国家知识产权局于 2005 年 3 月 11 日以权利要求 1 不符合专利法第 26 条第 4 款的规定为由驳回了本申请。

驳回决定所针对的权利要求 1 为：

"1. 下式的化合物或其药学上可接受的盐：

$$R^1-\underset{\underset{R^5}{|}}{\overset{\overset{R^8}{|}}{C}}-\underset{\underset{R^7}{|}}{\overset{\overset{R^6}{|}}{C}}-NHSO_2R^2 \qquad Ia$$

其中

R^1 代表未被取代的萘基或噻吩基、取代的噻吩基或吡啶基，以及在 4 位上被取代的苯基，其中噻吩基、吡啶基和苯基可由一个独立地选自下列的取代基取代：卤素；硝基；氰基；羟基亚氨基；（1–10C）烷基；（2–10C）链烯基；（2–10C）炔基；（3–8C）环烷基；羟基（3–8C）环烷基；氧代（3–8C）环烷基；卤代（1–10C）烷基；$(CH_2)_yX^1R^9$，其中 y 为 0 或 1–4 的整数，X^1 代表 O、S、NR^{10}、CO、COO、OCO、$CONR^{11}$、$NR^{12}CO$、$NR^{12}COCOO$ 或 $OCONR^{13}$，R^9 代表氢、（1–10C）烷基、（3–10C）链烯基、（3–10C）炔基、吡咯烷基、四氢呋喃基、吗啉代或（3–8C）环烷基，且 R^{10}、R^{11}、R^{12} 和 R^{13} 各自独立代表氢或（1–10C）烷基，或者 R^9 和 R^{10}、R^{11}、R^{12} 或 R^{13} 与它们所连接的氮原子一起形成氮杂环丁烷基、吡咯烷基、哌啶基或吗啉代；N-（1–4C）烷基哌嗪基；N-苯基（1–4C）烷基哌嗪基；噻吩基；呋喃基；噁唑基；异噁唑基；吡唑基；咪唑基；噻唑基；吡啶；哒嗪基；嘧啶基；二氢噻吩基；二氢呋喃基；二氢噻喃基；二氢吡喃基；二氢噻唑基；（1–4C）烷氧基羰基二氢噻唑基；（1–4C）烷氧基羰基二甲基二氢噻唑基；四氢噻吩基；四氢呋喃基；四氢噻喃基；四氢吡喃基；吲哚基；苯并呋喃基；苯并噻吩基；苯并咪唑基；以及式 $R^{14}-(L^a)_n-X^2-(L^b)_m$ 的基团，其中 X^2 代表键、O、NH、S、SO、SO_2、CO、CH（OH）、CONH、NHCO、NHCONH、NHCOO、COCONH、OCH_2CONH 或 CH=CH，L^a 和 L^b 各自代表（1–4C）亚烷基，n 和 m 之一为 0 或 1，而另一个为 0，且 R^{14} 代表未取代的或被一个或两个下列基团取代的苯基或杂芳基：卤素、硝基、氰基、羟基亚氨基、（1–10C）烷基、（2–10C）链烯基、（2–10C）炔基、（3–8C）环烷基、4-（1,1-二氧代四氢-1,2-噻嗪基）、卤代（1–10C）烷基、氰基（2–10C）链烯基、苯基、和 $(CH_2)_zX^3R^{15}$ 其中 z 为 0 或 1–4 的整数，X^3 代表 O、S、NR^{16}、CO、CH（OH）、COO、OCO、$CONR^{17}$、$NR^{18}CO$、$NHSO_2$、$NHSO_2NR^{17}$、NHCONH、$OCONR^{19}$ 或 $NR^{19}COO$，R^{15} 代表氢、（1–10C）烷基、苯基（1–4C）烷基、（1–10C）卤代烷基、（1–4C）烷氧基羰基（1–4C）烷基、（1–4C）烷基磺酰氨基（1–4C）烷基、（N-（1-C4）烷氧基羰基）（1–4C）烷基磺酰氨基（1–4C）烷基、（3–10C）链烯基、（3–10C）炔基、（3–8C）环烷基、樟脑基或未取代的或被一个或两个下列基团取代的芳基或杂芳基：卤素、（1–4C）烷基和（1–4C）烷氧基，R^{16}、R^{17}、R^{18} 和 R^{19} 各自独立代表氢或（1–10C）烷基，或者 R^{15} 和 R^{16}、R^{17}、R^{18} 或 R^{19} 与它们所连接的氮原子一起形成氮杂环丁烷基、吡咯烷基、哌啶基或吗啉代；

R^2 代表（1–4C）烷基、（1–2C）氟代烷基、$-CH_2Cl$、$-CH_2CH_2OCH_3$、$-N(CH_3)_2$；且
R^5、R^6 和 R^7 各自代表氢；R^8 代表甲基；且排除

(a) R^1 代表苯基，R^2 代表甲基、丁基、三氟甲基或二甲氨基；或

(b) R^1 代表 4-氯代苯基、4-硝基苯基或 3-甲氧基苯基，R^2 代表甲基；或

(c) R^1 代表 4-硝基苯基，R^2 代表三氟甲基。"

驳回决定认为：关于本发明的化合物的使用效果，本申请仅在说明书第 24 页第 7~8 行记载了"我们发现在此示例的化合物在该测试中的 EC_{50} 至少为 30μM。例如，实施例 28 的化合物 EC_{50} 为 230±59μM"，根据该记载，本领域技术人员不能得知除实施例 28 的化合物外，还有哪些化合物属于申请人此处所说的"示例化合物"，即哪些化合物被证实取得了"EC_{50} 至少为 30μM"这样的技术效果。而权利要求 1 请求保护的化合物通式结构中 R^1 代表的基团的差别很大，本领域技术人员不能推测到

权利要求1的所有化合物都会有与实施例28的化合物一样的作用。权利要求1的概括包含了申请人推测的内容，而其效果难以预先确定和评价，因此权利要求1不符合专利法第26条第4款的规定。

申请人伊莱利利公司（下称请求人）对上述驳回决定不服，于2005年6月27日向专利复审委员会提出复审请求，请求人在提出复审请求时提交了新修改的权利要求书全文替换页（共19项权利要求）。请求人指出，与驳回决定所针对的文本相比，修改后的权利要求1中将R^1限定为苯基，并将"R^1可由一个独立地选自下列的取代基取代"修改为"可由一个或两个独立地选自下列的取代基取代"；删除了权利要求2中的萘基；删除了原权利要求3，新权利要求3根据说明书第10页最后一段至第11页第1段对权利要求3中的基团$(CH_2)_zX^3R^{15}$进行了限定，除此之外未进行其他修改。请求人认为：本申请说明书不仅公开了权利要求1中所述的化合物及其制备方法，而且非常清楚而完整地公开了本发明化合物活性的EC_{50}值的测定方法和测定结果。本领域技术人员按照本申请说明书的教导完全能够实施本发明。说明书中所述"我们发现在此示例的化合物在该测试中的EC_{50}至少为30μM"说明了本发明化合物的活性，即显然指的是实施例中所给出的280种化合物在该测试中的EC_{50}至少为30μM。本发明的化合物的活性数据就在上述范围内，是通过实验验证的。本说明书给出的活性数据足以证明通式化合物具有相同的性能。因此，修改后的权利要求1的范围概括合理，能够得到说明书的支持，符合专利法第26条第4款的规定。

请求人于2005年8月12日再次提交了权利要求书全文替换页（共19项权利要求），删除了权利要求1中的（a）（b）（c），对其余权利要求未作修改，修改后的权利要求1为：

"1. 下式的化合物或其药学上可接受的盐：

$$R^1-\underset{\underset{R^5}{|}}{\overset{\overset{R^8}{|}}{C}}-\underset{\underset{R^7}{|}}{\overset{\overset{R^6}{|}}{C}}-NHSO_2R^2 \qquad Ia$$

其中

R^1代表苯基，其可由一个或两个独立地选自下列的取代基取代：卤素；硝基；氰基；羟基亚氨基；(1-10C)烷基；(2-10C)链烯基；(2-10C)炔基；(3-8C)环烷基；羟基(3-8C)环烷基；氧代(3-8C)环烷基；卤代(1-10C)烷基；$(CH_2)_yX^1R^9$，其中y为0或1~4的整数，X^1代表O、S、NR^{10}、CO、COO、OCO、$CONR^{11}$、$NR^{12}CO$、$NR^{12}COCOO$或$OCONR^{13}$，R^9代表氢、(1-10C)烷基、(3-10C)链烯基、(3-10C)炔基、吡咯烷基、四氢呋喃基、吗啉代或(3-8C)环烷基，且R^{10}、R^{11}、R^{12}和R^{13}各自独立代表氢或(1-10C)烷基，或者R^9和R^{10}、R^{11}、R^{12}或R^{13}与它们所连接的氮原子一起形成氮杂环丁烷基、吡咯烷基、哌啶基或吗啉代；N-(1-4C)烷基哌嗪基；N-苯基(1-4C)烷基哌嗪基；噻吩基；呋喃基；噁唑基；异噁唑基；吡唑基；咪唑基；噻唑基；吡啶基；哒嗪基；嘧啶基；二氢噻吩基；二氢呋喃基；二氢噻喃基；二氢吡喃基；二氢噻唑基；(1-4C)烷氧基羰基二氢噻唑基；(1-4C)烷氧基羰基二甲基二氢噻唑基；四氢噻吩基；四氢呋喃基；四氢噻喃基；四氢吡喃基；吲哚基；苯并呋喃基；苯并噻吩基；苯并咪唑基；以及式$R^{14}-(L^a)_n-X^2-(L^b)_m$的基团，其中$X^2$代表键、O、NH、S、SO、$SO_2$、CO、CH(OH)、CONH、NHCO、NHCONH、NHCOO、COCONH、OCH_2CONH或CH=CH，L^a和L^b各自代表(1-4C)亚烷基，n和m之一为0或1，而另一个为0，且R^{14}代表未取代的或被一个或两个下列基团取代的苯基或杂芳基：卤素、硝基、氰基、羟基亚氨基、(1-10C)烷基、(2-10C)链烯基、(2-10C)炔基、(3-8C)环烷基、4-(1,1-二氧代四氢-1,2-噻嗪基)、卤代(1-10C)烷基、氰基(2-10C)链烯基、苯基，和$(CH_2)_zX^3R^{15}$其中z为0或1~4的整数，X^3代表O、S、NR^{16}、CO、CH(OH)、COO、OCO、$CONR^{17}$、$NR^{18}CO$、

529

$NHSO_2$、$NHSO_2NR^{17}$、$NHCONH$、$OCONR^{19}$ 或 $NR^{19}COO$，R^{15} 代表氢、（1-10C）烷基、苯基（1-4C）烷基、（1-10C）卤代烷基、（1-4C）烷氧基羰基（1-4C）烷基、（1-4C）烷基磺酰氨基（1-4C）烷基、（N-（1-C4）烷氧基羰基）（1-4C）烷基磺酰氨基（1-4C）烷基、（3-10C）链烯基、（3-10C）炔基、（3-8C）环烷基、樟脑基或未取代的或被一个或两个下列基团取代的芳基或杂芳基：卤素、（1-4C）烷基和（1-4C）烷氧基，R^{16}、R^{17}、R^{18} 和 R^{19} 各自独立代表氢或（1-10C）烷基，或者 R^{15} 和 R^{16}、R^{17}、R^{18} 或 R^{19} 与它们所连接的氮原子一起形成氮杂环丁烷基、吡咯烷基、哌啶基或吗啉代；

R^2 代表（1-4C）烷基、（1-2C）氟代烷基、$-CH_2Cl$、$-CH_2CH_2OCH_3$、$-N(CH_3)_2$；且

R^5、R^6 和 R^7 各自代表氢；R^8 代表甲基。"

请求人认为权利要求 1 中的条件语句因 R^7 进一步限定为 H 后无需再继续进行定义，因为原提交的语句是针对 R^7 为甲基的情况而限定的，因此将其删除。

形式审查合格后，专利复审委员会受理了该复审请求，并于 2005 年 8 月 30 日向请求人发出《复审请求受理通知书》，随后将本申请案卷移交原审查部门进行前置审查。

原审查部门对本复审请求进行了前置审查，认为：申请人没有提供数据表明本发明的所有化合物在说明书所述的测试方法下都能得出其 EC_{50} 低于 $30\mu M$ 的结果，并且无法确认"在此示例的化合物"指的是实施例中所给出的 280 种化合物。因此，由于权利要求 1 请求保护的化合物通式结构中 R^1 代表的基团的差别很大，仅根据实施例 28 的化合物中 R^1 为 4 位被 3-噻吩基取代的苯基，本领域技术人员不能预测权利要求 1 的所有化合物都具有与实施例 28 的化合物一样的作用。所以坚持原驳回决定。

至此，合议组认为本案事实清楚，可以作出审查决定。

二、决定的理由

1. 审查依据的文本

请求人于 2005 年 8 月 12 日提交了修改的权利要求书全文替换页（共 19 项权利要求），因此，本复审决定所针对的文本为请求人于 2005 年 8 月 12 日提交的权利要求 1~19，2004 年 1 月 12 日提交的说明书第 1、4、26、66~69、77、78、80~82、87~89、101、108、116、121、139、143、146、152、156、162、170 页，本申请进入中国国家阶段时提交的国际申请文件的中文译文说明书第 2、3、5~25、27~65、70~76、79、83~86、90~100、102~107、109~115、117~120、122~138、140~142、144~145、147~151、153~155、157~161、163~169 页以及说明书摘要。

2. 关于专利法第 26 条第 4 款

专利法第 26 条第 4 款规定：权利要求书应当以说明书为依据，说明要求专利保护的范围。

在判断一项权利要求是否以说明书为依据时，应当考虑说明书记载的全部内容，将其作为一个整体，考察所属领域技术人员能否在说明书公开内容的基础上，概括得出权利要求的技术方案并预见其技术效果。

本案中，权利要求 1 要求保护式 Ia 的化合物或其药学上可接受的盐，根据说明书的记载（参见本申请说明书第 1 页第 1 段），本发明提供了一种能够增强谷氨酸受体功能的化合物。本申请说明书记载了测定所述化合物或其盐增强谷氨酸受体功能的实验方法、实验结果（参见本申请说明书第 22 页第 17 行至第 24 页第 8 行），并记载了制备该通式中部分具体化合物的具体实施例（参见本申请说明书实施例 1 至实施例 280）。其中，说明书第 24 页第 7 行至第 8 行记载了化合物增强谷氨酸受体功能的实验结果为"在此示例的化合物在该测试中的 EC_{50} 至少为 $30\mu M$。例如，实施例 28 的化合物 EC_{50} 为 $230±59\mu M$"。审查员认为根据说明书记载的内容不能得出"在此示例的化合物"就是实施例

中的化合物，也得不出"所有化合物的EC_{50}都低于$30\mu M$"的信息，因此不能确认说明书中关于药效的该概括性描述是对所有化合物药理活性的总结。

对此，合议组认为：首先，"在此示例的化合物"显然为说明书中所给出的所有符合所述通式的示例化合物，而在说明书中，符合所述通式的化合物例举于实施例1~280，并且说明书同时以举例说明的方式描述了实施例28的化合物的EC_{50}值，实施例28的化合物是实施例1~280的化合物中的一个，因而这样的描述进一步表明"在此示例的化合物"包括实施例1~280的化合物。其次，根据本领域的公知常识，作为衡量化合物活性的标准，EC_{50}指的是半数有效浓度，该值越低，表明化合物活性越高，本发明的目的显然是要提供活性高的化合物，因此"化合物在该测试中的EC_{50}至少为$30\mu M$"显然指的是化合物活性最低为EC_{50}为$30\mu M$，因而所述化合物$EC_{50} \leq 30\mu M$才是其实际要表达的含义，而且其给出的实施例28的化合物的EC_{50}为$230\pm59\mu M$也确证了这一点，即在本申请说明书中给出了本申请实施例化合物的EC_{50}均低于$30\mu M$的结果。因此，审查员认为由于本领域技术人员根据说明书中的描述不能得知除实施例28的化合物外还有哪些化合物达到了"EC_{50}至少为$30\mu M$"的效果以及得不出"所有化合物EC_{50}都低于$30\mu M$"，因而仅凭实施例28不足以支持权利要求1所要保护的范围的理由不成立，合议组对审查员据此认为权利要求1不符合专利法第26条第4款的规定的主张不予支持。

根据以上事实和理由，本案合议组作出如下审查决定。

三、决定

撤销国家知识产权局于2005年3月11日对98803753.X号发明专利申请作出的驳回决定。由原审查部门在本复审决定所针对文本的基础上继续进行审查。

复审请求人对本决定不服的，可以根据专利法第41条第2款的规定，自收到本决定之日起三个月内向北京市第一中级人民法院起诉。

一种甙类化合物制剂及制备方法

复审请求审查决定（第 12288 号）

决 定 号	第 12288 号
决 定 日	2007 年 11 月 23 日
发明创造名称	一种甙类化合物制剂及制备方法
国 际 分 类 号	A61 35/78，A61K 31/7048，A61K 9/48，A61P 9/12，A61P 9/10，A61P 3/10，A61P 3/06，A61P 25/00
复 审 请 求 人	武汉化工学院
申 请 号	200410012714.0
申 请 日	2004 年 2 月 11 日
公 开 日	2004 年 12 月 29 日
合 议 组 组 长	李金光
主 审 员	许 磊
参 审 员	任 怡
法 律 依 据	专利法第 26 条第 4 款，第 33 条

决 定 要 点

如果权利要求所要保护的技术方案是所属技术领域的技术人员能够从说明书充分公开的内容中得到或者概括得出的技术方案，则该项技术方案得到了说明书的支持。

一、案由

本复审请求涉及申请日为 2004 年 2 月 11 日、公开日为 2004 年 12 月 29 日、名称为"一种甙类化合物制剂及制备方法"的第 200410012714.0 号发明专利申请（下称本申请），其申请人为武汉化工学院。

国家知识产权局于 2005 年 12 月 9 日以本申请权利要求 1～5 不符合专利法第 26 条第 4 款为由驳回了本申请，驳回决定所针对的权利要求书为：

"1. 一种甙类化合物制剂：是由以下原料按重量百分比制成：

西洋参和/或人参	50%～70%	黄芪	20%～30%
三七	10～20%.		

2. 根据权利要求 1 所述甙类化合物制剂的制备方法，其特征在于：按一定重量百分比取上述西洋参和/或人参、黄芪、三七原料，并将之浸入 50%～100% 乙醇溶剂中，在 50～100℃下回流提取，

然后过滤，将滤液浓缩、干燥，制得甙类化合物。

3. 根据权利要求2所述甙类化合物制剂的制备方法，其特征在于：加入的西洋参和/或人参、黄芪、三七原料与乙醇溶液重量体积kg/l比为1:5～1:15。

4. 根据权利要求2所述甙类化合物制剂的制备方法，其特征在于：原料在乙醇溶剂中回流提取1～8小时。

5. 根据权利要求1所述甙类化合物制剂，其特征在于：上述制取的甙类化合物可以制成胶囊、饮料和口服液。"

驳回决定认为：虽然说明书第2页第6～8行的描述是"将西洋参和/或人参50％～70％，黄芪20％～30％和三七10％～20％，用50％～100％乙醇在50～100℃下提取，过滤，将滤液浓缩，干燥制得甙类化合物"，但是，在说明书所有实施例中的描述均为：将西洋参和/或人参，和三七用80％的乙醇溶液提取，滤液为母液（1），加枸杞与提取液用热水提，滤液与母液（1）合并形成母液（2），浓缩得甙类化合物制剂。其中经过"加枸杞与提取渣用热水提，滤液与母液（1）合并形成母液（2）"的步骤在权利要求1～5中均没有描述，因此权利要求1～5要求保护的范围与说明书记载的实际的技术方案不一致，实质上得不到说明书的支持，不符合专利法第26条第4款的规定。申请人的意见陈述也不能说明权利要求1～5得到了说明书的支持。

申请人武汉化工学院（下称请求人）对上述驳回决定不服，于2006年3月10日向专利复审委员会提出复审请求，请求人在提出复审请求时提交了说明书第2页的替换页和权利要求书全文替换页（共5项），修改后的权利要求如下：

"1. 一种甙类化合物制剂：是由以下原料按重量份制成：

西洋参和/或人参　　　　50～70，　　　　黄芪　　20～30

三七　　　　　　　　　　10～20，　　　　枸杞　　5～10。

2. 根据权利要求1所述甙类化合物制剂的制备方法，其特征在于：按一定重量份取上述西洋参和/或人参、黄芪、三七原料，并将之浸入50％～100％乙醇溶剂中，在50～100℃下回流提取，然后过滤，滤液为母液，加枸杞与提取渣用热水提，过滤，将滤液与母液合并浓缩、干燥，制得甙类化合物。

3. 根据权利要求2所述甙类化合物制剂的制备方法，其特征在于：加入的西洋参和/或人参、黄芪、三七原料、枸杞与乙醇溶液重量体积kg/l比为1:5～1:15。

4. 根据权利要求2所述甙类化合物制剂的制备方法，其特征在于：原料在乙醇溶剂中回流提取1～8小时。

5. 根据权利要求1所述甙类化合物制剂，其特征在于：上述制取的甙类化合物可以制成胶囊、饮料和口服液。"

请求人认为修改后的权利要求得到了说明书的支持。

形式审查合格后，专利复审委员会受理了该复审请求，并于2006年4月25日向请求人发出《复审请求受理通知书》，同时将本申请案卷移交原审查部门进行前置审查。

原审查部门对本复审请求进行了前置审查，认为修改后的说明书和权利要求1超出了原始说明书和权利要求书记载的范围，不符合专利法第33条的规定，坚持原驳回决定。

专利复审委员会组成合议组，对本案的复审请求进行了审理。于2007年2月6日向请求人发出《复审通知书》。该《复审通知书》指出，请求人在提交的权利要求书中对权利要求1～3和说明书第3～11行中用相同的方式进行了修改。修改后的文本中包含由一定重量份的西洋参和/或人参、黄芪、三七与一定具体量的枸杞制成的甙类化合物制剂的技术方案，但该技术方案在原申请中没有记载且不能从原申请记载的内容中直接毫无疑义地得出,因此,修改后的权利要求1~3和说明书第2页不符合专利法第33条的规定。

针对该《复审通知书》指出的问题,请求人于2007年3月1日提交了意见陈述书及经修改的说明书全文替换页(共3页)和权利要求书全文替换页(共5项),修改后的权利要求书如下:

"1. 一种甙类化合物制剂:是由以下原料按重量百分比制成:

西洋参和/或人参 50%~70% 黄芪 20%~30%

三七 10%~20%。

2. 根据权利要求1所述甙类化合物制剂的制备方法,其特征在于:按一定重量百分比取上述西洋参和/或人参、黄芪、三七原料,并将之浸入50~100%乙醇溶剂中,在50~100℃下回流提取,然后过滤,将滤液浓缩、干燥,制得甙类化合物。

3. 根据权利要求2所述甙类化合物制剂的制备方法,其特征在于:加入的西洋参和/或人参、黄芪、三七原料与乙醇溶液重量体积kg/l比为1:5~1:15。

4. 根据权利要求2所述甙类化合物制剂的制备方法,其特征在于:原料在乙醇溶剂中回流提取1~8小时。

5. 根据权利要求1所述甙类化合物制剂,其特征在于:上述制取的甙类化合物可以制成胶囊、饮料和口服液。"

请求人认为修改后的申请文件克服了复审通知书所指出的缺陷。

至此,合议组认为本案事实清楚,可以作出审查决定。

二、决定的理由

1. 决定所依据的文本

请求人于2007年3月1日提交的修改后的权利要求书与原始提交的权利要求书相同;修改后的说明书除在第2页倒数第4行将原始提交的说明书中的"黄芪"修改为"芪"外,其余内容均与原始提交的说明书相同,根据上下文的记载,可以毫无疑义地确定该"芪"的表述就是"黄芪"的误写,因此,这种修改没有超出原说明书和权利要求书记载的范围,故修改后的权利要求书和说明书克服了《复审通知书》所指出的缺陷,符合专利法第33条的规定。

本决定是在请求人于2007年3月1日提交的说明书第1~3页、权利要求1~5和请求人于2004年2月11提交的说明书摘要的基础上作出的。

2. 关于专利法第26条第4款

专利法第26条第4款规定,权利要求书应当以说明书为依据,说明要求专利保护的范围。

根据该款规定,如果权利要求所要保护的技术方案是所属技术领域的技术人员能够从说明书充分公开的内容中得到或者概括得出的技术方案,则该项技术方案得到了说明书的支持。

本案中,从说明书记载的内容来看,本发明的目的是要克服现有技术中存在的直接用热水提取西洋参和/或人参和三七的提取物中皂甙和多糖混在一起的缺陷,提供一种甙类化合物制剂及制备方法,该方法通过先用乙醇提取,再用水提取而使西洋参和/或人参、黄芪和三七中的多糖和皂甙分离,从而使得可以根据不同人的需要选择合适的制剂服用(见本申请说明书第1页倒数第4行至第2页第2行)。在本申请的实施例中记载的方法为首先将人参/西洋参、黄芪和三七用80%的乙醇溶液提取,回流反应后合并滤液获得母液(1),然后,将提取渣与枸杞一起用水进行提取,在冷却后,滤出水提液,然后加80%乙醇溶液沉淀,滤出沉淀,干燥后,获得一种以西洋参/人参、黄芪、三七和枸杞为原料的多糖化合物制剂,然后将其滤液再与母液(1)合并成母液(2),浓缩干燥后获得一种以西洋参、黄芪和三七为原料的甙类化合物制剂。虽然"加枸杞与提取渣用热水提,滤液与母液(1)合并形成母液（2）"的步骤在权利要求1~5中均没有描述，但是，根据说明书的描述可知，加入枸杞时，已经对人参/西洋参、黄芪和三七中的甙类进行了提取，将枸杞与提取后的滤渣合并并进一步进行处理，目的是为了提取多糖，而且，在将枸杞与所述滤渣合并后，采用的提取溶剂是水；虽然这时本申请的实施例中又将提取多糖时乙醇沉淀后的滤液与母液（1）合并，但是，与母液（1）合并的滤液中的甙类成分主要仍然是由人参/西洋参、黄芪和三七中获得的。因此，权利要求1~5所涉及的技术方案包括甙类化合物制剂及其制备方法，说明书中实际已经记载了以西洋参和/或人参、黄芪、三七为原料用乙醇提取甙类化合物的实施例，说明书背景技术也记载有乙醇提取物中甙类含量高、多糖含量低的现有技术，所以，所属技术领域的技术人员根据说明书的记载，可以得出或概括得出权利要求1~5的技术方案，因此，驳回决定认为由于权利要求1~5的原料或方法中未包含枸杞因而得不到说明书支持的主张不成立。

根据以上事实和理由，本案合议组作出如下审查决定。

三、决定

撤销国家知识产权局于2005年12月9日对200410012714.0号发明专利申请作出的驳回决定。由原审查部门在本决定所针对文本的基础上继续进行审查。

复审请求人对本决定不服的，可以根据专利法第41条第2款的规定，自收到本决定之日起三个月内向北京市第一中级人民法院起诉。

口服降纤酶肠溶胶囊

复审请求审查决定（第12289号）

决 定 号	第12289号
决 定 日	2007年12月15日
发明创造名称	口服降纤酶肠溶胶囊
国际分类号	A61K 38/43，A61K 9/48，A61P 9/10，A61P 7/02
复审请求人	杨靖华
申 请 号	200410022275.1
申 请 日	2004年4月7日
公 开 日	2005年1月12日
合议组组长	何 炜
主 审 员	许 磊
参 审 员	唐 莉

法律依据 专利法第33条

决定要点

如果申请的内容通过增加、改变和/或删除其中的一部分，致使所属技术领域的技术人员看到的信息与原申请记载的信息不同，而且又不能从原申请记载的信息中直接地、毫无疑义地确定，那么，这种修改就是不允许的。

一、案由

本复审请求涉及申请日为2004年4月7日、公开日为2005年1月12日、名称为"口服降纤酶肠溶胶囊"的第200410022275.1号发明专利申请（下称本申请），其申请人为杨靖华。

国家知识产权局于2005年10月14日以本申请说明书不符合专利法第26条第3款的规定为由驳回了本申请，驳回决定所针对的权利要求书为：

"1. 口服降纤酶肠溶胶囊，以新鲜立即冻干尖吻蝮蛇毒粉为原料制成，其特征在于：每粒肠溶胶囊含有降纤酶60～70酶单位的原料药和赋形剂低分子右旋糖酐200mg。

2. 根据权利要求1所述的肠溶胶囊，其特征在于：原料药与赋形剂低分子右旋糖酐按1:200的比例混均。"

驳回的具体理由为：从说明书第2页第9～11行以及实施例4的记载可以推出本申请要求保护产品的每1mg原料药中含有60～70酶单位，在本申请的说明书（见说明书第2页14～17行）中表明"常规的降纤酶单成分制剂酶收率只在1.2～1.8酶单位/mg，最高只能达到3单位/mg。而本发明的工艺酶回收率可达到55~63单位/mg，较中国专利95109884.5的工艺产量提高20~30倍"。然而，本申请中对于如何从尖吻蝮蛇毒中制备每毫克含有60~70酶单位的口服精制降纤酶原料药，仅在说明书第2页第7~11行和简单的流程图1中进行了泛泛描述和简单的图示，本领域技术人员仍旧无法制备出每毫克含有60~70酶单位的口服精制降纤酶原料药，从而导致无法用此原料药制备成口服降纤酶肠溶胶囊，因此说明书不符合专利法第26条第3款的规定。

申请人杨靖华（下称请求人）对上述驳回决定不服，于2005年12月21日向专利复审委员会提出复审请求，请求人在提出复审请求的同时提交了修改的权利要求书、说明书和说明书摘要的全文替换页，修改后的权利要求书如下：

"1. 口服降纤酶肠溶胶囊，以新鲜立即冻干尖吻蝮蛇毒粉为原料制成的降纤酶为原料药，其特征在于：每粒肠溶胶囊含有降纤酶60~70酶单位的原料药和赋形剂低分子右旋糖酐200mg，原料药与低分子右旋糖酐按1∶200的比例混均。"

请求人在提出复审请求的同时还提交了下述附件：

附件1：国家药品监督管理局国家药品标准（药典、国家标准）颁布件，2000年国药标字XG-031号，复印件共3页；

附件2："尖吻蝮（*Agkistrodon acutus*）蛇毒凝血酶样成分的研究I. 分离纯化及其理化特性的测定"，肖昌华等，《动物学研究》，第9卷，增刊，1988年11月，第51~57页，复印件共7页；

附件3：一份用于说明原料药相同而剂型各异的不同申请很常见的列有10个中国专利申请号及其发明名称的列表复印件共1页；

请求人认为：（1）本申请要求保护的"口服降纤酶肠溶胶囊"是以药物剂型为特征的药物组合物，并不是要对化学产品本身进行保护，附件3也说明原料药相同而剂型各异的不同申请很常见；本申请产品中所用的降纤酶早就是国家药监局以国家药品标准颁布的品种（见附件1），在中国专利951098845中也有明确记载，因此其不是一种新化合物，所以其确认、制备和用途都是本申请之前已知的现有技术；在本申请的权利要求书中明确记载了具体适用的活性成分、在说明书中明确记载了具体的发明目的、适用此剂型的活性成分的确定剂量以及能够带来的有益效果，在说明书第1页倒数第3段、第2页第4段以及第3~5页（包括8个实施例）说明了具体的实施方式，充分说明了本发明的有益效果，并通过分析图谱、理化性质等，提供了足够的、令人信服的对比试验依据证明了其安全性和有效性，所以本发明说明书已经对所要保护的产品进行了清楚的说明。（2）本申请不要求保护制备方法，而所要保护的组合物采用一般的已知技术即可制备，本申请在说明书和附图中对必须的制备方法和步骤均予以了公开；对于尖吻蝮蛇毒中类凝血酶的分离纯化研究而言，早在20世纪80年代末就成功获得了四个同工酶组分，见附件2，其中可以治疗脑血栓等闭塞性血管病的药称注射用去纤酶，国家药监局之后颁布实施了统一的国家标准，将其定义为降纤酶，见附件1；本发明的降纤酶完全可以按照中国专利951098845或附件2公开的降纤酶制备工艺获得，只是扩大了收集范围，从7~15峰分离收集的降纤酶及其同工酶可以获得更多的酶活力单位，每1mg粗蛇毒粉可以收集到63酶活单位的有效成分，由于加大了每次分离的数量，将不同分子量的四个同工酶同时入药，大大提高了原料药的有效成分和数量，能适应口服制剂应用需要原料药数量大的需要。所以，国家知识产权局驳回的理由不成立。同时，请求人认为因为收集1个峰的时间为数分到数小时，所以原说明书中的"7~15分时"用词不规范，为了避免误解，将其修改为"7~15峰"。

形式审查合格后，专利复审委员会受理了该复审请求，并于2006年1月25日向请求人发出《复审请求受理通知书》，随后将本申请案卷移交原审查部门进行前置审查。

原审查部门对本复审请求进行了前置审查，认为请求人将"7~15分"修改为"7~15峰"的修改不符合专利法第33条的规定,同时,说明书仍然存在公开不充分的缺陷,因此坚持原驳回决定。

专利复审委员会组成合议组,对本案的复审请求进行了审理,并于2007年2月27日向请求人发出《复审通知书》。该《复审通知书》指出:请求人认为收集一个峰的时间为数分钟到数小时,原说明书中的"7~15分时"用词不规范,因此,在提出复审请求时,将说明书(例如其第1页倒数第6行、倒数第11行和第2页第12行)以及说明书摘要中的"7~15分时"修改为"7~15峰"。但是,在原权利要求书、说明书以及说明书摘要中不仅都没有"7~15峰"的表述,而且从原申请文件公开的分析图谱(见图3)来看,本申请原料的峰数根本达不到7~15个峰,而且也没有哪个峰的收集需要数小时,此外,原申请文件中"7~15分时分离的降纤酶及其同工酶"是本领域技术人员经常采用的表述,指的就是从第7分钟至第15分钟时分离获得的级分,其也与申请文件中的分析图谱相一致,所以也不存在请求人所说的用词不规范、需要避免误解的情况,所以,综上所述,修改后的"7~15峰"没有记载在原申请文件中,也不能从原申请记载的信息中直接地、毫无疑义地确定,因此,这种修改不符合专利法第33条的规定。该《复审通知书》还同时指出,即使请求人提交的修改文本克服了不符合专利法第33条规定的缺陷,因为说明书没有对本发明产品所用原料充分公开,本申请仍然还存在不符合专利法第26条第3款规定的缺陷。

针对该《复审通知书》指出的问题,请求人于2007年4月9日提交了意见陈述书及下述附件(编号续前):

附件4:"尖吻蝮蛇(Agkistrodon acutus)蛇毒的研究 I. 三个毒性组分的纯化",徐洵等,生物化学与生物物理学报,第14卷,第1期,1982年1月,第53~59页,复印件共7页;

附件5:"凝胶选择指南'99",封面、第11页和标题为"凝胶过滤分离范围总览"的表格页,复印件共3页。

请求人认为:(1)原申请文件中的"分时"是明显的笔误,本领域技术人员通常采用的表述是"峰"或"组分",在请求人答复第一次审查意见通知书时提交的CN95109884.5说明书第2页倒数第2~3行、第3页第5行、倒数第8行等采用的即为该表述,此外,附件4从第54页倒数第2段开始及其后面的段落中均采用的"峰"或"组分",按照审查指南第二部分第八章5.2.2.2部分对说明书及其摘要的修改规定,申请人参照前后文以及本领域技术人员常采用的表述,将"分时"改为"峰"不违反专利法第33条的规定。此外,本领域技术人员通读本申请能轻易的发现申请文件中"分时"这一明显笔误或打字错误,这样的错误在许多文章中均有存在,如在请求人提交的附件2中页存在诸如"蛇毒凝血酶样成分"应为"蛇毒凝血酶样酶成分"的错误。(2)就审查员指出的从图3上根本看不到7~15个峰的问题,请求人认为本发明有效成分与注射用降纤酶制剂的有效成分相同,不同点是注射用制剂每支仅含5~10个酶活单位,而口服胶囊每粒含60~70个酶活单位,原申请中的图2和3分别表示纯化后的原料药图谱(主峰一致),并不是表示分离过程中各峰的图谱,从附件4第54页的图1上可以看到分离过程中的图谱可以见到多个峰。口服降纤酶由四个同工酶组成,其中第一个组分是国家要求的注射用降纤酶的分子量范围,其余三个都不符合注射用标准,但可作口服原料,此次提供的附件4第54页的图1才是反映分离提取过程中各个峰的图谱(本发明与之类似)。因此,请求人认为申请文件的修改符合专利法第33条的规定。同时,请求人还认为请求人提供的附件2和5证明本申请原料可以根据现有技术获得,因此说明书公开充分。

至此,合议组认为本案事实清楚,可以作出审查决定。

二、决定的理由

1. 决定所依据的文本

请求人在提出复审请求时提交了说明书、权利要求书和说明书摘要的全文替换页,因此,本复审请求审查决定是在请求人于 2005 年 12 月 21 日提交的权利要求 1、说明书第 1~5 页和说明书摘要以及于申请日提交的说明书附图第 1~2 页的基础上作出的。

2. 关于专利法第 33 条

专利法第 33 条规定，申请人可以对其专利申请文件进行修改，但是，对发明和实用新型专利申请文件的修改不得超出原说明书和权利要求书记载的范围。

根据该款规定，如果申请的内容通过增加、改变和/或删除其中的一部分，致使所属技术领域的技术人员看到的信息与原申请记载的信息不同，而且又不能从原申请记载的信息中直接地、毫无疑义地确定，那么，这种修改就是不允许的。

本案中，请求人认为"分时"对色谱峰进行描述是明显的笔误，并且认为现有技术如 CN951009884.5 和附件 4 中采用的都是"峰"的组分，已经正式发表的文章如附件 2 中也存在笔误，因此，根据审查指南第二部分第八章第 5.2.2.2 节的规定，应当允许进行修改。

但是，首先，本领域技术人员公知的是，在对一种色谱峰进行描述时有多种描述方式，以时间为单位的保留时间是普遍采用的描述形式之一，本申请色谱图的横坐标是以"分"为单位的时间，因此原申请文件中"7~15 分时分离的降纤酶及其同工酶"显然是本领域技术人员经常采用的用保留时间对色谱峰进行描述的表述，指的就是从第 7 分至第 15 分时分离获得的级分，其也与申请文件中的分析图谱相一致，本领域技术人员不会认为该表述不清楚因而怀疑其是笔误；其次，在本申请说明书中对相应色谱峰进行描述时，既有"7~15 分"的中文表述，又有"7~15min"（见本申请说明书第 3 页倒数第 4~2 行）的英文表述，本领域技术人员通篇阅读申请文件也得不出 7~15 分是笔误的结论；第三，从原申请文件公开的本申请原料的分析图谱（图3）来看，本申请原料的峰数根本达不到 7~15 个峰，因此，将"7~15 分"修改为"7~15 峰"显然没有依据，第四，其他文章（如附件2）中是否存在笔误与本申请无关。综上所述，即使现有技术中有用"峰"或"组分"来对色谱峰进行描述的描述方式，其也仅仅是根据实际情况采用的最适宜该情况的表述，并不能证明本申请采用另一种常用方式——以"分"为单位的保留时间对色谱峰进行的描述是明显笔误，因此，即使本领域技术人员通读申请文件并结合公知常识也得不出该表述是笔误的结论。

请求人还认为附件 4 第 54 页上的图 1 实际上与发明相似，本申请的图 3 表示的是纯化后的原料药图谱，因此看不到多个峰。但是，在本申请说明书中清楚地表明本申请的图 3 是"本发明提取的口服降纤酶分析图谱"，即图 3 就是本发明制剂中所用的原料，其主要由三个峰组成，其中包含与图 2（现有注射用降纤酶的分析图谱）的主峰出峰时间相同的峰，而且还包含其他峰（见本申请说明书第 3 页倒数第 4 行至倒数第 2 行），因此，请求人认为其是纯化后的原料图谱，看不到多个峰的理由显然不成立；此外，附件 4 是对尖吻蝮蛇蛇毒的三个毒性组分的研究，其 54 页的图谱是蛇毒的柱层析图，在附件 4 中根本未提及降纤酶，更未提及本申请的降纤酶，因此，请求人认为本申请原料的分析图谱与附件 4 的图谱相似的主张也不成立。

综上所述，请求人提供的证据和陈述的理由都不能表明请求人将"7~15 分时"修改为"7~15 峰"的修改是对明显笔误进行的修改，其不是审查指南第二部分第八章第 5.2.2.2 节中规定的允许进行修改的情形，这种修改不符合专利法第 33 条的规定。

根据以上事实和理由，本案合议组作出如下审查决定。

三、决定

维持国家知识产权局于 2005 年 10 月 14 日对 200410022275.1 号发明专利申请作出的驳回决定。

复审请求人对本决定不服的，可以根据专利法第 41 条第 2 款的规定，自收到本决定之日起三个月内向北京市第一中级人民法院起诉。

施用于下呼吸道的消炎剂，特别是抗菌剂和/或促进伤口愈合活性剂的制剂

复审请求审查决定（第12296号）

决 定 号	第12296号
决 定 日	2007年12月18日
发明创造名称	施用于下呼吸道的消炎剂，特别是抗菌剂和/或促进伤口愈合活性剂的制剂
国 际 分 类 号	A61K 9/127
复 审 请 求 人	尤罗塞尔蒂克股份有限公司
申 请 号	99806577.3
优 先 权 日	1998年5月27日
申 请 日	1999年5月27日
公 开 日	2001年7月11日
合 议 组 组 长	何 炜
主 审 员	唐 莉
参 审 员	卢 阳
法 律 依 据	专利法第26条第3款

决 定 要 点

对于化学产品用途发明，如果本领域的技术人员无法根据现有技术预测该用途，则应当记载对于本领域技术人员来说，足以证明该物质可以用于所述用途并能解决所要解决的技术问题或者达到所述效果的实验数据，否则将无法达到能够实现的要求。

一、案由

本复审请求涉及名称为"施用于下呼吸道的消炎剂，特别是抗菌剂和/或促进伤口愈合活性剂的制剂"的第99806577.3号发明专利申请（下称本申请），本申请的申请日为1999年5月27日，公开日为2001年7月11日，优先权日为1998年5月27日，申请人为尤罗塞尔蒂克股份有限公司。

国家知识产权局于2005年5月13日以本申请权利要求1~34不符合专利法第22条第3款有关创造性的规定，权利要求35不符合专利法第26条第4款的规定，权利要求18和20不符合专利法实施细则第20条第1款的规定为由驳回了本申请，理由是：（1）对比文件1（CA95：198150，公开日为1981年）公开了聚乙烯吡咯烷酮有抗结核菌和肺结核分支杆菌的活性，对比文件2（EP0639373A，公开日为1995年2月22日）披露了聚乙烯吡咯烷酮碘制成的脂质体制剂，将对比文件2的脂质体制

剂应用于对比文件1中，用于治疗肺结核等下呼吸道疾病，从而获得权利要求1的技术方案是显而易见的，因此权利要求1相对于对比文件1和2不具备创造性；虽然申请人在答复的二次审查意见通知书的意见陈述书中认为对比文件1和2都没有涉及PVP碘的体内用途，但是本申请说明书中也只涉及PVP碘脂质体杀菌的体外试验，而没有体内试验。（2）权利要求2、4~8、33、34的附加技术特征被对比文件1披露，权利要求3、18~23、31、32的附加技术特征被对比文件2披露，权利要求9~17、24~30所限定的促进伤口愈合的活性剂、脂质体载体颗粒的大小和脂质体的制剂形式的使用是本领域普通技术人员的常用手段，因此权利要求2~34相对于对比文件1和2也不具备创造性。（3）权利要求35限定"所述制剂适用于功能组织的改型和修复治疗"，但说明书并没有实验证明所述功能，因此权利要求35得不到说明书的支持。（4）权利要求18和20中的"特别是"一词导致该权利要求的保护范围不清楚。

驳回决定所针对的权利要求为：

"1. 一种用于制备施用于下呼吸道的消炎剂和/或促进伤口愈合的活性剂的药物制剂的方法，其特征在于所述的制剂含有至少一种所述活性剂和颗粒载体。

2. 权利要求1的方法，其中所述消炎剂是抗菌剂。

3. 权利要求1或2的方法，其特征在于所述的颗粒载体包括脂质体、微球体、纳米颗粒、大孔颗粒或激光脉冲聚合物包裹的分子中的至少一种。

4、根据权利要求2所述的方法，其特征在于所述的抗菌剂选自释放氧的化合物和释放卤素的化合物；金属化合物；有机消毒剂。

5. 根据权利要求4中所述的方法，其中所述金属化合物为银和汞化合物；有机消毒剂为释放甲醛的化合物、醇类、苯酚类、喹啉类和吖啶类、六氢嘧啶类、季铵化合物和亚胺鎓盐和胍类。

6. 根据权利要求5所述的方法，其中所述苯酚类为烷基和芳基苯酚类以及卤代苯酚类。

7. 根据权利要求4所述的方法，其特征在于所述的抗菌剂选自下列物质组：金属化合物为汞化合物；苯酚衍生物为百里酚、丁子香酚和六氯苯；碘和碘配合物。

8. 根据权利要求7所述的方法，其特征在于所述的抗菌剂是聚乙烯吡咯酮碘。

9. 根据权利要求1或2所述的方法，其特征在于所述的促进伤口愈合的活性剂选自促进肉芽发生和上皮形成的活性剂起类似作用的活性剂。

10. 根据权利要求9所述的方法，其特征在于所述的促进伤口愈合的活性剂为泛醇、尿囊素类、甘菊环烃类、单宁类、来自维生素B系列的化合物。

11. 根据上述权利要求1或2所述的方法，其特征在于所述的制剂含有至少一种抗菌剂和至少一种促进伤口愈合的活性剂。

12. 根据上述权利要求1或2所述的方法，其特征在于所述的载体颗粒，具有的大小的范围是 $1~50\mu m$。

13. 权利要求12所述的方法，其中所述的载体颗粒，具有的大小的范围是 $1~30\mu m$。

14. 上述权利要求12或13所述的方法，其中所述的载体颗粒是脂质体。

15. 根据权利要求12所述的方法，其特征在于所述的载体颗粒，具有的直径大小的范围是：施用于气管的直径 $20~30\mu m$；施用于支气管的直径 $10~20\mu m$；且施用于肺泡的直径 $1~6\mu m$。

16. 根据权利要求15所述的方法，其施用于肺泡的直径是在 $2~5\mu m$。

17. 根据权利要求15或16所述的方法，其中所述的载体颗粒是脂质体。

18. 根据上述权利要求1或2所述的方法，其特征在于所述的载体制剂，特别是脂质体制剂可在延长的时间期限内，持续时间的延长时间期限内释放所述的活性剂。

19. 根据上述权利要求18所述的方法，所述延长的时间期限为几小时。

20. 根据权利要求18所述的方法，其特征在于所述的载体制剂，特别是脂质体制剂可在释放时间期限内以相同的释放速率释放所述的活性剂。

21. 根据上述权利要求1或2所述的方法，其特征在于所述的制剂还含有至少一种麻醉活性剂。

22. 根据上述权利要求1或2所述的方法，其特征在于所述的制剂含有添加剂和佐剂。

23. 根据上述权利要求22所述的方法，其中所述添加剂和佐剂为保存剂、抗氧化剂和形成稠度的添加剂。

24. 根据权利要求1或2所述的方法，所述的制剂是用于经下呼吸道给药的含有所述活性剂和载体的合适剂型。

25. 根据权利要求24所述的方法，所述的剂型是脂质体剂型。

26. 根据权利要求24所述的方法，所述的剂型是气雾剂剂型。

27. 根据权利要求24所述的方法，所述的剂型是粉末气雾剂剂型。

28. 根据权利要求1或2所述的方法，所述的制剂是致密固体药剂的储备物形式。

29. 根据权利要求28所述的方法，所述的制剂是环状片剂。

30. 根据权利要求28所述的方法，所述的制剂是在药物上可接受的固体或液体制剂中含有所述载体和一种或多种活性剂的胶囊剂、粉剂、喷雾剂、乳剂、分散液、混悬剂或溶液，它们适合于产生可吸入的颗粒。

31. 根据上述权利要求1或2所述的方法，所述的制剂是药液或分散制剂的形式它包括：

a）含有1wt.%~5wt.%药物上可接受的脂质体成膜物质的脂质体；和

b）0.1wt.%~10wt.%的抗菌剂。

32. 根据上述权利要求31所述的方法，其中所述脂质体是卵磷脂；其中所述抗菌剂是聚乙烯吡咯酮碘。

33. 根据权利要求1或2所述的方法，其中所述的制剂适于治疗感染性疾病或缓解伴有机会致病菌感染或免疫抑制系统的疾病。

34. 根据权利要求1或2所述的方法，其中所述的制剂适于治疗急性或慢性支气管炎、肺炎、支气管扩张、囊性纤维化、白喉和/或结核。

35. 根据权利要求1或2所述的方法，其中所述的制剂适于功能性组织的改型和修复治疗。

36. 权利要求1的方法，其中所述的消炎剂选自皮质甾类。"

申请人尤罗塞尔蒂克股份有限公司（下称请求人）对上述驳回决定不服，于2005年8月29日向专利复审委员会提出复审请求，同时提交了修改后的权利要求书全文替换页（共13项）和下述附件：

附件1：Dr. Fleischer的声明的部分中文译文，共1页；

附件2：Dr. Fleischer的声明的原件复印件，共2页；

附件3：WO99/60998A1全文复印件，共36页。

修改后的权利要求为：

"1. 聚乙烯吡咯烷碘组合脂质体制剂在制备用于预防或治疗下呼吸道感染和/或促进伤口愈合的药物制剂的中的用途。

2. 根据权利要求1所述的用途，其特征在于所述的制剂含有至少一种聚乙烯吡咯烷碘和至少一种促进伤口愈合的活性剂。

3. 根据权利要求1所述的用途，其特征在于所述的脂质体制剂，具有的大小的范围是1~50μm。

4. 权利要求3所述的用途,其中所述的脂质体制剂,具有的大小的范围是1~30μm。

5. 根据权利要求4所述的用途,其特征在于所述的脂质体制剂,具有的直径大小的范围是:施用于气管的直径20~30μm;施用于支气管的直径10~20μm;且施用于肺泡的直径1~6μm。

6. 根据权利要求5所述的用途,其施用于肺泡的直径是在2~5μm。

7. 根据权利要求1~6中任一项所述的用途,其特征在于所述的制剂含有添加剂和佐剂。

8. 根据上述权利要求7所述的用途,其中所述添加剂和佐剂为保存剂和形成稠度的添加剂。

9. 根据权利要求1~6中任一项所述的用途,所述的制剂是气雾剂剂或粉末气雾剂剂型,或致密固体药的储备物形式,或环状片剂,在药物上可接受的固体或液体制剂中含有负载聚乙烯吡咯烷碘的脂质体的胶囊剂、粉剂、喷雾剂、乳剂、分散液、混悬剂或溶液,它们适合于产生可吸入的颗粒。

10. 根据上述权利要求1~6中任一项所述的用途,所述的制剂是药液或分散制剂的形式,它包括:

a)含有1wt.%~5wt.%药物上可接受的脂质体成膜物质的脂质体;和

b)0.1wt.%~10wt.%的聚乙烯吡咯烷碘。

11. 根据权利要求10所述的用途,其中所述脂质体是卵磷脂。

12. 根据权利要求1~6中任一项所述的用途,其中所述的制剂适于治疗感染性疾病或缓解伴有机会致病菌感染或免疫抑制系统的疾病。

13. 根据权利要求1~6中任一项所述的用途,其中所述的制剂适于治疗急性或慢性支气管炎、肺炎、支气管扩张、囊性纤维化、白喉和/或结核。"

请求人认为,修改后的权利要求1针对的是本领域熟知的制剂的第二药物用途,对比文件1描述了各种抗菌化合物的抗菌活性的比较,其中导致肺结核的微生物只是被用作检测载体以评价各种化合物的抗菌效果,其目的是为了评价哪种药物制剂最适合于给临床设备如针、剪等消毒,对比文件1中没有提供聚乙烯吡咯烷酮碘可以用作治疗下呼吸道创伤和感染的治疗剂的启示,也没有提供呼吸道创伤和感染的治疗需要不同于对比文件1公开的溶液的另一种制剂的启示,对比文件2仅仅教导了聚乙烯吡咯烷酮碘脂质体制剂可用于治疗人或动物身体的外部感染,附件1和2的专家声明对此提供了证明,对比文件2没有给出聚乙烯吡咯烷酮碘的脂质体制剂可以应用于人或动物体内部如下呼吸道的启示,同时,本申请说明书中的试验Ⅱ、试验Ⅲ以及附件3中的试验Ⅳ都表明聚乙烯吡咯烷酮碘的脂质体制剂当体内施用于下呼吸道时,可提供有益的作用,因此修改后的权利要求具备创造性。

形式审查合格后,专利复审委员会受理了该复审请求,并于2005年10月11日向请求人发出《复审请求受理通知书》,随后将本申请案卷移交原审查部门进行前置审查。

原审查部门对本复审请求进行了前置审查,认为权利要求1和10的修改超出原始权利要求书和说明书的记载范围,不符合专利法第33条的规定,故坚持原驳回决定。

专利复审委员会组成合议组,对本案的复审请求进行了审理,于2007年6月11日向请求人发出《复审通知书》。《复审通知书》指出:(1)新修改的权利要求1中"预防或治疗下呼吸道感染的药物制剂"包括除了"施用于下呼吸道"以外的其他给药途径,还包括除了"消炎剂和/或促进伤口愈合的活性剂"以外的其他药物制剂,其涵盖的范围比驳回决定针对的独立权利要求1中"适用于下呼吸道的消炎剂和/或促进伤口愈合的活性剂"更大,新修改的权利要求1中"促进伤口愈合的药物制剂"包括除了"施用于下呼吸道"以外的其他给药途径,其涵盖的范围比驳回决定针对的独立权利要求1中"施用于下呼吸道的促进伤口愈合的药物制剂"更大,新修改的权利要求1相对于驳回决定针对的权利要求1扩大了保护范围,其不是用于消除驳回决定指出的缺陷进行的修改,请求人在提出复审请求时提交的修改文本不符合专利法实施细则第60条第1款的规定;(2)权利要求1、2、9、10

中所述"聚乙烯吡咯烷碘"含义不清楚,权利要求1中所述"药物制剂的中的用途"语句不通顺,权利要求9中所述"气雾剂剂"含义不清楚,不符合专利法实施细则第20条第1款的规定;(3)即使请求人克服上述修改不符合专利法实施细则第60条第1款规定以及上述权利要求1、2、9、10不符合专利法实施细则第20条第1款的缺陷,由于聚乙烯吡咯烷酮碘是本领域中常用的外用或局部使用的消毒剂、防腐剂,当其施用于下呼吸道时,会被人体大量吸收,从而对人体内的某些组织和器官产生毒性作用,本领域技术人员根据现有技术不能确定聚乙烯吡咯烷酮碘脂质体制剂可用于下呼吸道内,本申请说明书中的试验I-III的结果也不足以证明聚乙烯吡咯烷酮碘脂质体制剂可施用于下呼吸道内,因此说明书未充分公开,不符合专利法第26条第3款的规定。

针对《复审通知书》指出的问题,请求人于2007年9月26日提交了意见陈述书及经修改的权利要求书全文替换页(共13项)以及下述附件(编号续前):

附件4:Dr. Fleischer的声明及其部分中文译文,共6页。

修改后的权利要求为:

"1. 聚乙烯吡咯烷酮碘组合脂质体制剂在制备用于施用于下呼吸道以促进伤口愈合的药物制剂中的用途。

2. 根据权利要求1所述的用途,其特征在于所述的制剂含有至少一种聚乙烯吡咯烷酮碘和至少一种促进伤口愈合的活性剂。

3. 根据权利要求1所述的用途,其特征在于所述的脂质体制剂,具有的大小的范围是1~50μm。

4. 权利要求3所述的用途,其中所述的脂质体制剂,具有的大小的范围是1~30μm。

5. 根据权利要求4所述的用途,其特征在于所述的脂质体制剂,具有的直径大小的范围是:施用于气管的直径20~30μm;施用于支气管的直径10~20μm;且施用于肺泡的直径1~6μm。

6. 根据权利要求5所述的用途,其施用于肺泡的直径是在2~5μm。

7. 根据权利要求1~6中任一项所述的用途,其特征在于所述的制剂含有添加剂和佐剂。

8. 根据上述权利要求7所述的用途,其中所述添加剂和佐剂为保存剂和形成稠度的添加剂。

9. 根据权利要求1~6中任一项所述的用途,所述的制剂是气雾剂或粉末气雾剂剂型,或致密固体药剂的储备物形式,或环状片剂,在药物上可接受的固体或液体制剂中含有负载聚乙烯吡咯烷酮碘的脂质体的胶囊剂、粉剂、喷雾剂、乳剂、分散液、混悬剂或溶液,它们适合于产生可吸入的颗粒。

10. 根据上述权利要求1~6中任一项所述的用途,所述的制剂是药液或分散制剂的形式,它包括:

a) 含有1wt.%~5wt.%药物上可接受的脂质体成膜物质的脂质体;和

b) 0.1wt.%~10wt.%的聚乙烯吡咯烷酮碘。

11. 根据权利要求10所述的用途,其中所述脂质体是卵磷脂。

12. 根据权利要求1~6中任一项所述的用途,其中所述的制剂适于治疗感染性疾病或缓解伴有机会致病菌感染或免疫抑制系统的疾病。

13. 根据权利要求1~6中任一项所述的用途,其中所述的制剂适于治疗急性或慢性支气管炎、肺炎、支气管扩张、囊性纤维化、白喉和/或结核。"

请求人认为:(1)修改后的权利要求1没有超出原始公开的范围,修改后的权利要求1、2、9、10清楚表述了要求保护的范围;(2)根据本申请说明书中试验III的结果,本领域普通技术人员可知聚乙烯吡咯烷酮碘脂质体水凝胶制剂对腹膜外植体的生长几乎没有毒性,腹膜与下呼吸道组织的敏感性相近,本领域普通技术人员能够合理预期PVP-碘脂质体制剂对下呼吸道也没有毒性作用,可以施用于下呼吸道,附件4的专家声明对此提供了证明。

至此，合议组认为本案事实清楚，可以作出审查决定。

二、决定的理由

1. 审查依据的文本

本复审请求审查决定依据的文本为请求人于 2007 年 9 月 26 日提交的权利要求 1~13，于 2003 年 9 月 24 日提交的说明书第 1~14 页、说明书摘要。

2. 关于专利法第 26 条第 3 款

专利法第 26 条第 3 款规定，说明书应当对发明或者实用新型作出清楚、完整的说明，以所属技术领域的技术人员能够实现为准。

根据该款规定，对于化学产品用途发明，如果本领域的技术人员无法根据现有技术预测该用途，则应当记载对于本领域技术人员来说，足以证明该物质可以用于所述用途并能解决所要解决的技术问题或者达到所述效果的实验数据，否则将无法达到能够实现的要求。

本案中，针对权利要求请求保护的技术方案，根据说明书的记载，其所要解决的技术问题是提供一种施用于体内特别是包括气管、支气管和肺泡在内的下呼吸道内的，具有良好接受性的易施用的、并且可在下呼吸道内产生延长的释放和延长的局部作用的制剂，该制剂是聚乙烯吡咯烷酮碘组合脂质体制剂。聚乙烯吡咯烷酮碘是本领域中常用的消毒剂、防腐剂，通常是外用或者局部使用，当聚乙烯吡咯烷酮碘外用或局部使用时，由于吸收较少，被吸收的少量的碘一般不会对人体造成伤害，而且可以很快通过新陈代谢排出体外，但是当聚乙烯吡咯烷酮碘用于下呼吸道时，由于气管、支气管和肺泡具有丰富的血管，其吸收能力很强，大量的聚乙烯吡咯烷酮碘会被人体吸收，并随血液在体内循环，大量的碘因其氧化作用可能会对细胞有害，从而可能在代谢过程中对人体内的某些组织和器官产生毒性作用。而且，请求人在说明书中提到，"除可能在威胁到生命的败血症并发症的紧急情况外，看起来给身体内部施用消毒剂在本领域中存在明显的障碍"，请求人在答复第二次审查意见通知书的意见陈述书中也提到，"人体内部是敏感区域，其中具有高度专门化的组织细胞，本领域中一般认为不可能使用化学侵蚀性化合物，如释放卤素或氧的化合物，如 PVP 碘，来治疗下呼吸道的非常敏感的组织"，可见请求人也认为根据现有技术聚乙烯吡咯烷酮碘一般不会用于体内。对于聚乙烯吡咯烷酮碘的脂质体制剂，由于脂质体只是一种载体形式，药物被脂质体包封后具有靶向性、缓释性、细胞亲和性和组织相容性、降低药物毒性、提高药物稳定性的特点，但不能确保消除药物毒性，因此聚乙烯吡咯烷酮碘的脂质体制剂也可能具有聚乙烯吡咯烷酮碘的毒性，而请求人也并未提供大量聚乙烯吡咯烷酮碘脂质体制剂不会对人体内各个组织和器官产生毒性作用的现有技术，本领域技术人员根据现有技术并不能确定聚乙烯吡咯烷酮碘脂质体制剂可用于下呼吸道内。

本申请说明书中仅在实施例 IV 中提供了用于证明本申请的技术方案能够实现的实验数据，其中试验 I 是利用定量悬浮试验证明聚乙烯吡咯烷酮碘脂质体在体外可以杀死金黄色葡萄球菌，不能反映出聚乙烯吡咯烷酮碘脂质体制剂是否对体内的细胞、组织、器官具有毒性作用，是否可用于体内，试验 II 和试验 III 分别证明聚乙烯吡咯烷酮碘脂质体制剂可用于细胞培养物、皮肤外植体和腹膜外植体，由于所述细胞培养物、皮肤外植体和腹膜外植体均是特定细胞的培养物，试验 II 和 III 的结果仅仅能证明聚乙烯吡咯烷酮碘脂质体制剂可用于这些培养物，并不能证明大量聚乙烯吡咯烷酮碘脂质体制剂对于体内其他种类的细胞，其他组织和器官没有毒性，因此试验 I~III 的结果不足以证明聚乙烯吡咯烷酮碘脂质体制剂可施用于下呼吸道内。因此本申请说明书缺乏支持权利要求技术方案能够达到所述技术效果的实验数据证明，说明书没有对发明作出清楚、完整的说明，不符合专利法第 26 条第 3 款的规定。

请求人在提出复审请求及答复《复审通知书》时先后提交了下述附件：

附件1：Dr. Fleischer的声明（部分）中文译文，复印件共1页；
附件2：Dr. Fleischer的声明原文复印件，共2页；
附件3：WO99/60998A1全文复印件，共36页；
附件4：Dr. Fleischer的声明及其部分中文译文，共6页。

请求人认为：（1）根据本申请说明书中试验Ⅲ的结果，本领域普通技术人员可知聚乙烯吡咯烷酮碘脂质体水凝胶制剂对腹膜外植体的生长几乎没有毒性，腹膜与下呼吸道组织的敏感性相近，如果脂质体聚乙烯基吡咯烷酮碘能恢复敏感组织如腹膜的完全的生长率，本领域普通技术人员能够合理预期PVP-碘脂质体制剂对同样敏感的下呼吸道组织也没有毒性作用并可以提供上述有益的作用，可以施用于下呼吸道，附件4的专家声明对此提供了证明；（2）附件3中的试验Ⅳ是在来源于鼻的纤毛状的细胞构成的体外组织培养模型上进行的，这种纤毛状细胞是下呼吸道的典型，该试验Ⅳ证明，大量地给药聚乙烯基吡咯烷酮碘脂质体对细胞的功能没有负面影响，因此该实验结论可以推广到将包含聚乙烯基吡咯烷酮碘制剂体内施用到下呼吸道以抑制例如存在支气管上的纤毛状上皮组织感染和损伤的情况。

对此，合议组认为，由于由于气管、支气管和肺泡具有丰富的血管，其吸收能力很强，当聚乙烯吡咯烷酮碘被施用于下呼吸道时，会被大量吸收，在体内随血液达到身体的各个组织和气管，因此，聚乙烯吡咯烷酮碘被施用于下呼吸道时并不是仅仅接触气管、支气管和肺泡的上皮组织，还会接触体内的其他组织和器官，而请求人在说明书中提供的实验证据、附件3的试验Ⅳ的结果以及附件4的专家声明均没有证明大量聚乙烯吡咯烷酮碘脂质体制剂是否会对其他组织和器官具有毒性作用，也就是说，不足以证明聚乙烯吡咯烷酮碘脂质体制剂可以施用于下呼吸道。

根据以上事实和理由，本案合议组作出如下审查决定。

三、决定

维持国家知识产权局于2005年5月13日对第99806577.3号发明专利申请作出的驳回决定。

复审请求人对本决定不服的，可以根据专利法第41条第2款的规定，自收到本决定之日起三个月内向北京市第一中级人民法院起诉。

用于治疗变态反应的重组的或纯化的多克隆抗体

复审请求审查决定（第 12300 号）

决 定 号	第 12300 号
决 定 日	2007 年 12 月 19 日
发明创造名称	用于治疗变态反应的重组的或纯化的多克隆抗体
国 际 分 类 号	A61K 39/395，A61P 37/08
复 审 请 求 人	西福根有限公司
申 请 号	01810159.3
优 先 权 日	2000 年 5 月 26 日，2000 年 6 月 16 日
申 请 日	2001 年 5 月 25 日
公 开 日	2003 年 8 月 20 日
合议组组长	郭 婷
主 审 员	刘玉玲
参 审 员	王 冬
法 律 依 据	专利法第 26 条第 3 款

决 定 要 点

所属技术领域的技术人员能够实现，是指所属技术领域的技术人员按照说明书记载的内容，就能够实现该发明的技术方案，解决其技术问题，并且产生预期的技术效果。说明书中给出了具体的技术方案，但未提供实验证据，而该方案又必须依赖实验结果加以证实才能成立的情况由于缺乏解决技术问题的技术手段而被认为无法实现。具体对于新的药物组合物发明及其用途发明而言，首先应当公开化学产品的确认，其次如果本领域技术人员无法根据现有技术预测发明能够实现所述医药用途、药理作用，则应当记载对于本领域技术人员来说，足以证明发明的技术方案可以解决预期要解决的技术问题或者达到预期的技术效果的实验室试验（包括动物试验）或者临床试验的定性或者定量数据。

一、案由

本复审请求涉及 2001 年 5 月 25 日申请、2003 年 8 月 20 日公开、名称为"用于治疗变态反应的重组的或纯化的多克隆抗体"的第 01810159.3 号发明专利申请（下称本申请），本申请的优先权日为 2000 年 5 月 26 日和 2000 年 6 月 16 日，本申请的申请人为西福根有限公司。

国家知识产权局于 2004 年 8 月 6 日发出《第一次审查意见通知书》，指出本申请说明书公开不充分，不符合专利法第 26 条第 3 款的规定。

申请人于 2005 年 2 月 21 日提交了意见陈述书及经修改的权利要求书全文替换页（共 20 项），其中独立权利要求为：

"1. 一种用于治疗或预防变态反应或变应性疾病的药物组合物，其含有抗体分子的混合物作为活性成分，以及一种或多种药用赋形剂，所述抗体分子能够与变应原发生反应或进行结合，其特征在于所述抗体分子的混合物是能够与所述变应原上的一种以上免疫原性决定簇发生反应或进行结合的不同抗体分子的混合物，从而阻止所述变应原与IgE反应或结合，其特征还在于所述药物组合物不含有所述抗体分子能与其进行反应或结合的变应原。

14. 不同抗体分子的混合物用于制备预防或治疗变态反应的药物组合物的用途，所述混合物能与变应原上的一种以上免疫原性决定簇发生反应或进行结合，从而阻止所述变应原与IgE反应或结合。

15. 不同抗体分子的混合物用于制备预防性或治疗性诱导对变应原产生耐受性的药物组合物的用途，所述混合物能与所述变应原上的一种以上免疫原性决定簇发生反应或进行结合，从而阻止所述变应原与IgE反应或结合。

16. 不同抗体分子的混合物用于制备调节免疫系统的药物组合物的用途，所述混合物能与变应原上的一种以上免疫原性决定簇发生反应或进行结合，从而阻止所述变应原与IgE反应或结合。"

申请人认为本申请说明书符合专利法第26条第3款的规定，同时提供了以下两份附件以支持其主张。附件1是本申请发明人之一John S. Haurum提供的声明，共3页。附件2（"Airway IgG Counteracts Specific and Bystander Allergen-Triggered Pulmonary Inflammation by a Mechanism Dependent on FcγR and IFN-γ"，Sarita sehra 等，The Journal of Immunology，第2080～2089页的复印件，2003年）是本申请申请日之后公开的期刊文件。

针对申请人于2005年2月21日提交的权利要求1～20，进入中国国家阶段时提交的说明书第1～23页及其摘要，国家知识产权局于2005年4月1日以本申请说明书不符合专利法第26条第3款的规定为由驳回了本申请。

驳回决定认为：(1) 说明书中仅仅给出了实验方法并不能证明申请人已经用这些方法在申请日前完成了实验并且这些实验能够取得预期的效果，也即可以得到"能够与变应原发生反应或进行结合的重组多克隆抗体或由各单克隆抗体组成的混合物或分离的纯化的多克隆抗体"，并且用这些物质可以预防或治疗变态反应。说明书发明概述部分及其他部分给出的并不是实验结果，而仅仅是一种结论，对于药物发明来说，需要给出具体的实验数据结果来支持其效果。(2) 对于一项已经完成的发明来说，包括实验数据在内的所有内容应当在申请日时就已经完整的记载在该发明的说明书中，因此，这些用于证实本发明已经公开充分的后补实验资料（附件1和附件2）不能被接受。因此本申请说明书公开不充分，不符合专利法第26条第3款的规定。

申请人西福根有限公司（下称请求人）对上述驳回决定不服，于2005年7月15日向专利复审委员会提出复审请求，请求人在提出复审请求时提交了新修改的权利要求书全文替换页（共19项）。其中独立权利要求为：

"1. 一种用于治疗或预防IgE介导的变态反应或变应性疾病的药物组合物，其含有变应原特异性多克隆抗体作为活性成分，以及一种或多种药用赋形剂，所述多克隆抗体能够与引起所述变态反应或变应性疾病的变应原上的一种以上免疫原性决定簇发生反应或进行结合，从而阻止所述变应原与变应原特异性IgE反应或结合，所述多克隆抗体是不同重组抗体的混合物或不同单克隆抗体的混合物。

13. 变应原特异性多克隆抗体用于制备预防或治疗变态反应的药物组合物的用途，所述变应原特异性多克隆抗体能与引起变态反应或变应性疾病的变应原上的一种以上免疫原性决定簇发生反应或进行结合，从而阻止所述变应原与变应原特异性IgE反应或结合。

14. 变应原特异性多克隆抗体用于制备预防性或治疗性诱导对变应原产生耐受性的药物组合物的用途，所述变应原特异性多克隆抗体能与引起变态反应或变应性疾病的变应原上的一种以上免疫原性决定簇发生反应或进行结合，从而阻止所述变应原与变应原特异性 IgE 反应或结合。

15. 变应原特异性多克隆抗体用于制备调节免疫系统的药物组合物的用途，所述变应原特异性多克隆抗体能与引起变态反应或变应性疾病的变应原上的一种以上免疫原性决定簇发生反应或进行结合，从而阻止所述变应原与变应原特异性 IgE 反应或结合。"

请求人认为，(1) 专利法第 26 条第 3 款涉及的"能够实现"是指说明书应该给出解决技术问题的技术方案，但不必非要给出证明发明效果的实验数据，只要本领域普通技术人员按照说明书给出的技术方案能解决该技术问题即可，而不是如审查员所要求的提供实验数据来证实发明的效果，从而使本领域普通技术人员"相信本发明能够实现"。"能够实现"和"相信能够实现"的标准并不相同，后者高于前者，专利法的审查标准在于前者，而审查员采用了高于专利法的审查标准并不合适。(2) 申请人在答复第一次审查意见通知书时提交了后补的实验证据，该实验按照说明书公开的方法进行，获得了足以证明本发明效果的数据。该后补的实验证据属于可以由说明书记载的内容导出的内容，审查员应当接受。因此，本申请说明书是公开充分的，符合专利法第 26 条第 3 款的规定。

形式审查合格后，专利复审委员会受理了该复审请求，并于 2005 年 9 月 6 日向请求人发出《复审请求受理通知书》，同时将本申请案卷移交原审查部门进行前置审查。

原审查部门对本复审请求进行了前置审查，坚持原驳回决定。

专利复审委员会组成合议组，对本复审请求案进行了审理。于 2007 年 6 月 22 日向请求人发出《复审通知书》。《复审通知书》指出，本申请说明书中仅仅记载了如何制备和筛选本申请的多克隆抗体，但并没有记载实验数据表明确实获得了本申请的多克隆抗体，而且虽然在实施例记载了检测抗体功能的方法，但没有记载检测结果以显示本申请的抗体确实具有所述功能，由于制备方法的结果具有不确定性，本领域技术人员无法预测确实能获得本申请的多克隆抗体，而且，本领域技术人员并不能根据说明书公开的内容和现有技术而推断该抗体确实具有该功能，因此，本申请说明书公开不充分，不符合专利法第 26 条第 3 款的规定。此外，请求人的意见陈述不具有说服力，其提供的附件 1 和附件 2 也不能使本申请说明书克服不符合专利法第 26 条第 3 款的规定的缺陷。

针对《复审通知书》指出的问题，请求人于 2007 年 10 月 8 日提交了意见陈述书，未同时提交申请文件修改文本。

请求人认为：本领域普通技术人员在阅读本申请说明书之后，结合现有技术，完全能合理预期本发明的药物组合物能达到本发明的目的，具体如下：治疗中所用多克隆抗体的药理效果依赖于抗体的性质和待治疗的抗原或者变应原，抑制 IgE 和变应原的结合将防止过敏出现，多克隆抗体能结合变应原上的大多数或所有不同的变应原决定簇，从而部分或者完全阻断变应原与效应细胞上的不同 IgE 的结合，只要抗体特异于变应原上的变应原决定簇，药理效果就是可以预期的。本申请提供了重组生产这样的多克隆抗体的方法，以及它们在新药物组合物中的应用，其中记载了对文库中抗体的特异性进行筛选，所产生的药物组合物就具有了可预期的药理效果，并且没有天然产生的多克隆抗体组合物的缺陷，附件 1 中的实验也证明了这一点。如上所述，含有多种多克隆抗体的混合的药物组合物的药理效果也是可以预期的，其中每种单克隆抗体都具有已知的药理效果和优势，却没有现有技术的缺陷。本申请与现有技术组合物的区别在于提供了获得已知的，可预期的药物效果的新药物组合物，其避免了现有技术已知的类似组合物的副作用，而且比现有技术组合物更有效。

至此，合议组认为本案事实已经清楚，可以作出审查决定。

二、决定的理由

1. 审查针对的文本

本复审请求审查决定所针对的文本为请求人于 2005 年 7 月 15 日提交的权利要求 1~19，进入中国国家阶段时提交的说明书第1～23页和说明书摘要。

2. 关于专利法第26条第3款

专利法第26条第3款规定：说明书应当对发明作出清楚、完整的说明，以所属技术领域的技术人员能够实现为准。

所属技术领域的技术人员能够实现，是指所属技术领域的技术人员按照说明书记载的内容，就能够实现该发明的技术方案，解决其技术问题，并且产生预期的技术效果。说明书中给出了具体的技术方案，但未提供实验证据，而该方案又必须依赖实验结果加以证实才能成立的情况由于缺乏解决技术问题的技术手段而被认为无法实现。具体对于新的药物组合物发明及其用途发明而言，首先应当公开化学产品的确认，其次如果本领域技术人员无法根据现有技术预测发明能够实现所述医药用途、药理作用，则应当记载对于本领域技术人员来说，足以证明发明的技术方案可以解决预期要解决的技术问题或者达到预期的技术效果的实验室试验（包括动物试验）或者临床试验的定性或者定量数据。

本案中，独立权利要求1要求保护一种用于治疗或预防IgE介导的变态反应或变应性疾病的药物组合物，其含有变应原特异性多克隆抗体作为活性成分，以及一种或多种药用赋形剂，所述多克隆抗体能够与引起所述变态反应或变应性疾病的变应原上的一种以上免疫原性决定簇发生反应或进行结合，从而阻止所述变应原与变应原特异性IgE反应或结合，所述多克隆抗体是不同重组抗体的混合物或不同单克隆抗体的混合物。独立权利要求13、14、15要求保护变应原特异性多克隆抗体用于制备药物组合物的用途，包括变应原特异性多克隆抗体用于制备预防或治疗变态反应的药物组合物的用途、变应原特异性多克隆抗体用于制备预防性或治疗性诱导对变应原产生耐受性的药物组合物的用途、变应原特异性多克隆抗体用于制备调节免疫系统的药物组合物的用途。

请求人在本申请说明书的发明内容部分中，记载了制备本申请多克隆抗体和检测该抗体功能的方法，记载了该抗体具有治疗或预防IgE介导的变态反应或者变应性疾病等作用，以及记载了由此制备的药物组合物及其相关用途。在说明书的实施例部分重点描述了如何制备该抗体以及如何测定该抗体的功能，包括检测多克隆抗体是否抑制患者产生的IgE与变应原的结合；变应原与多克隆抗体进行预温育后是否抑制人嗜碱性粒细胞释放由变应原诱导的组胺；多克隆抗体是否抑制小鼠变态反应模型中的过敏反应。然而说明书中没有记载实验数据以表明本发明确实获得了该多克隆抗体，也没有记载检测结果以显示本申请的抗体确实具有所述功能。

合议组认为：(1)由于抗原本身具有复杂性，例如花粉，本身就是一个混合物，即它含有多种导致变态反应的变应原，而每个变应原都含有多个抗原决定簇，不同变应原之间也可能存在相同或相似的抗原决定簇，从而有可能导致针对某一变应原A的抗体由于相似抗原决定簇的存在可能和另一变应原B结合，因此对于本领域技术人员来说，即便是根据本发明公开的筛选特异性多克隆抗体的方法，也会由于方法的结果具有不确定性而仍无法预测确实能获得特异性多克隆抗体。(2)即便是筛选出针对变应原的特异性多克隆抗体，由于多克隆的存在，交叉反应的可能性增大，这种交叉反应可能削弱该抗体对IgE和变应原结合的抑制作用，从而可能导致该抗体不能具有治疗变应性疾病等功能；同时由于特异性多克隆抗体是外源抗体，机体可能出现排斥反应，从而也可能导致该抗体不能具有治疗变应性疾病等功能；另外特异性多克隆抗体也可能和机体本身的蛋白结构相似，此时，该特异性多克隆抗体本身作为一个外来抗原，刺激机体发生免疫发应，在机体对其免疫应答的同时也可能对自身结构相似的蛋白出现免疫应答，从而可能导致自身免疫性疾病等，由于治疗、预防疾病、调节免疫系统等功能是机体多个过程整体作用的一个结果，而且由于上述诸多不确定因素的存在，在没有实验数据证实该抗体确实具有上述功能的情况下，即便是现有技术中已知某一抗体能阻断某一变应原和IgE结合，本领域技术人员也不能根据说明书公开的内容和现有技术推断该抗体确实具有该功能，请求人在答复《复审通知书》时陈述的意见不具有说服力。因此，综上所述，本领域的技术人员在结合考虑了本申请的说明书中记载的内容以及本申请申请日前的现有技术之后，仍然无法预测本申请的特异性多克隆抗体能够制备得到，并且具有治疗或预防变应性疾病等技术效果，在此情况下，本申请的技术方案必须依赖实验结果加以证实才能成立，然而本申请中并未记载实验证据，即本领域技术人员根据说明书的内容不能够确定所述的技术方案可以解决所述的技术问题，并达到预期的技术效果，从而无法实现本发明。因此，本申请说明书不符合专利法第26条第3款的规定。

对于请求人在本案的审查过程中提出过的其他意见和证据，合议组的意见如下：

（1）请求人提出：在专利法第26条第3款中使用的"能够实现"应该理解为：说明书应该给出解决技术问题的技术方案，但不必非要给出证明发明效果的实验数据，只要本领域普通技术人员按照说明书给出的技术方案能够解决该技术问题即可。

对此，合议组认为，审查指南第二部分第二章第2.1.3节中指出，说明书中给出了具体的技术方案，但未给出实验证据，而该方案又必须依赖实验结果加以证实才能成立的情况由于缺乏解决技术问题的技术手段而被认为无法实现。更具体而言，根据审查指南第二部分第十章第3.1节的规定可知，对于化学产品发明的充分公开，说明书中应该记载化学产品的确认、化学产品的制备以及化学产品的用途，对于新的药物组合物，应当记载其具体医药用途或者药理作用，同时还应当记载其有效量及使用方法。如果本领域技术人员无法根据现有技术预测发明能够实现所述医药用途、药理作用，则应当记载对于本领域技术人员来说，足以证明发明的技术方案可以解决预期要解决的技术问题或者达到的预期的技术效果的实验室试验（包括动物试验）或者临床试验的定性或者定量数据。说明书对有效量和使用方法或者制剂方法等应当记载至所属技术领域的技术人员能够实施的程度。根据上述分析可知，本发明涉及新的药物组合物，该药物组合物的医药用途、药理作用本领域技术人员无法根据现有技术预测，这种情况下应当在说明书中记载对于本领域技术人员来说，足以证明发明的技术方案可以解决预期要解决的技术问题或者达到的预期的技术效果的实验室试验（包括动物试验）或者临床试验的定性或者定量数据，但本发明的说明书中没有记载上述数据，因此使得说明书不符合专利法第26条第3款的规定。

（2）请求人在答复第一次审查意见通知书时提交了后补实验证据附件1和附件2，请求人认为附件1的实验按照说明书公开的方法进行，获得了足以证明本申请效果的数据，这些实验证据证明了本领域普通技术人员按照说明书提供的技术方案进行操作，完全能得到本发明所宣称的技术效果。它们和现有技术文献的性质是一样的，审查员应当接受，而且请求人提供的后补实验数据也属于可以由说明书记载的内容导出的内容，因为其所使用的实验方法都是说明书中已经公开的。

对此，合议组认为，根据审查指南第二部分第十章第3.4节的规定，"判断说明书是否充分公开，以原说明书和权利要求书记载的内容为准，申请日之后补交的实施例和实验数据不予考虑"。请求人提交的附件1和2是在审查员对本申请的说明书是否公开充分提出质疑之后，分别由本申请的发明人之一根据说明书的方法进行实验而提供的实验数据（附件1），和他人在申请日后发表的文章中记载的实验数据（附件2），两者都属于申请日之后补交的实施例和实验数据；同时，根据专利法实施细则第30条规定，"专利法第22条第3款所称已有的技术，是指申请日（有优先权的，指优先权日）前在国内外出版物上公开发表、在国内公开使用或者以其他方式为公众所知的技术，即现有技术"，根据该规定可知，现有技术的条件之一就是公开时间是在"申请日（有优先权的，指优先权日）前"，而附件1属于申请日之后补交的实施例和实验数据，附件2的公开时间（2003年）在本申请的申请日之后，因此这些附件的性质和现有技术文件并不一样；而且本申请的说明书中仅仅记载了检测抗体功能的方法，但该抗体是否具有该功能的结果并没有记载，显然不能由检测抗体功能的方法的内容导出该抗体具有该有待证实的功能，因此，请求人提交的附件1和附件2不能使本申请说明书克服不符合专利法第26条第3款的规定的缺陷。

根据以上事实和理由，本案合议组作出如下审查决定。

三、决定

维持国家知识产权局于2005年4月1日对01810159.3号发明专利申请作出的驳回决定。

复审请求人对本决定不服的，可以根据专利法第41条第2款的规定，自收到本决定之日起三个月内向北京市第一中级人民法院起诉。

086

编码 ptsH 基因的新核苷酸序列

复审请求审查决定（第 12310 号）

决 定 号	第 12310 号
决 定 日	2007 年 12 月 22 日
发明创造名称	编码 ptsH 基因的新核苷酸序列
国际分类号	C12N 15/31，C12N 15/10，C12N 15/52，C07H 21/00，C12P 13/04，C12Q 1/68//（C12N 15/31，C12R 1:15）
复审请求人	德古萨股份公司
申 请 号	01100614.5
优 先 权 日	2000 年 1 月 13 日
申 请 日	2001 年 1 月 12 日
公 开 日	2001 年 10 月 31 日
合议组组长	叶 娟
主 审 员	尹 昕
参 审 员	葛永奇
法 律 依 据	专利法第 26 条第 4 款

决定要点

权利要求书应当以说明书为依据，是指权利要求书应当得到说明书的支持。权利要求书中的每一项权利要求所要求保护的技术方案应当是所属技术领域的技术人员能够从说明书中公开的内容得到或者概括得出的技术方案，并且不得超出说明书公开的范围。

如果权利要求的概括包含申请人推测的内容，而其效果又难于预先确定和评价，应当认为这种概括超出了说明书公开的范围。

一、案由

本复审请求涉及申请日为 2001 年 1 月 12 日、公开日为 2001 年 10 月 31 日、名称为"编码 ptsH 基因的新核苷酸序列"的第 01100614.5 号发明专利申请（下称本申请）。本申请的优先权日是 2000 年 1 月 13 日，原申请人为德古萨-于尔斯股份公司，后于 2003 年 8 月 15 日变更为现申请人德古萨股份公司。

国家知识产权局于 2005 年 9 月 2 日以权利要求 1 得不到说明书的支持，不符合专利法第 26 条第 4 款的规定为由驳回了本申请。

驳回决定所针对的权利要求书如下：

"1. 来自棒杆菌属细菌的分离的多核苷酸,其含有选自如下一组的多核苷酸序列:

a)与编码含有 SEQ ID NO:2 的氨基酸序列并且具有磷酸转移酶系统组分 H 的功能的多肽的多核苷酸至少 95% 相同的多核苷酸,

b)编码含有与 SEQ ID NO:2 的氨基酸序列至少 95% 相同的氨基酸序列的多肽的多核苷酸,

c)与 a)或 b)的多核苷酸互补的多核苷酸。

2. 权利要求 1 的多核苷酸,其中该多核苷酸是能在棒杆菌属细菌中复制的优选地为重组的 DNA。

3. 权利要求 1 的多核苷酸,其中该多核苷酸是 RNA。

4. 权利要求 2 的能复制的 DNA,含有

(i)如 SEQ ID NO:1 所示的核苷酸序列,或(ii)在遗传密码简并范围内相应于(i)序列的至少一个序列。

5. 权利要求 2 的多核苷酸序列,其编码含有 SEQ ID NO:2 的氨基酸序列的多肽。

6. 含有权利要求 1 的多核苷酸序列的载体。

7. 含有权利要求 6 的载体或过表达权利要求 1 的多核苷酸的棒杆菌属细菌。

8. 经发酵制备 L-氨基酸的方法,其特征在于进行以下步骤:

a)发酵生产 L-氨基酸的棒杆菌属细菌,其中过表达权利要求 1 的多核苷酸,

b)富集培养基或细菌细胞中的 L-氨基酸,及

c)分离 L-氨基酸。

9. 权利要求 8 的方法,其中使用经质粒载体转化的菌株,且此质粒载体携带权利要求 1 的多核苷酸。

10. 权利要求 8 或 9 的方法,其中使用产生 L-赖氨酸的棒杆菌属细菌。

11. 权利要求 8 的方法,其中选自如下一组的一或多个基因同时被增强,特别是过表达或扩增:

11.1 编码二氢-2,6-吡啶二羧酸合酶的 dapA 基因,

11.2 编码丙酮酸羧化酶的 pyc 基因,

11.3 编码赖氨酸输出蛋白的 lysE 基因。

12. 权利要求 1~11 任一项的方法,其中使用谷氨酸棒杆菌(Corynebacterium glutamicum)。

13. 由 SEQ ID NO:1 的至少 15 个连续核苷酸组成的探针或引物。

14. 权利要求 13 的多核苷酸序列作为引物在通过聚合酶链反应制备编码 ptsH 基因产物的基因的 DNA 中的应用。

15. 权利要求 13 的多核苷酸序列作为杂交探针的应用。"

驳回决定中指出:(1)权利要求 1 中的 a)和 b)项分别要求保护与编码含有 SEQ ID NO:2 的氨基酸序列并且具有磷酸转移酶系统组分 H 的功能的多肽的多核苷酸至少 95% 相同的氨基酸序列的多核苷酸,以及编码含有与 SEQ ID NO:2 的氨基酸序列至少 95% 相同的氨基酸序列的多肽的多核苷酸,但是说明书中仅仅提供了 SEQ ID NO:2 序列本身的试验证据,而并没有提供与其具有 95% 相同性的序列的实施例来证明其功能的实验数据,本领域技术人员无法判断这样的多肽是否能达到本发明的目的;(2)权利要求 1 的特征"具有磷酸转移酶系统组分 H 的功能的多肽"只是对 SEQ ID NO:2 序列的限定,而不是对所要求保护的 95% 相同的序列的限定,如此限定后不能将所要求保护的 95% 相同的序列限定为具有与 SEQ ID NO:2 的序列同样的功能。况且说明书中也没有说明如何确定哪些序列为"至少 95% 相同",并且也不能确定这些序列都具有所述的 ptsH 基因的功能。因此,权利要求 1 得不到说明书的支持,不符合专利法第 26 条第 4 款的规定。

申请人德古萨股份公司(下称请求人)对上述驳回决定不服,于 2005 年 12 月 16 日向专利复审

委员会提出复审请求,请求人在提出复审请求时没有对申请文件进行修改。请求人指出:(1)权利要求1限定的有95%同源性的多核苷酸序列是本领域技术人员能够理解的一个合适的范围,同时权利要求1中还限定了所述多核苷酸编码的多肽具有磷酸转移酶系统组分H的功能,因此权利要求1概括了一个合适的范围;(2)根据说明书的描述和本领域的技术常识,本领域技术人员可以容易地获得与SEQ ID NO:2的编码核苷酸具有95%相同性的序列;(3)如果将该序列限定为与SEQ ID NO:2序列100%相同,则本领域技术人员可以轻易的改变一个碱基,而不影响其功能,或者影响甚微,这对申请人而言是不公平的。因此请求人认为术语"95%相同性的序列"概括了一个合理的保护范围,权利要求1可以得到说明书的支持。

2005年12月30日,请求人补交了意见陈述书和权利要求书全文替换页(共15项),其中仅对权利要求1进行了修改,修改后的权利要求1为:

"1. 来自棒杆菌属细菌的分离的多核苷酸,其含有选自如下一组的多核苷酸序列:

a) 与编码含有SEQ ID NO:2的氨基酸序列的多肽的多核苷酸至少95%相同并且编码的多肽具有磷酸转移酶系统组分H的功能的多核苷酸,

b) 编码含有与SEQ ID NO:2的氨基酸序列至少95%相同的氨基酸序列的多肽的多核苷酸,且所述多肽具有磷酸转移酶系统组分H的功能,

c) 与a)或b)的多核苷酸互补的多核苷酸。"

请求人认为:修改后的权利要求1的技术特征"具有磷酸转移酶系统组分H的功能的多肽"是对与SEQ ID NO:2的氨基酸序列至少95%相同的多肽的限定,权利要求1概括了一个合理的保护范围。

形式审查合格后,专利复审委员会受理了该复审请求,并于2006年1月19日向请求人发出《复审请求受理通知书》,同时将本申请案卷移交原审查部门进行前置审查。

原审查部门对本复审请求进行了前置审查,认为驳回决定指出的关于本申请的权利要求得不到说明书支持的缺陷仍然存在,故坚持原驳回决定。

专利复审委员会组成合议组,对本复审请求案进行了审理,并于2006年8月16日向请求人发出《复审通知书》。《复审通知书》指出:对于权利要求1中a)项所涉及的与编码含有SEQ ID NO:2的氨基酸序列的多肽的多核苷酸至少95%相同的多核苷酸所编码的多肽以及b)项所涉及的与SEQ ID NO:2的氨基酸序列至少95%相同的氨基酸序列的多肽是否与SEQ ID NO:2同样具有磷酸转移酶系统组分H(ptsH)的活性,说明书中并没有提供试验证据证明,本领域技术人员也无法从现有技术中合理地推导出来。基于此,虽然权利要求1中同时采用了功能性限定"具有磷酸转移酶系统组分H的功能",但是对于核酸序列来说,其是否具有某种功能是需要可信的实验证据证实的,而本申请说明书中并没有给出任何证据充分、明确地证明由"与编码含有SEQ ID NO:2的氨基酸序列的多肽的多核苷酸至少95%相同"和"编码含有与SEQ ID NO:2的氨基酸序列至少95%相同的氨基酸序列的多肽的多核苷酸"这两个结构特征所限定的众多核苷酸序列中哪些序列是具有所述功能的,也没有列举符合权利要求1所述条件的衍生序列,因而对于本领域普通技术人员来说,要从这众多序列中筛选得到具有所述功能的序列,也即得到权利要求1所概括的技术方案仍然需要付出创造性劳动,因此权利要求1的保护范围过大,得不到说明书的支持,不符合专利法第26条第4款的规定。

针对《复审通知书》指出的问题,请求人于2007年10月10日提交了意见陈述书及修改后的权利要求书全文替换页(共15项),其中仅对权利要求1进行了修改,修改后的权利要求1如下:

"1. 来自棒杆菌属细菌的分离的多核苷酸,其含有选自如下一组的多核苷酸序列:

a) 编码含有SEQ ID NO:2的氨基酸序列的多肽并且编码的多肽具有磷酸转移酶系统组分H的

功能的多核苷酸，

b）与a）的多核苷酸互补的多核苷酸。"

至此，合议组认为本案事实清楚，可以作出审查决定。

二、决定的理由

1. 决定所依据的文本

请求人在于2007年10月10日提交的修改文本中仅删除了权利要求1中涉及百分比相同性限定的部分，对权利要求1的其余部分及其他权利要求未作修改，这种修改符合专利法第33条和专利法实施细则第60条第1款的规定，因此，本决定所依据的文本为：请求人于2007年10月10日提交的权利要求1~15以及申请日提交的说明书第1~19页、说明书附图第1~3页和说明书摘要。

2. 关于专利法第26条第4款

专利法第26条第4款规定：权利要求书应当以说明书为依据，说明要求专利保护的范围。

权利要求书应当以说明书为依据是指权利要求书应当得到说明书的支持，即权利要求书中的每一项权利要求所要求保护的技术方案应当是所属技术领域的技术人员能够从说明书充分公开的内容得到或者概括得出的技术方案，并且不得超出说明书公开的范围。

如果权利要求的概括包含申请人推测的内容，而其效果又难于预先确定和评价，应当认为这种概括超出了说明书公开的范围。

本案中，原审查部门以驳回决定所针对的权利要求1中采用的95%相同性的限定方式导致该权利要求中涵盖了得不到说明书支持的内容为由驳回了本申请。

请求人于2007年10月10日提交的修改后的权利要求书中，删除了上述相同性限定的部分，将权利要求1修改为："来自棒杆菌属细菌的分离的多核苷酸，其含有选自如下一组的多核苷酸序列：a）编码含有SEQ ID NO：2的氨基酸序列的多肽并且编码的多肽具有磷酸转移酶系统组分H的功能的多核苷酸，b）与a）的多核苷酸互补的多核苷酸。"因此，修改后的权利要求1已克服了驳回决定中所指出的缺陷。

根据以上事实和理由，本案合议组作出如下审查决定。

三、决定

撤销国家知识产权局于2005年9月2日对第01100614.5号发明专利申请作出的驳回决定。由原审查部门在本决定所依据的审查文本的基础上继续进行审查。

复审请求人对本决定不服的，可以根据专利法第41条第2款的规定，自收到本决定之日起三个月内向北京市第一中级人民法院起诉。

087

编码大约15kDa和大约45kDa的杀虫蛋白质的植物最优化的多核苷酸

复审请求审查决定（第12315号）

决 定 号	第12315号
决 定 日	2007年12月20日
发明创造名称	编码大约15kDa和大约45kDa的杀虫蛋白质的植物最优化的多核苷酸
国际分类号	C12N 15/32，C12N 15/82，A01N 63/02
复审请求人	麦考根公司
申 请 号	99812497.4
优 先 权 日	1998年10月23日
申 请 日	1999年10月21日
公 开 日	2001年11月28日
合议组组长	叶 娟
主 审 员	张秀丽
参 审 员	王 冬
法 律 依 据	专利法第22条第3款

决 定 要 点

若权利要求请求保护的核苷酸序列所编码的蛋白为氨基酸序列已知的蛋白，且与其他编码该蛋白质的、具有不同碱基序列的核苷酸序列相比，并未显示具有本领域技术人员预料不到的效果，则该核苷酸序列不具有创造性。

一、案由

本复审请求涉及申请号为99812497.4，名称为"编码大约15kDa和大约45kDa的杀虫蛋白质的植物最优化的多核苷酸"的发明专利申请（下称本申请），申请人为麦考根公司，申请日为1999年10月21日，公开日为2001年11月28日，优先权日为1998年10月23日。

国家知识产权局于2004年12月17日以权利要求1~18不符合专利法第22条第3款的规定为由驳回了本申请。驳回决定所针对的权利要求书为：

"1. 一种多核苷酸，它具有选自序列5和序列6的核苷酸序列。

2. 根据权利要求1的多核苷酸，其中所述核苷酸序列是序列5。

3. 根据权利要求1的多核苷酸，其中所述核苷酸序列是序列6。

4. 一种重组宿主细胞，它表达根据权利要求1的多核苷酸。

5. 根据权利要求4的宿主细胞，其中所述核苷酸序列是序列5。

6. 根据权利要求4的宿主细胞，其中所述核苷酸序列是序列6。

7. 根据权利要求4的宿主细胞，其中所述宿主细胞是植物细胞。

8. 根据权利要求4的宿主细胞，其中所述宿主是玉米细胞。

9. 一种生产权利要求4的重组宿主细胞的方法。

10. 根据权利要求9的方法，其中所述宿主细胞是植物细胞。

11. 根据权利要求9的方法，其中所述宿主细胞是玉米细胞。

12. 一种控制植物害虫的方法，其中所述方法包括将所述害虫与由权利要求1的多核苷酸编码的第一种蛋白质接触，其中所述第一种蛋白质是由表达所述多核苷酸的重组宿主细胞生产的。

13. 根据权利要求12的方法，其中所述宿主细胞是植物细胞。

14. 根据权利要求12的方法，其中所述宿主细胞是玉蜀黍细胞。

15. 根据权利要求14的方法，其中所述核苷酸序列是序列5。

16. 根据权利要求14的方法，其中所述核苷酸序列是序列6。

17. 根据权利要求15的方法，其中所述方法进一步包括将所述害虫与大约45kDa的第二种蛋白质接触。

18. 根据权利要求16的方法，其中所述方法进一步包括将所述害虫与大约15kDa的第二种蛋白质接触。"

驳回决定认为：（1）对比文件1（WO9740162A1，公开日为1997年10月30日）公开了苏云金芽孢杆菌毒素基因序列5、6编码的蛋白质，并且公开了来源相同的毒素蛋白在植物中最优化获得的序列，同时教导了现有技术US5380831A（公开日为1995年1月10日）给出了将苏云金芽孢杆菌毒素基因在植物中最优化的方法，本领域技术人员依据该文献中的教导方法进行少量试验即可获得目标核酸序列，并且本申请中未公开任何有关序列5、6获得过程及效果验证的实施例，不能获知其具有何种意想不到的技术效果。因此，权利要求2、3的技术方案不具备创造性，不符合专利法第22条第3款的规定。基于此，权利要求1相对于对比文件1也无创造性。申请人所述"在特定植物中进行优化而获得的在植物中较在细菌中作用好"是本领域技术人员根据对比文件1教导的对基因进行特定植物的优化的方法可显而易见地达到的，不具有预料不到的效果，申请人的意见并不能使权利要求1~3具备创造性。（2）权利要求4~8、9~11、12~18要求保护包括权利要求1~3核苷酸序列的宿主细胞、生产所述宿主细胞的方法、控制植物害虫的方法，对比文件1同样教导了将编码优化后蛋白的多核苷酸通过重组法导入宿主（宿主可为玉米），生产毒素蛋白，用以控制植物害虫的方法，在该教导下，本领域技术人员可将所公开蛋白的其他核苷酸序列（即权利要求1~3的核苷酸序列）进行类似操作，以达到控制害虫的目的，因此权利要求4~18不符合专利法第22条第3款有关创造性的规定。

申请人麦考根公司（下称请求人）对上述驳回决定不服，于2005年3月23日向专利复审委员会提出了复审请求，请求人在提交复审请求的同时未对申请文件进行修改。

请求人认为：本领域技术人员无法预知某种修饰将会有效，即使技术人员完全设计好了某个序列，也无从保证其必然产生所需的性质，人们必须合成多核苷酸并在植物中验证功能才能确定修饰是否有效，而且会存在多种优化序列，决定选用哪种密码子取决于多种因素，例如个人偏好、个人判断等，因此，尽管本领域对优化序列有一般性教导，但是本发明优化出的基因是独特的，并产生好的效果（在植物中表达优于在细菌中表达），因而本申请技术方案具备创造性。

经形式审查合格后，专利复审委员会于 2005 年 4 月 20 日受理了此复审请求，随后将本申请案卷转送至原审查部门进行前置审查。

原审查部门对本复审请求进行了前置审查，坚持原驳回决定，理由为：（1）对比文件 1 公开了来源与本申请相同的毒素蛋白的优化过程，其蛋白分子大小也与本申请序列编码的蛋白相似，并且同样是进行玉米植物中的优化，因此本领域技术人员可获得类似蛋白在玉米中使用"密码子偏好"的教导，并不存在不同植物中密码子选择偏好不同的困难，同时，由于无法证实序列 5、6 具备何种预料不到的技术效果，因此其不具备创造性。（2）通过现有技术提供的优化方法获得优化序列，该序列适应所优化环境的能力必然强于未经优化的原序列，其必然带来表达状况有所提高的效果，即该效果是可以预见的。由于对核苷酸序列进行转化和测试的步骤均为本领域用于验证序列功能的常用实验手段，对于该申请涉及的蛋白，根据密码子偏好及简并性获得对应的核苷酸序列的数量并非巨大，利用现有实验步骤进行转化测试并不需要额外的大量劳动即可验证获得具有优化效果的序列，因此该"转化测试获得成功"并不属于意外的技术效果。

专利复审委员会组成合议组，对本复审请求案进行了审理。

合议组于 2007 年 7 月 10 日针对请求人于本申请进入中国国家阶段时提交的国际申请文件中文译文的摘要、说明书第 1～5、7～17 页，2001 年 10 月 22 日提交的说明书第 6 页，2004 年 5 月 8 日提交的权利要求第 1～18 项向请求人发出了《复审通知书》。《复审通知书》指出：（1）权利要求 1、2、4、5、7～15、17 的技术方案涉及序列 5 的核苷酸序列，权利要求 1、3、4、6～14、16、18 的技术方案涉及序列 6 的核苷酸序列，这两组技术方案之间不具备单一性，不符合专利法第 31 条第 1 款的规定。（2）对比文件 1 公开的氨基酸序列 SEQ ID NO.41、SEQ ID NO.43 与本申请序列 5、6 编码的蛋白质的氨基酸序列完全相同，并教导可以利用对比文件 2（US5380831A，公开日为 1995 年 1 月 10 日）提供的方法对序列进行核苷酸优化，对比文件 1 还给出了一个玉米中优化核苷酸序列的示例。对比文件 2 给出了单子叶植物中各密码子的使用频率，并指出玉米中密码子使用的模式与单子叶植物的相似，因此，根据对比文件 2 核苷酸优化方法中涉及的单子叶植物密码子使用频率及对比文件 1 给出的玉米中核苷酸优化的示例，本领域技术人员可以获知关于玉米中"密码子偏好"的教导。即，在对比文件 1 和对比文件 2 的基础上，本领域技术人员易于获得序列 5 和序列 6 的玉米最优化核苷酸序列，并且其效果也是本领域技术人员能够预料的，因此权利要求 1～3 的技术方案不具备创造性，不符合专利法第 22 条第 3 款的规定。请求人所述"在植物中比细菌基因表达状况更好"是本领域技术人员根据对比文件 1 教导的对基因进行特定植物的优化的方法可显而易见地达到的，不具有预料不到的效果，请求人的意见并不能使权利要求 1～3 具备创造性。（3）权利要求 4～8、9～11、12～18 要求保护包括权利要求 1～3 核苷酸序列的宿主细胞、生产所述宿主细胞的方法、利用所述核苷酸控制植物害虫的方法，对比文件 1 同样教导了将编码优化后蛋白的多核苷酸通过重组法导入宿主（宿主可为玉米），生产毒素蛋白，用以控制植物害虫的方法，在此情况下，本领域技术人员可将本申请所公开蛋白的其他核苷酸序列（即权利要求 1～3 的核苷酸序列）进行类似操作，以达到控制害虫的目的，因此权利要求 4～18 不符合专利法第 22 条第 3 款有关创造性的规定。

针对《复审通知书》指出的问题，请求人于 2007 年 8 月 24 日提交了意见陈述书及经修改的权利要求书（共 11 项）和说明书第 1 页替换页，其中对说明书第 1 页所作修改为将发明名称修改为"编码大约 15kDa 的杀虫蛋白质的植物最优化的多核苷酸"。修改后的权利要求书如下：

"1. 一种多核苷酸，它具有序列 5 的核苷酸序列。

2. 一种重组宿主细胞，它表达根据权利要求 1 的多核苷酸。

3. 根据权利要求 2 的宿主细胞，其中所述宿主细胞是植物细胞。

4. 根据权利要求 2 的宿主细胞，其中所述宿主是玉米细胞。

5. 一种生产权利要求 2 的重组宿主细胞的方法。

6. 根据权利要求 5 的方法，其中所述宿主细胞是植物细胞。

7. 根据权利要求 5 的方法，其中所述宿主细胞是玉米细胞。

8. 一种控制植物害虫的方法，其中所述方法包括将所述害虫与由权利要求 1 的多核苷酸编码的第一种蛋白质接触，其中所述第一种蛋白质是由表达所述多核苷酸的重组宿主细胞生产的。

9. 根据权利要求 8 的方法，其中所述宿主细胞是植物细胞。

10. 根据权利要求 8 的方法，其中所述宿主细胞是玉蜀黍细胞。

11. 根据权利要求 10 的方法，其中所述方法进一步包括将所述害虫与大约 45kDa 的第二种蛋白质接触。"

请求人认为：（1）修改后的权利要求仅涉及序列 5，根据现有技术，本领域技术人员并不能形成某种改造序列并确知所述改造序列将是有效的，必须实际合成所述核苷酸并测试其功能。由于现有技术存在多种改造细菌基因以在植物中表达的方法，而且由于根据植物种类不同，本领域技术人员在选定的植物中如何确定各位点具体使用的密码子（个人偏好、个人判断），将存在大量的可选择方案，但本申请优化的基因是独特的，该新基因通常利于在所有植物中表达，而没有对双子叶、单子叶、玉米、大豆等的偏好。（2）本申请提供了在植物中比细菌基因表达状况更好的功能基因的序列就是对现有技术的创造性贡献，能成功表达就是意外的技术效果。

至此，合议组认为本案事实已经清楚，可以作出复审决定。

二、决定的理由

1. 审查依据的文本

请求人于 2007 年 8 月 24 日提交的权利要求书修改文本和说明书第 1 页替换页符合专利法第 33 条以及专利法实施细则第 60 条第 1 款的规定。本复审请求审查决定所针对的文本是：请求人于本申请进入中国国家阶段时提交的国际申请文件的中文译文的摘要、说明书第 2~5、7~17 页，2001 年 10 月 22 日提交的说明书第 6 页，2007 年 8 月 24 日提交的说明书第 1 页、权利要求 1~11。

2. 关于专利法第 22 条第 3 款

专利法第 22 条第 3 款规定：创造性，是指同申请日以前已有的技术相比，该发明有突出的实质性特点和显著进步。

若权利要求请求保护的核苷酸序列所编码的蛋白为氨基酸序列已知的蛋白，且与其他编码该蛋白质的、具有不同碱基序列的核苷酸序列相比，并未显示具有本领域技术人员预料不到的效果，则该核苷酸序列不具有创造性。

权利要求 1 要求保护 "一种多核苷酸，它具有序列 5 的核苷酸序列"。根据本申请说明书的记载，序列 5 编码 PS149B1 中大约 15kDa 的毒素蛋白，且为玉米中最优化的核苷酸序列。

对比文件 1（参见对比文件 1 说明书第 30 页第 8~10 行，说明书第 33 页倒数第 1、2 行，序列 40~45）公开了几种毒素基因及其编码的蛋白序列，其中 SEQ ID NO.40 为来自 PS149B1 并编码大约 14kDa 毒素蛋白的核苷酸序列、SEQ ID NO.41 为该蛋白的相应氨基酸序列（说明书第 30 页倒数第 2 段），并且，对比文件 1 指出可以利用对比文件 2 提供的方法对核苷酸序列进行优化。

经过序列比对可知，本申请序列 5 所示的核苷酸序列编码的氨基酸序列与对比文件 1 中 SEQ ID NO.41 的氨基酸序列完全相同，即，对比文件 1 中已经公开了本申请序列 5 编码的毒素蛋白。对比文件 1 公开的技术方案与权利要求 1 的技术方案的区别在于：权利要求 1 请求保护的核苷酸序列与对比文件 1 公开的编码相同毒素蛋白的核苷酸序列稍有差异，即，如本申请说明书所述，权利要求 1 中的序列 5 是经过在玉蜀黍中表达优化的。

对比文件 1 指出可以利用对比文件 2 提供的方法对核苷酸序列进行优化，并给出了两个利用该方法对另一毒素蛋白编码序列进行优化后得到玉米优化基因序列的实例。对比文件 2（参见说明书第 11 栏第 62~63 行）指出玉米密码子使用的模式通常与单子叶植物的相似，并且在表 1 中公开了各种密码子的使用频率，其中（D）表示单子叶植物中各密码子的使用频率。根据对比文件 2 提示的单子叶植物中密码子的使用频率，本领域技术人员可以获知关于玉米中"偏好密码子"的教导，本领域技术人员在对编码 PS149B1 中约 15kDa 毒素蛋白的核苷酸序列进行最优化处理以使其在玉米中最优化表达时易于想到按照对比文件 1 中引用的对比文件 2 的优化方法，使用玉米偏好密码子进行核苷酸最优化而获得目标核苷酸序列 5，即序列 5 的获得无须付出创造性劳动。因而，合议组认为序列 5 在优化中采用了玉米中偏好的密码子，其在玉米中的表达较其他宿主中表达效果要好，这种效果是本领域技术人员根据对比文件 1 即可推知的，不是预料不到的技术效果。

针对请求人的争辩，合议组认为：（1）请求人认为本申请优化的基因是独特的且通常利于在所有植物中表达，而没有对双子叶、单子叶的偏好，例如，没有对玉米、大豆等的偏好。但本申请说明书已明确指出序列 5 针对玉蜀黍中表达进行过最优化（本申请说明书第 5 页第 10~11 行），而没有证据显示其可以在所有植物中通用。（2）由于序列 5 经在特定植物中优化，该优化序列必然比其他宿主中表达效果好，即请求人所述的"本发明提供的在植物中比细菌基因表达状况更好的功能基因的序列"是依据现有优化方法显然达到的，不属于预料不到的效果。因此，合议组认为请求人的争辩缺乏说服力。

综上，由于对比文件 1 已经公开了本申请序列 5 编码的蛋白及另一编码该蛋白的核苷酸序列，并且对比文件 1 还教导了可以使用对比文件 2 的核苷酸优化的方法。因而，在对比文件 1 的基础上，本领域技术人员易于获得编码所述蛋白的玉米最优化核苷酸序列 5，并且其效果也是本领域技术人员能够预料的，因此权利要求 1 的技术方案不具备突出的实质性特点和显著的进步，因而不具备创造性，不符合专利法第 22 条第 3 款的规定。

权利要求 2~4、5~7、8~11 分别要求保护包括权利要求 1 核苷酸序列的宿主细胞、生产所述宿主细胞的方法、利用权利要求 1 的多核苷酸控制植物害虫的方法。由于对比文件 1（说明书第 4 页第 17~28 行）同样教导了将编码优化后蛋白的多核苷酸通过重组法导入植物宿主细胞，生产毒素蛋白，以及用以控制植物害虫的方法，并且教导 43~47kDa 蛋白毒素可与 13~14kDa 蛋白毒素联合使用。因此在对比文件 1 教导下，本领域技术人员易于想到将本发明所涉及的核苷酸序列进行类似操作，以达到控制害虫的目的，并且，由于所述核苷酸序列为玉米中最优化序列，则选择玉米细胞为宿主细胞是显而易见的，因此权利要求 2~11 的技术方案亦不具备创造性，不符合专利法第 22 条第 3 款的规定。

根据以上事实和理由，本案合议组作出如下审查决定。

三、决定

维持国家知识产权局于 2004 年 12 月 17 日对 99812497.4 号发明专利申请作出的驳回决定。

复审请求人对本决定不服的，可以根据专利法第 41 条第 2 款的规定，自收到本决定之日起三个月内向北京市第一中级人民法院起诉。

编码与白介素-1β 转换酶相关的人 Tx 和 Ty 蛋白的 DNA 序列

复审请求审查决定（第 12316 号）

决 定 号	第 12316 号
决 定 日	2007 年 12 月 15 日
发明创造名称	编码与白介素-1β 转换酶相关的人 Tx 和 Ty 蛋白的 DNA 序列
国际分类号	C12N 15/57，C12N 9/64，C07K 16/40，A61K 38/48，C12N 5/10
复审请求人	艾文蒂斯药品公司
申 请 号	95195201.3
优 先 权 日	1994 年 8 月 2 日
申 请 日	1995 年 8 月 1 日
公 开 日	1997 年 9 月 3 日
合议组组长	叶 娟
主 审 员	张秀丽
参 审 员	王 冬

法 律 依 据 专利法第 26 条第 4 款，专利法实施细则第 20 条第 1 款

决 定 要 点

如果很清楚某物质具有免疫原性（例如由该物质是大分子多肽就能得知该抗原明显具有免疫原性），那么在没有相反证据的情况下，应认为根据本领域的公知技术能够获得该物质的抗体。

一、案由

本复审决定涉及申请号为 95195201.3，名称为"编码与白介素-1β 转换酶相关的人 Tx 和 Ty 蛋白的 DNA 序列"的发明专利申请，申请人为鲁索-艾克勒夫公司，于 2004 年 11 月 19 日变更为艾文蒂斯药品公司，申请日为 1995 年 8 月 1 日，公开日为 1997 年 9 月 3 日，优先权日为 1994 年 8 月 2 日。

2004 年 9 月 3 日国家知识产权局以权利要求 6 不符合专利法实施细则第 20 条第 1 款的规定、权利要求 15 不符合专利法第 26 条第 4 款的规定为由驳回了本申请，驳回决定所针对的权利要求 6、15 及权利要求 15 所引用的权利要求 7~10 如下：

"6. 人多肽，它具有蛋白酶活性并能诱导细胞凋亡并且具有序列 SEQ ID NO.2 以及该序列的单位基因和类似物的氨基酸序列：

Met Ala Glu Gly Asn His Arg Lys Lys Pro Leu Lys Val Leu Glu Ser
1   5   10   15

Leu Gly Lys Asp Phe Leu Thr Gly Val Leu Asp Asn Leu Val Glu Gln
            20   25   30
Asn Val Leu Asn Trp Lys Glu Glu Lys Lys Tyr Tyr Asp Ala
            35   40   45
Lys Thr Glu Asp Lys Val Arg Val Met Ala Asp Ser Met Gln Glu Lys
       50   55   60
Gln Arg Met Ala Gly Gln Met Leu Leu Gln Thr Phe Phe Asn Ile Asp
65   70   75   80
Gln Ile Ser Pro Asn Lys Lys Ala His Pro Asn Met Glu Ala Gly Pro
                    85   90   95
Pro Glu Ser Gly Glu Ser Thr Asp Ala Leu Lys Leu Cys Pro His Glu
                100   105   110
Glu Phe Leu Arg Leu Cys Lys Glu Arg Ala Glu Glu Ile Tyr Pro Ile
            115   120   125
Lys Glu Arg Asn Asn Arg Thr Arg Leu Ala Leu Ile Ile Cys Asn Thr
       130   135   140
Glu Phe Asp His Leu Pro Pro Arg Asn Gly Ala Asp Phe Asp Ile Thr
145   150   155   160
Gly Met Lys Glu Leu Leu Glu Gly Leu Asp Tyr Ser Val Asp Val Glu
                165   170   175
Glu Asn Leu Thr Ala Arg Asp Met Glu Ser Ala Leu Arg Ala Phe Ala
                180   185   190
Thr Arg Pro Glu His Lys Ser Ser Asp Ser Thr Phe Leu Val Leu Met
            195   200   205
Ser His Gly Ile Leu Glu Gly Ile Cys Gly Thr Val His Asp Glu Lys
       210   215   220
Lys Pro Asp Val Leu Leu Tyr Asp Thr Ile Phe Gln Ile Phe Asn Asn
225   230   235   240
Arg Ash Cys Leu Ser Leu Lys Asp Lys Pro Lys Val Ile Ile Val Gln
                245   250   255
Ala Cys Arg Gly Ala Asn Arg Gly Glu Leu Trp Val Arg Asp Ser Pro
            260   265   270
Ala Ser Leu Glu Val Ala Ser Ser Gln Ser Ser Glu Asn Leu Glu Glu
            275   280   285
Asp Ala Val Tyr Lys Thr His Val Glu Lys Asp Phe Ile Ala Phe Cys
       290   295   300
Ser Ser Thr Pro His Asn Val Ser Trp Arg Asp Ser Thr Met Gly Ser
305   310   315   320
Ile Phe Ile Thr Gln Leu Ile Thr Cys Phe Gln Lys Tyr Ser Trp Cys
                325   330   335

Cys His Leu Glu Glu Val Phe Arg Lys Val Gln Gln Ser Phe Glu Thr
　　　　　　340　　　　　　　　345　　　　　　　　　350

Pro Arg Ala Lys Ala Gln Met Pro Thr Ile Glu Arg Leu Ser Met Thr
　　　　　355　　　　　　　　360　　　　　　　　365

Arg Tyr Phe Tyr Leu Phe Pro Gly Asn。
　370　　　　　　375

7. 权利要求6的多肽，它具有序列SEQ ID NO.2的氨基酸序列并被称为Tx蛋白。

8. 具有蛋白酶活性并能诱导细胞凋亡的人多肽，它是由编码SEQ ID NO.2的氨基酸序列的DNA在宿主细胞内的表达而获得的。

9. 权利要求8的多肽，其是由在真核宿主细胞内的表达而获得的。

10. 权利要求6～9任一项的多肽，其蛋白酶活性对应于IL-1β转换酶的成熟程度。

15. 抗权利要求6～10任一项的多肽的抗体。"

驳回决定认为：（1）权利要求6中"类似物"、"单位基因"对于本领域技术人员来说是一个不清楚的概念，导致权利要求6的保护范围不清楚，不符合专利法实施细则第20条第1款的规定；（2）权利要求15中涉及的抗体在说明书中没有相应内容说明，虽然说明书第7页第32行记载了"本发明的目标还有抗本发明多肽的抗体"，但说明书中没有记载任何制备抗这些多肽的抗体的具体说明，对于本领域技术人员来说，由于说明书没有记载制备所述抗多肽的多克隆抗体的实验，那么这些多肽的抗原性不明确，此外，由于"抗体"包括多克隆抗体和单克隆抗体，即使具有抗原性，那么要进一步获得单克隆抗体仍要付出创造性劳动，因此，权利要求15的技术方案得不到说明书的支持，不符合专利法第26条第4款的规定。

申请人（下称请求人）对上述驳回决定不服，于2004年10月29日向专利复审委员会提出了复审请求，请求人在提出复审请求时提交了修改后的权利要求书（共11页25项）和说明书第7页替换页，所作修改仅为（1）删除权利要求6中的"以及该序列的单位基因和类似物"；（2）在说明书第7页第32行之后添加入"本发明还提供了抗上面所述任何一项的本发明的多肽的抗体"。

形式审查合格后，专利复审委员会于2005年1月24日依法受理了该复审请求，并将其转送至原审查部门进行前置审查。

原审查部门在前置审查意见书中认为：请求人将权利要求15的内容加入说明书，并不能克服说明书缺少制备所述抗体的实验的问题，因为缺少制备多克隆抗体的试验使得多肽的抗原性不明确，此外，由于"抗体"包括多克隆抗体和单克隆抗体，即使所述多肽具有抗原性，那么要进一步获得所述多肽的单克隆抗体仍要付出创造性劳动，因而坚持原驳回决定。

专利复审委员会组成合议组，对本复审请求案进行了审理，合议组审理后认为本案事实清楚，可以作出复审决定。

二、决定的理由

1. 审查依据的文本

本复审请求审查决定所依据的审查文本是：请求人于本申请进入中国国家阶段时提交的国际申请文件的中文译本说明书第1～6、8～20、22～50页、附图第1～11页和摘要，依据专利合作条约第41条提交的说明书第21页，2004年10月29日提交的说明书第7页、权利要求1～25。

2. 关于专利法实施细则第20条第1款

专利法实施细则第20条第1款规定，权利要求书应当说明发明或者实用新型的技术特征，清楚、简要地表述请求保护的范围。

根据该款规定，权利要求中的用词所具有的含义应当清楚。

本案中，驳回决定指出驳回决定所针对的权利要求6中"类似物"、"单位基因"对于本领域技术人员来说是一个不清楚的概念，不符合专利法实施细则第20条第1款的规定，本复审决定所针对的权利要求6中已删除了"以及该序列的单位基因和类似物"，因而已克服了驳回决定所指出的该缺陷。

3. 关于专利法第26条第4款

专利法第26条第4款规定，权利要求书应当以说明书为依据，说明要求专利保护的范围。

如果很清楚某物质具有免疫原性（例如由该物质是大分子多肽就能得知该抗原明显具有免疫原性），那么在没有相反证据的情况下，应认为根据本领域的公知技术能够获得该物质的抗体。

本案中，权利要求15请求保护"抗权利要求6到10任一项的多肽的抗体"，根据权利要求6~10的记载，其中所述多肽具有SEQ ID NO.2的氨基酸序列。说明书和权利要求6中均给出了SEQ ID NO.2氨基酸序列，可知该序列包含377个氨基酸，分子量为43.26kDa（参见本申请说明书第14页第26~27行），由此可见，权利要求6~10中所述多肽至少为长为377个氨基酸的多肽（即Tx蛋白）。虽然本申请未描述制备所述多肽多克隆抗体的试验，但由于其分子量超过40kDa，属于大分子多肽，因而根据本领域的公知常识能确定其具有免疫原性，而根据已知抗原制备相应的单克隆或多克隆抗体是本领域的常规成熟技术，因而根据权利要求6~10的多肽制备其抗体无须付出创造性劳动。也即，在能够确定权利要求6~10的多肽具备抗原性的情况下，驳回决定中所指出的权利要求15得不到说明书支持而不符合专利法第26条第4款之规定的理由不能成立。

根据以上事实和理由，本案合议组作出如下审查决定。

三、决定

撤销国家知识产权局于2004年9月3日对95195201.3号发明专利申请作出的驳回决定。由原审查部门在本复审决定所针对的文本的基础上继续进行审查。

复审请求人对本决定不服的，可以根据专利法第41条第2款的规定，自收到本决定之日起三个月内向北京市第一中级人民法院起诉。

CASB618 多核苷酸和多肽及其用途

复审请求审查决定（第 12323 号）

决 定 号	第 12323 号
决 定 日	2007 年 12 月 18 日
发明创造名称	CASB618 多核苷酸和多肽及其用途
国际分类号	C12N 15/12, C07K 14/47, C12N 15/75, C12N 5/10, A61K 38/17, C07K 16/18, G01N 33/68, G01N 33/574, C12Q1/68
复审请求人	史密丝克莱恩比彻姆生物有限公司
申 请 号	00807261.2
申 请 日	2000 年 3 月 9 日
优 先 权 日	1999 年 3 月 11 日，1999 年 9 月 1 日
公 开 日	2002 年 9 月 18 日
合议组组长	何 炜
主 审 员	邢维玲
参 审 员	葛永奇

法 律 依 据 专利法第 33 条，第 25 条，第 26 条第 3 款、第 4 款

决 定 要 点

对于涉及基因、载体、多肽或蛋白质等的产品发明，说明书应当包括下列内容：产品的确认、产品的制备、产品的用途。如果所属技术领域的技术人员无法根据现有技术预测发明能够实现所述用途和/或使用效果，则说明书中还应当记载对于本领域技术人员来说，足以证明发明的技术方案可以实现所述用途和/或达到预期效果的定性或者定量实验数据，否则说明书不符合专利法第 26 条第 3 款的规定。

权利要求书中的每一项权利要求所要求保护的技术方案应当是所属技术领域的技术人员能够从说明书充分公开的内容中得到或者概括得出的技术方案，并且不得超出说明书公开的范围。

一、案由

本复审请求涉及 2000 年 3 月 9 日申请，2002 年 9 月 18 日公开，发明名称为"CASB618 多核苷酸和多肽及其用途"的发明专利申请，本申请的优先权日为 1999 年 3 月 11 日和 1999 年 9 月 1 日，申请人为史密丝克莱恩比彻姆生物有限公司。

国家知识产权局于 2004 年 6 月 4 日以说明书不符合专利法第 26 条第 3 款的规定，权利要求 1~13、17~25、27、29 不符合专利法第 26 条第 4 款的规定为由驳回了本申请。

驳回决定所针对的权利要求书为：

"1. 一种分离的多肽，它由在 SEQ ID NO：2 全长上与 SEQ ID NO：2 的氨基酸序列具有至少 70％同一性的氨基酸序列构成。

2. 权利要求 1 要求保护的分离多肽，其中所述氨基酸序列与 SEQ ID NO：2 具有至少 95％同一性。

3. 权利要求 1 要求保护的多肽，所述多肽包含 SEQ ID NO：2 的氨基酸序列。

4. 一种 SEQ ID NO：2 的分离多肽。

5. 一种由权利要求 1~4 任一项要求保护的多肽的免疫原性片段构成的多肽，所述免疫原性片段能够产生识别 SEQ ID NO：2 的多肽的免疫反应。

6. 权利要求 1~5 任一项要求保护的多肽，其中所述多肽为一种更大的融合蛋白的一部分。

7. 权利要求 1~6 任一项要求保护的多肽，它为与一种载体蛋白化学缀合的多肽。

8. 一种分离的多核苷酸，它编码权利要求 1~6 任一项要求保护的多肽。

9. 一种分离的多核苷酸或与该分离的多核苷酸互补的核苷酸序列，所述分离的多核苷酸由这样的核苷酸序列构成：它编码在 SEQ ID NO：2 的全长上与 SEQ ID NO：2 的氨基酸序列具有至少 70％同一性的多肽。

10. 一种分离的多核苷酸或与该分离的多核苷酸互补的核苷酸序列，所述分离的多核苷酸由这样的核苷酸序列构成：它在整个编码区上与编码 SEQ ID NO：2 多肽的核苷酸序列具有至少 70％同一性。

11. 一种分离的多核苷酸或与该分离的多核苷酸互补的核苷酸序列，所述分离的多核苷酸由在 SEQ ID NO：1 的全长上与 SEQ ID NO：1 的核苷酸序列具有至少 70％同一性的核苷酸序列构成。

12. 权利要求 8~11 任一项定义的分离多核苷酸，其中所述同一性至少为 95％。

13. 一种分离的多核苷酸或与该分离的多核苷酸互补的核苷酸序列，所述分离的多核苷酸选自：

（a）包含编码 SEQ ID NO：2 的多肽的核苷酸序列的多核苷酸；

（b）SEQ ID NO：1 的多核苷酸；以及

（c）用标记探针在严格杂交条件下筛选合适文库获得的多核苷酸，其中所述探针具有 SEQ ID NO：1 或其片段的序列，所述多核苷酸编码与 SEQ ID NO：2 的蛋白具有相似免疫原性特性的蛋白，其中所述严格杂交条件包括用包含以下成分的溶液于 42 ℃温育过夜：50％甲酰胺、5xSSC（150 mM NaCl、15 mM 柠檬酸三钠）、50 mM 磷酸钠（pH 7.6）、5x Denhardt 氏溶液、10％葡聚糖硫酸酯以及 20 微克/ml 变性剪切的鲑鱼精子 DNA；然后在约 65 ℃下在 0.1X SSC 中洗涤。

14. 一种表达载体，它包含权利要求 8~13 任一项的分离多核苷酸。

15. 一种重组活微生物，它包含权利要求 14 的表达载体。

16. 一种宿主细胞，它包含权利要求 14 的表达载体或权利要求 8~13 的分离多核苷酸。

17. 一种制备权利要求 1~7 的多肽的方法，该方法包括：在足以产生所述多肽的条件下培养权利要求 16 的宿主细胞，然后从培养基中回收所述多肽。

18. 一种组合物，它包含有效量的权利要求 1~7 任一项的多肽以及一种药学上可接受的载体。

19. 一种组合物，它包含有效量的权利要求 8~13 任一项的多核苷酸以及一种药学有效载体。

20. 一种组合物，它包含有效量的抗原提呈细胞和一种药学有效载体，其中所述抗原提呈细胞通过用权利要求 1~7 任一项的多肽体外加载修饰，或者体外遗传修饰，以表达权利要求 1~7 的多肽。

21. 权利要求 18~20 任一项要求保护的组合物，它还包含一种 TH-1 型诱导佐剂。

22. 权利要求 21 要求保护的组合物，其中所述 TH-1 型诱导佐剂选自以下佐剂：3D-MPL、

QS21、QS21 和胆固醇的混合物以及 CpG 寡核苷酸。

23．一种抗体，它为权利要求 1～5 任一项要求保护的多肽或免疫片段的免疫特异性抗体。

24．一种筛选鉴定刺激或抑制权利要求 1～5 任一项的多肽的功能的化合物的方法，所述方法包括选自以下的方法：

（a）利用与候选化合物直接或间接结合的标记物，测量候选化合物与所述多肽（或带有所述多肽的细胞或膜）或其融合蛋白的结合；

（b）在标记竞争物存在下，测量候选化合物与所述多肽（或带有所述多肽的细胞或膜）或其融合蛋白的结合；

（c）使用适用于带有所述多肽的细胞或细胞膜的检测系统，测试所述候选化合物是否产生由于所述多肽的激活或抑制而产生的信号；

（d）将候选化合物与含有权利要求 1～7 任一项的多肽的溶液混合形成混合物，测量在所述混合物中的所述多肽活性，并将所述混合物的活性与标准品比较；或

（e）使用例如 ELISA 测定，检测候选化合物对细胞中编码所述多肽的 mRNA 和所述多肽的产生的影响。

25．一种体外诊断患者的癌症或对癌症的易感性的方法，所述癌症与权利要求 1～5 任一项的多肽在患者体内的表达或活性有关，所述方法包括分析从所述患者获取的样品中是否存在所述多肽或其含量。

26．一种体外诊断患者的癌症或对癌症的易感性的方法，所述癌症与权利要求 8～13 任一项的多核苷酸在患者体内的表达或活性有关，所述方法包括分析从所述患者获取的样品中是否存在所述多核苷酸或其含量。

27．一种权利要求 25 的方法，其中所述癌症为结肠癌或卵巢癌。

28．一种权利要求 26 的方法，其中所述癌症为结肠癌或卵巢癌。

29．一种分离的多核苷酸，它选自：

（a）一种分离的多核苷酸，它包含在 SEQ ID NO：3 全长上与 SEQ ID NO：3 具有至少 90％同一性的核苷酸序列；

（b）包含 SEQ ID NO：3 的多核苷酸的分离多核苷酸；

（c）SEQIDNO：3 的多核苷酸。"

驳回决定认为：(1) 本发明利用 CASB618 的多核苷酸设计引物检测了 CASB618 的 mRNA 水平，获得了可以利用 CASB618 的多核苷酸诊断癌症的结论。但是，对于 CASB618 多肽，除了笼统地提到继续研究的方向和公知的实验技术之外，既没有利用它产生公众可以获得的杂交瘤，也没有提供利用抗体试验检测癌组织的实验数据，本领域技术人员需要进一步的探索才能判断本申请涉及的多肽能否应用于诊断癌症；至于治疗癌症的目的，本发明除了利用 Parker 算法推算了大量"预期表位"，没有提供任何的必要实验数据以证明本申请能达到治疗的目的；利用多肽筛选化合物及获得的化合物由于说明书中没有提供证据证明筛选到了这样的化合物，因此也没有公开充分。因此，说明书的部分发明没有充分公开，不符合专利法第 26 条第 3 款的规定。该缺陷也导致权利要求 1～7、17～25、27 不符合专利法第 26 条第 4 款的规定。(2) 权利要求 8～13、29 中使用了"至少××％同一性"、"编码……多肽"、"杂交"等词限定了太宽的保护范围，其中包括了太多的化合物，而说明书中仅仅提供了 SEQ ID NO：1、3 及其用于检测、诊断。所属技术领域的技术人员需要大量的进一步实验才能选择出能达到本发明目的的技术方案。除了实施例的技术方案，本领域技术人员难以预见采用该范围内的所有技术方案均能达到本发明的目的。因此，上述权利要求得不到说明书的支持，不符合专利法第 26

条第4款的规定。

申请人史密丝克莱恩比彻姆生物有限公司（下称请求人）对上述驳回决定不服，于2004年9月20日向专利复审委员会提出复审请求，请求人在提出复审请求时提交了新修改的权利要求书全文替换页。

请求人提交的新权利要求书为：

"1. 一种分离的多肽，它包括SEQ ID NO：2的氨基酸序列或由其构成。

2. 一种多肽，它包括权利要求1的多肽的免疫原性片段，其中所述免疫原性片段的免疫原性反应与SEQ ID NO：2的多肽基本相同。

3. 权利要求1或2的多肽，其中所述多肽为一种更大的融合蛋白的一部分。

4. 权利要求1~3任一项要求保护的多肽，它为与一种载体蛋白化学缀合的多肽。

5. 一种分离的多核苷酸，它编码权利要求1~3任一项要求保护的多肽。

6. 一种分离的多核苷酸或与该分离的多核苷酸互补的核苷酸序列，所述分离的多核苷酸包含编码SEQ ID N0：2的氨基酸序列的核苷酸序列。

7. 一种分离的多核苷酸或与该分离的多核苷酸互补的核苷酸序列，所述分离的多核苷酸包含SEQ ID NO：1的核苷酸序列。

8. 一种表达载体，它包含权利要求5~7任一项的分离多核苷酸。

9. 一种重组活微生物，它包含权利要求8的表达载体。

10. 一种宿主细胞，它包含权利要求8的表达载体或权利要求5~7的分离多核苷酸。

11. 一种制备权利要求1~3的多肽的方法，该方法包括：在足以产生所述多肽的条件下培养权利要求10的宿主细胞，然后从培养基中回收所述多肽。

12. 一种组合物，它包含有效量的权利要求1~4任一项的多肽以及一种药学上可接受的载体。

13. 一种组合物，它包含有效量的权利要求5~7任一项的多核苷酸以及一种药学有效载体。

14. 一种组合物，它包含有效量的抗原提呈细胞和一种药学有效载体，其中所述抗原提呈细胞通过用权利要求1~4任一项的多肽体外加载修饰，或者体外遗传修饰，以表达权利要求1~3的多肽。

15. 权利要求12~13任一项要求保护的组合物，它还包含一种TH-1型诱导佐剂。

16. 权利要求15要求保护的组合物，其中所述TH-1型诱导佐剂选自以下佐剂：3D-MPL、QS21、QS21和胆固醇的混合物以及CpG寡核苷酸。

17. 一种抗体，它为权利要求1~4任一项要求保护的多肽或免疫片段的免疫特异性抗体。

18. 一种筛选鉴定刺激或抑制权利要求1~4任一项的多肽的功能的化合物的方法，所述方法包括选自以下的方法：

（a）利用与候选化合物直接或间接结合的标记物，测量候选化合物与所述多肽（或带有所述多肽的细胞或膜）或其融合蛋白的结合；

（b）在标记竞争物存在下，测量候选化合物与所述多肽（或带有所述多肽的细胞或膜）或其融合蛋白的结合；

（c）使用适用于带有所述多肽的细胞或细胞膜的检测系统，测试所述候选化合物是否产生由于所述多肽的激活或抑制而产生的信号；

（d）将候选化合物与含有权利要求1~4任一项的多肽的溶液混合形成混合物，测量在所述混合物中的所述多肽活性，并将所述混合物的活性与标准品比较；或

（e）使用例如ELISA测定，检测候选化合物对细胞中编码所述多肽的mRNA和所述多肽的产生的影响。

19. 一种体外诊断患者的癌症或对癌症的易感性的方法，所述癌症与权利要求 1~4 任一项的多肽在患者体内的表达或活性有关，所述方法包括分析从所述患者获取的样品中是否存在所述多肽或其含量。

20. 一种体外诊断患者的癌症或对癌症的易感性的方法，所述癌症与权利要求 5~7 任一项的多核苷酸在患者体内的表达或活性有关，所述方法包括分析从所述患者获取的样品中是否存在所述多核苷酸或其含量。

21. 一种权利要求 19 或 20 的方法，其中所述癌症为结肠癌或卵巢癌。

22. 一种分离的多核苷酸，它选自：

(a) 包含 SEQ ID NO：3 的多核苷酸的分离多核苷酸；

(b) SEQ ID NO：3 的多核苷酸。"

请求人认为，(1) 在获得编码多肽的多核苷酸之后，技术人员运用常规表达方法，能毫无困难地获得本发明的多肽。(2) 技术人员在阅读了说明书之后，完全能够利用本发明的抗体进行诊断试验。说明书通过实时 RT-PCR 分析证明：本发明的蛋白质在 78% 的肿瘤中以平均 125 倍的水平过量表达（见实施例 1）。所以，显然鉴定组织样品中该基因表达水平的任何常规方法均可应用于诊断癌症。利用蛋白质特异性抗体来鉴定蛋白质的表达就是这样一种方法。包括单克隆抗体在内的抗体的产生是常规方法，例如公开于说明书第 20 页第 20 行至第 21 页第 2 行以及实施例 7.2.2。此外，实施例 7.2.3 中详细描述了运用所述抗体进行免疫染色，来测定本发明多肽在癌细胞中相对于正常细胞的表达水平，对本领域技术人员而言，这被认为是常规技术。总之，技术人员在阅读了说明书之后，运用公知常识，能够将本发明的多肽应用于诊断癌症。综上所述，说明书已经提供了本发明的技术方案、技术效果，本领域技术人员根据说明书中公开的内容，就能够实现本发明，因此，申请人认为本申请已经充分公开了权利要求中要求保护的发明。(3) 关于不支持问题：修改后的权利要求 1~22 限定到 SEQ ID NO：2 的多肽或 SEQ ID NO：1 或 3 的多核苷酸。

形式审查合格后，专利复审委员会受理了该复审请求，并于 2004 年 10 月 25 日向请求人发出《复审请求受理通知书》，并将本申请案卷移交原审查部门进行前置审查。

原审查部门对本复审请求进行了前置审查，指出请求人没有对本申请的化合物的治疗目的进行说明，争议仅仅集中在诊断用途上。而实施例 1 的数据缺乏统计学参数，没有置信率；其次，实施例 1 通过 RT-PCR 分析，其是用于分析核酸水平的，没有涉及蛋白质水平，不能作为多肽能应用于诊断癌症的依据，比如表达的多肽可能过少，不足以用于检测；而用于检测的核酸，其本身的化学结构也没有写明。总之，要达到诊断目的，还需要本领域普通技术人员进一步的创造性劳动设计出相应的核酸或研究该多肽能否用于检测后才能实现。至于新修改的权利要求中"基本相同"、"片段"等表述，其保护范围远远超过了"至少××%同一性"等概括的范围，因此坚持原驳回决定。

专利复审委员会组成合议组，对本复审请求案进行审理。

合议组于 2007 年 6 月 19 日发出《复审通知书》，指出：(1) 权利要求 2 中所述免疫原性反应与 SEQ ID NO：2 的多肽基本相同的免疫原性片段不能从原申请记载的信息中直接地、毫无疑义地确定，因此，权利要求 2 的修改不符合专利法第 33 条的规定。(2) 权利要求 19~21 所要求保护的方法是以获得同一患者是否患有癌症或获得同一患者对癌症的易感性为直接目的的，属于专利法第 25 条第 1 款第 (3) 项规定的疾病的诊断方法，不能被授予专利权。(3) ①权利要求 1、6、7、22 中出现了"包含"或"包括"的表述，而说明书中并未记载如此概括的范围中除 SEQ ID NO：2 之外的其他具体多肽，更无法预测其可实现诊断结肠癌的目的，因此不符合专利法第 26 条第 4 款的规定。②权利要求 2 和 17 中出现了"免疫（原性）片段"的表述，但说明书没有记载这样的免疫（原性）片段，也没有记载 SEQ ID NO：2 中能引起免疫应答的表位，因而无法确定所述免疫（原性）片段的结构，也不能认为本发明获得了具有诊断结肠癌功能的免疫（原性）片段，针对这些免疫（原性）片段的免疫特异性抗体也无从谈起。因此，权利要求2和17所请求保护的范围没有以说明书为依据，不符合专利法第26条第4款的规定。③权利要求3请求保护权利要求1或2的多肽，其中所述多肽为一种更大的融合蛋白的一部分，但说明书中没有记载这样的更大的融合蛋白，也没有说明权利要求1或2所述的多肽在更大的融合蛋白中的位点，并且也无法预测存在于该融合蛋白中的多肽是否还能实现本发明的目的。因此，权利要求3请求保护的范围没有以说明书为依据，不符合专利法第26条第4款的规定。④权利要求12~16请求保护一种组合物，在说明书中，这些组合物均是指用于治疗癌症目的的免疫/疫苗制剂，而非用于癌症的诊断目的。然而，实施例所提供的实验结果并不能证实所述免疫/疫苗制剂（组合物）能用于治疗癌症，因此用于癌症治疗目的的权利要求12~16的组合物得不到说明书的支持，不符合专利法第26条第4款的规定。⑤权利要求18请求保护一种筛选鉴定刺激或抑制权利要求1~4任一项的多肽的功能化合物的方法。然而本申请说明书中仅仅描述了可用于筛选的常规方法，既没有给出所筛选到的化合物的实例，更没有证实由该方法筛选鉴定的化合物能够刺激或抑制本发明所述的多肽。因此，权利要求18没有以说明书为依据，不符合专利法第26条第4款的规定。⑥权利要求19~21请求保护一种体外诊断患者的癌症或对癌症的易感性的方法，但说明书中仅仅提供了诊断结肠癌的实验证据，仅由结肠癌不能推广到所有其他类型的癌症均适用，无法预见本发明所述的多肽也能够用于诊断除结肠癌外的其他癌症。因此，权利要求19~21得不到说明书的支持，不符合专利法第26条第4款的规定。

请求人于2007年9月30日提交了意见陈述书和权利要求书全文替换页。修改后的权利要求书如下：

"1. 一种分离的多肽，它由SEQ ID NO：2的氨基酸序列组成。

2. 一种分离的多肽，它为与载体蛋白化学缀合的权利要求1的多肽。

3. 一种分离的多核苷酸，它编码权利要求1的多肽。

4. 一种分离的多核苷酸或与该分离的多核苷酸互补的核苷酸序列，所述分离的多核苷酸由编码SEQ ID N0：2的氨基酸序列的核苷酸序列组成。

5. 一种分离的多核苷酸或与该分离的多核苷酸互补的核苷酸序列，所述分离的多核苷酸由SEQ ID N0：1的核苷酸序列组成。

6. 一种表达载体，它包含权利要求3~5任一项的分离多核苷酸。

7. 一种重组活微生物，它包含权利要求6的表达载体。

8. 一种宿主细胞，它包含权利要求6的表达载体或权利要求3~5任一项的分离多核苷酸。

9. 一种制备权利要求1的多肽的方法，该方法包括：在足以产生所述多肽的条件下培养权利要求8的宿主细胞，然后从培养基中回收所述多肽。

10. 一种抗体，它为权利要求1的多肽的免疫特异性抗体。

11. 权利要求1或2的多肽在制备用于诊断患者的结肠癌或对结肠癌的易感性的试剂盒中的用途。

12. 权利要求3~5任一项的多核苷酸在制备用于诊断患者的结肠癌或对结肠癌的易感性的试剂盒中的用途。

13. 一种分离的多核苷酸，它由SEQ ID NO：3的多核苷酸组成。"

至此，合议组认为本案事实已经清楚，可以作出复审决定。

二、决定的理由

1. 审查文本

本复审请求审查决定针对的申请文本为进入中国国家阶段时请求人所提交的说明书第1~43页、

附图第1~7页、核苷酸和氨基酸序列表第1~17页、说明书摘要和2007年9月30日提交的权利要求1~13。

2. 关于专利法第33条

专利法第33条规定：申请人可以对其专利申请文件进行修改，但是，对发明和实用新型专利申请文件的修改不得超出原说明书和权利要求书记载的范围。

如果申请的内容通过增加、改变和/或删除其中的一部分，致使所属技术领域的技术人员看到的信息与原申请记载的信息不同，而且又不能从原申请记载的信息中直接地、毫无疑义地确定，那么，这种修改就是不允许的，反之，则是允许的。

合议组在《复审通知书》中指出原权利要求2不符合专利法第33条的规定，在请求人于2007年9月30日提交的修改文件中已将该权利要求删除，因此《复审通知书》中指出的上述缺陷已经被克服。

审查员在合议组在《复审通知书》中还指出原权利要求19~21所要求保护的方法是以获得同一患者是否患有癌症或获得同一患者对癌症的易感性为直接目的的，属于专利法第25条第1款第（3）项规定的疾病的诊断方法，不能被授予专利权。在请求人于2007年9月30日提交的权利要求书中将其修改为"……在制备用于诊断患者的结肠癌或对结肠癌的易感性的试剂盒中的用途"。

在本申请的原说明书第19页第23行至第20页第3行记载了如下信息"本发明还涉及用于进行诊断测定的诊断试剂盒，它包括本发明的多核苷酸和多肽"，"诊断包括确定受检者对疾病的易感性、确定受检者目前是否患病……"。因此，请求人的上述修改能够从原申请记载的信息中直接地、毫无疑义地确定，符合专利法第33条的规定。

3. 关于专利法第25条

专利法第25条第1款第（3）项规定：疾病的诊断和治疗方法不授予专利权。

《复审通知书》指出原权利要求19~21属于专利法第25条第1款第（3）项规定的疾病的诊断方法，不能被授予专利权。在请求人于2007年9月30日提交的权利要求书中，删除了原权利要求21、将原权利要求19和20修改为"……在制备用于诊断患者的结肠癌或对结肠癌的易感性的试剂盒中的用途"，已经不属于疾病的诊断方法的范畴。

4. 关于专利法第26条第3款

专利法第26条第3款规定："说明书应当对发明作出清楚、完整的说明，以所属技术领域的技术人员能够实现为准。"

对于涉及基因、载体、多肽或蛋白质等的产品发明，说明书应当包括下列内容：产品的确认、产品的制备、产品的用途。如果所属技术领域的技术人员无法根据现有技术预测发明能够实现所述用途和/或使用效果，则说明书中还应当记载对于本领域技术人员来说，足以证明发明的技术方案可以实现所述用途和/或达到预期效果的定性或者定量实验数据。

（1）驳回决定所针对的原权利要求25要求保护一种体外诊断患者的癌症或对癌症的易感性的方法，所述癌症与权利要求1~5任一项的多肽在患者体内的表达或活性有关，所述方法包括分析从所述患者获取的样品中是否存在所述多肽或其含量。在请求人于2007年9月30日提交的权利要求书中，新的权利要求11相应于原权利要求25，其涉及权利要求1或2的多肽在制备用于诊断患者的结肠癌或对结肠癌的易感性的试剂盒中的用途。驳回决定指出，说明书中没有利用CASB618多肽产生杂交瘤，没有提供利用抗体试验检测癌组织的实验数据，因此用CASB618多肽诊断癌症的用途未充分公开。合议组认为，实施例1所述RT-PCR实验证实在78％的结肠肿瘤中以平均125倍的水平过量表达候选抗原CASB618的mRNA，表明CASB618的过表达与结肠癌相关，从而可用CASB618的

mRNA 诊断结肠肿瘤。而作为翻译 CASB618 多肽的模板，在其他条件不变的情况下，mRNA 量的增加必然导致其翻译的多肽量或多或少的增加，现有检测手段是否可检测到所表达的多肽量的变化，都不能否定其可作为结肠肿瘤的标志物而用于诊断结肠癌。因此，针对所述多肽用于诊断患者的结肠癌或对结肠癌的易感性的用途而言，本申请说明书已充分公开，符合专利法第 26 条第 3 款的规定，驳回决定中有关用 CASB618 多肽诊断癌症的用途未充分公开的理由是不成立的。

（2）驳回决定及《复审通知书》均指出，涉及包含 CASB618 多核苷酸及其编码的多肽的组合物用于治疗癌症的用途在说明书中未充分公开，因此，其相应的权利要求 12~16 不符合专利法第 26 条第 4 款的规定，在请求人于 2007 年 9 月 30 日提交的权利要求书中已经删除了上述权利要求。因此，对于目前权利要求保护的技术方案而言，说明书已经充分公开。

5. 关于专利法第 26 条第 4 款

专利法第 26 条第 4 款规定：权利要求书应当以说明书为依据，说明要求专利保护的范围。

权利要求书应当以说明书为依据，是指权利要求应当得到说明书的支持。权利要求书中的每一项权利要求所要求保护的技术方案应当是所属技术领域的技术人员能够从说明书充分公开的内容中得到或者概括得出的技术方案，并且不得超出说明书公开的范围。

（1）驳回决定指出原权利要求 9~13、29 中有关"至少××％同一性"、"杂交"的描述得不到说明书的支持，不符合专利法第 26 条第 4 款的规定；多肽筛选化合物的方法，由于说明书中没有提供证据证明筛选到了这样的化合物，因而相应的原权利要求 24 不符合专利法第 26 条第 4 款的规定。在请求人于 2007 年 9 月 30 日提交的权利要求书中已经删除了上述技术方案，因此驳回决定指出的上述缺陷已经被克服。

（2）驳回决定及《复审通知书》均指出，涉及包含 CASB618 多核苷酸及其编码的多肽的组合物用于治疗癌症的用途在说明书中未充分公开，因此，其相应地涉及组合物的权利要求 12~16 不符合专利法第 26 条第 4 款的规定，在请求人于 2007 年 9 月 30 日提交的权利要求书中已经删除了上述权利要求。因此驳回决定和《复审通知书》所指出的上述不符合专利法第 26 条第 4 款规定的缺陷已不存在。

（3）驳回决定指出由于 CASB618 多肽用于诊断癌症的用途未充分公开，因此，相应地涉及多肽的权利要求 1~7、17~25、27 不符合专利法第 26 条第 4 款的规定。在本复审决定第二部分第 4（1）节已经陈述了所述 CASB618 多肽诊断结肠癌的用途已充分公开的理由，因此，其相应的权利要求也能够得到说明书的支持，驳回决定指出的原权利要求 1~7、17~25、27 不符合专利法第 26 条第 4 款规定的理由不成立。

基于上述理由，合议组作出如下决定。

三、决定

撤销国家知识产权局于 2004 年 6 月 4 日对 00807261.2 号发明专利申请作出的驳回决定，由原审查部门在本复审决定所针对的文本的基础上继续进行审查。

复审请求人对本决定不服的，可根据专利法第 41 条第 2 款的规定，自收到本决定之日起三个月内向北京市第一中级人民法院起诉。

口蹄疫的抗原化抗体疫苗

复审请求审查决定（第 12325 号）

决 定 号	第 12325 号
决 定 日	2007 年 12 月 22 日
发明创造名称	口蹄疫的抗原化抗体疫苗
国际分类号	A61K 39/135，A61P 31/12
复审请求人	香港科技大学
申 请 号	99119761.5
申 请 日	1999 年 9 月 30 日
公 开 日	2000 年 10 月 25 日
合议组组长	叶 娟
主 审 员	李金光
参 审 员	吴通义
法 律 依 据	专利法第 33 条，第 26 条第 3 款
决 定 要 点	

原说明书和权利要求书记载的范围包括原说明书和权利要求书文字记载的内容和根据原说明书和权利要求书文字记载的内容以及说明书附图能直接地、毫无疑义地确定的内容。

如果发明说明书中给出了具体技术方案，但未给出实验证据，而该方案又必须依赖实验结果加以证实才能成立，则该发明说明书不符合专利法第 26 条第 3 款的规定。

一、案由

本复审请求涉及 1999 年 9 月 30 日申请、2000 年 10 月 25 日公开、名称为"口蹄疫的抗原化抗体疫苗"的第 99119761.5 号发明专利申请（下称本申请），申请人是香港科技大学。

申请人于申请日提交的权利要求书（下简称原权利要求书）中有 23 项权利要求，其中独立权利要求如下：

"1. 猪口蹄疫疫苗，其中所述疫苗可引发抗 FMD 的免疫系统应答，所述疫苗具有 FMDV 表位之 cDNA 构建体或其蛋白质对应物。"

"18. 猪口蹄疫疫苗，其中所述疫苗可引发抗 FMD 的免疫系统应答，所述疫苗具有 FMDV 表位之 cDNA 构建体或其蛋白质对应物，所述蛋白质形式的疫苗是通过将 FMDV 表位移植到猪 IgG 的 CDR2 和 CDR3 区域中制备的。"

"20. 猪口蹄疫疫苗，其中所述疫苗可引发抗 FMD 的免疫系统应答，所述疫苗具有 FMDV 表位之

cDNA 构建体或其蛋白质对应物，所述疫苗为蛋白质形式的疫苗，可通过注射到猪肌肉组织中给药。"

"22. 制备猪口蹄疫疫苗的方法，所述方法包括将得自 FMDV 的表位移植到猪抗体 CDR 环的步骤，其中所述 FMDV 肽表位是通过 PCR 由 FMDV 的 VP1 基因克隆得到的。"

2003 年 7 月 11 日，国家知识产权局发出《第一次审查意见通知书》。该通知书指出：（1）虽然克隆在免疫球蛋白 CDR 区域（即抗体分子的互补决定区，本文均称 CDR 区）上面的 FMDV（即口蹄疫病毒，本文均称 FMDV）抗原表位暴露在外可能会引发免疫反应，且使用猪本身的抗体可能会避免载体引起免疫反应，但本申请的疫苗仅使用了整个免疫球蛋白的一小部分，这段氨基酸序列能否有原来分子的折叠性质是难以预料的，且抗原表位插入载体后一级结构的改变会使整个多肽的空间立体结构很难被预测，能否保持原来构型而引发原有免疫应答需要实验数据来证明，而本申请中没有提供任何实验数据证明重组疫苗的功效；（2）DNA 本身免疫原性不强，没有合适载体的一段外源 DNA 在体内表达十分困难，没有实验证明本申请所述 DNA 疫苗能起到疫苗作用。所以本申请的说明书未对发明作出清楚、完整的说明，致使所属领域的技术人员不能实现本发明，不符合专利法第 26 条第 3 款的规定。

2004 年 1 月 19 日，申请人提交了意见陈述书及经修改的说明书第 6、7、9、10 页及权利要求书全文替换页（共 3 页 22 项），新权利要求 1~22 的主题分别涉及编码抗原化猪抗体的核苷酸序列及其制备方法、蛋白序列及其制备方法或抗原化猪抗体的蛋白结合物，同时，在说明书相应替换页中添加了核苷酸序列号。申请人认为修改后的申请文件克服了上述通知书所指出的缺陷，且未超出原始申请文件的记载范围。

2004 年 1 月 29 日，申请人提交了新的权利要求 16~22。

2004 年 3 月 12 日，针对申请人于申请日提交的说明书第 1~5、8、11 页和附图第 1~13 页以及说明书摘要，2004 年 1 月 19 日提交的说明书第 6、7、9、10 页和权利要求 1~15，2004 年 1 月 29 日提交的权利要求 16~22，国家知识产权局驳回了本申请，理由是：对于新的药物组合物（疫苗）应当公开其具体医药用途、药理功效、有效量及使用方法，应当提供对于本领域技术人员来说足以证明发明技术方案可以解决技术问题并达到预期效果的实验数据，而本申请中没有任何实验数据证明重组疫苗的功能，也没有充分公开权利要求所涉及的核苷酸序列、蛋白（氨基酸）序列的用途，所以，本申请的说明书不符合专利法第 26 条第 3 款的规定。驳回决定所针对的权利要求书中的独立权利要求为：

"1. 一种编码携带口蹄疫（"FMD"），口蹄疫病毒（"FMDV"），FMD 表位或 FMDV 表位的抗原化猪抗体的核苷酸序列，所述序列包括：

第一核苷酸序列，其编码猪 IgG 的重链恒定区；以及

第二核苷酸序列，其含有 SEQ ID NO：19，SEQ ID NO：20，SEQ ID NO：21 或 SEQ ID NO：22。"

"5. 一种用于制备编码携带口蹄疫（"FMD"），口蹄疫病毒（"FMDV"），FMD 表位或 FMDV 表位的抗原化猪抗体的核苷酸序列的方法，所述方法包括：

克隆编码猪 IgG 的重链恒定区的第一核苷酸序列；以及

将第二核苷酸序列与所述第一核苷酸序列连接，其中所述第二核苷酸序列编码 FMD 或 FDMV 表位，并含有 SEQ ID NO：19，SEQ ID NO：20，SEQ ID NO：21 或 SEQ ID NO：22。"

"11. 一种编码口蹄疫表位的核苷酸序列，其包括：

SEQ ID NO：2，SEQ ID NO：4 或 SEQ ID NO：5。

12. 一种用于制备编码携带口蹄疫或 FMD 表位的抗原化猪抗体的核苷酸序列的核苷酸序列，其

包括：

SEQ ID NO：15，SEQ ID NO：16，SEQ ID NO：17或SEQ ID NO：18。

13. 一种制备编码携带口蹄疫（"FMD"），口蹄疫病毒（"FMDV"），FMD表位或FMDV表位的抗原化猪抗体的蛋白序列的方法，所述方法包括：

选择衍生自FMDV或FMD的肽表位；以及

将所述肽表位嫁接到猪抗体的IgG互补决定区（"CDR"）的环中。"

"18. 一种编码携带口蹄疫（"FMD"），口蹄疫病毒（"FMDV"），FMD表位或FMDV表位的抗原化猪抗体的蛋白序列，至少包括SEQ ID NO：6或其部分。

19. 一种编码携带口蹄疫（"FMD"），口蹄疫病毒（"FMDV"），FMD表位或FMDV表位的抗原化猪抗体的蛋结合物，其包括：

与猪IgG的轻链连接的猪IgG的重链；以及

插入到猪IgG重链和轻链的CDR区中的由SEQ ID NO：20，21或22所编码的蛋白序列。"

申请人香港科技大学（下称请求人）对上述驳回决定不服，于2004年6月25日向专利复审委员会提出复审请求，同时提交了说明书第1页替换页，该替换页中将原说明书第1页第1段记载的"本发明涉及能引发抗口蹄疫之免疫力的疫苗"修改成"本发明涉及核苷酸序列，蛋白质序列及其制备方法，其中所述序列编码携带口蹄疫的抗原化猪抗体"。申请人认为：说明书附图10公开了权利要求中的核苷酸和蛋白序列，其相应制备方法公开在说明书第8～11页，而权利要求未要求保护疫苗及其应用，要求保护特定的核苷酸序列、蛋白质序列及其制备方法，因此不必要公开这些序列的医药用途、药理功效、有效量和用法，所以国家知识产权局驳回的理由不成立。

形式审查合格后，专利复审委员会受理了该复审请求，并于2005年2月22日向请求人发出《复审请求受理通知书》，同时将本申请案卷移交原审查部门进行前置审查。

原审查部门对本复审请求进行了前置审查后认为：审查指南规定化学发明"必要时还应当公开对目的物质性能的影响"，本申请制备一种新的药物组合物（疫苗），仅从制备工艺上无法确认可影响该组合物使之达到药物使用之目的，现有技术没有公开该药物组合物，也没有公开该制备工艺可以使该组合物达到药物使用目的，本申请目的物质未知，适用该"必要时"。因此，坚持驳回决定。

专利复审委员会组成合议组，对本案的复审请求进行了审理。

2006年3月21日，专利复审委员会向请求人发出《复审通知书》。《复审通知书》指出：（1）虽然驳回决定所针对的权利要求1～22请求保护的技术方案中的部分技术特征在原始申请文件中有记载，但这些技术方案整体内容并未在原始申请文件中明确记载过，且所属领域的技术人员根据原申请文本记载的内容也无法直接地、毫无疑义地确定这些技术方案，所以，驳回决定所针对权利要求1～22超出原始申请文件的记载范围，不符合专利法第33条的规定。（2）即使本申请克服了上述缺陷，本申请仍然存在驳回决定所指出的缺陷；本申请所要解决的技术问题是提供能克服现有技术缺陷的较安全、便宜、有效的口蹄疫抗原化抗体疫苗（参见说明书第5页第9～11行），其技术方案是疫苗组成包括两种蛋白质疫苗构建体和两种相关的DNA疫苗对应物构建体（参见说明书第5页第14～15行或原始权利要求1），但本申请说明书中未记载用以证实所述疫苗具有相应用途即解决上述技术问题的实验结果，致使本领域的技术人员无法确认说明书所记载相应构建物功能。虽然请求人认为驳回决定所针对的权利要求未要求保护疫苗也未要求保护疫苗的应用，而是要求保护核苷酸序列、蛋白质序列以及其制造方法，不属于用途权利要求，与疫苗或医药用途无关，没有必要公开这些序列的医药用途、药理功效、有效剂量和用法等。但合议组认为，对于新的核苷酸序列、蛋白质序列以及其制造方法的发明专利申请，其能否解决申请中所述的技术问题并达到相应的技术效果，必须依赖于用途或功能实验结果来证实，所以，说明书应当充分公开所述核苷酸序列、蛋白质序列至少一种用途或功能的实验结果。本申请说明书中虽记载了部分序列制备方法以及表达载体的构建，但未记载确认带有相应 DNA（核苷酸序列）的质粒转化到大肠杆菌中能够表达的实验结果以及相应表达产物是否具有权利要求请求保护主题限定功能"编码携带口蹄疫、口蹄疫病毒、口蹄疫表位或口蹄疫病毒表位的抗原化猪抗体的"的实验结果。在没有任何实验数据来确认相应功能的情况下，所属领域的技术人员不花费创造性劳动不能实现该专利申请所述的技术方案，因此，本申请说明书未对发明作出清楚、完整的说明，不符合专利法第 26 条第 3 款的规定，说明书仍然存在驳回决定所指出的缺陷。

针对《复审通知书》指出的问题，请求人于 2006 年 6 月 26 日提交了意见陈述书及经修改的权利要求书全文替换页第 1~3 页（共有 13 项权利要求），修改后的权利要求书如下：

"1. 猪口蹄疫疫苗，其中所述疫苗可引发抗 FMD 的免疫系统应答，所述疫苗为包含 FMDV 表位的抗原化抗体疫苗。

2. 权利要求 1 所述的疫苗，其中所述抗原化抗体疫苗为将得自 FMDV 的肽表位移植到 IgG 抗体 CDR 环的构建体。

3. 权利要求 2 所述的疫苗，其中所述抗原化抗体疫苗利用猪 IgG 蛋白作为 FMDV 表位的载体。

4. 权利要求 3 所述的疫苗，其中所述疫苗利用 IgG 蛋白作为 FMDV 表位的载体，所述 FMDV 表位被插入到 IgG 重链和轻链的 CDR2 和 CDR3 区域内。

5. 权利要求 3 所述的疫苗，其中所述疫苗利用与 IgG 重链恒定区相连接的串联重复的 FMDV 表位。

6. 权利要求 4 所述的疫苗，其中 IgG 的轻链包括容纳 FMDV 表位的 CDR2 和 CDR3 区域。

7. 权利要求 6 所述的疫苗，其中 FMDV 表位携有 FMDV 或其毒株衍生物的免疫原性。

8. 权利要求 4 所述的疫苗，其中所述 IgG 轻链可具有下列 4 种氨基酸序列中的一种：

PIGL1 序列

DS QTVIQKPAISFSLGGTVTLT CAFSSGSLTG INYPSWFQRT PGQPPQTVTY
NTNNRPTGVP IRFSGAISGN KAALTTTGAQ AKDEADYFC ALYKSSAQITF
GGGTHLTVLG QPKAAPTVNL FPPSSEELGTNKATLVCLIS DFYPGAVTVT
WKAGGTTVTQ GVETTKPSKQ SNNKYAASSY LALSASDWKS SSGFTCQVTH
EGTIVEKTVT PSECA

PIGL2 序列

DSQTVIQEPAMSVSPGGTV TLTCAFTSGSVTTSNHPGWYQQTPGQPPRL
VIY RTNNRPTGVPSRFSGAI
SGNKAALSTTGAQANDEADYFC TLWKDNTYFFGGGTRLTVLGQPKAAPMV
NLFPPSSEEL GTNKATLVCL ISDFYPGAVTVTWKAGGTTV TQGVETTKPS
KQSNNKYAAS S
YLALSASDW KSSSGFTCQV THEGTIVEKTVTPSECA

PIGL3 序列

DSQTVIQEP AMSVSPGGTV TVTCAFSSGS VTSSDYPSWF QQTPGQPPRT
VIYRTNKPPD
WVPGLSGAMSGNKASLTTTGAQAEDEADYFCALEEKSRYQVFGGGTHLTVL
GQPKAAPTV NFFPPSSEEL GTNKATLVCL ISDFYPGAVT VTWKAGGTTV
TQGVETTKPS KQSNNRYAAS RYLALSASDW KFSSGFTCQV THEGTIVEKT

VTPSECA

PIGL4 序列

DSQTVIQEPAM SVSPGGTVALTC<u>AFSSGSVT
TSNYPSWFQTPGQPPRQLIW</u>RT<u>NNRPTGV</u> PGRFSGAISG NKAALTTTGA
QANDEADYFCT<u>LCKSTANV</u>IFGGGTHLTVLGQPKAAPTVN LFPPSSEELG
TNKATLVCLI SDFYPGAVTV TWKAGGTTVT QGVETTKPSK QSNNRTAASR
YLALSASDWK FSSGFTCQVT HEGTIVEKTV TPSECA

9. 权利要求 3 所述的疫苗，其中 FMDV 表位具有下列氨基酸序列：
RHKQEIVAPVKQKL。

10. 权利要求 5 所述的疫苗，其中所述重链具有下列氨基酸序列，其中黑体序列是 FMDV 表位区域：

MEFRLNWVVL FALLQGVQGE EKLVESGGGL VQPGGSLKLS CVGSGFTFSS
TYIHWVRQAP GKGLEWLAGL YSSTTPTYYS DSVKGRFDIS REDAQNTAYL
QMNGLKTEDTARYYCGK**RHK
QEIVAPVKQKL**WGPGVEVVVSSAPKTAPSVYPLAPCGRDVSG
PNVALGCLASSYFPEPVTVT WNSGALTSGVHTFPSVLQPSGLYSLSSMVT
VPASSLSSKS YTCNVNHPAT TTKVDKRVGI HQPQTCPICP GCEVAGPSVF
IFPPKPKDTL MISQTPEVTC VVVDVSKEHA EVQFSWYVDG VEVHTAETRP
KEEQFNSTYRVVSVLPIQHQDWLKGKEFKC KVNNVDLPAP ITRTISKAIG
QSREPQVYTLPPPAEELSRSKVTLTCLVIG FYPPDIHVEW KSNGQPEPEN
TYRTTPPQQDVDGTFFLYSK LAVDKARWDHGDKFECAVMH EALHNHYTQK
SISKTQGK。

11. 权利要求 1 所述的疫苗，通过注射到猪肌肉组织中给药。

12. 制备猪口蹄疫疫苗的方法，所述方法包括将得自 FMDV 的表位移植到猪抗体 CDR 环的步骤，其中所述 FMDV 肽表位是通过 PCR 由 FMDV 的 VP1 基因克隆得到的。

13. 权利要求 12 所述的制备疫苗的方法，其中所述 PCR 法是重叠 PCR 法，使用该方法将 FMDV 肽表位插入到猪免疫球蛋白重链和轻链基因的 CDR 区域内，其中重链和轻链基因是克隆至哺乳动物或昆虫细胞表达载体以供表达的抗原化抗体基因。"

同时请求人还提交了以下参考附件 D1～D16 以及 D4～D12 的部分要点翻译（共 3 页）：

D1：《分子免疫学基础》，王重庆编著，北京大学出版社出版，1997 年 10 月第 1 版第 1 次印刷，封面、出版信息页、第 22～23 页，复印件共 4 页；

D2：《免疫学基础》，王静怡编著，武汉大学出版社出版，1993 年 12 月第 1 版第 1 次印刷，封面、封二、前言页、出版信息页、第 39、44 页，复印件共 6 页；

D3：《Immunology》，Jan Klein 编著，Blackwell Scientific Publications 出版，1990，封面、封二、出版信息页，第 137、139 页，复印件共 5 页；

D4："Engineering vaccines with heterologous B and T cell epitopes using immunoglobulin genes"，Sidong Xiong 等，Nature Biotechnology，1997，15，摘要与参考文献题录，复印件共 4 页；

D5："Selective Interaction of a Conformationally-constrained Arg-Gly-Asp（RGD）Motif with the Integrin Receptor αvβ3 Expressed on Human Tumor Cells"，Paola Lanza 等，Blood Cells, Molecules, and Diseases，1997 年 6 月 30 日，23（12）：230～241，复印件共 12 页；

D6:"(AW) Conference Coverage (ISV): T-cell Vaccines Via Genetic, Enzymatic, Chemical Engineering", Daniel J. DeNoon 等, 1997 年 9 月 22 日, 复印件共 1 页;

D7:"Expression of conformationally constrained adhesion peptide in an antibody CDR loop and inhibition of natural killer cell cytotoxic activity by an antibody antigenized with the RGD motif", Maurizio Zanetti 等, The EMBO Journal, 1993, 12 (11): 4375~4384, 复印件共 10 页;

D8:"Replacing the complementarity-determining regions in a human antibody with those from a mouse", Peter T. Jones 等, Nature, 1986 年 5 月 29 日, 321, 摘要与参考文献题录, 复印件共 2 页;

D9:"Reshaping human antibodies for therapy", Lutz Riechmann 等, Nature, 1988 年 3 月 24 日, 332, 摘要与参考文献题录, 复印件共 3 页;

D10:"Engineering of doubly antigenized immunoglobulins expressing T and B viral epitopes", T.-D. Brumeanu 等, Immunotechnology, 1996, 2: 85-95, 复印件共 11 页;

D11:"An immunological approach to the structural basis of the sweet taste", Murray Goodman 等, Pure & Appl. Chem., 1997, 69 (4): 715~719, 复印件共 5 页;

D12:"An immunoglobulin G based chimeric protein induced foot-and-mouth disease specific immune response in swine", E. W. C. Chan 等, Vaccine, 2001, 19: 538-546, 复印件共 9 页;

D13:"Prediction of protein antigenic determinants from amino acid sequences", Thomas P. Hopp 等, Proc. Natl. Acad. Sci. USA, 1981 年 6 月, 78 (6): 3824~3828, 复印件共 6 页, 并附相关 "ProtScale Tool" 信息页 1 页;

D14:"A computer program for predicting protein antigenic determinants", Hopp TP 等, Mol Immunol, 1983, 20 (4), 摘要打印件共 1 页;

D15:"Structural and serological evidence for a novel mechanism of antigenic variation in foot-and-mouth disease virus", Nigel Parry 等, Nature, 1990 年 10 月 11 日, 347, 摘要页, 复印件共 1 页;

D16:"Theoretical and Practical Aspects of Antigenized Antibodies", Maurizio Zanetti 等, Immunological Reviews, 1992, 130: 125~150, 复印件共 26 页;

在答复《复审通知书》的意见陈述书中,请求人认为:(1)与免疫球蛋白结合的表位都存在于抗原的表面(参见 D1 和 D2);(2)从免疫球蛋白的结构分析(参见 D3)可以看出 CDR 区仅是免疫球蛋白的一小部分,虽然 CDR 在氨基酸组成和长度上不尽相同,具有较大可变性(参见 D4),但 CDR 区折叠后呈现在抗体分子表面上;(3)D5、D6 均表明,无论在 CDR 区中插入外源肽或以外源肽替换 CDR 区,这些外源肽皆暴露在抗原抗体分子的表面,具有生物学效应;同理,预期本发明的 FMDV 表位替换 CDR 区后,也会暴露在抗原化抗体的表面上,从而引发免疫反应,D12 采用公知方法通过常规实验证明了本发明的抗原化抗体的应用效果;(4)D13 提出了确定蛋白质抗原表位的方法,本申请发明人曾基于此在 FMDV 的 VP1(即病毒蛋白 1,本文均称 VP1)表面分子上确定了两段表位 14aa/20aa(参见 D14);D15 表明 FMDV 的 VP1 中 G-H 环(aa134-160)及 C 端(aa200-213)暴露在病毒分子表面,是 B 淋巴细胞的表位;(5)D16 表明抗原化抗体能将外源序列折叠在分子的表面,不改变多肽的特性,并可产生预期的免疫反应;(6)基于上述理由,将 FMDV 的 B 淋巴细胞表位插入抗体的 CDR2 和 CDR3 的位置,一定会被抗体分子折叠后呈现在分子的表面,这种分子注入猪的体内后,必然会引起 B 淋巴细胞产生免疫反应,从而分泌抗体达到保护动物免受病毒侵犯之目的。

2006 年 10 月 17 日,请求人再次提交了意见陈述书和说明书第 6、7 页替换页,其中分别将原说明书第 6、7 页记载的图 9、10 文字说明中的 "cDNA"、"氨基酸" 分别修改成 "氨基酸"、"DNA"。

请求人认为其提供的证据表明，现有技术教导了在 CDR 区插入 3～17 个氨基酸。本发明插入 19 个氨基酸后仍呈现在抗体分子表面上，这种构象特征是由占免疫球蛋白大部分的 FR 框架区决定的。

至此，合议组认为本案事实清楚，可以作出审查决定。

二、决定的理由

1. 审查决定依据文本

审查决定依据文本如下：请求人于 2006 年 6 月 26 日提交的权利要求 1～13，2006 年 10 月 17 日提交的说明书第 6、7 页，2004 年 6 月 25 日提交的说明书第 1 页以及驳回决定所针对说明书第 2～5、8～11 页和附图第 1～13 页及说明书摘要。

2. 关于参考附件

本案中，请求人在答复复审通知书时提交了参考附件 D1～D16。从请求人答复复审通知书时提交的意见陈述书中所列出的这些附件的公开日可以看出：附件 12 的公开日在本申请的优先权日或申请日后，不能作为现有技术的证据使用，所以，合议组对请求人意见陈述中引用该附件的内容不予考虑。附件 D1～D11、D13～D16 的公开日均在本申请的优先权日之前，虽可以作为现有技术的证据使用，但根据专利法实施细则第 4 条的规定，请求人提交的各种文件应当使用中文，由于请求人提交的附件 D3～D16 是外文资料，只对 D4～D12 的部分内容进行了翻译，而未提交其相应全文的中文译文。因此，本决定中对外文资料只考虑已提交译文部分的相应内容，而对其余内容不予考虑。

3. 关于专利法第 33 条

专利法第 33 条规定，申请人可以对其专利申请文件进行修改，但是，对发明和实用新型专利申请文件的修改不得超出原说明书和权利要求书记载的范围。

原说明书和权利要求书记载的范围包括原说明书和权利要求书文字记载的内容和根据原说明书和权利要求书文字记载的内容以及说明书附图能直接地、毫无疑义地确定的内容。

本案中，请求人放弃了驳回决定所针对的权利要求书，其于 2006 年 6 月 26 日提交的权利要求书中的权利要求 1～13 是在原权利要求书的基础上进行下述修改后得到的：（1）将原权利要求 1 中记载的"所述疫苗具有 FMDV 表位之 cDNA 构建体或其蛋白质对应物"修改成"所述疫苗为包含 FMDV 表位的抗原化抗体疫苗"，将原权利要求 2 中记载的"所述疫苗包括蛋白质并具有将得自 FMDV 的肽表位移植到 IgG 抗体 CDR 环的构建体"修改为"所述抗原化抗体疫苗为将得自 FMDV 的肽表位移植到 IgG 抗体 CDR 环的构建体"，这些内容在原说明书第 5 页第 14～19 行有记载，即"本发明由疫苗组成……蛋白质形式的疫苗是抗原化抗体疫苗"；（2）修改后的权利要求 3 删除了原权利要求 3 中记载的"所述疫苗是抗原化抗体疫苗"以与修改后权利要求 1、2 相适应；（3）删除了原权利要求 6～8、12、14、15、17～21，并对其余权利要求的编号进行适应性修改。上述修改后的权利要求书记载的各个技术方案的整体内容均可以从原说明书记载的信息中直接地、毫无疑义地确定，所以，修改的权利要求书符合专利法第 33 条的规定。

请求人于 2004 年 6 月 25 日提交的说明书第 1 页替换页相对于申请日提交的说明书第 1 页仅在第 1 段有修改，修改后的第 1 段为"本发明涉及核苷酸序列，蛋白质序列及其制备方法，其中所述序列编码携带口蹄疫的抗原化猪抗体"，该内容可以从本申请原权利要求书记载的各权利要求保护的主题以及原说明书记载的发明内容直接毫无疑义地确定。请求人于 2006 年 10 月 17 日提交的说明书第 6、7 页中，分别将原说明书第 6、7 页图 9、10 文字说明中记载的"cDNA"、"氨基酸"分别修改成"氨基酸"、"DNA"，与相应的原附图 9、10 相适应。由于原附图 9 本身是氨基酸序列，原附图 10 本身是 DNA 序列，这种修改是可以从原附图 9、10 本身显示的内容直接确定的唯一正确方式。因此，修改后的说明书也符合专利法第 33 条的规定。

4. 关于专利法第 26 条第 3 款

专利法第 26 条第 3 款规定，说明书应当对发明或者实用新型作出清楚、完整的说明，以所属技术领域的技术人员能够实现为准。

如果发明说明书中给出了具体技术方案，但未给出实验证据，而该方案又必须依赖实验结果加以证实才能成立，则该发明说明书不符合专利法第 26 条第 3 款的规定。

本申请请求保护的技术方案包括猪口蹄疫疫苗和制备猪口蹄疫疫苗的方法，其中猪口蹄疫疫苗可引发抗 FMD 的免疫系统应答，所述疫苗为包含 FMDV 表位的抗原化抗体疫苗（参见修改后权利要求 1）；制备方法包括将得自 FMDV 的表位移植到猪抗体 CDR 环的步骤，所述 FMDV 肽表位是通过 PCR 由 FMDV 的 VP1 基因克隆得到的（参见修改后的权利要求 12）。

根据说明书的记载可知，本申请所要解决的技术问题是提供能克服现有技术缺陷的较安全、便宜、有效的口蹄疫抗原化抗体疫苗（参见说明书第 5 页第 9～11）。在说明书中具体公开了构建疫苗的三个主要步骤，即（1）克隆猪单个 IgG 重链恒定区和猪轻链区；（2）将两个 FMDV 免疫原的序列即 VP1 之残基 141～160 和 200～213（以残基 155～160 序列为重叠区域制备两个序列）的两个寡核苷酸序列连接在一起；（3）将猪 IgG 重链恒定区与 FMDV 免疫原序列及细菌表达载体连接，之后进行转化（参见说明书第 8 页第 3 段至第 11 页第 1 段）。但本申请说明书中没有记载转化结果，即未能证明所述构建体能够成功表达所述抗原化抗体，更重要的是，说明书中也没有记载证明所述抗原化抗体能够引起机体抗 FMD 免疫应答从而能够作为疫苗安全、有效使用的实验证据，这些结果均是本领域技术人员无法推测获知而只能依赖实验结果加以证实才能成立的。虽然请求人提供的附件 D1～D11、D13～D16 表明现有技术中已有在其他抗体 CDR 区中插入外源肽，或以外源肽替换 CDR 区会具有生物学效应的例子。但这只能说明抗原化抗体是一种有可能可行的免疫技术，并不能证明对于任何肽段而言都是必然成功的，也即抗原化抗体的免疫结果依赖实验结果加以证实才能成立。因此，在没有一定实验结果表明 FMDV 表位替换 CDR 区后一定能引发免疫反应的情况下，所属领域的技术人员根据说明书公开的技术内容以及请求人所提供的现有技术无法确定本申请的 FMDV 表位替换 CDR 区后肯定会引发免疫反应，所以请求人提供的证据不足以证明本申请的技术方案已被充分公开。

综上所述，本案合议组认为本申请说明书公开不充分，不符合专利法第 26 条第 3 款的规定。

根据以上事实和理由，本案合议组作出如下审查决定。

三、决定

维持国家知识产权局于 2004 年 3 月 12 日对 99119761.5 号发明专利申请作出的驳回决定。

请求人对本决定不服的，可以根据专利法第 41 条第 2 款的规定，自收到本决定之日起三个月内向北京市第一中级人民法院起诉。

结合框运输蛋白 ABC1 的调节作用

复审请求审查决定（第 12327 号）

决 定 号	第 12327 号
决 定 日	2007 年 12 月 13 日
发明创造名称	结合框运输蛋白 ABC1 的调节作用
国际分类号	C02N 15/52，C07K 14/705，C12Q 1/68，C07K 16/18，A61K 38/00
复审请求人	CV 治疗公司
申 请 号	00809164.1
申 请 日	2000 年 6 月 16 日
优 先 权 日	1999 年 6 月 18 日，1999 年 9 月 14 日，1999 年 11 月 19 日
公 开 日	2003 年 8 月 6 日
合议组组长	许 磊
主 审 员	刘 妍
参 审 员	刘玉玲
法 律 依 据	专利法第 25 条第 1 款第（3）项

决 定 要 点

如果一项请求专利保护的方法中包括了诊断步骤或者虽未包括诊断步骤但包括检测步骤，而根据现有技术中的医学知识和该专利申请公开的内容，只要知晓所说的诊断或检测信息，就能够直接获得疾病的诊断结果或健康状况，则该方法是以获得疾病诊断结果或健康状况为直接目的，不能被授予专利权。

一、案由

本复审请求涉及申请日为 2000 年 6 月 16 日、公开日为 2003 年 8 月 6 日、名称为"结合框运输蛋白 ABC1 的调节作用"的第 00809164.1 号发明专利申请（下称本申请），其申请人为 CV 治疗公司，优先权日为 1999 年 6 月 18 日，1999 年 9 月 14 日，1999 年 11 月 19 日。

国家知识产权局于 2005 年 7 月 8 日以本申请权利要求 39～45 不符合专利法第 25 条第 1 款的规定为由驳回了该申请。驳回决定指出：（1）权利要求 39～45 的方法包括从有生命的人体或动物体中取样的过程，该方法不属于体外处理方法，而是属于"以有生命的人体或动物体为直接实施对象"的方法；（2）审查指南第 3.3.1.2 第（2）项列举的"对已经脱离人体或动物体的组织、体液或排泄物进行的处理或检测方法"，其前提是"发明方法的直接目的不是诊断疾病"，而权利要求 39～45 的直接目的是以获得有生命的人体或动物体患有异常基因遗传病的诊断结果，因此不属于"对已经脱离人体或动物体的组织、体液或排泄物进行的处理或检测方法"的范围；（3）权利要求 39～45 的方法包括了整个诊断过程。因此权利要求39-45属于专利法第25条第1款第（3）项规定的疾病诊断方法的范围，不能被授予专利权。

驳回决定所针对的权利要求39~45为：

"39. 一种用于鉴定引起遗传异常基因的方法，该方法包括：

a. 从第一个异常的个体中获取第一RNA样本；

b. 从第二个正常的个体中获取第二RNA样本；

c. 制备第一RNA样本的mRNA得到第一mRNA样本；

d. 制备第二RNA样本的mRNA得到第二mRNA样本；

e. 反转录第一mRNA样本得到标记的第一cDNA样本；

f. 制备标记后的第一cDNA样本的基因表达排列；

g. 反转录第二mRNA样本得到标记的第二cDNA样本；

h. 制备标记后的第二cDNA样本的基因表达排列；

i. 探测标记后的第一cDNA样本的第一基因表达排列，探测标记后的第二cDNA样本的第二基因表达排列，检测出第一cDNA样本对应的RNA与第二cDNA样本对应的RNA之间的变化。

40. 权利要求39中的方法，对其中所述的第一cDNA样本对应的RNA与第二cDNA样本对应的RNA之间的差异进行分析鉴定出选自下列的特性：与第二RNA相比第一RNA过量表达，与第二RNA相比第一RNA不足量表达，与第二RNA相比第一RNA缺乏，与第二RNA相比第一RNA存在。

41. 权利要求39中的方法，其中所述的异常是不良异常。

42. 权利要求39中的方法，其中所述的个体是哺乳动物。

43. 权利要求42中的方法，其中所述的哺乳动物是人。

44. 权利要求39中的方法，对所述第一cDNA样本对应的RNA与第二cDNA样本对应的RNA之间差异中的至少一种进行评估，测定是否其引起所述异常。

45. 权利要求39中的方法，其中第三RNA样本取自与第一个体同样异常的第三个体，用第三RNA样本代替第一RNA样本重复该方法中步骤（a）~（g），比较第一与第二以及第二与第三样本间的差异，检测出异常个体中的常见基因表达差异。"

CV治疗公司（下称请求人）对上述驳回决定不服，于2005年10月19日向专利复审委员会提出复审请求，同时用修改后的权利要求书第4~5页（权利要求36~45）替换原权利要求书第4~5页（权利要求36~45），其中请求人仅对权利要求39和45进行了修改，对其他权利要求未进行修改，修改后的权利要求39和45分别如下：

"39. 一种用于鉴定引起遗传异常基因的方法，该方法包括：

a. 制备第一RNA样本的mRNA得到第一mRNA样本，其中第一RNA样本是从第一个异常的个体中获取的；

b. 制备第二RNA样本的mRNA得到第二mRNA样本，其中第二RNA样本是从第二个正常的个体中获取的；

c. 反转录第一mRNA样本得到标记的第一cDNA样本；

d. 制备标记后的第一cDNA样本的基因表达排列；

e. 反转录第二mRNA样本得到标记的第二cDNA样本；

f. 制备标记后的第二cDNA样本的基因表达排列；

g. 探测标记后的第一cDNA样本的第一基因表达排列，探测标记后的第二cDNA样本的第二基因表达排列，检测出第一cDNA样本对应的RNA与第二cDNA样本对应的RNA之间的变化。"

"45. 权利要求39中的方法,其中第三RNA样本是从与第一个体同样异常的第三个体中获得的,用第三RNA样本代替第一RNA样本重复该方法中步骤(a)～(e),比较第一与第二以及第二与第三样本间的差异,检测出异常个体中的常见基因表达差异。"

请求人认为:(1)本发明权利要求39的方法是一种体外处理方法,并不是以有生命的人体或动物体为直接实施对象。该方法属于审查指南第二部分第一章第3.2.1.2节第(2)项中列举的"对已经脱离人体或动物体的组织、体液或排泄物进行的处理或检测方法。"(2)原权利要求39的步骤(a)和(b)涉及从生命体中取样的过程,因为取样步骤并不是该方法的关键,因此审查员不应该以这样两个取样步骤而否认权利要求39方法的整体在体外进行,并且申请人在修改后的权利要求39中删除了取样步骤(a)和(b),申请人认为修改后的权利要求39的方法无论在局部还是整体上都已完全是体外的核苷酸制备和检测方法,其从属权利要求40～45也可以授予专利权。

形式审查合格后,专利复审委员会受理了该复审请求,并于2005年11月24日向请求人发出《复审请求受理通知书》,随后将本申请案卷移交原审查部门进行前置审查。

原审查部门对本复审请求进行了前置审查,前置审查意见认为:修改的权利要求39～45仍然涉及从有生命的人体或动物体中取样的过程,即使如申请人所述其属于"对已经脱离人体或动物体的组织、体液或排泄物进行处理或检测的方法",但由于其所获得的检测信息对于本领域技术人员而言可直接得出有生命的人体或动物体患有异常基因遗传病的结果,即该检测信息的直接目的属于诊断疾病的用途,不属于中间结果信息,因此修改的权利要求39～45仍然属于专利法第25条第1款第(3)项规定的疾病诊断方法的范围,故坚持原驳回决定。

专利复审委员会组成合议组,对本案的复审请求进行了审理,并于2007年7月24日向请求人发出《复审通知书》,同时指出:本案中权利要求39要求保护一种用于鉴定引起遗传异常基因的方法,根据说明书的记载,本发明"提供了检测哺乳动物受试者细胞中ABC1相对表达水平的方法。这类方法可以用来测定受试者的冠心病易感程度","该方法包括(a)从哺乳动物受试者获得细胞样本,(b)测定该细胞样本中ABC1 mRNA表达水平;以及(c)将细胞中的ABC1 mRNA表达水平与预定的ABC1 mRNA表达水平进行比较,从而检测出哺乳动物收受者细胞中ABC1基因表达的相对水平"(参见说明书第15页第4～11行);"假定ABC1在胆固醇排放量中的作用,哺乳动物受体中ABC1基因或蛋白的表达相对于预定的标准水平的ABC1基因或蛋白的表达的水平减少可以被用来显示受体中冠心病的易感性"(参见说明书第75页第1～3行)。因此,本发明的目的之一是通过对两个RNA样本进行比较,确定受试者的冠心病易感程度,说明书中所述的ABC1 mRNA显然在权利要求39所述mRNA样本的范围内,因此,通过获取两个RNA样本并对其进行比较,显然可以确定RNA样本的异常是否与某种疾病相关,即权利要求39的鉴定方法包括了以获得疾病诊断结果或健康状况为目的的方法。可见,权利要求39的方法是以有生命的人体或动物体为施用对象,通过检测异常个体与正常个体基因表达水平差异来获得诊断结果或对患病风险度的评估,即权利要求39的方法是以直接获得疾病的诊断结果或健康状况为直接目的的方法,因此,属于专利法第25条第1款第(3)项规定的疾病诊断方法的范围,不能被授予专利权。同样,其从属权利要求40～45也属于专利法第25条第1款第(3)项规定的不能被授予专利权的对象。

针对《复审通知书》指出的问题,请求人于2007年9月7日提交了权利要求书第4页替换页(包括权利要求36～38),在修改后的权利要求书中,请求人删除了权利要求39～45。

至此,合议组认为本案事实清楚,可以作出审查决定。

二、决定的理由

1. 审查所依据的文本

请求人在其于2007年9月7日提交的权利要求书替换页中,删除了驳回决定所针对文本中的权利要求39~45，对其余权利要求未作修改，这种删除权利要求39~45的修改没有超出原申请记载的范围，符合专利法第33条的规定。因此，本复审决定是在请求人于2005年5月31日提交的权利要求1~35、2007年9月7日提交的权利要求36~38，以及驳回决定所针对的说明书、说明书附图及说明书摘要的基础上作出的。

2. 关于专利法第25条第1款

专利法第25条第1款规定，对下列各项，不授予专利权：（1）科学发现；（2）智力活动的规则和方法；（3）疾病的诊断和治疗方法；（4）动物和植物品种；（5）用原子核变换方法获得的物质。

如果一项请求专利保护的方法中包括了诊断步骤或者虽未包括诊断步骤但包括检测步骤，而根据现有技术中的医学知识和该专利申请公开的内容，只要知晓所说的诊断或检测信息，就能够直接获得疾病的诊断结果或健康状况，则该方法是以获得疾病诊断结果或健康状况为直接目的，不能被授予专利权。

本案中，在驳回决定和《复审通知书》分别指出本申请权利要求39~45因属于专利法第25条第1款第（3）项规定的疾病诊断方法而不能被授予专利权后，请求人在于2007年9月7日提交的权利要求书替换页中，删除了权利要求39~45，故驳回决定和《复审通知书》所指出的缺陷已经被克服。

根据以上事实和理由，本案合议组作出如下审查决定。

三、决定

撤销国家知识产权局于2005年7月8日对00809164.1号发明专利申请作出的驳回决定。

复审请求人对本决定不服的，可以根据专利法第41条第2款的规定，自收到本决定之日起三个月内向北京市第一中级人民法院起诉。

制备附聚颗粒的方法

复审请求审查决定（第 12328 号）

决　定　号	第 12328 号
决　定　日	2007 年 12 月 18 日
发明创造名称	制备附聚颗粒的方法
国际分类号	A61K 9/14，A61K 9/72
复审请求人	先灵公司
申　请　号	00803049.9
优　先　权　日	1999 年 1 月 28 日
申　请　日	2000 年 1 月 27 日
公　开　日	2002 年 3 月 20 日
合议组组长	李人久
主　审　员	刘　妍
参　审　员	郭　婷

法 律 依 据 专利法第 26 条第 4 款

决 定 要 点

如果基于说明书中给出的技术信息，所属领域技术人员能够容易地将发明扩展到权利要求的保护范围，则该权利要求概括的保护范围是可以接受的。

在判断权利要求是否得到说明书的支持时，应当考虑说明书的全部内容，而不是仅限于具体实施方式部分的内容。如果说明书的其他部分也记载了有关具体实施方式或实施例的内容，从说明书的全部内容来看，能说明权利要求的概括是适当的，则应当认为权利要求得到了说明书的支持。

一、案由

本复审请求涉及申请日为 2000 年 1 月 27 日，公开日为 2002 年 3 月 20 日，优先权日为 1999 年 1 月 28 日，发明名称为"制备附聚颗粒的方法"的第 00803049.9 号发明专利申请（下称本申请），申请人为先灵公司。

国家知识产权局于 2004 年 12 月 3 日以权利要求 1 不符合专利法第 26 条第 4 款的规定为由驳回了本申请。驳回的具体理由是：（1）权利要求 1 记载的上位概念"第二种粒径分布"和"熟化以减少或除去其非晶物质含量"均概括了较宽的保护范围，没有给出中间颗粒的粒径分布的具体范围，以及熟化后的中间颗粒非晶物质的含量要减少到什么程度。本领域技术人员难于预见具有任意粒径和任意含量可转化的非晶物质的中间颗粒经过微粉化都能得到满足条件的具有第三种粒径分布的颗粒。首先，说明书第9页第17行记载，"在微粉化设备中加工的时间越长，则得到的颗粒越细，但非晶物质的含量也越高。加工的时间越短，则可能得到含量适当的非晶物质，但粒径分布不一定符合要求"，也就是说，中间颗粒的粒径将决定最终是否能够得到同时具有一定的粒径分布和一定的可转化的非晶物质含量的再微粉化后的颗粒。其次，说明书第10页11行记载，"如果将这些中间颗粒立即重新加入微粉化装置中，其粒径可减至可接受的水平。但是，所得的非晶物质的含量将超出可接受的水平"，正因为如此，才需要熟化，降低中间颗粒的非晶物质的含量，但是实施例中仅给出了中间颗粒的比结晶热为0的实施例（即可转化的非晶物质含量为0）。再次，虽然中间颗粒还要被进一步加工，但是由于其影响到了最终颗粒的形成，因此应当在权利要求1中限定上述参数。(2) 权利要求1没有明确"熟化"的条件（比如温度、湿度等）。说明书第15页第22行记载"如果采用相对湿度高于65%，那么水蒸气实际上会起粘合剂的作用"，本领域技术人员按照申请文件中所记载的内容难于预见在任何温度和湿度条件下进行熟化都能达到本发明的目的。(3) 权利要求1记载的上位概念"多羟基醛、多羟基酮和氨基酸"概括了一个较宽的保护范围，说明书中仅实施了"乳糖"，由于不同物质的晶体具有不同的微观结构，在微粉化的过程中随着粒径的减小非晶物质含量减少的程度不同，所属领域技术人员依据本申请文件所记载的内容难于预见该上位概念所概括的除乳糖以外的所有其他方式经过本发明的方法均能够得到"精确控制粒径分布和非晶物质含量的颗粒"，均能实现本发明的目的。(4) 权利要求1中记载的上位概念"药物活性物质"概括了一个较宽的保护范围，说明书中仅实施了糠酸毛他松，所属领域技术人员难于预见该上位概念所概括的除糠酸毛他松以外的所有其他方式均能实现本发明的目的。

驳回决定所针对的权利要求书中的权利要求1为：

"1. 一种制备用于药物活性物质的颗粒状固体载体的方法，包括下列步骤：将具有第一种粒径分布且选自多羟基醛、多羟基酮和氨基酸的一种载体物质微粉化，以形成具有第二种粒径分布的中间颗粒，所述第二种粒径分布小于第一种粒径分布，微粉化的方式使所述中间颗粒的非晶物质含量增高；使所述中间颗粒熟化以减少或除去非晶物质含量；以及将熟化后的中间颗粒再微粉化，以形成颗粒的粒径分布中小于或等于5μm的颗粒至少占体积的60%、并含有相应于1~20焦耳/克结晶热的增高的非晶物质含量的颗粒。"

申请人（下称请求人）对上述驳回决定不服，于2005年3月15日向专利复审委员会提出复审请求，请求人在提出复审请求时没有提交修改文本。请求人认为：(1) 具体规定中间颗粒的性能将会过分限制独立权利要求1的范围。中间颗粒的粒度分布不必是一个固定的参数，因为这些颗粒还要被进一步加工，在熟化步骤中中间颗粒的非晶物质含量将会降低，或更优选会被除去，所以这也不是一个关键的参数，权利要求中不必规定此参数。(2) 关于"熟化"条件，本领域技术人员很容易明白该术语的定义。说明书第7页描述了其他方法，而且，"熟化"条件已在说明书第15页第2~4段给出，因此本领域技术人员不会认为任意温度和湿度都能进行熟化，他会根据常识并参照本说明书记载的熟化条件来实施独立权利要求1。(3) 本领域技术人员很容易知晓"多羟基醛、多羟基酮和氨基酸"所代表的化合物。说明书第8页第20~23行列出了这些化合物中的一部分优选的化合物。要求将独立权利要求限制到某个实施例的做法是完全不合理的。(4) 将独立权利要求1限到具体实施例的"糠酸毛他松"是不合理的。本发明的方法不仅对糠酸毛他松和乳糖有效，而且对其他药物活性物质和载体均有效。因此国家知识产权局驳回的理由不成立。

形式审查合格后，专利复审委员会受理了该复审请求，并于2005年4月28日向请求人发出《复审请求受理通知书》，随后将本申请案卷移交原审查部门进行前置审查。

原审查部门对本复审请求进行了前置审查，坚持原驳回决定。

专利复审委员会组成合议组,对本案的复审请求进行了审理。合议组认为本案事实清楚,可以作出审查决定。

二、决定的理由

1. 文本的认定

本复审决定所依据的文本是请求人于2001年7月24日提交的说明书第2~5、7~16页以及说明书摘要,于2004年1月18日提交的权利要求1~9,说明书第1、6页。

2. 关于专利法第26条第4款

专利法第26条第4款规定,权利要求书应当以说明书为依据,说明要求专利保护的范围。

权利要求书应当以说明书为依据,是指权利要求应当得到说明书的支持。权利要求书中的每一项权利要求所要求保护的技术方案应当是所属技术领域的技术人员能够从说明书充分公开的内容中得到或概括得出的技术方案,并且不得超出说明书公开的范围。

在判断权利要求是否得到说明书的支持时,应当考虑说明书的全部内容,而不是仅限于具体实施方式部分的内容。如果说明书的其他部分也记载了有关具体实施方式或实施例的内容,从说明书的全部内容来看,能说明权利要求的概括是适当的,则应当认为权利要求得到了说明书的支持。

本申请权利要求1要求保护"一种制备用于药物活性物质的颗粒状固体载体的方法,包括下列步骤:将具有第一种粒径分布且选自多羟基醛、多羟基酮和氨基酸的一种载体物质微粉化,以形成具有第二种粒径分布的中间颗粒,所述第二种粒径分布小于第一种粒径分布,微粉化的方式使所述中间颗粒的非晶物质含量增高;使所述中间颗粒熟化以减少或除去非晶物质含量;以及将熟化后的中间颗粒再微粉化,以形成颗粒的粒径分布中小于或等于5μm的颗粒至少占体积的60%、并含有相应于1~20焦耳/克结晶热的增高的非晶物质含量的颗粒。"根据说明书的记载(参见说明书第4页第18~32行),本发明涉及提供精确控制粒径分布和非晶物质含量的可重复生产药物和/或固体载体颗粒的方法,该方法主要通过两个微粉化步骤以及一个熟化步骤来实现,具体而言,该方法先将颗粒物质由初始粒径微粉化至中间粒径,通过这一过程来缩小粒径分布,但提高了颗粒中的非晶物质含量;再对中间颗粒进行熟化,以减少或消除颗粒中的非晶物质;最后将熟化后的颗粒再次微粉化,使颗粒的粒径进一步减小至最终粒径并使颗粒中非晶物质的含量达到所需水平。

(1)关于权利要求1中的"第二种粒经分布"和"熟化以减少或除去其非晶物质含量"是否概括了较宽的保护范围,是否需在权利要求1中限定中间颗粒的粒径分布的具体范围,以及熟化后的中间颗粒非晶物质的含量要减少到什么程度的问题。

合议组认为:首先,权利要求1中已经将"第二种粒径分布"的具体范围限定为"小于第一种粒径分布","使所述中间颗粒熟化以减少或除去非晶物质含量"也隐含了对熟化后的中间颗粒非晶物质的含量要减少到什么程度的限定,即该非晶物质的含量处于比熟化前少直至零的范围。其次,说明书第9页第15行至第10页第14行记载的内容涵盖了原审查部门在驳回决定中引用的说明书第9页第17行和第10页第11行的内容,该部分记载的具体内容是:若使用一步微粉化处理载体物质,例如见表1所示的13批结果,其中只有第10、11、12批具有可接受水平的比结晶热,但是却超出了期望的粒径范围。如果仅将微粉化分为两个步骤而不加入熟化步骤,即先将颗粒物质微粉化以获得预定的中间粒径分布,然后将这些中间颗粒立即重新加入微粉化装置中,得到的结果是,粒径虽然可减至可接受的水平,但是所得到的非晶物质的含量将超出可接受的水平。说明书的这部分内容说明不引入熟化步骤不能同时实现所需的粒径分布范围和非晶物质含量范围,即说明了引入熟化步骤的必要性,而并非是用于说明必需限定中间颗粒的粒径分布范围和其中非晶物质的含量。说明书表2表明在两步微粉化之间插入熟化步骤后制得了粒径分布范围和非晶物质含量都符合预期要求的颗粒,其中三个批次熟化后的比结晶热都是0，这说明将中间颗粒熟化至除去非晶物质含量能够实现发明目的，但不能证明将非晶物质含量减少到比熟化前少但大于零这一范围不能实现发明目的。再次，中间颗粒只是中间产品，还要被进一步加工。在权利要求1已经清楚地限定了第二种粒径分布要小于第一种粒径分布，限定了中间颗粒中非晶物质的含量处于比熟化前少至零的范围内，以及限定了最终颗粒的粒径分布中小于5μm的颗粒至少占体积的60%并且非晶物质含量相应于1~20焦耳/克的情况下，本领域技术人员根据所用载体物质的种类、理化特性能够通过首次微粉化、熟化和再次微粉化三个动态步骤做出相应地、合适地选择，而无需在权利要求1中对中间颗粒的粒径分布范围和其中非晶物质的含量再做进一步的限定。

（2）关于是否需要在权利要求1中明确"熟化"的条件。

合议组认为：首先，本领域技术人员熟知，"熟化"（也作固化）在制粒过程中是指微粒在一定温度和湿度下失水再结晶的过程，"熟化条件"相应地指完成整个熟化过程所要求的条件，通常为时间、温度和压力等要素。本申请说明书第7页和第15页第2~4段给出了本申请适于采用的熟化"刺激物"和条件，本申请说明书第11页第15~18行也指出"熟化步骤的细节可由于接触时间的长短、刺激物种类、温度、物料的厚度和终止接触时剩余的非晶物质含量的不同而不同，被加工物质特性的变化也会改变某些加工条件"。在权利要求1中已经限定了经过熟化过程和再次微粉化后"形成颗粒的粒径分布中小于或等于5μm的颗粒至少占体积的60%、并含有相应于1~20焦耳/克结晶热的增高的非晶物质含量的颗粒"，即已经对最终颗粒物质的性质进行了限定的情况下，本领域技术人员能够按照载体物质的具体种类、理化特性选择具体的熟化刺激物和条件，并最终实现发明目的，而无需将具体熟化条件限定到权利要求1中。至于说明书中记载的"如果采用相对湿度高于65%，那么水蒸气实际上会起粘合剂的作用"也是对于如何选择熟化条件的教导，如果该条件不能实现发明目的，则不在权利要求1保护的范围内。

（3）关于权利要求1中记载的"多羟基醛、多羟基酮和氨基酸"是否概括了一个较宽的保护范围，是否需要在权利要求1中限定至"乳糖"。

合议组认为：根据说明书的记载，本申请"用于形成附聚物的可药用物质是非治疗性、非药物活性物质时，可以是一种普通的添加剂或赋形剂，例如乳糖等"（参见说明书第5页第28~30行），这些可药用物质可"包括固体载体/固体粘合剂，例如，但不限于，非治疗活性物质，包括多羟基醛、多羟基酮和氨基酸。优选的多羟基醛和多羟基酮是水合的和无水的多糖，包括，但不限于，乳糖、葡萄糖、果糖、半乳糖、海藻糖、蔗糖、麦芽糖、甘露糖醇、松三糖、淀粉、木糖醇、甘露醇、肌醇和它们的衍生物。优选乳糖"（参见说明书第8页第19~23行）。根据审查指南的相关规定，在判断权利要求是否得到说明书的支持时，应当考虑说明书的全部内容，而不是仅限于具体实施方式部分的内容。如果说明书的其他部分也记载了有关具体实施方式或实施例的内容，从说明书的全部内容来看，能说明权利要求的概括是适当的，则应当认为权利要求得到了说明书的支持。虽然本申请实施例当中仅实施了乳糖，但是说明书的其他部分已经记载了包括乳糖在内的多种多羟基醛、多羟基酮和氨基酸的技术内容，虽然不同物质在微粉化过程中随粒径的减少非晶物质含量减少的程度不同，但本领域技术人员可在首次微粉化、熟化和再次微粉化三个步骤中随物质的不同性质作出相应调节。从说明书的全部内容来看，权利要求1中关于载体物质选择的概括是适当的，而且，本领域技术人员没有合理理由怀疑用"多羟基醛、多羟基酮和氨基酸"概括下的一种或多种载体物质不能实现本发明的目的。因此，用"多羟基醛、多羟基酮和氨基酸"对本申请采用的载体物质进行概括是合理的，无需将其限定到"乳糖"。

（4）关于权利要求1中的"药物活性物质"是否概括了一个较宽的保护范围，是否需要在权利要求1中将其限定至"糠酸毛他松"。

合议组认为：权利要求1的方法是对选自多羟基醛、多羟基酮和氨基酸的载体物质进行处理、制备的方法，该方法得到的载体颗粒用于权利要求1主题中所述的"药物活性物质"，根据说明书的记载，"用于本发明的药用活性物质包括，例如药物、维生素、草药、天然产物和食品强化剂等。特别优选的本发明药用活性物质包括，但不限于，皮质类固醇，如糠酸毛他松……本发明特别优选的药理活性物质是糠酸毛他松"（参见说明书第8页24行至第9页14行）。同理，根据审查指南的相关规定，在判断权利要求是否得到说明书的支持时，应当考虑说明书的全部内容，而不是仅限于具体实施方式部分的内容。如果说明书的其他部分也记载了有关具体实施方式或实施例的内容，从说明书的全部内容来看，能说明权利要求的概括是适当的，则应当认为权利要求得到了说明书的支持。虽然本申请实施例当中仅实施了糠酸毛他松，但是说明书的其他部分已经记载了包括糠酸毛他松在内的多种药物活性物质的技术内容，从说明书的全部内容来看，权利要求1制备的颗粒状固体载体应该能适用于所有药物活性物质，而与药物活性物质的具体种类无关。故该权利要求对药物活性物质的概括是适当的，而且，本领域技术人员没有合理理由怀疑用权利要求1的方法制备得到的载体物质不能用于这些"药物活性物质"。因此，用"药物活性物质"对本申请采用的药物活性成分进行概括是合理的，无需将其限定至"糠酸毛他松"。

综上所述，本合议组认为原驳回决定认为本申请权利要求1不符合专利法第26条第4款规定的理由不能成立。

基于上述理由，合议组特作出如下决定。

三、决定

撤销国家知识产权局于2004年12月3日对00803049.9号发明专利申请作出的驳回决定。由原审查部门在本决定所针对的文本的基础上继续进行审查。

复审请求人对本决定不服的，可以根据专利法第41条第2款的规定，自收到本决定之日起三个月内向北京市第一中级人民法院起诉。

米氮平用于治疗睡眠障碍的用途

复审请求审查决定（第 12331 号）

决 定 号	第 12331 号
决 定 日	2007 年 12 月 24 日
发明创造名称	米氮平用于治疗睡眠障碍的用途
国际分类号	A61K 31/55，A61P 25/20
复审请求人	欧加农股份有限公司
申 请 号	01803934.0
优 先 权 日	2000 年 2 月 11 日
申 请 日	2001 年 2 月 6 日
公 开 日	2003 年 2 月 5 日
合议组组长	叶 娟
主 审 员	姚 云
参 审 员	尹 昕
法 律 依 据	专利法第 22 条第 3 款

决 定 要 点

在判断创造性时，首先应从所属技术领域、所要解决的技术问题、技术方案及预期效果四个方面将权利要求与最接近的对比文件公开的技术内容进行比较分析，找出区别技术特征，随后判断这些区别技术特征的引入对于本领域技术人员而言是否是显而易见的。如果本领域技术人员根据现有技术教导或启示能够容易地引入上述区别特征，而且没有产生预料不到的技术效果，则应当认为该技术方案是显而易见的，即相应的权利要求不能满足专利法第 22 条第 3 款关于创造性的要求。

一、案由

本复审请求涉及 2001 年 2 月 6 日申请、2003 年 2 月 5 日公开、名称为"米氮平用于治疗睡眠障碍的用途"的第 01803934.0 号发明专利申请（下称本申请），本申请的优先权日为 2000 年 2 月 11 日。本申请原申请人为阿克佐诺贝尔公司，2007 年 3 月 9 日变更为现申请人欧加农股份有限公司。

国家知识产权局于 2005 年 2 月 18 日以权利要求 1~5 不符合专利法第 22 条第 3 款的规定为由驳回了本申请。

驳回决定所针对的权利要求书为：

"1. 米氮平在制备用于治疗原发性失眠症的药物中的用途，所述药物包含 0.1~5mg 的单位治疗剂量的米氮平。

2. 权利要求1所述的用途，其特征在于所述药物包含0.5~5mg的单位治疗剂量的米氮平。

3. 权利要求1所述的用途，其特征在于所述药物包含1.5~4.5mg单位治疗剂量的米氮平。

4. 权利要求1~3任一项的用途，其特征在于米氮平是S-米氮平。

5. 一种用于治疗原发性失眠症的患者用药包，它包括剂量单位和适合于所述剂量单位的包装物，其特征在于所述剂量单位包括药物助剂和用量为0.1~5mg的米氮平且任选所述包装物包含帮助接受者以最适宜治疗原发性失眠症的方式使用所述剂量单位的用具。"

驳回决定认为：（1）对比文件1（EP0813873A1，公开日为1997年12月29日）公开了5mg的米氮平会产生嗜睡；对比文件2（"Antidepressant Treatment of the Depressed Patient With Insomnia"，Michael E. Thase，M. D.，Journal of Clinical Psychiatry，第60卷，增刊17，1999年，第28~31页）公开了米氮平改善睡眠的作用是基于其对5-羟色胺受体的拮抗作用，对正常人的睡眠也可以缩短入睡时间，增加睡眠时间，依据米氮平这一改善睡眠的机理和效果，本领域的技术人员将5mg的米氮平用于治疗原发性失眠是显而易见的，因而权利要求1不具备专利法第22条第3款规定的创造性。（2）对比文件1已经公开了5mg的米氮平有效，本领域技术人员在使用药物时为了选择尽可能低的有效剂量将其单位治疗剂量制备成0.1~5mg、1.5~4.5mg是显而易见的；而单位治疗剂量和"S-米氮平"的选择也没有带来意料不到的效果；"药包"是一种常规的药物包装，根据需要将药物制备成所需规格的"药包"是本领域技术人员的基本技能，无须花费创造性的劳动，因而权利要求2~5也不具备专利法第22条第3款规定的创造性。

原申请人阿克佐诺贝尔公司（下称请求人）对上述驳回决定不服，于2005年6月6日向专利复审委员会提出复审请求，并同时提交了新修改的权利要求书。对权利要求书的修改仅为：删除驳回决定所针对权利要求书中的权利要求5。

同时，请求人还提交了附件1（"Comparative Sleep Improving Effects of Mirtazapine vs SSRIs：a Meta-analysis of Individual Patient Data"，复印件，共2页）及其中文译文（共2页）。

在新权利要求及附件1的基础上，请求人认为：（1）对比文件1所述的嗜睡/镇静作用与改善睡眠质量的作用是不同的；对比文件2第30~31页公开的信息表明米氮平对睡眠的作用是基于其对抑郁症的治疗，由此不能给启示本领域的技术人员以"米氮平可以治疗原发性失眠"的技术启示，可见，现有技术没有提供米氮平改善睡眠质量的证据，相反，本发明中发现了米氮平能够改善睡眠质量，并且其效果在本发明所述的低剂量时发生。（2）附件1公开的内容显示：即使一种药物已知为非镇静药并具有失眠副作用，但仍然对于抑郁症患者具有改善睡眠的作用，这表明抗抑郁药物以抗抑郁剂量对睡眠改善的作用不应作为启示，以使本领域技术人员想到用这种药物在非抑郁症睡眠障碍病人中来改善睡眠。

形式审查合格后，专利复审委员会受理了该复审请求，并于2005年6月29日向请求人发出《复审请求受理通知书》，同时将本申请案卷移交原审查部门进行前置审查。

原审查部门对本复审请求进行了前置审查，认为请求人的意见不能被接受，坚持原驳回决定。

专利复审委员会组成合议组，对本复审请求案进行了审理，于2007年6月8日向请求人发出《复审通知书》。《复审通知书》指出：（1）权利要求1请求保护米氮平在制备用于治疗原发性失眠症的药物中的用途，所述药物包含0.1~5mg的单位治疗剂量的米氮平。对比文件2公开了米氮平能增加睡眠、提高睡眠效率，可用于治疗失眠症，同时指出，米氮平能够改善睡眠是基于其对5-HT2受体的拮抗作用，对正常人的睡眠也可以缩短入睡时间，增加睡眠时间（参见摘要、第29页右栏倒数第9行至倒数第1行）。将权利要求1请求保护的技术方案与对比文件2公开的内容相比，其区别在于：权利要求1涉及的病症为原发性失眠症，并且药物中含有0.1~5mg的单位治疗剂量的米氮平；

对比文件2中涉及对正常人睡眠的改善，并且未明确给药的剂量。但是，对比文件2中已经明确了米氮平用以改善睡眠的作用机理，并且验证了其对于正常人睡眠改善的可行性，本领域的技术人员，在对比文件2的技术启示下，将米氮平应用于治疗原发性失眠，同时通过有限次的试验选择合适的单位治疗剂量以得到权利要求1请求保护的技术方案是显而易见的，因而，权利要求1不具备突出的实质性特点和显著的进步，不具备专利法第22条第3款规定的创造性。（2）权利要求2~3限定单位治疗剂量的大小；权利要求4限定米氮平的构型，本领域的技术人员通过有限次的试验以选择合适的单位治疗剂量是很容易的，而化合物的对映体一般会具有与外消旋体相同的药理活性，因而选择S-米氮平作为药物活性物质也是很容易想到的，因而，权利要求2~4也不具备专利法第22条第3款规定的创造性。

针对《复审通知书》指出的问题，请求人于2007年7月20日提交了意见陈述书，同时提交了附件2~3（编号续前）：

附件2："Effect of the antidepressant Org 3770 on human sleep"，G. S. F. Ruigt等人，Eur J Clin Pharmacol，38，1990，第551~554页，复印件，共4页；

附件3："Effects of Nocturnal Doses of Mirtazapine and Mianserin on Sleep and on Daytime Psychomotor and Driving Performance in Young, Healthy Volunteers"，J. G. Ramaekers等人，Hum. Psychopharmacol. Clin，13，1998，第S87~S97页，复印件，共11页。

请求人在意见陈述中指出：（1）对比文件2不是要解决原发性失眠症的治疗问题，相反，对比文件2是引用Ruigt等人（附件2）1990年发表的文章中的数据得出以下结论："米氮平应该能够抵消抑郁症对睡眠模式的有害影响，这种有害影响包括减少深度睡眠、增加恶梦、缩短REM睡眠潜伏期"、"在抑郁症患者中可以改善睡眠"，因而对比文件2中建议米氮平作为"患有失眠症的抑郁症患者的有用的治疗选择"，但在对比文件2中并未述及"米氮平能够用于治疗失眠症"；此外，对比文件2引用Winokur（对比文件2中的参考文献8）的文献，该文献的作者也仅停留在用米氮平治疗抑郁症，所述的对于睡眠参数的效果是用于抑郁症患者身上，可见，对比文件2仅教导了米氮平在作为抗抑郁症的药物时具有对睡眠症状的有益效果，不能由此教导本领域的技术人员用米氮平治疗原发性失眠症。（2）米氮平是一种具有很长的半衰期的镇静抗组胺药，本领域的技术人员不会使用一种药物的镇静特性来治疗失眠，因为这种作用机制会立即引起想到不可接受的镇静副作用的怀疑，相反，本领域技术人员会使用非镇静药物来治疗失眠，在Ramaekers等人（附件3）的文章中研究了镇静和迟发作用，尽管发现可用于治疗抑郁，但关于米氮平的其余副作用的警告仍然存在。本领域的技术人员基于上述信息会放弃使用米氮平治疗失眠而开发其他药物。（3）附件1意图证明：治疗抑郁症患者的失眠并不暗示该药物具有治疗原发性失眠的功效，抑郁症和原发性失眠的病理基础是不同的，因此对药物的反应也不同，本领域的技术人员不会想到从对抑郁症患者的睡眠有作用的资料中找到治疗失眠的药物。

至此，合议组认为本案事实已经清楚，可以作出审查决定。

二、决定的理由

1. 文本的认定

本复审决定所针对的文本为：请求人于2005年6月6日提交的权利要求1~4、2002年7月19日本申请进入中国国家阶段时提交的原始国际申请文件中文译文说明书第1~7页、说明书摘要。

2. 专利法第22条第3款

专利法第22条第3款规定"创造性，是指同申请日以前已有的技术相比，该发明有突出的实质性特点和显著的进步"。

在判断创造性时，首先应从所属技术领域、所要解决的技术问题、技术方案及预期效果四个方面将权利要求与最接近的对比文件公开的技术内容进行比较分析，找出区别技术特征，随后判断这些区别技术特征的引入对于本领域技术人员而言是否是显而易见的。如果本领域技术人员根据现有技术教导或启示能够容易地引入上述区别特征，而且没有产生预料不到的技术效果，则应当认为该技术方案是显而易见的，即相应的权利要求不能满足专利法第22条第3款关于创造性的要求。

（1）权利要求1请求保护米氮平在制备用于治疗原发性失眠症的药物中的用途，所述药物包含0.1~5mg的单位治疗剂量的米氮平。对比文件2公开了米氮平能增加睡眠、提高睡眠效率，同时指出，米氮平能够改善睡眠是基于其对5-HT2受体的拮抗作用，对正常人的睡眠也可以缩短入睡时间，增加睡眠时间（参见摘要、第29页右栏倒数第9行至倒数第1行）。将权利要求1请求保护的技术方案与对比文件2公开的内容相比，其区别在于：权利要求1涉及的病症为原发性失眠症，并且药物中含有0.1~5mg的单位治疗剂量的米氮平；对比文件2中涉及对正常人睡眠的改善，并且未明确给药的剂量。但是，对比文件2中已经明确了米氮平用以改善睡眠的作用机理，并且验证了其对于正常人睡眠改善的可行性，本领域的技术人员，在对比文件2的技术启示下，将米氮平应用于治疗原发性失眠，同时通过有限次的试验选择合适的单位治疗剂量以得到权利要求1请求保护的技术方案是显而易见的，因而，权利要求1不具备突出的实质性特点和显著的进步，不具备专利法第22条第3款规定的创造性。

（2）权利要求2~3对权利要求1进行限定，限定单位治疗剂量的大小。本领域的技术人员通过有限次的试验以选择合适的单位治疗剂量是显而易见的，而在说明书中也未提供证据表明该限定会给权利要求2~3请求保护的技术方案带来意想不到的技术效果，因而，当其引用的权利要求1不具备创造性时，权利要求2~3也不具备突出的实质性特点和显著的进步，不具备专利法第22条第3款规定的创造性。

（3）权利要求4对权利要求1进行限定，限定米氮平的构型。由于化合物的对映体一般会具有与外消旋体相同的药理活性，因而，本领域的技术人员选择S-米氮平作为药物活性物质从而得到权利要求4请求保护的技术方案是显而易见的，而在说明书中也未提供证据表明该限定会给权利要求4请求保护的技术方案带来意想不到的技术效果，因而，当其引用的权利要求1不具备创造性时，权利要求4也不具备突出的实质性特点和显著的进步，不具备专利法第22条第3款规定的创造性。

对于请求人的争辩意见，综合来看，其主要观点是"本领域技术人员已知，低剂量米氮平要么在治疗原发性失眠中无效，要么在获得疗效的同时会引起迟发的镇静副作用"、"现有技术中存在由于米氮平是镇静药物因而本领域普通技术人员不会将其用于治疗原发性睡眠这一偏见"等。对此，合议组认为，首先，请求人并没有提供确凿的证据支持上述观点；而对于附件1，由于其公开时间未知，因而无法确定其在本专利申请日之前，从而不能用作证明本申请现有技术的证据；对于附件3，由于请求人除在意见陈述书中简单提及其内容外并未按照专利法实施细则第4条的规定提交其中文译文，因此合议组对附件3原文不予考虑，而从请求人在意见陈述中所述及的附件3的内容来看，也并不能看出附件3明确教导了现有技术中存在上述偏见；其次，相反的是，原发性失眠是一种病因不明的失眠症，其主要症状即为睡眠障碍，且通常可能伴有一定程度的抑郁，而对比文件2不仅涉及米氮平对抑郁症患者失眠的治疗，同时也教导米氮平对正常人睡眠可有改善，也即对比文件2教导了米氮平无论对于正常人或是抑郁症患者的睡眠改善均有效果，因而基于此，本领域普通技术人员根据现有技术中已知的"米氮平对于正常人或者抑郁症患者的睡眠都有所改善"这一信息显然能够得到将米氮平用于治疗原发性失眠的启示；第三，即使米氮平在治疗原发性失眠时有可能引起迟发的镇静作用，这也并不必定妨碍本领域技术人员将其用于原发性失眠的治疗，事实上，现有技术中已知的许多治疗原发性睡眠的药物（例如，帕罗西汀）本身就是抗抑郁剂，因此，请求人所主张的由于米氮平是抗抑郁剂而会导致本领域技术人员不采用它来治疗原发性失眠的主张缺乏依据，合议组对于请求人所持观点不予支持。

根据以上事实和理由，本案合议组作出如下审查决定。

三、决定

维持国家知识产权局于2005年2月18日对01803934.0号发明专利申请作出的驳回决定。

复审请求人对本决定不服的，可以根据专利法第41条第2款的规定，自收到本决定之日起三个月内向北京市第一中级人民法院起诉。

每月一次给药治疗链球菌肺炎感染

复审请求审查决定（第12332号）

决 定 号	第12332号
决 定 日	2007年12月16日
发明创造名称	每月一次给药治疗链球菌肺炎感染
国 际 分 类 号	A61K 38/14，A61P 31/04
复 审 请 求 人	伊莱利利公司
申 请 号	00807028.8
优 先 权 日	1999年5月3日
申 请 日	2000年4月19日
公 开 日	2002年5月15日
合议组组长	叶 娟
主 审 员	姚 云
参 审 员	尹 昕

法 律 依 据 专利法第22条第2款、第3款

决 定 要 点

药物的半衰期是药物本身所固有的特性，如果没有证据表明半衰期的发现和应用所带来的给药用量、时间间隔等的改变对药物的制药过程具有限定作用，则它们不能使要求保护的制药用途权利要求具备新颖性和/或创造性。

一、案由

本复审请求涉及2000年4月19日申请、2002年5月15日公开、名称为"每月一次给药治疗链球菌肺炎感染"的第00807028.8号发明专利申请（下称本申请），本申请的优先权日为1999年5月3日，本申请的申请人为伊莱利利公司。

国家知识产权局于2004年10月1日以权利要求1~15不符合专利法第22条第3款的规定为由驳回了本申请。

驳回决定所针对的权利要求书为：

"1. N^{DISACC}-（4-（4-氯苯基）苄基）A82846B 或替考拉宁，或其可药用盐、水合物或溶剂化物，或它们的混合物，在制备长期预防易感个体中肺炎链球菌感染的药物中的用途。

2. 权利要求1的用途，其中对易感个体肺炎链球菌感染的长期预防包括给易感个体使用至少月

有效剂量的 N^{DISACC}-（4-（4-氯苯基）苄基）A82846B 或替考拉宁，或其可药用盐、水合物或溶剂化物，或它们的混合物。

3. 权利要求 2 的用途，其中所述月剂量≥0.5mg/kg 体重。

4. 权利要求 2 的用途，其中所述月剂量是 0.5mg/kg 体重至 10mg/kg 体重。

5. 权利要求 2 的用途，其中所述月剂量是 0.5mg/kg 体重至 5mg/kg 体重。

6. 权利要求 2 的用途，其中所述月剂量是 0.5mg/kg 体重至 3mg/kg 体重。

7. 权利要求 2 的用途，其中所述月剂量是 0.5mg/kg 体重至 2.5mg/kg 体重。

8. 权利要求 2 的用途，其中所述月剂量以口服途径给药。

9. 权利要求 2 的用途，其中所述月剂量以非肠道途径给药。

10. 权利要求 1 的用途，其中的药物适用于周期性给药有效剂量的 N^{DISACC}-（4-（4-氯苯基）苄基）A82846B 或替考拉宁，或其可药用盐、水合物或溶剂化物，或它们的混合物，其中的连续给药的时间间隔为至少一个月。

11. 权利要求 1 或 10 的用途，其中药物适于以大于或等于 0.5mg/kg 体重的剂量给药 N^{DISACC}-（4-（4-氯苯基）苄基）A82846B 或替考拉宁，或其可药用盐、水合物或溶剂化物，或它们的混合物。

12. 权利要求 1 或 10 的用途，其中药物适于以 0.5mg/kg 体重至 10mg/kg 体重的剂量给药 N^{DISACC}-（4-（4-氯苯基）苄基）A82846B 或替考拉宁，或其可药用盐、水合物或溶剂化物，或它们的混合物。

13. 权利要求 1 或 10 的用途，其中药物适于以 0.5mg/kg 体重至 5mg/kg 体重的剂量给药 N^{DISACC}-（4-（4-氯苯基）苄基）A82846B 或替考拉宁，或其可药用盐、水合物或溶剂化物，或它们的混合物。

14. 权利要求 1 或 10 的用途，其中药物适于以 0.5mg/kg 体重至 3mg/kg 体重的剂量给药 N^{DISACC}-（4-（4-氯苯基）苄基）A82846B 或替考拉宁，或其可药用盐、水合物或溶剂化物，或它们的混合物。

15. 权利要求 1 或 10 的用途，其中药物适于以 0.5mg/kg 体重至 2.5mg/kg 体重的剂量给药 N^{DISACC}-（4-（4-氯苯基）苄基）A82846B 或替考拉宁，或其可药用盐、水合物或溶剂化物，或它们的混合物。"

驳回决定认为：对比文件1（US5840684A，公开日为1998年11月24日）公开了 N^{DISACC}-（4-（4-氯苯基）苄基）A82846B 对肺炎链球菌有抑制活性；对比文件2（"In Vitro Activity and Spectrum of LY333328, a Novel Glycopeptide Derivative"，RONALD N. JONES 等人，ANTIMICROBIAL AGENTS AND CHEMOTHERAPY，第41卷第2期，第488~493页，1996年2月）公开了 LY333328（即本申请所述的 N^{DISACC}-（4-（4-氯苯基）苄基）A82846B）和替考拉宁对肺炎链球菌有抑制活性，尽管权利要求1请求保护的是它们用于长期预防的制药用途，但其并不能与对比文件1和2公开的内容区分开，进一步的，化合物的长期预防疾病的药物用途，与化合物的半衰期相关，本领域的技术人员只需经过简单的药动学试验就可以得出它们的半衰期，进而知道其可以用于长期预防肺炎链球菌的感染，因而，权利要求1不具备突出的实质性特点和显著的进步，不具备专利法第22条第3款规定的创造性。（2）权利要求2~15进一步限定了药物化合物的给药剂量，在对比文件1和2公开了相应药物化合物的最小抑制浓度，对比文件1还公开了化合物 LY333328 的50%致死剂量的基础上，本领域的技术人员经过简单的试验就可以得出该给药剂量，因而在权利要求1不具备创造性的基础上，权利要求2~15也不具备专利法第22条第3款规定的创造性。

申请人伊莱利利公司（下称请求人）对上述驳回决定不服，于2005年1月17日向专利复审委员会提出复审请求，请求人在提出复审请求时没有提交新修改的专利申请文本。

请求人认为：本发明涉及的是对肺炎链球菌的长期预防，首先，对比文件1涉及的是相应化合物对传染性疾病的治疗，尤其是在动物中由革兰氏阳性菌引起的传染性疾病，其没有公开相应化合物对肺炎链球菌的预防作用；其次，尽管对比文件1提及"动物可能容易受微生物感染或受到了微生物的感染"，但是，易感个体通常是由于其当时所处的其他具体条件所致，对这样的个体的治疗不同于对感染的长期预防；再次，对比文件1对在人体中LY333328或替考拉宁的半衰期没有给出任何指示，与之相反，基于其结构类似性，本领域的技术人员可能会被引导相信LY333328具有和万古霉素（体内半衰期为4~6小时）类似的半衰期，因而，无法预见用月剂量会对预防肺炎链球菌有效。综上所述，本领域的技术人员基于对比文件1无法预期可将LY333328或替考拉宁的剂量调整到本权利要求的长期间隔内有效给药，因而权利要求1~15具备创造性，国家知识产权局驳回的理由不成立。

形式审查合格后，专利复审委员会受理了该复审请求，并于2005年3月2日向请求人发出《复审请求受理通知书》，同时将本申请案卷移交原审查部门进行前置审查。

原审查部门对本复审请求进行了前置审查，在《前置审查意见书》中，原审查部门坚持原驳回决定，理由是：本申请与对比文件1公开的药物化合物（LY333328）、治疗适应症（用于肺炎链球菌）是相同的，其区别仅在于：本申请请求保护的是预防特别是长期预防，而对比文件1是治疗，然而，"预防"与"治疗"请求保护的应用领域极其接近，本领域的技术人员基于一种药物可以用于治疗肺炎链球菌获知其可以预防肺炎链球菌是显而易见的，因而，相应的权利要求仍然不具备专利法第22条第3款规定的创造性。

专利复审委员会组成合议组，对本复审请求案进行了审理，并于2007年6月8日向请求人发出《复审通知书》，《复审通知书》指出：

（1）权利要求1请求保护N^{DISACC}-（4-（4-氯苯基）苄基）A82846B或替考拉宁，或其可药用盐、水合物或溶剂化物，或它们的混合物，在制备长期预防易感个体中肺炎链球菌感染的药物中的用途。

其中包括三个并列的技术方案，即：

①N^{DISACC}-（4-（4-氯苯基）苄基）A82846B或其可药用盐、水合物或溶剂化物在制备长期预防易感个体中肺炎链球菌感染的药物中的用途。

②替考拉宁或其可药用盐、水合物或溶剂化物在制备长期预防易感个体中肺炎链球菌感染的药物中的用途。

③N^{DISACC}-（4-（4-氯苯基）苄基）A82846B或其可药用盐、水合物或溶剂化物，与替考拉宁或其药用盐、水合物或溶剂化物的混合物，在制备长期预防易感个体中肺炎链球菌感染的药物中的用途。

①就权利要求1请求保护的技术方案①而言，对比文件1已经公开了N^{DISACC}-（4-（4-氯苯基）苄基）A82846B在制备预防易感个体中肺炎链球菌感染的药物中的用途。尽管权利要求1中具体限定为"长期预防"，但上述限定并不能清楚地将本申请权利要求1请求保护的技术方案①与对比文件1中公开的技术方案区分开，可见，权利要求1中的技术方案①相对于对比文件1不具备专利法第22条第2款规定的新颖性。

②就权利要求1请求保护技术方案②而言，由于替考拉宁可以作为抗肺炎链球菌的药物，属于本领域的公知常识（例如：《当代结构药物全集》，王泽民，第235~236页，北京科学技术出版社，1993年7月），本领域的技术人员根据常规很容易想到将其用于制备预防肺炎链球菌感染的药物从而得到权利要求1请求保护的技术方案②，而在本专利申请的说明书中也无证据表明其带来了意想不到的技术效果，因而，权利要求1中的技术方案②不具备突出的实质性特点和显著的进步，不具备专利

法第22条第3款规定的创造性。

③就权利要求1请求保护的技术方案③而言，对比文件1中已经公开了N^{DISACC}-（4-（4-氯苯基）苄基）A82846B在制备预防易感个体中肺炎链球菌感染的药物中的用途。将该技术方案③与对比文件1公开的内容相比，其区别在于：该技术方案③中还含有替考拉宁。由于替考拉宁可以作为抗肺炎链球菌的药物属于本领域的公知常识，本领域的技术人员很容易想到将两者组合用于制备预防肺炎链球菌感染的药物从而得到权利要求1请求保护的技术方案③，而在本专利申请的说明书中也无证据表明其带来了意想不到的技术效果，因而，权利要求1中的技术方案③不具备突出的实质性特点和显著的进步，不具备专利法第22条第3款规定的创造性。

④权利要求2~7、10~15对权利要求1进行限定，由于其限定的给药用量、给药的间隔时间仅体现在用药过程中，而对制药过程本身不具有限定作用，因而，当其引用权利要求1中不具备新颖性的技术方案①时，权利要求2~7、10~15不具备专利法第22条第2款规定的新颖性；当其引用权利要求1中不具备创造性的技术方案②、③时，权利要求2~7、10~15不具备专利法第22条第3款规定的创造性。

⑤权利要求8~9对权利要求1进行限定，首先，对比文件1已经公开了可以通过口服或非肠道的方式给药，因而，当其引用权利要求1中不具备新颖性的技术方案①时，权利要求8~9不具备专利法第22条第2款规定的新颖性；当其引用权利要求1中不具备创造性的技术方案③时，权利要求8~9不具备专利法第22条第3款规定的创造性；其次，口服或非肠道的给药方式也是本领域公知的常规给药方式，本领域的技术人员根据常规很容易想到将药物制备成合适的制剂形式以便通过口服或非肠道的方式给药，因而，当其引用权利要求1中不具备创造性的技术方案②时，权利要求8~9不具备专利法第22条第3款规定的创造性。

针对《复审通知书》指出的问题，请求人于2007年9月24日提交了意见陈述书以及经修改的权利要求1~15（共2页）。对权利要求书的修改仅在于：将驳回决定所针对的权利要求1~2中的"长期预防"修改为"持续不低于28天的预防"，并认为该修改能够得到说明书第3页第12行的支持，符合专利法第33条的规定。

同时，请求人还提交了以下附件：

附件1：相应美国申请的意见陈述，英文，第4~10页，复印件，共7页；

附件2：Greg Moeck博士的声明，英文，第1~6页，复印件，共6页。

在新权利要求书以及附件1~2的基础上，请求人认为：（1）将权利要求1~2中的"长期预防"修改为"持续不低于28天的预防"，对比文件既没有公开也没有暗示修改后的权利要求的技术方案，因而修改后的权利要求具备新颖性和创造性。（2）附件1~2中详细论述了本发明的新颖性和创造性。进一步的，附件2第5页最后一段指出：此外，体外检测数据不足以使本领域技术人员合理地预期目标化合物会"长期"（至少28天）地降低感染风险。已知的类似的糖肽抗生素在人体中的半衰期较短，例如：万古霉素大约5小时，telavancin是6小时，因此，即使如Jones等报道的，LY333328（N^{DISACC}-（4-（4-氯苯基）苄基）A82846B）的大鼠体内的半衰期长13.5倍，本领域技术人员也只能合理地推断LY333328在人体中的半衰期是67.5小时（小于3天），可见，本领域的技术人员不会预期本发明的化合物能降低肺炎链球菌感染的风险达至少28天……相反，本领域技术人员会合理地预期本发明的化合物在到达28天之前就会从施用了它们的动物体内完全清除"。

至此，合议组认为本案事实已经清楚，可以作出审查决定。

二、决定的理由

1. 文本的认定

请求人于2007年9月24日提交了修改的权利要求书替换页，经审查，所作修改符合专利法第33

条和专利法实施细则第60条第1款的规定。因此,本复审决定所针对的文本为:请求人于2007年9月24日提交的权利要求1~15、2001年10月31日本申请进入中国国家阶段时提交的原始国际申请中文译文说明书第1~21页、说明书附图第1页、说明书摘要及摘要附图。

2. 专利法第22条第2款、专利法第22条第3款

专利法第22条第2款规定"新颖性,是指在申请日以前没有同样的发明或者实用新型在国内外出版物上公开发表过,在国内公开使用过或者以其他方式为公众所知,也没有同样的发明或者实用新型由他人向国务院专利行政部门提出过申请并且记载在申请日以后公布的专利申请文件中"。

专利法第22条第3款规定"创造性,是指同申请日以前已有的技术相比,该发明有突出的实质性特点和显著的进步"。

药物的半衰期是药物本身所固有的特性,如果没有证据表明半衰期的发现和应用所带来的给药用量、时间间隔等的改变对药物的制药过程具有限定作用,则它们不能使要求保护的制药用途权利要求具备新颖性和/或创造性。

(1) 权利要求1请求保护 N^{DISACC} -（4-（4-氯苯基）苄基）A82846B或替考拉宁,或其可药用盐、水合物或溶剂化物,或它们的混合物,在制备持续不低于28天的预防易感个体中肺炎链球菌感染的药物中的用途。

其中包括三个并列的技术方案,即:

①N^{DISACC}-（4-（4-氯苯基）苄基）A82846B或其可药用盐、水合物或溶剂化物在制备持续不低于28天的预防易感个体中肺炎链球菌感染的药物中的用途。

②替考拉宁或其可药用盐、水合物或溶剂化物在制备持续不低于28天的预防易感个体中肺炎链球菌感染的药物中的用途。

③N^{DISACC}-（4-（4-氯苯基）苄基）A82846B或其可药用盐、水合物或溶剂化物,与替考拉宁或其药用盐、水合物或溶剂化物的混合物,在制备持续不低于28天的预防易感个体中肺炎链球菌感染的药物中的用途。

就权利要求1请求保护的技术方案①而言,对比文件1公开了具有相同结构的化合物N^{DISACC}-（4-（4-氯苯基）苄基）A82846B,并指出该化合物可以用于对传染性疾病,尤其是在动物中由革兰氏阳性菌（例如:肺炎链球菌）引起的传染性疾病的治疗,同时指出所述的动物可能容易受微生物感染或受到了微生物的感染,而且说明书中还验证了N^{DISACC}-（4-（4-氯苯基）苄基）A82846B对肺炎链球菌P1最小抑制浓度（MIC）≤0.06mcg/ml;对肺炎链球菌50%致死剂量（ED50）为0.078mg/kg（参见说明书第14栏第16~21行及第17栏表2A化合物No.229,第18栏第50~55行及第31栏表3化合物No.229,第35栏第38~46行及第37栏表4化合物No.229,说明书第43栏第38行至第44栏第4行）。由此可见,对比文件1已经公开了N^{DISACC}-（4-（4-氯苯基）苄基）A82846B在制备预防易感个体中肺炎链球菌感染的药物中的用途。尽管权利要求1中具体限定为"持续不低于28天的预防",但上述限定并不能清楚地将本申请权利要求1请求保护的技术方案①与对比文件1中公开的技术方案区分开,可见,权利要求1中的技术方案①与对比文件1公开的技术方案属于相同的技术领域,其所解决的技术问题、技术方案和预期效果实质上相同,因而,权利要求1相对于对比文件1不具备专利法第22条第2款规定的新颖性。

就权利要求1请求保护技术方案②而言,由于替考拉宁可以作为抗肺炎链球菌的药物,属于本领域的公知常识（例如:《当代结构药物全集》,王泽民,第235~236页,北京科学技术出版社,1993年7月）,本领域的技术人员根据常规很容易想到将其用于制备预防肺炎链球菌感染的药物从而得到权利要求1请求保护的技术方案②,而在本专利申请的说明书中也无证据表明其带来了意想不到的技

术效果，因而，权利要求1中的技术方案②不具备突出的实质性特点和显著的进步，不具备专利法第22条第3款规定的创造性。

就权利要求1请求保护的技术方案③而言，如上所述，对比文件1中已经公开了N^{DISACC}－(4-(4-氯苯基)苄基) A82846B在制备预防易感个体中肺炎链球菌感染的药物中的用途。将该技术方案③与对比文件1公开的内容相比，其区别在于：该技术方案③中还含有替考拉宁。由于替考拉宁可以作为抗肺炎链球菌的药物属于本领域的公知常识（如上述），本领域的技术人员很容易想到将两者组合用于制备预防肺炎链球菌感染的药物从而得到权利要求1请求保护的技术方案③，而在本专利申请的说明书中也无证据表明其带来了意想不到的技术效果，因而，权利要求1中的技术方案③不具备突出的实质性特点和显著的进步，不具备专利法第22条第3款规定的创造性。

（2）权利要求2~7、10~15对权利要求1进行限定，其中，权利要求2~7限定了给药用量；权利要求10限定了给药的时间间隔；权利要求11~15限定了给药的时间间隔和/或给药用量，但上述限定的特征仅体现在用药过程中，而对制药过程本身不具有限定作用，因而，当其引用权利要求1中不具备新颖性的技术方案①时，权利要求2~7、10~15不具备专利法第22条第2款规定的新颖性；当其引用权利要求1中不具备创造性的技术方案②、③时，权利要求2~7、10~15不具备专利法第22条第3款规定的创造性。

（3）权利要求8~9对权利要求1进行限定，限定了给药的方式。尽管该限定有可能会影响到药物的制剂形式，但是，首先，对比文件1已经公开了可以通过口服或非肠道的方式给药（参见说明书第42栏第52行），因而，当其引用权利要求1中不具备新颖性的技术方案①时，权利要求8~9不具备专利法第22条第2款规定的新颖性；当其引用权利要求1中不具备创造性的技术方案③时，权利要求8~9不具备专利法第22条第3款规定的创造性。其次，口服或非肠道的给药方式也是本领域公知的常规给药方式，本领域的技术人员根据常规很容易想到将药物制备成合适的制剂形式以便通过口服或非肠道的方式给药，因而，当其引用权利要求1中不具备创造性的技术方案②时，权利要求8~9不具备专利法第22条第3款规定的创造性。

对于请求人主张的附件1~2中所述本申请具备新颖性和创造性的意见，合议组认为：如上所述，对比文件1已经公开了N^{DISACC}－(4-(4-氯苯基)苄基) A82846B可以作用于可能容易受微生物感染的动物，即起到预防的作用，而本领域中对于"预防"与"长期预防"、"持续不低于28天的预防"并无严格、清楚的区分，因而请求人将"长期预防"修改为"持续不低于28天的预防"并不能使得权利要求1请求保护的技术方案区别于对比文件1；尽管对比文件1对在人体中N^{DISACC}－(4-(4-氯苯基)苄基) A82846B或替考拉宁的半衰期没有给出任何教导，但药物的半衰期是其本身固有的性质，请求人虽然发现N^{DISACC}－(4-(4-氯苯基)苄基) A82846B或替考拉宁具有较长的半衰期，并且远不同于现有技术中已知的糖肽抗生素类在人体中的半衰期，但半衰期的长短所带来的给药用量、时间间隔的改变只能影响到用药过程，而不会改变制药过程本身，当然也就无法将本申请请求保护的技术方案与对比文件1公开的技术方案区分开。综上所述，请求人的主张不能成立，合议组对请求人的观点不予支持。

根据以上事实和理由，本案合议组作出如下审查决定。

三、决定

维持国家知识产权局于2004年10月1日对00807028.8号发明专利申请作出的驳回决定。

复审请求人对本决定不服的，可以根据专利法第41条第2款的规定，自收到本决定之日起三个月内向北京市第一中级人民法院起诉。

新药物

复审请求审查决定（第12333号）

决 定 号	第12333号
决 定 日	2007年12月14日
发明创造名称	新药物
国 际 分 类 号	C07D 417/12，A61K 31/4427，A61P 3/06//（C07D 417/12，213：72，277：04）
复 审 请 求 人	史密丝克莱恩比彻姆有限公司
申 请 号	01800001.0
优 先 权 日	2000年3月14日
申 请 日	2001年3月14日
公 开 日	2002年7月10日
合议组组长	叶 娟
主 审 员	姚 云
参 审 员	尹 昕

法律依据 专利法第22条第2款

决定要点

如果一项权利要求所限定的技术方案中实质含有未被现有技术公开的技术特征，则该权利要求相对于该现有技术具备专利法第22条第2款规定的新颖性。

一、案由

本复审请求涉及2001年3月14日申请、2002年7月10日公开、名称为"新药物"的第01800001.0号发明专利申请（下称本申请），本申请的优先权日为2000年3月14日，本申请的申请人为史密丝克莱恩比彻姆有限公司。

国家知识产权局于2004年8月20日以权利要求1~9不符合专利法第22条第2款的规定为由驳回了本申请。

驳回决定所针对的权利要求书为：

"1. 基本上非水合的和非吸湿性或轻微吸湿性的5-[4-[2-(N-甲基-N-(2-吡啶基)氨基)乙氧基]苄基]噻唑烷-2,4-二酮的盐酸盐。

2. 化合物5-[4-[2-(N-甲基-N-(2-吡啶基)氨基)乙氧基]苄基]噻唑烷-2,4-二酮盐酸盐，其特征在于该盐酸盐：

(i) 可以产生含有位于约 1745, 1516, 1257, 1056 和 803cm^{-1} 处的峰的红外光谱；

(ii) 可以产生含有位于约 10.1, 13.4, 17.2, 22.2 和 29.4°2$^\theta$ 处的峰的 X-射线粉末衍射 (XRPD) 图型；和/或

(iii) 可以产生含有位于约 1314, 1242, 1185, 918 和 404cm^{-1} 处的峰的拉曼光谱。

3. 权利要求 2 的化合物，其中的盐酸盐可以产生基本如图 I 所示的红外光谱。

4. 权利要求 2 或权利要求 3 的化合物，其中的盐酸盐可以产生基本如图 II 所示的 X-射线粉末衍射图型 (XRPD)。

5. 权利要求 2～4 中任意一项所述的化合物，其中的盐酸盐可以产生基本如图 III 所示的拉曼光谱。

6. 权利要求 1 所述的盐酸盐的制备方法，其特征在于，将 5-[4-[2-(N-甲基-N-(2-吡啶基)氨基)乙氧基]苄基]噻唑烷-2,4-二酮（化合物 I）或其盐，优选分散或溶解在适宜的溶剂中，与可以提供氯化氢的物质反应；然后回收盐酸盐。

7. 权利要求 6 的方法，其中的反应在无水条件下进行。

8. 权利要求 1～5 中任意一项所述的化合物在制备用于治疗和/或预防糖尿病、与糖尿病有关的病症及其某些并发症的药物中的用途。

9. 药物组合物，含有 5-[4-[2-(N-甲基-N-(2-吡啶基)氨基)乙氧基]苄基]噻唑烷-2,4-二酮盐酸盐和可药用载体。"

驳回决定认为：(1) 权利要求 1～2 均请求保护 5-[4-[2-(N-甲基-N-(2-吡啶基)氨基)乙氧基]苄基]噻唑烷-2,4-二酮的盐酸盐，尽管权利要求 1～2 中分别用"基本上非水合的和非湿性或轻微吸湿性的"和图谱进行限定，但对于一个名称和结构均很明确的化合物而言，这些措辞和所限定的参数并不能对化合物起到使其能够区别于现有技术的作用，即权利要求 1～2 请求保护的实质就是 5-[4-[2-(N-甲基-N-(2-吡啶基)氨基)乙氧基]苄基]噻唑烷-2,4-二酮（下称"化合物 I"）的盐酸盐。对比文件 1 (CN1101911A, 公开日为 1995 年 4 月 26 日) 公开了化合物 I 与酸的加成盐，并且在说明书第 2 页第 11 行中公开了该化合物 I 的可接受的酸包括盐酸；在说明书第 4 页第 11～20 行公开了将化合物 I 与抗衡离子源 M-反应，制备该化合物的酸加成盐，其中抗衡离子源包括盐酸；在说明书第 5 页第 2 段公开了该反应在常规的成盐条件下进行。可见，对比文件 1 公开了权利要求 1～2 请求保护的化合物 I 盐酸盐的制备方法，本领域的技术人员根据对比文件 1 公开的信息能够制备该化合物，因而权利要求 1～2 相对于对比文件 1 不具备专利法第 22 条第 2 款规定的新颖性。基于相同的理由，权利要求 3～5 也不具备专利法第 22 条第 2 款规定的新颖性。(2) 权利要求 6～9 分别请求保护化合物的制备方法、制药用途和含该化合物的药物组合物，上述内容也已被对比文件 1 公开，因而权利要求 6～9 不具备专利法第 22 条第 2 款规定的新颖性。(3) 虽然申请人主张本发明的化合物 I 盐酸盐是一种新的同质多晶体形式，但申请人并没有提供任何对比数据以证明本申请中请求保护的化合物 I 盐酸盐与对比文件 1 中可制备出的化合物 I 盐酸盐是两种不同的晶体，而基于对比文件 1 与本申请采用相同的制备方法，其获得相同结构的化合物也是可以确定的，因而，申请人的意见陈述不足以使权利要求 1～9 具备新颖性。

申请人史密丝克莱恩比彻姆有限公司（下称请求人）对上述驳回决定不服，于 2004 年 12 月 6 日向专利复审委员会提出复审请求，请求人在提出复审请求时提交了新修改的权利要求书（共 1 页 8 项）。所作修改仅为：删除驳回决定所针对的权利要求书中的权利要求 1，并将其余的权利要求重新编号。

在修改后的权利要求书的基础上，请求人认为：(1) 权利要求 1 请求保护的是具有权利要求 1 中

特性参数所定义的特定物理形态的化合物 I 的盐酸盐（下称"化合物 A"），其并不包含化合物 A 的所有物理形态。对比文件 1 仅一般性地公开了利用无机酸，如氢溴酸、盐酸和硫酸，或有机酸，如甲磺酸、酒石酸和马来酸制备其中所述通式 I 所包含的化合物（化合物 I 仅为其中一种）的盐的选择，其既没有公开特定的化合物 A，更没有公开化合物 A 能够以一种以上的物理形态存在。（2）已知化合物 A 可以以一水合物、二水合物和非水合物的形式存在，而不同物理形态的化合物 A 的熔点和吸湿性质明显不同，通过试验已证实，本发明请求保护的非水合物的熔点远高于一水合物、二水合物，且其吸湿性要比申请号为 01801078.4 的专利申请（作出此意见陈述时尚未审结）中公开和要求保护的化合物 A 的非水合物的吸湿性低得多。因而，本发明请求保护的具有特定物理形态的化合物 A 具备新颖性和创造性，国家知识产权局的驳回理由不成立。

形式审查合格后，专利复审委员会受理了该复审请求，并于 2004 年 12 月 30 日向请求人发出《复审请求受理通知书》，同时将本申请案卷移交原审查部门进行前置审查。

原审查部门对本复审请求进行了前置审查，在《前置审查意见书》中，原审查部门坚持原驳回决定，理由是：首先，权利要求 1 所限定的图谱数据并不能对结构很明确的该盐酸盐化合物起到使其能够区别于现有技术即对比文件 1 所述盐酸盐的作用；其次，在未提交与对比文件 1 中所述盐酸盐的对比数据而仅提交一水合物、二水合物、另一申请中的非水合物的对比数据的基础上，其不足以使本领域技术人员确认本申请所要求保护的盐酸盐是一种区别于对比文件 1 所述的盐酸盐的同质多晶形式，因而，新权利要求 1~8 仍然不具备新颖性。

针对该复审请求，专利复审委员会组成合议组，对本案进行审理。

经审查，合议组认为本案事实已经清楚，可以作出复审决定。

二、决定的理由

1. 文本的认定

本复审决定所针对的文本为：请求人于 2004 年 12 月 6 日提交的权利要求 1~8、请求人于 2001 年 4 月 12 日本申请进入中国国家阶段时提交原始国际申请文件中文译文的说明书第 1~9 页、说明书附图第 1~3 页和说明书摘要。

2. 专利法第 22 条第 2 款

专利法第 22 条第 2 款规定："新颖性，是指在申请日以前没有同样的发明或者实用新型在国内外出版物上公开发表过，在国内公开使用过或者以其他方式为公众所知，也没有同样的发明或者实用新型由他人向国务院专利行政部门提出过申请并且记载在申请日以后公布的专利申请文件中"。

如果一项权利要求所限定的技术方案中实质含有未被现有技术公开的技术特征，则该权利要求相对于该现有技术具备专利法第 22 条第 2 款规定的新颖性。

（1）权利要求 1 请求保护化合物 A，其特征在于其：（i）可以产生含有位于约 1745，1516，1257，1056 和 803 cm^{-1} 处的峰的红外光谱；（ii）可以产生含有位于约 10.1，13.4，17.2，22.2 和 29.4°2θ 处的峰的 X-射线粉末衍射（XRPD）图型；和/或（iii）可以产生含有位于约 1314，1242，1185，918 和 404 cm^{-1} 处的峰的拉曼光谱。对比文件 1（参见对比文件 1 说明书第 1~4 页）公开了化合物 I 和药学上可接受的酸形成的盐，其中，优选的药学上可接受的酸包括无机酸，例如氢溴酸、盐酸和硫酸，以及有机酸，例如甲磺酸、酒石酸和马来酸；其制备方法为：将化合物 I 与药学上可接受的酸反应，该反应通常在常规的成盐条件下进行，例如，在溶剂中通常为 C_1-C_4 链烷醇溶剂如乙醇，于可提供生成所需化合物的适宜速率的任意温度下，通常于升高的温度例如溶剂的回流温度下，较适宜地是以约等摩尔但优选用稍过量的药学上可接受的酸的情况下将化合物 I 与药学上可接受的酸混合并结晶出所需产物。将权利要求 1 请求保护的化合物与对比文件 1 公开的内容进行比较，首先，尽管对比文件1记载了可以从诸多酸中选择盐酸与化合物I反应形成化合物A，但并没有记载该具体的化合物A，也没有记载该化合物A的红外光谱、X-射线粉末衍射图谱和/或拉曼图谱，即：对比文件1并没有公开如权利要求1所述的特性参数所限定的具有特定物理形态的化合物A；其次，尽管对比文件1中提示可以用常规方法制备化合物A，但并未给出具体的制备过程，而且，在请求人所提供的申请号为01801078.4的专利申请中，虽然其采用的是与本申请制备方法相同的流程（采用化合物I和盐酸作为原料，丙-2-醇作为反应溶剂），可以确定其得到的是对比文件1中的一种化合物I的盐酸盐，但由于制备工艺参数不同，导致所获产品也不同，将权利要求1请求保护的化合物A与申请号为01801078.4的专利申请公开和要求保护的化合物A相比，其吸湿性差异较大，由于吸湿性是产品所固有的特性，两种产品的吸湿性存在较大差异隐含了两种产品的物理形态必然存在差异，可见，请求人提交的对比数据足以表明本申请请求保护的化合物A是一种区别于对比文件1中泛泛提到可用化合物I与盐酸经常规方法制得的化合物A的同质多晶体形式。本领域的技术人员已知，对于同一化合物，由于结晶条件的差异，其分子可以不同的方式进行排列，由此生成完全不同种类的晶体，即所谓的同质多晶现象。尽管分子式相同，不同的同质多晶体之间物理性质和化学稳定性均存在差异，而红外光谱、X-射线粉末衍射图谱和/或拉曼光谱则是研究同质多晶体的重要手段。如上所述，本申请通过红外光谱、X-射线粉末衍射图谱和/或拉曼图谱这些特性参数的限定已经隐含了物理形态这一化合物产品技术特征的改变，从而使本申请请求保护的产品与对比文件1的产品相区别。由此可以认定，对比文件1中并未公开本申请权利要求书中请求保护的用各物理参数限定的具体化合物A，因此原审查部门认为对比文件1公开的内容破坏本申请权利要求1新颖性的理由不成立，权利要求1相对于对比文件1具备专利法第22条第2款规定的新颖性。

在权利要求1相对于对比文件1具备专利法第22条第2款规定的新颖性的基础上，其从属权利要求2~4、请求保护权利要求1所述化合物的制备方法的权利要求5~6、请求保护权利要求1所述化合物的制药用途的权利要求7以及请求保护含有权利要求1所述化合物的药物组合物的权利要求8也具备专利法第22条第2款规定的新颖性。

根据以上事实和理由，本案合议组作出如下审查决定。

三、决定

撤销国家知识产权局于2004年8月20日对01800001.0号发明专利申请作出的驳回决定。由原审查部门在本复审决定所针对的文本的基础上继续进行审查。

复审请求人对本决定不服的，可以根据专利法第41条第2款的规定，自收到本决定之日起三个月内向北京市第一中级人民法院起诉。

被保护的苯酚硅烷

复审请求审查决定（第 12337 号）

决 定 号	第 12337 号
决 定 日	2007 年 12 月 21 日
发明创造名称	被保护的苯酚硅烷
国际分类号	C07F 7/18
复审请求人	通用电气公司
申 请 号	00810973.7
优 先 权 日	1999 年 7 月 29 日
申 请 日	2000 年 7 月 20 日
公 开 日	2002 年 8 月 21 日
合议组组长	李人久
主 审 员	卢 阳
参 审 员	田 芳

法 律 依 据 专利法第 22 条第 3 款

决 定 要 点

在创造性判断过程中，当所要求保护的发明与最接近现有技术的区别特征为公知常识时，通常认为现有技术中存在将上述区别特征应用到最接近现有技术以解决其存在的技术问题的技术启示，发明是显而易见的，不具备突出的实质性特点。

一、案由

本复审请求涉及名称为"被保护的苯酚硅烷"的第 00810973.7 号发明专利申请（下称本申请），优先权日为 1999 年 7 月 29 日，申请日为 2000 年 7 月 20 日，公开日为 2002 年 8 月 21 日，申请人为通用电气公司（原申请人为克鲁普顿公司，2007 年 3 月 30 日变更为现申请人）。

经实质审查，国家知识产权局于 2004 年 8 月 6 日以权利要求 1～19 不符合专利法第 22 条第 3 款的规定为由驳回了本申请。具体理由为：苯酚硅烷是本领域已知的偶联剂，其结构以及不稳定的性质也是公知的，权利要求 1 与对比文件 1（US4328346A，公开日为 1982 年 5 月 4 日）的区别在于保护基不同，但本发明采用的甲酰基、乙酰基或 1～4 个碳原子的烷基碳酸酯是本领域中常用的酚羟基保护基，因此，结合对比文件 1 和本领域常规技术获得权利要求 1 的技术方案是显而易见的，根据所述保护基的理化性质，本发明所述的效果也是可以预见的，因此权利要求 1 不具备创造性；在权利要求 1 不具备创造性的情况下，权利要求 2～19 也不具备创造性。

驳回决定所针对的权利要求书如下：

"1. 含有下述通式结构硅烷的组合物：

$(R^IC(=O)O)_yC_6R^{II}_{6-y-z}[C_xH_{2x}Si(OR^{III})_{3-a}(R^{IV})_a]_z$

其中 R^I 是 H、CH_3 或 R^VO；R^{II} 是 H 或 R^VO；R^{III} 是具有 1~6 个碳原子的烷基、苯基或酰基；R^{IV} 是氢、具有 1~6 个碳原子的烷基或苯基；R^V 是直链或支链的具有 1~4 个碳原子的烷基；y 是 1~3 的整数；z 是 1~3 的整数；x 是 2~6 的整数，且 a 是 0~2 的整数。

2. 权利要求 1 的组合物，其中 R^I 是甲基。

3. 权利要求 1 的组合物，其中 R^I 是 RVO。

4. 权利要求 3 的组合物，其中 R^I 选自乙氧基、丁氧基、异丙氧基和丙氧基。

5. 权利要求 1 的组合物，其中 R^{III} 是选自甲基、甲酰基。

6. 权利要求 5 的组合物，其中 a 是 0，x=3，y=1 且 z=1。

7. 按照权利要求 1 的组合物，选自下列化合物：

4-乙酰氧基-1-（2-三甲氧基甲硅烷基乙基）苯，

2-乙酰氧基-5-（3-三甲氧基甲硅烷基丙基）苯甲醚，

2-甲氧基-5-（3-三甲氧基甲硅烷基丙基）苯基甲酸酯，

4-乙酰氧基-1-（1-三乙酰氧基甲硅烷基丙基）苯，

（3-三乙氧基甲硅烷基丙基）苯基碳酸甲酯，

2-乙酰氧基-4,6-双-（3-三甲氧基甲硅烷基丙基）苯甲醚，

1-乙酰氧基-2,4,6-三（3-三甲氧基甲硅烷基丙基）苯，

1,2-二甲氧基-6-乙酰氧基-4-（3-三乙氧基甲硅烷基丙基）苯，

4-[3-（甲基二乙氧基甲硅烷基）丙基]苯基甲酸酯，和

4-[3-二甲基甲氧基甲硅烷基丙基]-2-甲氧基苯基甲酸酯。

8. 按照权利要求 1 的组合物，其中硅烷与无机基质键合。

9. 按照权利要求 1 的组合物，其中硅烷是乳化的。

10. 包括脱保护下式所示的硅烷产生苯酚硅烷的方法：

$(R^IC(=O)O)_yC_6R^{II}_{6-y-z}[C_xH_{2x}Si(OR^{III})_{3-a}(R^{IV})_a]_z$

其中 R^I 是 H、CH_3 或 R^VO；R^{II} 是 H 或 R^VO；R^{III} 是具有 1~6 个碳原子的烷基、苯基或酰基；R^{IV} 是氢、具有 1~6 个碳原子的烷基或苯基；R^V 是直链或支链的具有 1~4 个碳原子的烷基；y 是 1~3 的整数；z 是 1~3 的整数；x 是 2~6 的整数，且 a 是 0~2 的整数。

11. 权利要求 10 的方法，其中脱保护通过水解完成。

12. 权利要求 10 的方法，其中脱保护通过醇解完成。

13. 权利要求 10 的方法，其中存在催化剂。

14. 权利要求 10 的方法，其中存在酸且 pH 小于 3。

15. 权利要求 10 的方法，其中温度在 60℃~100℃ 之间。

16. 生产权利要求 1 的硅烷的方法，包括：

a. 酰化烯基苯酚形成苯酚中间体；

b. 硅氢化苯酚中间体生成烷氧基硅烷或氯硅烷。

17. 按照权利要求 16 的方法，其中用酰氯、酯或酸酐进行酰化。

18. 按照权利要求 17 的方法，其中苯酚中间体在烷氧基硅烷上硅氢化，制成的硅烷具有下式结构：

$$(R^IC(=O)O)_yC_6R^{II}_{6-y-z}[C_xH_{2x}Si(OR^{III})_{3-a}(R^{IV})_a]_z$$

其中 R^I 是 H、CH_3 或 R^VO；R^{II} 是 H 或 R^VO；R^{III} 是具有 1~6 个碳原子的烷基、苯基或酰基；R^{IV} 是氢、具有 1~6 个碳原子的烷基或苯基；R^V 是直链或支链的具有 1~4 个碳原子的烷基；y 是 1~3 的整数；z 是 1~3 的整数；x 是 2~6 的整数，且 a 是 0~2 的整数。

19. 按照权利要求 18 的方法，其中苯酚中间体是二链烯基或三链烯基苯酚。"

申请人克鲁普顿公司（下称请求人）对上述驳回决定不服，于 2004 年 11 月 18 日向专利复审委员会提出复审请求。复审请求人认为权利要求 1~19 具有创造性，理由为：对比文件 1 公开了一种用作紫外掩蔽剂前体的苯甲酰基保护的苯酚硅烷，其通过辐射使苯酚硅烷脱保护，该对比文件中没有教导或暗示权利要求 1 的技术方案，因此本发明权利要求 1 的技术方案是非显而易见的，满足专利法第 22 条第 3 款有关创造性的规定；在权利要求 1 具有创造性的情况下，权利要求 2~19 也满足专利法第 22 条第 3 款有关创造性的规定。

形式审查合格后，专利复审委员会受理了该复审请求，并于 2004 年 12 月 14 日向请求人发出《复审请求受理通知书》，随后将本申请移交原审查部门进行前置审查。

原审查部门对本复审请求进行了前置审查，坚持原驳回决定。

2007 年 3 月 30 日，请求人由克鲁普顿公司变更为通用电气公司。

专利复审委员会组成合议组，对本案的复审请求进行了审理。合议组于 2007 年 4 月 9 日向请求人发出复审通知书，指出：

（1）权利要求 1 所要求保护的含有酰基或碳酸酯保护的苯酚硅烷的组合物与对比文件 1（US4328346A）中公开的苯甲酰基保护的苯酚硅烷相比，区别仅在于保护基不同，根据本领域的公知常识和说明书中公开的内容可知，该区别技术特征实际要解决的技术问题是使脱保护后产生的副产物易于除去。然而，甲酰基、乙酰基或 1~4 个碳原子的烷基碳酸属于本领域公知的酚羟基保护基（参见 E. Haslam "Protection of Phenols and Catechols" in J. F. W McOmie "Protective groups in Organic Chemistry", Plenum Press N. Y. 1973, 第 146 页），其脱保护后产生的副产物易于挥发也是本领域的公知常识，即现有技术中存在应用上述保护基以使脱保护后产生的副产物易于除去的技术启示，由此可见，本领域技术人员在对比文件 1 的基础上结合上述公知常识获得权利要求 1 的技术方案是显而易见的，而根据说明书的记载，权利要求 1 所述的组合物也没有产生任何意想不到的技术效果，因此，权利要求 1 不具备创造性，不符合专利法第 22 条第 3 款的规定；基于类似的理由，权利要求 2~9 也不具备创造性，不符合专利法第 22 条第 3 款的规定。

（2）权利要求 10~15 和权利要求 16~19 分别要求保护脱保护权利要求 1 所述硅烷产生苯酚硅烷以及制备权利要求 1 所述硅烷的方法，其对于现有技术的贡献均在于权利要求 1 的硅烷，因此，在权利要求 1 不具备创造性的情况下，权利要求 10~19 也不具备创造性，不符合专利法第 22 条第 3 款的规定。

请求人于 2007 年 7 月 24 日提交了意见陈述书，认为：对比文件 1 与本发明的目的不同，其所涉及的是防紫外线剂前体，并没有公开或暗示任何保护基团的挥发性问题，相反，对比文件 1 的教导（摘要、第 1 栏第 29~37 行）会使本领域技术人员不愿意使用挥发性基团，因此，对比文件 1 并不能启发本领域技术人员使用形成挥发性副产物的保护基团，本领域技术人员也不会想到去改变对比文件 1 的基团。

在上述程序的基础上，合议组认为本案事实已经清楚，可以作出审查决定。

二、决定的理由

1. 审查文本的认定

本决定依据的文本为申请人于 2004 年 6 月 17 日提交的权利要求 1~19、说明书第 1 页，于 2002

年1月29日进入中国国家阶段时提交的国际申请文件译文的说明书第2~9页及说明书摘要。

2. 关于专利法第22条第3款

根据专利法第22条第3款的规定，发明的创造性是指同申请日以前已有的技术相比，该发明具有突出的实质性特点和显著的进步。

在创造性判断过程中，当所要求保护的发明与最接近现有技术的区别特征为公知常识时，通常认为现有技术中存在将上述区别特征应用到最接近现有技术以解决其存在的技术问题的技术启示，发明是显而易见的，不具备突出的实质性特点。

本案中，权利要求1要求保护含有酰基或碳酸酯保护的苯酚硅烷的组合物，而对比文件1（US4328346A，公开日为1982年5月4日）中已经公开了一种含有苯甲酰基保护的苯酚硅烷的组合物，两者相比，都是通过保护苯酚硅烷上的酚羟基使苯酚硅烷稳定，区别仅在于保护基不同：权利要求1中采用的是甲酰基、乙酰基或1~4个碳原子的烷基碳酸，对比文件1中采用的是苯甲酰基。鉴于如说明书中所认可的，苯酚硅烷是本领域公知的偶联剂，因此，上述区别技术特征实际要解决的技术问题是使脱保护后产生的副产物易于除去以便所述组合物发挥苯酚硅烷的偶联剂作用。

然而，本领域技术人员公知甲酰基、乙酰基或1~4个碳原子的烷基碳酸均属于本领域常用的酚羟基保护基（参见 E. Haslam "Protection of Phenols and Catecohls" in J. F. W McOmie "Protective groups in Organic Chemistry", Plenum Press N. Y. 1973，第146页），其脱保护后产生的副产物易于挥发是本领域的公知常识，即现有技术中存在应用上述保护基以使脱保护后产生的副产物易于除去的技术启示，因此，虽然对比文件1中并未公开酰基或碳酸酯保护的苯酚硅烷，但是本领域技术人员在对比文件1的基础上结合上述公知常识获得权利要求1的技术方案是显而易见的，而根据说明书的记载，权利要求1所述的组合物也没有产生任何意想不到的技术效果，因此，权利要求1不具备突出的实质性特点。

请求人认为对比文件1与本发明的目的不同，其所涉及的是防紫外线剂前体，因此本领域技术人员不会想到去改变对比文件1的基团。对此，合议组认为：虽然对比文件1中仅提及苯甲酰基保护的苯酚硅烷作为防紫外线剂前体的应用，但是其中的苯酚硅烷是本领域熟知的偶联剂，本领域技术人员在面对苯酚硅烷不稳定并且需要使被保护的苯酚硅烷脱保护后产生的副产物易于除去的技术问题时，容易想到改变保护基以使所述化合物发挥苯酚硅烷的偶联剂作用。

请求人还认为对比文件1中并没有公开或暗示任何保护基团的挥发性问题，相反，对比文件1的教导会使本领域技术人员不愿意使用挥发性基团。对此，合议组认为：（1）虽然对比文件1中没有公开或暗示采用挥发性基团，但是采用副产物易于挥发的酚羟基保护基可使副产物易于除去进而减少副产物对偶联剂的影响是本领域的公知常识，根据该技术启示，本领域技术人员在面对使具有酚羟基保护基的苯酚硅烷能够发挥苯酚硅烷的偶联剂作用这一技术问题时，有动机采用副产物易于挥发的酚羟基保护基以避免副产物对苯酚硅烷偶联剂作用的影响；（2）对比文件1摘要及第1栏第29~37行所记载的内容暗示本领域技术人员在用作防紫外线剂前体的被保护的苯酚硅烷中不应使用挥发性的酚羟基保护基，以防止挥发性副产品的逸出会降低其防紫外线剂的能力，但该部分内容并不涉及用于其他用途的被保护的苯酚硅烷中酚羟基保护基的选择，因此不会妨碍本领域技术人员在用作偶联剂的被保护的苯酚硅烷中采用副产物易于挥发的酚羟基保护基。

综上所述，权利要求1不符合专利法第22条第3款的规定。基于类似的理由，权利要求2~9也不具备创造性，不符合专利法第22条第3款的规定。

权利要求10~15和权利要求16~19分别要求保护脱保护权利要求1所述硅烷产生苯酚硅烷以及制备权利要求1所述硅烷的方法，其对于现有技术的贡献均在于权利要求1的硅烷，因此，在权利要求1不具备创造性的情况下,权利要求10~19也不具备创造性,不符合专利法第22条第3款的规定。

根据以上事实和理由,本案合议组作出如下审查决定。

三、决定

维持国家知识产权局于2004年8月6日对00810973.7号发明专利申请作出的驳回决定。

复审请求人对本决定不服的,可以根据专利法第41条第2款的规定,自收到本决定之日起三个月内向北京市第一中级人民法院起诉。

20S 蛋白酶体 α-酮酰胺抑制剂

复审请求审查决定（第 12341 号）

决 定 号	第 12341 号
决 定 日	2007 年 12 月 24 日
发明创造名称	20S 蛋白酶体 α-酮酰胺抑制剂
国际分类号	C07K 5/03，C07K 5/027，C07K 5/023，C07K 5/062，C07K 5/083，A61K 38/04
复审请求人	CV 治疗公司
申 请 号	99802421.X
申 请 日	1999 年 1 月 19 日
优 先 权 日	1998 年 1 月 26 日
公 开 日	2001 年 3 月 28 日
合议组组长	马文霞
主 审 员	李彦涛
参 审 员	孙跃飞
法 律 依 据	专利法第 26 条第 4 款

决 定 要 点

如果权利要求的概括包含申请人推测的内容，而公开的效果数据又难以使本领域的技术人员确信要求保护的技术方案能解决本申请的技术问题，则这种概括超出了申请原始公开的范围。只有当本领域的技术人员能够从说明书中公开的内容直接得到或者概括得出一项权利要求所要求保护的技术方案时，记载该技术方案的权利要求才真正得到说明书的支持。

一、案由

本复审请求案涉及发明名称为"20S 蛋白酶体 α-酮酰胺抑制剂"的第 99802421.X 号发明专利申请（下称本申请），申请人为 CV 治疗公司，申请日为 1999 年 1 月 19 日，优先权日为 1998 年 1 月 26 日，公开日为 2001 年 3 月 28 日。

2004 年 3 月 12 日，针对申请人于 2004 年 2 月 2 日提交的权利要求书、进入中国国家阶段时提交的说明书第 1~3、5~9、11~44 页，2000 年 7 月 26 日提交的第 4、10 页，进入中国国家阶段时提交的摘要，国家知识产权局以权利要求 1~10 得不到说明书支持，不符合专利法第 26 条第 4 款的规定为由驳回了本申请。

驳回决定认为：权利要求 1 中的 R_2、R_3 包含"芳基"、"任意地取代"烷基的"杂环基"、"芳基"、"取代的芳基"、"氨基"、"酰氨基"、"羧基"等，这些基团仍旧直接间接地包含大量性质差异大、大小未加限制的基团。这导致其包含了大量的化合物，而它们之间差异很大，无法通过本申请说明书的描述及实施例所能概括，故权利要求1得不到说明书的支持；权利要求2~8中的 R_2 和/或 R_3 仍包括了大量的性质差异很大、大小未加限制的基团，也均得不到说明书的支持；本申请的多肽衍生物通过抑制在多种炎症和传染性疾病中观察到的NF-kB而有治疗效果，无法表明能治疗癌症，说明书也没有表明可以抗癌的效果，故权利要求9、10也得不到说明书的支持。

驳回决定针对的权利要求如下：

"1. 一种具有下列结构式的化合物，

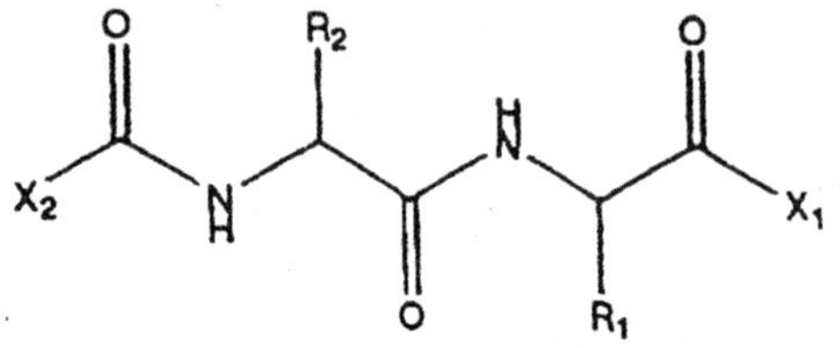

其中：

X_2 为 $Ar-X_3$，这里 X_3 为 $-C=O$ 或 $-CH_2CO-$，Ar为苯基或吲哚-3-基；

R_1 选自β-Ala的侧链基团、Val的侧链基团、氢原子、1~10个碳原子的直链和支链烷基；

R_2 选自β-Ala的侧链基团、Val的侧链基团、氢原子、1~10个碳原子的直链和支链烷基、1~10个碳原子的直链和支链取代的烷基，其中烷基被下述基团任意地取代：羟基、羧基、环己基、杂环基、芳基或取代的芳基，其中芳基被羟基或苯基任意取代；

X_1 选自-OH 和

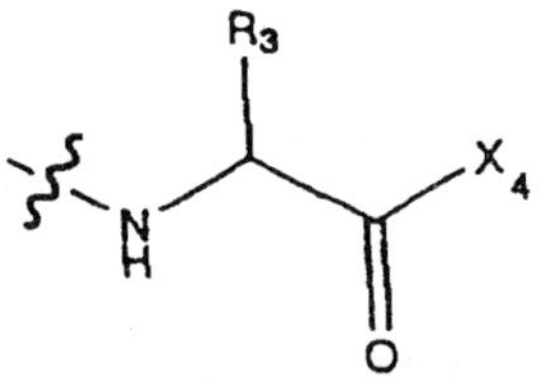

其中 X_4 为羟基；以及

R_3 选自β-Ala的侧链、氢原子、1~10个碳原子的直链和支链烷基、1~10个碳原子的直链和支链取代的烷基、和芳基，其中烷基被下述基团任意地取代：羟基、氨基、酰氨基、羧基、杂环基、芳基或取代的芳基，其中芳基被羟基或苯基任意取代。

2. 根据权利要求1的化合物，其中 R_1 选自1~10个碳原子的支链烷基；

3. 根据权利要求1的化合物，其中 X_3 为 $-CH_2CO-$，R_1 为异丁基。

4. 根据权利要求1的化合物，其中Ar是吲哚-3-基，R_1 为异丁基，R_3 是羧基取代的烷基。

5. 根据权利要求1的化合物，其中Ar是苯基，R_2 为苯基取代的芳基，R_1 为异丁基，R_3 是羧基取代的烷基。

6. 根据权利要求1的化合物，其中Ar是吲哚-3-基，X_3 为 $-CH_2CO-$，R_1 为异丁基，R_3 是羧基取代的烷基。

7. 一种权利要求1的化合物的阳离子盐。

8. 一种权利要求1的化合物的酸性盐。

9. 一种权利要求1的化合物在制备能抑制哺乳动物体内癌的药物中的应用。

10. 根据权利要求9的应用，其中药物的有效治疗剂量范围为每kg哺乳动物体重0.001~100mg。

11. 根据权利要求1的化合物在制备用于治疗哺乳动物自身免疫紊乱疾病的药物中的应用，其中该自身免疫紊乱疾病选自狼疮、多发性硬化症、成人呼吸衰竭综合症和关节炎。

12. 根据权利要求 11 所述的应用，其中所述的紊乱疾病是风湿性关节炎。

13. 根据权利要求 9 或 11 所述的方法，其中所述的哺乳动物是人。

14. 一种包括权利要求 1 和一种或多种药物赋形剂的药物组合物。

15. 根据权利要求 14 所述的药物组合物，其中药物组合物的剂型是溶液形式。

16. 权利要求 14 的药物组合物，其中药物组合物的剂型是片剂。"

2004 年 6 月 23 日，申请人 CV 治疗公司（下称请求人）对上述驳回决定不服，向专利复审委员会提出复审请求，请求人在提出复审请求时对权利要求书进行了修改，其中对各基团的定义重新进行了限定，并删除了权利要求 7~8、11~13。修改后的权利要求书为：

"1. 一种具有下列结构式的化合物，

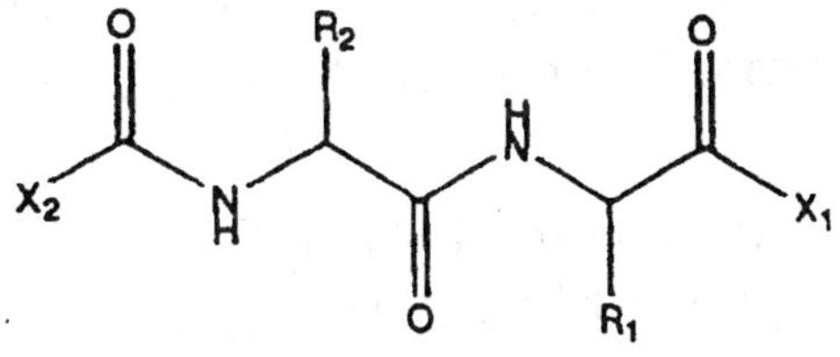

其中：

X_2 为 $Ar-X_3$，这里 X_3 为 $-C=O$ 或 $-CH_2CO-$，Ar 为苯基、吲哚-3-基；

R_1 选自 β-Ala 的侧链基团、Val 的侧链基团、氢原子、1~4 个碳原子的直链和支链烷基；以及苯基取代的 1~4 个碳原子的直链和支链烷基；

R_2 选自 β-Ala 的侧链基团、Val 的侧链基团、氢原子、1~4 个碳原子的直链和支链烷基、以及 1~4 个碳原子的直链和支链取代的烷基，其中烷基被下述基团任意地取代：羟基、羧基、环己基、吡啶-3-基、萘-2-基、苯基或取代的苯基，其中苯基被羟基或苯基任意取代；

X_1 选自羟基和

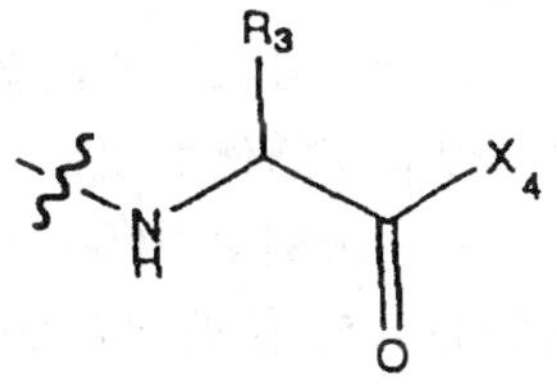

其中 X_4 为羟基；以及

R_3 选自 β-Ala 的侧链、氢原子、1~4 个碳原子的直链和支链烷基、1~4 个碳原子的直链和支链取代的烷基，和苯基，其中烷基被下述基团任意地取代：羟基、氨基、酰氨基、羧基、1-H-咪唑-4-基、吡啶-3-基、胍基、噻唑-4-基、苯基或取代的苯基，其中苯基被羟基或苯基任意取代。

2. 根据权利要求 1 的化合物，其中 R_1 选自 1~4 个碳原子的支链烷基，以及 1~4 个碳原子的直链取代的烷基。

3. 根据权利要求 1 的化合物，其中 X_3 为 $-CH_2CO-$，R_1 为异丁基。

4. 根据权利要求 1 的化合物，其中 Ar 是吲哚-3-基，R_1 为异丁基，R_3 是羧基取代的烷基。

5. 根据权利要求 1 的化合物，其中 Ar 是苯基，R_2 为苯基取代的苯基，R_1 为异丁基，R_3 是羧基取代的烷基。

6. 根据权利要求 1 的化合物，其中 Ar 是吲哚-3-基，X3 为 $-CH_2CO-$，R_1 为异丁基，R_3 是羧基取代的烷基。

7. 一种抑制哺乳动物 20S 蛋白酶体活性的药物组合物，该药物组合物包含治疗有效量的权利要求1所述的化合物。

8. 根据权利要求7所述的药物组合物,其中治疗有效量的范围是每kg哺乳动物体重0.001～100mg的化合物。

9. 一种包括权利要求1所述的化合物和一种或多种药物赋形剂的药物组合物。

10. 根据权利要求9所述的药物组合物,其中药物组合物的剂型是溶液形式。

11. 权利要求9的药物组合物,其中药物组合物的剂型是片剂。"

请求人认为:修改后的权利要求可以得到说明书中表I的支持,并且对原权利要求9作了修改克服了抗癌用途得不到说明书支持的问题。

经形式审查合格后,专利复审委员会受理了该请求,并于2004年8月6日向请求人发出了《复审请求受理通知书》,同时将本申请转送至国家知识产权局原审查部门进行前置审查。

在《前置审查意见书》中,国家知识产权局原审查部门认为修改后的权利要求书仍不能得到说明书的支持,因此坚持驳回决定。

专利复审委员会组成合议组,对本复审请求案进行了审理。

2005年3月9日,合议组向请求人发出《复审通知书》,指出:说明书中仅化合物176完整地公开了制备、鉴定、效果实验数据,其他化合物只有效果数据没有制备方法和鉴定数据,因此,本领域技术人员在不进行创造性劳动的情况下难以实施其他化合物的制备;权利要求1涉及的化合物的各基团虽然都能在表I中找到,但其任意组合后种类繁多,并且由于化合物总体较小,性质各异的取代基使得各化合物之间的结构、性质迥然不同,本领域技术人员难以预测这种任意组合得到的化合物能够被制备,及其具有抑制20S蛋白酶体的活性,其包含了推测的内容;即使能证明除176号化合物外均能制备,也难以预见IC50>10ug/ml的化合物能解决本发明的技术问题,具有抑制20S蛋白酶体的活性。权利要求1不符合专利法第26条第4款规定。

针对上述《复审通知书》,请求人于2005年4月22日提交了意见陈述书,其中将权利要求1的内容补充入说明书第6页第4行中,提交了第6页的修改替换页6~1和6~2,请求人认为:本发明的化合物可通过常规的化学方法制备;结合实施例1和2以及实施例1列出的文献,本领域技术人员将很容易制备出权利要求1的各化合物;实施例4中做了207个化合物抑制20S蛋白酶体的实验,这足以支持权利要求1的化合物;具有较高IC50值的化合物会具有除了药效以外的其他特性,如半衰期长、溶解性好、易于制成制剂、更高的安全性。

至此,合议组认为本案事实清楚,可以作出审查决定。

二、决定的理由

1. 关于文本

本复审请求审查决定针对的文本是:2004年6月23日提交的权利要求书、进入中国国家阶段时提交的说明书第1～3、5、7～9、11～44页,2004年2月2日提交的第4、10页,2005年4月22日提交的第6~1、6~2页,进入中国国家阶段时提交的摘要。

2. 关于专利法第26条第4款

专利法第26条第4款规定:"权利要求书应当以说明书为依据,说明要求专利保护的范围"。

如果权利要求的概括包含申请人推测的内容,而公开的效果数据又难以使本领域的技术人员确信要求保护的技术方案能解决本申请的技术问题,则这种概括超出了申请原始公开的范围。只有当本领域的技术人员能够从说明书中公开的内容直接得到或者概括得出一项权利要求所要求保护的技术方案时,记载该技术方案的权利要求才真正得到说明书的支持。

权利要求1请求保护一种化合物,其结构如下图该化合物具有四个可选择基团 R_1、R_2、X_1 和 X_2，其中 R_1 选自 β-Ala 的侧链基团、Val 的侧链基团、氢原子、1~4 个碳原子的直链和支链烷基；以及苯基取代的 1~4 个碳原子的直链和支链烷基；R_2 选自 β-Ala 的侧链基团、Val 的侧链基团、氢原子、1~4 个碳原子的直链和支链烷基，以及 1~4 个碳原子的直链和支链取代的烷基，其中烷基被下述基团任意地取代：羟基、羧基、环己基、吡啶-3-基、萘-2-基、苯基或取代的苯基，其中苯基被羟基或苯基任意地取代；X_1 选自羟基和

其中 X_4 为羟基；以及

R_3 选自 β-Ala 的侧链、氢原子、1~4 个碳原子的直链和支链烷基、1~4 个碳原子的直链和支链取代的烷基、和苯基，其中烷基被下述基团任意地取代：羟基、氨基、酰氨基、羧基、1-H-咪唑-4-基、吡啶-3-基、胍基、噻唑-4-基、苯基或取代的苯基，其中苯基被羟基或苯基任意取代。

考察说明书的内容，实施例 1 公开了采用固相肽合成方法，以胺的 Kaiser 检测监控肽的偶合和脱保护，按序偶合三个氨基酸，并将所得氨基酸残基偶合到酮酸上，从而制备抑制 20S 酶蛋白体的化合物；实施例 2 和 3 具体地公开了化合物（3`-吲哚基丙酮酸）-N-联苯丙胺酸-D-Leu-Asp-OH 的两种制备方法，并列出了该化合物的 1H NMR 数据；实施例 4 示出了表 1 所列化合物 1~207 抑制 20S 蛋白酶体的胰凝乳蛋白酶活度的 IC50 值；实施例 5 和 6 列出了另外两种检测化合物活度的方法。也就是说，说明书中只有编号为 176 的化合物完整地具有化合物的制备、鉴定、效果试验数据，对于其他化合物只有效果试验数据，没有制备方法和化合物的鉴定数据。因此，本领域的技术人员在不付出创造性劳动的情况下难以实施除 176 以外的化合物的制备。

另外，对于权利要求 1 请求保护的化合物，虽然这些基团的所述定义单独能在说明书的表 1 中找到依据，但这些基团的任意组合，以及对于同一基团，其取代基的位置、数量和所述任何不同取代基的任意组合导致的化合物的种类诸多，由于化合物主结构骨架较小，因此，性质各异的取代基使得各化合物之间的结构、性质可能迥然不同。本领域的普通技术人员根据说明书的描述难以预测到这种任意组合得到的化合物能够被制备，且具有抑制 20S 蛋白酶体的活性，因此这种概括包含了请求人推测的内容。虽然请求人在答复复审通知书中认为所述的肽的制备方法是有机化学中的常规方法，本领域技术人员容易制备，但是，权利要求 1 中各化合物的结构差异较大，其能否采用该通用方法制备以及是否具有所述作用都尚需实验的检验，而说明书却缺少相应的记载。

最后，本领域技术人员在阅读了本申请说明书后也无法预见那些权利要求 1 保护范围内 IC50 值> 10μg/ml 的化合物是否具有抑制 20S 蛋白酶体的活性，能解决本发明的技术问题。请求人认为"具有较高 IC50 值的化合物"会具有一些除了药效以外的其他特性，例如半衰期长、溶解性更好，容易制成制剂，更高的安全性等特性。但是，这些特性既未在原申请文件提及，也未提供实验数据予以证实，明显属于请求人的推测。

综上所述，权利要求 1 的范围概括不当，得不到说明书的支持，不符合专利法第 26 条第 4 款的

规定。

根据上述事实和理由，合议组作出如下审查决定。

三、决定

维持国家知识产权局于2004年3月12日针对99802421.X号发明专利申请作出的驳回决定。

复审请求人对本决定不服的，可以根据专利法第41条第2款的规定，自收到本决定之日起三个月内向北京市第一中级人民法院起诉。

液体分散聚合物组合物，其制备方法及其应用

复审请求审查决定（第12353号）

决 定 号	第12353号
决 定 日	2007年12月21日
发明创造名称	液体分散聚合物组合物，其制备方法及其应用
国际分类号	A61K 7/00，A61K 7/48
复审请求人	西巴特殊化学品控股有限公司
申 请 号	00805872.5
优 先 权 日	1999年4月7日
申 请 日	2000年3月30日
公 开 日	2002年4月24日
合议组组长	何 炜
主 审 员	许 磊
参 审 员	郭 婷

法 律 依 据 专利法第22条第3款

决 定 要 点

在判断一项发明专利权利要求的创造性时，应当将权利要求所要保护的技术方案与最接近的现有技术相对比，找出其区别技术特征，如果现有技术整体上没有给出将该区别技术特征应用于该最接近的现有技术以解决该发明所要解决的技术问题的启示，则该权利要求的技术方案是非显而易见的，具有突出的实质性特点；同时，如果该权利要求所要保护的技术方案具有有益的技术效果，则其也具有显著的进步。

一、案由

本复审请求涉及申请日为2000年3月30日、公开日为2002年4月24日、名称为"液体分散聚合物组合物，其制备方法及其应用"的第00805872.5号发明专利申请（下称本申请），本申请的申请人为西巴特殊化学品控股有限公司，其优先权日为1999年4月7日。

针对本申请进入中国国家阶段时提交的说明书第1～15页、说明书摘要和2004年4月23日提交的权利要求1～20，国家知识产权局于2004年12月10日以权利要求1～20不符合专利法第22条第3款为由驳回了本申请，驳回决定所针对的权利要求书如下：

"1. 一种液体分散聚合物组合物，该组合物含有：

a) 40wt%～60wt%的聚合物，其中该水可溶胀聚合物是阴离子的或阳离子的，而且是该聚合物

是平均粒度为0.1~2μm的微颗粒形式，且该聚合物分散在；

b) 25wt%~45wt%的甘油二酸酯油或甘油三酸酯油，以及

c) 8wt%~20wt%的表面活性剂或表面活性剂混合物，

每个含量都是以组合物总重量为基础计的。

2. 如权利要求1的液体分散聚合物组合物，该组合物含有：

a) 45wt%~58wt%的水可溶胀的聚合物，其中该聚合物是阴离子的或阳离子的，而且是水可溶胀的；

b) 30wt%~40wt%的甘油二酸酯油或甘油三酸酯油；以及

c) 10wt%~18wt%的表面活性剂的混合物，

每个含量都是以组合物总重量为基础计的。

3. 如权利要求1的液体分散聚合物组合物，该组合物含有：

a) 45wt%~58wt%的水可溶胀的聚合物，其中该聚合物是阴离子的，且65%~85%的酸基是呈其钠盐的形式；

b) 32wt%~38wt%的甘油三酸酯油，以及

c) 12wt%~18wt%的表面活性剂的混合物，

每个含量都是以组合物总重量为基础计的。

4. 如权利要求1的液体分散聚合物组合物，其中的亲水聚合物是阳离子的，而且经充分交联以溶胀但不溶解于水。

5. 如权利要求1的液体分散聚合物组合物，其中的聚合物是阴离子的，而且经充分交联以溶胀但不溶解于水。

6. 如权利要求3的液体分散聚合物组合物，其中的阴离子聚合物是用500~2000ppm的水溶性交联剂交联的聚丙烯酸。

7. 如权利要求6的液体分散聚合物组合物，其中的水溶性交联剂是亚甲基双丙烯酰胺。

8. 如权利要求1的液体分散聚合物组合物，其中的亲水聚合物是由一种或多种丙烯酸酯和/或甲基丙烯酸酯单体在含有至少一种甘油二酸酯油或甘油三酸酯油的疏水液相中经反相乳液聚合来制备的。

9. 如权利要求1的液体分散聚合物组合物，其中的甘油二酸酯油或甘油三酸酯油是化妆和/或药物上可以接受的天然源或合成源的油。

10. 如权利要求1的液体分散聚合物组合物，其中的甘油二酸酯油或甘油三酸酯油选自：鱼肝油、鸸鹋油、棕榈油、棕榈仁油、椰子油、蓖麻油、橄榄油、花生油、红花油、葵花子油、菜籽油、低芥酸菜籽油、玉米油、大豆油、霍霍巴油、澳洲坚果油、鳄梨油、米糠油、月见草油、樱如油。

11. 如权利要求10的液体分散聚合物组合物，其中的油是大豆油。

12. 一种增稠的水性或含水组合物，该组合物含有

a) 0.1wt%~8wt%的权利要求1的液体分散聚合物组合物；

b) 0.1wt%~50wt%的附加成分，以及

c) 45wt%~99wt%的水和水可混溶的有机溶剂的混合物。

13. 如权利要求12的增稠的水性或含水组合物，该组合物呈洗剂、乳油、软膏、凝胶或油膏的形式。

14. 如权利要求12的增稠的水性或含水组合物，其中的附加成分b) 是化妆或药物赋形剂和/或活性成分。

15. 如权利要求 14 的增稠的水性或含水组合物，其中的附加成分 b) 是化妆赋形剂和/或活性成分，选自灭菌剂、乙酰化羊毛脂醇、尿囊素、库拉索芦荟、乙酰胺单乙醇胺、丙酸肉豆蔻酯、聚二甲基硅氧烷共聚醇、二甲基聚硅氧烷、润湿剂、护肤膏、润肤剂、α-羟基酸、头发调理剂、香精组分、染发剂和漂白剂、紫外线防晒剂、"无日光"鞣剂、增白剂、驱虫剂、精油、维生素和防腐剂，或者是药物赋形剂和/或活性成分，选自治疗瘙痒、刺痛、结垢、皮肤炎症或感染、烧伤和头皮脱发等的物质。

16. 治疗用洗剂、乳油、软膏、凝胶或油膏的制备方法，该方法包括将 0.1wt％～8wt％的权利要求 1 的液体分散聚合物混入含有 0.1wt％～50wt％的至少一种治疗剂和/或赋形剂的含水或含水/有机组合物中。

17. 制备权利要求 1 的液体分散聚合物组合物的方法，该方法包括在含有至少一种甘油二酸酯油或甘油三酸酯油的疏水液体相中进行亲水单体的反相乳液聚合。

18. 如权利要求 17 的方法，该方法包括：

a) 在大约 1～3 重量份的疏水液体中加入 1 重量份（干重）的亲水性烯键式不饱和单体，任选地包括螯合剂和交联的二烯键式不饱和单体，该疏水液体含有液体疏水的甘油二酸酯或甘油三酸酯，以及任选地含有挥发性惰性疏水溶剂，并含有至少一种 HLB 值低于 9.0 的油包水型乳化剂，以及任选地含有聚合稳定剂表面活性剂，同时伴随着强力搅拌，使得形成基本稳定的细颗粒大小的乳液；

b) 提供一个惰性气氛；

c) 加入自由基引发剂；

d) 保持适当的温度和搅拌条件，直到单体基本上完全转化为聚合物；

e) 在减压下从反相乳液中除去水和任选的挥发性溶剂，使得产生基本无水的大小小于 2μm 的聚合物颗粒分散在甘油二酸酯或甘油三酸酯中的稳定分散体，以及

f) 向聚合物颗粒在甘油二酸酯或甘油三酸酯中的分散体里加入以组合物重量计的 0.5wt％～8wt％的其 HLB 值大于 10 的非离子型水包油型乳化剂。

19. 如权利要求 18 的方法，其中亲水性烯键式不饱和单体是丙烯酸，而且 65％～85％的酸基呈其钠盐的形式，交联二烯键式不饱和单体是亚甲基双丙烯酰胺，液体疏水甘油二酸酯或甘油三酸酯是大豆油，并且存在聚合稳定剂表面活性剂。

20. 如权利要求 19 的方法，其中聚合稳定剂表面活性剂是聚-12-羟基硬脂酸、甲基丙烯酸甘油酯和甲基丙烯酸的反应产物。"

驳回决定认为：对比文件 1（WO 9535089A1，公开日为 1995 年 12 月 28 日）公开了一种用作增稠剂的油包水乳液（即本申请权利要求 1 中的液体分散聚合物组合物），包含 10％～60％的油相、10％～30％共聚物和 5％～20％的表面活性剂（见对比文件 1 说明书第 6 页第 31 行至第 35 行）；形成增稠剂的反相乳液的油相包括挥发油和不挥发油，挥发油和不挥发油的比例为 90/10 至 10/90，优选 30/70 至 70/30，所说的不挥发油可以是植物来源的甘油三酸酯（如植物油）；表面活性剂的 HLB 值大于等于 8，优选大于等于 10（见对比文件 1 说明书第 4 页第 12 行至第 6 页第 10 行）。对比文件 1 的方案与权利要求 1 的区别在于权利要求 1 中聚合物在组合物中的含量不同，还限定了乳液中聚合物的粒度。但聚合物的含量是反相乳液中聚合物的常规含量；所述粒度是反相乳液粒子的常规尺寸（参见《现代化工》1996 年第 4 期第 21 页右栏第 4 段），而且这些技术特征的改变并未带来意想不到的技术效果，所以权利要求 1 不符合专利法第 22 条第 3 款的规定。对比文件 1 除披露了所说油包水乳液增稠剂的各组成及其含量外，还披露了：由单丙烯酰胺、单丙烯酸钠，用 N，N-亚甲基双丙烯酰胺作交联剂，经反相乳液聚合方法聚合成共聚物（见对比文件 1 说明书实施例 1），权利要求 2、3

与对比文件1的区别在于聚合物在组合物中的含量略有不同，但这也是反相乳液中聚合物的常规含量，权利要求10、11中的大豆油、花生油等是常用的植物油，而且这些附加技术特征的改变也没有给所要保护的方案带来任何意想不到的技术效果，因此权利要求2~11不具备创造性。对比文件1还公开了一种局部使用的水包油乳液，其包含超过2%的增稠剂，10%的primol 352，加水至100%，该乳液是乳剂或霜膏（见对比文件1实施例4），因此，在其中起增稠作用的液体分散体聚合物相对于对比文件1不具备创造性的情况下，权利要求12也不具备创造性。权利要求13~15的附加技术特征也被对比文件1所公开（见对比文件1说明书第7页第1行至第28行），因此，这些权利要求也不符合专利法第22条第3款的规定。权利要求16请求保护洗剂等制备方法，其所制备的产品相对于权利要求1而言不具备专利法规定的创造性，其制备方法也是常规方法，因此权利要求16也不具备创造性。权利要求17请求保护液体分散聚合物组合物的制备方法，其中所述组合物相对于对比文件1不具备创造性，对比文件1还披露了用反相乳液聚合法来制备所述组合物的类似方法，指出其中所述的不挥发性油可以是植物来源的甘油三酸酯（如植物油）（见对比文件1说明书第4页第12行至第5页第9行），在此基础上得到权利要求17的方案不需要花费创造性劳动，权利要求17也不具备创造性。权利要求18~20是权利要求17的从属权利要求，其附加技术特征都是反相乳液聚合物法中的常规步骤（参见《安徽化工》1998年第5期第18页1.1合成），且这些技术特征的改变并未带来意想不到的技术效果，所以权利要求18~20也不具备创造性。

申请人西巴特殊化学品控股有限公司（下称请求人）对上述驳回决定不服，于2005年3月24日向专利复审委员会提出复审请求。请求人在提出复审请求的同时提交了新修改的权利要求书全文替换页，表示将原权利要求17作为现权利要求1，其中引入权利要求18的内容，并根据说明书第9页第6~11行将"任选含有聚合稳定剂表面活性剂"修改为"含有两亲聚合稳定剂表面活性剂"，删除了原权利要求8和18，将原权利要求19修改为新的权利要求2并删除了"存在聚合稳定剂表面活性剂"，将原权利要求1修改为权利要求4，引入"其中所述聚合物通过权利要求1~3任一项的方法所获得"，修改后的权利要求如下：

"1. 一种制备液体分散聚合物组合物的方法，该组合物含有：

a) 40wt%~60wt%的聚合物，其中该聚合物是阴离子的或阳离子的、水可溶胀的，而且是该聚合物是平均粒度为0.1~2μm的微颗粒形式，且该聚合物分散在；

b) 25wt%~45wt%的甘油二酸酯油或甘油三酸酯油，以及

c) 8wt%~20wt%的表面活性剂或表面活性剂混合物，

每个含量都是以组合物总重量为基础计的；

该方法包括在含有至少一种甘油二酸酯油或甘油三酸酯油的疏水液体相中进行亲水单体的反相乳液聚合，该方法包括：

a) 在大约1~3重量份的疏水液体中加入1重量份（干重）的亲水性烯键式不饱和单体，任选地包括螯合剂和交联的二烯键式不饱和单体，该疏水液体含有液体疏水的甘油二酸酯或甘油三酸酯，以及任选地含有挥发性惰性疏水溶剂，并含有至少一种HLB值低于9.0的油包水型乳化剂，以及含有聚合稳定剂两亲表面活性剂，同时伴随着强力搅拌，使得形成基本稳定的细颗粒大小的乳液；

b) 提供一个惰性气氛；

c) 加入自由基引发剂；

d) 保持适当的温度和搅拌条件，直到单体基本上完全转化为聚合物；

e) 在减压下从反相乳液中除去水和任选的挥发性溶剂，使得产生基本无水的大小小于2μm的聚合物颗粒分散在甘油二酸酯或甘油三酸酯中的稳定分散体，以及

f) 向聚合物颗粒在甘油二酸酯或甘油三酸酯中的分散体里加入以组合物重量计的0.5wt%~8wt%的其HLB值大于10的非离子型水包油型乳化剂。

2. 如权利要求1的方法，其中亲水性烯键式不饱和单体是丙烯酸，而且65%~85%的酸基呈其钠盐的形式，交联二烯键式不饱和单体是亚甲基双丙烯酰胺，液体疏水甘油二酸酯或甘油三酸酯是大豆油。

3. 如权利要求2的方法，其中聚合稳定剂表面活性剂是聚-12-羟基硬脂酸、甲基丙烯酸甘油酯和甲基丙烯酸的反应产物。

4. 一种液体分散聚合物组合物，该组合物含有：
a) 40wt%~60wt%的聚合物，其中该聚合物是阴离子的或阳离子的、水可溶胀的，而且是该聚合物是平均粒度为0.1~2μm的微颗粒形式，且该聚合物分散在；
b) 25wt%~45wt%的甘油二酸酯油或甘油三酸酯油，以及
c) 8wt%~20wt%的表面活性剂或表面活性剂混合物，
每个含量都是以组合物总重量为基础计的；
其中该组合物是按照权利要求1~3任一项的方法获得的。

5. 如权利要求4的液体分散聚合物组合物，该组合物含有：
a) 45wt%~58wt%的水可溶胀的聚合物，其中该聚合物是阴离子的或阳离子的，而且是水可溶胀的；
b) 30wt%~40wt%的甘油二酸酯或甘油三酸酯油，以及
c) 10wt%~18wt%的表面活性剂的混合物，
每个含量都是以组合物总重量为基础计的。

6. 如权利要求4的液体分散聚合物组合物，该组合物含有：
a) 45wt%~58wt%的水可溶胀的聚合物，其中该聚合物是阴离子的，且65%~85%的酸基是呈其钠盐的形式；
b) 32wt%~38wt%的甘油三酸酯油，以及
c) 12wt%~18wt%的表面活性剂的混合物，
每个含量都是以组合物总重量为基础计的。

7. 如权利要求4的液体分散聚合物组合物，其中的亲水聚合物是阳离子的，而且经充分交联以溶胀但不溶解于水。

8. 如权利要求4的液体分散聚合物组合物，其中的聚合物是阴离子的，而且经充分交联以溶胀但不溶解于水。

9. 如权利要求6的液体分散聚合物组合物，其中的阴离子聚合物是用500~2000ppm的水溶性交联剂交联的聚丙烯酸。

10. 如权利要求9的液体分散聚合物组合物，其中的水溶性交联剂是亚甲基双丙烯酰胺。

11. 如权利要求4的液体分散聚合物组合物，其中的甘油二酸酯油或甘油三酸酯油是化妆和/或药物上可以接受的天然源或合成源的油。

12. 如权利要求4的液体分散聚合物组合物，其中的甘油二酸酯油或甘油三酸酯油选自：鱼肝油、鸸鹋油、棕榈油、棕榈仁油、椰子油、蓖麻油、橄榄油、花生油、红花油、葵花子油、菜籽油、低芥酸菜籽油、玉米油、大豆油、霍霍巴油、澳洲坚果油、鳄梨油、米糠油、月见草油、榍如油。

13. 如权利要求12的液体分散聚合物组合物，其中的油是大豆油。

14. 一种增稠的水性或含水组合物，该组合物含有

a) 0.1wt%~8wt%的权利要求1的液体分散聚合物组合物；

b) 0.1wt%~50wt%的附加成分，以及

c) 45wt%~99wt%的水和水可混溶的有机溶剂的混合物。

15. 如权利要求14的增稠的水性或含水组合物，该组合物呈洗剂、乳油、软膏、凝胶或油膏的形式。

16. 如权利要求14的增稠的水性或含水组合物，其中的附加成分b) 是化妆或药物赋形剂和/或活性成分。

17. 如权利要求16的增稠的水性或含水组合物，其中的附加成分b) 是化妆赋形剂和/或活性成分，选自灭菌剂、乙酰化羊毛脂醇、尿囊素、库拉索芦荟、乙酰胺单乙醇胺、丙酸肉豆蔻酯、聚二甲基硅氧烷共聚醇、二甲基聚硅氧烷、润湿剂、护肤膏、润肤剂、α-羟基酸、头发调理剂、香精组分、染发剂和漂白剂、紫外线防晒剂、"无日光"鞣剂、增白剂、驱虫剂、精油、维生素和防腐剂，或者是药物赋形剂和/或活性成分，选自治疗瘙痒、刺痛、结垢、皮肤炎症或感染、烧伤和头皮脱发等的物质。

18. 治疗用洗剂、乳油、软膏、凝胶或油膏的制备方法，该方法包括将0.1wt%~8wt%的权利要求4的液体分散聚合物混入含有0.1wt%~50wt%的至少一种治疗剂和/或赋形剂的含水或含水/有机组合物中。"

请求人认为国家知识产权局驳回的理由不成立，具体理由为：首先，审查员在第一次审查意见通知书和驳回决定中所用的《现代化工》和《安徽化工》在第一次审查意见通知书表格中并没有被作为对比文件，从而造成申请人无法理解这两篇文章的作用以及审查意见的依据；其次，对比文件1公开的组合物中聚合物的含量为10~30%重量，而本申请组合物中的聚合物含量为40%~60%重量，而且本申请的组合物是在存在两亲聚合物稳定剂表面活性剂的情况下经蒸馏除去水之后进行反相乳液聚合获得的，具有更粘稠、不易沉降、比对比文件1的增稠剂更稳定的优点；对比文件1中没有有关增加聚合物含量和降低增稠剂中水含量来获得本申请组合物的教导，而且即使本领域技术人员考虑到蒸馏除水，也不会想到在两亲聚合物稳定剂表面活性剂的存在下进行蒸馏，而事实上表面活性剂的存在是很关键的（见本申请说明书第9页第3段），没有所述两亲性表面活性剂存在就无法获得本申请的组合物，所以本发明相对于对比文件1是非显而易见的，具备创造性。

形式审查合格后，专利复审委员会受理了该复审请求，并于2005年4月23日向请求人发出《复审请求受理通知书》，并将本申请案卷移交原审查部门进行前置审查。

原审查部门对本复审请求进行了前置审查，坚持原驳回决定，具体理由为：（1）修改后的权利要求1与对比文件1的区别在于聚合物在组合物中的含量不同，权利要求1中还限定了乳液中聚合物的粒度，制备方法的详细步骤和所用物质。但是这些步骤和所用物质都是反相乳液聚合法中的常规步骤和常用物质，聚合物的含量是反相乳液中聚合物的常规含量，所述粒度是反相乳液粒子的常规尺寸，并且这些技术特征的改变并未带来意想不到的技术效果。权利要求2和3进一步限定的聚合单体、甘油二酸酯或甘油三酸酯和聚合稳定剂表面活性剂都是常规的，并且这些技术特征的改变并未带来意想不到的效果，因此权利要求1~3相对于对比文件1和公知常识不符合专利法第22条第3款的规定，并且由所述方法获得的产品，即权利要求4的方案也不符合专利法第22条第3款的规定，权利要求5~13、18也不符合专利法第22条第3款的规定。（2）权利要求14中使用权利要求1的液体分散体聚合物组合物，但权利要求1是方法权利要求，因此权利要求14不清楚，不符合专利法实施细则第20条第1款的规定，同理，权利要求15~17也不符合专利法实施细则第20条第1款的规定。（3）申请人陈述"所述方法包括在两亲聚合物稳定剂表面活性剂的存在下经蒸馏除去水之后进行反

相乳液聚合",但权利要求和说明书中并无此步骤。"除水"是在步骤d)中的单体完全转化为聚合物之后进行的,申请人认为"表面活性剂的存在是关键……没有所述两亲表面活性剂存在就无法获得本申请的组合物",但该申请中没有任何实验证明其技术效果,且该申请说明书中没有任何实验证明该液体分散聚合物组合物有任何意想不到的增稠效果。因此,申请人陈述的意见也不能表明所述权利要求具有创造性。

专利复审委员会组成合议组,对本复审请求案进行了审理,于2006年7月27日向请求人发出《复审通知书》。该《复审通知书》指出:

(1) 审查员在第一次审查意见通知书正文中明确给出了《现代化工》和《安徽化工》的出版年份、期数、页数以及相关内容的位置,而且其在第一次审查意见通知书中的表述形式分别为"……该粒度是反相乳液离子的常规尺寸(参见《现代化工》……)"和"……这些步骤都是反相乳液聚合法中的常规步骤(参见《安徽化工》……)",即审查员实际上是将其作为现有技术的证据给出的。

(2) 权利要求1请求保护"一种制备液体分散聚合物组合物的方法,对比文件1公开了一种可用于增稠的组合物及其制备方法,权利要求1与对比文件1中实施例1的方案的区别在于组合物方面的区别和方法步骤中的区别,权利要求1的组合物与对比文件1所公开的组合物的区别在于:所说组合物中聚合物的含量不同,对比文件1没有提及聚合物的具体粒度,和没有将所说的油相特定限定为甘油二酸酯油或甘油三酸酯油;制备方法中的区别在于:对比文件1没有提及含有聚合稳定剂两亲表面活性剂和没有提及从反相乳液中除去水。但是,权利要求1的组合物和对比文件1的组合物都是用于增稠的组合物,本申请要解决的技术问题也是要提供一种能用于增稠含水组合物和/或含水/有机组合物的液体分散聚合物组合物。就组合物的区别而言:聚合物含量方面的区别在于对比文件1中没有进行除水步骤,但是对比文件1和本申请都是用反相乳液聚合物法来制备聚合物的,制得的产品都是一种反相乳液即油包水型乳液,本领域技术人员显而易见的是为了使该油包水乳液更稳定,可以优选的除去水,而且对不同的应用目的而言显而易见地会想到采取不同的处理方法,所以在对比文件1聚合时所用聚合物单体和疏水相重量比与权利要求1相同的情况下,最终产品中仅仅由于水分含量不同而导致重量比不同所产生的这种重量比的选择是本领域技术人员可以根据不同需要进行的常规选择,并未带来意想不到的效果;对比文件1中明确提及用反相乳液聚合制备出油包水乳液,而本领域的现有技术,例如驳回决定中所提及的《现代化工》中明确给出了反相乳液聚合的乳液离子尺寸在0.1~1 μm之间,可见反相乳液的粒度对于本领域技术人员而言基本具有固定大小,本申请制备乳液时采用的方法也是常规方法,没有采用特定方法来特意降低粒度,所以其粒度显然也与现有技术中公开的粒度相同或相似,所以粒度方面的区别也是本领域技术人员公知的,并没有给该方案带来任何意想不到的效果;对比文件1实施例1的方案中虽然没有使用甘油二酸酯或三酸酯作为油相,但是在对比文件1油相的选择中明确指出可以采用植物来源的甘油三酸酯如植物油,对比文件1实施例1中所用的液体石蜡等和本申请所用的甘油二酸酯或三酸酯都是本领域常用的液体载体,所以对疏水相进行选择是本领域技术人员不需要花费创造性劳动就可完成的。就制备方法中的区别而言,从本申请说明书的叙述来看,所述聚合稳定剂两亲表面活性剂是任选的,所以是否使用聚合稳定剂不会对该制备方法产生任何实质性影响,也没有证据表明其产生了任何意想不到的效果;对于除去水的区别而言,在对比文件1给出了基本相同的的制备方法之后,本领域技术人员根据不同的应用目的自然会对制备方法进行修改来调整产品中的水含量,所以制备方法中该除水步骤的区别特征也是本领域技术人员的惯用手段,因此,在对比文件1的基础上结合现有技术《现代化工》的教导以及本领域技术人员的公知常识得到权利要求1的技术方案不需要花费创造性劳动,而且也没有证据表明权利要求1的技术方案产生了任何意想不到的效果,即权利要求1的技术方案不具备创造性。权利要求2与对比文件1的技方案的区别在于对比文件1没有公开甘油二酸酯或甘油三酸酯为大豆油,权利要求3对所述的聚合稳定剂表面活性剂进行了限定,如评述权利要求1时所述,权利要求2和3也不符合专利法第22条第3款的规定。权利要求4~6请求保护一种液体分散聚合物组合物,其与对比文件1中方案的区别与权利要求1中所述的组合方面的区别相同,如评述权利要求1时所述的原因,权利要求4~6也不符合专利法第22条第3款的规定。权利要求7~11的附加技术特征在对比文件1中已经被公开,因此这些权利要求也不符合专利法第22条第3款的规定。权利要求12~13对所说组合物中的油进一步进行了限定,对溶剂进行选择是本领域技术人员的普通技能,所以权利要求12~13也不符合专利法第22条第3款的规定。权利要求14请求保护一种增稠的水性或含水组合物,其与权利要求14的区别在于所用的增稠剂即所说的液体分散聚合物组合物有差别,在该组合物没有创造性的情况下,权利要求14的技术方案相对于对比文件1而言也不符合专利法第22条第3款的规定。权利要求15~17的附加技术特征在对比文件1中都被公开(见对比文件1实施例4~13),这些权利要求也不具备创造性。权利要求18请求保护一种治疗用洗剂、乳油、软膏、凝胶或油膏的制备方法,对比文件1中公开了这样的方法,其与权利要求18的区别在于所用的增稠剂即所说的液体分散聚合物组合物有差别,在该组合物没有创造性的情况下,权利要求18的技术方案相对于对比文件1而言也不符合专利法第22条第3款的规定。因此,本申请的权利要求1~18不符合专利法第22条第3款的规定。

(3) 请求人在提出复审请求时陈述的本申请的方案具有创造性的理由理由不充分,不能表明本申请具有创造性。

针对该《复审通知书》指出的问题,请求人于2006年11月13日提交了意见陈述书及修改的权利要求书全文替换页(共17项权利要求),在其修改的权利要求书中,请求人将权利要求3的技术特征并入了权利要求1并同时修改了其他权利要求的编号和引用关系,除此之外,未作其他修改。修改后的权利要求书如下:

"1. 一种制备液体分散聚合物组合物的方法,该组合物含有:

a) 40wt%~60wt%的聚合物,其中该聚合物是阴离子的或阳离子的、水可溶胀的,而且是该聚合物是平均粒度为0.1~2μm的微颗粒形式,且该聚合物分散在;

b) 25wt%~45wt%的甘油二酸酯油或甘油三酸酯油,以及

c) 8wt%~20wt%的表面活性剂或表面活性剂混合物,

每个含量都是以组合物总重量为基础计的;

该方法包括在含有至少一种甘油二酸酯油或甘油三酸酯油的疏水液体相中进行亲水单体的反相乳液聚合,该方法包括:

a) 在大约1~3重量份的疏水液体中加入1重量份(干重)的亲水性烯键式不饱和单体,任选地包括螯合剂和交联的二烯键式不饱和单体,该疏水液体含有液体疏水的甘油二酸酯或甘油三酸酯,以及任选地含有挥发性惰性疏水溶剂,并含有至少一种HLB值低于9.0的油包水型乳化剂,以及含有两亲聚合稳定剂表面活性剂,同时伴随着强力搅拌,使得形成基本稳定的细颗粒大小的乳液,其中所述聚合稳定剂表面活性剂是聚-12-羟基硬脂酸、甲基丙烯酸甘油酯和甲基丙烯酸的反应产物;

b) 提供一个惰性气氛;

c) 加入自由基引发剂;

d) 保持适当的温度和搅拌条件,直到单体基本上完全转化为聚合物;

e) 在减压下从反相乳液中除去水和任选的挥发性溶剂,使得产生基本无水的大小小于2μm的聚合物颗粒分散在甘油二酸酯或甘油三酸酯中的稳定分散体,以及

f) 向聚合物颗粒在甘油二酸酯或甘油三酸酯中的分散体里加入以组合物重量计的0.5wt%~

8wt%的其 HLB 值大于 10 的非离子型水包油型乳化剂。

2. 如权利要求 1 的方法,其中亲水性烯键式不饱和单体是丙烯酸,而且 65%~85%的酸基呈其钠盐的形式,交联二烯键式不饱和单体是亚甲基双丙烯酰胺,液体疏水甘油二酸酯或甘油三酸酯是大豆油。

3. 一种液体分散聚合物组合物,该组合物含有:

a) 40wt%~60wt%的聚合物,其中该聚合物是阴离子的或阳离子的、水可溶胀的,而且该聚合物是平均粒度为 0.1~2μm 的微颗粒形式,且该聚合物分散在;

b) 25wt%~45wt%的甘油二酸酯油或甘油三酸酯油,以及

c) 8wt%~20wt%的表面活性剂或表面活性剂混合物,

每个含量都是以组合物总重量为基础计的;

其中该组合物是按照权利要求 1 或 2 的方法获得的。

4. 如权利要求 3 的液体分散聚合物组合物,该组合物含有:

a) 45wt%~58wt%的水可溶胀的聚合物,其中该聚合物是阴离子的或阳离子的,而且是水可溶胀的;

b) 30wt%~40wt%的甘油二酸酯或甘油三酸酯油,以及

c) 10wt%~18wt%的表面活性剂的混合物,

每个含量都是以组合物总重量为基础计的。

5. 如权利要求 3 的液体分散聚合物组合物,该组合物含有:

a) 45wt%~58wt%的水可溶胀的聚合物,其中该聚合物是阴离子的,且 65%~85%的酸基是呈其钠盐的形式;

b) 32wt%~38wt%的甘油三酸酯油,以及

c) 12wt%~18wt%的表面活性剂的混合物,

每个含量都是以组合物总重量为基础计的。

6. 如权利要求 3 的液体分散聚合物组合物,其中的亲水聚合物是阳离子的,而且经充分交联以溶胀但不溶解于水。

7. 如权利要求 3 的液体分散聚合物组合物,其中的聚合物是阴离子的,而且经充分交联以溶胀但不溶解于水。

8. 如权利要求 5 的液体分散聚合物组合物,其中的阴离子聚合物是用 500~2000ppm 的水溶性交联剂交联的聚丙烯酸。

9. 如权利要求 8 的液体分散聚合物组合物,其中的水溶性交联剂是亚甲基双丙烯酰胺。

10. 如权利要求 3 的液体分散聚合物组合物,其中的甘油二酸酯油或甘油三酸酯油是化妆和/或药物上可以接受的天然源或合成源的油。

11. 如权利要求 3 的液体分散聚合物组合物,其中的甘油二酸酯油或甘油三酸酯油选自:鱼肝油、鸸鹋油、棕榈油、棕榈仁油、椰子油、蓖麻油、橄榄油、花生油、红花油、葵花子油、菜籽油、低芥酸菜籽油、玉米油、大豆油、霍霍巴油、澳洲坚果油、鳄梨油、米糠油、月见草油、椴如油。

12. 如权利要求 11 的液体分散聚合物组合物,其中的油是大豆油。

13. 一种增稠的水性或含水组合物,该组合物含有

a) 0.1wt%~8wt%的权利要求 1 的液体分散聚合物组合物;

b) 0.1wt%~50wt%的附加成分,以及

c) 45wt%~99wt%的水和水可混溶的有机溶剂的混合物。

14. 如权利要求 13 的增稠的水性或含水组合物，该组合物呈洗剂、乳油、软膏、凝胶或油膏的形式。

15. 如权利要求 13 的增稠的水性或含水组合物，其中的附加成分 b）是化妆或药物赋形剂和/或活性成分。

16. 如权利要求 15 的增稠的水性或含水组合物，其中的附加成分 b）是化妆赋形剂和/或活性成分，选自灭菌剂、乙酰化羊毛脂醇、尿囊素、库拉索芦荟、乙酰胺单乙醇胺、丙酸肉豆蔻酯、聚二甲基硅氧烷共聚醇、二甲基聚硅氧烷、润湿剂、护肤膏、润肤剂、α-羟基酸、头发调理剂、香精组分、染发剂和漂白剂、紫外线防晒剂、"无日光"鞣剂、增白剂、驱虫剂、精油、维生素和防腐剂，或者是药物赋形剂和/或活性成分，选自治疗瘙痒、刺痛、结垢、皮肤炎症或感染、烧伤和头皮脱发等的物质。

17. 治疗用洗剂、乳油、软膏、凝胶或油膏的制备方法，该方法包括将 0.1wt％～8wt％ 的权利要求 3 的液体分散聚合物混入含有 0.1wt％～50wt％ 的至少一种治疗剂和/或赋形剂的含水或含水/有机组合物中。"

请求人认为：(1)《现代化工》和《安徽化工》不管以哪种方式引入，其引证均存在缺陷，有违听证原则。(2) 合议组清楚地认定了本发明与对比文件 1 的区别，但是，对比文件 1 中并没有提供任何激发所属领域的技术人员改进对比文件 1 而得到本发明的暗示或动机。创造性的判断点不在于本领域技术人员是否能够改进最接近的现有技术得到本发明，而在于所述技术人员是否会因为现有技术激发解决技术问题而这样做，改进现有技术的启发必须是来自暗示需要得到本发明的改进的愿望和动机的现有技术的教导。修改后的权利要求进一步对所述聚合稳定剂表面活性剂进行了限定，权利要求 1 中的液体聚合物与对比文件 1 的区别在于其含有高含量的聚合物，并且其制备方法与对比文件 1 的区别在于从反相乳液中除去水，而且所述水的去除是在聚合稳定剂表面活性剂的存在下进行的。现有技术中并没有激发本领域技术人员在聚合稳定剂表面活性剂存在下将反相乳液中的水（或者部分的水）去除而得到本发明的暗示或者动机。如说明书所述，本发明要解决的技术问题是要提供具有在放置时的良好稳定性和悬浮特性的微颗粒增稠体系以及优异的插入特性（件本申请说明书第 2 页第 9～12 行），关于这一技术问题，对比文件 1 并没有给出教导或启示，例如完全没有教导除水。修改后的权利要求 1 进一步限定了所述聚合稳定剂表面活性剂是聚-12-羟基硬脂酸、甲基丙烯酸甘油酯和甲基丙烯酸的反应产物，修改后的权利要求 1 中又加入了本发明与对比文件 1 之间的额外的区别。因此，权利要求 1 符合专利法第 22 条第 3 款的规定，进而直接或间接引用权利要求 1 的从属权利要求也具有创造性。

至此，合议组认为本案事实清楚，可以作出审查决定。

二、决定的理由

1. 决定所依据的文本

在请求人于 2006 年 11 月 13 日提交的修改的权利要求书中，其权利要求 1 可以由原始提交的申请文件的权利要求 1、3、20、21、24 以及说明书第 9 页第 12～13 行直接得出，权利要求 2 相应于原申请文件的权利要求 22，权利要求 3～17 也都与原申请文件的权利要求相对应或者可以原始申请文件的权利要求书和说明书直接得出，因此，该权利要求书的修改没有超出原申请文件记载的范围，符合专利法第 33 条的规定，此外，该修改也符合专利法实施细则第 60 条第 1 款的规定。因此，本决定是在请求人于 2006 年 11 月 13 日提交的权利要求 1～17 和本申请进入中国国家阶段时提交的说明书第 1～15 页以及说明书摘要的基础上作出的。

2. 关于专利法实施细则第 20 条第 1 款

专利法实施细则第 20 条第 1 款规定，权利要求书应当说明发明或者实用新型的技术特征，清楚、简要地表述请求保护的范围。

原审查部门在前置审查意见中认为请求人提出复审请求时提交的修改后的权利要求 14 中使用权利要求 1 的液体分散体聚合物组合物，但权利要求 1 是方法权利要求，因此权利要求 14 不清楚，同理，权利要求 14 的从属权利要求 15～17 也不清楚，因此权利要求 14～17 不符合专利法实施细则第 20 条第 1 款的规定。

对此，合议组认为，虽然权利要求 1 是一种方法权利要求，但是在权利要求 1 的方法权利要求中除包括制备该液体分散聚合物组合物的方法特征外，还清楚记载了一种用该方法制得的液体分散聚合物组合物，因此，权利要求 14 中所述的"权利要求 1 的液体分散聚合物组合物"显然是权利要求 1 中明确记载了的用所述方法制得的组合物，因此，权利要求 14 表述清楚，不存在前置审查意见中所指出的缺陷，同理，权利要求 15～17 也不存在该缺陷，故前置审查意见中所涉及的权利要求 14～17（相当于本复审请求审查决定所针对的权利要求书中的权利要求 13～16）符合专利法实施细则第 20 条第 1 款的规定。

3. 关于专利法第 22 条第 3 款

专利法第 22 条第 3 款规定，创造性，是指同申请日以前已有的技术相比，该发明具有突出的实质性特点和显著的进步。

根据该款规定，在判断一项发明专利权利要求的创造性时，应当将权利要求所要保护的技术方案与最接近的现有技术相对比，找出其区别技术特征，如果现有技术整体上没有给出将该区别技术特征应用于该最接近的现有技术以解决该发明所要解决的技术问题的启示，则该权利要求的技术方案是非显而易见的，具有突出的实质性特点；同时，如果该权利要求所要保护的技术方案具有有益的技术效果，则其也具有显著的进步。

本案中，修改后的权利要求 1 请求保护一种制备液体分散聚合物组合物的方法。对比文件 1 公开了一种可用于增稠的组合物及其制备方法，所说的组合物包含 10%～60% 重量的油相，10%～30% 重量的共聚合物和 5%～20% 重量的表面活性剂，所说的油相是至少一种挥发性油和至少一种非挥发性油的混合物，所说的非挥发性油可选择植物来源的甘油三酯油，制备该组合物的方法为反相乳液聚合物法，即将单体的水溶液与包含 HLB 低于 9 的表面活性剂（即本申请权利要求 1 中所说的 HLB 低于 9.0 的油包水型乳化剂）的油相混合，得到共聚物在非水性连续相中的水性溶液的细分散体，将所得的油包水单体乳液用常规方式——用氮气净化并用自由基引发剂使其共聚，然后向其中加入 HLB 等于大于 8，优选等于大于 10 的非离子型水包油型表面活性剂（即本申请权利要求 1 中所说的 HLB 大于 10 的乳化剂）混合物（见对比文件 1 说明书第 3 页第 9 行～33 行，第 4 页第 7 行至第 6 页第 35 行，实施例 1～3），其中实施例 1～3 分别具体公开了一种增稠剂组合物的技术方案，其中在制备油包水乳液时单体——单丙烯酰胺单体和丙烯酸钠单体——与疏水性液体的重量比为大约 1 比 1，包含交联的二烯键式不饱和单体，采用了反相乳液聚合法进行制备，这里将对比文件 1 中实施例 1 的方案作为最接近现有技术与权利要求 1 进行比较，在实施例 1 的方案中，各成分的重量百分比为：得自单丙烯酰胺单体的部位为 7.5%，得自丙烯酸钠单体的部分为 9.5%，油相为 30%。

权利要求 1 与对比文件 1 所公开的方案的区别在于组合物方面的区别和方法步骤方面的区别，其中组合物方面的区别在于：(1) 组合物中聚合物的含量不同，(2) 对比文件 1 没有提及聚合物的具体粒度，和 (3) 对比文件 1 没有将所说的油相特定限定为甘油二酸酯油或甘油三酸酯油；制备方法方面的区别在于：(1) 对比文件 1 没有提及含有聚合稳定剂两亲表面活性剂——聚-12-羟基硬脂酸、甲基丙烯酸甘油酯和甲基丙烯酸的反应产物，和（2）没有提及从反相乳液中除去水。

本发明的目的是要提供一种微颗粒增稠体系以及其制备方法，所述增稠体系可以将液体分散聚合物的增稠效果和化妆上可接受的甘油二酸酯或甘油三酸酯载体油的优点结合在一起，从而使得得到的微颗粒增稠乳液能够给皮肤提供优异的润湿性能和润肤性能，导致皮肤光滑并有良好的弹性，其是由聚合物分散在甘油二酸酯或甘油三酸酯油载体相和水包油型表面活性剂中制成的，基本不含水（见本申请说明书第1页第5~11行，第2页第21~25行，第8页第31~32行，权利要求1）；对比文件1的目的是要提供一种以反相乳剂为基础的增稠剂，其是一种油包水反相乳剂，是一种液体，从其实施例和制备方法来看，其是将共聚单体的水溶液分散在油相中形成反相乳剂来进行制备的，组成该反相乳剂的油相的油通常由一种或多种挥发性油组成，在其油相中可以存在一种或多种非挥发性油如植物来源的甘油三酸酯，水是该组合物的内相，即该增稠剂组合物由油相、水、共聚物和表面活性剂所组成，并且从其说明书和实施例来看，获得的油包水乳剂中水的比例通常较高（见对比文件1说明书第5~33行，第5页第3~9行、第6页第20~25、31~35行）。因此，对比文件1的目的仅仅是提供一种由反相乳剂组成的增稠组合物，虽然其中提及可以在其油相中存在一种或多种非挥发性油如植物来源的甘油三酸酯，但是，其所用的油相主要是由挥发性油组成，而且，甘油三酸酯仅仅是作为一种任选的组分被给出的，因此，对比文件1没有给出通过对油相进行选择来给增稠组合物带来甘油酸酯类物质的润湿性能和润肤性能的教导，而且对比文件1也没有给出聚合物粒度、除去水获得一种基本不含水的组合物、权利要求1中所述聚合物含量方面的教导，更没有给出在存在聚合稳定剂表面活性剂的情况下稳定除水的教导，即，对比文件1没有给出上述组合物区别（1）、（2）和（3）以及制备方法区别（1）和（2）的教导。驳回决定中提及《现代化工》给出了反相乳液粒子常规尺寸的教导，《安徽化工》给出了反相乳液聚合法中的常规步骤，但是，对反相乳液聚合新进展进行介绍的《现代化工》虽然提及了反相乳液粒子的常规尺寸，即给出了组合物方面区别（2）的教导，但是对其他区别特征没有给出教导；《安徽化工》公开了一种新型反相乳液聚合体系用于合成增稠剂的方案，采用的方案是将油脂与二乙醇胺在一定比例范围内形成复合表面活性剂，用于反相乳液聚合丙烯酸增稠剂（参见其摘要），其中虽然涉及反相乳液聚合法的一些步骤，但是，在《安徽化工》中也没有给出组合物区别（1）、（2）和（3）以及制备方法区别（1）和（2）的教导，因此，本发明的技术方案相对于对比文件1以及驳回决定中所提及的《现代化工》、《安徽化工》或其组合而言都是非显而易见的，具有突出的实质性特点。

根据本申请说明书的描述，组合物方面的区别（1）是由方法方面的区别（1）即除水带来的，通过除水，获得了一种不同于现有技术中增稠系统的基本不含水的同样可以良好增稠的增稠系统，而且在存在聚合稳定剂表面活性剂的情况下可以稳定除水从而获得一种基本不含水的组合物；通过对油相进行选择可以使该组合物具有有益的润湿和润肤效果，因此，具有所述区别技术特征的本发明的技术方案具有有益的技术效果，因此具有显著的进步。审查员在前置审查意见中认为请求人没有证明本发明的技术方案具有任何意想不到的效果，但是，根据审查指南第二部分第四章第6.3节的规定，如果通过审查指南本章第3.2节所述的方法，可以判断出发明的技术方案对于本领域技术人员是非显而易见的，且能够产生有益的技术效果，则发明具有突出的实质性特点和显著的进步，具备创造性，此种情况不应强调发明是否具有预料不到的技术效果，如上所述，权利要求1的技术方案具有突出的实质性特点和显著的进步，因此符合专利法第22条第3款的规定。

权利要求3请求保护一种用权利要求1或2所述的方法获得的液体分散体组合物，其与对比文件1中方案的区别与权利要求1和对比文件1的区别基本相同，如评述权利要求1时所述的原因，权利要求3也符合专利法第22条第3款的规定。

鉴于权利要求1和3要求保护的方法和组合物都具有创造性，所以其从属权利要求2、4~12以及涉及包含权利要求1中的聚合物组合物或权利要求3的聚合物组合物的产品或方法权利要求13~17也符合专利法第22条第3款的规定。

根据以上事实和理由，本案合议组作出如下审查决定。

三、决定

撤销国家知识产权局于2004年12月10日对第00805872.5号发明专利申请作出的驳回决定。由原审查部门在本复审请求审查决定所针对文本的基础上继续进行审查。

复审请求人对本决定不服的，可以根据专利法第41条第2款的规定，自收到本决定之日起三个月内向北京市第一中级人民法院起诉。

高特异活性重组 S-腺苷高半胱氨酸酶（SAHH）的制备与高度表达及对 S-腺苷甲硫氨酸（SAM）的改进分析

复审请求审查决定（第 12362 号）

决 定 号	第 12362 号
决 定 日	2007 年 12 月 20 日
发明创造名称	高特异活性重组 S-腺苷高半胱氨酸酶（SAHH）的制备与高度表达及对 S-腺苷甲硫氨酸（SAM）的改进分析
国际分类号	C12Q 1/48，C12N 15/52，C07K 14/44
复审请求人	抗癌公司
申 请 号	01803726.7
优 先 权 日	2000 年 1 月 14 日
申 请 日	2001 年 1 月 12 日
公 开 日	2003 年 5 月 7 日
合议组组长	叶 娟
主 审 员	刘玉玲
参 审 员	唐 莉

法律依据 专利法第 22 条第 3 款

决 定 要 点

如果权利要求和最接近的现有技术的区别技术特征为本领域解决根据该最接近的现有技术重新确定的技术问题的惯用手段或者是另一份对比文件中披露的相关技术手段，该技术手段在该对比文件中所起的作用与该区别技术特征在要求保护的发明中为解决该重新确定的技术问题所起的作用相同，则现有技术存在解决该技术问题的启示，该权利要求要求保护的发明对本领域的技术人员来说是显而易见的，不具备创造性。

一、案由

本复审请求涉及 2001 年 1 月 12 日申请、2003 年 5 月 7 日公开、名称为"高特异活性重组 S-腺苷高半胱氨酸酶（SAHH）的制备与高度表达及对 S-腺苷甲硫氨酸（SAM）的改进分析"的第 01803726.7 号发明专利申请（下称本申请），本申请的优先权日为 2000 年 1 月 14 日。本申请的申请人为抗癌公司。

国家知识产权局于 2005 年 4 月 15 日以权利要求 1～21 不符合专利法第 22 条第 3 款的规定为由驳

回了本申请。

驳回决定所针对的权利要求书为：

"1. 评估生物液体样品中S-腺苷甲硫氨酸（SAM）的治疗性水平的方法，该方法包括：

将甘氨酸N-甲基转移酶（GMT），S-腺苷高半胱氨酸水解酶（SAHH）或His·SAHH，以及甘氨酸加入该样品中；

测量所述样品中一种或多种反应产物，其中所述一种或多种反应产物的水平与样品中SAM水平成正比。

2. 权利要求1的方法，其中被检测的产物是高半胱氨酸（HC）。

3. 权利要求2的方法，其中所述HC是由下述方法测得，该方法包括用高半胱氨酸酶（HCYase）处理样品，并测定所述高半胱氨酸与HCYase反应得到的至少一种产物的浓度。

4. 权利要求3的方法，其中测得的产物是H_2S。

5. 权利要求4的方法，其中所述H_2S通过荧光或吸光度而测定。

6. 权利要求1的方法，其中所述SAHH包含SEQ ID NO：1编码的氨基酸序列。

7. 分析含SAM的样品的试剂盒，该试剂盒包括SAHH或His·SAHH，GMT，甘氨酸及使用说明。

8. 一种试验，包括：

含SAM的生物样品；和

GMT，甘氨酸，以及SAHH或His·SAHH，其中SAHH或His·SAHH活性产生一种可测定的产物以确定样品中SAM的量。

9. 一种分离的包含SEQ ID NO：1的核酸分子。

10. 权利要求9中定义的核酸分子，还包括编码N端6×His标记的序列。

11. 有效制备S-腺苷高半胱氨酸水解酶的方法，所述方法包括使含有权利要求9定义的核酸分子的盒进行表达。

12. 有效制备His·S-腺苷高半胱氨酸水解酶的方法，所述方法包括使含有权利要求10定义的核酸分子的盒进行表达。

13. 权利要求11的方法，其中所述盒在大肠杆菌中表达。

14. 权利要求12的方法，其中所述盒在大肠杆菌中表达。

15. 纯化His·S-腺苷高半胱氨酸水解酶的方法，包括：

用硫酸铵来沉淀含His·S-腺苷高半胱氨酸水解酶的悬浮液以产生上清和沉淀，所述His·S-腺苷高半胱氨酸水解酶由权利要求12的方法生成；和

对该上清进行组氨酸标记识别型亲和层析。

16. 用单个层析步骤纯化His·S-腺苷高半胱氨酸水解酶的方法，包括使通过权利要求12的方法生成的His·S-腺苷高半胱氨酸水解酶进行Ni-NTA亲和层析。

17. 测定生物液体中高半胱氨酸的方法，包括将所述液体与His·S-腺苷高半胱氨酸水解酶接触并且测定所述液体中高半胱氨酸向SAH的转化，所述His·S-腺苷高半胱氨酸水解酶由权利要求15的方法生成。

18. 包含His·S-腺苷高半胱氨酸水解酶的组合物，所述His·S-腺苷高半胱氨酸水解酶经SDS聚丙烯酰胺凝胶电泳分析为一条带，其中所述His·S-腺苷高半胱氨酸水解酶由权利要求15的方法制成。

19. 权利要求15的方法生成的SAHH在制备用于耗尽体内或来自体内的生物液体中过量高半胱

氨酸的制剂中的用途。

20. 一种大肠杆菌宿主细胞，包括权利要求9的核酸分子。

21. 一种大肠杆菌宿主细胞，包括权利要求10的核酸分子。"

驳回决定指出：

（1）权利要求9涉及通过对比文件1（"Trichomonas Vaginalis：Expression and Characterisation of Recombinant S-Adenosylhomocysteinase"，Linda Minotto等，Experimental Parasitology，第90卷，第175~180页，1998年）公开的SAHH基因的克隆、表达、纯化方法获得的一种SAHH的突变体序列（SEQ NO：1所示），正如说明书中所述的该序列与对比文件1中公开的野生型序列（参见对比文件1的摘要，第177页左栏，图3）相比发生了四个氨基酸的改变，但是这并没有给发明带来意想不到的效果，因此该权利要求相对于对比文件1不具备突出的实质性特点和显著的进步，因而不符合专利法第22条第3款规定的创造性。从属权利要求10的附加技术特征在对比文件1中已经公开了，因而也不具备专利法第22条第3款所规定的创造性。

（2）由于对比文件1公开了通过大肠杆菌表达重组SAHH基因，产生了大约12%的总可溶蛋白，故权利要求11~14、20、21所述方案相对于对比文件1不具备突出的实质性特点和显著的进步，因而不具备专利法第22条第3款所规定的创造性。

（3）权利要求1~6请求保护评估样品中SAM治疗水平的方法，该方法利用了反应原理，即SAM经甲基转移酶生成SAH，而SAHH催化SAH可逆地水解成HC和腺苷，而SAH/SAM浓度之间的比率是调节甲基化反应的重要因素（参见对比文件1第175页右栏），其中特定的转移酶和甲基受体是本领域技术人员可以选择的，而为了选择更适合于测定的产物，本领域技术人员在对比文件1的基础上也很容易想到用高半胱氨酸酶进一步处理生成的HC，另外本发明所获得的SAHH变异体不具备创造性（理由参见对权利要求9和10的评述），故权利要求1~6所述的技术方案相对于对比文件1不具备突出的实质性特点和显著的进步，因而不符合专利法第22条第3款规定的创造性。同理，权利要求7所述的试剂盒及权利要求8所述的涉及方法的应用也不符合专利法第22条第3款规定的创造性。

（4）权利要求16请求保护His-SAHH的纯化方法，该方法使用了Ni-NTA亲和层析，这在对比文件1中已经公开了（参见对比文件1177页左栏第二段），故权利要求16相对于对比文件1不具备突出的实质性特点和显著的进步，不符合专利法第22条第3款规定的创造性。

（5）权利要求15请求保护的His-SAHH纯化方法相对于权利要求16多了一个硫酸铵沉淀的步骤，即便如此，该步骤在对比文件2（"occurrence of S-adenosylhomocysteine hydrolase in prokaryote cells characterization of the enzyme from Alcaligenes faecalis and role of the enzyme in the activated methyl cycle"，Sakayu SHIMIZU等人，European Journal of Biochemistry，第141卷第2期，第185~192页，1984年）所述的纯化SAHH方法中公开了（参见对比文件2第386页右栏至387页左栏），并且该步骤取得了良好的效果（参见对比文件2表1），故在对比文件1和2的基础上，该权利要求所述的技术方案不具备突出的实质性特点和显著的进步，不符合专利法第22条第3款规定的创造性。对比文件2虽然没有公开或提示本发明所述的酶，但该对比文件给出了在纯化这种酶时可采用硫酸铵沉淀的方法的启示，而且效果不错，即结合对比文件1和2的技术方案并没有产生本领域技术人员无法预见的效果，故权利要求15仍然不具备创造性。

（6）权利要求17请求保护测定生物液体中高半胱氨酸的方法，正如前面所述的，对比文件1中指出了SAHH可催化SAH可逆地水解成HC和腺苷，即这种应用方法是显而易见的；权利要求18请求保护包含His-SAHH的组合物，其所述的特征"经SDS聚丙烯酰胺凝胶电泳分析为一条带"在对比文件2中公开了（参见对比文件2第389页第1段及图3），另外从对比文件1的图1也可以明显看出；而通过权利要求15所述方法获得的His·S-腺苷高半胱氨酸水解酶相对于在对比文件1基础上容易获得的His·S-腺苷高半胱氨酸水解酶并没有发生任何性质和功能上的改变，将其应用于减少生物液体中的高半胱氨酸也是显而易见的，故在对比文件1和2的基础上，权利要求17~19所述的技术方案不具备突出的实质性特点和显著的进步，不符合专利法第22条第3款规定的创造性。

申请人抗癌公司（下称请求人）对上述驳回决定不服，于2005年8月1日向专利复审委员会提出复审请求，请求人在提出复审请求时没有提交新修改的专利申请文本。

请求人认为，国家知识产权局驳回的理由不成立，具体理由为：（1）本发明的重组SAHH和对比文件1的重组SAHH在纯度、氨基酸序列同一性、蛋白表达修饰、重组细菌中表达水平（mg/L）、重组细菌中表达的蛋白的％、针对腺苷的Km（mM）、针对L-高半胱氨酸的Km（mM）都有差异，因此，本发明的重组SAHH相对于对比文件1的重组SAHH有显著的改进，这样的效果是意想不到的，因此，权利要求9，10相对于对比文件1具有创造性；（2）权利要求1~6涉及评估样品中的SAM的治疗性水平的方法，驳回决定中种认为该方法利用了对比文件1所公开的反应原理，但对比文件1中仅仅引用了两篇文献，其引用的也仅仅是SAH/SAM浓度是调节甲基化反应的重要因素，但是对比文件1并没有提到本发明所提到的具体甲基化反应，也没有披露将甲基化反应与SAH水解反应联合、更没有想到这种联合"由于与SAH或高半胱氨酸（HC）内源水平相比治疗疾病所给药SAM水平非常高"而"可用来分析给药SAM的供试体中该化合物的水平"，虽然驳回决定称"特定的转移酶和甲基受体是本领域技术人员可以选择的"，但并没有文献表明本领域技术人员进行了该选择，可见本申请将甘氨酸转甲基反应与SAHH催化的反应联合起来并应用于监测SAM给药水平，是从对比文件1或其他现有技术预想不到的，这种联合对于监测SAM给药有重要作用，因此权利要求1~6相对于对比文件1具有创造性；（3）同理，本申请其他权利要求相对于对比文件1具有创造性。

形式审查合格后，专利复审委员会受理了该复审请求，并于2005年9月20日向请求人发出《复审请求受理通知书》，同时将本申请案卷移交原审查部门进行前置审查。

原审查部门对本复审请求进行了前置审查，认为经请求人的意见陈述后，权利要求1~21仍然不符合专利法第22条第3款的规定，坚持原驳回决定。

专利复审委员会组成合议组，对本复审请求案进行了审理。于2007年7月6日向请求人发出《复审通知书》。《复审通知书》指出：

（1）权利要求9要求保护一种分离的包含SEQ ID NO：1的核酸分子，对比文件1公开了一种编码SAHH的核酸分子，经过比较，本发明的序列和对比文件1的序列结构虽然不同，但它们编码的SAHH之间仅仅只有几个氨基酸的区别；另外它们的来源、制备方法、获得的蛋白质功能都相同，对于本领域技术人员来说，由于基因在表达过程中突变的随机性，很容易产生不同于对比文件1中的序列结构而得到本发明的SEQ ID NO：1，因此，权利要求9相对于对比文件1没有突出的实质性特点，不符合专利法第22条第3款的规定。从属权利要求10的附加技术特征在对比文件1中已经公开，因而也不符合专利法第22条第3款的规定。

权利要求11~14要求保护有效制备S-腺苷高半胱氨酸水解酶或His·S-腺苷高半胱氨酸水解酶的方法，参照权利要求9、10的评述，对比文件1公开了一种制备S-腺苷高半胱氨酸水解酶或His·S-腺苷高半胱氨酸水解酶的方法，因此，权利要求11~14不符合专利法第22条第3款的规定。

权利要求16要求保护一种用单个层析步骤纯化His·S-腺苷高半胱氨酸水解酶的方法，对比文件1公开了用单个层析步骤纯化His·S-腺苷高半胱氨酸水解酶的方法，将生成的酶用Ni-NTA亲和层析（参见对比文件1第177页左栏第二段），结合对权利要求12的评述，权利要求16相对于对比文件1不具备突出的实质性特点，不符合专利法第22条第3款的规定。

权利要求20~21要求保护一种大肠杆菌宿主细胞，如权利要求9或10的评述，权利要求9或10要求保护的核酸分子相对于对比文件1已经不具备创造性，而且对比文件1也公开了核酸分子是在大肠杆菌M15宿主菌株中表达（参见对比文件1第176页左栏~177页右栏），因此权利要求20~21相对于对比文件1没有突出的实质性特点，不符合专利法第22条第3款的规定。

请求人在复审请求书中指出，本发明的SAHH和对比文件1的SAHH相比具有多种有益效果，主要表现在：纯度、氨基酸序列同一性、蛋白表达修饰、重组细菌中的表达水平、重组细菌中表达的蛋白的%、针对腺苷的Km、针对L-高半胱氨酸的Km，在这些参数中，本发明和对比文件1的SAHH都不同。

对此，合议组认为：请求人主张本发明的SAHH和对比文件1的SAHH相比具有多种有益效果，并罗列了一些参数，在这些参数中，对于蛋白表达修饰，本发明请求保护的技术方案中也涉及N端6×His标记的SAHH（参见权利要求10），而且根据说明书中所记载的本发明的SAHH的制备，其与对比文件1一样，都是使用了N端带有6×His的pQE-30表达载体，都利用Ni-NTA柱进行亲和柱层析，因此本发明的SAHH与对比文件1一样，均具有6×His标记修饰，即使对于本发明中不含6×His标记的SAHH来说，由于对比文件1中6×His的作用只是用于通过亲和层析纯化所表达的蛋白，其仅仅是用来纯化蛋白的一个工具，与蛋白质本身的结构和性质无关，当不使用对比文件1中的亲和层析方法进行纯化时，完全可以不用6×His，因此去掉6×His并不能为本发明的SAHH带来突出的实质性特点和显著的进步；对于参数"氨基酸序列同一性"，本发明的SAHH和对比文件1的SAHH与已知序列氨基酸同一性的不同仅能说明本发明的SAHH的序列与对比文件1的SAHH不完全相同，而且根据前面的评述，两者仅有几个氨基酸的差异，如果其来源、功能均相同，仅仅几个氨基酸的差异也并未能显示其为本发明的SAHH带来了突出的实质性特点和显著的进步；对于参数"纯度、重组细菌中的表达水平、重组细菌中表达的蛋白的%"，这些参数可以由于制备方法，例如纯化方法，培养基的组成，测定方法等的不同而不同，该参数的结果并不能表明本发明的序列和对比文件1的序列相比较具有更有益的效果；对于参数"针对腺苷的Km、针对L-高半胱氨酸的Km"，由于本发明和对比文件1测定的序列的性质的检测方法并不相同，本发明检测的是针对L-高半胱氨酸的Km，而对比文件1检测的是针对腺苷的Km，两种方法是从不同方面表征SAHH的性质，因此，它们之间没有可比性，其比较也不能表明本发明的序列和对比文件1的序列相比较具有更有益的效果。

（2）权利要求1要求保护一种评估生物液体样品中S-腺苷甲硫氨酸（SAM）的治疗性水平的方法。对比文件1公开了一种S-腺苷高半胱氨酸水解酶（SAHH），该酶可逆性地水解SAH成高半胱氨酸（HC）和腺苷，SAH是甲基转移酶的产物和抑制剂，其中SAM是甲基供体，而SAH/SAM浓度之间的比率是调节甲基化反应的重要因素，其中SAHH也可以是N端6×His标记的序列（参见对比文件1第175页右栏和176页左栏）。根据对比文件1公开的内容可知，SAM、SAH、HC之间属于酶的底物和反应产物的关系，即SAM是甲基转移酶的底物，在该酶的作用下生成SAH，而SAH是SAHH的底物，在该酶的作用下生成HC，根据上述启示，当需要测定样品中的SAM水平时，本领域技术人员很容易想到将SAHH或N端6×His标记的SAHH应用于上述反应过程中，利用反应产物的水平来评价样品中SAM水平，而且由于SAM、SAH、HC之间属于酶的底物和反应产物的关系，也存在一种比例关系，必然形成权利要求1中限定的"反应产物与SAM是成正比例"；至于本发明选择用甘氨酸作为甲基受体，和相应的甘氨酸N-甲基转移酶（GMT）作为SAM转化为SAH的酶虽然在对比文件1中没有记载，但合议组认为：对于本领域技术人员来说，这种特定的甲基转移酶和甲基受体的选择是在可能的，有限的范围内作出的，该转移酶和甲基受体所能达到的效果也是本领域技术人员可以预见的，本发明并没有证据表明，由于选用甘氨酸作为甲基受体和甘氨酸甲基转移酶作为该反应的催化剂而比选择其他甲基受体和相应的催化剂取得意想不到的技术效果,因此,在对比文件1的基础上获得权利要求1的技术方案是显而易见的,也没有产生预料不到的技术效果,权利要求1相对于对比文件1没有突出的实质性特点和显著的进步,不符合专利法第22条第3款的规定。

请求人在复审请求书中还指出,对比文件1中没有披露将甲基化反应和SAH水解联合,更没有想到这种联合"由于与SAH或高半胱氨酸内源水平相比治疗疾病所给药SAM水平非常高",而"可用来分析给药SAM的供试体中该化合物的水平"。

对此,合议组认为:基于对比文件1启示的SAM、SAH、HC之间的关系将甲基化反应和SAH水解联合是显而易见的;而且基于对比文件1的SAH/SAM浓度之间的比率是调节甲基化反应的重要因素的启示,以及本领域公知的甲基化在机体中的作用,将上述反应过程"用来分析给药SAM的供试体中该化合物的水平"是显而易见的。

权利要求2限定了被检测的产物是高半胱氨酸(HC),如上所述,对比文件1公开了HC是SAH的水解产物(参见对比文件1第175页右栏),根据上述启示,检测HC用于评估SAM的水平是显而易见的,因此,当其引用的权利要求1不具备创造性时,权利要求2也不具备创造性,不符合专利法第22条第3款的规定。

权利要求3~5限定了检测HC的方法,尽管在对比文件1中没有公开检测HC的方法,但本领域公知,HC在高半胱氨酸酶的作用下能生成H_2S,而通过荧光或者吸光度测定H_2S也是常规技术,因此,当其引用的权利要求不具备创造性时,权利要求3~5也不具备创造性,不符合专利法第22条第3款的规定。

权利要求6将SAHH的结构限定为包含SEQ ID NO:1编码的氨基酸序列,参见权利要求9的评述,SEQ ID NO:1编码的氨基酸序列相对于对比文件1的SAHH不具备创造性,因此,当其引用的权利要求不具备创造性时,权利要求6也不具备创造性,不符合专利法第22条第3款的规定。

权利要求7~8分别要求保护一种试剂盒或者试验,参照权利要求1的评述,由于评估生物液体样品中S-腺苷甲硫氨酸(SAM)的治疗性水平的方法相对于对比文件1不具备创造性,将该方法中涉及的试剂构成一种试剂盒或者试验也是本领域的常规技术,因此,权利要求7~8相对于对比文件1也不符合专利法第22条第3款的规定。

(3)权利要求15要求保护一种纯化His·S-腺苷高半胱氨酸水解酶的方法,对比文件2公开了一种纯化S-腺苷高半胱氨酸水解酶的方法,包括用硫酸铵来分馏S-腺苷高半胱氨酸水解酶的悬浮液,并且该步骤取得了良好的效果(参见对比文件2第386页右栏至387页左栏,表1),对于本领域技术人员来说,由于S-腺苷高半胱氨酸水解酶和His·S-腺苷高半胱氨酸水解酶属于相同性质的酶,将纯化S-腺苷高半胱氨酸水解酶的方法应用于His·S-腺苷高半胱氨酸水解酶的纯化是显而易见的,结合对权利要求12的评述,权利要求15相对于对比文件1和2的结合不具备突出的实质性的特点,不符合专利法第22条第3款的规定。

权利要求17要求保护一种测定生物液体中高半胱氨酸的方法,对比文件1公开了SAHH可逆性的催化SAH向高半胱氨酸(HC)的转化,即SAHH也可以催化HC向SAH的转化(参见对比文件1第175页右栏),根据该启示,将His·SAHH应用于反应液中以测定生物液体中高半胱氨酸是显而易见的,同时,结合权利要求15的评述,权利要求17相对于对比文件1和2的结合也不具备突出的实质性的特点,不符合专利法第22条第3款的规定。

权利要求18要求保护一种包含His·S-腺苷高半胱氨酸水解酶的组合物,对比文件1公开了用SDS聚丙烯酰胺凝胶电泳分析出一条带(参见对比文件1第176页左栏和图1),结合权利要求15的评述,权利要求18相对于对比文件1和2的结合不具备突出的实质性的特点,不符合专利法第22条第3款的规定。

权利要求19要求保护权利要求15的方法生成的SAHH在制备用于耗竭体内或来自体内的生物液体中过量高半胱氨酸的制剂中的用途，对比文件1公开了SAHH可逆性的催化SAH向高半胱氨酸（HC）的转化，即SAHH也可以催化HC向SAH的转化（参见对比文件1第175页右栏），由于SAHH也可以催化HC向SAH的转化，当HC为高浓度时，SAHH催化HC向SAH的转化可以减少HC的浓度，即耗竭HC的浓度，根据该启示，将His·SAHH制备用于耗竭体内或来自体内的生物液体中过量高半胱氨酸的制剂中的用途是显而易见的，结合权利要求15的评述，权利要求19相对于对比文件1和2的结合不具备突出的实质性的特点，不符合专利法第22条第3款的规定。

针对《复审通知书》指出的问题，请求人于2007年8月21日提交了意见陈述书及经修改的权利要求书全文替换页（共1页共8项），修改后的文本中，请求人删除了《复审通知书》针对的权利要求9~21，并将权利要求8的主题限定为"测定SAM浓度的方法"。

修改后的权利要求书如下：

"1. 评估生物液体样品中S-腺苷甲硫氨酸（SAM）的治疗性水平的方法，该方法包括：

将有效量的甘氨酸N-甲基转移酶（GMT），有效量的S-腺苷高半胱氨酸水解酶（SAHH）或His·SAHH，以及甘氨酸加入该样品中；

测量所述样品中一种或多种反应产物，其中所述一种或多种反应产物的水平与样品中SAM水平成正比。

2. 权利要求1的方法，其中被检测的产物是高半胱氨酸（HC）。

3. 权利要求2的方法，其中所述HC是由下述方法测得，该方法包括用高半胱氨酸酶（HCYase）处理样品，并测定所述高半胱氨酸与HCYase反应得到的至少一种产物的浓度。

4. 权利要求3的方法，其中测得的产物是H_2S。

5. 权利要求4的方法，其中所述H_2S通过荧光或吸光度而测定。

6. 权利要求1的方法，其中所述SAHH包含SEQ ID NO：1编码的氨基酸序列。

7. 分析含SAM的样品的试剂盒，该试剂盒包括SAHH或His·SAHH，GMT，甘氨酸及使用说明。

8. 一种测定S-腺苷甲硫氨酸（SAM）浓度的方法，包括：

含SAM的生物样品；和

有效量的甘氨酸N-甲基转移酶（GMT），甘氨酸，以及S-腺苷高半胱氨酸水解酶（SAHH）或N-端组氨酸标记的SAHH（His·SAHH），

其中SAHH或His·SAHH活性产生一种可测定的产物以确定样品中SAM的量。"

请求人认为修改后的权利要求具有创造性，具体理由为：（1）对比文件1仅公开了细胞内的SAH/SAM浓度比率，没有提及细胞外的SAH/SAM浓度比率，更没有提及本申请的生物液体样品中治疗性SAM水平，以及在体外环境中通过人为添加反应组分所引导的系列反应中，与该SAM水平成正比的任何其他反应产物或其水平。本申请的"生物样品"和对比文件1的"细胞内"的概念不是等同的，而且本申请的生物样品中的SAM水平和对比文件1中的SAM水平也不等同，与SAH或HC内源水平相比，治疗疾病所给药SAM水平非常高；（2）对比文件1仅仅公开了体外测定腺苷类似物对SAHH酶活性的抑制作用，但没有披露测量生物样品中的SAM或者利用SAHH进行的具体反应，哪种产物与样品中SAM水平成正比，合议组认定的"由于SAM、SAH、HC之间属于酶的底物和反应产物的关系，也存在一种比例关系，必然形成权利要求中限定的反应产物与SAM成正比"没有任何依据；（3）生物液体样品中SAH或HC的内源水平作为潜在混淆因素可能妨碍这种反应式提供任何关于任何SAM水平的有效信息，本申请由于发现"治疗疾病所给药SAM水平较内源性SAH或HC水

平非常高"、"高半胱氨酸相对低于SAM水平,由此确信所估SAM的量没有受到内源SAH或HC显著干扰"这些关键信息,从而提供了如何精确测定生物液体样品中SAM的解决方案。

至此,合议组认为本案事实已经清楚,可以作出审查决定。

二、决定的理由

1. 审查针对的文本

本复审决定所针对的文本为请求人于2007年8月21日提交的权利要求1~8,于2002年7月12日本申请进入中国国家阶段时提交的国际申请文件的中文译文中的说明书第1~5、8~9页、说明书附图第1~8页、核苷酸和氨基酸序列表第1~3页、说明书摘要、摘要附图,于2002年7月12日提交的依据专利合作条约第41条修改的说明书第7页以及于2005年2月28日提交的说明书第6、10、11页。

2. 关于专利法第22条第3款

专利法第22条第3款规定,创造性,是指同申请日以前已有的技术相比,该发明有突出的实质性特点和显著的进步,该实用新型有实质性特点和进步。

如果权利要求和最接近的现有技术的区别技术特征为本领域解决根据该最接近的现有技术重新确定的技术问题的惯用手段或者是另一份对比文件中披露的相关技术手段,该技术手段在该对比文件中所起的作用与该区别技术特征在要求保护的发明中为解决该重新确定的技术问题所起的作用相同,则现有技术存在解决该技术问题的启示,该权利要求要求保护的发明对本领域的技术人员来说是显而易见的,不具备创造性。

本案中,权利要求1要求保护评估生物液体样品中S-腺苷甲硫氨酸(SAM)的治疗性水平的方法,该方法包括:将有效量的甘氨酸N-甲基转移酶(GMT),有效量的S-腺苷高半胱氨酸水解酶(SAHH)或His·SAHH,以及甘氨酸加入该样品中;测量所述样品中一种或多种反应产物,其中所述一种或多种反应产物的水平与样品中SAM水平成正比。

对比文件1公开了一种S-腺苷高半胱氨酸水解酶(SAHH),该酶可逆性地水解SAH成高半胱氨酸(HC)和腺苷,SAH是甲基转移酶的产物和抑制剂,其中SAM是甲基供体,而SAH/SAM浓度之间的比率是调节甲基化反应的重要因素,其中SAHH也可以是N端6×His标记的序列(参见对比文件1第175页右栏和176页左栏)。根据对比文件1公开的内容可知,SAM、SAH、HC之间属于酶的底物和反应产物的关系,即SAM是甲基转移酶的底物,在该酶的作用下生成SAH,而SAH是SAHH的底物,在该酶的作用下生成HC,当需要测定样品中的SAM水平时,本领域技术人员很容易想到将SAHH或N端6×His标记的SAHH应用于上述反应过程中,利用反应产物的水平来评价样品中SAM水平,而且由于SAM、SAH、HC之间属于酶的底物和反应产物的关系,其分子式之间存在内在的比例关系,必然形成权利要求1中限定的"反应产物与SAM是成正比例";至于本发明选择用甘氨酸作为甲基受体,和相应的甘氨酸N-甲基转移酶(GMT)作为SAM转化为SAH的酶虽然在对比文件1中没有记载,但对于本领域技术人员来说,这种特定的甲基转移酶和甲基受体的选择是在可能的、有限的范围内作出的,该转移酶和甲基受体所能达到的效果也是本领域技术人员可以预见的,本发明并没有证据表明,由于选用甘氨酸作为甲基受体和甘氨酸甲基转移酶作为该反应的催化剂而比选择其他甲基受体和相应的催化剂取得意想不到的技术效果,因此,在对比文件1的基础上获得权利要求1的技术方案是显而易见的,也没有产生预料不到的技术效果,权利要求1相对于对比文件1没有突出的实质性特点和显著的进步,不符合专利法第22条第3款的规定。

针对请求人答复《复审通知书》的其他意见,合议组认为:(1)无论是在细胞内还是细胞外,SAM、SAH、HC之间的关系是一种客观存在的生物化学反应关系,该反应如果能在细胞内发生,在合适的条件下,在细胞外也能发生,而且,样本中SAM浓度水平并不影响SAM中加入甲基转移酶后是否会生成 SAH 这种定性反应过程；同时，本申请评估生物液体样品中 SAM 的水平的动机与启示在于"确信 SAM 和其代谢产物 SAH 的相对浓度影响甲基化水平，而甲基化水平会产生更深的生理影响"（参见说明书第 1 页第 18～21 行）"，上述动机与启示并没有区分是基于细胞内 SAM/SAH 比率还是细胞外比率；（2）本申请记载的"治疗疾病所给药 SAM 水平较内源性 SAH 或 HC 水平非常高"仅仅表明内源性 SAH 或 HC 水平较低，然而不管内源性 SAH 或 HC 浓度水平高低，并不能否认 SAM、SAH、HC 之间存在一定比例关系的客观事实，只要上述客观事实存在，就可以利用 SAH、HC 的浓度水平评估 SAM 的水平；说明书中记载"高半胱氨酸相对低于 SAM 水平，由此确信所估 SAM 的量没有受到内源 SAH 或 HC 显著干扰"仅仅表明高半胱氨酸酶对高半胱氨酸有高度专一的选择性，该特性在对比文件 1 中已经公开，因此，根据比文件 1 启示的 SAM、SAH、HC 之间的关系将甲基化反应和 SAH 水解联合是显而易见的；而且基于对比文件 1 给出的 SAH/SAM 浓度之间的比率是调节甲基化反应的重要因素的启示，以及本领域公知的甲基化在机体中的作用，将上述反应过程"用来分析给药 SAM 的供试体中该化合物的水平"是显而易见的。

权利要求 2 限定了被检测的产物是高半胱氨酸（HC），如上所述，对比文件 1 公开了 HC 是 SAH 的水解产物（参见对比文件 1 第 175 页右栏），根据上述启示，检测 HC 用于评估 SAM 的水平是显而易见的，因此，当其引用的权利要求 1 相对于对比文件 1 不具备创造性时，权利要求 2 相对于对比文件 1 也不具备创造性，不符合专利法第 22 条第 3 款的规定。

权利要求 3～5 限定了检测 HC 的方法，尽管在对比文件 1 中没有公开检测 HC 的方法，但本领域公知，HC 在高半胱氨酸酶的作用下能生成 H_2S，而通过荧光或者吸光度测定 H_2S 也是常规技术，因此，当其引用的权利要求不具备创造性时，权利要求 3～5 也不具备创造性，不符合专利法第 22 条第 3 款的规定。

权利要求 6 将 SAHH 的结构限定为包含 SEQ ID NO：1 编码的氨基酸序列，对比文件 1 公开了一种编码 SAHH 的核酸分子，其来源于阴道毛滴虫（T. Vaginalis）；通过上下游引物扩增，克隆至 pQE-30 载体中，转化到大肠杆菌 M15 宿主菌株中表达 SAHH（参见对比文件 1 第 176 页左栏～177 页右栏）。经过比较，本发明的序列和对比文件 1 的序列结构虽然不同，但它们编码的 SAHH 之间仅仅只有几个氨基酸的区别；另外它们的来源相同，都是来源于阴道毛滴虫（T. Vaginalis）；扩增的引物也相同；表达载体和宿主细胞都相同，获得的蛋白质功能也相同，对于本领域技术人员来说，由于基因在表达过程中突变的随机性，很容易产生不同于对比文件 1 中的序列结构而得到本发明的 SEQ ID NO：1，因此，当其引用的权利要求不具备创造性时，权利要求 6 也不具备创造性，不符合专利法第 22 条第 3 款的规定。

权利要求 7 要求保护一种试剂盒，参照对权利要求 1 的评述，由于评估生物液体样品中 S-腺苷甲硫氨酸（SAM）的治疗性水平的方法相对于对比文件 1 不具备创造性，将该方法中涉及的试剂构成一种试剂盒也是本领域的常规技术，因此，权利要求 7 相对于对比文件 1 也不符合专利法第 22 条第 3 款的规定。

权利要求 8 要求保护一种测定 S-腺苷甲硫氨酸（SAM）浓度的方法，参照对权利要求 1 的评述，权利要求 8 相对于对比文件 1 也不符合专利法第 22 条第 3 款的规定。

根据以上事实和理由，本案合议组作出如下审查决定。

三、决定

维持国家知识产权局于 2005 年 4 月 15 日对第 01803726.7 号发明专利申请作出的驳回决定。

复审请求人对本决定不服的，可以根据专利法第 41 条第 2 款的规定，自收到本决定之日起三个月内向北京市第一中级人民法院起诉。

开花的遗传学控制

复审请求审查决定（第12366号）

决 定 号	第12366号
决 定 日	2007年12月19日
发明创造名称	开花的遗传学控制
国际分类号	C12N 15/29，C12N 15/82，A01H 5/00，C12Q 1/68
复审请求人	先锋高级育种国际公司
申 请 号	95197147.6
优 先 权 日	1994年11月2日
申 请 日	1995年11月1日
公 开 日	1998年1月28日
合议组组长	许　磊
主 审 员	姜　涛
参 审 员	葛永奇

法 律 依 据　专利法第26条第4款，第33条，第22条第2款

决 定 要 点

权利要求书应当以说明书为依据，是指权利要求应当得到说明书的支持。如果权利要求所要求保护的技术方案是所属技术领域的技术人员能够从说明书充分公开的内容中得到或概括得出的技术方案，并且没有超出说明书公开的内容，则该权利要求符合专利法第26条第4款的规定。

一、案由

本复审请求涉及申请日为1995年11月1日、公开日为1998年1月28日、名称为"开花的遗传学控制"的第95197147.6号发明专利申请（下称本申请），本申请的优先权日为1994年11月2日。本申请的申请人先于1998年12月11日由"约翰·英尼斯创新中心有限公司"变更为"植物生物科学有限公司"，后又于2004年1月16日变更为现在的"先锋高级育种国际公司"。

国家知识产权局于2005年2月25日以权利要求3不符合专利法第33条的规定、权利要求4~14、16~34不符合专利法第26条第4款的规定、权利要求24不符合专利法第22条第2款的规定为由驳回了本申请。

驳回决定所针对的权利要求书为：

"1. 一种核酸分离体，它具有编码由显示于图1中的氨基酸序列构成的多肽的核苷酸序列。

2. 按照权利要求1的核酸,其中该编码序列是显示于图1中的编码序列。

3. 按照权利要求1的核酸,其中该编码序列是具有一个或几个核苷酸残基替换的显示于图1中的编码序列。

4. 一种核酸分离体,它具有编码一种多肽的核苷酸序列,所述多肽由来自其他种属的显示于图1中的拟南芥的CO氨基酸序列的序列同系物构成,其中所述的同系物与图1的序列具有至少大约80%的同源性,其中所述核苷酸序列的表达延迟转基因植物中的开花,开花的时间的控制基本不受春化作用的影响。

5. 按照权利要求4的核酸,其中被编码多肽包括一个锌指特征的半胱氨酸的排列。

6. 按照权利要求5的核酸,其中半胱氨酸的排列为 $C-X_2-C-X_{16}-C-X_2-C$。

7. 按照权利要求6的核酸,其中该被编码多肽包括一个锌指。

8. 一种核酸分离体,它具有编码一种多肽的核苷酸序列,所述多肽由来自其他种属的显示于图1中的拟南芥的CO氨基酸序列的序列同系物构成,其中所述的同系物与图1的序列具有至少大约80%的同源性,其中所述核苷酸序列的表达促进转基因植物中的开花,开花的时间基本不受春化作用的影响。

9. 按照权利要求8的核酸,其与co突变互补。

10. 按照权利要求9的核酸,其中所述突变在拟南芥中。

11. 按照权利要求8的核酸,其中被编码多肽包括一个锌指特征的半胱氨酸的排列。

12. 按照权利要求11的核酸,其中半胱氨酸的排列为 $C-X_2-C-X_{16}-C-X_2-C$。

13. 按照权利要求8的核酸,其中被编码多肽包括一个锌指。

14. 按照权利要求8的核酸,其中所述同系物具有显示于图5或图6中的氨基酸序列。

15. 按照权利要求14的核酸,其中所述编码序列为显示于图5或图6中的编码序列。

16. 按照权利要求1~15的任意一项的核酸,它处于用于所述多肽的表达的调节序列的控制之下。

17. 按照权利要求16的核酸,其中所述调节序列包含一个可诱导启动子。

18. 按照权利要求17的核酸,其中的启动子来自用于谷胱甘肽-S-转移酶同种型II的27KD亚单位的玉米基因。

19. 一种核酸分离体,它具有互补于权利要求1~15的任意一项的编码序列或所述编码序列的片段的核苷酸序列,它适合用于基因表达的反义调节。

20. 按照权利要求1~15的任意一项或权利要求19的核酸,它是DNA,其中所述核苷酸序列或其片段是处于用于所述核苷酸序列或其片段的反义转录的调节序列的控制下。

21. 按照权利要求20的核酸,它包含一个可诱导启动子。

22. 按照权利要求21的核酸,其中该启动子来自用于谷胱甘肽-S-转移酶同种型II的27KD亚单位的玉米基因。

23. 一种核酸载体,它适合于植物细胞的转化并包含按照前述权利要求的任意一项的核酸。

24. 一种植物细胞,它包含按照任何前述权利要求的核酸。

25. 按照权利要求24的植物细胞,在其基因组内具有异源的所述核酸。

26. 按照权利要求25的植物细胞,其每个单倍体基因组具有多于一个所述核苷酸序列。

27. 一种影响植物的开花特性的方法,该方法包括引起或允许由按照权利要求1~18的任意一项的核酸编码的多肽在植物细胞内从该核酸表达。

28. 一种影响植物的开花特性的方法,该方法包括引起或允许按照权利要求1~18的任意一项的核酸在植物细胞内的转录。

29. 一种影响植物的开花特性的方法，该方法包括引起或允许按照权利要求 19～21 的任意一项的核酸在植物细胞内的反义转录。

30. 一种鉴定和克隆来自拟南芥外其他植物种属的 CO 同系物的方法，该方法采用显示于图 1 的核苷酸序列，其中所述同系物与图 1 的序列具有至少 50％ 的同源性。

31. 编码用权利要求 30 的方法获得的 CO 同系物的核酸，CO 具有显示于图 1 的氨基酸序列。

32. 按照权利要求 31 的核酸，它包含显示于图 5 或图 6 的核苷酸序列。

33. 一种鉴定和克隆来自拟南芥外其他植物种属的 CO 同系物的方法，该方法采用衍生自显示于图 5 或图 6 的序列的核苷酸序列，其中所述同系物与图 1 的序列具有至少 50％ 的同源性。

34. 由权利要求 33 的方法获得的编码 CO 同系物的核酸，CO 具有显示于图 1 的氨基酸序列。"

驳回决定指出：（1）权利要求 3 中的"具有一个或几个核苷酸残基替换的"既未明确记载在原说明书和权利要求书中，也不能由原说明书和权利要求书所记载的内容直接导出，超出了原说明书和权利要求书记载的范围，不符合专利法第 33 条的规定。（2）权利要求 4～14、16～34 中的"其他种属的同系物"、某百分比的"同源性"和"片段"概括了较宽的保护范围，所属技术领域的技术人员需要进一步过多的实验或创造性劳动才能选择出能达到本发明发明目的的技术方案，因此这些权利要求得不到说明书的支持，不符合专利法第 26 条第 4 款的规定。（3）权利要求 24 相对于对比文件 1 （US5296462A，公开日为 1994 年 3 月 22 日）不具备新颖性，不符合专利法第 22 条第 2 款的规定。

申请人（下称请求人）对上述驳回决定不服，于 2005 年 6 月 13 日向专利复审委员会提出复审请求，请求人在提出复审请求时提交了意见陈述书和新修改的权利要求书全文替换页（共 31 项权利要求），修改后的权利要求书如下：

"1. 一种核酸分离体，它具有编码由显示于图 1 中的氨基酸序列构成的多肽的核苷酸序列。

2. 按照权利要求 1 的核酸，其中该编码序列是显示于图 1 中的编码序列。

3. 一种核酸分离体，它具有编码一种多肽的核苷酸序列，其中所述的多肽与图 1 的序列具有至少 80％ 的同源性，其中所述核苷酸序列的表达延迟转基因植物中的开花，开花的时间的控制基本不受春化作用的影响。

4. 权利要求 3 的核酸分离体，其中所述的多肽与图 1 的序列具有至少 90％ 的同源性。

5. 按照权利要求 3 或 4 的核酸，其中被编码多肽包括一个锌指特征的半胱氨酸的排列。

6. 按照权利要求 5 的核酸，其中半胱氨酸的排列为 $C-X_2-C-X_{16}-C-X_2-C$。

7. 按照权利要求 6 的核酸，其中该被编码多肽包括一个锌指。

8. 按照权利要求 3 或 4 的核酸，其与 CO 突变互补。

9. 按照权利要求 8 的核酸，其中所述突变在拟南芥中。

10. 按照权利要求 3 或 4 的核酸，其中被编码多肽包括一个锌指特征的半胱氨酸的排列。

11. 按照权利要求 10 的核酸，其中半胱氨酸的排列为 $C-X_2-C-X_{16}-C-X_2-C$。

12. 按照权利要求 3 或 4 的核酸，其中被编码多肽包括一个锌指。

13. 一种核酸分离体，它具有编码一种多肽的核苷酸序列，其中所述多肽具有显示于图 5 或图 6 中的氨基酸序列，其中所述核苷酸序列的表达延迟转基因植物中的开花，开花的时间的控制基本不受春化作用的影响。

14. 按照权利要求 13 的核酸，其中所述编码序列为显示于图 5 或图 6 中的编码序列。

15. 一种核酸分离体，它编码与显示于图 5 或图 6 中的 CO 氨基酸序列有至少 90％ 同源性的 CO 氨基酸序列。

16. 按照权利要求 1~15 的任意一项的核酸，它处于用于所述多肽的表达的调节序列的控制之下。

17. 按照权利要求 16 的核酸，其中所述调节序列包含一个可诱导启动子。

18. 按照权利要求 17 的核酸，其中的启动子来用于谷胱甘肽-S-转移酶同种型 II 的 27KD 亚单位的玉米基因。

19. 一种核酸分离体，它具有互补于权利要求 1~15 的任意一项的编码序列的核苷酸序列，它适合用于基因表达的反义调节。

20. 按照权利要求 1~15 的任意一项或权利要求 19 的核酸，它是 DNA，其中所述核苷酸序列是处于用于所述核苷酸序列的反义转录的调节序列的控制下。

21. 按照权利要求 20 的核酸，它包含一个可诱导启动子。

22. 按照权利要求 21 的核酸，其中该启动子来用于谷胱甘肽-S-转移酶同种型 II 的 27KD 亚单位的玉米基因。

23. 一种核酸载体，它适合于植物细胞的转化并包含按照前述权利要求的任意一项的核酸。

24. 一种植物细胞，在其基因组内含有权利要求 1~23 的任意一项的异源的核酸。

25. 按照权利要求 24 的植物细胞，其每个单倍体基因组具有多于一个所述核苷酸序列。

26. 一种影响植物的开花特性的方法，该方法包括引起或允许由按照权利要求 1~18 的任意一项的核酸编码的多肽在植物细胞内从该核酸表达。

27. 一种影响植物的开花特性的方法，该方法包括引起或允许按照权利要求 1~18 的任意一项的核酸在植物细胞内的转录。

28. 一种影响植物的开花特性的方法，该方法包括引起或允许按照权利要求 19~21 的任意一项的核酸在植物细胞内的反义转录。

29. 一种鉴定和克隆来自拟南芥外其他植物种属的 CO 同系物的方法，该方法采用显示于图 1 的核苷酸序列，其中所述同系物与图 1 的序列具有至少 50% 的同源性。

30. 编码用权利要求 29 的方法获得的 CO 同系物的核酸。

31. 一种鉴定和克隆来自拟南芥外其他植物种属的 CO 同系物的方法，该方法采用衍生自显示于图 5 或图 6 的序列的核苷酸序列，其中所述同系物与图 1 的序列具有至少 50% 的同源性。"

请求人认为：（1）在新的权利要求书中，删去了原权利要求 3，克服了原权利要求 3 修改不符合专利法第 33 条规定的缺陷；（2）删去了原权利要求 24，克服了原权利要求 24 不具备新颖性的缺陷；（3）删去了原权利要求 8，删去了原权利要求 4（新权利要求 3）中的"同系物"，删去了原权利要求 19 和 20 中的"片段"，克服了原权利要求书中上述权利要求得不到说明书支持的缺陷，新权利要求 4 涉及编码具有与图 1 所示序列有至少 80% 同源性的多肽的核酸，此权利要求可以得到说明书的支持，因为：说明书提供了可获得这样的同系物的方法，说明书实际上公开了图 1 序列的同系物，表明这样的同系物可以获得，并且已经获得，说明书图 1 序列来自拟南芥，除了拟南芥外，说明书还公开了来自蔓菁的序列的变异体，蔓菁多肽如 SEQ ID NO：6 和 SEQ ID NO：8 所示，这支持了拟南芥序列的同系物序列，此外，发明人也鉴定了来自其他植物物种的相关的 CO 序列，如说明书第 4 页第 25 行至第 5 页第 1 行所述，发明人在稻和玉米中发现了 CO 序列，因此，说明书公开了来自拟南芥的 CO 序列，来自蔓菁的两种不同的序列，并指出在玉米和稻中存在 CO 序列，此外，说明书描述了如何用已公开的序列从更多的物种中获得序列，因此，本发明的权利要求可以得到说明书的充分支持；（4）新权利要求 24 由原权利要求 25 修改而来，具备新颖性，因为所要求保护的细胞包含了异源核酸（异源的定义见说明书第 5 页第 24~25 行）；（5）修改后的权利要求书包括新权利要求 15，其可得到说明书第 3 页第 25~28 行以及实施例 5 的支持。

形式审查合格后，专利复审委员会受理了该复审请求，并于 2005 年 8 月 3 日向请求人发出《复审请求受理通知书》，同时将本申请案卷移交原审查部门进行前置审查。

原审查部门对本复审请求进行了前置审查，认为权利要求 3 请求保护的核酸分离体中，包含了与图 1 的序列具有至少 80% 同源性的数量众多的多肽（不仅仅是同系物，不能简单按照意见陈述中所述的"获得这样的同系物的方法"来获得），对于本领域技术人员而言，从上述如此众多的序列中筛选出能实现本发明目的的多肽需要付出过度劳动，而且在其他权利要求中甚至加入了 50% 的同源性，因此仍然不符合专利法第 26 条第 4 款的规定，因而坚持原驳回决定。

专利复审委员会组成合议组，对本复审请求案进行了审理。于 2007 年 7 月 9 日向请求人发出《复审通知书》。该《复审通知书》指出：

(1) 与驳回决定所针对的权利要求书相比，在请求人提出复审请求时提交的权利要求书中，权利要求 4 和权利要求 15 均为新增加的权利要求，同时，权利要求 30 与驳回决定中所针对的权利要求 31 相比，扩大了权利要求的保护范围。因此，增加的权利要求 4、15 和对权利要求 30 的修改均非针对驳回决定所指出的缺陷，不符合专利法实施细则第 60 条第 1 款的规定。

(2) 权利要求 3 要求保护一种核酸分离体，它具有编码一种多肽的核苷酸序列，其中所述的多肽与图 1 的序列具有至少 80% 的同源性，其中所述核苷酸序列的表达延迟转基因植物中的开花，开花的时间的控制基本上不受春化作用的影响。对于上述涉及的与图 1 所示氨基酸序列具有 80% 同源性的多肽是否与图 1 所示的多肽同样具有调节植物开花时间的活性，说明书中并没有试验证据，本领域技术人员也无法从现有技术中合理地推导出来，因此不符合专利法第 26 条第 4 款的规定。同理，权利要求 4、15、29 和 31 也均得不到说明书的支持。

(3) 权利要求 29 要求保护一种鉴定和克隆来自拟南芥外其他植物种属的 CO 同系物的方法，该方法采用显示于图 1 的核苷酸序列，其中所述同系物与图 1 的序列具有至少 50% 的同源性。首先，根据本申请说明书的记载，与图 1 的序列具有至少 50% 同源性的 CO 同系物并不一定具有与图 1 所示的多肽相同的调节植物开花时间的活性。其次，本申请说明书中也没有对所获得的蔓菁 CO 同系物进行任何的功能性验证。因此，根据现有技术以及本领域的公知常识，本领域技术人员无法判断采用权利要求 29 的方法所获得的同系物是否均具备有效调节植物开花时间的活性，从而达到发明的目的，因此权利要求 29 不符合专利法第 26 条第 4 款的规定。同理，权利要求 30 和 31 也均得不到说明书的支持。

(4) 权利要求 13 要求保护一种核酸分离体，它具有编码一种多肽的核苷酸序列，其中所述多肽具有显示于图 5 或图 6 中的氨基酸序列。由于本申请说明书中仅仅对来自蔓菁的 CO 同系物与拟南芥 CO 蛋白氨基酸序列的重要功能区的同源性进行了比对，并没有对所获得的蔓菁 CO 同系物进行任何的功能验证。因此，根据现有技术以及本领域的公知常识，本领域技术人员无法判断编码具有显示于图 5 或图 6 中氨基酸序列的核酸分离体是否均具备有效调节植物开花时间的活性，从而达到发明的目的，因此权利要求 13 不符合专利法第 26 条第 4 款的规定。同理，权利要求 14、15 和 31 也均得不到说明书的支持。

(5) 权利要求 1 要求保护一种核酸分离体，它具有编码由显示于图 1 中的氨基酸序列构成的多肽的核苷酸序列。权利要求 1 中的用语"具有"意味着权利要求 1 的核酸分离体在编码显示于图 1 的氨基酸序列的多肽的核苷酸序列的一端或两端可添加任意数目和任意类型的碱基。在本申请说明书中仅记载了显示于图 1 的氨基酸序列的多肽具有调节植物开花时间的活性，并未记载在其序列上添加任意氨基酸残基的多肽亦具有调节植物开花时间的活性。因此，权利要求 1 不符合专利法第 26 条第 4 款的规定。同理，权利要求3、13和19也均得不到说明书的支持。

（6）基于前述（2）～（5）项的评述，与上述权利要求直接或间接相关的权利要求5～14、16～18、20～28也均得不到说明书的支持。

针对《复审通知书》指出的问题，请求人于2007年8月24日提交了意见陈述书及经修改的权利要求书全文替换页（共15项权利要求），修改后的权利要求书如下：

"1. 一种核酸，它编码由显示于图1中的氨基酸序列构成的多肽。

2. 按照权利要求1的核酸，其中该编码序列是显示于图1中的编码序列。

3. 按照权利要求1或2的核酸，它处于用于所述多肽的表达的调节序列的控制之下。

4. 按照权利要求3的核酸，其中所述调节序列包含一个可诱导启动子。

5. 按照权利要求4的核酸，其中的启动子来自用于谷胱甘肽-S-转移酶同种型II的27KD亚单位的玉米基因。

6. 一种核酸，它由互补于权利要求1或2的编码序列的核苷酸序列构成，它适合用于基因表达的反义调节。

7. 按照权利要求1、2或6的核酸，它是DNA，其中所述核苷酸序列是处于用于所述核苷酸序列的反义转录的调节序列的控制下。

8. 按照权利要求7的核酸，它包含一个可诱导启动子。

9. 按照权利要求8的核酸，其中该启动子来自用于谷胱甘肽-S-转移酶同种型II的27KD亚单位的玉米基因。

10. 一种核酸载体，它适合于植物细胞的转化并包含按照前述权利要求的任意一项的核酸。

11. 一种植物细胞，在其基因组内含有权利要求1～10的任意一项的异源的核酸。

12. 按照权利要求11的植物细胞，其每个单倍体基因组具有多于一个所述核苷酸序列。

13. 一种影响植物的开花特性的方法，该方法包括引起或允许由按照权利要求1～5的任意一项的核酸编码的多肽在植物细胞内从该核酸表达。

14. 一种影响植物的开花特性的方法，该方法包括引起或允许按照权利要求1～5的任意一项的核酸在植物细胞内的转录。

15. 一种影响植物的开花特性的方法，该方法包括引起或允许按照权利要求6～8的任意一项的核酸在植物细胞内的反义转录。"

请求人认为：修改后的权利要求书中删除了不符合专利法实施细则第60条第1款之规定的原权利要求4、15和30，删除了涉及同源性限定的原权利要求3、4、15、29和31，删除了涉及同系物限定的原权利要求29～31，删除了涉及图5或图6中氨基酸序列限定的原权利要求13～15和31，将原权利要求1和19中限定的"具有……的核苷酸序列"修改为"由……氨基酸序列构成"以及"由……核苷酸序列构成"，因此修改后的权利要求书符合专利法实施细则第60条第1款和专利法第26条第4款之规定，克服了合议组所指出的缺陷。

至此，合议组认为本案事实已经清楚，可以作出审查决定。

二、决定的理由

1. 审查依据的文本

请求人于2007年8月24日提交了新修改的权利要求书，其中删除了《复审通知书》指出的不符合专利法实施细则第60条第1款规定的权利要求4、15和30，克服了《复审通知书》所指出的权利要求书不符合专利法实施细则第60条第1款规定的缺陷。因此，本复审决定所针对的文本为请求人于2007年8月24日提交的权利要求1～15；进入中国国家阶段时提交的说明书第1～35页、说明书摘要；以及于1997年9月24日提交的说明书附图第1~11页。

2. 关于专利法第33条

专利法第33条规定，申请人可以对其专利申请文件进行修改，但是，对发明和实用新型专利申请文件的修改不得超出原说明书和权利要求书记载的范围。

根据该款规定，如果申请的内容通过增加、改变和/或删除其中的一部分，致使所属技术领域的技术人员看到的信息与原申请记载的信息不同，而且又不能从原申请记载的信息中直接地、毫无疑义地确定，那么，这种修改就是不允许的。

本案中，请求人在于2007年8月24日提交的权利要求书中删除了驳回决定中所针对权利要求书中的权利要求3，同时还删除了权利要求4~15、24、和30~34，此外，还将权利要求1和19中的"具有……的核苷酸序列"修改为"由……氨基酸序列构成"以及"由……核苷酸序列构成"，对权利要求的编号重新进行了调整，并相应调整了其引用关系，因此，驳回决定所指出的缺陷已经被克服，并且请求人所做的这种修改符合专利法第33条的规定。

3. 关于专利法第22条第2款

专利法第22条第2款规定，新颖性是指在申请日以前没有同样的发明或者实用新型在国内外出版物公开发表过、在国内公开使用过或者以其他方式为公众所知，也没有同样的发明或者实用新型由他人向国务院专利行政部门提出过申请并且记载在申请日以后公布的专利申请文件中。

本案中，在请求人于2007年8月24日提交的修改的权利要求书中删除了驳回决定所指出的不符合专利法第22条第2款规定的权利要求24，因此，已经克服了驳回决定所指出的该权利要求不符合专利法第22条第2款规定的缺陷。

4. 关于专利法第26条第4款

专利法第26条第4款规定：权利要求书应当以说明书为依据，说明要求专利保护的范围。

权利要求书应当以说明书为依据，是指权利要求应当得到说明书的支持。如果权利要求所要求保护的技术方案是所属技术领域的技术人员能够从说明书充分公开的内容中得到或概括得出的技术方案，并且没有超出说明书公开的内容，则该权利要求符合专利法第26条第4款的规定。

本案中，驳回决定和《复审通知书》指出，本申请权利要求中关于"同源性"、"同系物"、"具有"和"片段"的表述使权利要求存在得不到说明书支持的缺陷。请求人在于2007年8月24日提交的权利要求书中，删除了涉及"同源性"、"同系物"、"片段"表述的权利要求，将"具有"修改为"由……构成"的表述方式，因此，驳回决定和《复审通知书》所指出的缺陷已被克服，驳回理由不再成立。

根据以上事实和理由，本案合议组作出如下审查决定。

三、决定

撤销国家知识产权局于2005年2月25日对第95197147.6号发明专利申请作出的驳回决定。由原审查部门在本决定所针对的文本的基础上继续进行审查。

复审请求人对本决定不服的，可以根据专利法第41条第2款的规定，自收到本决定之日起三个月内向北京市第一中级人民法院起诉。

新型医药

复审请求审查决定（第12374号）

决　定　号	第12374号
决　定　日	2007年12月21日
发明创造名称	新型医药
国际分类号	C07D 277/04，A61K 31/426，A61P 3/10
复审请求人	史密丝克莱恩比彻姆有限公司
申　请　号	01801078.4
申　请　日	2001年9月5日
优　先　权　日	2000年9月6日
公　开　日	2002年8月28日
合议组组长	叶　娟
主　审　员	郝兴辉
参　审　员	王　冬

法　律　依　据　专利法实施细则第13条第1款

决　定　要　点

同样的发明创造只能被授予一项专利。同样的发明创造是指两件或两件以上申请（或专利）中存在保护范围相同的权利要求。如果一件专利申请的一项权利要求与另一件专利申请的各权利要求的保护范围不同，则它们不属于同样的发明创造。

一、案由

本复审请求涉及名称为"新型医药"的第01801078.4号发明专利申请（下称本申请），申请人为史密丝克莱恩比彻姆有限公司，申请日为2001年9月5日，公开日为2002年8月28日，优先权日为2000年9月6日。

国家知识产权局于2004年8月6日驳回了本申请，理由是本申请不符合专利法实施细则第13条第1款的规定。驳回决定所针对的审查文本为本申请进入中国国家阶段时提交的原始申请中文译文，包括说明书第1～11页，权利要求1～10，说明书附图第1～4页以及说明书摘要，其中权利要求书具体内容如下：

"1. 一种化合物5-[4-[2-(N-甲基-N-(2-吡啶基)氨基)乙氧基]苄基]噻唑烷-2,4-二酮盐酸盐，其特征在于它提供：

(i) 一种实质上与图1一致的红外光谱；和/或

（ii）一种实质上与图2一致的拉曼光谱；和/或

（iii）一种实质上与图3一致的X-射线粉末衍射（XRPD）图；和

（iv）一种实质上与图4一致的固态^{13}C NMR谱。

2. 按照权利要求1的化合物，其特征在于它提供下列各项中的两项或更多项：

（i）一种实质上与图1一致的红外光谱；

（ii）一种实质上与图2一致的拉曼光谱；

（iii）一种实质上与图3一致的X-射线粉末衍射（XRPD）图；

（iv）一种实质上与图4一致的固态^{13}C NMR谱；和

（v）在160～168℃范围内的熔点。

3. 按照权利要求1或权利要求2的化合物，呈精制形式。

4. 按照权利要求1或权利要求2的化合物，呈一种固体剂型。

5. 按照权利要求1或权利要求2的化合物，呈一种能研磨的医药上可接受形式或呈一种经研磨的形式。

6. 按照权利要求1或权利要求2的化合物，呈一种医药上可接受形式并具有良好流动性能。

7. 按照权利要求1的盐酸盐的制备工艺，其特征在于，较好分散或溶解于一种适当溶剂中的5-[4-[2-（N-甲基-N-（2-吡啶基）氨基）乙氧基]苄基]噻唑烷-2,4-二酮（化合物Ⅰ）或其盐与一种氯离子源反应；然后，回收该盐酸盐。

8. 一种医药组合物，其包含按照权利要求1的盐酸盐及其医药上可接受载体。

9. 按照权利要求1的盐酸盐，其用来作为一种有效治疗物质。

10. 按照权利要求1的盐酸盐用于糖尿病、与糖尿病相联系的病症及其某些并发症的治疗和/或预防用药剂制造的用途。"

驳回决定的具体理由是：

（1）权利要求1要求保护5-[4-[2-（N-甲基-N-（2-吡啶基）氨基）乙氧基]苄基]噻唑烷-2,4-二酮盐酸盐（下称化合物A），只是用说明书中的图1～4的图谱对该化合物进行了限定。对比文件1（CN1358184A，申请日为2001年3月14日，公开日是2002年7月10日）是相同申请人提出的另一件发明专利申请，其权利要求1要求保护基本上非水合的和非吸湿性的化合物A。两份申请的技术领域、解决的技术问题、预期的技术效果相同，并且技术方案实质上相同。本申请化合物A熔点范围160～168℃与对比文件1的化合物A熔点168～170℃基本相同，只是熔点降低，而且熔化范围明显变大，这只能说明本申请制备的化合物较对比文件1制备的化合物纯度低，而不能说明它们是两种不同的"结晶形态"。本申请化合物与对比文件1公开的化合物红外光谱的细微差异是由于物质纯度不同，以及本申请化合物的红外光谱是分散在矿物油中进行的，而对比文件1红外光谱使用液体石蜡研糊进行的。同样由于纯度原因，本申请化合物的粉末X-衍射图、拉曼光谱图也基本上与对比文件1的图谱相同。本申请的化合物和对比文件1的化合物的制备方法相同，不同的只是文字描述方式不同。本申请说明书中也指出了本申请化合物并非纯物质，而是含有2.1％的丙-2-醇。因此，权利要求1要求保护的化合物与对比文件1权利要求1要求保护的化合物完全相同，属于相同的发明创造。

（2）从属权利要求2～6要求保护的化合物与权利要求1属于同一物质，只是增加了理化数据对该物质作了进一步限定。理化参数属于化合物本身具有的属性，发现化合物新的理化参数，并不能表示发现新的化合物。因此，权利要求2～6要求保护的化合物与对比文件1权利要求1～5所要求保护的化合物属于同样的发明创造。权利要求7要求保护的制备方法与对比文件1的权利要求6和7要求保护的制备方法相同，权利要求8要求保护的组合物与对比文件1的权利要求10要求保护的组合物相同。权利要求9和10要求保护的用途与对比文件1的权利要求8和9要求保护的用途相同。因此，权利要求2~10分别与对比文件1的权利要求2~10相同，属于同样的发明创造。由于本申请的申请日在后，申请人对两份申请的意见陈述中均拒绝选择，坚持两份申请均进行审查，在此情况下，在后申请不符合专利法实施细则第13条第1款的规定。因此，对本申请予以驳回。

申请人史密丝克莱恩比彻姆有限公司（下称请求人）不服上述驳回决定，于2004年11月22日向专利复审委员会提出复审请求，请求撤销上述驳回决定，具体理由是：

（1）化合物可以以一种以上的物理形式（例如多晶型物）存在，多晶型物不一定具有不同的名称，但其物理特征存在差别；本发明的多晶型物可以通过在丙-2-醇中用盐酸处理5-[4-[2-(N-甲基-N-(2-吡啶基)氨基)乙氧基]苄基]噻唑烷-2,4-二酮（下称化合物Ⅰ），并在结晶期间使反应混合物保持于70~75℃而制备，而对比文件1通过使反应混合物保持在约60℃而引发结晶来进行制备，对比文件1公开的制备方法显然不同于制备本发明新型多晶型物所用方法；权利要求1的化合物的熔点为160~168℃，而对比文件1的化合物的熔点为168~170℃，本领域的技术人员应当理解在加热时一种多晶型物可以转化为另一种具有较高熔点的多晶型物，熔点测定本身未必能够区分不同的多晶型物，需要测量其他物理性能来证实和确认不同晶型的存在。（2）本发明多晶型物XRPD值与对比文件1的多晶型物XRPD值的比较显示两种晶型显然不同，例如，本申请图3中5.5、6.7、11.1处的特征带在对比文件1的图Ⅱ中显然不存在，并且对比文件1的图Ⅱ中16.3、17.7、22.2和23.6处的强谱带显然未出现在本申请图3中，技术人员也可从两种不同形式化合物A的拉曼和红外光谱数据中发现其差别。因此，本申请和对比文件1涉及化合物的不同多晶型物，不属于同一发明。

形式审查合格后，专利复审委员会受理了该复审请求，并于2004年12月14日向请求人发出《复审请求受理通知书》。同时，将本申请案卷移交原审查部门进行前置审查。

在前置审查意见书中，原审查部门坚持原驳回决定，其理由为：

（1）申请人在复审请求书中指出本申请实施例1和2的方法与对比文件1实施例1的方法在结晶温度上有细微差别，但这种差别是否会导致所制备的产品的不同，申请人并没有证明，而且这种不同也没有出现在本申请的权利要求中；（2）对于权利要求1~6所要求保护的化合物相对于对比文件1中化合物熔点降低，熔程变长的问题，申请人辩称是由于加热导致晶型的变化，但未提供任何证据来证明该推论，而本领域技术人员的常识为杂质的引入会导致熔点的降低，熔程的变长；（3）在产品纯度没有得到确认的前提下，比较XRPD的不同说明不了任何问题，申请人无法证明本申请化合物与对比文件1化合物在红外光谱和拉曼光谱中的差别。

专利复审委员会针对本复审请求成立合议组，合议组审理后，认为本案事实清楚，可以作出审查决定。

二、决定的理由

1. 审查文本

本复审决定依据的审查文本为驳回决定所针对的文本。

2. 关于专利法实施细则第13条第1款

专利法实施细则第13条第1款规定同样的发明创造只能被授予一项专利。

同样的发明创造是指两件或两件以上申请（或专利）中存在保护范围相同的权利要求。如果一件专利申请的一项权利要求与另一件专利申请的各权利要求的保护范围不同，则它们不属于同样的发明创造。

本申请的图1~4的红外光谱、拉曼光谱、X-射线粉末衍射（XRPD）图、固态^{13}C NMR谱是对实施例1产品表征的数据。权利要求1采用与图1~4"实质上一致"的表述方式来限定权利要求1的化合物A的物理特征，其要求保护的化合物范围中包含实施例1的产品。

权利要求1要求保护的化合物与对比文件1的权利要求1要求保护的化合物相比，其区别在于：本申请的权利要求1使用红外光谱、拉曼光谱、X-射线粉末衍射（XRPD）图、固态^{13}C NMR谱对化合物进行了限定，其保护范围小于对比文件1的权利要求1要求保护的化合物范围。

本申请的权利要求1所述的X-射线粉末衍射（XRPD）图与对比文件1的权利要求2-5中任何一项权利要求相比，两者的XRPD图谱、红外光谱、拉曼光谱均存在差别，例如，本申请化合物A的的XRPD图谱（图3）中的某些特征带如5.5、6.7、11.1在对比文件1的图Ⅱ中不存在，对比文件1的图Ⅱ中的某些特征带如16.3、17.7、22.2、23.6未出现在本申请的图3中。因此，从限定化合物的参数来看，本申请的权利要求1要求保护的范围与对比文件1的权利要求2~5中任何一项要求保护的范围不相同。

驳回决定认为本申请化合物不但熔点降低，而且熔化范围明显变大，说明本申请制备的化合物较对比文件1制备的化合物纯度低，而不能说明它们是两种不同的"结晶形态"。但是，实施例1的产品的熔点为167℃，Tonset为165℃，其熔点是确定的，不能必然得出纯度不同从而无法说明结晶形态的结论，该驳回理由所依据的证据不足。而从本发明化合物A的制备方法与对比文件1公开的制备方法来看，二者虽均为将化合物Ⅰ与丙-2-醇的混合物搅拌并加热，添加氯化氢，并使反应混合物在一定温度下保持一段时间，从而制得结晶化合物A。但二者所采用的各步骤、温度、时间等均有差异，而本领域技术人员可知，通过改变药物结晶温度、结晶速度等条件，可以获得药物的不同晶型。因此，驳回决定认为制备本发明化合物所用方法与对比文件1公开的制备方法相同，从而制得的化合物也相同的结论证据不足。

综上所述，驳回决定所认定的权利要求1要求保护的化合物的晶型与对比文件1要求保护的化合物完全相同，从而本申请的权利要求1与对比文件1的权利要求1所要求保护的化合物属于相同的发明创造的结论，其依据的证据不足。

同理，驳回决定认为从属权利要求2~6要求保护的化合物与对比文件1的权利要求1~5要求保护的化合物属于同样的发明创造，权利要求7要求保护的制备方法与对比文件1的权利要求6和7要求保护的制备方法相同，权利要求8要求保护的医药组合物与对比文件1的权利要求10要求保护的组合物相同、权利要求9、10要求保护的用途与对比文件1的权利要求8、9要求保护的用途相同，均证据不足。

基于上述理由，本案合议组作出如下决定。

三、决定

撤销国家知识产权局于2004年8月6日对第01801078.4号发明专利申请作出的驳回决定。由原审查部门根据本复审决定所针对文本的基础上继续审查程序。

复审请求人对本决定不服的，可以根据专利法第41条第2款的规定，自收到本决定之日起三个月内向北京市第一中级人民法院起诉。

通过在体内运送血管生成转基因来治疗心力衰竭和心室重建的技术和组合物

复审请求审查决定（第12375号）

决 定 号	第12375号
决 定 日	2007年12月18日
发明创造名称	通过在体内运送血管生成转基因来治疗心力衰竭和心室重建的技术和组合物
国际分类号	C12N 15/12，A61K 48/00
复审请求人	加利福尼亚大学董事会，辅助治疗公司
申 请 号	98806526.6
优 先 权 日	1997年5月6日
申 请 日	1998年4月30日
公 开 日	2000年9月20日
合议组组长	郭　婷
主 审 员	刘玉玲
参 审 员	魏春宝

法 律 依 据　专利法第22条第3款

决 定 要 点

在判断要求保护的发明相对于现有技术是否显而易见时，先确定最接近的现有技术，再确定发明的区别特征和发明实际解决的技术问题，然后判断现有技术整体上是否给出将上述区别特征应用到该最接近的现有技术以解决其存在的技术问题并获得要求保护的发明的启示，若现有技术中存在这种技术启示，则发明是显而易见的。

一、案由

本复审请求涉及1998年4月30日申请、2000年9月20日公开、名称为"通过在体内运送血管生成转基因来治疗心力衰竭和心室重建的技术和组合物"的第98806526.6号发明专利申请（下称本申请），本申请的优先权日为1997年5月6日，本申请的申请人为加利福尼亚大学董事会、辅助治疗公司。

国家知识产权局于2004年11月26日在进入中国国家阶段时提交的国际申请文件中文译文的说明书第1~63页、附图第1~14页、摘要以及2003年12月22日提交的权利要求1~58的基础上，以权利要求1~58不符合专利法第22条第3款的规定为由驳回了本申请。

驳回决定所针对的权利要求书为：

"1. 基因递送载体用于制备通过将载体运送至所述患者的心脏治疗充血性心力衰竭的药物的用途，其中所述载体包含与基因表达启动子可操作地连接的编码血管生成蛋白或肽的基因。

2. 权利要求1的用途，其中充血性心力衰竭与严重冠状动脉疾病和心肌局部缺血有关。

3. 权利要求1的用途，其中充血性心力衰竭与扩张性心肌病有关。

4. 权利要求1的用途，其中将载体运送至供应心肌血液的血管。

5. 权利要求4的用途，其中所述供应心肌血液的血管是冠状动脉、隐静脉移植体或哺乳动物内部动脉移植体。

6. 权利要求4的用途，其中载体通过直接在冠状血管内注射至左和/或右冠状动脉来运送。

7. 权利要求6的用途，其中所述冠状血管内注射在左和/或右冠状动脉管腔中约1cm处进行。

8. 权利要求1的用途，其中血管生成蛋白或肽是成纤维细胞生长因子（FGF）家族的成员。

9. 权利要求8的用途，其中血管生成蛋白或肽是FGF-4、FGF-5、FGF-6、FGF-1或FGF-2。

10. 权利要求9的用途，其中血管生成蛋白是FGF-4。

11. 权利要求9的用途，其中血管生成蛋白是FGF-5。

12. 权利要求10的用途，其中血管生成蛋白是FGF-1。

13. 权利要求10的用途，其中血管生成蛋白是FGF-2。

14. 权利要求1的用途，其中血管生成蛋白包含分泌信号序列。

15. 权利要求14的用途，其中血管生成蛋白是通过插入异源分泌信号序列而修饰的FGF-2。

16. 权利要求1的用途，其中血管生成蛋白或肽是血管内皮生长因子（VEGF）家族的成员。

17. 权利要求16的用途，其中血管生成蛋白或肽是VEGF-121、VEGF-145、VEGF-165、VEGF-189、VEGF-206、VEGF-167、VEGF-186或VEGF-C。

18. 权利要求1的用途，其中血管生成蛋白或肽是血小板衍生的生长因子（PDGF）家族的成员。

19. 权利要求18的用途，其中血管生成蛋白或肽是PDGF-A或PDGF-B。

20. 权利要求1的用途，其中血管生成蛋白或肽是胰岛素样生长因子（IGF）家族的成员。

21. 权利要求1的用途，其中所述的启动子是CMV启动子。

22. 权利要求1的用途，其中所述的启动子是心肌细胞组织特异性启动子。

23. 权利要求22的用途，其中所述的组织特异性启动子是心室肌细胞特异性启动子。

24. 权利要求23的用途，其中所述的心室肌细胞特异性启动子是心室肌球蛋白轻链-2启动子或心室肌球蛋白重链启动子。

25. 权利要求1的用途，其中载体是病毒载体或以脂类为基础的载体。

26. 权利要求25的用途，其中载体是病毒颗粒。

27. 权利要求26的用途，其中病毒颗粒是复制缺陷型腺病毒（Ad）。

28. 权利要求26的用途，其中病毒颗粒是复制缺陷型腺相关病毒（AAV）。

29. 权利要求26的用途，其中在注射中运送约10^6-10^{14}个病毒载体颗粒。

30. 权利要求27的用途，其中在注射中运送约10^8-10^{12}个腺病毒载体颗粒。

31. 基因递送载体用于制备通过将载体运送至所述患者心脏用于防止或减少心肌梗死患者心室重建的药物的用途，所述载体包含与基因表达启动子可操作地连接的编码血管生成蛋白或肽的基因。

32. 权利要求31的用途，其中将载体运送至供应心肌血液的血管。

33. 权利要求32的用途，其中所述供应心肌血液的血管是冠状动脉、隐静脉移植体或哺乳动物内部动脉移植体。

34. 权利要求 32 的用途，其中载体通过直接在冠状血管内注射至左和/或右冠状动脉来运送。

35. 权利要求 34 的用途，其中所述冠状血管内注射在左和/或右冠状动脉管腔中约 1cm 处进行。

36. 权利要求 31 的用途，其中血管生成蛋白或肽是成纤维细胞生长因子（FGF）家族的成员。

37. 权利要求 36 的用途，其中血管生成蛋白或肽是 FGF-4、FGF-5、FGF-6、FGF-1 或 FGF-2。

38. 权利要求 37 的用途，其中血管生成蛋白是 FGF-4。

39. 权利要求 37 的用途，其中血管生成蛋白是 FGF-5。

40. 权利要求 39 的用途，其中血管生成蛋白是 FGF-1。

41. 权利要求 39 的用途，其中血管生成蛋白是 FGF-2。

42. 权利要求 31 的用途，其中血管生成蛋白包含分泌信号序列。

43. 权利要求 42 的用途，其中血管生成蛋白是通过插入异源分泌信号序列而修饰的 FGF-2。

44. 权利要求 31 的用途，其中血管生成蛋白或肽是血管内皮生长因子（VEGF）家族的成员。

45. 权利要求 44 的用途，其中血管生成蛋白或肽是 VEGF-121、VEGF-145、VEGF-165、VEGF-189、VEGF-206、VEGF-167、VEGF-186 或 VEGF-C。

46. 权利要求 31 的用途，其中血管生成蛋白或肽是血小板衍生的生长因子（PDGF）家族的成员。

47. 权利要求 46 的用途，其中血管生成蛋白或肽是 PDGF-A 或 PDGF-B。

48. 权利要求 31 的用途，其中血管生成蛋白或肽是胰岛素样生长因子（IGF）家族的成员。

49. 权利要求 31 的用途，其中所述的启动子是 CMV 启动子。

50. 权利要求 31 的用途，其中所述的启动子是心肌细胞组织特异性启动子。

51. 权利要求 50 的用途，其中所述的组织特异性启动子是心室肌细胞特异性启动子。

52. 权利要求 51 的用途，其中所述的心室肌细胞特异性启动子是心室肌球蛋白轻链-2 启动子或心室肌球蛋白重链启动子。

53. 权利要求 31 的用途，其中载体是病毒载体或以脂类为基础的载体。

54. 权利要求 53 的用途，其中载体是病毒颗粒。

55. 权利要求 54 的用途，其中病毒颗粒是复制缺陷型腺病毒（Ad）。

56. 权利要求 54 的用途，其中病毒颗粒是复制缺陷型腺相关病毒（AAV）。

57. 权利要求 54 的用途，其中在注射中运送约 10^6-10^{14} 个病毒载体颗粒。

58. 权利要求 55 的用途，其中在注射中运送约 10^8-10^{12} 个腺病毒载体颗粒。"

驳回决定认为：

对比文件 1（WO96/26742A1，公开日：1996 年 9 月 6 日）公开了一种基因递送载体，其包含与基因表达启动子 CMV 可操作连接的编码血管生成蛋白或肽 FGF-5 的基因，用于外周血管疾病和包括心肌局部缺血的心脏病的体内基因治疗。权利要求 1 所要求保护的技术方案与对比文件 1 所公开的技术内容相比，其区别在于权利要求 1 涉及的疾病是充血性心力衰竭。本领域技术人员公知的是，充血性心力衰竭（CHF）的病因与对比文件 1 公开的动脉粥样硬化、心肌梗塞、心肌缺血一样都是心肌局部供血障碍，以 FGF 为代表的血管生成蛋白可用于治疗心血管疾病如动脉粥样硬化、心肌梗塞、心肌缺血，血管生成蛋白在其中起到改善血管状态和结构、减少心肌功能失调、减小心肌梗死、增加血流供应等作用（参见对比文件 1 说明书第 3 页第 2 段），但是要达到理想的效果，需要持续地、长期的输送这些蛋白，对比文件 1 公开的技术方案通过用载体定向输送的基因治疗手段解决了这一问题，并证明其对外周血管疾病和心脏病如心肌缺血具有良好效果，可见对比文件 1 给出了通过将血管生成蛋白基因递送载体运送至患者心脏治疗心肌局部缺血性心脏病的启示。在对比文件 1 这一启示的基础上，本领域技术人员想到通过将血管生成蛋白基因递送载体运送至患者心脏治疗其他心肌局部缺血性心脏病如充血性心力衰竭从而得到权利要求 1 的技术方案是显而易见的。因此权利要求 1 不具备突出的实质性特点和显著的进步，不具备专利法第 22 条第 3 款规定的创造性。同时指出，申请人在本案审查过程中提出的对比文件 1 是"早期预防"，而本发明是"后期治疗"，二者在应用对象、目的和手段等方面有明显不同，对比文件 1 没有提供技术启示的意见陈述不具有说服力。

基于相似的理由，独立权利要求 31 不符合专利法第 22 条第 3 款的规定。

权利要求 2~30 和 32~58 分别是权利要求 1 或 31 的从属权利要求，其附加技术特征或被对比文件 1 公开，或是本领域的公知常识，因此，在其引用的权利要求不具备创造性时，权利要求 2~30、32~58 亦不符合专利法第 22 条第 3 款的规定。

申请人加利福尼亚大学董事会、辅助治疗公司（下称请求人）对上述驳回决定不服，于 2005 年 3 月 11 日向专利复审委员会提出复审请求，请求人在提出复审请求时没有提交新修改的专利申请文本。

请求人认为，对比文件 1 中的技术方案虽然能够用于治疗心肌缺血，但其目的在于防止充血性心力衰竭或导致心室重建的梗塞，而本发明所着力处理的是更为严重的病症，即上述充血性心力衰竭或导致心室重建的梗塞业已发生的情形。本发明首次明确教导了即便在患者没有接受早期干预，充血性心力衰竭或严重梗塞业已发生的情况下，同样可以采用本发明所述组合物和方法治疗或缓解上述严重疾病状况。显然，本发明所述组合物及其治疗心力衰竭的方法在对比文件 1 中并没有任何明示或暗示，本领域普通技术人员结合所述对比文件和公知常识不能得到本发明所要保护的技术方案，本申请符合专利法第 22 条第 3 款的规定。因此，国家知识产权局驳回的理由不成立。

形式审查合格后，专利复审委员会受理了该复审请求，并于 2005 年 5 月 8 日向请求人发出《复审请求受理通知书》，同时将本申请案卷移交原审查部门进行前置审查。

原审查部门对本复审请求进行了前置审查，坚持原驳回决定。

专利复审委员会组成合议组，对本复审请求案进行了审理。于 2007 年 7 月 4 日向请求人发出《复审通知书》。《复审通知书》指出：

权利要求 1 要求保护一种基因递送载体用于制备通过将载体运送至所述患者的心脏治疗充血性心力衰竭的药物的用途，所述载体包含与基因表达启动子可操纵地连接的编码血管生成蛋白或肽的基因。对比文件 1 公开了一种基因递送载体，其包含与基因表达启动子 CMV 可操作连接的编码血管生成蛋白或肽 FGF-5 的基因，用于外周血管疾病和心脏病包括心肌局部缺血（其主要原因在于动脉粥样硬化）的体内基因治疗，其中以 FGF 为代表的血管生成蛋白起到改善血管状态和结构、减少心肌功能失调、减小心肌梗死、增加血管供应等作用（参见对比文件 1 说明书摘要、说明书第 2 页第 11 行至第 3 页第 2 段、第 23~24 页实施例 1）。权利要求 1 所要求保护的技术方案与对比文件 1 所公开的技术内容相比，其区别在于所治疗的具体疾病不同，由此确定的本发明实际要解决的技术问题在于治疗充血性心力衰竭。本领域技术人员公知的是，虽然充血性心力衰竭（CHF）和对比文件 1 中涉及的动脉粥样硬化、心肌梗死、心肌缺血并不完全相同，但它们之间存在关联性，动脉粥样硬化、心肌梗塞、心肌缺血是 CHF 的病因，它们在病理上有一些相同的表现，例如都存在心肌缺血、心功能损伤等，而根据对比文件 1 公开的内容可知：血管生成蛋白在其中起到的是改善血管状态和结构、减少心肌功能失调、减小心肌梗死、增加血管供应等作用，和本发明的血管生成蛋白的作用"在心肌中促进血管发生并且增加血流"是相同的，因此对比文件 1 给出了将血管生成蛋白基因递送载体应用到通过相同作用从而治疗同样存在心肌缺血、心功能损伤的 CHF 的启示，即对比文件 1 结合公知常识得到权利要求 1 的技术方案是显而易见的，因此权利要求 1 相对于对比文件 1 没有突出的实质性特点和显著的进步，不符合专利法第22条第3款有关创造性的规定。

基于相似的理由，独立权利要求31也不符合专利法第22条第3款的规定。

权利要求2~30和32~58分别是权利要求1或31的从属权利要求，其附加技术特征或被对比文件1公开，或是本领域的公知常识，因此，在其引用的权利要求不具备创造性时，权利要求2~30、32~58亦不符合专利法第22条第3款的规定。

同时，针对请求人的意见陈述进一步指出：（1）从应用对象来说，根据本领域的常识以及本发明说明书的记载，"心力衰竭"临床上定义为其中的心脏没有提供充足的血流以满足代谢需求的病情，其与冠状动脉疾病或扩张性心肌病有关，"心室重建"经常在心肌梗死后发生，它们都是由心肌局部缺血造成的继发疾病。本领域技术人员公知的是，在临床上一种疾病及其继发病在不同的时期如果病理已经不同，那么确实在不同时期需要不同的药物治疗；然而如果病理仍然相同，只是病情严重程度不同，同样的药物显然也可以在不同时期进行治疗。就本案而言，不管是对比文件1公开的治疗针对的是心肌缺血，并籍此防止充血性心力衰竭或导致心室重建的梗塞，还是请求人主张的本发明的治疗针对的是充血性心力衰竭或导致心室重建的梗塞业已发生的情形，这两种情况都存在心肌缺血、心功能损伤的病理表现。血管生成蛋白在其中发挥的作用都是改善血管状态和结构、减少心肌功能失调、减小心肌梗死、增加血管供应。如果血管生成蛋白在对比文件1中能够通过促进血管生成，增加血管供应、减少心肌功能失调从而治疗心肌缺血，并籍此防止充血性心力衰竭或导致心室重建的梗塞，那么本领域技术人员可以预期血管生成蛋白也能够通过促进血管生成，增加血管供应、减少心肌功能失调从而治疗充血性心力衰竭或导致心室重建的梗塞业已发生的情形。同时在现有技术中也没有教导在患者没有接受早期干预，充血性心力衰竭或严重梗塞业已发生的情况下，不能够采用本发明所述组合物和方法治疗或缓解上述严重疾病状况。（2）从目的来说，都是通过将血管生成蛋白基因的载体转移到心脏促进血管生成。（3）从效果来说，本发明附图显示的那些治疗效果如血管壁增厚、LCx/IVS峰值对照比、毛细血管等都与对比文件1公开的基本相同（参见对比文件1说明书附图2~7）。请求人并没有进一步提供证据说明，例如充血性心力衰竭、心室重建的病理和治疗手段是与其他心肌缺血性心脏病不同的，或者与对比文件1公开的治疗效果相比具有预料不到的效果等。因此，即便是考虑请求人的意见，权利要求1~58仍然不符合专利法第22条第3款的规定。

针对《复审通知书》指出的问题，请求人于2007年10月18日提交了意见陈述书及经修改的权利要求书全文替换页（共58项），其中修改仅限于将权利要求31中的"用于防止或减少心肌梗死"修改为"用于减少心肌梗死"。

修改后的权利要求书如下：

"1. 基因递送载体用于制备通过将载体运送至所述患者的心脏治疗充血性心力衰竭的药物的用途，其中所述载体包含与基因表达启动子可操作地连接的编码血管生成蛋白或肽的基因。

2. 权利要求1的用途，其中充血性心力衰竭与严重冠状动脉疾病和心肌局部缺血有关。

3. 权利要求1的用途，其中充血性心力衰竭与扩张性心肌病有关。

4. 权利要求1的用途，其中将载体运送至供应心肌血液的血管。

5. 权利要求4的用途，其中所述供应心肌血液的血管是冠状动脉、隐静脉移植体或哺乳动物内部动脉移植体。

6. 权利要求4的用途，其中载体通过直接在冠状血管内注射至左和/或右冠状动脉来运送。

7. 权利要求6的用途，其中所述冠状血管内注射在左和/或右冠状动脉管腔中约1cm处进行。

8. 权利要求1的用途，其中血管生成蛋白或肽是成纤维细胞生长因子（FGF）家族的成员。

9. 权利要求8的用途，其中血管生成蛋白或肽是FGF-4、FGF-5、FGF-6、FGF-1或FGF-2。

10. 权利要求9的用途，其中血管生成蛋白是FGF-4。

11. 权利要求9的用途，其中血管生成蛋白是FGF-5。

12. 权利要求10的用途，其中血管生成蛋白是FGF-1。

13. 权利要求10的用途，其中血管生成蛋白是FGF-2。

14. 权利要求1的用途，其中血管生成蛋白包含分泌信号序列。

15. 权利要求14的用途，其中血管生成蛋白是通过插入异源分泌信号序列而修饰的FGF-2。

16. 权利要求1的用途，其中血管生成蛋白或肽是血管内皮生长因子（VEGF）家族的成员。

17. 权利要求16的用途，其中血管生成蛋白或肽是VEGF-121、VEGF-145、VEGF-165、VEGF-189、VEGF-206、VEGF-167、VEGF-186或VEGF-C。

18. 权利要求1的用途，其中血管生成蛋白或肽是血小板衍生的生长因子（PDGF）家族的成员。

19. 权利要求18的用途，其中血管生成蛋白或肽是PDGF-A或PDGF-B。

20. 权利要求1的用途，其中血管生成蛋白或肽是胰岛素样生长因子（IGF）家族的成员。

21. 权利要求1的用途，其中所述的启动子是CMV启动子。

22. 权利要求1的用途，其中所述的启动子是心肌细胞组织特异性启动子。

23. 权利要求22的用途，其中所述的组织特异性启动子是心室肌细胞特异性启动子。

24. 权利要求23的用途，其中所述的心室肌细胞特异性启动子是心室肌球蛋白轻链-2启动子或心室肌球蛋白重链启动子。

25. 权利要求1的用途，其中载体是病毒载体或以脂类为基础的载体。

26. 权利要求25的用途，其中载体是病毒颗粒。

27. 权利要求26的用途，其中病毒颗粒是复制缺陷型腺病毒（Ad）。

28. 权利要求26的用途，其中病毒颗粒是复制缺陷型腺相关病毒（AAV）。

29. 权利要求26的用途，其中在注射中运送约10^6-10^{14}个病毒载体颗粒。

30. 权利要求27的用途，其中在注射中运送约10^8-10^{12}个腺病毒载体颗粒。

31. 基因递送载体用于制备通过将载体运送至所述患者心脏用于减少心肌梗死患者心室重建的药物的用途，所述载体包含与基因表达启动子可操作地连接的编码血管生成蛋白或肽的基因。

32. 权利要求31的用途，其中将载体运送至供应心肌血液的血管。

33. 权利要求32的用途，其中所述供应心肌血液的血管是冠状动脉、隐静脉移植体或哺乳动物内部动脉移植体。

34. 权利要求32的用途，其中载体通过直接在冠状血管内注射至左和/或右冠状动脉来运送。

35. 权利要求34的用途，其中所述冠状血管内注射在左和/或右冠状动脉管腔中约1cm处进行。

36. 权利要求31的用途，其中血管生成蛋白或肽是成纤维细胞生长因子（FGF）家族的成员。

37. 权利要求36的用途，其中血管生成蛋白或肽是FGF-4、FGF-5、FGF-6、FGF-1或FGF-2。

38. 权利要求37的用途，其中血管生成蛋白是FGF-4。

39. 权利要求37的用途，其中血管生成蛋白是FGF-5。

40. 权利要求39的用途，其中血管生成蛋白是FGF-1。

41. 权利要求39的用途，其中血管生成蛋白是FGF-2。

42. 权利要求31的用途，其中血管生成蛋白包含分泌信号序列。

43. 权利要求42的用途，其中血管生成蛋白是通过插入异源分泌信号序列而修饰的FGF-2。

44. 权利要求31的用途，其中血管生成蛋白或肽是血管内皮生长因子（VEGF）家族的成员。

45. 权利要求44的用途，其中血管生成蛋白或肽是VEGF-121、VEGF-145、VEGF-165、VEGF-189、

VEGF-206、VEGF-167、VEGF-186 或 VEGF-C。

46. 权利要求 31 的用途，其中血管生成蛋白或肽是血小板衍生的生长因子（PDGF）家族的成员。

47. 权利要求 46 的用途，其中血管生成蛋白或肽是 PDGF-A 或 PDGF-B。

48. 权利要求 31 的用途，其中血管生成蛋白或肽是胰岛素样生长因子（IGF）家族的成员。

49. 权利要求 31 的用途，其中所述的启动子是 CMV 启动子。

50. 权利要求 31 的用途，其中所述的启动子是心肌细胞组织特异性启动子。

51. 权利要求 50 的用途，其中所述的组织特异性启动子是心室肌细胞特异性启动子。

52. 权利要求 51 的用途，其中所述的心室肌细胞特异性启动子是心室肌球蛋白轻链-2 启动子或心室肌球蛋白重链启动子。

53. 权利要求 31 的用途，其中载体是病毒载体或以脂类为基础的载体。

54. 权利要求 53 的用途，其中载体是病毒颗粒。

55. 权利要求 54 的用途，其中病毒颗粒是复制缺陷型腺病毒（Ad）。

56. 权利要求 54 的用途，其中病毒颗粒是复制缺陷型腺相关病毒（AAV）。

57. 权利要求 54 的用途，其中在注射中运送约 10^6-10^{14} 个病毒载体颗粒。

58. 权利要求 55 的用途，其中在注射中运送约 10^8-10^{12} 个腺病毒载体颗粒。"

请求人认为：对比文件 1 和本发明所治疗的疾病在其病理表现上并不相同，虽然急性缺血和心脏病发作可导致充血性心力衰竭（CHF）发生或者心室重建，但具有 CHF 的心脏与经历心室重建的心脏在生理和病理表现上并不相同，例如参见文献 1（"心血管医学"，第 2 版（2002），Topol, E, J 等编，Cardiovascular medicine, lippincott, Williams & Wilkins, Philadelphia, PA, 第 88 章和第 90 章）（未提交）。具体而言，CHF 通常伴随形成扩大的或"膨胀"的心脏，增大后的心脏之心肌变弱，虽然心脏体积增加，但其泵送的体积分数越来越小。心室重建常常伴随心脏增大，这属于 CHF 中常见的形式，其发生可以是"瘢痕形成"的结果，也可以是其他损伤和/或细胞死亡的结果，其在心脏病发作或其他急性缺血事件后影响心肌部分，重建过程也可引起受损的心脏进一步变形。因此，所述 CHF 与心室重建的心脏均有特定的病理表现，对于患者心脏已经受损且形成 CHF 的情形，显然无法预见施用已知的"预防"性药物是否能够奏效，本领域技术人员并无可能预见阻止心脏病发作过程中起作用的因子或者条件仍然能够在出现损害和心室重建过程中也起作用。本发明的创造性的关键在于血管生成因子的使用能够有效用于治疗 CHF，即便是在心脏发展到损伤和膨大的状况，由此可知，现有技术，特别是对比文件 1 均未涉及或者暗示本发明权利要求所述的技术方案，不足以破坏本发明的创造性。

至此，合议组认为本案事实已经清楚，可以作出审查决定。

二、决定的理由

1. 决定针对的文本

本复审请求审查决定所针对的文本为请求人于 2007 年 10 月 18 日提交的权利要求 1～58、1999 年 12 月 23 日进入中国国家阶段时提交的国际申请文件中文译文的说明书第 1～63 页、说明书附图第 1～14 页和摘要。

2. 关于专利法第 22 条第 3 款

专利法第 22 条第 3 款规定，创造性是指同申请日以前已有的技术相比，该发明有突出的实质性特点和显著的进步，该实用新型有实质性特点和进步。

在判断要求保护的发明相对于现有技术是否显而易见时，先确定最接近的现有技术，再确定发明的区别特征和发明实际解决的技术问题，然后判断现有技术整体上是否给出将上述区别特征应用到该最接近的现有技术以解决其存在的技术问题并获得要求保护的发明的启示，若现有技术中存在这种技术启示，则发明是显而易见的。

本案中，权利要求1要求保护一种基因递送载体用于制备通过将载体运送至所述患者的心脏治疗充血性心力衰竭的药物的用途，所述载体包含与基因表达启动子可操纵地连接的编码血管生成蛋白或肽的基因。对比文件1公开了一种基因递送载体，其包含与基因表达启动子CMV可操作连接的编码血管生成蛋白或肽FGF-5的基因，其中以FGF为代表的血管生成蛋白起到促进血管发育、形成、改善血管状态和结构、增加血流供应等作用以减少心肌功能失调、减小心肌梗死，该载体用于外周血管疾病和包括心肌局部缺血的心脏病的体内基因治疗（参见对比文件1说明书摘要、说明书第2页第11行至第3页第2段、第23~24页实施例1）。权利要求1所要求保护的技术方案与对比文件1所公开的技术内容相比，其区别在于权利要求1限定了该基因递送载体用于治疗充血性心力衰竭，由此确定本发明实际解决的技术问题在于确定该基因递送载体能够治疗充血性心力衰竭。本领域技术人员公知，充血性心力衰竭（CHF）的特点正是存在心肌缺血、心肌损伤等，对比文件1公开的血管生成蛋白发挥治疗作用的机理正是促进血管发育、形成、改善血管状态和结构、增加血流供应等作用以减少心肌功能失调、减小心肌梗死，本领域技术人员可以从对比文件1中得到技术启示，即具有该功能的血管生成蛋白能够增加心肌供血，修复受损心肌，从而得到权利要求1所述用于制备治疗CHF的药物用途的技术方案，而且，本发明中血管生成蛋白治疗CHF的机理也是"在心肌中促进血管发生并且增加血流"（参见本申请说明书第6页），与对比文件1中的作用是相同的。由于对比文件1没有给出该血管生成蛋白基因递送载体不能用于治疗CHF的相反教导，本领域技术人员在对比文件1的技术启示下得到权利要求1的技术方案是显而易见的，权利要求1的技术方案也未产生任何预料不到的技术效果，因此，权利要求1相对于对比文件1没有突出的实质性特点和显著的进步，不符合专利法第22条第3款有关创造性的规定。

从属权利要求2和3的附加技术特征限定了CHF的病因，这些病因都与心肌局部缺血有关，根据与评述权利要求1相似的理由，通过将血管生成蛋白基因递送载体运送至患者心脏治疗与其他心肌局部缺血性心脏病有关的充血性心力衰竭对于本领域技术人员而言也是显而易见的。因此，权利要求2和3的技术方案相对于对比文件1也不符合专利法第22条第3款的规定。

从属权利要求4~7的附加技术特征限定了载体运送的目标部位。对比文件1公开的部位是在左和/或右冠状动脉、隐静脉移植体或哺乳动物内部动脉移植体的开口约1cm处（参见对比文件1说明书第5页第24~27行）。因此权利要求4~7附加的技术特征都被对比文件1公开了，当它们引用的权利要求不具备创造性时，权利要求4~7也不符合专利法第22条第3款的规定。

从属权利要求8~20的附加技术特征限定了具体的血管生成蛋白。对比文件1已经公开了FGF-5，aFGF（也称为FGF-1），bFGF（也称为FGF-2）和VEGF（参见对比文件1说明书第7页第2段）。而且本领域技术人员公知，FGF家族蛋白、VEGF家族蛋白、PDGF家族蛋白和IGF家族蛋白都是促进血管发生并增加血流作用的类似蛋白家族，它们都具有与FGF-5类似的功能；而使目标多肽或蛋白质包含分泌信号序列、异源分泌信号序列也是本领域技术人员容易选用的公知手段。因此，结合如上对权利要求1的评述可知，权利要求8~20的技术方案也不具备突出的实质性特点和显著的进步，不符合专利法第22条第3款的规定。

从属权利要求21~24的附加技术特征限定了具体的启动子。对比文件1公开了CMV启动子和心肌细胞组织特异性启动子包括心室肌球蛋白轻链-2启动子和肌球蛋白重链启动子（参见对比文件1说明书第13页第7行至第14页第6行）。因此权利要求21~24附加的技术特征都被对比文件1公开了，因此，当它们引用的权利要求不具备创造性时，权利要求21~24也不符合专利法第22条第3款的规定。

从属权利要求25~30的附加技术特征限定了具体的载体，特别是病毒载体。对比文件1公开了复制缺陷型腺病毒颗粒载体，注射107~1013个病毒颗粒，优选109~1011个病毒颗粒（参见对比文件1说明书第5页第28行至第6页第19行）；复制缺陷型腺相关病毒与复制缺陷型腺病毒具有类似性质，都是本领域常用的病毒载体，病毒颗粒的数量都在对比文件1公开的范围之内。因此，当它们引用的权利要求不具备创造性时，权利要求25~30的技术方案也不具备突出的实质性特点和显著的进步，不符合专利法第22条第3款的规定。

权利要求31要求保护一种基因递送载体用于制备通过将载体运送至所述患者心脏用于减少心肌梗死患者心室重建的药物的用途，所述载体包含与基因表达启动子可操纵地连接的编码血管生成蛋白或肽的基因。对比文件1公开了一种基因递送载体，其包含与基因表达启动子CMV可操作连接的编码血管生成蛋白或肽FGF-5的基因，其中以FGF为代表的血管生成蛋白起到促进血管发育、形成、改善血管状态和结构、增加血流供应等作用以减少心肌功能失调、减小心肌梗死，该载体用于外周血管疾病和包括心肌局部缺血的心脏病体内基因治疗（参见对比文件1说明书摘要、说明书第2页第11行至第3页第2段、第23~24页实施例1）。权利要求31所要求保护的技术方案与对比文件1所公开的技术内容相比，其区别在于权利要求31限定了该基因递送载体用于减少心肌梗死患者心室重建，由此确定本发明实际解决的技术问题在于确定该基因递送载体能够减少心肌梗死患者心室重建。本领域技术人员公知，心肌梗死患者心室重建的特点是存在心肌缺血、心肌损伤等，对比文件1公开的血管生成蛋白发挥治疗作用的机理正是促进血管发育、形成、改善血管状态和结构、增加血流供应等作用以减少心肌功能失调、减小心肌梗死，本领域技术人员可以从对比文件1中得到技术启示，即具有该功能的血管生成蛋白能够增加心肌供血，修复受损心肌，从而得到权利要求31所述用于制备治疗减少心肌梗死患者心室重建中的药物用途的技术方案，而且，本发明的血管生成蛋白在减少心肌梗死患者心室重建中的机理也是"在心肌中促进血管发生并且增加血流"（参见本申请说明书第6页），与对比文件1中的机理是相同的。由于对比文件1没有给出将血管生成蛋白基因递送载体不能用于减少心肌梗死患者心室重建的相反教导，本领域技术人员在对比文件1的技术启示下得到权利要求31的技术方案是显而易见的，而且权利要求31的技术方案也未产生任何预料不到的技术效果，因此，权利要求31相对于对比文件1没有突出的实质性特点和显著的进步，不符合专利法第22条第3款有关创造性的规定。

从属权利要求32~35的附加技术特征限定了载体运送的目标部位。对比文件1公开的部位是在左和/或右冠状动脉、隐静脉移植体或哺乳动物内部动脉移植体的开口约1cm处（参见对比文件1说明书第5页第24~27行）。因此权利要求32~35附加的技术特征都被对比文件1公开了，当它们引用的权利要求不具备创造性时，权利要求32~35也不符合专利法第22条第3款的规定。

从属权利要求36~48的附加技术特征限定了具体的血管生成蛋白。对比文件1已经公开了FGF-5，aFGF（也称为FGF-1），bFGF（也称为FGF-2）和VEGF（参见对比文件1说明书第7页第2段）。而且本领域技术人员公知FGF家族蛋白、VEGF家族蛋白、PDGF家族蛋白和IGF家族蛋白都是促进血管发生并增加血流作用的类似蛋白家族，它们都具有与FGF-5类似的功能；而使目标多肽或蛋白质包含分泌信号序列、异源分泌信号序列也是本领域技术人员容易选用的公知手段。因此结合如上对权利要求31的评述可知，权利要求36~48的技术方案也不具备突出的实质性特点和显著的进步，也不符合专利法第22条第3款的规定。

从属权利要求49~52的附加技术特征限定了具体的启动子。对比文件1公开了CMV启动子和心肌细胞组织特异性启动子包括心室肌球蛋白轻链-2启动子和肌球蛋白重链启动子（参见对比文件1说明书第13页第7行至第14页第6行）。因此权利要求49~52附加的技术特征都被对比文件1公开了，当它们引用的权利要求不具备创造性时，权利要求49~52也不符合专利法第22条第3款的规定。

从属权利要求53~58的附加技术特征限定了具体的载体，特别是病毒载体。对比文件1公开了复制缺陷型腺病毒颗粒载体，注射107~1013个病毒颗粒，优选109~1011个病毒颗粒（参见对比文件1说明书第5页第28行至第6页第19行）；复制缺陷型腺相关病毒与复制缺陷型腺病毒具有类似性质，都是本领域常用的病毒载体，病毒颗粒的数量都在对比文件1公开的范围之内。因此，当它们引用的权利要求不具备创造性时，权利要求53~58的技术方案也不具备突出的实质性特点和显著的进步，不符合专利法第22条第3款的规定。

对于请求人的意见，合议组认为：

首先，虽然请求人强调对比文件1与本发明中所治疗的疾病在其病理表现上不同，充血性心力衰竭时和心肌梗死后的心室重建的心脏各有其特定的病理表现，但是该意见并不能表明包含与基因表达启动子可操纵地连接的编码血管生成蛋白或肽的基因递送载体发挥治疗作用的机理有何不同，即其在促进血管发育生成，改善心肌缺血进而改善心肌功能方面的效果有何不同。

其次，不管是对比文件1公开的治疗对象是心肌缺血，并籍此防止充血性心力衰竭或导致心室重建的梗死，还是请求人主张的本发明的治疗对象是充血性心力衰竭或导致心室重建的梗死业已发生的情形，这两种情况都存在心肌缺血、心功能损伤的病理表现，血管生成蛋白在其中发挥的作用都是改善血管状态和结构、增加血流供应以减少心肌功能失调、减小心肌梗死。如果血管生成蛋白在对比文件1中能够通过促进血管生成，增加血流供应、减少心肌功能失调从而治疗心肌缺血，并籍此防止充血性心力衰竭或导致心室重建的梗死，那么本领域技术人员可以预期血管生成蛋白也能够通过促进血管生成，增加血管供应、减少心肌功能失调从而治疗充血性心力衰竭或导致心室重建的梗塞业已发生的情形。同时现有技术中也没有教导在患者充血性心力衰竭或严重梗死业已发生的情况下，不能采用本发明所述组合物和方法用于治疗或缓解上述严重疾病状况。

最后，虽然请求人认为文献1能支持其观点，但请求人并未提交文献1；而且，根据请求人的意见陈述，该文献的公开日期为2002年，在本申请的申请日之后，不能作为本申请的现有技术，因此，合议组对文献1不予以考虑。

因此，请求人的意见陈述不具备说服力，不能证明权利要求1~58符合专利法第22条第3款的规定。

根据以上事实和理由，本案合议组作出如下审查决定。

三、决定

维持国家知识产权局于2004年11月26日对第98806526.6号发明专利申请作出的驳回决定。

复审请求人对本决定不服的，可以根据专利法第41条第2款的规定，自收到本决定之日起三个月内向北京市第一中级人民法院起诉。

年龄同步化细胞的批量生产

复审请求审查决定（第 12376 号）

决 定 号	第 12376 号
决 定 日	2007 年 12 月 21 日
发明创造名称	年龄同步化细胞的批量生产
国 际 分 类 号	C12N 5/00，C12M 3/00
复 审 请 求 人	刘胜、刘实
申 请 号	01103282.0
申 请 日	2001 年 1 月 20 日
公 开 日	2002 年 1 月 30 日
合 议 组 组 长	郭　婷
主 审 员	刘文霞
参 审 员	魏春宝

法 律 依 据 专利法第 26 条第 3 款

决 定 要 点

如果说明书中给出了技术手段，但对所属技术领域的技术人员来说，该手段是含糊不清的，根据说明书记载的内容无法具体实施；或者说明书中给出了具体的技术方案，但未提供实验证据，而该方案又必须依赖实验结果加以证实才能成立，那么，则认为所属技术领域的技术人员按照说明书记载的内容无法实现发明。

一、案由

本复审请求涉及名称为"年龄同步化细胞的批量生产"的第 01103282.0 号发明专利申请（下称本申请），其申请人为刘胜、刘实，申请日为 2001 年 1 月 20 日，公开日为 2002 年 1 月 30 日。

2004 年 6 月 4 日，国家知识产权局以申请日提交的原始申请文本为基础，以本申请说明书不符合专利法第 26 条第 3 款的规定为由驳回了本申请，驳回决定所针对的权利要求书为：

"1. 一个在长期培养过程中产生年龄同步化细胞群体的方法，包括：（a）一种收集年龄均一的初始细胞群体的手段，和（b）一种在继续培养过程中保持初始细胞群体年龄同一定性的手段。

2. 权利要求 1 所指获取年龄均一的初始细胞群体的手段包括将细胞固定到某一指定表面的手段和只收集未贴附的新生细胞到某一新表面的手段。

3. 权利要求 2 所指表面可选自下列一组材料其中包括玻璃、塑料、纤维、纸张和金属。

4. 权利要求 2 所指表面可涂有能粘附细胞和吸引细胞的材料如左旋多聚赖氨酸。

5. 权利要求1所指收获年龄均一化的初始细胞的手段包括在指定细胞年龄标记细胞和特异性地收集被标记细胞的手段。

6. 权利要求5所指标记细胞的手段包括使用下列一组物质其中包括生物素。

7. 权利要求5所指特异性收集标记细胞的方法包括使用以下方法其中包括配体结合。

8. 权利要求1所指维持初始细胞群体年龄均一性的手段包括以下方式创造液体流动以从粘附的起始细胞分离其后代细胞：

（a）将液体培养基以水平方向流过含有上述细胞的表面，

（b）将液体培养基以垂直方向流过含有上述细胞的表面，

（c）将含有上述初始细胞的表面经常地浮出，然后又浸入液体培养基，和

（d）向培养室间断地输入和从培养室间断地输出用于培养粘附在表面的初始细胞的液体培养基。

9. 权利要求1所述细胞包括而不限于各种类型的微生物细胞和不同来源的组织细胞。

10. 权利要求1所述细胞年龄均一和细胞年龄同步化是指一般科学所接受的一定范围的相对水平的细胞年龄均一和细胞年龄同步化。"

驳回决定认为：

本申请要求保护一种产生年龄同步化细胞的方法，说明书对该方法的步骤进行说明，但是说明书没有记载该方法用于生产具体细胞群体的实施例，也没有公开足以证明本发明可以实现的必要实验数据。本申请的说明书未对发明作出清楚、完整的说明，致使所属技术领域的技术人员不能实现该发明，不符合专利法第26条第3款的规定。理由如下：（1）说明书没有记载足以证明本发明方法可以实现的内容。申请人对本发明的年龄同步化细胞的批量生产方法步骤的具体说明只是描述本发明的技术方案，是申请人对实现批量生产年龄同步化细胞的发明目的所作的技术构思，说明书进行本发明方法与相关技术的比较只是说明本发明期望的技术效果，而说明书没有记载本发明方法的具体实施例和必要实验数据，未能证明发明目的可以实现。（2）申请日前的现有技术也没有教导本发明可以实现。在答复第一次审查意见通知书时，申请人提出2004年第1期的《逻辑生物学》（文献1，未提交）上发表有本发明应用的实例和实验结果，同时还提供了一个柄杆菌年龄同步化的实例，申请人提出将这些实例作为原申请说明书的补充。然而这些实例都不是申请日前完成的发明，也不属于现有技术，不能用于克服本申请存在的公开不充分的缺陷。而且申请人也提出"本发明的创造性在于把几个相关的技术有机组合并应用到一个重要领域"，说明对于本领域技术人员来说，本发明的方法及其产生的技术效果是本领域技术人员在申请日前难以预期的。可见，并不存在教导本发明的产生年龄同步化细胞方法可以实现并解决本发明的技术问题的现有技术。本申请没有从理论和其他旁证中证实本发明可以实施并带来积极效果。

申请人刘胜、刘实（下称请求人）对上述驳回决定不服，于2004年8月30日提交了复审请求书，同时附具了以下附件：

附件1：美国专利US6767734B2扉页复印件及扉页部分内容的中文译文，共2页；

附件2：湖北省专利管理局印发的《专利申请实用知识问答65题》，封面页、第167~174页复印件，共5页。

请求人在提出复审请求的同时没有提交专利申请修改文本，其提出的复审理由为：

（1）本专利申请所述发明的理论基础已在专利申请之前公开发表于《中国科学》（Science in China，1999年第42卷第644~654页）（文献2，未提交）和《逻辑生物学》（Logical Biology，第2000卷第5~16页）（文献3，未提交），同时建议审查员参阅Trends in Biotechnology 2004年第22卷第8期上发表的几篇相关文章（文献4，未提交）。本申请说明书第3页第1段已明确指出本发明的

理论基础，本发明的目的并非重复上述理论构想，而是切切实实地描述一种能体现上述理论构想具体应用价值的一个非常有用的方法——即真正意义上的年龄同步化细胞的批量生产。审查员提出的"申请日前的现有技术也没有教导本发明可以实现"这一理由是错误的，如果可以教导，则本发明将缺乏新颖性。

（2）在上交专利之前，我们不仅拥有支持本发明应当实现的理论依据，也得到了该发明能被所属技术领域的技术人员实现的实验数据（注：在答复第一次审查意见通知书时，请求人随意见陈述书提交了使用柄杆菌的具体实例）。不过我们有意选择了用概括性的名词和语言来描述发明的每一具体实施步骤和要求，而避免使用在某一细胞上的实验为例。对此做法，我们不仅参考了国际惯例和我们在向美国专利局申请时的经验，也特意参考了中国出版的有关专利申请的书籍（参见附件2）。专利法第26条第3款并未要求说明书必须列举实施例和实验数据来证明发明的实用性和有益效果。本申请的说明书对发明已经作出了清楚、完整的说明，所属技术领域的技术人员按照说明书的描述完全能够实现发明的意图和效果。

（3）与此相关的申请在美国专利局已审查通过（参见附件1）。形式审查合格后，专利复审委员会受理了该复审请求，并于2004年12月13日向请求人发出《复审请求受理通知书》，随后将本申请案卷移交原审查部门进行前置审查。

原审查部门对本复审请求进行了前置审查，认为仍不符合专利法第26条第3款的规定，坚持原驳回决定。

专利复审委员会组成合议组，对本复审请求案进行了审理。于2007年9月5日以公告送达方式向请求人发出《复审通知书》。《复审通知书》指出：

（1）请求人虽然在说明书中给出了解决其技术问题的手段，但是在描述中采用了一些含糊不清的用词，所属技术领域的技术人员按照这种含糊不清的描述无法确切得知如何具体操作，对于所属技术领域的技术人员来说，若不花费创造性劳动，则无法具体实施本发明。

（2）由于本发明的理论基础与本领域技术人员普遍掌握的细胞分裂相关知识完全不同，本领域技术人员根据申请日前已具有的专业知识无法相信本发明能够实现，因而需要提供充分的实验证据加以证实，即：本发明的技术方案属于必须依赖实验结果加以证实才能成立的情况。而本申请说明书中并没有提供实验证据。

综上所述，本申请说明书中给出的解决技术问题的手段是含糊不清的，且缺乏实验证据，所属领域的技术人员根据申请日以前已有的专业知识以及本申请说明书的描述，无法确信本申请的技术方案能够实现，请求人提供的意见陈述及附件也不具有说服力，因此本申请不符合专利法第26条第3款"说明书应当对发明作出清楚、完整的说明，以所属技术领域的技术人员能够实现为准"的规定。

针对《复审通知书》指出的问题，请求人于2007年10月30日提交了意见陈述书，意见与之前陈述过的基本相同。同时提交了附件3、4（编号续前），具体如下：

附件3："液态培养基内跟踪细菌生长和一个新的细菌生命模式"，刘实，中国科学（C辑），第29卷第6期，1999年12月，第571~579页，复印件共9页；

附件4："Senescence in a Bacterium with Asymmetric Division"，Martin A. 等人，SCIENCE，第300卷，第1920页，2003年6月20日，及其部分内容的中文译文，共2页。

至此，合议组认为本案事实清楚，可以作出审查决定。

二、决定的理由

1. 决定所依据的文本

本复审请求审查决定所依据的文本为请求人于申请日提交的权利要求1~10、说明书第1~7页、附图第1页和说明书摘要。

2. 关于专利法第26条第3款

专利法第26条第3款规定，说明书应当对发明或者实用新型作出清楚、完整的说明，以所属技术领域的技术人员能够实现为准。

所属技术领域的技术人员能够实现，是指所属技术领域的技术人员按照说明书记载的内容，就能够实现该发明的技术方案，解决其技术问题，并且产生预期的技术效果。如果说明书中给出了技术手段，但对所属技术领域的技术人员来说，该手段是含糊不清的，根据说明书记载的内容无法具体实施；或者说明书中给出了具体的技术方案，但未提供实验证据，而该方案又必须依赖实验结果加以证实才能成立，那么，则认为所属技术领域的技术人员按照说明书记载的内容无法实现发明。

就本案而言，其要求保护一个在长期培养过程中产生年龄同步化细胞群体的方法，包括：(a) 一种收集年龄均一的初始细胞群体的手段，和（b）一种在继续培养过程中保持初始细胞群体年龄同一定性的手段。

本申请说明书采用概括描述的方式给出了技术方案，但是未提供具体实施例以及证实确实达到了细胞年龄同步化的实验证据。

合议组认为：

(1) 请求人虽然在说明书中给出了解决其技术问题的手段，但是在描述中采用了一些含糊不清的用词，例如在本申请说明书第6页第8~12行中采用的"离粘附细胞很近但又不直接接触的位置"、"放置时间应当很短"，以及在说明书第7页第12~15行根据图1的进一步描述中所述"一个新的表面平板107被放于临近粘附细胞的地方"、"此新表面只在此放置很短一段时间"等。首先，本领域技术人员公知的是，细胞是微小的，通常是用显微镜才能看到的由半透膜与外界分开的原生质团，其相对于一个宏观的表面平板来说，其体积几乎可以忽略不计，那么，如何保证表面平板"很近但又不直接接触"从而收集到从粘附细胞生育下来的新生细胞？其次，细胞分裂是一个微观过程，到底放置多短的时间，才能够保证收集到的是年龄均一的初始细胞？对此，说明书中也没有给出详细的说明。所属技术领域的技术人员按照这种含糊不清的描述无法确切得知如何具体操作，无法实施本发明。

(2) 本申请是基于以下的理论基础，即：一个细胞分裂而来的两个细胞具有亲子关系而具有不同的年龄。这一观点完全不同于申请日前本领域技术人员的普通认知。本申请说明书依据此理论基础，提出采用如下几种方法来实现"母代"、"子代"细胞的分离：用另一表面捕集、用液流冲洗、扰动等。但是，依据本领域技术人员的普通认知，对于一个细胞分裂而来的两个细胞而言，它们一般具有非常相近的粘附能力，基于此认识，本领域技术人员存在如下疑惑：一方面，当根据本申请的方法，用一个表面平板去收集所谓的"新生细胞"时，如何保证只收集到"新生细胞"而不会收集到和其粘附能力非常相近的"母细胞"？另一方面，当根据本申请的方法，通过扰动或液流冲洗等手段洗脱所谓的"子细胞"时，如何保证只会洗脱掉"子细胞"而将和其粘附能力非常相近的"母细胞"始终保留在表面平板上？如上所述，本领域技术人员根据申请日前已具有的专业知识无法相信本发明能够实现，本发明的技术方案属于必须依赖实验结果加以证实才能成立的情况。而本申请说明书中并没有提供实验证据。

综上所述，本申请说明书中给出的解决技术问题的手段是含糊不清的，且缺乏实验证据，所属领域的技术人员根据申请日以前已有的专业知识以及本申请说明书的描述，无法确信本申请的技术方案能够实现，因此本申请不符合专利法第26条第3款"说明书应当对发明作出清楚、完整的说明，以所属技术领域的技术人员能够实现为准"的规定。

对于请求人在本案审查过程中提交的意见陈述及附件，合议组认为它们均不能证明本申请说明书已充分公开，具体理由如下：

（1）请求人在答复《第一次审查意见通知书》时指出"组成本发明的各单项技术本身都是非常成熟或已证明可用的"和"本申请说明书不仅从生物学基本原理上而且还通过与相关技术的对比中阐述了本发明的优越性和可产生的积极效果"。对此，合议组认为：首先，申请人并没有提供现有技术证据证明上述各单项技术本身都是非常成熟或已证明可用的；其次，说明书中阐述的优越性只是在假设本发明能够实现的基础上才会具有，而目前的问题在于请求人未能证实本发明能够实现。

（2）对于请求人在审查过程中提及的文献1、3、4，合议组认为：首先，由于请求人未提交这些文献，合议组无法核实它们的出版信息，也无法得知其中公开的具体内容。其次，根据请求人的陈述，文献1、4的公开日在本申请申请日之后，不是本申请申请日前的现有技术。因此，文献1、3、4不能证明本申请说明书已充分公开。

（3）对于请求人在答复第一次审查意见通知书时提交的柄杆菌年龄同步化的实例，合议组认为，其并未记载在原说明书中，不能补入原说明书，其也不属于现有技术，也不能作为证明本申请说明书公开充分的证据。

（4）对于请求人提交的附件1和附件2，合议组认为：本申请审查的依据是中国专利法、专利法实施细则及审查指南，他国审查情况以及某本专利撰写参考书的内容并不对中国专利申请的审查产生约束力。对于请求人提交的附件3，合议组认为：其中虽提出了本申请的理论基础，但是该附件中并未提及任何涉及本申请请求保护的"一个在长期培养过程中产生年龄同步化细胞群体的方法"的内容（如具体的实验操作和实验结果），因此，即便参考该篇现有技术，其也并不足以表明本申请的方法能够实现并能够解决所要解决的技术问题。对于附件4，合议组认为：该附件的公开时间晚于本申请的申请日，不能作为现有技术证明本申请的方法能够实现并能够解决其要解决的技术问题。综上所述，附件1~4均不能证明本申请说明书已充分公开。

根据以上事实和理由，本案合议组作出如下审查决定。

三、决定

维持国家知识产权局于2004年6月4日对第01103282.0号发明专利申请作出的驳回决定。

复审请求人对本决定不服的，可以根据专利法第41条第2款的规定，自收到本决定之日起三个月内向北京市第一中级人民法院起诉。

北京市第一中级人民法院
行政判决书

(2008) 一中行初字第604号

原告刘胜，男，1964年7月14日出生，汉族，住中华人民共和国北京市经济技术开发区宏达北路12号创新大厦3219室。

被告中华人民共和国国家知识产权局专利复审委员会，住所地中华人民共和国北京市海淀区北四环西路9号银谷大厦。

法定代表人廖涛，中华人民共和国国家知识产权局专利复审委员会副主任。

委托代理人魏春宝，中华人民共和国国家知识产权局专利复审委员会审查员。

委托代理人郭鹏鹏，中华人民共和国国家知识产权局专利复审委员会审查员。

第三人刘实，男，1962年6月9日出生，美籍华人。

委托代理人刘胜（第三人刘实之弟），即本案原告刘胜。

原告刘胜不服被告中华人民共和国国家知识产权局专利复审委员会作出的第12376号复审请求审查决定（以下简称第12376号决定），于2008年4月11日向本院提起行政诉讼。本院受理后，依法组成合议庭，向被告送达了起诉状副本及应诉通知书，并依照《中华人民共和国行政诉讼法》第二十七条之规定，通知刘实作为本案第三人参加诉讼。本院于2008年9月19日对本案公开开庭进行了审理。原告兼第三人的委托代理人刘胜，被告的委托代理人魏春宝、郭鹏鹏到庭参加了诉讼。本案现已审理终结。

2007年12月21日，被告作出第12376号决定，维持了中华人民共和国国家知识产权局（以下简称国知局）于2004年6月4日对原告及第三人共同提出的名称为"年龄同步化细胞的批量生产"的第01103282.0号发明专利申请（下称本申请）作出的驳回决定。

被告为证明第12376号决定的合法性，在法定举证期限内向本院提供了作出该决定的证据：1. 美国专利US6767734B2扉页复印件及扉页部分内容的中文译文，共2页（即被诉决定中的附件1）；2. 湖北省专利管理局印发的《专利申请实用知识问答65题》，封面页，第167~174页复印件，共5页（即被诉决定中的附件2）；3. "液态培养基内跟踪细菌生长和一个新的细菌生命模式"，刘实，《中国科学》（C辑），第29卷第6期，1999年12月，第571~579页，复印件共9页（即被诉决定中的附件3）；4. "Senescence in a Bacterium with Asymmetric DiVision"，Martin A. 等人，SCIENCE，第300卷，第1920页，2003年6月20日，及其部分内容的中文译文，共2页（即被诉决定中的附件4）；5. 原告及第三人于申请日提交的权利要求第1~10项、说明书第1~7页、附图第1页和说明书摘要（被诉决定针对的文本）；6. 被告于2007年9月5日发出的《复审通知书》；7. 原告及第三人于2007年10月30日针对《复审通知书》提交的意见陈述。

以上证据用以证明第12376号决定审查程序合法、认定事实清楚、适用法律正确。

原告诉称：本申请不仅给出了明确具体的技术方案，而且专利申请的发明已被第三人在申请前实现并由外国科学家在后来的研究中应用证实。因此，第12376号决定不符合实际，并缺乏说服力。本发明的理论基础与本领域技术人员普遍掌握的细胞分裂相关知识的不同在于本发明的理论基础是由一个细胞来的两个细胞是上下代的关系而有年龄上的差别，而本领域技术人员普遍掌握的细胞分裂知识认为由一个细胞分裂来的两个细胞是同代的关系因而无年龄上的差别。对于生物学"一个母细胞分裂为两个子细胞"这一根本性错误,第三人从上世纪九十年代初开始就进行了系统科学的批评。而这些批评不仅是建立在其对生物学特别是微生物学的透彻理解后得到的正确理论之上,更是建立在其于上世纪九十年代初就完成的微生物学(包括与本申请相关的细菌年龄同步化的实验)的客观实验结果之上。虽然因受到西方某些学术权威的抵制,第三人的理论发现和实验观察未能在西方顶尖杂志发表,但完整阐明其理论发现和实验观察的科学论文在经过中国科学家一年多的评审之后,于1999年以中、英文在中国权威学术杂志《中国科学》发表。随后,2000年起,第三人更在世界第一家公开阅读、公开评审的学术杂志《逻辑生物学》上发表了一系列阐述细胞衰老死亡本质规律的学术论文。第三人的科学发现通过2000年一篇《自然》通讯也向全世界更广泛的科学工作者作了通告。因此,说本领域技术人员完全不知道本发明的理论基础是不可能和不符合事实的。在发表本发明的理论基础文章后,第三人于2000年6月向美国专利局提出了关于细胞年龄同步化的方法和设备的发明申请。该申请后被建议分成方法和设备两个不同的分案审理。对于方法案,美国专利局的审查员认为"一个细胞来的两个细胞是上下代的关系"是显而易见的,因此所发明的细胞年龄同步化的方法无新颖性,并由此错误判断而拒绝授权。但年龄同步化的设备的申请被授予专利权。因此,说第三人的科学发现不被理解接受、本领域技术人员完全不可能实现本发明是无道理的。原告提交的"液态培养基内跟踪细菌生长和一个新的细菌生命模式"一文,证明了原告专利是可操作的。第三人发表在《中国科学》杂志上的文章应该是说明书的补充。根据2008年新发表的文章,证实依据本申请的方法是可以得到专利所预期的结果的。

基于上述理由,请求撤销第12376号决定,由被告承担本案的诉讼费用。

原告在指定期限内未向本院提交证据。

被告在答辩中坚持其在第12376号决定中的意见,认为该决定是根据《中华人民共和国专利法》(以下简称《专利法》)第二十六条第三款的规定和《审查指南》相应的具体判断方式作出的,该决定认定事实清楚、符合相关法规,审查结论正确,原告的诉讼理由不成立,因此,请求予以维持,并驳回原告的诉讼请求。

第三人的诉讼意见及请求与原告相同,其在指定期限内亦未向本院提交证据。

经庭审质证,本院审查认为,被告证据1~5与本案被诉第12376号决定的合法性审查有关且合法、各方当事人对其真实性亦无异议,均为有效证据,本院予以采纳。

根据以上证据及各方当事人在庭审中无争议的陈述,本院对本案事实作出如下认定:

原告及第三人于2001年1月20日向国知局提出了本申请,本申请的公开日为2002年1月30日。2004年6月4日,国知局以申请日提交的原始申请文本为基础,以本申请说明书不符合《专利法》第二十六条第三款的规定为由驳回了本申请,驳回决定所针对的权利要求书为:

"1. 一个在长期培养过程中产生年龄同步化细胞群体的方法,包括:(a)一种收集年龄均一的初始细胞群体的手段,和(b)一种在继续培养过程中保持初始细胞群体年龄同一定性的手段。

2. 权力要求1所指获取年龄均一的初始细胞群体的手段包括将细胞固定到某一指定表面的手段和只收集未贴附的新生细胞到某一新表面的手段。

3. 权力要求2所指表面可选自下列一组材料其中包括玻璃、塑料、纤维、纸张和金属。

4. 权力要求2所指表面可涂有能粘附细胞和吸引细胞的材料如左旋多聚赖氨酸。

5. 权力要求1所指收获年龄均一化的初始细胞的手段包括在指定细胞年龄标记细胞和特异性地收集被标记细胞的手段。

6. 权力要求5所指标记细胞的手段包括使用下列一组物质其中包括生物素。

7. 权力要求5所指特异性收集标记细胞的方法包括使用以下方法其中包括配体结合。

8. 权力要求 1 所指维持初始细胞群体年龄均一性的手段包括以下方式创造液体流动以从粘附的起始细胞分离其后代细胞：

（a）将液体培养基以水平方向流过含有上述细胞的表面，

（b）将液体培养基以垂直方向流过含有上述细胞的表面，

（c）将含有上述初始细胞的表面经常地浮出，然后又浸入液体培养基，和

（d）向培养室间断地输入和从培养室间断地输出用于培养粘附在表面的初始细胞的液体培养基。

9. 权力要求 1 所述细胞包括而不限于各种类型的微生物细胞和不同来源的组织细胞。

10. 权力要求 1 所述细胞年龄均一和细胞年龄同步化是指一般科学所接受的一定范围的相对水平的细胞年龄均一和细胞年龄同步化。"

驳回决定认为：本申请要求保护一种产生年龄同步化细胞的方法，说明书对该方法的步骤进行说明，但是说明书没有记载该方法用于生产具体细胞群体的实施例，也没有公开足以证明本发明可以实现的必要实验数据。本申请的说明书未对发明作出清楚、完整的说明，致使所属技术领域的技术人员不能实现该发明，不符合《专利法》第二十六条第三款的规定。理由如下：（1）说明书没有记载足以证明本发明方法可以实现的内容。原告及第三人对本发明的年龄同步化细胞的批量生产方法步骤的具体说明只是描述本发明的技术方案，是其对实现批量生产年龄同步化细胞的发明目的所作的技术构思，说明书进行本发明方法与相关技术的比较只是说明本发明期望的技术效果，而说明书没有记载本发明方法的具体实施例和必要实验数据，未能证明发明目的可以实现。（2）申请日前的现有技术也没有教导本发明可以实现。在答复第一次审查意见通知书时，原告及第三人提出 2004 年第 1 期的《逻辑生物学》（文献 1，未提交）上发表有本发明应用的实例和实验结果，同时还提供了一个柄杆菌年龄同步化的实例，原告及第三人提出将这些实例作为原申请说明书的补充。然而这些实例都不是申请日前完成的发明，也不属于现有技术，不能用于克服本申请存在的公开不充分的缺陷。而且原告及第三人也提出"本发明的创造性在于把几个相关的技术有机组合并应用到一个重要领域"，说明对于本领域技术人员来说，本发明的方法及其产生的技术效果是本领域技术人员在申请日前难以预期的。可见，并不存在教导本发明的产生年龄同步化细胞方法可以实现并解决本发明的技术问题的现有技术。本申请没有从理论和其他旁证中证实本发明可以实施并带来积极效果。

原告及第三人对上述驳回决定不服，于 2004 年 8 月 30 日提交了复审请求书，同时附具了以下附件：

附件 1：美国专利 US6767734B2 扉页复印件及扉页部分内容的中文译文，共 2 页；

附件 2：湖北省专利管理局印发的《专利申请实用知识问答 65 题》，封面页、第 167-174 页复印件，共 5 页。

原告及第三人未同时提交专利申请修改文本，其提出的复审理由为：

（1）本申请所述发明的理论基础已在专利申请之前公开发表于《中国科学》（Science in China，1999 年第 42 卷第 644~654 页）（文献 2，未提交）和《逻辑生物学》（Logical Biology，第 2000 卷第 5~16 页）（文献 3，未提交），同时建议审查员参阅 Trends in Biotechnology 2004 年第 22 卷第 8 期上发表的几篇相关文章（文献 4，未提交）。本申请说明书第 3 页第 1 段已明确指出本发明的理论基础，本发明的目的并非重复上述理论构想，而是切切实实地描述一种能体现上述理论构想具体应用价值的一个非常有用的方法，即真正意义上的年龄同步化细胞的批量生产。被告提出的"申请日前的现有技术也没有教导本发明可以实现"这一理由是错误的，如果可以教导，则本发明将缺乏新颖性。

（2）在提出本申请之前，原告及第三人不仅拥有支持本发明应当实现的理论依据，也得到了该发明能被所属技术领域的技术人员实现的实验数据。不过原告及第三人有意选择了用概括性的名词和

语言来描述发明的每一具体实施步骤和要求，而避免以在某一细胞上的实验为例。对此做法，原告及第三人不仅参考了国际惯例及其在向美国专利局申请时的经验，也特意参考了中国出版的有关专利申请的书籍。《专利法》第二十六条第三款并未要求说明书必须列举实施例和实验数据来证明发明的实用性和有益效果。本申请的说明书对发明已经作出了清楚、完整的说明，所属技术领域的技术人员按照说明书的描述完全能够实现发明的意图和效果。

（3）与此相关的申请在美国专利局已审查通过。

被告受理后，将本申请案卷移交国知局原审查部门进行前置审查。原审查部门审查后认为仍不符合《专利法》第二十六条第三款的规定，坚持原驳回意见。被告于 2007 年 9 月 5 日以公告送达方式向原告及第三人发出《复审通知书》，指出：

（1）原告及第三人虽然在说明书中给出了解决其技术问题的手段，但是在描述中采用了一些含糊不清的用词，所属技术领域的技术人员按照这种含糊不清的描述无法确切得知如何具体操作，对于所属技术领域的技术人员来说，若不花费创造性劳动，则无法具体实施本发明。

（2）由于本发明的理论基础与本领域技术人员普遍掌握的细胞分裂相关知识完全不同，本领域技术人员根据申请日前已具有的专业知识无法相信本发明能够实现，因而需要提供充分的实验证据加以证实，即：本发明的技术方案属于必须依赖实验结果加以证实才能成立的情况。而本申请说明书中并没有提供实验证据。

综上，本申请说明书中给出的解决技术问题的手段是含糊不清的，且缺乏实验证据，所属领域的技术人员根据申请日以前已有的专业知识以及本申请说明书的描述，无法确信本申请的技术方案能够实现，原告及第三人提供的意见陈述及附件也不具有说服力，因此本申请不符合《专利法》第二十六条第三款"说明书应当对发明作出清楚、完整的说明，以所属技术领域的技术人员能够实现为准"的规定。

针对《复审通知书》指出的问题，原告及第三人于 2007 年 10 月 30 日提交了意见陈述书，意见与之前陈述过的基本相同。同时提交了如下附件：

附件 3："液态培养基内跟踪细菌生长和一个新的细菌生命模式"，刘实，《中国科学》（C 辑），第 29 卷第 6 期，1999 年 12 月，第 571~579 页，复印件共 9 页；

附件 4："Senescence in a Bacterium with AsymmetricDivision"，Martin A. 等人，SCIENCE，第 300 卷，第 1920 页，2003 年 6 月 20 日，及其部分内容的中文译文，共 2 页。

被告经审查认为：本复审请求的审查所依据的文本应为原告及第三人于申请日提交的权利要求第 1~10 项、说明书第 1~7 页、附图第 1 页和说明书摘要。《专利法》第二十六条第三款中规定的所属技术领域的技术人员能够实现，是指所属技术领域的技术人员按照说明书记载的内容，就能够实现该发明的技术方案，解决其技术问题，并且产生预期的技术效果。如果说明书中给出了技术手段，但对所属技术领域的技术人员来说，该手段是含糊不清的，根据说明书记载的内容无法具体实施；或者说明书中给出了具体的技术方案，但未提供实验证据，而该方案又必须依赖实验结果加以证实才能成立，那么，则认为所属技术领域的技术人员按照说明书记载的内容无法实现发明。本申请要求保护一个在长期培养过程中产生年龄同步化细胞群体的方法，包括：（a）一种收集年龄均一的初始细胞群体的手段，和（b）一种在继续培养过程中保持初始细胞群体年龄同一定性的手段。本申请说明书采用概括描述的方式给出了技术方案，但是未提供具体实施例以及证实确实达到了细胞年龄同步化的实验证据。（1）原告及第三人虽然在说明书中给出了解决其技术问题的手段，但是在描述中采用了一些含糊不清的用词，例如在本申请说明书第 6 页第 8~12 行中采用的"离粘附细胞很近但又不直接接触的位置"、"放置时间应当很短"，以及在说明书第 7 页第 12~15 行根据图 1 的进一步描述中所述

"一个新的表面平板 107 被放于临近粘附细胞的地方"、"此新表面只在此放置很短一段时间"等。首先，本领域技术人员公知的是，细胞是微小的，通常是用显微镜才能看到的由半透膜与外界分开的原生质团，其相对于一个宏观的表面平板来说，其体积几乎可以忽略不计，那么，如何保证表面平板"很近但又不直接接触"从而收集到从粘附细胞生育下来的新生细胞？其次，细胞分裂是一个微观过程，到底放置多短的时间，才能够保证收集到的是年龄均一的初始细胞？对此，说明书中也没有给出详细的说明。所属技术领域的技术人员按照这种含糊不清的描述无法确切得知如何具体操作，无法实施本发明。（2）本申请是基于以下的理论基础，即：一个细胞分裂而来的两个细胞具有亲子关系而具有不同的年龄。这一观点完全不同于申请日前本领域技术人员的普通认知。本申请说明书依据此理论基础，提出采用如下几种方法来实现"母代"、"子代"细胞的分离：用另一表面捕集、用液流冲洗、扰动等。但是，依据本领域技术人员的普通认知，对于一个细胞分裂而来的两个细胞而言，它们一般具有非常相近的粘附能力，基于此认识，本领域技术人员存在如下疑惑：一方面，当根据本申请的方法，用一个表面平板去收集所谓的"新生细胞"时，如何保证只收集到"新生细胞"而不会收集到和其粘附能力非常相近的"母细胞"？另一方面，当根据本申请的方法，通过扰动或液流冲洗等手段洗脱所谓的"子细胞"时，如何保证只会洗脱掉"子细胞"而将和其粘附能力非常相近的"母细胞"始终保留在表面平板上？如上所述，本领域技术人员根据申请日前已具有的专业知识无法相信本发明能够实现，本发明的技术方案属于必须依赖实验结果加以证实才能成立的情况。而本申请说明书中并没有提供实验证据。综上，本申请说明书中给出的解决技术问题的手段是含糊不清的，且缺乏实验证据，所属领域的技术人员根据申请日以前已有的专业知识以及本申请说明书的描述，无法确信本申请的技术方案能够实现，因此本申请不符合《专利法》第二十六条第三款"说明书应当对发明作出清楚、完整的说明，以所属技术领域的技术人员能够实现为准"的规定。

另外，对于原告及第三人在复审中提交的意见陈述及附件，被告认为均不能证明本申请说明书已充分公开，理由是：（1）原告及第三人在答复《第一次审查意见通知书》时指出"组成本发明的各单项技术本身都是非常成熟或已证明可用的"和"本申请说明书不仅从生物学基本原理上而且还通过与相关技术的对比中阐述了本发明的优越性和可产生的积极效果"。对此，被告认为：首先，原告及第三人并没有提供现有技术证据证明上述各单项技术本身都是非常成熟或已证明可用的；其次，说明书中阐述的优越性只是在假设本发明能够实现的基础上才会具有，而目前的问题在于原告及第三人未能证实本发明能够实现。（2）对于原告及第三人在审查过程中提及的文献1、3、4，被告认为：首先，由于原告及第三人未提交这些文献，被告无法核实它们的出版信息，也无法得知其中公开的具体内容。其次，根据原告及第三人的陈述，文献1、4的公开日在本申请申请日之后，不是本申请申请日前的现有技术。因此，文献1、3、4不能证明本申请说明书已充分公开。（3）对于原告及第三人在答复第一次审查意见通知书时提交的柄杆菌年龄同步化的实例，被告认为，其并未记载在原说明书中，不能补入原说明书，其也不属于现有技术，也不能作为证明本申请说明书公开充分的证据。（4）对于原告及第三人提交的附件1和附件2，被告认为：本申请审查的依据是《专利法》、《中华人民共和国专利法实施细则》及《审查指南》，它国审查情况以及某本专利撰写参考书的内容并不对中国专利申请的审查产生约束力。原告及第三人提交的附件3中虽提出了本申请的理论基础，但是该附件中并未提及任何涉及本申请请求保护的"一个在长期培养过程中产生年龄同步化细胞群体的方法"的内容（如具体的实验操作和实验结果），因此，即便参考该篇现有技术，其也并不足以表明本申请的方法能够实现并能够解决所要解决的技术问题。对于原告及第三人提交的附件4的公开时间晚于本申请的申请日，不能作为现有技术证明本申请的方法能够实现并能够解决其要解决的技术问题。

基于以上理由，被告作出了维持国知局驳回本申请决定的第12376号决定。

诉讼中，原告及第三人对第12376号决定中关于本申请的相关情况、原告及第三人在复审中的意见、复审的经过的表述及被告对证据的使用、第12376号决定作出的程序、被告的职权不持异议。

本院认为，原告及第三人对第12376号决定中关于本申请的相关情况、原告及第三人在复审中的意见、复审的经过的表述及被告对证据的使用、第12376号决定作出的程序、被告的职权不持异议，本院经审查，对第12376号决定中上述部分的正确性及被告对证据的使用、第12376号决定作出的程序的合法性予以确认。

根据《专利法》第二十六条第三款规定：说明书应当对发明或者实用新型作出清楚、完整的说明，以所属技术领域的技术人员能够实现为准。上述规定中所述的能够实现，是指所属领域技术人员按照说明书的记载内容，就能够实现该发明的技术方案，解决其技术问题，并且产生预期的技术效果。本申请是基于"新的细胞生命的理论，即一个细胞分裂而来的两个细胞之间具有亲子关系而具有不同的年龄"，要求保护一种在长期培育过程中产生年龄同步化细胞群体的方法。首先，本申请说明书虽然记载了采用一表面捕集或粘附细胞、用液流冲洗、扰动等技术手段，意欲解决将不同龄的"母代"、"子代"细胞分离的技术问题，但是，依据本领域技术人员的普通认知，由一个细胞分裂而来的两个细胞一般具有非常相近的粘附能力，而且原告在其说明书和所提交的有效证据中均未表明由同一细胞分裂而来的"母代"细胞和"子代"细胞的粘附能力存在差别且足以能够通过上述技术手段加以区分，故本领域技术人员根据本申请的方法，不能知晓如何保证用一个表面平板去收集所谓的"新生细胞"时只收集到"新生细胞"而不会收集到和其粘附能力非常相近的"母细胞"，也不知本申请的方法如何保证通过上述扰动或液流冲洗等手段洗脱所谓的"子细胞"时只会洗脱掉"子细胞"而不是与其粘附能力非常相近的"母细胞"。而且，本申请的说明书采用概括描述的方式给出技术方案，并未提供具体实施例以及证实采用本申请方法确实可达到细胞年龄同步化的实验证据，本领域技术人员根据申请日前已具有的专业知识无法相信本发明能够实现，本发明的技术方案属于必须依赖实验结果加以证实才能成立的情况，而本申请说明书中并没有提供实验证据。其次，本申请说明书在对技术手段的描述中采用了一些含糊不清的用词，例如在本申请说明书第6页第8~12行中采用的"离粘附细胞很近但又不直接接触的位置"、"放置时间应当很短"，以及在说明书第7页第12~15行根据图1的进一步描述中所述"一个新的表面平板107被放于临近粘附细胞的地方"、"此新表面只在此放置很短一段时间"等。本领域技术人员公知的是，通常由于细胞本身或细胞分裂过程需借助显微设备进行观察分辨，相对于一个宏观的表面平板来说，细胞体积或细胞分裂过程几乎可以忽略，故本领域技术人员不知表面"很近但又不直接接触"的距离或位置是多少和/或放置时间是多长时才能实现或保证收集到从粘附细胞产生的新生细胞或收集到的是年龄均一的初始细胞，对此，本申请说明书没有给出详细完整的说明。所属技术领域的技术人员按照这种含糊不清的描述无法确切得知如何具体操作，无法实施本发明。综上，由于本申请建立在"完全不同"的理论基础之上，因此说明书中应当清楚描述解决技术问题的技术手段，并提供试验证据，以使所属领域技术人员能够确信建立在"完全不同"理论基础之上的技术方案能够实现，第12376号决定认定本专利申请说明书不符合《专利法》第二十六条第三款规定是正确的，本院应予维持。

此外，其他国家和地区的审查结果不是中国专利的审查依据，况且在美国专利局获得授权的是"细菌年龄同步化的设备"，与本申请请求保护的"在长期培养过程中产生年龄同步化细胞群体的方法"是不同的发明，因此不具有参考价值。

本院认同被告在第12376号决定中关于本申请的认定意见，该决定认定事实清楚，适用法律、法规及规章无误，程序合法，结论正确，本院应予维持。原告的诉讼理由事实及法律根据不足，其请求本院不予支持。据此，依照《中华人民共和国行政诉讼法》第五十四条第（一）项之规定，判决如下：

维持被告中华人民共和国国家知识产权局专利复审委员会作出的第 12376 号复审请求审查决定。

案件受理费人民币 100 元，由原告刘胜负担（已交纳）。

如不服本判决，刘胜、中华人民共和国国家知识产权局专利复审委员会可在本判决书送达之日起 15 日内，刘实可在本判决书送达之日起 30 日内向本院递交上诉状，并按照对方当事人的人数提出副本，预交上诉案件受理费人民币 100 元，上诉于中华人民共和国北京市高级人民法院。

审　判　长　吴　月
代理审判员　毛天鹏
人民陪审员　陈　辉
二〇〇九年三月十七日
书　记　员　汪　明

北京市高级人民法院
行政判决书

(2009) 高行终字第 1115 号

上诉人（一审原告）刘胜，男，1964 年 7 月 14 日出生，汉族，住中华人民共和国北京市大兴区黄村东里 4 号楼 2 单元 401 室。

上诉人（一审第三人）刘实，男，1962 年 6 月 9 日出生，美籍华人，住美国北卡州峰顶市崖边路 1101 号。

委托代理人刘胜（刘实之弟），即上诉人刘胜。

被上诉人（一审被告）中华人民共和国国家知识产权局专利复审委员会，住所地中华人民共和国北京市海淀区北四环西路 9 号银谷大厦。

法定代表人张茂于，副主任。

委托代理人郭婷，女，中华人民共和国国家知识产权局专利复审委员会审查员。

委托代理人郭鹏鹏，男，中华人民共和国国家知识产权局专利复审委员会审查员。

上诉人刘胜、刘实因专利复审请求审查决定一案，不服中华人民共和国北京市第一中级人民法院 (2008) 一中行初字第 604 号行政判决，向本院提起上诉。本院受理后，依法组成合议庭进行了审理，本案现已审理终结。

2007 年 12 月 21 日，中华人民共和国国家知识产权局专利复审委员会（以下简称专利复审委）作出第 12376 号复审请求审查决定（以下简称第 12376 号决定），依据《中华人民共和国专利法》（以下简称《专利法》）第二十六条第三款的规定，维持中华人民共和国国家知识产权局（以下简称国知局）于 2004 年 6 月 4 日对刘胜和刘实共同提出的第 01103282.0 号"年龄同步化细胞的批量生产"发明专利申请（以下简称本申请）作出的驳回决定。刘胜不服第 12376 号决定，向中华人民共和国北京市第一中级人民法院（以下简称一审法院）提起行政诉讼。

一审法院判决认为，刘胜和刘实对第 12376 号决定中关于本申请的相关情况、其在复审中的意见、复审的经过的表述及专利复审委的职权、行政程序、证据使用不持异议，经审查对上述部分的正确性、合法性予以确认。根据《专利法》第二十六条第三款规定，说明书应当对发明或者实用新型作出清楚、完整的说明,以所属技术领域的技术人员能够实现为准。上述规定中所述的能够实现,是指所属领域技术人员按照说明书的记载内容,就能够实现该发明的技术方案,解决其技术问题,并且产生预期的技术效果。本申请是基于"新的细胞生命的理论,即一个细胞分裂而来的两个细胞之间具有亲子关系而具有不同的年龄",要求保护一种在长期培育过程中产生年龄同步化细胞群体的方法。首先,本申请说明书虽然记载了采用一表面捕集或粘附细胞、用液流冲洗、扰动等技术手段,意欲解决将不同龄的"母代"、"子代"细胞分离的技术问题,但是,依据本领域技术人员的普通认知,由一个细胞分裂而来的两个细胞一般具有非常相近的粘附能力,而且刘胜在其说明书和所提交的有效证据中均未表明由同一细胞分裂而来的"母代"细胞和"子代"细胞的粘附能力存在差别且足以能够通过上述技术手段加以区分,故本领域技术人员根据本申请的方法,不能知晓如何保证用一个表面平板去收集所谓的"新生细胞"时只收集到"新生细胞"而不会收集到和其粘附能力非常相近的"母细胞",也不知本申请的方法如何保证通过上述扰动或液流冲洗等手段洗脱所谓的"子细胞"时只会洗脱掉"子细胞"而不是与其粘附能力非常相近的"母细胞"。而且,本申请的说明书采用概括描述的方式给出技术方案,并未提供具体实施例以及证实采用本申请方法确实可达到细胞年龄同步化的实验证据,本领域技术人员根据申请日前已具有的专业知识无法相信本发明能够实现,本发明的技术方案属于必须依赖实验结果加以证实才能成立的情况,而本申请说明书中并没有提供实验证据。其次,本申请说明书在对技术手段的描述中采用了一些含糊不清的用词,例如在本申请说明书第6页第8～12行中采用的"离粘附细胞很近但又不直接接触的位置"、"放置时间应当很短",以及在说明书第7页第12～15行根据图1的进一步描述中所述"一个新的表面平板107被放于临近粘附细胞的地方"、"此新表面只在此放置很短一段时间"等。本领域技术人员公知的是,通常由于细胞本身或细胞分裂过程需借助显微设备进行观察分辨,相对于一个宏观的表面平板来说,细胞体积或细胞分裂过程几乎可以忽略,故本领域技术人员不知表面"很近但又不直接接触"的距离或位置是多少和/或放置时间是多长时才能实现或保证收集到从粘附细胞产生的新生细胞或收集到的是年龄均一的初始细胞,对此,本申请说明书没有给出详细完整的说明。所属技术领域的技术人员按照这种含糊不清的描述无法确切得知如何具体操作,无法实施本发明。综上,由于本申请建立在"完全不同"的理论基础之上,因此说明书中应当清楚描述解决技术问题的技术手段,并提供试验证据,以使所属领域技术人员能够确信建立在"完全不同"理论基础之上的技术方案能够实现,第12376号决定认定本专利申请说明书不符《专利法》第二十六条第三款规定是正确的,应予维持。其他国家和地区的审查结果不是中国专利的审查依据,况且在美国专利局获得授权的是"细菌年龄同步化的设备",与本申请请求保护的"在长期培养过程中产生年龄同步化细胞群体的方法"是不同的发明,因此不具有参考价值。一审法院认同专利复审委在第12376号决定中关于本申请的认定意见,该决定认定事实清楚,适用法律、法规及规章无误,程序合法,结论正确,应予维持。刘胜的诉讼理由事实及法律根据不足,其请求不予支持。据此,依照《中华人民共和国行政诉讼法》第五十四条第(一)项的规定,判决维持第12376号决定。

刘胜、刘实不服一审判决,向本院提起上诉。诉称,1.一审判决认为"由一个细胞分裂而来的两个细胞一般具有非常相近的粘附能力",故"不能知晓"如何保证用一个表面平板只收到"新生细胞"而不是"母细胞"。本申请说明书通过列举柄杆菌的实例说明至少有些细胞的母、子有不同的粘附能力而可将母、子有效分离。即使对一些母、子粘附能力非常相近的细胞,本申请也列举了一些方法创造母、子粘附能力的差别而使本发明也可以适用。2.一审判决认为本申请说明书中的"离粘附细胞很近但又不直接接触的位置"、"放置时间应当很短"等是含糊不清,理由是"相对于一个宏观的表面平板来说,细胞体积或细胞分裂过程几乎可以忽略"。首先,不管细胞相对于多么宏观的表面,如果一个操作是要与细胞相关,那么其细胞体积就是一个不可忽略的因素。其次,不管细胞分裂是多么短暂,如果一个操作是要与细胞分裂周期的同步化相关,那么细胞分裂周期长短都是设计放置时间的依据。3. 2000年向美国专利局提交的申请是包含年龄同步化细胞群体产生方法和设备两个方面,当时的审查结论是方法"可以预期"因而发明不够"新颖"而没有授权,但设备是独创可行的因而被分案授权。本申请的说明书给出了实现本发明的清楚、完整的说明并配以图示,而且本发明实际上已被所属技术领域的技术人员成功实现。综上,请求二审法院重新审理、重新判决。

专利复审委答辩认为,1.《专利法》第二十六条第三款所述的能够实现,是指所属技术领域的技术人员按照说明书记载的内容,就能够实现该发明的技术方案,解决其技术问题,并且产生预期的技术效果。由此可见,请求保护的技术方案能否实现应该基于"所属技术领域的技术人员"和"说明书记载的内容"进行判断。2. 由于本申请建立在"完全不同"的理论基础上,因此说明书中应当清楚描述解决技术问题的技术手段,并提供实验证据,以使所属领域技术人员能够确信建立在"完全不同"理论基础上的技术方案能够实现。3. 其他国家和地区的审查结果不是专利复审委的审查依据,况且在美国专利局获得授权的是"细胞年龄同步化的设备",与本申请是不同的发明,因而不具有参考价值。综上,请求二审法院判决维持一审判决和第12376号决定。

在一审审理期间,专利复审委在法定期限内向一审法院提交了以下证据:1. 美国专利US6767734B2扉页复印件及扉页部分内容的中文译文,共2页(即第12376号决定中的附件1);2. 湖北省专利管理局印发的《专利申请实用知识问答65题》,封面页,第167-174页复印件,共5页(即第12376号决定中的附件2);3. "液态培养基内跟踪细菌生长和一个新的细菌生命模式",刘实,《中国科学》(C辑),第29卷第6期,1999年12月,第571~579页,复印件共9页(即第12376号决定中的附件3);4. "Senescence in a Bacterium with Asymmetric Division",Martin A. 等人,SCIENCE,第300卷,第1920页,2003年6月20日,及其部分内容的中文译文,共2页(即第12376号决定中的附件4);5. 刘胜、刘实于申请日提交的权利要求第1~10项、说明书第1~7页、附图第1页和说明书摘要(第12376号决定针对的文本);6. 专利复审委于2007年9月5日发出的《复审通知书》;7. 刘胜、刘实于2007年10月30日针对《复审通知书》提交的意见陈述。

刘胜、刘实未向一审法院提交证据。

一审法院经庭审质证审查认为,专利复审委提交的证据1~5与本案被诉第12376号决定的合法性审查有关且合法、各方当事人对其真实性亦无异议,均为有效证据,予以采纳。

上述证据均已随案移送本院,本院经审查,确认一审法院认证意见正确,并据此认定本案如下事实:

刘胜和刘实于2001年1月20日向国知局提出本申请,本申请的公开日为2002年1月30日。2004年6月4日,国知局以申请日提交的原始申请文本为基础,以本申请说明书不符合《专利法》第二十六条第三款的规定为由驳回本申请,驳回决定所针对的权利要求书为:

"1. 一个在长期培养过程中产生年龄同步化细胞群体的方法,包括:(a)一种收集年龄均一的初始细胞群体的手段,和(b)一种在继续培养过程中保持初始细胞群体年龄同一定性的手段。

2. 权力要求1所指获取年龄均一的初始细胞群体的手段包括将细胞固定到某一指定表面的手段和只收集未贴附的新生细胞到某一新表面的手段。

3. 权力要求2所指表面可选自下列一组材料其中包括玻璃、塑料、纤维、纸张和金属。

4. 权力要求2所指表面可涂有能粘附细胞和吸引细胞的材料如左旋多聚赖氨酸。

5. 权力要求1所指收获年龄均一化的初始细胞的手段包括在指定细胞年龄标记细胞和特异性地收集被标记细胞的手段。

6. 权力要求 5 所指标记细胞的手段包括使用下列一组物质其中包括生物素。

7. 权力要求 5 所指特异性收集标记细胞的方法包括使用以下方法其中包括配体结合。

8. 权力要求 1 所指维持初始细胞群体年龄均一性的手段包括以下方式创造液体流动以从粘附的起始细胞分离其后代细胞：

（a）将液体培养基以水平方向流过含有上述细胞的表面，

（b）将液体培养基以垂直方向流过含有上述细胞的表面，

（c）将含有上述初始细胞的表面经常地浮出，然后又浸入液体培养基，和

（d）向培养室间断地输入和从培养室间断地输出用于培养粘附在表面的初始细胞的液体培养基。

9. 权力要求 1 所述细胞包括而不限于各种类型的微生物细胞和不同来源的组织细胞。

10. 权力要求 1 所述细胞年龄均一和细胞年龄同步化是指一般科学所接受的一定范围的相对水平的细胞年龄均一和细胞年龄同步化。"

驳回决定认为：本申请要求保护一种产生年龄同步化细胞的方法，说明书对该方法的步骤进行说明，但是说明书没有记载该方法用于生产具体细胞群体的实施例，也没有公开足以证明本发明可以实现的必要实验数据。本申请的说明书未对发明作出清楚、完整的说明，致使所属技术领域的技术人员不能实现该发明，不符合《专利法》第二十六条第三款的规定。理由如下：（1）说明书没有记载足以证明本发明方法可以实现的内容。刘胜和刘实对本发明的年龄同步化细胞的批量生产方法步骤的具体说明只是描述本发明的技术方案，是其对实现批量生产年龄同步化细胞的发明目的所作的技术构思，说明书进行本发明方法与相关技术的比较只是说明本发明期望的技术效果，而说明书没有记载本发明方法的具体实施例和必要实验数据，未能证明发明目的可以实现。（2）申请日前的现有技术也没有教导本发明可以实现。在答复第一次审查意见通知书时，刘胜和刘实提出 2004 年第 1 期《逻辑生物学》（文献 1）上发表有本发明应用的实例和实验结果，同时还提供了一个柄杆菌年龄同步化的实例，刘胜和刘实提出将这些实例作为原申请说明书的补充。然而这些实例都不是申请日前完成的发明，也不属于现有技术，不能用于克服本申请存在的公开不充分的缺陷。而且刘胜和刘实也提出"本发明的创造性在于把几个相关的技术有机组合并应用到一个重要领域"，说明对于本领域技术人员来说，本发明的方法及其产生的技术效果是本领域技术人员在申请日前难以预期的。可见，并不存在教导本发明的产生年龄同步化细胞方法可以实现并解决本发明的技术问题的现有技术。本申请没有从理论和其他旁证中证实本发明可以实施并带来积极效果。

刘胜和刘实不服，于 2004 年 8 月 30 日向专利复审委申请复审。刘胜和刘实向专利复审委提交了如下附件：

附件 1：美国专利 US6767734B2 扉页复印件及扉页部分内容的中文译文，共 2 页；

附件 2：湖北省专利管理局印发的《专利申请实用知识问答 65 题》，封面页、第 167-174 页复印件，共 5 页。

附件 3："液态培养基内跟踪细菌生长和一个新的细菌生命模式"，刘实，《中国科学》（C 辑），第 29 卷第 6 期，1999 年 12 月，第 571~579 页，复印件共 9 页；

附件 4："Senescence in a Bacterium with AsymmetricDivision"，Martin A. 等人，SCIENCE，第 300 卷，第 1920 页，2003 年 6 月 20 日，及其部分内容的中文译文，共 2 页。

申请复审的理由为：（1）本申请所述发明的理论基础已在专利申请之前公开发表于《中国科学》（Science in China, 1999 年第 42 卷第 644~654 页）（文献 2）和《逻辑生物学》（LogicalBiology, 第 2000 卷第 5~16 页）（文献 3），同时建议审查员参阅 Trends in Biotechnology 2004 年第 22 卷第 8 期上发表的几篇相关文章（文献 4）。本申请说明书第 3 页第 1 段已明确指出本发明的理论基础，本发明

的目的并非重复上述理论构想,而是切切实实地描述一种能体现上述理论构想具体应用价值的一个非常有用的方法,即真正意义上的年龄同步化细胞的批量生产。被告提出的"申请日前的现有技术也没有教导本发明可以实现"这一理由是错误的,如果可以教导,则本发明将缺乏新颖性。(2) 在提出本申请之前,刘胜和刘实不仅拥有支持本发明应当实现的理论依据,也得到了该发明能被所属技术领域的技术人员实现的实验数据。不过刘胜和刘实有意选择了用概括性的名词和语言来描述发明的每一具体实施步骤和要求,而避免以在某一细胞上的实验为例。对此做法,刘胜和刘实不仅参考了国际惯例及其在向美国专利局申请时的经验,也特意参考了中国出版的有关专利申请的书籍。《专利法》第二十六条第三款并未要求说明书必须列举实施例和实验数据来证明发明的实用性和有益效果。本申请的说明书对发明已经作出了清楚、完整的说明,所属技术领域的技术人员按照说明书的描述完全能够实现发明的意图和效果。(3) 与此相关的申请在美国专利局已审查通过。

其中文献1~4未向专利复审委提交。

专利复审委将本申请案卷移交国知局原审查部门进行前置审查。原审查部门坚持原驳回意见。专利复审委于2007年9月5日以公告送达方式向刘胜和刘实发出《复审通知书》,指出:(1) 刘胜和刘实虽然在说明书中给出了解决其技术问题的手段,但是在描述中采用了一些含糊不清的用词,所属技术领域的技术人员按照这种含糊不清的描述无法确切得知如何具体操作,对于所属技术领域的技术人员来说,若不花费创造性劳动,则无法具体实施本发明。(2) 由于本发明的理论基础与本领域技术人员普遍掌握的细胞分裂相关知识完全不同,本领域技术人员根据申请日前已具有的专业知识无法相信本发明能够实现,因而需要提供充分的实验证据加以证实,即:本发明的技术方案属于必须依赖实验结果加以证实才能成立的情况。而本申请说明书中并没有提供实验证据。综上,本申请说明书中给出的解决技术问题的手段是含糊不清的,且缺乏实验证据,所属领域的技术人员根据申请日以前已有的专业知识以及本申请说明书的描述,无法确信本申请的技术方案能够实现,刘胜和刘实提供的意见陈述及附件也不具有说服力,因此本申请不符合《专利法》第二十六条第三款"说明书应当对发明作出清楚、完整的说明,以所属技术领域的技术人员能够实现为准"的规定。针对《复审通知书》指出的问题,刘胜和刘实于2007年10月30日提交了意见陈述书。

专利复审委经审查认为:本复审请求的审查所依据的文本应为刘胜和刘实于申请日提交的权利要求第1~10项、说明书第1~7页、附图第1页和说明书摘要。《专利法》第二十六条第三款中规定的所属技术领域的技术人员能够实现,是指所属技术领域的技术人员按照说明书记载的内容,就能够实现该发明的技术方案,解决其技术问题,并且产生预期的技术效果。如果说明书中给出了技术手段,但对所属技术领域的技术人员来说,该手段是含糊不清的,根据说明书记载的内容无法具体实施;或者说明书中给出了具体的技术方案,但未提供实验证据,而该方案又必须依赖实验结果加以证实才能成立,那么,则认为所属技术领域的技术人员按照说明书记载的内容无法实现发明。本申请要求保护一个在长期培养过程中产生年龄同步化细胞群体的方法,包括:(a) 一种收集年龄均一的初始细胞群体的手段,和 (b) 一种在继续培养过程中保持初始细胞群体年龄同一定性的手段。本申请说明书采用概括描述的方式给出了技术方案,但是未提供具体实施例以及证实确实达到了细胞年龄同步化的实验证据。(1) 刘胜和刘实虽然在说明书中给出了解决其技术问题的手段,但是在描述中采用了一些含糊不清的用词,例如在本申请说明书第6页第8~12行中采用的"离粘附细胞很近但又不直接接触的位置"、"放置时间应当很短",以及在说明书第7页第12~15行根据图1的进一步描述中所述"一个新的表面平板107被放于临近粘附细胞的地方"、"此新表面只在此放置很短一段时间"等。首先,本领域技术人员公知的是,细胞是微小的,通常是用显微镜才能看到的由半透膜与外界分开的原生质团,其相对于一个宏观的表面平板来说,其体积几乎可以忽略不计,那么,如何保证表面平板

"很近但又不直接接触"从而收集到从粘附细胞生育下来的新生细胞？其次，细胞分裂是一个微观过程，到底放置多短的时间，才能够保证收集到的是年龄均一的初始细胞？对此，说明书中也没有给出详细的说明。所属技术领域的技术人员按照这种含糊不清的描述无法确切得知如何具体操作，无法实施本发明。(2) 本申请是基于以下的理论基础，即：一个细胞分裂而来的两个细胞具有亲子关系而具有不同的年龄。这一观点完全不同于申请日前本领域技术人员的普通认知。本申请说明书依据此理论基础，提出采用如下几种方法来实现"母代"、"子代"细胞的分离：用另一表面捕集、用液流冲洗、扰动等。但是，依据本领域技术人员的普通认知，对于一个细胞分裂而来的两个细胞而言，它们一般具有非常相近的粘附能力，基于此认识，本领域技术人员存在如下疑惑：一方面，当根据本申请的方法，用一个表面平板去收集所谓的"新生细胞"时，如何保证只收集到"新生细胞"而不会收集到和其粘附能力非常相近的"母细胞"？另一方面，当根据本申请的方法，通过扰动或液流冲洗等手段洗脱所谓的"子细胞"时，如何保证只会洗脱掉"子细胞"而将和其粘附能力非常相近的"母细胞"始终保留在表面平板上？如上所述，本领域技术人员根据申请日前已具有的专业知识无法相信本发明能够实现，本发明的技术方案属于必须依赖实验结果加以证实才能成立的情况。而本申请说明书中并没有提供实验证据。综上，本申请说明书中给出的解决技术问题的手段是含糊不清的，且缺乏实验证据，所属领域的技术人员根据申请日以前已有的专业知识以及本申请说明书的描述，无法确信本申请的技术方案能够实现，因此本申请不符合《专利法》第二十六条第三款"说明书应当对发明作出清楚、完整的说明，以所属技术领域的技术人员能够实现为准"的规定。另外，对于刘胜和刘实在复审中提交的意见陈述及附件，专利复审委认为均不能证明本申请说明书已充分公开，理由是：（1）刘胜和刘实在答复《第一次审查意见通知书》时指出"组成本发明的各单项技术本身都是非常成熟或已证明可用的"和"本申请说明书不仅从生物学基本原理上而且还通过与相关技术的对比中阐述了本发明的优越性和可产生的积极效果"。对此，专利复审委认为：首先，刘胜和刘实并没有提供现有技术证据证明上述各单项技术本身都是非常成熟或已证明可用的；其次，说明书中阐述的优越性只是在假设本发明能够实现的基础上才会具有，而目前的问题在于刘胜和刘实未能证实本发明能够实现。（2）对于刘胜和刘实在审查过程中提及的文献1、3、4，专利复审委认为：首先，由于刘胜和刘实未提交这些文献，无法核实其出版信息，也无法得知其中公开的具体内容。其次，根据刘胜和刘实的陈述，文献1、4的公开日在本申请申请日之后，不是本申请申请日前的现有技术。因此，文献1、3、4不能证明本申请说明书已充分公开。（3）对于刘胜和刘实在答复第一次审查意见通知书时提交的柄杆菌年龄同步化的实例，专利复审委认为、其并未记载在原说明书中，不能补入原说明书，其也不属于现有技术，也不能作为证明本申请说明书公开充分的证据。（4）对于刘胜和刘实提交的附件1和附件2，专利复审委认为：本申请审查的依据是《专利法》、《中华人民共和国专利法实施细则》及《审查指南》，他国审查情况以及专利撰写参考书的内容并不对中国专利申请的审查产生约束力。刘胜和刘实提交的附件3中虽提出了本申请的理论基础，但是该附件中并未提及任何涉及本申请请求保护的"一个在长期培养过程中产生年龄同步化细胞群体的方法"的内容（如具体的实验操作和实验结果），因此，即便参考该篇现有技术，其也并不足以表明本申请的方法能够实现并能够解决所要解决的技术问题。对于刘胜和刘实提交的附件4的公开时间晚于本申请的申请日，不能作为现有技术证明本申请的方法能够实现并能够解决其要解决的技术问题。

据此，专利复审委于2007年12月21日作出第12376号决定。刘胜不服，向一审法院提起行政诉讼。

本院认为，根据《专利法》第二十六条第三款的规定，说明书应当对发明或者实用新型作出清楚、完整的说明，以所属技术领域的技术人员能够实现为准。参照《审查指南》第二部分第二章

2.1.3的规定，所属技术领域的技术人员能够实现，是指所属领域技术人员按照说明书的记载内容，就能够实现该发明的技术方案，解决其技术问题，并且产生预期的技术效果。

本申请说明书中存在"离粘附细胞很近但又不直接接触的位置"、"放置时间应当很短"、"一个新的表面平板107被放于临近粘附细胞的地方"、"此新表面只在此放置很短一段时间"等描述，专利复审委认定所述技术手段含糊不清，所属技术领域的技术人员无法确切得知如何具体操作，无法实施本发明，该认定具有事实根据。

本申请建立在一个新的细胞生命模式理论基础上，提出采用表面捕集、用液流冲洗、扰动等方法来实现"母代"、"子代"细胞的分离，但是本申请说明书中并没有提供实验证据，专利复审委认定本领域技术人员根据申请日前已有的专业知识无法相信本发明能够实现，该认定具有事实根据。

刘胜、刘实在复审中提及的有关文献及提交的附件均不能证明所属领域技术人员按照说明书的记载，就能够实现该发明的技术方案，解决其技术问题，并且产生预期的技术效果，因此专利复审委的认定本申请不符合《专利法》第二十六条第三款的规定具有事实和法律根据。

综上，专利复审委作出的第12376号决定认定事实清楚、适用法律正确、符合法定程序，一审判决维持正确，本院应予维持。刘胜、刘实的上诉请求缺乏事实及法律依据，本院不予支持。依据《中华人民共和国行政诉讼法》第六十一条第（一）项的规定，判决如下：

驳回上诉，维持一审判决。

二审案件受理费人民币100元，由上诉人刘胜、刘实共同负担（已交纳）。

本判决为终审判决。

审 判 长 朱世宽
审 判 员 赵宇晖
代理审判员 胡华峰
二〇一〇年三月三日
书 记 员 果 然

11q13.3 的高骨量基因

复审请求审查决定（第 12377 号）

决　定　号	第 12377 号
决　定　日	2007 年 12 月 18 日
发明创造名称	11q13.3 的高骨量基因
国际分类号	C12N 15/12，C12N 15/11，C12N 5/10，C12N 1/21，C07K 14/705，C07K 14/775，C07K 14/47，C07K 16/28，C12Q 1/68，A61K 49/00，G01N 33/50，G01N 33/53，G01N 33/68
复审请求人	奥赛恩特药品公司，克赖顿大学
申　请　号	00819619.2
优　先　权　日	2000 年 4 月 5 日
申　请　日	2000 年 6 月 21 日
公　开　日	2003 年 11 月 5 日
合议组组长	郭　婷
主　审　员	刘玉玲
参　审　员	魏春宝

法　律　依　据　专利法第 31 条第 1 款，第 33 条
决　定　要　点

属于一个总的发明构思的两项以上的发明或者实用新型，应当在技术上相互关联，包含一个或者多个相同或者相应的特定技术特征，其中"特定技术特征"是指将发明或者实用新型作为整体考虑，对现有技术作出贡献中起实质性作用的那些技术特征，若几项发明或者实用新型之间不具有相同或相应的技术特征，则不可能有相同或相应的特定技术特征，则不属于一个总的发明构思，不具备单一性。

原说明书和权利要求书记载的范围包括原说明书和权利要求书文字记载的内容和根据原说明书和权利要求书文字记载的内容以及说明书附图能直接地、毫无疑义地确定的内容。如果修改后的技术方案既不是原说明书和权利要求书文字记载的内容，也不是根据原说明书和权利要求书文字记载的内容以及说明书附图能直接地、毫无疑义地确定的内容，那么这种修改是超范围的。

一、案由

本复审请求涉及 2000 年 6 月 21 日申请、2003 年 11 月 5 日公开、名称为"11q13.3 的高骨量基因"的第 00819619.2 号发明专利申请（下称本申请），本申请的优先权日为 2000 年 4 月 5 日。本申

请的申请人先为基因组治疗公司，后变更为基因组治疗公司和克赖顿大学，最后变更为奥赛恩特药品公司和克赖顿大学。

2005年9月2日国家知识产权局在进入中国国家阶段时提交的国际申请中文译文的说明书第1~6、9~12、14~69、71~88、90页，附图第1~31页，摘要，摘要附图，按国际初步审查报告附件的说明书第7、8、13、70页，2004年2月2日提交的说明书第89页，以及2005年4月25日提交的权利要求1~111的基础上，以权利要求14~17、49、51、52、68~91和权利要求1~13之间缺乏单一性，不符合专利法第31条第1款的规定为由驳回了本申请。

驳回决定所针对的权利要求为：

"1. 一种分离的SEQ ID NO：2的核酸序列。

2. 权利要求1的分离核酸序列，其中核酸序列是DNA。

3. 一种分离的SEQ ID NO：4的氨基酸序列。

4. 编码SEQ ID NO：4的氨基酸序列的核酸序列。

5. 一种复制性克隆载体，其中含有权利要求1的核酸序列和在分离的宿主细胞中可操作的复制子。

6. 一种分离的宿主细胞，它已用权利要求5的复制性克隆载体转化。

7. 一种表达载体，其中含有权利要求1的核酸序列，该序列可操作性连接到转录调节区。

8. 一种分离的宿主细胞，它已用权利要求7的表达载体转化。

9. 一种检验物质作为体外宿主细胞中骨调节治疗剂的方法，包括将权利要求1的核酸给予宿主细胞，并评估是否有骨调节发生。

10. 一种鉴定参与骨调节的分子的方法，包括鉴定与HBM结合的分子、或抑制分子与HBM结合的分子。

11. 权利要求10的方法，其中所述分子是蛋白质。

12. 一种鉴定参与骨调节的蛋白的方法，包括鉴定一种蛋白，该蛋白在一种含Zmax1基因的宿主中的表达水平与在含HBM基因的另一种宿主中的表达水平不同。

13. 权利要求12的方法，其中宿主是细胞或动物。

14. 一种鉴定参与骨调节的候选蛋白的方法，包括

鉴定在第一种有高骨量表型的个体中的蛋白；

鉴定在第二种不具有高骨量表型的个体中的蛋白；

比较第一种个体的蛋白与第二种个体的蛋白，其中（i）存在于第一种个体中但不存在于第二种个体中的蛋白是候选蛋白或（ii）在第一种个体中存在量高于第二种个体中存在量的蛋白是候选蛋白或（iii）在第一种个体中存在量低于第二种个体中存在量的蛋白是候选蛋白。

15. 权利要求14的方法，进一步包括产生抗候选蛋白的抗体。

16. 一种鉴定参与骨调节的候选蛋白的方法，包括

鉴定在第一种有高骨量表型的个体中的蛋白；

鉴定在第二种不具有高骨量表型的个体中的蛋白；

比较第一种个体的蛋白与第二种个体的蛋白，其中（i）存在于第二种个体中但不存在于第一种个体中的蛋白是候选蛋白或（ii）在第二种个体中存在量高于第一种个体中存在量的蛋白是候选蛋白或（iii）在第二种个体中存在量低于第一种个体中存在量的蛋白是候选蛋白。

17. 权利要求16的方法，进一步包括产生抗候选蛋白的抗体。

……

49. 一种含SEQ ID NO: 5, 6, 7, 8, 9, 10或11的核酸序列的细菌人工染色体。

……

51. 一种扩增HBM基因中核苷酸多态性的方法，包括使用权利要求49的细菌人工染色体。

52. 一种鉴定HBM基因的调控元件的方法，包括使用权利要求1或权利要求49的细菌人工染色体。

……

68. 一种至少15个连续核苷酸的分离核酸片段，其中包括来自选自下组的外显子序列的单核苷酸多态性位点：

SEQ ID NO: 9，其中核苷酸69169由A取代，
SEQ ID NO: 9，其中核苷酸27402由G取代，
SEQ ID NO: 9，其中核苷酸27841由C取代，
SEQ ID NO: 9，其中核苷酸35600由G取代，
SEQ ID NO: 9，其中核苷酸45619由A取代，
SEQ ID NO: 9，其中核苷酸46018由G取代，
SEQ ID NO: 9，其中核苷酸46093由G取代，SEQ ID NO: 9，其中核苷酸46190由G取代，
SEQ ID NO: 9，其中核苷酸50993由C取代，
SEQ ID NO: 9，其中核苷酸51124由T取代，
SEQ ID NO: 9，其中核苷酸55461由T取代，
SEQ ID NO: 9，其中核苷酸63645由A取代，
SEQ ID NO: 9，其中核苷酸63646由C取代，
SEQ ID NO: 9，其中核苷酸24809由G取代，
SEQ ID NO: 9，其中核苷酸27837由C取代，
SEQ ID NO: 9，其中核苷酸31485由T取代，
SEQ ID NO: 9，其中核苷酸31683由G取代，SEQ ID NO: 9，其中核苷酸24808由G取代，
SEQ ID NO: 8，其中核苷酸31340由C取代，
SEQ ID NO: 8，其中核苷酸32538由G取代，
SEQ ID NO: 8，其中核苷酸13224由G取代，
SEQ ID NO: 8，其中核苷酸21119由A取代，
SEQ ID NO: 8，其中核苷酸30497由A取代，
SEQ ID NO: 9，其中核苷酸24811由C取代，
SEQ ID NO: 9，其中核苷酸68280由A取代，和与之互补的序列。

69. 权利要求68的分离核酸片段，其中所述SEQ ID NO: 8的外显子序列的核苷酸21119由A取代。

70. 权利要求68的分离核酸片段，该核酸片段是DNA。

71. 权利要求68的分离核酸片段，该核酸片段是RNA。

72. 权利要求62或权利要求68的分离核酸片段，该核酸片段是探针或引物。

73. 一种鉴定参与骨调节的分子的方法，包括鉴定与参与粘着斑信号传递的蛋白结合的分子或抑制分子与该蛋白结合的分子。

74. 权利要求73的方法，其中参与粘着斑信号传递的分子结合一种选自SEQ ID NO: 87~109的蛋白。

75. 权利要求 73 的方法，其中参与粘着斑信号传递的分子结合一种蛋白，该蛋白选自：SEQ ID NO：90，SEQ ID NO：93，SEQ ID NO：94，SEQ ID NO：99 和 SEQ ID NO：102。

76. 调节参与粘着斑信号传递的核酸或由其编码的多肽的试剂在制备用于调节受试者骨密度的药物中的用途。

77. 权利要求 76 的用途，其中核酸包括选自 SEQ ID NOS：63~86 的核酸。

78. 权利要求 76 的用途，其中核酸包括 SEQ ID NO：66，SEQ ID NO：71，SEQ ID NO：77 或 SEQ ID NO：79。

79. 权利要求 76 的用途，其中多肽选自 SEQ ID NOS：87~109。

80. 权利要求 76 的用途，其中多肽是 SEQ ID NO：90，SEQ ID NO：93，SEQ ID NO：94，SEQ ID NO：99 或 SEQ ID NO：102。

81. 一种核酸，包括 SEQ ID NO：66，SEQ ID NO：71，SEQ ID NO：77 或 SEQ ID NO：79。

82. 权利要求 81 的核酸，其中核酸是 RNA 或 DNA。

83. 一种复制性克隆载体，包含权利要求 81 的核酸和可在宿主细胞中操作的复制子。

84. 一种分离的宿主细胞，已用权利要求 83 的复制性克隆载体转化。

85. 一种含权利要求 81 的核酸序列的表达载体。

86. 一种分离的宿主细胞，已用权利要求 85 的表达载体转化。

87. 一种多肽，包括 SEQ ID NO：90，SEQ ID NO：93，SEQ ID NO：94，SEQ ID NO：99 或 SEQ ID NO：102。

88. 一种编码选自下组多肽的核酸：SEQ ID NO：90，SEQ ID NO：93，SEQ ID NO：94，SEQ ID NO：99 或 SEQ ID NO：102。

89. 调节参与粘着斑信号传递的核酸或多肽的试剂在制备用于治疗骨发育疾病的药物中的用途。

90. 权利要求 89 的用途，其中由所述试剂调节的核酸选自 SEQ ID NOS：63~86 的任意一个。

91. 权利要求 89 的用途，其中由所述试剂调节的多肽选自 SEQ ID NOS：87~109 的任意一个。

……"

驳回决定认为：权利要求 14~17、49、51、52 和 68~91 之间由于涉及序列 5~11 和序列 87~109，但是又未说明上述序列与序列 2 或 4 之间的联系，并且权利要求 14~17 根本未有涉及本发明中的任何核酸或蛋白序列或所述的 HBM 基因或 Zmax1 基因，而导致与权利要求 1~13 的技术方案之间缺乏特定的技术特征而不具有单一性。

申请人（下称请求人）对上述驳回决定不服，于 2005 年 12 月 8 日向专利复审委员会提出复审请求，请求人在提出复审请求时提交了附件 1（Comparison of the coding sequence SEQ ID NO：1 of Todd et al. with SEQ ID NO：1 of Carulli et al.，共 9 页）和附件 2（Comparison of SEQ ID NO：3 of Todd et al. with SEQ ID NO：3 (Zmax1) of Carulli et al.，共 3 页），以及新修改的权利要求书全文替换页（共 109 项），其中所作修改为：（1）在驳回决定所针对的权利要求 14 的基础上增加了技术特征"并且其中所述候选蛋白在所述个体中表达时具有与表达 HBM 的个体相似的增加的骨密度"；（2）删除了驳回决定所针对的权利要求 16、17，并相应修改了权利要求编号及引用关系；（3）在驳回决定所针对的权利要求 73、74（即修改后的权利要求 71 和 72）中分别加入了技术特征"其中所述参与粘着斑信号传递的蛋白结合 Zmax1"和"其中所述蛋白结合 Zmax1"。驳回决定所针对的权利要求修改后如下：

"1. 一种分离的 SEQ ID NO：2 的核酸序列。

2. 权利要求 1 的分离核酸序列，其中核酸序列是 DNA。

3. 一种分离的 SEQ ID NO：4 的氨基酸序列。

4. 编码SEQ ID NO:4的氨基酸序列的核酸序列。

5. 一种复制性克隆载体,其中含有权利要求1的核酸序列和在分离的宿主细胞中可操作的复制子。

6. 一种分离的宿主细胞,它已用权利要求5的复制性克隆载体转化。

7. 一种表达载体,其中含有权利要求1的核酸序列,该序列可操作性连接到转录调节区。

8. 一种分离的宿主细胞,它已用权利要求7的表达载体转化。

9. 一种检验物质作为体外宿主细胞中骨调节治疗剂的方法,包括将权利要求1的核酸给予宿主细胞,并评估是否有骨调节发生。

10. 一种鉴定参与骨调节的分子的方法,包括鉴定与HBM结合的分子、或抑制分子与HBM结合的分子。

11. 权利要求10的方法,其中所述分子是蛋白质。

12. 一种鉴定参与骨调节的蛋白的方法,包括鉴定一种蛋白,该蛋白在一种含Zmax1基因的宿主中的表达水平与在含HBM基因的另一种宿主中的表达水平不同。

13. 权利要求12的方法,其中宿主是细胞或动物。

14. 一种鉴定参与骨调节的候选蛋白的方法,包括

鉴定在第一种有高骨量表型的个体中的蛋白;

鉴定在第二种不具有高骨量表型的个体中的蛋白;

比较第一种个体的蛋白与第二种个体的蛋白,其中(i)存在于第一种个体中但不存在于第二种个体中的蛋白是候选蛋白或(ii)在第一种个体中存在量高于第二种个体中存在量的蛋白是候选蛋白或(iii)在第一种个体中存在量低于第二种个体中存在量的蛋白是候选蛋白;并且其中所述候选蛋白在所述个体中表达时具有与表达HBM的个体相似的增加的骨密度。

15. 权利要求14的方法,进一步包括产生抗候选蛋白的抗体。

……

47. 一种含SEQ ID NO:5,6,7,8,9,10或11的核酸序列的细菌人工染色体。

……

49. 一种扩增HBM基因中核苷酸多态性的方法,包括使用权利要求47的细菌人工染色体。

50. 一种鉴定HBM基因的调控元件的方法,包括使用权利要求1或权利要求47的细菌人工染色体。

……

66. 一种至少15个连续核苷酸的分离核酸片段,其中包括来自选自下组的外显子序列的单核苷酸多态性位点:

SEQ ID NO:9,其中核苷酸69169由A取代,

SEQ ID NO:9,其中核苷酸27402由G取代,

SEQ ID NO:9,其中核苷酸27841由C取代,

SEQ ID NO:9,其中核苷酸35600由G取代,

SEQ ID NO:9,其中核苷酸45619由A取代,

SEQ ID NO:9,其中核苷酸46018由G取代,

SEQ ID NO:9,其中核苷酸46093由G取代,

SEQ ID NO:9,其中核苷酸46190由G取代,

SEQ ID NO:9,其中核苷酸50993由C取代,

SEQ ID NO：9，其中核苷酸51124由T取代，
SEQ ID NO：9，其中核苷酸55461由T取代，
SEQ ID NO：9，其中核苷酸63645由A取代，
SEQ ID NO：9，其中核苷酸63646由C取代，
SEQ ID NO：9，其中核苷酸24809由G取代，
SEQ ID NO：9，其中核苷酸27837由C取代，
SEQ ID NO：9，其中核苷酸31485由T取代，
SEQ ID NO：9，其中核苷酸31683由G取代，SEQ ID NO：9，其中核苷酸24808由G取代，
SEQ ID NO：8，其中核苷酸31340由C取代，SEQ ID NO：8，其中核苷酸32538由G取代，
SEQ ID NO：8，其中核苷酸13224由G取代，
SEQ ID NO：8，其中核苷酸21119由A取代，
SEQ ID NO：8，其中核苷酸30497由A取代，
SEQ ID NO：9，其中核苷酸24811由C取代，
SEQ ID NO：9，其中核苷酸68280由A取代，和与之互补的序列。

67. 权利要求66的分离核酸片段，其中所述SEQ ID NO：8的外显子序列的核苷酸21119由A取代。

68. 权利要求66的分离核酸片段，该核酸片段是DNA。

69. 权利要求66的分离核酸片段，该核酸片段是RNA。

70. 权利要求60或权利要求66的分离核酸片段，该核酸片段是探针或引物。

71. 一种鉴定参与骨调节的分子的方法，包括鉴定与参与粘着斑信号传递的蛋白结合的分子或抑制分子与该蛋白结合的分子，其中所述参与粘着斑信号传递的蛋白结合Zmax1。

72. 权利要求71的方法，其中参与粘着斑信号传递的分子结合一种选自SEQ ID NO：87～109的蛋白，其中所述蛋白结合Zmax1。

73. 权利要求71的方法，其中参与粘着斑信号传递的分子结合一种蛋白，该蛋白选自：SEQ ID NO：90，SEQ ID NO：93，SEQ ID NO：94，SEQ ID NO：99和SEQ ID NO：102。

74. 调节参与粘着斑信号传递的核酸或由其编码的多肽的试剂在制备用于调节受试者骨密度的药物中的用途。

75. 权利要求74的用途，其中核酸包括选自SEQ ID NOS：63～86的核酸。

76. 权利要求74的用途，其中核酸包括SEQ ID NO：66，SEQ ID NO：71，SEQ ID NO：77或SEQ ID NO：79。

77. 权利要求74的用途，其中多肽选自SEQ ID NOS：87～109。

78. 权利要求74的用途，其中多肽是SEQ ID NO：90，SEQ ID NO：93，SEQ ID NO：94，SEQ ID NO：99或SEQ ID NO：102。

79. 一种核酸，包括SEQ ID NO：66，SEQ ID NO：71，SEQ ID NO：77或SEQ ID NO：79。

80. 权利要求79的核酸，其中核酸是RNA或DNA。

81. 一种复制性克隆载体，包含权利要求79的核酸和可在宿主细胞中操作的复制子。

82. 一种分离的宿主细胞，已用权利要求81的复制性克隆载体转化。

83. 一种含权利要求79的核酸序列的表达载体。

84. 一种分离的宿主细胞，已用权利要求83的表达载体转化。

85. 一种多肽，包括SEQ ID NO：90，SEQ ID NO：93，SEQ ID NO：94，SEQ ID NO：99或SEQ

ID NO: 102。

86. 一种编码选自下组多肽的核酸：SEQ ID NO: 90，SEQ ID NO: 93，SEQ ID NO: 94，SEQ ID NO: 99或SEQ ID NO: 102。

87. 调节参与粘着斑信号传递的核酸或多肽的试剂在制备用于治疗骨发育疾病的药物中的用途。

88. 权利要求87的用途，其中由所述试剂调节的核酸选自SEQ ID NOS: 63～86的任意一个。

89. 权利要求87的用途，其中由所述试剂调节的多肽选自SEQ ID NOS: 87～109的任意一个。"

请求人认为，权利要求14增加了技术特征"并且其中所述候选蛋白在所述个体中表达时具有与表达HBM的个体相似的增加的骨密度"；权利要求47、49、50涉及的SEQ ID NOS: 5～11通过其所涉及的细菌人工染色体最终表征了Zmax1基因；权利要求66涉及在BAC序列中确定的Zmax1中的其他变体；权利要求72～73涉及的SEQ ID NOS: 87～109的多肽与Zmax1蛋白相互作用；权利要求71加入了特征"其中所述参与粘着斑信号传递的蛋白结合Zmax1"，附件1和2能够证明Zmax1与现有技术区别，可见，修改后的权利要求都具有相同的特定技术特征：Zmax1序列，该序列的一个氨基酸的变体，以及该野生型和变体均调节骨量，因此，修改后的权利要求之间具有单一性，国家知识产权局驳回的理由不成立。

形式审查合格后，专利复审委员会受理了该复审请求，并于2006年2月22日向请求人发出《复审请求受理通知书》，同时将本申请案卷移交原审查部门进行前置审查。

原审查部门对本复审请求进行了前置审查，认为修改后的权利要求14、15、66～89的技术方案虽然如请求人在意见陈述中所述"具有与表达HBM的个体相似的增加的骨密度"，"序列87～109的多肽与Zmax1蛋白相互作用"，但是并没有说明上述方法或多肽与HBM或Zmax1在结构和功能上有任何关联，因此，上述技术方案和权利要求1所要求保护的序列2的核酸序列之间缺乏特定技术特征，不属于一个总的发明构思，仍然不具备单一性，坚持原驳回决定。

专利复审委员会组成合议组，对本复审请求案进行了审理。于2007年7月9日向请求人发出《复审通知书》。《复审通知书》指出：

（1）关于专利法第33条。

修改后的权利要求14增加了技术特征"并且其中所述候选蛋白在所述个体中表达时具有与表达HBM的个体相似的增加的骨密度"，该增加的技术特征在原始说明书和权利要求书中没有文字记载；而且在原始说明书和权利要求书中没有一个地方记载有该候选蛋白的功能，因而该增加的技术特征也不是根据原始说明书和权利要求书文字记载的内容以及说明书附图能直接、毫无疑义地确定的内容，因此修改后的技术方案超出原始说明书和权利要求书记载的范围，权利要求14不符合专利法第33条的规定。权利要求15引用权利要求14，仍然存在上述缺陷，因此也不符合专利法第33条的规定。

（2）关于专利法第31条第1款。

驳回决定涉及的权利要求包括四组发明：①权利要求1～13是涉及SEQ ID NO: 2所示核酸序列及其编码序列SEQ ID NO: 4的一组技术方案（下称第Ⅰ组）；②权利要求14～15不涉及具体序列（下称第Ⅱ组）；③权利要求47～50、66～70是涉及SEQ ID NO: 5～11的一组技术方案（下称第Ⅲ组）；④权利要求71～89是涉及SEQ ID NO: 63～109的一组技术方案（下称第Ⅳ组），在四组发明之间、第Ⅲ组内部不同序列SEQ ID NO: 5～11涉及的技术方案之间以及第Ⅳ组内部的不同序列SEQ ID NO: 63～109涉及的技术方案之间没有相同或者相应的技术特征，也就没有相同或相应的特定技术特征，它们技术上并不相互关联，不属于一个总的发明构思，因此，上述权利要求之间没有单一性，不符合专利法第31条第1款规定，具体理由如下：

根据说明书的记载可知，第Ⅰ组涉及的SEQ ID NO: 2的序列结构属于Zmax1基因（SEQ ID NO:

1）的一种变体，具体在于 SEQ ID NO：1 的第 582 位的鸟嘌呤突变为胸腺嘧啶，其相应密码子编码的氨基酸由甘氨酸突变为缬氨酸，而且正是由于该突变，使得 SEQ ID NO：2 编码的 SEQ ID NO：4 表现出 HBM 的表型。第 II 组由于并不涉及任何具体的序列结构，因此，第 I 组和第 II 组之间并不具有相同或相应的序列结构单元，同时该相同或相应的序列结构单元对于它们的相同功能是必不可少的，即第 II 组和第 I 组之间没有相同或相应的技术特征，当然也就没有相同或相应的特定技术特征，它们技术上并不相互关联，不属于一个总的发明构思，第 II 组和第 I 组之间没有单一性，不符合专利法第 31 条第 1 款规定。

第 III 组是涉及 SEQ ID NO：5～11 的一组技术方案，SEQ ID NO：5～11 在说明书中相应的记载是"至于本发明也涉及 Zmax1 基因区域的核苷酸序列，以及 HBM 基因区域的核苷酸序列。更具体地，一种优选实施方案是包含 Zmax1 基因区域 B200E21-H 和 B527D12-H 的片段的 BAC 克隆。一种优选实施方案是由 SEQ ID NO：5～11 组成的 BAC 克隆的核苷酸序列"。仅凭上述记载并不能推知：SEQ ID NO：5～11 的序列结构与 SEQ ID NO：2 具有相同或者相应的序列结构单元，其编码蛋白都具有 HBM 的功能，同时该相同或相应的序列结构单元对于它们的相同功能是必不可少的，即第 III 组和第 I 组之间没有相同或相应的技术特征，当然也就没有相同或相应的特定技术特征，它们技术上并不相互关联，不属于一个总的发明构思，因此，第 III 组和第 I 组之间没有单一性，不符合专利法第 31 条第 1 款规定。同时，SEQ ID NO：5～11 之间也没有相同或相应的序列结构单元、相同的功能，同时该相同的序列结构单元对于它们的相同功能是必不可少的，即第 III 组内部不同序列 SEQ ID NO：5～11 涉及的技术方案之间没有相同或相应的技术特征，当然也就没有相同或相应的特定技术特征，他们技术上并不相互关联，不属于一个总的发明构思，因此，不符合专利法第 31 条第 1 款规定。基于第 III 组和第 I 组之间相似的理由，第 III 组和第 II 组之间没有单一性，不符合专利法第 31 条第 1 款规定。

第 IV 组是涉及粘着斑信号传递的蛋白，包括 SEQ ID NO：63～109 的一组技术方案。其中，SEQ ID NO：63～86 属于编码参与粘着斑信号传递蛋白的核酸，SEQ ID NO：87～109 属于上述核酸编码的蛋白，在本申请中没有证据表明 SEQ ID NO：87～109 和 SEQ ID NO：4 具有相同或相应的结构单元；同时，说明书中记载了 SEQ ID NO：87～109 各自具有各自的功能，例如 SEQ ID NO：87 是 α-辅肌动蛋白，SEQ ID NO：88 是氨基端增强子等等，它们的功能和 SEQ ID NO：4 的功能都不相同，虽然在说明书记载 SEQ ID NO：87～109 与 Zmax1 的结构域相互作用，但并没有证据表明与 Zmax1 的结构域相互作用的 SEQ ID NO：87～109 结构都具有相同或相应的结构单元，而且该结构单元同样存在于 SEQ ID NO：4 中，该结构单元对于 SEQ ID NO：4 与 Zmax1 结构域相互作用中是必不可少的，即第 IV 组和第 I 组之间没有相同或相应的技术特征，当然也就没有相同或相应的特定技术特征，他们技术上并不相互关联，不属于一个总的发明构思，因此，它们之间没有单一性，不符合专利法第 31 条第 1 款规定。同时第 IV 组内部不同的蛋白和相应核酸序列 SEQ ID NO：63～88，87～109 涉及的技术方案之间也没有相同或相应的序列结构单元、相同的功能，同时该序列结构单元对于它们的相同功能是必不可少的，即第 IV 组内部的技术方案之间没有相同或相应的技术特征，当然也就没有相同或相应的特定技术特征，它们技术上并不相互关联，不属于一个总的发明构思，因此，第 IV 组不符合专利法第 31 条第 1 款规定。基于第 IV 组和第 I 组之间相似的理由，第 IV 组和第 II 组、第 III 组之间没有单一性，不符合专利法第 31 条第 1 款规定。

综上所述，第 I 组、第 II 组、第 III 组、第 IV 组相互之间没有单一性，第 III 组和第 IV 组内部不同序列涉及的技术方案之间也没有单一性，因此这四组技术方案涉及的权利要求不符合专利法第 31 条第 1 款规定。

针对《复审通知书》指出的问题，请求人于 2007 年 8 月 30 日提交了意见陈述书及经修改的权利要求全文替换页（共 51 项），该权利要求书删除了《复审通知书》评述过的权利要求 14、15、47～50、66～70、71～89，保留了《复审通知书》评述过的权利要求 1～13，同时保留了《驳回决定》和《复审通知书》都未评述过的权利要求 18～21、25～38、51～65、99～100 和 107～109 与上述权利要求 1～13 组成新的权利要求书。

修改后的权利要求书如下：

"1. 一种分离的 SEQ ID NO：2 的核酸序列。

2. 权利要求 1 的分离核酸序列，其中核酸序列是 DNA。

3. 一种分离的 SEQ ID NO：4 的氨基酸序列。

4. 编码 SEQ ID NO：4 的氨基酸序列的核酸序列。

5. 一种复制性克隆载体，其中含有权利要求 1 的核酸序列和在分离的宿主细胞中可操作的复制子。

6. 一种分离的宿主细胞，它已用权利要求 5 的复制性克隆载体转化。

7. 一种表达载体，其中含有权利要求 1 的核酸序列，该序列可操作性连接到转录调节区。

8. 一种分离的宿主细胞，它已用权利要求 7 的表达载体转化。

9. 一种检验物质作为体外宿主细胞中骨调节治疗剂的方法，包括将权利要求 1 的核酸给予宿主细胞，并评估是否有骨调节发生。

10. 一种鉴定参与骨调节的分子的方法，包括鉴定与 HBM 结合的分子，或抑制分子与 HBM 结合的分子。

11. 权利要求 10 的方法，其中所述分子是蛋白质。

12. 一种鉴定参与骨调节的蛋白的方法，包括鉴定一种蛋白，该蛋白在一种含 Zmax1 基因的宿主中的表达水平与在含 HBM 基因的另一种宿主中的表达水平不同。

13. 权利要求 12 的方法，其中宿主是细胞或动物。

14. 一种鉴定参与骨调节的候选分子的方法，包括

鉴定与 SEQ ID NO：1 的核酸序列结合的分子，或抑制分子与 SEQ ID NO：1 的核酸序列结合的分子；

鉴定与 SEQ ID NO：2 的核酸序列结合的分子，或抑制分子与 SEQ ID NO：2 的核酸序列结合的分子；和

比较该分子与每种核酸序列的结合程度、或抑制结合的程度，其中与 SEQ ID NO：2 的核酸序列或 SEQ ID NO：1 的核酸序列结合、或者或多或少抑制其结合的分子是候选分子。

15. 权利要求 14 的方法，其中候选分子是蛋白质或 mRNA。

16. 一种治疗骨发育疾病的药物开发的方法，包括鉴定与 SEQ ID NO：4 的氨基酸序列结合的分子。

17. 权利要求 16 的方法，其中该分子抑制或增强该氨基酸的功能。

18. 权利要求 1 的核酸序列在制备用于将所述核酸序列转移入患骨发育疾病的动物的体细胞从而治疗骨发育疾病的药物中的用途。

19. 权利要求 18 的用途，其中动物是人或鸟。

20. 权利要求 1 的核酸序列在制备用于将所述核酸序列转移入患骨发育疾病的动物的生殖细胞从而治疗骨发育疾病的药物中的用途。

21. 权利要求 20 的用途，其中动物是人或鸟。

22. 权利要求 3 的氨基酸序列在制备用于将所述氨基酸序列给予患骨发育疾病的宿主的体细胞从而改变骨发育的药物中的用途。

23. 权利要求 22 的用途，其中宿主是人或鸟。

24. 权利要求 3 的氨基酸序列在制备用于将所述氨基酸序列给予患骨发育疾病的宿主的生殖细胞从而改变骨发育的药物中的用途。

25. 权利要求 24 的用途，其中动物是人或鸟。

26. 权利要求 3 的氨基酸序列在制备用于治疗有需要的患者的骨质疏松的药物中的用途。

27. 权利要求 26 的用途，其中患者是人或鸟。

28. 权利要求 3 的氨基酸的细胞外结构域序列在制备用于治疗有需要的患者的骨质疏松的药物中的用途。

29. 权利要求 28 的用途，其中患者是人或鸟。

30. 权利要求 3 的氨基酸的细胞内结构域序列在制备用于治疗有需要的患者的骨质疏松的药物中的用途。

31. 权利要求 30 的用途，其中患者是人或鸟。

32. 一种分离的核酸序列，其中含有 SEQ ID NO：2 的至少 15 个连续核苷酸，其中所述 15 个连续核苷酸包含 SEQ ID NO：2 的 582 位，其中所述核酸序列编码能够进行骨调节的功能蛋白。

33. 权利要求 32 的分离核酸序列，该核酸序列是 DNA。

34. 权利要求 32 的分离核酸序列，该核酸序列是 DNA。

35. 一种复制性克隆载体，其中含有权利要求 32 的核酸序列和在分离的宿主细胞中可操作的复制子。

36. 一种分离的宿主细胞，已用权利要求 35 的复制性克隆载体转化。

37. 一种表达载体，其中含有权利要求 32 的核酸序列，它可操作性连接到转录调控区。

38. 一种分离的宿主细胞，已用权利要求 37 的表达载体转化。

39. 一种分离的核酸序列，其中含有 SEQ ID NO：2 的至少 15 个连续核苷酸，其中所述 15 个连续核苷酸包含 SEQ ID NO：2 的 582 位，且其编码包括缬氨酸的氨基酸序列，该缬氨酸对应于 SEQ ID NO：4 的 171 位缬氨酸，并且其中缬氨酸取代与高骨量表型相关。

40. 权利要求 39 的核酸序列，该核酸序列是 DNA。

41. 一种至少 15 个连续核苷酸的分离核酸片段，其中包括 SEQ ID NO：2 的核酸序列中的多态性位点，其中 582 位的 G 由 T 取代，和与之互补的序列。

42. 权利要求 41 的分离核酸片段，其中所述互补序列是反向互补。

43. 权利要求 42 的分离核酸片段，其中所述反向互补序列是 mRNA。

44. 权利要求 41 的分离核酸片段，该核酸片段是 DNA。

45. 权利要求 41 的分离核酸片段，该核酸片段是 cDNA。

46. 权利要求 42 的分离核酸片段，该核酸片段是 RNA。

47. 一种分离的高骨量（HBM）多核苷酸，包含选自以下组的核酸：

(a) 具有 SEQ ID NO：2 的核酸；

(b) 编码 SEQ ID NO：4 的多肽的核酸；

(c) 采用在严格条件下与 SEQ ID NO：2 的核酸或编码 SEQ ID NO：4 的多肽的核酸内的位点杂交的引物从哺乳动物文库扩增的核酸；

(d) 与 SEQ ID NO：2 的核酸杂交的核酸；

(e) 与 (a), (b), (c) 和 (d) 的核酸互补的核酸;

(f) 包含至少15个含有 (a), (b), (c), (d) 和 (e) 的多核苷酸中的 SEQ ID NO: 2 的 582 位的连续核苷酸的核酸;

其中所述分离的 HBM 多核苷酸编码的蛋白或多肽在给予受试者时调节骨量。

48. 权利要求 47 的多核苷酸,其中该核酸包含 (a), (b), (c), (d) 或 (e) 的多核苷酸中的至少100个连续的核苷酸。

49. 权利要求 32 的一种分离的核酸序列,其中所述 15 个连续的核苷酸包括 SEQ ID NO: 2 的 581、582 和 583 位。

50. 一种分离的核酸序列,包含 SEQ ID NO: 2 的至少15个连续核苷酸,其中所述15个连续核苷酸包含编码 SEQ ID NO: 4 的 171 位的氨基酸取代的核苷酸,该取代与高骨量表型相关。

51. 一种分离的高骨量 (HBM) 多核苷酸,包含选自以下组的核酸:

(a) 具有 SEQ ID NO: 2 的核酸;

(b) 编码 SEQ ID NO: 4 的多肽的核酸;

(c) 与 (a), (b) 的核酸互补的核酸; 以及

(d) 包含至少15个含有 (a), (b) 和 (c) 的多核苷酸中的 SEQ ID NO: 2 的 582 位的连续核苷酸的核酸,其中所述核酸序列编码能够进行骨调节的功能蛋白。"

请求人认为,修改后的权利要求书克服了《复审通知书》指出的本申请的缺陷。

至此,合议组认为本案事实已经清楚,可以作出审查决定。

二、决定的理由

1. 决定针对的文本

本复审请求审查决定所针对的文本为请求人于 2007 年 8 月 30 日提交的权利要求第 1~51 项、于 2002 年 12 月 5 日进入中国国家阶段时提交的国际申请文件中文译文的说明书第 1~6、9~12、14~69、71~88、90 页,说明书附图第 1~31 页,序列表第 1~306 页,摘要和摘要附图;于 2002 年 12 月 18 日提交的按国际初步审查报告附件中的说明书第 7、8、13、70 页以及于 2004 年 2 月 2 日提交的说明书第 89 页。

2. 关于专利法第 33 条

专利法第 33 条规定:申请人可以对其专利申请文件进行修改,但是,对发明专利申请文件的修改不得超出原说明书和权利要求书记载的范围。

原说明书和权利要求书记载的范围包括原说明书和权利要求书文字记载的内容和根据原说明书和权利要求书文字记载的内容以及说明书附图能直接地、毫无疑义地确定的内容。如果修改后的技术方案既不是原说明书和权利要求书文字记载的内容,也不是根据原说明书和权利要求书文字记载的内容以及说明书附图能直接地、毫无疑义地确定的内容,那么这种修改是超范围的。

本案中,《复审通知书》指出 2005 年 12 月 8 日提交的权利要求书中的权利要求 14、15 不符合专利法第 33 条的规定,请求人于 2007 年 8 月 30 日提交了权利要求书全文替换页,其中删除了《复审通知书》所针对的权利要求 14 和 15,因此,修改后的权利要求书克服了《复审通知书》所指出的权利要求 14、15 的修改不符合专利法第 33 条的规定的缺陷。

3. 关于专利法第 31 条第 1 款

专利法第 31 条第 1 款规定:一件发明专利申请应当限于一项发明或者实用新型。属于一个总的发明构思的两项发明或者实用新型,可以作为一件申请提出。

属于一个总的发明构思的两项以上的发明或者实用新型,应当在技术上相互关联,包含一个或者

多个相同或者相应的特定技术特征,其中"特定技术特征"是指将发明或者实用新型作为整体考虑,对现有技术作出贡献中起实质性作用的那些技术特征,若几项发明或者实用新型之间不具有相同或相应的技术特征,则不可能有相同或相应的特定技术特征,则不属于一个总的发明构思,不具备单一性。

本案中,《复审通知书》指出2005年12月8日提交的权利要求书中的14~15、47~50、66~70、71~89与权利要求1~13之间不具有单一性,不符合专利法第31条第1款的规定。请求人于2007年8月30日提交了权利要求书全文替换页,其中删除了《复审通知书》所评述过的权利要求14~15、47~50、66~70、71~89,保留了权利要求1~13,因此,修改后的权利要求书克服了《驳回决定》和《复审通知书》所指出的本申请不符合专利法第31条第1款的规定的缺陷。

至于请求人于2007年8月30日提交的权利要求书中的权利要求14~51与权利要求1~13之间是否具备单一性的问题,由于《驳回决定》和《前置审查意见》中都没有涉及,合议组对此也不予审查。

根据以上事实和理由,本案合议组作出如下审查决定。

三、决定

撤销国家知识产权局于2005年9月2日对00819619.2号发明专利申请作出的驳回决定。由原审查部门在本复审请求审查决定所针对的文本的基础上继续进行审查。

复审请求人对本决定不服的,可以根据专利法第41条第2款的规定,自收到本决定之日起三个月内向北京市第一中级人民法院起诉。

从 cDNA 拯救腮腺炎病毒

复审请求审查决定（第 12381 号）

决 定 号	第 12381 号
决 定 日	2007 年 12 月 20 日
发明创造名称	从 cDNA 拯救腮腺炎病毒
国际分类号	C12N 15/09，C12N 15/86，C12N 7/04，C12N 5/10，C07K 14/12，A61K 39/165
复审请求人	惠　氏
申　请　号	00813773.0
优 先 权 日	1999 年 8 月 2 日，2000 年 6 月 23 日
申　请　日	2000 年 8 月 2 日
公　开　日	2002 年 12 月 11 日
合议组组长	李金光
主 审 员	吴通义
参 审 员	许　磊
法 律 依 据	专利法第 22 条第 3 款

决定要点

如果一项发明与申请日前公开的现有技术相比存在区别技术特征，应判断现有技术是否给出将上述区别技术特征应用到该最接近现有技术以解决其存在的技术问题的启示，如果不存在这种技术启示，且所述技术方案获得了有益的技术效果，则该技术方案具备创造性。

一、案由

本复审请求涉及公开日为 2002 年 12 月 11 日、名称为"从 cDNA 拯救腮腺炎病毒"的第 00813773.0 号发明专利申请（下称本申请），本申请的申请日为 2000 年 8 月 2 日，最早优先权日为 1999 年 8 月 2 日，申请人为惠氏（2002 年 9 月 12 日由美国家庭用品有限公司变更而来）。本申请进入中国国家阶段的日期为 2002 年 4 月 1 日。

2004 年 8 月 27 日，国家知识产权局以本申请权利要求 1~14、17 和 21 不符合专利法第 22 条第 3 款的规定为由驳回了本申请。其中，权利要求 1~21 如下：

"1. 一种产生重组腮腺炎病毒的方法，其特征在于，该方法包括：

在培养基内的至少一个宿主细胞中，进行一种拯救组合物的转染或转化，该组合物含有（i）转录载体，所述载体含有分离的核酸分子，所述分离的核酸分子是编码腮腺炎病毒基因组或反基因组的多核苷酸序列，或其变体的多核苷酸序列，和（ii）至少一种表达载体，所述表达载体含有另一种分离的核酸分子,所述分离的核酸分子是编码包装、转录和复制必需的反式激活蛋白 NP、P 和 L 的多核苷酸序列;所述转染或转化在足够使所述载体共表达和重组病毒产生的条件下进行。

2. 如权利要求 1 所述的方法,其特征在于,该方法还包括收集重组病毒。

3. 如权利要求 1 所述的方法,其特征在于,所述编码腮腺炎病毒基因组或反基因组的分离的核酸分子是一种以上基因组或反基因组来源的嵌合体。

4. 如权利要求 1 所述的方法,其特征在于,所述编码腮腺炎病毒基因组或反基因组的分离的核酸分子是选自 SEQ ID N0.1、11 和 12 的多核苷酸序列。

5. 如权利要求 1 所述的方法,其特征在于,所述编码腮腺炎病毒基因组或反基因组的分离的核酸分子编码减毒病毒或一种病毒的感染形式。

6. 如权利要求 1 所述的方法,其特征在于,所述编码腮腺炎病毒基因组或反基因组的分离的核酸分子编码病毒的感染形式。

7. 如权利要求 1 所述的方法,其特征在于,所述编码腮腺炎病毒基因组或反基因组的分离的核酸分子编码减毒病毒。

8. 如权利要求 1 所述的方法,其特征在于,所述编码腮腺炎病毒基因组或反基因组的分离的核酸分子编码感染性的减毒病毒。

9. 如权利要求 1 所述的方法,其特征在于,所述宿主细胞是真核细胞。

10. 如权利要求 1 所述的方法,其特征在于,所述宿主细胞是脊椎动物细胞。

11. 如权利要求 1 所述的方法,其特征在于,所述宿主细胞是鸟类细胞。

12. 如权利要求 1 所述的方法,其特征在于,所述宿主细胞衍生自人细胞。

13. 如权利要求 9 所述的方法,其特征在于,所述宿主细胞衍生自人胚胎细胞。

14. 如权利要求 12 所述的方法,其特征在于,所述宿主细胞衍生自人胚肾细胞。

15. 用权利要求 1 所述的方法制备的重组腮腺炎病毒。

16. 一种组合物,其特征在于,该组合物含有:(i)用权利要求 1 所述的方法制备的重组腮腺炎病毒,和(ii)药物学上可接受的载体。

17. 如权利要求 1 所述的方法,其特征在于,所述转录载体还含有 T7 RNA 聚合酶基因。

18. 一种免疫原性组合物,其特征在于,该组合物含有分离的重组产生的减毒的权利要求 15 所述的腮腺炎病毒和生理学上可接受的载体。

19. 权利要求 18 所述的免疫原性组合物的用途,其特征在于,用于制备免疫接种个体,诱导针对腮腺炎病毒的保护的疫苗。

20. 一种分离纯化的核酸分子,其特征在于,该核酸分子是编码权利要求 15 所述的腮腺炎病毒的基因组或反基因组的多核苷酸序列。

21. 如权利要求 20 所述的核酸分子,其特征在于,该核酸分子是正链、反基因组信使有义的权利要求 15 所述的腮腺炎病毒序列,选自 SEQ ID NO.1、SEQ ID NO.11 和 SEQ ID NO.12。"

驳回决定认为:(1)对比文件 1(Journal of Virology,1999 年 6 月,第 73 卷,第 6 期,第 5001~5009 页)公开了一种产生重组新城疫病毒(NDV)的方法,其包括:获得病毒全基因组序列,构建含 NDV 基因组全长 cDNA 的转录载体,其中该全长 cDNA 是经过修饰的,构建病毒蛋白 NP、P 和 L 的表达载体,将上述载体共转染宿主细胞,收集具有感染能力的病毒(参见对比文件 1 的摘要、引文、材料与方法以及结果部分,讨论部分的最后一段)。权利要求 1 与对比文件 1 的区别在于权利要求 1 涉及的是腮腺炎病毒,而对比文件 1 涉及的是新城疫病毒,但是对比文件 1 的引文部分第 1 栏第 7~8 行、第 2 栏第 11~28 行和讨论部分的第 1 栏第 1~9 行、第 17~18 行表明,通过反向遗传学技术已经获得若干种RNA负链病毒，而且而腮腺炎病毒和新城疫病毒是同属的反义RNA病毒，具有类似的基因组结构和病毒包装和感染特性，因此，结合对比文件1和公知常识，得到权利要求1的技术方案是显而易见的，在此基础上，权利要求2~3、5~14和17不具有创造性。另外，腮腺炎病毒和新城疫病毒的宿主不同并不能说明两者的拯救系统之间有显著差异，对比文件1的新城疫病毒拯救系统和本申请的腮腺炎病毒拯救系统都是利用重组获得的病毒蛋白NP、P和L包装重组的病毒全长cDNA，对比文件1也说明非节段负链RNA病毒的这种拯救系统是很成熟的，对比文件1讨论部分第一段指出"与其他（非节段负链RNA病毒）的拯救结果相比，新城疫病毒拯救系统需要卵尿囊液"，这教导了一般的非节段负链RNA病毒拯救系统不需要卵尿囊液，包括腮腺炎病毒拯救系统，而且本申请请求保护的腮腺炎病毒拯救系统中也没有体现答复意见所宣称的各种区别技术特征，因此，权利要求1~3、5~14和17不符合专利法第22条第3款的规定。（2）对病毒进行测序而获得其完整基因组序列的方法是公知常识，对于本领域技术人员来说，对已知生物进行基因组测序是非常成熟与常规的技术，并且有许多生物公司可以提供测序服务，这种测序不同于意见陈述书中提及的包含验证功能的基因分离，更何况在申请日之前已经有公开的腮腺炎病毒株Jeryl Lynn的序列信息（参见本申请说明书第19页），本领域技术人员测得Jeryl Lynn株的序列（SEQ ID NO.1、11和12）不需要付出创造性劳动，权利要求21不符合专利法第22条第3款的规定。（3）用腮腺炎病毒序列SEQ ID NO.1、11和12限定权利要求1而得到的权利要求4也不具有创造性。

申请人惠氏（下称请求人）对上述驳回决定不服，于2004年11月30日向专利复审委员会提出复审请求，请求人在提出复审请求时提交了新的权利要求书（共44项），其中将驳回决定所针对的权利要求1和4合并成新的权利要求1，对其余权利要求的编号及引用关系作了相应修改。新的权利要求书如下：

"1. 一种产生重组腮腺炎病毒的方法，其特征在于，该方法包括：

在培养基内的至少一个宿主细胞中，进行一种拯救组合物的转染或转化，该组合物含有（i）转录载体，所述载体含有分离的核酸分子，所述分离的核酸分子是编码腮腺炎病毒基因组或反基因组的多核苷酸序列，或其变体的多核苷酸序列，选自SEQ ID NO.1、11和12，和（ii）至少一种表达载体，所述表达载体含有另一种分离的核酸分子，所述分离的核酸分子是编码包装、转录和复制必需的反式激活蛋白NP、P和L的多核苷酸序列；所述转染或转化在足够使所述载体共表达和重组病毒产生的条件下进行。

2. 如权利要求1所述的方法，其特征在于，该方法还包括收集重组病毒。

3. 如权利要求1所述的方法，其特征在于，所述编码腮腺炎病毒基因组或反基因组的分离的核酸分子是一种以上基因组或反基因组来源的嵌合体。

4. 如权利要求1所述的方法，其特征在于，所述编码腮腺炎病毒基因组或反基因组的分离的核酸分子编码减毒病毒或一种病毒的感染形式。

5. 如权利要求1所述的方法，其特征在于，所述编码腮腺炎病毒基因组或反基因组的分离的核酸分子编码病毒的感染形式。

6. 如权利要求1所述的方法，其特征在于，所述编码腮腺炎病毒基因组或反基因组的分离的核酸分子编码减毒病毒。

7. 如权利要求1所述的方法，其特征在于，所述编码腮腺炎病毒基因组或反基因组的分离的核酸分子编码感染性的减毒病毒。

8. 如权利要求1所述的方法，其特征在于，所述宿主细胞是真核细胞。

9. 如权利要求1所述的方法，其特征在于，所述宿主细胞是脊椎动物细胞。

10. 如权利要求 1 所述的方法，其特征在于，所述宿主细胞是鸟类细胞。

11. 如权利要求 1 所述的方法，其特征在于，所述宿主细胞衍生自人细胞。

12. 如权利要求 8 所述的方法，其特征在于，所述宿主细胞衍生自人胚胎细胞。

13. 如权利要求 11 所述的方法，其特征在于，所述宿主细胞衍生自人胚肾细胞。

14. 用权利要求 1 所述的方法制备的重组腮腺炎病毒。

15. 一种组合物，其特征在于，该组合物含有：（i）用权利要求 1 所述的方法制备的重组腮腺炎病毒，和（ii）药物学上可接受的载体。

16. 如权利要求 1 所述的方法，其特征在于，所述转录载体还含有 T7 RNA 聚合酶基因。

17. 一种免疫原性组合物，其特征在于，该组合物含有分离的重组产生的减毒的权利要求 14 所述的腮腺炎病毒和生理学上可接受的载体。

18. 权利要求 17 所述的免疫原性组合物的用途，其特征在于，用于制备免疫接种个体，诱导针对腮腺炎病毒的保护的疫苗。

19. 一种分离纯化的核酸分子，其特征在于，该核酸分子是编码权利要求 14 所述的腮腺炎病毒的基因组或反基因组的多核苷酸序列。

20. 如权利要求 19 所述的核酸分子，其特征在于，该核酸分子是正链、反基因组信使有义的权利要求 14 所述的腮腺炎病毒的序列，选自 SEQ ID NO. 1、SEQ ID NO. 11 和 SEQ ID NO. 12。

21. 一种分离纯化的核酸分子，其特征在于，该核酸分子是编码一种或多种权利要求 14 所述的腮腺炎病毒的蛋白质的多核苷酸序列。

22. 如权利要求 19 所述的核酸分子，其特征在于，所述多核苷酸序列还含有一种或多种异源核苷酸序列或一种或多种异源基因。

23. 如权利要求 21 所述的核酸分子，其特征在于，所述多核苷酸序列还含有一种或多种异源核苷酸序列或一种或多种异源基因。

24. 一种质粒，其特征在于，该质粒含有编码权利要求 14 所述的腮腺炎病毒的基因组或反基因组的多核苷酸。

25. 一种质粒，其特征在于，该质粒含有编码一种或多种权利要求 14 所述的腮腺炎病毒的蛋白质的多核苷酸序列。

26. 如权利要求 24 所述的质粒，其特征在于，所述多核苷酸序列还含有一种或多种异源核苷酸序列或一种或多种异源基因。

27. 如权利要求 25 所述的质粒，其特征在于，所述多核苷酸序列还含有一种或多种异源核苷酸序列或一种或多种异源基因。

28. 用权利要求 24 所述的至少一个质粒转化的宿主细胞。

29. 用权利要求 25 所述的至少一个质粒转化的宿主细胞。

30. 用权利要求 26 所述的至少一个质粒转化的宿主细胞。

31. 如权利要求 17 所述的免疫原性组合物，其特征在于，该组合物还含有至少一种除了腮腺炎病毒以外的病原体的抗原。

32. 如权利要求 31 所述的免疫原性组合物，其特征在于，所述至少一种抗原是减毒 RNA 病毒。

33. 如权利要求 32 所述的免疫原性组合物，其特征在于，所述至少一种抗原是减毒病毒，选自麻疹病毒、风疹病毒、水痘带状疱疹病毒、副流感病毒和呼吸道合胞病毒。

34. 如权利要求 31 所述的免疫原性组合物，其特征在于，所述至少一种抗原是重组产生的。

35. 如权利要求 31 所述的免疫原性组合物，其特征在于，所述至少一种抗原是重组产生的。

36. 如权利要求 31 所述的免疫原性组合物，其特征在于，所述除了腮腺炎病毒以外的病原体的至少一种抗原是由重组产生的减毒腮腺炎病毒表达的。

37. 如权利要求 31 所述的免疫原性组合物，其特征在于，除了腮腺炎病毒、麻疹病毒、风疹病毒、水痘带状疱疹病毒、副流感病毒和呼吸道合胞病毒外的病原体的所述至少一种抗原是由重组产生的减毒腮腺炎病毒表达的。

38. 如权利要求 26 所述的质粒，其特征在于，所述异源核苷酸序列作为一个翻译单元插入腮腺炎病毒基因组序列。

39. 如权利要求 38 所述的质粒，其特征在于，所述异源核苷酸序列作为一个或多个单顺反子翻译单元插入腮腺炎病毒基因组序列。

40. 如权利要求 38 所述的质粒，其特征在于，所述异源核苷酸序列作为至少一个多顺反子翻译单元插入腮腺炎病毒基因组序列，所述多顺反子单元可含有一个或多个核糖体进入位点。

41. 如权利要求 40 所述的质粒，其特征在于，所述异源核苷酸序列编码一个多蛋白和足够数量的蛋白酶，所述蛋白酶切割所述多蛋白产生单条多肽。

42. 一种药物组合物，其特征在于，该药物组合物含有权利要求 26 所述的宿主细胞产生的重组减毒腮腺炎病毒，和生理学上可接受的载体。

43. 一种核苷酸序列，其特征在于，该序列含有权利要求 14 所述的重组腮腺炎病毒 cDNA 克隆的序列。

44. 如权利要求 14 所述的重组腮腺炎病毒，其特征在于，该病毒具有选自 SEQ ID NO.1、11 和 12 的多核苷酸序列。"

请求人认为：首先，由于腮腺炎病毒在组织培养系统中不能有效生长，难以获得足够用于基因组测序和功能鉴定的感染性腮腺炎病毒颗粒，而且 RNA 非常容易降解，腮腺炎病毒 Jeryl Lynn 株的全长 RNA 为 15Kb，获得全长的腮腺炎病毒基因组 RNA 以及确定其基因分布是困难的；其次，对比文件 1 没有给出可将新城疫病毒拯救方法用于其他病毒的描述，而各种病毒的生长条件不同，本申请对培养条件等进行了摸索，首次实现了腮腺炎病毒的拯救，解决了本领域长期未解决的技术难题，付出了创造性劳动。因此，修改后的权利要求书克服了驳回决定所指出的缺陷。

形式审查合格后，专利复审委员会受理了该复审请求，并于 2004 年 12 月 28 日向请求人发出《复审请求受理通知书》，随后将本申请案卷移交原审查部门进行前置审查。

原审查部门对本复审请求进行了前置审查，认为请求人在复审请求书中提及的本申请克服的多种困难不涉及权利要求请求保护的技术内容，也未体现在权利要求书中；在现有技术提供的充分理论（新城疫病毒拯救系统）和技术指导（测序、检验、各种生物学实验方法）的情况下，虽然进行腮腺炎病毒的测序和拯救可能是费时费力的，但是说明书的记载和请求人的陈述无法证明本申请具备创造性，故坚持驳回决定。

专利复审委员会组成合议组，对本复审请求案进行了审理。于 2006 年 6 月 15 日向请求人发出《复审通知书》，指出：(1) 对比文件 1 公开了一种产生重组新城疫病毒（NDV）的方法，权利要求 1 与对比文件 1 公开的技术方案的区别在于，权利要求 1 所用的转录载体中含有选自 SEQ ID NO.1、11 和 12 的分离的核酸分子，该方法用于重组腮腺炎病毒的生产，而对比文件 1 的方法所用的转录载体中含有 NDV 基因组全长 cDNA，该方法用于重组新城疫病毒的生产。但是，腮腺炎病毒与新城疫病毒是同属的非节段单链反义 RNA 病毒，具有类似的基因组结构和病毒包装和感染特性，本领域技术人员容易想到采用对比文件 1 拯救新城疫病毒的方法来拯救腮腺炎病毒，而且本领域技术人员能够在现有的腮腺炎病毒株 Jeryl Lynn 的不完整基因组序列信息的基础上，通过常规的 RT-PCR 技术测序、拼接和验证操作来获得腮腺炎病毒的全长基因组序列，因此，在对比文件1公开内容的基础上结合本领域的常规技术，得到权利要求1技术方案是显而易见的，权利要求1不符合专利法第22条第3款的规定。（2）在权利要求1不具有创造性的基础上，权利要求2~13、16也不符合专利法第22条第3款的规定。（3）由于对已知生物进行基因组测序是非常成熟与常规的技术，而且本领域技术人员可以基于与腮腺炎病毒Jeryl Lynn株相关的序列信息从已知的腮腺炎病毒Jeryl Lynn株中制备得到SEQ ID NO.1、11或12。因此，权利要求19和20不具有创造性。

针对《复审通知书》指出的问题，请求人于2006年7月31日提交了意见陈述书以及附件1（"The Jeryl Lynn vaccine strain of mumps virus is a mixture of two distince isolates"，M. A. Afzal等人，Journal of General Virology（1993），74，第917~920页）和附件2（"Rescue of synthetic measles virus minireplicons: measles genomic termini direct efficient expression and propagation of a reporter gene"，Mohinderjit S. Sidhu等人，Virology（1995），208，第800~807页）。

请求人认为：（1）新城疫病毒和腮腺炎病毒针对的物种不同，具有不同的生物学性质，从而需要不同的拯救系统，本申请的腮腺炎病毒拯救系统使用的环境为培养基，其不需要卵尿囊液，也不依赖于将拯救培养物上清液传递到卵尿囊中，与对比文件1的拯救系统存在很大的差异，不是简单的替换，不使用卵尿囊就可以拯救腮腺炎病毒是不可预料的；各种单链负义无节段病毒的系统是独特的，其拯救系统不同，如附件2公开了在麻疹病毒基因组3'末端邻近插入单个U可以阻止小复制子的拯救，在没有完全确定基因序列和各个基因功能域的基础上进行成功拯救的可能性极低，只有本发明提供了全部起始材料和拯救方法，才成功拯救了腮腺炎病毒。因此，权利要求1~13和16相对于对比文件1具备创造性。（2）附件1仅公开了可能编码小疏水蛋白的一个推测基因，该蛋白在分离物之间是可变的，没有提供腮腺炎基因组序列，本发明之前，腮腺炎病毒Jeryl Lynn株的序列是未知的，腮腺炎病毒基因组超过15kb，其通常需要克隆和合并多个碎片来装配，不是能够依据一个基因片段就可以通过常规技术简单得到的。因此，本申请权利要求19和20也具备创造性。

至此，合议组认为本案事实清楚，可以作出审查决定。

二、决定的理由

1. 决定依据的文本

在请求人于2004年11月30日提交的权利要求书中，将驳回决定所针对的权利要求1和4合并，得到修改后的权利要求1，同时对其他权利要求的编号和引用关系作了相应修改，该修改符合专利法第33条和专利法实施细则第60条第1款的规定。

本复审请求审查决定所依据的文本为请求人于2004年11月30日提交的权利要求1~44，于2002年4月1日提交的说明书第1~83页、说明书附图第1~16页、说明书摘要和摘要附图。

2. 关于专利法第22条第3款

专利法第22条第3款规定，创造性，是指同申请日以前已有的技术相比，该发明有突出的实质性特点和显著的进步，该实用新型有实质性特点和进步。

根据该款规定，如果一项发明与申请日前公开的现有技术相比存在区别技术特征，应判断现有技术是否给出将上述区别技术特征应用到该最接近现有技术以解决其存在的技术问题的启示，如果不存在这种技术启示，且所述技术方案获得了有益的技术效果，则该技术方案具备创造性。

在本决定所依据的文本中，与驳回决定认定不具有创造性的权利要求相对应的权利要求仅涉及权利要求1~13、16和20，因此，本决定仅对权利要求1~13、16和20的创造性进行评述。其中，权利要求1~13和16涉及一种产生重组腮腺炎病毒的方法，这些权利要求未限定要求保护的技术方案中包含添加卵尿囊液的步骤，而且本申请说明书中也没有记载在本发明的腮腺炎拯救系统中需要卵尿囊液的技术方案，因此，应当理解，权利要求1~13和16请求保护的产生重组腮腺炎病毒的方法不需要卵尿囊液。

(1) 权利要求1~13和16的创造性。

权利要求1请求保护一种产生重组腮腺炎病毒的方法，包括在宿主细胞中进行拯救组合物的转染或转化。

对比文件1公开了一种产生重组新城疫病毒（NDV）的方法，其包括：获得病毒全基因组序列，构建含NDV基因组全长cDNA的转录载体，其中该全长cDNA是经过修饰的，构建病毒蛋白NP、P和L的表达载体，将上述载体共转染宿主细胞，收集具有感染能力的病毒，在转染细胞的培养液中需要添加卵尿囊液，并将拯救培养物上清液传递到9~11日龄的含有胚的SPF卵的卵尿囊中（参见对比文件1的摘要、引文、材料与方法以及结果部分，讨论部分的最后一段）。

权利要求1与对比文件1相比，区别在于：①对比文件1的方法所用的转录载体中含有NDV基因组全长cDNA，该方法用于重组新城疫病毒的生产，而权利要求1所用的转录载体中含有选自SEQ ID NO.1、11和12的分离的核酸分子，该方法用于重组腮腺炎病毒的生产；②实施对比文件1的方法的过程中需要使用卵尿囊液，并将拯救培养物上清液传递到9~11日龄的含有胚的SPF卵的卵尿囊中，而权利要求1的方法无需这些操作。

对于上述区别技术特征②来说，驳回决定认为对比文件1讨论部分第一段指出"与其他（非节段负链RNA病毒）的拯救结果相比，新城疫病毒拯救系统需要卵尿囊液"教导了一般的非节段负链RNA病毒拯救系统不需要卵尿囊液。经过核实，对比文件1并未记载上述内容。从对比文件1不能得出一般的非节段负链RNA病毒拯救系统不需要卵尿囊液，进而腮腺炎病毒拯救系统也不需要卵尿囊液的技术教导。相对于对比文件1公开的需要卵尿囊液的新城疫病毒拯救系统来说，权利要求1的方法不需要卵尿囊液，是非显而易见的，并且权利要求1的方法能够成功拯救腮腺炎病毒，取得了有益的技术效果。因此，权利要求1相对于对比文件1具备创造性，符合专利法第22条第3款的规定。

在权利要求1具备创造性的基础上，其从属权利要求2~13和16相对于对比文件1也具备创造性，符合专利法第22条第3款的规定。

(2) 权利要求20的创造性。

修改后的权利要求20对应于驳回决定所针对文本中的权利要求21，其请求保护一种分离纯化的核酸分子，该核酸分子选自SEQ ID NO.1、SEQ ID NO.11和SEQ ID NO.12。

驳回决定认为，对病毒进行测序而获得其完整基因组序列的方法是公知常识，并且有许多生物公司可以提供测序服务，这种测序不同于包含验证功能的基因分离，更何况在申请日之前已经有公开的腮腺炎病毒株Jeryl Lynn的序列信息（参见本申请说明书第19页），本领域技术人员测得Jeryl Lynn株的序列（SEQ ID NO.1、11和12）不需要付出创造性劳动，因此，驳回决定所针对文本中的权利要求21不具有创造性。

对此，合议组认为：①虽然现有技术中存在对生物体基因组进行测序的常规操作方法，但是对具体生物体（包括病毒）进行基因组测序时，本领域技术人员仍需要视具体情况确定具体的测序策略，包括靶序列分段、引物设计和序列拼接等，这不是一个简单的重复大量劳动的过程。②虽然有许多生物公司可以提供测序服务，但是这不等于测序过程就不需要付出创造性劳动。③已有的序列信息能够为测定腮腺炎病毒株Jeryl Lynn的基因组序列提供帮助，但是，在判断已有信息是否足以使得测定腮腺炎病毒株Jeryl Lynn的基因组序列变得显而易见时，应当考量已有信息的多寡及其对测序操作的参考价值，而本申请说明书第19页并未记载所述的不完全腮腺炎病毒株的具体序列信息，根据说明书第19页记载的内容，无法得知所述的腮腺炎病毒株的已知序列信息包括哪些内容，无法判断由此获得本申请的 Jeryl Lynn 株的序列（SEQ ID NO.1、11 和 12）是否显然。因此，驳回决定基于上述理由认定本领域技术人员测得 Jeryl Lynn 株的序列（SEQ ID NO.1、11 和 12）不需要付出创造性劳动缺乏依据，进而认定驳回决定所针对的权利要求 21 不具有创造性的结论不成立。

根据以上事实和理由，本案合议组作出如下审查决定。

三、决定

撤销国家知识产权局于 2004 年 8 月 27 日对 00813773.0 号发明专利申请作出的驳回决定。由原审查部门在本复审决定所针对文本的基础上继续进行审查。

复审请求人对本决定不服的，可以根据专利法第 41 条第 2 款的规定，自收到本决定之日起三个月内向北京市第一中级人民法院起诉。

重组亚单位疫苗

复审请求审查决定（第 12382 号）

决 定 号	第 12382 号
决 定 日	2007 年 12 月 17 日
发明创造名称	重组亚单位疫苗
国际分类号	C07K 2/00，C07K 19/00，A61K 39/12，A61K 39/15，A61K 39/44，A61K 47/42，A61P 37/02，C12N 15/12，C12N 15/866
复审请求人	新南威尔士省农业及水土保持部长
申 请 号	00814551.2
优 先 权 日	1999 年 8 月 19 日
申 请 日	2000 年 8 月 18 日
公 开 日	2002 年 11 月 27 日
合议组组长	吴通义
主 审 员	王大鹏
参 审 员	李梦楠

法 律 依 据 专利法第 26 条第 4 款

决 定 要 点

对于用上位概念概括或并列选择方式概括的权利要求，如果该权利要求的概括包含申请人推测的内容，而其效果又难以预先确定和评价，应当认为这种概括超出说明书公开的范围，该权利要求得不到说明书的支持。

一、案由

本复审请求涉及 2002 年 11 月 27 日公开、名称为"重组亚单位疫苗"的第 00814551.2 号发明专利申请（下称本申请）。本申请的优先权日为 1999 年 8 月 19 日，申请日为 2000 年 8 月 18 日，申请人为新南威尔士省农业及水土保持部长。

针对申请人于 2002 年 4 月 19 日提交的说明书第 1~57 页，附图第 1~2、4 页和说明书摘要，按国际初审报告附件的附图第 3 页以及 2004 年 7 月 5 日提交的权利要求 1~22，国家知识产权局于 2005 年 4 月 8 日以本申请权利要求 1~2、4~5、9、11~12、14、15、18 不符合专利法第 26 条第 4 款的规定为由驳回了本申请。驳回理由认为：这些权利要求的限定中使用了多个概括性的术语，术语"非哺乳动物细胞"包含多种类型细胞、术语"抗原性多肽"包括大量的多肽、术语"病原生物"包括多种致病生物、术语"其片断或衍生物"包含大量的多肽、术语"病毒或病毒载体"包含多种病毒及病毒载体、术语"热激蛋白"包括多种细胞产生的热激蛋白。但是，这些概括性术语的使用使得权利要求中包含了申请人推测的内容，而其效果又难以预先确定和评价，这种概括超出了申请原始公开的范围。因此，权利要求1~2、4~5、9、11~12、14、15、18得不到说明书的支持，不符合专利法第26条第4款的规定。

驳回决定所针对的权利要求书为：

"1. 一种生产含有与异源抗原性多肽结合的热激蛋白（hsp）的免疫原性复合体的方法，该方法包括：

（a）在一种非哺乳动物细胞中表达所述异源抗原性多肽，和；

（b）对该细胞进行一种刺激，这种刺激能导致在该细胞中诱导热激反应；和

（c）从所述细胞或培养介质中回收与一个或多个hsps结合的异源抗原性多肽。

2. 如权利要求1的方法，其中，所述细胞是非哺乳动物真核细胞，而所述hsp是非哺乳动物真核hsp。

3. 如权利要求2的方法，其中，所述细胞是昆虫细胞，而所述hsp是昆虫hsp。

4. 如上述权利要求3的方法，其中，所述抗原性多肽是病原生物的抗原，或其片段或衍生物。

5. 如权利要求4的方法，其中，所述病原生物是病毒或细菌。

6. 如权利要求5的方法，其中，所述病毒是瘟病病毒。

7. 如权利要求6的方法，其中，所述病毒是牛病毒性腹泻病毒（BVDV）。

8. 如上述权利要求中任一项的方法，其中，所述抗原性多肽是通过以下方式在所述细胞中表达的：将编码所述抗原性多肽的多核苷酸酸导入所述细胞，所述多核苷酸可操作地连接于能够指导所述多肽在所述细胞中表达的控制序列上。

9. 如权利要求8的方法，其中，所述多核苷酸是病毒或病毒载体的一部分。

10. 如权利要求9的方法，其中，所述细胞是昆虫细胞，而所述病毒或病毒载体是杆状病毒或杆状病毒载体。

11. 一种含有免疫原性复合体的组合物，该复合体包括通过权利要求1~10中任一项的方法获得的与异源抗原性多肽结合的热激蛋白（hsp）。

12. 一种含有与异源抗原性多肽结合的源于非哺乳真核生物的热激蛋白（hsp）的组合物，该组合物能够在动物或人体内诱导对所述抗原性多肽的免疫反应，其中，该组合物是通过权利要求1~10中任一项的方法生产的。

13. 如权利要求12的组合物，其中，所述hsp是昆虫hsp。

14. 如权利要求12的组合物，其中，所述抗原性多肽是病原生物的抗原或其片段或衍生物。

15. 如权利要求12的组合物，其中，所述病原生物是病毒或细菌。

16. 如权利要求15的组合物，其中，所述病毒是瘟病病毒。

17. 如权利要求16的组合物，其中，所述病毒是牛病毒性腹泻病毒（BVDV）。

18. 一种组合物，含有与热激蛋白结合的瘟病病毒抗原。

19. 一种药用组合物，含有免疫原性量的权利要求11~18中任一项的组合物和可以药用的载体或稀释剂。

20. 治疗有效量的权利要求19的药用组合物在制备用于一种在动物体内诱导针对一种病原体的免疫能力的药物中的用途。

21. 权利要求11的组合物在制备用于一种在动物体内诱导针对一种病原体的免疫能力的药物中的用途。

22. 权利要求11的方法在制备用于一种在动物体内诱导针对一种病原体的免疫能力的药物中的用途。"

申请人新南威尔士省农业及水土保持部长（下称请求人）对上述驳回决定不服，于2005年7月25日向专利复审委员会提出复审请求，请求人在提出复审请求的同时提交了新的权利要求修改文本。请求人认为，通过对权利要求进行修改，将其中的非哺乳动物限定为昆虫，将权利要求限定为用昆虫细胞作为非哺乳动物宿主细胞来制备免疫原性复合体的方法，将hsp限定为昆虫hsp，修改后的权利要求可以得到说明书的支持；同时，关于"抗原性多肽"可以得到说明书第7页第16行、第7页第23行的支持；关于"病原生物"可以得到说明书第7页第31行至第8页第14行的支持；"其片段或衍生物"以及"病毒或病毒载体"对于本领域技术人员而言，不仅熟知其范围，而且可以进行常规的选择。因此，修改后的权利要求满足专利法第26条第4款的规定。

修改后的权利要求书如下：

"1. 一种生产含有与异源抗原性多肽结合的昆虫热激蛋白（hsp）的免疫原性复合体的方法，该方法包括：

（a）在一种昆虫细胞中表达所述异源抗原性多肽，和

（b）对该细胞进行一种刺激，这种刺激能导致在该细胞中诱导热激反应；和

（c）从所述细胞或培养介质中回收与一种或多种昆虫hsps结合的异源抗原性多肽。

2. 如权利要求1的方法，其中，所述抗原性多肽是病原生物的抗原，或其片段或衍生物。

3. 如权利要求2的方法，其中，所述病原生物是病毒或细菌。

4. 如权利要求3的方法，其中，所述病毒是瘟病病毒。

5. 如权利要求4的方法，其中，所述病毒是牛病毒性腹泻病毒（BVDV）。

6. 如权利要求1的方法，其中，所述抗原性多肽是通过以下方式在所述细胞中表达的：将编码所述抗原性多肽的多核苷酸酸导入所述细胞，所述多核苷酸可操作地连接于能够指导所述多肽在所述细胞中表达的控制序列上。

7. 如权利要求6的方法，其中，所述多核苷酸是病毒或病毒载体的一部分。

8. 如权利要求7的方法，其中，所述病毒或病毒载体是杆状病毒或杆状病毒载体。

9. 一种含有免疫原性复合体的组合物，该复合体包括通过权利要求1~8中任一项的方法获得的与异源抗原性多肽结合的热激蛋白（hsp）。

10. 一种含有与异源抗原性多肽结合的源于昆虫细胞的热激蛋白（hsp）的组合物，该组合物能够在动物或人体内诱导对所述抗原性多肽的免疫反应，其中，该组合物是通过权利要求1~8中任一项的方法生产的。

11. 如权利要求10的组合物，其中，所述抗原性多肽是病原生物的抗原或其片段或衍生物。

12. 如权利要求10的组合物，其中，所述病原生物是病毒或细菌。

13. 如权利要求12的组合物，其中，所述病毒是瘟病病毒。

14. 如权利要求13的组合物，其中，所述病毒是牛病毒性腹泻病毒（BVDV）。

15. 一种组合物，含有与昆虫热激蛋白结合的瘟病病毒抗原。

16. 一种药用组合物，含有免疫原性量的权利要求9~15中任一项的组合物和可以药用的载体或稀释剂。

17. 治疗有效量的权利要求16的药用组合物在制备用于一种在动物体内诱导针对一种病原体的免疫能力的药物中的用途。

18. 权利要求9的组合物在制备用于一种在动物体内诱导针对一种病原体的免疫能力的药物中的

用途。

19. 权利要求 1 的方法在制备用于一种在动物体内诱导针对一种病原体的免疫能力的药物中的用途。"

形式审查合格后，专利复审委员会受理了该复审请求，并于 2005 年 9 月 20 日向请求人发出《复审请求受理通知书》，随后将本申请案卷移交原审查部门进行前置审查。

原审查部门对本复审请求进行了前置审查，坚持原驳回决定，其理由为：术语"抗原性多肽"包括大量的多肽，术语"病原生物"包括多种致病生物，术语"其片断或衍生物"包含大量的多肽，本申请说明书中仅仅公开了瘟病病毒 BVDV 的多肽 C/E0、E1/E2 和 NS3/NS4A 作为抗原性多肽的技术方案，权利要求所涵盖的其他方案包含了申请人推测的内容，而其效果又难于预先确定和评价，因而这种概括超出了申请原始公开的范围，得不到说明书的支持，不符合专利法第 26 条第 4 款的规定。

专利复审委员会组成合议组，对本复审请求案进行了审理，于 2007 年 6 月 27 日向请求人发出《复审通知书》。《复审通知书》指出：（1）权利要求 1～19 直接或间接涉及异源抗原性多肽、抗原性多肽或瘟病病毒抗原，术语"异源抗原性多肽"、"抗原性多肽"或"瘟病病毒抗原"均为一类抗原多肽的上位概括，包括大量的多肽。本发明仅仅公开了瘟病病毒 BVDV 的抗原性多肽 C/E0、E1/E2 和 NS3/NS4A 以及边界病病毒 BDV 的抗原多肽 E1/E2 能够在 Sf9 细胞中表达，并能与其热激诱导的热激蛋白结合，而没有公开其他种类的"抗原性多肽"也能够在 Sf9 细胞或其他昆虫细胞中表达并与相应的热激蛋白结合。也就是说，权利要求 1～19 的概括包含了申请人推测的内容，而其效果又难于预先确定和评价，超出了申请原始公开的范围，权利要求 1～19 不符合专利法第 26 条第 4 款的规定。（2）由于说明书中既没有提供热激蛋白与任意抗原多肽片断或衍生物可以结合的任何启示或教导，也没有提供具体的实施例以供佐证，本领域技术人员并不能从说明书公开的内容中合理地推导出将抗原性多肽限定为"病原生物的抗原或片断或衍生物"的权利要求 2、11 的技术方案，因此，权利要求 2、11 得不到说明书的支持，不符合专利法第 26 条第 4 款的规定。

针对《复审通知书》指出的问题，请求人于 2007 年 10 月 12 日提交了意见陈述书及经修改的权利要求书。请求人认为，通过删除"异源抗原性多肽"和"片段或衍生物"并且将抗原肽限定为 E0、E1/E2 和 NS3/NS4a，修改后的权利要求得到了说明书的支持，其保护范围与本申请的实施例的公开是相适应的。

修改后的权利要求书为：

"1. 一种生产含有与病毒抗原性肽复合的昆虫热激蛋白的免疫原性复合体的方法，该方法包括：

（a）将杆状病毒载体导入昆虫细胞，所述载体包含编码至少一种病毒肽的核苷酸序列，所述病毒肽选自 E0 病毒多肽、E1/E2 病毒多肽或 NS3/NS4a 病毒多肽；

（b）在能由杆状病毒载体表达 E0 病毒多肽、E1/E2 病毒多肽或 NS3/NS4a 病毒多肽的条件下培养所述昆虫细胞；

（c）让所述昆虫细胞接受热激，使得该昆虫细胞表达热激蛋白；和

（d）通过从昆虫细胞多肽中分离免疫原性复合体而从所述昆虫细胞中回收免疫原性复合体，所述免疫原性复合体包含昆虫细胞热激蛋白，所述热激蛋白与至少一种病毒肽复合，所述病毒肽选自 E0 病毒多肽、E1/E2 病毒多肽或 NS3/NS4a 病毒多肽。

2. 权利要求 1 的方法，其中所述昆虫细胞是草地滩夜蛾细胞。

3. 如权利要求 1 的方法，其中所述昆虫细胞是草地滩夜蛾 Sf9 细胞。

4. 如权利要求 1 的方法，其中所述昆虫细胞的热激是通过将昆虫细胞在 43℃下处理 10 分钟而进行的。

5. 一种含有免疫原性复合体的组合物，该复合体通过权利要求1~4中任一项的方法获得。

6. 一种药用组合物，含有权利要求5的组合物和可以药用的载体或稀释剂。

7. 权利要求5的组合物在制备用于一种在动物体内诱导针对病毒病原体的免疫能力的药物中的用途，所述组合物包含至少一种病毒肽，所述病毒肽选自E0病毒多肽、E1/E2病毒多肽或NS3/NS4a病毒多肽。"

至此，合议组认为本案事实清楚，可以作出审查决定。

二、决定的理由

1. 决定所依据的文本

本决定是在驳回决定所针对的说明书第1~57页、说明书附图第1~4页和说明书摘要，以及请求人于2007年10月12日提交的权利要求1~7的基础上作出的。

2. 关于专利法第26条第4款

专利法第26条第4款规定：权利要求书应当以说明书为依据，说明要求专利保护的范围。

对于用上位概念概括或并列选择方式概括的权利要求，如果该权利要求的概括包含申请人推测的内容，而其效果又难以预先确定和评价，应当认为这种概括超出说明书公开的范围，该权利要求得不到说明书的支持。

本案中，权利要求1~4涉及一种生产含有与病毒抗原性肽复合的昆虫热激蛋白的免疫原性复合体的方法，其中，将病毒肽限定为"E0病毒多肽、E1/E2病毒多肽或NS3/NS4a病毒多肽"。

本领域技术人员公知，病毒多肽或病毒蛋白常常以囊膜蛋白或囊膜糖蛋白（Envelope protein or envelope glycoprotein）的首字母"E"或非结构蛋白（Non-Structional protein）的首字母"NS"来命名，具体于牛病毒性腹泻病毒（BVDV）而言，其编码蛋白即被命名为囊膜糖蛋白E0（Gp48）、E1（Gp25）/E2（gP53）、非结构蛋白NS3/NS4a等。但是，除了BVDV以外，很多其他病毒多肽往往也被命名为或冠以E0、E1、E2、NS3、NS4a的名称，如猪瘟病毒（HCV）也存在E0、E1、E2、NS3、NS4a等病毒多肽。在瘟病病毒以外，还存在许多以E0、E1、E2、NS3、NS4a命名的病毒多肽，如丙型肝炎病毒（HCV）的非结构蛋白E1、E2、NS3、NS4多肽，腺病毒的E0、E1、E2多肽，登革热病毒的NS3多肽，狂犬病毒的E1多肽，乳头瘤病毒的E2肽等等，而不同的病毒囊膜（糖）蛋白之间或不同的病毒非结构蛋白之间存在结构和性质上的差异。因此，权利要求1~7中涉及的"E0病毒多肽、E1/E2病毒多肽或NS3/NS4a病毒多肽"实际上包含了结构不同、性质不同的众多多肽。

但是，由于：（1）任何外源蛋白表达系统都有其来自于系统本身的局限性，例如表达蛋白的种类对生物体宿主的潜在影响（例如是否有致死效应）、编码表达蛋白的基因的大小限制对载体包装的影响、表达蛋白是否形成包含体从而影响与热激蛋白的非共价结合等等，不同表达系统的局限性决定了一种表达系统不可能是可以表达任何想要表达的蛋白的万能系统，包括昆虫杆状病毒表达系统。因此难以预期，基于昆虫宿主细胞和杆状病毒表达载体的表达系统可以表达任何种类的"E0病毒多肽、E1/E2病毒多肽或NS3/NS4a病毒多肽"。（2）由于本申请的制备免疫原性复合体的方法（权利要求1~4）涉及使用内源天然hsp没有充分鉴定的昆虫细胞，并通过热激处理诱导热激蛋白表达并由此实现昆虫内源热激蛋白与抗原性多肽的结合。但是本领域技术人员公知，并不是所有昆虫hsp均可以作为分子伴侣而有助于促进抗原蛋白正确折叠，现有技术也没有证据显示所有的昆虫热激蛋白均具有与免疫原性多肽或蛋白非共价结合的特异性。也即无法保证任何昆虫细胞的热激蛋白均能够与所述"E0病毒多肽、E1/E2病毒多肽或NS3/NS4a病毒多肽"结合来实现本发明目的。

在本申请说明书（实施例1-2）仅公开了利用重组杆状病毒在草地滩夜蛾Sf9细胞中表达瘟病病毒BVDV的抗原性多肽C/E0、E1/E2和NS3/NS4A以及边界病病毒BDV的抗原多肽E1/E2，并且通过热激获得免疫原性复合体的技术方案的基础上,本领域技术人员难以预期,在各种昆虫细胞中均能够实现包含昆虫热激蛋白与任何种类的"E0病毒多肽、E1/E2病毒多肽或NS3/NS4a病毒多肽"的免疫原性复合体的生产。因此,权利要求1~4中涉及的"E0病毒多肽、E1/E2病毒多肽或NS3/NS4a病毒多肽"使得其保护范围中包含了申请人推测的技术方案,而其效果又难于预先确定和评价,致使权利要求1~4的概括超出了申请原始公开的范围,不符合专利法第26条第4款的规定。

在权利要求1~4得不到说明书支持的基础上,含有以这些方法制备的免疫原性复合体的组合物(权利要求5和6)以及该组合物的制药用途(权利要求7)也得不到说明书的支持。

基于上述分析,请求人的意见陈述也不足以说明权利要求1~7的概括是合理的。

综上所述,修改后的权利要求1~7依然不符合专利法第26条第4款的规定。

根据以上事实和理由,本案合议组作出如下审查决定。

三、决定

维持国家知识产权局于2005年4月8日对00814551.2号发明专利申请作出的驳回决定。

复审请求人对本决定不服的,可以根据专利法第41条第2款的规定,自收到本决定之日起三个月内向北京市第一中级人民法院起诉。

序列号 2 的生物活性肽

复审请求审查决定（第 12383 号）

决 定 号	第 12383 号
决 定 日	2007 年 12 月 17 日
发明创造名称	序列号 2 的生物活性肽
国 际 分 类 号	C07K 7/06，C12N 15/63，C12N 15/31，A61K 38/08，A61P 37/02
复 审 请 求 人	泰哲医药研究（深圳）有限公司
申 请 号	02140983.8
优 先 权 日	2001 年 7 月 13 日，2002 年 6 月 20 日
申 请 日	2002 年 7 月 11 日
公 开 日	2003 年 4 月 16 日
合议组组长	吴通义
主 审 员	王大鹏
参 审 员	李梦楠
法 律 依 据	专利法第 22 条第 2 款、第 3 款

决 定 要 点

新颖性，是指在申请日以前没有同样的发明在国内外出版物上公开发表过、在国内公开使用过或者以其他方式为公众所知，也没有同样的发明由他人向专利局提出过申请并且记载在申请日以后（含申请日）公布的专利申请文件中。

创造性，是指同申请日以前已有的技术相比，该发明有突出的实质性特点和显着的进步。

一、案由

本复审请求涉及 2003 年 4 月 16 日公开、名称为"序列号 2 的生物活性肽"的第 02140983.8 号发明专利申请（下称本申请）。本申请的最早优先权日为 2001 年 7 月 13 日，申请日为 2002 年 7 月 11 日，申请人为泰哲医药研究（深圳）有限公司（2003 年 7 月 4 日由深圳市康哲药业股份有限公司变更为一泰医药研究（深圳）有限公司，2007 年 3 月 30 日再由一泰医药研究（深圳）有限公司变更为泰哲医药研究（深圳）有限公司）。

针对申请人于 2002 年 7 月 11 日提交的说明书第 1～56 页、第 58～89 页和说明书摘要，以及 2004 年 8 月 4 日提交的权利要求书 1～10、说明书第 57 页，国家知识产权局于 2004 年 11 月 5 日以权利要求 1、3 不符合专利法第 22 条第 2 款的规定，权利要求 4～6、8～9 不符合专利法第 22 条第 3 款的规定为由驳回了本申请。

过热激获得免疫原性复合体的技术方案的基础上，本领域技术人员难以预期，在各种昆虫细胞中均能够实现包含昆虫热激蛋白与任何种类的"E0病毒多肽、E1/E2病毒多肽或NS3/NS4a病毒多肽"的免疫原性复合体的生产。因此，权利要求1~4中涉及的"E0病毒多肽、E1/E2病毒多肽或NS3/NS4a病毒多肽"使得其保护范围中包含了申请人推测的技术方案，而其效果又难于预先确定和评价，致使权利要求1~4的概括超出了申请原始公开的范围，不符合专利法第26条第4款的规定。

在权利要求1~4得不到说明书支持的基础上，含有以这些方法制备的免疫原性复合体的组合物（权利要求5和6）以及该组合物的制药用途（权利要求7）也得不到说明书的支持。

基于上述分析，请求人的意见陈述也不足以说明权利要求1~7的概括是合理的。

综上所述，修改后的权利要求1~7依然不符合专利法第26条第4款的规定。

根据以上事实和理由，本案合议组作出如下审查决定。

三、决定

维持国家知识产权局于2005年4月8日对00814551.2号发明专利申请作出的驳回决定。

复审请求人对本决定不服的，可以根据专利法第41条第2款的规定，自收到本决定之日起三个月内向北京市第一中级人民法院起诉。

序列号 2 的生物活性肽

复审请求审查决定（第 12383 号）

决　定　号	第 12383 号
决　定　日	2007 年 12 月 17 日
发明创造名称	序列号 2 的生物活性肽
国际分类号	C07K 7/06，C12N 15/63，C12N 15/31，A61K 38/08，A61P 37/02
复审请求人	泰哲医药研究（深圳）有限公司
申　请　号	02140983.8
优 先 权 日	2001 年 7 月 13 日，2002 年 6 月 20 日
申　　请　　日	2002 年 7 月 11 日
公　　开　　日	2003 年 4 月 16 日
合议组组长	吴通义
主　审　员	王大鹏
参　审　员	李梦楠
法 律 依 据	专利法第 22 条第 2 款、第 3 款

决定要点

新颖性，是指在申请日以前没有同样的发明在国内外出版物上公开发表过、在国内公开使用过或者以其他方式为公众所知，也没有同样的发明由他人向专利局提出过申请并且记载在申请日以后（含申请日）公布的专利申请文件中。

创造性，是指同申请日以前已有的技术相比，该发明有突出的实质性特点和显着的进步。

一、案由

本复审请求涉及 2003 年 4 月 16 日公开、名称为"序列号 2 的生物活性肽"的第 02140983.8 号发明专利申请（下称本申请）。本申请的最早优先权日为 2001 年 7 月 13 日，申请日为 2002 年 7 月 11 日，申请人为泰哲医药研究（深圳）有限公司（2003 年 7 月 4 日由深圳市康哲药业股份有限公司变更为一泰医药研究（深圳）有限公司，2007 年 3 月 30 日再由一泰医药研究（深圳）有限公司变更为泰哲医药研究（深圳）有限公司）。

针对申请人于 2002 年 7 月 11 日提交的说明书第 1～56 页、第 58～89 页和说明书摘要，以及 2004 年 8 月 4 日提交的权利要求书 1～10、说明书第 57 页，国家知识产权局于 2004 年 11 月 5 日以权利要求 1、3 不符合专利法第 22 条第 2 款的规定，权利要求 4～6、8～9 不符合专利法第 22 条第 3 款的规定为由驳回了本申请。

驳回决定认为：（1）将纯度限定为纯化实际上并没有起到对权利要求的进一步限定作用，权利要求1所要求保护的多肽为SEQ ID NO：2的肽。对比文件1（Lignot B. 等人，Biotechnol. Appl. Biochem.，第29卷，第25~30页，公开日为1999年2月29日）公开了肽VV-HAEMORPHIN-7，其与SEQ ID NO：2具有相同的氨基酸序列，权利要求1的技术方案已经被对比文件1所公开，不具备专利法第22条第2款的规定的新颖性。同理，权利要求3也不具备专利法第22条第2款的规定的新颖性。（2）由于对比文件1已经公开了SEQ ID NO：2的肽和其制备方法以及SEQ ID NO：2的序列，本领域技术人员结合本领域公知常识，可以很容易获得权利要求4的载体、权利要求5的微生物、权利要求6、8的药物组合物以及权利要求9的制备药物组合物的方法，因此，权利要求4~6、8~9不具有突出的实质性特点和显著进步，不具备专利法第22条第3款规定的创造性。

驳回决定所针对的权利要求书为：

"1. 一种具有SEQ ID NO：2的肽，其中所述肽为纯化的肽。

2. 一种如权利要求1的肽，其中所述肽的纯度为10%~99%w/w的肽。

3. 一种如权利要求1的肽，其中所述肽的纯度为99%~100%w/w的肽。

4. 一种遗传载体，其包含编码具有SEQ ID NO：2肽的核苷酸序列。

5. 一种微生物，其遗传组成包含编码一外源肽的核酸序列，所述肽具有SEQ ID NO：2的氨基酸序列。

6. 一种药物组合物，其包含具有SEQ ID NO：2的肽，其中所述肽为纯化的肽。

7. 如权利要求6的药物组合物，其中所述肽的纯度为10%~99%w/w的肽。

8. 如权利要求6的药物组合物，其中所述肽的纯度为99%~100%w/w的肽。

9. 一种制备权利要求6、7或8任何一项所述的药物组合物的方法，包括将所述肽与药物学可接受载体混合。

10. 具有SEQ ID NO：2的肽在制备调节免疫活性药物中的应用。"

泰哲医药研究（深圳）有限公司（下称请求人）对上述驳回决定不服，于2005年2月18日向专利复审委员会提出复审请求，请求人认为，修改后的权利要求保护的是具有SEQ ID NO：2的肽在制药方面的应用，而对比文件1没有公开具有SEQ ID NO：2的肽的相应药学活性，现有技术也未有具有SEQ ID NO：2的肽具有制药用途的任何启示，因此修改后的权利要求克服了驳回决定指出的缺陷，满足专利法第22条第2、3款的规定。在提出复审请求时，请求人提交了新的权利要求书（共13项），新提交的权利要求书为：

"1. 具有SEQ ID NO：2所示序列的肽在制备调节免疫活性药物中的应用。

2. 具有SEQ ID NO：2所示序列的肽在制备调节以下至少一种情况的药物中的应用：刺激T淋巴细胞转化、增加NK细胞胞毒活性、促进抗SRBC抗体、抑制抗SRBC抗体形成、增加胸腺重量。

3. 具有SEQ ID NO：2所示序列的肽以及与该肽相邻的前导肽或信号肽组成的杂合肽在制备调节免疫活性药物中的应用。

4. 具有SEQ ID NO：2所示序列的肽以及与该肽相邻的前导肽或信号肽组成的杂合肽在制备调节以下至少一种情况的药物中的应用：刺激T淋巴细胞转化、增加NK细胞胞毒活性、促进抗SRBC抗体、抑制抗SRBC抗体形成、或增加胸腺重量。

5. 一种具有调节免疫活性功能的药物组合物，其特征在于该药物组合物中含具有SEQ ID NO：2所示序列的肽。

6. 一种具有调节免疫活性功能的药物组合物，其特征在于该药物组合物含具有SEQ ID NO：2所示序列的肽以及与该肽相邻的前导肽或信号肽组成的杂合肽。

7. 一种制备权利要求5所述药物组合物的方法,其特征在于将所述肽与药物学可接受载体混合。

8. 一种制备权利要求6所述药物组合物的方法,其特征在于将所述肽和杂合肽与药物学可接受载体混合。

9. 权利要求5或6所述的药物组合物的给药方法,包括选自下列给药方法:静脉注射,肌肉内注射,腹膜内注射,皮下注射,皮下植入,包括片剂、胶囊、悬液或溶液的任一种口服给药,包括软膏、霜或凝胶的任一种经皮或不经皮的局部给药。

10. 权利要求9所述的给药方法,其中给药剂量为1ng～10g/kg体重。

11. 权利要求9所述的给药方法,其特征在于,所述方法为基因给药。

12. 根据权利要求11所述的基因给药方法,包括选自下列给药方法:经基因工程乳杆菌菌种输送,经基因工程的枯草孢杆菌输送,经基因工程糖酵母菌种输送。

13. 一种具有调节免疫活性功能的保健品,其特征在于该保健品中含具有SEQ ID NO:2所示序列的肽和/或含具有SEQ ID NO:2所示序列的肽以及与该肽相邻的前导肽或信号肽组成的杂合肽。"

形式审查合格后,专利复审委员会受理了该复审请求,并于2005年3月8日向请求人发出《复审请求受理通知书》,随后将本申请案卷移交原审查部门进行前置审查。

原审查部门对本复审请求进行了前置审查,坚持原驳回决定。其理由是:请求人提交的权利要求的修改文本虽然克服了驳回决定指出的缺陷,但对权利要求的修改不符合专利法实施细则第60条第1款的规定。

专利复审委员会组成合议组,对本案的复审请求进行了审理,于2007年6月27日向请求人发出《复审通知书》。《复审通知书》中指出:(1) 由于修改后的权利要求13涉及一种具有免疫调节活性功能的保健品的技术方案既未明确记载在原始申请文本中,也不能由原始申请文本记载的信息直接、毫无疑义地导出,因此,权利要求13不符合专利法第33条的规定。(2) 由于随复审请求提交的权利要求2～4、6、8～13关于杂合肽的技术方案的增加属于增加权利要求,因此,权利要求2～4、6、8～13不符合专利法实施细则第60条第1款的规定。(3) 由于权利要求9～12要求保护一种药物组合物的给药方法实质上属于药物治疗方法,属于专利法不授予专利权的客体,因此,权利要求9～12不符合专利法第25条第1款第3项的规定。(4) 由于权利要求中的开放式描述"具有"包含了实质上本领域技术人员难以预先确定其功能和技术效果的技术方案,因此,权利要求1～6、13不符合专利法第26条第4款规定。

针对《复审通知书》指出的问题,请求人于2007年7月24日提交了意见陈述书及经修改的权利要求书(共1页3项)。请求人在意见陈述中指出,通过删除权利要求2～4、6、8～13,已经克服了《复审通知书》所指出的不符合专利法第33条、不符合专利法实施细则第60条第1款,以及不符合专利法第25条第1款第3项规定的缺陷。同时,通过将开放式限定修改为封闭式限定,新的权利要求1～3已经克服了不符合专利法第26条第4款规定的缺陷。

修改后的权利要求书为:

"1. 由SEQ ID NO:2的氨基酸序列组成的肽在制备调节免疫活性药物中的应用。

2. 一种具有调节免疫活性功能的药物组合物,其特征在于该药物组合物中含有由SEQ ID NO:2的氨基酸序列组成的肽。

3. 一种制备权利要求5所述药物组合物的方法,其特征在于将所述肽与药物学可接受载体混合。"

至此,合议组认为本案事实清楚,可以作出审查决定。

二、决定的理由

1. 决定所依据的文本

请求人于2007年7月24日提交了修改后的权利要求书全文替换页(共1页3项),修改后的权利要求书删除了《复审通知书》所针对的权利要求 2~4、6、8~13，克服了《复审通知书》所指出的权利要求 13 不符合专利法第 33 条的规定，权利要求 2~4、6、8~13 不符合专利法实施细则第 60 条第 1 款的规定的缺陷。

本决定是在驳回决定所针对的说明书第 1~89 页、说明书摘要以及 2007 年 7 月 24 日提交的权利要求 1~3 的基础上作出的。

2. 关于专利法第 22 条第 2 款、第 3 款

专利法第 22 条第 2 款规定，新颖性，是指在申请日以前没有同样的发明或者实用新型在国内外出版物上公开发表过、在国内公开使用过或者以其他方式为公众所知，也没有同样的发明或者实用新型由他人向国务院专利行政部门提出过申请并且记载在申请日以后公布的专利申请文件中。

专利法第 22 条第 3 款规定，发明的创造性，是指同申请日以前已有的技术相比，该发明有突出的实质性特点和显着的进步。

本案中，驳回决定指出，驳回决定所针对的权利要求 1、3 不符合专利法第 22 条第 2 款的规定、驳回决定所针对的权利要求 4~6、8~9 不符合专利法第 22 条第 3 款的规定。对此，请求人随复审请求提交了经修改的权利要求书，原审查部门在前置审查意见中指出修改后的文本克服了驳回决定所指出的缺陷。请求人于 2007 年 7 月 24 日提交的权利要求 1~3 是针对请求人在提复审请求中提交的权利要求书进行部分删除后得到的，而前置审查意见中已经指出该权利要求 1~3 已经克服了驳回决定所指出的缺陷。因此，合议组对权利要求 1~3 是否符合专利法第 22 条第 2 款以及专利法第 22 条第 3 款的规定不再评述。

3. 关于专利法第 25 条第 1 款第 3 项以及专利法第 26 条第 4 款

《复审通知书》中指出，《复审通知书》所针对的权利要求 9~12 不符合专利法第 25 条第 1 款第 3 项以及权利要求 1~6、13 不符合专利法第 26 条第 4 款的规定，对此，请求人在 2007 年 7 月 24 日提交的修改的权利要求书中已经将相关权利要求一并删除。因此，修改后的权利要求书中已不存在《复审通知书》中指出的本申请不符合专利法第 25 条第 1 款第 3 项以及第 26 条第 4 款规定的问题。

根据以上事实和理由，本案合议组作出如下审查决定。

三、决定

撤销国家知识产权局于 2004 年 11 月 5 日对 02140983.8 号发明专利申请作出的驳回决定。由原审查部门在驳回决定所针对的说明书第 1~89 页、说明书摘要以及 2007 年 7 月 24 日提交的权利要求 1~3 的基础上继续进行审查。

复审请求人对本决定不服的，可以根据专利法第 41 条第 2 款的规定，自收到本决定之日起三个月内向北京市第一中级人民法院起诉。

半海盘灵类似物

复审请求审查决定（第 12384 号）

决 定 号	第 12384 号
决 定 日	2007 年 12 月 17 日
发明创造名称	半海盘灵类似物
国际分类号	C07K 5/065，C07K 5/062，A61K 38/05，C07K 5/02，C07K 5/08
复审请求人	不列颠哥伦比亚大学
申 请 号	98812434.3
优 先 权 日	1997 年 12 月 19 日
申 请 日	1998 年 12 月 18 日
公 开 日	2001 年 1 月 31 日
合议组组长	吴通义
主 审 员	王大鹏
参 审 员	李梦楠
法 律 依 据	专利法第 26 条第 4 款

决 定 要 点

如果权利要求请求保护的技术方案是所属技术领域的技术人员能够从说明书充分公开的内容中得到或概括得出的，并且未超出说明书充分公开的范围，则该权利要求能够得到说明书的支持。

一、案由

本复审请求涉及 2001 年 1 月 31 日公开、名称为"半海盘灵类似物"的第 98812434.3 号发明专利申请（下称本申请）。本申请的优先权日为 1997 年 12 月 19 日，申请日为 1998 年 12 月 18 日，申请人为不列颠哥伦比亚大学。

针对申请人于 2000 年 6 月 19 日提交的说明书第 1～22 页、附图第 1～7 页和说明书摘要以及 2003 年 11 月 26 日提交的权利要求 1～21，国家知识产权局于 2004 年 1 月 16 日驳回了本申请，具体理由为：（1）除了说明书第 21 页提供了 SPA110 的试验数据以外，对于本申请其他化合物均没有给出任何必要的试验数据用以直接证明能达到本发明的目的（细胞毒性和抗有丝分裂）。SPA110 的充分公开并不足以显而易见地证明本申请其他化合物也可以达到预期要解决的技术问题或效果，SPA110 与 SPA115、SPA116 在取代基上具有很大差异，权利要求 1 中的 R_3、R_4、R_5 选自"H、R 和 ArR-"，其中 R、Ar 的范围均非常大（参见权利要求 1 关于 R、Ar 的定义）。但是实质上，除了苯环以外，由于缺乏试验数据以及公认的理论依据，这些化合物均无法推导得出。因此，权利要求 1 得不到说明书的支持,不符合专利法第26条第4款的规定。(2)尽管从属权利要求2~18进一步限定了式I的取代基,但是仍包含了大量的不同化合物。根据本申请记载内容,所属技术领域的技术人员难于预见这些取代基所包括的除本申请已经公开充分的化合物SPA110之外的所有化合物都均能达到本发明的目的。因此,权利要求2~18不符合专利法第26条第4款的规定。(3)权利要求19~21分别要求保护三肽合成方法或中间产物,权利要求中使用的取代基R_1、R_2……R_9、Q、T等包含了大量的不同化合物。根据本申请记载内容,所属技术领域的技术人员难于预见这些取代基所包括的除本申请实施例之外的所有化合物都均能达到本发明的目的。因此,权利要求19~21不符合专利法第26条第4款的规定。

驳回决定所针对的权利要求为:

"1. 式I化合物或其可药用盐,

其中

R_1和R_2分别选自H,R和ArR-,而且,至少R_1和R_2之一是R,且不能同时为ArR-,R_1和R_2一起可任选构成一个3-7员环;

R_3和R_4分别选自H,R和ArR-,而且,至少R_3和R_4之一是R,且不能同时为ArR-或Ar,R_3和R_4一起可任选构成一个3-7员环;

R_5选自H,R,ArR-和Ar;

R_6选自H,R和ArR-;

R_7和R_8分别选自H,R和ArR-,及

R_9是

$$Z-\overset{O}{\underset{}{C}}-Y-;$$

其中

R被定义为直链,支链或环状的含有1-10个碳原子,0-4个氮原子,0-4个氧原子及0-4个硫原子的饱和或不饱和基团,其中碳原子可任选被下列基团取代:=O,=S,-OH,-OR_{10},-O_2CR_{10},-SH,-SR_{10},-$SOCR_{10}$,-NH_2,-NHR_{10},-N(R_{10})$_2$,-$NHCOR_{10}$,-$NR_{10}COR_{10}$,-I,-Br,-Cl,-F,-CN,-CO_2H,-CO_2R_{10},-CHO,-COR_{10},-$CONH_2$,-$CONHR_{10}$,-CON(R_{10})$_2$,-COSH,-$COSR_{10}$,-NO_2,-SO_3H,-SOR_{10}和-SO_2R_{10},其中

R_{10}是直链,支链或环状的含有1-10个碳原子的饱和或不饱和烷基;

X选自-OH,-OR,=O,=S,-O_2CR,-SH,-SR,-SOCR,-NH_2,-NHR,-N(R)$_2$,-NHCOR,-NRCOR,-I,-Br,-Cl,-F,-CN,-CO_2H,-CO_2R,-CHO,-COR,-$CONH_2$,-CONHR,-CON(R)$_2$,-COSH,-COSR,-NO_2,-SO_3H,-SOR和-SO_2R;

Ar被定义为选自下列基团的芳香环:苯基、萘基、蒽基、菲基、呋喃基、吡咯基、噻吩基、苯并呋喃基、苯并噻吩基、喹啉基、异喹啉基、咪唑基、噻唑基、噁唑基和吡啶基,任选被R或X取代;

Y定义部分为选自下列基团:含有1~6个碳原子的饱和或不饱和的直链烷基,任选被R,ArR-或X取代;及

Z定义部分为选自下列基团:-OH,-OR,-SH,-SR,-NH_2,-NHR,-N(R)$_2$,-NHCH

(R_{11}) COOH 和 -NRCH (R_{11}) COOH, 其中

R_{11} 是 R 或 -(CH_2)$_n$$NR_{12}R_{13}$, 其中

n 是 1~4, 及

R_{12} 和 R_{13} 分别选自 H, R 和 -C (NH) (NH_2)。

2. 权利要求 1 的化合物, 其中 Ar 是苯基, 萘基, 蒽基或吡咯基。

3. 权利要求 2 的化合物, 其中 R_2 是苯基, 萘基, 蒽基或吡咯基。

4. 权利要求 1 的化合物, 其中 R_3 和 R_4 分别选自甲基, 乙基, 正丙基和正丁基; 或者, R_3 和 R_4 一起构成 β-环丙基, β-环丁基, β-环戊基或 β-环己基。

5. 权利要求 1 的化合物, 其中 R_1 和 R_2 分别选自 H, 甲基, 乙基, 丙基, 正丁基和乙酰基; 或者, R_1 和 R_2 结合在一起形成环丙基, 环丁基, 环戊基或环己基。

6. 权利要求 1 的化合物, 其中 R_1 和 R_2 分别选自 H, CH_3 或乙酰基。

7. 权利要求 1 的化合物, 其中 R_1 是 H, 及 R_2 是 -CH_3。

8. 权利要求 1 的化合物, 其中 Z 是 -OH, -OCH_3, -NHCH (R_{11}) COOH 或 -NCH_3CH (R_{11}) COOH, 其中 R_{11} 是 R 或 -(CH_2)$_n$NHC (NH) (NH_2)。

9. 权利要求 1 的化合物, 其中 Z 是 -OH 或 -OR_{14}, 其中 R_{14} 是有 1~6 个碳原子的直链或支链烷基。

10. 权利要求 1 的化合物, 其中 R_9 有以下结构式:

$$-\underset{R_{15}}{\overset{}{C}}-C=C(R_{16})\overset{O}{\overset{\|}{C}}-OH$$

其中 R_{15} 选自甲基, 乙基, 正丙基, 异丙基, 叔丁基, 异丁基和仲丁基; 及 R_{16} 选自 H, 甲基, 乙基, 丙基, 异丙基, 正丁基, 异丁基和仲丁基。

11. 权利要求 10 的化合物, 其中 R_{15} 是异丙基, 及 R_{16} 是甲基。

12. 权利要求 1 的化合物, 其中 R_7 是有 3-6 个碳原子的支链烷基。

13. 权利要求 1 的化合物, 其中 R_6 和 R_8 分别是 H 或 CH_3。

14. 权利要求 1-11 之一的化合物, 其中 R_6 是 H, R_7 是 -C (CH_3)$_3$, 及 R_8 是 -CH_3。

15. 权利要求 1 的化合物, 其中 R_3 和 R_4 各为 R。

16. 权利要求 1 的化合物, 其中 R_3 和 R_4 各为 -CH_3。

17. 权利要求 16 的化合物, 其中 R_5 是苯基。

18. 权利要求 17 的化合物, 其中 R_9 有以下结构式:

$$-\underset{CH(CH_3)_2}{\overset{}{C}}-C=C(CH_3)\overset{O}{\overset{\|}{C}}-OH$$

19. 制备权利要求 1 所述化合物的方法, 包括以下步骤:

(a) 将下式氨基酸

其中 R_3-R_5 定义同权利要求 1, Q 和 T 选自权利要求 1 定义的 R_1 和 R_2, 及一个保护基;

与下式二肽偶合,

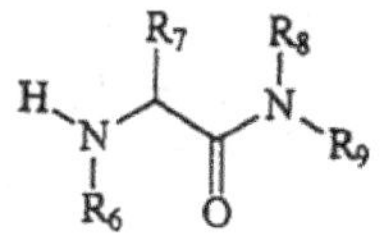

其中 R_6-R_9 定义同权利要求1；

而且，如果 Q 或 T 是保护基，则要增加用 R_1 或 R_2 取代保护基以形成化合物 I 的步骤；或

(b) 下式二肽

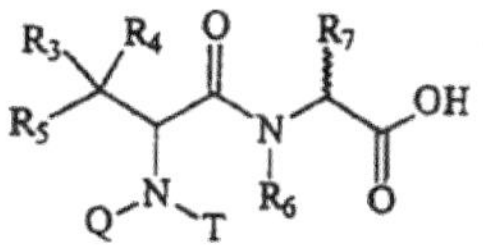

其中 R_3-R_7 定义同权利要求1，Q 和 T 定义如上；

与下式氨基酸偶合，

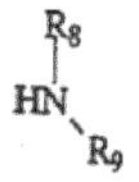

其中 R_8 和 R_9 定义同权利要求1；

而且，如果 Q 或 T 是保护基，则需要增加用 R_1 或 R_2 取代保护基以形成化合物 I 的步骤。

20. 适用于权利要求19方法的氨基酸，具有以下结构式：

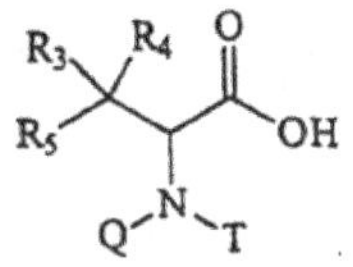

其中 R_3-R_5，Q 和 T 定义同权利要求19。

21. 适用于权利要求19方法的二肽，具有以下结构式：

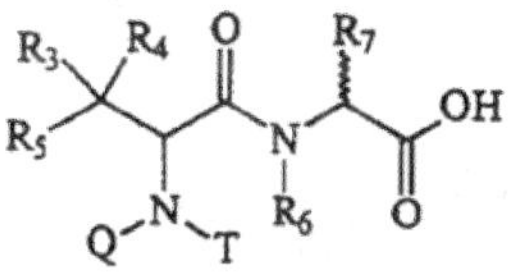

其中 R_3-R_7，Q 和 T 定义同权利要求19。"

不列颠哥伦比亚大学（下称请求人）对上述驳回决定不服，于2004年4月29日向专利复审委员会提出复审请求，同时提交了新的权利要求书（共43项），以及附件1（英文）（包括 Raymond Andersen 证明在申请日前已经获得本发明化合物的药理活性数据的宣誓书；附录 A：R. Andersen 发给 Chris Robinson 的传真复印件，其上记载 SPA110、SPA114、SPA115、SPA116、SPA121、SPA122 和 SPA123 的化学结构式和分子量，以及它们对 MCF-7 人癌细胞的 IC_{50} 值；附录 B：国际申请 PCT/CA98/01184 说明书第29~30页的复印件），请求人认为申请日之前已经制备得到上述化合物及其药理活性数据，因此国家知识产权局驳回的理由不成立。

新修改的权利要求1~43为：

"1. 式 I 化合物或其可药用盐，

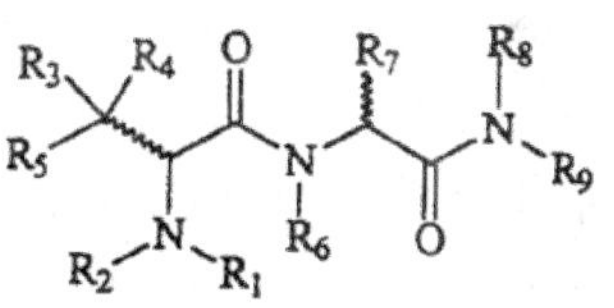

其中

R_1 和 R_2 分别选自 H，R 和 ArR–，而且，至少 R_1 和 R_2 之一是 R，且不能同时为 ArR–，R_1 和 R_2 一起可任选构成一个 3–7 员环，前提是，R_1 和 R_2 不能是叔丁氧基羰基；

R_3 和 R_4 分别选自 H，R 和 ArR–，而且，至少 R_3 和 R_4 之一是 R，且不能同时为 ArR–或 Ar，R_3 和 R_4 一起可任选构成一个 3–7 员环；

R_5 选自 H，R，ArR–和 Ar；

R_6 选自 H，R 和 ArR–；

R_7 和 R_8 分别选自 H，R 和 ArR–，及

R_9 是

$$Z-\overset{O}{\underset{}{C}}-Y-;$$

其中

R 被定义为直链，支链或环状的含有 1～10 个碳原子，0～4 个氮原子，0～4 个氧原子及 0～4 个硫原子的饱和或不饱和基团，其中碳原子可任选被下列基团取代：=O，=S，–OH，–OR_{10}，–O_2CR_{10}，–SH，–SR_{10}，–$SOCR_{10}$，–NH_2，–NHR_{10}，–$N(R_{10})_2$，–$NHCOR_{10}$，–$NR_{10}COR_{10}$，–I，–Br，–Cl，–F，–CN，–CO_2H，–CO_2R_{10}，–CHO，–COR_{10}，–$CONH_2$，–$CONHR_{10}$，–$CON(R_{10})_2$，–COSH，–$COSR_{10}$，–NO_2，–SO_3H，–SOR_{10} 和–SO_2R_{10}，其中 R_{10} 是直链，支链或环状的含有 1–10 个碳原子的饱和或不饱和烷基；

X 选自–OH，–OR，=O，=S，–O_2CR，–SH，–SR，–SOCR，–NH_2，–NHR，–$N(R)_2$，–NHCOR，–NRCOR，–I，–Br，–Cl，–F，–CN，–CO_2H，–CO_2R，–CHO，–COR，–$CONH_2$，–CONHR，–$CON(R)_2$，–COSH，–COSR，–NO_2，–SO_3H，–SOR 和–SO_2R；

Ar 被定义为选自下列基团的芳香环：苯基，萘基，蒽基，菲基，呋喃基，吡咯基，噻吩基，苯并呋喃基，苯并噻吩基，喹啉基，异喹啉基，咪唑基，噻唑基，噁唑基和吡啶基，任选被 R 或 X 取代；

Y 被定义为选自下列基团的部分：含有 1～6 个碳原子的饱和或不饱和的直链烷基，任选被 R，ArR–或 X 取代；前提是，若 R_8 是 H，则 Y 上任选的取代基限于 R 和 Ar，其中 R 为直链、支链或环状的含有 1～10 个碳原子的烷基且 Ar 为苯基、萘基、蒽基、或菲基；及

Z 被定义为选自下列基团的部分：–OH，–OR，–SH，–SR，–NH_2，–NHR，–$N(R)_2$，–NHCH(R_{11})COOH 和–NRCH(R_{11})COOH，其中 R_{11} 是 R 或–$(CH_2)_n NR_{12}R_{13}$，其中 n 是 1–4，及 R_{12} 和 R_{13} 分别选自 H，R 和–C(NH)(NH_2)。

2. 权利要求 1 的化合物或其可药用盐，其中 R_5 选自 H，有 1～8 个碳原子的烷基和 Ar。

3. 权利要求 1 的化合物或其可药用盐，其中 R_5 选自 H，有 1～6 个碳原子的烷基和 Ar。

4. 权利要求 1 的化合物或其可药用盐，其中 R_5 选自 H，有 1～4 个碳原子的烷基和 Ar。

5. 权利要求 1 的化合物或其可药用盐，其中 R_5 选自 H，甲基和苯基。

6. 权利要求 2～4 任一项的化合物或其可药用盐，其中 Ar 任选被 X 取代。

7. 权利要求 6 的化合物或其可药用盐，其中 Ar 是被 X 任选取代的苯基。

8. 权利要求 6 的化合物或其可药用盐，其中 Ar 任选被选自下列的基团取代：–I，–Br，–Cl，–F，–OH，–OR，=O，=S 和具有包含 1～10 个碳原子的直链、直链或环状骨架的饱和或不饱和烷基。

9. 权利要求 7 的化合物或其可药用盐，其中苯基任选被选自下列的基团取代：–I，–Br，–Cl，–F，–OH，–OR，=O，=S 和具有包含 1～10 个碳原子的直链、直链或环状骨架的饱和或不饱和

烷基。

10. 权利要求1的化合物，其中Ar是苯基，萘基，蒽基或吡咯基。

11. 权利要求10的化合物，其中R_5是苯基，萘基，蒽基或吡咯基。

12. 权利要求11的化合物，其中R_5是苯基。

13. 权利要求1的化合物，其中R_3和R_4分别选自甲基，乙基，正丙基和正丁基；或者，R_3和R_4一起构成β-环丙基，β-环丁基，β-环戊基或β-环己基。

14. 权利要求1的化合物，其中R_1和R_2分别选自H，甲基，乙基，丙基，正丁基和乙酰基；或者，R_1和R_2结合在一起形成环丙基，环丁基，环戊基或环己基。

15. 权利要求1的化合物，其中R_1和R_2分别选自H，CH_3或乙酰基。

16. 权利要求1的化合物，其中R_1是H，及R_2是$-CH_3$。

17. 权利要求1的化合物，其中Z是-OH，$-OCH_3$，$-NHCH(R_{11})COOH$或$-NCH_3CH(R_{11})COOH$，其中R_{11}是R或$-(CH_2)_nNHC(NH)(NH_2)$。

18. 权利要求1的化合物，其中Z是-OH或$-OR_{14}$，其中R_{14}是有1~6个碳原子的直链或支链烷基。

19. 权利要求1的化合物，其中R_9有以下结构式：

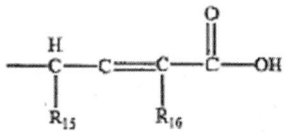

其中R_{15}选自甲基，乙基，正丙基，异丙基，叔丁基，异丁基和仲丁基；及R_{16}选自H，甲基，乙基，丙基，异丙基，正丁基，异丁基和仲丁基。

20. 权利要求19的化合物，其中R_{15}是异丙基，及R_{16}是甲基。

21. 权利要求1的化合物，其中R_7是有3~6个碳原子的支链烷基。

22. 权利要求21的化合物，其中R_7是$-C(CH_3)_3$。

23. 权利要求1的化合物，其中R_6和R_8分别是H或CH_3。

24. 权利要求1的化合物，其中R_6是H，R_7是$-C(CH_3)_3$，及R_8是$-CH_3$。

25. 权利要求1的化合物，其中R_3和R_4各为R。

26. 权利要求1的化合物，其中R_3和R_4各为$-CH_3$。

27. 权利要求26的化合物，其中R_5是苯基。

28. 权利要求27的化合物，其中R_9有以下结构式：

29. 权利要求1的化合物，具有以下结构：

30. 权利要求1的化合物，具有以下结构：

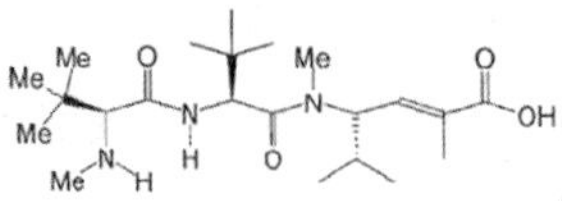

31. 权利要求1的化合物，具有以下结构：

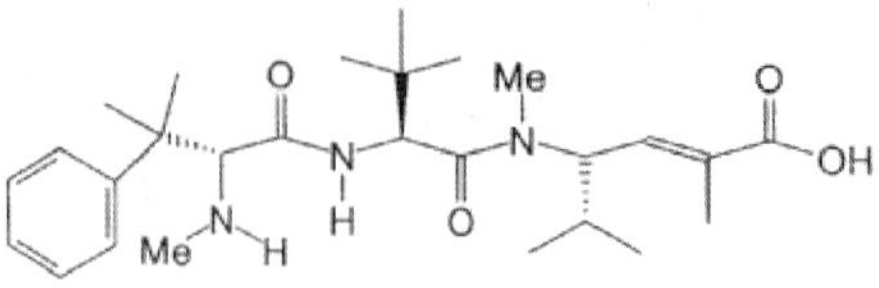

32. 权利要求1的化合物，具有以下结构：

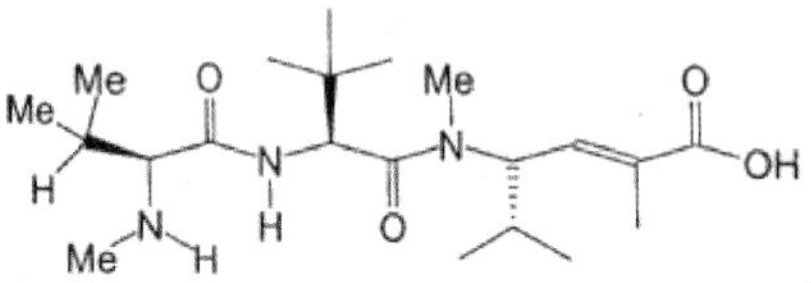

33. 权利要求1的化合物，具有以下结构：

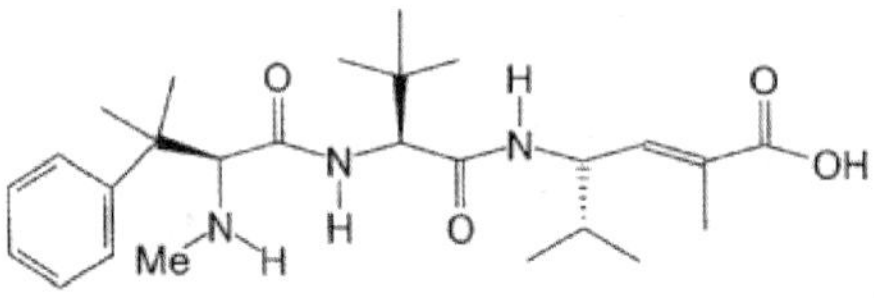

34. 权利要求1的化合物，具有以下结构：

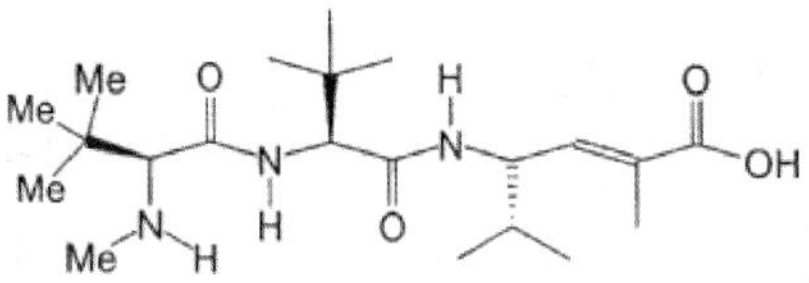

35. 权利要求1的化合物，具有以下结构：

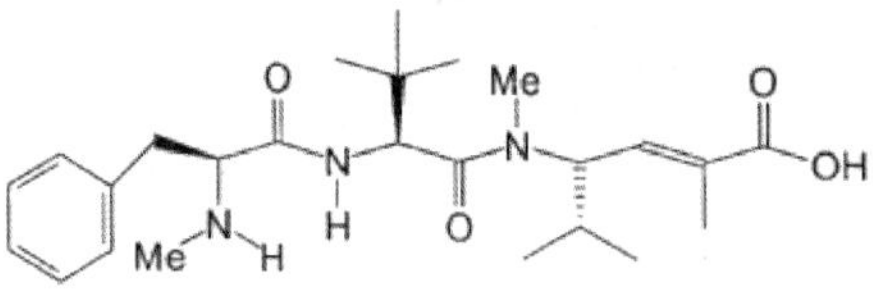

36. 式I化合物或其可药用盐，

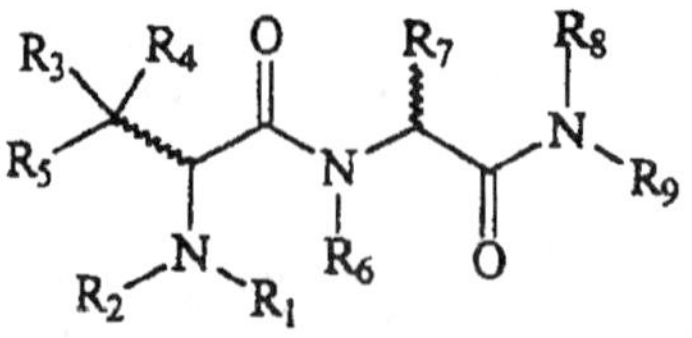

其中

R_1和R_2分别选自H和甲基；

R_3和R_4分别选自H和甲基；

R_5选自H，甲基和苯基；

R_6是H；

R_7是叔丁基；

R_8 选自 H 和甲基；及

R_9 是

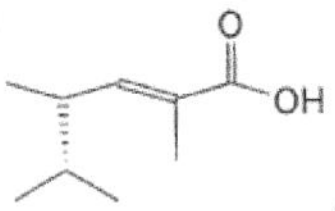

37. 权利要求 36 的化合物，具有以下结构：

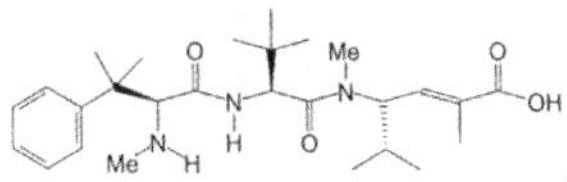

38. 权利要求 36 的化合物，具有以下结构：

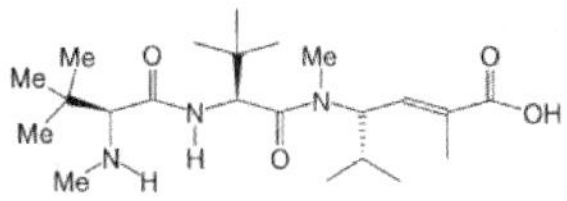

39. 权利要求 36 的化合物，具有以下结构：

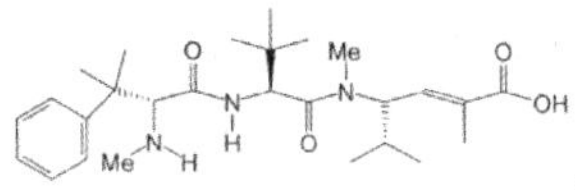

40. 权利要求 36 的化合物，具有以下结构：

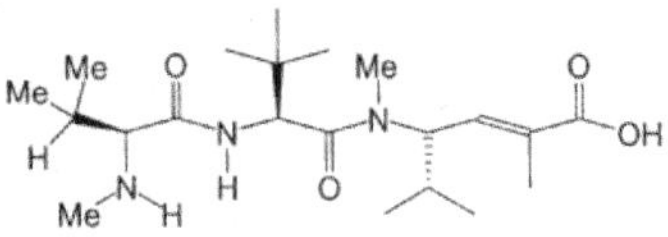

41. 权利要求 1 的化合物，具有以下结构：

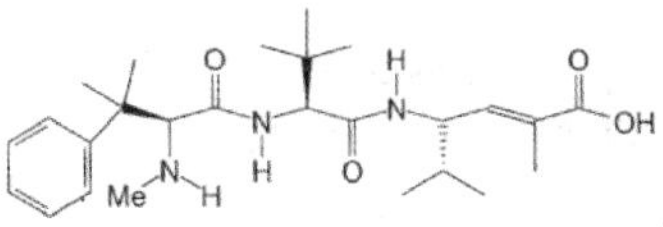

42. 权利要求 36 的化合物，具有以下结构：

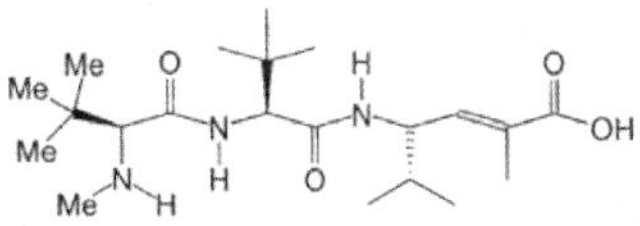

43. 权利要求 36 的化合物，具有以下结构：

"

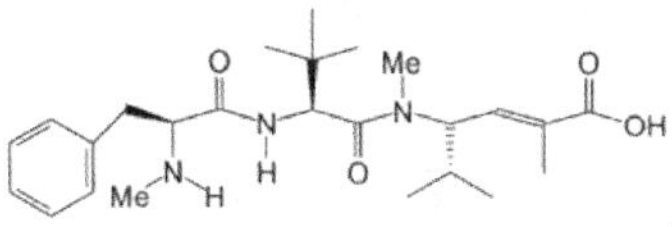

形式审查合格后，专利复审委员会受理了该复审请求，并于 2004 年 5 月 24 日向请求人发出《复审请求受理通知书》，随后将本申请案卷移交原审查部门进行前置审查。

原审查部门对本复审请求进行了前置审查，坚持原驳回决定。具体理由是：（1）请求人提供的附件 1 中的附录 A 和附录 B 的内容（尤其是药理试验结果）无法从原始申请文件中推导出来，因此不能用于作为克服原有缺陷的证据。（2）由于本发明化合物的整个分子比较小，分子结构的改变会对分子性质产生较大影响。因此无法推导得出或难以判断 SPA110 以外的其他化合物的性质。（3）除化合物 SPA110 以外，其他化合物不具有授权前景。

专利复审委员会组成合议组,对本案的复审请求进行了审理。于2007年6月27日向请求人发出《复审通知书》。《复审通知书》指出:(1)权利要求1、2~4、7~9、36涉及的增加技术特征或重新组合的技术方案既未明确记载在原始申请文本中,也不能由原始申请文本记载的信息直接、毫无异议地导出。因此,权利要求1~4、7~9、36不符合专利法第33条的规定。(2)本申请说明书实质上仅充分公开了三肽化合物SPA110,对于除SPA110外其他的化合物来说,说明书并未给出任何理化参数用以确认其存在及其结构,也未公开其用途和/或使用效果。因此,说明书不符合专利法第26条第3款的规定。

针对《复审通知书》指出的问题,请求人于2007年10月8日提交了意见陈述书及经修改的权利要求书(共1页1项)。

修改后的权利要求书为:

"1. 化合物或其可药用盐,所述化合物具有以下结构:

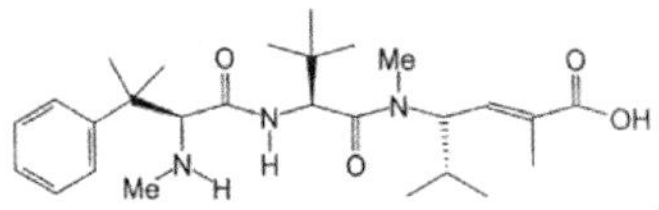

至此,合议组认为本案事实清楚,可以作出审查决定。

二、决定的理由

1. 决定所依据的文本

本决定是在驳回决定所针对的说明书第1~22页、说明书附图第1~7页、说明书摘要以及请求人于2007年10月8日提交的权利要求第1项的基础上作出的。

2. 关于专利法第26条第4款

专利法第26条第4款规定:权利要求书应当以说明书为依据,说明要求专利保护的范围。

权利要求书应当以说明书为依据,是指权利要求应当得到说明书的支持。权利要求书中的每一项权利要求所要求保护的技术方案应当是所属技术领域的技术人员能够从说明书充分公开的内容中得到或概括得出的技术方案,并且不得超出说明书的公开范围。

本案中,权利要求1要求保护具有下式的化合物或其可药用盐:

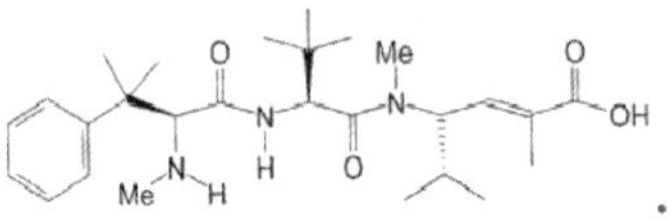

说明书公开了一种三肽化合物SPA110的结构、制备方法及其用途/使用效果(参见说明书第9~22页、附图3~6),其结构与修改后的权利要求1所要求保护的化合物完全相同。

因此权利要求1的技术方案已经在说明书中充分公开,克服了《复审通知书》所指出的说明书公开不充分的缺陷,同时,在此基础上,权利要求1的技术方案能够得到说明书的支持,也克服了驳回决定中指出的本申请不符合专利法第26条第4款规定的缺陷。

根据以上事实和理由,本案合议组作出如下审查决定。

三、决定

撤销国家知识产权局于2004年1月16日对98812434.3号发明专利申请作出的驳回决定。由原审查部门在本复审决定所针对的文本基础上继续进行审查。

复审请求人对本决定不服的,可以根据专利法第41条第2款的规定,自收到本决定之日起三个月内向北京市第一中级人民法院起诉。

109

病毒基因表达的调节

复审请求审查决定（第 12385 号）

决 定 号	第 12385 号
决 定 日	2007 年 12 月 21 日
发明创造名称	病毒基因表达的调节
国际分类号	C12N 15/11，C12N 15/63，C12N 15/82，A01N 63/00，A01H 5/00
复审请求人	辛根塔参与股份公司
申 请 号	00807359.7
优 先 权 日	1999 年 5 月 10 日
申 请 日	2000 年 5 月 8 日
公 开 日	2002 年 7 月 3 日
合议组组长	李人久
主 审 员	刘玉玲
参 审 员	吴通义
法 律 依 据	专利法第 22 条第 3 款，第 26 条第 4 款

决 定 要 点

判断发明是否具有突出的实质性特点，就是要判断对本领域的技术人员来说，要求保护的发明相对于现有技术是否显而易见，如果要求保护的发明相对于现有技术是非显而易见的，则具有突出的实质性特点。

权利要求应当以说明书为依据，是指权利要求应当得到说明书的支持。权利要求书中的每一项权利要求所要求保护的技术方案应当是所属技术领域的技术人员能够从说明书充分公开的内容中得到或概括得出的技术方案，并且不得超出说明书公开的范围。

一、案由

本复审请求涉及 2002 年 7 月 3 日公开，名称为"病毒基因表达的调节"的第 00807359.7 号发明专利申请（下称本申请），本申请的优先权日为 1999 年 5 月 10 日，申请日为 2000 年 5 月 8 日。本申请的申请人为辛根塔参与股份公司。

国家知识产权局于 2004 年 7 月 23 日以权利要求 1~4，6~10 不符合专利法第 22 条第 3 款关于创造性的规定为由驳回了本申请。

驳回决定所针对的权利要求书为：

"1. 一种改变真菌传棒状病毒、番茄斑萎病毒或黄瓜花叶病毒基因组的表达的方法，包括向一种细胞中导入能在该细胞中表达所述真菌传棒状病毒、番茄斑萎病毒或黄瓜花叶病毒基因组的有义RNA片段的第一种DNA序列，和能在该细胞中表达所述真菌传棒状病毒、番茄斑萎病毒或黄瓜花叶病毒基因组的反义RNA片段的第二种DNA序列，其中有义RNA片段和反义RNA片段能形成双链RNA，且其中所述第一种DNA序列和所述第二种DNA序列包含在所述DNA分子的相同DNA链上。

2. 权利要求1的方法，其能使该细胞具有病毒抗性或耐受性。

3. 权利要求1的方法，其中该细胞是一种植物细胞。

4. 权利要求1的方法，其中所述DNA序列含有一种获自病毒外壳蛋白基因、病毒核壳蛋白基因、病毒复制酶基因或病毒运动蛋白基因的核苷酸序列。

5. 权利要求1的方法，其中所述第一种DNA序列和第二种DNA序列稳定整合于所述细胞的基因组中。

6. 权利要求1的方法，其中将第一种和第二种DNA序列的至少两对导入细胞中。

7. 权利要求6的方法，其中每一对DNA序列编码不同病毒种或分离株的有义和反义RNA片段。

8. 权利要求1的方法，其中所述第一种DNA序列和第二种DNA序列包含于该DNA分子的同一DNA链中。

9. 权利要求8的方法，其中有义RNA片段和反义RNA片段包含于一种RNA分子中。

10. 一种显示改变的真菌传棒状病毒、番茄斑萎病毒或黄瓜花叶病毒基因组表达的细胞，其包含能在该细胞中表达真菌传棒状病毒、番茄斑萎病毒或黄瓜花叶病毒基因组的有义RNA片段的第一种DNA序列，和能在该细胞中表达真菌传棒状病毒、番茄斑萎病毒或黄瓜花叶病毒基因组的反义RNA片段的第二种DNA序列，其中有义RNA片段和反义RNA片段能形成双链RNA。"

驳回决定认为：(1) 权利要求1要求保护一种方法，对比文件1 (Waterhouse, P. M, 等, Virus resistance and gene silencing in plants can be induced by simultaneous expression of sense and antisense RNA, Proc. Natl. Acad. Sci. USA, 95：13959-13964) 公开了通过将包含马铃薯Y病毒蛋白酶 (Pro) DNA的有义链和反义链的构建体转化到烟草中获得一种具有马铃薯Y病毒抗性的烟草的方法，该烟草获得病毒抗体的机理在于形成双链RNA。尽管权利要求1涉及的病毒基因和对比文件1的不同，然而这些病毒基因都是很常见的，在该对比文件对通过形成双链RNA的机理以产生该种效果的启示下，所属技术领域的技术人员能够显而易见的把上述公知常识结合到该对比文件上以获得权利要求1所要求保护的技术方案，他们的结合没有带来意想不到的效果，因此权利要求1不具备创造性。(2) 从属权利要求2~9的附加技术特征或者在对比文件1中已经公开，或者对于本领域技术人员来说是显而易见的，因此也不具备创造性。(3) 权利要求10要求保护一种细胞，结合权利要求1的评述，权利要求10相对于对比文件1不具备创造性。

申请人辛根塔参与股份公司（下称请求人）对上述驳回决定不服，于2004年11月8日向专利复审委员会提出复审请求，并在提交复审请求的同时提交了经修改的权利要求书。

请求人提交的新权利要求书为：

"1. 一种赋予对选自真菌传棒状病毒、番茄斑萎病毒或黄瓜花叶病毒基因组中一种以上的病毒之抗性或耐受性的方法，包括向一种细胞中导入能在该细胞中表达所述真菌传棒状病毒、番茄斑萎病毒或黄瓜花叶病毒基因组的有义RNA片段的第一种DNA序列，和能在该细胞中表达所述真菌传棒状病毒、番茄斑萎病毒或黄瓜花叶病毒基因组的反义RNA片段的第二种DNA序列，其中有义RNA片段和反义RNA片段能形成双链RNA，且其中所述第一种DNA序列和所述第二种DNA序列包含在所述DNA分子的相同DNA链上，其中所述病毒基因组或其部分在该细胞中的表达被降低，且其中该细胞具有对选自真菌传棒状病毒、马铃薯Y病毒、番茄斑萎病毒和黄瓜花叶病毒的一种以上病毒的抗性或耐受性。

2. 权利要求1的方法，其中该细胞是一种植物细胞。

3. 权利要求1的方法，其中所述DNA序列含有一种来源于病毒外壳蛋白基因、病毒核壳蛋白基因、病毒复制酶基因或病毒运动蛋白基因的核苷酸序列。

4. 权利要求1的方法，其中所述第一种DNA序列和第二种DNA序列稳定整合于所述细胞的基因组中。

5. 权利要求1的方法，其中将第一种和第二种DNA序列的至少两对导入细胞中。

6. 权利要求5的方法，其中每一对DNA序列编码不同病毒种或分离株的有义和反义RNA片段。

7. 权利要求1的方法，其中所述第一种DNA序列和第二种DNA序列包含于该DNA分子的同一DNA链中。

8. 权利要求7的方法，其中有义RNA片段和反义RNA片段包含于一种RNA分子中。

9. 一种显示对选自真菌传棒状病毒、番茄斑萎病毒或黄瓜花叶病毒基因组中的一种以上的病毒具有抗性或耐受性的细胞，其包含能在该细胞中表达真菌传棒状病毒、番茄斑萎病毒或黄瓜花叶病毒基因组的有义RNA片段的第一种DNA序列，和能在该细胞中表达真菌传棒状病毒、番茄斑萎病毒或黄瓜花叶病毒基因组的反义RNA片段的第二种DNA序列，其中有义RNA片段和反义RNA片段能形成双链RNA，其中所述病毒基因组或其部分在该细胞中的表达被降低，且其中该细胞具有对选自真菌传棒状病毒、马铃薯Y病毒、番茄斑萎病毒和黄瓜花叶病毒的一种以上病毒的抗性或耐受性。"

请求人认为，经过修改，将独立权利要求1和9进一步以"用于赋予所述细胞针对一种以上所述具体病毒的抗性或耐受性的方法"进行限定，这一限定后的内容在审查员所引用的对比文件中并无任何明示或暗示，因此，国家知识产权局驳回的理由不成立。

形式审查合格后，专利复审委员会受理了该复审请求，并于2004年12月8日向请求人发出《复审请求受理通知书》，随后将本申请案卷移交原审查部门进行前置审查。

原审查部门对本复审请求进行了前置审查，《前置审查意见书》中指出：（1）由于进一步的限定特征"一种以上所述具体病毒的抗性或耐受性"修改超范围，因而提交的修改的权利要求有超范围的嫌疑；（2）即便是不考虑超范围的缺陷，权利要求仍然不具备创造性。

专利复审委员会组成合议组，对本复审请求案进行了审理。于2007年4月26日向请求人发出《复审通知书》。《复审通知书》指出：

（1）权利要求1~5，7~9不符合专利法第22条第3款的规定。

权利要求1要求保护一种赋予对选自真菌传棒状病毒、番茄斑萎病毒或黄瓜花叶病毒基因组中一种以上的病毒之抗性或耐受性的方法，其中所述的术语"一种以上"应该包括"一种"和"多种"，因此，权利要求1涉及两类技术方案，技术方案I："一种赋予对选自真菌传棒状病毒、番茄斑萎病毒或黄瓜花叶病毒基因组中一种的病毒之抗性或耐受性的方法"，技术方案II："一种赋予对选自真菌传棒状病毒、番茄斑萎病毒或黄瓜花叶病毒基因组中多种的病毒之抗性或耐受性的方法"。对于技术方案I而言，对比文件1公开了一种使烟草对马铃薯Y病毒具有抗性或者耐受性的方法，该方法包括将马铃薯Y病毒蛋白酶（Pro）的构建体转化到烟草中，该构建体包括表达Pro的RNA的有义链和反义链的DNA，两段DNA在同一链上，其中RNA的有义链和反义链能形成双链RNA，转化后发现烟草具有针对马铃薯Y病毒的抗性或者耐受性，其机理在于针对Pro的特异性双链RNA（dsRNA）根据碱基配对杂交原则介导mRNA降解，诱导转录后基因沉默（PTGS），即病毒靶向蛋白表达减少，从而使得植物具有对病毒的抗性或者耐受性（参见对比文件1第13959页右栏至第13963页右栏，图1和表1）。可见权利要求1和对比文件1的区别技术特征在于针对的病毒不同，权利要求1针对是真菌传棒状病毒、番茄斑萎病毒或黄瓜花叶病毒中的一种，对比文件1针对的是马铃薯Y病毒，因此本发明实际要解决的技术问题在于提供一种赋予对选自真菌传棒状病毒、番茄斑萎病毒或黄瓜花叶病毒基因组中一种的病毒之抗性或耐受性的方法。虽然真菌传棒状病毒、番茄斑萎病毒或者黄瓜花叶病毒这三种病毒和对比文件1的马铃薯Y病毒属于不同属的病毒，但它们都是感染植物的常见病毒，而且本领域公知它们都属于单链RNA病毒，它们都通过表达蛋白行使其功能，都需要经过作为mRNA翻译成蛋白的过程；对于本领域技术人员来说，根据对比文件1的启示dsRNA可以通过对mRNA的降解从而使植物获得对该病毒的抗性或者耐受性，而将dsRNA技术应用到同样经历mRNA翻译蛋白过程的真菌传棒状病毒、番茄斑萎病毒或者黄瓜花叶病毒，使植物对该病毒产生抗性或者耐受性从而得到权利要求1的技术方案I是显而易见的，因此权利要求1的技术方案I相对于对比文件1没有突出的实质性特点和显著的进步，权利要求1不符合专利法第22条第3款的规定。

权利要求2~5、7~8是对权利要求1的进一步限定，而在对比文件1公开的方法中公开了上述权利要求的附加技术特征，因此在权利要求1不具备创造性的基础上，权利要求2~5、7~8不符合专利法第22条第3款的规定。

权利要求9要求保护一种显示对选自真菌传棒状病毒、番茄斑萎病毒或黄瓜花叶病毒基因组中的一种以上的病毒具有抗性或耐受性的细胞，参考权利要求1的评述，权利要求9的技术方案I不具备创造性，不符合专利法第22条第3款的规定。

（2）权利要求1~9不符合专利法第26条第4款规定。

权利要求1的技术方案II是"一种赋予对选自真菌传棒状病毒、番茄斑萎病毒或黄瓜花叶病毒基因组中多种的病毒之抗性或耐受性的方法"，这种方法未在本申请说明书中公开，因而无法从说明书记载的内容直接得到。虽然说明书中公开了赋予植物对其他两种病毒：胡瓜黄化花叶马铃薯Y病毒和木瓜环斑马铃薯Y病毒具有抗性或者耐受性的方法，但是，如上所述，dsRNA介导的抗性或者耐受性其主要机制在于特异性的降解靶向蛋白的mRNA，其特异性依赖于dsRNA和靶向mRNA之间的序列结构特异性，要实现对两种病毒以上的抗性或者耐受性，必须保证各种dsRNA能够有效地与各自的靶向mRNA特异结合。而这种特异性结合受到各种因素的影响，由于存在众多的不确定因素，在复杂的、表达调控因素众多的高等植物中，在没有实验数据验证的情况下，本领域技术人员并不能根据说明书公开的赋予植物对其他两种病毒：胡瓜黄化花叶马铃薯Y病毒和木瓜环斑马铃薯Y病毒具有抗性或者耐受性的方法，预期推知采用相似的操作也能赋予植物对两种以上的其他病毒（如权利要求1的病毒）的抗性或者耐受性，即基于说明书公开的内容无法概括出权利要求1的技术方案II，因此权利要求1得不到说明书支持，不符合专利法第26条第4款的规定。

基于相似的理由，权利要求2~9得不到说明书支持，不符合专利法第26条第4款的规定。

针对《复审通知书》指出的问题，请求人于2007年8月10日提交了意见陈述书及经修改的权利要求书。

修改后的权利要求书如下：

"1. 一种赋予对胡瓜黄化花叶病毒和木瓜环斑病毒之抗性或耐受性的方法，包括向一种细胞中导入能在该细胞中表达所述胡瓜黄化花叶病毒和木瓜环斑病毒基因组的有义RNA片段的第一种DNA序列，和能在该细胞中表达所述胡瓜黄化花叶病毒和木瓜环斑病毒基因组的反义RNA片段的第二种DNA序列，其中有义RNA片段和反义RNA片段能形成双链RNA，且其中所述第一种DNA序列和所述第二种DNA序列包含在所述DNA分子的相同DNA链上，其中所述病毒基因组或其部分在该细胞中的表达被降低，且其中该细胞具有胡瓜黄化花叶病毒和木瓜环斑病毒的抗性或耐受性。

2. 权利要求1的方法，其中该细胞是一种植物细胞。

3. 权利要求1的方法，其中所述DNA序列含有一种来源于病毒外壳蛋白基因、病毒核壳蛋白基因、病毒复制酶基因或病毒运动蛋白基因的核苷酸序列。

4. 权利要求1的方法，其中所述第一种DNA序列和第二种DNA序列稳定整合于所述细胞的基因组中。

5. 权利要求1的方法，其中将第一种和第二种DNA序列的至少两对导入细胞中。

6. 权利要求5的方法，其中每一对DNA序列编码不同病毒种或分离株的有义和反义RNA片段。

7. 权利要求1的方法，其中所述第一种DNA序列和第二种DNA序列包含于该DNA分子的同一DNA链中。

8. 权利要求7的方法，其中有义RNA片段和反义RNA片段包含于一种RNA分子中。

9. 一种显示对胡瓜黄化花叶病毒和木瓜环斑病毒具有抗性或耐受性的细胞，其包含能在该细胞中表达胡瓜黄化花叶病毒和木瓜环斑病毒基因组的有义RNA片段的第一种DNA序列，和能在该细胞中表达胡瓜黄化花叶病毒和木瓜环斑病毒基因组的反义RNA片段的第二种DNA序列，其中有义RNA片段和反义RNA片段能形成双链RNA，其中所述病毒基因组或其部分在该细胞中的表达被降低，且其中该细胞具有胡瓜黄化花叶病毒和木瓜环斑病毒的抗性或耐受性。"

请求人认为，修改后的权利要求书已克服了《复审通知书》中指出的本申请不符合专利法第22条第3款和第26条第4款规定的缺陷。

至此，合议组认为本案事实已经清楚，可以作出审查决定。

二、决定的理由

1. 审查针对的文本

请求人于2007年8月10日提交了权利要求书全文替换页（共9项），经审查，该修改符合专利法第33条，因此，本复审决定所针对的文本为请求人于2007年8月10日提交的权利要求1~9、2001年11月9日提交的说明书第1~40页、序列表第1~23页和说明书摘要。

2. 关于专利法第22条第3款的规定

专利法第22条第3款规定，创造性是指同申请日以前的已有的技术相比，该发明有突出的实质性特点和显著的进步，该实用新型有实质性特点和进步。

判断发明是否具有突出的实质性特点，就是要判断对本领域的技术人员来说，要求保护的发明相对于现有技术是否显而易见，如果要求保护的发明相对于现有技术是非显而易见的，则具有突出的实质性特点。

本案中，权利要求1要求保护一种赋予对胡瓜黄化花叶病毒和木瓜环斑病毒之抗性或耐受性的方法。对比文件1公开了一种使烟草对马铃薯Y病毒具有抗性或者耐受性的方法，该方法包括将马铃薯Y病毒蛋白酶（Pro）的构建体转化到烟草中，该构建体包括表达Pro的RNA的有义链和反义链的DNA，两段DNA在同一链上，其中RNA的有义链和反义链能形成双链RNA，转化后发现烟草具有针对马铃薯Y病毒的抗性或者耐受性，其机理在于针对Pro的特异性双链RNA（dsRNA）根据碱基配对杂交原则介导mRNA降解，诱导转录后基因沉默（PTGS），即病毒靶向蛋白表达减少，从而使得植物具有对病毒的抗性或者耐受性（参见对比文件1第13959页右栏至第13963页右栏，图1和表1）。

可见，权利要求1和对比文件1的区别技术特征在于针对的病毒不同，权利要求1针对是两种具体的病毒：胡瓜黄化花叶病毒和木瓜环斑病毒，对比文件1针对的是一种病毒：马铃薯Y病毒，因此本发明实际要解决的技术问题在于提供一种赋予对胡瓜黄化花叶病毒和木瓜环斑病毒之抗性或耐受性的方法。如上文所述，dsRNA介导的抗性或者耐受性其主要机制在于特异性的降解靶向蛋白的

mRNA，其特异性依赖于dsRNA和靶向mRNA之间的序列结构特异性，要实现对两种病毒以上的抗性或者耐受性，必须保证各种dsRNA能够有效地与各自的靶向mRNA特异结合。而这种特异性结合受到各种因素的影响：例如，将两种以上的病毒dsRNA转入到植物细胞中，其中一种病毒的dsRNA和另一个病毒的dsRNA靶向mRNA序列结构并不存在特异性，例如针对真菌传棒状病毒的某种蛋白A的dsRNA和番茄斑萎病毒的某种蛋白B的mRNA序列结构之间并不存在特异性，但两个序列之间可能存在部分能够碱基配对的序列，从而使两个序列发生部分杂交，而杂交后，由于这种杂交不是特异性的，将可能抑制蛋白A的dsRNA对其靶向mRNA的降解；又如，针对不同病毒的dsRNA之间可能部分杂交，这种部分杂交也将可能非特异性的抑制dsRNA对其靶向mRNA的降解；同时，一条dsRNA与靶向mRNA结合后，对另一个dsRNA与其靶向mRNA结合可能产生空间位阻等，由于上述诸多不确定因素的存在，对于本领域技术人员来说，从对比文件1中的针对一种病毒的抗性或耐受性的方法并不能显而易见的获得本发明的针对两种病毒的抗性或耐受性的方法，而且本发明也取得了有益的技术效果，因此，权利要求1相对于对比文件1具备突出的实质性特点和显著的进步，符合专利法第22条第3款的规定。

基于独立权利要求1具备创造性，其从属权利要求2~8亦具有创造性，符合专利法第22条第3款的规定。

权利要求9要求保护一种显示对胡瓜黄化花叶病毒和木瓜环斑病毒具有抗性或耐受性的细胞。参见权利要求1创造性的评述，由于制备该细胞的方法已经相对于对比文件1具备创造性，因此，由该方法制备的细胞相对于对比文件1公开的内容也具备创造性，权利要求9符合专利法第22条第3款的规定。

3. 关于专利法第26条第4款的规定

专利法第26条第4款规定，权利要求应当以说明书为依据，说明要求专利保护的范围。

权利要求应当以说明书为依据，是指权利要求应当得到说明书的支持。权利要求书中的每一项权利要求所要求保护的技术方案应当是所属技术领域的技术人员能够从说明书充分公开的内容中得到或概括得出的技术方案，并且不得超出说明书公开的范围。

本案中，权利要求1要求保护一种赋予对胡瓜黄化花叶病毒和木瓜环斑病毒之抗性或耐受性的方法。说明书中记载了赋予甜瓜对胡瓜黄化花叶病毒和木瓜环斑病毒抗性或耐受性的方法，并验证了具有胡瓜黄化花叶病毒和木瓜环斑病毒抗性的植物转化载体的甜瓜相对于未转化植物而言其对胡瓜黄化花叶病毒和木瓜环斑病毒感染的敏感性降低（参见说明书实施例10~13），可见，权利要求1的技术方案是所属技术领域的技术人员能够从说明书充分公开的内容中得到的，因此，权利要求1得到说明书支持，符合专利法第26条第4款的规定。

基于权利要求1相似的理由，权利要求2~9亦得到说明书的支持，符合专利法第26条第4款的规定。

根据以上事实和理由，本案合议组作出如下审查决定。

三、决定

撤销国家知识产权局于2004年7月23日对00807359.7号发明专利申请作出的驳回决定。由原审查部门在本复审决定所针对的文本的基础上继续进行审查。

复审请求人对本决定不服的，可以根据专利法第41条第2款的规定，自收到本决定之日起三个月内向北京市第一中级人民法院起诉。

具有特异结合性质的 β-折叠蛋白质的设计

复审请求审查决定（第12386号）

决 定 号	第12386号
决 定 日	2007年12月18日
发明创造名称	具有特异结合性质的 β-折叠蛋白质的设计
国际分类号	C12N 15/12，C12N 15/10，C07K 14/47，C12N 5/10，C12P 21/02 //G01N 33/68，A61K 38/17
复审请求人	希尔蛋白质有限公司
申 请 号	00811969.4
优 先 权 日	1999年7月13日
申 请 日	2000年7月13日
公 开 日	2002年9月25日
合议组组长	吴通义
主 审 员	唐 莉
参 审 员	李梦楠
法 律 依 据	专利法第22条第2款、第3款

决定要点

如果一项权利要求的技术方案与现有技术公开的技术内容实质上不同，则该权利要求相对于该现有技术具备新颖性。

当要求保护的技术方案相对于最接近的现有技术存在区别特征时，应判断现有技术是否给出将上述区别特征应用到该最接近现有技术以解决其存在的技术问题的启示，如果不存在这种技术启示，则要求保护的技术方案具备创造性。

一、案由

本复审请求涉及2002年9月25日公开、名称为"具有特异结合性质的β-折叠蛋白质的设计"的第00811969.4号发明专利申请（下称本申请），本申请的优先权日为1999年7月13日，申请日为2000年7月13日。本申请的申请人为希尔蛋白质有限公司。

国家知识产权局于2004年1月30日发出《第一次审查意见通知书》，其中指出，对比文件1（FR2761688A，公开日为1998年10月9日）公开了一种腺病毒纤维蛋白的氨基酸替换，并具体公开了Ad5纤维蛋白的β链和环，并指出了可能的CD环的替换可位于β链I，该区域是一个β-折叠区域，它与细胞受体作用，因而必然有暴露的表面，对比文件1已经公开了权利要求1~6、10、11、

13、16的全部技术特征，因此这些权利要求不具备新颖性；权利要求7~9、12、14、15、17~25尽管作了一些小的限定，但仍包含了一个大范围，相对于对比文件1看不出这些结构改变的蛋白质或其方法在解决具体的技术问题上都带来了显著的进步，因此这些权利要求不具备创造性；另外还指出权利要求1~25不符合专利法实施细则第20条第1款的规定，权利要求1~11、13、14、16~25不符合专利法第26条第4款的规定，以及权利要求25属于专利法第25条第1款第（3）项所述的疾病的诊断和治疗方法，因此不能被授予专利权。

申请人于2004年8月13日提交了意见陈述，经修改权利要求书全文替换页（共25项）以及下述附件：

附件1：Ad5尾丝蛋白的三维结构图，共2页。

申请人认为：（1）本发明涉及具有β-折叠结构和Greek-关键基元的蛋白质，已知β-链和β-折叠分别是非常刚性的并且通常不包括在其他蛋白质的结合中，以前还未尝试使用这些刚性结构来修饰它们以便产生新的特异性结合位点或催化位点，本发明的构思是在至少一个β-折叠的都暴露在蛋白质表面的至少两条β-链的内部，修饰具有刚性β-折叠和Greek-关键基元的蛋白质，以便产生新的或另外的结合特异性或催化活性。（2）对比文件1涉及天然细胞受体对腺病毒的识别和结合区域中突变的腺病毒尾丝，其与本发明之间存在三点区别，第一，本发明要求的蛋白质是通过修饰在引入修饰前根本不具有结合能力的蛋白质而获得，或者如果已经存在结合能力，在不同位点引入修饰以产生针对抗原的第二种结合活性，而对比文件1中被突变的腺病毒尾丝从刚开始就具有对腺病毒天然细胞受体的识别和结合位点，其已经具有抗原的识别和结合位点，而且其是在腺病毒天然细胞受体的结合区域内引入腺病毒尾丝的修饰，并未产生新的结合特异性，因此不属于本发明权利要求1的定义之中；第二，本发明是要产生新的结合性质，而对比文件1中是修饰已经存在的结合位点以便降低或消除与天然抗原的进一步结合，与本发明完全相反；第三，结合蛋白如抗体的一般特征是结合位点是柔性的，目前的策略是进一步修饰这些柔性的已经存在的结合位点，而本发明是在相对刚性的和通常不能用于蛋白质结合的特定位点修饰非抗原结合的结构蛋白；根据附件1中所示的Ad5尾丝蛋白的三维结构图，对比文件1描述在氨基酸位点443、445、450、451、452、457和/或459处的替代，其中前5个位点都位于环区域和不在β-折叠中，突变A455F、L457A和I459A深入蛋白质的内部和不暴露于蛋白质的表面区域，对比文件1还公开了关于DG环、D折叠和E和F折叠的缺失，β-折叠E和F极短，其性质与周围的柔性环结构更类似，而且它们的肽骨架中不能形成β-折叠典型的氢键，对比文件1还描述了环和/或折叠的至少3个连续残基的缺失，其中缺失的残基可以被等价环和/或折叠的残基替代，所述的等价环和/或折叠是已经具有结合活性的配体，而本发明中不包括本身已经限定抗原结合位点的氨基酸序列的插入；因此权利要求1~25具备新颖性。（3）本发明人发现即使结构蛋白根本不具有结合活性也可以被修饰以便产生新的结合区域，本发明人还发现修饰还可以在具有刚性和非柔性结构并已知与配体结合无关的区域即β-折叠的β-链中进行，其中修饰的β-链必须是其本身也暴露于蛋白质表面的β-折叠的一部分，而且本发明中必须选择全部具有Greek-关键基元的特定蛋白质家族，而现有技术中根本没有给出任何可能通过本发明教导的修饰产生新的结合蛋白质的证据，因此修改后的权利要求1~25具备创造性。

国家知识产权局于2004年9月17日以权利要求1~6、10、11、13、16不符合专利法第22条第2款以及权利要求7~9、12、14、15、17~25不符合专利法第22条第3款的规定为由驳回了本申请。

驳回决定所针对的权利要求书为：

"1. 通过X-射线或计算机分析已知三维结构的具有β-折叠结构和Greek-关键基元的蛋白质，其特征在于它具有通过在所述蛋白质表面暴露的β-折叠的至少两条表面暴露的β-链中表面暴露的氨基酸的替代、缺失或插入可以获得的新的特异性抗原结合活性和/或新的催化活性，其中所述β-链如此彼此接近以致在一条链的C=O基团和另一条链的NH基团之间形成氢键，反之亦然，接着选择和分离具有所述新的结合活性和/或新的催化活性的突变体，

其中所述新的抗原结合活性和/或所述新的催化活性定义如下：

a. 无替换、缺失或插入的所述蛋白质不具有抗原结合活性和/或催化活性，在所述β-折叠中的替代、缺失或插入以后，它具有对所述抗原的所述结合活性和/或所述催化活性，或

b. 在所述替换、缺失或插入之前所述蛋白质具有结合活性和/或催化活性，在所述β-折叠中的所述替换、缺失或插入以后，它具有对所述抗原的所述更多的另外的结合活性和/或所述另外的催化活性。

2. 根据权利要求1的蛋白质，特征在于其包括在由结晶体、内孢囊素、热激蛋白、冷激蛋白、β-螺旋蛋白，lipocalins，纤连蛋白或转录因子构成的组中，或者为GFP，NGF，tendamistat或溶菌酶。

3. 根据权利要求1或2的蛋白质，特征在于取代、缺失或插入表面暴露的三条β链中表面暴露的氨基酸。

4. 根据权利要求1或2的蛋白质，特征在于取代、缺失或插入表面暴露的四条或多条β链中表面暴露的氨基酸。

5. 根据前面权利要求的任何一项的蛋白质，特征在于取代、缺失或插入至少两个β折叠中的至少两条β链中表面暴露的氨基酸。

6. 根据前面权利要求的任何一项的蛋白质，特征在于取代、缺失或插入两个反平行β折叠中的三条β链中表面暴露的氨基酸。

7. 根据前面权利要求的任何一项的蛋白质，特征在于其是脊椎动物的结晶，优选啮齿动物、鸟类或鱼的结晶。

8. 根据前面权利要求的任何一项的蛋白质，特征在于其是α-、β-或γ-结晶。

9. 根据前面权利要求的任何一项的蛋白质，特征在于其是γ-Ⅱ-结晶蛋白质。

10. 根据前面权利要求的任何一项的蛋白质，特征在于在可接触溶剂或可接触结合配偶体的β-折叠区取代、缺失或插入该蛋白质表面暴露的氨基酸。

11. 根据前面权利要求的任何一项的蛋白质，特征在于在该蛋白质的一个结构域或一个亚基的β-折叠结构中取代、缺失或插入该蛋白质表面暴露的氨基酸。

12. 根据前面权利要求的任何一项的蛋白质，特征在于其是通过取代、缺失或插入γ-Ⅱ-结晶中的氨基酸Lys2，Thr4，Tyr6，Cys15，Glu17，Ser19，Arg36和Asp38中的一个或多个氨基酸获得的γ-Ⅱ-结晶。

13. 根据前面权利要求的任何一项的蛋白质，特征在于在β-折叠中该蛋白质的表面上暴露的氨基酸已经被取代、缺失或插入，使得其具有抗体样结合性质或酶（催化）活性。

14. 根据权利要求12或13的蛋白质，特征在于其对雌二醇或者其偶联物，BSA-β-雌二醇-17-半琥珀酸酯具有结合特异性。

15. 根据前面权利要求的任何一项的蛋白质，特征在于其对雌二醇或者其偶联物，BSA-β-雌二醇-17-半琥珀酸酯具有结合特异性，并且其具有氨基酸序列SEQ ID NO.19或SEQ ID NO.21。

16. 根据前面权利要求的一项或多项的蛋白质，特征在于其与另外的蛋白质或非蛋白质物质组合。

17. 编码根据前面权利要求的任何一项的蛋白质的DNA。

18. 根据权利要求17的DNA衍生的RNA。

19. 包含根据权利要求17或18的DNA或RNA或者其编码该蛋白质功能区的部分的原核或真核载体或细胞。

20. 根据前面权利要求的任何一项的蛋白质的制备方法，包括下面步骤：

a. 在编码表面暴露的β-折叠的表面暴露的至少两条β链的那些区中对编码具有β-折叠结构的蛋白质的DNA进行诱变；

b. 步骤（a）中获得的突变体在合适的表达系统中表达；和

c. 筛选和分离具有期望的结合性质和/或期望的催化活性的突变体；任选地

d. 表达和纯化β折叠-诱变的蛋白质。

21. 根据权利要求20的方法，特征在于所述诱变包括β折叠中特异氨基酸位置（定点诱变）或非特异氨基酸位置（随机诱变）的取代，缺失或插入。

22. 根据前面权利要求的任何一项的方法，特征在于步骤b）中的突变体在原核细胞或真核细胞中，在无细胞系统作为与核糖体的复合体，或者在植物或动物细胞，酵母细胞或噬菌体，病毒或细菌的表面上表达。

23. 根据前面权利要求的任何一项的方法，特征在于通过使这些突变体接触结合配偶体并且分离具有期望的结合亲和性的那些突变体来筛选具有期望的结合性质的突变体。

24. 根据前面权利要求的任何一项的方法，特征在于通过使这些突变体接触它们的底物并且分离具有期望的催化活性的那些突变体来筛选具有期望的催化性质的突变体。

25. 根据前面权利要求的任何一项的蛋白质在诊断和治疗的药物中，在化妆品中，在生物分离和生物传感器和有害物质的减少中的用途。"

驳回决定除坚持第一次审查意见通知书中的意见外，还指出：（1）虽然申请人在权利要求1中对于"新的特异结合性质和/或新的催化活性"作了定义，但是一般蛋白质都能制备出相应抗体，蛋白质改变后，尤其是暴露在外的空间结构改变后，蛋白质的免疫学性质相应改变，当然有了新的抗原结合活性，而且改变的蛋白质与其相应的特异性抗体的结合活性一般比未改变的蛋白质与针对改变的蛋白质的特异性抗体更高。（2）申请人认为对比文件1中没有形成权利要求1中所限定的特定"氢键"，但是权利要求1中所述"反之亦然"说明其保护范围中也可以不含该"氢键"。

申请人希尔蛋白质有限公司（下称请求人）对上述驳回决定不服，于2005年1月4日向专利复审委员会提出复审请求，请求人在提出复审请求时提交了新修改的权利要求1～24，说明书第3、5页以及如下附件（编号续前）：

附件2：Abul K. Abbas 等, Cellular and Molecular Immunology, 第5版，封面页和第479页，复印件共2页。

修改后的权利要求1为："1. 通过X-射线或计算机分析已知三维结构的具有β-折叠结构和Greek-关键基元的修饰蛋白质，其选自晶体蛋白、内孢囊素、热激蛋白和冷激蛋白，这些蛋白质其特征在于：

已经修饰所述晶体蛋白、内孢囊素、热激蛋白和冷激蛋白以产生新的类似抗体的对抗原的特异性结合活性和/或新的催化活性；

所述修饰是通过氨基酸的替换、缺失或插入来进行的；

所述氨基酸暴露于所述蛋白质的表面；

所述表面暴露的氨基酸位于至少两条表面暴露的β-链中；

所述至少两条表面暴露的β-链位于暴露在所述蛋白质的表面上的β-折叠中；

所述β-链如此彼此紧密以致在一条链的C=O基团和另一条链的NH基团之间形成氢键；

所述β-折叠结构在所述修饰之后保持；

其中所述新的类似抗体的对抗原的结合活性和所述新的催化活性定义如下：

a. 无替换、缺失或插入的所述晶体蛋白、内孢囊素、热激蛋白和冷激蛋白不具有对抗原结合活性和/或催化活性，在所述β-折叠中的替代、缺失或插入以后，它具有对所述抗原的所述结合活性和/或所述催化活性，或

b. 在所述替换、缺失或插入之前所述晶体蛋白、内孢囊素、热激蛋白和冷激蛋白在不位于暴露在所述蛋白质表面的β-折叠中的位点上具有结合活性和/或催化活性，在所述β-折叠中的所述替换、缺失或插入以后，它们进一步具有对所述抗原的另外的结合活性和/或所述另外的催化活性。"

修改后的新权利要求书中还将原权利要求2删除，将原权利要求3~6、11~13、21中的"取代"修改为"替换"，并依次调整各权利要求自身以及所引用的权利要求的编号。

请求人认为，(1) 对比文件1涉及腺病毒纤维蛋白和该蛋白质的修饰，该蛋白质不属于修改后的权利要求1中所限定的具体蛋白质，权利要求1中的其他技术特征也未在对比文件1中描述，因此修改后的权利要求1~24具备新颖性。(2) 根据附件2中对抗体的定义，权利要求1中所述的晶体蛋白、内孢囊素、热激蛋白和冷激蛋白的性质完全不同于抗体，反而类似于抗原，而对权利要求1的起始蛋白的三维结构进行修饰不是为了改善与抗体的结合，而是为了赋予它们类似抗体的活性，现有技术中并没有相关的技术启示，对比文件1中根本不涉及权利要求1中所述的蛋白质。(3) 本发明是在根本不具有结合活性的蛋白质中和在通常已知在结合中无活性或被认为不适合结合的蛋白质位点上产生结合活性，对比文件1中修饰的氨基酸位点不位于属于权利要求1定义范围内的区域，其也未产生任何新的结合活性，现有技术也没有证据表明可以对暴露于晶体蛋白、内孢囊素、热激蛋白和冷激蛋白表面的β-折叠的β-链的刚性结构进行修饰以为它们提供类似抗体的结合活性。因此，国家知识产权局驳回的理由不成立。

形式审查合格后，专利复审委员会受理了该复审请求，并于2005年3月1日向请求人发出《复审请求受理通知书》，同时将本申请案卷移交原审查部门进行前置审查。

原审查部门对本复审请求进行了前置审查，认为本发明主题是一种具有"新的"、"类似"功能的蛋白质，其不受原有功能所限制，也不受申请人提出的附件中的定义所限制，只要满足结构限定并有功能上的改变就进入权利要求的保护范围之内，故坚持原驳回决定。

专利复审委员会组成合议组，对本复审请求案进行了审理。于2007年6月20日向请求人发出《复审通知书》。《复审通知书》指出：(1) 权利要求1的主题名称"通过X-射线或计算机分析已知三维结构的具有β-折叠结构和Greek-关键基元的修饰蛋白质"可以理解为一种修改蛋白质，也可以理解为一种修饰蛋白质的方法，导致其保护范围不清楚，不符合专利法实施细则第20条第1款的规定。(2) 权利要求1和说明书中将"结晶体"改为"晶体蛋白"，而"结晶体"与"晶体蛋白"的含义不同，说明书中记载的"眼晶状体结构蛋白"和"β-结晶"是指具体的某种蛋白，与上位概念"晶体蛋白的含义"不同，因而不能直接地、毫无疑义地确定本发明中的修饰蛋白质可以是晶体蛋白；另外，修改后的权利要求1中限定"在所述替换、缺失或插入之前所述晶体蛋白、内孢囊素、热激蛋白和冷激蛋白在不位于暴露在所述蛋白质表面的β-折叠中的位点上具有结合活性和/或催化活性"，但根据原申请记载的信息仅仅能看出"具有新的特异性质的蛋白质"或者"具有新的催化活性的蛋白质"的一种情况是所述蛋白在诱变之前已经具有特异结合性质或催化活性，不能直接地、毫无疑义地确定该特异结合性质或催化活性是在不位于暴露在所述蛋白质表面的β-折叠中的位点上；因此，上述两种修改均超出原始权利要求书和说明书的记载范围，不符合专利法第33条的规定。

针对《复审通知书》指出的问题，请求人于2007年8月1日提交了意见陈述书及经修改的权利要求书全文（共24项）和说明书第3、5页替换页，同时提交了一份名为"Linse（Auge）"的网络打印件（下称附件3）。其中对说明书所做的修改为将说明书第3页第10、11、13行以及说明书第5页第14、15行中的"晶体蛋白"修改为"眼晶状体蛋白"，对权利要求书的修改为仅修改了权利要求1，修改后的权利要求1如下：

"1. 具有β-折叠结构和Greek-关键基元的修饰蛋白质，其通过X-射线或计算机分析已知其三维结构，所述修饰蛋白质选自眼晶状体蛋白、内孢囊素、热激蛋白和冷激蛋白，这些蛋白质其特征在于：

已经修饰所述眼晶状体蛋白、内孢囊素、热激蛋白和冷激蛋白以产生新的类似抗体的对抗原的特异性结合活性和/或新的催化活性；

所述修饰是通过氨基酸的替换、缺失或插入来进行的；

所述氨基酸暴露于所述蛋白质的表面；

所述表面暴露的氨基酸位于至少两条表面暴露的β-链中；

所述至少两条表面暴露的β-链位于暴露在所述蛋白质的表面上的β-折叠中；

所述β-链如此彼此紧密以致在一条链的C=O基团和另一条链的NH基团之间形成氢键；

所述β-折叠结构在所述修饰之后保持；

其中所述新的类似抗体的对抗原的结合活性和所述新的催化活性定义如下：

a. 无替换、缺失或插入的所述眼晶状体蛋白、内孢囊素、热激蛋白和冷激蛋白不具有对抗原结合活性和/或催化活性，在所述β-折叠中的替代、缺失或插入以后，它具有对所述抗原的所述结合活性和/或所述催化活性，或

b. 在所述替换、缺失或插入之前所述眼晶状体蛋白、内孢囊素、热激蛋白和冷激蛋白具有结合活性和/或催化活性，在所述β-折叠中的所述替换、缺失或插入以后，它们进一步具有对所述抗原的另外的或改进的结合活性和/或所述另外的或改进的催化活性。"

请求人认为：修改后的权利要求书和说明书第3、5页克服了《复审通知书》中指出的缺陷，将权利要求1和说明书中的"晶体蛋白"修改为"眼晶状体蛋白"与PCT原始德文公开的相一致，"Kristalline"是"Kristallin"的复数形式，其准确的英文译文为"crystallin"，参见附件1，其中文应为"眼晶状体蛋白"。

请求人于2007年11月29日再次提交了经修改的权利要求书全文（共24项）和说明书第5页替换页。其中对说明书所做的修改为将说明书第5页第9、10行中的"晶体蛋白"修改为"眼晶状体蛋白"，对权利要求书的修改为修改了权利要求1，修改后的权利要求1如下：

"1. 具有β-折叠结构和Greek-关键基元的修饰蛋白质，其通过X-射线或计算机分析已知其三维结构，所述修饰蛋白质选自眼晶状体蛋白、内孢囊素、热激蛋白和冷激蛋白，这些蛋白质其特征在于：

已经修饰所述晶体蛋白、内孢囊素、热激蛋白和冷激蛋白以产生新的类似抗体的对抗原的特异性结合活性和/或新的催化活性；

所述修饰是通过氨基酸的替换、缺失或插入来进行的；

所述氨基酸暴露于所述蛋白质的表面；

所述表面暴露的氨基酸位于至少两条表面暴露的β-链中；

所述至少两条表面暴露的β-链位于暴露在所述蛋白质的表面上的β-折叠中；

所述β-链如此彼此紧密以致在一条链的C=O基团和另一条链的NH基团之间形成氢键；

所述β-折叠结构在所述修饰之后保持；

其中所述新的类似抗体的对抗原的结合活性和所述新的催化活性定义如下：

a. 无替换、缺失或插入的所述眼晶状体蛋白、内孢囊素、热激蛋白和冷激蛋白不具有对抗原结合活性和/或催化活性，在所述β-折叠中的替代、缺失或插入以后，它具有对所述抗原的所述结合活性和/或所述催化活性，或

b. 在所述替换、缺失或插入之前所述晶体蛋白、内孢囊素、热激蛋白和冷激蛋白具有结合活性和/或催化活性，在所述β-折叠中的所述替换、缺失或插入以后，它们进一步具有对所述抗原的另外的或改进的结合活性和/或另外的或改进的催化活性。"

至此，合议组认为本案事实已经清楚，可以作出审查决定。

二、决定的理由

1. 审查依据的文本

本复审请求审查决定所针对的文本为请求人于2007年11月29日提交的权利要求1~24、说明书第5页，于2007年8月1日提交的说明书第3页，于2002年5月8日提交的说明书附图第1、6、7页，以及于2002年3月5日提交的说明书第1、2、4、6~29页，说明书附图第2~5、8页和说明书摘要。

2. 关于专利法第33条

专利法第33条规定，申请人可以对其专利申请文件进行修改，但是，对发明和实用新型专利申请文件的修改不得超出原说明书和权利要求书记载的范围，对外观设计专利申请文件的修改不得超出原图片或者照片表示的范围。

根据该款规定，如果申请的内容通过增加、改变和/或删除其中的一部分，致使所属技术领域的技术人员看到的信息与原申请记载的信息不同，而且又不能从原申请记载的信息中直接地、毫无疑义地确定，那么，这种修改就是不允许的，反之，则是允许的。

本案中，在请求人于2007年8月1日提交的说明书第3页，以及于2007年11月29日提交的权利要求1~24以及说明书第5页中，包括如下修改：（1）将说明书第3页第10、11、13行以及说明书第5页第9、10、14、15行中的"晶体蛋白"修改为"眼晶状体蛋白"；（2）将权利要求1中的"晶体蛋白"修改为"眼晶状体蛋白"，并将权利要求1中"在不位于暴露在所述蛋白质表面的β-折叠中的位点上具有结合活性和/或催化活性"中的"在不位于暴露在所述蛋白质表面的β-折叠中的位点上"删去，具体限定为"在所述替换、缺失或插入之前所述眼晶状体蛋白、内孢囊素、热激蛋白和冷激蛋白具有结合活性和/或催化活性"。

对于上述修改（1），参考本申请的原始国际公开文本，与修改后的说明书第3页第10、11、13行对应的段落为原始国际公开文本第4页第2段，其中与修改后的说明书第3页第10、11、13行中的"眼晶状体蛋白"对应的德文单词为"kristalline"，与修改后的说明书第5页第9、10、14、15行对应的段落为原始国际公开文本第6页倒数第1段至第7页第2段，其中与修改后的说明书第5页第9、10、14、15行中的"眼晶状体蛋白"对应的德文单词为"kristalline"或"kristallinen"，根据德语的语法规则，这几处的"kristalline"或"kristallinen"为"kristallin"的复数形式，其含义为"眼晶状体蛋白"，同时，根据原始国际公开文本第4页第2段的内容，其已明确指出根据本发明挑选的可能的一类稳定的蛋白质是眼晶状体蛋白，即表明本发明的修饰蛋白质的起始蛋白质可以是眼晶状体蛋白，因此修改后的说明书没有超出原始权利要求书和说明书记载的范围，符合专利法第33条的规定。

对于上述修改（2），首先，根据原始国际公开文本第4页第2段以及进入国家阶段提交的说明书第5页第4段可知，能被诱变的蛋白可以是眼晶状体蛋白、内孢囊素、热激蛋白、冷激蛋白；其次，

在请求人于进入国家阶段时提交的说明书第 10 页第 4~5 段中，明确记载了本发明的修饰蛋白质包括在诱变之前已经具有特异结合性质或催化活性，并且在 β-折叠中诱变之后具有另一种特异结合性质和/或催化活性的蛋白质，进一步包括在诱变之前已经具有特异结合性质和/或酶促或催化活性和/或荧光性质，并且在该表面上暴露的一个或多个 β-折叠的表面上暴露的至少两条 β-链中表面上暴露的氨基酸的诱变之后，获得改进的或它们的特异结合性质和/或它们的催化活性和/或它们的荧光性质的改变的蛋白质；此外，原始说明书第 2 页第 1 段、第 3 页第 1 段以及第 4 页第 1 段以及倒数第 1 段记载了所提供的蛋白质的特异性结合性质可以是"抗体样"性质，以作为抗体使用，原始说明书第 5 页倒数第 1 段记载了本发明 β-折叠结构的特征，原始说明书第 6 页倒数第 1 段至第 7 页第 1 段记载了"诱变"可以是取代、插入或缺失，原始说明书第 7 页倒数第 1 段记载了"进行诱变使得保持 β-折叠结构"，因此，修改后的权利要求 1 没有超出原始权利要求书和说明书记载的范围，符合专利法第 33 条的规定。

3. 关于专利法实施细则第 20 条第 1 款

专利法实施细则第 20 条第 1 款规定，权利要求书应当说明发明或者实用新型的技术特征，清楚、简要地表述请求保护的范围。

根据该款规定，每项权利要求的类型应当清楚。权利要求的主题名称应当能够清楚地表明该权利要求的类型是产品权利要求还是方法权利要求。

请求人于 2007 年 11 月 29 日提交了经修改的权利要求 1~24，修改后的权利要求 1 明确其请求保护的主题是"修饰蛋白质"，是产品权利要求，其保护范围是清楚的，克服了《复审通知书》中指出的原权利要求 1 的主题不清楚而导致保护范围不清楚的缺陷。

4. 关于专利法第 22 条第 2 款

专利法第 22 条第 2 款规定，新颖性，是指在申请日以前没有同样的发明或者实用新型在国内外出版物上公开发表过、在国内公开使用过或者以其他方式为公众所知，也没有同样的发明或者实用新型由他人向国务院专利行政部门提出过申请并且记载在申请日以后公布的专利申请文件中。

根据该款规定，如果一项权利要求的技术方案与现有技术公开的技术内容实质上不同，则该权利要求相对于该现有技术具备新颖性。

本案中，驳回决定指出权利要求 1~6、10、11、13、16 相对于对比文件 1 不具备新颖性，请求人于 2007 年 11 月 29 日提交了经修改的权利要求 1~24，其中将原权利要求 2 的内容添加到修改后的权利要求 1 中，并删除了原权利要求 2，修改后的权利要求 1~5、9、10、12、15 分别相应于驳回决定针对的权利要求 1~6、10、11、13、16。

对比文件 1 公开了一种修饰的腺病毒纤维蛋白，其发明目的是减小腺病毒对健康细胞的毒性作用，并靶向感染要被治疗的细胞（参见对比文件 1 说明书第 4 页第 2 段），其是对该纤维蛋白上直接针对所述腺病毒的天然细胞受体的一个或多个残基进行突变获得的修饰蛋白，对腺病毒纤维蛋白进行修饰是为了降低或破坏其与天然细胞受体结合的能力（参见对比文件 1 说明书第 4 页倒数第 2 段，第 5 页第 2 段），经分析得知在 Ad5 所包含的 8 个 β-折叠中，D、G、H 和 I 构成 R 折叠，该 R 折叠被认为与 Ad5 和受体的相互作用有关（参见对比文件 1 说明书第 6 页最后 1 段），所进行的修饰涉及从 CD 环延伸至 I 折叠的区域，即 Ad5 的残基 441-557，从它们的空间位置来看，这些残基能够识别和/或直接或间接地与所述腺病毒的天然细胞受体相互作用，在该区域中，优选修饰含有 CD 环、D 折叠和接近 DG 环的部分，即 Ad5 的残基 441-478，更优选修饰 Ad5 的残基 443-462，其他修饰的位点还可以是 H 折叠（Ad5 的残基 529-536）、E 折叠（Ad5 的残基 479-482）和 F 折叠（Ad5 的残基 485-486）（参见对比文件 1 说明书第 7 页第 1 段），具体来说，位于 443、445、450、451、452、455、

457、459、444、446、449位的氨基酸可以被替换，454-461、441-453、441-461的氨基酸可以被删除，优选氨基酸的替换不会显著地改变蛋白的三维结构（参见对比文件1说明书第7页第11行至第8页第10行）；所述修饰还可以是删除某个环和/或某个折叠中的至少3个连续残基，并用能与不同的细胞受体相互作用的第二种腺病毒的纤维蛋白的等同环和/或折叠替换，在维持纤维蛋白结构的同时还能赋予它相应于该第二种腺病毒的宿主特异性，例如可以将Ad5的至少3个连续氨基酸删除并用Ad3或Ad7的相应区域替换以减少与Ad5受体的结合能力，同时赋予其新的对Ad3或Ad7细胞受体的特异性（参见对比文件1说明书第8页第倒数第1段至第9页第1段）；所述修饰还可以是删除至少3个连续残基后用配体替换该删除的残基，在腺病毒纤维蛋白中插入配体的目的是为了识别并结合与天然细胞受体不同的细胞表面分子，这些细胞表面分子在靶细胞表面表达或暴露，配体可以是抗体，如果靶细胞是感染HIV病毒的细胞，配体可以是抗fusin，CD4受体的抗体，或抗暴露的病毒蛋白（包膜糖蛋白）或HIV病毒TAT蛋白的部分的抗体，如果靶定肿瘤细胞，配体可以是识别肿瘤特异的或过表达的抗原的配体（参见对比文件1说明书第9页第3段至第10页第1段）。

由对比文件1公开的内容可知，其中公开了三种不同的修饰蛋白质：（1）对特定位置的氨基酸残基进行突变以破坏其与天然细胞受体的结合能力；（2）删除至少3个连续氨基酸以破坏其与天然细胞受体的结合能力，并代之以其他腺病毒纤维蛋白的相应部分从而赋予其与其他腺病毒纤维蛋白的细胞受体的结合能力；（3）删除至少3个连续氨基酸以破坏其与天然细胞受体的结合能力，并代之以配体（可以是抗体）以获得对待治疗细胞的特异性。其中与本申请权利要求最接近的是第三个方案，以下对于权利要求新颖性和创造性的分析均是以此方案为基础。

将修改后的权利要求1请求保护的技术方案与对比文件1公开的技术方案相比，其具有以下区别：（1）修饰蛋白质的起始蛋白不同，权利要求1中为眼晶状体蛋白、内孢囊素、热激蛋白和冷激蛋白，而对比文件1中为腺病毒纤维蛋白，虽然权利要求1请求保护的修饰蛋白质在修饰之后结构、功能有所变化，但结构的变化是有限的，根据权利要求1中的限定，替代、缺失或插入的氨基酸只是位于β-折叠上特定的位置，修饰蛋白质的其他区域的氨基酸仍然是保持着起始蛋白的序列，对比文件1中修饰的腺病毒纤维蛋白也仅仅是在特定的位置进行氨基酸的取代、缺失、插入，未修饰的位置仍然保留着腺病毒纤维蛋白的序列，因而权利要求1的技术方案与对比文件1的技术方案中起始蛋白不同，必然会导致被修饰后的蛋白质的最终序列是不同的。（2）权利要求1中限定替代、缺失或插入的氨基酸暴露于蛋白质的表面，该表面暴露的氨基酸位于至少两条表面暴露的β-链中，该至少两条表面暴露的β-链位于暴露在所述蛋白质的表面上的β-折叠中，所述β-链如此彼此紧密以致在一条链的C=O基团和另一条链的NH基团之间形成氢键，而对比文件1中仅仅指出删除至少3个连续氨基酸并代之以配体，并没有指出所删除的3个连续氨基酸是否位于表面暴露的β-折叠中的至少两条满足所述紧密位置特征的表面暴露的β-链中的表面暴露的位置上，对比文件1中公开的修饰所涉及的残基441-557，优选残基441-478，更优选443-462，H折叠（残基529-536）、E折叠（残基479-482）和F折叠（残基485-486）并非全部都是位于表面暴露的β-折叠中的至少两条满足所述紧密位置特征的表面暴露的β-链中的表面暴露的位置上，虽然对比文件1中的腺病毒纤维蛋白能与细胞表面受体作用，对其进行修饰的目的也是要破坏其与细胞受体结合的能力，但这并不能表明被修饰的氨基酸的位置必然是在表面暴露的位置上，例如对比文件1中给出了用于破坏Ad5与细胞受体结合的能力一些具体替换的氨基酸位点（参见对比文件1第7页第11行至第8页第5行），如请求人在答复第一次审查意见通知书时提供的Ad5纤维蛋白的三维结构图所示，在这些具体替换的氨基酸位点中，455、457、459位的氨基酸位于β-折叠上，但却没有表面暴露，由此说明对比文件1中修饰的氨基酸位置不一定是位于表面暴露的β-折叠中的至少两条满足所述紧密位置特征的表面暴露的β-链中的表面暴露的位置上。(3) 权利要求1中限定所述β-折叠结构在所述修饰之后保持，对比文件1中没有表明所述β-折叠结构在所述修饰之后是否保持。

由此可见，权利要求1请求保护的技术方案与对比文件1公开的技术方案相比，其具有区别技术特征，实质上也是不同的，因此权利要求1相对于对比文件1具备新颖性，符合专利法第22条第2款的规定。权利要求2~5、9、10、12、15是权利要求1的从属权利要求，相对于对比文件1也具备新颖性，符合专利法第22条第2款的规定。

5. 关于专利法第22条第3款

专利法第22条第3款规定，创造性，是指同申请日以前已有的技术相比，该发明有突出的实质性特点和显著的进步。

根据该款规定，当要求保护的技术方案相对于最接近的现有技术存在区别特征时，应判断现有技术是否给出将上述区别特征应用到该最接近现有技术以解决其存在的技术问题的启示，如果不存在这种技术启示，则要求保护的技术方案具备创造性。

本案中，如上所述，修改后的权利要求1相对于对比文件1具有三个区别特征，对于其中的区别特征（1），根据本申请说明书所述，本申请的发明目的是要通过对β-折叠蛋白进行修饰以使其具有新的抗体样结合性质或催化性质，以将修饰后的蛋白质本身作为抗体或具有催化特性的活性蛋白质使用，并具体选择了眼晶状体蛋白、内孢囊素、热激蛋白、冷激蛋白作为被修饰的起始蛋白，对比文件1中被修饰的蛋白质是腺病毒的纤维蛋白，但在其特定区域删除3个连续氨基酸并插入抗体的目的是为了通过该抗体与靶细胞表面抗原的结合，从而使腺病毒靶定该靶细胞，并不是为了将修饰后的纤维蛋白本身作为抗体使用，而本申请权利要求1中所述的眼晶状体蛋白、内孢囊素、热激蛋白、冷激蛋白本身并不是病毒载体的蛋白，其不参与靶向细胞的过程，也不与细胞表面受体或抗原结合，因而对于这四种蛋白质，本领域中并不存在要改变其与特定细胞表面受体结合特性或靶定特定细胞的需要，本领域技术人员根据对比文件1公开的内容，并没有动机要对眼晶状体蛋白、内孢囊素、热激蛋白、冷激蛋白进行类似的修饰，也不会想到要对其进行修饰以使其本身作为抗体使用。

由此可见，现有技术中不存在这样的技术启示，其使得本领域技术人员有动机将上述区别特征（1）应用于对比文件1以获得权利要求1请求保护的技术方案，因此，权利要求1请求保护的技术方案相对于对比文件1具备创造性，符合专利法第22条第3款的规定。

鉴于独立权利要求1具备创造性，权利要求1的从属权利要求2~15，以及引用权利要求1的权利要求16~24也具备创造性，符合专利法第22条第3款的规定。

根据以上事实和理由，本案合议组作出如下审查决定。

三、决定

撤销国家知识产权局于2004年9月17日对00811969.4号发明专利申请作出的驳回决定。由原审查部门在本复审决定所针对的文本的基础上继续进行审查。

复审请求人对本决定不服的，可以根据专利法第41条第2款的规定，自收到本决定之日起三个月内向北京市第一中级人民法院起诉。

淀粉酶变体

复审请求审查决定（第12390号）

决 定 号	第12390号
决 定 日	2007年12月24日
发明创造名称	淀粉酶变体
国际分类号	C12N 9/28//C11D 3/386
复审请求人	诺沃奇梅兹有限公司
申 请 号	96191711.3
优 先 权 日	1995年2月3日，1995年3月29日，1995年9月29日，1995年10月6日
申 请 日	1996年2月5日
公 开 日	1998年2月4日
合议组组长	李金光
主 审 员	周 英
参 审 员	张晓飞
法 律 依 据	专利法第26条第4款

决 定 要 点

如果权利要求的概括包含申请人或请求人推测的内容，而其效果又难以预先确定和评价，应当认为这种概括超出了说明书公开的范围，该权利要求得不到说明书的支持。

一、案由

本复审请求涉及名称为"淀粉酶变体"的第96191711.3号发明专利申请（下称本申请），其申请人为诺沃奇梅兹有限公司（2001年5月11日由诺沃挪第克公司变更），申请日为1996年2月5日，最早优先权日为1995年2月3日，公开日为1998年2月4日，进入中国国家阶段日为1997年7月31日。

针对申请人于2003年11月4日提交的权利要求1~30，本申请进入中国国家阶段时申请人提交的说明书第1~72页、说明书附图第1~5页以及说明书摘要，国家知识产权局于2004年1月9日以权利要求1~30不符合专利法第22条第3款规定的创造性为由驳回了本申请，驳回决定所针对的权利要求书为：

"1. 一种亲本α-淀粉酶的变体，该亲本α-淀粉酶和SEQ ID NO.3氨基酸序列显示出至少95％的同源性；其中至少一种与SEQ ID NO：1所示氨基酸序列的T183或G184位置相当的氨基酸被缺失。

2. 按照权利要求1的变体,其中至少一种所说的亲本α-淀粉酶的可氧化的氨基酸残基已被缺失或已被不同的氨基酸残基取代,后者对氧化不如所说的可氧化的氨基酸残基敏感。

3. 按照权利要求2的变体,其中所说的可氧化的氨基酸残基选自由甲硫氨酸、色氨酸、半胱氨酸和酪氨酸组成的组。

4. 按照权利要求2的变体,其中所说的可氧化的氨基酸残基是甲硫氨酸,该甲硫氨酸等同于在SEQ ID NO.1中所示的氨基酸序列的M9、M10、M105、M202、M208、M261、M309、M382、M430或M440。

5. 按照权利要求4的变体,该变体包含甲硫氨酸取代,此甲硫氨酸取代等同于在SEQ ID NO.1中所示的氨基酸序列的下列取代之一:M9L;M10L;M105L;M202L、T、F、I、V;M208L;M261L;M309L;M382L;M430L;M440L。

6. 按照权利要求1的变体,其中一种所说的甲硫氨酸残基已被苏氨酸取代。

7. 根据权利要求1的变体,其中至少一种氨基酸已被缺失,该氨基酸等同于在SEQ ID NO.1中所示的氨基酸序列的F180、R181、G182、T183、G184或K185。

8. 按照权利要求7的变体,其中所说的缺失的氨基酸是或等同于所说的氨基酸残基中的任何两个。

9. 按照权利要求8的变体,其中所说的缺失等同于R181*+G182*。

10. 根据权利要求1的变体,该变体包含氨基酸取代,此取代等同于在SEQ ID NO.1中所示的氨基酸序列中的下列取代之一:K269R;P260E;R124P;M105F、I、L、V;M208F、W、Y;L2171;V206I、L、F。

11. 按照权利要求1的变体,该变体包含氨基酸取代,此取代等同于在SEQ ID NO.1中所示的氨基酸序列中的下列取代之一:Y243F、K108R、K179R、K239R、K242R、K269R、D163N、D188N、D192N、D199N、D205N、D207N、D209N、E190Q、E194Q、N106D。

12. 一种包含编码按照权利要求1~11任一之α-淀粉酶变体的DNA序列的DNA构建体。

13. 一种携带按照权利要求12的DNA构建体的重组表达载体。

14. 一种用按照权利要求12的DNA构建体或按照权利要求13的载体转化的细胞。

15. 按照权利要求14的细胞,该细胞是微生物。

16. 按照权利要求15的细胞,该细胞是细菌或真菌。

17. 按照权利要求16的细胞,该细胞是革兰氏阳性细菌或者是革兰氏阴性细菌。

18. 一种产生按照权利要求1~11任一之α-淀粉酶变体的方法,其中在有利于α-淀粉酶变体生成的条件下培养按照权利要求14~17任一之细胞,随后从所用的培养基中回收所说的α-淀粉酶变体。

19. 按照权利要求1~11任一之α-淀粉酶变体在洗涤和/或餐具洗涤上的用途。

20. 一种包含按照权利要求1~11任一之α-淀粉酶变体的去垢剂添加剂,其可以或不以无粉尘粒状、稳定的液体或保护酶形式存在。

21. 按照权利要求20的去垢剂添加剂,该添加剂每克包含0.02~200mg的酶蛋白质。

22. 按照权利要求20或21的去垢剂添加剂,该添加剂还包括另一种酶,如蛋白酶、脂酶、过氧物酶、另一种淀粉分解酶和/或纤维素酶。

23. 一种包含按照权利要求1~11任一之α-淀粉酶变体或一种表面活化剂的去垢组合物。

24. 按照权利要求23的去垢组合物,该组合物还包含另一种酶如蛋白酶、脂酶、过氧物酶、另一种淀粉分解酶和/或纤维素酶。

25. 一种手工或机用餐具洗涤剂组合物,该组合物包含按照权利要求1~11任一之α-淀粉酶变体和一种表面活化剂。

26. 按照权利要求25的餐具洗涤剂组合物,该组合物还包含另一种酶如蛋白酶、脂酶、过氧物酶、另一种淀粉分解酶和/或纤维素酶。

27. 一种手工或机用洗衣组合物,该组合物包含按照权利要求1~11任一之α-淀粉酶变体和一种表面活化剂。

28. 按照权利要求27的洗衣组合物,该组合物还包含另一种酶如蛋白酶、脂酶、过氧物酶、淀粉分解酶和/或纤维素酶。

29. 按照权利要求1~11任一之α-淀粉酶变体在纺织品去浆上的用途。

30. 权利要求1~11任一之α-淀粉酶变体用于液化含有淀粉的组合物的用途。

驳回决定认为:

(1) 权利要求1要求保护一种亲本α-淀粉酶的变体,对比文件1(WO9418314A1公开日为1994年8月18日,参见说明书第1~10页,权利要求1~15,附图10~19)中公开了来自芽孢杆菌的亲本α-淀粉酶变体,通过对亲本α-淀粉酶的氨基酸残基的置换、缺失、插入从而提高原亲本α-淀粉酶的氧化稳定性、热稳定性。它们的热稳定性、氧化稳定性检测结果显示了优于其亲本α-淀粉酶的特点,该突变DNA序列是通过缺失或置换前体α-淀粉酶中的一个或多个选自下组的可氧化氨基酸:甲硫氨酸、色氨酸、半胱氨酸和酪氨酸而衍生自前体α-淀粉酶的,其中包括等同位点M+197位的缺失或替代,并进一步公开了含有这些变体的载体、宿主细胞、制备方法、清洁剂。尽管与对比文件1所披露的技术内容相比,前者具体的突变位点与后者不同,但却是在后者突变位点附近的变化,其位置变化并没有明显的不同,在对比文件1的教导下,获得在其附近位点替换、缺失的启示,进而获得权利要求1所要求保护的技术方案的启示是显而易见的。其次,权利要求1所要求保护的技术方案没有表现出与现有技术相比有预料不到的技术效果。其原因为:一方面,说明书实施例4中表现出的良好效果是在T183+G184变体与亲本SEQ ID NO:3的比较下作出的,不能以此推导出权利要求1的技术方案也具有同样的效果,因为获得的与亲本序列3同源性95%的序列中,不排除决定热稳定性或氧化稳定性的关键位点与原亲本序列3不同,因而这种不同导致所述变体热稳定性或氧化稳定性的降低;另一方面,即便将95%这一特征删去,仅仅通过实施例中T183+G184变体与亲本效果的比较也不能体现出权利要求1所要求保护的技术方案与对比文件1相比有更好的技术效果。因此,权利要求1不具有突出的实质性特点和显著的进步,因而不具有专利法第22条第3款规定的创造性。

(2) 权利要求2~11直接或间接引用权利要求1,在对比文件1已经披露了相关氨基酸残基替代,比如甲硫氨酸替代的基础上,选择相近或相关位点对相关氨基酸残基进行缺失、替代的启示是显而易见的,并且在权利要求1所要求保护的技术方案不具有创造性的基础上,权利要求2~11所限定的变体也同样没有表现出与对比文件1所公开的技术内容相比有预想不到的技术效果。因此,权利要求2~11也不具有专利法第22条第3款规定的创造性。

(3) 权利要求12~17要求保护含有权利要求1~11所述变体的构建体、表达载体、细胞、微生物、细菌或真菌;权利要求18~30要求保护制备权利要求1~11所述变体的方法、含有权利要求1~11所述变体的去垢添加剂、去垢组合物、洗涤剂组合物、洗衣组合物及其用途。对比文件1(参见说明书第1~10页,权利要求1~15,附图10~19)公开了来自芽孢杆菌的亲本α-淀粉酶变体,含有这些变体的载体、宿主细胞、制备方法、清洁剂及其用途。在权利要求1~11不具有创造性的前提下,本领域技术人员结合对比文件1的教导获得权利要求12~17以及权利要求18~30所要求保护的技术方案是不需要付出创造性劳动的,因此,权利要求12~17以及权利要求18~30不具有专利法

第 22 条第 3 款规定的创造性。

申请人诺沃奇梅兹有限公司（下称请求人）对上述驳回决定不服，于 2004 年 4 月 26 日向专利复审委员会提出复审请求。请求人在提出复审请求时对权利要求书进行了修改，其中仅在权利要求 1 中增加了技术特征。请求人此次提交的权利要求共 30 项，其中权利要求 1 如下：

"1. 一种亲本 α-淀粉酶的变体，该亲本 α-淀粉酶和 SEQ ID NO. 3 氨基酸序列显示出至少 95% 的同源性；其中至少一种与 SEQ ID NO: 1 所示氨基酸序列的 T183 或 G184 位置相当的氨基酸被缺失，所述变体具有 α-淀粉酶的活性并表现至少一种相对于所述亲本 α-淀粉酶的下述特性：提高的热稳定性、提高的氧化稳定性和降低的 Ca^{2+} 依赖性。"

请求人认为：（1）尽管 197 位和 183 位及 184 位看起来比较近，但是本领域技术人员不能预见到 197 位的突变会与 183 位或 184 位的突变产生相同的效果。况且对比文件 1 公开了欲通过置换或缺失突变的五种优选的残基，它们是甲硫氨酸、色氨酸、半胱氨酸、组氨酸和酪氨酸残基。特别是对比文件 1 公开了欲突变的七个具体的位置：8、15、197、256、304、366 和 438，它们都是因为所述位置上是甲硫氨酸而被选择。但是，本发明是在相当于 183 和 184 位置上的两个特定氨基酸残基的缺失；183 位是苏氨酸，184 位是甘氨酸，未涉及对比文件 1 中的任何突变。（2）修改后的权利要求 1 中由于加入了"所述变体具有 α-淀粉酶活性并表现至少一种与所述亲本 α-淀粉酶相关的下述特性：提高的热稳定性、提高的氧化稳定性和降低的 Ca^{2+} 依赖性"，使得只有具有所述特性的变体才在权利要求的范围内。（3）本发明的目的不是提供相对于对比文件 1 的 α-淀粉酶具有改善的特性的 α-淀粉酶，而是提供 α-淀粉酶变体，其相对于其亲本 α-淀粉酶具有改善的特性。对比文件 1 没有公开或暗示权利要求 1 涉及的任何变体。因此，基于对比文件 1 的教导，本领域技术人员不可能获得本发明的变体，所以修改后的权利要求 1 具有专利法第 22 条第 3 款规定的创造性，从而权利要求 2~30 也具有创造性。

形式审查合格后，专利复审委员会受理了该复审请求，并于 2004 年 5 月 24 日向请求人发出《复审请求受理通知书》，随后将本申请案卷移交原审查部门进行前置审查。

原审查部门对本复审请求进行了前置审查，认为权利要求 1~30 仍不具有专利法第 22 条第 3 款规定的创造性，坚持驳回决定。

专利复审委员会组成合议组，对本复审请求案进行了审理。

2007 年 7 月 13 日，专利复审委员会向请求人发出《复审通知书》。《复审通知书》指出：根据说明书实施例中提供的实验数据可以看出，在具有 SEQ ID NO.1 氨基酸序列的亲本 α-淀粉酶上，T183 或 G184 位置缺失并且在其他位置还存在缺失而形成成对缺失的氨基酸所得到的亲本 α-淀粉酶的变体，或者在 T183 和 G184 位置的氨基酸同时被缺失的变体具有提高的热稳定性，结合钙的能力强（即降低的 Ca^{2+} 依赖性）。但权利要求 1 中的 SEQ ID NO.3 的氨基酸序列与 SEQ ID NO.1 的氨基酸序列长度不同，其组成也明显差别很大，所属领域技术人员不能根据说明书公开的变体具有所述的技术效果而预见到在具有 SEQ ID NO.3 氨基酸序列的亲本 α-淀粉酶上在至少一种与 SEQ ID NO.1 所示氨基酸序列的 T183 或 G184 位置的氨基酸被缺失得到的亲本 α-淀粉酶的变体也具有所述的技术效果，并且由于同源性的限定使得权利要求 1 限定出无数种氨基酸序列，更无法预见到仅和 SEQ ID NO.3 氨基酸序列显示出至少 95% 的同源性并且在与 SEQ ID NO.1 所示氨基酸序列的 T183 或 G184 位置上单个氨基酸被缺失所得到的亲本 α-淀粉酶的变体也都具有所述技术效果。因此，权利要求 1 的概括包含申请人推测的内容，而其效果又难以预先确定和评价，权利要求 1 得不到说明书的支持，不符合专利法第 26 条第 4 款的规定。基于上述同样理由，权利要求 2~5、7~8、10~30 得不到说明书的支持，不符合专利法第 26 条第 4 款的规定。

针对《复审通知书》指出的问题，请求人于 2007 年 9 月 27 日提交了意见陈述书及经修改的权利要求书全文替换页（共 31 项 3 页）。请求人认为：权利要求 1 修改的支持见说明书第 3 页第 23~26 行的描述，以及第 9 页第 7~12 行的描述，其修改是为了克服《复审通知书》指出的关于不接受同源性限定的意见。如果要求请求人将权利要求仅仅限定在实施例的范围对请求人将是极为不公平的。修改后的权利要求书如下：

"1. 一种亲本 α-淀粉酶的变体，该亲本 α-淀粉酶显示出与抗具有分别在和 SEQ ID NO.1 或 2 中所示的氨基酸序列之一的 α-淀粉酶产生的抗体的免疫交叉反应性，其中至少一种与 SEQ ID NO.1 所示的氨基酸序列的 T183 或 G184 位置相当的氨基酸被缺失，并且所述的 α-淀粉酶变体具有 α-淀粉酶活性。

2. 按照权利要求 1 的变体，其中至少一种所说的亲本 α-淀粉酶的可氧化的氨基酸残基已被缺失或已被不同的氨基酸残基取代，后者对氧化不如所说的可氧化的氨基酸残基敏感。

3. 按照权利要求 2 的变体，其中所说的可氧化的氨基酸残基选自由甲硫氨酸、色氨酸、半胱氨酸和酪氨酸组成的组。

4. 按照权利要求 2 的变体，其中所说的可氧化的氨基酸残基是甲硫氨酸，该甲硫氨酸是或等同于在 SEQ ID NO.1 中所示的氨基酸序列的 M9、M10、M105、M202、M208、M261、M309、M382、M430 或 M440。

5. 按照权利要求 4 的变体，该变体包含甲硫氨酸取代，此甲硫氨酸取代是或等同于在 SEQ ID NO.1 中所示的氨基酸序列的下列取代之一：M9L；M10L；M105L；M202L、T、F、I、V；M208L；M261L；M309L；M382L；M430L；M440L。

6. 按照权利要求 5 的变体，其中一种所说的甲硫氨酸残基已被苏氨酸取代。

7. 根据权利要求 1 的变体，该变体包含氨基酸取代，此取代等同于在 SEQ ID NO.1 中所示的氨基酸序列中的下列取代之一：K269R；P260E；R124P；M105F、I、L、V；M208F、W、Y；L217I；V206I、L、F。

8. 按照权利要求 1 的变体，该变体包含氨基酸取代，此取代等同于在 SEQ ID NO.1 中所示的氨基酸序列中的下列取代之一：Y243F、K108R、K179R、K239R、K242R、K269R、D163N、D188N、D192N、D199N、D205N、D207N、D209N、E190Q、E194Q、N106D。

9. 一种包含编码按照权利要求 1~8 任一之 α-淀粉酶变体的 DNA 序列的 DNA 构建体。

10. 一种携带按照权利要求 9 的 DNA 构建体的重组表达载体。

11. 一种用按照权利要求 9 的 DNA 构建体或按照权利要求 13 的载体转化的细胞。

12. 按照权利要求 11 的细胞，该细胞是微生物。

13. 按照权利要求 12 的细胞，该细胞是细菌或真菌。

14. 按照权利要求 13 的细胞，该细胞是革兰氏阳性细菌或者是革兰氏阴性细菌。

15. 一种产生按照权利要求 1~8 任一之 α-淀粉酶变体的方法，其中在有利于 α-淀粉酶变体生成的条件下培养按照权利要求 14~17 任一之细胞，随后从所用的培养基中回收所说的 α-淀粉酶变体。

16. 按照权利要求 1~8 任一之 α-淀粉酶变体在洗涤和/或餐具洗涤上的用途。

17. 一种包含按照权利要求 1~8 任一之 α-淀粉酶变体的去垢剂添加剂，其可以或不以无粉尘粒状、稳定的液体或保护酶形式存在。

18. 按照权利要求 17 的去垢剂添加剂，该添加剂每克包含 0.02-200mg 的酶蛋白质。

19. 按照权利要求 17 或 18 的去垢剂添加剂，该添加剂还包括另一种酶。

20. 按照权利要求19的去垢剂添加剂，其中所述的另一种酶是蛋白酶、脂酶、过氧物酶、另一种淀粉分解酶和/或纤维素酶。

21. 一种包含按照权利要求1~8任一之α-淀粉酶变体或一种表面活化剂的去垢组合物。

22. 按照权利要求21的去垢组合物，该组合物还包含另一种酶。

23. 按照权利要求22的去垢组合物，其中所述的另一种酶是蛋白酶、脂酶、过氧物酶、另一种淀粉分解酶和/或纤维素酶。

24. 一种手工或机用餐具洗涤剂组合物，该组合物包含按照权利要求1~11任一之α-淀粉酶变体和一种表面活化剂。

25. 按照权利要求24的餐具洗涤剂组合物，该组合物还包含另一种酶。

26. 按照权利要求25的餐具洗涤剂组合物，其中所述的另一种酶是蛋白酶、脂酶、过氧物酶、另一种淀粉分解酶和/或纤维素酶。

27. 一种手工或机用洗衣组合物，该组合物包含按照权利要求1~8任一之α-淀粉酶变体和一种表面活化剂。

28. 按照权利要求27的洗衣组合物，该组合物还包含另一种酶。

29. 按照权利要求28的洗衣组合物，其中所述的另一种酶是蛋白酶、脂酶、过氧物酶、淀粉分解酶和/或纤维素酶。

30. 按照权利要求1~8任一之α-淀粉酶变体在纺织品去浆上的用途。

31. 权利要求1~8任一之α-淀粉酶变体用于液化含有淀粉的组合物的用途。"

至此，合议组认为本案事实清楚，可以作出审查决定。

二、决定的理由

1. 决定所依据的文本

本复审请求审查决定所依据的文本为请求人于2007年9月27日提交的权利要求1~31以及驳回决定所针对的说明书、说明书附图和说明书摘要。

2. 关于专利法第26条第4款

专利法第26条第4款规定，权利要求书应当以说明书为依据，说明要求专利保护的范围。

根据该款规定，如果权利要求的概括包含申请人或请求人推测的内容，而其效果又难以预先确定和评价，应当认为这种概括超出了说明书公开的范围，该权利要求得不到说明书的支持。

本案中，权利要求1请求保护一种亲本α-淀粉酶的变体，该亲本α-淀粉酶显示出与抗具有分别在SEQ ID NO.1或2中所示的氨基酸序列之一的α-淀粉酶产生的抗体的免疫交叉反应性，其中至少一种与SEQ ID NO.1所示氨基酸序列的T183或G184位置相当的氨基酸被缺失，并且所述的α-淀粉酶变体具有α-淀粉酶的活性。首先，本申请的发明的发明目的是提供相对于亲本酶而言具有改良性质（如，改良的热和/或氧化稳定性和/或降低的钙离子依赖性）的α-淀粉酶变体（参见说明书中记载的发明简要说明部分）。从说明书实施例中提供的实验数据可以看出，具有所述活性的亲本α-淀粉酶变体均为在SEQ ID NO.1所示的氨基酸序列上T183或G184位置缺失并且在其他位置还存在缺失而形成成对缺失的变体，或者在T183和G184位置的氨基酸同时被缺失的变体，其具有提高的热稳定性，结合钙的能力强（即降低的Ca^{2+}依赖性）。而权利要求1中使用了"该亲本α-淀粉酶显示出与抗具有分别在SEQ ID NO.1或2中所示的氨基酸序列之一的α-淀粉酶产生的抗体的免疫交叉反应性"来对所述的亲本α-淀粉酶进行限定，由于多肽抗原存在多个抗原表位时会形成多种不同的特异性抗体，因此不同抗原若存在相同抗原表位就可能产生同样的抗体，从而导致该不同的抗原与抗体之间能够产生交叉反应性，但该不同抗原的序列组成可以在很大程度上不同，所以，具有所述免疫交叉反应性的亲本α-淀粉酶不必然含有SEQ ID NO.1所示的氨基酸序列。第二，本申请说明书中没有提供权利要求1所述的具有免疫交叉反应性与本发明的欲达到的较亲本α-淀粉酶具有改良的特性的之间存在必然联系的证明，所属领域技术人员不能根据本申请说明书公开的在含有SEQ ID NO.1所示氨基酸序列的亲本α-淀粉酶上形成的特定变体具有所述技术效果而预见到仅表现出与抗具有分别在SEQ ID NO.1或2中所示的氨基酸序列之一的α-淀粉酶产生的抗体的免疫交叉反应性的亲本α-淀粉酶得到的变体也能达到本申请所述发明的技术效果。第三，本申请权利要求1中限定了亲本α-淀粉酶"在至少一种与SEQ ID NO.1所示氨基酸序列的T183或G184位置相当的氨基酸被缺失"而得到的变体，但是在说明书中没有证明含有仅在与SEQ ID NO.1所示氨基酸序列的T183或G184位置相当的单个氨基酸被缺失得到的变体也能达到所述的效果。所以，所属领域技术人员根据含有在SEQ ID NO.1所示氨基酸序列的T183和G184位置的两个氨基酸同时被缺失的变体或者T183或G184缺失且其他位置还存在缺失而形成成对缺失的变体具有所述效果无法预见到在与SEQ ID NO.1所示氨基酸序列的T183或G184位置相当的单个氨基酸被缺失所得到的亲本α-淀粉酶的变体也都具有所述技术效果。因此，本申请权利要求1的概括包含请求人推测的内容，而其效果又难以预先确定和评价，权利要求1得不到说明书的支持，不符合专利法第26条第4款的规定。

对于请求人在答复《复审通知书》时的意见陈述，合议组认为：在判断权利要求是否得到说明书的支持时，应当考虑说明书的全部内容，而不是仅限于具体实施方式部分的内容，但是如果权利要求的概括包含请求人推测的内容，而其效果又难以预先确定和评价，应当认为这种概括超出了说明书公开的范围，该权利要求得不到说明书的支持。就本案而言，权利要求1采用亲本α-淀粉酶"显示出与抗具有分别在SEQ ID NO.1或2中所示的氨基酸序列之一的α-淀粉酶产生的抗体的免疫交叉反应性"来概括含有SEQ ID NO.1所示的氨基酸序列的亲本α-淀粉酶，采用"至少一种与SEQ ID NO.1所示氨基酸序列的T183或G184位置相当的氨基酸被缺失"来概括与SEQ ID NO.1所示氨基酸序列的至少T183和G184位置相当的两个氨基酸被缺失。根据之前的评述，上述概括包含了请求人推测的内容，而根据说明书记载的内容，所属领域技术人员不能预先确定本申请权利要求1所述变体均能达到本申请所述效果。因此，请求人认为修改后的权利要求1得到说明书支持的理由不成立。

基于上述同样理由，权利要求2~5、7~8、10~30也得不到说明书的支持，不符合专利法第26条第4款的规定。

根据以上事实和理由，本案合议组作出如下审查决定。

三、决定

维持国家知识产权局于2004年1月9日对96191711.3号发明专利申请作出的驳回决定。

复审请求人对本决定不服的，可以根据专利法第41条第2款的规定，自收到本决定之日起三个月内向北京市第一中级人民法院起诉。

含有伊波膦酸盐的口服药物制剂

复审请求审查决定（第12391号）

决 定 号	第12391号
决 定 日	2007年12月21日
发明创造名称	含有伊波膦酸盐的口服药物制剂
国际分类号	A61K 31/66，A61K 9/20，A61K 9/28
复审请求人	罗赫诊断器材股份有限公司
申 请 号	97195629.4
优 先 权 日	1996年4月20日
申 请 日	1997年4月21日
公 开 日	1999年7月7日
合议组组长	李金光
主 审 员	刘玉玲
参 审 员	王 冬
法 律 依 据	专利法第33条

决定要点

如果修改后的技术方案既不是原说明书和权利要求书文字记载的内容，也不是根据原说明书和权利要求书文字记载的内容以及说明书附图能直接地、毫无疑义地确定的内容，那么这种修改是超范围的。

一、案由

本复审请求涉及1997年4月21日申请、1999年7月7日公开、名称为"含有伊波膦酸盐的口服药物制剂"的第97195629.4号发明专利申请（下称本申请），本申请的优先权日为1996年4月20日。本申请的申请人为罗赫诊断器材股份有限公司（1999年8月10日由曼海姆泊灵格股份公司变更为罗赫诊断器材股份有限公司），本申请进入中国国家阶段日期为1998年12月18日。

针对申请人于2005年1月4日提交的权利要求1~34，说明书第3、3a页，于2004年5月10日提交的说明书第4~5页，本申请进入中国国家阶段时提交的国际申请文件的中文译文的说明书第1、2、6~8页以及说明书摘要，国家知识产权局于2005年3月18日以权利要求1~34不符合专利法第22条第3款的规定为由驳回了本申请。

驳回决定所针对的权利要求书为：

"1. 含有伊波膦酸盐或其生理上可耐受的盐作为活性物质的口服药物给药剂型，其特征在于，该给药剂型由含有0.1~50mg活性物质的被不含活性物质的包衣材料包封的含活性物质的内层部分组成，其中包衣材料为具有胃液耐受特性类型的成膜剂，并且其层厚是薄的或者具有形成孔的特性以便基本上使此包衣没有对胃液耐受的特性，并且，与pH为1~7.4的水性介质接触时，所含的活性物质至少30%在2小时之内释放。

2. 权利要求1的给药剂型，其特征在于，含有活性物质的内层部分由片、胶囊、颗粒、丸或粉末构成，其形式为与辅料混合的形式或纯活性物质的形式。

3. 权利要求2的给药剂型，其特征在于，不含活性物质的包衣层是含有至少一种选自下列物质的组分的膜：纤维素、纤维素衍生物、糊精、淀粉和淀粉衍生物，基于其他碳水化合物的聚合物及其衍生物，天然树胶如阿拉伯胶、黄原胶、藻酸盐；聚丙烯酸、聚乙烯醇、聚乙酸乙烯酯、聚乙烯吡咯烷酮、聚甲基丙烯酸酯及其衍生物（Eudragit®）、脱乙酰壳多糖及其衍生物、紫胶片及其衍生物、脂肪和蜡。

4. 权利要求3的给药剂型，含有至少一种下列纤维素衍生物：甲基纤维素、羟基甲基纤维素、羟基乙基纤维素、羟基丙基纤维素、甲基羟基乙基纤维素、甲基羟基丙基纤维素、羧基甲基纤维素钠、乙基纤维素。

5. 权利要求3的给药剂型，含有甲基羟基丙基纤维素。

6. 权利要求1的给药剂型，含有至少一种聚甲基丙烯酸酯。

7. 权利要求2的给药剂型，含有至少一种聚甲基丙烯酸酯。

8. 权利要求3的给药剂型，含有至少一种聚甲基丙烯酸酯。

9. 权利要求6的给药剂型，含有至少一种下列聚甲基丙烯酸酯：二甲基氨基乙基甲基丙烯酸酯与中性甲基丙烯酸酯的阳离子共聚物、丙烯酸和甲基丙烯酸酯的共聚物、丙烯酸乙酯和甲基丙烯酸甲酯的共聚物。

10. 权利要求7的给药剂型，含有至少一种下列聚甲基丙烯酸酯：二甲基氨基乙基甲基丙烯酸酯与中性甲基丙烯酸酯的阳离子共聚物、丙烯酸和甲基丙烯酸酯的共聚物、丙烯酸乙酯和甲基丙烯酸甲酯的共聚物。

11. 权利要求8的给药剂型，含有至少一种下列聚甲基丙烯酸酯：二甲基氨基乙基甲基丙烯酸酯与中性甲基丙烯酸酯的阳离子共聚物、丙烯酸和甲基丙烯酸酯的共聚物、丙烯酸乙酯和甲基丙烯酸甲酯的共聚物。

12. 权利要求1的给药剂型，其特征在于，采用至少一种下列成膜剂：甲基丙烯酸和甲基丙烯酸甲酯的阴离子共聚物、乙酸邻苯二甲酸纤维素、乙酸偏苯三酸纤维素和邻苯二甲酸甲基羟基丙基纤维素、聚乙烯基乙酸邻苯二甲酸酯。

13. 权利要求2的给药剂型，其特征在于，采用至少一种下列成膜剂：甲基丙烯酸和甲基丙烯酸甲酯的阴离子共聚物、乙酸邻苯二甲酸纤维素、乙酸偏苯三酸纤维素和邻苯二甲酸甲基羟基丙基纤维素、聚乙烯基乙酸邻苯二甲酸酯。

14. 权利要求3的给药剂型，其特征在于，采用至少一种下列成膜剂：甲基丙烯酸和甲基丙烯酸甲酯的阴离子共聚物、乙酸邻苯二甲酸纤维素、乙酸偏苯三酸纤维素和邻苯二甲酸甲基羟基丙基纤维素、聚乙烯基乙酸邻苯二甲酸酯。

15. 权利要求4的给药剂型，其特征在于，采用至少一种下列成膜剂：甲基丙烯酸和甲基丙烯酸甲酯的阴离子共聚物、乙酸邻苯二甲酸纤维素、乙酸偏苯三酸纤维素和邻苯二甲酸甲基羟基丙基纤维素、聚乙烯基乙酸邻苯二甲酸酯。

16. 权利要求5的给药剂型，其特征在于，采用至少一种下列成膜剂：甲基丙烯酸和甲基丙烯酸甲酯的阴离子共聚物、乙酸邻苯二甲酸纤维素、乙酸偏苯三酸纤维素和邻苯二甲酸甲基羟基丙基纤维素、聚乙烯基乙酸邻苯二甲酸酯。

17. 权利要求6的给药剂型，其特征在于，采用至少一种下列成膜剂：甲基丙烯酸和甲基丙烯酸甲酯的阴离子共聚物、乙酸邻苯二甲酸纤维素、乙酸偏苯三酸纤维素和邻苯二甲酸甲基羟基丙基纤维素、聚乙烯基乙酸邻苯二甲酸酯。

18. 权利要求7的给药剂型，其特征在于，采用至少一种下列成膜剂：甲基丙烯酸和甲基丙烯酸甲酯的阴离子共聚物、乙酸邻苯二甲酸纤维素、乙酸偏苯三酸纤维素和邻苯二甲酸甲基羟基丙基纤维素、聚乙烯基乙酸邻苯二甲酸酯。

19. 权利要求8的给药剂型，其特征在于，采用至少一种下列成膜剂：甲基丙烯酸和甲基丙烯酸甲酯的阴离子共聚物、乙酸邻苯二甲酸纤维素、乙酸偏苯三酸纤维素和邻苯二甲酸甲基羟基丙基纤维素、聚乙烯基乙酸邻苯二甲酸酯。

20. 权利要求9的给药剂型，其特征在于，采用至少一种下列成膜剂：甲基丙烯酸和甲基丙烯酸甲酯的阴离子共聚物、乙酸邻苯二甲酸纤维素、乙酸偏苯三酸纤维素和邻苯二甲酸甲基羟基丙基纤维素、聚乙烯基乙酸邻苯二甲酸酯。

21. 权利要求10的给药剂型，其特征在于，采用至少一种下列成膜剂：甲基丙烯酸和甲基丙烯酸甲酯的阴离子共聚物、乙酸邻苯二甲酸纤维素、乙酸偏苯三酸纤维素和邻苯二甲酸甲基羟基丙基纤维素、聚乙烯基乙酸邻苯二甲酸酯。

22. 权利要求11的给药剂型，其特征在于，采用至少一种下列成膜剂：甲基丙烯酸和甲基丙烯酸甲酯的阴离子共聚物、乙酸邻苯二甲酸纤维素、乙酸偏苯三酸纤维素和邻苯二甲酸甲基羟基丙基纤维素、聚乙烯基乙酸邻苯二甲酸酯。

23. 权利要求1的给药剂型，其特征在于，膜含有至少一种增塑剂、成孔剂、填充剂、着色剂、色素、消泡剂、抗粘剂。

24. 权利要求1~23之一的给药剂型，可采用压制包衣通过涂敷不含活性物质的包衣材料来获得，涂敷的包衣材料含有至少一种权利要求3~23的组分或至少一种选自下列物质的组分：碳水化合物、糖醇、无机磷酸盐、硫酸盐、碳酸盐。

25. 权利要求24的给药剂型，在其包衣材料中含有至少一种粘合剂、填充剂、崩解剂、助流剂、释放剂、矫味剂、色素或着色剂。

26. 权利要求1~23之一的给药剂型，可采用制片包衣通过涂敷不含活性物质的包衣材料来获得，涂敷的包衣材料含有至少一种权利要求3~23的组分。

27. 权利要求26的给药剂型，含有至少一种下列组分：膨润土、硫酸钙、脂肪、胶体硅酸、氧化镁、帕拉金糖醇、聚乙二醇、聚乙二醇脂肪酸酯、蜡。

28. 权利要求1~23之一的给药剂型，可采用囊化包衣通过涂敷不含活性物质的包衣材料来获得，涂敷的包衣材料含有至少一种下列成分：明胶、淀粉或纤维素衍生物。

29. 权利要求1~23之一的给药剂型，其特征在于，含有活性物质的部分由固体、液体或半固体制剂组成。

30. 权利要求24的给药剂型，其特征在于，含有活性物质的部分由固体、液体或半固体制剂组成。

31. 权利要求26的给药剂型，其特征在于，含有活性物质的部分由固体、液体或半固体制剂组成。

32. 权利要求28的给药剂型，其特征在于，含有活性物质的部分由固体、液体或半固体制剂组成。

33. 权利要求 1 的给药剂型，其特征在于在重量为 200mg 的内层部分中，活性成分为 10.0、20.0 或 50.0mg，并且所述包衣由下列物质组成：

5.1425mg 甲基羟基丙基纤维素

2.4650mg 二氧化钛

1.500mg 聚乙二醇和 0.8925mg 滑石。

34. 制备权利要求 1~28 之一的给药剂型的方法，其特征在于，通过膜包衣、压制包衣、制片包衣、囊化或微囊化来产生不含活性物质的包衣层。"

驳回决定认为：

（1）权利要求 1 请求保护一种含有伊波膦酸盐或其生理上可耐受的盐作为活性物质的口服药物给药剂型。对比文件 1（WO9412200A1，公开日为 1994 年 6 月 9 日）公开了一种给药剂型，该剂型为用于治疗钙代谢疾病的含伊波膦酸盐的膜片剂，包衣层的膜选自：羟基丙基纤维素、甲基羟基丙基纤维素、改良淀粉，片剂还包括着色剂。由于该剂型不是肠溶衣片，所以所述包衣在 pH 1~7.4 的酸性环境下必然溶解（见对比文件 1 说明书第 6 页第 18~25 行，权利要求 1 和 8），权利要求 1 和对比文件 1 的区别在于：权利要求 1 还限定了活性物质含量和该剂型的释放度。但所述含量和释放度都是常规的，且这些技术特征的改变并未带来意想不到的技术效果。因此权利要求 1 相对于对比文件 1 不具备突出的实质性特点和显著的进步，不符合专利法第 22 条第 3 款有关创造性的规定。

（2）权利要求 2~33 分别进一步限定了含有活性物质的包衣层所含组分、包衣方法、内层部分的形式，但权利要求 2~5，29 的附加技术特征被对比文件 1 披露；权利要求 6~28，30~33 中限定的包衣膜材料、包衣方法和内层部分的形式都是常规的，且这些附加技术特征的改变并未带来意想不到的技术效果。因此权利要求 2~33 相对于对比文件 1 不具备突出的实质性特点和显著的进步，不符合专利法第 22 条第 3 款有关创造性的规定。

（3）由于权利要求 1~28 的技术方案相对于对比文件 1 不具备专利法规定的创造性，权利要求 34 中的制备方法也是常规的包衣方法，且未带来意想不到的技术效果。因此权利要求 34 相对于对比文件 1 不具备突出的实质性特点和显著的进步，不符合专利法第 22 条第 3 款有关创造性的规定。

申请人罗赫诊断器材股份有限公司（下称请求人）对上述驳回决定不服，于 2005 年 7 月 4 日向专利复审委员会提出复审请求，同时提交了修改的权利要求书全文替换页（共 6 项）。

请求人提交的新权利要求为：

"1. 含有伊波膦酸盐或其生理上可耐受的盐作为活性物质的口服药物给药剂型，其特征在于，该给药剂型由含有 0.1~50mg 活性物质的被不含活性物质的包衣材料包封的含活性物质的内层部分组成，其中包衣材料为具有胃液耐受特性类型的成膜剂，并且其层厚是薄的或者具有形成孔的特性以便基本上使此包衣没有对胃液耐受的特性，并且，与 pH 为 1~7.4 的水性介质接触时，所含的活性物质至少 30% 在 2 小时之内释放，并且所述包衣由下列物质组成：

5.1425mg 甲基羟基丙基纤维素

2.4650mg 二氧化钛

1.500mg 聚乙二醇和 0.8925mg 滑石。

2. 权利要求 1 的给药剂型，可采用制片包衣通过涂敷不含活性物质的包衣材料来获得。

3. 权利要求 1 或 2 的给药剂型，含有至少一种下列组分：膨润土、硫酸钙、脂肪、胶体硅酸、氧化镁、帕拉金糖醇、聚乙二醇、聚乙二醇脂肪酸酯、蜡。

4. 权利要求 1 至 3 之一的给药剂型，可采用囊化包衣通过涂敷不含活性物质的包衣材料来获得，涂敷的包衣材料如权利要求1中所定义。

5. 权利要求1的给药剂型，其特征在于，含有活性物质的部分由固体、液体或半固体制剂组成。

6. 制备权利要求1的给药剂型的方法，其特征在于，通过膜包衣、压制包衣、制片包衣、囊化或微囊化来产生不含活性物质的包衣层。"

请求人认为，修改后的权利要求符合专利法第22条第3款的规定，具体理由为：（1）对比文件1解决的技术问题是防止制剂中带有含氮的碱性官能团的二膦酸与乳糖发生相互作用，从而避免制剂变色、不稳定和效价降低。对比文件1并没有公开《驳回决定》所述的"膜片剂"、"该剂型不是肠溶衣"等内容，仅仅是列出了一系列已知的包衣材料，并未教导怎样制备包衣片剂，也没有提示薄膜应该怎样才能满足双膦酸盐，尤其是依波膦酸的包衣要求。（2）本发明所解决的技术问题是防止非常强烈的二膦酸盐成分在吞咽时对食管的损伤，为此，本发明的组合物设计成以下形式，片剂的外相中不包含任何活性成分，包衣在食管中不溶解，而一旦达到胃中即溶解，由上可知本申请和对比文件1解决的技术问题不同，对比文件1也没有提示或教导本申请能解决快速溶于胃中，但能阻止活性成分依波膦酸在食道中释放的包衣片剂。

形式审查合格后，专利复审委员会受理了该复审请求，并于2005年10月21日向请求人发出《复审请求受理通知书》，同时将本申请案卷移交原审查部门进行前置审查。

原审查部门对本复审请求进行了前置审查后认为：（1）权利要求1、4、6不符合专利法第33条的规定，因为权利要求1中限定了包衣的材料及其含量，但说明书中仅记载了所述包衣是用于10mg、20mg或50mg活性物质制成的200mg片核的包衣（见说明书实施例1），且片核重量减小，则包衣中各组分的含量会有所改变（见说明书实施例2）。此外，口服给药剂型除了片剂，还有胶囊、颗粒等剂型。本领域普通技术人员不能从原申请文件中导出所述材料及其含量的包衣也可以用于这些剂型。（2）即便克服了修改超范围的缺陷，修改后的独立权利要求1中增加了对包衣材料及其含量的限定，但对比文件1中也披露了可用相同的包衣材料包衣的片剂，包衣材料的含量和包衣方法也是常规的，因此，修改后的权利要求1~6仍然不符合专利法第22条第3款的规定。

专利复审委员会组成合议组，对本案的复审请求进行了审理。于2007年6月1日向请求人发出《复审通知书》。《复审通知书》指出：（1）权利要求1~6的修改不符合专利法第33条规定：修改的权利要求1增加了以下两个特征：①"该给药剂型由含有0.1~50mg活性物质……"和②"并且所述包衣由下列物质组成：5.1425mg甲基羟基丙基纤维素 2.4650mg 二氧化钛 1.500mg 聚乙二醇和0.8925mg 滑石"。增加了这两个特征后的权利要求1请求保护的技术方案在原说明书和权利要求书中没有文字记载，而且也不能根据原说明书和权利要求书文字记载的内容直接地、毫无疑义地确定，导致权利要求1的修改不符合专利法第33条规定；权利要求2~6直接或者间接引用权利要求1，仍然存在上述缺陷，也不符合专利法第33条规定。（2）本发明所要解决的技术问题是提供一种含有伊波膦酸盐或其生理上可耐受的盐作为活性物质的口服药物给药剂型及其制备方法，该剂型能在胃中产生活性物质的高的局部浓度，但不产生通常不希望的副作用。说明书中仅仅给出了该剂型的制备方法，但没有提供实验数据证明所制备的给药剂型确实具有所述的技术效果。由于请求人所主张的技术效果与现有技术的教导是相反的，从现有技术中不能推导出本申请的技术效果，因而，该技术效果的证明必须依赖于实验数据，但本申请说明书未记载证明所制备的给药剂型确实具有所述的技术效果的实验数据。鉴于此，本申请的说明书没有清楚、完整地公开本发明，致使所属领域的技术人员不能理解、实现本发明，因此本申请说明书不符合专利法第26条第3款的规定。

针对《复审通知书》指出的问题，请求人于2007年9月17日提交了意见陈述书及经修改的权利要求书全文替换页（共6项）。

修改后的权利要求书如下：

"1. 含有伊波膦酸盐或其生理上可耐受的盐作为活性物质的口服药物给药剂型，其特征在于，该给药剂型由含有 10～50mg 活性物质的被不含活性物质的包衣材料包封的含活性物质的内层部分组成，其中包衣材料为具有胃液耐受特性类型的成膜剂，并且其层厚是薄的或者具有形成孔的特性以便基本上使此包衣没有对胃液耐受的特性，并且，与 pH 为 1～7.4 的水性介质接触时，所含的活性物质至少 30% 在 2 小时之内释放，并且所述包衣由下列物质组成：

5.1425mg 甲基羟基丙基纤维素

2.4650mg 二氧化钛

1.500mg 聚乙二醇和 0.8925mg 滑石。

2. 权利要求 1 的给药剂型，可采用制片包衣通过涂敷不含活性物质的包衣材料来获得。

3. 权利要求 1 或 2 的给药剂型，含有至少一种下列组分：膨润土、硫酸钙、脂肪、胶体硅酸、氧化镁、帕拉金糖醇、聚乙二醇、聚乙二醇脂肪酸酯、蜡。

4. 权利要求 1～3 之一的给药剂型，可采用囊化包衣通过涂敷不含活性物质的包衣材料来获得，涂敷的包衣材料如权利要求 1 中所定义。

5. 权利要求 1 的给药剂型，其特征在于，含有活性物质的部分由固体、液体或半固体制剂组成。

6. 制备权利要求 1 的给药剂型的方法，其特征在于，通过膜包衣、压制包衣、制片包衣、囊化或微囊化来产生不含活性物质的包衣层"。

请求人认为：（1）新提交的权利要求 1 中将"0.1～50mg"修改为"10～50mg"，因此，修改后的权利要求 1 符合专利法第 33 条的规定。（2）从本申请驳回前的审查过程来看，实质审查员未提出本申请不符合专利法第 26 条第 3 款规定的问题，合议组在复审时提出驳回决定未涉及的问题是不合适的。（3）伊波磷酸盐可以治疗骨疾病且对肠胃道上部有刺激作用是已知的，本申请记载了口服药剂型、活性成分含量、剂型形式及制备方法，本领域技术人员根据说明书的记载，应用常规试验手段，不需要创造性的劳动，就能够再现本发明的技术方案；因此，本申请说明书符合专利法第 26 条第 3 款的规定。

至此，合议组认为本案事实清楚，可以作出审查决定。

二、决定的理由

1. 复审提出问题的依据

审查指南规定：在复审程序中，合议组一般仅针对驳回决定所依据的理由和证据进行审查；除驳回决定所依据的理由和证据外，合议组发现审查文本中存在下列缺陷的，可以对与之相关的理由及其证据进行审查，并且经审查认定后，应当依据该理由及其证据作出维持驳回决定的审查决定：（1）足以用在驳回决定作出前已告知过申请人的其他理由及其证据予以驳回的缺陷。（2）驳回决定未指出的明显实质性缺陷或者与驳回决定所指出缺陷性质相同的缺陷（参见审查指南第四部分第二章第 4.1 节）。

根据审查指南的上述规定，首先，本案请求人在提出复审请求时提交了修改的权利要求书替换页，合议组应当对请求人修改的内容是否超范围进行审查；其次，在本申请请求保护的剂型效果方面，说明书仅陈述所述剂型能在胃中产生活性物质的高的局部浓度，不产生通常不希望的副作用（参见说明书第 3 页第 2 段），但未提供相应实验数据来证明这点，合议组有必要质疑说明书公开的充分性。因此，在本案的复审阶段，合议组提出本申请不符合专利法第 33 条、第 26 条第 3 款的问题并无不当。

2. 审查依据的文本

本复审决定所针对的文本为请求人于 2007 年 9 月 17 日提交的权利要求 1~6、驳回决定所针对的说明书及说明书摘要。

3. 关于专利法第 33 条

专利法第 33 条规定：申请人可以对其专利申请文件进行修改，但是，对发明专利申请文件的修改不得超出原说明书和权利要求书记载的范围。

如果修改后的技术方案既不是原说明书和权利要求书文字记载的内容，也不是根据原说明书和权利要求书文字记载的内容以及说明书附图能直接地、毫无疑义地确定的内容，那么这种修改是超范围的。

本案中，修改后的权利要求 1 包括下述特征："所述包衣由下列物质组成：5.1425mg 甲基羟基丙基纤维素 2.4650mg 二氧化钛 1.500mg 聚乙二醇和 0.8925mg 滑石"。但包括该特征的权利要求 1 请求保护的技术方案在原始说明书和权利要求书中没有文字记载。虽然在说明书第 5 页第 20~29 行的实施例 1 中记载了在 200 mg 片核中伊波膦酸盐的剂量分别是 10.0、20.0 和 50.0 mg 时包衣的成分和含量，且包衣的成分和含量数值分别与权利要求 1 中限定的包衣的成分和含量端点值相同，但并没有公开在该单一剂型片核为任意含量时的包衣成分和含量均为权利要求 1 限定的包衣成分和含量。例如，在 200mg 片核中伊波膦酸盐含量分别为 10.0、20.0、50.0 mg 时，包衣膜总量为 5.48mg，其中甲基羟基丙基纤维素为 0.80mg，二氧化钛为 0.80 mg、聚乙二醇为 0.40mg、滑石为 2.00mg（参见本申请说明书第 6 页记载的实施例 3）；在 74 mg 片核中伊波膦酸盐含量分别为 20 mg 时，包衣膜总量为 6.000mg，其中邻苯二甲酸甲基羟基丙基纤维素为 4.580mg、三乙酸甘油酯为 1.374mg、多山梨醇为 0.046mg（参见本申请说明书第 6~7 页记载的实施例 4）。虽然这些实例中活性成分的含量在权利要求 1 限定的包衣含量范围内，但由于片核重量不同，这些实例中所限定的包衣成分和/或含量明显与权利要求 1 所限定的不同，因此，权利要求 1 的技术方案也不能根据原始说明书和权利要求书文字记载的内容直接地、毫无疑义地确定。综上所述，权利要求 1 的修改超出了原始说明书和权利要求书记载的范围，不符合专利法第 33 条的规定。权利要求 2~6 由于引用权利要求 1，也存在上述缺陷，因此也不符合专利法第 33 条的规定。

由于本申请修改后的权利要求书不符合专利法第 33 条的规定，本决定对本申请存在的其他缺陷不再进行评述。

根据以上事实和理由，本案合议组作出如下审查决定。

三、决定

维持国家知识产权局于 2005 年 3 月 18 日对 97195629.4 号发明专利申请作出的驳回决定。

复审请求人对本决定不服的，可以根据专利法第 41 条第 2 款的规定，自收到本决定之日起三个月内向北京市第一中级人民法院起诉。

高度纯化的细胞因子激活因子和使用方法

复审请求审查决定（第 12392 号）

决 定 号	第 12392 号
决 定 日	2007 年 12 月 21 日
发明创造名称	高度纯化的细胞因子激活因子和使用方法
国际分类号	C07K 14/46，C07K 14/465，C07K 14/47，C07K 14/475，C07K 16/18，C07K 16/22，C12N 5/10，C12N 15/12，C12N 15/63，C12N 15/64，C12N 15/83，A61K 38/17，A61K 38/18，A61K 9/127，A61K 9/48，A61K 9/50
复审请求人	DCV 公司
申 请 号	00813327.1
优 先 权 日	1999 年 7 月 23 日，2000 年 4 月 14 日
申 请 日	2000 年 7 月 19 日
公 开 日	2002 年 10 月 23 日
合议组组长	郭 婷
主 审 员	刘文霞
参 审 员	魏春宝

法 律 依 据 专利法第 26 条第 3 款

决 定 要 点

说明书中给出了具体的技术方案，但未给出实验证据，而该方案又必须依赖实验结果加以证实才能成立的情况，由于缺乏解决技术问题的技术手段而被认为无法实现。

一、案由

本复审请求涉及名称为"高度纯化的细胞因子激活因子和使用方法"的第 00813327.1 号发明专利申请（下称本申请），其申请人为 DCV 公司，申请日为 2000 年 7 月 19 日，优先权日为 1999 年 7 月 23 日和 2000 年 4 月 14 日，公开日为 2002 年 10 月 23 日。

2004 年 11 月 5 日，在进入中国国家阶段时提交的国际申请文件中文译文说明书第 1~50 页、附图第 1~15、17~20 页、摘要，2004 年 8 月 12 日提交的权利要求 1~41、附图第 16 页的基础上，国家知识产权局以本申请说明书不符合专利法第 26 条第 3 款的规定为由驳回了本申请，驳回决定所针对权利要求书中的独立权利要求为：

"1. 一种包含下列氨基酸序列之一的分离蛋白：

a. SEQ ID NO：1 和 SEQ ID NO：6 之一的氨基酸序列；和

b. 含有（a）的一个氨基酸序列的9个连续氨基酸残基的氨基酸序列；

其中此分离蛋白上调肿瘤坏死因子α（TNFα）、白介素-1β（IL-1β）或白介素-6（IL-6）的表达，或下调转化生长因子β（TGFβ）的表达。

20. 与权利要求1的分离蛋白选择性结合的分离抗体。

21. 含有下列氨基酸序列之一的分离蛋白：

a. SEQ ID NO：1和SEQ ID NO：6之一的氨基酸序列；和

b. 至少65%等同于（a）的氨基酸序列中至少15个氨基酸的氨基酸序列的氨基酸序列。

其中此分离蛋白上调肿瘤坏死因子α（TNFα）、白介素-1β（IL-1β）或白介素-6（IL-6）的表达，或下调转化生长因子β（TGFβ）的表达。

22. 包含可药用载体和细胞因子激活因子（CAF）蛋白的组合物，所述蛋白包含下列之一的氨基酸序列：

a. SEQ ID NO：1和SEQ ID NO：6之一的氨基酸序列；和

b. 包含（a）的一个氨基酸序列至少9个连续氨基酸残基的氨基酸序列；

其中此CAF蛋白上调肿瘤坏死因子α（TNFα）、白介素-1β（IL-1β）或白介素-6（IL-6）的表达，或下调转化生长因子β（TGFβ）的表达。

29. 一种调节动物免疫应答的方法，包括给予此动物包含含有下列之一的氨基酸序列的细胞因子激活因子（CAF）蛋白的组合物：

a. SEQ ID NO：1和SEQ ID NO：6之一的氨基酸序列；和

b. 包含（a）的一个氨基酸序列至少9个连续氨基酸残基的氨基酸序列；

其中此CAF蛋白上调肿瘤坏死因子α（TNFα）、白介素-1β（IL-1β）或白介素-6（IL-6）的表达，或下调转化生长因子β（TGFβ）的表达。

37. 包含下列核酸序列之一的分离核酸分子：

a. 编码含有下列氨基酸序列之一的蛋白的核酸序列：

i. SEQ ID NO：1和SEQ ID NO：6之一的氨基酸序列；和

ii. 包含（i）的一个氨基酸序列至少9个连续氨基酸残基的氨基酸序列；

其中此蛋白上调肿瘤坏死因子α（TNFα）、白介素-1β（IL-1β）或白介素-6（IL-6）的表达，或下调转化生长因子β（TGFβ）的表达。

b. 与（a）的核酸序列完全互补的核酸序列。

39. 包含权利要求37所阐明的分离核酸分子的重组核酸分子。

40. 包含权利要求37所阐明的分离核酸分子的重组细胞，其中该细胞表达该核酸分子。

41. 含权利要求37所阐明的分离核酸分子的重组病毒。"

驳回决定认为：（1）虽然本领域的技术人员可以合成不含第54和63位的氨基酸残基或这两个位置的氨基酸残基为任意氨基酸残基的多肽序列，但是在说明书公开的内容中，并没有提供实验证据来证明含有如此得到的序列的分离蛋白也能上调肿瘤坏死因子α（TNFα）、白介素-1β（IL-1β）或白介素-6（IL-6）的表达，或下调转化因子β（TGFβ）的表达。（2）本领域技术人员公知的是多肽片段中每个位点上的氨基酸都可能影响整个多肽的功能，尤其是该多肽的氨基酸序列相对来说并不是很长，作为一个整个调控因子中的关键序列，每个氨基酸残基都可能起着重要的作用。如果用申请人所说的方法确定上述两个位置的氨基酸或者确定这些蛋白的功能，那么本领域的技术人员就需要付出大量的创造性的劳动才能实现本发明的技术方案。因此，本申请说明书不符合专利法第26条第3款的规定。

申请人DCV公司（下称请求人）对上述驳回决定不服，于2005年2月21日向专利复审委员会提出复审请求，同时提交了权利要求第14~41项（权利要求书第2~4页）的替换页。其中对独立权利要求22、29和37以及从属权利要求30~36作了修改，修改后的独立权利要求22、29和37如下：

"22. 包含可药用载体和细胞因子激活因子（CAF）蛋白的组合物，所述蛋白包含下列之一的氨基酸序列：

（a）SEQ ID NO：1和SEQ ID NO：6之一的氨基酸序列；和

（b）所述氨基酸序列（a）的生物活性片段；

其中此CAF蛋白上调肿瘤坏死因子α（TNFα）、白介素-1β（IL-1β）或白介素-6（IL-6）的表达，或下调转化生长因子β（TGFβ）的表达。

29. 包含下列之一的氨基酸序列的细胞因子激活因子（CAF）蛋白的组合物在制备用于调节动物免疫应答的药物中的用途：

（a）SEQ ID NO：1和SEQ ID NO：6之一的氨基酸序列；和

（b）所述氨基酸序列（a）的生物活性片段；

其中此CAF蛋白上调肿瘤坏死因子α（TNFα）、白介素-1β（IL-1β）或白介素-6（IL-6）的表达，或下调转化生长因子β（TGFβ）的表达。

37. 包含下列核酸序列之一的分离核酸分子：

（a）编码含有下列氨基酸序列之一的蛋白的核酸序列：

（i）SEQ ID NO：1和SEQ ID NO：6之一的氨基酸序列；和

（ii）所述氨基酸序列（i）的生物活性片段；

其中此蛋白上调肿瘤坏死因子α（TNFα）、白介素-1β（IL-1β）或白介素-6（IL-6）的表达，或下调转化生长因子β（TGFβ）的表达。

（b）与（a）的核酸序列完全互补的核酸序列。"

请求人提出的复审理由为：确定54和63位的两个沉默残基身份的方法完全是本领域技术人员公知的。理解分子生物学的技术人员了解，提供70个氨基酸中的68个，已经足够教导技术人员如何制备该序列。这是标准程序，本领域中已经有这种分子生物学技术的充分教导。申请人在说明书中已经提供了该方法（见第45页最后一段）。因此，国家知识产权局驳回的理由不成立。

形式审查合格后，专利复审委员会受理了该复审请求，并于2005年3月25日向请求人发出《复审请求受理通知书》，随后将本申请移交原审查部门进行前置审查。

原审查部门对本复审请求进行了前置审查，认为对于SEQ ID NO：6序列中第54和63位所谓的"沉默残基"仍然没有给出明确的定义，这两个位置的化学结构仍是不清楚的；如何去确定两个"沉默残基"的结构组成，申请人没有提供一个详细可行的"本领域技术人员公知的技术"；根据目前的SEQ ID NO：6序列，本领域技术人员无法利用标准的程序去直接合成多肽，或推测出编码其的核酸序列后利用分子生物学技术表达并获得具有上述序列的多肽，因此说明书仍不符合专利法第26条第3款的规定，坚持原驳回决定。

2006年4月20日，复审请求人提交了权利要求1~13（权利要求书第1页）的替换页，其中仅对独立权利要求1作了修改，修改后的权利要求1为：

"1. 一种包含下列氨基酸序列之一的分离蛋白：

（a）SEQ ID NO：1和SEQ ID NO：6之一的氨基酸序列；和

（b）所述氨基酸序列（a）的生物活性片段；

其中此分离蛋白上调肿瘤坏死因子α（TNFα）、白介素-1β（IL-1β）或白介素-6（IL-6）的表达，或下调转化生长因子β（TGFβ）的表达。"

专利复审委员会组成合议组，对复审请求本案进行了审理，于2007年7月6日向请求人发出《复审通知书》。《复审通知书》指出：对于本申请权利要求中涉及的包含SEQ ID NO：1、SEQ ID NO：6的技术方案，在说明书中未给出实验证据，而上述方案又必须依赖实验结果加以证实才能成立，因此，说明书未作出清楚、完整的说明，使得所属技术领域的技术人员无法实现本发明，具体理由如下：（1）对于SEQ ID NO：6，其第54位和第63位残基为"沉默残基"，意味着这其中包括了众多可能的序列，但是说明书中记载的内容并不能证明这些多肽序列都能具有CAF蛋白功能。尽管说明书实施例2中给出了使用高度纯化的CAFb部分的生理活性试验且试验显示具有所述的生理活性，但是，本领域技术人员不能据此判断第54位和第63位残基为何种氨基酸的SEQ ID NO：6多肽序列显示活性，该试验也不能证明第54位和第63位残基为任意氨基酸的SEQ ID NO：6都具有所述活性。（2）对于SEQ ID NO：1，其是在测序过程中确定的SEQ ID NO：6 N端前30个氨基酸残基的信息。但是说明书中并没有实际分离得到所述多肽，更未记载使用SEQ ID NO：1的生理活性试验。而本申请实施例2的活性试验也并非显示或证实是SEQ ID NO：6 N端的30个氨基酸残基片段（即SEQ ID NO：1）发挥本发明所述活性。因此，本申请说明书不符合专利法第26条第3款的规定。

针对《复审通知书》指出的问题，请求人于2007年10月19日提交了意见陈述书，未提交申请文件修改文本。同时提交了下列附件1～2：

附件1：《英汉生物学词汇》，科学出版社名词室编，科学出版社，1997年9月第2版第5次印刷，封面、出版信息页、前言页及第1350、1351页，复印件共3页；

附件2：《英汉遗传学词典》，乔治·雷代伊编著，上海科学技术出版社，2004年8月第1版，封面、出版信息页及第600页，复印件共3页。

复审请求人认为：

（1）"沉默残基"实际上代表的是不影响蛋白质功能的残基，对此提供了两份证据，附件1中将"沉默位点"解释为"突变后不影响基因产物的位点"；附件2将"沉默位点"解释为"DNA碱基序列中不造成功能后果的突变位点"。类似地，本发明中的沉默残基不会影响蛋白质的功能。因此，虽然没有明确指出54和63位的氨基酸，但由于它们是沉默残基，不会影响蛋白质的功能，根据说明书的教导，本领域技术人员可以判断SEQ ID NO：6显示说明书中所述的活性。（2）关于SEQ ID NO：1的权利要求是涉及包含SEQ ID NO：1的分离的蛋白质。权利要求没有指出SEQ ID NO：1编码分离的蛋白质。权利要求仅仅阐述所述30个氨基酸的序列存在于要求保护的蛋白质中。因此，权利要求是要求保护一种包含SEQ ID NO：1的30个氨基酸的序列。权利要求中并没有如审查员所述那样指出SEQ ID NO：1是以单独个体独立存在。因此，本申请说明书符合专利法第26条第3款的规定。

至此，合议组认为本案事实清楚，可以作出审查决定。

二、决定的理由

1. 决定所依据的文本

本复审请求审查决定所依据的文本为请求人于2002年3月25日本申请进入中国国家阶段时提交的国际申请文件的中文译文说明书第1～50页，说明书附图第1～15、17～20页，说明书摘要，2004年8月12日提交的说明书附图第16页，2005年2月21日提交的权利要求第14～41项，以及2006年4月20日提交的权利要求1～13。

2. 关于专利法第26条第3款

专利法第26条第3款规定：说明书应当对发明或者实用新型作出清楚、完整的说明，以所属技术领域的技术人员能够实现为准。

根据该款规定，说明书对发明作出的清楚、完整的说明，应当达到所属技术领域的技术人员能够实现的程度。也就是说，说明书应当满足充分公开发明的要求。所属技术领域的技术人员能够实现，是指所属技术领域的技术人员按照说明书记载的内容，就能够实现该发明或者实用新型的技术方案，解决其技术问题，并且产生预期的技术效果。如果说明书中给出了具体的技术方案，但未给出实验证据，而该方案又必须依赖实验结果加以证实才能成立，那么该方案被认为由于缺乏解决技术问题的技术手段而无法实现。

就本案而言，独立权利要求1请求保护包含SEQ ID NO：1、SEQ ID NO：6或其生物活性片段的分离蛋白；权利要求20涉及与权利要求1的分离蛋白选择性结合的分离抗体；权利要求21涉及含有SEQ ID NO：1、SEQ ID NO：6或至少65％等同于SEQ ID NO：1或SEQ IDNO：6中至少15个氨基酸的氨基酸序列的氨基酸序列的分离蛋白；权利要求22涉及包含可药用载体和细胞因子激活因子（CAF）蛋白的组合物，所述蛋白包含SEQ ID NO：1、SEQ IDNO：6或其生物活性片段；权利要求29涉及包含细胞因子激活因子（CAF）蛋白的组合物在制备用于调节动物免疫应答的药物中的用途，所述组合物包含SEQ ID NO：1、SEQ ID NO：6或其生物活性片段的分离蛋白；权利要求37涉及包含核酸序列的分离核酸分子，包括编码包含SEQ ID NO：1、SEQ ID NO：6或其生物活性片段的蛋白；权利要求39涉及包含权利要求37所阐明的分离核酸分子的重组核酸分子；权利要求40涉及包含权利要求37所阐明的分离核酸分子的重组细胞，其中该细胞表达该核酸分子；权利要求41涉及含权利要求37所阐明的分离核酸分子的重组病毒。

上述所有请求保护的技术方案均涉及SEQ ID NO：1和SEQ ID NO：6。

（1）对于SEQ ID NO：6，在本申请说明书中给出的该氨基酸序列中第54位和第63位残基为"沉默残基"（参见说明书第45~48页），但是说明书中未提供任何实验证据证明这两个残基是"沉默"的，不会影响蛋白质的功能，即未证明第54位和第63位残基为任意氨基酸残基或缺失时SEQ ID NO：6均具有所述活性。虽然本领域技术人员根据常规技术可以合成得到第54位和第63位残基为任意氨基酸残基或缺失的多肽序列，但是本领域技术人员都知晓：多肽片段中每个位点上的氨基酸都可能影响整个多肽的功能，特别是当多肽的氨基酸序列相对来说并不是很长的情况下，作为一个整个调控因子中的关键序列，每个氨基酸残基都可能起着重要的作用，因此仅凭本申请说明书中记载的内容，在没有通过实验确认这两个氨基酸残基是"沉默残基"的情况下，本领域技术人员并不能确信第54和63位残基为任意氨基酸残基或缺失时的SEQ ID NO：6都具有所述CAF蛋白功能，都能上调肿瘤坏死因子α（TNFα）、白介素-1β（IL-1β）或白介素-6（IL-6）的表达，或下调转化生长因子β（TGFβ）的表达，并能调节动物免疫应答。尽管说明书实施例2中的生理活性试验结果表明高度纯化的CAFb部分（即SEQ ID NO：6）显示所述的活性，但是，该实验仍未证明SEQ ID NO：6中第54位和第63位氨基酸残基确实是"沉默"的，不发挥作用，不影响蛋白的功能，因此，该实施例不足以成为证明本申请说明书已充分公开。

（2）对于SEQ ID NO：1，根据说明书中记载，其仅是在测序过程中确定的SEQ ID NO：6 N端前30个氨基酸残基的信息。尽管该30个氨基酸残基的种类和排列顺序都是明确的，但是说明书中并没有实际分离得到所述以单独个体独立存在的多肽，更未记载SEQ ID NO：1的生理活性试验。本申请实施例2的活性试验也并未显示或证实是SEQ ID NO：6 N端的30个氨基酸残基片段（即SEQ ID NO：1）发挥本发明所述活性。因此，说明书中没有任何实验证据能够证明SEQ ID NO：1是一个单独存在的多肽个体，也没能证明其具有上调肿瘤坏死因子α（TNFα）、白介素-1β（IL-1β）或白介素-6（IL-6）的表达，或下调转化生长因子β（TGFβ）的表达之功能，而且本领域技术人员无法根据现有技术推知该序列具有所述的生理活性。

综上所述，本领域技术人员根据现有技术既无法预测 SEQ ID NO：1 具有所述活性，也无法预测第 54 位和第 63 位残基为任意氨基酸残基或缺失时的 SEQ ID NO：6 具有所述活性。涉及 SEQ ID NO：1、SEQ ID NO：6 的技术方案必须依赖实验结果加以证实才能成立，而说明书中缺乏相应的实验证据。因此，所有涉及 SEQ ID NO：1 或 SEQ ID NO：6 的技术方案都被认为由于缺乏解决技术问题的技术手段而无法实现。由此可见，本申请说明书未对权利要求请求保护的技术方案作出清楚、完整的说明，不符合专利法第 26 条第 3 款的规定。

对于复审请求人在本案审查过程中提出的意见陈述及附件，合议组认为：

（1）对于 SEQ ID NO：6，首先，附件 2 的公开日期（2004 年 8 月）在本申请的申请日之后，不能作为本申请的现有技术使用。其次，从请求人的意见陈述可知，提交附件 1、2 的目的是用于解释"沉默残基"的含义，然而，如前所述，关键在于本申请说明书中并未提供实验证明第 54 和 63 位的这两个残基确实是"沉默残基"，不影响蛋白质的活性，对此，本领域技术人员根据现有技术也无法预测，因此，附件 1、2 也不能证明 SEQ ID NO：6 在本申请说明书中已经充分公开。（2）对于 SEQ ID NO：1，请求人以权利要求中未指出 SEQ ID NO：1 以单独个体存在，质疑包含 SEQ ID NO：1 的蛋白质公开不充分的结论的陈述不具有说服力。在本申请中，只有 SEQ ID NO：1 作为单独个体存在并显示活性才能说明 SEQ ID NO：1 具有所述活性，只有 SEQ ID NO：1 具有活性，包含 SEQ ID NO：1 的蛋白质才可能具有所述活性，SEQ ID NO：1 的充分公开是包含其的蛋白质充分公开的前提。

综上所述，合议组认为请求人的意见陈述及其提供的附件不足以证明其请求保护的技术方案在本申请说明书中已经充分公开。

根据以上事实和理由，本案合议组作出如下审查决定。

三、决定

维持国家知识产权局于 2004 年 11 月 5 日对 00813327.1 号发明专利申请作出的驳回决定。

复审请求人对本决定不服的，可以根据专利法第 41 条第 2 款的规定，自收到本决定之日起三个月内向北京市第一中级人民法院起诉。

114

植物中基因表达的 dsRNA 介导的调节

复审请求审查决定（第 12395 号）

决 定 号	第 12395 号
决 定 日	2007 年 12 月 21 日
发明创造名称	植物中基因表达的 dsRNA 介导的调节
国际分类号	C12N 15/63，C12N 15/82，A01H 5/00
复审请求人	辛根塔参与股份公司
申 请 号	99807888.3
优 先 权 日	1998 年 5 月 26 日
申 请 日	1999 年 5 月 25 日
公 开 日	2001 年 8 月 8 日
合议组组长	周英姿
主 审 员	唐 莉
参 审 员	许 磊
法 律 依 据	专利法第 22 条第 3 款

决 定 要 点

判断发明是否具备创造性时，应将要求保护的发明与最接近的现有技术相比，确定发明的区别特征和实际解决的技术问题，如果现有技术整体上给出将该区别特征应用于最接近的现有技术以解决发明实际解决的技术问题的启示，这种启示会使本领域的技术人员在面对所述技术问题时，有动机改进该最接近的现有技术并获得要求保护的发明，并且发明也未取得预料不到的效果，则发明不具备突出的实质性特点和显著的进步，即该发明不具备创造性。

一、案由

本复审请求涉及申请日为 1999 年 5 月 25 日、公开日为 2001 年 8 月 8 日、名称为"植物中基因表达的 dsRNA 介导的调节"的第 99807888.3 号发明专利申请（下称本申请），本申请的优先权日为 1998 年 5 月 26 日。本申请的申请人于 2002 年 10 月 25 日由诺瓦提斯公司变更为辛根塔参与股份公司。

针对请求人于 2003 年 11 月 20 日提交的权利要求 1~28，进入中国国家阶段时提交的国际申请文件中文译文的说明书第 1~44 页和说明书摘要，国家知识产权局于 2005 年 4 月 29 日驳回了本申请，驳回理由是权利要求 1~28 不符合专利法第 22 条第 3 款有关创造性的规定。

驳回决定所针对的权利要求书为：

"1. 一种改变植物细胞中靶基因表达的方法，包括向植物细胞中引入能在该细胞中表达靶基因的有义 RNA 片段的第一种 DNA 序列，和能在该细胞中表达靶基因的反义 RNA 片段的第二种 DNA 序列，其中有义 RNA 片段和反义 RNA 片段能形成双链 RNA 分子。

2. 权利要求 1 的方法，其中所述靶基因是所述植物细胞的一种必须基因。

3. 权利要求 1 的方法，其中所述靶基因是稳定整合于所述植物细胞基因组中的异源基因。

4. 权利要求 3 的方法，其中所述异源基因作为染色体外分子存在于所述植物细胞中。

5. 权利要求 1 的方法，其中所述第一种 DNA 序列和第二种 DNA 序列稳定地整合于所述植物细胞的基因组中。

6. 权利要求 1 的方法，其中所述第一种 DNA 序列和第二种 DNA 序列包含于两种不同的 DNA 分子中。

7. 权利要求 6 的方法，其中所述 DNA 分子另外含有与第一种 DNA 序列有效连接的第一种启动子和与第二种 DNA 序列有效连接的第二种启动子。

8. 权利要求 1 的方法，其中所述第一种 DNA 序列和第二种 DNA 序列包含于一种 DNA 分子中。

9. 权利要求 8 的方法，其中所述第一种 DNA 序列和第二种 DNA 序列包含于所述 DNA 分子的同一 DNA 链中。

10. 权利要求 9 的方法，其中所述有义 RNA 片段和反义 RNA 片段表达为一种 RNA 分子。

11. 权利要求 10 的方法，其中所述 RNA 分子能够折叠，使得其中所含的 RNA 片段形成双链区。

12. 权利要求 10 的方法，其中所述 DNA 分子另外含有与第一种或第二种 DNA 序列有效连接的启动子。

13. 权利要求 12 的方法，其中所述启动子是天然靶基因的天然启动子、异源启动子、组成型启动子、诱导型启动子、组织特异启动子或发育调节启动子。

14. 权利要求 8 的方法，其中所述 DNA 分子另外在编码有义 RNA 片段和反义 RNA 片段的 DNA 序列之间含有一个接头。

15. 权利要求 14 的方法，其中所述接头包含一种包含功能基因如选择性标记基因的表达盒。

16. 权利要求 14 的方法，其中所述接头包含调节序列如内含子加工信号。

17. 权利要求 9 的方法，其中所述有义 RNA 片段和反义 RNA 片段表达为两种 RNA 分子。

18. 权利要求 17 的方法，其中所述第一种 DNA 序列与第一种启动子有效连接，而第二种 DNA 序列与第二种启动子有效连接。

19. 权利要求 17 的方法，其中所述第一种 DNA 序列和第二种 DNA 序列与一种双向启动子有效连接。

20. 权利要求 8 的方法，其中所述第一种 DNA 序列和第二种 DNA 序列包含于所述 DNA 分子的互补链中。

21. 权利要求 20 的方法，其中在所述 DNA 分子中第一种 DNA 序列是第二种 DNA 序列的互补 DNA 链。

22. 权利要求 20 的方法，其中所述 DNA 分子另外含有与第一种 DNA 序列有效连接的第一种启动子。

23. 权利要求 22 的方法，其中所述 DNA 分子另外在第一个启动子和第一种 DNA 序列之间含有第一个位点特异性重组位点，在第一种 DNA 序列 3' 末端含有第二个位点特异性重组位点，其中第一个和第二个位点特异性重组位点在位点特异性重组酶的存在下能翻转位于第一个和第二个位点特异性重组位点之间的第一种 DNA 序列。

24. 权利要求23的方法，其中由于这种翻转第一种启动子能表达第二种DNA序列。

25. 权利要求23的方法，其中所述植物细胞另外含有一种能识别位点特异性重组位点的位点特异性重组酶。

26. 权利要求22的方法，其中所述DNA分子另外含有与第二种DNA序列有效连接的第二种启动子。

27. 一种植物细胞，其含有能表达靶基因的有义RNA片段的第一种DNA序列，和能表达靶基因的反义RNA片段的第二种DNA序列，其中有义RNA片段和反义RNA片段能形成双链RNA分子，并且当该DNA序列表达时，植物细胞中靶基因的表达改变。

28. 一种植物细胞，其获得方法是向植物细胞中引入能在该细胞中表达靶基因的有义RNA片段的第一种DNA序列，和能在该细胞中表达靶基因的反义RNA片段的第二种DNA序列，其中有义RNA片段和反义RNA片段能形成双链RNA分子。"

驳回决定中指出：（1）权利要求1请求保护改变植物细胞中靶基因表达的方法，其本质是向植物中导入编码了有义RNA和反义RNA的两种DNA序列，对比文件1（"Potent and specific genetic interference by double-stranded RNA in Caenorhabditis elegans"，Andrew Fire等，Nature，第391卷，第806~811页，1998年2月19日）公开了将靶基因unc-22的单链有义-反义RNA混合物（dsRNA）注射到线虫中时只需低量即可对靶基因产生明显的干扰作用，且其主要以双链形式存在。对比文件1公开的技术方案与权利要求1的技术方案之间的区别在于，权利要求1限定为通过导入编码有义RNA和反义RNA的两种DNA序列于植物中来达到调节基因表达的目的。但对比文件1提示dsRNA在植物中可能有同样的作用，对比文件2（EP0458367A1，公开日为1991年11月27日）公开了用含有aroA基因的有义和反义片段的质粒通过农杆菌感染法导入植物中，结果靶基因表达量是对照载体pPMG54的10%~20%，对比文件2实际上利用了权利要求1的技术方案，即同时导入编码了有义RNA和反义RNA的两种DNA序列于植物中，因此将对比文件1的教导结合对比文件2的技术方案，本领域技术人员能够容易得出权利要求1的技术方案。虽然申请人认为对比文件1中泛泛涉及需要进一步研究，并没有任何对成功的预期，但生物中有许多规律是相同的，例如密码子规则，因而在本案中有理由相信dsRNA在线虫中成功地调节基因的表达，也完全有可能在其他生物中适用。（2）从属权利要求5、8~12的附加技术特征已在对比文件2中公开，因此权利要求5、8~12也不具备创造性。（3）权利要求2~4、6、7、13~26的附加技术特征是本领域的常规技术，因此，这些权利要求也不具备创造性。（4）权利要求27、28请求保护的植物细胞依赖于所采用的方法，所述方法不具备创造性，因此权利要求27、28也没有创造性。因此，权利要求1~28不符合专利法第22条第3款的规定。

申请人辛根塔参与股份公司（下称请求人）对上述驳回决定不服，于2005年8月15日向专利复审委员会提出复审请求，同时提交了修改的权利要求书全文替换页（共11项权利要求）以及下述附件：

附件1：第6509号复审请求审查决定，复印件共9页。

修改后的权利要求书如下：

"1. 一种改变植物细胞中靶基因表达的方法，包括向植物细胞中引入该靶基因的有义RNA片段和该靶基因的反义RNA片段，其中所述有义RNA片段和所述反义RNA片段能形成双链RNA分子。

2. 权利要求1的方法，其中所述RNA片段包含于两种不同的RNA分子中。

3. 权利要求1的方法，其中所述RNA片段包含于一种RNA分子中。

4. 权利要求3的方法，其中所述RNA分子能够折叠，使得其中所含的RNA片段形成双链区。

5. 一种改变植物细胞中靶基因表达的方法，包括向植物细胞中引入能在该细胞中表达所述靶基因的有义 RNA 片段的第一 DNA 序列，和能在该细胞中表达所述靶基因的反义 RNA 片段的第二 DNA 序列，其中（i）所述第一 DNA 序列和所述第二 DNA 序列包含于两种不同的 DNA 分子中；（ii）所述第一 DNA 序列和所述第二 DNA 序列稳定地整合于所述植物细胞的基因组中；和（iii）所述有义 RNA 片段和所述反义 RNA 片段能形成双链 RNA 分子。

6. 权利要求 5 的方法，其中所述靶基因是所述植物细胞的必需基因。

7. 权利要求 5 的方法，其中所述靶基因是稳定整合于所述植物细胞基因组中的异源基因。

8. 权利要求 7 的方法，其中所述异源基因作为染色体外分子存在于所述植物细胞中。

9. 权利要求 5 的方法，其中所述 DNA 分子另外含有与第一 DNA 序列有效连接的第一启动子和与第二 DNA 序列有效连接的第二启动子。

10. 一种植物细胞，其含有能在所述细胞中表达靶基因的有义 RNA 片段的第一 DNA 序列和能在所述细胞中表达所述靶基因的反义 RNA 片段的第二 DNA 序列，其中（i）所述第一 DNA 序列和所述第二 DNA 序列包含于两种不同的 DNA 分子中；（ii）所述第一 DNA 序列和所述第二 DNA 序列稳定地整合于所述植物细胞的基因组中；和（iii）当所述 DNA 序列被表达时，所述有义 RNA 片段和所述反义 RNA 片段能形成双链 RNA 分子，并且所述植物细胞中所述靶基因的表达发生改变。

11. 一种植物细胞，其获得方法是向植物细胞中引入能在该细胞中表达靶基因的有义 RNA 片段的第一 DNA 序列和能在该细胞中表达所述靶基因的反义 RNA 片段的第二 DNA 序列，其中，（i）所述第一 DNA 序列和所述第二 DNA 序列包含于两种不同的 DNA 分子中；（ii）所述第一 DNA 序列和所述第二 DNA 序列稳定地整合于所述植物细胞的基因组中；和（iii）所述有义 RNA 片段和所述反义 RNA 片段能形成双链 RNA 分子。"

请求人指出，修改后的权利要求 1~4、5、6~8、9、10、11 分别对应于 PCT 国际阶段原始提交的权利要求 1~4、9 和 10、6~8、11、31、34。请求人认为：（1）对比文件 1 仅仅涉及应用双链 RNA 在线虫中操作靶基因表达，并没有任何证据证实 dsRNA 法在植物中是技术上可行的。基于现有技术，本发明权利要求 1 的技术问题在于提供植物中操纵基因表达的方法，生物学领域属于试验性科学，其发明效果往往是难以预测的，需要实验证据加以证实（参见附件 1），尽管对比文件 1 中给出 dsRNA 技术在线虫中应用的教导，但是考虑到线虫和植物的巨大差别，对比文件 1 中在线虫中的成功不足以使本领域技术人员合理预期该技术在植物中的应用是否能成功，仍需要具体的试验数据予以证实。（2）尽管大多数生物使用相同的密码子，但不同的生物存在对不同密码子的偏倚性，对比文件 2 说明书第 2 页第 1 段也指出，已被证明对于外源 DNA 在单细胞微生物或哺乳动物细胞中的稳定转化有效的技术，却未能在植物细胞中发现有用的类似技术，因此认为线虫和植物中存在巨大差异。（3）在解决本发明的技术问题的时候，本领域技术人员不可能在对比文件 2 中寻求解决方案，对比文件 2 教导的是通过反义方法来操纵基因表达，其从未教导过双链 RNA 也未提及过将任何形式的 RNA 直接引入细胞中，对比文件 2 中质粒 pCGN978 包含 aroA 基因的有义和反义片段，对照质粒 pPMG54 中包含了有义的 aroA 基因，因此对比文件 2 中这种实验设计的目的是确定导入反义 aroA 基因的作用，对照质粒中含有有义 aroA 基因，反映正常导入外源基因时 aroA 蛋白表达情况，而质粒 pCGN978 反映了在正常导入外源基因外再导入反义 aroA 基因的效果，其中的反义 aroA 片段对有义 aroA 片段的表达造成了显著的抑制作用，因此对比文件 2 仅仅涉及单纯反义 RNA 的抑制作用。因此权利要求 1 及其从属权利要求 2~4 有创造性。（4）对比文件 1 仅涉及直接将 RNA 引入线虫中，对比文件 2 涉及反义技术，未公开这样的方法，权利要求 5 及其从属权利要求 6~9 有创造性。（5）权利要求 10 和 11 包含与权利要求 5 相同或相似的技术方案，其也具有创造性。

形式审查合格后,专利复审委员会受理了该复审请求,并于 2005 年 9 月 6 日向请求人发出《复审请求受理通知书》,随后将本申请案卷移交原审查部门进行前置审查。

原审查部门对本复审请求进行了前置审查,认为修改后的权利要求均包括在第一次审查意见通知书所针对的审查文本中,而且也在驳回决定中进行过实质上的评述,其中对比文件 1 明确提到所述 dsRNA 方法不仅在线虫中可以调节基因的表达,也可能在植物中有同样的作用,而对比文件 2 恰恰构建了含有编码 aroA 基因的有义和反义片段的 DNA 序列的质粒,并通过农杆菌感染法导入植物,达到抑制基因表达的目的,因此,权利要求 1~11 仍然不符合专利法第 22 条第 3 款的规定。申请人的复审意见陈述也仍然没有克服本申请不具备创造性的缺陷,因此坚持原驳回决定。

专利复审委员会组成合议组,对本案的复审请求进行了审理。于 2007 年 3 月 6 日向请求人发出《复审通知书》。该《复审通知书》指出:请求人在提出复审请求时提交的新修改的权利要求书中的权利要求 1~4 未出现在驳回决定针对的权利要求书中,是新增加的,而且相对于驳回决定所针对的权利要求而言扩大了保护范围,这种修改不是用于消除驳回决定所指出的缺陷,请求人在提出复审请求时提交的修改文本不符合专利法实施细则第 60 条第 1 款的规定。

针对《复审通知书》指出的问题,请求人于 2007 年 6 月 21 日提交了意见陈述书及经修改的权利要求书全文替换页(共 7 项权利要求),其中将原权利要求 1~4 删除,并对权利要求 1、6、7 所述分子结构进一步根据原始公开的权利要求 18~20 作了限定。

修改后的权利要求书如下:

"1. 一种改变植物细胞中靶基因表达的方法,包括向植物细胞中引入能在该细胞中表达所述靶基因的有义 RNA 片段的第一 DNA 序列,和能在该细胞中表达所述靶基因的反义 RNA 片段的第二 DNA 序列,其中(i)所述第一 DNA 序列和所述第二 DNA 序列包含于两种不同的 DNA 分子中;(ii)所述第一 DNA 序列和所述第二 DNA 序列稳定地整合于所述植物细胞的基因组中;和(iii)所述有义 RNA 片段和所述反义 RNA 片段能形成双链 RNA 分子,其中在含有内含子加工信号的有义和反义片段之间有一个接头。

2. 权利要求 1 的方法,其中所述靶基因是所述植物细胞的必需基因。

3. 权利要求 1 的方法,其中所述靶基因是稳定整合于所述植物细胞基因组中的异源基因。

4. 权利要求 3 的方法,其中所述异源基因作为染色体外分子存在于所述植物细胞中。

5. 权利要求 1 的方法,其中所述 DNA 分子另外含有与所述第一 DNA 序列有效连接的第一启动子和与所述第二 DNA 序列有效连接的第二启动子。

6. 一种植物细胞,其含有能在所述细胞中表达靶基因的有义 RNA 片段的第一 DNA 序列和能在所述细胞中表达所述靶基因的反义 RNA 片段的第二 DNA 序列,其中(i)所述第一 DNA 序列和所述第二 DNA 序列包含于两种不同的 DNA 分子中;(ii)所述第一 DNA 序列和所述第二 DNA 序列稳定地整合于所述植物细胞的基因组中;和(iii)当所述 DNA 序列被表达时,所述有义 RNA 片段和所述反义 RNA 片段能形成双链 RNA 分子,并且所述植物细胞中所述靶基因的表达发生改变,其中在含有内含子加工信号的有义和反义片段之间有一个接头。

7. 一种植物细胞,其获得方法是向植物细胞中引入能在该细胞中表达靶基因的有义 RNA 片段的第一 DNA 序列和能在该细胞中表达所述靶基因的反义 RNA 片段的第二 DNA 序列,其中,(i)所述第一 DNA 序列和所述第二 DNA 序列包含于两种不同的 DNA 分子中;(ii)所述第一 DNA 序列和所述第二 DNA 序列稳定地整合于所述植物细胞的基因组中;和(iii)所述有义 RNA 片段和所述反义 RNA 片段能形成双链 RNA 分子,其中在含有内含子加工信号的有义和反义片段之间有一个接头。"

请求人认为:(1)修改后的文本满足专利法实施细则第 60 条第 1 款和专利法第 33 条的规定;

(2) 关于创造性，修改后的权利要求请求保护的技术方案不能由对比文件1和/或2自然而然地获得，最相关现有技术的选择应当从植物领域中认可的结构性因素加以考虑，但相关的现有技术中并没有涉及或暗示本发明要求保护的呈双链形式的有义和反义RNA分子，而对比文件2仅仅是表达的反义调控，没有教导同时利用有义链和反义链形成双链RNA，用于RNA干扰，对比文件2中也没有描述或提示DNA能够被稳定地转化入植物基因组。

合议组于2007年8月29日向请求人发出《第二次复审通知书》。《第二次复审通知书》指出：(1) 修改后的权利要求1、6、7的技术方案中，有义片段和反义片段是由两种DNA分子表达的，并且在含有内含子加工信号的有义和反义片段之间有一个接头，而原始权利要求书和说明书中记载的技术方案中，是在一个DNA分子中表达有义片段、反义片段以及二者中间的接头，而且是在接头中包含调节序列如内含子加工序列，因此权利要求1、6、7超出原始权利要求书和说明书的记载范围，不符合专利法第33条的规定；(2) 即使请求人为了克服上述修改超范围的缺陷，将权利要求1、6、7中的"其中在含有内含子加工信号的有义和反义片段之间有一个接头"删除，权利要求1~7仍然不具备创造性。权利要求1请求保护的技术方案与对比文件1公开的技术方案相比区别在于：(a) 权利要求1要求保护的是改变植物细胞中靶基因表达的方法，而对比文件1公开的是改变线虫中靶基因表达的方法；(b) 权利要求1的技术方案中是通过将表达有义RNA的DNA序列与表达反义RNA的DNA序列包含于不同的DNA分子中，导入靶细胞，从而在植物细胞中产生有义RNA和反义RNA，并且所述DNA序列稳定地整合于所述植物细胞的基因组中，而对比文件1的技术方案中是直接向线虫中注射有义RNA和反义RNA。但对于区别特征(a)，对比文件1中给出了dsRNA引起的RNA干扰可在植物中抑制基因表达的启示（见对比文件1第810页左栏第3段第4~7行），本领域技术人员可以通过合乎逻辑的分析、推理和有限的试验或者采用dsRNA改变植物中靶细胞表达的技术方案；对于区别特征(b)，对比文件2公开了可以将表达靶基因的有义和反义RNA片段的DNA序列成功转入植物细胞中并表达RNA，虽然对比文件2中是用同一个DNA分子表达基因的有义和反义片段，但用两种不同DNA分子向植物细胞中引入不同的序列是一种常规技术，虽然对比文件2中没有表明引入的质粒稳定地整合于植物基因组中，但在本领域中通过转化技术将外源DNA序列引入植物细胞中并稳定整合于其基因组中并非难事，因此权利要求1相对于对比文件1和2的结合不具备突出的实质性特点和显著的进步，不符合专利法第22条第3款有关创造性的规定；权利要求2~5的附加技术特征均为本领域的常规技术，在权利要求1不具备创造性的基础上，权利要求2~5也不具备创造性；权利要求6、7的植物细胞是由权利要求1的方法获得的，当该方法不具备创造性时，权利要求6、7也不具备创造性，因此，权利要求2~7也不符合专利法第22条第3款的规定。

针对《第二次复审通知书》指出的问题，请求人于2007年10月15日提交了意见陈述书及经修改的权利要求书全文替换页（共7项权利要求）。修改后的权利要求书如下：

"1. 一种改变植物细胞中靶基因表达的方法，包括向植物细胞中引入能在该细胞中表达所述靶基因的有义RNA片段的第一DNA序列，和能在该细胞中表达所述靶基因的反义RNA片段的第二DNA序列，其中(i)所述第一DNA序列和所述第二DNA序列包含于一种DNA分子中；(ii)所述第一DNA序列和所述第二DNA序列稳定地整合于所述植物细胞的基因组中；和(iii)所述有义RNA片段和所述反义RNA片段能形成双链RNA分子，其中在所述第一DNA序列和第二DNA序列之间有含有内含子加工信号的接头。

2. 权利要求1的方法，其中所述靶基因是所述植物细胞的必需基因。

3. 权利要求1的方法，其中所述靶基因是稳定整合于所述植物细胞基因组中的异源基因。

4. 权利要求3的方法，其中所述异源基因作为染色体外分子存在于所述植物细胞中。

5. 权利要求1的方法，其中所述DNA分子另外含有与所述第一DNA序列有效连接的第一启动子和与所述第二DNA序列有效连接的第二启动子。

6. 一种植物细胞，其含有能在所述细胞中表达靶基因的有义RNA片段的第一DNA序列和能在所述细胞中表达所述靶基因的反义RNA片段的第二DNA序列，其中（i）所述第一DNA序列和所述第二DNA序列包含于一种DNA分子中；（ii）所述第一DNA序列和所述第二DNA序列稳定地整合于所述植物细胞的基因组中；和（iii）当所述DNA序列被表达时，所述有义RNA片段和所述反义RNA片段能形成双链RNA分子，并且所述植物细胞中所述靶基因的表达发生改变，其中在所述第一DNA序列和第二DNA序列之间有含有内含子加工信号的接头。

7. 一种植物细胞，其获得方法是向植物细胞中引入能在该细胞中表达靶基因的有义RNA片段的第一DNA序列和能在该细胞中表达所述靶基因的反义RNA片段的第二DNA序列，其中，（i）所述第一DNA序列和所述第二DNA序列包含一种DNA分子中；（ii）所述第一DNA序列和所述第二DNA序列稳定地整合于所述植物细胞的基因组中；和（iii）所述有义RNA片段和所述反义RNA片段能形成双链RNA分子，其中在所述第一DNA序列和第二DNA序列之间有含有内含子加工信号的接头。"

请求人认为：（1）修改后的权利要求1、6、7符合专利法第33条的规定；（2）对比文件1和2无论单独还是组合，均未涉及或者暗示过本发明权利要求1所述的技术方案，即在同一DNA分子上的第一和第二序列之间采用接头，修改后的权利要求1具备创造性。

至此，合议组认为本案事实已经清楚，可以作出审查决定。

二、决定的理由

1. 审查依据的文本

请求人在于2007年10月15日提交的权利要求书中，将所述第一DNA序列和所述第二DNA序列限定为包含于一种DNA分子中，并且限定了在所述第一DNA序列和第二DNA序列之间有含有内含子加工信号的接头，这种修改后的方案可以由原始权利要求12、18、20得出，因此，修改后的权利要求书克服了《第二次复审通知书》所指出的权利要求1、6、7不符合专利法第33条规定的缺陷。

因此，本复审请求审查决定所针对的文本为请求人于2007年10月15日提交的权利要求1~7，以及驳回决定针对的说明书第1~44页和说明书摘要。

2. 关于专利法第22条第3款

专利法第22条第3款规定，创造性，是指同申请日以前已有的技术相比，该发明有突出的实质性特点和显著的进步，该实用新型有实质性特点和进步。

判断发明是否具备创造性时，应将要求保护的发明与最接近的现有技术相比，确定发明的区别特征和实际解决的技术问题，如果现有技术整体上给出将该区别特征应用于最接近的现有技术以解决发明实际解决的技术问题的启示，这种启示会使本领域的技术人员在面对所述技术问题时，有动机改进该最接近的现有技术并获得要求保护的发明，并且发明也未取得预料不到的效果，则发明不具备突出的实质性特点和显著的进步，即该发明不具备创造性。

本案中，权利要求1要求保护一种改变植物细胞中靶基因表达的方法，其实质上是在植物细胞中通过dsRNA改变靶基因表达的方法。对比文件1公开了一种在线虫中改变靶基因表达的方法，其中将靶基因unc-22的有义RNA和反义RNA的混合物注射到线虫中，发现该混合物有效干扰了内源基因的活性，电泳分析表明该混合物中主要是双链RNA（即dsRNA）成分（参见对比文件1第808页左栏第2段至右栏第2段，表1）。

本申请权利要求1要求保护的技术方案与对比文件1公开的技术方案的区别在于：（1）权利要求1要求保护的是改变植物细胞中靶基因表达的方法，而对比文件1公开的是改变线虫中靶基因表达的方法;(2)权利要求1的技术方案中是通过将表达有义RNA的DNA序列与表达反义RNA的DNA序列包含于一种DNA分子中,并且在表达有义RNA的DNA序列与表达反义RNA的DNA序列之间有含有内含子加工信号的接头,所述DNA序列稳定地整合于所述植物细胞的基因组中,而对比文件1的技术方案中是直接向线虫中注射有义RNA和反义RNA。

对于上述区别特征(1),对比文件1第810页左栏第3段第4~8行明确指出"RNA干扰也可能在植物中进行:有研究提示dsRNA病毒的反向重复结构或特征在植物中参与转基因依赖性共抑制作用",其中所述反向重复结构可以形成双链RNA,也就是该现有技术已经表明dsRNA这种形式的核酸序列参与了植物的转基因共抑制,对比文件1不但公开了用有义RNA和反义RNA混合物影响线虫中靶基因表达的方法,而且,对比文件1给出了dsRNA引起的RNA干扰可在植物中抑制基因表达的启示,本领域技术人员在这样的技术启示下,当需要改变植物中靶基因表达的时候,可以通过合乎逻辑的分析、推理想到利用对比文件1中公开的在细胞中通过dsRNA抑制基因表达的方法改变植物中靶基因的表达,并通过有限的试验来获得该技术方案。

对于上述区别特征(2),对比文件2中公开了将包含aroA基因的有义和反义片段的质粒pCGN978通过根癌农杆菌引入高凉菜属植物细胞中,并且该基因aroA在植物细胞中表达(对比文件2说明书第6页第20行至第7页第1行),本领域技术人员知晓在细胞内,基因表达的过程中必然会转录形成RNA,因此对比文件2公开了可以将包含于一种DNA分子中的表达靶基因的有义和反义RNA片段的DNA序列成功转入植物细胞中并表达RNA的内容。虽然对比文件2中没有明确引入的质粒pCGN978稳定地整合于所述植物细胞的基因组中,但是在本领域中,可以通过生物转化技术将外源DNA序列引入植物细胞中并稳定地整合于其基因组上。此外,虽然对比文件2中没有公开质粒pCGN978上在aroA基因的有义和反义片段之间具有含有内含子加工信号的接头,但根据本申请说明书的记载(参见说明书第3页倒数第1~3行,第12页倒数第1段,第14页第3段,第30页倒数第2~3段),内含子加工信号是调节序列,用于增强或调节基因表达,而本领域技术人员知道,多种内含子序列能够增强基因的转录和表达,因而,为了增强有义RNA和反义RNA的表达而在含有表达靶基因的有义和反义RNA片段的DNA序列的DNA分子中加入内含子序列是本领域技术人员易于想到的,同时,本领域技术人员根据常识,知道所插入的内含子序列一般不能够破坏表达靶基因的有义和反义RNA片段的DNA序列,因此将插入的内含子序列置于表达靶基因的有义RNA片段的DNA序列和反义RNA片段的DNA序列之间也是本领域技术人员易于想到的,在这种情况下插入的内含子序列自然就会形成在表达靶基因的有义RNA片段的DNA序列和反义RNA片段的DNA序列之间的接头,而且,本申请说明书中也没有提供证据证明在表达靶基因的有义RNA片段的DNA序列和反义RNA片段的DNA序列之间加上含有内含子加工信号的接头能够获得预料不到的技术效果。

综上所述,对比文件1已经公开了用dsRNA技术改变线虫中靶基因表达,并且由对比文件1所述方法及其结果结合有关植物转基因共抑制的在先研究结论已经明确提示了该dsRNA技术可用于植物中,而对比文件2公开了将包含于一种DNA分子中的表达基因的有义和反义RNA片段的DNA序列引入植物细胞中并表达RNA的方法,在对比文件1的基础上结合对比文件2获得权利要求1请求保护的技术方案是显而易见的,并且也未产生预料不到的技术效果,权利要求1相对于对比文件1和2的结合不具备突出的实质性特点和显著的进步,不符合专利法第22条第3款有关创造性的规定。

权利要求2和3分别进一步限定所述靶基因是所述植物细胞的必需基因或者是稳定整合于所述植物细胞基因组中的异源基因,权利要求4还进一步限定所述异源基因作为染色体外分子存在于所述植物细胞中,对本领域技术人员来说,根据研究目的和实际需要选择靶基因是常规技术,选择植物细胞的必需基因,稳定整合于基因组中的异源基因或者染色体外分子中的异源基因作为靶基因均不能为本发明的技术方案带来突出的实质性特点和显著的进步,因此,在其所引用的权利要求1不具备创造性的基础上,权利要求2~4也不具备创造性,不符合专利法第22条第3款的规定。

权利要求5进一步限定"所述DNA分子另外含有与所述第一DNA序列有效连接的第一启动子和与所述第二DNA序列有效连接的第二启动子",为了使转入植物细胞中的DNA序列能有效表达加入与该DNA序列有效连接的启动子,对本领域技术人员来说是常规技术,因此在其引用的权利要求1不具备创造性的基础上,权利要求5也不具备突出的实质性特点和显著的进步,不符合专利法第22条第3款有关创造性的规定。

权利要求6和7均请求保护一种植物细胞,根据其技术方案可知所述植物细胞均是由权利要求1的方法获得的,由于权利要求1请求保护的改变植物细胞中靶基因表达的方法相对于对比文件1和2的结合不具备创造性,由该方法获得的植物细胞相应地也不具备创造性,因此权利要求6和7请求保护的植物细胞相对于对比文件1和2的结合不符合专利法第22条第3款有关创造性的规定。

请求人认为:(1)尽管对比文件1中给出了dsRNA技术在线虫中应用的教导,并提及"RNA干扰也可能在植物中进行:有研究提示dsRNA病毒的反向重复结构或特征在植物中参与转基因依赖性共抑制作用",但关于该技术在植物中的应用再无其他提示。线虫和植物存在巨大差别,就审查员例举的密码子规则而言,尽管大多数生物使用相同的密码子规则,但不同生物存在对不同密码子的偏倚性,即使是用同样的核酸编码序列,也可能在细菌中有效表达而不能在动物或植物中有效表达,对比文件2说明书第2页第1段也指出"已被证明对于外源DNA在单细胞微生物或哺乳动物细胞中的稳定转化有效的技术,却未能在植物细胞中发现有用的类似技术",因此本领域普通技术人员需要具体的实验证据才能相信该技术在植物中也可以成功应用,附件1表明根据中国专利实践对于发明的充分公开的要求,缺乏实验证据支持的技术方案是所属技术领域的技术人员尚需付出创造性劳动才能实施的,因此,从对比文件1不能得出dsRNA技术能够用于植物的技术启示。(2)现有技术中关于植物基因表达的文献均未暗示双链形式的有义和反义RNA分子,对比文件2中也没有描述或提示DNA能够被稳定地转化入植物基因组。(3)对比文件1无论单独还是组合,均未涉及或暗示过在同一DNA分子上的第一和第二序列之间采用接头,请求人于2007年10月15日提交的权利要求1具备创造性。

对此,合议组认为:(1)对比文件1中提及已有研究表明dsRNA病毒的反向重复结构参与了植物的转基因共抑制,由于dsRNA病毒的反向重复结构可以形成dsRNA,因此结合对比文件1公开的dsRNA技术在线虫中的应用和已有研究的结果,本领域技术人员通过合乎逻辑的分析、推理不难想到dsRNA技术在植物细胞中应用的可行性,并通过有限的试验来获得该技术方案,而请求人并没有提出充分的理由表明线虫和植物中存在哪些差别可能使得dsRNA无法在植物中实施,即请求人并没有足够的证据表明上述dsRNA技术在植物中使用需要克服任何技术上的困难,虽然请求人举了两个例子以说明线虫和植物之间存在差别,但是,首先,本发明的技术方案是利用dsRNA技术改变植物细胞中靶基因的表达,并非是外源基因在植物细胞中表达,因此不同生物对密码子的不同偏好与本发明的实施无关,本领域技术人员根据现有技术获得本发明的技术方案不会造成任何障碍;其次,在对比文件2已经给出了可以成功将外源DNA转化到植物细胞中的启示的基础上,植物细胞与单细胞微生物或哺乳动物细胞在稳定转化技术上存在的不同对于本领域技术人员由现有技术获得本发明的技术方案也不会造成任何障碍;因此请求人的上述意见不足以说明dsRNA技术应用于植物中需要克服任何技术难点;此外,对比文件是否符合专利法公开充分的要求与该对比文件是否给出了技术启示是两个不同的概念。(2)我国专利申请的审查是依照专利法及其实施细则,以及审查指南的相关规定进行的,审查需要针对具体的案情,因此,请求人提交的第6509号复审决定不能表明本申请的方案具有创造性。(3)根据上述分析可知,虽然对比文件2没有公开所述DNA能够被稳定地转化入植物基因组,也没有公开在质粒pCGN978上在aroA基因的有义和反义片段之间具有含有内含子加工信号的接头，但在本领域中，通过转化技术将外源DNA序列引入植物细胞中并稳定地整合于其基因组上并非难事，为了达到增强基因转录和表达的目的，在同一个DNA分子上表达靶基因的有义RNA片段的DNA序列和反义RNA片段的DNA序列之间插入内含子序列从而形成接头，对本领域技术人员来说是易于想到的，而且本申请说明书中也没有提供证据证明在表达靶基因的有义RNA片段的DNA序列和反义RNA片段的DNA序列之间加上含有内含子加工信号的接头能够获得预料不到的技术效果；基于上述理由，请求人的意见不足以证明权利要求1~7具有创造性。

根据以上事实和理由，本案合议组作出如下审查决定。

三、决定

维持国家知识产权局于2005年4月29日对99807888.3号发明专利申请作出的驳回决定。

复审请求人对本决定不服的，可以根据专利法第41条第2款的规定，自收到本决定之日起三个月内向北京市第一中级人民法院起诉。

消渴降糖胶囊

复审请求审查决定（第 12396 号）

决 定 号	第 12396 号
决 定 日	2007 年 12 月 23 日
发明创造名称	消渴降糖胶囊
国 际 分 类 号	A61K 35/78，A61P 3/10，A61P 3/06
复审请求人	王兴才
申 请 号	01106278.9
申 请 日	2001 年 3 月 7 日
公 开 日	2001 年 9 月 19 日
合议组组长	周英姿
主 审 员	张晓飞
参 审 员	魏春宝
法 律 依 据	专利法第 26 条第 3 款

决 定 要 点

如果说明书给出了具体的技术方案，但未提供实验证据，而该方案又必须依赖实验结果加以证实才能成立，则说明书所述技术方案由于缺乏解决技术问题的技术手段而被认为无法实现。对于新的药物组合物，如果本领域技术人员无法根据现有技术预测发明能够实现所述医药用途、药理作用，则说明书应当记载对于本领域技术人员来说，足以证明发明的技术方案可以达到预期要解决的技术问题或效果的实验室试验或临床试验的定性或者定量数据。

一、案由

本复审请求涉及申请日为 2001 年 3 月 7 日、公开日为 2001 年 9 月 19 日、名称为"消渴降糖胶囊"的第 01106278.9 号发明专利申请（下称本申请）。2001 年 8 月 10 日本申请的申请人由张森变更为王兴才。

针对申请人于 2005 年 6 月 6 日提交的说明书第 1 页、权利要求 1 和 2001 年 3 月 7 日提交的说明书摘要，国家知识产权局于 2005 年 9 月 9 日以本申请的说明书不符合专利法第 26 条第 3 款的规定为由驳回了本申请。驳回决定所针对的权利要求书为：

"1. 一种降糖胶囊，其特征在于是由下述原料经炮制而成：人参 100 克、冬虫夏草 50 克、黄芪 50 克、五味子 50 克、知母 50 克、山茱萸 100 克、淫羊藿 100 克、玉竹 50 克、白术 100 克、丹参 100 克、黄连 50 克、双花 50 克、女贞子 50 克、桑白皮 50 克、黄柏 50 克、葛根 50 克、石膏 50 克、枸杞子100克和生地50克。"

驳回决定认为：对于药物组合物，应当提供对于本领域技术人员来说，足以证明发明的技术方案可以达到预期要解决的技术问题或效果的实验室试验或者临床试验的定性或定量数据。本申请的说明书中描述了一种治疗糖尿病的药物。根据说明书的记载，本发明所述的药物具有持久降血糖、尿糖的功效，而且治愈率高，无毒副作用，但是说明书中却没有任何实验资料证明这种效果的存在，而且根据现有技术的记载，同时糖尿病在现代医学中还属于治疗难度较大的病症，本领域技术人员也无法预见到这种效果的存在。申请人提交的一些简单的病例并非原始公开的内容，不予接受，因此本申请的说明书不符合专利法第26条第3款的规定。

申请人王兴才（下称请求人）对上述驳回决定不服，于2005年12月23日向专利复审委员会提出复审请求，请求人在提出复审请求时没有提交新修改的专利申请文本，但提交了如下证据：

证据1：《中药新药临床研究指导原则》，2002年5月，中国医药科技出版社，出版信息页、目录页、第233、234、237页复印件共5页。

请求人认为：（1）本申请中的有益效果"治愈率高达80%，总有效率可达98%"是根据证据1中的中医对糖尿病的临床痊愈的症候疗效判定标准作出的疗效判定，中医诊断标准不同于西医，不能由于西医认为糖尿病难治而否定本申请的可实现性；（2）本申请说明书部分给出了"持久降血糖、尿糖作用，……而且无毒副作用"的定性数据和"总有效率可达98%"的定量数据，也给出了该中药剂的处方、制备方法和用法，因此本领域技术人员无需花费创造性劳动就可以实现本发明，并产生预期的技术效果；（3）临床试验数据并不是必需的，本申请中药制剂的使用方法实际上已公开了试验方法，疗效判定标准如证据1所述，还给出了定性定量说明。本申请缺少对临床实验对象的说明，但这对本中药剂来说不是必须公开的。类似的中药专利申请已有授权的例子，对本专利申请应该采用同样的审查标准和尺度。

形式审查合格后，专利复审委员会受理了该复审请求，并于2006年1月19日向请求人发出《复审请求受理通知书》，同时将本申请案卷移交原审查部门进行前置审查。

原审查部门对本复审请求进行了前置审查。在前置审查中，原审查部门仍然认为说明书中没有任何实验资料证明本发明的药物具有"持久降血糖、尿糖的功效，而且治愈率高，无毒副作用"的效果，根据现有技术，糖尿病属于疑难病征，本领域技术人员也无法预见上述药物具有所述效果。坚持原驳回决定。

专利复审委员会组成合议组，对本复审请求案进行了审理。于2007年9月4日向请求人发出《复审通知书》。《复审通知书》指出：说明书中记载了权利要求1中所述中药剂的适应症、制备方法和使用方法。由于该中药剂为新的药物组合物，由十九种药性不同且含量不同的中药原料组成，根据这些中药原料的已知药理作用和医药用途，本领域技术人员并不能推断得出具有上述组成和含量的中药剂具有治疗糖尿病的技术效果，而对于其技术效果，本申请的说明书中只是进行了泛泛地描述，并没有建立在实验室试验或者临床试验后概括得出的定性或者定量数据，本领域技术人员根据上述描述无法确信该中药剂具有所述效果，需要经过创造性劳动加以验证。对于在本申请审查过程中请求人提交的一系列证明信等附件，由于其公开日均晚于本申请的申请日，不属于现有技术，也未记载在原始说明书中，对其内容不予考虑。此外，证据1的出版日期在本申请申请日之后，不能用于证明说明书中"总有效率可达98%"是在参照该书中的症候疗效判定标准得到的具有统计学意义的数据。由于说明书中没有给出用该中药剂治疗糖尿病的疗效的方法和判断标准等实验室和临床试验数据，"持久降血糖、尿糖"只是一个结论，"治疗糖尿病具有持久降血糖、尿糖作用，总有效率可达98%，而且无毒副作用"的泛泛描述只是对该中药剂疗效的断言。对于类似的已授权的中药专利申请，其内容与本申请的技术方案并无实质关系,其审查结果对于本申请的审查并没有约束力。因此,本领域技术人员根据说明书记载的内容无法实现本发明的技术方案,解决其技术问题,并且产生预期的技术效果,本申请的说明书公开不充分,不符合专利法第 26 条第 3 款的规定。

针对《复审通知书》,请求人于 2007 年 10 月 11 日提交了意见陈述书和如下证据(编号续前),但没有提交新修改的专利申请文本:

证据 2:第 97100444.7 号中国发明专利说明书,授权公告号为 CN1061241C,公告日为 2001 年 1 月 31 日,著录项目页、说明书第 1~2 页,复印件共 3 页;

证据 3:第 96115929.4 号中国发明专利说明书,授权公告号为 CN1053583C,公告日为 2000 年 6 月 21 日,著录项目页、说明书第 1 页,复印件共 2 页。

请求人认为:证据 2 和 3 均为本专利申请日之前已授权的专利文献,其中证据 2 在说明书第 1 页第 5 段记载了当代中医药学对糖尿病的认识,并指出治疗糖尿病的基本法则"应为滋阴补肾与益气生津并重,再配以清热、活血等到药味,定会收到满意的效果",而证据 3 在说明书第 1 页第 5 段记载了"对糖尿病的治疗原则是润其肺,清其胃,滋其肾,养其阴",因此从中医药角度来看,本领域技术人员对糖尿病的病因病机及治疗原则有基本的认识和结论,即通过润肺、清胃、滋阴补肾可以治疗糖尿病。对于本申请的药物组合物,本领域技术人员清楚其十九味中药原料的药性、药理和医药用途,根据上述十九味药物组成分析可以预测该组合物具有润肺、清胃、滋阴补肾、消渴的效果,与糖尿病的治疗原则一致,对糖尿病确有治疗作用。本申请说明书中对消瘅降糖胶囊的处方组成、炮制方法和用法均进行了充分公开,本领域技术人员结合掌握的现有技术以及常规的临床实验能力,无需创造性劳动便可通过临床手段验证本申请药物组合物的治疗效果。综上,本领域技术人员通过现有技术中中医对糖尿病的病因和治疗原则的了解,并结合现有的中药知识可以预测本申请的药物组合物对糖尿病具有很好的治疗作用,而且即使通过临床手段进行验证也不需要花费创造性劳动,因此本领域技术人员根据说明书公开的内容可以实现本发明的技术方案,解决其技术问题并且产生预期的技术效果,说明书符合专利法第 26 条第 3 款的规定。

至此,合议组认为本案事实已经清楚,可以作出审查决定。

二、决定的理由

1. 审查依据的文本

本申请在进入复审阶段时未提交新的申请文本,本复审请求审查决定所针对的文本为驳回决定所针对的文本。

2. 专利法第 26 条第 3 款

专利法第 26 条第 3 款规定,说明书应当对发明或者实用新型作出清楚、完整的说明,以所属技术领域的技术人员能够实现为准。

如果说明书给出了具体的技术方案,但未提供实验证据,而该方案又必须依赖实验结果加以证实才能成立,则说明书所述技术方案由于缺乏解决技术问题的技术手段而被认为无法实现。对于新的药物组合物,如果本领域技术人员无法根据现有技术预测发明能够实现所述医药用途、药理作用,则说明书应当记载对于本领域技术人员来说,足以证明发明的技术方案可以达到预期要解决的技术问题或效果的实验室试验或临床试验的定性或者定量数据。

本申请要求保护一种如权利要求 1 所述的治疗糖尿病的中药剂,即降糖胶囊,采用的技术方案是"一种降糖胶囊,其特征在于是由下述原料经炮制而成:人参 100 克、冬虫夏草 50 克、黄芪 50 克、五味子 50 克、知母 50 克、山茱萸 100 克、淫羊藿 100 克、玉竹 50 克、白术 100 克、丹参 100 克、黄连 50 克、双花 50 克、女贞子 50 克、桑白皮 50 克、黄柏 50 克、葛根 50 克、石膏 50 克、枸杞子 100

克和生地50克",其要达到的技术效果是"治疗糖尿病具有持久降血糖、尿糖作用,总有效率可达98%,而且无毒副作用",说明书中记载了该中药剂的制备方法和使用方法。由于该中药剂为新的中药组合物,其中的十九种中药原料药性不同且具有特定的含量,根据这些中药原料的已知药理作用无法预知其中任一味中药必然能够"持久降血糖、尿糖"或"治愈"糖尿病,故本领域技术人员并不能推断得出具有上述十九味中药组成和含量的中药剂一定具有治疗糖尿病的技术效果,因此本申请说明书应当提供实验室试验或者临床试验的定性或者定量数据来证明本申请的技术方案能够实现所述医药用途,达到预期的技术效果。但是本申请的说明书中只是进行了"治疗糖尿病具有持久降血糖、尿糖作用,总有效率可达98%,而且无毒副作用"的泛泛描述,并没有给出用该中药剂治疗糖尿病前后具体的指标或者体症改变情况,例如证据1中所有中医临床症状或证候积分的变化情况,也没有给出具有统计学意义的实验室试验或者临床试验的病例治疗效果数据,因此其只是对该中药剂疗效的断言,本领域技术人员根据上述描述无法确信该中药剂具有所述效果和用途,需要付出创造性劳动加以验证。

对于请求人答复《复审通知书》时的意见陈述,合议组认为:证据2和3中记载了中医药领域对糖尿病病因的一般认识,而所记载的糖尿病的治疗原则"润肺、清胃、滋阴补肾"只是提供了糖尿病治疗的中医药作用机理。对于以多种中药组合而成的药物组合物而言,怎样组合、如何配制才能达到上述效果需要本领域技术人员经过创造性劳动对所述多种药物进行组合,并且通过实验室或临床试验的验证才能获知。虽然本领域技术人员知晓本申请的药物组合物中十九味中药原料的药性、药理和医药用途,如请求人在意见陈述中对各药味的药性或药效的说明,但是这十九种中药的药性不同,其主治的适应症不同,在制备成药物时的使用禁忌也不同,并不能因此就某几种药物具有某一方面的相似性质或者功效而认为组合后的中药剂适合治疗与这某一方面的性质或功效有直接关联的疾病。各种药物之间还可存在配伍禁忌,因此无法预测出它们的药效是否是协同或加强作用,还是消减作用。另外,对于药物组合物而言,各种组分的含量对于组合物的疗效有至关重要的影响,本申请药物组合物的十九味中药原料的含量也不尽相同,本领域技术人员根据说明书记载的内容和现有技术并不能推断得出具有上述组成和含量的中药剂具有治疗糖尿病的技术效果,需要本申请的说明书中记载足以证明本发明的技术方案能够达到预期技术效果的实验数据的内容。而本申请说明书中只是公开了消瘅降糖胶囊的处方组成、炮制方法和用法,由于说明书公开的意义在于指导所属领域技术人员实施和再现权利要求要求保护的技术方案,而不是在缺少试验证据的情况下,由所属领域技术人员在无法预知其效果或用途的情况下进行验证,因此说明书的内容公开不充分,请求人的意见陈述不具有说服力。

综上所述,本领域技术人员根据说明书记载的内容无法实现本发明的技术方案,解决其技术问题,并且产生预期的技术效果,本说明书公开不充分,不符合专利法第26条第3款的规定。

根据以上事实和理由,本案合议组作出如下审查决定。

三、决定

维持国家知识产权局于2005年9月9日对01106278.9号发明专利申请作出的驳回决定。

复审请求人对本决定不服的,可以根据专利法第41条第2款的规定,自收到本决定之日起三个月内向北京市第一中级人民法院起诉。

116

促进生长的含二肽基肽酶Ⅳ抑制剂的药物组合物

复审请求审查决定（第12397号）

决 定 号	第12397号
决 定 日	2007年12月20日
发明创造名称	促进生长的含二肽基肽酶Ⅳ抑制剂的药物组合物
国际分类号	A61K 31/40，A61P 5/00
复审请求人	费林股份公司
申 请 号	00805326.X
优 先 权 日	1999年3月23日
申 请 日	2000年3月21日
公 开 日	2002年7月17日
合议组组长	李人久
主 审 员	张晓飞
参 审 员	何 炜
法 律 依 据	专利法第22条第3款

决 定 要 点

在创造性的判断中，判断要求保护的发明对本领域技术人员来说是否显而易见关键是看现有技术是否给出了将区别技术特征应用到最接近的现有技术以解决该发明要解决的技术问题的启示。所述区别技术特征为申请日前本领域中解决该技术问题的常用技术手段时，则认为现有技术存在上述技术启示。

一、案由

本复审请求涉及于2000年3月21日申请，2002年7月17日公开，名称为"促进生长的含二肽基肽酶Ⅳ抑制剂的药物组合物"的第00805326.X号发明专利申请（下称本申请），本申请的优先权日为1999年3月23日，申请人为费林股份公司。

2004年11月5日，针对申请人于2004年1月13日提交的权利要求1~7，2001年9月21日提交的说明书第1~9页、说明书摘要，国家知识产权局以权利要求1~7不符合专利法第22条第3款规定的创造性为由驳回了本申请。驳回决定针对的权利要求书为：

"1. 二肽基肽酶Ⅳ抑制剂在制备治疗低于正常发育或侏儒症的治疗组合物中的应用。

2. 权利要求1的用途，其中的低于正常生长或侏儒症是由于生长激素缺乏引起的。

3. 权利要求1或2的用途，其中的二肽基肽酶Ⅳ抑制剂包括氨基-酰基吡咯烷腈。

4. 前述任一项权利要求的用途，其中将治疗组合物制成口服给药形式。

5. 权利要求4的用途，其中治疗组合物被制成片剂或胶囊形式。

6. 权利要求1或2的用途，其中所述治疗组合物在每天晚上给药一次。

7. 权利要求1或2的用途，其中一种或多种二肽基肽酶IV抑制剂是对于特定目的有活性的治疗组合物的仅有成分。"

驳回决定认为：（1）权利要求1、2涉及二肽基肽酶IV抑制剂的用途，对比文件2（WO9308259A，公开日为1993年4月29日）公开了二肽基肽酶IV抑制剂能延迟生长激素释放因子的分解代谢，本领域普通技术人员可以由此推导出二肽基肽酶IV抑制剂能增加体内生长激素的浓度，而生长激素用于侏儒症的治疗属于本领域的公知常识，因此对比文件2已给出了二肽基肽酶IV抑制剂用于低于正常发育或侏儒症治疗的技术启示，因此权利要求1和2不具备专利法第22条第3款规定的创造性。（2）权利要求3将权利要求1、2中的二肽基肽酶IV抑制剂限定为氨基-酰基吡咯烷腈，而对比文件1（WO9819998A，公开日1998年5月14日）中已经公开了二肽基肽酶IV抑制剂氨基-酰基吡咯烷腈的结构，因此在对比文件2的基础上结合对比文件1得到权利要求3的技术方案对于本领域技术人员来说是显而易见的，权利要求3不具备专利法第22条第3款规定的创造性。（3）权利要求4~5、6、7分别限定了组合物的剂型、应用方式和具体的组成（即仅含二肽基肽酶IV抑制剂），由于剂型和应用方式均是本领域常规的，而且根据说明书的记载又不能看出经上述限定后的技术方案产生了意料不到的效果，因此在其引用的权利要求不具备创造性时，权利要求4~7也不具备专利法第22条第3款规定的创造性。

申请人费林股份公司（下称请求人）对上述驳回决定不服，于2005年2月18日向专利复审委员会提出复审请求，没有提交新的专利申请文本，请求人认为权利要求1~7具备创造性，理由概括如下：

（1）对比文件2中的相关描述仅是一种断言，没有教导由什么可以启发本领域技术人员推导出DP-IV抑制剂可在体内增加生长因子浓度，从而可用于治疗生长发育低下或侏儒症；（2）本发明以DP-IV抑制剂可在体内增加生长激素浓度这一出人意料的发现为基础；（3）相应的美国申请和欧洲申请都已授权，因此，本发明的技术方案具有创造性。

请求人在提出复审请求的同时提交了两份附件：

附件1：US6521644B1的权利要求书，复印件共2页；

附件2：本发明对应的欧洲专利的首页和授权的权利要求书，复印件共2页。

形式审查合格后，专利复审委员会受理了该复审请求，并于2005年3月17日向请求人发出《复审请求受理通知书》，随后将本申请移交原审查部门进行前置审查。

原审查部门对本复审请求进行了前置审查，认为：对比文件2公开了二肽基肽酶IV抑制剂能延迟生长激素释放因子的分解代谢，本领域技术人员由此可以推导出二肽基肽酶IV抑制剂能增加体内生长激素的浓度而用于治疗侏儒症，即对比文件2已给出了二肽基肽酶IV抑制剂用于低于正常发育或侏儒症治疗的技术启示，请求人陈述的理由不充分，因此坚持原驳回决定。

专利复审委员会组成合议组，对本案的复审请求进行了审理，于2007年7月9日向请求人发出《复审通知书》，指出：（1）权利要求1要求保护二肽基肽酶IV抑制剂在制备治疗低于正常发育或侏儒症的治疗组合物中的应用。对比文件2公开了包含二肽基肽酶抑制剂IV的药物组合物，以及二肽基肽酶IV抑制剂能延迟生长激素释放因子的分解代谢（参见说明书第21页第22~24行），由于本领域公知生长激素释放因子能促进动物和人的垂体细胞合成并分泌生长激素（GH），提高体内的GH水平，而生长激素可用于治疗生长激素缺乏症例如侏儒症等，因此对比文件2其实已经给出了将二肽基肽酶IV抑制剂用于治疗生长激素缺乏症例如侏儒症的技术启示，在对比文件2的基础上，结合本领域公知常识而得到权利要求1的技术方案，对于本领域技术人员来说是显而易见的，权利要求1不符合专利法第22条第3款有关创造性的规定。(2) 权利要求2进一步限定权利要求1中疾病的发病机理，这属于本领域的公知常识，其也不符合专利法第22条第3款有关创造性的规定。(3) 权利要求3进一步限定二肽基肽酶IV抑制剂包括氨基-酰基吡咯烷腈，而对比文件1已经公开了二肽基肽酶IV抑制剂氨基-酰基吡咯烷腈的结构（参见说明书第2页至第3页第18行），因此，在对比文件2的基础上，结合对比文件1和公知常识而得到权利要求3的技术方案对于本领域技术人员来说是显而易见的，权利要求3也不符合专利法第22条第3款有关创造性的规定。(4) 权利要求4、5进一步限定治疗组合物的剂型，权利要求6进一步限定治疗组合物的给药方式，权利要求7进一步限定治疗组合物的组成。其中，对比文件1公开了二肽基肽酶IV抑制剂与药用载体形成的组合物可以片剂、胶囊的形式口服应用（参见说明书第20页第4~8行）；给药方式对于该治疗组合物的制备过程没有实际的限定意义，因此对于二肽基肽酶IV抑制剂用于制备该治疗组合物的用途也没有实际限定意义；权利要求7限定治疗组合物仅含有一种或多种二肽基肽酶IV抑制剂，对比文件2中公开了二肽基肽酶IV抑制剂可单独给予（参见说明书第21页第27~29行），也就表明治疗组合物可只含有二肽基肽酶IV抑制剂，至于是一种还是多种，本领域技术人员也是很容易根据实际情况作出选择的，因此，在权利要求4~7直接或间接引用的权利要求1和2不具备创造性的前提下，权利要求4~7也不符合专利法第22条第3款有关创造性的规定。

对于请求人提出复审请求时的意见陈述，合议组进一步指出：(1) 对比文件2中虽然没有揭示二肽基肽酶IV抑制剂可以增加体内生长激素水平的机理，但在现有技术中并无与此相反或相对的描述存在的情况下，并不妨碍本领域技术人员产生将其应用于治疗上述相关疾病的动机，该描述足以启示本领域技术人员将二肽基肽酶IV抑制剂应用于权利要求1所述的用途中。(2) 本发明的实验数据仅是对二肽基肽酶IV抑制剂用途的进一步验证，根据上述评述，本领域技术人员完全可以在无需实验数据的情况下，根据对比文件2的启示就得到权利要求1的技术方案并通过实验自行验证，并且，权利要求的保护范围以权利要求的具体描述为准，该实验数据对于权利要求的保护范围也没有限定意义，其效果也不能被认为是意想不到的。(3) 各国专利法的制度不同，审查标准也不尽相同，相应的美国申请和欧洲申请都已授权并不表示本申请符合中国专利法的规定。因此，请求人的上述理由不具有说服力。

针对《复审通知书》指出的问题，请求人于2007年10月24日提交了意见陈述书，没有提交新的专利申请文本。请求人认为：(1) 对比文件2中的相关描述没有事实根据，其能够给予本领域技术人员的教导仅仅是有关"生长激素释放因子的分解代谢"的评述，完全没有公开或暗示本领域技术人员能够推导出DP-IV抑制剂可在体内增加生长因子浓度，而进一步启发本领域技术人员使用DP-IV抑制剂来治疗生长发育低下或侏儒症；(2) 本发明的说明书中提供的DP-IV抑制剂的效果是对比文件2所不能预期的，这本身就证明了本发明的创造性。

至此，合议组认为本案事实清楚，可以作出审查决定。

二、决定的理由

1. 审查依据的文本

本复审请求审查决定的审查文本为请求人于2004年1月13日提交的权利要求1~7，2001年9月21日提交的说明书第1~9页、说明书摘要。

2. 关于专利法第22条第3款

专利法第22条第3款规定，创造性是指同申请日以前已有的技术相比，该发明有突出的实质性特点和显著的进步。

在创造性的判断中，判断要求保护的发明对本领域技术人员来说是否显而易见关键是看现有技术是否给出了将区别技术特征应用到最接近的现有技术以解决该发明要解决的技术问题的启示。所述区别技术特征为申请日前本领域中解决该技术问题的常用技术手段时，则认为现有技术存在上述技术启示。

本案中，权利要求1要求保护二肽基肽酶IV抑制剂在制备治疗低于正常发育或侏儒症的治疗组合物中的应用。对比文件2提到了包含二肽基肽酶抑制剂IV的药物组合物，以及二肽基肽酶IV抑制剂能延迟生长激素释放因子的分解代谢（参见说明书第21页第22~24行），两者的区别在于权利要求1中明确了疾病类型为低于正常发育或侏儒症。本领域公知生长激素释放因子能促进动物和人的垂体细胞合成并分泌生长激素（GH），提高体内的GH水平，由于生长激素释放因子的体内半衰期较短，因此，延迟其分解代谢显然能够提高生长激素释放因子的作用时间，从而提高体内的生长激素水平，而生长激素用于治疗生长激素缺乏症例如侏儒症等为本领域的常规技术，结合该本领域的公知常识，对比文件2其实已经给出了将二肽基肽酶IV抑制剂用于治疗生长激素缺乏症例如侏儒症的技术启示，因此，在对比文件2的基础上，结合本领域公知常识而得到权利要求1的技术方案，对于本领域技术人员来说是显而易见的，权利要求1不符合专利法第22条第3款有关创造性的规定。

权利要求2进一步限定权利要求1中疾病的发病机理，这属于本领域的公知常识，参见上述评述，其也不符合专利法第22条第3款有关创造性的规定。

权利要求3进一步限定二肽基肽酶IV抑制剂包括氨基-酰基吡咯烷腈，而对比文件1已经公开了二肽基肽酶IV抑制剂氨基-酰基吡咯烷腈的结构（参见说明书第2页至第3页第18行），因此，在对比文件2的基础上，结合对比文件1和公知常识而得到权利要求3的技术方案对于本领域技术人员来说是显而易见的，权利要求3也不符合专利法第22条第3款有关创造性的规定。

权利要求4、5进一步限定治疗组合物的剂型，权利要求6进一步限定治疗组合物的给药方式，权利要求7进一步限定治疗组合物的组成。对比文件1公开了二肽基肽酶IV抑制剂与药用载体形成的组合物可以片剂、胶囊的形式口服应用（参见说明书第20页第4~8行）；给药方式对于该治疗组合物的制备过程没有实际的限定意义，因此对于二肽基肽酶IV抑制剂用于制备该治疗组合物的用途也没有实际限定意义；权利要求7限定治疗组合物仅含有一种或多种二肽基肽酶IV抑制剂，对比文件2中公开了二肽基肽酶IV抑制剂可单独给予（参见说明书第21页第27~29行），也就表明治疗组合物可只含有二肽基肽酶IV抑制剂，至于是一种还是多种，本领域技术人员也是很容易根据实际情况作出选择的，因此，在权利要求4~7直接或间接引用的权利要求1和2不具备创造性的前提下，权利要求4~7也不符合专利法第22条第3款有关创造性的规定。

对于请求人在答复《复审通知书》时提出的意见，合议组认为：（1）对比文件2中虽然没有揭示二肽基肽酶IV抑制剂可以增加体内生长激素水平的机理，但本领域公知生长激素释放因子能促进动物和人的垂体细胞合成并分泌生长激素（GH），提高体内的GH水平，由于生长激素释放因子的体内半衰期较短，因此，可以推断得出延迟其分解代谢就能够提高生长激素释放因子的作用时间，从而提高体内的生长激素水平，在现有技术中并无与此相反或相对的描述存在的情况下，并不妨碍本领域技术人员产生将其应用于治疗上述相关疾病的动机，对比文件2提到的内容足以启示本领域技术人员将二肽基肽酶IV抑制剂应用于权利要求1所述的用途中。（2）本发明的实验数据仅是对二肽基肽酶IV抑制剂用途的进一步验证，根据上述评述，本领域技术人员完全可以在无需实验数据的情况下，根据对比文件2的启示就得到权利要求1的技术方案并通过实验自行验证，并且，权利要求的保护范围以权利要求的具体描述为准，该实验数据对于权利要求的保护范围也没有限定意义，而且在根据对比文件2的技术启示就可以很容易地得到要求保护的技术方案并验证其效果时，不能因为对比文件2

中没有相关的实验数据，就认为本申请说明书中的实验数据是本领域技术人员无法预期的。

根据以上事实和理由，本案合议组作出如下审查决定。

三、决定

维持国家知识产权局于 2004 年 11 月 5 日对 00805326.X 号发明专利申请作出的驳回决定。

复审请求人对本决定不服的，可以根据专利法第 41 条第 2 款的规定，自收到本决定之日起三个月内向北京市第一中级人民法院起诉。

一种治疗糖尿病的药物

复审请求审查决定（第 12398 号）

决 定 号	第 12398 号
决 定 日	2007 年 12 月 17 日
发明创造名称	一种治疗糖尿病的药物
国际分类号	A61K35/78，A61P3/10
复审请求人	孙 喆
申 请 号	00123115.4
申 请 日	2000 年 10 月 20 日
公 开 日	2002 年 5 月 22 日
合议组组长	李人久
主 审 员	张晓飞
参 审 员	王 冬

法 律 依 据 专利法第 33 条

决 定 要 点

如果申请文件的修改可以从原说明书和权利要求书记载的内容直接地、毫无疑义地确定，则所述修改应该允许。

一、案由

本复审请求涉及 2000 年 10 月 20 日申请，2002 年 5 月 22 日公开，名称为"一种治疗糖尿病的药物"的第 00123115.4 号发明专利申请（下称本申请），本申请的申请人为孙喆。

针对申请人于 2004 年 12 月 6 日提交的权利要求 1，2004 年 9 月 3 日提交的说明书第 1~3 页和说明书摘要，国家知识产权局于 2005 年 3 月 11 日以说明书的修改不符合专利法第 33 条的规定为由驳回了本申请。

驳回决定所针对的权利要求书为：

"1. 一种治疗糖尿病的药物，其特征是：由以下重量配比的原料组成：山药 500~700、生地 500~700、元参 200~400、黄芪 200~400、花粉 200~400、五味子 140~340、知母 140~340、麦冬 140~340、山萸肉 140~340、人参 80~280、枸杞子 80~280、桂皮 80~280。"

驳回决定认为：申请人于 2004 年 9 月 3 日提交的经修改的说明书中，技术方案中所述"山蔖肉"、"知线产"、"黄芪花粉"以及实施例中所述"山蔖肉"、"知线产"、"册芋肉"在原说明书和权利要求书中没有记载，超出了原说明书和权利要求书记载的范围，不符合专利法第 33 条的规定。

申请人孙喆（下称请求人）对上述驳回决定不服，于2005年5月8日向专利复审委员会提出复审请求，请求人在提出复审请求时提交了权利要求书、说明书和说明书摘要的全文替换页以及如下附件：

附件1：《中药学》，上海科学出版社出版，1984年6月第1版，扉页、出版信息页和第46～47页，复印件共4页。

请求人提交的经修改的权利要求书为：

"1. 一种治疗糖尿病的药物，其特征是：由以下重量配比的药物组成：山药500～700、生地500～700、元参200～400、黄芪200～400、花粉200～400、五味子140～340、知母140～340、麦冬140～340、山萸肉140～340、人参80～280、枸杞子80～280、桂皮80～280。"

形式审查合格后，专利复审委员会受理了该复审请求，并于2005年6月22日向请求人发出《复审请求受理通知书》，随后将本申请案卷移交原审查部门进行前置审查。

原审查部门对本复审请求进行了前置审查，认为：请求人修改了说明书实施例2各组分的用量，说明书中的"枸杞子"和"枸杞子（枸杞）"和权利要求1中的"枸杞子"在原说明书和权利要求书中没有记载，请求人对申请文件的修改仍不符合专利法第33条的规定，坚持原驳回决定。

专利复审委员会组成合议组，对本案的复审请求进行了审理，于2005年10月9日向请求人发出《复审通知书》。《复审通知书》指出：2005年5月8日提交的经修改的说明书中，请求人对实施例2中各组分的用量均做了修改，这种修改致使所属技术领域的技术人员看到的信息与原申请公开的信息不同，而且又不能从原申请公开的信息中直接地、毫无疑义地导出，因此超出了原说明书和权利要求书记载的范围，不符合专利法第33条的规定。

针对《复审通知书》指出的问题，请求人于2005年11月7日提交了意见陈述书和说明书第3页的替换页，随后分别于2007年10月22日和2007年11月23日两次提交了说明书、说明书摘要和权利要求书（共1项）的全文替换页。将请求人于2007年11月23日提交的经修改的申请文件与原说明书和权利要求书相比，其修改之处在于：（1）删除了原权利要求2和原实施例2，将原实施例3改为实施例2；（2）将权利要求1中的"该原料及原料的重量分数比为"修改成"由以下重量配比的药物组成"，将原说明书第1页最后一行的"本发明药物中各原料的重量分数比是"修改成"本发明由以下重量配比的药物组成"，将原实施例3中的"最佳重量分数比"修改成"最佳重量配比"；（3）将原说明书第1页第3段的"中药制剂"修改成"药物"，第4段的"原料"修改成"原料药"，"佐以知母、黄芪、麦冬、花粉、人参、杞果、桂皮、山芋肉"修改成"佐以知母、黄芪、麦冬、花粉、人参、杞果、桂皮、山芋肉配制而成"，原说明书第2页第7行中的"原料"修改成"药"，原实施例1和3中的"原料"修改成"药粉"；（4）将原实施例3中的"桂皮180g、240g"修改成"桂皮180g"。2007年11月23日提交的权利要求书为：

"1. 一种治疗糖尿病的药物，其特征是：由以下重量配比的药物组成：山药500～700、生地500～700、元参200～400、黄芪200～400、花粉200～400、五味子140～340、知母140～340、麦冬140～340、山芋肉140～340、人参80～280、杞果80～280、桂皮80～280。"

至此，合议组认为本案事实清楚，可以作出审查决定。

二、决定的理由

1. 文本认定

本复审决定所针对的文本为请求人于2007年11月23日提交的权利要求1、说明书第1～3页和说明书摘要。

2. 专利法第33条

专利法第33条规定，申请人可以对其专利申请文件进行修改，但是，对发明和实用新型专利申请文件的修改不得超出原说明书和权利要求书记载的范围。

如果申请文件的修改可以从原说明书和权利要求书记载的内容直接地、毫无疑义地确定，则所述修改应该允许。

本案中，请求人于2007年11月23日提交的经修改的申请文件与申请日提交的权利要求书和说明书所记载内容相比，不同之处有：（1）删除了原权利要求2和原实施例2，将原实施例3改为实施例2；（2）将权利要求1中的"该原料及原料的重量分数比为"修改成"由以下重量配比的药物组成"，将原说明书第1页最后一行的"本发明药物中各原料的重量分数比是"修改成"本发明由以下重量配比的药物组成"，将原实施例3中的"最佳重量分数比"修改成"最佳重量配比"；（3）将原说明书第1页第3段的"中药制剂"修改成"药物"，将原说明书第1页第4段的"原料"修改成"原料药"，"佐以知母、黄芪、麦冬、花粉、人参、杞果、桂皮、山芋肉"修改成"佐以知母、黄芪、麦冬、花粉、人参、杞果、桂皮、山芋肉配制而成"，原说明书第2页第7行中的"原料"修改成"药"，原实施例1和3中的"原料"修改成"药粉"；（4）将原实施例3中的"桂皮180g、240g"修改成"桂皮180g"。

对此，合议组认为：（1）原权利要求1和权利要求2分别为产品和方法权利要求，而原实施例2记载的内容与原实施例1的相同，删除原方法权利要求2而保留原产品权利要求1，以及删除重复记载的原实施例2不会超出原说明书和权利要求书记载的范围；（2）本发明药物的各原料组分均为本领域常规的中药，可以将各原料经过简单的干燥、灭菌、粉碎及混匀后即作为药物使用，也可以直接组合而成药物组合物，而"重量分数比"和"重量配比"的含义一致，均指各组分重量之间的比例关系，因此上述第（2）处修改可以从原说明书记载的内容直接确定得出；（3）本发明所提供的"中药制剂"即是治疗糖尿病的一种药物，其组成的原料都是常规中药，即为原料药，并且本发明的药物是将各原料干燥、灭菌、粉碎后混匀灭菌而成，即由各种原料"配制而成"，再者，根据原说明书的记载，如"紫外线灭菌后粉碎"、"粉碎为100-200目药粉"，可知，修改后的"药"、"药粉"即为12种原料药物经过粉碎后得到的产物，其含义与原说明书中记载的"原料"相同，因此上述第（3）处修改也可以从原说明书记载的内容直接确定得出；（4）"桂皮180g"为原实施例3中"桂皮180g、240g"中的一种技术方案，删除"240g"的并列技术方案是允许的。

综上，请求人于2007年11月23日提交的申请文件中所进行的修改可以从原说明书和权利要求书记载的内容直接地、毫无疑义地确定，因此，并未超出原说明书和权利要求书记载的范围，符合专利法第33条的规定，同时也就克服了驳回决定和《复审通知书》中指出的修改超范围的缺陷。

根据以上事实和理由，本案合议组作出如下审查决定。

三、决定

撤销国家知识产权局于2005年3月11日对00123115.4号发明专利申请作出的驳回决定。由原审查部门在本决定针对的文本基础上继续进行审查。

复审请求人对本决定不服的，可以根据专利法第41条第2款的规定，自收到本决定之日起三个月内向北京市第一中级人民法院起诉。

在活性位点环区中具有额外
氨基酸残基的 I-S1 和 I-S2 亚组枯草杆菌酶

复审请求审查决定（第 12399 号）

决 定 号	第 12399 号
决 定 日	2007 年 12 月 21 日
发明创造名称	在活性位点环区中具有额外氨基酸残基的 I-S1 和 I-S2 亚组枯草杆菌酶
国际分类号	C12N9/54//C11D3/386
复审请求人	诺沃奇梅兹有限公司
申 请 号	99815737.6
优 先 权 日	1998 年 12 月 18 日
申 请 日	1999 年 12 月 20 日
公 开 日	2002 年 1 月 30 日
合议组组长	李人久
主 审 员	旭 昀
参 审 员	张晓飞

法 律 依 据 专利法第 26 条第 4 款

决 定 要 点

如果权利要求的概括包含申请人推测的内容，而且效果又难以预先确定和评价，应当认为这种概括超出了说明书公开的范围。

一、案由

本复审请求涉及 1999 年 12 月 20 日申请、2002 年 1 月 30 日公开、名称为"在活性位点环区中具有额外氨基酸残基的 I-S1 和 I-S2 亚组枯草杆菌酶"的第 99815737.6 号发明专利申请（下称本申请），本申请的优先权日为 1998 年 12 月 18 日，申请人为诺沃奇梅兹有限公司。

2005 年 5 月 13 日，针对申请人于 2004 年 11 月 8 日提交的权利要求 1~26，2001 年 7 月 19 日提交的说明书第 1~38 页，核苷酸和氨基酸序列表第 1~3 页，说明书附图第 2~5 页，说明书摘要及 2004 年 3 月 29 日提交的说明书附图第 1 页，国家知识产权局以权利要求 1~26 不符合专利法第 26 条第 4 款的规定为由驳回了本申请，驳回决定指出：（1）独立权利要求 1 得不到说明书支持。对于所属领域的技术人员来说，蛋白质的一级结构决定三级结构，三级结构决定功能，当酶进行突变，如插入一个或多个氨基酸残基时，其一级结构发生了变化，则酶的空间构象（三级结构）也会随之发生变化，由于酶的活性部位是由氨基酸残基的性质和空间排布所形成的，因此带来的是酶功能的变化，由于这种变化具有不确定性（即可能带来酶功能的增强或丧失或没有变化），所以，对于功能的分析是需要实验数据来证实的，即在本发明中对于枯草杆菌酶经过突变后是否能带来优于亲本酶的洗涤效果是需要具体的实验数据来证实的，然而在本发明的说明书的实施例中仅给出了属于Ⅰ-S2亚组的枯草杆菌酶309（BLSAVI）的变体：L96LT、L96LS、L96LD、L96LE、L96LP、L96LG、L96LH、L96LI、L96LA、L96LG、L96LA + A98T、L96LT + Y167A、L96LG + G100S、L96LG + G100S、L96LG + A98T + Y167A、L96LG+A98T+S103T、L96LA+A98T+A194P、L96LG+S99T+S101A、L96LG+G100S+Y167A、N76D+L96LA+A98T 和 L96LG+A98G+S99G+S101T+S103T；并提供了下列变体 L96LG+A98G+S99G+S101T+S103T、L96LG+S99T+S101A、L96LG+A98T+S103T、L96LG、L96LA、L96LG、L96LT、L96LA+A98T、L96LG+G100S、L96LG+Y167A、L96LA+A98T、L96LG+A98T+S103T、L96LA+A98T+A194P、L96LG+S99T+S101A、N76D+L96LA+A98T 和 L96LG+A98G+S99G+S101T+S103T 在洗涤性能测试中具有优于Savinase（即枯草杆菌酶309）的具体实验数据（即P值大于1），而其他变体的洗涤性能的测试则没有给出具体的实验数据。而该权利要求的写法涵盖了数量极大的酶变体，因此依据本申请文件所记载的内容，所属技术领域的技术人员难于预见权利要求1所概括的技术方案除本申请实施例中提供具体实验数据证实具有优于Savinase（即枯草杆菌酶309）的洗涤性能的枯草杆菌酶309变体"L96LG、L96LA、L96LT、L96LA + A98T、L96LG + G100S、L96LG + Y167A、L96LG + A98T + S103T、L96LA+A98T+A194P、L96LG + S99T + S101A、N76D+L96LA + A98T 和 L96LG + A98G + S99G + S101T + S103T"之外的所有Ⅰ-S2亚组的枯草杆菌酶均能达到本发明的目的（即提供一种用于洗涤剂工业的改良的蛋白酶或蛋白质工程化蛋白酶变体），因此该权利要求得不到说明书的支持，不符合专利法第26条第4款的规定。（2）对于权利要求12中的"高于90%或95%同一性"的技术特征，由于具有高于90%或95%同一性的氨基酸序列的数量是极大的，本领域的技术人员要从中筛选出能达到本发明目的的枯草杆菌酶变体是要付出创造性的劳动的，而且在说明书中也没有提供在该同源性范围下限的枯草杆菌酶变体的实施例，因此，该权利要求概括的范围包含了申请人推测的内容，其效果难以有限确定和评价，得不到说明书的支持，不符合专利法第26条第4款的规定。如上述第1和2条驳回理由所述，权利要求2~11、13所请求保护的枯草杆菌酶变体也得不到说明书的支持，权利要求14~26所请求保护的编码枯草杆菌酶变体的DNA序列、表达载体、微生物宿主、制备枯草杆菌酶变体的方法、含有枯草杆菌酶变体的组合物以及该组合物的用途也得不到说明书的支持，所以上述权利要求不符合专利法第26条第4款的规定。

驳回决定所针对的权利要求书如下：

"1. 一种Ⅰ-S2亚组的枯草杆菌酶，其在从95~103位的活性位点环（b）区中的96位具有至少一个额外的氨基酸残基，由此所述额外氨基酸残基相应于在96~97位之间至少一个氨基酸残基的插入片段，其特征在于所述至少一个额外或插入的氨基酸残基选自 G、N、I、S、T、A、D、E、H、P、C、Q、V、F、L、M、W 和 Y。

2. 根据权利要求1的分离的枯草杆菌酶，其中包含在活性位点环（b）中的一个以上的额外或插入的氨基酸残基。

3. 根据权利要求的1或2的枯草杆菌酶，其中所述的96与97位之间的插入与进一步在任一其他位置的一种或多种修饰相结合。

4. 权利要求3的枯草杆菌酶，其中进一步的修饰是在一个或多个如下位置：27、36、57、76、87、97、101、104、120、123、167、170、206、218、222、224、235 和 274。

5. 根据权利要求1的枯草杆菌酶，其中所述的一种或多种修饰与位置129、131、133和194的一个或多个修饰结合。

6. 根据权利要求1的枯草杆菌酶，其中亲本枯草杆菌酶选自BLS147、BLS309、BAALKP和BYSYAB。

7. 权利要求1的分离的枯草杆菌酶，其选自：

L96LA，

L96LT，

L96LG，

L96LS，

L96LD，

L96LE，

L96LK，

L96LR，

L96LH，

L96LV，

L96LC，

L96LN，

L96LQ，

L96LF，

L96LI，

L96LL，

L96LM，

L96LP，

L96LW，和

L96LY。

8. 据权利要求3或4的枯草杆菌酶，其中所述进一步修饰选自K27R、*36D、S57P、N76D、S87N、G97N、S101G、V104A、V104N、V104Y、H120D、N123S、Y167X、R170X、Q206E、N218S、M222S、M222A、T224S、K235L和T274A。

9. 据权利要求3或4的枯草杆菌酶，其中所述进一步修饰选自S101G+V104N、S87N+S101G+V104N、K27R+V104Y+N123S+T274A、N76D+S103A+V104I或N76D+V104A与权利要求1~3中任一项提及的任何一个或多个替换、删除和/或插入的组合。

10. 权利要求3或4的枯草杆菌酶，其中所述进一步的一个或多个修饰选自还包含了P129K、P131H、A133P、A133D和A194P的组。

11. 根据权利要求1~3任一项的枯草杆菌酶，其包含的修饰选自如下的组：

L96LA+A98T，L96LG+G100S，L96LG+Y167A，L96LA+A98T，

L96LG+A98T+S103T，L96LG+A98T+Y167A，L96LG+S99T+S101A，

L96LG+G100S+Y167A，L96LA+A98T+A194P，N76D+L96LA+A98T，

L96LG+A98G+S99G+S101T+S103T。

12. 一种属于I-S2亚组的枯草杆菌酶，具有如下氨基酸序列：

. 1   10   20   30

. A-Q-S-V-P-W-G-I-S-R-V-Q-A-P-A-A-H-N-R-G-L-T-G-S-G-V-K-V-A-V-

```
                40                  50                  60
. L-D-T-G-I- * -S-T-H-P-D-L-N-I-R-G-G-A-S-F-V-P-G-E-P- * -S-T-Q-D-
                70                  80                  90
. G-N-G-H-G-T-H-V-A-G-T-I-A-A-L-N-N-S-I-G-V-L-G-V-A-P-S-A-E-L-
        96a                        110                 120
. Y-A-V-K-V-L-X-G-A-S-G-S-G-S-V-S-S-I-A-Q-G-L-E-W-A-G-N-N-G-M-H-
                130                 140                 150
. V-A-N-L-S-L-G-S-P-S-P-S-A-T-L-E-Q-A-V-N-S-A-T-S-R-G-V-L-V-V-
                160                 170                 180
. A-A-S-G-N-S-G-A- * -G-S-I-S- * - * - * -Y-P-A-R-Y-A-N-A-M-A-V-G-A-T-
                190                 200                 210
. D-Q-N-N-R-A-S-F-S-Q-Y-G-A-G-L-D-I-V-A-P-G-V-N-V-Q-S-T-Y-P-
                220                 230                 240
. G-S-T-Y-A-S-L-N-G-T-S-M-A-T-P-H-V-A-G-A-A-A-L-V-K-Q-K-N-P-S-
                250                 260                 270
. W-S-N-V-Q-I-R-N-H-L-K-N-T-A-T-S-L-G-S-T-N-L-Y-G-S-G-L-V-N-A-
        275
. E-A-A-T-R
```

或具有包含带有96a位氨基酸残基且显示与其有高于90%或95%同一性的氨基酸序列之同源枯草杆菌酶。

13. 权利要求11或12的 枯草杆菌酶，其中96a位的X选自T、A、G、S和P。

14. 编码权利要求1的枯草杆菌酶的分离的DNA序列。

15. 一种含有权利要求14的分离的DNA序列的表达载体。

16. 一种转化了权利要求15的表达载体的微生物宿主细胞。

17. 根据权利要求16的微生物宿主，它是细菌。

18. 根据权利要求17的微生物宿主，它是芽孢杆菌属。

19. 根据权利要求18的微生物宿主，它是迟缓芽孢杆菌。

20. 根据权利要求16的微生物宿主，它是真菌或酵母。

21. 根据权利要求20的微生物宿主，它是丝状真菌。

22. 根据权利要求21的微生物宿主，它是曲霉属。

23. 生产权利要求1的枯草杆菌酶的方法，其中将权利要求16~22中任一项的宿主在有利于表达和分泌所述变体的条件下培养，并回收枯草杆菌酶。

24. 一种含有权利要求1的枯草杆菌酶的洗涤剂组合物。

25. 根据权利要求24的洗涤剂组合物，其中还含有纤维素酶、脂酶、角质酶、氧化还原酶、其他蛋白酶或淀粉酶。

26. 权利要求1的枯草杆菌酶或者权利要求25的洗涤剂组合物在洗衣和/或洗碟洗涤剂中的用途。

申请人诺沃奇梅兹有限公司（下称请求人）对上述驳回决定不服，于2005年8月29日向专利复审委员会提出复审请求，请求人在提出复审请求时未提交经修改的申请文件，但提交了如下附件：

附件1：第4099号复审请求审查决定，决定日为2004年1月2日，复印件共4页。

请求人认为：(1) R、K与D、E、H均属于带电氨基酸组，C、N、Q与T、S均属于亲水性氨基酸组，V 与 G、A 均属于小的疏水性氨基酸组，L、F、Y、W 和 M 与 P 和 I 均属于大的疏水性氨基酸组，因此，所述枯草杆菌酶 96~97 位之间插入了至少一个 G、N、I、S、T、A、D、E、H、P、C、Q、V、F、L、M、W 和 Y 氨基酸残基的插入片段也能实现本发明目的；（2）本申请所述的氨基酸插入发生在分子表面的环区，环区非常柔软，插入的氨基酸中空间排布容易补偿，因此少量插入氨基酸残基的空间排布不会对该酶的空间构象（三级结构）造成实质性的变化，也不会因此带来酶功能实质性差异，只是在进行所述插入修饰的分子表面有小"泡"；（3）本申请说明书实施例 2~3 中已经给出了与所述序列的同一性高于 90% 的并且在洗涤性能测试中具有优于 Savinase 的活性的包含带有 96a 位氨基酸残基的变体，而且在所述蛋白质活性部位或功能域之外进行保守或非保守性修饰，不会对蛋白质活性造成实质性改变，特别是对达到 90% 或更高同一性的同源物而言；（4）第 4099 号复审请求审查决定对权利要求中用同源性方式限定的类似情况予以了认可。

经形式审查合格后，专利复审委员会受理了该复审请求，并于 2005 年 10 月 10 日向请求人发出《复审请求受理通知书》，同时将本申请案件移交原审查部门进行前置审查。

原审查部门在前置审查意见书中认为：化学领域属于试验性科学领域，其效果往往是难以预测的，因此需要用实际试验所得到的数据来定量地证明才能令人信服，定性地声称也只是一种推测而已。权利要求 1 中限定的是"具有至少一个额外的氨基酸残基"，"所述至少一个额外或插入的氨基酸残基选自……"，而活性位点环（b）区仅有 9 个氨基酸残基，显然，至少一个氨基酸残基所包含的范围很宽，当插入多个氨基酸残基时，对于活性位点环（b）区的一级结构所产生的影响可能是实质性的，蛋白质三级结构、乃至功能也可能随之产生实质性的改变，确实存在不确定性，至于 90% 或 95% 同一性的问题，请求人没有用功能性特征进行限定，而序列关键位置特征的限定仅指出了带有 96a 位氨基酸残基，没有排除对蛋白活性部位或功能域的突变，而所属领域技术人员公知蛋白活性部位或功能域对于其活性起决定作用。据此，原审查部门坚持原驳回决定。

针对该复审请求，专利复审委员会组成合议组对本复审请求案进行了审理，于 2007 年 6 月 28 日向请求人发出《复审通知书》。《复审通知书》指出：权利要求 1 请求保护一种 I-S2 亚组的枯草杆菌酶，其在从 95~103 位的活性位点环（b）区中的 96 位具有至少一个额外的氨基酸残基，由此所述额外氨基酸残基相应于在 96~97 位之间至少一个氨基酸残基的插入片段，其特征在于所述至少一个额外或插入的氨基酸残基选自 G、N、I、S、T、A、D、E、H、P、C、Q、V、F、L、M、W 和 Y。说明书中只是以实验证据验证了所述枯草杆菌酶在 96~97 位之间插入了一个 G 或 A 或 T 氨基酸残基的插入片段，以及 96~97 位之间插入一个 G 或 A 或 T 和其他特定位点存在另外修饰的数个变体（即说明书第 38 页中列出的变体）具有优于 Savinase 的活性，而对于所述枯草杆菌酶在 96~97 位之间插入了一个 N、I、S、D、E、H、P、C、Q、V、F、L、M、W 和 Y 氨基酸残基（即 G 或 A 或 T 以外的其他氨基酸残基）的插入片段或多个氨基酸残基的插入片段或与说明书验证的变体中 96~97 位外其他位点不同的位点进一步存在另外修饰，如插入、取代等的变体，对于这些变体是否同样具有在洗涤性能测试中具有优于 Savinase 的活性，说明书中并没有实验证据加以证明，所属技术领域的技术人员也无法从现有技术中合理地推导出来。这是因为，作为蛋白质一级结构的氨基酸序列是其空间结构的基础，而蛋白质的空间结构又是其功能的基础，组成相似的蛋白质是否具有相似的空间结构和相似的功能，主要取决于那些在维系其空间结构以及功能、活性中起关键作用的氨基酸残基的差异，以及这些差异是否足以改变其空间构象和相应的生物学功能及活性。蛋白质氨基酸序列中的一些甚至一个起关键作用的氨基酸改变，都可能导致蛋白质空间结构与生物学活性或功能的巨大变化。对于权利要求 1 要求保护的枯草杆菌酶其在从 95~103 位的活性位点环（b）区中的 96 位具有至少一个额外的氨基酸残基，由于该位点为关键的酶活性部位中的位点，根据说明书的内容及现有技术，酶活性部位插入的氨基酸残基类型和数量对蛋白质酶活性的影响是无法预料的；另外，酶活性区只是酶功能必不可少的部分，其他区域对于维持整个酶分子的空间构象、酶与底物的结合也是至关重要的，在这些区域中存在的修饰对于酶分子功能的影响也是无法预料的，因此，所属技术领域的技术人员不经过大量劳动进行筛选和实验验证无法确定权利要求 1 限定出的成千上万个枯草杆菌酶变体是否都具有所述技术效果。因此，权利要求 1 限定的保护范围包含了申请人推测的内容，而其效果又难以预先确定和评价，权利要求 1 所要求保护技术方案得不到说明书的支持，不符合专利法第 26 条第 4 款的规定。同理，包含权利要求 1 所述技术方案的权利要求 2~10、13~26 也不符合专利法第 26 条第 4 款的规定。

权利要求 12 中还请求保护所述具有包含带有 96a 位氨基酸残基且显示与其有高于 90% 或 95% 同一性的氨基酸序列的同源枯草杆菌酶氨基酸序列，由于在一级序列上的高同源性并不必然导致相应蛋白质功能的相同，而本申请说明书也没有提供相应的生物学实验证实权利要求 12 要求保护的上述同源枯草杆菌酶的功能。另外，具有高于 90% 或 95% 同一性的氨基酸序列的数量是极大的，所属技术领域的技术人员要从中筛选出能达到本发明目的的枯草杆菌酶变体需要付出创造性的劳动，因此，权利要求 12 限定的保护范围包含了请求人推测的内容，而其效果又难于预先确定和评价，因此，权利要求 12 所要求保护技术方案得不到说明书的支持，不符合专利法第 26 条第 4 款的规定。

针对请求人在复审请求书中提出的意见，《复审通知书》进一步指出：(1) 由于本申请说明书中仅仅验证了所述枯草杆菌酶 96~97 位之间插入了一个 A、G 或 T 氨基酸残基的插入片段的情况，对于所述枯草杆菌酶 96~97 位之间插入了一个 D、E、H、S、P 或 I 氨基酸残基的插入片段只是记载了该变体，并没有进行功能的实验验证，而且对于所述枯草杆菌酶 96~97 位之间插入了一个 N、C、Q、V、F、L、M、W 或 Y 氨基酸残基的插入片段既没有记载所述变体，也没有进行功能的实验验证，因此，所属技术领域的技术人员难以预测所述枯草杆菌酶 96~97 位之间插入了一个 N、I、S、D、E、H、P、C、Q、V、F、L、M、W 和 Y 氨基酸残基的插入片段能实现本发明目的。说明书中也没有对所述枯草杆菌酶 96~97 位之间插入多个氨基酸残基的插入片段的情况进行记载和功能的实验验证，而且活性位点环 (b) 区仅有 9 个氨基酸残基，当插入多个氨基酸残基时，对于活性位点环 (b) 区的一级结构所产生的影响是很大的，因此所属技术领域的技术人员也难以预测所述枯草杆菌酶 96~97 位之间插入了多个 G、N、I、S、T、A、D、E、H、P、C、Q、V、F、L、M、W 和 Y 氨基酸残基的插入片段也能实现本发明目的。另外，分组只是基于所述氨基酸残基某一方面的性质进行的，由于所述氨基酸残基各方面的性质很多，例如还可以按照氨基酸的侧链性质进行分组，则分组结果与请求人陈述的不同，因此该某一方面性质相同并不能直接确定所述枯草杆菌酶 96~97 位之间插入所述氨基酸残基后对蛋白质的一级结构、三级结构及其功能没有影响，而且如果依照请求人的陈述，请求人本身就已经把权利要求 1 所述氨基酸残基分了不同性质的几类氨基酸残基，也就不能预测所述氨基酸残基进行相互替代后也能实现本发明目的。(2) 请求人所述的插入修饰的分子表面有小"泡"本身就已经使所述枯草杆菌酶在空间结构上就有了变化，而且本申请权利要求 1 中是插入至少一个氨基酸残基，并不是少量插入氨基酸残基，说明书中及现有技术中均没有证据证明小"泡"的出现对该活性位点环区的功能没有影响。(3) 说明书中实施例 2~3 仅仅提供了有限的几个变体，所属技术领域的技术人员难以确定权利要求 12 所述众多的变体都能实现本发明目的，而且，请求人也没有用功能性特征对所述序列进行限定。在确定某基因所编码的蛋白质的功能时，同源性比较的结果仅表明一种可能性，是一种推测，只有当推测的结果经实验证实后，才能确定该基因的功能。也就是说，在缺乏实验证据的情况下，仅通过同源性推测尚不足以认定权利要求 12 所述所述序列的功能已经确定，另外，所述序列关键位置特征的限定也仅指出了带有 96a 位氨基酸残基，没有排除对蛋白质活性部位或功能域的突变，而蛋白质活性部位或功能域对于其活性起决定作用。(4) 请求人所提供的第 4099 号复审请求审查决定与本案无关。

2007年10月15日，请求人针对上述复审通知书提交了意见陈述书和的权利要求书全文替换页（共24项3页）。请求人在意见陈述书中认为所述修改已经克服了审查员所指出的缺陷。请求人新提交的权利要求书为：

1. 一种I-S2亚组的枯草杆菌酶，其在从95-103位的活性位点环（b）区中的96位具有一个额外的氨基酸残基，由此所述额外氨基酸残基相应于在96~97位之间至少一个氨基酸残基的插入片段，其特征在于所述一个额外或插入的氨基酸残基选自G、T、A。

2. 权利要求1的分离的枯草杆菌酶，其选自：L96LA，L96LT和L96LG。

3. 根据权利要求的1或2的枯草杆菌酶，其中所述的96与97位之间的插入与进一步在任一其他位置的一种或多种修饰相结合。

4. 权利要求3的枯草杆菌酶，其中进一步的修饰是在一个或多个如下位置：27、36、57、76、87、97、101、104、120、123、167、170、206、218、222、224、235和274。

5. 根据权利要求1的枯草杆菌酶，其中所述的一种或多种修饰与位置129、131、133和194的一个或多个修饰结合。

6. 根据权利要求1的枯草杆菌酶，其中亲本枯草杆菌酶选自BLS147、BLS309、BAALKP和BYSYAB。

7. 据权利要求3或4的枯草杆菌酶，其中所述进一步修饰选自K27R、*36D、S57P、N76D、S87N、G97N、S101G、V104A、V104N、V104Y、H120D、N123S、Y167X、R170X、Q206E、N218S、M222S、M222A、T224S、K235L和T274A。

8. 据权利要求3或4的枯草杆菌酶，其中所述进一步修饰选自S101G+V104N、S87N+S101G+V104N、K27R+V104Y+N123S+T274A、N76D+S103A+V104I或N76D+V104A与权利要求1~3中任一项提及的任何一个或多个替换、删除和/或插入的组合。

9. 权利要求3或4的枯草杆菌酶，其中所述进一步的一个或多个修饰选自包括P129K、P131H、A133P、A133D和A194P的组。

10. 根据权利要求1的枯草杆菌酶，其包含的修饰选自如下的组：
L96LA+A98T，L96LG+G100S，L96LG+Y167A，L96LG+A98T+S103T，L96LG+A98T+Y167A，L96LG+S99T+S101A，L96LA+A98T+A194P，N76D+L96LA+A98T，L96LG+A98G+S99G+S101T+S103T。

11. 一种属于I-S2亚组的枯草杆菌酶，具有如下氨基酸序列：

```
.1              10              20              30
.A-Q-S-V-P-W-G-I-S-R-V-Q-A-P-A-A-H-N-R-G-L-T-G-S-G-V-K-V-A-V-
.               40              50              60
.L-D-T-G-I-*-S-T-H-P-D-L-N-I-R-G-G-A-S-F-V-P-G-E-P-*-S-T-Q-D-
.               70              80              90
.G-N-G-H-G-T-H-V-A-G-T-I-A-A-L-N-N-S-I-G-V-L-G-V-A-P-S-A-E-L-
.               96a             110             120
.Y-A-V-K-V-L-X-G-A-S-G-S-G-S-V-S-S-I-A-Q-G-L-E-W-A-G-N-N-G-M-H-
.               130             140             150
.V-A-N-L-S-L-G-S-P-S-P-S-A-T-L-E-Q-A-V-N-S-A-T-S-R-G-V-L-V-V-
.               160             170             180
.A-A-S-G-N-S-G-A-*-G-S-I-S-*-*-*-Y-P-A-R-Y-A-N-A-M-A-V-G-A-T-
```

```
                  190           200           210
. D-Q-N-N-R-A-S-F-S-Q-Y-G-A-G-L-D-I-V-A-P-G-V-N-V-Q-S-T-Y-P-
              220           230           240
. G-S-T-Y-A-S-L-N-G-T-S-M-A-T-P-H-V-A-G-A-A-A-L-V-K-Q-K-N-P-S-
              250           260           270
. W-S-N-V-Q-I-R-N-H-L-K-N-T-A-T-S-L-G-S-T-N-L-Y-G-S-G-L-V-N-A-
         275
. E-A-A-T-R
```

其中96a位的X选自T、A和G。

12. 编码权利要求1的枯草杆菌酶的分离的DNA序列。

13. 一种含有权利要求12的分离的DNA序列的表达载体。

14. 一种转化了权利要求13的表达载体的微生物宿主细胞。

15. 根据权利要求14的微生物宿主，它是细菌。

16. 根据权利要求15的微生物宿主，它是芽孢杆菌属。

17. 根据权利要求16的微生物宿主，它是迟缓芽孢杆菌。

18. 根据权利要求14的微生物宿主，它是真菌或酵母。

19. 根据权利要求18的微生物宿主，它是丝状真菌。

20. 根据权利要求19的微生物宿主，它是曲霉属。

21. 生产权利要求1枯草杆菌酶的方法，其中将权利要求14～20中任一项的宿主在有利于表达和分泌所述变体的条件下培养，并回收枯草杆菌酶。

22. 一种含有权利要求1的枯草杆菌酶的洗涤剂组合物。

23. 根据权利要求22的洗涤剂组合物，其中还含有纤维素酶、脂酶、角质酶、氧化还原酶、其他蛋白酶或淀粉酶。

24. 权利要求1的枯草杆菌酶或者权利要求23的洗涤剂组合物在制备洗衣和/或洗碟洗涤剂中的用途。

至此，合议组认为本案事实已经清楚，可以作出复审决定。

二、决定的理由

1. 依据的审查文本

请求人于2007年10月15日提交了经修改的权利要求书，经审查，该修改的权利要求书符合专利法第33条、专利法实施细则第60条第1款的规定，故本复审决定依据的文本是：2001年7月19日提交的说明书摘要、说明书第1～38页、说明书附图第2～5页、核苷酸和氨基酸序列表第1～3页，2004年3月29日提交的说明书附图第1页，2007年10月15日提交的权利要求1～24。

2. 关于专利法第26条第4款

专利法第26条第4款规定，权利要求书应当以说明书为依据，说明要求专利保护的范围。

根据该款规定，权利要求书中的每一项权利要求所要求保护的技术方案应当是所属技术领域的技术人员能够从说明书中公开的内容直接得到或者概括得出的技术方案，并且权利要求的范围不得超出说明书记载的内容。如果权利要求的概括包含申请人推测的内容，而且效果又难以预先确定和评价，应当认为这种概括超出了说明书公开的范围。

请求人在答复《复审通知书》所提交的修改后的权利要求1请求保护一种I-S2亚组的枯草杆菌酶，其在从95～103位的活性位点环（b）区中的96位具有一个额外的氨基酸残基，由此所述额外氨基酸残基相应于在96～97位之间至少一个氨基酸残基的插入片段，其特征在于所述一个额外或插入的氨基酸残基选自G、T和A。所述修改后的权利要求1虽然删除了原权利要求1中在96～97位之间插入的除G、T和A以外的氨基酸残基，而且同时删除了在95～103位的活性位点环（b）区中的96位具有多个额外的氨基酸残基的技术特征，但该权利要求并未排除96～97位外的其他位点存在修饰的情况，其中包括95～103位的活性位点环中96～97位外的其他位点以及活性位点环外的其他位点的修饰，如插入，缺失或者取代等，说明书中只是以实验证据验证了所述枯草杆菌酶仅在96～97位之间插入了一个G或A或T氨基酸残基的变体，以及96～97位之间插入一个G或A或T和其他特定位点存在另外修饰的数个变体（即说明书第38页中列出的变体）具有优于Savinase的活性，对于所述枯草杆菌酶在活性位点环中96～97位外的其他位点存在修饰而得到的变体，其是否同样具有在洗涤性能测试中具有优于Savinase的活性，说明书中并没有实验证据加以证明，所属技术领域的技术人员也无法从现有技术中合理地推导出来。这是因为，作为蛋白质一级结构的氨基酸序列是其空间结构的基础，而蛋白质的空间结构又是其功能的基础，组成相似的蛋白质是否具有相似的空间结构和相似的功能，主要取决于那些在维系其空间结构以及功能、活性中起关键作用的氨基酸残基的差异，以及这些差异是否足以改变其空间构象和相应的生物学功能及活性。蛋白质氨基酸序列中的一些甚至一个起关键作用的氨基酸改变，都可能导致蛋白质空间结构与生物学活性或功能的巨大变化。对于权利要求1要求保护的枯草杆菌酶，其包括在95～103位的活性位点环的96～97位外其他活性位点存在修饰的情况，由于该酶活性部位只有9个氨基酸，其中任何一个位点的修饰都可能导致酶活性的巨大变化或者丧失，其对蛋白质酶活性的影响是无法预料的；另外，权利要求1未排除对活性位点环之外的其他位点进行修饰的情况，而酶活性区只是酶功能必不可少的部分，其他区域对于维持整个酶分子的空间构象、酶与底物的结合也是至关重要的，在这些区域中存在的修饰对于酶分子功能的影响也无法预料，导致所属技术领域的技术人员不经过大量劳动进行筛选和实验验证无法确定权利要求1限定出的所有枯草杆菌酶变体是否都具有所述技术效果。因此，权利要求1限定的保护范围包含了请求人推测的内容，而其效果又难于预先确定和评价，权利要求1所要求保护技术方案得不到说明书的支持，不符合专利法第26条第4款的规定。同理，以权利要求1所述技术方案为基础的权利要求2～9、12～24也不符合专利法第26条第4款的规定。

请求人在提出复审请求时的第4099号复审请求审查决定与本案无关，合议组对该证据不予考虑。

根据以上事实和理由，本案合议组作出以下审查决定。

三、决定

维持国家知识产权局于2005年5月13日对99815737.6号发明专利申请作出的驳回决定。

复审请求人对本决定不服的，可以根据专利法第41条第2款的规定，自收到本决定之日起三个月内向北京市第一中级人民法院起诉。

119

阴离子型或阳离子型树枝状聚合物抗微生物或抗寄生物的组合物

复审请求审查决定（第 12401 号）

决　定　号	第 12401 号
决　定　日	2007 年 12 月 17 日
发明创造名称	阴离子型或阳离子型树枝状聚合物抗微生物或抗寄生物的组合物
国际分类号	A61K 31/74，A61K 31/785，A61K 31/795
复审请求人	星药股份有限公司
申　请　号	99812270.X
优　先　权　日	1998 年 9 月 14 日
申　请　日	1999 年 9 月 13 日
公　开　日	2001 年 11 月 21 日
合议组组长	李人久
主　审　员	旭　昀
参　审　员	张晓飞

法　律　依　据　专利法第 26 条第 4 款

决　定　要　点

如果权利要求的概括包含申请人推测的内容，而其效果又难以预先确定和评价，则认为这种概括超出了说明书公开的范围。

一、案由

本复审请求涉及 1999 年 9 月 13 日申请、2001 年 11 月 21 日中国国家阶段公开、名称为"阴离子型或阳离子型树枝状聚合物抗微生物或抗寄生物的组合物"的第 99812270.X 号发明专利申请（下称本申请），本申请的优先权日为 1998 年 9 月 14 日。2006 年 4 月 14 日，申请人由星药有限公司变更为星药股份有限公司。

2004 年 12 月 3 日，针对申请人于 2004 年 11 月 3 日提交的权利要求 1~12，2001 年 4 月 17 日提交的说明书第 1~47 页、说明书附图第 1~5 页、说明书摘要，国家知识产权局以权利要求 1~12 不符合专利法第 26 条第 4 款的规定为由驳回了本申请，驳回决定指出：权利要求 1 请求保护一种包括如其所定义的阴离子型或阳离子型树枝状聚合物在制备用于预防性或治疗性抑制人或非人的动物患者体内细菌、酵母、真菌或寄生物的药物中的用途，而本申请的说明书中仅具体实施了：（1）具体的几种含氮阳离子基团（如胍基、[四氮杂环十四烷]甲基苯甲酰胺、二磺基苯基硫脲钠、三磺基萘基硫脲钠、二羧基苯基硫脲钠）封端的 PAMAM 核的树枝状聚合物——BRI2998、BRI6041、BRI6042、

BRI6039、BRI2923、BRI6157、BRI6181、BRI6195 在抑制疟原虫的体外活性试验；（2）具体的吡啶鎓十二烷基羧酰氨基封端的 PAMAM 核的树枝状聚合物——BRI6807、BRI66809 在抑制金色葡萄球菌、粪肠球菌、大肠杆菌的体外活性试验。根据本领域熟知的药物构效关系学说，聚合物的具体结构，如核心基团、封端基团、衍生代数的差异均会对其具体性质，特别是药物活性产生较大影响，不同种类的细菌、酵母、真菌或寄生物疾病在诱病致病机理和对症药物的选择上均不相同或相关，而该权利要求 1 对所述树枝状聚合物的各基团的具体结构未进行任何限定，所属领域技术人员仅根据说明书的记载，难以预见到除其具体实施的上述物质之外的其他所述聚合物均能实现除上述具体适应症外其他所有请求保护的用途，并达到所述的技术效果，因此权利要求 1 得不到说明书的实质支持，不符合专利法第 26 条第 4 款的规定。同样理由，所属领域技术人员仅根据说明书的记载，并结合药物构效关系的一般知识，仍然难以预见权利要求 2～12 除其具体实施的上述物质之外的其他所述聚合物均能实现除上述具体适应症外其他所有请求保护的用途，并达到所述的技术效果，因此权利要求 2～12 得不到说明书的实质支持，不符合专利法第 26 条第 4 款的规定。

驳回决定所针对的权利要求书如下：

"1. 具有多个端基并且其中至少一个端基带有与之结合或连接的含阴离子或阳离子的部分的树枝状聚合物在制备用于预防性或治疗性抑制人或非人的动物患者体内细菌、酵母、真菌或寄生物的药物中的用途。

2. 一种根据权利要求 1 所述的用途，其中所述树枝状聚合物包括与至少两个树枝状分支共价结合的多价核并通过至少两代扩展。

3. 一种根据权利要求 2 所述的用途，其中所述的树枝状聚合物是基于氨核的聚酰氨基胺树枝状聚合物。

4. 一种根据权利要求 2 所述的用途，其中所述的树枝状聚合物是基于乙二胺核的聚酰氨基胺树枝状聚合物。

5. 一种根据权利要求 2 所述的用途，其中所述的树枝状聚合物是基于二苯甲基胺核的聚赖氨酸树枝状聚合物。

6. 一种根据权利要求 2 所述的用途，其中所述的树枝状聚合物是聚甲基吖丙啶树枝状聚合物。

7. 一种根据权利要求 2 所述的用途，其中所述的化合物是下列通式 I 的聚离子型树枝状聚合物：

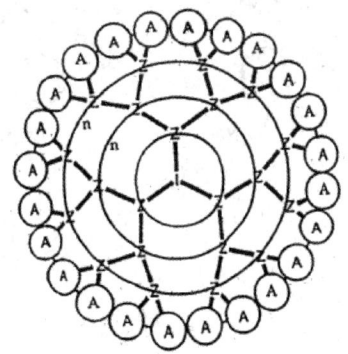

其中：I 是引发剂核；

Z 是内部支化单元；

n 是代表所述树枝状聚合物代数的整数；

且

A 是直接或通过连接基团与内部支化单元 Z 连接的含阴离子或阳离子的部分。

8. 一种根据权利要求 1～7 中任意一项所述的用途，其中在所述的化合物中，所述含阴离子或阳离子的部分或多个部分通过酰胺或硫脲键与胺、硫氢基、羟基或其他反应性端基结合。

9. 一种根据权利要求1~7中任意一项所述的用途，其中在所述的化合物中，所述含阴离子或阳离子的部分选自下列部分组成的组：含磺酸的部分、含羧酸的部分、含神经氨酸的部分、含唾液酸的部分、含修饰的神经氨酸的部分、含修饰的唾液酸的部分、含硼酸的部分、含磷酸和膦酸的部分、含酯化的磷酸的部分、含酯化的膦酸的部分、含伯氨基、仲氨基、叔氨基或季氨基的部分、含吡啶鎓的部分、含胍鎓的部分、含脒鎓的部分、含苯酚的部分、具有酸性或碱性氢的杂环和含两性离子的部分。

10. 一种根据权利要求1~7中任意一项所述的用途，其中在所述的化合物中，与树枝状聚合物的氨基或其他反应性端基结合的部分或多个部分选自下列基团，其中n是0或正整数：

$$—NH(CH_2)_nSO_3^- \quad —(CH_2)_nSO_3^- \quad —Ar(SO_3^-)_n$$

$$—CH_2CH(SO_3^-)COOH \quad —CH(SO_3^-)CH_2COOH \quad —ArX(CH_2)_nSO_3^- \quad X = O, S, NH$$

$$—(CH_2)_nN^+Me_3 \quad —Ar(N^+Me_3)_n \quad —Ar(CH_2N^+Me_3)_n$$

—ArXP(=O)(OR)$_2$ X=O, CH$_2$, CHF, CF$_2$ R=烷基, 芳基, H, Na

—ArXP(=O)(OR^1)(NR^{2}R^3) X=O, CH$_2$, CHF, CF$_2$ R^1=烷基, 芳基, H, Na   R^2, R^3=烷基, 芳基

—Ar[P(=O)(OR)$_2$]$_n$ R=烷基, 芳基, H, Na   n=1-3

—Ar[B(OH)$_2$]$_n$ n=1-3   —Ar[COOH]$_n$ n=1-3

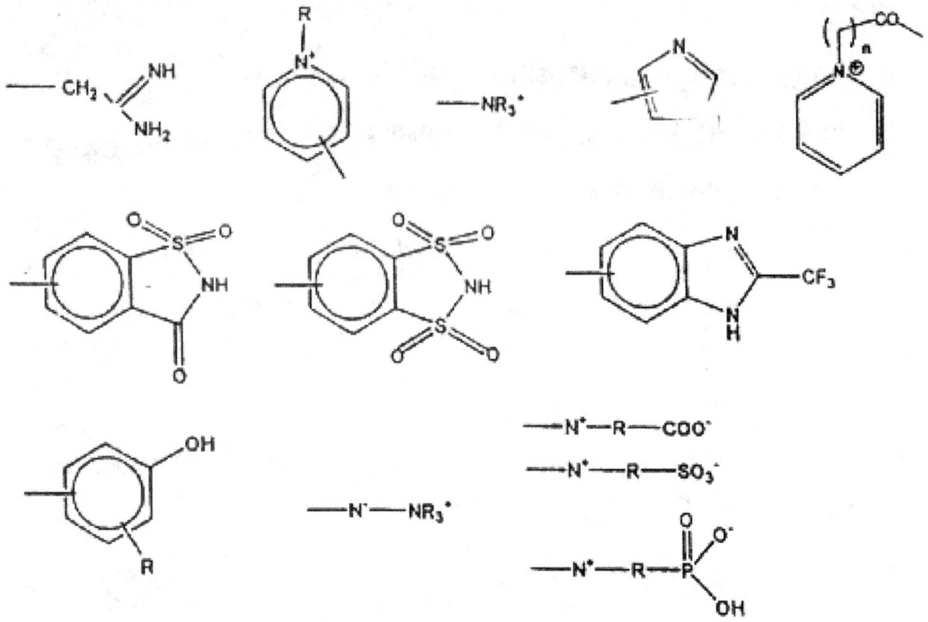

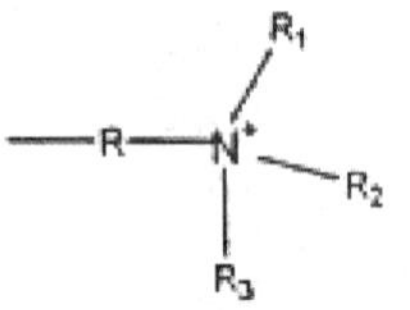

R = 烷基或芳烷基；R_1、R_2、R_3 可以相同或不同，为烷基或芳烷基

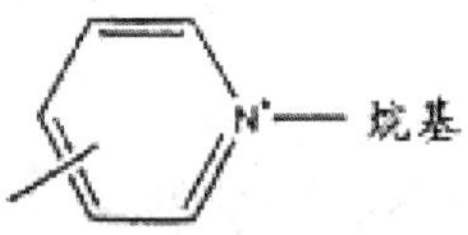

11. 一种根据权利要求1~7中任意一项所述的用途，其中所述的化合物选自下列物质组成的组：

i. 烷基磺酸封端的树枝状聚合物；

ii. 磺基乙酰胺封端的树枝状聚合物；

iii. 磺基琥珀酰胺酸封端的树枝状聚合物；

iv. N-（2-磺基乙基）琥珀酰胺封端的树枝状聚合物；

v. 4-磺基苯基硫脲封端的树枝状聚合物；

vi. 3，6-二磺基萘基硫脲封端的树枝状聚合物；

vii. 4-磺基萘基硫脲封端的树枝状聚合物；

viii. 3，5-二磺基苯基硫脲封端的树枝状聚合物；

ix. 3，6，8-三磺基萘基硫脲封端的树枝状聚合物；

x. 4-（磺基甲基）苯甲酰胺封端的树枝状聚合物；

xi. 4-磺基苯甲酰胺封端的树枝状聚合物；

xii. N-（4-磺基苯基）丙酰胺封端的树枝状聚合物；

xiii. 4-磺基苯基脲封端的树枝状聚合物；

xiv. N，N，N-三-甲基甘氨酰胺封端的树枝状聚合物；

xv. 4-三甲基铵苯甲酰胺封端的树枝状聚合物；

xvi. 4-（三甲基铵甲基）苯甲酰胺封端的树枝状聚合物；

xvii. N-（2-乙酰氧基乙基）-N，N-（二甲基铵）甲基-羧酰胺封端的树枝状聚合物；

xviii. 胍基封端的树枝状聚合物；

xix. 4-（[1，4，8，11-四氮杂环十四烷]甲基）苯甲酰胺封端的树枝状聚合物；

xx. 4-羧基-3-羟基-苄胺封端的树枝状聚合物；

xxi. 4-羧基苯基酰胺封端的树枝状聚合物；

xxii. 3，5 二羧基苯基酰胺封端的树枝状聚合物；

xxiii. 4-膦酰基氧基苯基硫脲封端的树枝状聚合物；

xxiv. 4-（膦酰基甲基）苯基硫脲封端的树枝状聚合物；

xxv. 乙基-4-（膦酰基甲基）苯基硫脲封端的树枝状聚合物；

xxvi. （8-辛酰氨基）-5-乙酰氨基-3，5-双脱氧-2-硫-D-甘油基-α-D-半乳糖基-2-nonulo 吡喃糖苷酸封端的树枝状聚合物；

xxvii. （11-十一酰氨基）-5-乙酰氨基-3，5-双脱氧-2-硫-D-甘油基-α-D-半乳糖基-2-nonulo 吡喃糖苷酸封端的树枝状聚合物；

xxviii. （乙酰氨基）-5-乙酰氨基-3，5-双脱氧-2-硫-D-甘油基-α-D-半乳糖基-2-nonulo 吡喃糖苷酸封端的树枝状聚合物；

xxix. （4-丁酰氨基）-5-乙酰氨基-3，5-双脱氧-2-硫-D-甘油基-α-D-半乳糖基-2-nonulo 吡喃糖苷酸封端的树枝状聚合物；

xxx. （4-甲基苯甲酰氨基）-5-乙酰氨基-3，5-双脱氧-2-硫-D-甘油基-α-D-半乳糖基-2-nonulo 吡喃糖苷酸封端的树枝状聚合物；

xxxi. （8-辛酰氨基）-4-叠氮基-5-乙酰氨基-3，4，5-三脱氧-2-硫-D-甘油基-α-D-半乳糖基-2-nonulo 吡喃糖苷酸封端的树枝状聚合物；

xxxii. （8-辛酰氨基）-4-氨基-5-乙酰氨基-3，4，5-三脱氧-2-硫-D-甘油基-α-D-半乳糖基-2-nonulo 吡喃糖苷酸封端的树枝状聚合物；

xxxiii. 4-苯甲酰氨基硼酸封端的树枝状聚合物；

xxxiv. 3，5-二羧基苯基硫脲封端的树枝状聚合物；

xxxv. 4-膦酰基氧基苯基硫脲封端的树枝状聚合物；

xxxvi. 4-膦酰基苯基硫脲封端的树枝状聚合物；

xxxvii. 4，6-二膦酰基萘基硫脲封端的树枝状聚合物；

xxxviii. 荧光素硫脲封端的树枝状聚合物；

xxxix. （苯基-3-硼酸）-硫脲封端的树枝状聚合物；

xl. 吡啶鎓十二烷基甲酰胺封端的树枝状聚合物；和

xli. 糖精封端的树枝状聚合物。

12. 一种根据权利要求1~7中任意一项所述的用途，其中所述的治疗包括抑制细菌、酵母或真菌病原体或寄生性病原体。"

申请人星药有限公司（下称请求人）对上述驳回决定不服，于2005年3月23日向专利复审委员会提出复审请求，请求人在提出复审请求时没有提交新修改的专利申请文本，但是提交了如下附件：

附件1：美国专利文献US6464971B1，公开日为2002年10月15日，扉页及权利要求书，复印件共5页。

请求人认为：（1）本申请的各项权利要求均在说明书中有相应的记载和描述，而且说明书也公开了足够的技术信息（说明书第3页第2段至第4页第2段、第5页第3段至第7页第1段）使得所属领域的技术人员能够明了如何实施权利要求要求保护的技术方案,因此可以将实施例的内容扩展到权利要求保护的范围,审查指南第二部分第二章第3.2.1节第2~25页第4段所举的处理植物种籽的方法的例子可以支持上述观点;(2)所述树枝状聚合物用于提供一种具有特定的空间尺寸的用于结合或连接这些阴离子或阳离子部分的确定的"脚手架",其本身并不发挥药理学作用,因此审查员所述"聚合物的具体结构,如核心基团、封端基团、衍生代数的差异均会对其具体性质,特别是药物活性产生较大影响"认识不准确;(3)本申请相应的美国申请已经被授权,专利号为US6464971B1;(4)由于权利要求1~12的技术方案完全是新的,因此应当允许本申请权利要求有较宽的保护范围。

经形式审查合格后,专利复审委员会受理了该复审请求,并于2005年4月20日向请求人发出《复审请求受理通知书》,同时将本申请案件移交原审查部门进行前置审查。

原审查部门在前置审查意见书中认为:请求人在复审请求时没有对权利要求进行任何修改,也没有提供任何新的证据,只是概括性的论述了其各项权利要求已经得到说明书充分支持的理由,原审查部门在驳回决定中已经考虑了请求人所论述的理由,并对权利要求书各个技术方案的驳回理由均进行了充分的阐述。据此,原审查部门坚持原驳回决定。

针对该复审请求,专利复审委员会组成合议组对本复审请求案进行了审理,于2007年6月28日向请求人发出《复审通知书》。《复审通知书》指出:在本复审请求的发明专利申请中,权利要求1请求保护具有多个端基并且其中至少一个端基带有与之结合或连接的含阴离子或阳离子的部分的树枝状聚合物在制备用于预防性或治疗性抑制人或非人的动物患者体内细菌、酵母、真菌或寄生物的药物中的用途。说明书中未公开所述树枝状聚合物能够抑制细菌、酵母、真菌或寄生物的机理,因此所属领域的技术人员难以从说明书所记载的内容确定树枝状聚合物中核心基团、封端基团、衍生代数以及所连接的阴离子或阳离子具体是哪一部分或哪几部分对其活性起着决定性作用,也就是说构成树枝状聚合物的核心基团、封端基团、衍生代数以及所连接的阴离子或阳离子的差异均有可能对其活性产生较大影响,而说明书中只是提供了几种具体的树枝状聚合物如胍基、[四氮杂环十四烷]甲基苯甲酰胺、二磺基苯基硫脲钠、三磺基萘基硫脲钠、二羧基苯基硫脲钠、吡啶鎓十二烷基羧酰氨基封端PAMAM核的树枝状聚合物在抑制疟原虫、金色葡萄球菌、粪肠球菌、大肠杆菌的体外活性试验数据,所属技术领域的技术人员根据说明书记载的内容在不经过大量劳动验证的情况下难以预见本申请权利要求1所概括的那些与胍基、[四氮杂环十四烷]甲基苯甲酰胺、二磺基苯基硫脲钠、三磺基萘基硫脲钠、二羧基苯基硫脲钠、吡啶鎓十二烷基羧酰氨基封端PAMAM核的树枝状聚合物结构差别很大的其他树枝状聚合物也能够具有所述的活性从而解决其技术问题并达到相同的技术效果。由此可见,权利要求1限定的保护范围包含了申请人推测的内容,而其效果又难于预先确定和评价,因此,权利要求1所要求保护的技术方案得不到说明书的支持,不符合专利法第26条第4款的规定。同样理由,对于权利要求2~12限定的保护范围内的许多技术方案,不经过大量的劳动验证,本领域技术人员无法从说明书以及现有技术的教导中推导出所述方案都能够实现本发明的目的,因此权利要求2~12也得不到说明书的支持,不符合专利法第26条第4款的规定。

针对请求人在复审请求书中提出的意见,复审通知书进一步指出:(1)专利说明书的意义在于指导所属领域的技术人员实施和再现本发明权利要求要求保护的技术方案,而不是在缺少试验效果数据的情况下,让所属领域的技术人员从说明书公开的大量技术信息中通过反复的试验以比较、验证和最终发现申请人实际上要求保护的技术方案,而且说明书技术方案部分也仅是断言除了实施例的之外的其他树枝状聚合物具有所述的活性,并未公开足够的技术信息或实验证据使所属技术领域的技术人员能够明了为何与实施例结构不同的其他树枝状聚合物也能够具有所述的活性;(2)请求人所述"脚手架"理论在说明书以及现有技术中均没有相应的事实证据的支持;(3)各国的专利制度不尽相同,而且对同一专利的审查标准也不尽相同,因此,同一专利即使在别的国家已经得到授权,但不代表该专利就一定能够在中国得到授权,而且从该美国申请的授权文本可以看出,所述权利要求的保护范围也较本申请小;(4)权利要求技术方案是新的与本申请是否符合专利法第26条第4款的规定并没有直接关系,权利要求的技术方案在任何情况下都需要得到说明书的支持。

2007年8月13日,请求人针对上述《复审通知书》提交了意见陈述书和权利要求书全文替换页(共11项6页)。复审请求人新提交的权利要求书为:

"1. 阴离子或阳离子树枝状聚合物在制备用于抑制人或非人的动物患者体内细菌、酵母、真菌或寄生病原体的药物中的用途,所述树枝状聚合物具有多个端基,其中至少一个端基带有与之结合或连接的含阴离子或阳离子的部分,其中所述树枝状聚合物包括与至少两个树枝状分支共价结合的多价核并通过至少两代扩展,并且是聚酰氨基胺树枝状聚合物、聚赖氨酸树枝状聚合物或聚甲基吖丙啶树枝状聚合物。

2. 一种根据权利要求1所述的用途,其中所述的树枝状聚合物是基于氨核的聚酰氨基胺树枝状聚合物。

3. 一种根据权利要求1所述的用途,其中所述的树枝状聚合物是基于乙二胺核的聚酰氨基胺树枝状聚合物。

4. 一种根据权利要求1所述的用途,其中所述的树枝状聚合物是基于二苯甲基胺核的聚赖氨酸树枝状聚合物。

5. 一种根据权利要求1所述的用途,其中所述的树枝状聚合物是聚甲基吖丙啶树枝状聚合物。

6. 一种根据权利要求1所述的用途,其中所述的化合物是下列通式I的聚离子型树枝状聚合物:

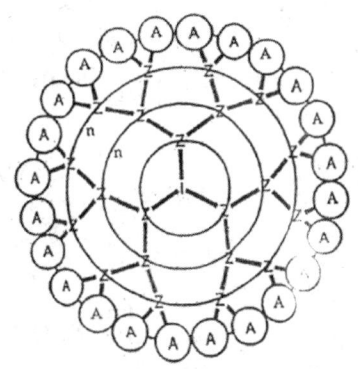

其中:
I是引发剂核;
Z是内部支化单元;
n是代表所述树枝状聚合物代数的整数;
且
A是直接或通过连接基团与内部支化单元Z连接的含阴离子或阳离子的部分。

7. 一种根据权利要求1~6中任意一项所述的用途,其中在所述的化合物中,所述含阴离子或阳离子的部分或多个部分通过酰胺或硫脲键与胺、硫氢基、羟基或其他反应性端基结合。

8. 一种根据权利要求1~6中任意一项所述的用途,其中在所述的化合物中,所述含阴离子或阳离子的部分选自下列部分组成的组:含磺酸的部分、含羧酸的部分、含神经氨酸的部分、含唾液酸的部分、含修饰的神经氨酸的部分、含修饰的唾液酸的部分、含硼酸的部分、含磷酸和膦酸的部分、含酯化的磷酸的部分、含酯化的膦酸的部分、含伯氨基、仲氨基、叔氨基或季氨基的部分、含吡啶鎓的部分、含胍鎓的部分、含脒鎓的部分、含苯酚的部分、具有酸性或碱性氢的杂环和含两性离子的部分。

9. 一种根据权利要求 1~6 中任意一项所述的用途，其中在所述的化合物中，与树枝状聚合物的氨基或其他反应性端基结合的部分或多个部分选自下列基团，其中 n 是 0 或正整数：

——NH(CH$_2$)$_n$SO$_3^-$ ——(CH$_2$)$_n$SO$_3^-$ ——Ar(SO$_3^-$)$_n$

——CH$_2$CH(SO$_3^-$)COOH   ——CH(SO$_3^-$)CH$_2$COOH   ——ArX(CH$_2$)$_n$SO$_3^-$ X = O, S, NH

——(CH$_2$)$_n$NMe$_3^+$ ——Ar(NMe$_3^+$)$_n$ ——Ar(CH$_2$NMe$_3^+$)$_n$

—ArXP(=O)(OR)₂ X=O, CH₂, CHF, CF₂ R=烷基, 芳基, H, Na

—ArXP(=O)(OR¹)(NR²R³) X=O, CH₂, CHF, CF₂ R¹=烷基, 芳基, H, Na R², R³=烷基, 芳基

—Ar[P(=O)(OR)₂]ₙ R=烷基, 芳基, H, Na n=1-3

—Ar[B(OH)₂]ₙ n=1-3   —Ar[COOH]ₙ n=1-3

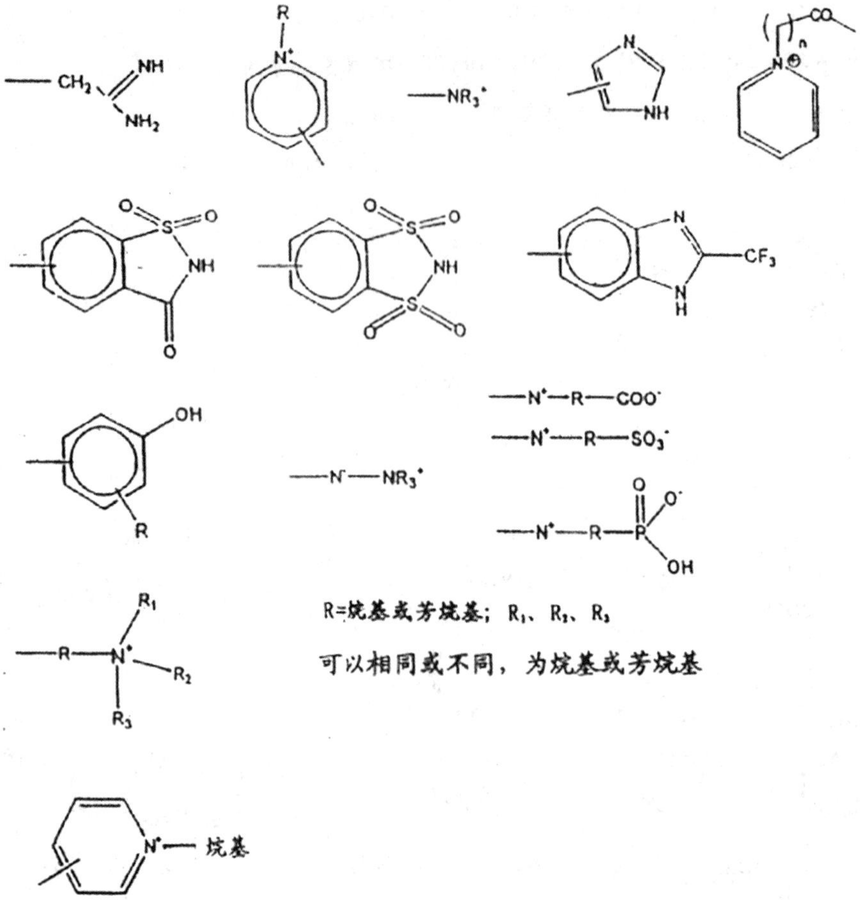

R=烷基或芳烷基；R₁、R₂、R₃可以相同或不同，为烷基或芳烷基

10. 一种根据权利要求 1~6 中任意一项所述的用途，其中在所述的化合物选自下列物质组成的组：

i. 烷基磺酸封端的树枝状聚合物；

ii. 磺基乙酰胺封端的树枝状聚合物；

iii. 磺基琥珀酰胺酸封端的树枝状聚合物；

iv. N-（2-磺基乙基）琥珀酰胺封端的树枝状聚合物；

v. 4-磺基苯基硫脲封端的树枝状聚合物；

vi. 3,6-二-磺基萘基硫脲封端的树枝状聚合物；

vii. 4-磺基萘基硫脲封端的树枝状聚合物；

viii. 3,5-二磺基苯基硫脲封端的树枝状聚合物；

ix. 3,6,8-三磺基萘基硫脲封端的树枝状聚合物；

x. 4-（磺基甲基）苯甲酰胺封端的树枝状聚合物；

xi. 4-磺基苯甲酰胺封端的树枝状聚合物；

xii. N-（4-磺基苯基）丙酰胺封端的树枝状聚合物；

xiii. 4-磺基苯基脲封端的树枝状聚合物；

xiv. N,N,N-三-甲基甘氨酰胺封端的树枝状聚合物；

xv. 4-三甲基铵苯甲酰胺封端的树枝状聚合物；

xvi. 4-（三甲基铵甲基）苯甲酰胺封端的树枝状聚合物；

xvii. N-（2-乙酰氧基乙基）-N,N-（二甲基铵）甲基-羧酰胺封端的树枝状聚合物；

xviii. 胍基封端的树枝状聚合物；

xix. 4-（[1,4,8,11-四氮杂环十四烷]甲基）苯甲酰胺封端的树枝状聚合物；

xx. 4-羧基-3-羟基-苄胺封端的树枝状聚合物；

xxi. 4-羧基苯基酰胺封端的树枝状聚合物；

xxii. 3,5 二羧基苯基酰胺封端的树枝状聚合物；

xxiii. 4-膦酰基氧基苯基硫脲封端的树枝状聚合物；

xxiv. 4-（膦酰基甲基）苯基硫脲封端的树枝状聚合物；

xxv. 乙基-4-（膦酰基甲基）苯基硫脲封端的树枝状聚合物；

xxvi. (8-辛酰氨基)-5-乙酰氨基-3,5-双脱氧-2-硫-D-甘油基-α-D-半乳糖基-2-nonulo 吡喃糖苷酸封端的树枝状聚合物；

xxvii. (11-十一酰氨基)-5-乙酰氨基-3,5-双脱氧-2-硫-D-甘油基-α-D-半乳糖基-2-nonulo 吡喃糖苷酸封端的树枝状聚合物；

xxviii. (乙酰氨基)-5-乙酰氨基-3,5-双脱氧-2-硫-D-甘油基-α-D-半乳糖基-2-nonulo 吡喃糖苷酸封端的树枝状聚合物；

xxix. (4-丁酰氨基)–5-乙酰氨基-3,5-双脱氧-2-硫-D-甘油基-α-D-半乳糖基-2-nonulo 吡喃糖苷酸封端的树枝状聚合物；

xxx. (4-甲基苯甲酰氨基)-5-乙酰氨基-3,5-双脱氧-2-硫-D-甘油基-α-D 半乳糖基-2-nonulo 吡喃糖苷酸封端的树枝状聚合物；

xxxi. (8-辛酰氨基)-4-叠氮基-5-乙酰氨基-3,4,5-三脱氧-2-硫-D-甘油基-α-D-半乳糖基-2-nonulo 吡喃糖苷酸封端的树枝状聚合物；

xxxii (8-辛酰氨基)-4-氨基-5-乙酰氨基-3,4,5-三脱氧-2-硫-D-甘油基-α-D 半乳糖基-2-nonulo 吡喃糖苷酸封端的树枝状聚合物；

xxxiii. 4-苯甲酰氨基硼酸封端的树枝状聚合物；

xxxiv. 3,5-二羧基苯基硫脲封端的树枝状聚合物；

xxxv. 4-膦酰基氧基苯基硫脲封端的树枝状聚合物；

xxxvi. 4-膦酰基苯基硫脲封端的树枝状聚合物；

xxxvii. 4,6-二膦酰基萘基硫脲封端的树枝状聚合物；

xxxviii. 荧光素硫脲封端的树枝状聚合物；

xxxix. (苯基-3-硼酸)-硫脲封端的树枝状聚合物；

xl. 吡啶鎓十二烷基甲酰胺封端的树枝状聚合物；和

xlI. 糖精封端的树枝状聚合物。

11. 一种根据权利要求1~6中任意一项所述的用途，其中所述的治疗包括抑制细菌、酵母或真菌病原体或寄生性病原体。"

请求人在意见陈述书中认为修改后的权利要求书得到了说明书的支持。具体理由如下：（1）修改后的权利要求已经具体限定了树枝状聚合物的类型，并且由于说明书实施例已经实施了范围很宽的含阴离子和阳离子部分树枝状聚合物，因此不需要将原权利要求中所述树枝状聚合物的含阴离子和阳离子部分进行具体限定；（2）所属领域技术人员仅通过常规的实验就可以容易的确定和评价权利要求所述树枝状聚合物的活性；（3）修改后的权利要求10所述的每一种聚合物均得到了说明书实施例具体支持。

经过上述审查程序，本案合议组认为，本案事实已经清楚，可以作出复审决定。

二、决定的理由

1. 依据的审查文本

请求人于2007年8月13日提交的权利要求1~11符合专利法第33条、专利法实施细则第60条第1款，故本复审决定依据的文本是：2001年4月17日提交的说明书摘要、摘要附图、说明书第1~47页、说明书附图第1~5页，2007年8月13日提交的权利要求第1~11项。

2. 关于专利法第26条第4款

专利法第26条第4款规定，权利要求书应当以说明书为依据，说明要求专利保护的范围。

根据该款规定，如果权利要求的概括包含申请人推测的内容，而其效果又难以预先确定和评价，则认为这种概括超出了说明书公开的范围。

请求人在答复《复审请求通知书》所提交的修改后的权利要求1要求保护阴离子或阳离子树枝状聚合物在制备用于抑制人或非人的动物患者体内细菌、酵母、真菌或寄生病原体的药物中的用途，所述树枝状聚合物具有多个端基，其中至少一个端基带有与之结合或连接的含阴离子或阳离子部分，其中所述树枝状聚合物包括与至少两个树枝状分支共价结合的多价核并通过至少两代扩展，并且是聚酰胺基胺树枝状聚合物、聚赖氨酸树枝状聚合物或聚甲基吖丙啶树枝状聚合物。所述修改后的权利要求1虽然具体限定了树枝状聚合物，但是请求人在该权利要求中并没有对树枝状聚合物的引发剂核、衍生代数、所连阳离子和阴离子部分等作出进一步限定，因此该树枝状聚合物概括范围依然很宽，而说明书中未公开所述树枝状聚合物能够抑制细菌、酵母、真菌或寄生物的机理，因此所属领域的技术人员难以从说明书所记载的内容确定树枝状聚合物中核心基团、封端基团、衍生代数以及所连接的阴离子或阳离子具体是哪一部分或哪几部分对其活性起着决定性作用，也就是说构成树枝状聚合物的核心基团、封端基团、衍生代数以及所连接的阴离子或阳离子的差异均有可能对其药理活性产生较大影响，说明书中只是提供了几种具体的树枝状聚合物如胍基、[四氮杂环十四烷]甲基苯甲酰胺、二磺基苯基硫脲钠、三磺基萘基硫脲钠、二羧基苯基硫脲钠、吡啶鎓十二烷基羧酰氨基封端PAMAM核的树枝状聚合物在抑制疟原虫、金色葡萄球菌、粪肠球菌、大肠杆菌的体外活性试验数据，而且说明书技术方案部分也仅是断言除了实施例的之外的其他树枝状聚合物具有所述的活性，并未公开足够的技术信息或实验证据使所属技术领域的技术人员能够明了为何与实施例结构不同的其他树枝状聚合物也能够具有所述的活性，所属技术领域的技术人员根据说明书记载的内容在不经过大量劳动验证的情况下难以预见本申请权利要求1所概括的那些与胍基、[四氮杂环十四烷]甲基苯甲酰胺、二磺基苯基硫脲钠、三磺基萘基硫脲钠、二羧基苯基硫脲钠、吡啶鎓十二烷基羧酰氨基封端PAMAM核的树枝状聚合物结构差别很大的其他树枝状聚合物也能够具有所述的活性从而解决其技术问题并达到相同的技术效果。因此，请求人在答复《复审通知书》的意见陈述中的理由（1）显然不能成立。对于请求人在答复《复审通知书》的意见陈述中的理由（2），合议组认为，化学领域与其他领域不同的是，它是一门实验科学，因此，该领域的任何推测或者命题只有经各种方式（例如实验数据）得到证实后才能成立，尤其是对于化合物的医药用途来说，必须要提供充分的实验室试验、动物试验或临床试验的定性或定量数据来证明所述化合物具有所述用途，而请求人在说明书中并没有提供这样的实验数据来证明权利要求1所述树状聚合物均具有所述药理活性。因此，权利要求1得不到说明书的支持，不符合专利法第26条第4款的规定。基于同样的理由，本领域技术人员也难于预见权利要求2~10所概括或记载的树枝状聚合物均具有抑制细菌、酵母、真菌或寄生病原体的活性。因此，权利要求2~10也得不到说明书的支持，不符合专利法第26条第4款的规定。权利要求11引用权利要求1~6，在权利要求1~6得不到说明书支持情况下，权利要求11也不符合专利法第26条第4款的规定。

根据以上事实和理由，本案合议组作出以下决定。

三、决定

维持国家知识产权局于 2004 年 12 月 3 日对 99812270.X 号发明专利申请作出的驳回决定。

复审请求人对本决定不服的,可以根据专利法第 41 条第 2 款的规定,自收到本决定之日起三个月内向北京市第一中级人民法院起诉。

缓释的口服给药组合物

复审请求审查决定（第 12403 号）

决 定 号	第 12403 号
决 定 日	2007 年 12 月 25 日
发明创造名称	缓释的口服给药组合物
国际分类号	A61K 9/24
复审请求人	先灵公司
申 请 号	00137356.0
优 先 权 日	1999 年 12 月 20 日
申 请 日	2000 年 12 月 20 日
公 开 日	2001 年 7 月 11 日
合议组组长	吴通义
主 审 员	曲 燕
参 审 员	张晓飞
法 律 依 据	专利法第 22 条第 3 款

决 定 要 点

发明的创造性是指同申请日以前已有的技术相比，该发明有突出的实质性特点和显著的进步。

一、案由

本复审请求涉及申请日为 2000 年 12 月 20 日、公开日为 2001 年 7 月 11 日、名称为"缓释的口服给药组合物"的第 00137256.0 号发明专利申请（下称本申请）。本申请的优先权日为 1999 年 12 月 20 日，申请人为先灵公司。

针对申请日提交的原始申请文件的说明书第 1~18 页，说明书摘要和于 2004 年 6 月 24 日提交的权利要求 1~21，国家知识产权局于 2004 年 10 月 1 日驳回了本申请，驳回理由是权利要求 1、2、9~12、14、16~18、20 相对于对比文件 1（US5100675A，1992 年 3 月 31 日公开）、对比文件 2（WO9962516A1，1999 年 12 月 9 日公开）和公知常识的结合不具备专利法第 22 条第 3 款规定的创造性。并且指出仅当权利要求 1 选择使用可药用抗氧化剂的方案时，权利要求 1 相对于对比文件 1、2 和公知常识的结合不具备专利法第 22 条第 3 款规定的创造性。

驳回决定所针对的权利要求书为：

"1. 压制双层固体组合物，含有（1）第一层，该层含有抗变应性有效量的去氯雷他定和去氯雷他定保护量的可药用水不溶性碱式钙、镁或铝盐，或去氯雷他定保护量的至少一种可药用抗氧化剂；

和（2）第二层，该层含有有效量的假麻黄碱或其盐，和可药用赋形剂，以及可任选的去氯雷他定保护量的可药用抗氧化剂。

2. 压制双层固体组合物，含有（1）第一层，该层含有抗变应性有效量的去氯雷他定和去氯雷他定保护量的至少一种可药用抗氧化剂；和（2）第二层，该层含有有效量的假麻黄碱或其盐，和可药用赋形剂，以及去氯雷他定保护量的可药用抗氧化剂。

3. 压制双层固体组合物，含有（1）第一层，该层含有抗变应性有效量的去氯雷他定和去氯雷他定保护量的可药用水不溶性碱式钙、镁或铝盐；和（2）第二层，该层含有有效量的假麻黄碱或其盐，而且在去氯雷他定层中避免使用酸性赋形剂。

4. 双层固体组合物，含有（1）第一层，该层含有抗变应性有效量的去氯雷他定和去氯雷他定保护量的可药用水不溶性碱式钙、镁或铝盐，或去氯雷他定保护量的至少一种可药用抗氧化剂；和（2）第二层，该层含有有效量的假麻黄碱或其可药用盐，和可药用赋形剂，以及可任选的去氯雷他定保护量的至少一种可药用抗氧化剂，其中去氯雷他定降解产物的总量小于2％。

5. 上述任一权利要求所述的压制双层固体组合物，其中第一层是快速释放层而第二层是含有可药用缓释剂的缓释层。

6. 权利要求5的压制双层固体组合物，其中鼻减充血剂是假麻黄碱，或其可药用盐。

7. 上述任一权利要求所述的压制双层固体组合物，其中在37℃在45分钟内，至少80％的假麻黄碱溶于0.1NHCl溶液中。

8. 上述任一权利要求所述的压制双层固体组合物，其中在25℃和60％相对湿度下长时间贮存后，N-甲酰基去氯雷他定的含量小于0.5％。

9. 权利要求1或2的压制双层固体组合物，其中在每一层中存在0.1％~10％的可药用抗氧化剂。

10. 上述任一权利要求所述的压制双层固体组合物，其中在第一层中的抗变应性有效量的去氯雷他定是2.5毫克。

11. 上述任一权利要求所述的压制双层固体组合物，其中在第一层中抗变应性有效量的去氯雷他定是5.0毫克。

12. 权利要求1或2的压制双层固体组合物，其中有两种可药用抗氧化剂存在于去氯雷他定层中。

13. 权利要求1或3的压制双层固体组合物，

其中快速释放的第一层含有：

成分	毫克/组合物
微粒化的去氯雷他定	2.5
玉米淀粉	11.0
磷酸氢钙二水合物	53.0
微晶纤维素	30.22
滑石粉	3.0
FD+C Blue No. 2 Aluminum 色淀	0.28
总重：	100毫克

并且其中，缓释层含有：

成分	毫克/组合物
硫酸假麻黄碱	120.0

羟丙基甲基纤维素	105.0
微晶纤维素	100.0
聚维酮	18.0
二氧化硅	5.0
硬脂酸镁	2.0
总重：	350.0 毫克。

14. 权利要求 1 或 3 的压制双层固体组合物，其中，快速释放的第一层含有：

成分	毫克/组合物
微粒化的去氯雷他定	2.5
玉米淀粉	18.0
微晶纤维素	70.35～71.35
乙二胺四乙酸二钠	5.0
柠檬酸	0～1.0
滑石粉	3.0
FD+C Blue No.2 Aluminum 色淀	0.28
总重	100.00

并且其中，缓释层含有：

成分	毫克/组合物
硫酸假麻黄碱	120.0
羟丙基甲基纤维素	2208105.0
微晶纤维素	103.5
乙二胺四乙酸二钠	3.5
羟丙基甲基纤维素	291010.5
二氧化硅	5.0
硬脂酸镁	2.0
总重	350.0。

15. 压制的双层固体组合物，含有（1）第一层，该层含 2.5 毫克或 5.0 毫克去氯雷类他定和去氯雷他定保护量的可药用水不溶性碱式钙、镁或铝盐，和（2）第二层，该层含 120 毫克假麻黄碱或其盐，和可药用赋形剂，而且在去氯雷他定层中避免使用酸性赋形剂。

16. 一种压制双层固体组合物，含有（1）第一层，该层含 2.5 毫克或 5.0 毫克去氯雷类他定和去氯雷他定保护量的至少一种可药用抗氧化剂；和（2）第二层，它含 120 毫克假麻黄碱或其盐、可药用赋形剂，和去氯雷他定保护量的可药用抗氧化剂。

17. 权利要求 15 或 16 的压制双层固体组合物，其中在第一层中去氯雷他定的含量是 2.5 毫克。

18. 权利要求 15 或 16 的压制双层固体组合物，其中在第一层中的去氯雷他定的含量是 5.0 毫克。

19. 权利要求 1 或 3 的 压制双层固体组合物，其中快速释放的第一层含有：

去氯雷他定快速释放层：

成分	毫克/组合物
微粒化的去氯雷他定	5.0

成分	毫克/组合物
玉米淀粉 NF/Ph. Eur.	11.0
磷酸氢钙二水合物 USP/Ph. Eur.	53.0
微晶纤维素 NF/Ph. Eur. /JP	27.72
滑石粉 USP/Ph. Eur.	3.0
FD+C Blue No.2 Aluminum 色淀 5627	0.28
纯化水 USP/Ph. Eur.	余量
总重	100.00

和

其中所述缓释的第二层含有：

硫酸假麻黄碱缓释层

成分	毫克/组合物
硫酸假麻黄碱 USP	120.0
羟丙基甲基纤维素 2208，100000cps USP/Ph. Eur.	105.0
微晶纤维素 NF/PH. Eur. /JP	100.0
聚维酮 USP/Ph. Eur. /JP	18.0
二氧化硅 NF	5.0
硬脂酸镁 NF/Ph. Eur. /JP（Non-Bovine）	2.0
纯化水 USP/Ph. Eur.	适量
乙醇 USP/3A Alcohol	余量
总重	350.0
药片总重	450.0。

20. 权利要求1或2的压制双层固体组合物，其中，快速释放的第一层含有：

去氯雷他定快速释放层：

成分	毫克/组合物
微粒化的去氯雷他定	5.0
玉米淀粉 NF/Ph. Eur.	36.0
微晶纤维素 NF/PH. Eur. /JP	140.7~142.7
乙二胺四乙酸二钠	10.0
柠檬酸	0~2.0
滑石粉 USP/Ph. Eur.	6.0
FD+C Blue No.2 Aluminum 色淀 5627	0.30
纯化水 USP/Ph. Eur.	余量
总重	200.00

和

其中所述缓释的第二层含有：

硫酸假麻黄碱缓释层

成分	毫克/组合物
硫酸假麻黄碱 USP	120.0
羟丙基甲基纤维素 2208，100000cps USP/Ph. Eur.	105.0
微晶纤维素 NF/PH. Eur. /JP	103.5

羟丙基甲基纤维素 2910	10.5
乙二胺四乙酸二钠	3.5
二氧化硅 NF	5.0
硬脂酸镁 NF/PH. Eur./JP（Non-Bovine）	2.5
纯化水 USP/Ph. Eur.	适量
乙醇 USP/3A Alcohol	余量
总重	350.0
药片总重	550.0。

21. 上述任一权利要求所述的压制双层固体组合物，其中去氯雷他定降解产物的总量小于约 2%。"

申请人先灵公司（下称请求人）对上述驳回决定不服，于 2005 年 1 月 13 日向专利复审委员会提出复审请求，请求人认为：(1) 说明书实施例之后提供的数据证实了本发明的组合物具有优越的效果；(2) 去氯雷他定与氯雷他定结构类似，但化学特性不同；(3) 对比文件 2 中涉及糖浆配方，没有内容公开本发明的固体组合物。因此，本申请的技术方案具备创造性，国家知识产权局驳回的理由不成立。

在提出复审请求时，请求人没有提交新的专利申请文本。

形式审查合格后，专利复审委员会受理了该复审请求，并于 2005 年 2 月 23 日向请求人发出《复审请求受理通知书》，随后将本申请案卷移交原审查部门进行前置审查。

原审查部门对本复审请求进行了前置审查，坚持原驳回决定。

专利复审委员会组成合议组，对本复审请求案进行了审理。于 2007 年 7 月 9 日向请求人发出《复审通知书》。《复审通知书》中指出，权利要求 1 与对比文件 1 的区别在于：(1) 权利要求 1 的固体组合物为压制双层形式，而对比文件 1 的固体组合物为包衣片形式；(2) 权利要求 1 的固体组合物的第一层含有去氯雷他定保护量的至少一种可药用抗氧化剂，第二层可任选的含有去氯雷他定保护量的可药用抗氧化剂。对于区别技术特征 (1)，本领域技术人员根据公知常识，将对比文件 1 的包衣片替换为权利要求 1 所述压制双层固体组合物如压制双层片，属于药物剂型的简单转换；对于区别技术特征 (2)，根据本领域的公知常识，为防止药物的氧化降解，制剂中需要加入可药用的抗氧化剂，故为了抑制和/或防止去氯雷他定药物的降解，容易想到在含有去氯雷他定的层乃至在制剂的各个层中加入去氯雷他定保护量的可药用抗氧化剂。因此，权利要求 1 的技术方案相对于对比文件 1 和公知常识的结合是显而易见的，不符合专利法第 22 条第 3 款的规定。同理，权利要求 2 相对于对比文件 1 和公知常识的结合是显而易见的，不符合专利法第 22 条第 3 款有关创造性的规定。权利要求 4 相对于权利要求 1 进一步限定了"其中去氯雷他定降解产物的总量小于 2%"，但是本领域技术人员可以通过有限次的筛选确定合适的可药用抗氧化剂及有限次的常规试验确定其含量，以抑制或防止去氯雷他定的降解，使降解产物的总量小于 2%，因此，权利要求 4 也不符合专利法第 22 条第 3 款有关创造性的规定。在权利要求 1、2、4 不具备创造性的基础上，相应的从属权利要求 5~12、16~18、21 也不符合专利法第 22 条第 3 款有关创造性的规定。

针对《复审通知书》指出的问题，请求人于 2007 年 8 月 23 日提交了意见陈述书及经修改的权利要求书（共 4 页 16 项）。新修改的权利要求书如下：

"1. 压制双层固体组合物，含有 (1) 第一层，该层含有抗变应性有效量的去氯雷他定和去氯雷他定保护量的可药用水不溶性碱式钙、镁或铝盐；和 (2) 第二层，该层含有有效量的假麻黄碱或其盐，而且在去氯雷他定层中避免使用酸性赋形剂。

2. 权利要求 1 所述的压制双层固体组合物，其中第一层是快速释放层而第二层是含有可药用缓释剂的缓释层。

3. 权利要求 2 的压制双层固体组合物，其中鼻减充血剂是假麻黄碱，或其可药用盐。

4. 权利要求 1 所述的压制双层固体组合物，其中在 37℃在 45 分钟内，至少 80% 的假麻黄碱溶于 0.1NHCl 溶液中。

5. 上述任一权利要求所述的压制双层固体组合物，其中在 25℃ 和 60% 相对湿度下长时间贮存后，N-甲酰基去氯雷他定的含量小于 0.5%。

6. 权利要求 1 的压制双层固体组合物，其中在每一层中存在 0.1%~10% 的可药用抗氧化剂。

7. 上述任一权利要求所述的压制双层固体组合物，其中在第一层中的抗变应性有效量的去氯雷他定是 2.5 毫克。

8. 权利要求 1~6 任一项所述的压制双层固体组合物，其中在第一层中抗变应性有效量的去氯雷他定是 5.0 毫克。

9. 权利要求 1 的压制双层固体组合物，其中有两种可药用的抗氧化剂存在于去氯雷他定层中。

10. 权利要求 1 的压制双层固体组合物，

其中快速释放的第一层含有：

成分	毫克/组合物
微粒化的去氯雷他定	2.5
玉米淀粉	11.0
磷酸氢钙二水合物	53.0
微晶纤维素	30.22
滑石粉	3.0
FD+C Blue No.2 Aluminum 色淀	0.28
总重：	100 毫克

并且其中，缓释层含有：

成分	毫克/组合物
硫酸假麻黄碱	120.0
羟丙基甲基纤维素	105.0
微晶纤维素	100.0
聚维酮	18.0
二氧化硅	5.0
硬脂酸镁	2.0
总重：	350.0 毫克。

11. 权利要求 1 的压制双层固体组合物，

其中，快速释放的第一层含有：

成分	毫克/组合物
微粒化的去氯雷他定	2.5
玉米淀粉	18.0
微晶纤维素 70.35~7	1.35
乙二胺四乙酸二钠	5.0
柠檬酸	0~1.0

成分	毫克/组合物
滑石粉	3.0
FD+C Blue No.2 Aluminum 色淀	0.28
总重	100.00

并且其中,缓释层含有:

成分	毫克/组合物
硫酸假麻黄碱	120.0
羟丙基甲基纤维素2208	105.0
微晶纤维素	103.5
乙二胺四乙酸二钠	3.5
羟丙基甲基纤维素2910	10.5
二氧化硅	5.0
硬脂酸镁	2.0
总重	350.0。

12. 压制的双层固体组合物,含有(1)第一层,该层含2.5毫克或5.0毫克去氯雷类他定和去氯雷他定保护量的可药用水不溶性碱式钙、镁或铝盐;和(2)第二层,该层含120毫克假麻黄碱或其盐,和可药用赋形剂,而且在去氯雷他定层中避免使用酸性赋形剂。

13. 权利要求12的压制双层固体组合物,其中在第一层中去氯雷他定的含量是2.5毫克。

14. 权利要求12的压制双层固体组合物,其中在第一层中去氯雷他定的含量是5.0毫克。

15. 权利要求1的压制双层固体组合物,其中快速释放的第一层含有:

去氯雷他定快速释放层:

成分	毫克/组合物
微粒化的去氯雷他定	5.0
玉米淀粉 NF/Ph. Eur.	11.0
磷酸氢钙二水合物 USP/Ph. Eur.	53.0
微晶纤维素 NF/Ph. Eur./JP	27.72
滑石粉 USP/Ph. Eur.	3.0
FD+C blue No.2 Aluminum 色淀 5627	0.28
纯化水 USP/Ph. Eur.	余量
总重	100.00

和

其中所述缓释的第二层含有:

硫酸假麻黄碱缓释层

成分	毫克/组合物
硫酸假麻黄碱 USP	120.0
羟丙基甲基纤维素2208,100000cps USP/Ph. Eur.	105.0
微晶纤维素 NF/PH. Eur./JP	100.0
聚维酮 USP/Ph. Eur./JP	18.0
二氧化硅 NF	5.0
硬脂酸镁 NF/Ph. Eur./JP（Non-Bovine）	2.0
纯化水 USP/Ph. Eur.	适量

乙醇 USP/3A Alcohol	余量
总重	350.0
药片总重	450.0。

16. 上述任一权利要求所述的压制双层固体组合物,其中去氯雷他定降解产物的总量小于约2%。"

至此,合议组认为本案事实清楚,可以作出审查决定。

二、决定的理由

1. 审查依据的文本

本复审决定针对的文本为请求人于2007年8月23日提交的权利要求1~16,驳回决定所针对的说明书第1~18页和说明书摘要。

2. 专利法第22条第3款

专利法第22条第3款规定,创造性是指同申请日以前已有的技术相比,该发明有突出的实质性特点和显著的进步。

驳回决定指出,相对于对比文件1、2和公知常识,驳回决定所针对的权利要求1、2、9~12、14、16~18和20中涉及使用"去氯雷他定保护量的至少一种可药用抗氧化剂"的技术方案不具备创造性,《复审通知书》指出,《复审通知书》所针对的权利要求1、2、4~12、16~18和21中涉及使用"去氯雷他定保护量的至少一种可药用抗氧化剂"的技术方案不具备创造性。请求人于2007年8月23日提交了权利要求书全文替换页,修改后的权利要求均不包括涉及使用"去氯雷他定保护量的至少一种可药用抗氧化剂"的技术方案。因此,驳回决定和《复审通知书》认定本申请不符合专利法第22条第3款规定的基础已不存在,即修改后的权利要求书中不存在驳回决定和《复审通知书》中所指出的缺陷。对于修改后的权利要求1~16是否符合专利法第22条第3款的规定,本决定不予评述。

根据以上事实和理由,本案合议组作出如下审查决定。

三、决定

撤销国家知识产权局于2004年10月1日对00137356.0号发明专利申请作出的驳回决定。由原审查部门在2007年8月23日提交的权利要求1~16、驳回决定所针对的说明书摘要和说明书第1~18页的基础上继续进行审查。

复审请求人对本决定不服的,可以根据专利法第41条第2款的规定,自收到本决定之日起三个月内向北京市第一中级人民法院起诉。

新城疫病毒感染性克隆、疫苗及诊断分析

复审请求审查决定（第12404号）

决 定 号	第12404号
决 定 日	2007年12月25日
发明创造名称	新城疫病毒感染性克隆、疫苗及诊断分析
国际分类号	C12N 15/45，C12N 15/86，C12N 7/00，A61K 48/00，C12Q 1/70
复审请求人	ID-莱利斯塔德动物育种及动物保健研究所公司
申 请 号	99809714.4
优 先 权 日	1998年6月19日
申 请 日	1999年6月17日
公 开 日	2001年9月26日
合议组组长	许 磊
主 审 员	姜 涛
参 审 员	葛永奇

法 律 依 据 专利法第26条第4款

决 定 要 点

权利要求书应当以说明书为依据，是指权利要求应当得到说明书的支持。权利要求书中的每一项权利要求所要求保护的技术方案应当是所属技术领域的技术人员能够从说明书充分公开的内容中得到或概括得出的技术方案，并且不得超出说明书公开的内容。如果权利要求的概括包含申请人推测的内容，而其效果又难于预先确定和评价，应当认为这种概括超出了说明书公开的范围。

一、案由

本复审请求涉及申请日为1999年6月17日、公开日为2001年9月26日、名称为"新城疫病毒感染性克隆、疫苗及诊断分析"的第99809714.4号发明专利申请（下称本申请），本申请的优先权日为1998年6月19日，申请人为ID-莱利斯塔德动物育种及动物保健研究所公司。

针对本申请进入中国国家阶段时提交的国际申请文本中文译文的说明书第1~79页、说明书附图第1~22页、说明书摘要以及申请人于2003年12月23日提交的权利要求1~26和2004年7月6日提交的权利要求27~33，国家知识产权局于2005年6月10日以权利要求1~27、33和权利要求28~32之间不符合专利法第31条第1款的规定、权利要求1~27和33不符合专利法第26条第4款的规定为由驳回了本申请。

驳回决定所针对的权利要求书为：

"1. 禽副粘病毒 cDNA，其至少包含相应于禽副粘病毒基因组的 5′末端的核酸序列，使得能够产生禽副粘病毒的感染性拷贝。

2. 权利要求 1 的 cDNA，包含全长 cDNA。

3. 一种 cDNA，其至少包含相应于禽副粘病毒基因组的 5' 末端的核酸序列，使得能够产生复制型禽副粘病毒小基因组。

4. 权利要求 1、2 或 3 的 cDNA，所述基因组的 5' 末端至少部分衍生于新城疫病毒。

5. 权利要求 4 的 cDNA，其中所述的新城疫病毒是轻型病毒，优选衍生自疫苗株。

6. 权利要求 5 的 cDNA，其中所述疫苗株是 LaSota 毒株 ATCC VR-699。

7. 权利要求 1、2 或 3 的 cDNA，其核酸中额外引入一种修饰。

8. 权利要求 7 的 cDNA，其中所述核酸编码修饰的蛋白酶裂解位点。

9. 权利要求 8 的 cDNA，其中所述裂解位点是融合蛋白的蛋白酶裂解位点。

10. 权利要求 7 的 cDNA，其中所述核酸编码杂合病毒蛋白。

11. 权利要求 10 的 cDNA，其中所述杂合病毒蛋白是血凝素-神经酰胺酶蛋白。

12. 权利要求 7 的 cDNA，其中所述修饰包含编码一病毒蛋白的核酸中的缺失。

13. 权利要求 12 的 cDNA，其中所述病毒蛋白是基质蛋白。

14. 权利要求 1、2 或 3 的 cDNA，其额外包含编码异源抗原的核酸。

15. 权利要求 14 的 cDNA，其中所述抗原衍生自家禽病原体。

16. 权利要求 14 的 cDNA，其额外包含编码免疫刺激蛋白的核酸。

17. 由权利要求 1～16 任一项的 cDNA 获得的 RNA。

18. 产生感染性拷贝禽副粘病毒的方法，包括用权利要求 1～16 任一项的 cDNA 转染至少一个细胞。

19. 权利要求 18 的方法，其中所述细胞至少能表达病毒核衣壳、磷蛋白或大聚合酶蛋白。

20. 权利要求 18 或 19 的方法，进一步包括使得所述病毒的融合蛋白裂解。

21. 权利要求 18 或 19 的方法，进一步包括将所述细胞在包含蛋白酶解活性的培养基中培养。

22. 权利要求 21 的方法，其中所述培养基包含尿囊液，所述尿囊液包含所述蛋白酶解活性。

23. 权利要求 18 或 19 的方法，其中所述细胞衍生自鸡细胞。

24. 由权利要求 18～23 任一项的方法获得的感染性拷贝禽副粘病毒。

25. 一种包含权利要求 24 的病毒的疫苗。

26. 权利要求 25 的活疫苗。

27. 权利要求 25 或 26 的疫苗，其中所述感染性拷贝禽副粘病毒至少部分衍生于新城疫病毒。

28. 一种将未接种的动物或用权利要求 27 的新城疫病毒疫苗接种的动物与被野生型新城疫病毒感染的或用未修饰的中等毒力或轻型新城疫病毒毒株接种的动物区分开的方法，包括确定用野生型 NDV 感染的动物的或用未修饰的中等毒力或轻型 NDV 毒株接种的动物的至少一个样品中是否存在抗由所述野生型或未修饰的新城疫病毒表达的但不被所述疫苗表达的免疫显性表位或标记的抗体。

29. 权利要求 28 的方法，其中所述抗体抗新城疫病毒的血凝素-神经酰胺酶或融合蛋白。

30. 权利要求 28 或 29 的方法，其中所述动物选自由家禽组成的一组。

31. 权利要求 30 的方法，其中所述动物为鸡。

32. 一种诊断试剂盒，其用于将未接种的动物或用权利要求 27 的新城疫病毒疫苗接种的动物与被野生型新城疫病毒感染的或用未修饰的中等毒力或轻型新城疫病毒毒株接种的动物区分开，所述试剂盒配有由所述野生型或未修饰的新城疫病毒表达的免疫显性表位或标记，和/或抗所述表位或标记的抗体，进一步配有检测与所述表位或标记结合的抗体的手段。

33. 从复制型禽副粘病毒小基因组产生一种蛋白的方法，包括用权利要求3的cDNA转染至少一种细胞。"

驳回决定指出：（1）由于权利要求28、32中含有"或"的描述导致存在"一种将未接种的动物与被野生型新城疫病毒感染的动物区分开的方法"的技术方案，该方法与权利要求1~27、33之间不存在相同或相应的特定技术特征。因此，权利要求1~27、33和权利要求28~32之间不具有单一性，不符合专利法第31条第1款的规定。（2）权利要求1~16要求保护禽副粘病毒cDNA，权利要求17~27、33分别要求保护的技术方案直接或间接引用权利要求1~16中的cDNA，由于：a. 获得感染性病毒拷贝，其病毒的3′末端、5′末端是必须的，而权利要求1限定的"至少包括5′末端……使得能够产生禽副粘病毒的感染性拷贝"则包括了只包含5′末端即使得获得感染性病毒拷贝也能成立的技术方案，而该技术方案得不到说明书的支持；b. 本发明的实质在于发现新城疫病毒具有一独特的5′末端，权利要求1~27、33都没有对该独特的5′末端进行限定；c. 尽管新城疫病毒属于禽副粘病毒，但并不能由发现新城疫病毒的独特的5′末端而扩展到所有禽副粘病毒都具有相同的独特的5′末端。因此，权利要求1~27和33得不到说明书的支持，不符合专利法第26条第4款的规定。

申请人ID-莱利斯塔德动物育种及动物保健研究所公司（下称请求人）对上述驳回决定不服，于2005年9月26日向专利复审委员会提出了复审请求，请求人在提出复审请求时提交了意见陈述书和新修改的权利要求书全文替换页（共33项权利要求）。修改后的权利要求书如下：

"1. 禽副粘病毒cDNA，其包含相应于禽副粘病毒基因组的5′末端的核酸序列，使得能够产生禽副粘病毒血清型1的感染性拷贝，其中所述核酸包含序列ACCAAACAAAGATTT。

2. 权利要求1的cDNA，包含全长cDNA。

3. 一种cDNA，其包含相应于禽副粘病毒基因组的5′末端的核酸序列，使得能够产生复制型禽副粘病毒血清型1小基因组，其中所述核酸包含序列ACCAAACAAAGATTT。

4. 权利要求1、2或3的cDNA，所述基因组的5′末端至少部分衍生于新城疫病毒。

5. 权利要求4的cDNA，其中所述的新城疫病毒是轻型病毒，优选衍生自疫苗株。

6. 权利要求5的cDNA，其中所述疫苗株是LaSota毒株ATCC VR-699。

7. 权利要求1、2或3的cDNA，其核酸中额外引入一种修饰。

8. 权利要求7的cDNA，其中所述核酸编码修饰的蛋白酶裂解位点。

9. 权利要求8的cDNA，其中所述裂解位点是融合蛋白的蛋白酶裂解位点。

10. 权利要求7的cDNA，其中所述核酸编码杂合病毒蛋白。

11. 权利要求10的cDNA，其中所述杂合病毒蛋白是血凝素-神经酰胺酶蛋白。

12. 权利要求7的cDNA，其中所述修饰包含编码一病毒蛋白的核酸中的缺失。

13. 权利要求12的cDNA，其中所述病毒蛋白是基质蛋白。

14. 权利要求1、2或3的cDNA，其额外包含编码异源抗原的核酸。

15. 权利要求14的cDNA，其中所述抗原衍生自家禽病原体。

16. 权利要求14的cDNA，其额外包含编码免疫刺激蛋白的核酸。

17. 由权利要求1~16任一项的cDNA获得的RNA。

18. 产生感染性拷贝禽副粘病毒的方法，包括用权利要求1~16任一项的cDNA转染至少一个细胞。

19. 权利要求18的方法，其中所述细胞至少能表达病毒核衣壳、磷蛋白或大聚合酶蛋白。

20. 权利要求18或19的方法，进一步包括使得所述病毒的融合蛋白裂解。

21. 权利要求 18 或 19 的方法，进一步包括将所述细胞在包含蛋白酶解活性的培养基中培养。

22. 权利要求 21 的方法，其中所述培养基包含尿囊液，所述尿囊液包含所述蛋白酶解活性。

23. 权利要求 18 或 19 的方法，其中所述细胞衍生自鸡细胞。

24. 由权利要求 18～23 任一项的方法获得的感染性拷贝禽副粘病毒。

25. 一种包含权利要求 24 的病毒的疫苗。

26. 权利要求 25 的活疫苗。

27. 权利要求 25 或 26 的疫苗，其中所述感染性拷贝禽副粘病毒至少部分衍生于新城疫病毒。

28. 一种将未接种的动物或用权利要求 27 的新城疫病毒疫苗接种的动物的样品与被野生型新城疫病毒感染的或用未修饰的中等毒力或轻型新城疫病毒毒株接种的动物的样品区分开的方法，该方法包括确定在动物的至少一个样品中是否存在抗所述野生型或未修饰的新城疫病毒的而非所述疫苗的第一免疫显性表位或标记的抗体和/或抗所述疫苗而非所述野生型或未修饰的新城疫病毒的第二免疫显性表位或标记的抗体。

29. 权利要求 28 的方法，其中所述抗体抗新城疫病毒的血凝素–神经酰胺酶或融合蛋白。

30. 权利要求 28 或 29 的方法，其中所述动物选自由家禽组成的一组。

31. 权利要求 30 的方法，其中所述动物为鸡。

32. 一种诊断试剂盒，其用于将未接种的动物或用权利要求 27 的新城疫病毒疫苗接种的动物的样品与被野生型新城疫病毒感染的或用未修饰的中等毒力或轻型新城疫病毒毒株接种的动物的样品区分开，所述试剂盒配有所述野生型或未修饰的新城疫病毒而非所述疫苗的第一免疫显性表位或标记，和/或抗所述表位或标记的第一抗体，所述试剂盒进一步配有所述疫苗而非所述野生型或未修饰的新城疫病毒的第二免疫显性表位或标记和/或抗所述标位或标记的第二抗体，所述试剂盒进一步配有一种检测抗体与所述第一和/或第二表位或标记结合的的手段。

33. 从复制型禽副粘病毒小基因组产生一种蛋白的方法，包括用权利要求 3 的 cDNA 转染至少一种细胞。"

请求人认为：（1）在本发明完成以前，本领域技术人员还不能将野生型 NDV 感染的动物的样本与 NDV 接种的动物的样本区分开，从而也就无法判断某一动物是被接种过的或是被野生型 NDV 感染过的。而本发明的标记疫苗可以实现将未接种的动物与被野生型新城疫病毒感染的动物区分开的目的，对于未接种的动物可以用本发明的疫苗进行接种。因此，修改后的权利要求 1～27，33 与权利要求 28～32 之间具备单一性。（2）在修改后的权利要求书中已经删除了独立权利要求 1 和 3 中的表述"至少"；将 NDV 独特的 5′末端的序列信息添加到权利要求 1 和 3 中，而现有技术中已知禽副粘病毒的 3′末端是复制所必需的，因此，权利要求中已经记载了实现其技术方案的全部必要技术特征；请求人还将独立权利要求 1 和 3 中的术语"禽副粘病毒"进一步限定为"禽副粘病毒血清型 1（即 NDV）"，因此修改后的权利要求书中不再存在审查员所指出的不符合专利法第 26 条第 4 款的规定的缺陷。

形式审查合格后，专利复审委员会受理了该复审请求，并于 2005 年 11 月 3 日向请求人发出《复审请求受理通知书》，同时将本申请案卷移交原审查部门进行前置审查。

原审查部门对本复审请求进行了前置审查，认为修改后的权利要求 1～27、33 虽给出了具体的 5′末端序列，但给出的序列不完整，还不足以实现本发明的目的，因此上述权利要求仍然不符合专利法第 26 条第 4 款的规定，故坚持原驳回决定。

专利复审委员会组成合议组，对本复审请求案进行了审理。于 2007 年 7 月 9 日向请求人发出《复审通知书》。该《复审通知书》指出：

(1)本案中，在请求人请求复审时提交的权利要求28中虽然对"第一免疫显性表位或标记的抗体"和"第二免疫显性表位或标记的抗体"进行了限定，然而上述限定在原权利要求书和说明书中并未明确记载，而且对于所属领域的技术人员而言，从本申请原申请文本所记载的内容也无法直接地、毫无疑义地确定，因此，上述修改不符合专利法第33条的规定。同理，权利要求32也不符合专利法第33条的规定。

(2)即使申请人将权利要求28和32分别修改为符合专利法第33条规定的形式，其还存在不符合专利法第31条第1款的缺陷，原因是：权利要求28和32分别包含了两组技术方案，即区分未接种的动物样品、被野生型新城疫病毒感染的动物样品和用未修饰的中等毒力或轻型新城疫病毒毒株接种的动物样品以及区分用权利要求27的新城疫病毒接种的动物样品、被野生型新城疫病毒感染的动物样品和用未修饰的中等毒力或轻型新城疫病毒毒株接种的动物样品，显然，在区分未接种的动物样品、被野生型新城疫病毒感染的动物样品和用未修饰的中等毒力或轻型新城疫病毒毒株接种的动物样品的技术方案中，并不涉及本申请的新城疫病毒疫苗。同理，权利要求28~32中分别包含的区分未接种的动物样品、被野生型新城疫病毒感染的动物样品和用未修饰的中等毒力或轻型新城疫病毒毒株接种的动物样品的技术方案与权利要求1~27和33分别请求保护的技术方案也不属于一个总的发明构思，不符合专利法第31条第1款的有关规定。

(3) a. 权利要求1中的用语"包含"意味着权利要求1的禽副粘病毒cDNA在禽副粘病毒基因组的5′末端的核酸序列的一端或两端可添加任意数目和任意类型的碱基。本申请说明书中仅记载了新城疫病毒基因组的5′末端核酸序列与新城疫病毒基因组的3′末端相配合在新城疫病毒的复制和转录中起重要作用，并未记载在其5′末端核酸序列上添加任意数目和任意类型的碱基后也都具有与3′末端相配合，从而在新城疫病毒的复制和转录中起重要作用的能力。因此，权利要求1不符合专利法第26条第4款的规定。同理，权利要求2和3也都得不到说明书的支持。b. 在请求人提出复审请求时提交的权利要求1中，仅仅对禽副粘病毒基因组的5′末端部分序列进行了限定，缺少了对禽副粘病毒基因组3′末端序列的限定。然而，对于本领域技术人员而言，除本申请中采用的特定的3′末端核酸序列（nt1~119）之外，并非任意长度和组成的新城疫病毒基因组的3′末端核酸序列都能与其相应的5′末端相配合在新城疫病毒的复制和转录中起重要作用的活性。同时，虽然请求人在权利要求1中对禽副粘病毒的5′末端部分序列进行了限定，但除本申请中采用的独特的新城疫病毒5′末端核酸序列（nt14973~15186）之外，并非任意长度和组成的新城疫病毒基因组的5′末端核酸序列都能与其相应的3′末端相配合在新城疫病毒的复制和转录中起重要作用的活性，就此而言，权利要求1也不符合专利法第26条第4款的规定。同理，权利要求2~33分别要求保护的技术方案也都得不到说明书的支持。c. 由于本申请说明书中对于上述5′和3′末端的记载仅仅是针对新城疫病毒的，是否可以由此推及整个禽副粘病毒都包含与本申请新城疫病毒相同的5′和3′末端无法从说明书直接得到。此外，根据本领域的公知常识可知，新城疫病毒仅仅是禽副粘病毒中的具体一种，不同种类的禽副粘病毒之间存在很大的差异，即便是不同的新城疫病毒分离株和毒株也可诱导差别非常大的疾病严重程度。因此，并不能由发现新城疫病毒具有独特的5′末端核酸序列而扩展到整个禽副粘病毒也必定具有相同的5′末端序列。故权利要求1就此而言也不符合专利法第26条第4款的规定。同理，权利要求2~33分别要求保护的技术方案也都得不到说明书的支持。因此，权利要求1~33均不符合专利法第26条第4款的规定。

针对《复审通知书》指出的问题，请求人于2007年10月24日提交了意见陈述书及经修改的权利要求书全文替换页（共33项权利要求）。修改后的权利要求书如下：

"1. 禽副粘病毒cDNA，其包含相应于新城疫病毒基因组的5′末端的核酸序列和相应于新城疫病毒基因组的3′末端的核酸序列，使得能够产生禽副粘病毒血清型1的感染性拷贝，其中所述3′末端相应于图3中第1~119位核苷酸，所述5′末端相应于图3中第14973~15186位核苷酸。

2. 权利要求1的cDNA，包含全长cDNA。

3. 一种cDNA，其包含相应于新城疫病毒基因组的5′末端的核酸序列和相应于新城疫病毒基因组的3′末端的核酸序列，使得能够产生复制型禽副粘病毒血清型1小基因组，其中所述3′末端相应于图3中第1~119位核苷酸，所述5′末端相应于图3中第14973~15186位核苷酸。

4. 权利要求1、2或3的cDNA，其至少部分衍生于新城疫病毒。

5. 权利要求4的cDNA，其中所述的新城疫病毒是轻型病毒，优选衍生自疫苗株。

6. 权利要求5的cDNA，其中所述疫苗株是LaSota毒株ATCC VR-699。

7. 权利要求1、2或3的cDNA，其核酸中额外引入一种修饰。

8. 权利要求7的cDNA，其中所述核酸编码修饰的蛋白酶裂解位点。

9. 权利要求8的cDNA，其中所述裂解位点是融合蛋白的蛋白酶裂解位点。

10. 权利要求7的cDNA，其中所述核酸编码杂合病毒蛋白。

11. 权利要求10的cDNA，其中所述杂合病毒蛋白是血凝素-神经酰胺酶蛋白。

12. 权利要求7的cDNA，其中所述修饰包含编码一病毒蛋白的核酸中的缺失。

13. 权利要求12的cDNA，其中所述病毒蛋白是基质蛋白。

14. 权利要求1、2或3的cDNA，其额外包含编码异源抗原的核酸。

15. 权利要求14的cDNA，其中所述抗原衍生自家禽病原体。

16. 权利要求14的cDNA，其额外包含编码免疫刺激蛋白的核酸。

17. 由权利要求1~16中任一项的cDNA获得的RNA。

18. 产生感染性拷贝禽副粘病毒的方法，包括用权利要求1~16中任一项的cDNA转染至少一个细胞。

19. 权利要求18的方法，其中所述细胞至少能表达病毒核衣壳、磷蛋白或大聚合酶蛋白。

20. 权利要求18或19的方法，进一步包括使得所述病毒的融合蛋白裂解。

21. 权利要求18或19的方法，进一步包括将所述细胞在包含蛋白酶解活性的培养基中培养。

22. 权利要求21的方法，其中所述培养基包含尿囊液，所述尿囊液包含所述蛋白酶解活性。

23. 权利要求18或19的方法，其中所述细胞衍生自鸡细胞。

24. 由权利要求18~23中任一项的方法获得的感染性拷贝禽副粘病毒。

25. 一种包含权利要求24的病毒的疫苗。

26. 权利要求25的活疫苗。

27. 权利要求25或26的疫苗，其中所述感染性拷贝禽副粘病毒至少部分衍生于新城疫病毒。

28. 一种将用权利要求27的新城疫病毒疫苗接种的动物的样品与被野生型新城疫病毒感染的或用未修饰的中等毒力或轻型新城疫病毒毒株接种的动物的样品区分开的方法，该方法包括确定在动物的至少一个样品中是否存在抗由所述野生型或未修饰的新城疫病毒而非所述疫苗表达的免疫显性表位或标记的抗体。

29. 权利要求28的方法，其中所述抗体抗新城疫病毒的血凝素-神经酰胺酶或融合蛋白。

30. 权利要求28或29的方法，其中所述动物选自由家禽组成的一组。

31. 权利要求30的方法，其中所述动物为鸡。

32. 一种诊断试剂盒，其用于将用权利要求27的新城疫病毒疫苗接种的动物的样品与被野生型新城疫病毒感染的或用未修饰的中等毒力或轻型新城疫病毒毒株接种的动物的样品区分开，所述试剂盒配有由所述野生型或未修饰的新城疫病毒而非所述疫苗表达的免疫显性表位或标记，和/或抗所述表位或标记的抗体，所述试剂盒进一步配有一种检测抗体与所述表位或标记结合的手段。

33. 从复制型禽副粘病毒小基因组产生一种蛋白的方法，包括用权利要求3的cDNA转染至少一种细胞。"

请求人认为：修改后的权利要求28和32不再涉及"第一免疫显性表位或标记的抗体"、"第二免疫显性表位或标记的抗体"、"第一抗体"和"第二抗体"的表述，克服了不符合专利法第33条规定的缺陷；删除了权利要求28和32中涉及的"将未接种的动物样品与被野生型新城疫病毒感染的或用未修饰的中等毒力或轻型新城疫病毒毒株接种的动物样品区分开的方法"的技术方案，克服了有关单一性的缺陷；将权利要求1和3中的"禽副粘病毒基因组"进一步限定为"新城疫病毒基因组"，将新城疫病毒独特的3′末端（即，nt1~119）和5′末端（即，nt14973~15186）具体限定到权利要求1和3请求保护的技术方案中，虽然权利要求1~3中使用了术语"包含"，但是，因为已经将新城疫病毒独特的3′和5′末端限定到权利要求请求保护的技术方案中，并且本申请已给出了除新城疫病毒独特的3′和5′末端外还存在其他序列的修饰cDNA同样能够实现本发明的目的（参见本申请说明书第12页第4段至第13页第2段，第43页第2段至第60页）。因此，修改后的权利要求书符合专利法第33条、第31条第1款和第26条第4款之规定，克服了复审通知书所指出的缺陷。

至此，合议组认为本案事实已经清楚，可以作出审查决定。

二、决定的理由

1. 审查依据的文本

鉴于请求人在复审过程中仅对权利要求书进行了修改，因此，本复审请求审查决定是在请求人于2007年10月24日提交的权利要求1~33以及驳回决定所针对的说明书、说明书附图和说明书摘要的基础上作出的。

2. 关于专利法第26条第4款

专利法第26条第4款规定：权利要求书应当以说明书为依据，说明要求专利保护的范围。

权利要求书应当以说明书为依据，是指权利要求应当得到说明书的支持。权利要求书中的每一项权利要求所要求保护的技术方案应当是所属技术领域的技术人员能够从说明书充分公开的内容中得到或概括得出的技术方案，并且不得超出说明书公开的内容。如果权利要求的概括包含申请人推测的内容，而其效果又难以预先确定和评价，应当认为这种概括超出了说明书公开的范围。

本案中，驳回决定指出，获得感染性病毒拷贝，其病毒的3′末端和5′末端是必须的，本发明的实质在于发现新城疫病毒具有一独特的5′末端，而不是新城疫病毒的任意5′末端（长度）的病毒cDNA都可以实现病毒感染性拷贝。请求人于2007年10月24日提交的权利要求1要求保护一种"禽副粘病毒cDNA，其包含相应于新城疫病毒基因组的5′末端的核酸序列和相应于新城疫病毒基因组的3′末端的核酸序列，使得能够产生禽副粘病毒血清型1的感染性拷贝，其中所述3′末端相应于图3中第1-119位核苷酸，所述5′末端相应于图3中第14973~15186位核苷酸"。请求人认为本申请已给出了除新城疫病毒独特的3′和5′末端外还存在其他序列的修饰cDNA同样能够实现本发明的目的，所述其他序列包括但不限于编码修饰的蛋白酶裂解位点或修饰的融合蛋白或杂合血凝素-神经酰胺酶蛋白的核酸序列（参见本申请说明书第12页第4段至第13页第2段，第43页第2段至第60页），因此修改后的权利要求中使用"包含"的表述是合理的。但是，合议组认为，虽然该权利要求中具体限定了3′末端和5′末端，但是，如《复审通知书》指出的那样，权利要求1中的用语"包含"意味着权利要求1的禽副粘病毒cDNA在新城疫病毒基因组的5′末端的核酸序列的5′和/或3′方向可以添加任意数目和任意类型的碱基，同样，该表述也意味着权利要求1的cDNA序列在新城疫病毒基因组的3′

末端的核酸序列的5′和/或3′方向可以添加任意数目和任意类型的碱基。如此添加碱基后形成的5′或3′末端将不再是所述的5′或3′末端，而是一个全新的5′或3′末端。虽然本申请说明书中记载了新城疫病毒基因组的上述独特的5′末端核酸序列与新城疫病毒基因组的3′末端相配合在新城疫病毒的复制和转录中起重要作用，但并未记载在其5′和/或3′方向添加任意数目和任意类型的碱基后形成的新的5′和3′末端也都能够相互配合从而具有在新城疫病毒的复制和转录中起重要作用的能力。因此，本领域技术人员依据本领域公知常识也无法预先确定和评价完全不同的5′和3′末端均具有相同的作用。尽管权利要求1以功能性描述的方式限定了所述禽副粘病毒cDNA能够产生禽副粘病毒血清型1的感染性拷贝，但说明书并没有提供任何包含所述序列的cDNA都具有该能力的实验证据，本领域技术人员根据说明书的描述无法预测在所述独特末端序列的5′和/或3′方向添加任意数目和类型的碱基后获得的cDNA都能够实现本发明的目的。因此，修改后的权利要求1仍然没有克服驳回决定所指出的缺陷，不符合专利法第26条第4款的规定。

同理，权利要求2和3也都得不到说明书的支持。

根据以上事实和理由，本案合议组作出如下审查决定。

三、决定

维持国家知识产权局于2005年6月10日对99809714.4号发明专利申请作出的驳回决定。

复审请求人对本决定不服的，可以根据专利法第41条第2款的规定，自收到本决定之日起三个月内向北京市第一中级人民法院起诉。

无水极性非质子性肽制剂

复审请求审查决定（第 12405 号）

决 定 号	第 12405 号
决 定 日	2007 年 12 月 16 日
发明创造名称	无水极性非质子性肽制剂
国际分类号	A61K 38/04，A61K 38/08，A61K 38/09，A61K 38/24，A61K 47/08，A61K 47/16，A61K 47/18，A61K 47/20
复审请求人	阿尔萨公司
申 请 号	97196072.0
优 先 权 日	1996 年 7 月 3 日
申 请 日	1997 年 7 月 1 日
公 开 日	1999 年 7 月 28 日
合议组组长	叶 娟
主 审 员	姚 云
参 审 员	尹 昕

法 律 依 据　专利法第 22 条第 3 款

决 定 要 点

在判断创造性时，首先应从所属技术领域、所要解决的技术问题、技术方案及预期效果四个方面将权利要求与最接近的对比文件公开的技术内容进行比较分析，找出区别技术特征，随后判断这些区别技术特征的引入对于本领域技术人员而言是否是显而易见的。如果本领域技术人员根据现有技术教导或启示能够容易地引入上述区别特征，而且没有产生预料不到的技术效果，则应当认为该技术方案是显而易见的，即相应的权利要求不能满足专利法第 22 条第 3 款关于创造性的要求。

一、案由

本复审请求涉及 1997 年 7 月 1 日申请、1999 年 7 月 28 日公开、名称为"无水极性非质子性肽制剂"的第 97196072.0 号发明专利申请（下称本申请），本申请的优先权日为 1996 年 7 月 3 日，本申请的申请人为阿尔萨公司。

国家知识产权局于 2003 年 11 月 7 日以权利要求 1~18、27~31 不符合专利法第 22 条第 3 款的规定、权利要求 19~25 是疾病的治疗方法，属于专利法第 25 条第 1 款第（3）项不授予专利权的客体为由驳回了本申请。

驳回决定所针对的权利要求书为：

"1. 一种肽化合物的稳定的无水制剂，其包括

a) 至少一种肽化合物，其中至少一种肽化合物不含胰岛素；和

b) 至少一种极性非质子性溶剂，

其中所述溶剂经配制使得在37℃至少稳定3个月。

2. 权利要求1的制剂，其中肽化合物选自促肾上腺皮质激素、血管紧张肽Ⅰ和Ⅱ、心房肽、铃蟾肽、缓激肽、降钙素、小脑肽、强啡肽 A、α 和 β 内啡肽、内皮素、脑啡肽、表皮生长因子、Fertirelin、卵泡促性腺激素释放肽、galanin、胰高血糖素、戈那瑞林、促性腺激素、戈舍瑞林、生长激素释放肽、组氨瑞林、亮丙瑞林、LHRH 相关化合物、促胃动素、纳发瑞林、神经降压素、催产素、促生长抑制素、P 物质、肿瘤坏死因子、色氨瑞林和血管升压素和以上物质的类似物、衍生物、拮抗剂、激动剂和药学可接受的盐。

3. 权利要求2的制剂，其中该肽化合物是一种 LHRH 相关化合物。

4. 权利要求3的制剂，其中该肽化合物选自亮丙瑞林、LHRH、纳发瑞林和戈舍瑞林。

5. 权利要求1的制剂，其中该极性非质子性溶剂包括 DMSO 或 DMF。

6. 权利要求5的制剂，其中包含 DMSO 中的 LHRH 相关化合物。

7. 权利要求6的制剂，其基本上由 DMSO 中的 30%～50%（w/w）的 LHRH 相关化合物醋酸亮丙瑞林组成。

8. 权利要求1的制剂，其基本上由亮丙瑞林和 DMSO 按370mg 亮丙瑞林溶于1ml DMSO 中的比例组成。

9. 权利要求1的制剂，其中包含 10%～50%（w/w）肽化合物。

10. 权利要求9的制剂，其中包含 30%～40%（w/w）肽化合物。

11. 权利要求10的制剂，其中不含带有附加的水的成分。

12. 权利要求1的制剂，其经配制使得制剂在80℃稳定至少两个月。

13. 权利要求1的制剂，其经配制使得制剂在37℃至少稳定一年。

14. 权利要求1的制剂，其还包含一种无水质子性溶剂。

15. 权利要求1的制剂，其中该极性非质子性溶剂具有一种抗胶凝剂作用。

16. 权利要求1的制剂，所述制剂经配制使得该制剂辐照后稳定。

17. 权利要求1的制剂，其在不使用传统抑菌杀菌或杀芽孢剂时呈现抑菌、杀菌或杀芽孢活性。

18. 一种药物递送装置，包含前述权利要求1的制剂。

19. 权利要求18的药物递送装置，其适于非肠道施用所述制剂。

20. 权利要求18或19的药物递送装置，其适于非肠道施用所述制剂。

21. 权利要求18的药物递送装置，其为可植入的。

22. 权利要求19的药物递送装置，其设计和构造为每天释放至少80微克亮丙瑞林。

23. 权利要求19的药物递送装置，其适于施用该制剂3个月、6个月或12个月以上。

24. 根据权利要求1的制剂或权利要求19的药物递送装置用于治疗疾病。

25. 权利要求24的制剂或药物递送装置，其中所述肽化合物含有亮丙瑞林或 LHRH 拮抗剂用于治疗前列腺癌。

26. 权利要求1的制剂用于制备治疗前列腺癌的药物的用途。

27. 一种制备权利要求1的制剂的方法，其包括在至少一种极性非质子性溶剂中溶解至少一种肽化合物。

28. 权利要求27的方法，其中不向制剂加入传统杀菌、抑菌或杀芽孢剂。

29. 权利要求 28 或 29 的方法，其中制剂不含有带附加的水的成分。

30. 权利要求 29 的方法，其中当溶剂是 DMSO 时，该方法在低湿环境下进行。

31. 权利要求 30 的方法，其中所述低湿环境是干燥的氮。

32. 极性非质子溶剂在含肽制剂中的用途，其用于在 37℃稳定制剂至少三个月，作为含肽制剂的抗胶凝剂，或作为含肽溶液中的抑菌、杀菌或杀芽孢剂。"

驳回决定认为：（1）对比文件 1（GB2119248A，公开日为 1983 年 11 月 16 日）在其说明书第 1 页第 57~60 行公开了包括具体的肽化合物胰岛素和至少一种极性非质子溶剂的非水制剂，权利要求 1 相对于对比文件 1 的唯一区别在于，将所述肽化合物由"胰岛素"替换为"其中至少一种肽化合物不含胰岛素"，这一替换是所属领域技术人员在对比文件 1 的制剂基础上容易想到的，在同样采用无水极性溶剂的基础上应能达到同样的稳定所述肽化合物的效果，对于权利要求 1 中对所述制剂的存放稳定效果的描述属于功能性语言，不能作为权利要求的技术方案区别于现有技术的特征看待，因此，这一描述也不能为权利要求带来创造性，权利要求 1 相对于对比文件 1 不具备专利法第 22 条第 3 款所规定的创造性。基于同样的理由，从属权利要求 2~17 的制剂、权利要求 18 的递送装置、权利要求 27~31 的制备方法均不具备创造性。（2）权利要求 19~25 中存在"用于治疗疾病"、"其为可植入的"、"每天释放……"、"其适于施用……"等明显表征治疗疾病的特征描述，均属于专利法第 25 条第 1 款第（3）项规定的不授予专利权的"疾病的治疗方法"。

申请人阿尔萨公司（下称请求人）对上述驳回决定不服，于 2004 年 2 月 13 日向专利复审委员会提出复审请求，同时提交了如下新权利要求书（共 2 页 32 项）：

"1. 一种肽化合物的稳定的无水制剂，其包括

a）至少一种肽化合物；和

b）至少一种极性非质子性溶剂，

其中该肽化合物是一种 LHRH 相关化合物。

2. 权利要求 1 的制剂，其包含至少 10％（w/w）的肽化合物。

3. 权利要求 1 的制剂，其包含至少 30％（w/w）的肽化合物。

4. 权利要求 1 的制剂，其中该肽化合物选自亮丙瑞林、LHRH、纳发瑞林和戈舍瑞林。

5. 权利要求 1 的制剂，其在 80℃稳定至少两个月。

6. 权利要求 1 的制剂，其在 37℃稳定至少三个月。

7. 权利要求 1 的制剂，其在 37℃稳定至少一年。

8. 权利要求 1 的制剂，其适合用于可植入的药物递送装置。

9. 权利要求 1 的制剂，其中该极性非质子性溶剂选自 DMSO 和 DMF。

10. 权利要求 1 的制剂，其中该极性非质子性溶剂具有抗胶凝剂作用。

11. 权利要求 1 的制剂，其本质上由溶于 DMSO 中的 30％~50％（w/w）的 LHRH 相关化合物醋酸亮丙瑞林组成。

12. 权利要求 1 的制剂，其本质上由亮丙瑞林和 DMSO 按 370mg 亮丙瑞林溶于 1ml DMSO 中的比例组成。

13. 权利要求 1 的制剂，其经辐射后稳定。

14. 一种肽化合物的稳定的无水制剂，其包括

a）至少一种肽化合物；

b）至少一种极性非质子性溶剂；和

c）一种无水质子性溶剂。

15. 权利要求 14 的制剂，其包含至少 10％（w/w）的肽化合物。

16. 权利要求 14 的制剂，其包含至少 30％（w/w）的肽化合物。

17. 权利要求 14 的制剂，其在 80℃稳定至少两个月。

18. 权利要求 14 的制剂，其在 37℃稳定至少三个月。

19. 权利要求 14 的制剂，其在 37℃稳定至少一年。

20. 权利要求 14 的制剂，其适合用于可植入的药物递送装置。

21. 权利要求 14 的制剂，其中该极性非质子性溶剂选自 DMSO 和 DMF。

22. 权利要求 14 的制剂，其中该极性非质子性溶剂具有抗胶凝剂作用。

23. 权利要求 14 的制剂，其经辐射后稳定。

24. 权利要求 14 的制剂，其中该肽化合物是一种 LHRH 相关化合物。

25. 一种肽化合物的稳定的无水制剂，其包括

a) 至少一种肽化合物；和

b) 至少一种极性非质子性溶剂，

其中该肽选自胰高血糖素、胰高血糖素样肽-1 和胰高血糖素样肽-2。

26. 权利要求 25 的方法，其包含至少 10％（w/w）的肽化合物。

27. 权利要求 25 的制剂，其包含至少 30％（w/w）的肽化合物。

28. 权利要求 25 的制剂，其在 80℃稳定至少两个月。

29. 权利要求 25 的制剂，其在 37℃稳定至少三个月。

30. 权利要求 25 的制剂，其在 37℃稳定至少一年。

31. 权利要求 25 的制剂，其中该极性非质子性溶剂选自 DMSO 和 DMF。

32. 权利要求 25 的制剂，其中该极性非质子性溶剂具有抗胶凝剂作用。"

基于上述新权利要求书，请求人认为：（1）对比文件 1 涉及胰岛素的递送，并且特别针对性解决胰岛素递送中由聚集引发的问题，然而，对比文件 1 未公开修改后的本申请的权利要求中所述的具体的肽制剂，也没有公开含有肽化合物、一种极性非质子性溶剂和一种无水质子性溶剂的肽制剂，因此，修改后的权利要求相对于对比文件 1 具有新颖性。（2）尽管对比文件 1 的胰岛素制剂中包含极性非质子性溶剂，但对比文件 1 中同时指出：胰岛素是一种"棘手的"蛋白质，与其他蛋白质相比具有很大差异性，而对比文件 1 就是利用这种差异性将胰岛素与其他蛋白质分离，但是，对比文件 1 没有教导或暗示将 DMSO 或其他极性溶剂用于制备肽的稳定制剂，因此，修改后的权利要求相对于对比文件 1 具有创造性。综上，请求人认为国家知识产权局驳回的理由不成立。

形式审查合格后，专利复审委员会受理了该复审请求，并于 2004 年 3 月 9 日向请求人发出《复审请求受理通知书》，同时将本申请案卷移交原审查部门进行前置审查。

原审查部门对本复审请求进行了前置审查，在《前置审查意见书》中，原审查部门坚持原驳回决定，理由是：将肽化合物具体限定为"一种 LHRH 相关化合物"不会使制剂的组成发生显著改变，从而使得要求保护的权利要求具备创造性。

专利复审委员会组成合议组，对本复审请求案进行了审理，并于 2006 年 7 月 21 日针对请求人于提出复审请求时提交的权利要求 1~32、驳回决定所针对的说明书、说明书附图以及说明书摘要向请求人发出《第一次复审通知书》，其中指出：（1）新增的权利要求 25~32，将其请求保护的制剂的肽化合物组分限定为选自"胰高血糖素样肽-1 和胰高血糖素样肽-2"，这两种肽组分在原说明书和权利要求书中均未记载，进一步的，所述肽组分与所述极性非质子性溶剂组合后构成的技术方案既未记载在原说明书和权利要求书中，也不能从中直接地、毫无疑义地确定，因而，该修改超出了原说明书

和权利要求书记载的范围，不符合专利法第33条的规定。（2）权利要求14请求保护一种肽化合物的稳定的无水制剂，对比文件1公开了胰岛素与DMSO的肽化合物无水稳定制剂，并且该制剂在40℃可稳定90天，将二者对比，其区别在于：权利要求14的技术方案中加有一种无水质子性溶剂，而对比文件1中没有。由于无水质子性溶剂是本领域熟知的保存蛋白等活性物质的常规溶剂，本领域的技术人员将其应用于对比文件1以得到权利要求14请求保护的技术方案是显而易见的，进一步的。该区别技术特征的引入也未能带来任何预料不到的技术效果，因而，权利要求14不具备专利法第22条第3款规定的创造性。（3）从属权利要求15~16、21分别限定制剂中肽化合物的重量百分含量以及极性非质子溶剂的具体成份，但该限定属于所属领域技术人员所熟知的常规选择，其引入并未能带来预料不到的技术效果，因而，其也不具备专利法第22条第3款规定的创造性。（4）从属权利要求17~20、22~23分别限定制剂的稳定性及适宜使用装置，但该限定是制剂本身所固有的特性，其限定并不能使得从属权利要求17~20、22~23的技术方案相对于其所引用的权利要求14产生任何实质性区别，因而，其也不具备专利法第22条第3款规定的创造性。

针对《第一次复审通知书》指出的问题，请求人于2006年11月6日提交了意见陈述书及经修改的权利要求书，所作修改仅在于：删除了基于2004年2月13日提交的权利要求书中的权利要求25~32。

在此修改文本的基础上，请求人认为：（1）权利要求25~32的删除克服了修改超范围的缺陷。（2）尽管"无水质子性溶剂"是本领域所熟知的常规溶剂，但在现有技术中并没有任何有关在含有极性非质子性溶剂的组合物中加入无水质子性溶剂，从而获得肽化合物的稳定制剂的教导，因而，权利要求14具备创造性，相应的，从属权利要求15~23也具备创造性。

经审查，合议组于2007年6月8日发出《第二次复审通知书》，指出：（1）权利要求1请求保护一种肽化合物的稳定的无水制剂，对比文件1公开了胰岛素与DMSO的肽化合物无水稳定制剂，将二者对比，其区别在于：权利要求1中肽化合物为LHRH相关化合物，对比文件1中肽化合物为胰岛素。在对比文件1教导了其他身体蛋白质也能够溶于DMSO的基础上，本领域的技术人员将胰岛素替换为LHRH相关化合物以得到权利要求1请求保护的技术方案是显而易见的，而在说明书中也无证据表明权利要求1请求保护的技术方案具有意想不到的技术效果，因而权利要求1不具备专利法第22条第3款规定的创造性。权利要求4、9分别限定肽化合物的种类和极性非质子性溶剂的种类，基于相同的理由，其也不具备专利法第22条第3款规定的创造性。（2）权利要求2~3限定肽化合物的浓度，对比文件1已经公开了胰岛素能被分散到溶剂中直到其溶液的粘度高到无法允许混合的发生，本领域的技术人员在该教导下，在肽化合物允许溶解的最大浓度范围内调整肽化合物浓度的大小是显而易见的，因而权利要求2~3不具备专利法第22条第3款规定的创造性。（3）权利要求5~8、10、13分别限定制剂的稳定性能、应用方式、极性非质子溶剂的作用，但上述限定是制剂本身所固有的特性，在没有证据表明上述限定的特征对权利要求1所请求保护的制剂的组分、含量、结构具有限定作用的情况下，其也不具备专利法第22条第3款规定的创造性。（4）权利要求11~12限定制剂中的组分含量，本领域的技术人员根据实际需要通过有限次的试验对制剂中的肽化合物、极性非质子性溶剂的种类以及对肽化合物浓度进行选择以得到权利要求11~12请求保护的技术方案是显而易见的，也未取得意料不到的技术效果，因而，权利要求11~12也不具备专利法第22条第3款规定的创造性。

针对《第二次复审通知书》指出的问题，请求人于2007年9月24日提交了意见陈述书及经修改的权利要求书，所作修改仅在于：将原权利要求11~12的内容补入权利要求1，同时删除权利要求11~12并相应修改了其余相关权利要求的编号和引用关系。

在修改的基础上，请求人认为：首先，对比文件1明确教导了胰岛素为一种"棘手"的蛋白质，与其他蛋白质相比，具有较大的性质差异，即对比文件1所给出的解决方案是针对胰岛素这一性质特殊的蛋白质，而非对所有蛋白质都通用的普适方案；其次，对比文件1仅泛泛教导了与其他身体蛋白质制成的DMSO溶液不出现沉淀，但没有给出具体的实例，而不同蛋白质的理化性质差异较大，因而，本领域的技术人员在对比文件1的教导下将胰岛素替换为LHRH相关化合物是非显而易见的。进一步的，由于现有技术中没有具体关于LHRH相关化合物的DMSO制剂的任何教导，并且制剂中组分的含量选择会直接影响到制剂的稳定性，因而本领域的技术人员无法通过有限次试验简单获得具体浓度范围，并预见相应的肽制剂能够在体温水平稳定存在至少3个月的有益效果，因而，修改后的权利要求1具备创造性。

至此，合议组认为本案事实已经清楚，可以作出审查决定。

二、决定的理由

1. 文本的认定

请求人于2007年9月24日提交了修改的权利要求书替换页，所作修改符合专利法第33条和专利法实施细则第60条第1款的规定。因此，本复审决定所针对的文本为请求人2007年9月24日提交的权利要求1~22；2003年9月15日提交的说明书第9页；1998年12月31日本申请进入中国国家阶段时提交的原始国际申请中文译文说明书第1~8、10~18页，说明书附图第1~8页，说明书摘要及摘要附图。

2. 专利法第22条第3款

专利法第22条第3款规定，创造性，是指同申请日以前已有的技术相比，该发明有突出的实质性特点和显著的进步，该实用新型有实质性特点和进步。

在判断创造性时，首先应从所属技术领域、所要解决的技术问题、技术方案及预期效果四个方面将权利要求与最接近的对比文件公开的技术内容进行比较分析，找出区别技术特征，随后判断这些区别技术特征的引入对于本领域技术人员而言是否是显而易见的。如果本领域技术人员根据现有技术教导或启示能够容易地引入上述区别特征，而且没有产生预料不到的技术效果，则应当认为该技术方案是显而易见的，即相应的权利要求不能满足专利法第22条第3款关于创造性的要求。

权利要求1请求保护一种肽化合物的稳定的无水制剂。对比文件1（GB2119248A，公开日为1983年11月16日）公开了以下内容：一种稳定的药物制剂，其含有胰岛素和偶极非质子溶剂，其中偶极非质子溶剂可以为DMSO（参见说明书第1页第58~60、67~70行）；胰岛素能够被分散到溶剂中直到其溶液的粘度高到无法允许混合的发生，同时胰岛素/DMSO中胰岛素的浓度可以达到15000iu/ml（相当于35.29%（W/W））的浓度（参见说明书第2页第50~52、69~76行）。将权利要求1请求保护的技术方案与对比文件1公开的技术方案相比，其区别在于：（1）权利要求1中肽化合物为LHRH相关化合物（醋酸）亮丙瑞林，对比文件1中肽化合物为胰岛素；（2）权利要求1中肽化合物的浓度为：亮丙瑞林的浓度30%~50%（W/W）或370mg亮丙瑞林溶于1ml DMSO，对比文件1中胰岛素的浓度为35.29%（W/W）。由于对比文件1与本申请均是为了得到一种含有肽化合物的稳定的药物制剂，而在对比文件1中已经公开了其他蛋白质也能够溶于DMSO（参见说明书第1页第75~81行、第2页第114~115行），作为本领域的技术人员，在对比文件1的技术启示下，改变蛋白质的种类，将胰岛素替换为LHRH相关化合物（醋酸）亮丙瑞林，同时根据实际需要通过有限次的试验对肽化合物的浓度进行选择以得到权利要求1请求保护的技术方案是显而易见的，而在本申请的说明书中也没有提供任何证据表明权利要求1请求保护的技术方案具有意想不到的效果。因而，权利要求1不具备突出的实质性特点和显著的进步，不具备专利法第22条第3款规定的创造性。

针对请求人争辩的意见，合议组认为：（1）对比文件1所教导的胰岛素与其他蛋白质的性质差异体现在：加入去离子水胰岛素能够从DMSO中沉淀，而其他蛋白质制成的DMSO溶液不沉淀，这已经表明了其他蛋白质可以制备成相应的DMSO溶液。即在制备成肽的DMSO溶液的过程中并不存在着根本差异，本领域的技术人员根据对比文件1的教导可以选择任意的蛋白质配制成相应的DMSO溶液；同样，现有技术中并不存在"亮丙瑞林"和"醋酸亮丙瑞林"不能溶于DMSO的偏见，本领域的技术人员也能容易地想到将其溶于DMSO。（2）对比文件1已经公开了采用传统的水溶助剂获得的胰岛素的含水溶液的稳定性并不令人满意（参见说明书第1页第14~35行），其发明目的之一就是提供一种偶极非质子溶剂（DMSO）作为溶剂可以制备稳定的药物制剂，并且该药物制剂中胰岛素的浓度可以足够大（参见说明书第2页第49~103行），即对比文件1已经教导了利用DMSO作为溶剂能够获得稳定的含肽化合物的药物制剂，并且肽化合物的浓度可以足够高。本领域的技术人员在此教导下通过有限次的试验可以确定所需的肽浓度。（3）虽然对比文件1中没有明确公开当DMSO作为溶剂时该制剂可以在体温下稳定递送肽至少3个月的时间，但这样的稳定性参数是制剂本身所固有的特性，其并不会影响到药物制剂本身的组成。综上所述，请求人的主张不能成立，合议组对请求人的观点不予支持。

根据以上事实和理由，本案合议组作出如下审查决定。

三、决定

维持国家知识产权局于2003年11月7日对97196072.0号发明专利申请作出的驳回决定。

复审请求人对本决定不服的，可以根据专利法第41条第2款的规定，自收到本决定之日起三个月内向北京市第一中级人民法院起诉。

抗截短的 VEGF-D 的抗体及其应用

复审请求审查决定（第 12406 号）

决 定 号	第 12406 号
决 定 日	2007 年 12 月 16 日
发明创造名称	抗截短的 VEGF-D 的抗体及其应用
国际分类号	A61K 39/395，A61K 39/40，A61K 39/42
复审请求人	路德维格癌症研究所
申 请 号	99814571.8
优 先 权 日	1998 年 12 月 21 日，1999 年 5 月 17 日
申 请 日	1999 年 12 月 21 日
公 开 日	2002 年 1 月 9 日
合议组组长	叶 娟
主 审 员	姚 云
参 审 员	尹 昕
法 律 依 据	专利法第 26 条第 4 款
决 定 要 点	

在判断权利要求是否得到说明书支持时，应当考虑说明书的全部内容并参照与之相关的现有技术，而不应仅限于具体实施方式部分的内容。如果所属领域的技术人员对于说明书公开的技术内容进行理解的结果能够将说明书实施例记载的具体实施方案扩展到一项权利要求所请求保护的技术方案，在没有言之有据的理由和/或相反证据置疑发明或实用新型在作出上述扩展后得出的该技术方案不能解决其技术问题的情况下，则应认为记载该技术方案的权利要求得到了说明书的支持。

一、案由

本复审请求涉及 1999 年 12 月 21 日申请、2002 年 1 月 9 日公开、名称为"抗截短的 VEGF-D 的抗体及其应用"的第 99814571.8 号发明专利申请（下称本申请），本申请的优先权日为 1998 年 12 月 21 日和 1999 年 5 月 17 日，本申请的申请人为路德维格癌症研究所。

国家知识产权局于 2005 年 1 月 28 日以权利要求 1、3~15 不符合专利法第 26 条第 4 款的规定为由驳回了本申请。

驳回决定所针对的审查文本为：申请人于 2004 年 10 月 29 日提交的权利要求 1~15；2004 年 4 月 19 日提交的说明书第 18~19 页；2004 年 10 月 19 日提交的说明书第 7~9、15~17 页；2001 年 6 月 21 日本申请进入中国国家阶段时提交的原始国际申请中文译文说明书第 1~6、10~14、20~23 页，说明书附图第1~5页以及说明书摘要，其中权利要求书为：

"1. 一种抗体，所述抗体与具有图1（SEQ ID NO：1）所示氨基酸序列的多肽特异性结合，其中所述抗体是一种单克隆抗体，或其F（ab'）$_2$，F（ab'），F（ab）片段或嵌合抗体或人源化抗体。

2. 权利要求1的抗体，其中所述抗体是由杂交瘤ATCC No. HB-12698产生的单克隆抗体4A5，或其F（ab'）$_2$，F（ab'），F（ab）片段或嵌合抗体或人源化抗体。

3. 权利要求1的抗体，其中所述抗体用一检测标记物标记。

4. 权利要求3的抗体，其中所述检测标记物是一种放射性同位素。

5. 权利要求1的抗体，其中所述抗体是人源化抗体。

6. 一种产生权利要求1的单克隆抗体的杂交瘤细胞。

7. 用于VEGF-D的诊断或预后试剂盒，包括权利要求1的抗体和用于检测所述抗体的结合的手段。

8. 一种干扰由VEGF-D诱导的生物学活性的药物组合物，包含权利要求1的抗体以及药物可接受的载体或佐剂。

9. 权利要求1的抗体在制备用于干扰由VEGF-D诱导的选自血管通透性、内皮细胞增殖、血管生成、淋巴管生成和内皮细胞分化的至少一种生物学活性的药物中的应用。

10. 权利要求9的应用，其中所述的应用是权利要求1的抗体在制备在哺乳动物中干扰由VEGF-D诱导的选自血管生成、淋巴管生成和新血管化的至少一种生物学活性的药物中的应用。

11. 权利要求9的应用，其中所述的应用是权利要求1的抗体在制备在选自癌症、糖尿病性视网膜病、银屑病和关节病的哺乳动物疾病中干扰由VEGF-D诱导的选自血管生成、淋巴管生成和新血管化的至少一种生物学活性的药物中的应用。

12. 检测生物学样品中的VEGF-D的方法，包括将所述样品与权利要求1的抗体接触，并检测所述抗体的结合的发生。

13. 权利要求9的应用，其中所述的应用是权利要求1的抗体在制备在哺乳动物中调节由VEGF-D诱导的血管通透性的药物中的应用。

14. 权利要求9的应用，其中所述的应用是权利要求1的抗体在制备用于治疗哺乳动物中由于由VEGF-D诱导的血管通透性增加导致的液体在心脏和/或肺中蓄积的药物中的应用。

15. 权利要求1的抗体在制备成像组织中的淋巴脉管系统的制剂中的应用。"

驳回决定认为：权利要求1包括了大量不同的抗体，而说明书中只充分公开了其中的保藏号ATCC#HB-12698的小鼠杂交瘤细胞产生的抗体，其他抗体仅有申请人自定的编号。由于要筛选到干扰VEGF-D同时又不结合同源性较高的VEGF-C需要运气或大量的筛选工作，所属技术领域的技术人员需要进一步筛选才能选择出能达到本发明目的的技术方案，因而，依据本申请文件所记载的内容，除了本申请实施例的技术方案，所属技术领域的技术人员难于预见能筛选到能达到本发明目的的技术方案，因而，权利要求1得不到说明书的支持，不符合专利法第26条第4款的规定。权利要求3~15直接或间接以有缺陷的权利要求1为基础，本身并未克服该缺陷，因而也得不到说明书的支持，不符合专利法第26条第4款的规定。

申请人路德维格癌症研究所（下称请求人）对上述驳回决定不服，于2005年5月12日向专利复审委员会提出复审请求。请求人认为：权利要求1请求保护"一种抗体，所述抗体与具有图1（SEQ ID NO：1）所示氨基酸序列的多肽特异性结合，其中所述抗体是一种单克隆抗体，或其F（ab'）$_2$，F（ab'），F（ab）片段或嵌合抗体或人源化抗体"。首先，本申请提供了一种新的抗原（即具有图1（SEQ ID NO：1）所示氨基酸序列的多肽），并针对该抗原生成了特异性单克隆抗体，被驳回的权利要求在范围上是同一类的抗体，包含了任一的和所有的针对该抗原的单克隆抗体；其次，就本申请而言，申请日之前，单克隆抗体技术已为本领域所熟知和接受，并被本领域的技术人员作为常规技术手段来实践。因此，在发现新抗原的基础上利用单克隆抗体技术获得权利要求1要求保护的单克隆抗体是足以被本领域技术人员认可的适当概括；再次，审查员强调"要筛选到干扰VEGF-D而同时又不结合同源性较高的VEGF-C不是常规的单抗制备技术所能实现的"是不正确的，权利要求1并未限定所述抗体能区分VEGF-C和VEGF-D，事实上，在任何情况下，请求人都能无需过多的试验就可以鉴定到请求保护的单克隆抗体。此外，请求人已提供试验数据（如在后保藏的3个另外的抗体）说明其他的单克隆抗体不仅是可以获得的而且已经获得了，而这无需过多的筛选试验。综上，权利要求1中单克隆抗体是针对本申请的新的抗原的一类抗体，说明书中的实施例只是列举了其中的一个实施方式以更好地来说明本发明，而非对本发明的限制，结合本领域的技术人员的认识，无需过多的试验，其请求保护的技术方案即可被合理的概括。因而，相应的权利要求符合专利法第26条第4款的规定。国家知识产权局驳回的理由不成立。

形式审查合格后，专利复审委员会受理了该复审请求，并于2005年6月7日向请求人发出《复审请求受理通知书》，同时将本申请案卷移交原审查部门进行前置审查。

原审查部门对本复审请求进行了前置审查，认为请求人的意见不能被接受，坚持原驳回决定。

至此，合议组认为本案事实已经清楚，可以作出审查决定。

二、决定的理由

1. 文本的认定

由于请求人在提出复审请求时没有提交新修改的申请文件，因此本决定所针对的审查文本驳回决定所针对的文本相同。

2. 关于专利法第26条第4款

专利法第26条第4款规定，权利要求书应当以说明书为依据，说明要求专利保护的范围。

在判断权利要求是否得到说明书支持时，应当考虑说明书的全部内容并参照与之相关的现有技术，而不应仅限于具体实施方式部分的内容。如果所属领域的技术人员对于说明书公开的技术内容进行理解的结果能够将说明书实施例记载的具体实施方案扩展到一项权利要求所请求保护的技术方案，在没有言之有据的理由和/或相反证据置疑发明或实用新型在作出上述扩展后得出的该技术方案不能解决其技术问题的情况下，则应认为记载该技术方案的权利要求得到了说明书的支持。

权利要求1请求保护一种抗体，所述抗体与具有图1（SEQ ID NO：1）所示氨基酸序列的多肽特异性结合，其中所述抗体是一种单克隆抗体，或其F（ab'）$_2$，F（ab'），F（ab）片段或嵌合抗体或人源化抗体。

原审查部门认为：权利要求1包括了大量不同的抗体，由于要筛选到干扰VEGF-D同时又不结合同源性较高的VEGF-C需要运气或大量的筛选工作，而说明书中只充分公开了其中的保藏号ATCC #HB-12698的小鼠杂交瘤细胞产生的抗体，所属技术领域的技术人员需要进一步筛选才能选择出其他能达到本发明目的的技术方案，因而，依据本申请文件所记载的内容，除了本申请实施例的技术方案，所属技术领域的技术人员难于预见能筛选到能达到本发明目的的技术方案，因而，权利要求1得不到说明书的支持，不符合专利法第26条第4款的规定。

对此，合议组认为：首先，权利要求1请求保护的是与具有图1（SEQ ID NO：1）所示的氨基酸序列的多肽特异性结合的单克隆抗体或其片段，其中并未限定所述抗体或其片段只与VEGF-D结合同时又不结合同源性较高的VEGF-C的单克隆抗体；其次，具有图1（SEQ ID NO：1）所示氨基酸序列的多肽在说明书中已经公开（参见附图1），而针对抗原生成特异性单克隆抗体是本领域技术人员公知的技术；进一步的，在说明书的实施例Ⅰ-Ⅷ中举例说明了抗体的产生和纯化方法，验证了获得的抗体的活性，并给出了一个所述抗体的实例（4A5），因此本领域技术人员在其所掌握的现有技术的基础上，按照说明书记载的内容，能够容易地产生权利要求1所述抗原的抗体。基于此，驳回决定中将权利要求1中所述抗体解释为既能与VEGF-D结合同时又不结合VEGF-C的抗体或其片段并据此认为权利要求1、3~15得不到说明书支持，从而不符合专利法第26条第4款之规定的理由不能成立。

三、决定

撤销国家知识产权局于2005年1月28日对99814571.8号发明专利申请作出的驳回决定。由原审查部门在本复审决定所针对的文本的基础上继续进行审查。

复审请求人对本决定不服的，可以根据专利法第41条第2款的规定，自收到本决定之日起三个月内向北京市第一中级人民法院起诉。

一种治疗前列腺疾病的纯中药口服制剂及其制备方法

复审请求审查决定（第 12407 号）

决 定 号	第 12407 号
决 定 日	2007 年 12 月 25 日
发明创造名称	一种治疗前列腺疾病的纯中药口服制剂及其制备方法
国际分类号	A61K 35/78，A61K 9/00，A61P 13/08
复审请求人	甘肃独一味生物制药有限责任公司
申 请 号	200410000135.4
申 请 日	2004 年 1 月 6 日
公 开 日	2004 年 12 月 22 日
合议组组长	徐洁玲
主 审 员	郝兴辉
参 审 员	何 炜
法 律 依 据	专利法第 22 条第 3 款

决 定 要 点

发明有突出的实质性特点，是指对所属技术领域的技术人员来说，发明相对于现有技术是非显而易见的。在评价发明是否具有创造性时，不仅要考虑发明技术方案本身，而且还要考虑发明要解决的技术问题和所产生的技术效果。如果发明的技术方案对于本领域技术人员来说是非显而易见的，且能够产生有益的技术效果，则该发明具有创造性。

一、案由

本复审请求涉及名称为"一种治疗前列腺疾病的纯中药口服制剂及其制备方法"的第 200410000135.4 号发明专利申请（下称本申请），申请人为甘肃独一味生物制药有限责任公司，申请日为 2004 年 1 月 6 日，公开日为 2004 年 12 月 22 日。

2005 年 5 月 13 日，国家知识产权局向申请人发出《第一次审查意见通知书》，指出本申请权利要求不符合专利法第 26 条第 4 款、专利法实施细则第 20 条第 1 款的规定。

申请人于 2005 年 6 月 7 日提交了意见陈述书和修改后的权利要求书。

2005 年 8 月 12 日，国家知识产权局向申请人发出《第二次审查意见通知书》，其引用的对比文件为：

对比文件 1：《国家药品监督管理局国家中成药标准汇编中成药地方标准上升国家标准部分外科妇科分册》，ws-10100（ZD-0100）-2002 标准，公开日为 2002 年 12 月 31 日；

对比文件2:"白芷挥发油的 GC-MS 分析",聂红、沈映君,《贵阳中医学院学报》,第24卷第2期,第58~59页,2002年6月;

对比文件3:"乌药挥发油化学成分的 GC-MS 分析",杜志谦等,《中草药》,第34卷第4期,第308页,2003年4月;

对比文件4:"泽兰挥发油β-环糊精包合工艺研究",朱爱兰、钱晨,《南京中医药大学学报》,第16卷第6期,第351页,2000年11月。

其审查意见为:

(1)对比文件1公开了一种前列安通片,其处方经过换算,黄柏、赤芍、丹参、桃仁、泽兰、乌药、王不留行、白芷之间重量的配比为:10:10:5:7:6:6:4:4。权利要求1和2的技术方案已经为对比文件1公开,因此不具备新颖性。权利要求5~8也不具备专利法第22条第2款规定的新颖性。

(2)权利要求3、4分别对各原料药物的配比做了小小的调整,这种调整是所属技术领域的技术人员在现有技术的基础上通过逻辑分析、推理或者有限的试验可以得到的,因此不具备专利法第22条第3款规定的创造性。

(3)权利要求9与对比文件1的区别之处在于将乌药、泽兰、白芷三味药先用水蒸汽蒸馏法提取挥发油,温浸5~7小时,限定了加水量。分析以上区别技术特征,在药材以水提取之前,加水温浸一段时间使中药湿润变软、细胞膨胀,使有效成分首先溶解在药材组织中,有利于有效成分的煮出;药材的加水量一般为5~10倍,可依据药材用量及质地而定。以上两点均是本领域的公知常识,至于温浸的时间长短,则是所属技术领域的技术人员在现有技术的基础上通过逻辑分析、推理或者有限的试验可以得到的,不需要花费创造性劳动。由上述区别技术特征所起的作用不难看出,权利要求9实际解决的技术问题是区别提取含挥发油的药物。然而,对比文件2公开了白芷含挥发性成分是其药理作用的主要物质基础之一;对比文件3公开了乌药挥发油是乌药所含的有效成分;对比文件4公开了泽兰挥发油是其主要有效成分。对于含挥发性成分作为主要活性成分的中药材,采用水蒸气蒸馏法先提取挥发油亦是中药提取领域的公知常识。因此,在对比文件1的基础上结合对比文件2、3和4以及本领域的公知常识,得出该权利要求的技术方案,对本技术领域的技术人员来说是显而易见的,因而权利要求9不具备专利法第22条第3款规定的创造性。

(4)权利要求10与对比文件1区别之处在于对水温浸时间和加水量进行了进一步的限定,同样,温浸时间和加水量是所属技术领域的技术人员在现有技术的基础上通过逻辑分析、推理或者有限的试验可以得到的,不需要花费创造性劳动,因此权利要求10不具备专利法第22条第3款规定的创造性。

申请人于2005年10月27日提交了意见陈述书。

国家知识产权局于2005年11月25日驳回了本申请,坚持了《第二次审查意见通知书》中的意见,即:权利要求1~2,5~8相对于对比文件1不具备专利法第22条第2款规定的新颖性,权利要求3、4相对于对比文件1,权利要求9~10相对于对比文件1~4和公知常识不具备专利法第22条第3款规定的创造性。

驳回决定所针对的权利要求书为:

"1. 一种治疗前列腺疾病的中药口服制剂,其特征在于其原料药组成为:

黄柏8~12重量份,赤芍8~12重量份,丹参3~7重量份,桃仁5~9重量份,泽兰4~8重量份,乌药4~8重量份,王不留行2~6重量份,白芷2~6重量份。

2. 如权利要求1所述的一种治疗前列腺疾病的中药口服制剂,其特征在于其原料药组成为:

黄柏10重量份，赤芍10重量份，丹参5重量份，桃仁7重量份，泽兰6重量份，乌药6重量份，王不留行4重量份，白芷4重量份。

3. 如权利要求1所述的一种治疗前列腺疾病的中药口服制剂，其特征在于其原料药组成为：

黄柏11重量份，赤芍11重量份，丹参4重量份，桃仁8重量份，泽兰6重量份，乌药6重量份，王不留行3重量份，白芷3重量份。

4. 如权利要求1所述的一种治疗前列腺疾病的中药口服制剂，其特征在于其原料药组成为：

黄柏9重量份，赤芍9重量份，丹参4重量份，桃仁8重量份，泽兰7重量份，乌药7重量份，王不留行4重量份，白芷4重量份。

5. 如权利要求1、2、3或4所述的一种治疗前列腺疾病的中药口服制剂，其特征在于制成临床接受的口服制剂。

6. 如权利要求5所述的一种治疗前列腺疾病的中药口服制剂，其特征在于所述的口服剂型为口服液，片剂，胶囊剂、软胶囊剂、颗粒剂、酒剂、丸剂或者散剂。

7. 如权利要求5所述的一种治疗前列腺疾病的中药口服制剂的制备方法，其特征在于具体制备方法如下：黄柏粉碎成细粉备用；取赤芍、丹参、泽兰、乌药、王不留行、白芷加热至80℃时，加入桃仁，继续加热，煎煮3~4次，每次1~2小时，合并煎液，滤过，将滤液浓缩成稠膏，干燥，粉碎成细粉；加入黄柏细粉制成临床接受的片剂，胶囊剂，软胶囊剂，颗粒剂，丸剂或者散剂。

8. 如权利要求7所述的一种治疗前列腺疾病的中药口服制剂的制备方法，其特征在于具体制备工艺如下：黄柏粉碎成细粉备用；取赤芍、丹参、泽兰、乌药、王不留行、白芷加热至80℃时，加入桃仁，继续加热，煎煮三次，第一次2小时，第二次1.5小时，第三次1小时，合并煎液，滤过，将滤液浓缩成稠膏，干燥，粉碎成细粉；加入黄柏细粉制成临床接受的片剂，胶囊剂，软胶囊剂，颗粒剂，丸剂或者散剂。

9. 如权利要求5所述的一种治疗前列腺疾病的中药口服制剂的制备工艺，其特征在于具体制备方法如下：黄柏粉碎成细粉备用；取乌药、泽兰、白芷三味药按水蒸气蒸馏法提取挥发油，剩余液留待稀释乙醇用，残渣与赤芍、丹参、王不留行混合，先加水温浸5~7小时，再加水到80℃时加入桃仁继续煎煮3~4次，每次加水为投药量4~8倍，煎煮1~2小时，合并滤过浓缩为浸膏待用；把挥发油和浸膏混合，烘干加入黄柏细粉制成临床接受的片剂，胶囊剂，软胶囊剂，颗粒剂，丸剂或者散剂。

10. 如权利要求9所述的一种治疗前列腺疾病的中药口服制剂的制备工艺，其特征在于具体制备方法如下：黄柏粉碎成细粉备用；取乌药、泽兰、白芷三味药按水蒸气蒸馏法提取挥发油，剩余液留待稀释乙醇用，残渣与赤芍、丹参、王不留行混合，先加水温浸6小时，再加水到80℃时加入桃仁继续煎煮三次，第一次加水为投药量8倍煎煮2小时，第二次为6倍煎煮1.5小时，第三次为4倍煎煮1小时，合并滤过浓缩为浸膏待用；把挥发油和浸膏混合，烘干加入黄柏细粉制成临床接受的片剂，胶囊剂，软胶囊剂，颗粒剂，丸剂或者散剂。"

申请人甘肃独一味生物制药有限责任公司（下称请求人）对上述驳回决定不服，于2006年3月9日向专利复审委员会提出复审请求，认为对比文件1不足以作为现有技术评价本专利申请的权利要求，权利要求1~10具备新颖性和创造性。

形式审查合格后，专利复审委员会受理了该复审请求，并于2006年3月30日向复审请求人发出《复审请求受理通知书》。并将案卷转送至原审查部门进行前置审查。

原审查部门对本复审请求进行了前置审查，认为请求人对对比文件1出版公开的质疑没有证据支持，坚持驳回决定。

2007年4月26日，专利复审委员会组成合议组，对本复审请求案进行了审理。

合议组于2007年7月18日发出复审通知书，指出对比文件1属于专利法意义上的公开出版物，对比文件1的封面上注明了"二〇〇二年"，而本申请的申请日为2004年1月6日，可以认定该文件的公开日在本申请的申请日之前。对比文件1记载的内容在本发明申请日之前已经公开，能够用来评价本申请权利要求的新颖性或创造性。权利要求1~10不具有新颖性或创造性，其中权利要求1、2和5~8相对于对比文件1不具备新颖性，权利要求3、4相对于对比文件1不具备创造性。在对比文件1的基础上结合对比文件2、3和4以及本领域的公知常识，权利要求9、10不具备创造性。

请求人于2007年8月31日提交了意见陈述书，并提交了修改后的权利要求书全文替换页共1页以及附件1~8。请求人认为，新的权利要求具备创造性，本发明方法与对比文件1的区别在于本发明中药组合物的制备中不仅采取了先提取挥发油再群药共提的工艺路线，而且关键在于本发明方法仅仅选择了提取乌药、泽兰、白芷三个原料的挥发油，并非将含有挥发油的所有原料都提取其挥发油。本发明制备方法对8味原料饮片加工成药物组合物时，选择提取乌药、泽兰、白芷的挥发油产生了意想不到的效果。本发明制备方法最大化地保留和利用了复方中的有效成分，实现了本发明治疗前列腺炎的最佳效果，对本领域普通技术人员而言是非显而易见的。附件1~3表明了体现乌药特征的成分应是呋喃倍半萜及其内酯类成分，泽兰中齐墩果酸的含量较高，白芷中主要含香豆素成分；附件4~7表明了挥发油也是黄柏、桃仁、王不留行、赤芍的有效成分。因此，特定性地选择乌药、泽兰、白芷先提取挥发油是本发明的实质性特点且带来显著的进步。附件1~8为：

附件1："RP-HPLC法测定乌药中乌药醚内酯和乌药内酯的含量"，程显隆等，《药物分析杂志》，第23卷第3期，2003年，复印件共4页；

附件2："泽兰中齐墩果酸和熊果酸的提取、分离"，陈鸿英、马雪梅，《天津中医药》，第20卷第5期，2003年10月，复印件共1页；

附件3："中药川白芷化学成分的研究"，杨涓等，《化学研究与应用》，第14卷第2期，2002年4月，复印件共4页；

附件4：CN1456240A，2003年11月19日公开，复印件共5页；

附件5："黄柏挥发性化学成分分析"，《分析化学》，2001年第3期，复印件共1页；

附件6："桃仁、苦杏仁、甜杏仁的鉴定与应用"，邹长英、黄荔红，《福建中医药》，第31卷第2期，2000年4月，复印件共2页；

附件7："赤芍的最新研究进展"，瞿佐发，《时珍国医国药》第14卷第5期，2003年，复印件共2页；

附件8：实验资料，共13页。

新修改的权利要求为：

"1. 一种治疗前列腺疾病的中药口服制剂的制备方法，其特征在于该方法为：

取原料药：黄柏8~12重量份，赤芍8~12重量份，丹参3~7重量份，桃仁5~9重量份，泽兰4~8重量份，乌药4~8重量份，王不留行2~6重量份，白芷2~6重量份；

黄柏粉碎成细粉备用；取乌药、泽兰、白芷三味药按水蒸气蒸馏法提取挥发油，剩余液留待稀释乙醇用，残渣与赤芍、丹参、王不留行混合，先加水温浸5~7小时，再加水到80℃时加入桃仁继续煎煮3~4次，每次加水为投药量4~8倍，煎煮1~2小时，合并滤过浓缩为浸膏待用；把挥发油和浸膏混合，烘干加入黄柏细粉制成临床接受的片剂，胶囊剂，软胶囊剂，颗粒剂，丸剂或者散剂。

2. 如权利要求1所述的制备方法，其特征在于该方法中原料药为：

黄柏11重量份，赤芍11重量份，丹参4重量份，桃仁8重量份，泽兰6重量份，乌药6重量份，王不留行3重量份，白芷3重量份。

3. 如权利要求1所述的制备方法，其特征在于该方法中原料药为：

黄柏9重量份，赤芍9重量份，丹参4重量份，桃仁8重量份，泽兰7重量份，乌药7重量份，王不留行4重量份，白芷4重量份。

4. 如权利要求1、2或3所述的制备方法，其特征在于该方法为：

黄柏粉碎成细粉备用；取乌药、泽兰、白芷三味药按水蒸气蒸馏法提取挥发油，剩余液留待稀释乙醇用，残渣与赤芍、丹参、王不留行混合，先加水温浸6小时，再加水到80℃时加入桃仁继续煎煮三次，第一次加水为投药量8倍煎煮2小时，第二次为6倍煎煮1.5小时，第三次为4倍煎煮1小时，合并滤过浓缩为浸膏待用；把挥发油和浸膏混合，烘干加入黄柏细粉制成临床接受的片剂，胶囊剂，软胶囊剂，颗粒剂，丸剂或者散剂。"

据此，合议组认为本案事实清楚，可以作出复审决定。

二、决定的理由

1. 审查文本

本复审决定依据的审查文本为请求人于2007年8月31日提交的权利要求1~4，申请日提交的说明书第1~7页和说明书摘要。

2. 关于对比文件1的公开性

对比文件1《国家药品监督管理局国家中成药标准汇编中成药地方标准上升国家标准部分外科妇科分册》在封面上注明"国家药品监督管理局编"和"二〇〇二年"，属于部颁标准汇编本。合议组认为对比文件1是由负责国家药品监督管理的行政部门编纂发布的药品标准，不是在特定范围内发行并要求保密的出版物，属于专利法意义上的公开出版物。

对比文件1的封面上注明了"二〇〇二年"，并在内容部分记明"本标准自2002年12月1日起试行，试行期2年"。而本申请的申请日为2004年1月6日，可以认定该文件的公开日在本申请的申请日之前。因此，对比文件1记载的内容在本发明申请日之前已经公开，能够用来评价本申请权利要求的新颖性或创造性。

3. 关于专利法第22条第3款

创造性，是指同申请日以前已有的技术相比，该发明有突出的实质性特点和显著的进步，该实用新型有实质性特点和进步。

发明有突出的实质性特点，是指对所属技术领域的技术人员来说，发明相对于现有技术是非显而易见的。在评价发明是否具有创造性时，不仅要考虑发明技术方案本身，而且还要考虑发明要解决的技术问题和所产生的技术效果。如果发明的技术方案对于本领域技术人员来说是非显而易见的，且能够产生有益的技术效果，则该发明具有创造性。

权利要求1要求保护一种治疗前列腺疾病的中药口服制剂的制备方法。对比文件1公开了一种前列安通片的制法，其具体方法为"黄柏200g、赤芍200g、丹参100g、桃仁140g、泽兰120g、乌药120g、王不留行80、白芷80g（其处方经过换算，黄柏、赤芍、丹参、桃仁、泽兰、乌药、王不留行、白芷之间重量的配比为：10∶10∶5∶7∶6∶6∶4∶4）。黄柏粉碎成细粉备用，赤芍、丹参、泽兰、乌药、王不留行和白芷加水加热至80℃时，再加入桃仁，继续加热，煎煮三次，第一次2小时，第二次1.5小时，第三次1小时，合并煎液，滤过，滤液浓缩成稠膏，减压干燥，粉碎成细粉，加入黄柏细粉及羟丙基甲基纤维素、淀粉、硬脂酸镁，混匀，制成颗粒，干燥，压片，包糖衣或薄膜衣"。

将权利要求1与对比文件1公开的内容比较，区别在于：（1）权利要求1将乌药、泽兰、白芷三味药先用水蒸汽蒸馏法提取挥发油；（2）先加水温浸5~7小时；（3）限定了煎煮时的加水量。可见，权利要求 1 实际解决的技术问题是在制取治疗前列腺疾病的中药口服制剂的过程中从药物组合中选择提取乌药、泽兰、白芷的挥发油，最大化地保留和利用药物复方中的有效成分，从而实现治疗前列腺炎的最佳效果。

对于权利要求 1 实际要解决的这一技术问题，对比文件 1~4 没有给出应用上述区别技术特征以解决本发明要解决的技术问题的启示，在对比文件 1 的基础上，结合对比文件 2~4，所属领域技术人员并不能显而易见地得到本申请权利要求 1 的技术方案。相对于对比文件 1~4 来说，权利要求 1 具有突出的实质性特点和显著的进步，符合专利法第 22 条第 3 款有关创造性的规定。

驳回决定认为，对比文件 2 公开了白芷含挥发性成分是其药理作用的主要物质基础之一，对比文件 3 公开了乌药挥发油是乌药所含的有效成分，对比文件 4 公开了泽兰挥发油是其主要有效成分。对于含挥发性成分作为主要活性成分的中药材，采用水蒸气蒸馏法先提取挥发油亦是中药提取领域的公知常识。因此，在对比文件 1 的基础上结合对比文件 2、3 和 4 以及本领域的公知常识，得出权利要求 1 的技术方案，对本技术领域的技术人员来说是显而易见的。但是，请求人提供的附件 4~7 记载的内容表明王不留行、丹参、黄柏、桃仁、赤芍也可以提取挥发油用来制取药物，附件 1~3 表明乌药、泽兰、白芷中的主要成分不仅仅是挥发油，还有其他的有效成分。从药物本身技术效果来看，请求人提交的附件 8 实验资料表明乌药、泽兰、白芷的挥发油与黄柏、桃仁、赤芍的挥发油相比较，乌药、泽兰、白芷的挥发油对前列腺的作用较明显，对前列腺炎的治疗作用明显优于黄柏、桃仁、赤芍的挥发油。因此，在现有的证据资料的基础上，对于权利要求 1 要求保护的技术方案，即从药物复方中选择性地提取乌药、泽兰、白芷三味药的挥发油，再进行进一步的提取分离，用于制备治疗前列腺疾病的中药口服制剂的工艺方法而言，不能认为所属领域技术人员能够从现有技术出发显而易见地得到权利要求 1 要求保护的技术方案。因此，新修改的权利要求 1 相对于对比文件 1~4 和公知常识的结合具备突出的实质性特点和显著的进步，克服了驳回决定指出的本申请不符合专利法第 22 条第 3 款的规定的缺陷。

权利要求 2、3 对权利要求 1 作了进一步限定，权利要求 4 对权利要求 1、2 或 3 作了进一步限定。在权利要求 1 具备创造性的情况下，权利要求 2、3 或 4 也具备专利法第 22 条第 3 款的规定的创造性。

综上所述，合议组认为，修改后的专利申请文件已经克服了国家知识产权局于 2005 年 11 月 25 日对第 200410000135.4 号发明专利申请作出的驳回决定所指出的缺陷。

基于上述理由，合议组特作出如下决定。

三、决定

撤销国家知识产权局于 2005 年 11 月 25 日对 200410000135.4 号发明专利申请作出的驳回决定。由原审查部门根据本复审决定所针对文本的基础上继续审查程序。

请求人如对本决定不服的，可以根据专利法第 41 条第 2 款的规定，自收到本决定之日起三个月内向北京市第一中级人民法院起诉。

125

含有一种对酸不稳定的活性化合物的新型制剂和药物剂型

复审请求审查决定（第12419号）

决 定 号	第12419号
决 定 日	2007年12月25日
发明创造名称	含有一种对酸不稳定的活性化合物的新型制剂和药物剂型
国际分类号	A61K 9/16，A61K 31/4439
复审请求人	奥坦纳医药公司
申 请 号	00808668.0
申 请 日	2000年5月31日
优 先 权 日	1999年6月7日
公 开 日	2002年7月31日
合议组组长	周英姿
主 审 员	郝兴辉
参 审 员	王 冬

法 律 依 据 专利法第22条第3款

决 定 要 点

如果一项发明是所属技术领域的技术人员在现有技术的基础上仅仅通过合乎逻辑的分析、推理或者有限的试验可以得到的，并且也没有取得预料不到的技术效果，则该发明不具备突出的实质性特点和显著的进步，即不具有创造性。

一、案由

本复审请求涉及名称为"含有一种对酸不稳定的活性化合物的新型制剂和药物剂型"的第00808668.0号发明专利申请（下称本申请），申请人为奥坦纳医药公司（2002年10月18日由原申请人比克·古尔顿·劳姆贝尔格化学公司变更），申请日为2000年5月31日，优先权日为1999年6月7日，公开日为2002年7月31日。

针对申请人于2004年3月17日提交的权利要求1~23、2004年6月4日提交的说明书第10页、进入中国国家阶段时提交的国际申请文件中文译文的说明书第1~9、11~15页及说明书摘要，国家知识产权局于2004年11月26日以权利要求1~23不符合专利法第22条第3款的规定为由驳回了本申请，驳回决定所针对的权利要求书如下：

"1. 一种适合于对酸不稳定的活性化合物的药物剂型，包括药物赋形剂和多个单独的活性化合物单位，其中所述单独的活性化合物单位是微球体，并且其中所述对酸不稳定的活性化合物选自对酸不稳定的质子泵抑制剂、对酸不稳定的质子泵抑制剂与碱形成的盐以及对酸不稳定的质子泵抑制剂与碱形成的盐的水合物，并且其中对酸不稳定的活性化合物存在于单独的活性化合物单位中，即存在于由包括了至少一种脂肪醇和至少一种固体石蜡的混合物制备的基质中、由包括了至少一种甘油三酯和至少一种固体石蜡的混合物制备的基质中，或由包含至少一种脂肪酸酯和至少一种固体石蜡的混合物制备的基质中。

2. 权利要求1所述的药物剂型，其中所述的对酸不稳定的质子泵抑制剂选自泮托拉唑、奥美拉唑、兰索拉唑和雷贝拉唑。

3. 权利要求1所述的药物剂型，其中所述质子泵抑制剂是泮托拉唑钠1.5水合物，(−)-泮托拉唑钠1.5水合物，奥美拉唑镁、奥美拉唑, esomeprazole 镁或 esomeprazole。

4. 权利要求1所述的药物剂型，其中所述质子泵抑制剂是纯对映体。

5. 权利要求4所述的药物剂型，其中所述质子泵抑制剂是 esomeprazole 或 (−)-泮托拉唑。

6. 权利要求1所述的药物剂型，其中所述微球体的粒径为 50~500μm。

7. 权利要求1所述的药物剂型，其中所述微球体的粒径为 50~400μm。

8. 权利要求7所述的药物剂型，其中所述的微球体是单模微球体。

9. 权利要求1所述的药物剂型，其中，在混合物中还包括的一种或多种选自聚合物、甾醇和碱性化合物的另一些赋形剂存在于单独的活性化合物单位中。

10. 权利要求9所述的药物剂型，其中所述聚合物选自聚烯吡酮、乙烯基吡咯烷酮/乙酸乙烯酯共聚物、聚乙酸乙烯酯、纤维素醚、纤维素酯、甲基丙烯酸/甲基丙烯酸甲酯共聚物或甲基丙烯酸/甲基丙烯酸乙酯共聚物，或是这些聚合物的混合物。

11. 权利要求9所述的药物剂型，其中所述甾醇选自麦角固醇、豆甾醇、谷甾醇、菜籽甾醇、菜油甾醇、胆甾醇和羊毛甾醇或是这些甾醇的混合物。

12. 权利要求9所述的药物剂型，其中所述碱性化合物是无机碱盐，如碳酸铵及碳酸钠，胺，如葡甲胺，二-或三乙基胺和2-氨基-2-羟甲基-1，3-丙二醇或脂肪胺，如十八烷胺。

13. 权利要求1所述的药物剂型，其中所述脂肪醇选自鲸蜡醇、十四醇、月桂醇、十八醇及其混合物。

14. 权利要求1所述的药物剂型，其中所述的甘油三酯选自三硬脂酸酯、三棕榈酸酯、三豆蔻酸酯及其混合物。

15. 权利要求1所述的药物剂型，其中所述的硬脂酸酯是棕榈酸鲸蜡酯。

16. 权利要求1所述的药物剂型，其中所述的固体石蜡是固体石蜡固状物或地蜡。

17. 权利要求1所述的药物剂型，包括有悬浮液、凝胶体、片剂、包衣片、多组分片剂、泡腾片、速分解片、袋装粉剂、糖衣片、胶囊或栓剂。

18. 权利要求1所述的药物剂型，此药物剂型是没有肠衣的口服药剂。

19. 一种包括有对酸不稳定的活性化合物的活性化合物单位，其中所述活性化合物单位是微球体，并且其中所述对酸不稳定的活性化合物选自对酸不稳定的活性质子泵抑制剂、对酸不稳定的质子泵抑制剂与碱形成的盐以及对酸不稳定的质子泵抑制剂与碱形成的盐的水合物，并且其中对酸不稳定的活性化合物存在于单独的活性化合物单位中，即存在于由包括了至少一种脂肪醇和至少一种固体石蜡的混合物制备的基质中，由包括了至少一种甘油三酯和至少一种固体石蜡的混合物制备的基质中或由包含至少一种脂肪酸酯和至少一种固体石蜡的混合物制备的基质中。

20. 权利要求19所述的活性化合物单位，其中一种或多种选自聚合物、甾醇和碱性化合物的另一些赋形剂存在于所述基质中。

21. 一种生产含对酸不稳定的活性化合物的微球体形式的活性化合物单位的方法，其中所述对酸不稳定的活性化合物选自对酸不稳定的活性质子泵抑制剂、对酸不稳定的质子泵抑制剂与碱形成的盐以及对酸不稳定的质子泵抑制剂与碱形成的盐的水合物，并且其中对酸不稳定的活性化合物存在于微球体中，即存在于由包括了至少一种脂肪醇和至少一种固体石蜡的混合物制备的基质中、存在于由至少一种甘油三酯和至少一种固体石蜡的混合物制备的基质中，或存在于由至少一种脂肪酸酯和至少一种固体石蜡的混合物制备的基质中，该方法包括以下步骤：（a）制备一种对酸不稳定的活性化合物在脂肪醇和固体石蜡中、在甘油三酯和固体石蜡中或在脂肪酸酯和固体石蜡中的溶液或分散体；（b）将从（a）得到的液相制粒；和（c）在一种适当的介质中将形成的液滴固化。

22. 权利要求 21 所述的方法，其中所述制粒是利用振动喷嘴进行的，液相流经喷嘴时保持恒温，经过稳定化处理后的液滴在一种适宜的冷却介质中通过骤然冷却使其固化。

23. 权利要求 21 或 22 所述方法得到的微球体。"

驳回的理由为：对比文件 2（US3065142，公开日为 1962 年 11 月 20 日）公开了一种含有胰酶的胃不溶性小颗粒，所述颗粒包含胰酶、石蜡和三硬脂酸甘油酯，并能被制备成胶囊或片剂。权利要求 1 请求保护的技术方案与对比文件 2 公开的技术内容的区别在于：（1）活性化合物不同，对比文件 2 是胰酶，而权利要求 1 是质子泵抑制剂或其盐的水合物；（2）活性化合物单位不同，对比文件 2 是胰酶均匀分散在其中的没有特定形状的颗粒，而权利要求 1 是微球体。对于区别（1），胰酶与质子泵抑制剂都属于"对酸不稳定的活性化合物"，都需要在制剂时保护药物的稳定性。对于区别（2），这两种活性化合物单位形式——没有特定形状的颗粒和微球体——都是本领域普通技术人员制剂时的常用手段，因此该区别技术特征对本领域普通技术人员来说是显而易见的。对比文件 2 的发明目的与本发明的目的是一致的，因此，本领域普通技术人员在对比文件 2 的教导下，将相同的基质材料用于制备含其他对酸不稳定药物（质子泵抑制剂）的制剂、以保护其他对酸不稳定药物不被酸降解是显而易见的，而且其效果也是可以预知的。因此，权利要求 1 不具备突出的实质性特点和显著的进步，不具备专利法第 22 条第 3 款规定的创造性。另外，权利要求 1 相对于对比文件 1（L. LEWIS 等："The physical and chemical stability of suspensions of sustained – release diclofenac microspheres"，J. Microencapsulation，1998，第 15 卷第 5 期，第 555~567 页）也不具备创造性，对比文件 1 公开了双氯芬酸缓释微球悬浮液，所述缓释微球包含双氯芬酸、石蜡、单硬脂酸甘油酯（脂肪酸酯）和十八醇（脂肪醇）。由于质子泵抑制剂或其盐或其盐的水合物与双氯芬酸都属于"对酸不稳定的活性化合物"，都需要在制剂时保护药物的稳定性，因此，在对比文件 1 的教导下，本领域普通技术人员将相同的基质用到同属于酸不稳定化合物的质子泵抑制剂制备成药物制剂对本领域普通技术人员来说是显而易见的，并且其效果是可以预知的，因此认为相对于对比文件 1，权利要求 1 也不具备突出的实质性特点和显著的进步，不具备专利法第 22 条第 3 款规定的创造性。权利要求 2~20 相对于对比文件 2 也不具备专利法第 22 条第 3 款规定的创造性，权利要求 21~23 相对于对比文件 2 和对比文件 3（WPI/DERWENT AN-1979-00133B [01] &DE2725924A，公开日为 1978 年 12 月 21 日）不具备创造性。

申请人奥坦纳医药公司（下称请求人）对上述驳回决定不服，于 2005 年 2 月 28 日向专利复审委员会提出复审请求，但未对申请文件进行修改。请求人认为驳回决定所针对的权利要求 1 相对于对比文件 1~3 具有新颖性，从而其从属权利要求也具有新颖性，驳回决定所针对的权利要求 19、21 具有新颖性。对比文件 2 与本发明具有很明显的区别，本发明制备稳定药物剂型遇到的具体问题是所述活性化合物在中性、酸性环境中强烈的分解等，现有技术中对酸不稳定的活性化合物的口服药剂的生产需要较复杂的技术方法。对比文件 2 公开的基于酶制剂的药剂的胃不溶性制剂在化学和物理性能上都区别于质子泵抑制剂，其未阐述质子泵抑制剂等活性成分存在的问题，对比文件2中对赋形剂体系的使用以及其所公开的方法使其与本发明的对酸不稳定的质子泵抑制剂背道而驰。对比文件2公开的方法与本申请所用的方法完全不同，并不会生成如本申请要求保护的微球体形式的多个单独活性化合物单位并且本申请的制剂省却肠衣。对酸不稳定的质子泵抑制剂在提供稳定的制剂时存在具体问题，需要复杂的技术过程，鉴于在对比文件2中所证明的胰酶的分解，请求人不能够看到本领域的技术人员有任何动机来利用该类型的赋形剂和对于质子泵抑制剂的操作条件，而且达到本申请中要求保护的制剂。因此，本申请权利要求1~23相对于审查员所引用的对比文件具有创造性。请求人还提交了附件1：

附件1：本申请已授权的欧洲专利的权利要求书以及申请人的信函。

形式审查合格后，专利复审委员会受理了该复审请求，于2005年3月22日向复审请求人发出《复审请求受理通知书》，并将案卷移交至原审查部门进行前置审查。

原审查部门对本复审请求进行了前置审查，认为请求人未对驳回决定所依据的申请文件作任何修改，而且请求人陈述的意见仍然不被审查员所接受，因而坚持驳回决定。

专利复审委员会组成合议组，对本复审请求案进行了审理。

合议组于2007年8月23日发出《复审通知书》，指出：（1）对比文件1公开了双氯芬酸缓释微球悬浮液及其稳定性研究，所述缓释微球包含双氯芬酸、石蜡、单硬脂酸甘油酯（即脂肪酸酯）和十八醇（即脂肪醇）。权利要求1的技术方案与对比文件1相比较，其区别在于两者的活性化合物不同，对比文件1中的制剂含双氯芬酸，而权利要求1是对酸不稳定的质子泵抑制剂或其与碱形成的盐或其盐的水合物。对比文件1已经给出了含有固体石蜡与脂肪醇或脂肪酸酯的混合基质与对酸不稳定药物制成的微球体剂型可以改进稳定性的技术启示。为了解决药物对酸不稳定性的问题，依据对比文件1的教导，本领域的技术人员通过合乎逻辑的分析、推理或有限试验将很容易将对酸不稳定化合物的质子泵抑制剂和石蜡、单硬脂酸甘油酯以及十八醇制备成药物制剂，这对本技术领域的技术人员来说是显而易见的。而且对比文件1中的双氯芬酸的制剂也具有无需肠衣的优点，制备方式简单，权利要求1的技术方案与该现有技术相比不具有意外的技术效果。因此，权利要求1相对于对比文件1不具备突出的实质性特点和显著的进步，不具备专利法第22条第3款规定的创造性。（2）从属权利要求2~17的附加技术特征已被对比文件1公开或为公知常识，因此权利要求2~17相对于对比文件1也不具备专利法第22条第3款规定的创造性。（3）权利要求19与对比文件1相比较，其区别在于两者所含活性化合物不同，并且对比文件1是微球体悬浮液，而权利要求19是活性化合物单位。为了解决药物对酸的稳定性问题，依据对比文件1的教导，本领域的技术人员通过合乎逻辑的分析、推理或有限试验将对酸不稳定化合物的质子泵抑制剂和石蜡、单硬脂酸甘油酯以及十八醇制备成含有活性化合物的化合物单位对本技术领域的技术人员来说是显而易见的。而且现有技术中的双氯芬酸的制剂也无需肠衣，制备方式简单，权利要求19与该现有技术相比不具有意外的技术效果。因此，权利要求19相对于对比文件1不具备突出的实质性特点和显著的进步，不具备专利法第22条第3款规定的创造性。其从属权利要求20也不具备专利法第22条第3款规定的创造性。（4）权利要求21与对比文件1相比较，其区别在于：①活性化合物不同；②本申请将得到的液相制粒（b），在一种适当的介质中将形成的液滴固化（c）。权利要求21中的步骤（b）和（c）采用的是本领域的常规喷雾固化等已知技术。依据对比文件1的教导，本领域的技术人员通过有限试验将对酸不稳定化合物的质子泵抑制剂和石蜡、单硬脂酸甘油酯以及十八醇制备成药物制剂，并且将得到的液相制粒，在一种适当的介质中将形成的液滴固化，是制剂领域的常用手段。权利要求21的技术方案也未取得预料不到的技术效果。因此权利要求21相对于对比文件1不具备突出的实质性特点和显著的进步，不具备专利法

第22条第3款规定的创造性。其从属权利要求22也不具备专利法第22条第3款规定的创造性。在权利要求21和22所述的方法不具备创造性的前提下，由该方法得到的微球体相对于对比文件1也没有创造性，因此权利要求23不具备专利法第22条第3款规定的创造性。

针对上述《复审通知书》，请求人于2007年12月7日提交了意见陈述书，请求人认为对比文件1公开的缓释微球的组成为：①蜡，②单硬脂酸甘油酯，③聚氧基乙烯-20-脱水山梨糖醇-油酸酯，④作为活性成分的双氯芬酸，⑤硬脂醇，本申请与对比文件1的区别是活性成分和基质组成。与对比文件1的公开内容相反，本发明描述和要求保护了微球体，其组成为在基质中的对酸不稳定的质子泵抑制剂，所述基质由包含下列组分的组合物制备：至少一种脂肪醇和至少一种固体石蜡，或至少一种甘油三酯和至少一种固体石蜡，或至少一种脂肪酸酯和至少一种固体石蜡。除了不同的活性成分和在此遇到的问题外，对比文件1与本发明之间的进一步区别是基质的组成本身。对比文件1完全没有提及关于通过实例的方式所描述的基质的可供选择的内容的可能性，对比文件1既没有教导也没有暗示上述所概括的成分③之一，并且特别是②或⑤可以不存在，本申请提供良好的控释且省却肠衣的给药形式。对于提供胃酸抗性剂型存在具体的问题，本申请的剂型是稳定的而且不会导致对酸不稳定的质子泵抑制剂的水解，例如通过操作条件、水分或者在制剂中使用的赋形剂。因此，本发明以及本申请目前的权利要求书相对于审查员引用的对比文件具有创造性。

至此，合议组认为本案事实清楚，可以作出审查决定。

二、决定的理由

1. 审查文本

本复审决定依据的审查文本为驳回决定所针对的文本，即申请人于2004年3月17日提交的权利要求1~23、2004年6月4日提交的说明书第10页、进入中国国家阶段时提交的国际申请文件中文译文的说明书第1~9、11~15页及说明书摘要。

2. 关于专利法第22条第3款的规定

专利法第22条第3款规定，创造性是指同申请日以前已有的技术相比，该发明有突出的实质性特点和显著的进步，该实用新型有实质性特点和进步。

如果一项发明是所属技术领域的技术人员在现有技术的基础上仅仅通过合乎逻辑的分析、推理或者有限的试验可以得到的，并且也没有取得预料不到的技术效果，则该发明不具备突出的实质性特点和显著的进步，不具有创造性。

（1）权利要求1~18不具备创造性。

权利要求1要求保护一种适合于对酸不稳定的活性化合物的药物剂型，包括药物赋形剂和多个单独的活性化合物单位，其中所述单独的活性化合物单位是微球体，并且其中所述对酸不稳定的活性化合物选自对酸不稳定的质子泵抑制剂、对酸不稳定的质子泵抑制剂与碱形成的盐以及对酸不稳定的质子泵抑制剂与碱形成的盐的水合物，并且其中对酸不稳定的活性化合物存在于单独的活性化合物单位中，即存在于由包括了至少一种脂肪醇和至少一种固体石蜡的混合物制备的基质中、由包括了至少一种甘油三酯和至少一种固体石蜡的混合物制备的基质中，或由包含至少一种脂肪酸酯和至少一种固体石蜡的混合物制备的基质中。

对比文件1公开了一种双氯芬酸缓释微球悬浮液及其稳定性，所述缓释微球包含双氯芬酸、石蜡、单硬脂酸甘油酯（即脂肪酸酯）和十八醇（即脂肪醇），该双氯芬酸缓释微球悬浮液基质中含羟丙基甲基纤维素（参见对比文件1第557页第1~2段）。由此可见，对比文件1的微球公开了本申请脂肪醇与石蜡或脂肪酸酯和石蜡组成的基质，并且该微球作为单独的药物单位存在于悬浮液中。权利要求1的技术方案与对比文件1相比较，其区别在于两者的活性化合物不同，对比文件1中的制剂含双氯芬酸作为药物活性成分，而权利要求1是对酸不稳定的质子泵抑制剂或其与碱形成的盐或其盐的水合物。对比文件1中明确记载了包含石蜡、单硬脂酸甘油酯和十八醇的缓释微球悬浮液能提高活性成分双氯芬酸在酸性介质中的稳定性，从而解决双氯芬酸制剂在酸性条件下的降解问题（参见对比文件1第565~566页的结论部分）。由于质子泵抑制剂或其与碱形成的盐或其盐的水合物与双氯芬酸都属于"对酸不稳定的活性化合物"，因此，对比文件1已经给出了含有固体石蜡与脂肪醇的混合物基质或固体石蜡与脂肪酸酯的混合物基质可以改进由对酸不稳定药物制成的微球体剂型的稳定性的技术启示，也就是说为了解决药物对酸不稳定性的问题，依据对比文件1的教导，本领域的技术人员通过合乎逻辑的分析、推理或有限试验将将易于获得由对酸不稳定的质子泵抑制剂和石蜡、脂肪酸酯以及脂肪醇制备成的药物制剂，这对本技术领域的技术人员来说是显而易见的。而且，对比文件1中的双氯芬酸的制剂同样具有无需肠衣的优点，制备方式简单，权利要求1的技术方案与该现有技术相比不具有意外的技术效果。因此，权利要求1相对于对比文件1不具备突出的实质性特点和显著的进步，不具备专利法第22条第3款规定的创造性。

请求人认为与对比文件1的公开内容不同，本发明描述和要求保护了微球体，其组成为在基质中的对酸不稳定的质子泵抑制剂，所述基质由包含下列组分的组合物制备：至少一种脂肪醇和至少一种固体石蜡，或至少一种甘油三酯和至少一种固体石蜡，或至少一种脂肪酸酯和至少一种固体石蜡。除了不同的活性成分和在此遇到的问题外，对比文件1与本发明之间的进一步的区别是基质的组成本身。对比文件1完全没有提及关于通过实例的方式所描述的基质的可供选择的内容的可能性，对比文件1既没有教导也没有暗示上述所概括的成分③之一，并且特别是②或⑤可以不存在。对于提供胃酸抗性剂型存在具体的问题，该剂型是稳定的而且不会导致对酸不稳定的质子泵抑制剂的水解，例如通过操作条件、水分或者在制剂中使用的赋形剂。针对请求人的上述意见陈述，合议组认为，对比文件1中明确记载了使用石蜡与单硬脂酸甘油酯和硬脂醇来制备对酸不稳定药物双氯芬酸微球体剂型（参见对比文件1第557页第1段），而非请求人所述的单硬脂酸甘油酯和硬脂醇可以不存在，本申请所使用的基质已经被对比文件1公开了，因此对比文件1已经给出了由固体石蜡与脂肪醇或固体石蜡与脂肪酸酯的混合基质与对酸不稳定药物制成的微球体剂型可以改进制剂稳定性的技术启示。请求人还认为本申请存在质子泵抑制剂给药时的具体问题，例如此类化合物在中性，特别是酸性环境中具有强烈的分解趋势、防止微量水分等，但药物分解和防止水解均属于稳定性的问题，即使药物不稳定程度可能有所区别，但对比文件1已经给出了所述基质制成的微球体制剂可以改进稳定性的启示，而且请求人也未提供证明权利要求1的制剂相对于现有技术具有意料不到的技术效果的对比试验证据，因此，为了解决药物对酸不稳定性的问题，依据对比文件1的教导，本领域的技术人员通过合乎逻辑的分析、推理或有限试验将很容易将对酸不稳定化合物的质子泵抑制剂和石蜡、单硬脂酸甘油酯以及十八醇制备成药物制剂，这对本技术领域的技术人员来说是显而易见的，并且权利要求的技术方案与现有技术相比不具有意外的技术效果。因此，请求人认为本申请符合专利法第22条第3款的规定的理由所依据的证据不足。

从属权利要求2~5对权利要求1的质子泵抑制剂的种类作了进一步的限定。但是，由于质子泵抑制剂与双氯芬酸都属于"对酸不稳定的活性化合物"，为了解决药物对酸不稳定的问题，在对比文件1的教导下，本领域的技术人员将对酸不稳定化合物的质子泵抑制剂和石蜡、脂肪酸酯以及脂肪醇制备成药物制剂并不需要花费创造性劳动。因此，权利要求2~5相对于对比文件1不具备突出的实质性特点和显著的进步，不具备专利法第22条第3款规定的创造性。

从属权利要求6~8对权利要求1的微球体及其粒径作了进一步限定。但是，对比文件1公开了微球体的平均粒径是137.5微米（参见对比文件1第557页第2段），其数值落入了权利要求6、7的数值范围内，权利要求6、7的附加技术特征已经被对比文件1公开。权利要求8的微球体是单模微球体，该特征是本领域的技术人员制剂领域的常用手段可以得到的已知剂型，请求人也未提供该种微球体是有预料外的技术效果的证据。因此，在其引用的权利要求1没有创造性的情况下，基于与上述相同的理由，权利要求6~8也不具备专利法第22条第3款规定的创造性。

从属权利要求9~12对权利要求1的药物赋形剂作了进一步限定。但是这些赋形剂是本领域公知的药物辅料，对比文件1中也公开了羟丙基甲基纤维素酯作为药物辅料，而且加入药物赋形剂是本领域技术人员制剂领域的常用技术手段。因此，与对比文件1相比较，在其引用的权利要求没有创造性的情况下，权利要求9~12也不具备专利法第22条第3款规定的创造性。

从属权利要求13~16对脂肪醇、甘油三酯、脂肪酸酯、固体石蜡的种类作了进一步限定。对比文件1中所述缓释微球包含石蜡、单硬脂酸甘油酯（即脂肪酸酯）和十八醇（即脂肪醇），权利要求13和16的附加技术特征已被对比文件1公开。而且在对比文件1的基础上根据实际需要对权利要求14和15分别限定的甘油三酯、脂肪酸酯的具体种类进行选择，对于本技术领域的技术人员来说是显而易见的。因此，在其引用的权利要求1没有创造性的情况下，权利要求13~16也不具备专利法第22条第3款规定的创造性。

从属权利要求17、18对剂型作了进一步限定。但是，对比文件1公开了药物的缓释微球悬浮液，没有肠衣。权利要求17中的片剂、包衣片等其他剂型是制剂领域的常用剂型，对于本技术领域的技术人员来说是显而易见的。因此，在其引用的权利要求1没有创造性的情况下，权利要求17、18也不具备专利法第22条第3款规定的创造性。

（2）权利要求19~20不具备创造性。

本申请权利要求19要求保护一种活性化合物单位。对比文件1公开了双氯芬酸缓释微球悬浮液及其稳定性，所述缓释微球包含双氯芬酸、石蜡、单硬脂酸甘油酯（即脂肪酸酯）和十八醇（即脂肪醇）。权利要求19与对比文件1相比较，其区别在于两者所含活性化合物不同，对比文件1是双氯芬酸，而权利要求19是对酸不稳定的质子泵抑制剂或其与碱形成的盐或其盐的水合物，对比文件1是微球体悬浮液，而权利要求19是活性化合物单位。对比文件1中明确记载包含石蜡、单硬脂酸甘油酯和十八醇的缓释微球能提高双氯芬酸在酸性介质中的稳定性，从而解决双氯芬酸药物制剂在酸性条件下的降解问题。由于质子泵抑制剂或其与碱形成的盐或其盐的水合物与双氯芬酸都属于"对酸不稳定的活性化合物"，因此，对比文件1已经给出了固体石蜡与脂肪醇或固体石蜡与脂肪酸酯的混合基质与对酸不稳定药物的微球体剂型可以改进稳定性的技术启示。为了解决药物对酸的稳定性问题，依据对比文件1的教导，本领域的技术人员通过合乎逻辑的分析、推理或有限试验将质子泵抑制剂和石蜡、脂肪酸酯以及脂肪醇制备成含有活性化合物的化合物单位对本技术领域的技术人员来说是显而易见的。而且现有技术中的双氯芬酸的制剂也无需肠衣，制备方式简单，权利要求19与该现有技术相比不具有意外的技术效果。因此，权利要求19相对于对比文件1不具备突出的实质性特点和显著的进步，不具备专利法第22条第3款规定的创造性。

从属权利要求20对活性化合物单位所包括的赋形剂作了进一步限定。但是，为了获得药物剂型，加入药物赋形剂是本技术领域的技术人员制剂时的常用手段，这是显而易见的。因此，在其引用的权利要求19没有创造性的情况下，权利要求20也不具备专利法第22条第3款规定的创造性。

（3）权利要求21~22不具备创造性。

本申请权利要求21要求保护一种生产活性化合物单位的方法。对比文件1公开了双氯芬酸缓释微球悬浮液及其制备，所述缓释微球是将双氯芬酸、石蜡、单硬脂酸甘油酯（即脂肪酸酯）和十八醇（即脂肪醇）等混合组成微球，缓释微球分散于含有2％w/v HPMC、0.5％w/v防腐剂苯甲酸钠的悬浮液基质中，被 1 N HCl 调节 pH 为 2.5，制得双氯芬酸微球体的分散体。权利要求 21 的技术方案与对比文件 1 相比较，其区别在于：①活性化合物不同，对比文件 1 是双氯芬酸，而权利要求 1 是对酸不稳定的质子泵抑制剂或其与碱形成的盐或其盐的水合物；②权利要求 21 的方法明确记载将得到的液相制粒（b），在一种适当的介质中将形成的液滴固化（c）。然而，对比文件 1 公开了所述药物是对酸不稳定的双氯芬酸，可以用脂肪醇、脂肪酸酯和固体石蜡作为基质制备稳定的药物制剂，权利要求 21 中的步骤（b）和（c）采用本领域的固化等已知技术（正如本申请说明书中所述）。为了解决药物对酸的稳定性问题，依据对比文件 1 的教导，本领域的技术人员通过有限试验将对酸不稳定化合物的质子泵抑制剂和石蜡、单硬脂酸甘油酯以及十八醇制备成药物制剂，并且将得到的液相制粒，在一种适当的介质中将形成的液滴固化，是制剂领域的常用手段，这对于本技术领域的技术人员来说也是显而易见的。权利要求 21 的技术方案也未取得预料不到的技术效果。因此权利要求 21 相对于对比文件 1 不具备突出的实质性特点和显著的进步，不具备专利法第 22 条第 3 款规定的创造性。

本申请从属权利要求 22 对制粒的具体方法进行了限定。利用振动喷嘴进行的制粒方法是制剂领域的常用手段，对于本技术领域的技术人员来说是显而易见的。权利要求 22 的技术方案也未取得预料不到的技术效果。因此，在其引用的权利要求 21 没有创造性的情况下，权利要求 22 也不具备专利法第 22 条第 3 款规定的创造性。

(4) 权利要求 23 不具备创造性。

权利要求 23 要求保护一种权利要求 21 或 22 所述方法得到的微球体。对比文件 1 公开了双氯芬酸缓释微球悬浮液，所述缓释微球可悬浮在含羟丙基甲基纤维素的基质中，悬浮液用 1 N HCl 调节 pH 为 2.5（参见对比文件 1 第 557 页第 1~2 段）。权利要求 23 与对比文件 1 相比较，其区别在于：①活性化合物不同，对比文件 1 是双氯芬酸，而权利要求 1 是对酸不稳定的质子泵抑制剂或其与碱形成的盐或其盐的水合物；②采用权利要求 21 或权利要求 22 的方法步骤制备。基于与上述相同的理由，在权利要求 21 和 22 所述的方法不具备创造性的前提下，由该方法得到的微球体相对于对比文件 1 也没有创造性。因此，权利要求 23 不具备突出的实质性特点和显著的进步，不符合专利法第 22 条第 3 款关于创造性的要求。

综上所述，合议组认为，本申请的权利要求 1~23 均不具备专利法第 22 条第 3 款规定的创造性。

基于上述理由，合议组作出如下决定。

三、决定

维持国家知识产权局于 2004 年 11 月 26 日对 00808668.0 号发明专利申请作出的驳回决定。

复审请求人如对本决定不服的，可以根据专利法第 41 条第 2 款的规定，自收到本决定之日起三个月内向北京市第一中级人民法院起诉。

病毒感染的长效融合肽抑制剂

复审请求审查决定（第12424号）

决 定 号	第12424号
决 定 日	2007年12月25日
发明创造名称	病毒感染的长效融合肽抑制剂
国际分类号	C07K 14/115，C07K 14/135，C07K 14/155，C07K 14/16，A61K 38/16，A61P 31/12
复审请求人	康久化学生物技术公司
申 请 号	00807671.5
优 先 权 日	1999年05月17日，1999年9月10日
申 请 日	2000年5月17日
公 开 日	2002年5月29日
合议组组长	许 磊
主 审 员	丁 海
参 审 员	卢 阳
法 律 依 据	专利法第22条第3款

决定要点

根据该款规定，在判断一项发明专利权利要求的创造性时，应当将权利要求所要保护的技术方案与最接近的现有技术中公开的技术方案相对比，找出区别特征，然后根据该区别特征所能达到的技术效果确定发明实际解决的技术问题，如果现有技术中给出了将该区别技术特征应用于最接近的现有技术以解决其存在的技术问题的启示，则该发明是显而易见的，不具有突出的实质性特点；如果所述区别特征为公知常识或者与最接近的现有技术相关的技术手段，则通常认为现有技术中存在上述技术启示。

一、案由

本复审请求涉及申请日为2000年5月17日，公开日为2002年5月29日，发明名称为"病毒感染的长效融合肽抑制剂"的第00807671.5号发明专利申请（下称本申请），其申请人于2006年8月15日由康久化学公司变更为康久化学生物技术公司。

国家知识产权局于2004年10月15日以权利要求1~39不符合专利法第22条第3款的规定和权利要求3不符合专利法实施细则第20条第1款的规定为由驳回了本申请。具体理由为：（1）权利要求1相对于对比文件1（WO 9510302A1，公开日为1995年4月20日）不具有创造性，对比文件1公开了一种含有偶联物的组合物,所述偶联物具有锚和第一成分(靶结合成分),其中靶结合成分与血液组分中具有生理活性的靶特异性的结合,所述锚为反应官能度,通过共价键与血液缔合蛋白结合,所述第一成分是单克隆抗体或结合片段,其实施例3公开的第一成分(靶结合成分)为抗病毒肽重组HIV1 gp120,所述靶可以是宿主的外生或内生化合物(见对比文件1权利要求1~7),对比文件1还教导为了使得化合物与偶联物共价结合,可以制备含有不同官能基团的偶联物,如含有马来酰亚胺基,使得巯基与其反应形成硫醚(见对比文件1说明书第28页第26~35行)。此外,对比文件1公开的组合物所要达到的技术效果是提供更高的稳定性和改进的半衰期,与本发明要达到的技术效果相同,因此,本领域技术人员在对比文件1的基础上可显而易见地得到权利要求1的技术方案,而且也没有产生预料不到的效果,因此,权利要求1不具备专利法第22条第3款规定的创造性,同理,权利要求18也不具有创造性;权利要求2的附加技术特征已经在对比文件1中公开(见对比文件1权利要求4),因此,权利要求2也不具备创造性,同理,权利要求19也不具备创造性;权利要求3~17的附加技术特征已经在对比文件2(WO 9619495A1,公开日为1996年6月27日)中公开(参见对比文件2实施例1和附图),因此,相对于对比文件1和2的结合不具备创造性,不符合专利法第22条第3款的规定,同理,权利要求20~29也不具有创造性;对比文件1中教导了"可以使用双官能化合物,如N-γ-马来酰亚胺基丁酰氧基琥珀酰亚胺酯,来连接实体"(见对比文件1说明书第18页第26~32行),因此,本领域技术人员在权利要求1的基础上得到权利要求30~34的技术方案不需要花费创造性劳动,权利要求30~34不具有创造性,同理,权利要求35~39也不具备创造性。
(2)权利要求3、20中的"类似物"含义不确切,导致其要求保护的范围不清楚,不符合专利法实施细则第20条第1款的规定。

驳回决定所针对的权利要求书如下:
"1. 经修饰的抗病毒肽,包括:
具有抗病毒活性的肽,和
与血液组分上的巯基反应形成稳定共价键的马来酰亚胺基。
2. 权利要求1的经修饰的肽,其中所述血液组分是血清白蛋白。
3. 权利要求1的经修饰的肽,其中所述肽是DP178或DP107或其类似物。
4. 权利要求1的经修饰的肽,其中所述肽对人免疫缺陷病毒(HIV)显示出抗病毒活性。
5. 权利要求4的经修饰的肽,其中所述肽选自由SEQ ID NO:1至SEQ ID NO:9组成的组。
6. 权利要求4的经修饰的肽,其中所述肽是DP178或DP107。
7. 权利要求1的经修饰的肽,其中所述肽对人呼吸道合胞病毒(RSV)显示出抗病毒活性。
8. 权利要求7的经修饰的肽,其中所述肽选自由SEQ ID NO:10至SEQ ID NO:30组成的组。
9. 权利要求7的经修饰的肽,其中所述肽选自由SEQ ID NO:14至SEQ ID NO:17和SEQ ID NO:29组成的组。
10. 权利要求1的经修饰的肽,其中所述肽对人副流感病毒(HPIV)显示出抗病毒活性。
11. 权利要求10的经修饰的肽,其中所述肽选自由SEQ ID NO:31至SEQ ID NO:62组成的组。
12. 权利要求10的经修饰的肽,其中所述肽选自由SEQ ID NO:35、SEQ ID NO:38至SEQ ID NO:42、SEQ ID NO:52和SEQ ID NO:58组成的组。
13. 权利要求1的经修饰的肽,其中所述肽对麻疹病毒(MeV)显示出抗病毒活性。
14. 权利要求13的经修饰的肽,其中所述肽选自由SEQ ID NO:74至SEQ ID NO:86组成的组。
15. 权利要求13的经修饰的肽,其中所述肽选自由SEQ ID NO:77、SEQ ID NO:79、SEQ ID NO:81和SEQ ID NO:84组成的组。

16. 权利要求 1 的经修饰的肽,其中所述肽对猿猴免疫缺陷病毒(SIV)显示出抗病毒活性。

17. 权利要求 16 的经修饰的肽,其中所述肽选自由 SEQ ID NO:63 至 SEQ ID NO:73 组成的组。

18. 一种用于预防和/或治疗获得性免疫缺陷综合征(AIDS)的组合物,所述组合物包括对人免疫缺陷病毒(HIV)具有抗病毒活性的肽,所述肽用马来酰亚胺基进行了修饰,所述马来酰亚胺基与血液组分上的巯基反应形成稳定的共价键。

19. 权利要求 18 的组合物,其中所述血液组分是血清白蛋白。

20. 权利要求 19 的组合物,其中所述肽是 DP178 或 DP107 或其类似物。

21. 一种用于预防和/或治疗人呼吸道合胞病毒(RSV)感染的组合物,所述组合物包括对 RSV 具有抗病毒活性的肽,所述肽用马来酰亚胺基进行了修饰,所述马亚酰亚胺基与血液组分上的巯基反应形成稳定的共价键。

22. 权利要求 21 的组合物,其中所述血液组分是血清白蛋白。

23. 权利要求 22 的组合物,其中所述肽选自由 SEQ ID NO:14 至 SEQ ID NO:17 和 SEQ ID NO:29 组成的组。

24. 一种用于预防和/或治疗人副流感病毒(HPIV)感染的组合物,所述组合物包括对人副流感病毒(HPIV)表现出抗病毒活性的肽,所述肽用马来酰亚胺基进行了修饰,所述的马来酰亚胺基与血液组分上的巯基反应形成稳定的共价键。

25. 权利要求 24 的组合物,其中所述血液组分是血清白蛋白。

26. 权利要求 25 的组合物,其中所述肽选自由 SEQ ID NO:35、SEQ ID NO:38 至 SEQ ID NO:42、SEQ ID NO:52 和 SEQ ID NO:58 组成的组。

27. 一种用于预防和/或治疗麻疹病毒(MeV)感染的组合物,所述组合物包括对麻疹病毒(MeV)表现出抗病毒活性的肽,所述肽用马来酰亚胺基进行了修饰,所述的马来酰亚胺基与血液组分上的巯基反应形成稳定的共价键。

28. 权利要求 27 的组合物,其中所述血液组分是血清白蛋白。

29. 权利要求 28 的组合物,其中所述肽选自由 SEQ ID NO:77、SEQ ID NO:79、SEQ ID NO:81 和 SEQ ID NO:84 组成的组。

30. 权利要求 1 的经修饰的肽,其中所述马来酰亚胺基经连接基团与所述肽相连。

31. 权利要求 18 的组合物,其中所述马来酰亚胺基经连接基团与所述肽相连。

32. 权利要求 21 的组合物,其中所述马来酰亚胺基经连接基团与所述肽相连。

33. 权利要求 24 的组合物,其中所述马来酰亚胺基经连接基团与所述肽相连。

34. 权利要求 27 的组合物,其中所述马来酰亚胺基经连接基团与所述肽相连。

35. 权利要求 5 或 6 的经修饰的肽在制备处理人免疫缺陷病毒(HIV)的药物中的应用。

36. 权利要求 7 或 8 的经修饰的肽在制备处理人呼吸道合胞病毒(RSV)的药物中的应用。

37. 权利要求 11 或 12 的经修饰的肽在制备处理人副流感病毒(HPIV)的药物中的应用。

38. 权利要求 14 或 15 的经修饰的肽在制备处理麻疹病毒(MeV)的药物中的应用。

39. 权利要求 17 的经修饰的肽在制备处理猿猴免疫缺陷病毒(SIV)的药物中的应用。"

申请人(下称请求人)对上述驳回决定不服,于 2005 年 1 月 27 日向专利复审委员会提出复审请求,请求人提交了新的权利要求书全文替换页(共 4 页 31 项权利要求),删除了原权利要求 31~34,将原权利要求 2、19、22、25 和 28 分别并入原权利要求 1、18、21、24 和 27,并且对原权利要求中的"抗病毒"活性肽进一步限定为"抗病毒和抗融合活性"活性肽,申请人还删除了原权利要求 3、20 中的"类似物"。修改后的独立权利要求书如下:

"1. 经修饰的抗病毒和抗融合的肽，包括：

具有抗病毒和抗融合活性的肽，和

与血液组分上的巯基反应形成稳定共价键的马来酰亚胺基，

其中所述血液组分是血清白蛋白。

2. 权利要求 1 的经修饰的肽，其中所述肽是 DP178 或 DP107。

3. 权利要求 1 的经修饰的肽，其中所述肽对人免疫缺陷病毒（HIV）显示出抗病毒和抗融合活性。

4. 权利要求 3 的经修饰的肽，其中所述肽选自由 SEQ ID NO：1 至 SEQ ID NO：9 组成的组。

5. 权利要求 3 的经修饰的肽，其中所述肽是 DP178 或 DP107。

6. 权利要求 1 的经修饰的肽，其中所述肽对人呼吸道合胞病毒（RSV）显示出抗病毒和抗融合活性。

7. 权利要求 6 的经修饰的肽，其中所述肽选自由 SEQ ID NO：10 至 SEQ ID NO：30 组成的组。

8. 权利要求 6 的经修饰的肽，其中所述肽选自由 SEQ ID NO：14 至 SEQ ID NO：17 和 SEQ ID NO：29 组成的组。

9. 权利要求 1 的经修饰的肽，其中所述肽对人副流感病毒（HPIV）显示出抗病毒和抗融合活性。

10. 权利要求 9 的经修饰的肽，其中所述肽选自由 SEQ ID NO：31 至 SEQ ID NO：62 组成的组。

11. 权利要求 9 的经修饰的肽，其中所述肽选自由 SEQ ID NO：35、SEQ ID NO：38 至 SEQ ID NO：42、SEQ ID NO：52 和 SEQ ID NO：58 组成的组。

12. 权利要求 1 的经修饰的肽，其中所述肽对麻疹病毒（MeV）显示出抗病毒和抗融合活性。

13. 权利要求 12 的经修饰的肽，其中所述肽选自由 SEQ ID NO：74 至 SEQ ID NO：86 组成的组。

14. 权利要求 12 的经修饰的肽，其中所述肽选自由 SEQ ID NO：77、SEQ ID NO：79、SEQ ID NO：81 和 SEQ ID NO：84 组成的组。

15. 权利要求 1 的经修饰的肽，其中所述肽对猿猴免疫缺陷病毒（SIV）显示出抗病毒和抗融合活性。

16. 权利要求 15 的经修饰的肽，其中所述肽选自由 SEQ ID NO：63 至 SEQ ID NO：73 组成的组。

17. 权利要求 1~16 任一项的经修饰的肽，其中所述马来酰亚胺基经连接基团与所述肽相连。

18. 一种用于预防和/或治疗获得性免疫缺陷综合征（AIDS）的组合物，所述组合物包括对人免疫缺陷病毒（HIV）具有抗病毒和抗融合活性的肽，所述肽用马来酰亚胺基进行了修饰，所述马来酰亚胺基与血液组分上的巯基反应形成稳定的共价键，其中所述血液组分是血清白蛋白。

19. 权利要求 18 的组合物，其中所述肽是 DP178 或 DP107。

20. 一种用于预防和/或治疗人呼吸道合胞病毒（RSV）感染的组合物，所述组合物包括对 RSV 具有抗病毒和抗融合活性的肽，所述肽用马来酰亚胺基进行了修饰，所述马亚酰亚胺基与血液组分上的巯基反应形成稳定的共价键，其中所述血液组分是血清白蛋白。

21. 权利要求 20 的组合物，其中所述肽选自由 SEQ ID NO：14 至 SEQ ID NO：17 和 SEQ ID NO：29 组成的组。

22. 一种用于预防和/或治疗人副流感病毒（HPIV）感染的组合物，所述组合物包括对人副流感病毒（HPIV）表现出抗病毒和抗融合活性的肽，所述肽用马来酰亚胺基进行了修饰，所述的马来酰亚胺基与血液组分上的巯基反应形成稳定的共价键，其中所述血液组分是血清白蛋白。

23. 权利要求 22 的组合物，其中所述肽选自由 SEQ ID NO：35、SEQ ID NO：38 至 SEQ ID

42、SEQ ID NO：52 和 SEQ ID NO：58 组成的组。

24. 一种用于预防和/或治疗麻疹病毒（MeV）感染的组合物，所述组合物包括对麻疹病毒（MeV）表现出抗病毒和抗融合活性的肽，所述肽用马来酰亚胺基进行了修饰，所述的马来酰亚胺基与血液组分上的巯基反应形成稳定的共价键，其中所述血液组分是血清白蛋白。

25. 权利要求 24 的组合物，其中所述肽选自由 SEQ ID NO：77、SEQ ID NO：79、SEQ ID NO：81 和 SEQ ID NO：84 组成的组。

26. 权利要求 18～25 任一项的组合物，其中所述马来酰亚胺基经连接基团与所述肽相连。

27. 权利要求 4 或 5 的经修饰的肽在制备处理人免疫缺陷病毒（HIV）的药物中的应用。

28. 权利要求 7 或 8 的经修饰的肽在制备处理人呼吸道合胞病毒（RSV）的药物中的应用。

29. 权利要求 10 或 11 的经修饰的肽在制备处理人副流感病毒（HPIV）的药物中的应用。

30. 权利要求 13 或 14 的经修饰的肽在制备处理麻疹病毒（MeV）的药物中的应用。

31. 权利要求 16 的经修饰的肽在制备处理猿猴免疫缺陷病毒（SIV）的药物中的应用"。

请求人还提交了下面两份证据：

证据 1：用于对抗融合感染机制进行说明的 4 张图片；

证据 2：标题为 "Non-obviousness of a DAC：HIV Fusion Inhibitor" 的文章，共 2 页。

请求人认为：(1) 对比文件 1 公开的反应性基团优选为琥珀酰亚胺官能团，本领域技术人员更易将该基团用于共价键合血液组份的抗病毒肽。(2) 对比文件 1 所公开的抗病毒肽重组 HIVgp120 不具有抗融合作用，另一方面，由于诸如白蛋白的血液组份共价连接的抗融合肽将受到立体位阻的干扰而不能接近融合位点，因此，本领域技术人员不会从对比文件 1 的教导和本领域一般常识中获得本发明的修饰多肽。证据 1 表明抗融合肽需要接近周围有蛋白、病毒、细胞膜的 c–七肽重复区，相对小的天然肽（分子量 3～6kDa）可获得必要的接近，而白蛋白分子量为 71kDa，就其大小和体积而言，难以预计与白蛋白共扼的肽能够接近 c–七肽重复区，以致保留其抗融合活性；证据 II 提供了有关 HIV 感染的实施例的细节，用于解释对于本发明描述的所有病毒而言共同的病毒融合机制。显然，病毒融合机制不会产生与诸如血清白蛋白的大血液组份相偶联的抗融合肽，在此基础上，本领域技术人员当然也不会预计到该庞大的实体能够抑制病毒融合机制。因此，对比文件 1 中的教导不是针对抗融合肽，不能使本领域技术人员得到本发明的技术方案，权利要求 1 和 18 相对于对比文件 1 具有创造性。(3) 对比文件 2 的实例中所述的共轭物是从连接到麦芽糖结合蛋白 MBP 上的抗病毒肽中制备的，该蛋白结合麦芽糖使其穿过细胞质，然而 MBP 蛋白不是血液组份，不同于本申请的白蛋白。在独立权利要求 1 和 18 具有创造性基础上，其从属权利要求也相应具有创造性，基于同样的理由，权利要求 35 也具备创造性。(4) 权利要求 3 和 20 中的 "类似物" 已被删除，从而权利要求 3 和 20 不清楚的缺陷已经被克服。

形式审查合格后，专利复审委员会受理了该复审请求，并于 2005 年 3 月 15 日向请求人发出《复审请求受理通知书》，随后将本申请案卷移交原审查部门进行前置审查。

原审查部门对本复审请求进行了前置审查，坚持原驳回决定的理由。

专利复审委员会组成合议组，对本案的复审请求进行了审理。于 2007 年 7 月 3 日向请求人发出《复审通知书》。该《复审通知书》指出：

(1) 权利要求 1 要求保护 "经修饰的抗病毒和抗融合的肽，对比文件 1 公开了一种组合物，该组合物包括第一偶联物，该偶联物包括锚和靶结合成分，其中靶结合成分可以是抗病毒蛋白如重组 gp120，其通过锚特异性地结合于用于延长寿命的血液缔合蛋白，如白蛋白，从而延长靶结合成分在哺乳动物宿主血液中的寿命（参见对比文件 1 权利要求 1～4、7、说明书第 3 页第 5～25 行、说明书第27~28页，说明书实施例3），对比文件1与权利要求1的区别在于：a. 权利要求1中进一步将靶结合成分限定为具有抗融合活性的肽；b. 对比文件1中用于与白蛋白结合的是一种可以共价结合于血液缔合蛋白的反应官能度，即"锚"，而权利要求1中是可与血液组分上的巯基反应形成稳定共价键的马来酰亚胺基。上述区别特征a所要解决的技术问题在于使所述经修饰的肽不仅能够抗病毒，而且还能够抗融合，上述区别特征b所要解决的技术问题在于使所述经修饰的肽能够与白蛋白结合。

然而，对比文件1中已经指出靶结合成分可以是具有任意功能的生理活性剂（参见对比文件1说明书第3页第26~34行），而一些抗病毒肽可以通过抑制细胞–病毒膜融合这一抗融合机制实现其抗病毒的功能是本领域公知的，将抗病毒肽替换为同时还具有抗融合得的肽对于本领域技术人员而言是显而易见的；至于上述区别特征b，由于对比文件1中已经指出靶结合成分上可通过马来酰亚胺与巯基形成硫醚的连接形式（参见对比文件1说明书第28页第31~35行），而血液中的白蛋白含有可用于与马来酰亚胺连接的巯基是本领域公知的，因此，本领域技术人员据此能够容易地想到可使用马来酰亚胺替代对比文件1中的"锚"，用以与白蛋白结合。综上所述，本领域技术人员在对比文件1的基础上，很容易想到将具有抗病毒和抗融合活性的肽用马来酰亚胺基进行修饰，而得到权利要求1所要求保护的技术方案，也就是说权利要求1所要求保护的技术方案，相对于对比文件1的公开不具有突出的实质性特点和显著进步，不具备专利法第22条第3款规定的创造性。在权利要求1不具备创造性的情况下，权利要求2~16的附加技术特征已为对比文件2所公开，因此也不符合专利法第22条第3款规定。基于类似的理由，权利要求17~26所要求保护的组合物、权利要求27~31所要求保护的应用也不符合专利法第22条第3款规定。

（2）请求人所提交证据1和2没有显示公开时间，也没有证明上述证据在本申请的申请日（或优先权日）之前已经通过其他方式为公众所知，故不能作为现有技术而被认可，因此，尚不能证明现有技术中已经存在请求人所陈述的观点以及在本发明的申请日（或优先权日）之前就已经认识或意识到上述位阻所带来的技术困难并因而难以获得本发明经修饰的多肽；此外，即便请求人进一步提供证据克服了上述所述证据1和2并非现有技术的缺陷，也不能说明权利要求1具有非显而易见性，原因为：a. 权利要求1所述的抗融合和抗病毒肽属于功能限定，所述肽是否具有抗病毒和抗融合性取决于所选择的肽，在对比文件1已经给出了抗病毒肽可以与血液组分如白蛋白连接的情况下，从抗病毒肽中选择出同时具有抗融合性质的肽进行连接没有任何意想不到的效果。b. 请求人所列举的上述抗融合机制仅仅出现在HIVgp41蛋白与靶细胞之间，抗融合肽也仅仅限于DP107、DP178等现有技术公开的作用于HIVgp41的抗融合肽，而对于其他抗融合肽及其所涉及的抗融合机制是否会与白蛋白产生位阻尚不能确定，因而所陈述的抗融合机制及其位阻理论并不适用于任意抗融合肽及其相关的抗融合机制，因而仍然不能说明权利要求1具有非显而易见性。

针对《复审通知书》指出的问题，请求人于2007年09月07日提交了意见陈述书和证据3（"Truncated variants of gp120 bind CD4 with high affinity and suggest a minimum CD4 binding region"，Stuart R. Pollard等人，The EMBO Journal，第11卷第2期，585~591，1992年，复印件共7页）、证据4（用于表明人血清白蛋白长度的文件，复印件共7页）、证据5（"Biophysical characterization of recombinant proteins expressing the leucine zipper-like domain of the human immunodeficiency virus type 1 transmembrane protein gp41"，Diane c Shugars等人，Journal of Virology，1996年5月，第70卷，第5期，2982~2991，复印件共10页）。

请求人认为：（1）对比文件1中的gp120蛋白是非常大的蛋白，证据3显示成熟的gp120有482个氨基酸，当共价结合于马来酰亚胺，甚至偶联另一大蛋白如血清白蛋白时，其大的尺寸使得gp120的相关部分能继续起作用。证据4显示血清白蛋白具有575个氨基酸。gp120的折叠与稳定性与不能充分折叠的小肽形成鲜明对比，例如对比文件2第7页表明DP-178的长度仅有36个氨基酸，病毒融合蛋白通常是弹簧式的，在进入条件下，病毒构型改变，形成卷曲螺旋结构对该构型变化至关重要，因此，抗融合肽的设计应妨碍构型变化，对起作用的抑制肽来说，它们必须适合卷曲螺旋，否则不能进入病毒蛋白结构，例如，对比文件 2 第 23～24 页解释了 "DP-178 和 DP-107 可接近各自的结合位点，并且施加破坏性影响"。（2）本领域技术人员会预计到，所述小肽如果与大蛋白诸如血清白蛋白结合则不可能接近其各自的抑制位点，证据 5 教导了此种情形，证据 5 论述了抗融合肽的形状和尺寸对生物活性的重要性，第 2988 页左栏第 5 段指出抗融合肽 DP-107 与麦芽糖 MBP 融合蛋白没有生物活性，这是由于 MBP 载体代表了近 90% 的总蛋白质量，并从位阻上阻止了 gp41 区域接近其靶，而白蛋白的分子量是 77kDa，比 MBPde 44Kda 还要大，因此，由于位阻与缺少生物活性，本领域技术人员根据现有技术没有动机将抗融合肽如 DP178 与上述大蛋白结合；位阻问题的证据在本申请申请前已经公开，参见证据 5；针对所有抗融合肽的适用性，对比文件 2 第 36 页解释了 "诸如 DP107 和 DP108 等的抗融合肽在其他病毒中发现，包括其他包膜病毒和非包膜病毒"，这些肽全部基于相同卷曲螺旋结构性质，因此，Shugars 等中提及的位阻问题适用于所有抗融合肽。

至此，合议组认为本案事实清楚，可以作出审查决定。

二、决定的理由

1. 决定所依据的文本

鉴于请求人在复审过程中仅对权利要求书进行了修改，因此，本决定是在请求人于 2005 年 1 月 27 日提交的权利要求 1～31，本申请进入中国国家阶段时提交的国际申请文件中文译文的说明书第 1～6、8～131 页、序列表第 1～40 页和说明书摘要以及请求人于 2001 年 11 月 29 日提交的说明书第 7 页。

2. 关于专利法第 22 条第 3 款的规定

专利法第 22 条第 3 款规定，创造性是指同申请日以前的已有技术相比，该发明具有突出的实质性特点和显著的进步。

根据该款规定，在判断一项发明专利权利要求的创造性时，应当将权利要求所要保护的技术方案与最接近的现有技术中公开的技术方案相对比，找出区别特征，然后根据该区别特征所能达到的技术效果确定发明实际解决的技术问题，如果现有技术中给出了将该区别技术特征应用于最接近的现有技术以解决其存在的技术问题的启示，则该发明是显而易见的，不具有突出的实质性特点；如果所述区别特征为公知常识或者与最接近的现有技术相关的技术手段，则通常认为现有技术中存在上述技术启示。

本案中，权利要求 1 要求保护 "经修饰的抗病毒和抗融合的肽，包括：具有抗病毒和抗融合活性的肽，和与血液组分上的巯基反应形成稳定共价键的马来酰亚胺基，其中所述血液组分是血清白蛋白"。对比文件 1 公开了一种组合物，该组合物包括第一偶联物，该偶联物包括锚和靶结合成分，其中靶结合成分可以是抗病毒蛋白如重组 gp120，其通过锚特异性地结合于用于延长寿命的血液缔合蛋白，如白蛋白，从而延长靶结合成分在哺乳动物宿主血液中的寿命（参见对比文件 1 权利要求 1～4、7、说明书第 3 页第 5～25 行、说明书第 27～28 页，说明书实施例 3），由此可见，对比文件 1 与权利要求 1 的区别在于：（1）权利要求 1 中进一步将靶结合成分限定为具有抗病毒和抗融合活性的肽；（2）对比文件 1 中用于与白蛋白结合的是一种可以共价结合于血液缔合蛋白的反应官能度，即 "锚"，而权利要求 1 中是可与血液组分上的巯基反应形成稳定共价键的马来酰亚胺基。上述区别特征（1）所要解决的技术问题在于使所述经修饰的肽不仅能够抗病毒，而且还能够抗融合，上述区别特征（2）所要解决的技术问题在于使所述经修饰的肽能够与白蛋白结合。

但是，对于上述区别特征而言，对比文件 1 中已经指出靶结合成分可以是具有任意功能的生理活性剂（参见对比文件1说明书第3页第26~34行），而一些抗病毒肽可以通过抑制细胞-病毒膜融合这一抗融合机制实现其抗病毒的功能是本领域公知的，在对比文件1所述技术方案中使用具有抗融合活性的抗病毒肽对于本领域技术人员而言是显而易见的；至于上述区别特征（2），由于对比文件1中已经指出靶结合成分上可通过马来酰亚胺与巯基形成硫醚的连接形式（参见对比文件1说明书第28页第31~35行），而血液中的白蛋白含有可用于与马来酰亚胺连接的巯基是本领域公知的，因此，本领域技术人员据此能够容易地想到可使用马来酰亚胺替代对比文件1中的"锚"，用以与白蛋白结合。综上所述，本领域技术人员在对比文件1的基础上，很容易想到将具有抗病毒和抗融合活性的肽用马来酰亚胺基进行修饰，从而得到权利要求1所要求保护的技术方案，故权利要求1所要求保护的技术方案相对于对比文件1不具有突出的实质性特点。

请求人认为：（1）证据3和4分别表明对比文件1中所述的gp120为非常大的蛋白并具有充分折叠的三维结构，以及血清白蛋白是长度为375个氨基酸的大蛋白，gp120的折叠与稳定性与不能充分折叠的小肽形成鲜明对比，病毒进入细胞的一般性知识表明，病毒融合蛋白通常是弹簧式的，在进入条件下，形成卷曲螺旋结构对该构型变化至关重要，因此，抗融合肽的设计应妨碍构型变化，并且需要适合卷曲螺旋，例如，对比文件2第23~24页解释了"DP-178和DP-107可接近各自的结合位点，并且施加破坏性影响"，但是，当小肽与大蛋白如血清白蛋白结合，则由于大蛋白彼此碰撞，造成位阻，阻止抑制肽形成卷曲螺旋，导致抑制肽不能接近其抑制位点。（2）证据5第2988页左栏第5段记载，MBP载体代表了近90%的总蛋白质量，从位阻上阻止了gp41区域接近其靶，表明由于位阻，本领域技术人员根据现有技术没有动机将抗融合肽如DP178与上述大蛋白或更大蛋白结合，如果与更大蛋白诸如血清白蛋白结合则不可能接近其各自的抑制位点。（3）位阻问题的证据在本申请前已经公开，参见证据5；针对所有抗融合肽的适用性，对比文件2第36页解释了"诸如DP107和DP108等的抗融合肽在其他病毒中发现，包括其他包膜病毒和非包膜病毒"，这些肽全部基于相同卷曲螺旋结构性质，因此，Shugars等中提及的位阻问题适用于所有抗融合肽。

对此，合议组认为：首先，尽管请求人提供了证据5，说明MBP107等融合蛋白空间上阻碍gp41区域接近其靶位点，试图以此证明现有技术已经公开了位阻方面的证据，但是，该证据限于抗融合肽DP107等系列的抗融合肽，对比文件2以及证据5都教导DP107等抗融合肽是针对HIV-1的gp41设计的，其中，DP107相应于HIV-I LAI的gp41的氨基酸558~595，DP178源自HIV-1分离物LAI（HIV-1 LAI）的gp41的氨基酸638~673，两者均表现出抗HIV-1活性，因此，证据5仅仅指向现有技术中针对gp41发生卷曲螺旋构象时设计的抗融合肽，这些抗融合肽所产生的位阻效应也是针对HIV-1细胞融合机制而产生的，证据5没有涉及其他抗融合肽并进行相关的实验分析，不能证明在本申请申请日之前的现有技术中认为其他抗融合肽在与大蛋白诸如人血清白蛋白融合时会产生位阻从而阻碍其发挥抗融合的功能，因而请求人有关所有抗融合肽在与大分子结合后都会因位阻而丧失活性的认定缺乏依据。

其次，请求人还指出位阻问题适用于所有抗融合肽，因为对比文件2公开了"位阻"理论针对所有抗融合肽都适用的证据，如第36页解释了"'诸如DP107和DP108等的抗融合肽在其他病毒中发现，包括其他包膜病毒和非包膜病毒'，这些肽全部基于相同性质（涉及卷曲螺旋肽结构）"，合议组认为，尽管如此，例如，对比文件2说明书第8页最后一行至第9页第一段行记载：可以预期，本发明的肽可以作为涉及卷曲螺旋肽结构的细胞间行为的调节子，但是，对比文件2涉及的DP107、DP178等抗融合肽其抗融合机制如上所述仍然是针对HIV-1的gp41蛋白而设计的，没有实验证据证明DP107和DP108等的抗融合肽在任意其他病毒中发现，包括其他包膜病毒和非包膜病毒，并且即便对比文件2说明DP107和DP108对基于具有相同性质（涉及卷曲螺旋结构）的膜融合都适用，也不能用于证明任意抗融合肽都涉及卷曲螺旋肽结构。

再次，根据本发明说明书记载的"抗融合肽"的定义，即"是指证实有能力抑制或降低两个或多个实体如病毒–细胞或细胞–细胞之间的膜融合活动的水平的肽，其相对于肽不存在下出现膜融合的水平而言"，说明抗融合肽并不仅限于以 gp41 为靶点的抑制剂。

由此可见，请求人所列举的上述由"位阻"产生的抗融合机制仅仅出现在 HIVgp41 蛋白与靶细胞之间，抗融合肽也仅仅限于 DP107、DP178 等现有技术公开的作用于 HIVgp41 的相关抗融合肽，因而尚不能认定任意抗融合肽都涉及卷曲螺旋肽结构，也不能认定请求人所述的"位阻"问题适用于所有抗融合肽；权利要求 1 所述的抗融合和抗病毒肽是否具有抗病毒和抗融合性取决于所选择的肽，在对比文件 1 已经给出了抗病毒肽可以与血液组分如白蛋白连接的情况下，从抗病毒肽中选择出同时具有抗融合性质的肽进行连接没有任何意想不到的效果，因此仍然不能说明权利要求 1 具有非显而易见性。

综上所述，权利要求 1 相对于对比文件 1 所公开的技术内容，不具有创造性，不符合专利法第 22 条第 3 款的规定。

根据以上事实和理由，本案合议组作出如下审查决定。

三、决定

维持国家知识产权局于 2004 年 10 月 15 日对 00807671.5 号发明专利申请作出的驳回决定。

复审请求人对本决定不服的，可以根据专利法第 41 条第 2 款的规定，自收到本决定之日起三个月内向北京市第一中级人民法院起诉。

多克隆免疫球蛋白的用途

复审请求审查决定（第 12438 号）

决 定 号	第 12438 号
决 定 日	2007 年 10 月 29 日
发明创造名称	多克隆免疫球蛋白的用途
国 际 分 类 号	A61K 39/395，A61K 39/40，A61K 39/42，A61P 35/00
复 审 请 求 人	伊格尼昂癌症治疗研发股份公司
申 请 号	02811121.4
优 先 权 日	2001 年 6 月 1 日
申 请 日	2002 年 3 月 19 日
公 开 日	2004 年 7 月 14 日
合议组组长	许 磊
主 审 员	尹 昕
参 审 员	魏春宝
法 律 依 据	专利法第 22 条第 2 款、第 3 款
决 定 要 点	

如果一项权利要求所要保护的技术方案与对比文件公开的技术方案相比，存在区别技术特征，则该权利要求具有新颖性。

一、案由

本复审请求涉及 2002 年 3 月 19 日申请、2004 年 7 月 14 日公开、名称为"多克隆免疫球蛋白的用途"的第 02811121.4 号发明专利申请（下称本申请）。本申请的申请人为伊格尼昂癌症治疗研发股份公司，优先权日为 2001 年 6 月 1 日。

国家知识产权局于 2005 年 10 月 14 日以本申请的权利要求 1～3、5、6、10～12 不符合专利法第 22 条第 2 款的规定，权利要求 4、7～9、13 不符合专利法第 22 条第 3 款的规定为由作出了驳回决定。驳回决定所针对的权利要求书为：

"1. 多克隆免疫球蛋白制剂用于制备疫苗制品的用途，所述多克隆蛋白制剂包含混合免疫球蛋白级分的不同特异性的抗体，所述疫苗制品用于对免疫球蛋白来源的同种个体进行免疫接种。

2. 如权利要求 1 所述的用途，其特征在于，所述多克隆免疫球蛋白制剂是一种用于对制剂来源的同一个体进行免疫接种的自身免疫球蛋白制剂。

3. 如权利要求 1 或 2 所述的用途，其特征在于，所述多克隆免疫球蛋白制剂中混合了一种或多种免疫佐剂。

4. 如权利要求 1~3 中任一项所述的用途，其特征在于，进行每次免疫接种时，所述制品中的多克隆免疫球蛋白制剂的用量为每千克体重小于 200 微克，优选地为每千克体重小于 20 微克，特别优选地为每千克体重小于 5 微克。

5. 如权利要求 1~4 中任一项所述的用途，其特征在于，所述多克隆免疫球蛋白制剂以天然形式存在于所述制品中。

6. 如权利要求 1~5 中任一项所述用于制备疫苗制品的用途，所述疫苗制品含不同特异性的抗体，通过免疫接种该疫苗制品来预防或治疗癌症。

7. 如权利要求 1~5 中任一项所述用于制备疫苗制品的用途，所述疫苗制品含不同特异性的抗体，通过免疫接种该疫苗制品来预防或治疗自身免疫疾病。

8. 如权利要求 1~5 中任一项所述用于制备疫苗制品的用途，所述疫苗制品含不同特异性的抗体，通过免疫接种该疫苗制品来预防或治疗过敏反应。

9. 如权利要求 1~5 中任一项所述用于制备疫苗制品的用途，所述疫苗制品含不同特异性的抗体，通过免疫接种该疫苗制品来预防或治疗对病毒、细菌或真菌感染的易感性。

10. 一种用于人的含有人多特异性抗体的疫苗，该疫苗可通过将多克隆、多特异性人免疫球蛋白制剂配制成疫苗制品而获得。

11. 如权利要求 10 所述的疫苗，其可通过免疫球蛋白混合物的制剂而获得。

12. 如权利要求 10 或 11 所述的疫苗，其特征在于，该疫苗中含有一种或多种佐剂。

13. 如权利要求 10~12 中任一项所述的疫苗，其特征在于，该疫苗含有含量范围为 5μg~10mg 的免疫球蛋白。"

驳回决定的具体理由为：（1）权利要求 1 要求保护一种多克隆免疫球蛋白制剂用于制备疫苗制品的用途，对比文件 1（WO0135989 A2，公开日 2001 年 5 月 25 日）中公开了一种抗体作为疫苗的新用途，所述抗体是以一种或多种 TAA 特异性抗体作为配体，从个体体液中回收得到的，并且可以用于个体、自身预防或治疗接种，对比文件 1 公开的抗体仅仅在制备方法上不同于权利要求 1 要求保护的多克隆免疫球蛋白，但其组成结构特征属于权利要求 1 所涉及的多克隆免疫球蛋白的范围内。因此，对比文件 1 公开了权利要求 1 的全部技术特征，权利要求 1 不具备新颖性。同理，权利要求 10、11 也不具备新颖性。（2）权利要求 2、3、5、6、12 的附加技术特征已经被对比文件 1 公开，因此也不符合专利法第 22 条第 2 款的规定。（3）权利要求 4 进一步限定了疫苗制品中多克隆免疫球蛋白的用量，由于其用量是本领域技术人员通过常规技术手段可以确定的，所以权利要求 4 的技术方案对于本领域技术人员是显而易见的，权利要求 4 不具备专利法第 22 条第 3 款规定的创造性，同理，权利要求 13 也不具备创造性。（4）权利要求 7~9 进一步限定了疫苗制品的具体适用范围。由于以免疫接种预防或治疗自身免疫性疾病、过敏以及感染是本领域的公知常识，因此在对比文件 1 的基础上结合上述常识以获得权利要求 7~9 的技术方案对本领域技术人员而言是显而易见的，因此权利要求 7~9 也不具备专利法第 22 条第 3 款所规定的创造性。

申请人伊格尼昂癌症治疗研发股份公司（下称请求人）对上述驳回决定不服，于 2006 年 1 月 27 日向专利复审委员会提出复审请求。请求人在提出复审请求的同时提交了权利要求书全文替换页（共 13 项），其中请求人对权利要求 1 和 10 进行了修改，修改后的权利要求 1 和 10 如下：

"1. 多克隆免疫球蛋白制剂用于制备疫苗制品的用途，所述多克隆蛋白制剂包含源于不经富集或消耗某种免疫球蛋白特异性的混合免疫球蛋白级分的不同特异性的抗体，所述疫苗制品用于对免疫球蛋白来源的同种个体进行免疫接种。

10. 一种用于人的含有人多特异性抗体的疫苗,该疫苗通过将源于不经富集或消耗某种免疫球蛋白特异性的混合免疫球蛋白级分的多克隆、多特异性人免疫球蛋白制剂配制成疫苗制品而获得。"

请求人认为:本申请的权利要求 1 要求保护的是使用不经筛选的"混合免疫球蛋白级分的不同特异性的抗体"的整体作为疫苗制品的用途,该整体是不可分的混合物,而对比文件 1 涉及的是相对单一特异性的抗体的使用,它们不具有相同的组成,因此本申请权利要求 1 相对于对比文件 1 具有新颖性。

形式审查合格后,专利复审委员会受理了该复审请求,并于 2006 年 3 月 1 日向请求人发出《复审请求受理通知书》,同时将本复审请求案移交原审查部门进行前置审查。

原审查部门对本复审请求进行了前置审查,认为请求人的复审理由无法克服驳回决定中所指出的缺陷,故坚持原驳回决定。

专利复审委员会组成合议组,对本案的复审请求进行了审理。

至此,合议组认为本案事实清楚,可以作出审查决定。

二、决定的理由

1. 决定的基础

请求人在于 2006 年 1 月 27 日提交的修改的权利要求书中,仅对权利要求 1 和 10 进行了修改,用"源于不经富集或消耗某种免疫球蛋白特异性的"对所述抗体进行进一步限定,该增加的限定内容可以根据本申请说明书的第 7 页第 4 段和第 8 页第 3 段记载的内容得出,因此,这种修改没有超出原申请文件记载的范围,因此,本审查决定是在请求人于 2006 年 1 月 27 日提交的权利要求书 1~13 以及驳回决定所针对的说明书和说明书摘要的基础上作出的。

2. 关于专利法第 22 条第 2 款

专利法第 22 条第 2 款规定:"新颖性,是指在申请日以前没有同样的发明或者实用新型在国内外出版物上公开发表过、在国内公开使用过或者以其他方式为公众所知,也没有同样的发明或者实用新型由他人向国务院专利行政部门提出过申请并且记载在申请日以后公布的专利申请文件中。"

如果一项权利要求所要保护的技术方案与对比文件公开的技术方案相比,存在区别技术特征,则该权利要求具有新颖性。

本案中,权利要求 1 请求保护多克隆免疫球蛋白制剂用于制备疫苗制品的用途,所述多克隆蛋白制剂包含源于不经富集或消耗某种免疫球蛋白特异性的混合免疫球蛋白级分的不同特异性的抗体,所述疫苗制品用于对免疫球蛋白来源的同种个体进行免疫接种。对比文件 1 公开了一种抗体作为治疗或预防癌症的疫苗的新用途,其特征在于用免疫亲和纯化法从含有抗体的体液中回收抗体,其中采用可识别一种或多种肿瘤相关抗原(TAA)或其具有相同独特型片段的抗体作为免疫亲和纯化法的配体(参见对比文件 1 的权利要求 1)。其具体过程为采用针对 TAA 的特异性抗体制备免疫亲和柱,然后利用该制备好的免疫亲和柱采用免疫亲和色谱层析法从血清中纯化抗体,并用 ELISA 法对获得的抗体进行检测评估,最后将获得纯化抗体制备疫苗制剂并接种动物(参见对比文件 1 实施例 1~4)。

将权利要求 1 与对比文件 1 公开的技术方案相比可见,两者的区别在于:权利要求 1 的技术方案为一种不经富集或消耗某种免疫球蛋白特异性的混合免疫球蛋白的用途,即该免疫球蛋白是未经筛选、具有不同的特异性的多克隆抗体。动物血清中的抗体是由多克隆 B 细胞产生的多种抗体的混合物,由于自然界中千变万化的抗原分子及其抗原决定簇的存在以及编码免疫球蛋白基因的多样性,导致抗体的种类千变万化,因此权利要求 1 要求保护的技术方案包含了大量不同特异性的抗体;而对比文件 1 公开的技术方案为一种抗 TAA 特异性抗体的用途,它是利用与肿瘤相关抗原结合的抗体作为配体,通过免疫亲和纯化法对血清进行筛选后得到的,虽然所述抗体也是一种多克隆抗体,但其具有针对 TAA 的特异性，显然不同于本申请权利要求 1 中所述的多克隆免疫球蛋白。因此，权利要求 1 的技术方案与对比文件 1 公开的技术方案之间存在区别技术特征，其相对于对比文件 1 具有新颖性，符合专利法第 22 条第 2 款的规定。基于此，权利要求 1 的从属权利要求 2、3、5、6 相对于对比文件 1 也具备新颖性。

权利要求 10 要求保护一种用于人的含有人多特异性抗体的疫苗，该疫苗通过将源于不经富集或消耗某种免疫球蛋白特异性的混合免疫球蛋白级分的多克隆、多特异性人免疫球蛋白制剂配制成疫苗制品而获得。由前述分析可知，与对比文件 1 中公开的 TAA 特异性抗体不同，权利要求 10 所述疫苗中的抗体为来源于人血清的不经筛选的多特异性抗体，因此该权利要求及其从属权利要求 11、12 也具备专利法第 22 条第 2 条的新颖性。

审查员认为对比文件 1 公开的抗体仅仅在制备方法上不同于权利要求 1 要求保护的多克隆免疫球蛋白，但其组成结构特征属于权利要求 1 所涉及的多克隆免疫球蛋白的范围内。对此，合议组认为：对比文件 1 公开的抗体不仅在制备方法上与权利要求 1 要求保护的多克隆免疫球蛋白不同，同时两者的具体组成和特异性均存在差异，是两种不同的物质，并非审查员所认定的上下位概念之间的关系。

3. 关于专利法第 22 条第 3 款

专利法第 22 条第 3 款规定：创造性，是指同申请日以前已有的技术相比，该发明有突出的实质性特点和显著的进步。

本案中，审查员认为权利要求 4、7~9、13 的附加技术特征是公知常识或者对本领域技术人员而言是显而易见的，因此不具备创造性，但该结论是在权利要求 1 和 10 不具备新颖性的基础上得出的，因此，在权利要求 1、10 相对于对比文件 1 具有新颖性的情况下，对该权利要求的创造性进行评述的基础已不存在，因此，合议组对审查员所述的权利要求 4、7~9、13 不具备创造性的理由不予支持。

根据以上事实和理由，本案合议组作出如下审查决定。

三、决定

撤销国家知识产权局于 2005 年 10 月 14 日对 02811121.4 号发明专利申请作出的驳回决定。由原审查部门在本决定所依据文本的基础上继续进行审查。

复审请求人对本决定不服的，可以根据专利法第 4 条第 2 款的规定，自收到本决定之日起三个月内向北京市第一中级人民法院起诉。

用于在放射免疫疗法之前测定血液学毒性的新临床参数

复审请求审查决定（第12499号）

决 定 号	第12499号
决 定 日	2007年12月29日
发明创造名称	用于在放射免疫疗法之前测定血液学毒性的新临床参数
国际分类号	A61K 39/395
复审请求人	拜奥根IDEC公司
申 请 号	00812442.6
申 请 日	2000年7月31日
优 先 权 日	1999年8月11日，2000年7月26日
公 开 日	2003年10月22日
合议组组长	郭 婷
主 审 员	彭晓琦
参 审 员	尹 昕

法律依据 专利法第26条第3款

决定要点

当所属技术领域的技术人员根据说明书记载的内容并结合现有技术能够实现权利要求要求保护的技术方案，解决其技术问题，并且产生预期的技术效果时，应当认为说明书对发明或者实用新型作出了清楚、完整的说明，使得所属技术领域的技术人员能够实现。

一、案由

本复审请求涉及最早的优先权日为1999年8月11日，申请日为2000年7月31日，公开日为2003年10月22日，发明名称为"用于在放射免疫疗法之前测定血液学毒性的新临床参数"的第00812442.6号发明专利申请（下称本申请），本申请的申请人先为IDEC药物公司，后变更为拜奥根IDEC公司。

2005年4月8日，国家知识产权局在进入中国国家阶段时提交的国际申请文件的中文文本说明书第1~12页、摘要，以及2005年1月25日提交的权利要求1~54的基础上，以本申请说明书不符合专利法第26条第3款的规定为由作出驳回决定。

驳回决定所针对的独立权利要求为：

"1. 非标记的消耗抗体和治疗性放射性标记的抗体在制造同时或顺序给予具有骨髓牵连的癌症患者的组合制剂中的用途。

2. 治疗学上有效量的非标记的消耗抗体在制造用于减少血液学毒性的药物中的用途，该血液学毒性由为使所述骨髓牵连减少至小于5%，对骨髓牵连高于5%的癌症患者给予放射性标记的抗体而产生。

3. 治疗学上有效量的非标记的消耗抗体在制造用于减少血液学毒性的药物中的用途，该血液学毒性由为使所述骨髓牵连减少至小于15%，对骨髓牵连高于15%的癌症患者给予放射性标记的抗体而产生。

4. 治疗学上有效量的非标记的消耗抗体在制造用于减少血液学毒性的药物中的用途，该血液学毒性由为使所述骨髓牵连减少至小于25%，对骨髓牵连高于25%的癌症患者给予放射性标记的抗体而产生。

5. 治疗学上有效量的非标记的消耗抗体在制造用于减少血液学毒性的药物中的用途，该血液学毒性由为使所述骨髓牵连减少至小于15%，对骨髓牵连高于25%的癌症患者给予放射性标记的抗体而产生。

6. 治疗学上有效量的非标记的消耗抗体在制造用于减少血液学毒性的药物中的用途，该血液学毒性由为使所述骨髓牵连减少至小于5%，对骨髓牵连高于25%的癌症患者给予放射性标记的抗体而产生。

7. 治疗学上有效量的放射性标记的抗体在制造药物中的用途，该药物给予癌症患者无需在先的造影或剂量测定法。

25. 基于所述患者骨髓牵连的百分比测定用于治疗癌症患者的放射性标记抗体的治疗学上有效量的方法。

27. 选择适合放射免役治疗的癌症患者的方法，该方法包括：

a) 通过测量基线活组织检查中骨髓牵连的程度预测由给予癌症患者放射性标记的抗体产生的血液学毒性的严重程度；和

b) 仅选择所述基线骨髓牵连小于5%的患者作为适合这样的治疗。

29. 基于作为血液学毒性度量的所述患者的血小板记数的基线水平测定用于治疗癌症患者的放射性标记抗体的治疗学上有效量的方法。

37. 治疗学上有效量的非标记的消耗抗体在制造用于减少血液学毒性的药物中的用途，该血液学毒性由为使所述骨髓牵连减少至小于起初的骨髓牵连程度，对起初骨髓牵连为可预见给予治疗性放射抗体将引起肝毒性水平的癌症患者给予放射性标记的抗体而产生。"

驳回决定认为：根据申请人的意见陈述，本申请是基于"淋巴瘤骨髓牵连度与血液毒性之间存在显著性相关性"这样一个发现。说明书中给出了唯一的一个实施例来示范这两个参数的使用。本领域公知，对于任何实验来说都有其偶然性和必然性，只有根据严谨的统计实验设计和准确的试验记录及统计分析才能获得可信的结果，但是该实施例中未对实验结果进行统计分析，本领域普通技术人员根据该实施例的内容根本无法认为"基线血小板数和淋巴瘤牵连骨髓的程度"这两个指标能够用作代替剂量测定法的临床参数，也不能推知该如何使用这两个参数。

申请人拜奥根IDEC公司（下称请求人）对上述驳回决定不服，于2005年7月25日向专利复审委员会提出复审请求，同时提交了附件1~9，具体如下：

附件1：放射免疫治疗后患4级血小板减少症的病人的百分数和骨髓牵连百分数之间的函数关系的条形统计图，复印件共1页。

附件2：1998年4月24日美国典型培养物保藏中心（ATCC）发给请求人的信件，复印件共2页。

附件3："Yttrium-90-labeled Anti-CD20 Monoclonal Antibody Therapy of Recurrent B-Cell Lymphoma"，Knox S. J. 等人，Clinical Cancer Research，第2卷，第457~470页，1996年3月，复印件共14页。

附件4："Bone Marrow Involvement by Non-Hodgkin's Lymphoma: The Clinical Significance of Morphologic Discordance Between the Lymph Node and Bone Marrow"，Maureen G. Conlan 等人，Journal of Clinical Oncology，第8卷，第7期，第1163~1172页，1990年7月，复印件共10页。

附件5："Bone Marrow Involvement in Hodgkin's disease: An Analysis of 135 Consecutive Cases"，Munker R. 等人，Journal of Clinical Oncology，第13卷，第2期，第403~409页，1995年2月，复印件共7页。

附件6："Nasopharyngeal Carcinoma with bone marrow metastasis"，Zen H. G 等人，Am. J. Clin. Oncol.，第14卷，第1期，第66~70页，1991年2月，MEDLINE摘要，复印件共1页。

附件7："Blastic mantle cell leukemia: an unusual presentation of blastic mantle cell lymphoma"，Viswanatha D. S 等人，Mod. Pathol.，第13卷，第7期，第825~833页，2000年7月，MEDLINE摘要，复印件共1页。

附件8："Frequency of bone marrow involvement in patients with small cell lung carcinoma before treatment based on selected laboratory parameters"，Zych J. 等人，Pneumonol Alergol Pol.，第61卷，第9~10期，第481~488页，1993年，MEDLINE摘要，复印件共1页。

附件9：专利文献WO9411026A2，公开日为1994年5月26日，复印件共102页。

在提出复审请求的同时，请求人提交了修改的权利要求书全文替换页（共33项），修改后的权利要求书为：

"1. 治疗有效量的非标记的消耗抗体在制造用于减少血液学毒性的药物中的用途，该血液学毒性由为使骨髓牵连减少至小于起初骨髓牵连程度，对起初骨髓牵连度的癌症患者给予放射性标记的抗体而产生。

2. 按照权利要求1的在制造用于减少血液学毒性的药物中的用途，该血液学毒性由对癌症患者给予放射性标记的抗体而产生，无需在先的造影或剂量测定法。

3. 按照权利要求1或2的用途，其中癌症是淋巴瘤或白血病。

4. 按照权利要求3的用途，其中所述癌症是低级/滤泡性非何杰金氏淋巴瘤（NHL），小淋巴细胞性（SL）NHL，中级/滤泡性NHL，中级扩散性NHL，慢性淋巴细胞性白血病（CLL），高级成免疫细胞性NHL，高级成淋巴细胞性NHL，高级小未分裂细胞性NHL，大面积NHL，外膜细胞性淋巴瘤，与AIDS有关的淋巴瘤，瓦尔登斯特伦氏巨球蛋白血症，或T细胞性淋巴瘤或白血病。

5. 按照上述权利要求任一项的用途，其中使用基线活组织检查或基线血小板数测定骨髓牵连程度。

6. 按照上述权利要求任一项的用途，其中所述非标记的消耗抗体是人的、嵌合的、结构域缺失的或人化的抗体。

7. 按照上述权利要求任一项的用途，其中所述非标记的消耗抗体是抗-CD19，抗-CD20或抗-CD22抗体。

8. 按照权利要求7的用途，其中所述非标记的消耗抗体是抗-CD20抗体。

9. 按照权利要求8的用途，其中所述抗-CD20抗体是rituximab（C2B8）。

10. 按照上述权利要求任一项的用途，其中起初骨髓牵连程度在0.1%至5%之间。

11. 按照权利要求1~9任一项的用途，其中起初骨髓牵连程度大于5%。

12. 按照权利要求11的用途，其中给予非标记的消耗抗体使骨髓牵连度减少至小于5%。

13. 按照权利要求 1~9 任一项的用途，其中起初骨髓牵连程度大于 15%。

14. 按照权利要求 13 的用途，其中给予非标记的消耗抗体使骨髓牵连度减少至小于 15%。

15. 按照权利要求 13 的用途，其中给予非标记的消耗抗体使骨髓牵连度减少至小于 5%。

16. 按照权利要求 1~9 任一项的用途，其中起初骨髓牵连程度大于 25%。

17. 按照权利要求 16 的用途，其中给予非标记的消耗抗体使骨髓牵连度减少至小于 25%。

18. 按照权利要求 16 的用途，其中给予非标记的消耗抗体使骨髓牵连度减少至小于 15%。

19. 按照权利要求 16 的用途，其中给予非标记的消耗抗体使骨髓牵连度减少至小于 5%。

20. 按照上述权利要求任一项的用途，其中所述放射性标记的抗体是用 α-发射性或 β-发射性同位素标记的。

21. 按照权利要求 20 的用途，其中所述放射性标记的抗体是用 ^{90}Y 或 ^{131}I 标记的。

22. 按照上述权利要求任一项的用途，其中所述放射性标记的抗体是抗-CD19，抗-CD20 或抗-CD22 抗体。

23. 按照权利要求 22 的用途，其中所述放射性标记的抗体是抗-CD20 抗体。

24. 按照权利要求 23 的用途，其中所述放射性标记的抗体是 Y2B8。

25. 按照上述权利要求任一项的用途，其中所述放射性标记的抗体是利用发射性标记试剂盒的材料和说明书提供和标记的。

26. 选择在放射免疫治疗后血液学毒性的风险降低的癌症患者的方法，无需在先的造影或剂量测定法，该方法包括：

（a）测量每个患者的癌症骨髓牵连度；和

（b）选择具有骨髓牵连小于 5% 的患者作为在放射免疫治疗后血液学毒性的风险降低的患者。

27. 按照权利要求 26 的方法，其中癌症是淋巴瘤或白血病。

28. 按照权利要求 26 或 27 的方法，其中使用基线活组织检查或基线血小板数测定骨髓牵连程度。

29. 按照权利要求 26 或 27 的方法，其中放射免疫治疗是利用经 α-发射性或 β-发射性同位素标记的放射性标记抗体进行的。

30. 按照权利要求 29 的方法，其中所述放射性标记的抗体是用 ^{90}Y 或 ^{131}I 标记的。

31. 按照权利要求 26~30 任一项的方法，其中所述放射性标记的抗体是抗-CD19，抗-CD20 或抗-CD22 抗体。

32. 按照权利要求 31 的方法，其中所述放射性标记的抗体是抗-CD20 抗体。

33. 按照权利要求 32 的方法，其中所述放射性标记的抗体是 Y2B8。"

请求人认为：(1) 本申请说明书中引用的美国专利申请 08475813、08475815 和 08478967 中揭示的制备和使用放射性标记的治疗性抗体如 Y2B8 的信息在本申请的申请日时完全可以由本领域普通技术人员获知。例如，附件 9 描述了一种抗 CD20 鼠抗体 2B8，并声明产生 2B8 的杂种瘤细胞已经于 1993 年 6 月 22 日在 ATCC 进行了保藏，产生 2B8 的杂种瘤细胞从 1998 年 5 月 22 日起可由公众获得（参见附件 1 和 2）。附件 9 中公开了一种用 ^{90}Y 放射性标记 2B8 抗体生成 Y2B8 抗体的方法以及放射性标记 Y2B8 抗体与嵌合抗体 C2B8 用于定向和破坏 B 细胞性淋巴瘤。(2) 本申请临床研究的设计和结果公开清楚，临床放射免疫治疗领域的普通技术人员完全可以理解其内容。本申请描述公开的研究包括在治疗前一周用 In2B8 进行造影和剂量测定。其中 In2B8 是用 ^{111}In-放射性标记的抗 CD20 抗体，用 ^{111}In-标记的抗体进行造影和剂量测定的方法在本申请的申请日时是公众所知的，并且可由本领域普通技术人员常规实施，例如参见附件 3。本申请的研究还包括在先于用 ^{111}In-标记的 In2B8 抗体造影和给予治疗性 ^{90}Y 标记的 Y2B8 抗体之前将嵌合抗 CD20 抗体 Rituximan® 以 250mg/m² 剂量给药。本申请中缺乏造影数据的统计分析并不能阻碍本领域普通技术人员实施本发明，因为本发明的一个优点在于无需进行造影或剂量测定就能识别在放射免疫治疗后可能会产生血液学毒性的患者。本申请实施例的临床结果表明：在放射免疫治疗后淋巴瘤牵连骨髓程度与血液学毒性的出现概率之间存在显著正相关性（参见本申请说明书第12页公开的实验数据以及根据该数据绘制的条形统计图，即附件1）。因此，即使本说明书中没有给出结果的统计分析，本领域的技术人员也会考虑以上结果是有效并可预测的。（3）在本申请的申请日时骨髓活组织检查和血小板数的测定被公认为是具有低误差和高可靠性的常规步骤，准确地通过骨髓活组织检查测定癌症骨髓牵连程度的方法也是本领域普通技术人员所熟知并经常使用的（参见附件4，其中1166页表4就描述了对各种淋巴瘤患者进行骨髓活组织检查分析测定淋巴瘤骨髓牵连程度的方法），本申请中使用的血液学毒性的标准，即四级血小板减少症的发生率，是容易由常规的血小板数测定方法测定的。准确的测定血小板数的方法在本申请的申请日时也是公众所知的。并且，本领域普通技术人员在本申请的申请日时也认可血小板数的降低或血小板减少症与癌症骨髓牵连存在显著相关性（参见附件5~8）。虽然本申请只公开了唯一的临床研究，但其研究结果已经清楚地表明在放射免疫治疗后骨髓牵连程度与血液学毒性的出现概率之间存在显著的正相关性，所述结果是从一个单一的临床研究得到的这一事实并不是认定所述数据无效或没有说服力的充分理由。综上所述，本申请说明书符合专利法第26条第3款的规定。

形式审查合格后，专利复审委员会受理了该复审请求，并于2005年9月7日向请求人发出《复审请求受理通知书》，同时将本复审案卷送至国家知识产权局原审查部门进行前置审查。

国家知识产权局原审查部门对本复审请求案进行了前置审查，原审查部门认为：本发明的权利要求无论怎么变换，其实际宗旨都是基于"基线血小板计数"和"骨髓牵连程度"，而说明书中没有清楚的说明这两个参数的测定方法、与癌症的关联方式和程度及使用方法。因此坚持原驳回决定。

专利复审委员会组成合议组对本案复审请求进行了审理，并于2007年6月22日向请求人发出《复审通知书》，合议组认为：（1）权利要求1要求保护治疗有效量的非标记的消耗抗体在制造用于减少血液学毒性的药物中的用途，该血液学毒性由为使骨髓牵连减少至小于起初骨髓牵连程度，对起初骨髓牵连度的癌症患者给予放射性标记的抗体而产生。权利要求2~25为独立权利要求1的从属权利要求。权利要求1~25属于化学产品的用途发明。对于所述技术方案，本申请说明书中描述了预测并制止放射免疫治疗剂毒性的方法、步骤，并提供了一个临床研究实施例，根据说明书提供的这一实施例，仅能得到结论：对起初骨髓牵连度越高的癌症患者进行放射免疫治疗后产生血液学毒性的概率越大。但是，对于本发明的权利要求1~25请求保护的技术方案，本申请的说明书中没有提供任何效果实验数据表明非标记的消耗抗体具有减少由给予放射免疫治疗后产生的血液学毒性的效果。虽然根据说明书的描述，在美国申请US08/475,813中公开了未标记的抗体可用于在放射性标记的抗体给药之前消耗B细胞种群和减少骨髓中癌细胞水平升高的患者的骨髓牵连程度，但是该申请的公开日在本申请的申请日之后，该专利文献不属于现有技术的范畴。本领域的技术人员根据说明书的内容和现有技术无法预期本申请要求保护的技术方案能够产生预期的技术效果。即，无法预期非标记的消耗抗体具有减少由给予放射免疫治疗后产生的血液学毒性的效果。本发明的技术方案必须依赖实验结果加以证实才能成立。然而，如上所述，本申请说明书未提供任何实验以证明此效果。因此，说明书没有充分公开请求保护的发明，不符合专利法第26条第3款的规定。此外，请求人提供的附件以及意见陈述均不能证明本申请说明书符合专利法第26条第3款的规定。（2）权利要求26要求保护涉及选择在放射免疫治疗后血液学毒性的风险降低的癌症患者的方法，无需在先的造影或剂量测定法，该方法包括：a. 测量每个患者的癌症骨髓牵连度；b. 选择具有骨髓牵连小于5％的患者作为在放射免疫治疗后血液学毒性的风险降低的患者。该方法的目的实际上在于筛选具有特定骨髓牵连度的癌症患者，即骨髓牵连度小于5%的患者，这些患者接受放射免疫治疗后血液学毒性的风险小，从而能够确定给予该特定人群的患者使用特定的治疗方法。该方法是以有生命的人体或动物体（即癌症患者）为对象，以获得疾病诊断结果或健康状况（即接受放射性治疗后是否会产生血液学毒性）为直接目的，实际上属于患病风险度评估方法或疾病治疗效果预测方法。审查指南第二部分第一章第4.3.1.1节已明确指出："患病风险度评估方法"和"疾病治疗效果预测方法"属于不能被授予专利权的方法。权利要求27~33对权利要求26进行了进一步的限定，但是，它们请求保护的主题和权利要求26一致，因此，权利要求26~33属于专利法第25条第1款第（3）项中的"疾病的诊断和治疗方法"的范围，不能被授予专利权。

针对上述复审通知书，请求人于2007年10月8日提交了意见陈述书和权利要求书全文替换页（共25项），对权利要求书的修改具体体现在删除权利要求26~33，其余权利要求未作修改，同时还提交了附件10："IDEC-C2B8（Rituximab）Anti-CD20 Monoclonal Antibody Therapy in Patients With Relapsed Low-Grade Non-Hodgkin's Lymphoma"，Maloney D. G等人，Blood，第90卷，第6期，第2188~2195页，1997年9月15日，复印件共8页。

请求人认为：（1）本说明书教导了非标记的B细胞消耗抗体可用于消耗位于患者骨髓中的肿瘤细胞，所述患者寻求进行放射性免疫治疗以降低形成血液学毒性的可能性或降低血液学毒性的严重程度（参见例如，本申请说明书第8页第17~23行和第10页第3~4行）。还提供了可用于降低骨髓牵连中肿瘤细胞水平的非标记抗体的实例（参见例如，本申请说明书第8页第23~26行）以及非标记抗体的可用剂量（参见例如，第8页第27行至第9页第2行）。（2）根据现有技术，本领域技术人员理解B细胞消耗抗体可用于降低B细胞淋巴瘤患者的骨髓中癌性B细胞的数量。例如参见附件9表Ⅱ、表Ⅲ、第55页第41行至第56页第13行，其中表明使用抗体C2B8（抗-CD20抗体）在骨髓中实现了显著的B细胞种群消耗，和附件10第2193页右栏第27~30行，其中表明使用B细胞消耗抗体IDEC-C2B8治疗患有非何杰金氏淋巴瘤的患者，在骨髓中具有淋巴瘤的患者中观察到肿瘤产生反应。（3）现有技术中未知的和本申请所提供的是预测哪些癌症患者在用放射性免疫疗法治疗时可能形成血液学毒性和/或严重的血液学毒性（即，具有骨髓牵连的那些患者）的能力，和在使用放射性标记抗体之前对那些患者进行的治疗。基于本申请的公开，对有形成基于骨髓牵连的血液学毒性风险的患者用B细胞消耗抗体（例如rituximab）进行治疗，如上所述，在本领域中已知其降低骨髓牵连。在随后放射性免疫疗法时血液学毒性的降低可由在治疗这种有风险患者时的阳性反应率证明。总之，本领域已知B细胞消耗抗体有效降低骨髓牵连，例如由Maloney等人证明的（附件10）；骨髓牵连与血液学毒性相关，如本申请所述并且审查员承认的（参见本申请说明书第12页第6~13行）；对骨髓牵连患者使用B细胞消耗抗体没有产生在其他方式下与骨髓牵连相关的血液学毒性，如在本申请说明书记载的Ⅰ/Ⅱ期临床试验中所述的，本领域技术人员应该理解，B细胞消耗抗体有效降低骨髓牵连，从而降低血液学毒性。因此，本发明要求保护的技术方案已经被说明书充分公开。

经审查，合议组认为本案事实清楚，可以依法作出复审决定。

二、决定的理由

1. 决定所针对的文本

本复审请求审查决定所针对的文本为：2007年10月8日提交的权利要求1~25，进入中国国家阶段时提交的国际申请文件的中文文本说明书第1~12页和说明书摘要。

2. 关于专利法第25条

专利法第25条第1款规定：对下列各项，不授予专利权：（1）科学发现；（2）智力活动的规则和方法；（3）疾病的诊断和治疗方法；（4）动物和植物品种；（5）用原子核变换方法获得的物质。

《复审通知书》指出：在请求人于2005年7月25日提交的权利要求书中，权利要求26～33要求保护的方法实际属于患病风险度评估方法或疾病治疗效果预测方法，该方法是以有生命的人体或动物体（癌症患者）为对象，以获得疾病诊断结果或健康状况（接受放射性治疗后是否会产生血液学毒性）为直接目的，属于专利法第25条第1款第（3）项中的"疾病的诊断和治疗方法"的范围，不能被授予专利权。

在请求人于2007年10月8日提交的权利要求书中已经删除了权利要求26～33，因此，《复审通知书》中指出的权利要求26～33属于专利法第25条第1款第（3）项规定的"疾病的诊断和治疗方法"的范围，不能被授予专利权的缺陷已经被克服。

3. 关于专利法第26条第3款

专利法第26条第3款规定：说明书应当对发明或者实用新型作出清楚、完整的说明，以所属技术领域的技术人员能够实现为准。

根据该款规定，当所属技术领域的技术人员根据说明书记载的内容并结合现有技术能够实现权利要求要求保护的技术方案，解决其技术问题，并且产生预期的技术效果时，应当认为说明书对发明或者实用新型作出了清楚、完整的说明，使得所属技术领域的技术人员能够实现。

本申请权利要求1要求保护治疗有效量的非标记的消耗抗体在制造用于减少血液学毒性的药物中的用途，该血液学毒性由为使骨髓牵连减少至小于起初骨髓牵连程度，对起初骨髓牵连度的癌症患者给予放射性标记的抗体而产生。权利要求2～25是权利要求1的从属权利要求。

本申请说明书公开了预测并制止放射免疫治疗剂毒性的方法、步骤，并提供了一个临床研究实施例，该临床研究包括：用放射性标记抗体Y2B8对复发性或顽固性非何杰金氏淋巴瘤患者进行I/II期研究，具体是：先给予非放射性标记抗体Rituximab®。然后在治疗前一周用放射性标记的抗体（^{111}In-标记的抗体In2B8）进行造影和剂量测定。再用放射性标记的抗体Y2B8对患者进行治疗，单一给药剂量为0.2，0.3或0.4 mCi/kg，选择轻微血小板减少患者给以0.4 mCi/kg和0.3 mCi/kg的II期剂量。对患者的骨髓和血液检测的结果显示，起初淋巴瘤牵连骨髓的程度和放射免疫治疗后血液学毒性即血小板4级底点（血小板≤25000/mm^3）发生率之间存在正相关性（参见本申请说明书第11页倒数第5行至第12页末）。因此，根据说明书提供的这一实施例，可以得到结论：对起初骨髓牵连度越高的癌症患者进行放射免疫治疗后产生血液学毒性的概率越大。此外，本申请说明书第8页第17～20行和第10页第3～4行教导了非标记的B细胞消耗抗体可用于消耗位于患者骨髓中的肿瘤细胞，所述患者寻求进行放射性免疫治疗以降低形成血液学毒性的可能性或降低血液学毒性的严重程度，本申请说明书第8页第23行至第9页第2行还提供了可用于降低骨髓牵连中肿瘤细胞水平的非标记抗体的实例以及非标记抗体的可用剂量。

《驳回决定》和《复审通知书》认为本申请说明书公开不充分，不符合专利法第26条第3款的规定，主要集中于如下两个问题：（1）本申请说明书中仅提供了一个实施例，其中既未清楚说明"基线血小板数"和"淋巴瘤骨髓牵连度"这两个参数的测定方法和使用方法，也未对实验结果进行统计分析，本领域技术人员根据该实施例无法确定这两个指标能够用作替代剂量测定法的临床参数。（2）本领域技术人员根据说明书的内容和现有技术无法预期非标记的消耗抗体具有减少由给予放射免疫治疗后产生的血液学毒性的效果，本申请说明书也未提供任何试验以证明此效果。

对此，合议组认为：（1）根据说明书第12页第10～13行提供的临床实验数据："无骨髓牵连的患者有百分之八（2/25）发展为4级血小板减少，骨髓牵连0.1%～5%的患者有25%（1/4）、骨髓牵连5%～20%的患者有45%（5/11）和骨髓牵连20%～25%的患者100%（6/6）发展为4级血小板减少"，即便说明书中未对上述结果进行进一步统计分析，本领域的技术人员也可以明确地得到结论：对起初癌症骨髓牵连度越高的癌症患者进行放射免疫治疗后产生血液学毒性的概率越大。此外，通过骨髓活组织检查测定癌症骨髓牵连程度的方法以及测定 4 级血小板减少症的发生率的方法是申请日（优先权日）之前本领域的技术人员所熟知的现有技术。例如，附件 4 公开了对各种淋巴瘤患者进行骨髓活组织检查分析测定淋巴瘤骨髓牵连程度的方法，附件 5、6、8 公开了测定血小板数的方法以及血小板减少症和癌症骨髓牵连存在显著相关性。因此，即使本申请说明书只提供了一个临床实施例，没有给出"基线血小板数"和"淋巴瘤骨髓牵连度"这两个参数的测定和使用方法以及结果的统计分析，本领域的技术人员也能够利用其掌握的上述常规技术测定所述参数，并能够合理预料到以上结果。（2）本申请说明书教导了非标记的 B 细胞消耗抗体可用于消耗位于癌症患者骨髓中的肿瘤细胞（即降低癌症患者的癌症骨髓牵连度），还提供了可用于降低骨髓牵连中肿瘤细胞水平的非标记抗体的实例及其可用剂量（参见本申请说明书第 8 页第 17 行至第 9 页第 2 行）。此外，现有技术中也公开了非标记的抗体可以用于消耗肿瘤细胞，例如，附件 9 表 III 中的数据证明：B 细胞消耗抗体（抗-CD20 抗体）可用于降低 B 细胞淋巴瘤患者的骨髓中癌性 B 细胞的数量（即降低癌症患者的癌症骨髓牵连度）；附件 10 使用 B 细胞消耗抗体 IDEC-C2B8 治疗患有非何杰金氏淋巴瘤的患者，并且报道了在骨髓中具有淋巴瘤的患者中观察到肿瘤产生反应。因此，本领域技术人员能够从中得到结论：非标记的 B 细胞消耗抗体例如抗-CD20 抗体能够用于降低淋巴瘤患者骨髓中癌性 B 细胞数量，即具有降低癌症患者的癌症骨髓牵连度进而减少由给予放射免疫治疗后产生的血液学毒性的效果。

总之，根据本申请说明书的记载，结合现有技术，本领域的技术人员可以通过骨髓活组织检查测定癌症骨髓牵连程度以及测定 4 级血小板减少症的发生率并使用非标记的 B 细胞消耗抗体有效降低骨髓牵连，从而减少由于给予癌症患者放射性标记的抗体而导致的血液学毒性，最终实现本申请权利要求 1~25 的技术方案。

综上所述，请求人提供的意见陈述和附件使得本申请克服了《驳回决定》及《复审通知书》指出的说明书不符合专利法第 26 条第 3 款规定的缺陷。

基于上述理由，合议组作出如下决定。

三、决定

撤销国家知识产权局于 2005 年 4 月 8 日对 00812442.6 号发明专利申请作出的驳回决定。由原审查部门在本复审请求审查决定所针对的文本的基础上继续进行审查。

复审请求人对本决定不服的，可以根据专利法第 41 条第 2 款的规定，自收到本决定之日起三个月内向北京市第一中级人民法院起诉。

一种酒心青梅的生产方法

复审请求审查决定（第 12501 号）

决 定 号	第 12501 号
决 定 日	2007 年 12 月 26 日
发明创造名称	一种酒心青梅的生产方法
国际分类号	A23G 3/00，A23L 3/40，A23L 3/3562
复审请求人	广东省农业科学院蚕业与农产品加工研究所
申 请 号	200410026609.2
申 请 日	2004 年 3 月 25 日
公 开 日	2005 年 9 月 28 日
合议组组长	叶　娟
主 审 员	魏春宝
参 审 员	任　怡
法 律 依 据	专利法第 33 条，专利法实施细则第 20 条第 1 款

决 定 要 点

如果所属领域的技术人员从修改后的申请文件看到的信息是能够从原申请记载的信息中直接地、毫无疑义地确定的，那么这种修改是允许的。

一、案由

本复审请求涉及名称为"一种酒心青梅的生产方法"的第 200410026609.2 号发明专利申请（下称本申请），本申请的申请人为广东省农业科学院蚕业与农产品加工研究所，申请日为 2004 年 3 月 25 日，公开日为 2005 年 9 月 28 日。

2006 年 1 月 27 日，国家知识产权局原审查部门针对申请人于申请日提交的原始申请文件发出了《第一次审查意见通知书》，其中原始权利要求书为：

"1. 一种用青梅全果生产酒心青梅果脯的生产方法，其特征在于酒心青梅的生产工艺流程为：精选青梅全果→清选→快速干燥→储藏→回水→沥干→糖渍和发酵→晒干→成品步骤。

2. 根据权利要求 1 所述的一种用青梅全果生产酒心青梅果脯的工艺，其特征在于：
本发明的具体工艺过程是：

（1）精选青梅全果：精选完好的、成熟度为 7~8 成的青梅全果；

（2）清洗：清洗青梅全果；

（3）快速干燥：将上述清洗干净的青梅全果放入微波干燥设备或其他快速干燥设备中快速干燥，

使青梅果的水分下降至20％～50％以下；

(4) 储藏：将上述干燥的青梅果放入木桶或其他容器中储藏备用；

(5) 回水：将上述储藏的青梅果放入水中浸泡，至青梅果皮逐渐膨大，恢复青梅鲜果形状为宜；

(6) 沥干：将上述回水后的青梅全果放入筛网上沥干表面水分；

(7) 糖渍和发酵：将上述沥干了水的青梅全果装入密封容器中，然后按青梅果重量，加入45％～50％的蔗糖，加蔗糖时按一层青梅全果间铺一层蔗糖的方法进行，随时按青梅全果重量的0.01％加入果酒酵母液，果酒酵母液每毫升含9000万个以上酵母菌，在自然温度下发酵30～40天；至上述容器中产生大量白色泡沫并有浓郁酒香且青梅外观呈灰白色时将青梅全果捞出；

(8) 晒干：将上述青梅全果置于太阳下晒或烘箱下烘，晒（烘）至含水量在20％～30％或者柠檬酸含量为2％～4％时，便得到了酒心青梅果脯。

(9) 成品：将上述晒干的酒心青梅定量包装，即得酒心青梅成品。

3. 根据权利要求2中所述的"快速干燥、储藏和回水"步骤，其特征在于通过微波或其他快速方式进行快速干燥，使青梅全果得以储藏，通过木桶储藏使青梅保持风味，通过回水处理使储藏的青梅全果基本恢复原状。

4. 根据权利要求2中所述的"糖渍和发酵"步骤，其特征在于糖渍和发酵步骤合二为一，且其中蔗糖的重量比例为青梅全果重量的45％～60％。"

《第一次审查意见通知书》指出：（1）权利要求1中的"精选"和"清选"含义不清楚，导致权利要求1请求保护的范围不清楚，不符合专利法实施细则第20条第1款的规定。（2）权利要求2中记载的"成熟度为7～8成"、"下降至20％～50％以下"、"晒（烘）……"和"……为宜"，这些词语的使用导致权利要求2保护范围不清楚，不符合专利法实施细则第20条第1款的规定。（3）权利要求4中的技术特征"重量的45％～60％"在说明书中没有记载，因此权利要求4没有以说明书为依据，不符合专利法第26条第4款的规定。

2006年2月13日，申请人针对《第一次审查意见通知书》提交了《补正书》，其中列出了对申请文件进行修改的内容，但是未提交申请文件的修改替换页。

2006年3月17日，国家知识产权局原审查部门发出《第二次审查意见通知书》，坚持《第一次审查意见通知书》中所指出的意见。

2006年4月2日，申请人针对《第二次审查意见通知书》提交了《补正书》，同时提交了权利要求书（共2页4项）、说明书（共2页）及说明书摘要的全文修改替换页，其中修改后的权利要求书为：

"1. 一种用青梅全果生产酒心青梅果脯的生产方法，其特征在于酒心青梅的生产工艺流程为：清选青梅全果→快速干燥→储藏→回水→沥干→糖渍和发酵→晒干→成品步骤。

2. 根据权利要求1所述的一种用青梅全果生产酒心青梅果脯的工艺，其特征在于：
本发明的具体工艺过程是：
(1) 清洗青梅全果；
(2) 快速干燥：将上述清洗干净的青梅果放入微波干燥设备或其他快速干燥设备中快速干燥；
(3) 储藏：将上述干燥的青梅果放入木桶或其他容器中储藏备用；
(4) 回水：将上述储藏的青梅全果放入水中浸泡，至青梅果皮逐渐膨大，恢复青梅鲜果形状为宜；
(5) 沥干：将上述回水后的青梅全果放入筛网上沥干表面水分；
(6) 糖渍和发酵：将上述沥干了水的青梅全果装入密封容器中，然后按青梅果重量，加入

45%~60%的蔗糖,加蔗糖时按一层青梅全果间铺一层蔗糖的方法进行,随时按青梅全果重量的0.01%加入果酒酵母液,果酒酵母液每毫升含9000万个以上酵母菌,在自然温度下发酵30~40天;至上述容器中产生大量白色泡沫并有浓郁酒香且青梅外观呈灰白色时将青梅全果捞出;

（7）晒干：将上述青梅全果置于太阳下晒或烘箱下烘,便得到了酒心青梅果脯。

（8）成品：将上述晒干的酒心青梅定量包装,即得酒心青梅成品。

3. 根据权利要求2中所述的"快速干燥、储藏和回水"步骤,其特征在于通过微波或其他快速方式进行快速干燥,使青梅全果得以储藏,通过木桶储藏使青梅保持风味,通过回水处理使储藏的青梅全果基本恢复原状。

4. 根据权利要求2中所述的"糖渍和发酵"步骤,其特征在于糖渍和发酵步骤合二为一,且其中蔗糖的重量比例为青梅全果重量的45%~60%。"

2006年5月26日,国家知识产权局针对申请人于2006年4月2日提交的权利要求1~4、说明书第1~2页及说明书摘要,以本申请不符合专利法实施细则第20条第1款规定为由驳回了本申请。

驳回决定认为：（1）权利要求1的第二步中的"清选"不清楚,导致权利要求1不清楚,不符合专利法实施细则第20条第1款的规定；（2）权利要求2中"……为宜"的使用导致该权利要求不清楚,不符合专利法实施细则第20条第1款的规定。

申请人广东省农业科学院蚕业与农产品加工研究所（下称请求人）对上述驳回决定不服,于2006年6月6日向专利复审委员会提出复审请求。请求人在提出复审请求的同时提交了修改后的权利要求书（共1页2项）、说明书全文（共2页）及摘要,修改后的权利要求书为：

"1. 一种酒心青梅的生产方法,其特征在于包括如下步骤：清洗青梅全果→快速干燥→储藏→回水→沥干→糖渍和发酵→干燥→成品。

2. 根据权利要求1所述的酒心青梅的生产方法,其特征在于：具体步骤如下：

（1）清洗青梅全果；

（2）快速干燥：将上述清洗干净的青梅全果放入微波干燥设备或其他快速干燥设备中快速干燥,直至青梅全果中所含的水分下降至青梅全果重量的20%~50%；

（3）储藏：将上述干燥的青梅果放入木桶或其他容器中储藏；

（4）回水：将上述储藏的青梅果放入水中浸泡,青梅果皮逐渐膨大,直至恢复青梅鲜果形状；

（5）沥干：将上述回水后的青梅全果放入筛网上沥干表面水分；

（6）糖渍和发酵：将上述沥干了水的青梅全果装入密封容器中,然后按青梅果重量,加入45%~60%的蔗糖,加蔗糖时按一层青梅全果间铺一层蔗糖的方法进行,同时按青梅全果重量的0.01%加入果酒酵母液,果酒酵母液每毫升含9000万个以上酵母菌,在自然温度下发酵30~40天,至上述容器中产生大量白色泡沫并有浓郁酒香且青梅外观呈灰白色时将青梅全果捞出;

（7）干燥：将上述青梅全果置于太阳下晒或烘箱内烘,直至含水量为青梅全果重量的20%~30%,柠檬酸含量为青梅全果重量的2%~4%时,便得到了酒心青梅果脯；

（8）成品：将上述干燥后的酒心青梅定量包装,即得酒心青梅成品。"

请求人提出的复审理由为：修改后的申请文件克服了驳回决定所指出的不清楚的缺陷。

形式审查合格后,专利复审委员会受理了该复审请求,并于2006年7月12日向请求人发出《复审请求受理通知书》,随后将本申请案卷移交原审查部门进行前置审查。

原审查部门对本复审请求进行了前置审查,认为修改后的说明书和权利要求1和2中的"晒（烘）干"改为"干燥",超出了原说明书和权利要求的范围,不符合专利法第33条的规定,因而坚持原驳回决定。

专利复审委员会组成合议组，对本复审请求案进行了审理。

2006年12月8日，请求人提交了说明书第2页替换页和新的权利要求书（共2项）。

2006年12月30日，请求人提交了说明书及其摘要的全文替换页和修改后的权利要求书（共2项）。

2007年9月11日，请求人提交了权利要求书全文替换页（共2项），修改后的权利要求书：

"1. 一种用青梅全果生产酒心青梅果脯的生产方法，其特征在于酒心青梅的生产工艺流程为：精选青梅全果→清洗→快速干燥→储藏→回水→沥干→糖渍和发酵→晒干→成品步骤。

2. 根据权利要求1所述的一种用青梅全果生产酒心青梅果脯的工艺，其特征在于：

本发明的具体工艺过程是：

（1）精选青梅全果：精选完好的、成熟度为7～8成的青梅全果；

（2）清洗：清洗青梅全果；

（3）快速干燥：将上述清洗干净的青梅全果放入微波干燥设备或其他快速干燥设备中快速干燥，使青梅果的水分下降至20％～50％；

（4）储藏：将上述干燥的青梅果放入木桶或其他容器中储藏备用；

（5）回水：将上述储藏的青梅果放入水中浸泡，至青梅果皮逐渐膨大，恢复青梅鲜果形状；

（6）沥干：将上述回水后的青梅全果放入筛网上沥干表面水分；

（7）糖渍和发酵：将上述沥干了水的青梅全果装入密封容器中，然后按青梅果重量，加入45％～50％的蔗糖，加蔗糖时按一层青梅全果间铺一层蔗糖的方法进行，随时按青梅全果重量的0.01％加入果酒酵母液，果酒酵母液每毫升含9000万个以上酵母菌，在自然温度下发酵30～40天；至上述容器中产生大量白色泡沫并有浓郁酒香且青梅外观呈灰白色时将青梅全果捞出；

（8）晒干：将上述青梅全果置于太阳下晒或烘箱下烘，直至含水量在20％～30％或者柠檬酸含量为2％～4％时，便得到了酒心青梅果脯；

（9）成品：将上述晒干后的酒心青梅定量包装，即得酒心青梅成品。"

至此，合议组认为本案事实清楚，可以作出审查决定。

二、决定的理由

1. 决定所针对的文本

本复审请求审查决定所依据的文本为：请求人于2007年9月11日提交的权利要求1～2，于2006年12月30日提交的说明书第1～2页和说明书摘要。

2. 关于专利法第33条

专利法第33条规定，申请人可以对其专利申请文件进行修改，但是，对发明和实用新型专利申请文件的修改不得超出原说明书和权利要求书记载的范围，对外观设计专利申请文件的修改不得超出原图片或者照片表示的范围。

根据该款规定，如果所属领域的技术人员从修改后的申请文件看到的信息是能够从原申请记载的信息中直接地、毫无疑义地确定的，那么这种修改是允许的。对于含有数值范围技术特征的权利要求中数值范围的修改，如果修改后数值范围的两个端值在原说明书和/或权利要求书中已确实记载且修改后的数值范围在原数值范围之内，那么这种修改是允许的。

本案中，与请求人于申请日提交的原始说明书和权利要求书相比，请求人于2007年9月11日提交的权利要求书和2006年12月30日提交的说明书中共有三处修改：（1）将原始说明书第2页和原始权利要求2中的"使青梅全果的水分下降至20％～50％以下"改为"使青梅全果的水分下降至20％～50％"；（2）将原始说明书第2页和原始权利要求2中的"恢复青梅鲜果形状为宜"改为"恢复青梅鲜果形状";(3)将原始说明书第2页和原始权利要求2中的"……置于太阳下晒或烘箱内烘,晒(烘)至……"改为"……置于太阳下晒或烘箱内烘,直至……";(4)将原始说明书第1页和原始权利要求1中的"清选"改为"清洗";(5)删除了原始权利要求书中的从属权利要求3和4。

就第(1)处修改而言,"以下"与数值结合表示数值范围时,该数值被包括在所限定的数值范围之内,"20%～50%以下"所限定的范围包括50%在内,50%为该数值范围的上限端值。因此,修改后的数值范围"20%～50%"在"20%～50%以下"所限定的范围内,即修改后的数值范围在原申请文件公开的数值范围之内,而且修改后的数值范围的两个端值"20%"和"50%"也都明确记载于原申请文件中。因此,第(1)处修改没有超出原始说明书和权利要求书记载的范围。

就第(2)处修改而言,"恢复青梅鲜果形状为宜"含义为优选恢复青梅鲜果形状,将"恢复青梅鲜果形状为宜"改为"恢复青梅鲜果形状",是选取了原范围内包括的优选方式,因此这种修改没有超出原始说明书和权利要求书的范围。

就第(3)处修改而言,"……置于太阳下晒或烘箱内烘,晒(烘)至……"中的"晒(烘)"是之前"太阳下晒或烘箱内烘"的语义重复,修改后的表述与原表述无实质区别。

就第(4)处修改而言,由于权利要求2是权利要求1的从属权利要求,且说明书第1页在概述本发明技术方案后记载"具体步骤说明如下",因而可知,在工艺步骤上,权利要求2和说明书第1页倒数第2行中的步骤"(2)清洗:清洗青梅全果"对应于权利要求1和说明书第1页倒数第6行中的"清选"步骤,前者是对后者技术内容的详细描述,并且"清洗"和"清选"字形相近,由此可以直接地、毫无疑义地确定本申请中的"清选"应该是"清洗"的笔误,因此将"清选"改为"清洗"没有超出原始说明书和权利要求书记载的范围。

第(5)处修改是整项权利要求的删除,这种修改没有超出原始权利要求书和说明书记载的范围。

由此可见,请求人于2007年9月11日提交的权利要求书和2006年12月30日提交的说明书没有超出原权利要求书和说明书记载的范围,并且同时克服了前置审查意见中所指出的修改超范围的缺陷。

3. 关于专利法实施细则第20条第1款

专利法实施细则第20条第1款规定,权利要求书应当说明发明或实用新型的技术特征,清楚、简要地表述请求保护的范围。

本案中,驳回决定认为,请求人于2006年4月2日提交的文本中存在两处缺陷:(1)权利要求1中的"清选",和(2)权利要求2中的"……为宜",这两处缺陷导致权利要求1～2保护范围不清楚,不符合专利法实施细则第20条第1款的规定。

在请求人于2007年9月11日提交的权利要求书中,权利要求1中的"清选"、权利要求2中的"为宜"均已删除,因此,在请求人于2007年9月11日提交的权利要求书中,驳回决定所认定的两处缺陷均已克服。

在驳回决定作出前的审查意见通知书中还曾指出,"精选"和"成熟度为7～8成"含义不清楚,导致权利要求不能清楚表述请求保护的范围。对此,合议组认为:(1)"精选"的通常含义为"精心挑选",而且该含义符合本申请的技术内容;(2)"成"的含义是十分之一,表示比率(参见《辞海》,上海辞书出版社,第4697页),是表示水果成熟程度的常用术语,本领域技术人员能够判断和挑选出成熟度为7成或8成的水果(青梅),该用语清楚,不会导致权利要求2的保护范围不清楚。

根据以上事实和理由,本案合议组作出如下审查决定。

三、决定

撤销国家知识产权局于 2006 年 5 月 26 日对第 200410026609.2 号发明专利申请作出的驳回决定。由原审查部门在本复审决定所针对的文本的基础上继续进行审查。

复审请求人对本决定不服的,可以根据专利法第 41 条第 2 款的规定,自收到本决定之日起三个月内向北京市第一中级人民法院起诉。

病原微生物感染诊断型细胞芯片及其制备方法

复审请求审查决定（第 12502 号）

决 定 号	第 12502 号
决 定 日	2008 年 1 月 16 日
发明创造名称	病原微生物感染诊断型细胞芯片及其制备方法
国 际 分 类 号	C12Q 1/04
复 审 请 求 人	陕西西大北美基因股份有限公司
申 请 号	03114480.2
申 请 日	2003 年 1 月 29 日
公 开 日	2004 年 8 月 18 日
合议组组长	叶 娟
主 审 员	郭 婷
参 审 员	刘玉玲

法 律 依 据 专利法第 26 条第 3 款

决 定 要 点

如果说明书中给出了技术手段，但所属技术领域的技术人员采用该手段并不能解决发明或者实用新型所要解决的技术问题，则这属于由于缺乏解决技术问题的手段而被认为无法实现的情况。

一、案由

本复审请求涉及于 2003 年 1 月 29 日申请，2004 年 8 月 18 日公开，名称为"病原微生物感染诊断型细胞芯片及其制备方法"的第 03114480.2 号发明专利申请（下称本申请），本申请的申请人为陕西西大北美基因股份有限公司。

2005 年 6 月 10 日，国家知识产权局针对申请日提交的原始申请文件，以本申请说明书不符合专利法第 26 条第 3 款的规定为由驳回了本申请。

驳回决定所针对的权利要求书为：

"1. 一种病原微生物感染诊断型细胞芯片，包括基片（1）和反应槽（2），其特征在于：所述的基片（1）上设置有反应槽（2），反应槽（2）内设置有细胞薄片（3）。

2. 如权利要求 1 所述的病原微生物感染诊断型细胞芯片，其特征在于：所述的细胞薄片（3）是将含有病原微生物的菌涂片或包被有被病毒感染的真核细胞的细胞片切割成的与反应槽（2）形状相应的薄片。

3. 如权利要求 1 所述的病原微生物感染诊断型细胞芯片，其特征在于：所述反应槽（2）的设置凹于或凸于基片（1）表面。

4. 如权利要求1或2或3所述的病原微生物感染诊断型细胞芯片，其特征在于：所述的反应槽（2）为一个、两个或多个，所述设置于反应槽（2）内的细胞薄片（3）相应的为一个、两个或多个。

5. 如权利要求4所述的病原微生物感染诊断型细胞芯片，其特征在于：所述的多个反应槽（2）为阵列排布。

6. 如权利要求5所述的病原微生物感染诊断型细胞芯片，其特征在于：所述的基片（1）为有机高分子材料、金属或硅；所述的细胞薄片（3）的材料为玻璃、塑料或硝酸纤维素薄膜。

7. 一种如权利要求1所述病原微生物感染诊断型细胞芯片的制备方法，其特征在于：该方法包括

（1）基片的制备。

采用机高分子材料、金属或硅制备出基片（1），在基片（1）表面上采用微加工技术制作出反应槽（2）；

（2）细胞薄片的制备。

根据检测病原微生物，制备病毒感染细胞薄片或病原微生物细胞薄片；

（3）细胞芯片的制备。

将细胞薄片粘接在反应槽（2）内。

8. 如权利要求7所述病原微生物感染诊断型细胞芯片的制备方法，其特征在于：所述病毒感染细胞薄片的制备包括

（1）细胞复苏；根据检测病毒选择特异的宿主细胞；

（2）细胞传代培养；

（3）制备细胞悬液；

（4）制作单层细胞片；

（5）病毒感染；

（6）固定；

（7）切割成细胞薄片；

9. 如权利要求8所述病原微生物感染诊断型细胞芯片的制备方法，其特征在于：所述病原微生物细胞薄片的制备包括

（1）细菌、真菌等其他病原微生物的纯培养；

（2）制备菌悬液；

（3）制作菌涂片；

（4）固定；

（5）切割成细胞薄片。"

驳回决定认为：根据说明书的记载，本发明的病原微生物感染诊断型细胞芯片主要由基片、反应槽和细胞薄片构成，"细胞薄片是病原微生物的菌涂片或包被有被病毒感染的真核细胞的细胞片"。说明书中称，"细胞薄片上包被有针对某一种病原微生物的特异性抗原，所以可直接用于病原微生物的检测"。用包被有病原微生物的细胞薄片直接检测病原微生物，即用包被的抗原来检测抗原，对于此技术的具体原理和操作，说明书中没有详细说明，更没有任何实施例以证明该病原微生物感染诊断型细胞芯片能够达到检测病原微生物的效果，本领域普通技术人员根据说明书中记载内容和现有技术也不能够直接推知，因此该技术方案被认为是无法实现的。

申请人陕西西大北美基因股份有限公司（下称请求人）对上述驳回决定不服，于2005年9月25

日向专利复审委员会提出复审请求，请求人在提出复审请求时没有提交修改文本。请求人认为，说明书中记载的"细胞薄片上包被有针对某一种病原微生物的特异性抗原，所以可直接用于病原微生物的检测"，是用包被有病原微生物的细胞薄片直接检测病原微生物，说明书中虽未单独、集中地详细记载具体原理及操作，但根据说明书所公开的技术启示，结合本领域技术常识，对所属技术领域的技术人员来说，无需进一步的创造性劳动，完全可得知本发明的具体原理和操作。而且所属领域的技术人员按照说明书中公开的方法实施时能够解决本发明要解决的技术问题，也可以直接地、毫无困难地从原申请文件推断出其技术效果。对于所属技术领域的技术人员来说，隐含的、且无可争议地推定出的技术内容同样属于公开的内容。因此，本申请说明书已完全满足充分公开发明的要求。

形式审查合格后，专利复审委员会受理了该复审请求，并于2005年11月3日向请求人发出《复审请求受理通知书》，同时将本申请案卷移交原审查部门进行前置审查。

原审查部门对本复审请求进行了前置审查，除坚持原驳回决定中的理由外，进一步指出应用正常原理的几种细胞芯片有如下几种：（1）一般的细胞芯片是在芯片上制成微池阵列，然后在不同的微池中人为地加入不同类型的细胞，用于观察不同种类的细胞生理、生化指标的变化；（2）另一类细胞芯片是将细胞在芯片上培养形成单细胞层，研究细胞的单生理现象，尤其利于神经细胞神经信号传导方面的研究；（3）还有一种细胞芯片，其原理是应用细胞膜表面特殊的生物分子（如抗原）与结合在玻片上能与细胞膜表面特殊分子发生特异性结合的分子（如抗体）发生特异性结合，从而通过一次实验即可将被测细胞悬液中不同类型的细胞分离、固定在同一张玻片的不同区域。

专利复审委员会组成合议组，对本复审请求案进行了审理。于2007年1月31日向请求人发出第一次《复审通知书》，其中指出：（1）根据说明书公开的内容，本领域技术人员不清楚如何使用本发明的病原微生物感染诊断型细胞芯片，例如待检测物质为何物，如何将其加入该细胞芯片，加入该细胞芯片的什么位置，加入量是多少等，此外，也不清楚诊断结果如何显示，使用者怎样获得检测结果。（2）本申请说明书中对于该细胞芯片工作原理的描述仅有"细胞薄片上包被有针对某一病原微生物的特异性抗原，所以可直接用于病原微生物的检测"，但是所属技术领域的技术人员并不清楚"针对某一病原微生物的抗原"是什么，如果其所指仅为该病原生物自身所携抗原，则本领域技术人员不清楚用病原微生物检测病原微生物的原理是什么，对此说明书中也没有给出具体的解释，本申请说明书也没有提供证明本发明细胞芯片能够达到预期效果的实验，在此情况下，本领域技术人员依据本领域普通技术知识和现有技术仍然无法预期本发明能够解决其所要解决的技术问题并达到高通量、快速、准确的对病原微生物进行检测的效果。本申请说明书虽然给出了技术手段，但对所属技术领域的技术人员来说，该手段是含糊不清的，所属技术领域的技术人员按照说明书记载的内容，无法实现本发明的技术方案，解决其技术问题，并且产生预期的效果。因此，本申请说明书不符合专利法第26条第3款的规定。

针对第一次《复审通知书》指出的问题，请求人于2007年3月15日提交了意见陈述书，但未提交修改文本。请求人认为：对于确定是何种病原微生物感染，临床上既可以通过检测病原微生物自身的特异性抗原（即说明书第4页第16～17行提及的"生物薄片上包被有一种针对某一种病原微生物的特异性抗原"），也可以通过检测经病原微生物特异性抗原刺激机体而产生的抗体（特异性抗原与抗体是一一对应的关系）来确定是何种病原微生物感染。抗原抗体之间的特异性反应就是本发明中细胞芯片的工作原理，这是所属技术领域内技术人员所共知的基本原理及常识。现有技术中一次操作只能检出一种病原微生物，而本申请的细胞芯片可以根据感染性疾病的种类不同分别确定不同病原微生物（少则一两种，多则可达十几种），利用一张细胞芯片就可以对病原微生物的感染作出快速、高通量的检测。因为薄片上包被的是抗原，则待检物质一定为抗体，至于薄片上包被的针对某种病原微生物的特异性抗原是什么，在各类有关医学微生物、病毒性疾病的教科书和参考文献中都有提及，为本行业领域所共知的常识。按照临床采集检测标本的分类，待检物质若为抗体，检测标本即为血液、脑脊液，这是所属领域技术人员所熟知的。抗原在什么位置，待检物质就加入相应位置。应用细胞芯片检查待测物质的检测方法很多，如酶联免疫吸附法、荧光免疫检测法等，这些方法都是所属领域中的常规方法。根据检测标本的不同，待检品的加入量也会有所不同，而且具体的加入量也会因检测方法不同有所变化，因为选用的方法不同，诊断结果的显示与获得也会有所不同，有的可以直接目测，有的需要借助仪器，但这些操作都是所属领域技术人员具备的基本常识，属于所属领域的常规性内容，不属于本申请的创新点。本申请对细胞芯片的制备进行了详细地描述，而使用方法则是所属领域的常规性问题，虽然因检测方法的不同，在实际使用中需要一些细微的调整，但所属领域技术人员完全可以完成。按照说明书记载的内容，所属技术领域的技术人员完全能实现本发明的技术方案，解决临床检测等技术问题，并达到预期的效果，因此，本申请说明书符合专利法第26条第3款的规定。

2007年10月15日，合议组向请求人发出第二次复审通知书，指出：本申请中的细胞薄片是含有已知病原微生物的菌涂片或包被有被病毒感染的真核细胞的细胞片，根据说明书中描述的细胞薄片的制备方法（说明书第6~7页）可知，该细胞薄片上除含有某种微生物的特异性抗原外，还含有多种其他非特异性抗原，而血液、脑脊液等待检测物质并非仅含单一成分的单克隆抗体，而是含有多种抗体的混合物，而且这些抗体也并非特异性抗体，抗原和抗体的交叉反应使得无法形成所需的特异性的检测结果，不能达到检测病源微生物的目的。虽然本申请说明书中给出了技术手段，但所属技术领域的技术人员采用该手段并不能解决本发明所要解决的快速、准确的进行检测病原微生物的技术问题，因此，本申请说明书不符合专利法第26条第3款的规定。

针对第二次复审通知书指出的问题，请求人于2007年11月30日提交了意见陈述书，未对申请文件进行修改。请求人认为：每一细胞薄片上含有单一的抗原，对于一个单一的抗原它只会和它对应的抗体进行特异性反应，并不存在复审通知书中所述的交叉反应的问题，这也是本领域普通技术人员的公知常识。因此，本申请说明书符合专利法第26条第3款的规定。

至此，合议组认为本案事实清楚，可以作出审查决定。

二、决定的理由

1. 决定所依据的文本

本复审请求审查决定所依据的文本为驳回决定所针对的文本。

2. 关于专利法第26条第3款

专利法第26条第3款规定，说明书应当对发明或者实用新型作出清楚、完整的说明，以所属技术领域的技术人员能够实现为准。

根据该款规定，所属技术领域的技术人员能够实现，是指所属技术领域的技术人员按照说明书记载的内容，就能够实现该发明或者实用新型的技术方案，解决其技术问题，并且产生预期的技术效果。如果说明书中给出了技术手段，但所属技术领域的技术人员采用该手段并不能解决发明或者实用新型所要解决的技术问题，则这属于由于缺乏解决技术问题的手段而被认为无法实现的情况。

本案中，权利要求1~6要求保护一种病原微生物感染诊断型细胞芯片，权利要求7~9要求保护该细胞芯片的制备方法。

本申请所要解决的技术问题是解决现有病原微生物检测方法中的低通量、高成本、检测速度慢和准确性差的问题。本发明所要达到的技术效果是高通量、快速、准确的对病原微生物进行检测。

本申请说明书公开了该细胞芯片的材料、结构、组成和制备方法，以及该细胞芯片的制备实施例，但是没有提供使用该细胞芯片对病原微生物进行诊断的实验。请求人在意见陈述书中阐明，本申请细胞芯片的工作原理是抗原抗体之间的特异性反应这一所属技术领域内技术人员所共知的基本原理及常识,与此同时提出,本申请说明书第4页已提及"细胞薄片上包被有针对某一种病原微生物的特异性抗原,所以可直接用于病原微生物的检测",因此,待检测物质为血液、脑脊液等标本。

对此,合议组认为:本申请中的细胞薄片是含有细菌、真菌、螺旋体等已知病原微生物的菌涂片或包被有被病毒感染的真核细胞的细胞片。说明书中描述的该细胞薄片的制备方法分别为细菌、真菌等其他病原微生物的纯培养—制备菌悬液—制作菌涂片—固定—切割成细胞薄片(细菌、真菌类其他病原微生物细胞薄片的制备),和细胞复苏—细胞传代培养—制备细胞悬液—制作单层细胞片—病毒感染—固定—切割成细胞薄片(病毒感染细胞薄片的制备)(参见本申请说明书第3~7页)。从上述细胞薄片的制备方法可知,细胞薄片上的细菌、真菌、螺旋体或被病毒感染的细胞即为抗原来源,因而即使该细胞薄片上包被有针对某一种病原微生物的特异性抗原,除该特异性抗原外,该细胞薄片上还必然存在众多的非特异性抗原。而血液、脑脊液等待检测物质也并非仅含有单一抗体,而是含有多种抗体的混合物,而且这些抗体也并非特异性抗体。因此,检测结果很可能报告假阳性,在假设A和A'分别为细胞薄片上的特异性抗原和待检测物中的特异性抗体的情况下,待检测物质中的抗体B'可能会与细胞薄片上的特异性抗原A反应,或者待检测物质中的抗体C'可能会和细胞薄片上的非特异性抗原B反应,从这种抗原和抗体的交叉反应报告的阳性结果并不能唯一的确定出是抗体A'与抗原A发生了结合,即这种抗原和抗体的交叉反应导致无法形成所需的特异性检测结果。请求人在答复复审通知书时虽然指出每一细胞薄片上仅含有单一的抗原,因此能够得到特异性的结果,但是,本领域技术人员根据本申请中细胞薄片的制备方法可知这种说法是不符合实际情况的,因此请求人答复的理由并不足以证明本发明可以实现。综上所述,虽然本申请说明书中给出了技术手段,但所属技术领域的技术人员采用该手段并不能解决本发明所要解决的快速、准确的进行检测病原微生物的技术问题,因此,本申请说明书属于由于缺乏解决技术问题的手段而被认为无法实现的情况,不符合专利法第26条第3款的规定。

根据以上事实和理由,本案合议组作出如下审查决定。

三、决定

维持国家知识产权局于2005年6月10日对03114480.2号发明专利申请作出的驳回决定。

复审请求人对本决定不服的,可以根据专利法第41条第2款的规定,自收到本决定之日起三个月内向北京市第一中级人民法院起诉。